Allgemeine Wirtschaftslehre (AWL)

von

Dipl.-Hdl. Dipl.-Kfm. **Hartwig Heinemeier**
Dipl.-Hdl. **Peter Limpke**
Dipl.-Hdl. **Hans Jecht**

unter Mitarbeit der Verlagsredaktion

Vorwort

Das vorliegende Schulbuch behandelt betriebs- und volkswirtschaftliche Themen sowie die rechtlichen Rahmenbedingungen der Wirtschaft. Es hilft den Schülerinnen und Schülern, grundlegende ökonomische Kenntnisse und Fertigkeiten sowie das Verständnis von Systemzusammenhängen in der Wirtschaft zu entwickeln, zu erweitern und zu vertiefen.

Der Unterricht an berufsbildenden Schulen soll dazu beitragen, Handlungskompetenz bei Schülerinnen und Schülern zu erwerben. Sie sollen demzufolge zum selbstständigen Analysieren, Planen, Durchführen und Kontrollieren von Tätigkeiten befähigt werden, um komplexe Problemsituationen lösen zu können. Diesem Ziel wird am ehesten der handlungsorientierte Unterricht gerecht. Noch stärker als im herkömmlichen Unterricht, in dem fragend-entwickelnde Aktionsformen und der Lehrervortrag dominieren, muss ein handlungsorientierter Unterricht die Schülerinnen und Schüler zu Subjekten der unterrichtlichen Betrachtung machen. Im Rahmen eines handlungsorientierten Unterrichts erfüllt dieses *Schulbuch* die Aufgabe einer *Informationsquelle*, aus der die Schülerinnen und Schüler Lerninhalte entnehmen, die sie zur Lösung umfangreicher Problemstellungen benötigen. Es unterstützt insofern das selbstverantwortliche, selbstständige Erarbeiten von Lösungen in einem tätigkeitsstrukturierten Unterricht, in dem entscheidungsorientierte Probleme gelöst werden, in Gruppen interaktionsbetont gearbeitet wird und Problemstellungen ganzheitlich betrachtet werden.

Die einzelnen Kapitel dieses umfassenden Schulbuches sind einheitlich gegliedert:

1. **Einstieg:** Jedes Kapitel beginnt mit einer anschaulichen Fallschilderung oder Darstellung, die auf eine Problemstellung des Kapitels hinweist.
2. **Information:** Es schließt sich ein ausführlicher Informationsteil mit einer großen Anzahl von Beispielen und weiteren Veranschaulichungen an.
3. **Aufgaben:** Die dann folgenden Lernaufgaben können von den Schülerinnen und Schülern mithilfe des Informationsteils selbstständig gelöst werden.
4. **Zusammenfassung:** Am Kapitelende werden die wesentlichen Lerninhalte in Form einer farblich hervorgehobenen Übersicht zusammengefasst. Die Übersicht eignet sich sehr gut zur Wiederholung des Gelernten.

Die übersichtliche Gestaltung der Kapitel, die ausführlichen Erläuterungen der Fachbegriffe, die leicht verständlichen Textformulierungen und die vielen Beispiele und Abbildungen veranschaulichen die Inhalte ganz besonders, sodass das Lernen wesentlich erleichtert wird.

Das umfangreiche Sachwortverzeichnis am Schluss des Buches soll dem schnellen und gezielten Auffinden wichtiger Inhalte dienen.

Frühjahr 1995   Die Verfasser

Vorwort
zur 2., überarbeiteten und erweiterten Auflage

Das neue Schuldrecht, insbesondere die Schlechtleistung, die Nicht-Rechtzeitig-Lieferung, die Nicht-Rechtzeitig-Zahlung sowie die Veränderungen im Betriebsverfassungsrecht und im Einkommensteuerrecht, sind in der 2. Auflage berücksichtigt worden.

Die Veränderungen, die sich durch die Einführung des Euro und die Übertragung der Geldpolitik auf das Europäische System der Zentralbanken ergaben, haben eine grundlegende Überarbeitung und Erweiterung der Inhalte zur Geld- und Währungspolitik sowie zum System der Wechselkurse erforderlich gemacht.

Frühjahr 2003   Die Verfasser

Vorwort
zur 5., überarbeiteten Auflage

Das Werk befindet sich auf dem Stand der Gesetzgebung vom 01.01.2012. Statistische Tabellen und Bildstatistiken wurden – soweit dies möglich war – aktualisiert. Kapitel 2.13 wurde aufgrund neuer gesetzlicher Bestimmungen überarbeitet.

5., überarbeitete Auflage, 2012
Druck 1, Herstellungsjahr 2012
© Bildungshaus Schulbuchverlage
Westermann Schroedel Diesterweg
Schöningh Winklers GmbH
Postfach 33 20, 38023 Braunschweig
service@winklers.de
www.winklers.de
Lektorat: Eva Herrmann
Redaktion: Alexander Leipold
Druck: westermann druck GmbH, Braunschweig
ISBN 978-3-8045-3946-4

Auf verschiedenen Seiten dieses Buches befinden sich Verweise (Links) auf Internetadressen.
Haftungshinweis: Trotz sorgfältiger inhaltlicher Kontrolle wird die Haftung für die Inhalte der externen Seiten ausgeschlossen. Für den Inhalt dieser externen Seiten sind ausschließlich deren Betreiber verantwortlich. Sollten Sie bei dem angegebenen Inhalt des Anbieters dieser Seite auf kostenpflichtige, illegale oder anstößige Inhalte treffen, so bedauern wir dies ausdrücklich und bitten Sie, uns umgehend per E-Mail davon in Kenntnis zu setzen, damit beim Nachdruck der Verweis gelöscht wird.

Dieses Werk und einzelne Teile daraus sind urheberrechtlich geschützt. Jede Nutzung – außer in den gesetzlich zugelassenen Fällen – ist nur mit vorheriger schriftlicher Einwilligung des Verlages zulässig.

Inhaltsverzeichnis

1 Grundlagen des Wirtschaftens

1.1	Bedürfnisse, Bedarf und Nachfrage	5
1.2	Güter und Dienstleistungen zur Bedürfnisbefriedigung	12
1.3	Einfacher Wirtschaftskreislauf	16
1.4	Ökonomisches Prinzip	19
1.5	Produktionsfaktoren	24
1.6	Arbeitsteilung	32
1.7	Auswirkungen der Arbeitsteilung	37

2 Wirtschaft und Recht

2.1	Rechtsnormen für das Wirtschaftsleben	41
2.2	Rechtssubjekte und Rechtsobjekte	45
2.3	Rechts- und Geschäftsfähigkeit	48
2.4	Rechtsgeschäfte	51
2.5	Nichtigkeit und Anfechtung von Rechtsgeschäften	56
2.6	Erfüllung des Kaufvertrages	58
2.7	Besitz und Eigentum	60
2.8	Störungen bei der Erfüllung des Kaufvertrages	63
2.9	Vertragsfreiheit	92
2.10	Allgemeine Geschäftsbedingungen	96
2.11	Kaufmannseigenschaften	103
2.12	Firma	106
2.13	Handelsregister	111
2.14	Einzelunternehmen	117
2.15	Personengesellschaften	119
2.16	Kapitalgesellschaften	122
2.17	Genossenschaft	126

3 Menschliche Arbeit im Betrieb

3.1	Vollmachten der Mitarbeiter im Betrieb	129
3.2	Mitarbeiter außerhalb des Unternehmens	132
3.3	Individualarbeitsvertrag (Einzelarbeitsvertrag)	145
3.4	Tarifvertrag	148
3.5	Entlohnung der Arbeit	152
3.6	Beendigung des Arbeitsverhältnisses	158
3.7	Jugendarbeitsschutz	164
3.8	Gesetzlicher Arbeitsschutz	167
3.9	Sozialversicherung	170
3.10	Leistungen der sozialen Pflegeversicherung	173
3.11	Leistungen der gesetzlichen Krankenversicherung	174
3.12	Leistungen der gesetzlichen Rentenversicherung	176
3.13	Leistungen der gesetzlichen Arbeitslosenversicherung	179
3.14	Leistungen der gesetzlichen Unfallversicherung	182
3.15	Bestimmungen des Betriebsverfassungsgesetzes	184
3.16	Mitbestimmung auf Unternehmensebene	189
3.17	Führung und Entscheidungsverhalten	193

4 Betrieblicher Leistungsprozess

4.1	Ziele privater und öffentlicher Unternehmen	199
4.2	Funktionen des Industriebetriebes	203

4.3	Kosten des Betriebes	206
4.4	Marketing	213
4.5	Stellung und Leistungen des Handels	237
4.6	Leistungen von Banken	246
4.7	Leistungen von Versicherungsbetrieben	251
4.8	Eigenschaften und Arten des Geldes	255
4.9	Aufgaben des Geldes	259
4.10	Zahlungsarten	261
4.11	Zahlung mit Bargeld	262
4.12	Halbbare Zahlung	266
4.13	Zahlung mit Bankschecks und Girocard	269
4.14	Bargeldlose Zahlung	274
4.15	Zahlung mit Kreditkarten	278
4.16	Investition und Finanzierung (Investitionsarten, Finanzierungsarten und -anlässe)	282
4.17	Finanzierung durch Wechselkredit	311
4.18	Besondere Finanzierungsformen (Finanzierungshilfen)	321
4.19	Kredite: Kreditarten, Kreditwürdigkeit, Kreditsicherungen	333
4.20	Krise des Unternehmens	342
4.21	Entstehung der Aufbauorganisation	352
4.22	Ablauforganisation	360

5 Markt und Preis

5.1	Marktarten	364
5.2	Marktformen	367
5.3	Bildung des Gleichgewichtspreises – seine Veränderungen und Aufgaben	370
5.4	Markttypen	383
5.5	Preisbildung auf eingeschränkten (unvollkommenen) Märkten	387
5.6	Staatliche Preisbildung	394
5.7	Kooperation und Konzentration in der Wirtschaft	402
5.8	Staatliche Regelungen zum Schutz des Verbrauchers	407

6 Steuern

6.1	Einnahmen und Ausgaben des Staates	422
6.2	Versteuerung des Einkommens	426

7 Wirtschaftsordnungen

7.1	Idealtypische Wirtschaftsordnungen	433
7.2	Realtypische Wirtschaftsordnungen	438

8 Wirtschaftspolitik

8.1	Wirtschaftskreislauf mit staatlicher Aktivität und Außenwirtschaft	445
8.2	Bruttoinlandsprodukt	449
8.3	Gesamtwirtschaftliche Ziele und Zielkonflikte	463
8.4	Konjunkturelle Schwankungen	500
8.5	Fiskalpolitik des Staates	511
8.6	Strukturwandel und Strukturpolitik	525
8.7	Staatliche Wachstums- und Umweltschutzpolitik	540
8.8	Bedeutung des Außenhandels für die Bundesrepublik Deutschland	555
8.9	Zahlungsbilanz	562
8.10	Handels- und zollpolitische Maßnahmen zur Beeinflussung des Außenwirtschaftsverkehrs	579
8.11	Europäisches System der Zentralbanken (ESZB): Geldschöpfung und Geldmengensteuerung	585
8.12	Geldpolitik der Europäischen Zentralbank (EZB)	596
8.13	Lohnpolitik der Tarifvertragsparteien	621
8.14	Systeme der Wechselkurse	630
8.15	Europäische Wirtschafts- und Währungsunion	647
8.16	Internationale Handelsabkommen und -organisationen	656
Sachwortverzeichnis		665

1 Grundlagen des Wirtschaftens
1.1 Bedürfnisse, Bedarf und Nachfrage

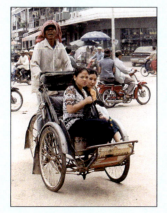

Erläutern Sie die gemeinsamen, aber auch die unterschiedlichen Bedürfnisse (Wünsche) der Menschen, die auf den beiden Fotos zum Ausdruck kommen.

Information

Bedürfnisse

Jeder Mensch hat Wünsche, die er erfüllen möchte. Er verlangt nach Nahrung, Kleidung, Bildung, Gesundheit, später nach Wohnung, Freizeit, Reisen und vielem mehr. In der Volkswirtschaft nennt man diese persönlichen Empfindungen **Bedürfnisse**. Hierunter versteht man ein **Mangelempfinden** an Dingen (Gütern) mit dem Wunsch, diesen Mangel zu beseitigen.

„Ein jeder Wunsch, ist er erfüllt, kriegt augenblicklich Junge." Wilhelm Busch drückt hiermit aus, dass die **Bedürfnisse** der meisten Menschen zahlenmäßig nahezu **unbegrenzt** sind. Sobald nämlich bestimmte Bedürfnisse befriedigt sind, treten weitere und andere Bedürfnisse auf.

Das wichtigste Gesetz in der gesamten politischen Ökonomie ist das Gesetz der Vielfalt der menschlichen Bedürfnisse; jeder Wunsch ist bald befriedigt, und doch gibt es kein Ende der Bedürfnisse.
(The most important law in the whole of political economy is the law of „variety" in human wants; each separate want is soon satisfied, and yet there is no end to wants.)

Quelle: William Stanley Jevon (1835–1882), engl. Ökonom und Philosoph; Mitbegründer der Grenznutzen-Theorie.

Dabei werden (aus psychologischer Sicht) mehrere **Bedürfnisebenen** unterschieden. Verbreitet ist die Einteilung der Bedürfnisse nach Maslow. Diese Einteilung berücksichtigt einerseits die unterschiedliche Bedeutung von Bedürfnisschichten und andererseits die Rangordnung der Bedürfnisse. Maslow stellt die Bedürfnisschichten in einer Pyramide dar.

Maslow'sche Bedürfnispyramide

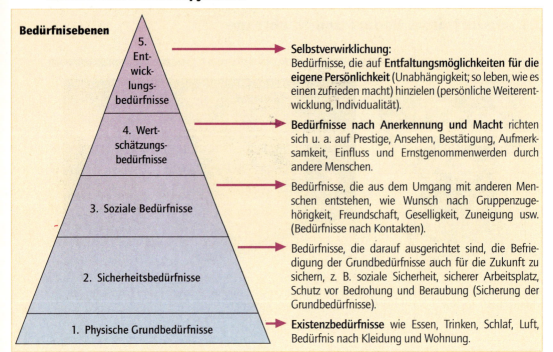

Ganz allgemein soll mit der Form der Pyramide nicht nur die unterschiedliche *quantitative Bedeutung* der Bedürfnisschichten wiedergegeben werden, sondern auch eine *Rangordnung* in der Bedürfnisbefriedigung der Bedürfnisse:

Zunächst werden die physischen Grundbedürfnisse vollständig, dann die Sicherheitsbedürfnisse zumindest zum großen Teil, dann die sozialen Bedürfnisse zumindest teilweise befriedigt usw.

Genauer lassen sich die zentralen Aussagen der Maslow'schen Bedürfnispyramide wie folgt formulieren:

- Der Schwerpunkt der Motivation liegt zunächst eindeutig auf den physischen Bedürfnissen. Die diesem Verhalten zugrunde liegenden Bedürfnisse werden bestimmt von der Notwendigkeit, zunächst einmal die materiellen Anforderungen zu erfüllen bzw. das „notwendige Kleingeld" dafür zu beschaffen.

  Diese das Verhalten lenkenden Triebkräfte werden jedoch nicht für lange Zeit von den physischen Bedürfnissen beherrscht. Sobald sie erst einmal (zumindest teilweise) befriedigt sind, bilden sie nicht länger den Schwerpunkt.

- Zum Wunsch nach Befriedigung von Bedürfnissen, die auf einer höheren Ebene angesiedelt sind, kommt es immer, je umfassender die jeweils unteren Stufen befriedigt wurden. Solange beispielsweise die Grundbedürfnisse[1] nicht ausreichend befriedigt sind, werden kaum höhere Bedürfnisebenen angestrebt. Dementsprechend hat die Befriedigung der niedrigeren Bedürfnisse eine höhere Priorität als die Befriedigung höher angesiedelter Bedürfnisse.

- Der Mensch bewegt sich in Maslows Hierarchie demnach weiter nach oben, wobei sein Verhalten von der jeweils nächsten Stufe der Bedürfnishierarchie bestimmt wird.

- Dieser Prozess setzt sich fort, bis die Spitze der Hierarchie erreicht ist.

- Solange die Bedürfnisse einer unteren Ebene befriedigt sind, werden die das Verhalten lenkenden Triebkräfte eher ganz oben als ganz unten in der Hierarchie zu finden sein.

---

[1] Bedürfnisse, die in einer fortgeschrittenen Wirtschaft von der größeren Mehrheit der Bevölkerung befriedigt werden können, werden als Grundbedürfnisse bezeichnet. In ihnen sind die Existenzbedürfnisse eingeschlossen.

Beispiel für diesen Prozess

Robinson Crusoe erreicht als Schiffbrüchiger eine einsame Insel. Zuerst macht er sich daran, seine **physischen Bedürfnisse** zu befriedigen, also Nahrung und ein Dach über dem Kopf zu finden. In diesem Stadium hat nichts anderes in Robinsons Kopf Platz.

Sobald diese Bedürfnisse auch nur halbwegs befriedigt sind, wird ihm jedoch schlagartig bewusst, dass er vielleicht nicht lange allein bleiben wird. Sein Schwerpunkt verschiebt sich auf einmal zu dem Bedürfnis, sich vor anderen Lebewesen zu schützen, die seine Sicherheit gefährden könnten. Erst als er seine Festung gebaut hat, die er gegen alle Angreifer verteidigen kann, fängt er ernsthaft an, sich zu wünschen, dass wirklich jemand kommen möge.

Nachdem sein **Sicherheitsbedürfnis** gestillt ist, wird er jetzt von seinem Bedürfnis nach Gesellschaft angetrieben, einem **sozialen Bedürfnis**. Er geht dann sogar große Risiken ein, um Freitag zu retten und so sein Bedürfnis zu stillen.

Der Rest der Geschichte zeigt dann ganz klar, wie sich Robinson Crusoe in der Maslowschen Bedürfnishierarchie nach oben arbeitet. Die Gesellschaft Freitags alleine reicht nicht mehr aus. Angetrieben von seinem **Bedürfnis nach Wertschätzung,** macht er sich daran, sich Freitag untertan zu machen. Auch das ist jedoch nicht genug. Als alle Bedürfnisse gestillt sind, fängt er an, **sich selbst zu verwirklichen** und Freitag zu erziehen.

Beispiel

Die Menschen der Steinzeit waren noch mit schlichtem Feuer für die Zubereitung ihrer Mahlzeiten und zum Schutz vor Kälte zufrieden. Unsere Großeltern mussten teilweise noch mit Kohleofen und Petroleumlampe auskommen, während heutzutage kaum ein Haushalt ohne Gas- oder Elektroherd, ohne Strom und ohne Zentralheizung denkbar ist.

Früher

Heute

Die Menschen werden demnach nicht durch hoch in der Hierarchie angesiedelte Bedürfnisse getrieben, solange weiter unten in der Hierarchie angesiedelte dominieren.

Wer hungert, dem ist es zunächst gleichgültig, ob er von anderen Menschen ernst genommen wird. Für ihn ist in dieser Situation die Beschaffung von Nahrung am dringendsten und wichtigsten. Alle anderen Bedürfnisse sind für ihn weniger wichtig.

Auch steigen die Ansprüche an die Befriedigung der jeweiligen Bedürfnisse innerhalb der einzelnen Bedürfnisebenen. Während es zu Beginn noch keine große Rolle spielt, auf welche Art und Weise das Bedürfnis befriedigt wird, werden mit umfassender Befriedigung (insbes. auch im Laufe der menschlichen Entwicklung) die Ansprüche und Mittel sich verändern (steigen), die zur Bedürfnisbefriedigung herangezogen werden.

Wenn ein Bedürfnis befriedigt ist, hört es auf, handlungsmotivierend zu sein. Je geringer das Einkommen ist, desto größer ist allerdings der Anteil des Einkommens, den ein Mensch zur Befriedigung der Existenzbedürfnisse verwenden muss. Andererseits sind heute für viele Menschen immer mehr Güter zur Befriedigung ihrer Bedürfnisse zur Selbstverständlichkeit geworden.

Deutsche Haushalte im Wandel der Zeit
Von je 100 Haushalten in Deutschland besitzen

	1962/63	1969	1978	1988	2008
Kühlschrank	52	84	84	78	99
Telefon	14	31	70	93	99
Fernseher	34	73	93	95	94
Foto-, Digitalkamera	42	61	75	77	85
Fahrrad	k.A.	53	61	71	80
Pkw	27	44	62	68	77
PC				21	75
CD-Player				6	64*
Geschirrspülmaschine	<1	2	15	29	63
Videokamera, Camcorder				2	20
Plattenspieler	18	32	44	28	k.A.
Schmalfilmkamera	2	5	13	11	k.A.

Quelle: Stat. Bundesamt   *2003   k.A. = keine Angabe   bis 1988 Westdeutschland
© Globus 2696

Die Ausstattung der privaten Haushalte mit **langlebigen technischen Gebrauchsgütern** wird von Jahr zu Jahr reichhaltiger. Viele Dinge, die früher als Luxusgut galten und für die große Mehrheit der Bevölkerung unerschwinglich waren, werden heute als selbstverständlicher Bestandteil der Haushaltseinrichtungen angesehen.

Bei einem Vergleich des Ausstattungsniveaus verschiedener Haushaltstypen zeigt sich, dass die Geräte des „Grundbedarfs" (Kühlschrank, Waschmaschine, Fernseher, Telefon) mehr oder weniger unabhängig vom Einkommen oder vom Alter der Bezugsperson in fast allen Haushalten vorhanden sind. Geht man über diesen Kernbestand hinaus, gibt es aber deutliche **altersabhängige** Unterschiede in der Haushaltsausstattung: Ältere Menschen können oder wollen sich oft keine Geräte mehr zulegen, die hohe Anschaffungskosten verursachen, nur mit Mühe zu bedienen sind oder ihnen schlicht überflüssig erscheinen. So verfügen sie zu einem geringeren Grad als die „jüngeren" Haushalte z. B. über DVD-Player und PCs, Faxgeräte und Geschirrspüler und haben auch seltener einen eigenen Pkw vor der Tür. Die früher deutlich ausgeprägten **einkommensabhängigen Ausstattungsunterschiede** fallen heute nicht mehr so stark ins Gewicht. Bei der Ausstattung mit teuren und neuartigen Geräten liegen die besser verdienenden Haushalte zwar vorn, aber die wichtigsten Geräte für Haushaltsführung, Unterhaltung und Kommunikation sind auch in den Haushalten mit niedrigerem Einkommen vorhanden. Abstufungen zwischen den Einkommensgruppen lassen sich dabei eher am Grad der Mehrfachausstattung und am Alter oder der Qualität der vorhandenen Gebrauchsgüter ablesen.

Im Vergleich zwischen West- und Ostdeutschland bestehen bei den gängigen Gebrauchsgütern nur geringe Unterschiede im Ausstattungsgrad. Der immense Nachholbedarf, der nach der deutschen Einigung z. B. bei der Telefonversorgung im Osten bestand, wurde innerhalb weniger Jahre gedeckt.

Darüber hinaus darf nicht übersehen werden, dass einzelne Bedürfnisse und deren Befriedigung Innovationen bewirken, die zur Bereitstellung neuer Güter und zur entsprechenden Bedürfnisbefriedigung führen.

Beispiel

Ein Personalcomputer erzeugt das Bedürfnis nach weiterem, qualitativ höherwertigem Zubehör oder auch nach vermehrten und verbesserten Kommunikationsmöglichkeiten mittels Internet.

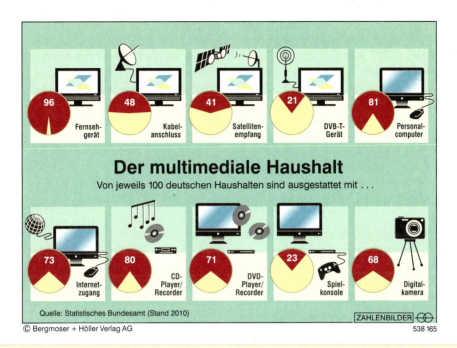

Neue Techniken audiovisueller Übertragung und Wiedergabe erobern in rascher Folge die deutschen Haushalte. Das Wohnzimmer verwandelt sich zum Mittelpunkt einer medienelektronischen Erlebniswelt. Die wichtigste Rolle spielt dabei nach wie vor das **Fernsehen**. Nahezu alle Privathaushalte (96%) sind heute mit mindestens einem Fernsehgerät ausgestattet; bereits 37% besitzen einen Flachbildfernseher.

Der **Personalcomputer**, ursprünglich ein nüchternes Arbeitsgerät, nimmt inzwischen auch einen zentralen Platz in der privaten Unterhaltung, Information und Kommunikation ein. 2010 verfügten bereits 81% aller Haushalte über einen eigenen PC, 73% auch über einen **Internetzugang**, der ihnen den Zugriff auf die Informationen des World Wide Web und die vielfältigsten Online-Angebote ermöglicht.

Überzeugende technische Neuerungen im Bereich der Heimelektronik setzen sich in raschem Tempo durch, werden unter Umständen aber auch schnell wieder verdrängt. Ein Beispiel dafür ist der Videorecorder, der bis Ende der neunziger Jahre in den meisten Haushalten Einzug hielt. Ganz ähnlich verlief der Siegeszug des CD-Players. Binnen weniger Jahre verdrängte die CD die traditionellen Tonträger und eroberte als universell einsetzbares Speichermedium auch die Computerwelt. Inzwischen ist sie größtenteils schon wieder von der **DVD** abgelöst, die sich auch zur Speicherung und Wiedergabe von Filmen oder anderen großen Datenmengen eignet. 2010 besaßen bereits 71% der Haushalte ein Gerät, mit dem sie DVDs abspielen bzw. brennen konnten. Die Ausbreitung digitaler Techniken hat auch die **Fotografie** erfasst und führt sie mit anderen Formen elektronischer Unterhaltung und Kommunikation zusammen. Aktuellere technische Entwicklungen (zum Beispiel Smartphones, E-Book-Reader) wurden in den Befragungen zur Haushaltsausstattung bisher noch nicht erfasst.

Die Selbstverwirklichungsbedürfnisse sind laut Maslow Wachstumsbedürfnisse und können nie abschließend befriedigt werden.

Bedürfnisarten

Die Bedürfnisse lassen sich nach folgenden Einteilungsmerkmalen gruppieren:
1. nach der Dringlichkeit
2. nach dem Träger der Bedürfnisbefriedigung
3. nach der Konkretheit
4. nach der Bewusstheit

Bedürfnisse nach der Dringlichkeit

Bedürfnisse, die Menschen unbedingt befriedigen müssen, nennt man **lebensnotwendige Bedürfnisse (Existenzbedürfnisse)**. Dazu zählen die Bedürfnisse nach Grundnahrungsmitteln, ausreichender Kleidung und Unterkunft. Diese Bedürfnisse haben alle Menschen.

In der heutigen Zeit richten sich bei den meisten Menschen Wünsche und Gedanken auf zusätzliche Dinge, wie z. B. ein Kino zu besuchen, sich geistig weiterzubilden, Bücher zu lesen oder ein

Schwimmbad zu benutzen. Diese Wünsche entsprechen dem Stand unserer heutigen Lebensweise, unserer Kultur. Man bezeichnet sie daher als **Kulturbedürfnisse**; sie übersteigen die Existenzbedürfnisse.

Aber auch Bedürfnisse, wie z. B. ein Segelboot oder eine Videokamera zu besitzen, einen Sportwagen zu fahren oder ein Wochenendhaus zu bewohnen, kommen in der heutigen Zeit bei den Menschen immer häufiger vor. Das Verlangen nach diesen Gütern nennt man **Luxusbedürfnisse**. Sie übersteigen Existenz- und Kulturbedürfnisse.

Zwischen Kultur- und Luxusbedürfnissen ist eine genaue Abgrenzung nicht immer möglich.

Bedürfnisse nach dem Träger der Bedürfnisbefriedigung

Hat ein einzelner Mensch ein persönliches Bedürfnis, spricht man von **Individualbedürfnis**.

Beispiel

Ein Marathonläufer möchte Sportschuhe, die seinen persönlichen Bedürfnissen entsprechen. Die Schuhe sollen leicht sein, mit einer Fersenkappe, gepolstertem Sprunggelenkbereich und mit einem Schutz für die Achillessehne ausgestattet sein, damit er beim nächsten Wettkampf noch schneller und dennoch verletzungsfrei laufen kann.

Bedürfnisse hingegen, die bei vielen Menschen vorhanden sind und die nur von der Gemeinschaft für mehrere Menschen gemeinsam befriedigt werden können, bezeichnet man als **Gemeinschafts- oder Kollektivbedürfnisse**.

So ist beispielsweise Bildung ein individuelles Bedürfnis, es kann aber weitgehend nur durch entsprechende Einrichtungen (auch des Staates) befriedigt werden und ist insofern ein Kollektivbedürfnis.

Beispiele

Müllabfuhr, öffentliche Sicherheit, Stromversorgung, Straßen, Schulen, Krankenhäuser, Theater, Sporthallen, Freizeiteinrichtungen

Auch zwischen Individual- und Kollektivbedürfnissen ist eine genaue Abgrenzung nicht immer möglich. Es ist ein ständiger Wandel zu beobachten, denn was früher Individualbedürfnis war, kann heute Kollektivbedürfnis sein.

Beispiele
- Für ihre Fahrt zum Arbeitsplatz benutzen viele Menschen heute anstatt des Autos die Straßenbahn.
- Anstatt wie früher Selbstjustiz zu üben, vertrauen wir heute auf die Rechtsprechung.

Bedürfnisse nach der Konkretheit

Bei dieser Gruppe der Bedürfnisarten ist zu unterscheiden nach

- materiellen Bedürfnissen,
- immateriellen Bedürfnissen.

Materielle Bedürfnisse zielen auf stoffliche Gegenstände, wie z. B. das Verlangen nach Brot, einem Farbfernseher oder einem Handy.

Immaterielle Bedürfnisse werden dagegen befriedigt im religiösen, ethischen oder geistigen Bereich, z. B. das Verlangen nach gesellschaftlichem Prestige, Macht, Gerechtigkeit, Geborgenheit, ein Theaterbesuch.

Bedürfnisse nach der Bewusstheit

Bedürfnisse, die von uns *konkret verspürt* werden, wie beispielsweise das Verlangen nach Lob oder der Hunger, werden als **bewusste oder offene Bedürfnisse** bezeichnet. Andere, die *unterschwellig empfunden* werden, sind den **latenten oder verdeckten Bedürfnissen** zuzuordnen. Sie schlummern im Verborgenen und können zu offenen Bedürfnissen werden, wenn sie geweckt werden. Dies geschieht sehr häufig durch die Werbung (Bedürfnisweckung).

Beispiel

Michael hatte bislang kein Bedürfnis nach einer Mütze (Cap), bis er einen sehr bekannten und bei den Kids sehr beliebten amerikanischen Tennisstar damit im Werbefernsehen sah. Als dann noch einige seiner Freunde aus seiner Gruppe mit einer derartigen Schirmmütze auftauchten, musste er auch unbedingt so eine Kopfbedeckung haben.

Vom Bedürfnis zur Nachfrage

Die Bedürfnisse – also die Summe aller Wünsche – von Menschen **sind unbegrenzt**. Das Einkommen hingegen ist begrenzt. Deshalb können nicht sämtliche Bedürfnisse sofort befriedigt werden, sodass eine Rangordnung nach der Dringlichkeit aufgestellt werden muss.

Beispiel

Die Schülerin Sibylle kann sich nicht gleichzeitig einen neuen Walkman, ein Paar neue Joggingschuhe, einen neuen Pullover und eine Urlaubsreise nach Spanien leisten.

Der Teil der Bedürfnisse, die ein Mensch mit seinen vorhandenen finanziellen Mitteln (= Kaufkraft) befriedigen kann, wird **Bedarf (= erfüllbarer Wunsch)** genannt.

Beispiel

Sibylle entscheidet sich aufgrund ihrer finanziellen Situation für die Joggingschuhe und die Spanienreise.

Werden die zur Bedürfnisbefriedigung benötigten Dinge wie z. B. die Joggingschuhe durch Kauf erworben, so wird der Bedarf zur **Nachfrage**. Man kann dann auch von einem „in Kaufentscheidungen umgesetzten Bedarf" sprechen (Wirksamwerden des Bedarfs am Markt).

Aufgaben

1. Nennen Sie Bedürfnisse, die heute Kollektivbedürfnisse sind, früher aber noch Individualbedürfnisse waren.
2. Wie ist es zu erklären, dass ein Luxusbedürfnis zu einem Existenz- oder Kulturbedürfnis wird? Geben Sie drei Beispiele.
3. Begründen Sie, warum Individualbedürfnisse häufig so verschieden sind.
4. Worin unterscheiden sich
   a) Grund- und Existenzbedürfnisse,
   b) Bedarf und Nachfrage?
5. Wieso verändern sich Ansprüche und Mittel, die zur Befriedigung der Bedürfnisse dienen?
6. Inwiefern können zwischen den Bedürfnissen einer Person und den Bedürfnissen einer Gemeinschaft Konflikte entstehen?
7. Welche Bedürfnisart befriedigen die deutschen Haushalte durch den Kauf der im Schaubild auf Seite 8 genannten Güter? Begründen Sie Ihre Aussagen.
8. Wovon ist es abhängig, ob ein Bedürfnis als Existenz-, Kultur- oder Luxusbedürfnis einzustufen ist?
9. Angenommen, in Ihrem Ausbildungsunternehmen sollen nach der Vorstellung der Geschäftsführung für die Leistungsmotivation und die Führung der Mitarbeiter folgende Möglichkeiten Anwendung finden: Aufstiegsmöglichkeiten, Gestaltung des Arbeitsplatzes, Mitbestimmung, betriebliche Altersversorgung, Maßnahmen der betrieblichen Weiterbildung, Betriebssport, Zuteilung von Weisungsbefugnissen, Gruppenzugehörigkeit.
   Ordnen Sie jeden der erwähnten Gesichtspunkte einer Bedürfnisebene nach Maslow zu (Doppelnennungen sind möglich). Begründen Sie Ihre Zuordnung.
10. Woran liegt es, dass fast jedes Bedürfnis an Gütern zum Bedarf führt, aber nicht jeder Bedarf an Gütern zu einer Nachfrage auf dem Markt?

Zusammenfassung

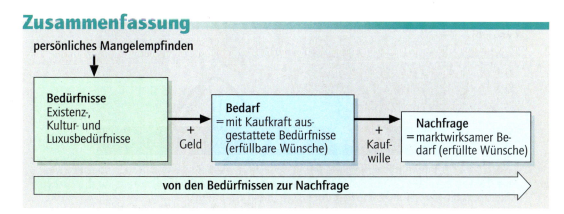

Zusammenfassung

Bedürfnisse
- entstehen durch ein persönliches Mangelempfinden
- sind unbegrenzt und veränderbar
- sind voneinander nicht genau abzugrenzen

nach Art der Befriedigung:

Individualbedürfnisse — **Kollektivbedürfnisse**

werden durch die einzelnen Menschen befriedigt. — werden durch die Gemeinschaft befriedigt.

nach ihrer Dringlichkeit:

Existenzbedürfnisse — **Kulturbedürfnisse** — **Luxusbedürfnisse**

Verlangen nach:	Verlangen nach:	Verlangen nach:
• Grundnahrung	• Bildung (Büchern, Kursen)	• Weltreisen
• Wohnung	• Unterhaltung (Kino, Theater)	• Sportwagen
• Kleidung	• modischer Kleidung	• echtem Schmuck
werden befriedigt zur Erhaltung des Lebens.	werden befriedigt, um die Lebensart zu heben und zu verfeinern.	werden befriedigt, um den Lebensstandard, das Prestige, zu erhöhen.

1.2 Güter und Dienstleistungen zur Bedürfnisbefriedigung

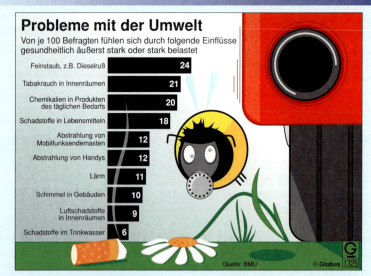

Noch vor 200 Jahren hätte niemand daran gedacht, jemals für den Verbrauch von Trinkwasser Geld zu bezahlen. Warum wird möglicherweise in naher Zukunft ebenfalls für die Luft ein Preis bezahlt werden müssen? Begründen Sie Ihre Auffassung.

Information

Als Güter werden alle Mittel bezeichnet, mit denen menschliche Bedürfnisse befriedigt werden können. – **Güter stiften Nutzen**.

Güterknappheit

Heutzutage gibt es nur wenige Güter, die in unbegrenzter Menge zur Verfügung stehen und deren Konsum deshalb kostenlos ist, wie beispielsweise das Atmen der Luft, das Sammeln von Pilzen im Wald oder das Baden im Meerwasser außerhalb von Bade- oder Kurorten. Man bezeichnet sie als **freie Güter**.

Ist die Gütermenge kleiner als die vorhandenen Bedürfnisse, so spricht man von **knappen oder wirtschaftlichen Gütern**.

Güter, die man sofort verbrauchen kann, werden von der Natur aber nur selten zur Verfügung gestellt. Die meisten Güter muss der Mensch erst aus den Rohmaterialien der Natur gewinnen, um seine unbegrenzten Bedürfnisse befriedigen zu können.

Im Laufe der menschlichen Entwicklung sind durch Umweltbelastungen immer mehr freie Güter zu wirtschaftlichen Gütern geworden.

Daher muss das gesamte Wirtschaften darauf konzentriert sein, die Güterknappheit zu mindern, damit die menschlichen Bedürfnisse befriedigt werden können.

Güterarten

Nach der Beschaffenheit können wirtschaftliche Güter eingeteilt werden in **materielle Güter (Sachgüter)**, wie z. B. Lebensmittel, Autos, Büromöbel, und **immaterielle Güter (Dienstleistungen und Rechte)**, wie beispielsweise die Leistungen eines Frisörs oder eines Rechtsanwaltes bzw. die Nutzung einer Mietwohnung, Patente und Urheberrechte.

Betrachtet man die wirtschaftlichen Güter nach der Art ihrer Verwendung, so lassen sie sich in **Konsum- und Produktionsgüter (Investitionsgüter)** einteilen. **Konsumgüter**, wie Textilien oder Möbel, dienen der unmittelbaren Bedürfnisbefriedigung des Endverbrauchers. **Produktionsgüter** werden zur Herstellung wirtschaftlicher Güter benutzt, wie z. B. Werkzeug, Lagerhallen, Maschinen.

Es kann durchaus sein, dass ein wirtschaftliches Gut, z. B. ein Schreibtisch, sowohl Produktions- als auch Konsumgut ist, je nachdem, wozu er verwendet wird, ob im Arbeitszimmer eines Lehrers zu dessen Berufsausübung oder im Wohnzimmer eines Rentnerehepaares zur Erledigung seines privaten Schriftverkehrs.

Teilt man die wirtschaftlichen Güter nach der Nutzungsdauer ein, so spricht man von **Ge- und Verbrauchsgütern**. **Gebrauchsgüter** können mehrmals verwendet werden, sie sind dauerhaft wie z. B. ein Radiogerät oder eine Registrierkasse.

Verbrauchsgüter hingegen stiften nur einmal Nutzen, da sie verbraucht werden, wie Butter, Benzin oder Tinte.

Gebrauchs- und Verbrauchsgüter können sowohl Konsum- als auch Produktionsgüter sein.

Güterwandel

Die Güter, mit denen die Haushalte heute ausgestattet sind, waren den früheren Generationen unbekannt.

Verhältnis der Güter zueinander

Substitutionsgüter
Substitutive Güter sind unterschiedliche Güter, die sich beim Ge- oder Verbrauch gegenseitig **ersetzen** (substituieren), weil sie die gleichen Bedürfnisse befriedigen.

Beispiele
- Butter – Margarine
- Kaffee – Tee
- Süßstoff – Zucker
- Kohle – Öl
- Transport durch Lkw – Transport durch die Bahn

Komplementärgüter
Komplementäre Güter sind solche, die sich ergänzen. Sie müssen zum Erreichen eines bestimmten Zweckes zusammenwirken.

Beispiele
- Pfeife – Tabak
- Füllfederhalter – Tinte
- Auto – Benzin
- Computer – Monitor

Unverbundene Güter
Derartige Güter stehen in Bezug auf die Bedürfnisbefriedigung in keiner Beziehung zueinander – sie sind *indifferent*, d. h., sie stiften unabhängig voneinander Nutzen.

Beispiele
- DVD-Player – Bleistift
- Kerze – Blumenerde
- Telefon – Kühlschrank
- Glühbirne – Badehose
- Hochofen – Urlaubsreise

Das heißt, die „Welt" der Güter ändert sich auch mit den Bedürfnissen, dem menschlichen Wissensstand, aber auch mit der Rechtsordnung, was durch die heutigen vielfältigen Überlegungen zum Umweltschutz offensichtlich wird.

Die materiellen Lebensverhältnisse der Arbeitnehmerhaushalte in Deutschland haben sich während der letzten Jahrzehnte erkennbar verbessert. Einen Anhaltspunkt dafür bietet die immer reichhaltigere Ausstattung der Haushalte mit dauerhaften Gütern, die das Leben erleichtern oder den Alltag schöner machen. Haustechnische Geräte wie Kühlschrank, Staubsauger oder Waschmaschine gehören längst zur Standardausrüstung der Haushalte, in nahezu jeder Wohnung steht ein Fernsehgerät und das eigene Auto sorgt für eine früher undenkbare Beweglichkeit.

Kühlschrank, Waschmaschine, Telefon und Fernsehgerät – wichtige Gebrauchsgüter für die Kommunikation, die Haushaltsführung und die Freizeitgestaltung – gibt es mittlerweile in fast sämtlichen deutschen Haushalten.

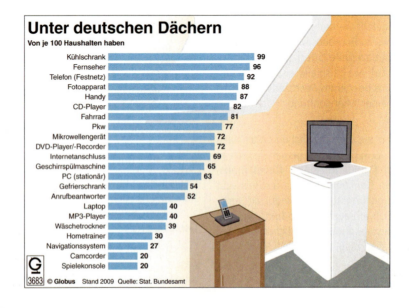

Unter deutschen Dächern
Von je 100 Haushalten haben

- Kühlschrank 99
- Fernseher 96
- Telefon (Festnetz) 92
- Fotoapparat 88
- Handy 87
- CD-Player 82
- Fahrrad 81
- Pkw 77
- Mikrowellengerät 72
- DVD-Player/-Recorder 72
- Internetanschluss 69
- Geschirrspülmaschine 65
- PC (stationär) 63
- Gefrierschrank 54
- Anrufbeantworter 52
- Laptop 40
- MP3-Player 40
- Wäschetrockner 39
- Hometrainer 30
- Navigationssystem 27
- Camcorder 20
- Spielekonsole 20

© Globus 3683 Stand 2009 Quelle: Stat. Bundesamt

Aufgaben

1. Ordnen Sie die genannten Güter der Buchstaben a) bis j) den Güterarten zu.

   Beispiele für wirtschaftliche Güter:
   a) Treibstoff für Privatauto
   b) Leim bei der Möbelherstellung
   c) Boden als Liegewiese
   d) Wasser als Durstlöscher
   e) Coca-Cola im Automat einer Kaufhauskantine
   f) Wohngebäude in der Innenstadt
   g) Verkaufstheke
   h) Öl als Energiequelle im Haushalt
   i) Lagerhalle
   j) Kohle zum Beheizen von Geschäftshäusern

   Güterarten:
   1. Konsumgut als Gebrauchsgut
   2. Konsumgut als Verbrauchsgut
   3. Produktionsgut als Gebrauchsgut
   4. Produktionsgut als Verbrauchsgut

2. Warum wird die Leistung eines Verkäufers (= kundengerechte Beratung) als Gut betrachtet?

3. Erklären Sie, wie ein freies Gut zu einem wirtschaftlichen Gut werden kann.

Zusammenfassung

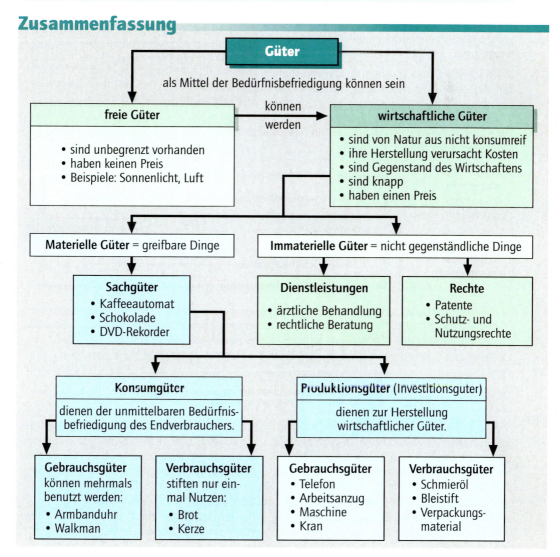

Grundlagen des Wirtschaftens — 15

1.3 Einfacher Wirtschaftskreislauf

In den Geschäftsräumen der Textilgroßhandlung *Exclusiva GmbH*:

Die Angestellte Monika Mohns erwirbt im Rahmen eines Personalkaufs ein paar sportliche Freizeitschuhe eines namhaften Herstellers.

Woher erhält Frau Mohns das zum Kauf der Sportschuhe notwendige Geld?

Showroom der Exclusiva GmbH

Information

In einer arbeitsteiligen Wirtschaft stehen sich Nachfrager und Anbieter gegenüber. Die Nachfrager erwerben Einkommen, indem sie ihre Arbeitskraft zur Verfügung stellen. Das Einkommen verwenden sie zur planvollen Befriedigung ihrer Bedürfnisse.

Die Nachfrager, man spricht auch von **Haushalten**, erzeugen kaum noch Güter für den eigenen Bedarf. Vielmehr kaufen sie ihre Güter bei den **Unternehmen**, die die Güter erzeugen und bereitstellen.

> Unter einem **Unternehmen** versteht man eine selbstständige rechtliche Wirtschaftseinheit mit eigenem Rechnungswesen, Risiko sowie Vermögen. Es stellt das finanzielle Fundament des Betriebes, die rechtliche Verfassung und die mit dem Markt verbundenen Seite des Betriebes dar. Ein Unternehmen kann mehrere Betriebe umfassen.

Die Beziehungen zwischen Haushalten und Unternehmen lassen sich durch folgendes – vereinfachtes – Modell verdeutlichen:

1. Die Haushalte stellen den Unternehmen, die nicht Eigentümer der Produktionsmittel sind, die Produktionsfaktoren zur Verfügung. Das ist zum einen ihre Arbeitsleistung (Faktor **Arbeit**), darüber hinaus sind es aber auch Grundstücke (Faktor **Boden**) und Sachkapital, wie z. B. Gebäude (Faktor **Kapital**).
2. Die Haushalte erhalten als Gegenleistung Geld von den Unternehmen als Lohn, Pacht oder Zinsen.
3. Die Haushalte verwenden das gesamte Einkommen zum Kauf von Konsumgütern. Sie sparen nicht.
4. Von den Unternehmen fließen den Haushalten im Tausch mit ihren Geldausgaben Konsumgüter zu.

Die Ausgaben der Haushalte, die den Unternehmen zufließen (siehe Erklärung 3), sind für diese Unternehmen Erlöse, die als Einkommen für die Faktorleistungen wieder den Haushalten zukommen. Der Kreislauf beginnt von Neuem.

Es findet also zwischen diesen beiden Wirtschaftsbereichen eine ständige Wiederholung von Kauf und Verkauf statt. Dabei steht einer großen Zahl von Haushalten eine Vielzahl unterschiedlicher Unternehmen, wie z. B. Automobilhersteller, Elektrogerätehersteller, Sportartikelhersteller, Groß- und Einzelhändler, gegenüber. Es entsteht ein System von Geld- und Güterströmen, der sog. Wirtschaftskreislauf.

Im Wirtschaftskreislauf fließt jedem Güterstrom ein wertgleicher Geldstrom entgegen.

Der einfache Wirtschaftskreislauf unter Berücksichtigung von Sparen und Investieren

Bislang wurde unterstellt,

1. dass die privaten Haushalte ihr gesamtes Einkommen (Y) für den Kauf von Konsumgütern (C) ausgegeben haben, und
2. dass nur Konsumgüter produziert wurden. Mit anderen Worten: Die Unternehmen investieren nicht in neue oder verbrauchte Produktionsgüter.

Geht man von der realistischen Annahme aus, dass die Haushalte Teile ihres Einkommens sparen, d. h. auf Konsum verzichten, und dieses Geld z. B. bei den Kreditinstituten anlegen, so muss das Kreislaufschema ergänzt werden.

Es bekommt folgendes Aussehen:

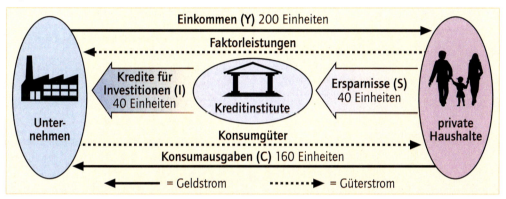

Das gesamte Einkommen (Y) der Haushalte (im Modell = 200 Einheiten) wird verwendet für den Kauf von Konsumgütern (C = 160 Einheiten) und zur Bildung von Ersparnissen (S = 40 Einheiten). Daraus kann man verkürzt die Gleichung der Einkommens**verwendung** aufstellen:

$$Y = C + S$$
$$200 = 160 + 40$$

Die Kreditinstitute geben die eingenommenen Gelder in Form von Krediten an die Unternehmen weiter (= 40 Einheiten) zur Finanzierung von Investitionsgütern, wie z. B. Maschinen, Gebäuden oder Fuhrpark.

Wird unterstellt, dass die Kreditinstitute die von privaten Haushalten gesparten Einkommensteile in voller Höhe an die Unternehmen weitergeben, so wird die durch das Sparen ausgefallene Konsumgüternachfrage (= 40 Einheiten) durch die Nachfrage nach Investitionsgütern (= 40 Einheiten) ersetzt. Der Wirtschaftskreislauf wäre damit erneut geschlossen, die Wirtschaft befindet sich wieder im Gleichgewicht.

Da sämtliche Einkommen bei der Herstellung von Investitions- und Konsumgütern erzielt werden, kann man hieraus die Gleichung der Einkommens**entstehung** ableiten:

$$Y = C + I$$
$$200 = 160 + 40$$

Wenn C + I = C + S ist (denn es ist ja Y = Y), dann kann daraus geschlossen werden, dass **Sparen und Investieren gleich groß** sein müssen:

$$S = I$$
Sparen (40 Einheiten) = Investieren (40 Einheiten)

Diese Gleichung besagt, dass die gesamten Ersparnisse der Haushalte über das Bankensystem an die Unternehmen geflossen sind für deren Nachfrage nach Investitionsgütern. Das führt schließlich zu einem Anwachsen der Produktionsmöglichkeiten. Somit wird die Gütermenge im Wirtschaftskreislauf durch Sparen und Investieren vergrößert, **die Wirtschaft wächst**.

Die Modellbetrachtung gilt nur für eine geschlossene Volkswirtschaft, d. h. ohne die Berücksichtigung von Beziehungen zu Auslandsmärkten. Würden beispielsweise Unternehmen Kredite im Ausland aufnehmen, dann wäre I > S (Investition größer als die Ersparnisse).

Aufgaben

1. Nennen Sie Konsumgüter, die von den folgenden Unternehmen angeboten werden:
   a) Kaufhaus   b) Verlag
   c) Apotheke   d) Nerzfarm

2. Warum kann man davon sprechen, dass das Modell des einfachen Wirtschaftskreislaufs die Wirklichkeit nur stark vereinfacht wiedergibt?

3. Was würde geschehen, wenn die Haushalte ihr Einkommen nicht in voller Höhe für Konsumgüter ausgeben, sondern einen Teil sparen würden?

4. Beschreiben Sie am Modell des einfachen Wirtschaftskreislaufs, welche wirtschaftlichen Auswirkungen eine Arbeitsniederlegung der Arbeitnehmer zur Folge hätte.

5. Wenn man den Wirtschaftsprozess in einer Volkswirtschaft veranschaulichen will, ist man auf eine Modellbetrachtung angewiesen. Der einfache Wirtschaftskreislauf zeigt entgegengesetzt verlaufende Ströme:
   a) den Geldstrom und b) den Güterstrom
   Beschreiben Sie ausführlich beide Ströme.

6. Warum gibt es im einfachen Wirtschaftskreislauf ohne Sparen und Investieren kein Wirtschaftswachstum?

7. In einer Volkswirtschaft sparen die privaten Haushalte mehr als zuvor. Welche möglichen Konsequenzen ergeben sich daraus für
   a) die Kreditinstitute,
   b) die Unternehmen,
   c) die privaten Haushalte,
   d) die gesamte Volkswirtschaft?

Zusammenfassung

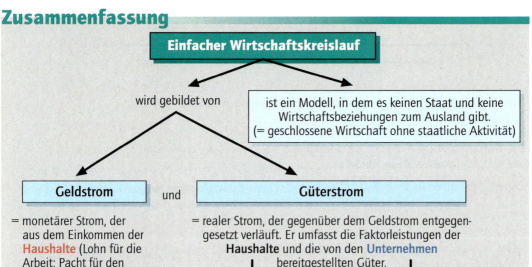

1 Sektor: Die Zusammenfassung von gleichartigen Wirtschaftssubjekten.

1.4 Ökonomisches Prinzip

Frau Lang versucht zu Hause, eine Liste mit den Waren aufzustellen, die sie am dringendsten benötigt. Darunter ist auch eine neue Packung Waschmittel.

Da ihre Bedürfnisse unbegrenzt sind und sie sich daher nicht jeden Wunsch erfüllen kann, aber möglichst viele erfüllen möchte, versucht sie, die Dinge des täglichen Bedarfs möglichst preiswert einzukaufen. Sie nimmt u. a. Anpreisungen in der Tageszeitung und Handzettel für die Planung ihrer täglichen Ausgaben zu Hilfe.

Begründen Sie, für welches Waschmittel sich Frau Lang entscheiden sollte.

Information

Zum preisgünstigen Einkauf gehört neben dem Qualitäts- auch der Preisvergleich. Vernünftig handeln Menschen, wenn sie versuchen, mit ihren begrenzten finanziellen Mitteln so sinnvoll zu wirtschaften, dass möglichst viele Bedürfnisse des täglichen Bedarfs befriedigt werden können. Ebenso kann der planvolle Verzicht auf bestimmte Dinge, wie z. B. auf Zigaretten und Alkohol, bedeuten, dass mehr Geld für eine nützliche Anschaffung, beispielsweise ein Fahrrad, verwendet werden kann – Menschen wirtschaften demnach, um sich möglichst viel leisten zu können. Der Erfolg oder Nutzen soll dabei im Verhältnis zum Einsatz so groß wie möglich ausfallen.

Geht man davon aus, dass Wirtschaften die planvolle Beschaffung und Verwendung knapper Güter zur Befriedigung menschlicher Bedürfnisse bedeutet (vgl. Kapitel 1.2, S. 12), so lässt sich daraus das **Prinzip des ökonomischen Handelns** ableiten. Es ist nicht nur beim Verbrauch von Gütern in Haushalten, sondern auch bei der Güterproduktion in Betrieben vorzufinden, so beispielsweise, wenn ein Unternehmer einen bestimmten Auftrag, für den ein fester Preis vereinbart wurde, mit möglichst geringen Kosten zu erfüllen versucht.

Das ökonomische oder wirtschaftliche Prinzip findet als Minimal- und Maximalprinzip Anwendung.

Minimalprinzip	Maximalprinzip
Mit geringstem Mitteleinsatz soll ein bestimmtes Ziel (Erfolg/Zweck) erreicht werden (Sparprinzip).	Mit gegebenen Mitteln soll ein größtmöglicher Erfolg erzielt werden (Haushaltsprinzip).

	Haushalte	
Kauf eines Geschenkes für möglichst wenig Geld.		Für die bevorstehende Heizperiode kauft Herr Krüger 10 000 Liter Heizöl. Dieser Vorrat soll so lange wie möglich halten.

	Unternehmen	
Ein Lebensmittelhändler benötigt für sein Warensortiment pro Monat 2 000 Becher Müsli-Joghurt. Diese Menge wird er von dem preisgünstigsten Anbieter beziehen.		Für die Herstellung von Lederschuhen werden möglichst viele Einzelteile aus den Lederlagen ausgestanzt.

	Staat	
Die Aufträge für den Bau des neuen Kreiskrankenhauses erhalten die kostengünstigsten Bauunternehmen.		500.000,00 € Steuereinnahmen werden so gezielt eingesetzt, dass so viele Fahrradwege wie möglich gebaut werden können.

Das Wirtschaften nach dem ökonomischen Prinzip kann aber auch negative Veränderungen der **Umwelt** zur Folge haben:

Die unbegrenzten Bedürfnisse der Menschen erfordern die ständige Güterproduktion. Dabei werden Rohstoffe, wie z. B. Kohle, Eisen, Zink, Erdöl und Erdgas, immer knapper – sie sind außerdem nicht wiederherzustellen!

Dieses auf Wirtschaftswachstum angelegte Denken kann zu einer starken Belastung unserer Umwelt führen. Das ist unter anderem durch die Erderwärmung, verseuchte Flüsse, das Aussterben vieler Pflanzen- und Tierarten sowie das Loch in der Ozonschicht sichtbar geworden. Kritisch muss daher über den Bedarf an bestimmten Gütern bzw. über Alternativen nachgedacht werden.

Dieses notwendige Nachdenken betrifft vor allem den Verbrauch der Rohstoffvorräte, die Verringerung der Verschmutzung unserer Umwelt und die Rückgewinnung von Rohstoffen (Recycling).

Lösungsansätze (Beispiele)

Verwendung von Druckbehältern ohne Treibgas, Fahrgemeinschaften, die Benutzung einer Einkaufstasche anstelle von Kunststofftüten, Filter- und Entschwefelungsanlagen für Kohlekraftwerke oder Wind- und Solarenergie

Umweltverträglich wirtschaften: **Auf dem richtigen Weg**
Um so viel Prozent sank der Einsatz von Umweltressourcen für wirtschaftliche Zwecke 2007 gegenüber 1995

Ressourcenentnahme
- Wasserentnahme aus der Natur*: -17,0 %
- Neuinanspruchnahme von Siedlungs- u. Verkehrsflächen*: -11,3
- Rohstoffentnahme: -6,8
- Primärenergieverbrauch: -3,0

Umweltbelastung
- Luftschadstoffe*: -34,8
- Wasserabgabe an die Natur*: -17,0
- Treibhausgase*: -8,2
- Abfallaufkommen*: -6,6

zum Vergleich: Bruttoinlandsprodukt: +20,0

*andere Bezugsjahre, wenn nicht anders verfügbar
Insgesamt nahm die Siedlungs- u. Verkehrsfläche (Bestand) zwischen 1996 und 2006 um 10,4 Prozent zu.
Quelle: Statistisches Bundesamt, Umweltökonomische Gesamtrechnungen 2008
© Globus 2595

Der Treibhausgas-Ausstoß in Deutschland ist im Jahr 2010 im Vergleich zum Vorjahr um 4,3 Prozent gestiegen, dennoch bleibt Deutschland im Rahmen der Ziele des Kyoto-Protokolls. Das teilte das Umweltbundesamt mit. Demnach ist der deutliche Anstieg der Emissionen vor allem auf die wirtschaftliche Erholung nach dem krisenbedingten Einbruch im Jahr 2009 zurückzuführen. So waren 2010 die Emissionen gut zwei Prozent geringer als im Jahr 2008. Laut den Experten konnten durch den Ausbau der erneuerbaren Energien 2010 gegenüber 2009 neun Millionen Tonnen CO2 eingespart werden. Das Umweltbundesamt empfiehlt, energieeffiziente und emissionsarme Techniken zu fördern. So werde Klimaschutz verstetigt und gleichzeitig das Wirtschaftswachstum gefördert.

Das 1996 in Kraft getretene deutsche Kreislaufwirtschafts- und Abfallgesetz bestimmt, dass Abfall in erster Linie vermieden, in zweiter verwertet und erst in dritter Linie beseitigt werden soll. Ende des 20. Jh. verbesserte die deutsche Industrie die Recyclingtauglichkeit vieler Investitionsgüter wie Autos und Haushaltsgeräte.

Durch die Wiedergewinnung wichtiger Rohstoffe aus Altmaterial oder Produktionsabfällen lässt sich der Einfuhrbedarf zum Teil beträchtlich sen-

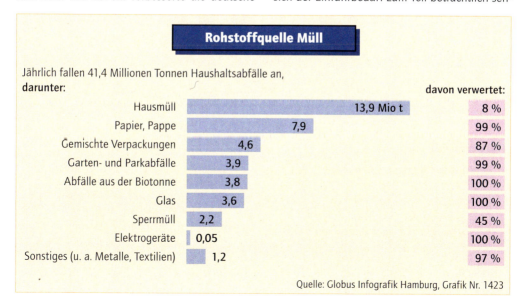

ken. Nach einer Untersuchung, die im Auftrag des Bundeswirtschaftsministeriums erfolgte, wird der Verbrauch an Edelmetallen und Nichteisenmetallen schon zu über 30 %, teilweise sogar zu 50 % aus zurückgewonnenem Material bestritten. Die meisten Legierungsmetalle weisen Recyclinganteile zwischen 10 und 30 % auf.

Darüber hinaus nimmt die Nachfrage der Wirtschaft nach nachwachsenden Rohstoffen stetig zu. 2010 wurden fast 2 151 000 Hektar Ackerland mit Pflanzen für industrielle Anwendungen und zur Erzeugung von Energie angebaut. Fossile Rohstoffe wie Kohle oder Erdöl sind endlich – nachwachsende Rohstoffe hingegen bilden sich immer wieder neu. Ihre Nutzung kann umweltfreundlich sein, durch ihre CO_2-Neutralität wirken sie dem Treibhauseffekt entgegen.

Beispiel

Biodiesel wird aus dem Öl der Rapspflanzen gewonnen. Nachwachsende Rohstoffe dienen als Grundlage für die Herstellung von biologisch abbaubaren Schmierstoffen, Verpackungsmaterialien und Waschmitteln. Darüber hinaus sind sie Ausgangsstoffe für Arzneimittel, Textilien und Baustoffe. Für die Landwirte schaffen sie neue Produktions- und Einkommensmöglichkeiten und sichern so Arbeitsplätze auf den Höfen und im inländischen Raum.

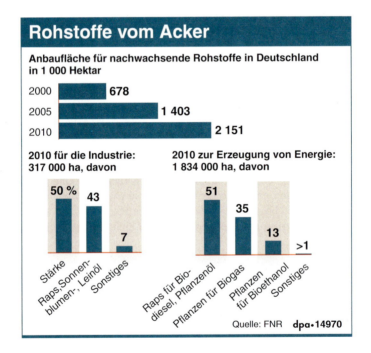

Aufgaben

1. Entscheiden Sie, ob in den Beispielen das Minimal- oder das Maximalprinzip vorliegt.

   Beispiele

   a) Herr Obermeier hat sich zum Kauf eines Neuwagens von einem bestimmten Hersteller entschieden. Er sucht mehrere Vertragshändler dieses Herstellers auf und erkundigt sich, welchen Preis er für sein „Wunschauto" nach Abzug möglicher Preisnachlässe tatsächlich zu bezahlen hat.

b) Ein Einzelhändler setzt seine fünf Verkäuferinnen so ein, dass an diesem Tag möglichst viele neu angelieferte Waren in die Regale einsortiert werden können.

c) Der Obst- und Gemüsehändler Kranz überlegt, wie er die Kosten für die Auslieferung bestimmter, wenig umfangreicher Warensendungen senken kann. Die Ladeflächen der beiden Auslieferungsfahrzeuge waren bisher in solchen Fällen kaum ausgelastet.

d) Anlässlich eines Kindergeburtstages beabsichtigt eine Mutter, für 20,00 € Getränke einzukaufen. Sie vergleicht die Preise mehrerer Lebensmittelgeschäfte in der näheren Umgebung.

e) Der Inhaber einer Großhandlung will mit seinen zwölf Mitarbeitern auf Grundlage der geltenden Tarifverträge einen möglichst hohen Umsatz in den nächsten vier Monaten erzielen.

f) Der Rat der Stadt Hannover hat beschlossen, im Schulzentrum eine weitere Sporthalle errichten zu lassen. Vor Vergabe der anfallenden Erdarbeiten holt das städtische Bauamt verschiedene Angebote von Spezialfirmen ein.

2. Insbesondere beim Kauf von Konsumgütern gehen die Käufer gelegentlich nicht nach dem ökonomischen Prinzip vor. Nennen Sie einige Gründe, die die Konsumenten von ihrem wirtschaftlichen Verhalten abbringen können.

3. Warum muss der Mensch wirtschaften?

4. Nennen Sie Gründe, die für das Rohstoff-Recycling sprechen.

Zusammenfassung

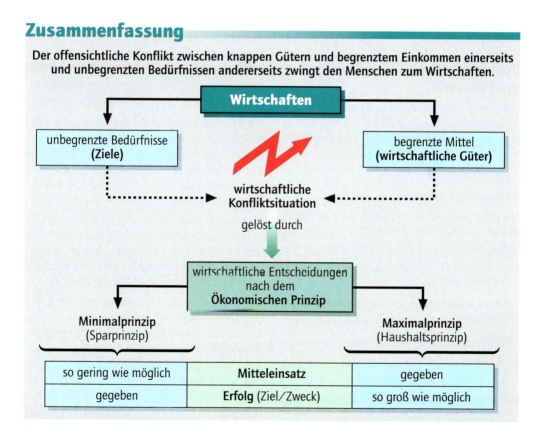

1.5 Produktionsfaktoren

Als gesundheitsbewusste Sportlerin nimmt Sibylle bei ihrem wöchentlichen Lebensmitteleinkauf u. a. auch stets ein Vollkornbrot in ihrem Einkaufskorb mit nach Hause. Bis das Brot zum Konsum „reif" ist, also von Sibylle zum Verbrauch gekauft werden kann, muss zuvor, wie bei den meisten Wirtschaftsgütern, ein längerer „Aufbereitungs"prozess stattfinden. Diesen Vorgang nennt man **Produktion**.

Überlegen Sie mithilfe der abgebildeten Zeichnung, welche ursprünglichen Kräfte und Mittel auf der 1. Produktionsstufe, der Herstellung des Getreides, nötig sind.

Information

Volkswirtschaftliche Produktionsfaktoren

Wenn man den Produktionsprozess bis zu den selbst nicht mehr produzierbaren Gütern zurückverfolgt, so gelangt man zu den **ursprünglichen (originären) Faktoren** der Produktion:

– Boden (Natur) und

– menschliche Arbeit.

Um Brot herstellen zu können, ist der **Faktor Boden** unentbehrlich. Er wird hier in dreifacher Weise genutzt:

1. Zum Anbau des Naturproduktes Roggen (= **Anbaufaktor**).

Weitere Beispiele

Anbau von Äpfeln, Tomaten, Baumwolle, Holz; Fischzucht

2. Zum Abbau von Salzlagerstätten zur Kochsalzgewinnung (= **Abbaufaktor**).

Weitere Beispiele

Förderung von Erdöl, Erdgas, Kohle, Erzen

3. Als Gebäude für Verwaltung, Stallungen und Scheune des Bauern (= **Standortfaktor**).

Weitere Beispiele

der Boden als Raum für die Ansiedlung von Handels-, Handwerks-, Industrie- und Dienstleistungsbetrieben

Die räumliche Lage eines Betriebes kann zwingend sein, so z. B. im Bergbau mit seiner Abhängigkeit vom Rohstoffvorkommen. Sie kann aber auch abhängig sein von ausreichend vorhandenen Arbeitskräften, den verkehrstechnischen Einrichtungen, Umweltschutzbestimmungen usw.

Zum Begriff Boden gehören auch die Naturkräfte Wasser, Sonnenenergie und Luft sowie das Klima, das die land- und forstwirtschaftliche Nutzung entscheidend beeinflussen kann. Der Produktionsfaktor Boden ist nicht vermehrbar.

Der Einsatz der menschlichen Arbeit (= **Produktionsfaktor Arbeit**) umfasst sowohl die körperliche als auch die geistige Arbeit bei der Herstellung des Kleides. So werden z. B. die Modelle entworfen, die Rohstoffe eingekauft, die zugeschnittenen Stoffe zusammengenäht, das fertige Kleid gelagert und anschließend verkauft.

Beispiele

a) geistige Arbeit: lehren, forschen, planen, entwerfen

b) körperliche Arbeit: bauen, ernten, bedienen, kochen

Ohne die menschliche Arbeitskraft ist weder die Güterherstellung, also auch nicht die Nutzung des Bodens, noch technischer Fortschritt möglich.

Die Produktionsfaktoren Boden und Arbeit sind **ursprüngliche** Kräfte der Produktion. Das Hilfsmittel Mähdrescher musste von den Faktoren Boden und Arbeit geschaffen werden. Güter wie der Mähdrescher werden in der Volkswirtschaftslehre als **Sach- oder Realkapital** bezeichnet.

Zu diesem **Produktionsfaktor Kapital** werden im volkswirtschaftlichen Sinne sämtliche produzierten Produktionsmittel gezählt, wie z. B. das Verwaltungsgebäude, der Lieferwagen, der Computer, die Registrierkasse oder im industriellen Bereich die Roboter, Werkzeuge oder Lagerhallen.

Diese Güter werden hergestellt, um die Produktion anderer Güter zu ermöglichen. So werden bei der Kleiderherstellung z. B. die Stoffballen von vollautomatischen Maschinen zugeschnitten, die Stoffteile mit Spezialnähmaschinen zusammengenäht, die fertigen Kleider mit Bügelautomaten gebügelt und dann in Lagerhallen gelagert.

Der Produktionsfaktor Kapital ist, da er nicht ursprünglich vorhanden ist wie Boden und Arbeit, ein **abgeleiteter (derivativer) Faktor**; er wird unter Einsatz der beiden anderen Produktionsfaktoren hergestellt.

Die Kapitalbildung erfolgt mit dem Ziel, wirtschaftliche Güter schneller und/oder bequemer produzieren zu können. Die Ausstattung einer Volkswirtschaft mit Produktionsmitteln nennt man **Kapitalausstattung** (= Sach- oder Realkapital). Sie darf nicht gleichgesetzt werden mit Geldkapital.

Geld allein ist kein Produktionsfaktor, sondern lediglich ein Tauschmittel, eine Vorstufe des Sachkapitals.

Als weiteren abgeleiteten Produktionsfaktor muss man auch das **Wissen** betrachten, das als Voraussetzung für die Neu- und Weiterentwicklung von Gütern und technischen Hilfsmitteln anzusehen ist. Wissen ist stets verbunden mit dem Erwerb von Kompetenzen: Aus Fachkompetenz, Methodenkompetenz und Sozialkompetenz entsteht *Handlungskompetenz*. Kompetenzen werden ein Leben lang erworben und weiterentwickelt, nicht nur durch Bildungseinrichtungen und Unternehmen, sondern auch im privaten Umfeld. Insofern kommt der *Bildung und Ausbildung* der Arbeitskräfte eine ganz besondere Bedeutung zu. Nur wenn ein Land *hoch qualifizierte Arbeitskräfte* besitzt, kann es mit der schnellen technologischen Entwicklung Schritt halten oder sogar eine Vorreiterrolle in bestimmten Technologiebereichen einnehmen und damit Standards für andere Länder setzen.

Produktion als Kombination der Produktionsfaktoren

Mit der Herstellung von oder dem Handel mit Gütern soll ein höchstmöglicher Gewinn (= Erlös − Kosten) erzielt werden. Dazu müssen die drei Produktionsfaktoren nach dem ökonomischen Prinzip im **Betrieb** miteinander kombiniert werden. Welche Faktorenkombination dabei am kostengünstigsten ist, hängt von der Handelsware bzw. der Art der Güterproduktion ab.

> **Betrieb** = Produktionsstätte, in der durch die Kombination der Produktionsfaktoren Produktionsgüter und Dienstleistungen für den Bedarf Dritter und den Eigenbedarf hergestellt werden.

Untereinander sind die drei Produktionsfaktoren in Grenzen austauschbar. So ist im Zuge des technischen Fortschritts eine Änderung der Kombination der Produktionsfaktoren denkbar, um das Verhältnis zwischen Kosten und Ertrag optimal zu gestalten (Minimalkostenkombination: mit geringsten Kosten einen bestimmten Ertrag erzielen).

Am häufigsten wird dabei Arbeit durch Kapital ersetzt. Dieser ständige Austauschprozess wird als **Substitution (= Ersetzung)** der Produktionsfaktoren bezeichnet.

Beispiel

Früher musste ein Bauer 112 Arbeitsstunden aufbringen, um sein Roggenfeld von einem Hektar Größe abzuernten. Heute braucht er für dieselbe Größe, unter Verwendung eines Mähdreschers, nur noch eine Stunde und 48 Minuten auf dem Feld zu verbringen.

Dieselbe Getreidemenge ist mit einem geringeren Einsatz an menschlicher Arbeit gewonnen worden. Man spricht in diesem Zusammenhang von einer gestiegenen **Arbeitsproduktivität**.

Sie ist ein wichtiger Maßstab für die Leistungsfähigkeit einer Volkswirtschaft. Am **Zuwachs des**

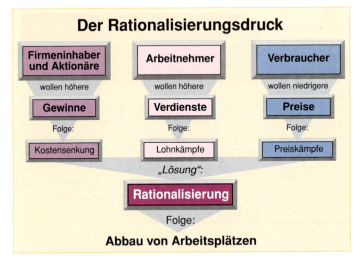

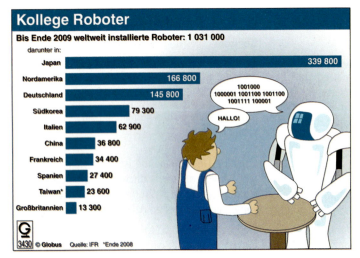

realen Bruttoinlandsprodukts je Erwerbstätigenstunde lässt sich die gesamtwirtschaftliche Produktivitätsentwicklung ablesen. Allerdings hängt diese Entwicklung nicht nur vom Grad des technischen Fortschritts ab, der es erlaubt, in einer Arbeitsstunde mehr als vorher zu produzieren, sondern ist auch den Schwankungen der Konjunktur unterworfen.

Langfristig gesehen, hat sich das Tempo des Produktivitätsanstiegs in der westdeutschen Wirtschaft allmählich abgeschwächt (siehe Abb. oben). In der Wiederaufbauphase der Fünfzigerjahre nahm das **Produktionsergebnis je Erwerbstätigenstunde** noch um etwa 6 % im Jahresdurchschnitt zu. In den 60er-Jahren fiel die Produktivitätsrate auf durchschnittlich 5,3 %, in den 70er-Jahren auf 3,7 % und in den 80er-Jahren bzw. 90er-Jahren auf 2,6 % bzw. 2,2 %. In den ersten sieben Jahren dieses Jahrtausends liegt der Durchschnittswert bei nur noch 1,4 %.

Diese Entwicklung ist – von kurzzeitig wirksamen Konjunktureinflüssen abgesehen – in erster Linie auf die gesamtwirtschaftlichen Strukturveränderungen der letzten Jahrzehnte zurückzuführen. So steht die Verlangsamung des gesamtwirtschaftlichen Produktivitätszuwachses offenbar in engem Zusammenhang mit dem Vordringen des Dienstleistungssektors. Denn dort bestehen in manchen Bereichen nur begrenzte Möglichkeiten, die Arbeitsproduktivität durch Technisierung und Rationalisierung zu steigern. Der Vorgang, den Menschen als Produktionsfaktor durch automatische Maschinen zu ersetzen, wird als **Rationalisierung** bezeichnet.

Zu Problemen kann es immer dann kommen, wenn bei der Substitution von Arbeit durch Kapital die Interessen der betroffenen Arbeitnehmer nicht oder nicht ausreichend berücksichtigt werden.

Da mit den gleichen Arbeitskräften mehr produziert werden kann, fordern die Gewerkschaften, dass die Arbeitnehmer am Produktivitätszuwachs teilhaben, z. B. durch Erhöhung der Tariflöhne, Investivlöhne, Arbeitszeitverkürzung.

Betriebswirtschaftliche Produktionsfaktoren

Die Betrachtung der volkswirtschaftlichen Produktionsfaktoren Arbeit, Boden und Kapital bezieht sich auf die Gesamtwirtschaft eines Volkes. Sieht man sich die Produktion aber *aus der Sicht des einzelnen Unternehmens* an, so stehen einzelwirtschaftliche (= betriebswirtschaftliche) Überlegungen im Vordergrund. Die Betriebswirtschaftslehre geht daher von einer anderen Einteilung aus.

Die zur Herstellung von Gütern notwendigen **betrieblichen Produktionsfaktoren (= Elementarfaktoren)** sind:

Unter **Betriebsmittel** sind sämtliche Anlagen und technischen Einrichtungen, die zur Erstellung der betrieblichen Leistung (z. B. materielle Güter wie Kaffeemaschinen) notwendig sind, zusammengefasst.

Beispiele

Maschinen, Grundstücke, Verwaltungsgebäude, Werks- und Lagerhalle, Förderbänder, Werkzeuge jeder Art, Kraftfahrzeuge, Büroeinrichtung, Gabelstapler, EDV-Anlage

Werkstoffe sind sämtliche Stoffe, die während der Güterherstellung verbraucht werden und in das neue Produkt eingehen.

Dabei sind zu unterscheiden:

- **Rohstoffe**, die zum Hauptbestandteil des fertigen Produkts werden, z. B. das Mehl fürs Brot, das Holz eines Bauernschrankes, der Stoff für den Hochzeitsanzug, das Leder eines Schuhs oder das Gummi für die Reifenherstellung.
- **Hilfsstoffe**, die nicht wesentlich für das Endprodukt sind, sondern es lediglich ergänzen (= *Nebenbestandteile*), z. B. die Beschläge beim Bauernschrank, der Leim beim Reifen, die Knöpfe des Anzuges, die Glasur bei der Porzellanproduktion oder die Stiftnägel bei der Herstellung von Bilderrahmen.
- **Betriebsstoffe**, die nicht in das Produkt eingehen, sondern *bei der Produktion verbraucht* werden, wie z. B. Schmieröl, Benzin, Putzmittel, Strom oder Kohle.
- **Bezogene fertige Einbauteile** (auch Zwischenprodukte aus eigener Produktion) wie die Lichtanlage beim Auto, das Gehäuse bei der Computerherstellung, die Handgriffe bei der Herstellung von Fahrrädern u. v. m.

Um Werkstoffe und Betriebsmittel bei der Güterproduktion miteinander zu verbinden, ist die **ausführende** (objektbezogene) **Arbeit** als dritter elementarer Produktionsfaktor im Betrieb unentbehrlich. Hierunter fallen Tätigkeiten, die *in direktem Zusammenhang* u. a. mit der Beschaffung, der Produktion, dem Absatz, der Verwaltung und der Finanzierung stehen.

Beispiele

Facharbeiter wie Schlosser oder Werkzeugmacher, Hilfsarbeiter, Schreibkraft, Gabelstaplerfahrer, Techniker, Buchhalter, Mitarbeiter im Verkauf, technischer Zeichner

Damit überhaupt erst die Produktion von Gütern ermöglicht wird und das Unternehmen zudem dabei seinen größtmöglichen Gewinn erzielen kann, müssen die drei Elementarfaktoren zusammengeführt und aufeinander abgestimmt werden. Dies kann nur durch eine einheitliche betriebliche Führung erreicht werden. Die Tätigkeit dieser Führungsspitze wird als **leitende** (funktionsbezogene) **Arbeit** bezeichnet. Die Mitarbeiter, die in der Geschäftsleitung (Management) arbeiten, sind *nur indirekt an der Güterproduktion beteiligt*.

Beispiele

Führungskräfte, die anderen Personen Weisungen erteilen dürfen (= leitende Arbeitskräfte): z. B. Geschäftsführer, Ingenieur, Abteilungsleiter, Betriebsleiter, Meister

Die Arbeit der Führungsorgane zählt nicht zum elementaren Produktionsfaktor „ausführende Arbeit". Sie wird vielmehr als selbstständiger Produktionsfaktor geführt mit der Bezeichnung **dispositive** (leitende) **Arbeit**. Die Hauptaufgabe des dispositiven Produktionsfaktors ist die Kombination der Elementarfaktoren nach dem ökonomischen Prinzip, d. h. die Planung, Leitung, Organisation und Kontrolle.

Im Einzelnen bestimmt die Geschäftsleitung:

- welches betriebliche Ziel angestrebt werden soll, um das Endziel, die Gewinnmaximierung, zu erreichen,
- wie die obersten Führungsstellen zu besetzen sind,
- wie die großen betrieblichen Teilbereiche Beschaffung, Herstellung und Absatz aufeinander abzustimmen sind,
- ob z. B. Beteiligungen an anderen Unternehmen vorgenommen oder betriebliche Bereiche stillgelegt werden sollen und
- wie Betriebsstörungen im Betriebsablauf zu beheben sind.

Da sich die elementaren Produktionsfaktoren untereinander austauschen oder völlig ersetzen (substituieren) lassen (z. B. ausführende Arbeit und Betriebsmittel), wird sich die Geschäftsleitung für die Kombination der Elementarfaktoren entscheiden, die die geringsten Produktionskosten verursacht (= Minimalkostenkombination).

Beispiel

Die Geschäftsführung wird versuchen, die Kosten des maschinellen Einsatzes (→ *Betriebsmittel*) durch Rationalisierung und Automation möglichst niedrig zu halten. Dabei können auch *menschliche (ausführende) Arbeitskräfte* ersetzt werden (vgl. Kap. 1.4).

Roh-, Hilfs- und Betriebsstoffe (→ Werkstoffe) wird man versuchen möglichst preisgünstig bei den Lieferanten einzukaufen und sie anschließend sparsam zu verwenden.

Bei dieser Kombination wird das Minimalprinzip verwirklicht, d. h., mit den *geringstmöglichen* Faktorkosten wird eine festgesetzte Gütermenge erzeugt.

Die Anzahl der von der Geschäftsführung eingesetzten Elementarfaktoren und ihre Kombination im Unternehmen ist abhängig von der Art des Fertigungsverfahrens.

Beispiel

Bei der **Handfertigung**, z. B. einer Markenuhr aus der Schweiz, ist die Produktion sehr arbeitsintensiv.

Bei der **Automation** ist die Produktion hingegen sehr kapitalintensiv, so z. B. bei der Herstellung des VW-Golf, wo modernste maschinelle Anlagen eingesetzt werden.

Wurde der volkswirtschaftliche Kapitalbegriff noch mit „produzierten Produktionsmitteln" (= Maschinen und maschinelle Anlagen) beschrieben (≠ Geldkapital), so ist *Kapital im betriebswirtschaftlichen Sinn* zu verstehen als all jene Mittel, die zur Finanzierung des Vermögens des Unternehmens beschafft werden. Eigenkapital sind von einem Unternehmen selbst aufgebrachte finanzielle Mittel, Fremdkapital sind von Dritten geliehene Mittel.

Aufgaben

1. Welche Nutzungsmöglichkeiten bietet der Produktionsfaktor Boden?
2. Beschreiben Sie am Beispiel der Produktion von Fahrrädern (Kleiderschränken), wie die drei Produktionsfaktoren zum Einsatz kommen können.
3. Was verstehen Sie unter Kapital im volkswirtschaftlichen Sinn?
4. Warum findet Kapitalbildung statt?
5. Welche Auswirkungen hat der technische Fortschritt auf die Faktorkombination?
6. Erklären Sie „substituierbare Produktionsfaktoren".
7. Suchen Sie drei Beispiele, bei denen der Produktionsfaktor Arbeit durch den Produktionsfaktor Kapital ersetzt wurde.
8. Welche wirtschaftliche Gefahren, aber auch Chancen, können mit der steigenden Arbeitsproduktivität verbunden sein?
9. Wie beurteilen Sie die Substitution der menschlichen Arbeitskraft durch technisch hoch entwickelte Betriebsmittel? Nennen Sie einige Vor- und Nachteile.
10. Nennen Sie die vier Produktionsfaktoren, die die Betriebswirtschaftslehre untersucht.
11. Worin besteht beim Produktionsfaktor Kapital der Unterschied zwischen der volkswirtschaftlichen und der betriebswirtschaftlichen Betrachtungsweise?
12. Welche Aufgaben hat der dispositive Faktor?
13. Suchen Sie Beispiele für die unter Aufgabe 12 genannten Aufgaben.
    Beziehen Sie Ihre Beispiele auf ein größeres Blumengeschäft.
14. Welcher elementare Produktionsfaktor spielt im Blumengeschäft sowie in anderen Dienstleistungsunternehmen eine sehr geringe Rolle?
15. Beschreiben Sie die Situation in einem Unternehmen, in dem der dispositive Faktor (= Geschäftsleitung) fehlt.
16. Nennen Sie je fünf Mitarbeiter in einem Unternehmen, die mit ausführenden und leitenden Tätigkeiten beschäftigt sind.
17. Nennen Sie je drei Beispiele für Rohstoffe, Hilfs- und Betriebsstoffe sowie bezogene Fertigteile in einem Betrieb Ihrer Wahl.

Zusammenfassung

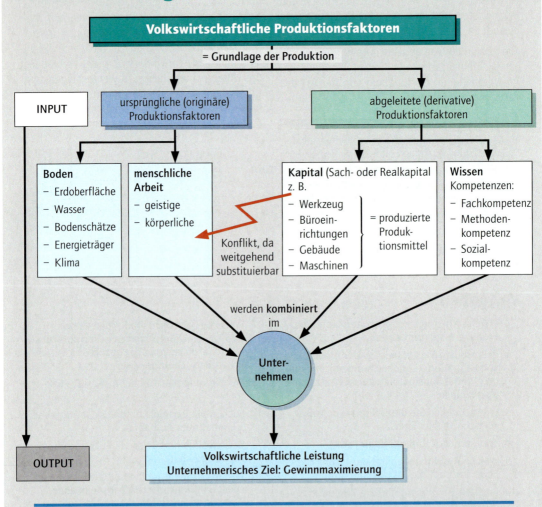

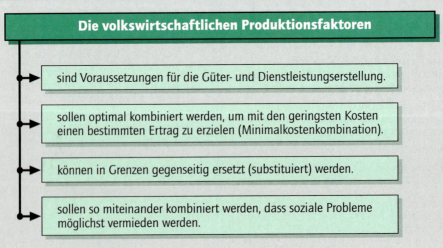

Zusammenfassung

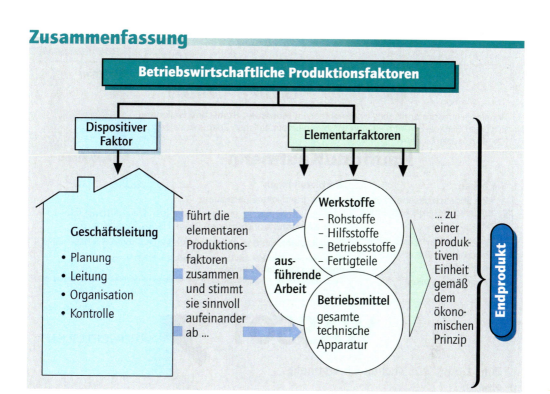

1.6 Arbeitsteilung

Gebrüder Horniks GmbH

Stahlbau / Hallenbau

Wir sind ein mittelständisches Unternehmen im **Industrie-, Stahl- und Hallenbau**. Für unser Service-Zentrum suchen wir zum nächstmöglichen Zeitpunkt eine/-n junge/-n, dynamische/-n

Kauffrau/Kaufmann

Sie haben
- eine abgeschlossene kaufmännische Berufsausbildung
- PC-Kenntnisse
- Erfahrungen im Bereich der Tabellenkalkulation/Textverarbeitung
- Organisationstalent

Wir bieten Ihnen
- eine gründliche Einarbeitung
- einen interessanten und ausbaufähigen Dauerarbeitsplatz in **Königshofen/Thüringen** (Nähe Hermsdorfer Kreuz)

Bewerbungen mit den üblichen Unterlagen richten Sie bitte an:
Gebr. Horniks GmbH • Am Umspannwerk 2 • 29303 Bergen
Postfach 11 98 • 29296 Bergen
Tel.: 05051 3025 • Fax: 05051 2319 • E-Mail: gebr.horniks-wvd@t-online.de

---

WASSOT AKTIENGESELLSCHAFT

Zum 1. April 20.. suchen wir erstmalig eine/-n

GESCHÄFTSFÜHRER/-IN

Ihr Aufgabengebiet umfasst:
- Haushalts- und Finanzmanagement
- Personalwirtschaft
- Controlling
- Organisationsentwicklung
- EDV- und Immobilienmanagement sowie
- die abteilungsübergreifende Verwaltung der AG

Wir erwarten von Ihnen:
- einen Hochschulabschluss betriebswirtschaftlicher oder verwaltungswissenschaftlicher Fachrichtung oder einen vergleichbaren Abschluss.
- fundierte Kenntnisse und Erfahrungen im Management mit den Schwerpunkten Finanzen, Controlling, Personal- und Organisationsentwicklung
- fundierte Kenntnisse in der Mittelbewirtschaftung
- mehrjährige Leitungserfahrung und die Fähigkeit, Gruppenprozesse einzuschätzen, zu strukturieren und voranzutreiben
- eine gute Balance zwischen Flexibilität und strukturiertem Denken
- gute Kenntnisse der englischen Sprache
- Teamfähigkeit, Entscheidungsfreude, kommunikative Kompetenz und Integrationsfähigkeit
- Souveränität bei öffentlichen Auftritten

Wir bieten Ihnen:
- eine interessante Aufgabe mit einem hohen Maß an Gestaltungsspielraum
- die Möglichkeit, moderne Managementkonzepte einzuführen und umzusetzen
- eine der Aufgabe angemessene Vergütung

Schriftliche Bewerbungen sind bitte unter Angabe der Stelle und Kennziffer D 279 923 bis zum 31. November 20.. an die Wassot AG, Personalabteilung, Sternstraße 110–114, 60318 Frankfurt/Main zu richten.

Erläutern Sie, warum sich nicht dieselben Personen auf die zwei Anzeigen bewerben werden.

Information

Überbetriebliche Arbeitsteilung

Zur überbetrieblichen Arbeitsteilung gehören
- die Berufsbildung und Berufsspaltung sowie
- die gesellschaftliche Arbeitsteilung.

Berufsbildung und Berufsspaltung

Der Blick in die Stellenanzeigen der Zeitungen zeigt, dass überwiegend Fachleute gesucht werden, wie beispielsweise Sozialversicherungsangestellte, Universalfräser, Einkaufssachbearbeiter oder Sachbearbeiter für den Bereich Auftragsbearbeitung und Bestandsverwaltung.

Noch bis ins 11. Jahrhundert waren die Menschen jedoch Selbstversorger und haben alles, was sie zum Leben benötigten, selbst hergestellt. Die älteste und ursprüngliche Aufteilung der Arbeit hat zwischen Mann und Frau stattgefunden. Während die Frauen die Haus- und Feldarbeit sowie die Kinderversorgung übernahmen, gingen die Männer auf die Jagd und waren für die Fischerei zuständig.

Dadurch, dass einige Menschen bei speziellen Arbeiten besonderes Geschick zeigten, konnten sich die ersten handwerklichen Grundberufe bilden. Beispiele: Schneider, Schmied, Schreiner, Töpfer, Jäger, Händler. Diese Spezialisten konnten auf ihrem Gebiet wesentlich mehr und qualitativ höherwertige Güter herstellen als andere Mitglieder der Gemeinschaft. Die **Berufsbildung** hatte stattgefunden.

Spezialisierungen innerhalb der Berufe folgten. Einzelne Arbeitsfelder, wie z. B. das des Kaufmanns, wurden in kleinere Arbeitsgebiete aufgespalten. Man spricht bei dieser Entwicklungsstufe von **Berufsspaltung**, die sich bis in die heutige Zeit fortsetzt.

Beispiel

Kaufmann → Kaufmann/Kauffrau im Einzelhandel, Kaufmann/Kauffrau im Groß- und Außenhandel, Industriekaufmann/-kauffrau, Bankkaufmann/-kauffrau, Versicherungskaufmann/-kauffrau.

Es erfolgte zugleich die Trennung zwischen körperlicher und geistiger Arbeit.

Gesellschaftliche Arbeitsteilung

Mit zunehmender Spezialisierung bildeten sich die ersten Betriebe. Sie konzentrierten sich lediglich auf einen Abschnitt bei der Herstellung eines Wirtschaftsgutes.

Betrachtet man das Sportrad auf der folgenden Seite, so wird deutlich, dass z. B.
- das Aluminium für den Rahmen von den Erzbergwerken der Natur abgewonnen werden musste;
- die Reifen ihren Ursprung auf den Gummiplantagen Malaysias haben;
- die Lackierung nur möglich war, weil Farben u. a. aus Ölen und Harzen gewonnen wurden.

Diese Betriebe auf **der ersten Produktionsstufe** zählt man zur sog. **Urproduktion (= primärer Wirtschaftssektor; Primärbereich)**, wie Land- und Forstwirtschaft, Fischerei und Bergbau; sie schafft die Voraussetzungen für die Produktion. Die nachgelagerten Betriebe, wie z. B. die des Maschinen- und Fahrzeugbaus, des Textilgewerbes, der Leder- und Mineralölverarbeitung, des Nahrungs- und Genussmittelgewerbes, der Elektrotechnik, des Stahlbaus oder des Handwerks, werden der **Weiterverarbeitung (= zweite Produktionsstufe)** zugerechnet. Auf dieser Stufe geschieht die eigentliche Herstellung der Güter (**= sekundärer Wirtschaftssektor; Sekundärbereich**).

Zum Endverbraucher gelangt das Fahrrad über den Groß- und Einzelhandel. Diese Betriebe gehören zur **dritten Produktionsstufe, dem Dienstleistungsbereich (= tertiärer Wirtschaftssektor; Tertiärbereich)**.

Beispiele

Weitere Dienstleistungsbetriebe: Versicherungen, Post, Banken, Deutsche Bahn AG, freie Berufe (Steuerberater, Ärzte, Architekten, Rechtsanwälte), Gaststätten.

Auf der dritten Produktionsstufe werden die Güter verteilt (siehe Abb. in Kapitel 4.5).

Die Gliederung der Gesamtwirtschaft nach den drei Produktionsstufen wird als **vertikale Arbeitsteilung** bezeichnet. Die innerhalb dieser Stufen entstandene Arbeitsteilung heißt **horizontale Arbeitsteilung**. Allgemein wird die Arbeitsteilung zwischen den Betrieben gesellschaftliche Arbeitsteilung genannt – eine Arbeitsteilung, die sich auf die gesamte Volkswirtschaft erstreckt.

Zulieferer von **A**luminiumrahmen bis **Z**ahnkranz

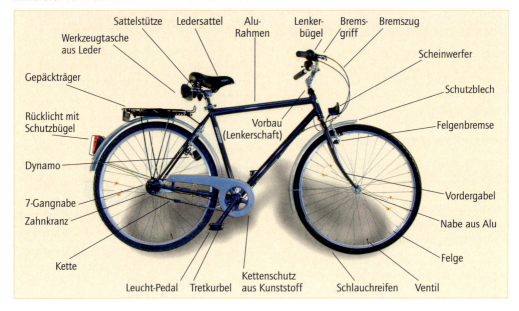

Betriebliche Arbeitsteilung

Aber auch **innerhalb** der Betriebe hat die Arbeitsteilung nicht haltgemacht. Der moderne, arbeitsteilig wirtschaftende Betrieb ist gekennzeichnet durch die Aufteilung nach Arbeitsbereichen, wie Einkauf, Lager, Rechnungswesen, Verwaltung, Verkauf (= **Abteilungsbildung** als **horizontale Arbeitsteilung**).

Die Abteilungsbildung umfasst die **horizontale** Aufteilung der betrieblichen Aufgaben in verschiedene Bereiche. Die Arbeitsteilung in einem Unternehmen erfolgt aber auch **vertikal;** man spricht in diesem Fall von **Unternehmenshierarchie.**

In den einzelnen Abteilungen wiederum werden die Arbeitsabläufe in mehrere Teilverrichtungen zerlegt, wobei jede dieser Teilverrichtungen getrennt ausgeführt wird. Man spricht in diesem Fall von **Arbeitszerlegung.**

Beispiel

Der Vorgang der Blusenfertigung lässt sich beispielsweise in die folgenden Teilverrichtungen zerlegen: Rückenteil zuschneiden, Vorderteil rechts zuschneiden, Vorderteil links zuschneiden, Ärmel zuschneiden, Kragen zuschneiden, Manschetten zuschneiden, Kragen nähen, Ärmel zusammennähen, Manschetten an die Ärmel nähen, Vorderteil rechts an das Rückenteil nähen, Vorderteil links an das Rückenteil nähen, Ärmel rechts annähen, Ärmel links annähen, Kragen annähen, Knopflöcher nähen, Knöpfe annähen.

Eine Frau würde z. B. den ganzen Tag nichts anderes machen, als Kragen zu nähen. Hier würde sie eine große Geschicklichkeit erwerben und sehr schnell arbeiten können.

Eine extreme Form dieser Arbeitszerlegung ist die **Fließbandfertigung.**

Allerdings wird die Fließbandfertigung wegen ihrer sozialen Problematik erheblich kritisiert. So gibt es z. B. Arbeitsplätze am Band, an denen Arbeiter bis zu 820-mal am Tag die gleichen Schrauben festziehen müssen.

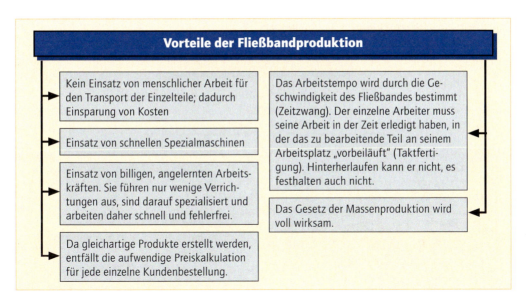

Internationale Arbeitsteilung

Internationale Arbeitsteilung: Die Spezialisierung einzelner Länder auf die Produktion bestimmter Güter und/oder Dienstleistungen, die sich in diesem Land besonders lohnt.

Es gibt mehrere Gründe für die **Arbeitsteilung** zwischen **den Staaten**:

1. Die Knappheit von Gütern im Inland, sodass z. B. Gummi, Erdöl oder Gewürze aus dem Ausland bezogen werden müssen (Einfuhr).
2. Wirtschaftlichkeitsüberlegungen:
   a) Güter können im Ausland preisgünstiger eingekauft werden, wie beispielsweise DVD-Rekorder aus Asien.
   b) Güter können im Ausland kostengünstiger hergestellt werden wegen der dort niedrigeren Lohnkosten
3. Der technische Fortschritt bei der Produktion bestimmter Güter. Er sichert den auf dem Inlandsmarkt produzierten Gütern einen Qualitätsvorteil und fördert den Verkauf an das Ausland (Ausfuhr).
4. Die inländischen Unternehmen können durch den Handel mit dem Ausland ihren Umsatz bzw. Gewinn erhöhen und damit Arbeitsplätze sichern (Ausfuhr).

Die Spezialisierung einer Volkswirtschaft auf die Produktion bestimmter Güter in Verbindung mit den wirtschaftlichen Beziehungen zu anderen Volkswirtschaften hat eine bessere und billigere Güterversorgung sowie die Erhöhung des Lebensstandards zur Folge.

Aufgaben

1. Wie konnte es zur Berufsbildung kommen?
2. Was verstehen Sie unter vertikaler und horizontaler Arbeitsteilung?
3. Warum kommt es durch die Arbeitsteilung zwischen den Betrieben zu gegenseitiger Abhängigkeit?
   Nennen Sie zwei Beispiele.
4. Worauf ist die internationale Arbeitsteilung zurückzuführen?
5. Welche Betriebe sind aus den Produktionsstufen Urproduktion, Weiterverarbeitung und Dienstleistungen an der Herstellung und dem Verkauf folgender Güter beteiligt:
   – Wollpullover,
   – Wohnzimmerschrank,
   – Automobil,
   – Bleistift?

Zusammenfassung

Arbeitsteilung

= Auflösung einer Arbeitsleistung in Teilverrichtungen

Formen

Überbetriebliche Arbeitsteilung

- **Berufsbildung** → durch Spezialisierung → **Berufsspaltung**

- **Arzt**
  - Zahnarzt
  - Augenarzt
  - Hals-, Nasen-, Ohrenarzt
  - Hautarzt
  - Orthopäde

- **Kaufmann**
  - Kaufmann/Kauffrau im Einzelhandel
  - Industriekaufleute
  - Bürokaufleute
  - Bankkaufleute
  - Kaufleute im Groß- und Außenhandel

Betriebliche Arbeitsteilung

- **Abteilungsbildung**

  z. B.
  - Einkauf
  - Lager
  - Werbung
  - Verkauf
  - Rechnungswesen

  Aufteilung nach Arbeitsbereichen

- **Arbeitszerlegung**
  - Bedarf ermitteln
  - Ware bestellen
  - Wareneingang überwachen
  - Rechnungen sachlich prüfen
  - Belege vorkontieren
  - Belege buchen
  - Ablage

  – Zerlegung der Arbeitsabläufe in mehrere Teilverrichtungen
  – Getrennte Ausführung jeder Teilverrichtung

Gesellschaftliche Arbeitsteilung (= Produktionsteilung)

vertikale Arbeitsteilung:

	horizontale Arbeitsteilung
Urproduktion	Land- und Forstwirtschaft, Fischerei, Bergbau, Öl- und Gasgewinnung
Weiterverarbeitung	Grundstoff-, Investitionsgüter- und Konsumgüterindustrie, Handwerk
Dienstleistungen	Groß- und Einzelhandel, Kreditinstitute, Verkehrs- und Versicherungsbetriebe, Nachrichtenbetriebe

Grundlagen des Wirtschaftens

1.7 Auswirkungen der Arbeitsteilung

"Arbeitspsychologen und Soziologen stellen bei der Beobachtung der Serienfertigung fest, dass zu kleine Arbeitseinheiten zu Langeweile und Unlust und selbst zu einer Leistungssenkung führen. Hier stehen wir vor einem der Grundwidersprüche der Arbeitsteilung:

Die Technizisten haben die Arbeitsteilung so weit vorangetrieben wie nur möglich, um die individuelle Leistung zu erhöhen und die Kosten zu senken. Sie haben aber gerade dadurch Arbeitseinheiten gebildet, die so klein sind, dass sie den psychologischen Bedürfnissen vieler Menschen nicht mehr entsprechen, ihrer immer latenten Neigung zur Bewältigung von Schwierigkeiten, ihrem Bestreben, ihre Aufgabe zu beherrschen, also in einem gewissen Maße mit ihr zu kämpfen. Praktisch hat sie dadurch in der Großindustrie Bedingungen geschaffen, die die Leistung senken, statt sie – wie man es erhoffte – unbegrenzt und auf eine sozusagen naturnotwendige Weise in die Höhe zu treiben."

"Solange eine Arbeit ihn fesselte, ihm schwierige Aufgaben stellte oder ihn seiner Fertigkeiten bewusst und froh werden ließ, war er ein eifriger Arbeiter. Schwere Handarbeit tat er ungern, und jene nicht schwierigen, aber Zeit und Fleiß fordernden Arbeiten ... waren ihm oft ganz unleidlich."

Hermann Hesse,
Narziß und Goldmund

Erarbeiten Sie die Gefahren, die mit der Arbeitsteilung verbunden sind.

Information

Die Arbeitsteilung hat neben vielen Vorteilen auch nicht zu übersehende Nachteile gebracht. Automaten arbeiten sicherlich schneller, fehlerfreier und kostengünstiger als Menschen. Und dennoch gibt es berechtigte Sorgen, dass der mit der Arbeitsteilung einhergehende technologische Fortschritt nur die eine Seite der Medaille ist.

Die Arbeitsteilung bzw. der technische Fortschritt bringt Chancen, aber sie birgt auch Risiken.

„Die Arbeit an die Menschen anpassen und nicht den Menschen an die Arbeit" – so lautet eines der vielen Schlagworte, mit denen **„Humanisierung des Arbeitslebens"** erklärt wird. Dabei stehen im Mittelpunkt

- die Beseitigung und Verhinderung extremer Arbeitsteilung,
- mehr persönliche Mitbestimmung und Entfaltungsmöglichkeiten am Arbeitsplatz sowie
- die Verbesserung des Arbeitsschutzes.

Die Maßnahmen, die auf die **menschengerechtere Gestaltung der Arbeitsbedingungen** (= Humanisierung der Arbeit) abzielen, beginnen bei

- den Arbeitsschutzmaßnahmen, wie Maßnahmen der Unfallverhütung, der Arbeitshygiene und der arbeitsmedizinischen Betreuung,
- der fortschrittlichen Gestaltung des Arbeitsplatzes,
- menschenwürdigen Arbeitsräumen und
- betrieblichen Sozialeinrichtungen.

Darüber hinaus umfassen sie auch neue Formen der Arbeitsorganisation:

- **Arbeitsplatzwechsel (Jobrotation):** Die Eintönigkeit und Unlust am Arbeitsplatz soll durch Tätigkeitswechsel verringert werden.
- **Arbeitserweiterung (Jobenlargement):** Nacheinander folgende Tätigkeiten, die von mehreren Personen vollzogen wurden, werden nun von einer Person erledigt. Der Arbeitsumfang erweitert sich für diese Person.
- **Arbeitsbereicherung (Jobenrichment):** Verschiedene Teilarbeiten werden zu einer Arbeitseinheit zusammengefasst. Die Personen müssen sich z. B. selbst um die Materialbeschaffung, die Montage, Kontrolle und kleinere Reparaturen kümmern. Die Arbeit wird für den Einzelnen verantwortungs- und anspruchsvoller – seine Bedeutung am Arbeitsplatz steigt.

Arbeitsteilung

Vorteile

- höheres Einkommen
- durch Routinearbeiten höhere Produktivität der Arbeit
- Spezialmaschinen können eingesetzt werden.
- verkürzte Arbeitszeiten
- Durch Maschineneinsatz wird die Arbeit leichter.
- Persönliche Fähigkeiten und Neigungen können berücksichtigt werden.
- bessere Güterversorgung

Nachteile

- Maschinen rationalisieren die menschliche Arbeit weg.
- Gegenseitige Abhängigkeit innerhalb der Volkswirtschaft wächst.
- Durch Spezialisierung verkümmern andere körperliche und geistige Fähigkeiten.
- Der Mensch verliert den Bezug zum Gesamtzusammenhang, da er nur eine Teilarbeit verrichtet.
- Durch einseitige Ausbildung kommt es zu mangelnder Anpassungsfähigkeit, wenn der Arbeitsplatz verloren geht.
- einseitige Beanspruchung
- erhöhter körperlicher Verschleiß
- nachlassende Arbeitsfreude bei stumpfsinniger Arbeit mit negativen, psychologischen Rückwirkungen (seelische Schäden)

- **Teilautonome (teilweise selbstständige) Arbeitsgruppen:** Eine Gruppe von 3 bis 10 Personen stellt ein komplettes (Teil-)Produkt her. Sie regelt den Arbeitsablauf – auch die Pausen – in eigener Regie. Jeder führt mehr verschiedene Tätigkeiten aus als früher.
- **Lean Production** (schlanke oder abgespeckte Produktion): Dahinter verbirgt sich ein angewendetes Herstellungssystem, das von allen Produktionsfaktoren weniger braucht als die herkömmliche Massenherstellung: die Hälfte an menschlicher Arbeit und Entwicklungszeit sowie weniger als die Hälfte der Lagerkapazitäten für Vorprodukte und Zulieferteile. Gleichzeitig werden mehr Waren in größerer Vielfalt und besserer Qualität angeboten.

Dieses Konzept wird jetzt auch mehr und mehr in den Büros praktiziert. **Lean Administration** heißt die neue Devise.

Das Konzept der *schlanken Verwaltung* will
– die Qualifikation,
– die Motivation sowie
– den Ideenreichtum
der Mitarbeiter fördern.

Lean Administration lässt sich wie folgt kennzeichnen:

- Produktionsnahe Bürotätigkeiten werden in der Produktion erledigt.

Beispiel

Teilautonome Gruppen übernehmen z. B. die Materialdisposition oder die Urlaubsplanung.

- Die verbleibenden Verwaltungsaufgaben werden gestrafft, um so die Durchlaufzeiten zu verkürzen.

Beispiel

Sämtliche mit einem Verwaltungsschritt befassten Abteilungen und Mitarbeiter versuchen, Verwaltungsmaßnahmen zu vereinfachen bzw. zu optimieren.

- Das Vorschlagswesen im Büro wird ausgebaut.

Beispiel

Die Mitarbeiter können Vorschläge einbringen, um so den Arbeitsablauf in ihrem eigenen Sachgebiet zu vereinfachen und zu optimieren.

- Die Befugnisse der Sachbearbeiter werden erweitert. Dadurch werden die Hierarchien in den Verwaltungsetagen flacher und die Flexibilität wird größer.

Beispiel

Es werden nicht mehr einzelne Arbeitsschritte vorgegeben, sondern ein Ziel. Die Arbeit wird organisiert nach dem Prinzip des Joblargements. Da darüber hinaus nicht mehr der Vorgesetzte über die Abwicklung eines Auftrages entscheidet, sondern die Mitarbeiter selbst, findet zugleich die Arbeitsorganisation Jobenrichment Eingang in das Konzept der Lean Administration.

- Mitarbeiter aus Verwaltung und Produktion sitzen an einem Tisch. Designer, Forscher, Techniker, Lagerverwalter, Konstrukteure und Verkäufer planen, kalkulieren und fertigen ein Produkt von der Idee bis zum Verkauf.

Der Erfolg der schlanken Produktion/Verwaltung basiert auf **Teamarbeit**. Durch sämtliche Maßnahmen kann die Arbeitsfreude bei gleicher Leistung erhöht werden. Denn die Mitarbeiter

- werden mit anspruchsvolleren Aufgaben betraut,
- können sich wieder stärker mit ihrer Tätigkeit identifizieren,
- besitzen größere Entscheidungs- und Handlungsspielräume,
- wodurch die Motivation steigt und die Fehlerquote sinkt.

Über das **Just-in-time-System**[1] werden auch die Zulieferer in die neue Lean-Philosophie einbezogen.

Lean Production im Handel

So viel Prozent der befragten Manager sagen, dies kennzeichne ein schlankes Handelshaus:

%	Merkmal
22	rationalisierter Verwaltungsapparat
13	schlankes Sortiment
9	kompetentes Personal
9	kurze Entscheidungswege
8	wenig Personal
8	wenig Hierarchie
7	straffe Führungsspitze
5	gutes Warenwirtschaftssystem
4	Kooperation
4	Verkaufsorientierung
3	Entscheidungsbefugnis verteilen

Umfrage bei 185 Inhabern oder Führungskräften von Handelsbetrieben, Mai 2007

---

[1] Güter werden dem Hersteller zur Produktion (bzw. dem Händler zum Weiterverkauf) zeitgerecht zugeführt, sodass keine aufwändige Lagerhaltung erfolgen muss.

Aufgaben

1. **Humanisierung des Arbeitslebens – Neue Technologien werden verstärkt berücksichtigt**

   Der technische Fortschritt verändert den Arbeitsalltag. Er eröffnet Chancen, aber er birgt auch Risiken. Der Bundesminister für Forschung und Technologie und der Bundesminister für Arbeit und Sozialordnung setzten daher das Programm Forschung zur Humanisierung des Arbeitslebens (HdA) dazu ein, um Beiträge für die menschengerechte Gestaltung der Arbeitsbedingungen und einen vorbeugenden Gesundheitsschutz am Arbeitsplatz beim Einsatz neuer Technologien zu leisten.

   a) Erklären Sie, was unter Humanisierung des Arbeitslebens verstanden wird.
   b) Nennen Sie weitere Möglichkeiten zur Humanisierung des Arbeitslebens.

2. Welche negativen Folgen hat die Arbeitsteilung?

Zusammenfassung

Arbeitsteilung birgt Gefahren

- eintönige Arbeit
- sinnentleerte Arbeit
- einseitige Belastung

führt zu seelichen und körperlichen Schäden

Lösung z. B. durch

- betriebliche Sozialeinrichtungen
- fortschrittliche Gestaltung des Arbeitsplatzes
- menschenwürdige Arbeitsräume
- Vermeidung von Stresserscheinungen
- Abbau monotoner Arbeitsvorgänge
- Aufgabenwechsel (Jobrotation)
- Aufgabenerweiterung (Jobenlargement)

- Aufgabenbereicherung (Jobenrichment)
- Bildung autonomer Gruppen (die Gruppen können bestimmte Ziele in einer festgelegten Zeit in eigener Regie erreichen)
- Lean Production und Lean Administration („schlanke" Produktion bzw. Verwaltung basierend auf Teamarbeit)

Ziel

**Humanisierung der Arbeit
= Erhöhung der Arbeitsfreude bei gleicher Leistung**

2 Wirtschaft und Recht

2.1 Rechtsnormen für das Wirtschaftsleben

Handelsgesetzbuch

vom 10. Mai 1897 (RGBl. S. 219)
(mit allen späteren Änderungen)

Inhaltsübersicht

§§

Erstes Buch. Handelsstand		1 – 104
Erster Abschnitt.-	Kaufleute	1 – 7
Zweiter Abschnitt.	Handelsregister	8 – 16
Dritter Abschnitt.	Handelsfirma	17 – 37 a
Vierter Abschnitt.	(aufgehoben)	
Fünfter Abschnitt.	Prokura und Handlungsvollmacht	48 – 58
Sechster Abschnitt.	Handlungsgehilfen und Handlungslehrlinge	59 – 83
Siebenter Abschnitt.	Handelsvertreter	84 – 92 c
Achter Abschnitt.	Handelsmakler	93 – 104

Erstes Buch. Handelsstand
Erster Abschnitt. Kaufleute

§ 1 [Istkaufmann] (1) Kaufmann im Sinne dieses Gesetzbuchs ist, wer ein Handelsgewerbe betreibt.

(2) Handelsgewerbe ist jeder Gewerbebetrieb, es sei denn, dass das Unternehmen nach Art oder Umfang einen in kaufmännischer Weise eingerichteten Geschäftsbereich nicht erfordert.

§ 2 [Kannkaufmann] ¹Ein gewerbliches Unternehmen, dessen Gewerbebetrieb nicht schon nach § 1 Abs. 2 Handelsgewerbe ist, gilt als Handelsgewerbe im Sinne dieses Gesetzbuches, wenn die Firma des Unternehmens in das Handelsregister eingetragen ist. ²Der Unternehmer ist berechtigt, aber nicht verpflichtet, die Eintragung nach den für die Eintragung kaufmännischer Firmen geltenden Vorschriften herbeizuführen. ³Ist die Eintragung erfolgt, so findet eine Löschung der Firma auch auf Antrag des Unternehmens statt, sofern nicht die Voraussetzung des § 1 Abs. 2 eingetreten ist.

Welche Aufgaben haben rechtliche Vorschriften?

Information

Die Interessen der Menschen sind häufig gegensätzlich. So will beispielsweise *ein Verkäufer* einen möglichst hohen Preis für seine Waren erzielen. *Der Käufer* dagegen möchte die Artikel so preiswert wie möglich erwerben. Werden in der Vereinbarung über den Kauf keine klaren Regelungen getroffen, können Konflikte auftreten. In diesem Zusammenhang ist das Recht unerlässlich.

Das Recht hat die Aufgabe, die vielfältigen rechtlichen Beziehungen der Menschen in einer staatlichen Gemeinschaft zu regeln.

Es ordnet den Verlauf des gesellschaftlichen Lebens durch Gebote und Verbote. Diese sind unerlässlich, damit ein geordnetes und vor allem auch friedliches Zusammenleben der Menschen innerhalb der Gesellschaft ermöglicht wird. Ein Fehlen von Recht hat zwangsläufig Unordnung und Chaos zur Folge.

Das Wort „Recht" kann in einem doppelten Sinn verstanden werden:

– Als **objektives Recht** umfasst es die Gesamtheit der Rechtsnormen. Dies ist die Rechtsordnung, die in einem Staat gilt. In diesem Zusammenhang versteht man unter Recht also die Vorschriften und Regeln selbst, deren Durchsetzung der Staat garantiert.

Beispiel

Textilgroßhändler Lohmann beruft sich bei der Behandlung einer Kundenreklamation auf das „Recht".

– Zum **subjektiven Recht** gehören die von der Rechtsordnung geschützten Interessen des Einzelnen, seine Berechtigungen. Die subjektiven Rechte können von den Menschen aufgrund der objektiven Rechtsordnung eingeklagt werden.

Beispiele

– Hermann Faber ist der Ansicht, dass er „im Recht" sei.
– Anspruch des Gläubigers auf Zinsen gegenüber einem Schuldner
– Anspruch auf Lieferung bzw. Zahlung beim Kaufvertrag

Die Rechtsnormen gehören entweder dem öffentlichen oder dem privaten Recht an.

Das Privatrecht

Das Privatrecht regelt die privaten Rechtsbeziehungen der einzelnen Personen zueinander. Die Beteiligten stehen sich dabei gleichberechtigt gegenüber. Die Personen können ihre Beziehungen frei regeln, ohne dass grundsätzlich der Staat mitwirkt.

Wichtigster Bestandteil des Privatrechts ist das vor allem im Bürgerlichen Gesetzbuch (BGB) geregelte bürgerliche Recht, das jedermann in seiner bürgerlichen Existenz betrifft, es enthält z. B. Vorschriften über Verträge zwischen Bürgern.

Einige Teile des Privatrechts gelten nur für einzelne besondere Lebensbereiche. So ist z. B. der Geltungsbereich des Handelsgesetzbuches auf einen bestimmten Personenkreis, nämlich die Kaufleute beschränkt.

Das öffentliche Recht

Das **öffentliche Recht** regelt einerseits die Beziehungen einzelner Personen zum Staat und andererseits das Verhältnis der staatlichen Organe untereinander. Es betrifft Sachverhalte, die Angelegenheiten der Allgemeinheit sind. Durch seine Hoheitsgewalt ist der Staat dem Einzelnen übergeordnet.

So ist beispielsweise jeder Staatsbürger mit Einkommen nach dem Einkommensteuergesetz steuerpflichtig.

Zum öffentlichen Recht gehören u. a. das

– **Verwaltungsrecht**
  → regelt die Tätigkeit der öffentlichen Verwaltung
– **Verfassungsrecht**
  → enthält die Rechtsnormen, die die Grundlage der Rechtsordnung bilden
– **Völkerrecht**
  → regelt die Beziehungen zwischen den Staaten oder internationalen Organisationen
– **Steuerrecht**
– **Strafrecht**
  → Vorschriften über die staatliche Befugnis, auf menschliches Fehlverhalten, wie z. B. Mord, zu reagieren
– **Zivil- und Strafprozessrecht.**

Wenn der Staat jedoch als normale Person auftritt, unterliegt er wie seine Vertragspartner den Bestimmungen des Privatrechts.

Beispiele

Eine Behörde des Staates kauft von einer Schreibwarengroßhandlung Formulare.

Die Unterscheidung zwischen privatem und öffentlichem Recht ist wichtig, weil davon die Zuständigkeit der Gerichte (z. B. Verwaltungsgericht oder Zivilgericht) und die Art der anzuwendenden Rechtsnormen abhängt.

Die Quellen des Rechts

Um im Streitfall über Recht und Unrecht entscheiden zu können, reicht in den meisten Fällen das Rechtsgefühl der Menschen nicht aus. Daher muss die Rechtsordnung in Rechtsvorschriften ihren Ausdruck finden. Diese müssen losgelöst vom Einzelfall formuliert werden, damit sie auf alle denkbaren möglichen Sachverhalte angewandt werden können. Rechtsquellen, aus denen sich die geltenden Rechtsvorschriften ableiten lassen, sind:

– **Gesetze**
  Gesetze sind Beschlüsse der für die Gesetzgebung zuständigen Organe, also der Legislative. Sie enthalten für eine unbestimmte Viel-

zahl von Personen allgemeinverbindliche Regelungen in Schriftform.

Erst wenn das Gesetz ein förmliches Gesetzgebungsverfahren durchlaufen hat, wird es wirksam. Ist das Gesetz beispielsweise von den Parlamenten des Bundes beschlossen, erfolgt die Ausfertigung (urkundliche Festlegung) durch den Bundespräsidenten. Dieser veranlasst abschließend die Verkündung im Bundesgesetzblatt.

Beispiel

Einkommensteuergesetz

– Verordnungen

Verordnungen werden von der vollziehenden Gewalt (Exekutive) aufgrund einer ausdrücklichen gesetzlichen Ermächtigung erlassen. Sie dürfen also nur zur *Durchführung* und zur inhaltlich bereits vorgezeichneten *Ausfüllung* und *Ergänzung* des formellen Gesetzes ergehen.

Auch bei Verordnungen handelt es sich um allgemein verbindliche Anordnungen für eine unbestimmte Anzahl von Personen in Schriftform. Diese ergeben sich jedoch nicht in einem förmlichen Gesetzgebungsverfahren, sondern werden von der Bundesregierung, einzelnen Bundesministern oder den Landesregierungen gesetzt. Die Verkündung erfolgt im Bundesgesetzblatt bzw. den Verordnungsblättern der Länder.

Beispiele

Durchführungsverordnung zum Einkommensteuergesetz

– Satzungen

Satzungen halten die Grundordnung eines rechtlichen Zusammenschlusses schriftlich fest. Sie werden also von im Staat bestehenden staatlichen Verbänden, den Körperschaften, Anstalten und Stiftungen des öffentlichen Rechts zur Regelung ihrer Angelegenheiten erlassen. Die Satzungen sind öffentlich bekannt zu machen.

– Gewohnheitsrecht

Durch langdauernde Übung entsteht Gewohnheitsrecht. Obwohl es schriftlich nicht niedergelegt ist, wird es von der Allgemeinheit (oder denjenigen, auf die es angewandt wird) als Recht anerkannt. Das Gewohnheitsrecht darf nicht im Widerspruch zu geschriebenem Recht stehen.

Beispiel

Ein Grundstückseigentümer darf seit Generationen das Grundstück eines Nachbarn überqueren.

– Richterrecht

Für die Auslegung und Fortbildung des Rechts erlangen richterliche Entscheidungen zunehmende Bedeutung. Können aus Gewohnheitsrecht, Gesetzen, Verordnungen oder Satzungen keine eindeutigen Lösungen in Problemfällen gewonnen werden, müssen Richter diese entscheiden. Diese argumentativ begründeten Urteile werden von anderen Richtern in ähnlich gelagerten Fällen zur Lösung herangezogen.

Aufgaben

1. Was versteht man unter Recht?
2. Erläutern Sie
   a) objektives Recht
   b) subjektives Recht.
3. Wodurch unterscheidet sich das Privatrecht vom öffentlichen Recht?
4. Entscheiden Sie, ob in den folgenden Fällen Privatrecht oder öffentliches Recht vorliegt.
   a) Hermann Huhn und Helga Geier, die heiraten wollen, geben beim Standesamt an, dass sie als Ehenamen Geier wählen.
   b) Erwin Lindemann bekommt von der Stadt Wuppertal einen Bescheid über die Zahlung von 90,00 € Hundesteuer.
   c) Die Stadt Hildesheim kauft für Dienstfahrten des Oberstadtdirektors ein Auto.
   d) Hermann Huhn kauft von Uwe Otto ein Auto.
   e) Eduard Zimmer wird wegen Einbruchs zu 5 Jahren Gefängnis verurteilt.
5. Wodurch unterscheiden sich die Rechtsquellen Gesetz, Verordnung, Satzung und Gewohnheitsrecht?

6. Warum gibt es das Richterrecht?
7. Um welche Rechtsquelle handelt es sich jeweils?
   a) Der Rat der Stadt Magdeburg beschließt eine generelle Regelung für die örtliche Müllbeseitigung.
   b) Seit Jahrhunderten benutzen die Einwohner einer kleinen niedersächsischen Gemeinde einen Weg zum Nachbarort, der durch einen Privatwald führt, als Abkürzung.
   c) Der Bundesverkehrsminister ändert einige Regeln der Straßenverkehrsordnung.
   d) Eine Bundestagspartei stellt den Antrag, die Gewerbesteuer abzuschaffen.
   e) Erst durch eine Reihe von Bundesarbeitsgerichtsentscheiden wird geklärt, in welchen Fällen Streik bzw. Aussperrungen zulässig sind.
8. Ordnen Sie den folgenden Rechtsgebieten die Bereiche öffentliches Recht und Privatrecht zu:
   a) Strafrecht
   b) bürgerliches Recht
   c) Wechselrecht
   d) Scheckrecht
   e) Schulrecht
   f) Handelsrecht
   g) Verwaltungsrecht
   h) Urheberrecht
   i) Eherecht
   j) Verfassungsrecht
   k) Völkerrecht

Zusammenfassung

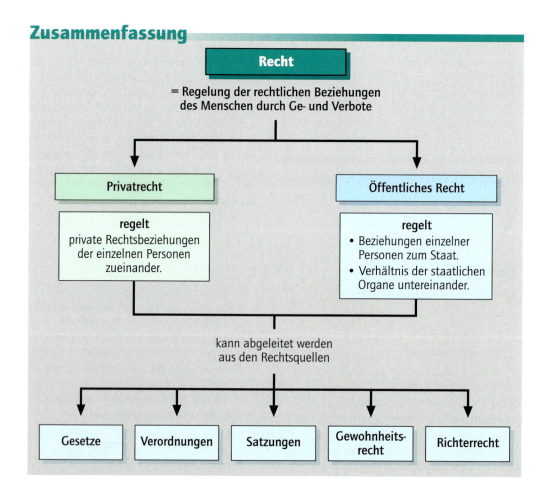

2.2 Rechtssubjekte und Rechtsobjekte

Herr Bruns möchte sein gesamtes Vermögen für den Fall seines Ablebens seinem Hund Struppi vererben.

Kann Herr Bruns nach deutschem Recht sein Vorhaben verwirklichen?

Information

Rechtssubjekte

Am Rechtsverkehr kann in der Bundesrepublik Deutschland nur teilnehmen, wer rechtsfähig ist. Dies sind alle Personen, die Rechte und Pflichten haben können. Man nennt sie häufig auch Rechtssubjekte. Es werden zwei Arten von Personen (Rechtssubjekte) unterschieden:

– natürliche Personen
– juristische Personen

Natürliche Personen

Zu den natürlichen Personen zählen **alle Menschen** ohne Rücksicht auf ihr Alter, ihr Geschlecht oder ihre Rasse.

Juristische Personen

Juristische Personen sind von Menschen für bestimmte Zwecke geschaffene Vereinigungen von natürlichen Personen oder Vermögensmassen. Sie sind von der Rechtsordnung mit einer eigenen Rechtspersönlichkeit ausgestattet.

Juristische Personen sind also keine Menschen, sie können aber wie natürliche Personen Rechte erwerben und mit Pflichten belastet werden. Diese stimmen weitgehend mit jenen der natürlichen Personen überein.

Juristische Personen haben Vermögen, können als Erben eingesetzt werden, in eigenen Namen klagen und beklagt werden und in bestimmten Fällen sogar auf das Grundgesetz berufen.

Zu unterscheiden sind

– **juristische Personen des Privatrechts.**
 Diese verfolgen *private Zwecke*. Sie erlangen ihre Rechtsfähigkeit im Regelfall durch Eintragung in ein von einem zuständigen Gericht geführtes Register. So muss z. B. eine Aktiengesellschaft in ein Handelsregister eingetragen werden.

Beispiele
- Aktiengesellschaften
- Gesellschaften mit beschränkter Haftung
- eingetragene Genossenschaften
- eingetragene Vereine
  → z. B. Eintracht Hildesheim e.V.
- Stiftung des Privatrechts (Familienstiftung)

– **juristische Personen des öffentlichen Rechts.**
 Diese dienen *öffentlichen Zwecken*. Sie werden grundsätzlich durch Gesetz oder aufgrund eines Gesetzes errichtet, verändert oder aufgelöst. Eine Universität wird beispielsweise rechtsfähig durch staatliche Verleihung.

Während ihrer Existenz werden die Rechte und Pflichten juristischer Personen von bestimmten Organen wahrgenommen. Die Organe, deren Mitglieder aus natürlichen Personen bestehen, sind durch Satzung oder Gesetz bestimmt.

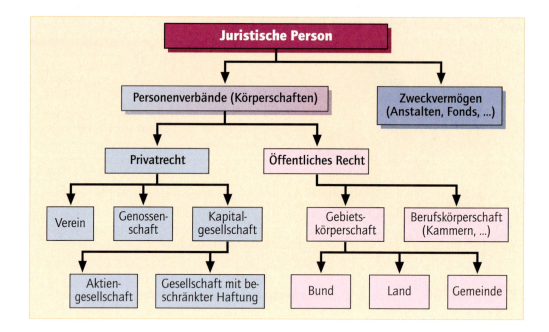

Bei einer GmbH (Gesellschaft mit beschränkter Haftung) sind dies beispielsweise der Geschäftsführer und die Gesellschafterversammlung. Die juristische Person haftet grundsätzlich für den Schaden, den eines ihrer Organe einem Dritten zufügt.

Rechtsobjekte

Alles, was zum Vermögen einer Person gehört, kann Gegenstand des Rechtsverkehrs sein. Solche Rechtsobjekte dienen natürlichen und juristischen Personen. Unterschieden wird zwischen

– Sachen und
– Rechten.

Sachen

Sachen sind *körperliche* Gegenstände. Sie können

– fest (z. B. ein Sofa),
– flüssig (z. B. Wein in einer Flasche),
– gasförmig (z. B. Propangas in einer Campinggasflasche)

sein. Entscheidend ist dabei die Beherrschbarkeit durch den Menschen. Luft, Meteore, Regentropfen sind beispielsweise keine Sachen im juristischen Sinn.

Sachen können eingeteilt werden in

– **Immobilien:** Immobilien sind unbewegliche Sachen, wie z. B. Grundstücke.
– **Mobilien:** Alle Sachen außer Grundstücke gehören zu den beweglichen Sachen. Der Gesetzgeber sieht in diesem Zusammenhang auch Tiere als Sachen an.

Die beweglichen Sachen können in vertretbare und nicht vertretbare Sachen unterschieden werden:

Die **vertretbaren Sachen** können nach Zahl, Maß oder Gewicht bestimmt werden und sind durch gleiche Sachen ersetzbar.

Beispiele
serienmäßig hergestellte Sachen, Äpfel, Banknoten, Pullover

Nicht vertretbare Sachen sind einmalig in ihrer Eigenart.

Beispiele
Gemälde von Picasso, Maßanzüge, Hund „Struppi"

Rechte

Rechte sind unkörperliche Gegenstände des Rechtsverkehrs. Darunter versteht man Ansprüche aller Art, wie z. B. Forderungen, Patente, Lizenzen, Pfandrechte und Bezugsrechte.

Aufgaben

1. Was sind Rechtssubjekte?
2. Wodurch unterscheiden sich juristische Personen des privaten und öffentlichen Rechts?
3. Ist ein Rechtsanwalt eine juristische Person im Sinne des Gesetzgebers?
4. Entscheiden Sie, ob es sich bei den folgenden Personen um natürliche Personen oder um juristische Personen des privaten bzw. des öffentlichen Rechtes handelt.
   a) Bundesagentur für Arbeit,
   b) Dresdner Bank AG,
   c) Stadt Leipzig,
   d) Hartwig Heinemeier,
   e) Industrie- und Handelskammer Hannover-Hildesheim,
   f) Sportverein Eintracht Hildesheim e.V.
5. Erklären Sie den Unterschied zwischen Sachen und Rechten.
6. Handelt es sich bei den folgenden Rechtsobjekten um vertretbare oder um nicht vertretbare Sachen?
   a) Mineralöl,
   b) eine Packung Gummibären,
   c) Rekordmilchkuh „Erna",
   d) Maßanzug für Peter Limpke,
   e) Originalgemälde „Mona Lisa" von Leonardo da Vinci,
   f) Kunstdruck des Gemäldes „Mona Lisa".

Zusammenfassung

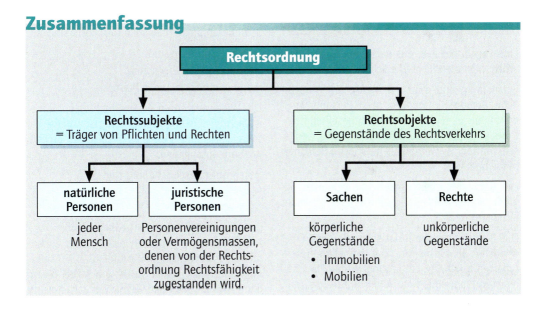

Wirtschaft und Recht

2.3 Rechts- und Geschäftsfähigkeit

Die fünfzehnjährige Claudia Faber erbt von ihrem Großvater eine Buchhandlung. Da sie sich sehr für Bücher interessiert, möchte sie die Buchhandlung in Zukunft selbst führen. Ihr Vater will, dass sie erst eine kaufmännische Ausbildung absolviert. Bis dahin will er sich um das Geschäft kümmern.

Darf Claudia Faber das geerbte Geschäft gegen den Willen ihres Vaters führen?

Information

Rechtsfähigkeit

Unter **Rechtsfähigkeit** versteht das Gesetz die Fähigkeit einer Person, Träger von Rechten und Pflichten zu sein.

Eine Person hat z. B. das Recht, ein Geschäft zu erben, oder die Pflicht, die Schule zu besuchen.

Rechtsfähig sind nicht nur Menschen (= **natürliche Personen**), sondern auch Personenvereinigungen, z. B. Vereine, Aktiengesellschaften, Gesellschaften mit beschränkter Haftung, Genossenschaften. Sie werden als **juristische Personen** bezeichnet.

Die **Rechtsfähigkeit natürlicher Personen** beginnt mit der Vollendung der Geburt und endet mit ihrem Tod.

Die **Rechtsfähigkeit juristischer Personen** beginnt mit der Gründung (z. B. bei Aktiengesellschaften durch die Eintragung in das Handelsregister) und endet mit ihrer Auflösung (z. B. Löschung der Aktiengesellschaft im Handelsregister).

Geschäftsfähigkeit

Unter **Geschäftsfähigkeit** versteht das Gesetz die Fähigkeit von Personen, Rechtsgeschäfte rechtswirksam abzuschließen.

Eine geschäftsfähige Person kann z. B. Waren einkaufen oder verkaufen, eine Wohnung mieten oder eine Reise buchen.

Man unterscheidet drei Stufen der Geschäftsfähigkeit:
1. Geschäftsunfähigkeit,
2. beschränkte Geschäftsfähigkeit,
3. unbeschränkte oder volle Geschäftsfähigkeit.

Geschäftsunfähig sind
– Kinder unter sieben Jahre,
– dauernd geisteskranke Personen.

Die Willenserklärung eines Geschäftsunfähigen ist nichtig, d. h. ungültig. Geschäftsunfähige Personen können also keine Rechtsgeschäfte rechtswirksam abschließen.

Beschränkt geschäftsfähig sind

Personen, die mindestens sieben, aber unter 18 Jahre alt sind.

Eine beschränkt geschäftsfähige Person darf Rechtsgeschäfte normalerweise nur mit Zustimmung des gesetzlichen Vertreters (Vater, Mutter, Vormund) abschließen. Rechtsgeschäfte, die sie ohne Einwilligung des gesetzlichen Vertreters abgeschlossen hat, sind schwebend unwirksam. Sie können durch die nachträgliche Genehmigung des gesetzlichen Vertreters wirksam werden.

Beispiele

Der siebzehnjährige Auszubildende Jochen Reinhard kauft einen DVD-Rekorder, ohne dass er seinen Vater vorher gefragt hat. Der Verkäufer des DVD-Rekorders fragt Jochens Vater später, ob er mit dem Kauf einverstanden ist. Wenn sich Jochens Vater mit dem Kauf einverstanden erklärt, ist ein Kaufvertrag zustande gekommen. Ist er nicht einverstanden, kommt kein Kaufvertrag zustande.

In **Ausnahmefällen** darf eine beschränkt geschäftsfähige Person Rechtsgeschäfte auch ohne Zustimmung ihres gesetzlichen Vertreters abschließen:

1. Sie darf Willenserklärungen abgeben, die ihr nur rechtliche Vorteile bringen, z. B. ein Geschenk annehmen.
2. Sie darf Verträge abschließen, die sie mit ihrem Taschengeld erfüllen kann.

Beispiele

Die fünfzehnjährige Sabine Beyer kauft von ihrem Taschengeld eine CD zum Preis von 12,90 €.

3. Sie darf Rechtsgeschäfte im Rahmen eines Arbeitsvertrages abschließen, den sie mit Zustimmung ihres gesetzlichen Vertreters eingegangen ist.

Beispiele

Ein siebzehnjähriger kaufmännischer Angestellter darf Ware an Kunden verkaufen, ohne vorher seinen gesetzlichen Vertreter zu fragen. Er darf ohne Zustimmung seines gesetzlichen Vertreters Vereinbarungen über Arbeitszeit, Gehalt, Pausen, Urlaub usw. treffen. Er darf das Arbeitsverhältnis auch ohne Zustimmung des gesetzlichen Vertreters kündigen.

4. Wenn sie ihr gesetzlicher Vertreter mit Erlaubnis des Vormundschaftsgerichtes ermächtigt, einen selbstständigen Geschäftsbetrieb zu führen, darf sie ohne Zustimmung alle Rechtsgeschäfte abschließen, die dieser Betrieb mit sich bringt.

Beispiele

Die siebzehnjährige Carmen Bauer führt selbstständig einen Jeansshop. Sie darf ohne Zustimmung ihres gesetzlichen Vertreters Ware einkaufen und verkaufen, Rechnungen bezahlen usw. Will sie jedoch privat von ihrem Geld eine teure Stereoanlage kaufen, muss sie ihren gesetzlichen Vertreter um Erlaubnis bitten.

Unbeschränkt geschäftsfähig sind natürliche Personen, die das 18. Lebensjahr vollendet haben. Willenserklärungen unbeschränkt geschäftsfähiger Personen sind voll rechtswirksam. Kann ein Volljähriger seine Angelegenheiten aufgrund einer psychischen Krankheit oder einer körperlichen, geistigen oder seelischen Behinderung ganz oder teilweise nicht erledigen, so bestellt das Vormundschaftsgericht für ihn einen Betreuer, der ihn gerichtlich und außergerichtlich vertritt.

Aufgaben

1. Unterscheiden Sie Rechtsfähigkeit und Geschäftsfähigkeit.
2. Der 17 Jahre alte Hans Vollmer erhält von seinem Vater 1000,00 € für eine Hi-Fi-Anlage. Der Händler besteht darauf, dass der Vater ihm gegenüber erklärt, dass er mit dem Kauf einverstanden ist. Warum verlangt der Händler diese Einverständniserklärung?
3. Die vierzehnjährige Sandra und der fünfzehnjährige Thomas kaufen von ihrem Taschengeld einen gebrauchten MP3-Player für 20,00 €. Ihr Vater will den Kaufvertrag rückgängig machen. Der Händler weigert sich. Wer hat Recht? Begründen Sie Ihre Meinung.
4. Der neun Jahre alte Jürgen bekommt von seiner Tante eine PlayStation geschenkt. Seine Eltern verbieten ihm die Annahme des Geschenks. Sind sie dazu berechtigt? Begründen Sie Ihre Meinung.
5. Die siebzehnjährige Jutta Bauer schließt mit Einwilligung ihrer Eltern ein Ausbildungsverhältnis zur Kauffrau im Groß- und Außenhandel ab. Welches der folgenden Rechtsgeschäfte darf sie nur mit Zustimmung ihrer Eltern abschließen? Begründen Sie Ihre Meinung.
    a) In ihrem Ausbildungsbetrieb verkauft sie zehn Hi-Fi-Anlagen an einen Rundfunkfachhändler.
    b) Am Wochenende verkauft sie ihre Stereoanlage an eine Freundin.
6. Der 17 Jahre alte Frank Förster führt mit Genehmigung des Vormundschaftsgerichts den Betrieb seines verstorbenen Vaters. Welche der folgenden Rechtsgeschäfte darf er ohne Zustimmung seines gesetzlichen Vertreters abschließen? Begründen Sie Ihre Meinung.
    a) Einkauf einer neuen Maschine für den Betrieb,
    b) Kauf eines Ferienhauses in Griechenland,
    c) Kauf eines Taschenrechners im Wert von 15,00 €,
    d) Einstellen eines neuen Mitarbeiters.

Zusammenfassung

Rechtsfähigkeit
= Fähigkeit einer Person, Träger von Rechten und Pflichten zu sein.

natürlicher Personen
- beginnt mit Vollendung der Geburt
- endet mit dem Tod

juristischer Personen
- beginnt mit der Gründung
- endet mit ihrer Auflösung
- handelt durch ihre Organe (AG = Vorstand; GmbH = Geschäftsführer)

Geschäftsfähigkeit
= Fähigkeit einer Person, Rechtsgeschäfte **rechtswirksam** abzuschließen.

Geschäftsunfähigkeit
Willenserklärungen von
- Kindern unter 7 Jahren und
- dauernd geisteskranken Personen

sind nichtig.

Beschränkte Geschäftsfähigkeit
Willenserklärungen von Personen, die mindestens sieben Jahre, aber unter 18 Jahre alt sind, sind bis auf bestimmte Ausnahmen **schwebend unwirksam**.

Unbeschränkte Geschäftsfähigkeit
Personen, die das 18. Lebensjahr vollendet haben, können uneingeschränkt Rechtsgeschäfte abschließen.

2.4 Rechtsgeschäfte

Die Hosenfabrik Wolff, Pirna, bietet dem Großhändler Tietz in Hannover 500 Jeans zu 20,00 € je Stück an. Der Großhändler findet das Angebot günstig und bestellt die angebotene Ware.

Durch welche Erklärungen der beiden Vertragspartner kommt der Vertrag über den Kauf von 500 Jeanshosen zustande?

Information

Willenserklärungen

Rechtsgeschäfte entstehen durch eine oder mehrere Willenserklärungen. Willenserklärungen sind gewollte und zwangsfreie Erklärungen einer Person.

Beispiele
- Der Verkaufsleiter der Struwe GmbH bietet dem Einkäufer eines Technikkaufhauses preisgünstige Kaffeemaschinen an. Er will dem Einkäufer Kaffeemaschinen verkaufen.
- Die Geschäftsführerin einer Elektrogroßhandlung kündigt einem Angestellten. Sie will, dass der Angestellte nicht mehr in ihrem Unternehmen arbeitet.

Willenserklärungen werden abgegeben

1. durch ausdrückliche mündliche oder schriftliche Äußerungen,
2. durch bloße Handlungen, aus denen der Wille zu erkennen ist, z. B. Handzeichen bei Versteigerungen, Geldeinwurf in einen Zigarettenautomaten, Einsteigen in ein Taxi,
3. in Ausnahmefällen durch Schweigen.

Beispiele
Die Konservenfabrik Bussmann schickt dem Lebensmittelgroßhändler Hahn, den sie regelmäßig mit Konserven beliefert, 1000 Dosen Gemüsekonserven, ohne dass Hahn diese bestellt hat. Wenn sich der Großhändler Hahn zu dieser Lieferung nicht äußert, bedeutet dieses Schweigen, dass er mit der Lieferung einverstanden ist.

Schweigen gilt aber nur dann als Annahme einer **unbestellten Lieferung**, wenn wie im Beispiel zwischen beiden Kaufleuten **ein regelmäßiger Geschäftsverkehr** besteht. Sonst bedeutet Schweigen Ablehnung der unbestellten Lieferung.
Ist der Empfänger der unbestellten Ware eine Privatperson, gilt ihr Schweigen immer als Ablehnung der unbestellten Lieferung.

Der Verbraucher ist auch nicht verpflichtet, eine unerwünschte Ware zu bezahlen. Er muss die Ware auch nicht zurücksenden. Er kann sich den lästigen Gang zur Post und das Rücksendeporto sparen. Der Verbraucher ist auch nicht verpflichtet, den Absender davon zu unterrichten, dass er die Ware nicht kaufen möchte. Dies braucht er auch dann nicht zu tun, wenn es in der Sendung zum Beispiel heißt, ein Kaufvertrag gelte als abgeschlossen, wenn nicht binnen bestimmter Frist Einspruch erhoben wird.

Unbestellte Ware

? Obwohl ich gar nicht bestellt habe, wurde mir ein Dutzend Weihnachtskarten zugeschickt. Ich werde nicht bezahlen, aber wie lange kann die Firma die Rückgabe der Karten verlangen? Muss ich die Karten verwahren? *Dr. H. P. in Neunkirchen*

! Eine allgemein verbindliche Frist, wie lange unbestellte Ware aufgehoben werden muss, steht weder im Gesetz noch haben Gerichte darüber verbindlich entschieden. Faustregel unter Juristen: Aufbewahrungsfrist maximal ein Jahr. Danach kann der Eigentümer nicht mehr auf einer Rückgabe bestehen.

Einseitige Rechtsgeschäfte

Einseitige Rechtsgeschäfte entstehen durch die Willenserklärung nur einer Person. Sie können empfangsbedürftig oder nicht empfangsbedürftig sein.

Empfangsbedürftige Willenserklärungen sind z. B. Kündigungen, Mahnungen, Bürgschaften. Sie sind erst dann wirksam, wenn sie einer anderen Person zugehen.

Nicht empfangsbedürftige Willenserklärungen sind z. B. Testamente. Sie sind gültig, ohne dass sie einer anderen Person zugehen.

Mehrseitige Rechtsgeschäfte oder Verträge

Verträge kommen grundsätzlich durch die Abgabe von zwei übereinstimmenden Willenserklärungen zustande. Die 1. Willenserklärung wird als **Antrag**, die 2. Willenserklärung als Annahme bezeichnet. Mit der **Annahme** des Antrags ist ein Vertrag abgeschlossen.

Abschluss des Kaufvertrages

Der Antrag auf Abschluss eines Kaufvertrages kann vom Verkäufer oder vom Käufer einer Sache oder eines Rechts ausgehen.

1. Möglichkeit

Der Verkäufer macht einen Antrag auf Abschluss eines Kaufvertrages, indem er dem Käufer ein **Angebot** unterbreitet. Der Käufer nimmt das Angebot durch eine **Bestellung** an. Ein Kaufvertrag kommt zustande, wenn die Bestellung mit dem Angebot übereinstimmt.

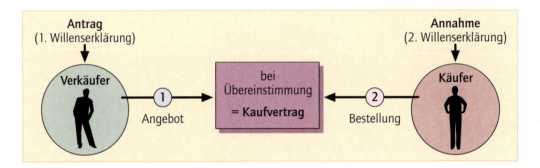

2. Möglichkeit

Der Antrag auf Abschluss eines Kaufvertrages geht vom Käufer aus, wenn der Käufer **bestellt**, ohne dass er ein Angebot erhalten hat. Der Verkäufer nimmt diesen Antrag durch die **sofortige Lieferung** oder die Zusendung einer **Bestellungsannahme (= Auftragsbestätigung)** an.

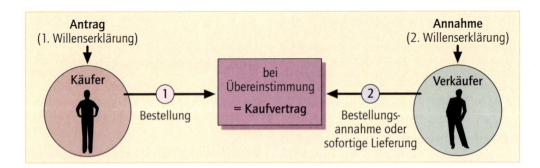

Vertragsarten

Vertragsart	Vertragsinhalt	Beispiele
Kaufvertrag	Veräußerung von Sachen und Rechten gegen Bezahlung	Ein Textilgroßhändler verkauft einem Kunden zwanzig Anzüge.
Tauschvertrag	gegenseitige Übereignung von Sachen oder Rechten	Ein Briefmarkensammler gibt einem anderen Briefmarkensammler eine Marke, die er doppelt hat. Als Gegenleistung erhält er eine andere Briefmarke.
Schenkung	unentgeltliche Vermögensübertragung an andere Personen	Ein junger Mann schenkt seiner Freundin einen Ring.
Mietvertrag	Überlassung einer Sache gegen Zahlung eines vereinbarten Mietpreises	Ein Mieter mietet eine Wohnung. Er erhält das Wohnrecht gegen Zahlung einer monatlichen Miete an den Vermieter.
Pachtvertrag	Überlassung von Sachen und Rechten zum Gebrauch und zur Nutzung gegen Zahlung eines vereinbarten Pachtzinses	Ein Landwirt pachtet ein Stück Land. Er darf auf diesem Land Ackerbau betreiben. Die Früchte, die er von dem Acker erntet, gehören ihm als Pächter.
Leihvertrag	Überlassung einer Sache zum unentgeltlichen Gebrauch	Jemand leiht in der Stadtbücherei kostenlos ein Buch aus und bringt es nach Ende der Leihfrist wieder zurück.
Darlehensvertrag	Überlassung von Geld oder anderen vertretbaren Sachen zum Verbrauch gegen spätere Rückgabe gleichartiger Sachen	Ein Unternehmer nimmt bei einer Bank einen Kredit in Höhe von 50.000,00 € auf. Er zahlt diesen Kredit bis zu einem vereinbarten Zeitpunkt an die Bank zurück.
Dienstvertrag	Leistung von Diensten gegen Bezahlung	Durch Abschluss eines Arbeitsvertrages verpflichtet sich ein Arbeitnehmer, für einen Arbeitgeber zu arbeiten. Der Arbeitgeber muss ihm als Gegenleistung Lohn oder Gehalt zahlen.
Werkvertrag	Herstellung eines Werkes gegen Bezahlung	Eine Schneiderin näht für eine Kundin ein Kleid. Die Kundin liefert dazu den Stoff.
Reisevertrag	Erbringung von Reiseleistungen gegen Bezahlung	Ein junges Ehepaar bucht bei einem Reiseveranstalter eine vierzehntägige Pauschalreise nach Florida. Die Reiseleistungen, die der Reiseveranstalter erbringen muss, umfassen den Hin- und Rückflug und die Unterbringung in einem Hotel in Florida.
Versicherungsvertrag	Zahlung einer Entschädigung für einen aufgetretenen Schaden	Der Halter eines Kraftfahrzeugs schließt mit einem Versicherungsunternehmen einen Kraftfahrzeug-Haftpflichtversicherungsvertrag ab.

Aufgaben

1. In welcher Form können Willenserklärungen abgegeben werden?
2. Wodurch unterscheiden sich einseitige und mehrseitige Rechtsgeschäfte?
3. Wie kommt in folgenden Fällen der Kaufvertrag zustande?
   a) Der Großhändler Reimann bestellt, ohne dass ihm ein Angebot vorliegt, bei einem Lieferer 100 T-Shirts zum Preis von 3,00 € je Stück. Der Lieferer nimmt die Bestellung an und liefert die Ware.
   b) Eine Kundin lässt sich in einem Textilfachgeschäft von einem Verkäufer Pullover vorlegen. Nach langem Vergleichen entscheidet sie sich für einen Pullover. Sie sagt: „Den nehme ich."
   c) Frau Lange bestellt 1000 Briefumschläge für 1,50 €. Der Lieferant liefert zwei Tage später.
4. In welchen der folgenden Fälle ist ein Kaufvertrag zustande gekommen?
   Begründen Sie Ihre Antwort.
   a) Der Verkäufer unterbreitet ein Angebot. Der Käufer bestellt zu den Angebotsbedingungen.
   b) Der Käufer bestellt, ohne ein Angebot erhalten zu haben. Der Verkäufer reagiert überhaupt nicht.
   c) Der Verkäufer macht ein Angebot. Der Käufer bestellt mit abgeänderten Bedingungen.
   d) Der Käufer bestellt. Der Verkäufer liefert sofort.
5. Um welche Vertragsarten handelt es sich jeweils in den folgenden Fällen?
   a) Ein Autofahrer lässt in einer Kfz-Werkstatt einen Kotflügel seines Wagens ausbeulen.
   b) Ein Bankkunde leiht bei seiner Bank Geld, das er mit Zinsen zurückzahlen muss.
   c) Ein Buchhalter arbeitet in einer Werkzeugmaschinenfabrik für ein Monatsgehalt von 3.000,00 €.
   d) Ein Tischler fertigt für einen Kunden einen Einbauschrank an. Das Holz für den Schrank besorgt er selbst.
6. Wodurch unterscheiden sich Mietvertrag und Pachtvertrag?

Zusammenfassung

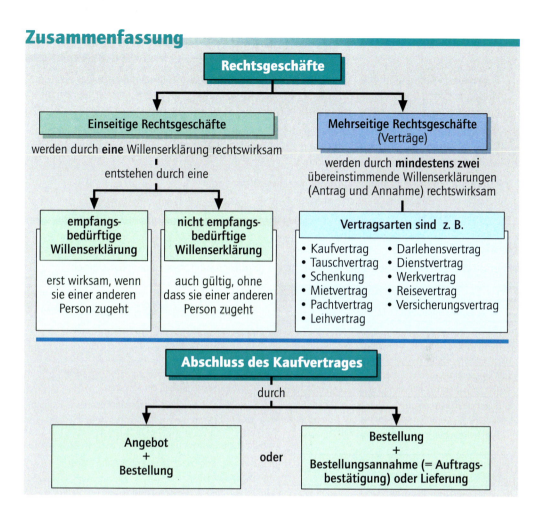

2.5 Nichtigkeit und Anfechtung von Rechtsgeschäften

Durch einen Sturm sind alle Fensterscheiben in einem Haus zu Bruch gegangen. Der einzige Glasermeister in der Gegend nutzt die Situation aus und verlangt von dem Hausbesitzer für die neuen Fensterscheiben einen weit überhöhten Preis.

Der Konfektionär Wagner macht dem Textilgroßhändler Grüner ein Angebot für Herrenhosen. Seine Sekretärin macht beim Schreiben des Angebotsbriefes einen Tippfehler und schreibt 45,00 € je Stück anstatt 54,00 € je Stück.

Prüfen Sie, ob diese Willenserklärungen rechtsgültig sind.

Information

Nichtigkeit

Nichtige Willenserklärungen sind von Anfang an ungültig. Sie haben keine Rechtsfolgen.

Nichtig sind	Beispiel
1. Willenserklärungen von Geschäftsunfähigen	Ein sechsjähriger Schüler kauft eine Hörspielkassette.
2. Willenserklärungen, die im Zustand der Bewusstlosigkeit oder vorübergehenden Störung der Geistesfähigkeit abgegeben wurden	Ein Mann kauft im volltrunkenen Zustand eine Schlafzimmereinrichtung.
3. Willenserklärungen von beschränkt Geschäftsfähigen gegen den Willen des gesetzlichen Vertreters	Ein siebzehnjähriger Auszubildender kauft ohne Zustimmung seines Vaters ein Motorrad.
4. Willenserklärungen, die gegenüber einer anderen Person, mit deren Einverständnis nur zum Schein abgegeben wurden (= Scheingeschäft)	Ein Gast lässt sich in einem Restaurant von einem Kellner eine Quittung über 150,00 € geben, obwohl er nur 100,00 € bezahlt. Er will die Quittung als Beleg für Geschäftskosten verwenden, um damit Steuern zu sparen.
5. nicht ernst gemeinte Willenserklärungen (= Scherzgeschäfte)	Jemand sagt im Scherz: „Du kannst mein Haus geschenkt haben."
6. Rechtsgeschäfte, die nicht in der vorgeschriebenen Form abgeschlossen wurden	Ein Vertrag über einen Hauskauf wurde nur mündlich abgeschlossen.
7. Rechtsgeschäfte, die gegen ein gesetzliches Verbot verstoßen	Ein Verkäufer verkauft Alkohol an Kinder.
8. Rechtsgeschäfte, die gegen die guten Sitten verstoßen	Ein Glasermeister nimmt nach einer Sturmkatastrophe überhöhte Preise für seine Glasscheiben (= Wucher).

Anfechtbare Willenserklärungen

Anfechtbare Willenserklärungen können im Nachhinein durch Anfechtung ungültig werden. Bis zur Anfechtung sind sie gültig.

Anfechtungsgründe	Beispiel
1. Irrtum in der Erklärung: Die Äußerung einer Person entspricht nicht dem, was sie sagen wollte.	Ein Großhändler bestellt irrtümlich 53 Mäntel anstatt 35 Mäntel.
2. Irrtum über die Eigenschaft einer Person oder Sache	Ein Großhändler stellt einen Buchhalter ein und erfährt nachträglich, dass dieser wegen Urkundenfälschung vorbestraft ist.
3. Irrtum in der Übermittlung: Die Willenserklärung wurde von der mit der Übermittlung beauftragten Person oder Organisation (z. B. der Post) falsch weitergegeben.	Ein Steuerberater bittet einen Angestellten, bei einem Großhändler telefonisch 100 A4-Blöcke, rautiert, zu bestellen. Der Angestellte bestellt irrtümlich karierte Blöcke.

Anfechtungsgründe	Beispiel
4. Widerrechtliche Drohung: Eine Person wird durch eine Drohung zur Abgabe einer Willenserklärung gezwungen.	Ein Zeitschriftenwerber bedroht eine alte Frau, damit sie ein Zeitschriftenabonnement bestellt.
5. Arglistige Täuschung: Eine Person wird durch arglistige Täuschung zur Abgabe einer Willenserklärung veranlasst.	Ein Kunde kauft einen gebrauchten Pkw. Nach Angaben des Verkäufers ist er unfallfrei. Nachträglich stellt sich heraus, dass der Pkw einen Unfallschaden hatte.

Die Anfechtung wegen Irrtums muss unverzüglich nach Entdecken des Irrtums erfolgen. Entsteht durch die Anfechtung ein Schaden, so ist der Anfechtende schadenersatzpflichtig.

Bei widerrechtlicher Drohung muss die Anfechtung innerhalb eines Jahres, nachdem die Drohung nicht mehr besteht, erfolgen.

Bei arglistiger Täuschung muss die Anfechtung innerhalb eines Jahres, nach dem die Täuschung entdeckt wurde, erfolgen.

Bei der Anfechtung wegen arglistiger Täuschung hat der Anfechtende Schadensersatzanspruch.

Aufgaben

Beurteilen Sie folgende Fälle.

1. Eine Ware, die 198,00 € kostet, wird irrtümlich mit 189,00 € angeboten.
2. Ein Kunsthändler verkauft die Kopie eines Bildes als Original.
3. Der sechzehnjährige Frank Schrader kommt stolz mit einem Motorrad nach Hause. Er hat es für 1.250,00 € gekauft. Den Kaufpreis will er in zehn Raten abbezahlen. Sein Vater ist nicht so begeistert und verlangt, dass er das Motorrad zurückbringt.
4. Ein Großhändler schließt den Kauf über ein Grundstück mündlich ab.
5. Ein Großhändler verrechnet sich bei der Ermittlung des Verkaufspreises für eine Ware. Irrtümlich errechnet er nur 28,50 € anstatt 32,60 €.

Zusammenfassung

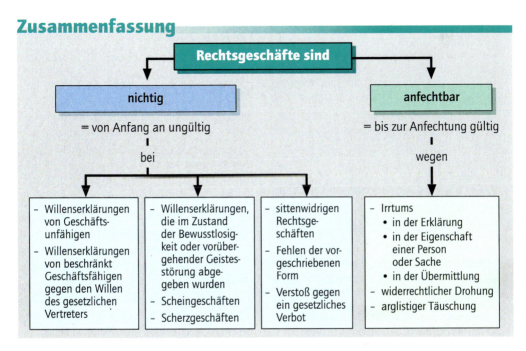

2.6 Erfüllung des Kaufvertrages

Stellen Sie fest, welche Pflichten die Textilfabrik Rinkella als Verkäufer und das Warenhaus als Käufer aufgrund des zustande gekommenen Kaufvertrages übernommen haben.

Information

Leistung und Gegenleistung

Beim Zustandekommen eines Kaufvertrages durch Antrag und Annahme übernehmen Verkäufer und Käufer bestimmte Verpflichtungen; man spricht vom sog. **Verpflichtungsgeschäft**.

> § 433 BGB [Grundpflichten des Verkäufers und des Käufers]
>
> (1) Durch den Kaufvertrag wird der Verkäufer einer Sache verpflichtet, dem Käufer die Sache zu übergeben und das Eigentum an der Sache zu verschaffen. Der Verkäufer hat dem Käufer die Sache frei von Sach- und Rechtsmängeln zu verschaffen.
>
> (2) Der Käufer ist verpflichtet, dem Verkäufer den vereinbarten Kaufpreis zu zahlen und die gekaufte Sache abzunehmen.

Im weiteren Verlauf liefert die Textilfabrik die Ware aus, das Warenhaus überweist den Rechnungsbetrag.

Am folgenden Beispiel lässt sich zeigen, wie ein Kaufvertrag ordnungsgemäß **erfüllt** wird.

Die Ware wird mangelfrei übergeben.	Die Textilfabrik liefert einwandfreie Hosen.
Die Lieferung erfolgt rechtzeitig.	Das geschieht zum vereinbarten Zeitpunkt.
Die Übergabe der Ware erfolgt am vereinbarten Ort.	Die Hosen werden zur Warenannahme des Warenhauses geliefert.
Die Ware wird abgenommen.	Das Warenhaus nimmt die Hosen in Empfang.
Die Ware geht in das Eigentum des Käufers über.	Das Warenhaus kann nun frei über die Hosen verfügen.
Der vereinbarte Kaufpreis wird rechtzeitig bezahlt.	Das Warenhaus überweist innerhalb der Zahlungsfrist.

Durch diese Handlungen haben Verkäufer und Käufer ihre **Pflichten** aus dem Kaufvertrag erfüllt (= **Erfüllungsgeschäft**).

Die Erfüllung der Pflichten aus dem Kaufvertrag ist rechtlich immer unabhängig vom eigentlichen Verpflichtungsgeschäft.

Zeitlich können zwischen dem Abschluss (Verpflichtungsgeschäft) und der Erfüllung (Erfüllungsgeschäft) Wochen oder sogar Monate liegen.

Beispiel

Ein Einzelhändler kauft bei einer Elektrogroßhandlung 10 DVD-Player. Die Geräte sind erst in sechs Wochen lieferbar. Da der Einzelhändler die Player kaufen möchte und der Großhändler bereit ist, sie zu verkaufen, ist der Kaufvertrag und damit das Verpflichtungsgeschäft zustande gekommen. Erfüllt ist der Kaufvertrag hingegen erst, wenn die DVD-Player nach sechs Wochen geliefert werden, der Einzelhändler sie angenommen und bezahlt hat. Zwischen Abschluss und Erfüllung des Kaufvertrages liegen in diesem Beispiel sechs Wochen.

Verpflichtungs- und Erfüllungsgeschäft fallen allerdings zeitlich zusammen bei sog. **Handkäufen in Ladengeschäften**. Darunter sind Geschäfte des täglichen Lebens, also Barkäufe, zu verstehen. Die Ware wird bar bezahlt und gleich mitgenommen. Dabei wird das Verpflichtungsgeschäft i. d. R. mündlich abgeschlossen, während das Erfüllungsgeschäft in der gleichzeitigen Übergabe des Eigentums bzw. des Geldes zu sehen ist.

Aufgaben

1. Auf dem Messestand der Textilfabrik Rinkella kauft eine Einkäuferin einer kleinen Textilgroßhandlung 20 Sommerkostüme zum Preis von 7.750,00 €. Es wird eine Anzahlung geleistet, die Kostüme nimmt die Einkäuferin gleich mit. Beim Abschluss des Kaufvertrages wurde vereinbart: „Rinkella behält sich bis zur vollständigen Zahlung des Kaufpreises das Eigentum an der Ware vor!"

   a) Welche Pflichten aus dem Kaufvertrag haben Käufer und Verkäufer bisher erfüllt?
   b) Wodurch wird der Kaufvertrag erst vollständig erfüllt?

2. Worin besteht die Leistung des Verkäufers bzw. die Gegenleistung des Käufers beim Erfüllungsgeschäft?

Zusammenfassung

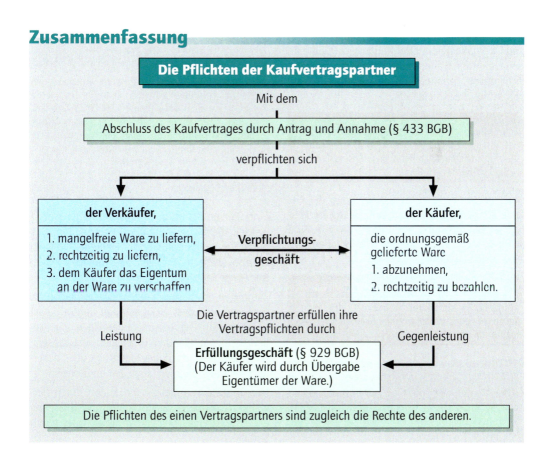

Wirtschaft und Recht

2.7 Besitz und Eigentum

Der Auszubildende Uwe Wagner hat zum Geburtstag einen iPod geschenkt bekommen und will nun seinen bisherigen MP3-Player für 30,00 € verkaufen. Seine Sitznachbarin in der Berufsschule, Karin Fengler, interessiert sich für das Modell. Uwe leiht ihr den MP3-Player, damit Karin ihn ausprobieren und sich leichter entscheiden kann.

Nach 14 Tagen, der MP3-Player ist noch bei Karin, bietet Uwe das Gerät dem Nachbarn der Familie Wagner für 45,00 € zum Kauf an. Der Nachbar nimmt an.

1. Begründen Sie, warum der Kaufvertrag gültig ist.
2. Stellen Sie fest, wer die tatsächliche und wer die rechtliche Verfügungsgewalt über den MP3-Player hat.

Information

Die Eigentumsverhältnisse ändern sich durch die Erfüllung des Kaufvertrages. Durch Einigung **und** Übergabe gelangt der Käufer rechtmäßig an sein Eigentum. Dabei ist der Eigentumsübergang nicht davon abhängig, ob der Käufer die Ware bezahlt hat oder nicht.

Eigentümer ist derjenige, dem eine Sache gehört. Er hat die **rechtliche (= unsichtbare) Herrschaft** über sie und kann nach Belieben mit ihr verfahren (§ 903 BGB).

Der Eigentümer kann unter Beachtung der Gesetze **von jedem, der nicht zum Besitz berechtigt ist, Herausgabe verlangen** (§§ 985, 986 BGB). Somit ist das Eigentum gegen widerrechtliche Verletzungen geschützt.

Der **Besitzer** einer Sache hingegen hat die **tatsächliche (= sichtbare) Herrschaft** über eine Sache, er hat die Sache augenblicklich (§ 854 BGB).

Beispiel

Karin hat zwar augenblicklich den MP3-Player bei sich zu Hause, doch hat Uwe die rechtliche Herrschaft über das Gerät behalten. Da ihm der MP3-Player noch gehört, kann er ihn auch an den Nachbarn verkaufen.

Beispiele

Erst, wenn das Warenhaus Eigentümerin der Hosen geworden ist, kann es damit machen, was es will, z. B. sie verschenken, verändern, vernichten und verleihen.

Die Landhandel GmbH als Käuferin eines Lkw ist sowohl Eigentümerin als auch Besitzerin. Erst, wenn sie den Lkw einer befreundeten Landmaschinenfabrik leiht oder vermietet, wird diese Besitzerin, die Landhandel GmbH bleibt aber Eigentümerin. Die Landmaschinenfabrik ist rechtmäßige Besitzerin geworden, denn man hat ihr den Lkw freiwillig überlassen. Sie hat nun das Recht, zu fahren, muss ihn aber sorgfältig behandeln.

Eine Person kann auch Besitzer einer Sache werden, die sie unrechtmäßig erworben hat, z. B. durch Raub, Plünderung oder Hehlerei. Ein Dieb ist also ebenfalls Besitzer, aber niemals Eigentümer der Sache.

Zugunsten des Besitzers einer beweglichen Sache wird vermutet, dass er Eigentümer der Sache sei (§ 1006 BGB). Dies entspricht der allgemeinen Lebenserfahrung. Man wird oft nicht in der Lage sein, dokumentarisch das Eigentum an all den Sachen nachzuweisen, die man lange Zeit im Besitz hat.

Der Besitz einer Sache kann enden durch freiwillige Aufgabe (z. B. Rückgabe des MP3-Players; Lösung eines Mietverhältnisses) oder durch Verlust.

Die **Übertragung** von Besitz und Eigentum geschieht nach vertraglicher Einigung wie folgt:

Übertragung von	bei beweglichen Sachen (Mobilien)	bei unbeweglichen Sachen (Immobilien, z. B. Gebäuden)
Eigentum	durch Übergabe	durch Eintragung des Eigentümerwechsels ins Grundbuch
Besitz	durch Übergabe	durch Überlassung

Bei unbeweglichen Sachen wird die Einigung zwischen dem Verkäufer und dem Käufer **Auflassung** genannt.

Beispiel für die Eigentumsübertragung bei unbeweglichen Sachen:

Der kaufmännische Angestellte Frank Bruns kauft von dem Kaufmann Erhard Grünhage ein kleines Landhaus. Der Kaufvertrag wird bei einem Notar rechtmäßig abgeschlossen. In diesem Vertrag erklären beide übereinstimmend den Eigentümerwechsel (Auflassung ≙ Einigung). Daraufhin wird Frank Bruns als neuer Eigentümer in das Grundbuch beim zuständigen Amtsgericht eingetragen (Eintragung ≙ Übergabe).

Ist der Käufer einer beweglichen Sache bereits im Besitz der Sache, so genügt die Einigung der Vertragspartner darüber, dass die betreffende Sache den Eigentümer wechseln soll.

Beispiele

Ein Kunde kauft in einer Elektrogroßhandlung mehrere Farbfernseher. Kunde und Verkäufer vereinbaren eine Probezeit von 14 Tagen. Nach Ablauf der Frist entschließt sich der Kunde, die Apparate zu behalten. Da die Übergabe bereits 14 Tage zuvor erfolgt war, bedarf es jetzt nur noch der Einigung.

Der Erwerber einer beweglichen Sache kann unter bestimmten Voraussetzungen auch dann Eigentümer werden, wenn die Sache nicht dem Verkäufer gehört. Der Erwerber muss jedoch *„in gutem Glauben"* gehandelt haben (§ 932 BGB).

Der Erwerber ist nicht in gutem Glauben, wenn ihm **bekannt oder infolge grober Fahrlässigkeit unbekannt** ist, dass die Sache nicht dem Verkäufer gehört. *„Guter Glaube"* wird nach dem Gesetz grundsätzlich vermutet.

Der **gutgläubige Erwerb** ist dann **ausgeschlossen,** wenn die Sache dem Eigentümer

– gestohlen worden,

– verloren gegangen oder

– sonst abhandengekommen ist.

Dies gilt dann nicht, d. h. gutgläubiger Erwerb ist möglich, wenn es sich um Geld handelt oder um Sachen, die im Wege öffentlicher Versteigerung veräußert werden (§ 935 Abs. 2 BGB).

Aufgaben

1. Herr Weißenbach pachtet eine Gaststätte; der Sportler Hurtig kauft eine Stoppuhr; der Schüler Peter D. leiht sich von seinem Sitznachbarn einen Bleistift; Anke M. holt beim Kostümverleih eine originelle Maske für den Fasching ab.
    a) Welche Rechte haben diese Personen an den von ihnen erworbenen Gegenständen?
    b) Anke M. übermalt die Gesichtsmaske mit poppig-grüner Farbe; der Sportler Hurtig verschenkt die gerade erworbene Uhr an einen Freund. Wie beurteilen Sie diese Maßnahmen?
2. Wie kommt die Eigentumsübertragung zustande?
    a) Ein Hobbyläufer möchte ein paar Langlaufschuhe kaufen. Nach dem Anprobieren mehrerer Modelle entscheidet er sich für ein Paar Trainingsschuhe mit besonderen Dämpfungseigenschaften. An der Kasse erhält er nach Zahlung des Kaufpreises die Schuhe ausgehändigt.
    h) Der sehr vermögende Herr Schwazenberger verkauft eine seiner drei Eigentumswohnungen an Herrn Bertram. Beide waren sich beim Notar darüber einig, dass der Eigentümerwechsel im Grundbuch festgehalten werden müsse. Die Wohnung wurde daraufhin durch das Grundbuchamt des Amtsgerichtes auf den Erwerber Herrn Bertram umgeschrieben.
3. Was darf der Eigentümer einer Sache alles mit ihr machen?
4. Warum wird bei Immobilien die Übergabe durch die Eintragung ersetzt?

5. Herr Mertens hat das Angebot von Fernseh-Knuth angenommen und sich für zehn Tage kostenlos einen Blu-ray-Player zum Ausprobieren nach Hause bringen lassen. Nach Ablauf der Frist teilt er Fernseh-Knuth telefonisch mit, dass er mit dem Gerät sehr zufrieden sei und es behalten möchte. Der Händler stimmt zu.
   a) Wer ist vor dem Telefonat Eigentümer und wer Besitzer des Blu-ray-Players?
   b) Wie findet der Eigentumsübergang statt?

6. Stefan Beyer und Thomas Jordan, beide volljährig, treffen sich zufällig eines Abends in der Disco „Bel Air" und schließen in gemütlicher Runde einen Kaufvertrag. Stefan verkauft seine Alpinskier „Arrow" an Thomas für 90,00 €. Die Übergabe soll am nächsten Tag erfolgen, die Bezahlung aber erst in 14 Tagen. Wann wird Thomas Eigentümer der Ski?

7. Wodurch endet der rechtmäßige Besitz einer Sache?

8. Welche Herrschaft übt ein Dieb über das von ihm gestohlene Fahrrad aus?

Zusammenfassung

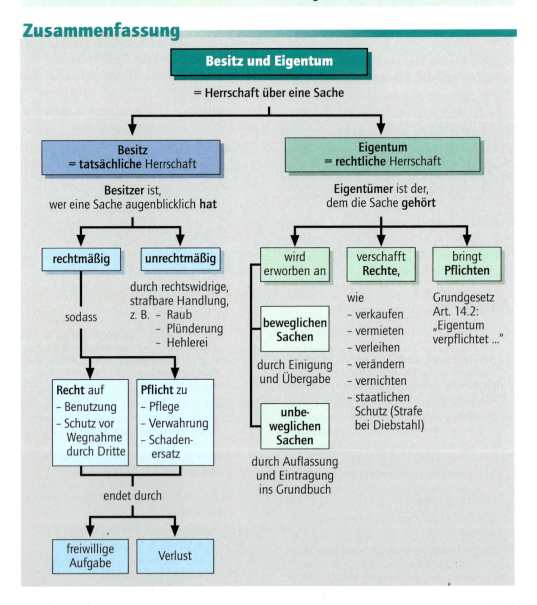

62 Wirtschaft und Recht

2.8 Störungen bei der Erfüllung des Kaufvertrages

Fall 1

Die Großhandlung Caulmanns & Co. OHG, Hannover, liefert ordnungsgemäß 50 Kisten Ceylontee an einen langjährigen Kunden, den Einzelhändler Hans Körbel in Berlin. Vereinbart war zwischen den Vertragspartnern im Kaufvertrag vom 13. Aug. „Lieferung in vier Wochen".

Auf der Fahrt wird der Lkw jedoch durch einen Stau unvorhergesehen lange aufgehalten, sodass er mit der Ware einen Tag verspätet erst am 14. Sept. in Berlin ankommt.

Daraufhin weigert sich Hans Körbel, den Tee abzunehmen mit dem Hinweis, dass Caulmanns & Co. zu spät geliefert habe. Ausschlaggebend war dabei, dass zwischenzeitlich die Teepreise gesunken sind und Hans Körbel die gleiche Ware von einem anderen Verkäufer nun preisgünstiger einkaufen kann.

Nach telefonischer Rücksprache mit seinem Chef in Hannover fährt der Lkw-Fahrer die Wagenladung Tee vorerst zur Einlagerung in die Berliner Lagerhaus AG. Zu allem Unglück werden dabei zehn Kisten Tee durch einen Unfall, an dem der hannoversche Fahrer schuldlos war, vernichtet.

Fall 2

Frau Deskau, Inhaberin einer gutgehenden Boutique in der Innenstadt, will zum 2. Mai in der Südstadt ein Fachgeschäft eröffnen, in dem sie vornehmlich junge Mode anbieten möchte.

Für die Einrichtung des Verkaufsraums soll eine Spezialgroßhandlung sorgen. Im Kaufvertrag vom 16. März. wird Lieferung ab Mitte April vereinbart.

Als am 21. April die Spezialeinrichtung immer noch nicht eingetroffen ist, wird Frau Deskau unruhig. Aufgrund eines Telefonats erfährt sie schließlich, dass die Großhandlung wegen Arbeitsüberlastung den Auftrag nicht bis zum vereinbarten Termin fertigstellen konnte.

1. Benennen Sie die Störungen, die in den Beispielen bei der Erfüllung des Kaufvertrages angesprochen werden.
2. Beschreiben Sie die Rechte, die im Fall (1) von der Großhandlung Caulmanns & Co. OHG und im Fall (2) von Frau Deskau geltend gemacht werden können.

Information

Bei der **Erfüllung** des Kaufvertrages können folgende Störungen auftreten:

- die gelieferte Ware weist Mängel auf (mangelhafte Lieferung bzw. **Schlechtleistung**),
- die bestellte Ware wird nicht oder nicht zum vereinbarten Zeitpunkt geliefert (Lieferungsverzug bzw. **Nicht-Rechtzeitig-Lieferung**),
- die ordnungsgemäß gelieferte Ware wird vom Käufer nicht angenommen (**Annahmeverzug** bzw. Gläubigerverzug),
- die ordnungsgemäß gelieferte Ware wird vom Käufer nicht rechtzeitig bezahlt (Zahlungsverzug bzw. **Nicht-Rechtzeitig-Zahlung**).

Mangelhafte Lieferung (Schlechtleistung)

Die Ware muss mit der Bestellung übereinstimmen und zum Zeitpunkt des Gefahrenübergangs am Erfüllungsort mängelfrei sein. Für sämtliche Fehler bis zum Zeitpunkt der Übergabe muss der Verkäufer haften, **unabhängig davon, ob ihn ein Verschulden trifft oder nicht.**

> Der Verkäufer hat dem Käufer die Sache **frei von Sach- und Rechtsmängeln** zu übergeben und ihm das Eigentum daran zu verschaffen. (§ 433 Abs. I Satz 2 BGB)

Arten der Mängel

Sachmängel (§ 434 BGB)

> Ein **Sachmangel** liegt vor, wenn die Sache zum Zeitpunkt des Gefahrenübergangs (Übergabe) mit Fehlern behaftet ist.

In den folgenden Fällen handelt es sich jeweils um einen Sachmangel:

Mangel: Ware entspricht nicht der Beschaffenheit

Die **tatsächliche** Beschaffenheit weicht von der **vereinbarten** Beschaffenheit ab.

Beispiele

- Die **Spindler KG** bestellt für die eigene Verwaltung bei ihrem Lieferer 5 neue Drucker. Zugesagt wurde, dass die Geräte eine Druckleistung von 26 Seiten (s/w) pro Minute haben werden. Es stellte sich jedoch heraus, dass die tatsächliche Leistung nur 20 Seiten pro Minute beträgt.
- Eine Uhr zeigt nicht präzise die Zeit an.
- Ein Regenschirm ist nicht wasserdicht.
- Ein Geländewagen ist nicht tauglich für schweres Gelände.

Bringt ein Käufer im Verkaufsgespräch seine Vorstellungen mit ein, so können diese zur vertragsgemäßen Beschaffenheit werden.

Beispiele

- Die Ware soll genau der Probe oder einer vorherigen Lieferung entsprechen.
- Die gekaufte Tapete soll wasserfest sein.

Wurde im Kaufvertrag *keine Beschaffenheit vereinbart*[1], dann ist die Sache frei von Mängeln, wenn sie sich für die Verwendung eignet, die nach dem Vertrag vorausgesetzt ist (= Eignung für die **gewöhnliche** Verwendung).

Beispiel

Notiert ein Gebrauchtwagenhändler bei allen Baugruppen pauschal „schadhaft" oder „Wagen zum Ausschlachten", so kann der Käufer nichts reklamieren. Ein Auto gilt jetzt als mängelfrei, wenn es die „**vereinbarte Beschaffenheit**" hat.

Mangel: Ware entspricht nicht der Werbeaussage

Der Ware fehlen Eigenschaften, die der Käufer **aufgrund von Werbeaussagen** erwarten kann. Äußerungen in der Werbung, die beim Kunden entsprechende Erwartungen wecken, binden das werbende Unternehmen.

Es gilt der schlichte Grundsatz: *Was man verspricht, muss man halten*. Eine Werbeaussage, die nicht erfüllt werden kann, ist demzufolge nicht nur irreführend (i. S. v. § 3 UWG), sondern löst beim Kunden unmittelbar Ansprüche wegen eines Sachmangels aus.

Beispiel

Ein neuer Kühlschrank darf nicht mehr Energie verbrauchen, als die Werbung verspricht. Sagt der Großhändler zu, dass eine Flasche Limonade darin in einer Stunde eiskalt wird, muss der Kühlschrank sogar das leisten (bei mündlichen Absprachen allerdings Problem des Beweises).

Mangel: Die Kennzeichnung auf der Verpackung oder auf der Ware selbst weicht von den tatsächlich vorhandenen Eigenschaften ab.

Beispiel

Der Lachs in einem Cash-and-carry-Großhandel ist wie folgt gekennzeichnet: „*Original kanadischer Lachs*". Später stellt sich heraus, dass der Lachs aus heimischer Zucht stammt.

Mangel: Montagefehler des Verkäufers

Ein Sachmangel liegt auch bei **unsachgemäßer Montage** durch den Verkäufer oder seinen Monteur vor, selbst wenn die Kaufsache ursprünglich mangelfrei war **(Montagefehler = Sachmangel)**. Voraussetzung ist allerdings, dass der Verkäufer zur Montage verpflichtet war (§ 434 Abs. 2 Satz 1 BGB).

Beispiel

Die angelieferte vollautomatische Hebebühne für das Lager der *Exclusiva GmbH* wird infolge fehlerhaften Anschlusses durch den Verkäufer beschädigt, sodass die Sicherheitsbeleuchtung dieser Anlage nicht mehr funktioniert.

Erfasst werden auch alle Fälle, in denen **allein die Montage selbst fehlerhaft** ist, ohne dass dies zu einer Beeinträchtigung der Beschaffenheit der verkauften Sache führt.

Beispiel

Arbeiter der Tischlerei Melchers stellen in den Schauräumen der *Exclusiva GmbH* mehrere neue Regalwände auf, wobei allerdings zwei durch die Handwerker schief montiert werden.

---

[1] Je alltäglicher ein Geschäft ist, umso häufiger fehlt es an einer Vereinbarung über die Beschaffenheit einer Sache.

Mangel: fehlerhafte Montageanleitung

Eine **fehlerhafte – auch mündliche – Montageanleitung** führt dazu, dass eine verkaufte Sache nicht fehlerfrei montiert werden kann, vorausgesetzt, der Kunde besitzt keine eigenen Sachkenntnisse (§ 434 Abs. 2 Satz 2 BGB; sogenannte **Ikea-Klausel**).

Beispiel

Ein Möbelgroßhändler händigt zusammen mit der Lieferung von Eckschreibtischen eine fehlerhafte Montageanleitung aus. Dadurch können die Schreibtische nicht richtig aufgebaut werden.

Mangel: Falsch- und Minderlieferungen (§ 434 Abs. 3 BGB)

Sachmängel liegen auch vor bei

Falschlieferungen (= Artmangel)	Minder- oder Zuweniglieferungen (= Qualitätsmangel)

– Beim *Gattungskauf* wird eine andere Gattung geliefert:
  – der gelieferte Gegenstand weicht erheblich von der Bestellung ab, z. B. anstatt des Sony DVD-Players XP60 wird der Akai Power GT geliefert,
  – die Lieferung entspricht nicht genau der vereinbarten Kaufsache, z.B. wird anstatt der vereinbarten Dosenmilch *light* mit 4 % Fettgehalt 15%ige Milch geliefert.
– Beim *Stückkauf* wird nicht das bestellte Stück geliefert.
	– Eine Minderlieferung liegt nur vor, wenn die Lieferung vom Verkäufer als vollständige Erfüllung des Vertrages ausgeführt wurde. Andernfalls handelt es sich um eine bewusste *Teilleistung*.
	Ob eine Mindermenge vorliegt, richtet sich nach der Stückzahl sowie nach Maß und Gewicht.
	  – Eine Warensendung enthält weniger Stücke oder eine geringere Menge als die vereinbarte.
	  – Die Ware weist zu geringe Abmessungen auf, z. B. statt eines Lampendurchmessers von 35 cm wird einer mit nur 30 cm geliefert.

Nicht gesetzlich geregelt sind *Zuviellieferungen*. In derartigen Fällen sind die Grundsätze der ungerechtfertigten Bereicherung anzuwenden. Die Waren müssen demzufolge vom Käufer zurückgegeben werden, der Verkäufer hat keinen Anspruch auf den Kaufpreis.

Beispiele

– Eine Textilhandlung kann eine Kollektion von Damenkostümen wegen der Rechte des Designers nicht weiterverkaufen.
– Bei einer als Original verkauften Musik-CD handelt es sich um eine Raubkopie.

Rechtsmängel (§ 435 BGB)

Ein **Rechtsmangel** liegt vor, wenn Dritte an der gelieferten Sache **Rechte** gegen den Käufer geltend machen können.

Ein typischer Rechtsmangel liegt beispielsweise vor, wenn der Verkäufer einer Sache nicht ihr Eigentümer ist oder eine andere Person Nutzungsrechte gegen den Käufer geltend machen kann, von denen er bei Abschluss des Vertrages nichts wusste.

Im Falle von Rechtsmängeln stehen dem Käufer die gleichen Rechte zu wie bei Sachmängeln.

Nach ihrer **Erkennbarkeit** werden Mängel unterschieden in
– **offene** Mängel (z. B. überschrittenes Verfallsdatum),
– **versteckte (verdeckte)** Mängel, z. B. verdorbene Konserven,
– **arglistig verschwiegene** Mängel (angeblich unfallfreier Pkw, tatsächlich Unfallwagen).

Mängelrüge

Bei einem **zweiseitigen** Handelskauf hat der Käufer die Pflicht, die gelieferte Ware zu prüfen und etwaige Mängel aufzunehmen, ggf. sind Stichproben zu entnehmen, deren Anzahl sich an der Menge und der Art der Ware orientiert; z. B. 5 von 2 400 Pilzkonserven genügen.

Wird bereits *bei der Übergabe* ein Mangel festgestellt, so kann der Käufer die Annahme verweigern. Der Käufer muss einen solchen Mangel dem Verkäufer gegenüber eindeutig erklären, indem er eine **Mängelrüge** erteilt.

Die Mitteilung an den Verkäufer über die vorgefundenen Warenmängel ist grundsätzlich **formfrei** (mündlich, schriftlich). Ausnahmen können durch Vertrag oder durch *Allgemeine Geschäftsbedingungen* geregelt werden. Die Mängelrüge muss so formuliert sein, dass der Verkäufer daraus genau Art und Umfang der Fehler entnehmen kann. Ein allgemein gehaltener Satz ist keine ordnungsmäßige Mängelanzeige.

Versucht der Käufer mehrfach erfolglos, den Verkäufer telefonisch zu erreichen, muss er danach – unverzüglich – schriftlich rügen. Es genügt die **rechtzeitige Absendung** der Rüge durch ein zuverlässiges Beförderungsmittel. Verzögerungen bei der Übermittlung gehen zulasten des Verkäufers.

Die **Beweislast für den Zugang** und die Verlustgefahr liegen allerdings **beim Käufer.** Aus Gründen der Beweissicherung ist es daher immer empfehlenswert, schriftlich zu reklamieren und dabei die festgestellten Mängel so genau wie möglich zu beschreiben. Die Rüge kann auch durch Telefax oder E-Mail erfolgen. Welche Reklamationsfrist dabei eingehalten werden muss, ist u. a. abhängig von der Erkennbarkeit des Mangels. Beim *einseitigen Handelskauf* ist der Kunde nicht verpflichtet, unverzüglich eine Mängelrüge zu erteilen.

Reklamationsfristen (Rügefristen)

Der Käufer muss beim ein- bzw. zweiseitigen Handelskauf Reklamationsfristen einhalten:

Art des Kaufs (Vertragspartner) / Reklamationsfristen bei	**zweiseitiger Handelskauf:** Käufer und Verkäufer sind Kaufleute (für beide Seiten ist das Geschäft ein Handelsgeschäft).	**einseitiger Handelskauf** (bei beweglichen Gütern: Verbrauchsgüterkauf): Käufer handelt als Privatperson und Verkäufer als Unternehmer (nur für eine Seite ist das Geschäft ein Handelsgeschäft).
offenen Mängeln	**unverzüglich** (= ohne schuldhaftes Verzögern) **nach Erhalt und Entdeckung** des Schadens bei der Eingangsprüfung (§ 377 I HGB)	– keine unverzügliche Prüfung der gelieferten Ware nötig – bei **neuen** Sachen innerhalb von **zwei Jahren** nach Ablieferung (gesetzliche Gewährleistungsfrist) – bei **gebrauchten Sachen** haftet der Verkäufer innerhalb der Frist für Sachmängelhaftung von **einem Jahr** (§ 475 BGB)
versteckten (verdeckten) Mängeln	**unverzüglich nach Entdeckung,** jedoch spätestens innerhalb der Frist für Sachmängelhaftung (gem. BGB 2 Jahre); eine Frist für Sachmängelhaftung kann generell ausgeschlossen werden; § 377 (2, 3) HGB	
arglistig verschwiegenen Mängeln	innerhalb von 3 Jahren, beginnend am 01.01. des Jahres nach der Entdeckung (§ 195 BGB)	

Bei der Vorschrift der unverzüglichen Untersuchung sind die Verhältnisse des Käufers und die Art der Ware zu berücksichtigen.

Beispiel
Bei der Lieferung von leicht verderblicher Ware, wie beispielsweise Obst, sollte die Prüfung innerhalb weniger Stunden erfolgen. Bei bestellten Festplatten, die kurz vor Geschäftsschluss am Sonnabend angeliefert werden, ist die Prüfung am Montag ausreichend.

Kommt beim **zweiseitigen Handelskauf** ein Käufer seiner Reklamationspflicht nicht fristgerecht nach, verliert er seine Rechte aus der mangelhaften Lieferung. Die Ware gilt dann als genehmigt, es sei denn, es handelt sich um einen „nicht erkennbaren" Mangel.

Durch Schweigen verliert also der Käufer seine Gewährleistungsansprüche. Dies gilt sogar, wenn der Verkäufer ihm eine andere als die vereinbarte Ware geliefert hat.

Die Vorschrift soll dazu beitragen, Handelsgeschäfte zügig abzuwickeln. Der Verkäufer soll voraussehen und berechnen können, was im Geschäftsverkehr mit anderen Unternehmen auf ihn zukommt.

Aufbewahrungspflicht beim zweiseitigen Handelskauf

- Der Käufer ist beim *Distanzkauf* dazu verpflichtet, die mangelhafte Ware – auf Kosten des Verkäufers – selbst aufzubewahren bzw. die Einlagerung bei einem Dritten zu veranlassen, bis ihm der Verkäufer mitteilt, wie er weiterhin mit ihr verfahren will (§ 379 HGB).
- Beim *Platzkauf* kann der Käufer die Annahme der mangelhaften Ware verweigern bzw. die beanstandete Ware sofort zurückschicken.
- Bei *verderblicher* Ware hat der Käufer das Recht, die mangelhafte Ware öffentlich versteigern zu lassen oder, falls sie einen Markt- oder Börsenpreis hat, sie durch einen öffentlich ermächtigten Handelsmakler verkaufen zu lassen (= Notverkauf; § 379 HGB).

Rechte des Käufers bei Lieferung mangelhafter Ware (§ 437 BGB)

Mängelansprüche besitzt der Käufer nur, wenn die gekaufte Ware bei Gefahrenübergang auch wirklich einen Mangel hatte und er beim Abschluss des Kaufvertrages davon nichts gewusst hat. Tritt nach relativ kurzer Zeit ein Mangel auf, der bei vergleichbarer Ware zu diesem Zeitpunkt typischerweise noch nicht auftritt, **so wird vermutet, dass die Kaufsache nicht die übliche Qualität hatte.**

Danach kann der Käufer bei Mängeln verlangen:
- Nacherfüllung (vorrangig),
- Rücktritt vom Kaufvertrag (nachrangig),
- Minderung des Kaufpreises (nachrangig),
- Schadensersatz (vor- und nachrangig),
- Ersatz vergeblicher Aufwendungen (nachrangig).

Hat der Käufer einen festgestellten und **behebbaren** Mangel rechtzeitig gemeldet und ist kein Ausschlussgrund ersichtlich, so hat er **vorrangig** einen **Anspruch auf Nacherfüllung** (§ 439 BGB).

Vorrangige Rechte

Nacherfüllung (§§ 437 Abs. 1 und 439 BGB)

Im Falle der Nacherfüllung hat der Käufer ein **Wahlrecht** zwischen

- Beseitigung des Mangels (Nachbesserung) und
- Lieferung einer mangelfreien Sache (Ersatzlieferung).

Die im Zusammenhang mit der Nacherfüllung anfallenden Aufwendungen, insbesondere Transport-, Wege-, Arbeits- und Materialkosten, sind grundsätzlich vom Verkäufer zu tragen. Zusammen mit der Nacherfüllung ist *Schadensersatz neben der Leistung* möglich.

▶ **Beseitigung des Mangels** (Nachbesserung)
Die Beseitigung des Mangels durch den Verkäufer, z. B. durch Reparatur, ist möglich, wenn an der Ware **keine erheblichen Mängel** festzustellen sind und die Beseitigung des Mangels für den Verkäufer **zumutbar** ist. Das ist sowohl bei Gattungs- als auch bei Stückschuld möglich. Eine Nachbesserung gilt als fehlgeschlagen, wenn der **zweite Nachbesserungsversuch** erfolglos war (§ 440 Abs. 2 BGB). Der Käufer kann in diesem Fall neue (fehlerfreie) Ware verlangen.

▶ **Ersatz- bzw. Neulieferung**
(Lieferung einer mangelfreien Sache)
Dieses Recht wird der Käufer in Anspruch nehmen, wenn er die mangelhafte Ware nicht verwenden kann und sie durch eine gleichartige mangelfreie Sache ersetzt werden kann. Dies ist nur bei **Gattungswaren**[1] möglich.

Die **Ersatzlieferung** ist nicht zu verwechseln mit dem **Umtausch**, den ein Unternehmer aus **Kulanzgründen** seinen Kunden gewährt. Umtausch ist die freiwillige Verpflichtung eines Unternehmers, Ware ohne Fehler bei Nichtgefallen zurückzunehmen.

Liefert der Verkäufer auf Verlangen des Käufers (neue) mangelfreie Ware, muss der Käufer die mangelhafte Sache zurückgeben. Zugleich muss der Käufer Wertersatz für den Vorteil, den er durch den Gebrauch der Sache hatte, leisten. Die Kosten für die Rücksendung einschließlich Verpackung muss der Verkäufer tragen.

---

[1] Vertretbare, d. h. mehrfach vorhandene Sachen, z. B. Bier, Reis oder Zucker

Nachbesserung oder Neulieferung?

Gegenüber Geschäftsleuten kann der Verkäufer im Vertrag die Klausel aufnehmen, dass er selbst die Wahl hat zwischen Mängelbeseitigung oder Neulieferung

- Ist eine der beiden vom Käufer gewählten Formen der **Nacherfüllung unmöglich**, dann kann er – soweit dies überhaupt noch möglich ist – den jeweils anderen Nacherfüllungsanspruch wählen.
- Ist die Nacherfüllung zwar noch möglich, aber nur mit **unverhältnismäßig** hohen Kosten durchzuführen, so kann der Verkäufer die vom Käufer gewählte Form der **Nacherfüllung verweigern**.

  In diesem Fall muss der Käufer auf die andere Art der Nacherfüllung ausweichen, vorausgesetzt sie ist nicht ebenfalls unmöglich oder unverhältnismäßig.
- Der Anspruch auf Nacherfüllung besteht auch bei **geringfügigen Mängeln**. Bei geringwertigen Sachen des Alltags, wie beschreibbaren CDs, Bürobedarf oder Taschenrechnern, wird in der Regel nur Ersatzlieferung infrage kommen. Nachbesserung wäre in diesen Fällen als unverhältnismäßig anzusehen, da eine Reparatur meist ein Mehrfaches des Neuwertes der Sache beträgt.

Fristsetzung

Weitere Rechte kann der Käufer erst geltend machen, wenn eine von ihm gesetzte **angemessene Nachfrist** zur Nacherfüllung **verstrichen** ist. Die **Fristsetzung** ist **nicht erforderlich**, wenn der Mangel nicht behebbar ist, der Verkäufer beide Arten der Nacherfüllung verweigert, die Nacherfüllung zweimal fehlgeschlagen ist oder ein Fix- oder Zweckkauf vorliegt. Es kann dann unmittelbar auf die nachfolgend aufgeführten Rechte zurückgegriffen werden.

Nachrangige Rechte

Rücktritt vom Vertrag (§ 323 BGB)

> Beim **Rücktritt vom Vertrag** wird der **Kaufvertrag rückgängig gemacht** und daher die bereits gelieferte Ware zurückgeschickt und der schon gezahlte Kaufpreis zurückgezahlt.

Das **Rücktrittsrecht** besteht immer und ist **unabhängig vom Verschulden** (Vertretmüssen) des Lieferers. Der Rücktritt erfolgt *durch Erklärung* gegenüber dem Verkäufer (§ 349 BGB).

Gegengerechnet wird dabei der Nutzungswert, den der Gläubiger durch die vorübergehende Nutzung der Sache gewonnen hat.

Den Rücktritt wird der Käufer dann wählen, wenn das Geschäft sich im Nachhinein als ungünstig herausstellt und er froh ist, davon loszukommen – beispielsweise wenn er anderswo günstiger einkaufen kann.

Neben dem Rücktritt hat der Geschädigte das Recht auf **Schadensersatz statt der Leistung** bzw. **Aufwendungsersatz**.

Für den **Rücktritt vom Vertrag** müssen die folgenden **Voraussetzungen** vorliegen:

- Die Sache muss mangelhaft sein.
- Der Käufer muss dem Verkäufer eine angemessene Frist zur Leistung oder Nacherfüllung eingeräumt haben.
- Die Nachfrist zur Nacherfüllung muss erfolglos abgelaufen sein bzw. die Nachfrist muss entbehrlich sein.
- Der Mangel muss **erheblich** sein.

Bei einem geringfügigen Mangel hat der Käufer also keinen Anspruch auf Rücktritt. Dann bleibt ihm der Anspruch auf Preisminderung.

Der Käufer kann bei einem behebbaren Mangel ausnahmsweise auch **ohne Fristsetzung** vom Kaufvertrag zurücktreten, wenn

- der Verkäufer ernsthaft und endgültig die Leistung verweigert;
- der Verkäufer die Nacherfüllung wegen unverhältnismäßig hoher Kosten verweigert;
- die Nacherfüllung – **nach zwei Fehlversuchen** – fehlgeschlagen ist;
- die Nacherfüllung für den Käufer unzumutbar ist;
- die Leistung bei einem *Fixgeschäft* bzw. *Zweckkauf* nicht rechtzeitig erbracht wurde.

Minderung des Kaufpreises
(§ 441 Abs. 1 BGB)

Ist die Nacherfüllung fehlgeschlagen oder wurde sie verweigert, kann der Käufer statt vom Vertrag zurückzutreten eine *Minderung des Kaufpreises* verlangen.

Beispiel

Ein gekauftes DVD-Gerät hat leichte Kratzer. Nachdem die angemessene Nachfrist für die Nacherfüllung abgelaufen ist, verlangt der Käufer Preisminderung.

> Bei der Minderung bleibt – anders als beim Rücktritt – **der Kaufvertrag bestehen und wird** zwischen den Vertragspartnern **abgewickelt**.

Beim Recht auf Minderung hat der Käufer das Recht, den Kaufpreis entsprechend dem vorhandenen Mangel zu reduzieren.

Falls der Käufer bereits mehr als den geminderten Kaufpreis bezahlt hat, hat er Anspruch auf Rückerstattung des zu viel Gezahlten.

Zusätzlich kann Schadensersatz neben der Leistung bzw. Aufwendungsersatz verlangt werden.

Auf Minderung (statt des Rücktritts) wird der Käufer bestehen, wenn er die mangelhafte Ware zwar behalten will (er kann die Ware trotz des Mangels wirtschaftlich verwerten), aber nur weniger dafür zu zahlen bereit ist.

Für das Recht des Käufers auf Minderung des Kaufpreises müssen die gleichen Voraussetzungen vorliegen wie für den Rücktritt vom Vertrag. Das bedeutet, dass der Käufer dem Verkäufer die Gelegenheit zur Nacherfüllung gewähren und eine gesetzte Nachfrist erfolglos abgelaufen sein muss.

Allerdings ist auch bei der Minderung zu unterscheiden, ob der Mangel behebbar oder unbehebbar ist. Im ersten Fall hat eine Fristsetzung Sinn, da noch nacherfüllt werden kann. Im zweiten Fall entfällt die Nacherfüllungsmöglichkeit. Daher kann der Käufer sofort mindern.

Darüber hinaus gilt:
- **Minderung** kann vom Käufer auch bei **unerheblichem (geringfügigem) Mangel** verlangt werden.
- Der Käufer muss die Minderung dem Verkäufer ausdrücklich mitteilen.

Schadensersatz

> Liefert der Verkäufer **schuldhaft** die Ware nicht so wie vereinbart, dann hat er dem Käufer den dadurch **entstandenen Schaden zu ersetzen** (§ 280 Abs. 1 BGB).

Dieses Recht auf Schadensersatz kann der Käufer nur dann geltend machen, wenn folgende **Voraussetzungen** erfüllt sind:
- Der Verkäufer muss seine Pflicht aus dem Kaufvertrag verletzt haben.
- Durch die Pflichtverletzung muss ein Schaden entstanden sein.
- Der Verkäufer muss den Schaden verschuldet haben, wobei schon leichte Fahrlässigkeit ausreicht. (Hat der Verkäufer eine Garantie übernommen [§ 276 BGB], entfällt die Voraussetzung des Verschuldens.)

Es lassen sich folgende Ansprüche des Käufers auf Ersatz des Schadens unterscheiden:

▶ **Schadensersatz neben der Leistung (kleiner [beschränkter] Schadensersatz)**

Beim kleinen Schadensersatz **akzeptiert** der Käufer **die mangelhaft gelieferte Ware** und behält sie. Er bekommt zusätzlich seinen durch die mangelhafte Lieferung entstandenen Schaden vom Verkäufer ersetzt ([nur] Verzögerungsschaden; § 281 Abs. 1 Satz 1 BGB).

Dieser Anspruch des Käufers ist in der Regel auf Ersatz der Kosten gerichtet, die erforderlich sind, um den Mangel zu beseitigen. Dazu zählen z. B:
- Ersatz des reinen Minderwerts (entspricht im Ergebnis der Minderung)
- Ersatz der Kosten für die Mangelbeseitigung
- Ersatz der Vermögensschäden, die in unmittelbarem Zusammenhang mit der mangelhaften Sache stehen, z. B. Nutzungsausfall wegen des Mangels, entgangener Gewinn

Den „kleinen" Schadensersatz wird der Käufer wählen, wenn er die Ware bei Gewährung einer Preisminderung und Kostenersatz behalten möchte.

Schadensersatz neben der Leistung ist zusammen mit der Nachbesserung bzw. der Neulieferung möglich, aber auch zusammen mit der Minderung.

▶ **Schadensersatz statt der Leistung (großer [unbeschränkter] Schadensersatz)**

Es handelt sich um einen Schadensersatzanspruch, der **an die Stelle der ursprünglichen Leistung tritt**. Der **Käufer gibt die Ware zu-**

rück. Der Verkäufer ersetzt den eigentlichen Mangelschaden und den Schaden, der durch die insgesamt ausgebliebene mangelfreie Warenlieferung entstanden ist (§ 281 Abs. 1 Satz 3 BGB). *Schadensersatz statt der Lieferung* **ist zusammen mit dem Rücktritt möglich.**

Zusätzliche Voraussetzung:

Eine angemessene Frist zur Nacherfüllung muss abgelaufen sein.

Der *Schadensersatz* statt der *Leistung* ist ausgeschlossen bei geringfügigen Mängeln.

Beispiel

Eineinhalb Jahre nach dem Verkauf eines qualitativ hochwertigen Mohairmantels nimmt ein Einzelhändler einen nur bei intensivem Hinsehen erkennbaren Webfehler zum Anlass, Schadensersatz statt der Leistung zu verlangen.

In diesem Fall wird der Schadensersatzanspruch daran scheitern, dass der Mangel unerheblich ist.

Ersatz vergeblicher Aufwendungen
(§ 284 BGB)

Anstelle des Rechts *Schadensersatz statt der Leistung* kann der Käufer (Gläubiger) **Ersatz der Aufwendungen** verlangen, die ihm im Zusammenhang mit der erwarteten mangelfreien Warenlieferung entstanden sind. Hierunter fallen auch die Vertragskosten.

Haftungsausschluss (Ausschluss der Käuferrechte)

Vertraglicher Haftungsausschluss

Bei Kaufverträgen zwischen Unternehmen darf der Verkäufer seine Haftung per Vertrag beliebig verkürzen oder sogar ganz ausschließen. Für Allgemeine Geschäftsbedingungen gelten Sonderregelungen:
– Bei neuen Sachen ist eine Befristung nur auf ein Jahr erlaubt,
– bei gebrauchten Sachen auch auf weniger als ein Jahr.

Ausnahme: Die fünfjährige Frist für Baumaterialien kann auch durch AGB nicht reduziert werden.

Haftungsausschluss bei Kenntnis oder grob fahrlässiger Unkenntnis (§ 442 BGB)

Der Käufer kann keine Rechte wegen eines Mangels mehr geltend machen, wenn
– er bei Vertragsschluss den Mangel der Kaufsache bereits kannte bzw.
– ihm aufgrund **grober Fahrlässigkeit**[1] der Mangel unbekannt geblieben ist. In diesem Fall kann der Käufer nur dann Gewährleistungsrechte geltend machen, wenn der Verkäufer den Mangel **arglistig verschwiegen** oder eine Garantie für die Beschaffenheit der Ware übernommen hat.

Haftungsausschluss bei Verletzung der Rügepflicht beim Handelskauf

Ein besonderer Haftungsausschluss folgt aus der Untersuchungs- und Rügepflicht des Käufers beim Handelskauf (§ 377 HGB). Danach ist der Unternehmer zur **unverzüglichen Untersuchung** der eingegangenen Ware verpflichtet. Kommt er dieser Verpflichtung nicht nach, gilt die Ware als genehmigt. Nur bei **versteckten Mängeln**, die bei der Wareneingangskontrolle unentdeckt geblieben sind, bleiben die Gewährleistungsansprüche bestehen.

Haftungsausschluss bei unerheblichen Mängeln

Bei *unerheblichen Mängeln* steht dem Käufer **kein Recht** auf
– Rücktritt vom Kaufvertrag und
– Schadensersatz statt der Ware zu.

Die übrigen Gewährleistungsrechte des Käufers bleiben unberührt.

Der vorliegende Mangel hat auf die Verwendung der Sache keinen Einfluss.

Verjährung von Mängelansprüchen
(Gewährleistungsfristen gem. § 438 BGB)

Bei Mängelansprüchen gibt es besondere Verjährungsfristen (siehe Seite 73).

---

[1] Grobe Fahrlässigkeit liegt vor, wenn die Unkenntnis auf einer besonders schweren Vernachlässigung der im Verkehr erforderlichen Sorgfalt beruht.

> Nach Ablauf der Frist kann der Verkäufer mangelbedingte Ansprüche (Gewährleistungsansprüche) auf Nacherfüllung, Schadensersatz oder Aufwendungsersatz aus Kaufverträgen verweigern.

Neben der besonderen Verjährung beim Kauf von Bauwerken und Baustoffen ist die regelmäßige Verjährungsfrist für Mängel zu nennen.

Die **regelmäßige Verjährungsfrist** für **Mängelansprüche bei neuen beweglichen Sachen** (z. B. Auto, Computer, Maschinen, Sportgeräte oder Spielzeug) beträgt **2 Jahre** (§ 438 Abs. 1 Satz 3 BGB). **Die Frist beginnt mit der Ablieferung der Sache.** Das Gewährleistungsrecht sieht dabei **nicht** vor, dass der Käufer bei Inanspruchnahme seiner Rechte die Originalverpackung vorweisen muss.

Die zweijährige Gewährleistungsfrist kann unter bestimmten Voraussetzungen dennoch verkürzt werden:

Bei **zweiseitigen Handelsgeschäften** darf der Verkäufer seine **Haftung beliebig verkürzen oder sogar ganz ausschließen.** Das muss jedoch einzelvertraglich ausdrücklich vereinbart werden. Es gelten lediglich die **Einschränkungen,** dass die Gewährleistungsfrist bei neuen Sachen mittels AGB höchstens auf ein Jahr, bei gebrauchten Sachen auch auf weniger als ein Jahr verkürzt (§ 309 Abs. 8 b ff. BGB) und im Übrigen die Haftung wegen Vorsatzes und grob fahrlässiger Pflichtverletzung nicht ausgeschlossen werden darf (§ 202 BGB). Vereinbarungen, die diese Einschränkungen nicht beachten, sind unzulässig und nichtig.

Verbrauchsgüterkauf (§§ 474 – 479 BGB)

> Von einem **Verbrauchsgüterkauf** (einseitigen Handelskauf) spricht man, wenn
> ▶ ein **Verbraucher**[1] von einem **Unternehmer**[2]
> ▶ eine **bewegliche Sache** kauft.

Auf den Kauf von Verbrauchsgütern sind grundsätzlich die allgemeinen Regeln des Kaufvertragsrechts anwendbar. Ergänzend gelten aber die folgenden Sonderregelungen:

▶ Eingeschränkte Vertragsfreiheit

Sämtliche **Bestimmungen** über die grundlegenden Pflichten der Vertragsparteien, über Mängel und Mängelansprüche **sind zwingend**. Von ihnen kann weder durch Allgemeine Geschäftsbedingungen noch durch individuelle Vereinbarungen zum Nachteil des Verbrauchers abgewichen werden (§ 475 Abs. 1 BGB), wie z. B. mit Formulierungen wie „unter Ausschluss jeglicher Gewährleistung" oder „gekauft wie besehen".

Das gilt insbesondere für

– die Wahlfreiheit des Käufers bei Mängelrechten;

– die Beweislastumkehr innerhalb der ersten sechs Monate (siehe nachfolgende Seite);

– die Verjährungsfrist von zwei Jahren bei neuen Sachen;

  Ausnahme: Verjährung bei **gebrauchter Ware**. In diesem Fall darf der Verkäufer die Sachmängelhaftung (Gewährleistungsfrist) **bis zu einem Jahr** verkürzen;

– den vertraglichen Ausschluss der Haftung bei Schäden;

  Ausnahme: Schadensersatzansprüche. Sie können in den Grenzen des Rechts der Allgemeinen Geschäftsbedingungen ausgeschlossen werden (§ 305 ff. BGB).

Durch diese Bestimmungen soll ein Mindestschutz des Verbrauchers gewährleistet werden.

Händler müssen nicht für einen Mangel haften, den sie zuvor benannt haben. Mängellisten müssen deshalb vom Käufer unbedingt in Ruhe an der Ware überprüft werden.

▶ Gefahrübergang beim Versendungskauf

Bei einem Versendungskauf geht normalerweise die Gefahr auf den Käufer über, sobald der Verkäufer die Sache dem Spediteur oder dem Frachtführer ausgeliefert hat (§ 447 BGB). Dies gilt beim Verbrauchsgüterkauf nicht. Vielmehr geht die Gefahr erst **bei Eintreffen der Sache beim Käufer** über; die Ware reist also stets auf Gefahr des Verkäufers (§ 474 Abs. 2 BGB). Der Verbraucher muss deshalb die Kauf-

---

1 **Verbraucher** ist jede natürliche Person, die ein Rechtsgeschäft zu einem Zweck abschließt, die weder ihrer gewerblichen noch ihrer selbstständigen beruflichen Tätigkeit zugerechnet werden kann (§ 13 BGB).
2 **Unternehmer** ist, wer bei Abschluss eines Rechtsgeschäfts in Ausübung seiner gewerblichen oder selbstständigen Tätigkeit handelt (§ 14 BGB).

sache nicht bezahlen, wenn sie auf dem Weg zu ihm zerstört wird.

▶ **Beweislastumkehr (§ 476 BGB)**

Grundsätzlich trägt der Käufer die Beweislast für den Mangel der Kaufsache. Er muss beweisen, dass der Mangel bereits beim Kauf bzw. zum Zeitpunkt des Gefahrübergangs vorhanden war und nicht erst später entstanden ist.

Für den Verbrauchsgüterkauf hingegen gilt beim Vorliegen eines Sachmangels, der im Laufe **der ersten sechs Monate seit Gefahrübergang** (meist nach Lieferung, d. h. Übergabe der Ware[1]) aufgetreten ist, die **Beweislastumkehr**, d. h. der Verkäufer muss beweisen, dass die Ware zum Zeitpunkt des Verkaufs bzw. der Warenübergabe mangelfrei war, dass der Fehler also nicht von Anfang an vorhanden war.

Diese gesetzliche Regelung kann natürlich vom Verkäufer widerlegt werden, wenn er nachweisen kann, dass der Mangel an der Ware *durch unsachgemäße Behandlung durch den Verbraucher* entstanden ist.

Diesen Beweis muss er in den **ersten sechs Monaten** erbringen, danach trifft die Beweislast den Käufer.

Beispiele

– Ein Reifen eines Autos platzt – ab Kaufdatum – nach fünf Monaten. Dass er nach dieser Zeit nicht wegen normaler Abnutzung, sondern wegen eines Fabrikationsfehlers geplatzt ist, ist vom Käufer schwer nachzuweisen. Deshalb wird davon ausgegangen, dass der Fehler von Anfang an vorhanden war. Ist der Verkäufer anderer Ansicht, muss er belegen, dass mit dem Reifen beim Kauf noch alles in Ordnung war.

– Sieben Monate nach der Übergabe eines neuen Autos funktioniert die automatische Türverriegelung nicht mehr ordnungsgemäß. Jetzt muss der Kunde beispielsweise durch einen Kfz-Sachverständigen belegen, dass schon bei der Fahrzeugübergabe dieser Defekt vorhanden war.

▶ **Sonderbestimmungen für Garantien**

Eine Garantieerklärung muss einfach und verständlich abgefasst sein und bestimmte Angaben enthalten.

Verjährungsrecht

Bedeutung und Wirkung der Verjährung

Wenn nach Abschluss eines Vertrages eine bestimmte Zeitspanne verstrichen ist, ohne dass der Gläubiger seine Forderung geltend gemacht hat, besteht die Gefahr, dass er seinen Anspruch durch Verjährung verliert (§ 194 BGB).

> **Verjährung**
> bedeutet, dass der Gläubiger einer Leistung nach Ablauf einer bestimmten zeitlichen Frist seinen Anspruch nicht mehr gerichtlich durchsetzen kann.

Ziel der Verjährung ist die **Rechtssicherheit.** Der Gläubiger soll seine Ansprüche möglichst schnell in einer überschaubaren Zeit geltend machen, damit die Beweislage noch einigermaßen eindeutig feststellbar ist. Der Schuldner hingegen soll vor unzumutbaren Beweisforderungen nach längerer Zeit geschützt werden.

> Die **Verjährungsfrist** ist der Zeitraum, innerhalb dessen der Gläubiger seinen Anspruch
> ▶ geltend machen kann und
> ▶ ggf. gerichtlich durchzusetzen versucht.

Es gibt jedoch keine einheitliche Verjährungsfrist, sondern unterschiedliche, abhängig von der **Art des jeweiligen Anspruchs** festgelegte Verjährungsfristen (siehe Seite 73).

Die Verjährung beginnt grundsätzlich zum Zeitpunkt des Gefahrübergangs, d. h. bei Sachen mit der Ablieferung und bei Grundstücken mit der Übergabe (§ 438 Abs. 2 BGB).

Ob der Käufer seinen Anspruch kennt oder nicht, spielt keine Rolle. Werden daher verborgene Mängel beispielsweise erst nach Ablauf der Verjährungsfrist sichtbar, sind sie verjährt, bevor der Käufer seine Rechte aus dem Mangel der Kaufsache geltend machen konnte.

Ausnahme: arglistig verschwiegene Mängel. Die Verjährungsfrist beginnt in diesem Fall erst dann zu laufen, wenn der Käufer Kenntnis vom Anspruch und der Person des Schuldners hat.

---

[1] Wenn der Käufer die Ware nicht entgegennimmt, sich also im Annahmeverzug befindet, geht die Gefahr bereits vor Übergabe an den Käufer über.

Allgemeines Verjährungsrecht

	Regelmäßige Verjährungsfrist 3 Jahre (§ 195 BGB)	Besondere Verjährungsfristen		
		2 Jahre (§ 438 BGB)	5 Jahre	10 Jahre (§ 196 BGB)
Gültigkeit bei:	allen fälligen Ansprüchen für die keine besonderen Fristen festgelegt sind (§ 195 BGB), insbesondere: * Schadensersatz aus unerlaubter Handlung, Gefährdungshaftung und Pflichtverletzung aus einem Schuldverhältnis (z. B. bei Lieferungs-, Zahlungs- und Annahmeverzug); * Ansprüche wegen arglistig verschwiegener Sachmängel * Ansprüche auf regelmäßig wiederkehrende Leistungen	Ansprüche bei Mängeln an der Kaufsache (hierunter fallen die üblichen Ansprüche aus Sachmängeln wie Nacherfüllung, Schadensersatz und Ersatz der Aufwendungen) = regelmäßige Verjährungsfrist für Mängel im Kaufrecht	Ansprüche bei Mängeln an – Bauwerken und – Sachen für Bauwerke, d. h., wenn die Sache für ein Bauwerk verwendet wurde (Baustoffe) und dessen Mangelhaftigkeit verursacht hat	* Rechte an einem Grundstück; * wenn die Kenntnis fehlt (siehe Voraussetzung für die dreijährige Verjährungsfrist), dann ist dies die Maximalfrist für alle sonstigen Schadensersatzansprüche (§ 199 III 1 BGB)
Beginn der Verjährungsfrist: (§ 199 BGB)	– mit Ablauf des Jahres, in dem der **Anspruch** entstanden ist und – der Gläubiger Kenntnis erlangt von den anspruchsbegründenden Umständen und – der Person des Schuldners	– ab Ablieferung der Sache (§ 438 I Nr. 3 BGB); bei Grundstücken ab Übergabe (§ 438 II BGB) – ab Abnahme des Werkes (§ 634 a II)	ab Übergabe bzw. Ablieferung	ab Fälligkeit = Entstehung des Anspruchs (soweit nichts anderes bestimmt wurde; § 200 BGB)
Bemerkungen:	– mit der Kenntnis wird grob fahrlässige Unkenntnis des Gläubigers gleichgesetzt; versäumt es der Gläubiger schuldhaft, von dem Schadenseintritt Kenntnis zu nehmen, beginnt daher trotzdem die Verjährungsfrist zu laufen. – Absolute Grenzen: siehe 10- und 30-jährige Verjährungsfristen.	– bei **gebrauchten** Sachen im Rahmen des Verbrauchsgüterkaufs **ein Jahr** beginnend mit der Ablieferung; – Rücktritt und Minderung sind Gestaltungsrechte, die keiner Verjährung unterliegen; bei Arglist gilt die regelmäßige Verjährungsfrist (§ 199 BGB).	gilt im Baustoffhandel	

Hemmung der Verjährung

Bei der **Hemmung** der Verjährung wird der Lauf der Verjährungsfrist angehalten; **während der Zeit der Hemmung** ruht die Verjährungsfrist (§ 209 BGB). Sie beginnt erst wieder zu laufen, wenn der Hemmungsgrund beseitigt ist. Ab diesem Zeitpunkt läuft die bereits begonnene Verjährungsfrist weiter. Die vor und nach der Hemmung abgelaufenen Verjährungsfristen werden zusammengerechnet. Die Verjährung tritt ein, wenn die Summe der Abschnitte der Verjährungsfrist der gesetzlichen Verjährungsfrist entspricht.

> Unter der **Hemmung der Verjährung** versteht man einen Zeitraum, der nicht in die Verjährungsfrist eingerechnet wird (§ 209 BGB). Fällt der hemmende Umstand weg, läuft die Verjährung dort weiter, wo sie gehemmt worden war.

Das Gesetz regelt eine Vielzahl von Hemmungsgründen (§§ 203–208 BGB). Beginn und Ende der Hemmung ist in diesen Paragrafen sehr fallbezogen geregelt.

Als **Hemmungsgründe** kommen als wichtigste Tatbestände in Betracht:

- **Verhandlungen** über den Anspruch: Solange der Schuldner und der Gläubiger miteinander über den Anspruch oder die den Anspruch begründenden Umstände verhandeln, ist die Verjährung gehemmt (§ 203 BGB), bis der eine oder der andere Teil die Verhandlung abbricht. Die Verjährung tritt frühestens drei Monate nach Ende der Hemmung ein.
- **Hemmung durch Rechtsverfolgung:**
  - Klageerhebung, § 204 I Nr. 1 BGB;
  - Zustellung des Mahnbescheids im gerichtlichen Mahnverfahren, § 204 I Nr. 3 BGB;
  - Geltendmachung der Aufrechnung im Prozess, § 204 I Nr. 5 BGB;
  - Zustellung eines Antrags auf einstweilige Verfügung, § 204 I Nr. 9 BGB;
  - Anmeldung des Anspruchs im Insolvenzverfahren, § 204 I Nr. 10 BGB;
  - Beginn eines schiedsrichterlichen Verfahrens.

Die Hemmung endet **sechs Monate** nach der rechtskräftigen Entscheidung und beginnt erneut, wenn eine Partei das Verfahren weiter betreibt.

- **Leistungsverweigerungsrecht** des Schuldners (§ 205 BGB). Unter dem Leistungsverweigerungsrecht ist hier eine Vereinbarung zwischen Gläubiger und Schuldner zu verstehen, die den Schuldner vorübergehend zur Verweigerung der Leistung berechtigt, also eine **Stundung** (Zahlungsaufschub).
- **Höhere Gewalt** (§ 206 BGB). Die Verjährung ist gehemmt, solange der Gläubiger innerhalb der letzten sechs Monate der Verjährungsfrist durch höhere Gewalt an der Rechtsverfolgung seines Anspruchs gehindert ist, z.B. aufgrund von Naturkatastrophen oder Krieg.

Neubeginn der Verjährung (§ 212 BGB)

Auch die Möglichkeit des Neubeginns der Verjährung dient dem Schutz des Gläubigers. Will der Gläubiger den Eintritt der Verjährung verhindern, so muss er rechtzeitig geeignete Maßnahmen für einen Neubeginn einleiten. Anders als bei der Hemmung hat das zur Folge, dass **die bis dahin verstrichene Zeit unberücksichtigt** bleibt und die Verjährungsfrist in voller Länge neu zu laufen beginnt. Die neue Frist beginnt immer vom Ende der Unterbrechung an zu laufen und nicht erst ab dem darauffolgenden Jahresende.

> Bei **Neubeginn der Verjährung** endet der Lauf der bisherigen Verjährungsfrist; die bislang verstrichene Zeit wird ignoriert. Die Verjährungsfrist beginnt sofort in voller Länge neu zu laufen.

Der **Neubeginn** der Verjährung wird ausgelöst, wenn

- der Schuldner den **Anspruch anerkennt**, z. B. durch Abschlagzahlung, Zinszahlung, Sicherheitsleistung, Bitte um Stundung, Anerkennung von Mangelansprüchen durch Mangelbeseitigung (Nachbesserung);
- gerichtliche oder behördliche Vollstreckungshandlungen *vorgenommen* werden (§ 212 I Nr. 2 BGB);
- gerichtliche oder behördliche Vollstreckungshandlungen *beantragt* werden (§ 212 I Nr. 2 BGB). Der Neubeginn läuft hier nicht erst mit Abschluss des Zwangsvollstreckungsverfahrens, sondern bereits mit dem Vollstreckungsantrag.

Der Regelfall ist die Hemmung der Verjährung, der Neubeginn ist die Ausnahme.

Das kaufmännische Mahnverfahren hat keinen Einfluss auf die Verjährungsfrist. Es bewirkt daher auch keine Hemmung oder einen Neubeginn.

Verjährung von Mängelansprüchen
(Gewährleistungsfristen gem. § 438 BGB)

Für das *Kaufrecht* gibt es besondere Verjährungsfristen. Nach Ablauf der Frist kann der Verkäufer mangelbedingte Ansprüche (Gewährleistungsansprüche) auf Nacherfüllung, Schadensersatz oder Aufwendungsersatz aus **Kaufverträgen** verweigern.

Die beiden wichtigsten Fälle sind

- die regelmäßige Verjährungsfrist für Mängel der Kaufsache und
- die besondere Verjährung beim Kauf von Bauwerken und Baustoffen.

Regelmäßige kaufrechtliche Verjährungsfrist für Mängel

Die *regelmäßige Verjährungsfrist für Mängelansprüche bei neuen beweglichen Sachen* (ob Auto, Computer, Maschinen, Sportgeräte oder Spielzeug) beträgt **zwei Jahre, beginnend mit der Ablieferung der Sache** (§ 438 I 3 BGB).

Aufgrund der Bestimmungen über den Verbrauchsgüterkauf dürfen Verkäufer oder Werkunternehmer, die einen Vertrag mit einem Verbraucher geschlossen haben, vertraglich die Gewährleistungsfristen nicht einschränken oder verringern (→ bei neuen Sachen besteht also eine **Mindestgewährleistung** von zwei Jahren). Eine längere Gewährleistungsfrist kann natürlich vereinbart werden, da sie dem Verbraucher zugute kommt.

Die zweijährige Gewährleistungsfrist kann unter bestimmten Voraussetzungen dennoch verkürzt werden:

▶ Bei **zweiseitigen Handelsgeschäften** darf der Verkäufer einzelvertraglich seine Haftung beliebig verkürzen oder sogar ganz ausschließen. Es gelten lediglich die Einschränkungen, dass
 - die Gewährleistungsfrist bei neuen Sachen mittels AGB höchstens auf ein Jahr,
 - bei gebrauchten Sachen auch auf weniger als ein Jahr verkürzt werden (§ 309, Nr. 8 b ff. BGB) und
 - im Übrigen die Haftung wegen Vorsatzes nicht ausgeschlossen werden darf (§ 202 BGB).

Eine derartige Vereinbarung wäre unzulässig und nichtig.

▶ Beim **Verbrauchsgüterkauf** darf die Gewährleistungsfrist nur bei *gebrauchten Sachen* und dann auch nur auf **ein Jahr** verkürzt werden, beginnend mit der Ablieferung (§ 475 II BGB). Die häufig in der Vergangenheit vorgefundene Klausel „Gekauft, wie besichtigt, unter Ausschluss jeder Gewährleistung" ist daher nicht mehr verwendbar.
Folge für Unternehmen: Da es bei gebrauchten Sachen auf die „vertragsgemäße Beschaffenheit" ankommt, sollten Unternehmen, die gebrauchte Sachen verkaufen, beim Verkauf den Zustand der Ware im Vertrag genau beschreiben und vorhandene Mängel exakt dokumentieren (konkrete Beschaffenheitsvereinbarung nach § 434 I 1 BGB). Nur so sind sie in der Lage, ihre Haftung zumindest teilweise zu begrenzen bzw. zu Unrecht behauptete Mängel zurückzuweisen.

▶ Der **Handel zwischen Privatpersonen** ist davon nicht erfasst. Auch Verkäufe zwischen Gewerbetreibenden untereinander gelten nicht als Verbrauchsgüterkauf, bei dem der Verbraucher besonders geschützt werden muss. In beiden Fällen können **andere Gewährleistungsrechte** vereinbart werden; auch kann die Gewährleistung ganz ausgeschlossen werden.

Verjährung bei Bauwerken und Baustoffen

Der Baustoffhandel haftet bei Vorliegen bestimmter Voraussetzungen **fünf Jahre** für ein fehlerhaftes Bauwerk, **beginnend mit Übergabe bzw. Ablieferung** (§ 438 Abs. 1 Nr. 2 BGB). Diese Verjährungsfrist gilt sowohl für Ansprüche der Bauhandwerker gegen Lieferanten als auch für Zwischenhändler gegenüber einem weiteren Zwischenhändler oder gegenüber einem Hersteller von Baumaterialien.

Beginn und Hemmung der Verjährung

Die **Verjährung beginnt** grundsätzlich zum Zeitpunkt des Gefahrübergangs, d. h. **bei Sachen mit der Ablieferung** und **bei Grundstücken mit der Übergabe** (§ 438 Abs. 2 BGB).
Ob der Käufer seinen Anspruch kennt oder nicht spielt keine Rolle. Werden daher *verborgene Mängel* beispielsweise erst nach Ablauf der Verjährungsfrist sichtbar, sind sie verjährt, bevor der Käufer seine Rechte aus dem Mangel der Kaufsache geltend machen konnte.

Ausnahme bei arglistig verschwiegenen Mängeln: Die Verjährungsfrist beginnt in diesem Fall **erst am Ende des Jahres** zu laufen, in dem der Käufer (Gläubiger) Kenntnis vom Anspruch und der Person des Schuldners hat.

Eine Verlängerung tritt ebenfalls durch die **Hemmung der Verjährung** ein. Einer der vielen Hemmungsgründe ist die *Verhandlung über Mängelansprüche*.

Neubeginn der Verjährung

▶ Werden Mängelansprüche durch Beseitigung des Mangels anerkannt (→ Nacherfüllung gem. § 439 BGB), beginnt die Verjährungsfrist neu zu laufen. Dies gilt aber nicht für andere, später auftretende Mängel.

Beispiel

An einem Personalcomputer wird eine mangelhafte Soundkarte ausgewechselt. Für diese Karte, nicht aber für den gesamten PC, beginnt die Verjährungsfrist erneut zu laufen.

Beweislast

Der **Schuldner** trägt die Beweislast für die Verjährungsfrist und den Verjährungsbeginn, d. h. auch die Kenntnis bzw. grob fahrlässige Unkenntnis des Gläubigers. Der **Gläubiger** trägt die Beweislast für die Hemmung der Verjährung, die Ablaufhemmung und den Neubeginn.

Rechtsfolgen der Verjährung

Ein Anspruch ist verjährt.
In diesem Fall gilt:

Der Schuldner kann die Leistung verweigern. Er hat demnach die Einrede gegenüber dem verjährten Anspruch (dauerndes Leistungsverweigerungsrecht gem. § 214 BGB). Macht er von dieser Einrede Gebrauch, bleibt zwar der gegen ihn gerichtete Anspruch des Gläubigers bestehen, aber er wird kraftlos. Der Gläubiger kann seine Forderung nicht mehr einklagen.	Bezahlt der Schuldner eine bereits verjährte Forderung (oder hat er Sicherheiten geleistet), so kann er das einmal **Geleistete nicht** mehr **zurückverlangen**. Dies geht auch dann nicht, wenn er in Unkenntnis der Verjährung geleistet hat.	Die **Aufrechnung** mit einem verjährten Anspruch ist zulässig, wenn der Anspruch in dem Zeitpunkt noch nicht verjährt war, in dem erstmals aufgerechnet oder die Zahlung verweigert werden konnte (§ 215 BGB).

Lieferungsverzug (Nicht-Rechtzeitig-Lieferung)

Mit Abschluss des Kaufvertrages verpflichtet sich der Verkäufer, die **bestellte Ware zur rechten Zeit am richtigen Ort zu übergeben (§ 433 I BGB)**.

Ist eine Zeit für die Lieferung weder festgelegt noch aus den Umständen zu entnehmen, kann der Käufer sie sofort verlangen (§ 271 BGB).

Ist aber eine konkrete Zeit für die Lieferung vereinbart, kann der Käufer die Lieferung nicht vorher verlangen. Liefert der Verkäufer nicht rechtzeitig, kann er sich im **Lieferungsverzug** befinden.

Nicht-Rechtzeitig-Lieferung (Lieferungsverzug) liegt vor, wenn der Verkäufer **schuldhaft nicht** oder **nicht rechtzeitig** liefert und die Leistung noch möglich ist.

Voraussetzungen für den Eintritt des Lieferungsverzugs

Da beim Vorliegen des Lieferungsverzuges der Käufer weitgehende Rechte gegenüber dem Verkäufer hat, sind **bestimmte Voraussetzungen für den Eintritt des Lieferungsverzuges** gesetzlich festgelegt:

- Nichtleistung (Nichtlieferung),
- Fälligkeit der Lieferung (sofort, falls keine besondere Vereinbarung besteht),
- Mahnung durch den Käufer bzw. Fristsetzung,
- Verschulden des Verkäufers (der Schuldner hat den Verzug zu vertreten; Vorsatz und Fahrlässigkeit).

Nichtleistung

Nichtleistung bedeutet, dass der Schuldner seine Leistung nicht erbringt, obwohl er dies noch könnte.

Verschulden des Verkäufers

Ein Verschulden des Verkäufers (Vertretenmüssen; 286 IV BGB) liegt immer dann vor, wenn der Verkäufer fahrlässig oder vorsätzlich die Lieferung verzögert oder unterlassen hat.

Fahrlässig handelt, wer die im Verkehr erforderliche Sorgfalt nicht beachtet (§§ 276–278 BGB). **Vorsätzlich** handelt, wer absichtlich rechtswidrig handelt und den Eintritt des Schadens in Kauf nimmt.

Dies gilt nicht bei Gattungsware. Hier übernimmt der Lieferer regelmäßig das Beschaffungsrisiko, da er Gattungssachen immer nachliefern kann **(Verzug auch ohne Verschulden).** Das Vertretenmüssen des Lieferers trifft daher auf die Mehrheit der heutzutage getätigten Käufe zu. Ist jedoch bei einem Stückkauf die verspätete Lieferung auf höhere Gewalt zurückzuführen, dann hat der Lieferer das nicht zu vertreten.

Beispiel

Ein Tischlermeister sagt einem Modegeschäft die Lieferung von Einrichtungsgegenständen **genau bis zu einem bestimmten Datum** (vor der geplanten Wiedereröffnung des Modegeschäfts) zu. Zum vereinbarten Liefertermin kann er nicht liefern, weil er nicht beachtet hat, dass mehrere Mitarbeiter in der für die Tischlerarbeiten vorgesehenen Zeit Urlaub haben. Die Wiedereröffnung des Modegeschäfts muss zum *Schaden* des Modegeschäfts verschoben werden. Der Tischlermeister hat zwar nicht absichtlich (vorsätzlich) die Lieferung über den fix vereinbarten Termin hinaus verzögert, sehr wohl aber **fahrlässig**. Der Tischlermeister hätte die Annahme des Auftrages nach seinen betrieblichen Möglichkeiten besser planen müssen.

Liegt **kein Verschulden** (Vertretenmüssen) des Lieferers vor **(= unschuldete Lieferungsverzögerung)**, hat der Kunde keinen Anspruch auf Schadensersatz.

Zur **unverschuldeten Lieferungsverzögerung** gehört auch die verspätete Lieferung aufgrund **höherer Gewalt**, z. B. Brand, Sturm, Hochwasser und Streik. In allen diesen Fällen greift die Bestimmung über die Haftungsverschärfung (siehe Seite 78) nicht.

Fälligkeit der Lieferung und Mahnung durch den Käufer

Wird der Liefertermin (Leistungszeit) **kalendermäßig nicht genau festgelegt**, so muss der Käufer die **Lieferung** beim Verkäufer **anmahnen.**

Beispiele

- Lieferung ab Anfang Juni,
- frühestens am 10. Juni,
- lieferbar ab Juli,
- Lieferung sofort,
- Lieferung so schnell wie möglich,
- Lieferung innerhalb von ca. drei Wochen ab Bestelleingang

Erst wenn er die Ware nochmals ausdrücklich verlangt, gerät der Verkäufer (Schuldner) in Verzug (§ 286 I 1 BGB).

Die Mahnung hat den rechtlichen Stellenwert
- einer Klage auf die Lieferung und
- der Zustellung eines Mahnbescheids im Mahnverfahren.

Sie ist **formfrei** und kann daher auch mündlich erfolgen. Um die dann eintretenden Beweisschwierigkeiten zu vermeiden, sollte man immer schriftlich mahnen. Der Lieferungsverzug beginnt **ab Zugang** der Mahnung! Aus der Mahnung muss die nochmalige *Aufforderung zur Lieferung* erkennbar sein. Die Mahnung kann erst nach Fälligkeit der Lieferung erfolgen (§ 286 I 1 BGB). Eine „sicherheitshalber" geschriebene Mahnung vor Fälligkeit der Lieferung ist rechtlich nicht wirksam.

Die **Mahnung** ist in den folgenden vier Fällen nicht **notwendig** (§ 286 Abs. 2 BGB):

- **Der Liefertermin (Leistungszeit)**
  - steht kalendermäßig genau fest (sogenannte Kalendergeschäfte: für die Lieferung ist eine Zeit nach dem Kalender bestimmt; Vereinbarung eines genau bestimmten Zeitpunktes oder eines begrenzten Zeitraumes) oder
  - ist kalendermäßig genau nach einem vorausgehenden Ereignis zu **berechnen.**

Der Verkäufer kommt ohne Mahnung in Verzug. Es wird dem Grundsatz gefolgt: „Der Tag mahnt anstelle des Menschen."

> **Beispiele**
>
> - Lieferung bis spätestens 6. Juni
> - Lieferung am 21. September
> - Lieferung 30 Tage ab heute
> - Lieferung bis Ende März
> - Lieferung innerhalb 30 Tage ab Bestelldatum
> - Lieferung zwischen 10. und 13. Oktober
> - Lieferung im Mai
> - Lieferung innerhalb von 10 Werktagen nach Abruf
> - Lieferung Anfang September
> - Lieferung 14 Tage nach Zugang der Rechnung
>
> } **Termingeschäft** (kalendermäßig bestimmt bzw. bestimmbar)
>
> oder
>
> - Lieferung 15. November fest
> - Lieferung bis 10. Juni fix
>
> } **Fixgeschäft**

- Der Verkäufer will oder kann nicht liefern, weil er z. B. die für die Ausführung der Bestellung erforderlichen Materialien nicht rechtzeitig erhalten hat. Mit seiner Weigerung setzt er sich selbst in Verzug (**Selbstinverzugsetzung** = ernsthafte und endgültige Leistungsverweigerung).
- Es liegen besondere Umstände vor, die den sofortigen Eintritt des Verzuges rechtfertigen. Dies ist beispielsweise der Fall bei besonderer Eilbedürftigkeit, z. B. bei Reparatur eines ausgefallenen Servers oder bei einem Wasserrohrbruch.
- Die verspätete Lieferung macht für den Kunden keinen Sinn mehr (**Zweckgeschäft**).

Haftungsverschärfung

Ist die verspätete Lieferung auf höhere Gewalt zurückzuführen (z. B. Brand, Sturm, Streik), so kommt der Verkäufer nicht in Lieferungsverzug, da er unschuldig ist. Befindet sich der Verkäufer bereits im Lieferungsverzug, so haftet er auch für Zufall und leichte Fahrlässigkeit, soweit der Schaden nicht auch bei rechtzeitiger Lieferung eingetreten wäre (= Haftungsverschärfung, § 287 BGB).

Rechte des Käufers

Die Vorschriften über den Lieferungsverzug regeln die Fälle, in denen der Verkäufer (Schuldner) zu spät liefert. Dabei kann der Käufer

- trotz der Verspätung noch an der Lieferung interessiert sein oder
- infolge der Verspätung sein Interesse verloren haben.

Beide Fälle unterscheiden sich in der Rechtsfolge. Liegen die Voraussetzungen für den Eintritt des Lieferungsverzuges vor, so stehen dem Käufer nach erfolglosem Ablauf der Nachfrist **wahlweise** folgende Rechte zu:

- Bestehen auf Vertragserfüllung und – wenn nachweisbar – außerdem
- Schadensersatz wegen verspäteter Lieferung (neben der Leistung) oder
- Rücktritt vom Vertrag und – wenn nachweisbar – außerdem
- Schadensersatz *statt* der Lieferung oder
- Ersatz der vergeblichen Aufwendungen.

● **Bestehen auf Vertragserfüllung**

Mögliche Gründe für das Verlangen auf Vertragserfüllung können aus der Sicht des Käufers sein:

- die Lieferungsverzögerung ist für ihn nicht bedeutsam,
- bei der Ware handelt es sich um eine Sonderanfertigung,
- die Beschaffung der Ware ist bei einem anderen Lieferer nicht möglich,
- die Ware ist bei anderen Lieferern teurer,
- andere Lieferer haben längere Lieferfristen.

> **Beispiel**
>
> Die Geschäftsführer des Modegeschäfts können kurzfristig keine ihren Vorstellungen entsprechende Einrichtung von einer anderen Tischlerei bekommen, sodass sie auf Erfüllung des Kaufvertrages bestehen. Die Eröffnung der Verkaufsräume kann daraufhin erst 14 Tage später als angekündigt erfolgen. Den entstandenen Schaden (Ersatz des Verzugsschadens) wie Kosten für die erneute Anzeigenkampagne, Telefonate, Porto, entgangener Gewinn usw. wollen sie von dem Tischlermeister ersetzt haben.

● **Schadensersatz wegen verspäteter Lieferung** (Verspätungsschaden; Schadensersatz neben der Leistung)

Voraussetzung ist das **Verschulden** (Vertretenmüssen) des Lieferers, **Fälligkeit** der Lieferung und eine **Mahnung** des Käufers (Gläubigers), soweit sie erforderlich ist.

● **Rücktritt vom Vertrag** (§§ 323, 346 ff.)

Voraussetzung für den Rücktritt sind

- die Fälligkeit und
- grundsätzlich der erfolglose Ablauf einer zuvor eingeräumten **angemessenen Frist**.

Die Nachfrist ist dann angemessen, wenn es dem Lieferer möglich ist, die Leistung (Ware) während dieser Zeit zu erbringen (zu liefern), ohne jedoch die Kaufsache erst bei einem anderen Lieferer beschaffen oder selbst anfertigen zu müssen.

Die Fristsetzung ist eine grundsätzlich *formlose Erklärung* des Käufers, die erkennen lassen muss, dass der Lieferer eine letzte Gelegenheit zur Leistungserbringung erhält. Sie kann mit einer Mahnung verbunden werden. Ist dieser Termin verstrichen, kann der Käufer vom Vertrag zurücktreten.

Die **Nachfristsetzung** ist in den folgenden vier Fällen **nicht erforderlich:**

- Der Verkäufer verweigert die Leistung ernsthaft und endgültig **(Selbstinverzugsetzung** = Lieferungsverweigerung; § 281 Abs. 2 BGB).
- Bei einem **Zweckkauf:** Er liegt vor, wenn eine Ware für einen ganz bestimmten Zweck bestellt wurde, beispielsweise ein weißes Brautkleid anlässlich einer Hochzeit. Kommt die Ware erst nach der Feier, hat sie ihren Zweck verfehlt, sie ist für den Käufer uninteressant geworden.
- Es liegt ein **Fixkauf** vor (als Handelskauf gem. § 376 HGB): Soll ein Handelskauf als Fixgeschäft gelten, so bedarf es einer sehr deutlichen Hervorhebung des Liefertermins (Fixhandelskauf): Das Datum der Lieferung muss für die Vertragspartner eine überragende Bedeutung haben. Das bedeutet, dass mit der Einhaltung des festgelegten Termins der Vertrag steht oder fällt und der Gläubiger bei Terminüberschreitung kein Interesse mehr an der Lieferung hat.
Äußerlich erkennbar gemacht werden kann das durch bestimmte Formulierungen wie „Lieferung am 28. Sept. exakt", „fix", „genau" oder „prompt" (Fixklauseln).
Der Verkäufer gerät mit dem Überschreiten des vereinbarten Liefertermins automatisch in Verzug, auch wenn kein Verschulden vorliegt.

Der Käufer kann **beim Fixkauf ohne Nachfristsetzung**

- ohne Mahnung vom Vertrag zurücktreten oder
- auf Lieferung bestehen, muss das aber dem Verkäufer unverzüglich (sofort nach dem Stichtag) mitteilen, und/oder
- Schadensersatz wegen Nichterfüllung (statt der Lieferung) verlangen. Dann ist aber Voraussetzung das Verschulden des Verkäufers.

- Es liegen besondere Umstände vor, die den sofortigen Rücktritt bzw. die sofortige Geltendmachung des Schadensersatzanspruchs auch ohne vorherige Fristsetzung rechtfertigen; dies ist z. B. bei Just-in-time-Geschäften gegeben.

> Das Rücktrittsrecht setzt, im Gegensatz zum Schadensersatzanspruch, kein Verschulden voraus. **Es gilt auch bei unverschuldetem Lieferungsverzug.**

Der **Rücktritt ist ausgeschlossen,** wenn

- der Käufer (Gläubiger) für den Lieferungsverzug allein oder weit überwiegend verantwortlich ist oder
- der Käufer sich im Annahmeverzug befunden hat oder
- die Pflichtverletzung unerheblich ist.

● **Schadensersatz statt der Lieferung**
(Schadensersatz wegen Nichterfüllung; §§ 280 I + III i. V. m. 281 BGB)

Voraussetzungen für Schadensersatz statt der Lieferung sind:
- **Fälligkeit** und
- **Verschulden** (Vorsatz und Fahrlässigkeit) ebenfalls
- die **erfolglose Fristsetzung** oder die Entbehrlichkeit der Fristsetzung.

Die unter „Rücktritt vom Vertrag" genannten Entbehrlichkeitsgründe für die Nachfrist gelten – mit Ausnahme des Fixhandelskaufs – auch hier.

Von dem Recht auf Schadensersatz, das **zusätzlich** zum Rücktrittsrecht geltend gemacht werden kann (§ 325 BGB), wird der Käufer bei einem Deckungskauf Gebrauch machen.

Verlangt der Käufer *Schadensersatz statt der Lieferung*, ist der **Anspruch auf die Lieferung ausgeschlossen** (§ 281 IV BGB).

● **Ersatz vergeblicher Aufwendungen**

Anstelle des *Schadensersatzes statt der Lieferung* ist der Ersatz vergeblicher Aufwendungen, die der Käufer im Vertrauen auf den pünktlichen Erhalt der Ware gemacht hat, möglich (§ 284 BGB; gleiche Voraussetzungen wie bei „Schadensersatz statt der ganzen Lieferung"). Die Ansprüche müssen angemessen sein und vom Verkäufer nachgewiesen werden.

Annahmeverzug

Wesen des Annahmeverzugs

> Der Käufer kommt in **Annahmeverzug**, wenn er die ihm ordnungsgemäß gelieferte Ware nicht annimmt (§ 293 BGB).

Anders als beim Lieferungsverzug, bei dem es sich um eine Pflichtverletzung des Verkäufers (= Schuldner) handelt, liegt beim Annahmeverzug eine Pflichtverletzung durch den Käufer (= Gläubiger) vor. Man spricht daher auch vom **Gläubigerverzug**.

Voraussetzungen für den Eintritt des Annahmeverzugs

Fälligkeit: Damit der Annahmeverzug eintritt, muss die Lieferung fällig sein.

Tatsächliches Angebot: Der Verkäufer muss dem Käufer die Ware tatsächlich liefern, und zwar zur richtigen Zeit, am richtigen Ort und in der vereinbarten Art und Weise (Art, Güte, Menge) – § 294 BGB.

Nichtannahme: Der Käufer muss die ordnungsgemäß gelieferte Ware nicht angenommen haben.

Der Annahmeverzug setzt **kein Verschulden** voraus. Es ist daher gleichgültig, ob der Käufer an der Nichtannahme schuldlos ist oder nicht.

Folgen des Annahmeverzugs

Nach Eintritt des Annahmeverzugs haftet der Verkäufer nur noch für Vorsatz und grobe Fahrlässigkeit (§ 300 I BGB).

Bei Gattungswaren trägt der Käufer die Gefahr für die Ware vom Zeitpunkt der Annahmeverweigerung. Er haftet nun nicht nur für leichte Fahrlässigkeit, sondern auch für Schäden, die durch Zufall, z. B. höhere Gewalt, eintreten (§ 300 II BGB).

Rechte des Verkäufers

Liegen die Voraussetzungen für den Eintritt des Annahmeverzugs vor, so stehen dem Verkäufer folgende Rechte zu:

● Rücktritt vom Kaufvertrag

Der Verkäufer tritt vom Kaufvertrag zurück. Der Rücktritt ist nicht von einem Verschulden des Käufers abhängig und schließt nicht die Geltendmachung von Schadensersatz aus.

● Bestehen auf Erfüllung des Kaufvertrages

Bis zur endgültigen Klärung der Sachlage muss der Verkäufer dafür sorgen, dass die Ware aufbewahrt wird, z. B. in einem öffentlichen Lagerhaus oder in seinem eigenen Lager (= Hinterlegungsrecht; § 373 HGB). Die Kosten der Lagerung und die Haftung für die Ware trägt der Käufer. Der Aufbewahrungsort muss dem Käufer unverzüglich mitgeteilt werden (§§ 374, 381 BGB).

Gleichzeitig kann der Verkäufer *wahlweise* folgende Rechte in Anspruch nehmen:

● Bestehen auf Abnahme der Ware

Der Verkäufer verklagt den Käufer auf Abnahme der Ware. Er wird dies in Erwägung ziehen, wenn er die Ware anderweitig nicht mehr oder nur mit Verlust verkaufen kann.

Nachteile des Klageweges: Er ist sehr zeitraubend, gefährdet die Geschäftsbeziehung und erhöht die Lager- und Gerichtskosten.

● Selbsthilfeverkauf

Um eine Klage zu umgehen, kann der Verkäufer unter Wahrung bestimmter Informationspflichten gegenüber dem Verkäufer die eingelagerte und hinterlegte Ware im Selbsthilfeverkauf verkaufen, und zwar

– in einer öffentlichen Versteigerung, z. B. durch einen Gerichtsvollzieher, oder
– im freihändigen Verkauf, z. B. durch einen anerkannten Handelsmakler, vorausgesetzt die Ware hat einen Börsen- oder Marktpreis (z. B. Kaffee, Getreide, Tee, Kupfer).

Die Durchführung des Selbsthilfeverkaufs (für Rechnung des Käufers) ist zum Schutz des Käufers an **bestimmte Voraussetzungen** gebunden:

Der Verkäufer muss

– dem Käufer den Selbsthilfeverkauf androhen und ihm eine angemessene Nachfrist zur Abnahme der Ware setzen;
  Ausnahme: bei leicht verderblichen Waren, wie z. B. Gemüse, Schnittblumen, Obst **(Notverkauf)**
– ihm rechtzeitig mitteilen, wo und wann der Selbsthilfeverkauf stattfinden wird, damit er selbst mitbieten kann;
– ihn nach abgeschlossenem Selbsthilfeverkauf unverzüglich unterrichten und ihm die Abrechnung übersenden.

Den *Mindererlös* (= Differenz zwischen Preis und Erlös) sowie die Kosten des Selbsthilfeverkaufs muss der Käufer tragen; ein etwaiger *Mehrerlös* ist an den Käufer auszuzahlen, denn die Versteigerung erfolgt auf Kosten und Gefahr des Käufers.

Kosten können anfallen für
- die Benachrichtigung des Schuldners (eingeschriebener Brief mit Rückschein),
- den Transport, die Versicherung und die Lagerung der Ware,
- den Auktionator.

Zahlungsverzug (Nicht-Rechtzeitig-Zahlung)

Der Käufer hat die Pflicht, den vereinbarten Kaufpreis rechtzeitig zu bezahlen. Ist eine Zeit für die Zahlung weder festgelegt noch aus den Umständen zu entnehmen, kann der Verkäufer (Gläubiger) die **Zahlung sofort verlangen**: Zug-um-Zug (Ware gegen Geld) ist die gesetzliche Regelung (§ 433 II BGB). Zahlt er nicht oder nicht rechtzeitig, kann er in Zahlungsverzug geraten. Da der Käufer als Geldschuldner mit der Erfüllung seiner Pflicht im Verzug ist, spricht man auch von *Schuldnerverzug*.

Gründe für den Käufer, die Zahlung zu verzögern, können sein:
- Zahlungsunfähigkeit
- Zahlungsunwilligkeit
- Vergesslichkeit bzw. Unaufmerksamkeit

Voraussetzungen für den Zahlungsverzug
- **Nicht rechtzeitige oder nicht vollständige Zahlung**
- **Die Zahlung muss fällig sein**; Zahlung hat sofort zu erfolgen, falls keine besondere Vereinbarung getroffen wurde (§ 271 BGB).
- **Der Verkäufer muss den Käufer mahnen** (§ 286 I BGB), wenn der Zeitpunkt der Zahlung im Kaufvertrag **kalendermäßig nicht genau vereinbart** ist oder sich **kalendermäßig nicht berechnen lässt**, z. B. „Zahlung sofort" oder „Zahlbar ab März ...".

Das **Verschulden** des Käufers ist nicht erforderlich, da Geld eine Gattungsschuld ist. Der Käufer hat daher die Nichtzahlung (mit Ausnahme bestimmter Fälle höherer Gewalt) stets zu vertreten.

Eintritt
Wenn die Zahlung fällig ist, der Käufer nicht zahlt und der Verkäufer die Zahlung angemahnt hat, gerät der Käufer **mit Erhalt der Mahnung in Zahlungsverzug** (ab Zugang; § 286 I BGB).

Ohne Mahnung tritt der Zahlungsverzug in den folgenden vier Fällen ein (§ 286 II Nr. 1 bis 4 BGB):

1. Wenn ein nach dem **Kalender genau bestimmter** bzw. **bestimmbarer Zahlungstermin** vereinbart wurde. Der Käufer gerät in Verzug, sobald der Zahlungstermin abgelaufen ist (§ 286 II S. 1 BGB).

    Weitere Beispiele:
    Folgende Formulierungen gelten als genau bestimmte bzw. bestimmbare Termine:
    - „Zahlung am 20. April 20.."
    - „Zahlbar bis 20. Januar 20.."
    - „Zahlung Mitte Mai 20.."
    - „Zahlbar bis Ende Oktober"
    - „20 Tage nach Kündigung"
    - „Zahlbar 10 Kalendertage nach Rechnungserhalt"; geht die Rechnung am 18.09. zu, dann gerät der Käufer mit Ablauf des 28.09. in Zahlungsverzug
    - „Zahlung im Laufe des Monats März"
    - „Zahlung bis Ablauf der 17. KW"

2. **Spätestens 30 Tage nach Fälligkeit und Zugang einer Rechnung** oder gleichwertigen Zahlungsaufstellung (§ 286 III Satz 1 BGB).

    Der Verkäufer kann daher wählen, ob er – nachdem seine Forderung fällig geworden ist – durch eine Mahnung den Zahlungsverzug herbeiführen oder ob er den Verzug erst nach 30 Tagen eintreten lässt.

    Die oben genannte Regelung gilt bei einem Kaufvertrag mit einem **Verbraucher** als Zahlungsschuldner nur dann, wenn er hierauf schriftlich (in der Rechnung oder Zahlungsaufstellung) besonders hingewiesen wurde. Den ordnungsgemäßen Zugang der Rechnung hat im Streitfall der Gläubiger zu beweisen.

    Im Geschäftsverkehr (also bei **Unternehmen**, wenn der Schuldner kein Verbraucher ist) beginnt die 30-Tage-Frist mit **Erhalt der Ware** (= Gegenleistung), wenn der Erhalt der Rechnung nicht sicher bestimmbar (beweisbar) ist bzw. bestritten wird.

3. Bei ernsthafter und endgültiger Zahlungsverweigerung des Käufers.

4. Aus besonderen Gründen, die im beiderseitigen Interesse der Vertragsparteien liegen; dies ist beispielsweise der Fall, wenn der Schuldner die Zahlung zu einem bestimmten Datum ankündigt (sog. Selbstmahnung) und sich damit der Mahnung des Gläubigers entzieht.

> **Kein Zahlungsverzug** liegt vor, wenn ein Verrechnungsscheck rechtzeitig mit einem einfachen Brief abgesandt, d. h. am letzten Tag der Zahlungsfrist zur Post gebracht wurde und den Käufer kein Verschulden trifft.
> Eine *Ausnahme* ist bei den *Finanzämtern* zu beachten: Steuerzahlungen per Scheck gelten erst drei Tage nach Eingang des Schecks als geleistet. Wer eine Steuer per Scheck zahlen will, muss darauf achten, dass der Scheck spätestens drei Tage vor dem Fälligkeitstag dem Finanzamt vorliegt.

Rechte des Verkäufers
(§§ 280 und 281 BGB)

Vorrangige Rechte

Ab dem Zeitpunkt, zu dem der Käufer in Zahlungsverzug geraten ist, stehen dem Gläubiger (Verkäufer) folgende **vorrangige** Rechte zu:

- **Zahlung verlangen und ggf. Käufer auf Zahlung verklagen** oder
- *Bestehen auf verspätete Zahlung und* **Ersatz des Verzugsschadens** (Schadensersatz neben der Zahlung)

Der Verkäufer (Gläubiger) kann – **neben** der Erfüllung des Zahlungsanspruchs – den Ersatz sämtlicher *durch den Zahlungsverzug* des Käufers entstandenen Verzugsschäden fordern:

- Für verspätete Zahlungen kann der Verkäufer **Verzugszinsen** fordern (§ 288 BGB):

  Der Verzugszinssatz beträgt
  - beim Privatkauf und einseitigem Handelskauf 5 % über dem *Basiszinssatz*[1],
  - beim zweiseitigen Handelskauf 8 % über dem Basiszinssatz.

  Höhere Zinsen können ausdrücklich oder in den Allgemeinen Geschäftsbedingungen vereinbart werden. Zinseszinsen dürfen nicht berechnet werden. Außerdem kann der Gläubiger neben den Verzugszinsen weitere Schadensersatzforderungen stellen und den Schuldner auf Zahlung verklagen.

- Erstattung der Kosten für z. B.
  - den Verwaltungsaufwand,
  - ein Inkassobüro,
  - einen Anwalt,
  - ein mögliches Gerichtsverfahren.

Nachrangige Rechte

Zur Wahrung seiner ihm zustehenden **(nachrangigen)** Rechte muss der Verkäufer dem Käufer (Geldschuldner) **eine angemessene Nachfrist setzen.**

Die **Fristsetzung kann entfallen,** wenn

- der Schuldner die Zahlung ernsthaft und endgültig verweigert hat **(Selbstinverzugsetzung)** oder
- es besondere Umstände rechtfertigen, den Schadensersatzanspruch auch ohne vorherige Fristsetzung geltend zu machen.

Befindet sich der Käufer in Zahlungsverzug, stehen dem Verkäufer **nach Ablauf der Nachfrist** – soweit sie nicht entbehrlich ist – folgende (nachrangige) Rechte zu.

- Ablehnung der Zahlung und Rücktritt vom Kaufvertrag (§§ 323, 346 ff. BGB)

Der **Rücktritt** setzt voraus
- Fälligkeit und
- den erfolglosen Ablauf einer angemessenen Frist oder die Entbehrlichkeit der Fristsetzung.

Beim Rücktritt vom Vertrag sind die bereits erbrachten Leistungen zurückzugewähren, beispielsweise Anzahlungen des Käufers oder die gelieferte Ware.

Vom Rücktrittsrecht Gebrauch zu machen wäre sinnvoll, wenn sich der Käufer in ernsthaften Zahlungsschwierigkeiten befindet und die Ware unter Eigentumsvorbehalt geliefert wurde.

Auch wenn sich der Verkäufer für den Rücktritt entschlossen hat, kann er zusätzlich noch Schadensersatz verlangen. Ausgeschlossen ist das Rücktrittsrecht, wenn der Gläubiger (Lieferer) für den Umstand des Zahlungsverzugs allein oder weit überwiegend verantwortlich ist.

- *Ablehnung der Zahlung und* **Schadensersatz statt der Zahlung** (Nichterfüllungsschaden)

Die Kombination der Schadensersatzforderung mit dem Rücktritt vom Kaufvertrag ist möglich (§ 325 BGB). Denkbar wäre die kombinierte Inanspruchnahme, wenn der Verkäufer die nicht bezahlte Ware an einen anderen Kunden – zu einem niedrigeren Preis – verkaufen kann. Den Differenzbetrag zwischen zuvor vereinbartem

---

[1] Der Basiszinssatz beträgt seit 1. Januar 2010 0,12 %. Er verändert sich zum 1. Januar und 1. Juli eines jeden Jahres. Der jeweils aktuelle Zinssatz kann im Internet unter www.bundesbank.de abgerufen werden.

und nun tatsächlich erzieltem Preis kann er als Schadensersatz verlangen.

Hat der Verkäufer Schadensersatz verlangt, erlischt sein Anspruch auf die Zahlung.

Darüber hinaus kann er Ersatz für die Wertminderung der Ware und Rücknahmekosten verlangen. Da der Nachweis über den entgangenen Gewinn nur ungern geführt wird, kann unter Kaufleuten eine *Konventionalstrafe* vereinbart werden.

● Ersatz vergeblicher Aufwendungen

kann der Gläubiger verlangen entweder
– anstelle des Schadensersatzes statt der Zahlung oder
– gleichzeitig mit seinem Rücktritt vom Vertrag.

Sollte der Geldschuldner seinen Zahlungsverpflichtungen nicht rechtzeitig nachkommen, kann der Gläubiger versuchen, mithilfe des *kaufmännischen bzw. gerichtlichen Mahnverfahrens* zu seinem Geld zu kommen.

Aufgaben

1. Herr Vogel, Inhaber eines Feinkostgeschäftes, kauft von einem Händler einen neuen Lieferwagen. Schon eine Woche nach dem Kauf kann der Transporter trotz sachgemäßer Behandlung wegen eines Lenkungsschadens zwei Tage lang nicht eingesetzt werden. Welche Rechte kann Herr Vogel gegenüber dem Autohändler geltend machen?

2. Die Grotex GmbH kauft für die Buchhaltung einen neuen leistungsfähigen Scanner. Bei der Installation wird festgestellt, dass das Gehäuse einige leichte Kratzer aufweist, die bis dahin anscheinend niemanden aufgefallen waren. Welches Recht kann die Grotex GmbH geltend machen?

3. Frau Neumeier erhält am 15. Aug. die von ihr beim Schreiner Fehring bestellte Schrankwand, speziell nach den Maßen ihres Schlafzimmers angefertigt. Als ein Geselle das Möbelstück aufstellt, stellt er fest, dass
   – die Schrankwand 7 cm zu kurz ist und
   – der dazugehörige Einbauspiegel leicht zerkratzt ist.
   a) Welche Rechte kann Frau Neumeier in Anspruch nehmen?
   b) Wann muss Frau Neumeier reklamieren, damit sie ihre gesetzlichen Gewährleistungsrechte nicht verliert?

4. Unter welcher Voraussetzung hat der Käufer auch das Recht auf Schadensersatz?

5. Welche Gewährleistungsansprüche räumt das BGB dem Käufer beim Verbrauchsgüterkauf ein?

6. Wie ist die in den Garantie- und Gewährleistungsbedingungen eines Händlers formulierte Klausel "... gewähren wir Ihnen eine Garantie von drei Monaten" rechtlich zu beurteilen?

7. Wann muss ein Großhändler beim Auspacken festgestellte offene Mängel beim Lieferer beanstanden?

8. Welche Vorschriften gelten für die Beanstandung von Falschlieferungen?

9. Der Großhändler Pforte ersteigert einen größeren Posten Campingzelte. Bei der noch am Abend vorgenommenen Prüfung stellen sich erhebliche Qualitätsmängel an einigen Zelten heraus. Welche Rechte kann Pforte geltend machen?

10. Was geschieht mit mangelhafter Ware?

11. Eine Einzelhändlerin möchte 20 orangefarbene Pullover, die sie vor zwei Tagen beim Textilgroßhändler gekauft hatte, umtauschen, weil die Farbe unverkäuflich ist. Ist die Großhandlung zum Umtausch verpflichtet? Begründen Sie Ihre Antwort.

12. Ein Kunde kauft im Schlussverkauf ein Paar Schuhe. Zu Hause stellt er an der Ware einen Mangel fest. Wie ist die Rechtslage?

13. Der Elektrogroßhändler Sonnemann, Braunstraße 14, 27749 Delmenhorst, erhält am 15. Dezember von der Fernsehgerätefabrik Globus, Braunschweiger Straße 178, 31061 Alfeld/Leine, 20 von ihm bestellte Farbfernsehgeräte. Bei der unverzüglichen Prüfung der Warensendung stellt ein Mitarbeiter fest, dass drei der Geräte kleine Kratzer am Gehäuse aufweisen und ein Gerät funktionsunfähig ist. Schreiben Sie an die Fernsehgerätefabrik Globus. Machen Sie in dieser Mängelrüge Ihre Ansprüche geltend.

14. Ein Großhändler verkauft an einen Elektro-Einzelhändler ein technisches Gerät für 100 €. Ein mangelfreies Gerät dieser Art ist aber 50 € wert. Der Großhändler hat demnach ein gutes Geschäft gemacht. Allerdings stellt sich heraus, dass das Gerät einen Mangel hat. Es ist daher nur 25 € wert. Um wie viel € kann der Einzelhändler mindern?

15. Wann kann man Ersatz für vergebliche Aufwendungen verlangen?
16. Was sind die Rechtsfolgen des Rücktritts?
17. Was passiert, wenn eine Sache, die zurückgewährt werden muss, zuvor zerstört wird?
18. Wann ist das Rücktrittsrecht ausgeschlossen?
19. Was passiert mit dem Anspruch auf Gegenleistung, wenn die Pflicht zur Leistung unmöglich wird?
20. Ein Buchhändler kauft telefonisch von einem Großhändler 25 von einer kürzlich verstorbenen deutschen Künstlerin signierte Bücher. Die Bücher wurden vor dem Telefongespräch jedoch gestohlen. Von diesem Diebstahl wusste der Großhändler zum Zeitpunkt des Verkaufs nicht. Der Einzelhändler hätte die Bücher für das Doppelte des Preises weiterverkaufen können. Welche Ansprüche hat der Großhändler?
21. Welche Rechte kann der Käufer bei Mangelhaftigkeit der Kaufsache geltend machen?
22. Welches Gewährleistungsrecht ist im Falle mangelhafter Lieferung vorrangig?
23. Wann liegt ein Sachmangel vor?
24. Kann auch bei unerheblichen Mängeln Minderung oder/und Rücktritt verlangt werden? Wie ist die Rechtslage?
25. Wann geht beim Versendungskauf die Gefahr auf den Verbraucher über?
26. Der Waschsalonbetreiber Manfred Nietschke e. Kfm. kauft bei einem Großhändler eine Waschmaschine. Infolge eines fahrlässigen Montagefehlers des GH ist die Tür der Maschine undicht, sodass Wasser ausläuft, das den Teppichboden seines Salons zerstört. Herr Nietschke fordert daraufhin den GH auf, ihm eine neue Waschmaschine zu liefern. Dieser meint, es müsse nur die Dichtung ausgewechselt werden. Nietschke könne doch nicht deshalb gleich eine neue Maschine verlangen. Manfred Nietschke setzt dem GH eine Frist zur Abdichtung der Tür, die der GH verstreichen lässt. Nun will der Waschsalonbetreiber die Maschine nicht mehr, verlangt Rückzahlung des Kaufpreises, entgangenen Gewinn und Ersatz für den beschädigten Teppich. Fordert Herr Nietschke dies zu Recht?
27. Der Großhändler Aust (A) kauft beim Hersteller für Verpackungsmaschinen, der Firma Maltex GmbH (M) eine universelle Verpackungsmaschine für Kleinpakete jeder Art. M versichert, die Maschine sei für sämtliche Arten von Paketen geeignet. Als A die Maschine ausprobiert, stellt er fest, dass sie zwar funktioniert, man sie aber nicht für Kleinpakete mit Sondermaßen verwenden kann. M hätte das erkennen können. A will die Maschine behalten, aber weniger bezahlen. Er verlangt einen Nachlass auf den Kaufpreis. M verlangt von A aber den vollen Kaufpreis. Wie ist die Rechtslage?
28. Die äußerst umweltbewusste und sparsame Frau Kaune kauft von einem Einzelhändler einen neuen Kühlschrank, der mit dem Qualitätsmerkmal „Höchste Energiesparstufe 10" beworben wird. Diese Werbebotschaft ist darüber hinaus unübersehbar an der Tür des Kühlschranks in Form eines Aufklebers angebracht. Bereits nach einigen Tagen stellt Frau Kaune jedoch fest, dass eher das Gegenteil der Fall ist und der „Neue" ein regelrechter Stromfresser ist. Wie schätzen Sie die Situation ein?
29. Ein Großhandelsunternehmen kauft von einem Computerfachgeschäft einen Universaltisch für PC, Drucker, Scanner, Monitor und integriertem Ablagesystem. Das Möbelstück ist besonders preiswert, da es für den Selbstaufbau angeboten wurde. Die hauseigenen Arbeiter montieren allerdings den Tisch aufgrund einer fehlerhaften Montageanleitung falsch, sodass u. a. die Wand in der Versandabteilung durch unnötige Bohrlöcher beschädigt wurde.
30. Der Großhändler Schrader kauft als Privatperson von einem Einzelhändler eine digitale Kamera für 450 €. Vier Monate nach dem Kauf funktioniert das Typenrad für die Funktionseinstellungen nicht mehr. Ob dieser Mangel aufgrund eines Materialfehlers bereits bei der Übergabe der Kamera vorhanden war oder auf die fehlerhafte Bedienung durch Herrn Schrader zurückzuführen ist, kann nicht festgestellt werden. Welche Rechte kann Herr Schrader gegenüber dem Fotoeinzelhändler geltend machen?
31. Der 18-jährige Bernd K. erfüllt sich seinen lang ersehnten Wunsch: Er kauft sich ein paar Rollerblades, neuestes Modell aus der Serie „Lightning Speed". Der Händler hatte das Sportgerät noch nicht aus seinem Angebot herausgenommen, obwohl ihm bekannt war, dass es bei dieser Neuentwicklung immer wieder zu Reklamationen hinsichtlich der Radaufhängungen gab. Am folgenden Wochenende, als Bernd die Rollerblades ausprobiert, bricht eine der Rollen aus der Fassung. Bernd, der sich aufgrund der Geschwindigkeit nicht mehr abfangen konnte, stürzt und bricht sich den linken Unterarm. Welche Rechte kann Bernd K. geltend machen?

32. Erklären Sie, was Sie im Rahmen des Verbrauchsgüterkaufs unter Beweislastumkehr verstehen.
33. Was verstehen Sie unter einer Garantie?
34. Welche rechtlichen Bestimmungen gibt es hinsichtlich Garantien gegenüber Verbrauchern (Verbrauchsgüterkauf)?
35. Welche Wirkung hat der Eintritt der Verjährung auf eine Forderung?
36. Herr Siewert hat am 17. Aug. eine längst fällige Schuld bezahlt. Danach erfährt er, dass die Forderung verjährt war. Was kann er tun?
37. Welche Folgen haben Hemmung und Neubeginn auf die Verjährungsfrist?
38. Was verstehen Sie unter dem Recht der Einrede der Verjährung?
39. Stellen Sie fest, ob es sich in den folgenden Beispielen um Hemmung oder Neubeginn handelt, und bestimmen Sie den Tag der Verjährung. Mitte Juni hat der Gas- und Wasserinstallateurmeister Huber das Rohrleitungssystem bei Herrn Schmidt repariert. Die Rechnung über 256,00 € war am 1. Juni 2008 fällig.
    a) Nach drei schriftlichen Mahnungen leistet Herr Schmidt am 15. Jan. 2009 eine Anzahlung in Höhe von 50,00 €.
    b) Herr Huber stundet ihm die Restschuld in Höhe von 206,00 € am 1. März 2009 für ein halbes Jahr.
    c) Da Herr Schmidt nach Ablauf der Stundung immer noch nicht gezahlt hat, beantragt Herr Huber am 15. Febr. 2010 beim Amtsgericht den Antrag auf Erlass eines Mahnbescheides.
40. Wann verjähren kaufrechtliche Gewährleistungsansprüche?
41. Wann verjähren Mängel an Bauwerken?
42. Was ist der Grundsatz: Hemmung oder Neubeginn der Verjährung?
43. In welchen Fällen beginnt die Verjährung neu zu laufen?
44. Ein Großhändler für Garten- und Hobbybedarf kauft von einem Hersteller am 18. Juni 2009 zehn automatische Heckenscheren, von denen ein Gerät aufgrund eines nicht zu behebenden technischen Fehlers nicht funktioniert. Die Fehlerhaftigkeit wurde aber erst neun Monate später, am 13. März 2010 festgestellt. Daraufhin verlangt der Großhändler unter Berufung auf die Verjährungsfrist die Lieferung einer neuen Heckenschere. Besteht diese Argumentation zu Recht?

45. Die Grotex GmbH lässt am 12. Juli 2005 die Außenfassade ihres Verwaltungsgebäudes in Hannover mit einer ganz neu auf den Markt gekommenen sog. „Langzeitfarbe" neu streichen. Am 15. Juli 2010 stellt man allerdings fest, dass an den Hausseiten, die besonders dem Regen und Wind ausgesetzt sind, die Farbe abbröckelt. Grund: Die Facharbeiter des Malereibetriebes hatten, bedingt durch ihre mangelnde Erfahrung mit dem neuen Farbanstrich, grundlegende Fehler beim Anstreichen des Gebäudes gemacht. Wie sieht die Rechtslage aus vor dem Hintergrund der Verjährung?
46. Das Industrieunternehmen Doormann GmbH kauft von der Maschinenfabrik Eppmann GmbH einen Gabelstapler für das Hochregal. Das Fahrzeug, das am 12. August 2007 geliefert wird, weist allerdings einen Mangel bei der Hebeautomatik auf, der regelmäßig ab einer bestimmten Anzahl von Einsatzstunden auftritt und den Eppmann arglistig verschweigt. In der Doormann GmbH tritt dieser Mangelschaden am 7. September 2010 erstmalig und nachhaltig auf, sodass das Fahrzeug im Lager nicht mehr eingesetzt werden kann. Kann das Industrieunternehmen Doormann GmbH noch seine Gewährleistungsansprüche geltend machen?
47. Familie Huber kauft vom Gebrauchtwagenhändler Beck am 2. April 2009 eine „BMW 3er Limousine", ein Jahr alt. Im Kaufvertrag wird u. a. vereinbart, dass
    – die Gewährleistungsfrist auf ein Jahr verkürzt wird und
    – die Übergabe eine Woche später am 09.04.09 stattfinden soll.
    Als am 05.04.2010 ein Schaden an der Einspritzautomatik festgestellt wird, will Herr Huber seine gesetzlichen Rechte aufgrund von mangelhafter Lieferung geltend machen. Prüfen Sie, ob dies noch möglich ist.
48. Bauunternehmer Klingebiel baut Familie Prinzen nach deren besonderen Vorstellungen ein Einfamilienhaus am Steinhuder Meer. Der Vertrag wurde am 1. März 2005 geschlossen. Fertigstellung des Hauses ist am 15. November 2005. Herr Prinzen nimmt das Haus am 1. Dezember 2005 zusammen mit seiner Frau ab.
    Nachdem die Familie zunächst glücklich über ihr neues Zuhause ist, beginnt der Ärger wenig später, indem Wasser in zwei Kellerräumen festgestellt wird. Kann sich Bauunternehmer Klingebiel auf die Verjährung berufen, wenn

Herr Prinzen eine entsprechende Klage erhebt am
a) 02.03.2008,
b) 02.11.2010,
c) 02.12.2010,
d) 31.12.2010?

49. Verkäufer Seelig und Käuferin Neumann schließen am 12. Dezember 2007 einen Kaufvertrag über einen neuen Power Edition Evolution Bodenstaubsauger. Der Staubsauger wird vereinbarungsgemäß am 20. Dezember 2007 bei Frau Neumann abgeliefert. Am 12. Juli 2009 stellt Frau Neumann einen schweren Konstruktionsfehler an der elektronischen Saugkraftregulierung fest und verklagt umgehend den Lieferanten.
    a) Kann sich Verkäufer Seelig auf die Einrede der Verjährung berufen?
    b) Würde sich etwas ändern, wenn Frau Neumann den Schaden am 20. Dezember 2009 feststellt?
    c) Würde sich etwas ändern, wenn Frau Neumann den Schaden am 21. Dezember 2009 feststellt?
    d) Würde sich etwas ändern, wenn Seelig vom Schaden wusste und diesen verschwiegen hat? Ändert sich dann etwas an der Beurteilung der Sachverhalte b) und c)?
    Zusatzfrage zu d): Kann sich Seelig am 21. Dezember 2010 auf die Verjährung berufen?

50. Herr Kaufmann, Großhändler für Feinkostwaren bestellt am 15. August bei dem Käsegroßhändler Bernd Wolf e. Kfm. 200 kg französischen Camembert, zum Preis von 6,20 € pro kg. Die Lieferung soll unverzüglich erfolgen. Nach vier Wochen ist der Käse immer noch nicht bei Kaufmann eingetroffen, weil in der Großhandlung Wolf ein Mitarbeiter den Auftrag versehentlich als erledigt abgelegt hatte.
    a) Befindet sich der Käsegroßhändler Wolf in Lieferungsverzug? Begründen Sie Ihre Antwort.
    b) Was sollte Herr Kaufmann unternehmen, wenn der Preis dieses Käses inzwischen um 17 % gestiegen ist?
    c) Welche Voraussetzungen müssen für den Eintritt des Lieferungsverzuges im Allgemeinen vorliegen?

51. Welches der ihm zustehenden Rechte wird der Käufer beim Lieferungsverzug geltend machen?

52. Wie wird die Höhe eines Schadens berechnet?

53. Nach einer Ware besteht unerwartet große Nachfrage. Der Großhändler verkauft die erste Sendung innerhalb von nur vier Tagen restlos. Daraufhin bestellt er weitere Sendungen beim Hersteller zur Lieferung „sobald wie möglich". Diese Sendung trifft jedoch später ein als üblich. Zwischenzeitlich hätte der Großhändler einen großen Teil der Ware verkaufen und einen erheblichen Gewinn machen können. Welches Recht kann er gegenüber dem Hersteller geltend machen?

54. Ein Lieferer der Textilgroßhandlung Grotex GmbH befindet sich bereits im Lieferungsverzug (Nicht-Rechtzeitig-Lieferung). Daraufhin fordert die Großhandlung Ersatz des Verzögerungsschadens und besteht aber weiterhin auf die Lieferung (Erfüllung). In welchen Fällen könnte die Grotex GmbH auf eine Mahnung als Voraussetzung für die Nicht-Rechtzeitig-Lieferung verzichten?

55. Nennen Sie drei Kaufvertragsvereinbarungen, bei denen der Verkäufer bei Nichterfüllung ohne Mahnung in Verzug gerät.

56. Wann kommt der Verkäufer bei folgenden Lieferterminen in Verzug?
    a) am 22. August 20..
    b) lieferbar ab Januar
    c) heute in vier Monaten
    d) im Laufe der zweiten Novemberhälfte
    e) bis 31. November 20..
    f) 23. September 20.. fix
    g) drei Wochen nach Abruf
    h) sofort

57. Ein Hotelier bestellt am 12. September bei einem Spirituosengroßhändler 120 Flaschen Rotwein, Liefertermin 26. September. Der Großhändler hat die Bestellung daraufhin unverzüglich an seinen Lieferanten weitergeleitet. Aufgrund unvorhergesehener Zwischenfälle erhält der Großhändler den Rotwein erst drei Tage später, nämlich am 29. September. Welche Rechte hat der Hotelier gegenüber dem Großhändler?

58. Die Spielwarengroßhandlung Mönckemeyer OHG, Gartenstraße 26, 82481 Mittenwald, bestellt am 15. November 20.. beim Hersteller Schroeder GmbH, Illingstraße 131, 81379 München, 100 Modelleisenbahn-Grundkästen „Tandem" für das Weihnachtsgeschäft. Hersteller Schroeder sagt die Lieferung bis Ende November zu. Am 2. Dezember sind die Kästen in der Spielwarengroßhandlung Mönckemeyer immer noch nicht eingetroffen. Schreiben Sie für den Großhändler Mönckemeyer an den Hersteller Schroeder.

59. Die Textilgroßhandlung Grotex GmbH bestellt am 6. Juni für ihre internen Verkäuferschulungen ein neues digitales Videosystem bei der ViTeMa GmbH. Es wird vertraglich festgelegt, dass die komplette Anlage bis zum 20. Juni geliefert werden solle, da am 21. Juni eine groß geplante Schulungsveranstaltung stattfindet, an der auch Personal von diversen Einzelhändlern teilnehmen wird. Als Herr Esser mittags am 19. Juni bei ViTeMa anruft, teilt ihm der Verkaufschef mit, dass die Bestellung irrtümlicherweise von einem Mitarbeiter falsch einkuvertiert wurde und insofern den eigenen Lieferanten erst am 18. Juni erreicht hat. Die Anlage sei daher erst Ende Juni lieferbar. Damit die Schulung dennoch stattfinden kann, mietet die Grotex GmbH nun bei einem Fachgeschäft für Elektronik eine technisch vergleichbare Anlage zum Mietpreis von 250,00 € für den Schulungstag.
    a) Überprüfen Sie, ob sich die ViTeMa GmbH bereits in Lieferungsverzug befindet.
    b) Kann die Grotex GmbH Ersatz der Kosten für das ersatzweise Mieten der anderen Anlage von der ViTeMa GmbH verlangen?

60. Die in Aufgabe 59 von der Grotex GmbH bestellte Videoanlage wird – wie vom Hersteller zugesichert – am 29. Juni bei der ViTeMa GmbH angeliefert. Während der firmeneigenen Auslieferung am nächsten Tag verunglückt der Transporter auf dem Weg zur Grotex GmbH wegen einer Ölspur auf der Bundesstraße. Die ViTeMa GmbH kann die gleiche Anlage nun nicht mehr beschaffen, da der Hersteller nur eine begrenzte Auflage angeboten hatte. Wie beurteilen Sie die Rechtslage?

61. Die in Aufgabe 59 von der Grotex GmbH bestellt Videoanlage kann lt. Aussage der ViTeMa GmbH aufgrund von Produktionsengpässen beim Hersteller vorläufig nicht geliefert werden. Man glaubt allerdings, die Anlage in vier bis fünf Wochen nachliefern zu können. Da man in der Grotex GmbH verständlicherweise nicht so lange warten möchte, soll eine technisch baugleiche Kompaktanlage bei einem anderen Händler gekauft werden. Zuvor wird der ViTeMa GmbH eine Nachfrist von 14 Tagen (bis zum 5. Juli) zur Lieferung der am 6. Juni bestellten Videoanlage gesetzt. Als nach Ablauf der Frist die Anlage nicht eingetroffen ist, wird die Alternativanlage zu einem allerdings 210,00 € höheren Preis gekauft. Anschließend teilt die Grotex GmbH der ViTeMa GmbH mit, dass man auf die weitere Lieferung verzichtet und den bezahlten Mehrpreis erstattet haben möchte. Die ViTeMa GmbH weigert sich mit Hinweis auf die Regelungen des Schuldrechts. Wie ist die Rechtslage?

62. Die in Aufgabe 59 von der Grotex GmbH bestellte Videoanlage kann aus den in Aufgabe 59 genannten Gründen erst Ende Juni von der ViTeMa GmbH geliefert werden. Wegen der für den 21. Juni geplanten Verkäuferschulung kauft die Grotex GmbH am 20. Juni eine technisch ähnliche und preislich sogar günstigere Anlage bei einem anderen Händler. Allerdings hat man in der Grotex GmbH bereits einen für die neue Anlage passenden Multimediapräsentationstisch für 340,00 € in Auftrag gegeben, der nun für die neue Anlage nutzlos geworden ist. Welche Rechte kann die Grotex GmbH geltend machen?

63. Ein Großhändler tritt aufgrund der verspäteten Lieferung vom Kaufvertrag zurück und verlangt darüber hinaus Schadensersatz statt der Lieferung. In welchen Fällen kann er auf das Setzen einer angemessenen Nachfrist verzichten?

64. Aufgrund der bevorstehenden Modemesse wurde zunächst auf die Festlegung eines Liefertermins verzichtet. Als einige Tage später der Preis für Merinowolle auf dem Weltmarkt ansteigt, weigert sich die Strickwarenfabrik, die Sendung zu den ausgehandelten Konditionen auszuliefern. Welche Rechte hat die Grotex GmbH?

65. Eine Lebensmittelgroßhandlung vereinbarte am 12. Mai mit einem Lieferanten für russischen Kaviar die Lieferung von 40 Kartons bis spätestens 27. Mai. Als am 28. Mai die Sendung immer noch nicht eingetroffen ist, deckt sich der Großhändler zwei Tage später bei einem anderen Lieferanten zu einem darüber hinaus wesentlich günstigeren Preis mit Kaviar ein und verzichtet auf die weitere Erfüllung des Vertrages. Der Kaviarlieferant wird hierüber noch am gleichen Tag telefonisch informiert, wobei dieser allerdings unmissverständlich auf die Abnahme der bestellten 40 Kartons zum ursprünglich vereinbarten Preis besteht. Wie beurteilen Sie den Sachverhalt?

66. Die Annahme einer bestellten und ordnungsgemäß gelieferten Ware wird vom Käufer ohne Angabe von Gründen abgelehnt. Wie verhält sich der Verkäufer richtig?

67. Welche Rechte hat der Verkäufer beim Annahmeverzug?

68. Bei einer Versteigerung wird im Rahmen eines Selbsthilfeverkaufs für die Ware ein höherer Preis erzielt, als die Vertragspartner im Kaufvertrag vereinbart hatten. Wie beurteilen Sie die Rechtslage?

69. Unter welchen Voraussetzungen tritt Annahmeverzug ein?

70. Unter welchen Umständen braucht die vorherige Androhung des Selbsthilfeverkaufs nicht zu erfolgen?

71. Wodurch unterscheidet sich der freihändige Verkauf vom Notverkauf?

72. Nennen Sie jeweils drei Warenarten, die beim freihändigen Verkauf bzw. beim Notverkauf gehandelt werden.

73. Welche Überlegungen können den Verkäufer im Rahmen eines vorliegenden Annahmeverzugs veranlassen, von seinem Rücktrittsrecht Gebrauch zu machen?

74. In einem Kaufvertrag war Zahlung bis zum 15. Juli.. vereinbart. Die Zahlung ist bis zu diesem Termin nicht eingegangen.
    a) Ist in diesem Fall eine Mahnung mit Fristsetzung erforderlich, um den Schuldner in Verzug zu setzen? Begründen Sie Ihre Antwort.
    b) Von welchem Tag an besteht Zahlungsverzug?

75. Die Firma Michaelis & Brunotte GmbH schickt einem säumigen Kunden eine nochmalige Rechnung mit dem Stempelaufdruck „Zweitrechnung" (vereinbart war ein Zahlungsziel von 30 Tagen ab Rechnungserhalt). Warum ist der Kunde damit noch nicht in Zahlungsverzug geraten?

76. Die Kundin eines Großhändlers kaufte am 29. Mai Waren für 235,00 €. Es wurde vereinbart, den Betrag innerhalb von vier Wochen zu bezahlen. Am 10. Juli ist der Rechnungsbetrag beim Großhändler immer noch nicht eingetroffen. Befindet sich die Kundin bereits im Zahlungsverzug? Begründen Sie Ihre Antwort.

77. Wann tritt der Zahlungsverzug ein,
    a) bei einem kalendermäßig genau festgelegten Zahlungstermin?
    b) bei einem kalendermäßig nicht genau festgelegten Zahlungstermin?

78. Um den Käufer in Zahlungsverzug zu setzen, ist häufig eine Mahnung erforderlich (zweckmäßig). Bei welchem der folgenden Zahlungstermine kann auf die Mahnung verzichtet werden bzw. kommt der Geldschuldner mit Ablauf des Zahlungstermins in Verzug?
    a) „Zahlbar bis 25. November 20.."
    b) „Zahlbar sofort"
    c) „Zahlbar 4 Wochen ab heute"
    d) „Zahlbar 6 Wochen nach Rechnungsdatum"
    e) „Zahlbar am 6. Juni 20.."
    f) „Zahlbar 14 Tage nach Erhalt der Rechnung"
    g) „Zahlbar 3 Wochen nach Erhalt der Lieferung"

79. Das Modefachgeschäft für Damengarderobe Helen Villanueva e. Kffr. schuldet der Grotex GmbH seit dem 4. Juni einen Betrag über 12.000,00 €. Die Grotex GmbH berechnet Verzugszinsen in Höhe von 12,00 %, Porti 4,50 € und Mahngebühren in Höhe von 23,70 €. Wie viel Euro muss die Inhaberin Frau Villanueva am 15. Oktober insgesamt auf das Konto der Noris Bank des Textilgroßhändlers überweisen?

80. Die Grotex GmbH erhält eine Rechnung von ihrem Lieferanten Alber & Bayer GmbH & Co. KG, Aachen, über 23.746,00 € inkl. Mehrwertsteuer mit folgenden Zahlungsbedingungen: „Zahlbar innerhalb von 14 Tagen mit 3 % Skonto oder innerhalb von 40 Tagen netto Kasse."
    a) Wie viel Euro beträgt der Skontoabzug?
    b) Wie hoch ist der Überweisungsbetrag?
    c) Wie viel Jahresprozent beträgt der 3 %ige Skontosatz für den kostenpflichtigen Kreditzeitraum?
    d) Wegen Liquiditätsschwierigkeiten ist zu prüfen, ob es sich zum Ausnutzen von Skonto lohnt, einen Bankkredit aufzunehmen; Zinssatz: 11 % plus Bearbeitungsgebühr von 0,5 % der Kreditsumme.

81. Herr Maurer kauft beim Computerfachgeschäft Jordan OHG die Webcamera „QuickCam Web" für 56,00 €. Da man sich gut kennt, wird die Zahlung bei Rechnungserhalt vereinbart. Herr Maurer erhält daraufhin sieben Tage später, am 17. August, die Rechnung per Post. Zu diesem Zeitpunkt befindet er sich allerdings bereits im Urlaub und kehrt erst am 15. September zurück. Befindet sich Herr Maurer bereits in Zahlungsverzug, wenn über die weitere Zahlungsabwicklung zwischen Privatmann Maurer und dem Händler weiter nichts vereinbart wurde? Begründen Sie Ihre Stellungnahme.

82. Ein Großhandelsunternehmen liefert an einen Einzelhändler 15 italienische Deckenlampen

der Marke „Sunshine". Der Einzelhändler erhält die entsprechende Rechnung zwei Tage später am 18. April.

a) Vereinbart wurde zwischen den Vertragsparteien das Zahlungsziel „Zahlbar bis Ende April". Ab wann befindet sich der Einzelhändler in Zahlungsverzug?
b) Angenommen auf der Rechnung ist kein Zahlungsziel angegeben. Ab wann befindet sich der Einzelhändler in Zahlungsverzug?
c) Es soll angenommen werden, dass die Rechnung kein Zahlungsziel enthält, der Großhändler den Einzelhändler aber am 2. Mai schriftlich gemahnt hat und die Mahnung postalisch am 4. Mai zugegangen ist. Ab wann befindet sich der Einzelhändler in Verzug?

Zusammenfassung

Verjährung der Rechte bei mangelhafter Lieferung (Verjährungsfristen)

Mangel an:	Allgemeines Kaufrecht (es findet Anwendung auf alle Kauf-, Tausch- und Werklieferungsverträge)	Verbrauchsgüterkauf (= Kaufverträge, bei denen ein Verbraucher von einem Unternehmer eine bewegliche Sache kauft)	
neuen Sachen	2 Jahre, beginnend mit der Ablieferung der Sache	2 Jahre, beginnend mit der Ablieferung	Beweislastumkehr: Innerhalb der ersten sechs Monate wird angenommen, der Mangel habe bereits bei Übergabe bestanden.
gebrauchten Sachen		Verkürzung bis 1 Jahr möglich, beginnend mit der Ablieferung (§475 II BGB)	
Sachen, wenn der Verkäufer Mangel arglistig verschwiegen hat (§ 438 III BGB)	3 Jahre, beginnend am Schluss des Jahres, in dem der Anspruch entstanden ist (der Mangel entdeckt wurde)		
Bauwerken (§ 634 a BGB) oder wenn die Sache für ein Bauwerk verwendet worden ist und dessen Mangel verursacht hat (§ 438 BGB)	5 Jahre, beginnend mit der Ablieferung bzw. Abnahme des Werkes		

Zusammenfassung

Störungen bei der Erfüllung des Kaufvertrages

Mangelhafte Lieferung

Voraussetzungen:
- Sachmangel einschl. Montagefehler
- Rechtsmangel

Rechte:
- vorrangig:
  - Beseitigung des Mangels oder
  - Lieferung einer mangelfreien Sache (nur bei Gattungsware) und bei Verschulden
  - Schadensersatz neben der Leistung
- nachrangig (nach Fristablauf):
  - Minderung des Kaufpreises
  - Rücktritt vom Vertrag und (zusätzlich)
  - Schadensersatz statt der Leistung oder
  - Aufwendungsersatz

Lieferungsverzug

Voraussetzungen:
- Fälligkeit der Lieferung
- Mahnung (wenn Liefertermin kalendermäßig nicht genau bestimmt ist)
- Verschulden des Verkäufers (Vertretenmüssen)
- Nichtleistung (die Nachholung der Leistung ist aber möglich)

Rechte:
- ohne Nachfrist:
  - Bestehen auf Lieferung und
  - Schadensersatz wegen Verzögerung (nach Ablauf der Nachfrist)
  - Rücktritt vom Vertrag und
  - Schadensersatz statt der Lieferung oder
  - Ersatz vergeblicher Aufwendungen

Annahmeverzug

Voraussetzungen:
- Fälligkeit der Lieferung
- tatsächliches Angebot der Ware

Eintritt bei Nichtannahme ordnungsgemäß gelieferter Ware (Verschulden ist **nicht** erforderlich)

Rechte:
- Rücktritt vom Kaufvertrag und anderweitiger Verkauf
- Bestehen auf Erfüllung und
- Bestehen auf Abnahme der Ware oder
- Selbsthilfeverkauf

Zahlungsverzug

Voraussetzungen:
- Nicht rechtzeitige oder nicht vollständige Zahlung
- Fälligkeit der Zahlung

Eintritt
- nach Ablauf des Fälligkeitstermins
- durch die Mahnung mit Fristablauf, wenn Zahlungstermin **kalendermäßig nicht** genau festgelegt ist
- ohne Mahnung automatisch spätestens 30 Tage nach Fälligkeit und Zugang der Rechnung

Rechte:
- vorranggig:
  - Zahlung verlangen und Ersatz des Verzugsschadens
- nachrangig (nach Fristsetzung und Fristablauf):
  - Rücktritt vom Vertrag und/oder
  - Schadensersatz statt der Zahlung

- Regelmäßige Gewährleistungsfrist für Mängel im Kaufrecht: **2 Jahre**. Die Gewährleistung beginnt, wenn die Sache geliefert ist.
- Verkäufer haften während der Gewährleistungsfrist nicht für den unsachgemäßen Gebrauch oder die unbegrenzte Haltbarkeit der Sache. Auch für den natürlichen Verschleiß oder die gewöhnliche Abnutzung der Kaufsache wird nicht gehaftet.
- Der Verkäufer muss auch für **falsche Werbeaussagen** des Herstellers einstehen. Er hat jedoch ein Rückgriffsrecht gegenüber seinem Lieferanten.
- **Beweislastumkehr:** Innerhalb der ersten sechs Monate nach dem Kauf einer Sache hat nicht der Käufer zu beweisen, dass sie mangelhaft ist, sondern der Verkäufer die Fehlerfreiheit nachzuweisen.
- Für den **Gebrauchtwarenhandel** ist ein Ausschluss jeglicher Gewährleistung nicht möglich.
- Der **Rücktritt** ist nicht von einem Verschulden des Schuldners abhängig und schließt die Geltendmachung von Schadensersatz nicht aus.

Zusammenfassung

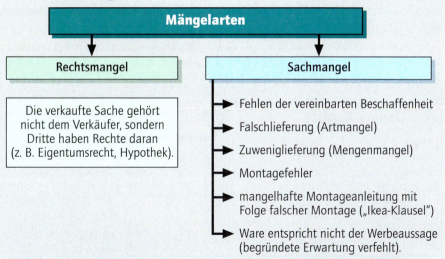

Mängelrüge

- Mit der Mängelrüge können beim Kaufvertrag Ansprüche aus Gewährleistung geltend gemacht werden.
- Die Pflicht zur Mängelrüge beruht auf der kaufmännischen Untersuchungspflicht.
- Wird die Mängelrüge unterlassen, so ist der Mangel genehmigt. Damit verliert der Käufer seine Ansprüche aus Gewährleistung (außer bei Mängeln und Abweichungen, die bei der Untersuchung nicht erkennbar waren).
- Stellt sich später ein Mangel heraus, so muss die Mängelrüge unverzüglich nach der Entdeckung erhoben werden.
- Für die Mängelrüge genügt, dass der Käufer die Anzeige rechtzeitig absendet.
- Kein Ausschluss der Rechte des Käufers tritt ein, wenn der Verkäufer einen Mangel arglistig verschwiegen hat.
- Die beim zweiseitigen Handelskauf gesetzlich besonders ausgestaltete Mängelrüge ist die Anzeige des Käufers an den Verkäufer, dass die gelieferte Ware einen Mangel aufweist.

2.9 Vertragsfreiheit

Die Geschäftsführer der Textilgroßhandlung Grotex GmbH sind insgesamt mit ihrer Marktpositionierung auf den aufstrebenden Märkten Osteuropas sehr zufrieden. Erweiterungspotenzial sehen sie gegenwärtig aber noch im Bereich Sportausrüstung. Insbesondere sind es die Sportschuhe und Sportgarderobe, die immer mehr von jungen Menschen auch außerhalb der eigentlichen sportlichen Betätigung getragen werden und synonym für das „In-sein" gelten. Hierauf sollen in den nächsten Monaten die unternehmerischen Aktivitäten schwerpunktmäßig ausgerichtet werden.

Um ihr Ziel möglichst schnell zu erreichen und der Konkurrenz entsprechende Marktanteile in diesem Marktsegment abzunehmen, verfolgen Herr Hansen und Herr Spindler eine aggressive Konditionenpolitik.

Anstatt des sonst üblichen Zahlungsziels von 30 Tagen wird nun das Ziel für die Einzelhändler auf 60 Tage ausgedehnt, während der gewährte Skontoabzug von 1,5 % auf 3 % erhöht wird; der Skontozeitraum von 14 Tagen bleibt unverändert.

Versehentlich wird nun das Spezialangebot an das Unternehmen ELEGANT MODE Konfekcio 'ipari RT. (AG) in Budapest/Ungarn von dem Auszubildenden Martin Solms zusammen mit einem Angebot an die Kundin Helen Villanueva einkuvertiert und an diese verschickt.

1. Beurteilen Sie das unterschiedliche Verhalten der Geschäftsführung gegenüber beiden Kunden.
2. Kann die inländische Kundin Frau Villanueva die günstigeren Konditionen bei der Grotex GmbH einfordern? Begründen Sie Ihre Stellungnahme.

Information
Wesen der Vertragsfreiheit

> **Art. 2 (1) GG**
> „Jeder hat das Recht auf die freie Entfaltung seiner Persönlichkeit, soweit er nicht die Rechte anderer verletzt und nicht gegen die verfassungsmäßige Ordnung oder das Sittengesetz verstößt."

Diese „freie Entfaltung" findet im Handelsgesetzbuch (HGB) und im Bürgerlichen Gesetzbuch (BGB) ihren Ausdruck in der **Vertragsfreiheit**. Vertragsfreiheit bedeutet,
- dass in der Bundesrepublik Deutschland niemand dazu gezwungen werden kann, mit jemandem ein Rechtsgeschäft abzuschließen; es besteht **Abschlussfreiheit**.
- Auch dürfen zwischen den Vertragspartnern die Inhalte der Rechtsgeschäfte frei vereinbart werden; es besteht **Inhalts- oder Vertragsgestaltungsfreiheit**. Lediglich wenn die Vertragspartner keine besonderen Abmachungen getroffen haben, gilt die gesetzliche Regelung.
- Bis auf einige Ausnahmen wird durch Gesetze keine bestimmte Form vorgeschrieben; es besteht **Formfreiheit**.

Die Formfreiheit gilt für die meisten Rechtsgeschäfte, insbesondere für die des täglichen Lebens. Folglich können Verträge mündlich, schriftlich, fernmündlich, elektronisch oder durch schlüssiges Handeln (Handheben auf einer Auktion, Kopfnicken) geschlossen werden.

Grenzen der Vertragsfreiheit

Das Prinzip der Vertragsfreiheit gilt dann nicht, wenn
- Abschlusszwang (= Kontrahierungszwang) besteht,
- ein wirtschaftlich schwächerer Vertragspartner durch besondere Formvorschriften geschützt werden soll.

Abschlusszwang (Kontrahierungszwang)

Kraft Gesetzes kann niemand gezwungen werden, eine Willenserklärung abzugeben. Doch sind Unternehmen, die eine Monopolstellung innehaben, z. B. die öffentlichen Versorgungsunternehmen wie Gas-, Elektrizitäts- und Wasserwerke oder die Deutsche Bahn AG, verpflichtet, Verträge mit jedem Antragsteller zu schließen. Sie unterliegen einem Abschlusszwang. Die Abschlussfreiheit wird damit weitgehend eingeschränkt.

Formvorschriften (Formzwang)

Die Grenzen der Vertragsfreiheit sind vom Gesetzgeber weiterhin dort gezogen worden, wo die Gefahr besteht, dass der sozial und wirtschaftlich schwächere Vertragspartner benachteiligt wird. Daher besteht die Regelung der Rechts- und Geschäftsfähigkeit und die Forderung nach Einhaltung gesetzlicher Formvorschriften bei bestimmten Rechtsgeschäften.

Das Gesetz kennt folgende Formtypen:
- Schriftform
- elektronische Form
- Textform
- öffentliche Beglaubigung
- notarielle Beurkundung

Schriftform (§ 126 BGB), elektronische Form und Textform

Die schriftliche Vertragsform ist z. B. gesetzlich vorgeschrieben für
- Miet- und Pachtverträge, die länger als ein Jahr gültig sind (§ 566 BGB),
- Bürgschaftserklärungen von Nichtkaufleuten (§ 766 BGB),
- Schuldanerkenntnisse (§ 781 BGB),
- handschriftliche Testamente,
- Schuldversprechen (§ 780 BGB),
- Verträge über Ratenzahlung,
- Ausbildungsverträge,
- Vereinbarungen eines vertraglichen Wettbewerbsverbots (§ 74 II GD).

Wer ein Testament allein (ohne Notar) errichten will, muss den gesamten Text handschriftlich anfertigen und eigenhändig unterschreiben. In allen anderen Beispielen genügt die eigenhändige Unterschrift der/-s Ausstellerin/Ausstellers.

Die Schriftform kann unter bestimmten Voraussetzungen (z. B. elektronische Signatur) durch die **elektronische Form** ersetzt werden.

Schreibt das Gesetz die **Textform** vor, muss die Erklärung in einer Urkunde (Papier) oder auf andere zur dauerhaften Wiedergabe in Schriftzeichen geeignete Weise (z. B. USB-Stick, CD-ROM, Internet-Seite) abgegeben werden. Die Textform reicht z. B. zur Erfüllung bestimmter Informations- und Dokumentationspflichten.

Öffentliche Beglaubigung (§ 129 BGB)

Sie ist gesetzlich vorgeschrieben z. B. bei
- der Anmeldung eines Vereins ins Vereinsregister (§ 77 BGB),
- Handelsregister- und Grundbucheintragungen (§ 12 HGB),
- maschinenschriftlichen Testamenten,
- Forderungsabtretungen (§ 403 BGB),
- Gehaltsabtretungen (§ 411 BGB),
- Anträgen auf Eintragung ins Güterrechtsregister (§ 1560 BGB).

Hierbei muss der Aussteller die schriftliche Erklärung vor einem Notar unterschreiben. Die Echtheit der Unterschrift wird anschließend vom Notar beglaubigt.

Notarielle Beurkundung (§ 128 BGB)

Sie ist gesetzlich vorgeschrieben z. B. für
- Kaufverträge bei Grundstücken (Käufe und Verkäufe),
- Schenkungsversprechen (§ 518 I BGB),
- Erbverträge,
- Hauptversammlungsbeschlüsse einer Aktiengesellschaft (§ 130 AktG),
- Eheverträge sowie
- Eintragung einer Hypothek oder Grundschuld ins Grundbuch und
- Gründung einer Aktiengesellschaft.

Durch seine Unterschrift beurkundet der Notar bzw. die Behörde den Wahrheitsgehalt der Unterschrift(en) **und** den gesamten protokollierten Vorgang, also den Inhalt.

Die notarielle Beurkundung ist die strengste Form des Formzwanges. Sie soll – wie auch die anderen Formvorschriften – die Vertragspartner vor unüberlegtem und zu schnellem Handeln bewahren, beispielsweise dadurch, dass beim Grundstückskauf ein Notar eingeschaltet werden muss, der bei irgendwelchen Bedenken juristischen Rat geben kann.

Wird die gesetzlich vorgeschriebene Form nicht beachtet, so ist das Rechtsgeschäft nichtig.

Verbrauchsgüterkauf (gem. § 474 BGB)

Für den gesamten Bereich des Verbrauchsgüterkaufs ist die Vertragsfreiheit weitgehend außer Kraft gesetzt. Das bedeutet, dass fast sämtliche den Käufer bevorzugenden Regelungen vertraglich nicht geändert werden dürfen (siehe Ausführungen zum Kaufrecht in Kapitel 2.8). Dies gilt insbesondere für

- die Wahlfreiheit des Käufers bei Mängelrechten,
- die Beweislastumkehr innerhalb der ersten sechs Monate und
- die Verjährungsfrist von zwei Jahren für Mängel der Kaufsache (§ 475 BGB).

So sind insbesondere Vereinbarungen unwirksam, mit denen versucht wird, den Käufer auf eine bestimmte Form des Nacherfüllungsrechts zu begrenzen oder den Rücktritt vom Vertrag oder die Minderung von zusätzlichen Bedingungen abhängig zu machen, die das Gesetz nicht vorsieht.

Aufgaben

1. Was verstehen Sie unter dem Prinzip der Vertragsfreiheit?
2. Was bezweckt der Gesetzgeber mit dem sogenannten Formzwang?
3. Rechtsgeschäfte, für die der Gesetzgeber keine Formvorschriften vorschreibt, sind formfrei. Welche Folgen hätte es, wenn für alle denkbaren Rechtsgeschäfte eine notarielle Beurkundung notwendig wäre?
4. Worin liegt der Unterschied zwischen öffentlicher Beglaubigung und notarieller Beurkundung?
5. Welche Formvorschrift (formfrei; Schriftform; öffentliche Beglaubigung; notarielle Beurkundung) ist in den folgenden Fällen vorgeschrieben?
    a) 25 Sportinteressierte wollen einen Hockeyclub gründen,
    b) Kauf eines Pkw für 22.000,00 €,
    c) Verkauf eines Gartengrundstücks für nur 4.000,00 €,
    d) Herr Sander mietet auf einem Campingplatz für zwei Jahre einen Standplatz für seinen Wohnanhänger,

e) Buchung einer Luxusferienreise für 9.000,00 €.
6. Beurteilen Sie folgende Sachverhalte unter dem Gesichtspunkt der Vertragsfreiheit:
   a) Der eher konservative Friseurmeister G. Stein weigert sich, einem Punker die Haare zu waschen.
   b) Der Apotheker Wilhelm ist nicht bereit, seinem Nachbarn Herrn Gerhold ein dringend benötigtes Medikament zu verkaufen, weil dieser ihn in der Vergangenheit mehrfach beleidigt hat.
   c) Malermeister Krüger lehnt es ab, bei Familie Wentritt das Wohnzimmer zu tapezieren.

Zusammenfassung

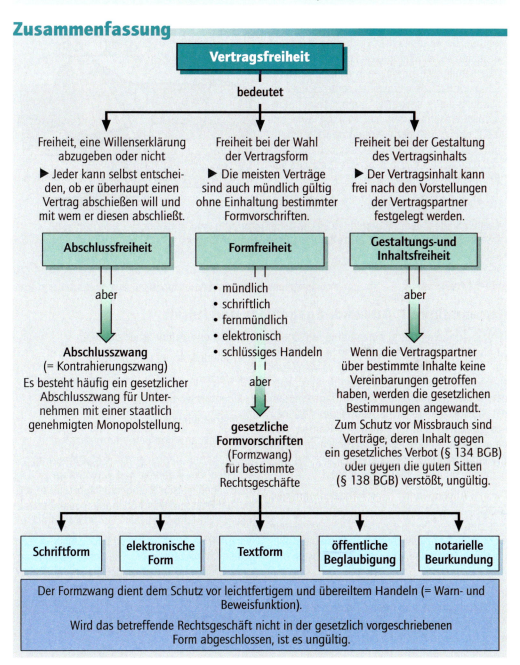

2.10 Allgemeine Geschäftsbedingungen

Herr Michels hat – auch aus gesundheitlichen Gründen – seit einigen Tagen mit dem Tennisspielen begonnen. Unmittelbar nach seinem Eintritt in den HHC kauft er in der Sportabteilung eines Warenhauses die notwendige Kleidung samt Schuhen und Tennisbällen. Auf seinen Wunschschläger muss er jedoch noch warten, da er momentan vergriffen ist. Beim Bezahlen seiner Ware erkundigt er sich sicherheitshalber noch einmal nach seiner Bestellung und fragt nach dem Eintreffen seines Schlägers. Die Kassiererin antwortet ihm auf seine ungeduldige Nachfrage mit „ca. 14 Tage" und verweist hinsichtlich der Lieferzeit darüber hinaus auf die Allgemeinen Geschäftsbedingungen des Warenhauses, lesbar auf der Rückseite seiner ihm vorliegenden Rechnung.

Stellen Sie fest, was Allgemeine Geschäftsbedingungen sind und welche Bedeutung sie im Wirtschaftsleben eines Einzelhandelsunternehmens haben.

Information

Notwendigkeit, Anwendungsgebiete und Inhalt

Heutzutage kommt es in vielen Betrieben täglich zu einer Vielzahl von Vertragsabschlüssen. Dies hat dazu geführt, dass die dabei verwendeten vertraglichen Bedingungen vereinheitlicht wurden. Beim Abschluss eines Kaufvertrages werden die Vertragsinhalte nicht mehr jedes Mal neu ausgehandelt und formuliert. Es werden vielmehr, im Interesse eines reibungslosen und nicht zu zeitaufwendigen Geschäftsablaufs, Vertragsbedingungen einheitlich vorformuliert.

Diese **Allgemeinen Geschäftsbedingungen (AGB)** – so werden die vorformulierten Klauseln genannt – sind heute aus dem Wirtschaftsleben nicht mehr wegzudenken. Sie haben eine Rationalisierungsaufgabe, denn sie helfen Kosten und Arbeit zu sparen.

Insbesondere Hersteller und Händler nutzen die Vertragsfreiheit zu ihren Gunsten. Sie haben AGB ausgearbeitet und auf typische, regelmäßig wiederkehrende Probleme des Geschäftsverkehrs abgestimmt, wie z. B.

– Liefer- und Zahlungsbedingungen,

– Erfüllungsort und Gerichtsstand,

– Lieferzeit,

– Eigentumsvorbehalt,

– Gefahrenübergang,

– Verpackungs- und Beförderungskosten.

Damit haben sie sich eine Art Modellvertrag geschaffen, der **jederzeit neu verwendbar** ist. Die AGB liegen meist in kleingedruckter Form vor, z. B. auf der Rückseite von Angeboten – man bezeichnet sie deshalb auch als das „Kleingedruckte".

Vorzufinden sind entsprechende AGB in fast jedem Wirtschaftszweig: Banken, Versicherungen, Groß- und Einzelhandel, Reiseveranstalter, Spediteure, Industriebetriebe u. v. m. Die im Verkehr befindlichen AGB werden auf mindestens 22 000 geschätzt.

Gefahren durch die AGB

Die sehr häufig umfangreichen Vertragsbedingungen des Verkäufers werden mit dem Käufer nicht mehr einzeln ausgehandelt, sondern sollen von ihm von vornherein als Ganzes akzeptiert werden.

Da im deutschen Recht Vertragsfreiheit herrscht, gelten stets die AGB, wenn sie Bestandteil eines Vertrages geworden sind, und nicht die Regelungen des HGB und BGB. Die gesetzlichen Bestimmungen sind nur dann wirksam, wenn die Vertragspartner keine besonderen vertraglichen Vereinbarungen getroffen haben.

So verlagerten Hersteller und Händler in ihren Allgemeinen Geschäftsbedingungen zunehmend die Risiken, die z. B. ein Güterkauf mit sich bringt, auf den Käufer, der sich dieser Gegenmacht nicht erwehren konnte. Die im BGB enthaltenen Schranken der Vertragsfreiheit erwiesen sich als unzulänglich gegenüber dem „Kleingedruckten", das ja nicht ausgehandelt wurde. Der Käufer wurde in seinen gesetzlichen Rechten eingeschränkt. Mitunter wurden Preiserhöhungsmöglichkeiten für den Verkäufer willkürlich eingeräumt, berechtigte Reklamationsrechte oder die Haftung bei grobem Verschulden ausgeschlossen. Sehr häufig wird auch das „Kleingedruckte" vom Käufer nicht gelesen, übersehen oder aufgrund komplizierter Formulierungen nicht verstanden.

Verbraucherschutz (§ 305 ff. BGB)

Um Benachteiligungen des wirtschaftlich Schwächeren, insbesondere des Endverbrauchers, durch vorformulierte Vertragsbedingungen zu verhindern, um mehr Rechtssicherheit und Gerechtigkeit zu schaffen, wurde im BGB der **Verbraucherschutz** entsprechend berücksichtigt. Im Einzelnen wird **zum Schutz von Nichtkaufleuten** (= einseitiger Handelskauf) ausgeführt:

- „Kleingedrucktes" gehört nicht automatisch zum Vertrag (§ 305 BGB), sondern nur, wenn

a) der Käufer ausdrücklich auf die AGB hingewiesen wurde: Üblicherweise finden sich bei schriftlichen Angeboten des Verkäufers AGB auf der Rückseite des Vertrages. Hierbei ist aber erforderlich, dass sich auf der Vorderseite ein deutlicher Hinweis auf die auf der Rückseite abgedruckten Bedingungen erkennen lässt.

Fehlt ein solcher Hinweis ganz oder ist er undeutlich und unter dem Unterschriftenfeld abgedruckt, werden die AGB nicht Bestandteil des Vertrages. Es gelten dann automatisch die BGB-Regelungen;

b) der Wortlaut der AGB für den Käufer leicht erreichbar ist, also z.B. im Verkaufsraum aushängt oder auf dem Vertragsformular abgedruckt ist;

c) die AGB (auch ohne Lupe) mühelos lesbar und verständlich sind;

d) der Käufer mit den AGB einverstanden ist.

Beim Vertragsabschluss kann der Käufer das „Kleingedruckte" durchstreichen und auf Geltung der BGB-Regelungen drängen.

Dadurch sind die AGB ganz oder teilweise nicht Bestandteil des Vertrages geworden mit der Folge, dass

- der Vertrag wirksam bleibt;
- der Vertrag sich nach den gesetzlichen Vorschriften richtet. Dies gilt auch für die Teile des Vertrages, die AGBs enthalten, die unwirksam sind, und weitere Unwirksamkeitsregelungen (§ 306 BGB).

<u>Aber:</u> Der Vertrag ist insgesamt unwirksam, wenn die nötigen Änderungen der unwirksamen Bestandteile für eine Vertragspartei eine unzumutbare Härte darstellen würden.

Ist der Verkäufer unter diesen Umständen nicht mehr zum Vertragsabschluss bereit, steht es dem Käufer frei, sich einen anderen Verkäufer zu suchen. In den meisten wirtschaftlich bedeutsamen Bereichen besteht diese Möglichkeit der Vertragsfreiheit für den Käufer jedoch nicht, denn sämtliche Verkäufer verwenden AGB, zum Teil sogar über Empfehlungen der jeweiligen Verbände (Automobile, Banken, Versicherungen, Reisen u. v. m.)

Für Verträge im Telekommunikationsbereich, für Beförderungsverträge durch den Einwurf von Postsendungen in Briefkästen, für die Beförderung in öffentlichen Verkehrsmitteln usw. gelten die AGB allerdings auch ohne die Einhaltung der Erfordernisse a) bis d).

– Die AGB dürfen keine „überraschenden" Klauseln enthalten (§ 305 c BGB).

Beispiel
Der Käufer einer bestimmten Möbelgarnitur darf bei Lieferschwierigkeiten nicht zur Abnahme einer anderen Ausführung verpflichtet werden.

– Persönliche Absprachen haben Vorrang vor den AGB (§ 305 b BGB).

Beispiel
Auf der Vorderseite des Vertrages steht die zwischen Verkäufer und Käufer ausgehandelte Vertragsbedingung „Zahlbar innerhalb von 14 Tagen mit 2 % Skonto". Auf der Rückseite ist in den AGB des Verkäufers aber die Klausel „Zahlbar innerhalb von 10 Tagen ohne Abzug" zu lesen. Nach dem AGB-Gesetz muss sich der Verkäufer nach der Zahlungsweise mit Skontoabzug richten.

Grundsätzlich gilt das auch für mündliche Absprachen, doch ist im Streitfall der Beweis schwierig.

Das BGB enthält aber auch einen ganzen Katalog von verbotenen und damit **unwirksamen Klauseln** bei Verbrauchergeschäften (§§ 308, 309 BGB):

- **nachträgliche Preiserhöhungen** für Waren oder Leistungen, die innerhalb von 4 Monaten nach Vertragsschluss geliefert oder erbracht werden,
- eine **Verkürzung der gesetzlichen Gewährleistungsfrist** bei mangelhafter Lieferung (nach BGB mindestens zwei Jahre),
- **Ausschluss der Haftung** bei grobem Verschulden des Verkäufers,
- **Ausschluss von Reklamationsrechten**,
- **Ausschluss** des Rücktritts vom Vertrag bzw. des Rechts auf Schadenersatz, wenn der Verwender der AGB seine Leistung nicht oder nicht in der vereinbarten Form erbringen kann.

- Das **Leistungsverweigerungsrecht**, das nach § 320 BGB vorsieht, dass eine vertragsmäßige Leistung bis zur Erbringung der Gegenleistung verweigert werden kann, darf nicht eingeschränkt werden.
- **Aufrechnungsverbot**, d. h. dass eine Minderleistung des Verwenders der AGB in einem Fall mit der unbestrittenen Forderung in einem anderen Fall verrechnet wird.
- **Mahnungen und Fristsetzungen** dürfen von dem Verwender der AGB nicht ausgeschlossen werden, d. h. beispielsweise bei einem Zahlungsverzug nicht sofort ohne Mahnung eine Zwangsvollstreckung betrieben werden kann.
- **Änderungsvorbehalt**, d. h. Vereinbarungen, nach denen der Verwender der AGB von der vereinbarten Leistung in einer für den Vertragspartner unzumutbaren Weise abweichen kann.

Beispiel
Anstatt der bestellten Rattanmöbel mit dezent grün besetztem Saum werden Möbel in knalliger blauer Farbe geliefert. Der Möbelhändler besteht auf Abnahme.

- Abwicklung von Verträgen im Falle von Vertragsrücktritten mit unangemessen hohen Forderungen für den Ersatz von Aufwendungen.
- **Rücktrittsvorbehalt**, d. h. dass der Verwender der AGB das Recht in Anspruch zu nehmen versucht, sich ohne sachlich gerechtfertigten Grund von seiner Leistungspflicht zu lösen.

Beispiel
Der Lieferer hat stets das Recht, innerhalb von vier Wochen nach Vertragsabschluss von Vertrag zurückzutreten.

Weitere Beispiele für unwirksame AGB-Klauseln

Unwirksam sind u. a. folgende „Verkaufs- und Lieferungsbedingungen"

- von Möbelhandelsunternehmen:
  - „Änderungen oder Ergänzungen bedürfen der Schriftform" (= unangemessene Benachteiligung des Kunden)
  - „Der Verkäufer kann in schriftlicher Erklärung vom Vertrag zurücktreten, wenn der Käufer seine Zahlungen einstellt oder ein Moratorium beantragt."
- von Textilreinigungsunternehmen:
  „Für Schäden haften wir auch bis zum 15-fachen des Reinigungspreises."

- von Einzelhändlern:
  „Sonderangebot! Verkauf erfolgt unter Ausschluss jeglicher Gewährleistung."

Insgesamt darf niemand durch das „Kleingedruckte" unangemessen benachteiligt werden (§ 307 BGB).

weitere Beispiele

- Das Aufreißen von Verpackungen verpflichtet nicht automatisch zum Kauf des Inhalts. Wer beispielsweise eine elektrische Zahnbürste aus ihrem Karton reißt, muss diese nicht bezahlen. Solange die Ware noch verkäuflich ist, darf der Händler lediglich Schadenersatz für die Verpackung fordern.

Anders lautende Klauseln in den Allgemeinen Geschäftsbedingungen oder Schilder in Verkaufsräumen sind unwirksam, weil sie den Kunden unangemessen benachteiligen.

- Eine AGB-Klausel in einem Fitness-Studio lautete: „Der Beitrag bei einem längerfristigen Vertrag ist auch dann regelmäßig zu zahlen, wenn ein Mitglied die Einrichtungen wegen einer Krankheit oder einer Verletzung auf Dauer nicht nutzen kann."

Diese Klausel ist unwirksam, weil sie den Vertragspartner unangemessen benachteiligt.

Durch diese rechtlichen Bestimmungen wird der wirtschaftlich Schwächere vor einseitig vorformulierten Vertragsbedingungen geschützt. Sie stärken und verbessern bei der Vertragsgestaltung gleichzeitig entscheidend die Stellung des Käufers.

Dennoch darf aber nicht übersehen werden, dass trotz dieser Vorschriften des BGB durch die Verwendung Allgemeiner Geschäftsbedingungen die Käuferrechte, wie sie ansonsten das Bürgerliche Gesetzbuch vorsieht, eingeschränkt werden.

Trifft ein Käufer im Geschäftsverkehr auf fragwürdige Allgemeine Geschäftsbedingungen, so sollte er diese den **Verbraucherberatungsstellen und -zentralen** mitteilen. Erst die konsequente Verfolgung unzulässiger AGB-Bestimmungen verhilft nämlich dem AGB-Gesetz letztlich zu seiner Durchsetzung in der Alltagspraxis und damit den Verbrauchern zu größerem Schutz vor den Tücken des „Kleingedruckten".

Die Schutzbestimmungen haben vorwiegend Bedeutung für Verbrauchsgüterkäufe (Geschäfte mit privaten Käufern), weniger für zweiseitige Handelskäufe (Geschäfte zwischen Kaufleuten).

Beispiel: Allgemeine Geschäftsbedingungen unter Verwendung von Originalauszügen verschiedener Unternehmen

1. Allgemeines

Unsere Bedingungen gelten für alle gegenwärtigen und zukünftigen Geschäfte zwischen uns und dem Käufer, auch wenn wir abweichenden Einkaufsbedingungen oder Gegenbestätigungen, die wir hiermit ausdrücklich ablehnen, nicht widersprechen.

Sie gelten spätestens mit Entgegennahme der Ware oder Leistung seitens des Käufers als vereinbart. Abweichungen bedürfen für jeden einzelnen Vertrag unserer schriftlichen Bestätigung.

2. Angebote, Abschlüsse

Angebote sind freibleibend. Unsere Muster, Proben und sonstigen Angaben über die Beschaffenheit der Ware sind unverbindliche Rahmenangaben, sofern sie nicht ausdrücklich garantiert werden. Kostenvoranschläge und Frachtangaben sind unverbindlich. Bestellungen des Käufers bei uns sowie Angebote, Auskünfte, Empfehlungen, Ratschläge und Vereinbarungen unserer Mitarbeiter binden uns erst mit unserer schriftlichen Bestätigung.

3. Lieferung, Verzug und Unmöglichkeit

(1) Von uns angegebene Lieferzeiten sind annähernd und unverbindlich. Fest vereinbarte Lieferfristen beginnen mit dem Tage unserer Auftragsbestätigung, jedoch nicht vor Klarstellung aller Ausführungseinzelheiten.

(2) Lieferung frei Baustelle oder frei Lager bedeutet Lieferung ohne Abladen unter der Voraussetzung einer mit schwerem Lastzug befahrbaren und von Witterung unbeeinträchtigten Anfuhrstraße. Verlässt das Lieferfahrzeug auf Weisung des Käufers die befahrbare Anfuhrstraße, so haftet dieser für auftretenden

Schaden. Das Abladen hat unverzüglich und sachgemäß durch den Käufer zu erfolgen. Wartezeiten werden dem Käufer berechnet.

(3) Im Falle des Leistungsverzugs des Verkäufers oder der von ihm zu vertretenden Unmöglichkeit der Leistung sind Schadensersatzansprüche des Käufers ausgeschlossen, es sei denn, sie beruhen auf Vorsatz oder grober Fahrlässigkeit des Verkäufers, eines gesetzlichen Vertreters oder Erfüllungsgehilfen.

4. Zahlung

(1) Unsere Preise verstehen sich mangels anderweitiger schriftlicher Vereinbarung rein netto ohne Skonti oder sonstige Nachlässe. Maßgebend sind unsere am Tage der Lieferung gültigen Preise.

(2) Schecks oder Wechsel gelten erst nach deren Einlösung als Zahlung. Diskontspesen und alle sonstigen Kosten, die durch diese Zahlungsmittel entstehen, trägt der Käufer. Bei Wechselzahlung wird ein Skontoabzug nicht gewährt.

(3) Die Annahme von Wechseln ist nur nach besonderer Vereinbarung möglich.

(4) Bei Zahlungsverzug sind wir berechtigt, Verzugszinsen in Höhe von 9 % über dem jeweiligen Basiszinssatz zu berechnen.

(5) Bei Zahlungsschwierigkeiten des Käufers, insbesondere auch bei Zahlungsverzug, Scheck- oder Wechselprotest, ist der Verkäufer berechtigt, weitere Lieferungen nur gegen Vorauskasse auszuführen, alle offenstehenden – auch gestundeten – Rechnungsbeträge sofort fällig zu stellen und gegen Rückgabe zahlungshalber hereingenommener Wechsel Barzahlung oder Sicherheitsleistung zu verlangen.

(6) Die Zurückhaltung von Zahlungen oder die Aufrechnung wegen etwaiger vom Lieferer bestrittener Gegenansprüche des Bestellers sind nicht statthaft.

5. Mängelrüge, Gewährleistung und Haftung

(1) Für Mängel der Lieferung, zu denen auch das Fehlen ausdrücklich zugesicherter Eigenschaften gehört, haftet der Lieferer unter Ausschluss weiterer Ansprüche unbeschadet Abschnitt 6.2 wie folgt:

1.1 Alle diejenigen Teile sind unentgeltlich nach billigem Ermessen unterliegender Wahl des Lieferers auszubessern oder neu zu liefern, die sich innerhalb von zwölf Monaten seit Inbetriebnahme infolge eines vor dem Gefahrenübergang liegenden Umstandes – insbesondere wegen fehlerhafter Bauart, schlechter Baustoffe oder mangelhafter Ausführung – als unbrauchbar oder in ihrer Brauchbarkeit nicht unerheblich beeinträchtigt herausstellen. Die Feststellung solcher Mängel ist dem Lieferer unverzüglich schriftlich zu melden.

1.2 Das Recht des Bestellers, Ansprüche aus Mängeln geltend zu machen, verjährt in allen Fallen vom Zeitpunkt der rechtzeitigen Rüge an in einem Jahr, frühestens jedoch mit Ablauf der Gewährleistungsfrist.

1.3 Durch etwa seitens des Bestellers oder Dritter unsachgemäß ohne vorherige Genehmigung des Lieferers vorgenommene Änderungen oder Instandsetzungsarbeiten wird die Haftung für die daraus entstehenden Folgen aufgehoben.

1.4 Weitere Ansprüche des Bestellers, insbesondere ein Anspruch auf Ersatz von Schäden, die nicht an dem Liefergegenstand selbst entstanden sind, sind, soweit gesetzlich zulässig, ausgeschlossen.

[...]

Aufgaben

1. Welche wirtschaftliche Bedeutung haben AGB für den Verkäufer?
2. Warum haben AGB Vorrang vor gesetzlichen Regelungen?
3. Was beabsichtigen die §§ 305–310 BGB?
4. Welche Mindestanforderungen müssen erfüllt sein, damit die AGB Bestandteil eines Vertrages werden?
5. Entscheiden Sie mithilfe des BGB, ob und warum in den folgenden Beispielen die gesetzlichen Bestimmungen befolgt oder verletzt wurden.

   a) AGB-Klauseln von verschiedenen Unternehmen:
   - Wir sind berechtigt, den Pkw auch in einer anderen als der bestellten Farbe zu liefern.
   - Sollten es die wirtschaftlichen Umstände erfordern, so können nachträglich jederzeit die Verkaufspreise entsprechend erhöht werden.
   - Reklamationen sind nur innerhalb von acht Tagen nach Warenempfang möglich; bei einer nicht mehr möglichen Nachbesserung einer mangelhaften Ware wird eine Rücktrittserklärung bzw. eine Preisherabsetzung ausgeschlossen.
   - Grundsätzlich gelten die AGB, schriftlich oder mündlich getroffene Vereinbarungen sind unwirksam.
   - Die gelieferten Waren bleiben bis zur völligen Bezahlung des Kaufpreises Eigentum des Verkäufers.
   - Erfüllungsort und Gerichtsstand ist der Wohnsitz des Verkäufers.
   - Mit dem Kauf des Fernsehgerätes verpflichtet sich der Käufer, alle notwendigen Reparaturen in der Werkstatt des Verkäufers durchführen zu lassen.
   - Im Falle des Zahlungsverzugs ist eine Vertragsstrafe von 25 % des Kaufpreises zu zahlen.
   - Der Käufer ist nicht berechtigt, auch bei rechtzeitiger und begründeter Rüge oder aus anderen Gründen vereinbarte Zahlungen zurückzuhalten oder zu kürzen.

   b) Herr Denzin hat für die bevorstehende Heizperiode 6 000 Liter Öl bestellt. Durch grobes Verschulden des Lieferanten, der beim Einfüllen des Öls achtlos eine Zigarette weggeworfen hat, brennt das gesamte Untergeschoss aus. Der Lieferer weigert sich, für den Schaden aufzukommen, da in den AGB eine Haftung grundsätzlich ausgeschlossen wird.

6. Herr Reinhardt bestellt in einem Fachgeschäft telefonisch einen Kühlschrank. Die Inhaberin des Geschäftes, Frau Bruns, bestätigt den Kauf und teilt Herrn Reinhardt mit, dass ihre Allgemeinen Geschäftsbedingungen Bestandteil des Kaufvertrages sind und diese in ihren Geschäftsräumen auslegen. Nachdem der Kühlschrank geliefert wurde, findet Herr Reinhardt auf der Rückseite des Lieferscheins die AGB des Fachgeschäftes.

   Sind die AGB des Geschäftes Bestandteil des Kaufvertrages geworden? Begründen Sie Ihre Antwort.

Zusammenfassung

Allgemeine Geschäftsbedingungen

Wesen

AGB
- sind alle für eine Vielzahl von Verträgen vorformulierten Vertragsbedingungen,
- die eine Vertragspartei der anderen Vertragspartei einseitig stellt,
- ohne dass die Klauseln im Einzelnen ausgehandelt worden sind;
- können von einzelnen Unternehmen bzw. für Wirtschaftsbereiche formuliert werden: z. B. AGB bei Banken, Transportunternehmen, Reiseveranstaltern, Groß- und Einzelhandel.

Bedeutung im Wirtschaftsleben

- vereinfachen den Abschluss von Massenverträgen (Rationalisierungsaufgabe)
- begrenzen das Risiko des Verkäufers durch die Einschränkung seiner Vertragspflichten
- stärken die Stellung des Verkäufers und schränken die Rechte des Käufers ein

Schutz des Verbrauchers gegenüber AGB durch

Inhalte

z. B. Vereinbarungen über:
- Gefahrenübergang
- Erfüllungsort
- Gerichtsstand
- Zahlungsweise
- Eigentumsvorbehalt
- Gewährleistungsansprüche bei Mängeln
- Verpackungs- und Beförderungskosten

Gestaltung rechtsgeschäftlicher Schuldverhältnisse durch AGB; insbesondere beim Verbrauchsgüterkauf

- Kleingedrucktes gehört nicht automatisch zum Vertrag; Mindestvoraussetzungen:
  - ausdrücklicher Hinweis des Verkäufers auf seine AGB,
  - AGB müssen für den Käufer leicht erreichbar und mühelos lesbar sein,
  - Käufer muss den AGB zustimmen.
- Persönliche Absprachen haben Vorrang vor abweichenden AGB; dies gilt auch für mündliche Absprachen, **aber Vorsicht:** der Beweis ist schwierig!
- Überraschende Klauseln werden nicht Bestandteil des Vertrages – sie sind unwirksam.
- Einzelverbote, z. B.
  - Ausschluss oder Einschränkung von Reklamationsrechten,
  - unangemessen lange oder ungenau bestimmte Nachfrist,
  - Beschneidung von Rechten bei zu später Lieferung,
  - nachträgliche Preiserhöhung (innerhalb von vier Monaten),
  - Ausschluss oder Beschränkung der Haftung bei grobem Verschulden u. Ä. m.

Vorschriften des BGB, die den Käufer schützen, können nicht durch Bestimmungen der AGB umgangen werden (§ 306 a BGB).

oberster Grundsatz

Der Verbraucher darf nicht unangemessen benachteiligt werden (§ 307 BGB).

2.11 Kaufmannseigenschaften

Katja Mangold ist Inhaberin einer Textilgroßhandlung. Ihr Freund Jochen Sewering ist als Bankkaufmann bei der Norddeutschen Hypothekenbank angestellt.

Erklären Sie, welche Kaufmannseigenschaften lt. Handelsgesetzbuch
a) Katja Mangold
b) Jochen Sewering besitzt.

Information

> Kaufmann ist jeder Gewerbetreibende, der ein Handelsgewerbe betreibt – ohne Rücksicht auf die Branche. (§ 1 Abs. 1 HGB)
>
> Handelsgewerbe ist jeder Gewerbebetrieb, der nach Art und Umfang einen in kaufmännischer Weise eingerichteten Geschäftsbetrieb erfordert.

Handelsgewerbe können Dienstleistungs-, Handwerks- und Industriebetriebe sein. Typische Handelsgewerbe sind Banken, Außen-, Groß- und Einzelhandel, Kommissionäre, Transportunternehmen, Verlage und Versicherungen.

Wer in einem Handelsgewerbe als kaufmännischer Angestellter beschäftigt ist, ist laut HGB kein Kaufmann, sondern Handlungsgehilfe.

Arten der Kaufmannseigenschaften

Istkaufmann

Personen, die ein Handelsgewerbe betreiben, sind auch ohne Eintragung in das Handelsregister Kaufleute (= **Muss- oder Istkaufleute**). Sie gelten von vornherein, d. h. durch die tatsächliche Ausübung ihrer Geschäfte, als Kaufleute (= Kaufmann kraft Gewerbebetrieb gem. § 1 HGB), sofern sie nach Art und Umfang einen in kaufmännischer Weise eingerichteten Geschäftsbetrieb führen.

Die Industrie- und Handelskammern gehen davon aus, dass dies regelmäßig ab einem jährlichen Umsatz von 500.000,00 € der Fall ist. Ist diese Grenze erreicht, besteht eine Pflicht zur Buchführung[1]. Folgerichtig wird dann davon ausgegangen, dass auch ein in kaufmännischer Weise eingerichteter Geschäftsbetrieb erforderlich ist.

Es kommt für die Beurteilung der Art und des Umfangs des Geschäftsbetriebs nicht darauf an, ob tatsächlich kaufmännische Einrichtungen vorhanden sind. Vielmehr sind neben dem Umsatzvolumen folgende Kriterien zu berücksichtigen:

- Vielfalt der hergestellten und vertriebenen Erzeugnisse oder erbrachten Leistungen
- Zusammenfassung verschiedener Unternehmensarten (Handwerk, Handel, Vertretungen)
- Art der Geschäftsabwicklung (Kredit- und Wechselverkehr, Bargeschäfte)
- Erfordernis langfristiger Dispositionen, Schwierigkeit der Kalkulation, Übernahme von Gewährleistungspflichten
- Vielfalt der Geschäftsbeziehungen (Anzahl der Lieferanten und Kunden, Anzahl der Geschäftsfälle)
- Zahl, Funktion und Qualifikation der Beschäftigten
- Anzahl der Betriebsstätten
- Umfang der Werbung
- Größe der Lagerhaltung
- Höhe des Anlage- und Umlaufvermögens

Die Entscheidung, ob eine kaufmännische Organisation notwendig ist, trifft das Amtsgericht – ggf. mit Unterstützung der zuständigen Industrie- und Handels- oder Handwerkskammer. Ergibt eine Gesamtwürdigung dieser Kriterien, dass der Geschäftsbetrieb kaufmännische Einrichtungen erfordert, so hat der Kaufmann seine Firma in notarieller Form zur Eintragung in das Handelsregister anzumelden.

---

[1] Unternehmen, die weniger als 500.000,00 € Umsatz im Jahr erwirtschaften bzw. deren Gewinn geringer ist als 50.000,00 €, sind von der Buchführungspflicht befreit. Sie können die weniger aufwendige Einnahmen-Überschuss-Rechnung verwenden.

Die vorgeschriebene Eintragung der Istkaufleute in das Handelsregister hat rechtsbezeugende (deklaratorische) Wirkung, da die Kaufmannseigenschaft bereits vor der Eintragung besteht.

Kannkaufmann

Handelt es sich um einen Gewerbebetrieb, der keinen kaufmännischen Geschäftsbetrieb benötigt wie z. B. Kioske oder Imbissstände (= **Kleingewerbe**), so liegt **kein Handelsgewerbe** vor und der Betrieb wird rechtlich wie eine Privatperson behandelt (= Nichtkaufmann). Er unterliegt somit auch nicht der Buchführungspflicht nach HGB bzw. der Strenge des Handelsrechts.

Kleingewerbetreibende, gleich welcher gewerblichen Branche sie angehören, sowie **land- und forstwirtschaftliche Betriebe** und deren Nebenbetriebe[1] (z. B. Brennereien, Molkereien, Mühlen) können aber **freiwillig** zu vollwertigen Kaufleuten werden (= Kannkaufmann; §§ 2, 3 HGB), indem sie (in notarieller Form) die Eintragung in das Handelsregister beantragen. Ab dem Zeitpunkt der Eintragung sind auch sie dann vor dem Gesetz Kaufleute mit allen damit verbundenen Rechten und Pflichten, wie z. B. Untersuchungs- und Rügepflicht, kaufmännisches Zurückbehaltungsrecht und insbesondere auch Buchführungspflicht.

Die Eintragung in das Handelsregister hat **rechtsbegründende** (konstitutive) Wirkung, d. h. erst mit der Eintragung entsteht die Kaufmannseigenschaft.

Nur der Kleingewerbetreibende hat die Möglichkeit, sich auf Antrag wieder aus dem Handelsregister streichen zu lassen und den Status eines Nichtkaufmanns zu erlangen, sofern er zwischenzeitlich nicht als Kaufmann mit kaufmännischer Organisation anzusehen ist.

Formkaufmann (kraft Rechtsform)

Alle Kapitalgesellschaften (z. B. die Aktiengesellschaft und die Gesellschaft mit beschränkter Haftung) sind unabhängig von der Art ihrer Tätigkeit Handelsgesellschaften, auch wenn sie kein Handelsgewerbe betreiben. Sie sind daher generell als Kaufleute zu betrachten. Die Kaufmannseigenschaft erwerben sie durch Eintragung in das Handelsregister (= Formkaufmann; Kaufmann kraft Rechtsform; § 6 HGB).

Nichtkaufmann

Als Nichtkaufleute gelten Land- und Forstwirte, die nicht im Handelsregister eingetragen sind. Ferner Freiberufler wie Künstler, Architekten, Rechtsanwälte, Ärzte und Steuerberater. Sie betreiben kein Gewerbe und sind daher keine Kaufleute.

Handelsvertreter, Handelsmakler, Frachtführer, Spediteure und Lagerhalter werden als Gewerbetreibende bezeichnet und sind deshalb ebenfalls keine Kaufleute.

Keine Kaufleute im handelsrechtlichen Sinne sind auch kaufmännische Angestellte, gleichgültig, welche Position sie im Unternehmen einnehmen, sowie Vorstandsmitglieder einer AG oder Geschäftsführer einer GmbH.

Kaufleute nach HGB	Betriebe ohne Handelsregistereintragung
– müssen als Rechtsgrundlage des Handelns das HGB beachten	– müssen als Rechtsgrundlage des Handelns das BGB beachten
– führen eine Firma	– dürfen keine Firma führen
– müssen ihre Firma in das Handelsregister eintragen lassen	– dürfen keine Prokura erteilen
– dürfen Prokura erteilen und selbstständige Zweigniederlassungen errichten	– sind zur Mindestbuchführung nach Steuerrecht verpflichtet
– haben die Pflicht, die handelsrechtlichen Buchführungs- und Bilanzvorschriften zu beachten (Buchführungspflichtgrenze: 500.000,00 € Umsatz pro Jahr)	– können nur eine Ausfallbürgschaft übernehmen
– müssen bei Mängeln beim Handelskauf unverzüglich rügen	
– bürgen selbstschuldnerisch	

---

[1] Nebenbetrieb ist ein Gewerbe, das organisatorisch und sachlich selbstständig neben dem Hauptbetrieb ausgeübt wird. Der bloße Hilfsbetrieb reicht dazu nicht. Trotzdem muss der Nebenbetrieb vom Hauptbetrieb abhängig sein. Das ist z. B. der Fall, wenn er den Vertrieb der Produkte des Hauptbetriebes übernimmt oder den Hauptbetrieb auf sonstige Weise fördert. Die Größenverhältnisse sind nicht entscheidend.

Aufgaben

1. Welche Kaufmannseigenschaft besitzen folgende Unternehmen?
   a) Lebensmittelgroßhandlung Sauer
   b) Ring-Lebensversicherung
   c) Molkerei Strothmann
   d) Spedition Möller
   e) Buchhandlung Jahn
   f) Warburg AG
   g) Sparkasse Bielefeld
   h) Wiesmund, Maschinenfabrik
   i) Lehmann GmbH
   j) Dachdeckerbetrieb Pohle (Handwerk)
   k) Kornbrennerei des Landwirts Sost
   l) Boutique „Junge Mode"
   m) Kiosk, der Zeitungen, Getränke und Süßwaren verkauft

Zusammenfassung

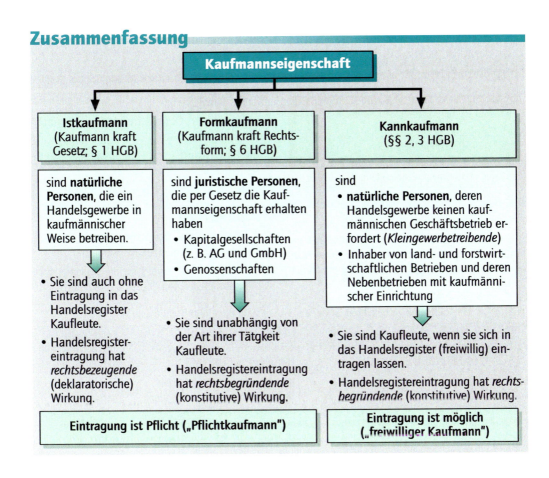

2.12 Firma

Frau Emmi Schütte, Hannover, Braunstr. 17, benötigt für ihr neu gegründetes Süßwarengeschäft sowie für die von ihr selbst gebackenen Schokoladenkekse noch einen Namen.

In der Hoffnung auf einen besseren Absatz wirbt sie – ungeachtet des in Hannover bestehenden und bekannten Süßwarengeschäftes von Herrn Fritz Schütte – für ihre Kekse auf den Packungen wie nebenstehend:

Beurteilen Sie den Entwurf für Frau Schüttes Kekspackungen kritisch.

Information

Die Firma ist der Name eines Kaufmanns, unter dem er
- seine Geschäfte betreibt,
- die Unterschrift abgibt,
- klagen und verklagt werden kann (§ 17 HGB).

Der Begriff Firma darf also nicht verwechselt werden mit dem Begriff Unternehmen.

Alle Kapitalgesellschaften, Personengesellschaften und Einzelkaufleute haben die **freie Wahl** einer aussagekräftigen und werbewirksamen Firma.

Die Firma muss dabei
- von anderen Gewerbetreibenden zu **unterscheiden** sein,
- die Gesellschafts- und Handelsverhältnisse offenlegen und
- wahr (nicht irreführend) sein (§ 18 HGB).

Firmenarten

Zur Firma können **Firmenkern** (zwingend vorgeschrieben) und **Firmenzusatz** gehören.

Der Firmenkern ist jeweils für die verschiedenen Unternehmensformen gesetzlich geregelt:

Zwingend zu beachten ist bei der Firmenwahl gem. § 19 HGB bei:						
Einzelkaufleuten	Offener Handelsgesellschaft (OHG)	Kommanditgesellschaft (KG)	Gesellschaft mit beschränkter Haftung (GmbH)	Aktiengesellschaft (AG)	Kommanditgesellschaft auf Aktien (KGaA)
Enthaltene[1] Bezeichnung „eingetragener Kaufmann", „eingetragene Kauffrau" oder eine allgemein verständliche Abkürzung dieser Bezeichnung, insbesondere „e. K.", „e. Kfm.", oder „e. Kffr." (§ 19 Abs. 1 HGB)	Enthaltene Bezeichnung „offene Handelsgesellschaft" oder eine allgemein verständliche Abkürzung dieser Bezeichnung (§ 19 Abs. 1 Nr. 2 und 3 HGB)	Enthaltene Bezeichnung „Kommanditgesellschaft" oder eine allgemein verständliche Abkürzung dieser Bezeichnung	Enthaltene Bezeichnung „Gesellschaft mit beschränkter Haftung" oder eine allgemein verständliche Abkürzung dieser Bezeichnung	Enthaltene Bezeichnung „Aktiengesellschaft" oder eine allgemein verständliche Abkürzung dieser Bezeichnung	Enthaltene Bezeichnung „Kommanditgesellschaft auf Aktien" oder eine allgemein verständliche Abkürzung dieser Bezeichnung

[1] Durch den zwingenden Hinweis auf die Kaufmannseigenschaft in der Firma des Einzelkaufmanns wird der Kaufmann von dem nichtkaufmännischen Gewerbetreibenden, dem sog. Kleingewerbetreibenden i. S. von § 1 Abs. 2 HGB, abgegrenzt.

Kleinbetriebe (kleingewerbetreibende Personenhandelsgesellschaften), deren Unternehmen keinen kaufmännischen Geschäftsbetrieb erfordert, können ebenfalls die Rechtsform einer OHG oder KG wählen (§ 105 Abs. 2 HGB).

Der Firmenkern wird häufig um einen Firmenzusatz ergänzt. Darunter sind diejenigen Angaben der Firma zu verstehen, die über den gesetzlich vorgeschriebenen Mindestinhalt – den Firmenkern – hinausgehen.

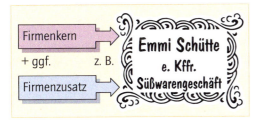

Alle Kapitalgesellschaften, Personengesellschaften und Einzelkaufleute haben ansonsten die **freie Wahl** einer aussagekräftigen und werbewirksamen Firma. Sie können zwischen einer **Personenfirma**, einer dem Unternehmensgegenstand entnommenen **Sachfirma**, einer **gemischten Firma** (Person des Kaufmanns und Unternehmensgegenstand) und einer „**Fantasiefirma**" wählen.

Personenfirma

Der Firmenname besteht aus einem oder mehreren bürgerlichen Namen.

Beispiele
Klaus Grundstedt e. K.
Grundstedt & Wichmann KG
E. Schütte e. Kffr.

Sachfirma

Bei einer Sachfirma ist der Firmenname aus dem Gegenstand des Unternehmens abgeleitet.

Beispiele
Rheinische Weinkellerei KG
Deutsche Industriewartung GmbH
Sparda-Bank Hannover e. G.
ABC-Handels GmbH
Transport KG

Gemischte Firma

Sie beinhaltet neben dem Personennamen den Gegenstand des Unternehmens.

Beispiele
Richard Weibke, Fahrradcontor e. Kfm.
Photostudio Michael Scholz OHG
Werner Grigat – Immobilien KG
Blumenlädchen Bärbel Stobbe e. Kffr.
Helen Villanueva, Textileinzelhandel KG

Fantasiefirma

Sie kann aus Abkürzungen oder Firmenzeichen entstehen.

Beispiele
Pelikan AG
adidas AG
Büroreinigung Blitzblank, e. Kffr.
Getränkehandlung Kalt und Spritzig OHG
Hartlen KG
Pharos e. K.

Firmengrundsätze

Die Firma des Unternehmers kann sich in der Öffentlichkeit und bei Geschäftspartnern durch z. B. besonders gute Qualitätsware, vorzüglichen Kundenservice, großzügige Kulanzregelungen, Zuverlässigkeit, Kreditwürdigkeit usw. ein besonderes Ansehen erwerben.

Aus diesem Grund unterliegt der Gebrauch der Firmenbezeichnung besonderem Schutz und besonderen Grundsätzen.

Firmenöffentlichkeit

Jeder Kaufmann ist verpflichtet, seine Firma in das Handelsregister eintragen zu lassen. Er hat seine Namensunterschrift unter Angabe der Firma bei dem Gericht, in dessen Bezirk sich seine Handelsniederlassung befindet, zu zeichnen (§ 29 HGB).

Firmenwahrheit

Bei der Unternehmensgründung muss die Firma wahr sein. Für den Unternehmer bedeutet das, dass die Firma den zwingenden Hinweis auf die Kaufmannseigenschaft enthalten muss.

Nicht zwingend vorgeschrieben, aber erlaubt sind Zusätze, die über den Geschäftszweig Auskunft geben, wie beispielsweise „Süßwarengeschäft" oder „Möbelzentrale". Auch sie müssen wahr sein.

> **Beispiel**
>
> Der Einzelunternehmer Gerhard Volker Bodenstein kann z. B. seine Firma nennen:
> – Gerhard Bodenstein, eingetragener Kaufmann
> – Volker Bodenstein e. K.
> – GeVoBo e. Kfm.

Firmenklarheit

Die Firma muss klar sein. Sie darf den Außenstehenden nicht über wesentliche geschäftliche Verhältnisse irreführen (§ 18 Abs. 2 HGB).

> **Beispiele**[1]
>
> – „Markt": Ein kleines Schuhgeschäft darf sich nicht „Schuhmarkt" nennen, weil die Bezeichnung „Markt" auf ein Einzelhandelsgeschäft mit einer gewissen Größe und Angebotsvielfalt hinweist.
> – „Kinderladen" ist für ein bloßes Kinderbekleidungsgeschäft unzulässig. Beim „Kinderladen" erwartet man ein Geschäft, das vielerlei Gegenstände des kindlichen Bedarfs, z. B. auch Spielwaren, führt.
> – Gebiets- oder Stadtnamen sind nur zulässig für führende Unternehmen des Gebiets (Orts) und Geschäftszweiges.
> Beispiele: „Frankfurter Sitzmöbel", „Buchvertrieb Europa".

Firmenausschließlichkeit

Nach den §§ 18 und 30 HGB muss sich jede neue Firma von allen an demselben Ort oder in derselben politischen Gemeinde bereits bestehenden und in das Handelsregister eingetragenen Firmen deutlich unterscheiden (§ 30 HGB) [2].

„Sich deutlich unterscheiden" heißt, jede Verwechslungsgefahr auszuschließen.

Firmenzusätze, die Wahl eines anderen oder weiteren Vornamens oder der Zusatz jun. oder sen. dienen zur Unterscheidung des Geschäfts.

> **Beispiel**
>
> **bereits bestehende Firma**
> Klaus R. Fasold e. Kfm.
> **neue Firma**
> Richard Fasold e. Kfm.
> Klaus R. Fasold, e. K. Feinkostgeschäft
> Klaus Fasold, jun. e. K.

Gesellschafterzusätze allein, z. B. „GmbH", sind kein genügendes Unterscheidungsmerkmal.

Die örtliche Begrenzung gilt nicht für Unternehmen, deren Bedeutung über den Ort hinausgeht. Sein Schutz kann sich auf das gesamte Inland beziehen, wie z. B. bei adidas, IBM oder Mercedes.

Firmenübertragbarkeit Dieser Grundsatz besagt, dass eine Firma nur mit dem dazugehörigen Handelsgeschäft verkauft werden kann (§ 23 HGB).

Firmenbeständigkeit

Die bisherige Firma kann fortgeführt werden,

– bei Änderung des in der Firma enthaltenen Namens des Geschäftsinhabers oder eines Gesellschafters, d. h. ohne eine Änderung der Person, z. B. bei Heirat oder Adoption (§ 21 HGB),

– beim Erwerb eines bestehenden Handelsgeschäftes (z. B. Kauf, Erbschaft, Schenkung), und zwar mit oder ohne einer Beifügung eines Zusatzes, der das Nachfolgeverhältnis andeutet (§ 22 HGB),

– bei Änderung des Gesellschafterbestandes, auch wenn sie den Namen des bisherigen Geschäftsinhabers oder Namen von Gesellschaftern enthält (§ 24 HGB).

---

1 Wegen des reduzierten Überprüfungsmaßstabes nach § 18 Abs. 2 HGB werden die in den Beispielen genannten Firmenbestände nicht mehr durch die Registergerichte abgelehnt werden können. Die Registergerichte müssen insoweit berücksichtigen, dass eine abstrakte, vielleicht täuschungsgeeignete Firma im Geschäftsverkehr tatsächlich nicht missverstanden wird. Sollte es dann im Rechtsverkehr zu Missverständnissen kommen, so bleibt die Klärung dem Wettbewerbsrecht vorbehalten.

2 Die Eintragung ins Handelsregister gibt in diesem Fall aber keine Garantie für die wettbewerbsrechtliche Zulässigkeit der Firma. Falls ein Unternehmen eine überregionale Tätigkeit beabsichtigt, empfiehlt es sich, auch hier eine entsprechende Recherche vorzunehmen.

Beispiele

- Frau Schramm hat der Schramm OHG ihren Namen gegeben. Die Firma kann diesen Namen behalten, auch wenn die Namensgeberin heiratet und nunmehr Grundmann heißt.
- Frau Elke Zimmermann erwirbt das Textilfachgeschäft Olaf Brennecke e. K. Mögliche Firmenbezeichnungen wären:

    „Elke Zimmermann e. Kffr." mit oder ohne Zusatz „Textilfachgeschäft",

    „Elke Zimmermann e. Kffr." vorm. Olaf Brennecke

    „Olaf Brennecke, e. K., Nachfolgerin Elke Zimmermann"

    „Olaf Brennecke, e. K., Nachf."

    „Olaf Brennecke, e. K., Inh. Elke Zimmermann"

In den beiden letztgenannten Fällen ist die ausdrückliche Einwilligung des bisherigen Geschäftsinhabers, des Gesellschafters oder deren Erben notwendig.

Durch die Fortführung der Firma bleibt der Firmenwert (= Goodwill) erhalten, der durch den guten Ruf des Unternehmens entstanden ist.

Die Kunden müssen sich nicht umstellen und das Unternehmen kann weiter mit seinem bekannten und seriösen Namen werben. Nur weil geheiratet wird oder der Inhaber sein Geschäft verkauft, ist ein Umsatzrückgang nicht zu befürchten.

Haftung bei Firmenübernahme

▶ **Einzelunternehmen.** Wer *ein Handelsgeschäft erwirbt oder erbt* und unter der bisherigen Firma fortführt, haftet für alle betrieblichen Verbindlichkeiten des früheren Inhabers (§ 25, 27 HGB).

Der alte Inhaber hat für seine Verbindlichkeiten noch fünf Jahre aufzukommen (§ 26 HGB).

Wer als *persönlich haftender Gesellschafter oder als Kommanditist in das Geschäft eines Einzelkaufmanns eintritt*, übernimmt die Haftung für die Verbindlichkeiten des ehemaligen Einzelunternehmens, unabhängig davon, ob die Firma fortgeführt wird (§ 28 HGB).

Ein **Haftungsausschluss** ist einem Dritten (Gläubiger bzw. Schuldner) gegenüber nur wirksam, wenn er in das Handelsregister eingetragen und bekannt gemacht oder ihm mitgeteilt wurde (§ 25, Abs. 2 HGB).

▶ **Personengesellschaft.** *Wer in eine bestehende Gesellschaft eintritt*, haftet gleich den anderen Gesellschaftern *persönlich als Gesamtschuldner* für die vor seinem Eintritt begründeten Verbindlichkeiten der Gesellschaft. Die Haftung ist unabhängig davon, ob die Firma fortgeführt wird oder nicht (§ 130 HGB).

Ein **Haftungsausschluss** *ist nicht möglich, wenn jemand in eine Personengesellschaft eintritt* (§ 130 II HGB).

Bei Verstößen gegen die Firmengrundsätze kann der geschädigte Kaufmann auf Unterlassung klagen und Schadensersatz verlangen.

Pflichtangaben auf Geschäftsbriefen

Um eine eindeutige Identifizierung des Kaufmanns zu ermöglichen, sind sämtliche **kaufmännischen Unternehmen** verpflichtet, **handelsrechtliche Angaben auf Geschäftsbriefen und Bestellscheinen** vorzunehmen. Der Umfang der Pflichtangaben unterscheidet sich je nach der Rechtsform, in der das Unternehmen geführt wird. Im Einzelnen sind folgende Angaben zu machen:

- die **Firma**
- Rechtsform und (Haupt-) Sitz der Gesellschaft bzw. bei Einzelkaufleuten Rechtsformzusatz nach § 19 HGB und Ort der Handelsniederlassung (§ 37a HGB)
- das **Registergericht** sowie
- die **Nummer**, unter der die Firma in das Handelsregister eingetragen ist.

Bei *Aktiengesellschaften* sind ferner alle Vorstandsmitglieder und der Vorsitzende des Aufsichtsrates mit dem Familiennamen und mindestens einem ausgeschriebenen Vornamen anzugeben (§ 80 AktG). Der Vorstandsvorsitzende ist als solcher zu bezeichnen. Die gleichen Bestimmungen gelten für die *Gesellschaft mit beschränkter Haftung* bezogen auf ihre Geschäftsführer und den Aufsichtsratsvorsitzenden, sofern die Gesellschaft einen Aufsichtsrat gebildet hat.

Sind die Angaben auf den Geschäftsbriefen oder Bestellscheinen nicht enthalten, so kann der Kaufmann hierzu vom Registergericht durch Festsetzung von Zwangsgeld gezwungen werden (§ 37 a Abs. 4 HGB).

Aufgaben

1. Für welche Unternehmen gilt die Firmenschildvorschrift?
2. Was verstehen Sie unter dem Begriff „Firma"?
3. Welche Vorschrift besteht für die Firma eines Einzelunternehmens?
4. Welchen Sinn hat der Grundsatz der Firmenwahrheit?
5. Welcher Firmengrundsatz wird angesprochen, wenn sich Unternehmen an demselben Ort voneinander unterscheiden müssen?
6. Frau Engelmann eröffnet unter der Firmenbezeichnung „Lieselotte Engelmann, Weinhandlung e. Kffr." ein Einzelhandelsgeschäft. Im Nachbarort befindet sich ein sehr angesehenes Weingeschäft, die Firma „Lieselotte Tengelmann, Weinhandlung e. Kffr.". Was kann Frau Tengelmann gegen die Firmenwahl ihrer Konkurrentin unternehmen?
7. Wer kann eine Firma führen?
8. Herr Steinhoff erwirbt einen Großhandelsbetrieb, den er unter der bisherigen Firma weiterführt. Wie ist die Haftung für die alten Verbindlichkeiten geregelt?
9. Suchen Sie aus der Tageszeitung, den gelben Seiten und weiteren Quellen je vier Personen-, Sach-, Fantasie- und gemischte Firmen.
10. Horst Frank hat ein Computerfachgeschäft übernommen, das zuvor Roland Waak gehörte und unter der Firma „Roland Waak, Computer Software e. Kfm." geführt wurde. Welche Firma ist rechtlich zulässig? Nennen Sie drei Möglichkeiten.
11. Warum kann aus dem Firmennamen allein nicht ohne Weiteres auf den dahinterstehenden Inhaber geschlossen werden?

Zusammenfassung

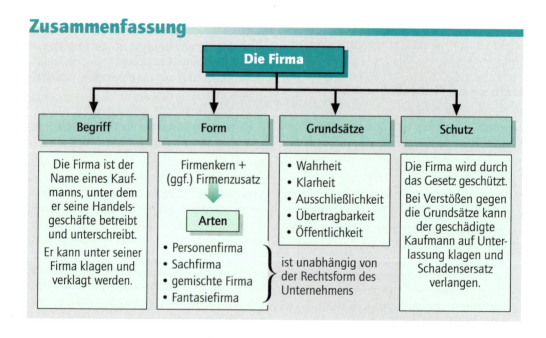

2.13 Handelsregister

Herr Springer tritt als Kommanditist mit einer Kapitaleinlage in Höhe von 20.000,00 € in die Firma Giesselmann KG ein. Der Eintritt wird ordnungsgemäß beim Registergericht gemeldet und daraufhin im Register eingetragen.

Infolge eines Versehens des Registergerichts wird Herr Springer in der Bekanntmachung als **persönlich haftender Gesellschafter** (=Vollhafter) bezeichnet.

Der Einzelhändler Probst verlässt sich bei seiner Einsicht in das Handelsregister auf die fehlerhafte Eintragung und gewährt der Giesselmann KG im Vertrauen auf die ihm bekannten Vermögensverhältnisse von Herrn Springer einen Kredit in Höhe von 50.000,00 €.

Als er wegen Zahlungsschwierigkeiten der KG Herrn Springer als persönlich haftenden Gesellschafter in Anspruch nimmt, wendet dieser ein, er sei gar nicht Komplementär (= Vollhafter), sondern Kommanditist (= Teilhafter) und hafte daher nur in Höhe seiner Kapitaleinlage.

Prüfen Sie, welche Auswirkungen diese fehlerhafte Eintragung in das Handelsregister für den Einzelhändler Probst hat.

Information

Aufgabe und Inhalte des Handelsregisters

Das **Handelsregister** ist ein öffentliches Verzeichnis beim regional zuständigen Amtsgericht, in das alle Kaufleute des betreffenden Amtsgerichtsbezirks einzutragen sind. Es wird von den Gerichten elektronisch geführt (§ 8 HGB).

Durch die Eintragungen im Handelsregister wird die Öffentlichkeit über wichtige Sachverhalte und Rechtsverhältnisse der Kaufleute und Handelsgesellschaften informiert.

Jeder Kaufmann ist verpflichtet, seine Firma und den Ort der Handelsniederlassung bei dem Gericht, in dessen Bezirk sich die Niederlassung befindet, zur Eintragung in das Handelsregiser anzumelden. Zur Übersendung der Dokumente ist ein spezieller Übermittlungsweg (das „Elektro-

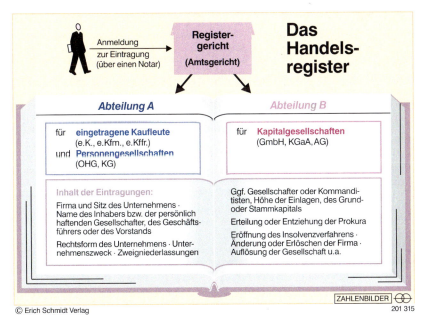

nische Gerichts- und Verwaltungsfach") zu nutzen (§ 29 HGB).

Das Registergericht kann vorgeschriebene Anmeldungen durch Ordnungsstrafen erzwingen (§ 14 HGB).

Andererseits kann in das Register nur eingetragen werden, was das Gesetz als eintragungsfähig bestimmt. Der Kaufmann kann daher nicht beliebige Tatsachen, die er der Öffentlichkeit mitteilen möchte, in das Handelsregister eintragen lassen.

Anmeldungen zur Eintragung

Anmeldungen (über Neueintragung, Veränderung, Löschung) müssen elektronisch und in öffentlich beglaubigter Form erfolgen (§ 12 Abs. 1 HGB). Eintragungen erfolgen grundsätzlich nur auf Antrag. Das zum Handelsregister einzureichende Dokument kann in jeder Amtssprache eines Mitgliedstaates der Europäischen Union übermittelt werden.

Vor jeder Handelsregistereintragung erfolgt eine firmenrechtliche Prüfung sowie die Stellungnahme durch die IHK (= Prüfung der Eintragsfähigkeit). Über den Eintrag entscheidet immer das Registergericht.

Bekanntmachung

Die Bekanntmachung von Registrierungen erfolgt elektronisch über das bundesweite Portal www.justiz.de.

Genossenschaften werden in einem besonderen Genossenschaftsregister geführt.

Beispiele für Eintragungen im Handelsregister

1. Neueintragungen

HRB 5402 – 22. Dez. 20..:

D. K. Warenhandel und Vertrieb GmbH, 28832 Achim-Baden (Badener Holz 26). Gegenstand des Unternehmens ist der Handel und Vertrieb von Waren jeglicher Art. Die Gesellschaft kann alle Geschäfte betreiben, die dem Gesellschaftszweck unmittelbar oder mittelbar dienen können, und/oder mit ihm im Zusammenhang stehende Aufgaben übernehmen. Sie kann Zweigniederlassungen errichten und sich an gleichartigen oder ähnlichen Unternehmen beteiligen. Stammkapital: 50.000,00 €. Geschäftsführer: Dietmar Korreck, 28832 Achim-Baden. Gesellschaft mit beschränkter Haftung. Der Gesellschaftsvertrag ist am 20. November 20.. abgeschlossen. Die Gesellschaft hat einen oder mehrere Geschäftsführer. Ist nur ein Geschäftsführer bestellt, vertritt er die Gesellschaft allein. Sind mehrere Geschäftsführer bestellt, wird die Gesellschaft gemeinschaftlich durch zwei Geschäftsführer oder durch einen Geschäftsführer zusammen mit einem Prokuristen vertreten. Durch Gesellschafterbeschluss können Geschäftsführer zur Alleinvertretung ermächtigt und auch von den Beschränkungen des § 18 BGB befreit werden. Der Geschäftsführer, Dietmar Korreck, 28832 Achim-Baden, ist alleinvertretungsberechtigt und von den Beschränkungen des § 181 BGB befreit. Nicht eingetragen: Die Bekanntmachungen der Gesellschaft erfolgen im Bundesanzeiger.

II. Veränderungen

HRB 4089 – 29. Jan. 20..:

VME-Gesellschaft für Medizinelektronik mbH, Mönchengladbach (Rollberg 1), Ingrid von Gehlen, geb. Fuhrmann, geb. am 30. April 1944, Mönchengladbach, ist zur Geschäftsführerin bestellt. Sie ist stets alleinvertretungsberechtigt und von den Beschränkungen des § 181 BGB befreit. Maria Fuhrmann ist nicht mehr Geschäftsführerin.
HRB 3380 – 4. Feb. 20..:
R & S Fenster e. Kfm., Mönchengladbach (Dahlener End 69). Dietmar Josef Wevers, geb. am 23. November 1961, Mönchengladbach, ist als persönlich haftender Gesellschafter eingetreten. Dadurch offene Handelsgesellschaft, die am 1. Januar begonnen hat. Die Firma ist entsprechend geändert. Sie lautet nun: R & S Fenster OHG.

III. Löschungen

HRB 3383 – 24. Feb. 20..:

Lord Spielhallengesellschaft mbH, Braunschweig. Gemäß § 141 a FGG (früher § 2 LöschG) von Amts wegen gelöscht, weil die Gesellschaft vermögenslos ist.
HRB 161 – 27. Jan. 20..:
Steinberg GmbH, Elze. Die Liquidation ist beendet. Die Gesellschaft ist erloschen.

Die **Löschung aus dem Handelsregister** erfolgt, wenn das Handelsgewerbe aufgegeben (Liquidation, Insolvenz) oder in eine juristische Person umgewandelt wird.

Zweck des Handelsregisters ist es,
- die Firma des Kaufmanns zu schützen sowie
- der Allgemeinheit, insbesondere aber den Geschäftspartnern des Kaufmanns die Möglichkeit zu verschaffen, sich über die kaufmännischen Verhältnisse eines Kaufmanns zuverlässig zu informieren (Gläubigerschutz).

Die **Löschung aus dem Handelsregister** erfolgt, wenn das Handelsgewerbe aufgegeben (Liquidation, Insolvenz) oder in eine juristische Person umgewandelt wird.

Einsichtnahme und elektronische Registerführung

Das Handelsregister soll eine Publikations-, Beweis-, Kontroll- und Schutzfunktion erfüllen. Daher steht es jedermann zur Einsicht offen (§ 9 Abs. 1 HGB).

Sämtliche im Handelsregister geführten Daten eines Unternehmens können bundesweit von jedermann über das Internet abgerufen werden (siehe Registerportal unter www.unternehmensregister.de). Eingesehen werden können alle in elektronischer Form vorliegenden Dokumente.

Jeder darf ferner vom Handelsregister Ausdrucke bzw. Abschriften der Eintragungen und eingereichten Dokumente verlangen.

Hierfür stellen die Gerichte elektronische Postfächer zur Verfügung. Der Eingang in diesem Postfach ist maßgeblich für Rechtswirkungen oder Stichtage, die an den Eingang einer Anmeldung bei Gericht anknüpfen.

Wirkung der einzelnen Eintragungen

Eine Eintragung in das Handelsregister wird wirksam, sobald sie in den für die Handelsregistereintragungen bestimmten Datenspeicher aufgenommen ist und auf Dauer inhaltlich unverändert in lesbarer Form wiedergegeben werden kann.

- Manche Eintragungen haben **konstitutive** (= rechtsbegründende oder rechtserzeugende) Wirkung. In solch einem Fall ist die Eintragung notwendig, damit eine bestimmte Rechtslage überhaupt entsteht.

Beispiele
- **Eintragung von Kannkaufleuten:**
  Land- und Forstwirte oder Inhaber von Gewerbebetrieben, die keine kaufmännische Organisation erfordern (Kleingewerbetreibende), erwerben erst mit der Eintragung in das Handelsregister die Kaufmannseigenschaft.
- **Eintragung von Formkaufleuten:**
  Die Aktiengesellschaft und die GmbH entstehen ebenfalls erst durch die Eintragung.

- Die meisten Eintragungen haben **deklaratorische** (= rechtsbezeugende) Wirkung. Der Rechtsvorgang ist dabei ohne die Eintragung wirksam, die Eintragung bestätigt ihn lediglich.

Beispiele
- **Eintragung der Prokura:**
  Die Erteilung und der Widerruf der Prokura sind ohne Eintragung rechtswirksam. Die Eintragung ist zwar vorgeschrieben. Sie hat aber nur die Aufgabe, die Prokuraerteilung kundzugeben.
- **Eintragung von Istkaufleuten:**
  Derjenige, der ein Handelsgewerbe betreibt – ohne Rücksicht auf die Branche –, wird automatisch Kaufmann, wenn sein Geschäftsbetrieb einen gewissen Umfang überschreitet; die Eintragung gibt das nur kund.

- In den Fällen der **freigestellten Anmeldung** ergibt sich die Wirkung aus der jeweiligen Bestimmung, die dem Betreffenden die Eintragung erlaubt.

Beispiel

Für Herrn Bruns als Erwerber der Firma Klaus Kubel e. Kfm., Haus für Herren- und Damenbekleidung, der die Firma unverändert fortführt, gilt folgende gesetzliche Regelung des HGB:

§ 25 Haftung des Erwerbers bei Firmenfortführung
(1) Wer ein unter Lebenden erworbenes Handelsgeschäft unter der bisherigen Firma mit oder ohne Beifügung eines das Nachfolgeverhältnis andeutenden Zusatzes fortführt, haftet für alle im Betrieb des Geschäfts begründeten Verbindlichkeiten des früheren Inhabers.

Bruns kann nun aber die Haftung für die Vebindlichkeiten des bisherigen Inhabers gegenüber den Gläubigern ausschließen, wenn der Haftungsausschluss im Handelsregister eingetragen und bekannt gemacht worden ist.

Der Schutz des Vertrauens auf das Handelsregister

Das Handelsregister genießt **öffentlichen Glauben**, d. h., dass sämtliche eingetragenen und veröffentlichten Tatsachen als bekannt gelten und ein Dritter darauf vertrauen kann, dass diese Eintragungen gültig sind. Er braucht daher nur das zu glauben, was im Handelsregister eingetragen ist.

Das gilt auch für den Fall, dass eine in das Handelsregister einzutragende Tatsache **nicht eingetragen und bekannt gemacht** wurde. Auch hier gilt der Schutz des Vertrauens auf das Register: Auf das Schweigen des Handelsregisters kann man sich verlassen.

Beispiel

Herr Hentschel scheidet aus der Liebig OHG als Gesellschafter aus. Sein Ausscheiden wird nicht zum Handelsregister angemeldet und deshalb auch nicht eingetragen und bekannt gemacht. Die Gesellschaftsgläubiger könnten Herrn Hentschel weiterhin als Gesellschafter behandeln und auch für ihre nach dem Ausscheiden begründeten Forderungen persönlich in Anspruch nehmen.

Das Risiko liegt insofern bei demjenigen, in dessen Angelegenheit eine Eintragung vorzunehmen ist. Durch den Zwang der möglichst schnellen Anmeldung von anmeldepflichtigen Tatsachen wird die Vollständigkeit des Handelsregisters gewährleistet.

Andererseits kann sich ein Kaufmann auf eine von ihm ordnungsgemäß vorgenommene Eintragung berufen.

Beispiel

Herr Bruns, der die Firma Klaus Kubel e. Kfm., Haus für Herren- und Damenbekleidung, unverändert fortführt, schließt die Haftung für alle vor der Übernahme des Geschäftes entstandenen Verbindlichkeiten des früheren Inhabers, Herrn Kubel, aus.
Gemeinsam mit Herrn Kubel lässt er diese vertragliche Regelung in das Handelsregister eintragen und bekannt machen. Drei Wochen nach der Übernahme fordert der Gläubiger Homann von Herrn Bruns einen noch ausstehenden Betrag seiner Rechnung von vor zwei Monaten in Höhe von 4.300,00 €. Herr Bruns braucht nicht zu zahlen, da Herr Homann über die Eintragung durch das Internet bzw. früher durch z. B. die örtliche Zeitung hätte informiert sein müssen; er hat fahrlässig gehandelt.

Letztlich kann sich ein Dritter auf eingetragene und bekannt gemachte Tatsachen im Handelsregister verlassen, auch wenn diese unrichtig sind.

Beispiel

Der Großhändler Probst (vgl. Eingangsbeispiel) kann auf die Eintragung des Herrn Springer als Vollhafter vertrauen und seine Forderung in Höhe von 50.000,00 € gegen ihn persönlich geltend machen.

Eine Ausnahme besteht nur dann, wenn der Dritte die Unrichtigkeit kannte.

Aufgaben

1. Wer ist für die Führung des Handelsregisters zuständig?
2. Aus welchen Abteilungen besteht das Handelsregister und welche unterschiedlichen Informationen kann man ihnen entnehmen?
3. Wer kann Einsicht in das Handelsregister nehmen?
4. Wie werden Handelsregistereintragungen veröffentlicht?
5. Warum ist es für einen Unternehmer sinnvoll, die Veröffentlichung von Eintragungen im Handelsregister im Internet laufend zu verfolgen?
6. Nennen Sie Gründe für die Notwendigkeit des Handelsregisters.
7. Welche Eintragung ins Handelsregister hat
   a) rechtserzeugende (konstitutive),
   b) rechtsbezeugende (deklaratorische) Wirkung?
   - Eintragung der Hannoverschen Papierfabrik AG
   - ein Hotelbesitzer lässt sich als Kaufmann eintragen.
   - Eintragung eines Handelsgewerbes
   - Eintragung der Bauunternehmung Frank Neumann OHG
   - Eintragung von Herrn Adam als Prokurist
   - Eintragung der Kaufmannseigenschaft eines Kleingewerbetreibenden
   - Eintragung eines Landwirtschaftsbetriebes mit kaufmännischem Geschäftsbetrieb
8. Wie kann die Anmeldung zum Handelsregister erfolgen?
9. Wer muss die Eintragung der Firma ins Handelsregister beantragen?
10. Eine neu eröffnete Boutique wird ins Handelsregister eingetragen. Nennen Sie die Angaben, die die Anmeldung enthalten muss.
11. Wann muss die Firma oder Firmenänderung zur Eintragung ins Handelsregister angemeldet werden?
12. Der Unternehmer Flach hat seinem Prokuristen Adam die Prokura entzogen. Die Löschung der Prokura im Handelsregister hat er versäumt. Welche Folgen hat sein Vergessen?

Zusammenfassung

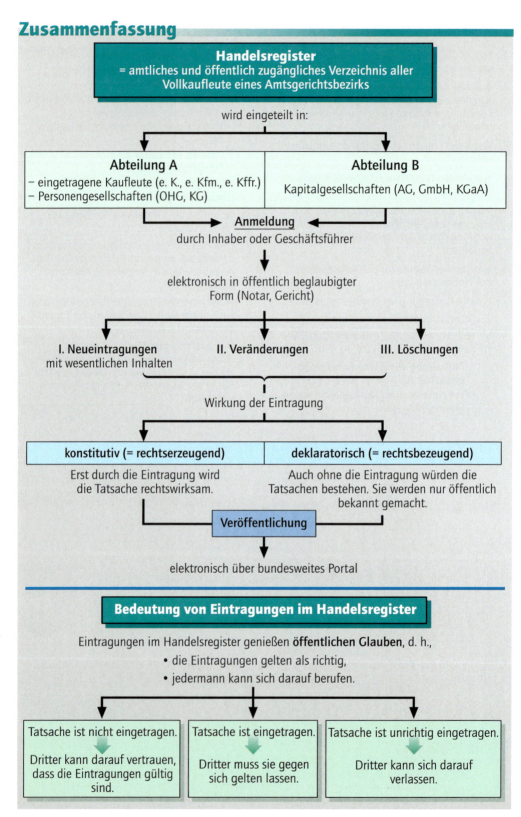

2.14 Einzelunternehmen

Heinz Müller arbeitet seit einigen Jahren in der Feinkostabteilung eines großstädtischen Lebensmittelsupermarktes. Er ist fachkundig und tatkräftig. So macht er beispielsweise häufig Verbesserungsvorschläge, um die Umsatzsituation seiner Abteilung zu verbessern. Aufgrund von Widerständen seiner Vorgesetzten kann er seine Ideen nicht verwirklichen.

An seinem Wohnort – einer Mittelstadt – hat Müller eine Marktlücke entdeckt. Dort fehlt den Verbrauchern eine Einkaufsgelegenheit für Lebensmittel des gehobenen Bedarfs. Er beschließt, sich selbstständig zu machen. Nachdem er eine Erbschaft gemacht hat, verfügt er über das notwendige Startkapital. Er mietet ein Ladenlokal in günstiger Lage, das er einzurichten beginnt. Doch bevor sein Unternehmen die Geschäftstätigkeit aufnimmt, muss er noch einige rechtliche Probleme überprüfen.

Welche wirtschaftsrechtlichen Fragen muss Herr Müller zuvor klären?

Information

Ein Einzelunternehmen ist ein Unternehmen, dessen Eigenkapital von einer Person aufgebracht wird. Diese Unternehmensform hat also nur einen Inhaber, der für das Unternehmen mit seinem ganzen Privatvermögen haftet. Da der Eigentümer daher das Unternehmensrisiko allein zu tragen hat, steht ihm als Ausgleich auch der gesamte erzielte Gewinn zu.

Der Eigentümer leitet das Einzelunternehmen sowohl im Innenbereich als auch in der Vertretung nach außen allein verantwortlich. Er kann aber verschiedene Aufgaben der Geschäftsführung an von ihm dazu ermächtigte Personen (Handlungsbevollmächtigte oder Prokuristen) übertragen.

Seit 1. August 1998 müssen alle neu gegründeten im Handelsregister eingetragenen Unternehmen einen eindeutigen Rechtsformzusatz führen. Dies gilt auch für einen Einzelkaufmann oder eine Einzelkauffrau. Sie haben die Wahl, „e. K.", „e. Kfm." (eingetragener Kaufmann) oder „e. Kffr." (eingetragene Kauffrau) zu führen (§ 19 Abs. 1 HGB). Auch fantasievolle, werbewirksame

und ins Auge springende Unternehmensnamen sind nun erlaubt.

Beispiele

Für das Einzelunternehmen Müller wäre also möglich:
„Heinz Müller e. Kfm."
„Heinz Müller e. K. – Feinkost"
„(...) Delikatesse e. K."

Die meisten Betriebe in der Bundesrepublik (ca. 70 %) sind Einzelunternehmen. Sie beschäftigen aber nur ungefähr ein Drittel aller Arbeitnehmer. Es handelt sich dabei in der Regel um Kleinbetriebe mit wenigen Beschäftigten. Die Bedeutung dieser Unternehmensform geht jedoch stark zurück. Dies ist auch auf den Hauptnachteil der Einzelunternehmen zurückzuführen.

Ihre mangelnde Kapitalstärke bewirkt oft, dass notwendige Betriebsinvestitionen nicht durchgeführt werden können, die eventuell für die Zukunft des Unternehmens sehr wichtig sind. Ebenfalls negativ wirkt sich aus, dass das Geschick des Betriebes unlösbar mit dem Schicksal des Einzelunternehmers verbunden ist.

Das Einzelunternehmen hat aber auch Vorteile. Der Unternehmer kann seine Entscheidungen selbstständig, frei und vor allem schnell treffen. Das hat für das Marktgeschehen positive Auswirkungen. Der Einzelunternehmer ist unabhängig von kontrollierenden Organen und ist niemandem Rechenschaft schuldig. Es gibt auch keine Meinungsverschiedenheiten in der Geschäftsführung, wie es bei Gesellschaftsunternehmen häufig der Fall ist.

Aufgaben

1. Durch welche Merkmale ist ein Einzelunternehmen gekennzeichnet?
2. Welche Vorteile bringt die Gründung eines Einzelunternehmens?
3. Wodurch könnte ein Unternehmer veranlasst sein, sein Einzelunternehmen in eine Gesellschaft umzuwandeln?
4. Welche Bedeutung hat das Einzelunternehmen?
5. Können Einzelunternehmen folgendermaßen firmieren?
   a) „E. Surmann – Haushaltwaren"
   b) „Max Büsing – Spirituosen"
   c) „4812 – Parfümerie"
   d) „Gänseblümchen e. K."

Zusammenfassung

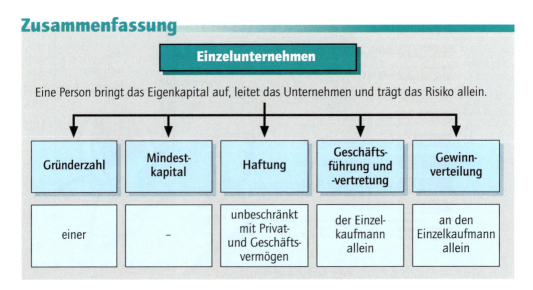

2.15 Personengesellschaften

Herr Müller klagt über die große Arbeitsbelastung. Sein Unternehmen „Heinz Müller e. K. – Feinkost" ist sehr erfolgreich. Aus Gesprächen mit Kunden erfährt Herr Müller, dass diese zu den hochwertigen Lebensmitteln auch gern die passenden Weine und Spirituosen kaufen möchten.

Eines Tages trifft er zufällig Erwin Kurz. Dieser sucht, nachdem er mehrere Jahre in einer Weinhandlung gearbeitet hat, eine neue, anspruchsvolle Beschäftigung. Da Herr Kurz sehr sparsam ist, verfügt er über ein Kapital von 120.000,00 €.

Herr Müller möchte sein Unternehmen auf eine breitere Kapitalbasis stellen und außerdem um eine Abteilung für Weine und Spirituosen ergänzen. Daher schlägt er Erwin Kurz die Gründung einer offenen Handelsgesellschaft vor.

Welche Überlegungen führen zur Gründung einer offenen Handelsgesellschaft?

Information

Die offene Handelsgesellschaft

Ist die Kapitalgrundlage eines Einzelunternehmens zu schwach, kommt es oft zur Gründung einer offenen Handelsgesellschaft (abgekürzt OHG). Die OHG ist eine vertragliche Vereinigung von mindestens zwei Personen, die Eigenkapital zum Betrieb eines Handelsgewerbes zur Verfügung stellen. Alle Gesellschafter sind zur Geschäftsführung berechtigt und verpflichtet.

Die Inhaber der OHG haften für die Verbindlichkeiten der Gesellschaft mit ihrem gesamten Privatvermögen und nicht nur mit ihren Anteilen am Gesellschaftsvermögen. Die Haftung ist also **unbeschränkt**. Darüber hinaus haftet jeder Gesellschafter **unmittelbar**. Die Gläubiger der OHG können ihn daher direkt, ohne zuvor bei der Gesellschaft einen Ausgleich der Verbindlichkeiten gesucht zu haben, in Anspruch nehmen. Dabei liegt es im Ermessen der Gläubiger, ob ein Gesellschafter die Schulden der OHG in voller Höhe oder nur zu einem Teil begleichen soll. Jeder Gesellschafter haftet mit den anderen Gesellschaftern als Gesamtschuldner (**solidarische Haftung**).

Eine Regelung zur Beschränkung der Haftung ist zwar im Innenverhältnis möglich (Gesellschaftsvertrag), Dritten gegenüber (Außenverhältnis) jedoch unwirksam.

Beispiel
Die Gesellschafter einer OHG schließen einen Gesellschaftsvertrag. Einer der Gesellschafter soll im Falle einer Insolvenz nicht mit seinem Privatvermögen haften.

Rechtliche Wirkung:
Dieser Gesellschafter haftet gegenüber den Gläubigern weiterhin unbeschränkt.

Die Firma (Name) muss einen Hinweis auf die Rechtsform enthalten (z. B. „offene Handelsgesellschaft" oder „oHG" oder „OHG"), im Übrigen aber darf der Name Fantasiebezeichnungen enthalten; die Nennung des Namens eines Gesellschafters ist nicht mehr erforderlich.

Beispiel
Delikatessen OHG

Wegen der unbeschränkten Haftung wird das Risiko der Gesellschafter nicht von den Kapitaleinlagen, sondern von der Höhe des vorhandenen Privatvermögens bestimmt. Deshalb ist eine Gewinnverteilung nur nach Kapitalanteilen i. d. R. nicht angemessen. Falls nichts anderes vereinbart wurde, gilt die gesetzliche Regelung, wonach sowohl die Kapitaleinlage als auch die Arbeitsleistung der Teilhaber bei der Verteilung der Gewinne berücksichtigt werden sollen. Die Gesellschafter erhalten zunächst vom Reingewinn der OHG 4 % ihrer Einlage als Kapitalverzinsung. Der sich ergebende Gewinnrest wird als Entgelt für die Arbeitsleistung nach Köpfen verteilt (siehe Beispiel auf Seite 120).

Ein Jahresverlust wird gleichmäßig auf alle Teilhaber verteilt, unabhängig von der Höhe ihrer Kapitaleinlagen. Der Verlust mindert die Kapitaleinlagen.

Die OHG wird aufgelöst
a) durch den Ablauf der Zeit, für die sie eingegangen worden ist;
b) durch den Beschluss der Gesellschafter;
c) durch die Eröffnung des Insolvenzverfahrens über das Vermögen der Gesellschaft;
d) durch den Tod eines Gesellschafters, sofern nicht aus dem Gesellschaftsvertrag sich anderes ergibt.

Die Kündigung eines Gesellschafters kann, wenn die Gesellschaft für unbestimmte Zeit eingegangen ist, nur für den Schluss eines Geschäftsjahres erfolgen. Sie muss mindestens sechs Monate vor diesem Zeitpunkt stattfinden.

Die Ansprüche gegen einen Gesellschafter aus Verbindlichkeiten der Gesellschaft verjähren in fünf Jahren nach dem Ausscheiden des Gesellschafters.

Die Unternehmensform der OHG hat besondere Bedeutung für klein- und mittelständische Unternehmen. Sie ist vor allem geeignet, wenn ein überschaubarer Kreis von Gesellschaftern ihr Kapital und ihre volle Arbeitskraft einsetzen wollen. Zwischen ihnen muss ein enges Vertrauensverhältnis bestehen. Wegen der strengen Haftungsgrundsätze genießt die OHG in der Regel hohen Kredit. Das volle Haftungsrisiko, das die Gesellschafter einer OHG zu tragen haben, ist der Hauptgrund dafür, dass Gesellschaftsgründer oft nach Unternehmensformen suchen, die eine geringere Haftungsgefahr mit sich bringen.

Beispiel: Gewinnverteilung in einer OHG

Die von Müller und Kurz gegründete OHG hat im ersten Jahr 27.000,00 € Gewinn erzielt.

Gesellschafter	Kapitaleinlage	4 % Zinsen auf die Einlage	Gewinnrest nach Köpfen	Gesamtgewinn
Kühne	180.000,00 €	7.200,00 €	7.500,00 €	14.700,00 €
Kurz	120.000,00 €	4.800,00 €	7.500,00 €	12.300,00 €
		12.000,00 €	15.000,00 €	27.000,00 €

Die Kommanditgesellschaft

Beispiel

Die Verkaufsräume von Müller und Kurz haben sich als zu klein erwiesen. Für die Anmietung und Einrichtung eines neuen, größeren Geschäftes benötigen Müller und Kurz Kapital, das sie allein nicht aufbringen können. Zwei Bekannte von Müller, der Rechtsanwalt Naumann und die Steuerberaterin Anneliese Otto, sind bereit, sich zu beteiligen. Sie möchten allerdings im Geschäft nicht mitarbeiten und auch nicht mit ihrem Privatvermögen haften. Müller schlägt die Gründung einer Kommanditgesellschaft vor.

Die Kommanditgesellschaft (abgekürzt KG) unterscheidet sich von der OHG dadurch, dass bei einem oder einem Teil der Gesellschafter die Haftung gegenüber den Gesellschaftsgläubigern auf den Betrag einer bestimmten Vermögenseinlage beschränkt bleibt. Es gibt daher in einer KG zwei Arten von Gesellschaftern, von denen mindestens je einer vorhanden sein muss:

– Die **Komplementäre** (= Vollhafter) haben als persönlich haftende Gesellschafter die gleiche Stellung wie die Gesellschafter einer OHG. Sie haften mit ihrem ganzen Vermögen. Das Recht, Entscheidungen im Unternehmen zu treffen, liegt allein bei ihnen. Auch nach außen vertreten nur die Komplementäre die Gesellschaft.

– **Kommanditisten** (= Teilhafter) heißen die Gesellschafter, deren Haftung den Gesellschaftsgläubigern gegenüber auf den Betrag ihrer Kapitaleinlage beschränkt ist. Ihnen stehen gewisse Kontrollrechte zu. Sie dürfen Bilanzabschriften und Bucheinsichten verlangen.

Bei der Gewinnverteilung bekommt zunächst einmal jeder Gesellschafter 4 % seines Kapitalanteils. Der Gewinnrest wird in einem angemessenen Verhältnis, das in dem Gesellschaftsvertrag festgelegt wird, verteilt. Dabei steht den Komplementären, die die Geschäftsführung innehaben und zudem mit ihrem ganzen Vermögen haften, im Allgemeinen ein größerer Gewinnanteil zu als den Kommanditisten.

Die Verteilung eines Verlustes wird im Gesellschaftsvertrag geregelt. An dem Verlust darf der Kommanditist aber nur bis zum Betrag seines Kapitalanteils beteiligt werden.

Die Firma (Name) muss einen Hinweis auf die Rechtsform enthalten (z. B. „Kommanditgesellschaft" oder „KG"), im Übrigen aber darf der Name Fantasiebezeichnungen enthalten; die Nennung des Namens des Komplementärs ist nicht mehr erforderlich.

Beispiel

Gänseblümchen KG für einen Bücherladen oder ein Bekleidungsgeschäft für Kindertextilien.

Die stille Gesellschaft

Beispiel

Der Rechtsanwalt Naumann, Kommanditist der Müller KG, ist mit einer Kapitaleinlage noch an einem anderen Unternehmen beteiligt. In einem Vertrag mit dem Einzelunternehmer Gerd Vesper wurde vereinbart, dass Naumann in keiner Weise haften und das Verhältnis zu der Firma „Gerd Vesper – Eisenwaren e. Kfm." nach außen nicht in Erscheinung treten soll.

Viele Einzelunternehmen haben zur Erweiterung ihrer Kapitalgrundlage einen stillen Gesellschafter aufgenommen. Dieser ist nur mit einer Kapitaleinlage, die in das Vermögen der Firma übergeht, an dem Einzelunternehmen beteiligt. Er muss kein Kaufmann sein. Der stille Gesellschafter haftet nicht persönlich, auch nicht mit seiner Einlage. Gläubiger können sich nicht an den stillen Gesellschafter, sondern nur an den Geschäftsinhaber wenden.

Die Einlage des stillen Gesellschafters bildet einen Teil des langfristigen Fremdkapitals. Da der stille Gesellschafter – im Gegensatz zum Kommanditisten – nicht Mitinhaber, sondern lediglich Darlehensgeber ist, kann er selbst als Insolvenzgläubiger auftreten.

Die Kommanditgesellschaft hat im Wirtschaftsleben ständig an Bedeutung gewonnen. Die Möglichkeit der Aufnahme neuer Gesellschafter ist größer als bei der OHG. Kommanditisten gehen nicht das Risiko ein, auch ihr Privatvermögen bei Verlusten der Gesellschaft zu verlieren. Durch den Eintritt von Kommanditisten erhöht sich das Eigenkapital des Unternehmens, wodurch die Kreditwürdigkeit gestärkt wird.

Der stille Gesellschafter hat keinen Einfluss auf die Geschäftsführung. Er ist nicht befugt, unternehmerische Entscheidungen zu treffen. Er hat auch bei außergewöhnlichen Geschäften kein Widerspruchsrecht, sondern ist bei Pflichtverletzungen auf Schadensersatzansprüche gegen den tätigen Teilhaber oder notfalls auf die Kündigung der Gesellschaft angewiesen. Da die stille Gesellschaft nach außen hin nicht in Erscheinung tritt, wird auch keine neue Firma gegründet.

Beispiel

Auch nach Hereinnahme des stillen Gesellschafters Naumann lautet die Firma „Gerd Vesper – Eisenwaren e. Kfm.".

Bei einer stillen Gesellschaft muss der stille Gesellschafter am Gewinn beteiligt sein. Die Gewinnverteilung erfolgt nach Vereinbarung. Die Beteiligung am Verlust kann dagegen ausgeschlossen werden.

Die stille Gesellschaft bietet sich als Unternehmensform an, wenn jemand mit seiner Beteiligung nach außen unerkannt bleiben will. Sie dient dem Zweck, mittels einer Vermögenseinlage Gewinn zu erzielen. Stille Gesellschafter sind auch bei einer OHG oder KG denkbar.

Aufgaben

1. Was ist eine OHG?
2. Die „Schulz & Otto OHG" hat einen Jahresgewinn von 90.000,00 € erwirtschaftet. Schulz hat sich mit 400.000,00 €, Otto mit 150.000,00 € am Unternehmen beteiligt. Wie viel € erhält jeder der beiden Gesellschafter vom Gewinn, wenn der Gesellschaftsvertrag über die Gewinnverteilung nichts aussagt?
3. Erläutern Sie am Beispiel der OHG die Begriffe
    a) unbeschränkte Haftung,
    b) unmittelbare Haftung,
    c) solidarische Haftung.
4. Wie firmiert eine KG?
5. Was sind
    a) Komplementäre,
    b) Kommanditisten?
6. Welche Stellung hat ein stiller Gesellschafter im Insolvenzfall seiner Gesellschaft?

Zusammenfassung

Personengesellschaften	Offene Handelsgesellschaft	Kommanditgesellschaft	Stille Gesellschaft
	alle Gesellschafter haften persönlich	mindestens ein Vollhafter (Komplementär) und mind. ein Teilhafter (Kommanditist)	Beteiligung an Einzelunternehmen, OHG oder KG, ohne dass dies öffentlich bekannt wird
Mindestgründerzahl	zwei	zwei	zwei
Mindestkapital	-	-	-
Haftung	alle Gesellschafter unbeschränkt, unmittelbar, solidarisch	Komplementär wie bei der OHG, Kommanditist mit Einlage	stiller Gesellschafter nur mit Einlage
Geschäftsführung und -vertretung	jeder Gesellschafter	nur Komplementäre	nur Geschäftsinhaber
Gewinnverteilung	falls keine vertragliche Regelung: 4% der Kapitaleinlage, Rest nach Köpfen	falls keine vertragliche Regelung: 4% der Kapitaleinlage, Rest im angemessenen Verhältnis	angemessene Anteile

2.16 Kapitalgesellschaften

Herr Müller, Komplementär der Müller KG, hat Sorgen. In der Nachbarschaft hat sich ein Warenhaus eine Feinkostabteilung zugelegt. Vor der Stadt bieten zwei neu gegründete Verbrauchermärkte ebenfalls Lebensmittel des gehobenen Bedarfs an. Die Umsatzzahlen des bisher erfolgreichen Unternehmens gehen stark zurück.

Da die Situation momentan nicht gerade rosig ist, macht sich Müller vorsichtshalber Gedanken um die Zukunft. Im Insolvenzfall würde er als Komplementär wegen der vollen Haftung sein ganzes Privatvermögen aufs Spiel setzen.

Müller sucht eine Unternehmensform, bei der er als Gesellschafter nicht persönlich haften muss. Nachdem er einige Erkundigungen eingezogen hat, wandelt er mit Zustimmung der übrigen Gesellschafter die bisherige Firma in die Müller GmbH um.

Warum wählt Müller die Unternehmensform der GmbH?

Information

Die Gesellschaft mit beschränkter Haftung (GmbH)

Die Gesellschaft mit beschränkter Haftung (abgekürzt GmbH) ist eine Kapitalgesellschaft, die nicht nur zum Betrieb eines Handelsgewerbes, sondern zu jedem gesetzlich zulässigen Zweck errichtet werden kann. Die GmbH hat eine eigene Rechtspersönlichkeit. Sie ist eine juristische Person, die selbstständig ihre Rechte und Pflichten hat. Sie kann beispielsweise Eigentum und Rechte an Grundstücken erwerben, vor Gericht klagen und verklagt werden.

Das Gesellschaftskapital wird **Stammkapital** genannt und muss mindestens 25.000,00 Euro betragen.[1] Stammeinlagen sind die Beiträge der einzelnen Gesellschafter zum Stammkapital. Die Höhe der **Stammeinlage** kann für die einzelnen Gesellschafter unterschiedlich groß sein. Jeder Gesellschafter muss sich aber mit mindestens 100,00 Euro beteiligen. Der Gesellschaftsvertrag ist notariell zu beurkunden.

Für die Verbindlichkeiten der Gesellschaft haftet den Gläubigern grundsätzlich nur die GmbH mit ihrem Gesellschaftsvermögen. Die Gesellschafter haften nicht mit ihrem Privatvermögen. Die Gesellschafter haben Anspruch auf den von der GmbH erzielten Reingewinn. Falls der Gesellschaftsvertrag nichts anderes bestimmt, wird dieser nach dem Verhältnis der Geschäftsanteile verteilt.

Die folgenden gesetzlich vorgesehenen Organe dienen der Vertretung, Überwachung und Beschlussfassung der GmbH:

- Durch den oder die **Geschäftsführer** (nicht unbedingt = Gesellschafter) handelt die GmbH.
- Die **Gesellschafterversammlung**, die in der Regel durch die Geschäftsführer einberufen wird, ist das oberste Organ der GmbH. Hier entscheiden die Gesellschafter über alle grundsätzlichen Angelegenheiten. Neben der Feststellung des Jahresabschlusses und Verwendung des Ergebnisses kann sie z. B. Geschäftsführer bestellen und abberufen.
- Ein **Aufsichtsrat** kann als Kontrollorgan eingerichtet werden. Gesetzlich vorgeschrieben ist er nur für GmbHs, die mehr als 500 Arbeitnehmer beschäftigen. Zu den Aufgaben des Aufsichtsrates gehören u. a. die Überwachung der Geschäftsführung und die Prüfung des Jahresabschlusses.

Die Firma der GmbH muss sich durch einen eindeutigen Zusatz „GmbH" identifizieren lassen. Wie bei anderen Rechtsformen sind auch bei der Gesellschaft mit beschränkter Haftung Fantasiefirmen möglich.

Die GmbH wird als Unternehmensform oft gewählt, wenn eine einzelne Person oder ein überschaubarer Kreis mehrerer Personen ein kaufmännisches Unternehmen führen wollen, bei dem keiner die volle Haftung übernehmen will. Sie ist daher hauptsächlich bei kleineren und mittleren Unternehmen anzutreffen. Auch die meisten Neugründungen erfolgen als GmbHs. Neben der eingeschränkten Haftung hat die GmbH weitere Vorzüge:

- Die Zahl der Gesellschafter ist unbegrenzt.
- Das zur Gründung notwendige Mindestkapital beträgt lediglich 25.000,00 Euro.[1]
- Die gesetzlichen Vorschriften, die für eine GmbH gelten, sind relativ einfach zu erfüllen. Daher kann die GmbH über den Gesellschaftsvertrag den Besonderheiten des Einzelfalles besonders gut angepasst werden.

Eine spezielle Unternehmensform stellt die **GmbH & Co. KG** dar. Sie ist eine Personengesellschaft, als deren Komplementär eine Kapitalgesellschaft – nämlich die GmbH – auftritt. Der Unterschied zur KG liegt darin, dass in dieser Gesellschaft eine juristische Person das Unternehmen führt. Dadurch gelingt es, die unmittelbare und unbeschränkte Haftung des Komplementärs in eine mittelbare und beschränkte Haftung zu verwandeln.

Die Firma der GmbH & Co. KG muss die volle Bezeichnung der GmbH enthalten. Außerdem ist ein das Vorhandensein eines Gesellschaftsverhältnisses andeutender Zusatz („& Co. KG") enthalten.

Beispiel

Müller GmbH & Co. KG

---

[1] Der Bundestag hat am 26.06.2008 das Gesetz zur Modernisierung des GmbH-Rechts und zur Bekämpfung von Missbräuchen (MoMiG) beschlossen. Dieses sieht für die GmbH eine Vereinfachung und Beschleunigung des Gründungsvorgangs in verschiedenen Punkten vor. Neben der Normalform der GmbH ist als zusätzliche Variante jetzt die Gründung einer sogenannten Unternehmergesellschaft mit beschränkter Haftung möglich, die bei ihrer Gründung mit einem Stammkapital von 1,00 € auskommt. Durch die gesetzliche Beschränkung der jährlichen Gewinnausschüttung soll das Stammkapital allmählich auf die GmbH-übliche Mindesthöhe von 25.000,00 € anwachsen.

Die Aktiengesellschaft (AG)

Beispiel

Herr Müller hat erneut eine Marktlücke entdeckt, die viel Gewinn abzuwerfen verspricht: die Gründung eines Unternehmens, das hormonfreies Kalbfleisch produziert und vertreibt. Vier seiner Bekannten sind von dieser Idee begeistert und möchten sich beteiligen. Die Aufzucht von Kälbern verursacht jedoch zunächst einmal riesige Kosten. Da Müller und die anderen Gesellschafter den für die nötigen Investitionen erforderlichen Kapitalbetrag nicht allein aufbringen können, suchen sie eine große Zahl weiterer Kapitalgeber, die zur Finanzierung des Vorhabens beitragen wollen. Zu diesem Zweck gründen sie eine Aktiengesellschaft.

Die Aktiengesellschaft (abgekürzt AG) ist eine Kapitalgesellschaft. Die Anteilseigner haften – im Gegensatz zu einer Personengesellschaft – nicht mit ihrem persönlichen Vermögen für die Verbindlichkeiten des Unternehmens, sondern ausschließlich mit ihrer Kapitaleinlage. Das Kapital der AG wird durch den Verkauf von Aktien aufgebracht: Aktien sind Urkunden über Anteils- und Besitzrechte an einer Aktiengesellschaft. Der Aktionär – der Inhaber von Aktien – ist somit Teilhaber am Vermögen und den Erträgen einer Aktiengesellschaft.

Die Aktien können einen unterschiedlichen **Nennwert** haben. Der Nennwert ist der auf einer Aktie aufgedruckte Betrag in Euro. Er drückt aus, mit welchem Euro-Betrag ein Aktionär am Grundkapital der AG beteiligt ist. Zum Nennwert wird eine Aktie meistens bei der Gründung der Aktiengesellschaft ausgegeben. Der Mindestnennwert beträgt 1,00 Euro.

Beispiel

Die Nordwestdeutsche Kalbfleisch AG hat ihr Grundkapital in Höhe von 5.000.000,00 € in 100 000 Aktien zum Nennwert von je 50,00 € aufgestückelt. Herr Otte besitzt eine dieser Aktien. Dadurch ist er zu 1/100 000 am Vermögen und an den Erträgen des Unternehmens beteiligt. Außerdem hat er dadurch eine von insgesamt 100 000 Stimmen auf der Hauptversammlung, dem jährlichen Treffen der Aktionäre.

Ein Aktionär erhält den auf ihn entfallenden Gewinn nur zum Teil in Form der Dividende ausbezahlt. Die Dividende ist der auf die einzelne Aktie entfallende Anteil am Jahresüberschuss der AG. Sie ist das Entgelt dafür, dass der Aktionär dem Unternehmen Geld zur Verfügung stellt, mit dem es arbeiten kann.

Der größere Teil des Gewinns wird jedoch einbehalten und wieder in die AG investiert, um deren wirtschaftliche Leistungsfähigkeit zu verbessern. Werden ständig finanzielle Mittel in eine Aktiengesellschaft investiert, so wird das Unternehmen natürlich immer wertvoller. Dadurch steigt jedoch in der Regel auch der tatsächliche Wert der Aktie über den Nennwert. Wird die Aktie z. B. an der Börse gehandelt, erhöht sich der Preis der Aktie. Dieser Börsenpreis wird auch Kurs oder **Kurswert** genannt. Für den Kapitalanleger hat die Aktie den Vorteil, dass er immer am Gewinn des Unternehmens beteiligt ist. Einerseits fließt ihm der Gewinn in Form der Dividende zu. Werden Jahresüberschüsse aber einbehalten, dann steigt in der Regel der Kurs der Aktie. In diesem Fall lässt sich ein Gewinn erzielen, indem der Aktionär seine Aktien verkauft.

Die in der Bundesrepublik Deutschland übliche Form der Aktie ist die **Inhaberaktie.** Bei ihr sind alle Rechte aus der Aktie (z. B. auf Dividendenzahlung) allein an den Besitzer der Aktie und nicht an eine namentlich bestimmte Person geknüpft. Eine Inhaberaktie kann jederzeit wie eine bewegliche Sache veräußert werden. Seltener ist die Ausgabe von **Namensaktien,** bei denen der Name des Inhabers auf der Aktie vermerkt ist. An der Ausgabe von Namensaktien kann die Aktiengesellschaft ein Interesse haben, wenn sie anhand des Aktienbuches den Bestand der Aktionäre überwachen will. Nur der im Aktienbuch eingetragene Besitzer einer Aktie gilt als Aktionär.

Zur Gründung einer AG ist nur eine Person nötig. In der Satzung (dem Gesellschaftsvertrag) wird die Höhe des Grundkapitals festgelegt, das mindestens 50.000,00 Euro betragen muss.

Eine Aktiengesellschaft muss über folgende Organe verfügen:

– Die **Hauptversammlung** ist die Zusammenkunft aller Aktionäre, die regelmäßig alle Jahre mindestens einmal einberufen wird. Die Aktionäre üben überwiegend hier ihre Rechte aus. Sie entscheiden u. a. über die Verwendung des ausgewiesenen Jahresgewinns oder über die Änderung von Grundkapital und Satzung. Die Hauptversammlung wählt mindestens die Hälfte der Mitglieder des Aufsichtsrates sowie den Aufsichtsratsvorsitzenden. Der Vorstand hat über die geschäftliche Lage zu berichten und sich vor den Aktionären zu verantworten.

- Der **Aufsichtsrat** soll als Kontrollorgan der AG den Vorstand überwachen. Er wird auf vier Jahre gewählt. Der Aufsichtsrat besteht aus mindestens drei Personen, die nicht im Vorstand sein dürfen. Zu seinen Pflichten gehört die Berufung bzw. Entlastung des Vorstandes. Zusätzlich hat er den Jahresabschluss und den Geschäftsbericht zu prüfen.

  Für die Zusammensetzung des Aufsichtsrats gilt das Drittelbeteiligungsgesetz von 2004 für alle mittelgroßen Unternehmen mit Ausnahme von Großunternehmen sowie Unternehmen des Bergbaus und der Eisen- und Stahlindustrie. Es sieht vor, dass in jeder AG mit mehr als 500 Beschäftigten 2/3 der Aufsichtsratmitglieder von den Aktionären, 1/3 von den Belegschaftsangehörigen gewählt werden. Für Großunternehmen mit über 2 000 Beschäftigten gilt das Mitbestimmungsgesetz von 1976. Dort stehen den Aktionärsvertretern im Aufsichtsrat ebenso viele Arbeitnehmervertreter (darunter ein Vertreter der leitenden Angestellten) gegenüber.

- Der **Vorstand** führt als Leitungsorgan der Gesellschaft die Geschäfte. Er wird auf höchstens fünf Jahre bestellt, wobei aber eine wiederholte Bestellung zulässig ist. Der Vorstand vertritt die AG gerichtlich und außergerichtlich. Der Vorstand kann aus einer oder mehreren Personen bestehen, die nicht Aktionäre zu sein brauchen.

Im Allgemeinen gehören dem Vorstand Fachleute („Manager") an, die keine Aktien des Unternehmens besitzen.

Es gehört zu den wesentlichen Merkmalen der Aktiengesellschaft, dass die Unternehmensleitung und die Mitgliedschaft an der Aktiengesellschaft grundsätzlich getrennt sind: Der einzelne Aktionär trägt zwar das wirtschaftliche Risiko – das allerdings auf den bei Erwerb der Aktien erbrachten Kapitaleinsatz beschränkt ist –, er ist aber nicht an der Unternehmensleitung beteiligt.

Die Firma muss den Zusatz „Aktiengesellschaft" enthalten.

Beispiele

Nordwestdeutsche Kalbfleisch AG

Bayerische Motoren Werke AG

Daimler AG, Inktomi AG, Bookmark AG

Die Aktiengesellschaft ist die geeignete Unternehmensform für Großunternehmen. Ein hoher Kapitalbedarf eines Unternehmens, der das Vermögen einzelner Personen übersteigen würde, kann bei der AG durch den Verkauf von Aktien an eine Vielzahl anderer Personen gedeckt werden. Das Vermögen einzelner Personen würde dafür nicht ausreichen. Der Erwerb von Aktien wird für diese Personen interessant durch

- die einfache Form der Beteiligung,
- das geringe Risiko,
- die freie Übertragbarkeit der Aktien,
- den geringen Preis der einzelnen Aktie,
- die Möglichkeit, sich ohne kaufmännische Fähigkeiten an einem Wirtschaftsunternehmen zu beteiligen.

Aufgaben

1. Welche Organe hat eine GmbH?
2. Welche Vorteile sprechen für die Unternehmensform der GmbH?
3. Was ist eine Einmann-GmbH?
4. Was ist eine GmbH & Co KG?
5. Erklären Sie die folgenden Begriffe:
   a) Aktie,
   b) Nennwert,
   c) Kurs,
   d) Grundkapital,
   e) Dividende.
6. Geben Sie fünf Beispiele für die Firma einer Aktiengesellschaft. Orientieren Sie sich auch an den Ausführungen im Kapitel 2.12.
7. In welcher Situation wird die Unternehmensform der AG gewählt?

Zusammenfassung

Kapital-gesellschaften	Gesellschaft mit beschränkter Haftung (GmbH)	Aktiengesellschaft (AG)
	Eine Person (Einmann-GmbH) oder mehrere Personen beteiligen sich am Stammkapital, das mindestens 25.000,00 € betragen muss.[1]	Eine oder mehrere Personen (Aktionäre) beteiligen sich an dem in Aktien zerlegten Grundkapital, das mindestens 50.000,00 € betragen muss.
Mindestgründerzahl	einer	einer
Mindestkapital	Stammkapital mind. 25.000,00 €[1] Stammeinlage mind. 100,00 €	Stammkapital mindestens 50.000,00 €
Haftung	Nur die Gesellschaft haftet mit ihrem Vermögen.	Nur die AG haftet.
Geschäftsführung und -vertretung	Geschäftsführer	Vorstand
Gewinnverteilung	im Verhältnis der Geschäftsanteile	im Verhältnis der Aktienanteile

[1] Bei Gesellschaftsgründung mindestens 1,00 €; durch Beschränkung der Gewinnausschüttung muss das Stammkapital allmählich auf 25.000,00 € anwachsen.

2.17 Genossenschaft

Das Feinkostunternehmen von Herrn Müller bekommt beim Einkauf von den Lieferanten weitaus schlechtere Konditionen eingeräumt als die Verbrauchermärkte vor der Stadt, die als Großabnehmer auftreten. Auf längere Sicht, so glaubt Herr Müller, kann deshalb sein Unternehmen mit den Großunternehmen nicht mehr konkurrieren. Auf einer Fachmesse kommt er mit Feinkosthändlern aus Nachbarstädten ins Gespräch, die vor ähnlichen Problemen stehen. Ein Unternehmensberater, der eingeschaltet wird, schlägt die Gründung einer Genossenschaft vor. Sie soll den gemeinsamen Einkauf der beteiligten Feinkosthändler durchführen.

Wodurch unterscheidet sich eine Genossenschaft von den anderen Unternehmensformen?

Information

Alle bisher angesprochenen Unternehmensformen werden verwendet, wenn es darum geht, Geschäfte zu betreiben, die letzten Endes Gewinn erwirtschaften sollen.
Die Genossenschaft dagegen ist ein wirtschaftlicher Zweckverband, der lediglich kostendeckend arbeiten soll. Die Genossenschaft ist ein Verein, der die Förderung der wirtschaftlichen Interessen seiner Mitglieder – der Genossen – durch einen gemeinschaftlichen Geschäftsbetrieb zum Gegenstand hat. Im Wege des genossenschaftlichen Zusammenschlusses und der genossenschaftlichen Selbsthilfe soll die Selbstständigkeit kleinerer Unternehmen durch Vorteile gestärkt werden, die sonst überwiegend nur Großbetriebe in Anspruch nehmen können. Dazu zählen beispielsweise der billige Einkauf von Waren, eine bessere Organisation des Absatzes und die Inanspruchnahme günstiger Kredite.

Für die Genossenschaft sind die unbestimmte Zahl und der freie Wechsel der Mitglieder kennzeichnend. Die Gründung und Existenz einer Genossenschaft erfordert mindestens drei Gesellschafter.[1] Im Einzelhandel treten hauptsächlich Einkaufsgenossenschaften auf, von denen die Mitgliedsbetriebe ihre Waren beziehen. Die Selbstständigkeit der einzelnen Mitglieder bleibt jedoch in jedem Fall erhalten.

Dass man Widerstände leichter überwinden kann, liegt an einer großen Idee.

Wenn viele gemeinsam eine Sache anpacken – und das mit „Köpfchen" –, kann man ungeahnte Kräfte entwickeln. Gemeinsamkeit macht stark.

Die genossenschaftliche Idee: Wir helfen uns selbst.

Beispiel

Eine Genossenschaft im Einzelhandel ist die EDEKA-Gruppe. Sie besteht aus ca. 4 700 selbstständigen Einzelhandelsunternehmen, deren Waren von EDEKA auf nationaler und internationaler Ebene (durch eine von den Genossen gegründete AG) zentral beschafft werden. Die dadurch erreichten Kostenvorteile tragen zur Wettbewerbsfähigkeit der Mitglieder bei.

Die Organe der Genossenschaft ähneln denen der Aktiengesellschaft, sind jedoch alle von Genossen besetzt:

– Der **Vorstand** muss aus mindestens zwei Genossen bestehen, die die Genossenschaft unter eigener Verantwortung leiten und sie nach außen hin vertreten.

– Die **Generalversammlung** setzt sich aus allen Mitgliedern zusammen und ist oberstes Organ der Genossenschaft. Sie wählt den Aufsichtsrat und Vorstand, entlastet diese Organe und beschließt über eine eventuelle Gewinn- oder Verlustverteilung. Da eine Genossenschaft eigentlich nicht auf Gewinn angelegt ist, kann das Statut (die Satzung) eine Überführung des Gewinns in einen Reservefonds vorsehen. Dieser Reservefonds dient der Deckung eines vielleicht später auftretenden Verlustes. Ansonsten wird der Gewinn auf die Genossen entsprechend ihrem Geschäftsanteil verteilt. Dies ist der in der Satzung festgelegte Betrag, mit dem sich ein Mitglied an der Genossenschaft beteiligen kann.

– Den **Aufsichtsrat** bilden mindestens drei Genossen. Diese haben den Vorstand bei der Geschäftsführung zu überwachen, Kontrollen vorzunehmen und der Generalversammlung Bericht zu erstatten.

Für die Verbindlichkeiten haftet die Genossenschaft nur mit dem Vermögen der Genossenschaft.

Die Firma der Genossenschaft muss vom Gegenstand des Unternehmens abgeleitet sein. Der Name von Genossen darf in die Firma nicht aufgenommen werden. Außerdem ist die Bezeichnung „eingetragene Genossenschaft" oder die Abkürzung „eG" anzufügen. Ein Zusatz, der darauf hindeutet, ob und in welchem Umfang die Genossen zur Leistung von Nachschüssen verpflichtet sind, darf der Firma nicht beigefügt werden.

Beispiel

Vedes Vereinigung der Spielwaren-Fachgeschäfte eG

---

[1] Bis zum August 2006 waren 7 Gründungsmitglieder erforderlich.

Aufgaben

1. Prüfen Sie in den folgenden Fällen, um welche Unternehmensform es sich handelt.

   a) Vierzehn selbstständige Winzer haben sich zusammengeschlossen. Durch einen gemeinsamen Verkauf ihrer Produkte und gemeinschaftliche Werbung erhoffen sie sich bessere Absatzmöglichkeiten. Andere Winzer des Weinanbaugebietes sind aufgerufen, sich ebenfalls zu beteiligen.

   b) Christine Errath beabsichtigt die Eröffnung einer Modeboutique. Mit einem angesparten Kapital von 45.000,00 € richtet sie ihr Geschäft ein. Als zusätzliche Hilfe stellt sie die Verkäuferin Helga Herzhorn ein.

   c) Herr Schmidt und Herr Rössig betreiben zehn Lebensmittelsupermärkte. Herr Schmidt haftet mit seinem Geschäfts- und Privatvermögen, Herr Rössig nur mit seiner Einlage in Höhe von 700.000,00 €.

   d) Fünf Hotelbesitzer in einem Alpendorf wollen eine Seilbahn bauen, um die Attraktivität des Feriengebietes zu erhöhen. Von den veranschlagten Kosten in Höhe von 7.000.000,00 € können sie nur 2.000.000,00 € aufbringen. Deshalb sollen sich auch andere Bewohner des Ortes sowie interessierte Feriengäste beteiligen. Der Mindestanteil beträgt 50,00 €.

   e) Hans Ebensen beteiligt sich am Sportartikelgeschäft „Franz Feuerstein". Er hat das Recht auf einen angemessenen Gewinnanteil, ist jedoch von der Geschäftsführung ausgeschlossen.

   f) Göttmann, Schimanski und Marlowe betreiben eine Privatdetektei. Die drei Gesellschafter haften aber nur mit ihrem Geschäftsanteil von 40.000,00 €, 10.000,00 € und 50.000,00 €.

   g) Erwin Bodenburg und Matthias Groß vereinbaren die Gründung eines Fotogeschäftes. Bodenburg übernimmt die Verwaltungsarbeiten, Groß den Verkauf. Beide sind bereit, auch mit ihrem Privatvermögen zu haften.

2. Welcher Grundgedanke liegt den Genossenschaften zugrunde?
3. Was spricht für genossenschaftliches Wirtschaften?
4. Welche Organe hat eine Genossenschaft?
5. Vergleichen Sie eine Aktiengesellschaft mit einer Genossenschaft.

Zusammenfassung

Genossenschaft	= Selbsthilfeorganisation mit mindestens drei Mitgliedern zur Förderung wirtschaftlicher Ziele der Mitglieder
Mindestgründerzahl	drei
Mindestkapital	nicht vorgeschrieben
Haftung	nur das Vermögen der Genossenschaft (evtl. Nachschusspflicht)
Geschäftsführung und -vertretung	Vorstand
Gewinnverteilung	laut Statut oder im Verhältnis der Geschäftsguthaben

3 Menschliche Arbeit im Betrieb

3.1 Vollmachten der Mitarbeiter im Betrieb

Herr Schweizer ist Einkäufer der Haushaltswäscheabteilung der Großhandlung Berger. Als ihm der Vertreter der Wäschefabrik Lücke einen größeren Sonderposten Geschirrtücher zu einem besonders günstigen Preis anbietet, bestellt er, ohne die Inhaberin der Großhandlung zu fragen.

Ist der Kaufvertrag über den Sonderposten Geschirrtücher gültig?

Information

Die Führung eines größeren Unternehmens macht es erforderlich, dass der Geschäftsinhaber einen Teil seiner Aufgaben und Vollmachten an qualifizierte Mitarbeiter abgibt.

Prokura

Die weitestgehende Vollmacht ist die Prokura. Sie kann nur von dem Inhaber des Handelsgeschäfts oder seinem gesetzlichen Vertreter erteilt werden (§ 48 HGB).

Der Prokurist

darf alle gerichtlichen und außergerichtlichen Geschäfte und Rechtshandlungen vornehmen, die in irgendeinem Handelsgewerbe vorkommen können. Er kann z. B.

- Ware einkaufen und verkaufen,
- Mitarbeiter einstellen und entlassen,
- Rechnungen bezahlen,
- Wechsel unterschreiben,
- Darlehen aufnehmen,
- Bürgschaften eingehen,
- Prozesse für das Unternehmen führen,
- Grundstücke kaufen.

Für den Verkauf oder die Belastung von Grundstücken benötigt er jedoch eine besondere Vollmacht.

Der Prokurist darf nicht

- Bilanzen unterschreiben,
- Steuererklärungen unterschreiben,
- Eintragungen im Handelsregister vornehmen lassen,
- Insolvenzeröffnungsverfahren beantragen,
- Prokura erteilen,
- einen Eid für den Unternehmer leisten,
- Gesellschafter aufnehmen,
- das Geschäft auflösen oder verkaufen.

Der Prokurist unterschreibt, indem er der Firma seinen Namen mit einem Zusatz, der die Prokura andeutet (z. B. ppa.), hinzufügt.

Die Prokura muss ausdrücklich (schriftlich oder mündlich) erteilt und in das Handelsregister eingetragen werden.

Sie kann zwischen dem Geschäftsinhaber und dem Prokuristen eingeschränkt werden. Diese Einschränkungen im Innenverhältnis gelten jedoch nicht nach außen (§ 50 HGB).

Beispiel

Der Geschäftsinhaber verbietet seinem Prokuristen, Wechsel zu unterschreiben. Der Prokurist hält sich nicht an die Anweisung und akzeptiert einen auf das Geschäft bezogenen Wechsel. Das Akzept ist voll wirksam.

Eine Prokura mit Außenwirkung in Form, dass nur der Prokurist gemeinsam mit dem Einzelkaufmann vertretungsberechtigt ist, ist unwirksam.

Die **Prokura erlischt,**
- wenn sie der Inhaber des Handelsgeschäftes oder sein gesetzlicher Vertreter widerruft,
- wenn der Prokurist aus dem Unternehmen ausscheidet,
- wenn das Geschäft aufgelöst oder verkauft wird.

Sie erlischt nicht beim Tod des Firmeninhabers.

Die Aufhebung der Prokura muss in das Handelsregister eingetragen und bekannt gemacht werden (z. B. durch die öffentliche Bekanntmachung der Handelsregistereintragung im Internet, früher im Bundesanzeiger oder in einer Zeitung). Erst dadurch ist die Prokura auch im Außenverhältnis gegenüber Dritten gelöscht.

Arten der Prokura sind

- Einzelprokura,
- Gesamtprokura,
- Filialprokura.

Bei der **Einzelprokura** darf der Prokurist Rechtsgeschäfte allein abschließen.

Bei der **Gesamtprokura** dürfen nur zwei oder mehrere Prokuristen die Vollmacht gemeinsam ausüben.

Bei der **Filialprokura** beschränkt sich die Vollmacht nur auf einen Filialbetrieb eines Unternehmens.

Handlungsvollmacht

Die Handlungsvollmacht erstreckt sich nur auf Rechtsgeschäfte, die in dem jeweiligen Handelsgewerbe **gewöhnlich** vorkommen. Im Gegensatz zur Prokura kann ihr Umfang beliebig eingegrenzt werden (§ 54 HGB).

Arten der Handlungsvollmacht sind die

- allgemeine Handlungsvollmacht,
- Artvollmacht und
- Einzelvollmacht.

Die **allgemeine Handlungsvollmacht** berechtigt zur Ausübung aller gewöhnlichen Rechtsgeschäfte, die in dem Betrieb vorkommen, z. B.

- übliche Zahlungsgeschäfte erledigen,
- Ware verkaufen,
- einkaufen,
- Mitarbeiter einstellen und entlassen.

Filialleiter und Abteilungsleiter haben meist eine allgemeine Handlungsvollmacht.

Die **Artvollmacht** berechtigt Angestellte, bestimmte Rechtsgeschäfte dauernd zu erledigen. Eine Artvollmacht besitzen z. B. Verkäufer, Einkäufer, Kassierer.

Wer eine **Einzelvollmacht** erhält, darf den erhaltenen Auftrag nur einmal ausführen.

Beispiel

Ein Angestellter wird beauftragt, als Bote eine Ware in die Wohnung eines Kunden zu bringen und dort den Rechnungsbetrag zu kassieren.

Eine Handlungsvollmacht kann formlos (schriftlich, mündlich oder stillschweigend) vom Inhaber des Handelsgeschäftes oder seinen gesetzlichen Vertretern und Prokuristen erteilt werden. Jeder Bevollmächtigte kann innerhalb seiner Vollmacht Untervollmachten erteilen, d. h.

- ein Angestellter mit allgemeiner Handlungsvollmacht darf innerhalb seiner Vollmacht Artvollmacht,
- ein Artbevollmächtigter innerhalb seiner Artvollmacht Einzelvollmachten erteilen.

Handlungsvollmachten werden nicht in das Handelsregister eingetragen.

Handlungsbevollmächtigte versehen ihre Unterschrift mit dem Zusatz „i. V." (in Vollmacht) oder „i. A." (im Auftrag).

Aufgaben

1. Wer darf Prokura erteilen?
2. Welche der folgenden Tätigkeiten darf der Prokurist ausführen?
   a) Wechsel unterschreiben
   b) Eröffnung des Insolvenzverfahrens beantragen
   c) Mitarbeiter entlassen
   d) Grundstücke kaufen
   e) Grundstücke verkaufen
   f) Bilanzen unterschreiben
   g) Eintragungen zum Handelsregister anmelden
   h) Bürgschaften eingehen
   i) Handlungsvollmacht erteilen

3. In welcher Form muss die Prokura erteilt werden?
4. Wann erlischt die Prokura?
5. Wodurch unterscheiden sich
   a) Einzelprokura,
   b) Gesamtprokura und
   c) Filialprokura?

6. Welche Vollmacht ist für folgende Tätigkeiten mindestens erforderlich?
   a) Ware verkaufen
   b) Einlösen eines Schecks bei einer Bank
   c) Angestellte einstellen und entlassen
   d) Tätigkeit als Kassiererin
   e) Wechsel unterschreiben

Zusammenfassung

Vollmachten

	Prokura	Handlungsvollmacht
Wesen	Prokura ermächtigt zu allen gerichtlichen und außergerichtlichen Geschäften und Rechtshandlungen, die der Betrieb eines Handelsgewerbes mit sich bringt (§ 49 HGB). Prokura darf nach außen nicht eingeschränkt werden.	Allgemeine Handlungsvollmacht erstreckt sich auf die branchenüblichen Rechtsgeschäfte. Handlungsvollmacht kann beliebig eingegrenzt werden.
Arten	- **Einzelprokura:** Ein Prokurist kann entscheiden, ohne eine andere Person einzuschalten. - **Gesamtprokura:** Zwei oder mehrere Prokuristen können nur zusammen entscheiden. - **Filialprokura:** Sie bezieht sich nur auf eine Zweigstelle.	- **Allgemeine Handlungsvollmacht:** Sie berechtigt zur Ausübung aller üblichen Rechtsgeschäfte, die der Betrieb mit sich bringt. - **Artvollmacht:** Sie berechtigt zu einer bestimmten Art von Rechtsgeschäften (z. B. Verkaufen). - **Einzelvollmacht:** Sie berechtigt zur einmaligen Ausübung eines einzelnen Rechtsgeschäfts.
Erteilung	- nur durch Kaufleute - ausdrückliche Erteilung - Eintragung in das Handelsregister	- durch Kaufleute und Personen mit einer höheren Vollmacht - formlose Erteilung - keine Handelsregistereintragung

3.2 Mitarbeiter außerhalb des Unternehmens

Modische Herrenhemden und Blusen

Führender deutscher Hersteller, seit vielen Jahren hervorragend eingeführt, mit trend- und marktgerechten Kollektionen in mittleren Preislagen, bietet die Übernahme von zwei Gebieten und sucht zwei

Handelsvertreter/-innen
1. Hamburg / Schleswig-Holstein
2. Berlin

Sie verfügen über Branchenkenntnisse und beste Verbindungen zum Einzelhandel und können unsere Kollektion als Erstvertretung führen. Ihre Stärken: Als erfolgreiche Verkaufsprofis pflegen Sie den bestehenden Kundenstamm und erschließen energisch Marktreserven.

Unsere Basis: Attraktive Provisionen, Lieferzuverlässigkeit, wirksame Unterstützung durch Marketing, Werbung und Messen. Bitte schreiben Sie uns kurz unter der **Kennziffer 2137 M** über die Agentur unserer Beratungsgesellschaft in Sindelfingen, z. Hd. von Frau Zilling, oder rufen Sie dort an, damit wir schnell Kontakt mit Ihnen aufnehmen können. Diskrete Behandlung sichern wir Ihnen zu.

TRAUMGARTNER-MEDIA

INTERNATIONAL JEANS

Wir suchen zum baldmöglichsten Eintritt eine/-n

Jeans-Reisende/-n

für den Verkauf unserer Jeans- und Freizeitbekleidungskollektion und für die Repräsentanz unserer Marke in folgenden Bezirken:

PLZ-Gebiete 45, 29, 28, 21

Wir erwarten die Bewerbung von Damen und Herren, die Profis im Verkauf, souveräne Berater/-innen unserer Kundeninnen und Kunden und engagierte Partner/-innen unseres Hauses sein wollen und können. Wenn Sie an einer solchen Herausforderung interessiert sind, bitten wir um Ihre Bewerbung mit Lichtbild, Lebenslauf und Zeugniskopien.

Panther Jeans + Jackets Import und Vertriebs GmbH

Benennen Sie die Merkmale, durch die sich der Handelsvertreter vom Reisenden unterscheidet.

Information

Unternehmenseigene Absatzorgane

Unternehmenseigene Absatzorgane sind sämtliche unternehmenseigene Personen oder Unternehmensbereiche, die schwerpunktmäßig mit der Erschließung von Absatzmärkten, der Anbahnung des Warenabsatzes und der Kontaktpflege mit den Kunden beschäftigt sind.

Mögliche Absatzformen mit **eigenen** Organen sind daher:

- Mitglieder der Geschäftsleitung
- Verkaufsabteilungen
- Verkaufsniederlassungen
- Handlungsreisende (Mitarbeiter im Außendienst)

Diese Möglichkeiten können alternativ oder kombiniert im Unternehmen angewandt werden.

Mitglieder der Geschäftsleitung/ Verkaufsabteilung

Insbesondere in kleineren bis mittleren Großhandelsunternehmen sowie im Investitionsgüter- und Bekleidungssektor sind es die **Mitglieder der Geschäftsleitung**, die den Verkauf übernehmen.

Die Unternehmen, die in verschiedenen Marktsegmenten und Warengruppen sowie in einem räumlichen größeren Verkaufsgebiet tätig sind, haben eigene **Verkaufsabteilungen** eingerichtet. Die Tätigkeiten in einer Verkaufsabteilung umfassen sowohl die Herstellung von Kundenkontakten, das Schreiben von Angeboten, das Abschließen von Kaufverträgen, die Kundenberatung als auch die Bearbeitung von Reklamationen.

Verkaufsniederlassungen

Die Einrichtung von Verkaufsniederlassungen ist dann zweckmäßig, wenn das Unternehmen eine bestimmte Größe erreicht hat bzw. ein großes Absatzgebiet bearbeitet werden muss. Die Mitarbeiter können so die Handelswaren ohne die Einschaltung Dritter an die Kunden eines bestimmten Gebietes verkaufen, können ihnen verkürzte Lieferzeiten anbieten und sie direkt betreuen.

Handlungsreisender

Der **Handlungsreisende** ist kein Mitarbeiter *außerhalb* der Unternehmung, sondern im Unternehmen **angestellt** und an Weisungen gebunden (= Handlungsgehilfe). Auf ihn treffen alle Merkmale eines kaufmännischen Angestellten zu:

- Bezug eines festen Gehalts (Fixum),
- oft zusätzliche Umsatzprovisionen und
- Anspruch auf Auslagenersatz, wie für Übernachtungen, Verpflegung usw.

Er schließt in **fremdem Namen** und für **fremde Rechnung** Geschäfte ab. Normalerweise besitzt der Reisende *Abschlussvollmacht*, d. h. er kann

- Geschäfte für sein Unternehmen selbstständig abschließen (= Abschlussreisender),
- kann Mängelrügen entgegennehmen oder auch, bei besonderer Vollmacht,
- Zahlungen empfangen (= Inkassoreisender).

Zu den weiteren wesentlichen Aufgaben gehören:

- Kunden und potenzielle Käufer aufsuchen,
- Kundengespräche führen,
- Waren oder Dienstleistungen anbieten,
- Bestellungen entgegennehmen,
- Kontakte mit Kunden pflegen,
- neue Kunden werben,
- seinem Arbeitgeber Informationen über Abnehmer, die Konkurrenz und den Markt beschaffen.

Besitzt der Reisende keine Abschlussvollmacht, so beschränkt sich seine Tätigkeit auf die Vermittlung von Geschäften und die Entgegennahme von Bestellungen (= Vermittlungsreisender). Der Kaufvertrag kommt in diesem Fall mit der Bestellungsannahme bzw. der Lieferung der Ware zustande.

Der Einsatz eines Handlungsreisenden hat für das Unternehmen folgende Vor- und Nachteile:

Vorteile	Nachteile
– Als fest angestellter Mitarbeiter steht er seinem Arbeitgeber ständig und mit seiner ganzen Arbeitskraft zur Verfügung; – flexible Einsatzmöglichkeiten.	Aufgrund der Gehaltszahlungen entstehen für den Arbeitgeber fixe Kosten, die insbesondere in konjunkturschwachen Phasen, in denen der Absatz rückläufig ist, zu einer wirtschaftlichen Belastung führen; aus diesem Grund ist der Aufbau einer eigenen Absatzorganisation mit Reisenden nur dann zweckmäßig, wenn das Absatzgebiet voll erschlossen ist.

Unternehmensfremde Absatzorgane

Handelsvertreter

Im Gegensatz zum Reisenden ist der Handelsvertreter **selbstständiger Gewerbetreibender** (§ 84 HGB).

Selbstständig ist, wer im Wesentlichen seine Tätigkeit frei gestaltet und seine Arbeitszeit frei bestimmen kann.

Beispiel

Das Unternehmen Franz Rudolph, Elektrotechnik, hat ein neues Produkt zur Energieeinsparung in sein Sortiment aufgenommen. Es handelt sich um platzsparende Sonnenkollektoren. Man kann sie im Garten oder auf einem Flachdach, z. B. einer Garage, anbringen. Die Kollektoren sollen neben der normalen Heizungsanlage eingesetzt werden.

Um die Absatzchancen zu erhöhen, sind die Geräte den potenziellen Kunden bisher im direkten Kontakt durch den Reisenden Herrn Büttner angeboten worden. Doch die Anfangserfolge von Herrn Büttner halten nicht an. Dies ist offensichtlich auf die mangelnde Vertriebserfahrung und die scharfe Konkurrenz zurückzuführen.

Nun hatte Herr Rudolph vor längerer Zeit schon einmal die *Handelsvertreterin* Reich mit der Einführung eines von ihm neu entwickelten Produktes beauftragt. Er weiß, dass Frau Reich auch heute noch im Auftrag anderer Unternehmen weiter altbewährte Heizungsanlagen verkauft. Herr Rudolph beschließt daher, Frau Reich, die in Berlin ansässig ist, mit dem Absatz im Gebiet Brandenburg und Sachsen-Anhalt zu beauftragen. Denn Frau Reich ist als vertrauenswürdige Person bereits vielen Kunden bekannt, außerdem besitzt sie umfangreiches Fachwissen. Darüber hinaus wird Frau Reich im Gegensatz zum Reisenden Büttner nur für zustande gekommene Verträge bezahlt.

> Die ständige[1] Aufgabe des Handelsvertreters ist es, im Namen und für die Rechnung eines anderen Unternehmens Geschäfte zu vermitteln (= *Vermittlungsvertreter*) oder abzuschließen (= *Abschlussvertreter*).

Hinsichtlich seiner Aufgaben ist der Handelsvertreter

– **Vermittlungsvertreter,** wenn er lediglich Geschäfte für andere Unternehmen *vermittelt*. Die vermittelten Aufträge bedürfen daher noch der Bestätigung durch den Auftraggeber.

– **Abschlussvertreter,** wenn er Geschäfte im Namen und auf Rechnung anderer Unternehmen *abschließt*. Eine Bestätigung durch den Auftraggeber ist nicht mehr erforderlich.

Eine Inkassovollmacht berechtigt ihn Zahlungen entgegenzunehmen.

Der Handelsvertreter schließt Geschäfte für *ein* Unternehmen ab (= Einfirmenvertreter); er kann aber auch gleichzeitig für *mehrere* Unternehmen tätig sein (= Mehrfirmenvertreter). Voraussetzung: keine direkten Konkurrenzprodukte.

Diese Inhalte und weitere Regelungen werden im Vertrag zwischen Auftraggeber und Handelsvertreter geregelt, dem sog. **Agenturvertrag**.

---

[1] Der Handelsvertreter darf nicht nur von Fall zu Fall für den Unternehmer tätig sein.

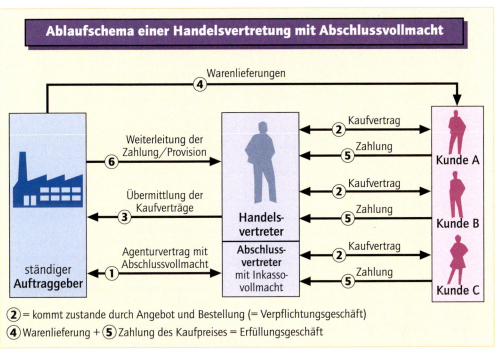

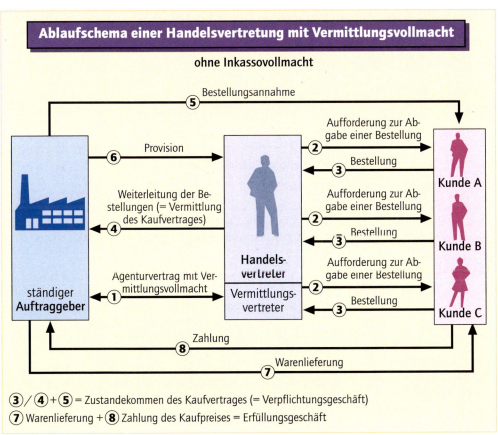

Pflichten des Handelsvertreters	Rechte des Handelsvertreters

– **Sorgfaltspflicht**
Sämtliche Geschäfte sind mit der Sorgfalt eines ordentlichen Kaufmanns auszuführen, z. B. die Prüfung der Zahlungsfähigkeit und Kreditwürdigkeit der Kunden.
– **Benachrichtigungspflicht**
Über die vermittelten oder abgeschlossenen Geschäfte muss das auftraggebende Unternehmen unverzüglich unterrichtet werden. Sollte es der Auftraggeber wünschen, muss über den Stand der Bemühungen Auskunft gegeben werden.
– **Bemühungspflicht**
Der Handelsvertreter hat sich um die Vermittlung oder den Abschluss von Geschäften zu bemühen. Dabei müssen die Interessen des Auftraggebers wahrgenommen werden.
– **Treuepflicht**
Geschäftsgeheimnisse dürfen nicht verwertet oder anderen Personen mitgeteilt werden. Das gilt auch für die Zeit nach Beendigung des Vertragsverhältnisses (§ 490 HGB).
– **Wettbewerbsverbot**
Der Handelsvertreter darf nicht gleichzeitig das Produkt eines Konkurrenten vertreten. Diese Regelung kann ausgedehnt werden, sodass es ihm untersagt ist, auch nach Beendigung seiner Tätigkeit für den Auftraggeber in Wettbewerb zu diesem Unternehmen zu treten.
	– **Recht auf Provision**
	Der Handelsvertreter erhält für jedes durch seine Dienste zustande gekommenes Geschäft eine Provision; die Höhe wird vertraglich vereinbart und wird fällig, sobald der Auftrag ausgeführt ist.
	– **Provisionsarten**
	  – *Abschlussprovision* bekommt der Handelsvertreter für sämtliche Geschäfte, die durch ihn vermittelt oder abgeschlossen wurden. Das gilt auch für Nachbestellungen von Kunden, die er durch seine Aktivitäten gewonnen hat.
	  – Anspruch auf *Delkredereprovision* hat er, wenn von ihm die Haftung für den Zahlungseingang übernommen wird.
	  – *Inkassoprovision* kann er beanspruchen für ordnungsgemäß eingezogene Rechnungsbeträge.
	– **Recht auf Überlassung von Unterlagen**
	Zur Ausübung seiner Tätigkeit kann der Handelsvertreter vom Auftraggeber die nötigen Unterlagen verlangen, wie Preislisten, Allgemeine Geschäftsbedingungen, Warenmuster, Werbematerial usw.,
	– **Recht auf Ausgleich**
	Auch wenn das Vertragsverhältnis zwischen Handelsvertreter und Auftraggeber bereits beendet ist, kann er eine angemessene Ausgleichsentschädigung für Geschäfte mit neuen Kunden verlangen. Voraussetzung ist jedoch, dass diese Kunden noch von ihm zuvor geworben wurden und dass der Unternehmer auch weiterhin erhebliche Vorteile aus dieser Geschäftsbeziehung hat. Der Ausgleichsanspruch beträgt maximal eine Jahresprovision (Berechnungsgrundlage: Durchschnitt der letzten fünf Jahre).

Nach dem *Tätigkeitsfeld* kann unterschieden werden zwischen
- **Platzvertreter**, der nur für einen Ort zuständig ist;
- **Bezirksvertreter**, der ein bestimmtes Gebiet oder einen bestimmten Kundenkreis zu betreuen hat. Provision erhält er für **sämtliche** Geschäfte, die in seinem Bezirk oder Kundenkreis zustande gekommen sind; seine unmittelbare Mitwirkung wird demnach nicht vorausgesetzt.

Kündigung

Der Agenturvertrag kann *gekündigt* werden:

- im 1. Jahr mit einer Frist von 1 Monat
- im 2. Jahr mit einer Frist von 2 Monaten
- 3.–5. Jahr mit einer Frist von 3 Monaten
- danach mit einer Frist von 6 Monaten

zum Monatsende (§ 89 HGB)

Handelsvertreter werden von den Unternehmen zur Vermittlung von Kaufverträgen eingesetzt, weil sie einerseits Spezialkenntnisse besitzen und andererseits, da sie auf Erfolgsbasis tätig sind, ein Absatzgebiet kostengünstig erschließen können. Die Provisionskosten sind für den Auftraggeber proportional, denn sie fallen und steigen proportional mit dem vom Handelsvertreter erbrachten Umsatz.

Handelsvertreter contra Handlungsreisender

Zur Lösung der Problemstellung, ob es vorteilhafter für ein Unternehmen ist, zukünftig einen Reisenden oder einen Vertreter zu beschäftigen, ist die folgende Kriterienliste hilfreich:

Kriterium[1]	Reisender	Einfirmenvertreter	Mehrfirmenvertreter
vertragliche Bindung	§ 59 ff. HGB, unselbstständig, stark weisungsgebunden	§ 84 ff. HGB, selbstständig, grundsätzlich nicht weisungsgebunden	in der Regel wie Einfirmenvertreter
Arbeitszeit und Tätigkeit	Vorgabe durch das Unternehmen, Umsatzsoll	freie Gestaltung im Rahmen des Vertrages	in der Regel wie Einfirmenverteter
Entgelt	Gehalt, evtl. Provision und Prämie	Provision vom erzielten Umsatz (Deckungsbeitrag)	in der Regel wie Einfirmenverteter
zusätzliche Kosten	Kfz-Kosten, Bürokosten, Sozialleistungen, Telefonkosten, Tagegelder, Übernachtungsgelder	eventuell aus Vertrag, z. B. garantiertes Einkommen	in der Regel keine
Kostencharakter	größtenteils fix	fast nur variabel	in der Regel variabel
Kundenbearbeitung	weitgehend nach Vorgabe durch die Verkaufsleitung	nach eigener Entscheidung in Abstimmung mit der Verkaufskonzeption des Unternehmens	wie Einfirmenvertreter, Überschneidungen können auftreten
Kontakte zu Kunden	auf der Basis des Verkaufsprogramms und persönlicher Beziehungen	auf der Basis des Verkaufsprogramms und persönlicher Beziehungen	sehr vielseitige Kontakte durch das breite Verkaufsprogramm von verschiedenen Unternehmen
Interessenlage	vertritt vorwiegend Interessen des Unternehmens	vertritt Interessen des Unternehmens und „eigene" Interessen	vertritt vorwiegend sein Interesse und das seiner Kunden
Änderung der Verkaufsbezirke	grundsätzlich leicht möglich	schwieriger, nur mit Einverständnis des Vertreters, sonst Änderungskündigung	wie Einfirmenvertreter
Berichterstattung	kann von Verkaufsleitung genau vorgeschrieben werden	muss vertraglich vereinbart werden	wie Einfirmenverteter
Einsatzmöglichkeiten	grundsätzlich im gesamten Unternehmen	nur im Rahmen des Vertrages	Rücksichtnahme auf die anderen vertretenen Unternehmen
Arbeitskapazität	steht dem Unternehmen voll zur Verfügung	steht dem Unternehmen voll zur Verfügung	verteilt sich auf mehrere Unternehmen
Arbeitsweise	weitgehend unternehmensorientiert	unternehmens- und einkommensorientiert	vorwiegend einkommensorientiert
Verkaufstraining	integrierter Bestandteil der Aus- und Weiterbildung	dem Vertrag entsprechend	schwieriger möglich, nur im Rahmen des Vertrages
Nebenfunktion	Verkaufsförderung, Markterkundung, Kundendienst	entsprechend der vertraglichen Vereinbarung	schwieriger möglich, nur im Rahmen des Vertrages
Kündigung	wie bei jedem Angestellten	Sonderregelung, eventuell Ausgleichsanspruch nach § 89 HGB	wie Einfirmenvertreter

[1] aus: Weis, Hans Christian, Kiehl Verlag, 14. Auflage, Ludwigshafen (Rhein) 2007

Generell ist bei einer derartigen Entscheidung zu berücksichtigen
- die Kostensituation des Unternehmens,
- die Unternehmensgröße und
- die jeweiligen Aufgabenbereiche der beiden Absatzmittler.

Die folgende rechnerische Überlegung (Kostenvergleichsrechnung) des Vertriebsleiters der Grotex GmbH Herrn Trumpf soll ihn bei seiner Entscheidungsfindung einen Schritt weiterbringen:

Handlungsreisender	Handelsvertreter
Fixum p. a.: 30.000,00 € Umsatzprovision: 3 %	Provision vom Umsatz: 9 %

Herr Trumpf will nun ermitteln, ab *welcher Umsatzhöhe* sich der Einsatz eines fest angestellten Reisenden lohnt (= kritischer Umsatz):

a) mathematische Lösung

$$30.000 + \frac{3}{100} x = \frac{9}{100} x$$

$$\frac{6}{100} x = 30.000$$

$$x = \underline{500.000 \text{ €}}$$

$$\left[\begin{array}{l} 500.000 \cdot 0{,}09 = 45.000 \text{ €} \\ 500.000 \cdot 0{,}03 + 30.000 = 45.000 \text{ €} \end{array} \right.$$

b) grafische Lösung

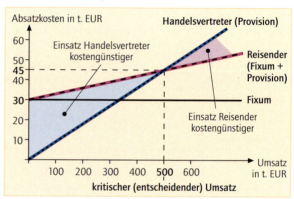

Die beiden Kurven schneiden sich bei einer Umsatzhöhe von 500.000 € (= kritischer Umsatz). Bei einer Umsatzhöhe bis 500.000 € ist es für die Grotex GmbH lohnenswerter, einen Handelsvertreter einzusetzen. Über 500.000 € Umsatz ist der Einsatz eines Reisenden kostengünstiger.

Da Herr Trumpf im kommenden Geschäftsjahr für das neu zu betreuende Absatzgebiet einen Umsatz in Höhe von etwas mehr als 550.000 € erwartet, wäre es vom kostenrechnerischen Standpunkt aus betrachtet naheliegend der Geschäftsleitung den Einsatz eines Reisenden zu empfehlen:

Kosten des Handlungsreisenden

$550.000 \cdot 0{,}03 + 30.000 = \underline{46.500 \text{ €}}$

Kosten des Handelsvertreters

$550.000 \cdot 0{,}09 = \underline{49.500 \text{ €}}$

Kommissionär

Beispiel

Der Verkauf der Sonnenkollektoren ist auch für die Handelsvertreterin Reich nicht einfach. Viele Kunden stehen dem neuen Produkt doch noch sehr skeptisch gegenüber. Bemerkbar macht sich auch, dass das Unternehmen *Franz Rudolph, Elektrotechnik*, den meisten Kunden unbekannt ist (Handelsvertreterin Reich arbeitet ja im Namen von Franz Rudolph). Herr Rudolph benötigt deshalb jemanden, der den Kunden bekannt und daher vertrauenswürdig ist. Weiterhin soll sein Unternehmen nach außen hin gar nicht mehr in Erscheinung treten. Die für ihn handelnde Person muss andererseits jedoch ein großes Interesse am Verkauf seiner Sonnenkollektoren haben.

Bei seiner Suche stößt er auf den *Kommissionär* Herrn Henke, der diese Bedingungen erfüllt.

> Kommissionär ist, wer es gewerbsmäßig übernimmt, Waren oder Wertpapiere für Rechnung seines Auftraggebers (Kommittenten) in eigenem Namen zu kaufen (Einkaufskommissionär) oder zu verkaufen (Verkaufskommissionär). (§ 383 HGB).

Da der Kommissionär die Waren im *eigenen Namen* verkauft, erfahren die Kunden nicht, dass er **nicht Eigentümer der Ware** ist und sie nur im Auftrag verkauft.

Der Verkauf *auf Rechnung seines Auftraggebers* besagt, dass der Verkaufspreis (abzüglich Provision) dem Auftraggeber zusteht.

Einkaufs- als auch Verkaufskommissionäre können **ständig** oder **von Fall zu Fall** für den Auftraggeber tätig sein. Grundlage ist ein **Kommissionsvertrag**.

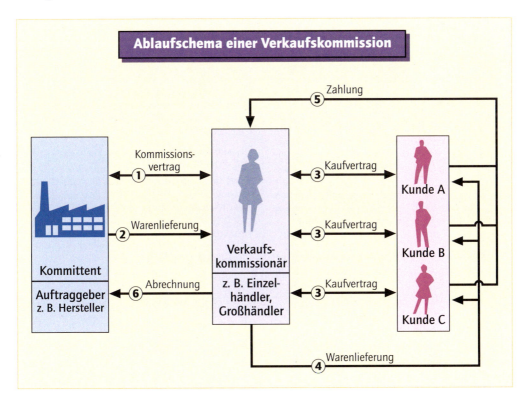

Erklärung zum Ablaufschema

❷ Warenlieferung:
Kommittent bleibt Eigentümer der Kommissionsware; **Kommissionär wird Besitzer**.

❸ Warenlieferung:
Kommissionär verkauft die Kommissionsware in eigenem Namen. Mit der Eigentumsübertragung an einen Dritten verliert der Kommittent sein Eigentum an der Kommissionsware.

❺ Zahlung:
Der Rechnungsbetrag für die verkaufte Ware wird an den Verkaufskommissionär überwiesen, weil er die Ware in eigenem Namen verkauft hat. Er ist aber zur Weiterleitung des Betrages an den Kommittenten verpflichtet.

❻ Kommissionär rechnet die verkaufte Kommissionsware ab:
Verkaufspreis ./. Provision, u. U. ./. Provision für die Haftung des Zahlungseingangs (Delkredereprovision), ./. Verkaufskosten = Überweisungsbetrag an den Kommittenten.
Nicht verkaufte Ware kann an den Kommittenten zurückgeschickt werden.

Pflichten des Kommissionärs	Rechte des Kommissionärs
– **Sorgfaltspflicht** (§ 384 HGB) Sämtliche Geschäfte müssen mit der Sorgfalt eines ordentlichen Kaufmanns ausgeführt werden, z. B. ordnungsgemäße Warenpflege und -lagerung. – **Befolgungspflicht** (Weisungsgebundenheit) Die Vorschriften und Weisungen des Auftraggebers (Kommittenten) sind genauestens zu befolgen. Dies gilt insbesondere hinsichtlich der vorgeschriebenen Preisgrenze, die z. B. beim Verkauf nicht unterschritten werden darf. – **Anzeigepflicht** (Benachrichtigungspflicht) Ein ausgeführtes Kommissionsgeschäft (Kauf bzw. Verkauf) muss dem Auftraggeber unverzüglich mitgeteilt werden (§ 384 HGB). – **Abrechnungspflicht** Jedes ausgeführte Kommissionsgeschäft muss mit dem Kommittenten abgerechnet werden. Der Verkaufskommissionär beispielsweise überweist den eingenommenen Rechnungsbetrag abzüglich seiner Provision und sonstigen Aufwendungen an den Kommittenten. Sind bei dem Geschäft günstigere Bedingungen ausgehandelt worden (z. B. günstigere Rabatte oder Preise), so kommen diese unmittelbar dem Auftraggeber zugute. – **Haftungspflicht** Der Kommissionär haftet für Beschädigungen und den Verlust der in seinem Besitz befindlichen Waren.	– **Recht auf Provision** (§§ 394, 396, 403 HGB) **Nach Erfüllung** des Kaufvertrages steht dem Kommissionär für seine Tätigkeit eine Provision zu. – **Recht auf Ersatz besonderer Aufwendungen** (§ 396 HGB) Sind dem Kommissionär bei der Ausführung des Kommissionsgeschäftes besondere Aufwendungen entstanden, z. B. Fracht, Hausfracht, Wiegegebühren, Zoll, Maklergebühr, Telefonkosten, Versicherung usw., kann er Erstattung verlangen. – **Selbsteintrittsrecht** (§§ 400, 403 HGB) Der Kommissionär kann Waren, die er für Kommissionsgeschäfte erworben hat, selbst erwerben. Der Verkaufskommissionär z. B. hat so den Vorteil, dass er den Differenzbetrag zwischen der (niedrigeren) Preisgrenze und dem (höheren) Verkaufspreis für sich erwirtschaftet. Der Selbsteintritt muss gemeldet werden (§ 405 HGB). – **Gesetzliches Pfandrecht** (Zurückbehaltungsrecht) (§ 397 HGB) Der Kommissionär hat ein Pfandrecht an der vom Kommittenten gelieferten Ware. Bedeutung: Wenn der Kommittent mit seinen Zahlungen im Verzug ist (z. B. mit Provisionen oder der Erstattung von Auslagen), kann der Kommissionär die bei ihm lagernde Ware als Pfand zurückbehalten, bis seine Ansprüche erfüllt sind.

Von besonderer Bedeutung ist der Kommissionär als Kaufmann mit Fachwissen. Aufgrund der ihm bekannten Märkte ist er hilfreich bei der **Einführung neuer Produkte**. Neben den Kenntnissen über das Absatzgebiet kennt er die Erwartungen, Ansprüche und wirtschaftlichen Verhältnisse der Kunden. Für den Auftraggeber übernimmt er die Lagerhaltung und die Rechnungsabwicklung.

Die **Vorteile** des Kommissionsgeschäftes **für den Kommissionär** sind darin zu sehen, dass er

– erst nach Erfüllung des Vertrages bezahlen muss,

– stets ein tiefes und breites Sortiment anbieten,

– nicht verkaufte Ware nach Ablauf einer bestimmten Frist zurückgeben kann.

Der Kommittent

– trägt daher allein das Absatzrisiko,

– spart aber andererseits Lagerkosten.

Der Handelsmakler

Handelsmakler = **Gewerbetreibender**, der von Fall zu Fall gewerbsmäßig die Vermittlung von Handelsgeschäften (= bewegliche Sachen und Wertpapiere) für andere Personen übernimmt. Er übt daher seine Tätigkeit **im fremden Namen und für fremde Rechnungen aus** (§ 93 HGB).

Beispiel

Die Werbekampagne eines Kaffeerösters in Hamburg für eine neue Sorte Filterkaffee war so erfolgreich, dass seine Lager schon nach kurzer Zeit geräumt sind und er unbedingt 100 000 Sack neuen Rohkaffee benötigt.

In diesem dringenden Fall wendet er sich an einen erfahrenen Fachmann, den *Handelsmakler* Simon. Herr Simon kann auch weiterhelfen. Er hat erfahren, dass in Brasilien ein Großplantagenbesitzer aufgrund einer außergewöhnlich guten Kaffee-Ernte einen Großteil dieser Ernte einlagern musste.

Herr Simon *vermittelt* das Geschäft zwischen Kaffeeröster und Plantagenbesitzer und erhält dafür eine entsprechende Vermittlungsgebühr, die sogenannte Courtage.

Der Handelsmakler **vermittelt** Verträge, er **schließt sie nicht ab**. Insofern wird das *Erfüllungsgeschäft* inklusive der Kaufpreiszahlung – anders als beim Kommissionär, der im eigenen Namen handelt und die Lagerhaltung übernimmt – *zwischen Käufer und Verkäufer abgewickelt*.

Nach dem Gegenstand des vermittelten Geschäftes kann unterschieden werden:

- **Warenmakler.** Er vermittelt den Kauf von Waren.
- **Wertpapiermakler** (Effektenmakler): Seine Tätigkeit besteht in der Vermittlung von Wertpapieran- und -verkäufen an der Wertpapierbörse. Effektenmakler sind vereidigte Kursmakler (von der Landesregierung ernannt) und unterstehen der Börsenordnung.
- **Versicherungsmakler:** Er vermittelt Seeversicherungen.
- **Frachtmakler:** Geht es um die Vermittlung von Frachtverträgen zwischen dem Absender und dem Frachtführer, so wird der Frachtenmakler tätig.
- **Schiffsmakler:** Er vermittelt in den Seehäfen Verträge über freien Schiffsraum.

Neben dem Handelsmakler gibt es den **Zivilmakler**, der Verträge vermittelt, denen keine Gegenstände des Handelsverkehrs zugrunde liegen, wie z. B. Immobilien, Ehen, Festivals und Konzerte. Da er nicht Kaufmann kraft Grundhandelsgewerbe gemäß § 1 HGB ist, gelten für ihn auch nicht die Vorschriften des HGB. Unter Umständen kann er aber Vollkaufmann sein, wenn sein Geschäftsumfang eine kaufmännische Einrichtung erforderlich macht.

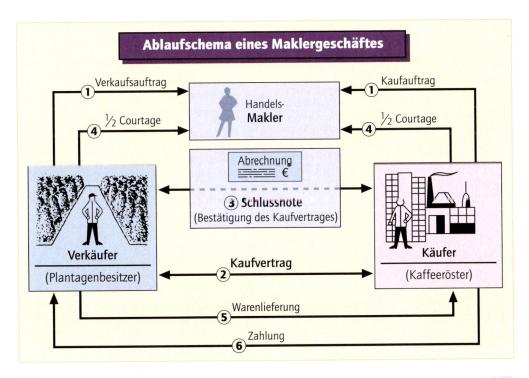

Pflichten des Handelsmaklers

- **Sorgfaltspflicht** (§ 98 HGB)
  Er hat die Interessen **beider** Auftraggeber wahrzunehmen (Neutralität). Ist einem der Vertragsparteien durch seine Schuld ein Schaden entstanden, so muss er für den Schaden haften.

- **Pflicht zur Ausstellung der Schlussnote**
  (§§ 96, 100 HGB) (Beurkundungspflicht)
  Nach Abschluss des Geschäftes muss der Handelsmakler unverzüglich jeder Vertragspartei eine von ihm unterschriebene Urkunde (= **Schlussnote**) zustellen. Aus der Schlussnote müssen alle wichtigen Inhalte des Vertrages hervorgehen. Sie ist ein Beweismittel für den Abschluss und den Inhalt des vermittelten Geschäfts.

- **Pflicht zur Tagebuchführung**
  In das Tagebuch sind täglich alle vermittelten Geschäfte einzutragen und zu unterschreiben. Die Vertragsparteien haben das Recht, Auszüge aus dem Tagebuch zu verlangen.

- **Pflicht zur Aufbewahrung von Proben** (§ 96 HGB)
  Sofern das vermittelte Geschäft aufgrund einer Warenprobe zustande gekommen ist, muss die Probe so lange aufbewahrt werden, bis das *Erfüllungsgeschäft* abgeschlossen ist.

- **Selbsteintrittspflicht** (§ 95 HGB)
  Ist in der Schlussnote nur eine Partei genannt (weil z. B. der Käufer noch fehlt), so muss der Handelsmakler selbst in den Vertrag eintreten.

Rechte des Handelsmaklers

- **Recht auf Provision** (§ 99 HGB)
  Da er für Käufer **und** Verkäufer tätig ist, erhält er seine Provision oder Maklergebühr (= **Courtage**) von beiden Vertragsparteien. Ist nichts anderes vereinbart, zahlt jede Partei die Hälfte, fällig **nach Abschluss** des Geschäftes. Er hat weder Anspruch auf Ersatz seiner Auslagen, noch hat er ein Inkassorecht.

Aufgaben

1. a) Welches Merkmal haben Kommissionär, Handelsmakler und Handelsvertreter gemeinsam und
   b) worin unterscheiden sich Kommissionär und Handelsmakler?

2. Das Unternehmen Erich Naumann, Elektrotechnische Anlagen GmbH, stellt Geräte für die Elektro- und Nachrichtentechnik her. Es ist in Stuttgart ansässig und will seine Produkte nun auch in Norddeutschland und im benachbarten Frankreich und Österreich einführen. Welcher Absatzhelfer ist geeignet, die Neueinführung der Geräte zu übernehmen?

3. Worin besteht der Unterschied zwischen einem Vermittlungs- und einem Abschlussvertreter?

4. Welche der aufgeführten Merkmale sind
   a) dem Handelsmakler bzw.
   b) dem Zivilmakler zuzuordnen?
   - Schiffsmakler
   - Effektenmakler
   - Immobilienmakler
   - Ehemakler
   - Künstleragent
   - Versicherungsmakler
   - Frachtenmakler

5. Erläutern Sie folgende Rechte und Pflichten des Handelsvertreters:
   - Sorgfaltspflicht
   - Treuepflicht
   - Benachrichtigungspflicht
   - Wettbewerbsverbot
   - Bemühungspflicht

6. Ein Unternehmen steht vor der schwierigen Aufgabe, den Absatz seiner Produkte in einem neuen Absatzgebiet durch einen unternehmensfremden Absatzmittler übernehmen zu lassen. Vergleichen Sie zu diesem Zweck in einer Gegenüberstellung die Vor- und Nachteile beim Einsatz eines Kommissionärs bzw. eines Handelsvertreters.

7. Ordnen Sie die Kennziffer von drei der insgesamt vier Aussagen den Begriffen zu. Aussagen zu Absatzhelfern
   a) Gewerbetreibender, der ständig damit beauftragt ist, für einen Auftraggeber Geschäfte zu vermitteln oder in dessen Namen abzuschließen.

b) Gewerbetreibender, der im eigenen Namen für seinen Auftraggeber dessen Waren verkauft. Der Kaufmann übernimmt die Lagerung der gelieferten Waren, bezahlt jedoch nur die von ihm weiterverkauften.

c) Absatzhelfer, der Angestellter des Unternehmens ist, im Namen und für Rechnung seines Arbeitgebers Geschäfte abschließt und für seine Tätigkeit ein monatliches Fixum erhält.

d) Gewerbetreibender, der von Fall zu Fall Verträge über Gegenstände des Handelsverkehrs vermittelt.

8. Welchen Vorteil bietet das Kommissionsgeschäft dem Kommissionär?

9. Was verstehen Sie unter Delkredereprovision?

10. Worin bestehen die Unterschiede zwischen Kommissionär und Handelsvertreter hinsichtlich ihrer Pflichten?

11. Warum hat ein Handelsvertreter nach Beendigung des Vertragsverhältnisses ein Recht auf Ausgleich?
Berechnen Sie den maximalen Ausgleichsanspruch, wenn der Handelsvertreter in den letzten sieben Jahren folgende Umsätze erzielt:
1. 870.000,00 €; 5. 1.170.000,00 €;
2. 1.003.200,00 €; 6. 1.380.400,00 €;
3. 930.000,00 €; 7. 985.000,00 €
4. 1.580.200,00 €; (letztes Jahr).
Der Provisionssatz war mit 4,3 % festgelegt.

12. Warum erwirbt der Verkaufskommissionär kein Eigentum am Kommissionsgut?

13. Was verstehen Sie unter dem gesetzlichen Pfandrecht des Kommissionärs?

14. Welche Bedeutung hat die Pflicht des Handelsmaklers zum Selbsteintritt?

15. a) Vergleichen Sie den Handlungsreisenden und den Handelsvertreter bezüglich ihrer
 – Rechtsstellung,
 – Dauer der Tätigkeit und
 – Vergütung.

b) Entscheiden Sie, ob im nachstehend aufgeführten Fall ein Vertreter oder ein Reisender eingesetzt werden soll. Ermitteln Sie hierzu den „kritischen Umsatz".
Reisender: Fixum 48.000 € p. a.; Umsatzprovision 4 %
Handelsvertreter: Umsatzprovision 12 %
Erwarteter Jahresumsatz: 450.000 €.
 – Das Ergebnis ist mathematisch und grafisch zu ermitteln.
 – Ihre Entscheidung hinsichtlich des Einsatzes eines bestimmten Absatzmittlers ist zu begründen.

c) Eine Alternative zum Einsatz eines Handelsvertreters besteht für das Großhandelsunternehmen in der Einrichtung eigener Verkaufsniederlassungen.
Nennen Sie jeweils zwei betriebswirtschaftliche Argumente, die für das eine bzw. andere Distributionsorgan sprechen.

16. Im Unternehmen Matthei GmbH plant man für den Vertrieb eines neuen Artikels Handlungsreisende oder Handelsvertreter als Absatzmittler einzusetzen. Die Entscheidung soll einzig und allein unter Kostenaspekten erfolgen.

Kosten für den Handelsvertretereinsatz
– Umsatzprovision: 7,5 %
 – Auslagenersatz je Monat: 500 € pauschal

Kosten beim Einsatz eines Reisenden
– Fixum pro Monat: 4.000 €
– Umsatzprovision: 2,5 %
– Sonstige Kosten je Monat: 1.200 €

Der erwartete Jahresumsatz liegt bei 1,5 Millionen €.

a) Bei welcher Umsatzhöhe entsprechen sich die Kosten der beiden Absatzmittler (kritischer Umsatz)?

b) Für welches Distributionsorgan würden Sie sich bei dem erwarteten Umsatz entscheiden?
Ermitteln Sie hierzu rechnerisch die Kosten, die für den Vertreter und den Reisenden pro Jahr anfallen.

Zusammenfassung

Die Absatzhelfer des Kaufmanns außerhalb des Unternehmens

unternehmenseigene	unternehmensfremde		
Reisender	Handelsvertreter	Kommissionär	Handelsmakler
Begriff und Tätigkeit			
Der Reisende schließt im **fremden Namen** und für **fremde Rechnung** Geschäfte ab.	Der Handelsvertreter ist mit der Vermittlung oder dem Abschluss von Verträgen **im fremden Namen für fremde Rechnung** beauftragt (Vermittlungs- oder Abschlussvollmacht).	Der Kommissionär schließt Verträge **im eigenen Namen für fremde Rechnung** ab. (Abschlussvollmacht) – Die Ware wird nicht sein Eigentum!	Der Handelsmakler vermittelt **im fremden Namen für fremde Rechnung** Geschäfte. (Vermittlungsvollmacht).
Rechtsgrundlage			
Arbeitsvertrag	Agenturvertrag	Kommissionsvertrag	Maklervertrag
Rechtsstellung			
kaufmännischer Angestellter	selbstständiger Gewerbetreibender		
Dauer der Tätigkeit, Vergütung			
ständig; Fixum (festes Gehalt), oft Umsatzprovision	ständig; Provision • Umsatzprovision • evtl. Delkredereprovision (bei Haftung für Eingang der Forderung) • evtl. Inkassoprovision	ständig und von Fall zu Fall; Provision (Kommission) • Umsatzprovision • evtl. Delkredereprovision • evtl. Inkassoprovision	von Fall zu Fall; Vermittlungsgebühr = **Courtage**: zu zahlen je zur Hälfte vom Käufer und Verkäufer; kein Auslagenersatz
Vorteile			
• arbeitet lediglich für ein Unternehmen • ist flexibel einsetzbar	Im Absatzgebiet ansässig mit engem Kontakt zu den Kunden; Provisionen sind nur nach erfolgreichen Vermittlungen fällig.	für den Kommissionär: • Wareneingang nicht sofort zu bezahlen • breites, tiefes (aktuelles) Sortiment • kein Absatzrisiko, da Rückgaberecht für den Auftraggeber (Lieferer): • geringe Lagerkosten • Ware in Kundennähe	

3.3 Individualarbeitsvertrag (Einzelarbeitsvertrag)

Petra Rötger hat sich bei Schreiber & Co. als Buchhalterin beworben. Während des Vorstellungsgesprächs vereinbart die Personalleiterin von Schreiber & Co. lediglich, dass Petra ab dem 1. Oktober 20.. als Buchhalterin beschäftigt werden soll.

Welche weiteren Punkte hätten Petra und die Personalleiterin während des Vorstellungsgespräches unbedingt klären sollen?

Information

Abschluss des Arbeitsvertrages

Der Arbeitsvertrag wird zwischen einem Arbeitgeber und einem Arbeitnehmer abgeschlossen.

Minderjährige benötigen für den Abschluss eines Arbeitsvertrages grundsätzlich die Zustimmung ihres gesetzlichen Vertreters.

Der Arbeitsvertrag wird in der Regel schriftlich abgeschlossen. Gesetzlich ist der Abschluss des Arbeitsvertrages jedoch an keine Form gebunden. Für den Abschluss eines Arbeitsvertrages genügt auch eine mündliche Einigung zwischen Arbeitnehmer und Arbeitgeber über die wichtigsten Arbeitsbedingungen (Eintrittstermin, Art der Arbeitsleistung und Höhe der Vergütung). In vielen Bereichen ist die Schriftform von Arbeitsverträgen jedoch durch Tarifverträge vorgeschrieben.

In Unternehmen mit mehr als zwanzig wahlberechtigten Arbeitnehmern muss der Arbeitgeber beim Abschluss des Arbeitsvertrages die Zustimmung des Betriebsrats einholen (siehe Kapitel 3.15).

Vertragsfreiheit

Grundsätzlich besteht beim Abschluss eines Arbeitsvertrages Abschlussfreiheit, d. h. die Beteiligten können frei darüber entscheiden, ob sie einen Arbeitsvertrag abschließen wollen. Die inhaltliche Gestaltungsfreiheit eines Arbeitsvertrages ist jedoch stark eingeschränkt durch

- gesetzliche Vorschriften (Gesetze und Rechtsverordnungen),
- Tarifverträge,
- Betriebsvereinbarungen.

Gesetze werden von den Parlamenten beschlossen: Bundesgesetze also vom Bundestag unter Mitwirkung des Bundesrates, Landesgesetze der einzelnen Bundesländer von deren Landtagen.

Rechtsverordnungen können von der Bundesregierung, einem Bundesminister oder einer Landesregierung erlassen werden, wenn diese durch ein Gesetz dazu ermächtigt sind.

Tarifverträge sind Vereinbarungen, die zwischen Gewerkschaften und Arbeitgeberverbänden oder einzelnen Arbeitgebern abgeschlossen werden.

Betriebsvereinbarungen sind Vereinbarungen zwischen dem Arbeitgeber und dem Betriebsrat über die Ordnung und die Arbeitsverhältnisse des einzelnen Betriebes.

Die gesetzlichen Bestimmungen, Tarifverträge und Betriebsvereinbarungen sollen den einzelnen Arbeitnehmer vor Benachteiligungen schützen. Ihre Inhalte stellen Mindestbedingungen dar, die durch den Arbeitsvertrag nicht unterschritten werden dürfen. Vertragsinhalte, die den Arbeitnehmer schlechter stellen, sind nichtig. Günstigere Vereinbarungen dürfen im individuellen Arbeitsvertrag jederzeit getroffen werden.

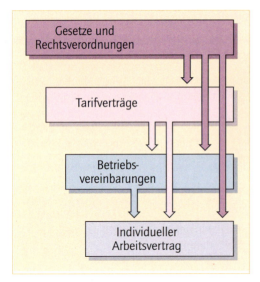

Beispiel

Einem Arbeitnehmer stehen laut Gesetz im Krankheitsfall sechs Wochen Gehaltsfortzahlung zu. Eine Vereinbarung im Arbeitsvertrag über acht Wochen Gehaltsfortzahlung ist gültig, weil sie den Arbeitnehmer besser stellt als die gesetzliche Regelung. Eine vertragliche Vereinbarung von vier Wochen Gehaltsfortzahlung wäre nichtig, weil sie den Arbeitnehmer schlechter stellt als das Gesetz.

Pflichten von Arbeitgeber und Arbeitnehmer

Mit dem Abschluss des Arbeitsvertrages übernehmen der Arbeitgeber und der Arbeitnehmer eine Reihe von Pflichten.

Die **Pflichten des Arbeitgebers** sind:

– **Vergütungspflicht:** Der Arbeitgeber muss für die erbrachte Arbeitsleistung des Arbeitnehmers eine Vergütung bezahlen. Der Arbeitgeber muss das Gehalt an seine kaufmännischen Angestellten spätestens am letzten Werktag des Monats bezahlen. Das Gehalt muss auch bei Arbeitsunfähigkeit wegen Krankheit bis zu sechs Wochen weiterbezahlt werden.

– **Beschäftigungspflicht:** Der Arbeitgeber ist verpflichtet dem Arbeitnehmer nicht nur Gehalt zu zahlen, sondern ihn auch tatsächlich zu beschäftigen.

– **Urlaubsgewährungspflicht:** Der Arbeitgeber muss dem Arbeitnehmer in jedem Kalenderjahr bezahlten Erholungsurlaub gewähren. Laut Bundesurlaubsgesetz hat jeder Arbeitnehmer einen Urlaubsanspruch von mindestens 24 Werktagen. Die überwiegende Mehrzahl der Arbeitnehmer hat allerdings aufgrund tariflicher Regelungen einen Anspruch auf mehr Urlaubstage. Den Urlaub regelmäßig durch Geldzahlungen abzugelten, ist unzulässig.

– **Fürsorgepflicht:** Der Arbeitgeber muss alle Arbeitsbedingungen so gestalten, dass der Arbeitnehmer gegen Gefahren für Leben und Gesundheit soweit wie möglich geschützt ist.

– **Zeugnispflicht:** Der Arbeitnehmer kann von seinem Arbeitgeber bei Beendigung des Arbeitsverhältnisses ein schriftliches Zeugnis verlangen (siehe Kapitel 3.6).

Die **Pflichten eines kaufmännischen Angestellten (= Handlungsgehilfen)** sind:

– **Arbeitspflicht:** Der Arbeitnehmer muss die im Arbeitsvertrag vereinbarte Arbeitsleistung erbringen.

– **Verschwiegenheitspflicht:** Der Arbeitnehmer darf Geschäfts- und Betriebsgeheimnisse nicht an Dritte mitteilen.

– **Verbot der Annahme von „Schmiergeldern":** Der Arbeitnehmer darf keine „Schmiergelder" annehmen.

Beispiel

Ein Bürobedarfsgroßhändler verspricht einem Einkäufer eines Industriebetriebes eine größere Geldsumme, wenn der Einkäufer den Bürobedarf des Industriebetriebes nur noch bei ihm einkauft.

– **Gesetzliches Wettbewerbsverbot:** Solange das Arbeitsverhältnis besteht, darf ein kaufmännischer Angestellter ohne Einwilligung des Arbeitgebers

  – nicht selbstständig ein Handelsgewerbe betreiben,

  – in dem Handelszweig des Arbeitgebers keine Geschäfte für eigene oder fremde Rechnung betreiben.

– **Nachvertragliches Wettbewerbsverbot:** Nach Beendigung des Arbeitsverhältnisses darf ein kaufmännischer Angestellter seinem bisherigen Arbeitgeber grundsätzlich *Konkurrenz* machen. Soll ein Wettbewerbsverbot auch nach Beendigung des Arbeitsverhältnisses bestehen, muss dieses ausdrücklich vertraglich geregelt werden. Dieses Wettbewerbsverbot darf nicht länger als zwei Jahre nach Beendigung des Arbeitsverhältnisses bestehen.

Aufgaben

1. Zwischen welchen Personen wird ein Arbeitsvertrag abgeschlossen?
2. Durch welche Regelungen wird die Gestaltungsfreiheit der Arbeitsvertragsinhalte eingeschränkt?
3. Zwischen einem Arbeitnehmer und einem Arbeitgeber wird ein vertraglicher Jahresurlaub von 30 Werktagen vereinbart. In einer Betriebsvereinbarung zwischen Betriebsrat und Arbeitgeber wurde für alle Betriebsangehörigen ein Jahresurlaub von 28 Werktagen vereinbart. Wie viel Tage Urlaub stehen dem Arbeitnehmer zu?
4. Welche Pflichten aus dem Arbeitsvertrag werden in folgenden Fällen verletzt?
   a) Ein Außendienstmitarbeiter weigert sich, einen Kunden zu besuchen, mit dem er schon einmal Schwierigkeiten gehabt hat.
   b) Die Kantine einer Lebensmittelgroßhandlung wird im Winter nicht geheizt.
   c) Der Arbeitgeber zahlt das März-Gehalt erst am 15. April.
   d) Ein Angestellter teilt dem Einkäufer eines Konkurrenzbetriebes die Einkaufspreise des eigenen Betriebes mit.
   e) Ein Arbeitgeber weigert sich, einer Angestellten für zwei Wochen, in denen sie arbeitsunfähig erkrankt war, Gehalt zu zahlen.
   f) Ein Verkäufer, der in der Bücher- und Zeitschriftenabteilung eines Warenhauses beschäftigt ist, arbeitet an seinem freien Tag in einer Buchhandlung.
   g) Ein Arbeitgeber weigert sich, einem Angestellten, der gekündigt hat, ein schriftliches Zeugnis auszustellen.
5. Unter welchen Voraussetzungen darf ein Angestellter auch nach Beendigung eines Arbeitsverhältnisses seinem bisherigen Arbeitgeber keine Konkurrenz machen?

Zusammenfassung

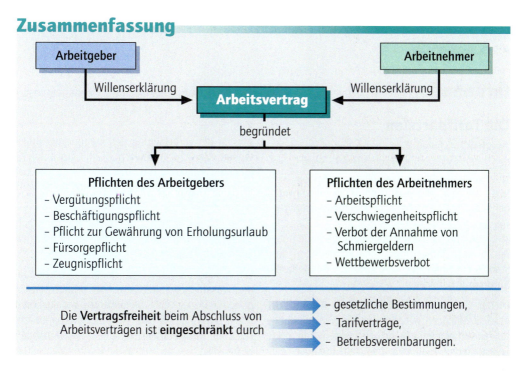

3.4 Tarifvertrag

Welche Gründe gibt es für Streitigkeiten zwischen Gewerkschaften und Arbeitgebern?

Information

Die Tarifparteien

Zwischen Gewerkschaften und Arbeitgeberverbänden – den sogenannten Tarifparteien – werden die Höhe von Löhnen und Gehältern, Arbeitszeit, Urlaub, Arbeitsbedingungen und anderes mehr ausgehandelt. Die Ergebnisse dieser Verhandlungen werden in Tarifverträgen festgehalten. Die Gewerkschaften und die Arbeitgeberverbände haben das Recht, diese Tarifverträge ohne Einmischung des Staates auszuhandeln. Dieses Recht wird als **Tarifautonomie** bezeichnet.

In der Bundesrepublik Deutschland haben sich etwa 8 Millionen Arbeitnehmer in Gewerkschaften zusammengeschlossen. Gewerkschaften sind Selbsthilfeorganisationen der Arbeitnehmer, die sich für die Verbesserung der Situation der arbeitenden Menschen einsetzen. Die Mitgliedschaft in einer Gewerkschaft ist freiwillig. Der größte Gewerkschaftsdachverband ist der Deutsche Gewerkschaftsbund (DGB).

Arbeitnehmer können sich z. B. aber auch im Deutschen Beamtenbund (DBB) oder im Christlichen Gewerkschaftsbund (CGB) organisieren.

Die Arbeitgeber haben sich in Arbeitgeberverbänden zusammengeschlossen. Der Bundesvereinigung der Deutschen Arbeitgeberverbände gehören direkt oder indirekt über 800 Einzelverbände an. Auch die Mitgliedschaft in Arbeitgeberverbänden ist freiwillig.

Der Ablauf von Tarifverhandlungen

Zu Beginn der Tarifverhandlungen zwischen Gewerkschaften und Arbeitgeberverbänden stellen die Gewerkschaften ihre Forderungen auf. Die Arbeitgeber machen ein Angebot, das niedriger ist als die Gewerkschaftsforderungen. Im Laufe der Verhandlungen versucht man einen Kompromiss zu erreichen, dem beide Tarifparteien zustimmen können. Kommt es zu keiner Einigung, können die Tarifparteien das Scheitern der Tarifverhandlungen erklären. Lässt eine der Tarifparteien die Verhandlungen scheitern, so schließt sich ein Schlichtungsverfahren nur dann an, wenn dieses zwischen den Tarifparteien zuvor in einem Abkommen vereinbart worden ist. An dem Schlichtungsverfahren nimmt die gleiche Anzahl Gewerkschafts- und Arbeitgebervertreter teil. Die Schlichtung wird von einem unparteiischen Vorsitzenden geleitet. Am Ende der Schlichtung steht ein mehrheitlich gefasster Einigungsvorschlag. Stimmen beide Tarifparteien dem Einigungsvorschlag zu, wird dieser als neuer Tarifvertrag abgeschlossen. Wird der Einigungsvorschlag von einer der beiden Tarifparteien abgelehnt, beginnt entweder eine neue Schlichtungsrunde oder es kommt zum Arbeitskampf.

Die Arbeitskampfmaßnahme der Gewerkschaften ist der **Streik**. Bei einem Streik legen die gewerkschaftlich organisierten Arbeitnehmer für einen vorübergehenden Zeitraum die Arbeit nieder. Bevor die Gewerkschaft einen Streik erklärt, stellt sie die Streikbereitschaft durch eine Abstimmung unter ihren Mitgliedern fest. Diese Abstimmung wird als **Urabstimmung** bezeichnet. Die Gewerkschaft ruft offiziell zum Streik auf, wenn bei der Urabstimmung mindestens 75 % der Gewerkschaftsmitglieder für einen Streik gestimmt haben. Ein Streik kann auf einzelne Betriebe beschränkt sein, aber auch ganze Wirtschaftszweige, z. B. alle Metall verarbeitenden Betriebe, umfassen. Ziel des Streiks ist es, durch Produktionsausfall oder Umsatzeinbußen die Arbeitgeber zu zwingen, auf die Forderungen der Gewerkschaften einzugehen.

Die Arbeitskampfmaßnahme der Arbeitgeber ist die **Aussperrung**. Als Reaktion auf einen Streik verweigern die Arbeitgeber gewerkschaftlich organisierten und nicht organisierten Arbeitnehmern, die Möglichkeit zu arbeiten.

Während des Arbeitskampfes erhalten die Arbeitnehmer weder Gehalt, Urlaub noch Gehaltsfortzahlung im Krankheitsfall. Die gewerkschaftlich organisierten Arbeitnehmer erhalten jedoch Streikgeld von ihrer Gewerkschaft. Die Höhe des Streikgeldes richtet sich nach dem monatlichen Gewerkschaftsbeitrag des Einzelnen. Arbeitnehmer, die nicht in einer Gewerkschaft organisiert sind, bekommen kein Streikgeld. Die bestreikten Arbeitgeber werden aus dem Arbeitskampffonds ihres Arbeitgeberverbandes unterstützt.

Der Arbeitskampf wird beendet, wenn sich die beiden Tarifparteien in neuen Verhandlungen oder im Rahmen eines besonderen Schlichtungsverfahrens einigen. Es kommt zu einem neuen Tarifvertrag, wenn beide Seiten der in der Verhandlung oder dem Schlichtungsverfahren erzielten Einigung zustimmen.

Die Gewerkschaften müssen dazu ihre Mitglieder in einer erneuten Urabstimmung befragen. Die Satzungen der meisten Gewerkschaften (z. B. IG Metall, ver.di) schreiben für die Annahme des Tarifvertrages eine Zustimmung von mindestens 25 % der Gewerkschaftsmitglieder vor. Solange der neue Tarifvertrag gültig ist, besteht für die beiden Tarifparteien **Friedenspflicht**, d. h. dass während der Gültigkeitsdauer des Tarifvertrages von den vertragschließenden Gewerkschaften und Arbeitgeberverbänden keine Arbeitskampfmaßnahmen (Streik und Aussperrung) durchgeführt werden dürfen.

Die Bindung des Tarifvertrages

Tarifverträge gelten nur für die Mitglieder der Tarifparteien (Gewerkschaften und Arbeitgeberverbände). Für die nicht organisierten Arbeitnehmer gilt der Tarifvertrag nur dann, wenn er für allgemeinverbindlich erklärt wurde. Der Bundesminister für Arbeit und Soziales kann einen Tarifvertrag auf Antrag einer Tarifpartei für allgemeinverbindlich erklären. Damit ist der Tarifvertrag auch für nicht organisierte Arbeitgeber und Arbeitnehmer gültig.

Inhalt der Tarifverträge

Nach dem Inhalt werden Mantel- oder Rahmentarifverträge und Lohn- und Gehaltstarifverträge unterschieden.

Manteltarifverträge regeln Allgemeine Arbeitsbedingungen, wie z. B. Kündigungsfristen, Urlaubsregelungen, Dauer der täglichen und wöchentlichen Arbeitszeit, Nachtarbeit, Mehrarbeit, Sonn- und Feiertagszulagen, Vorschriften über Schlichtungsverfahren.

In **Lohn- und Gehaltstarifverträgen** sind die getroffenen Vereinbarungen über Lohn- bzw. Gehaltshöhen enthalten. In diesen Verträgen werden sehr häufig Tätigkeitsmerkmale für verschiedene Lohn- und Gehaltsgruppen beschrieben, nach denen die Arbeitnehmer eingruppiert werden.

Beispiel

Gehalts- und Lohntarifvertrag
Groß- und Außenhandel Niedersachsen (Auszug)
§ 3 – **Gehaltsgruppen** – Gruppe 3
Oberbegriffe

Ausführen von Tätigkeiten nach Anweisungen, die eine abgeschlossene Ausbildung als Kaufmann/-frau im Groß- und Außenhandel, als Bürokaufmann/-frau oder eine gleichwertige Berufsausbildung voraussetzen. Diese Kenntnisse und Fertigkeiten können auch durch entsprechende praktische Tätigkeit von mindestens vier Jahren erworben worden sein; der Besuch einer Handelsfachschule mit erfolgreich abgelegter Abschlussprüfung wird auf diese Frist bis zu einem Jahr angerechnet. Ihr ist gleichgestellt:

a) Anlernberuf mit bestandener Abschlussprüfung und einjähriger kaufmännischer Tätigkeit,

b) bei Stenotypisten und Stenotypistinnen genügt eine der nachgenannten Voraussetzungen:

1) Stenotypisten/innenprüfung vor der Industrie- und Handelskammer in Kurzschrift und Maschinenschreiben (150 Silben-Kurzschrift und 210 Schreibmaschinenanschläge);

2) Vorbildung auf einer Vollhandelsschule von mindestens zwei Jahren;

3) mittlere Reife und Vorbildung auf einer Vollhandelsschule von einem Jahr.

c) bei technischen Angestellten die dem Berufsbild entsprechende Ausbildung mit bestandener Abschlussprüfung.

Tätigkeitsbeispiele:

Bearbeiten von Aufträgen. Erstellen von regelmäßig wiederkehrenden Angeboten und Bestellungen, Anbieten und Verkaufen von Waren und/oder Dienstleistungen im Innendienst sowie im Außendienst mit Ordersatz, Tätigkeit als Fahrverkäufer/-in, telefonische Auftragsannahme mit Beratung, Reisendentätigkeit ohne Abschlussvollmacht, Prüfen von ein- und ausgehender Ware nach fachlichen Merkmalen, Bedienen einer Fernsprechanlage mit Empfangstätigkeit und Kenntnis des Geschäftsbetriebes, Anfertigen von Schriftstücken nach genauen Angaben, Aufnehmen sowie form- und stilgerechtes Wiedergeben von Diktaten mittels Stenogramm oder von Tonträgern, Kontieren von Belegen nach Kontenrahmen, Prüfen von Eingangs- oder Ausgangsrechnungen auf sachliche Richtigkeit, Buchungsarbeiten maschinell oder von Hand, Kassieren, Bearbeiten und Überprüfen von Sach- und Kontokorrentkonten, Verwalten einer Registratur, Ausführen von Arbeiten nach Vorlagen an Datenverarbeitungsanlagen bei Routine-Programmen

Die Bestimmungen der Tarifverträge sind Mindestbedingungen. Abmachungen in Einzelarbeitsverträgen zwischen Arbeitgeber und Arbeitnehmer dürfen die Normen des Tarifvertrages nicht unterschreiten. Die Vereinbarungen im Einzelarbeitsvertrag dürfen den Arbeitnehmer jedoch besser stellen, als es die Bestimmungen des Tarifvertrages regeln.

Aufgaben

1. Wer sind die beiden Tarifparteien?
2. Für wen gelten die Bestimmungen eines Tarifvertrages, wenn er nicht für allgemein verbindlich erklärt wurde?
3. Wer darf Tarifverträge für allgemeinverbindlich erklären?
4. Beschreiben Sie den möglichen Ablauf von Tarifverhandlungen.
5. Welche Voraussetzung muss erfüllt sein, damit eine Gewerkschaft den Streik erklären kann?
6. Welche Regelungen enthält
   a) ein Manteltarifvertrag?
   b) ein Lohn- und Gehaltstarifvertrag?
7. Welche Auswirkungen haben Arbeitskampfmaßnahmen auf Arbeitgeber, gewerkschaftlich organisierte und nicht organisierte Arbeitnehmer?

Zusammenfassung

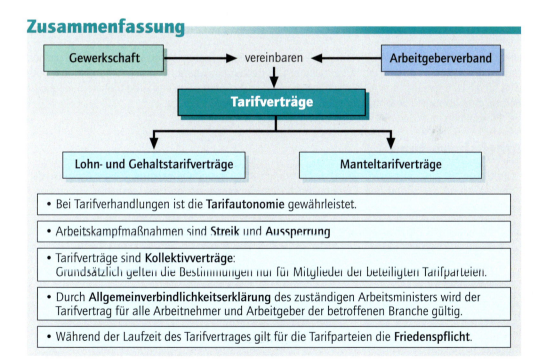

- Bei Tarifverhandlungen ist die **Tarifautonomie** gewährleistet.
- Arbeitskampfmaßnahmen sind **Streik** und **Aussperrung**
- Tarifverträge sind **Kollektivverträge**: Grundsätzlich gelten die Bestimmungen nur für Mitglieder der beteiligten Tarifparteien.
- Durch **Allgemeinverbindlichkeitserklärung** des zuständigen Arbeitsministers wird der Tarifvertrag für alle Arbeitnehmer und Arbeitgeber der betroffenen Branche gültig.
- Während der Laufzeit des Tarifvertrages gilt für die Tarifparteien die **Friedenspflicht**.

3.5 Entlohnung der Arbeit

Arbeitnehmer am Fließband

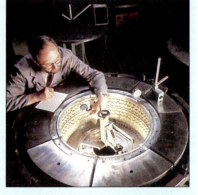

Arbeitnehmer bei der Präzisionsarbeit

Warum werden beide Arbeitnehmer nach einem unterschiedlichen Entlohnungssystem bezahlt?

Information

Unter Lohn versteht man den Preis für geleistete unselbstständige Arbeit. Den Arbeitnehmern wird für die Überlassung ihrer Arbeitskraft an den Betrieb Arbeitsentgelt gezahlt. Der Lohn ist für sie Einkommen, für den Betrieb dagegen bedeutet er Kosten. Wegen dieser gegensätzlichen Bedeutung werden von den Unternehmen möglichst niedrige, von den Arbeitnehmern möglichst hohe Löhne erstrebt.

Arbeitsbewertung

Grundlage für eine leistungsgerechte Entlohnung ist die **Arbeitsbewertung**. Deren Aufgabe ist die Staffelung der Löhne und Gehälter nach dem Schwierigkeitsgrad der einzelnen Arbeitsverrichtungen.

Die summarische Arbeitsbewertung	Die analytische Arbeitsbewertung
– nimmt die Stelle als Ganzes,	– zerlegt die Stelle in Teile (Anforderungsarten),
– vergleicht sie mit anderen,	– bewertet sie einzeln und
– ordnet sie ein und	– bildet dann die Summe.
– bewertet sie.	
Beispiel	**Beispiel**
Die Arbeitsverrichtungen werden nach ihrem Schwierigkeitsgrad geordnet. Es wird eine Rangfolge vom Hilfsarbeiter über den Buchhalter bis zum Betriebsleiter erstellt.	Einer Stelle wird in der Anforderungsart „Fachkönnen" die Bewertungsstufe „sehr groß" mit 8 Punkten zuerkannt, bei der Anforderungsart „körperliche Belastung" aber nur die Bewertungsstufe „gering" mit zwei Punkten. Die Summe der Punkte bei allen Anforderungsarten ergibt die Einstufung der Stelle.

Die Schwierigkeit bei der Ermittlung eines „richtigen Maßstabes" für den Lohn hat zu zahlreichen Entlohnungsverfahren geführt, die sich meist unmittelbar aus der Praxis heraus entwickelt haben.

Grundformen der Entlohnungsverfahren sind:
- Zeitlohn
- Akkordlohn
- Prämienlohn

Zeitlohn

Beim Zeitlohn wird die Anwesenheit des Mitarbeiters im Betrieb bezahlt. Es besteht keine direkte Beziehung zur Arbeitsleistung. Beispiele für den Zeitlohn sind das Monatsgehalt von Angestellten und der Stundenlohn von Arbeitern. Bei beiden Arbeitnehmergruppen erfolgt die Entlohnung durch Zahlung eines je nach Zeiteinheit gleich hohen Geldbetrages, ohne Rücksicht auf die während dieser Zeit erbrachte Leistung.

Beispiel

> Zwei Angestellte mit gleichem Aufgabenbereich bekommen trotz unterschiedlicher Leistungen das gleiche Monatsgehalt.

Maßgebend für die Gehaltszahlung ist also die im Betrieb aufgewandte Arbeitszeit und nicht die geleistete Arbeitsmenge.

Der Zeitlohn wird dort angewandt, wo:
- die Qualität eine Rolle spielt:
  Dies ist z. B. bei komplizierten Arbeiten der Fall, bei denen es mehr auf Sorgfalt und Gewissenhaftigkeit als auf Schnelligkeit und Leistungsmenge ankommt.
- gefährliche Tätigkeiten vorliegen:
  Leistungsanreize könnten auf Kosten der Sicherheit erfolgen.
- eine Bemessung des Lohns wegen der Kompliziertheit der Arbeitsleistung nicht möglich ist.

Zeitlohn

Vorteile	Nachteile
– geringer Berechnungsaufwand,	– Leistungsanreize fehlen: Der Zeitlohn widerspricht dem Prinzip leistungsgerechter Entlohnung, weil er unabhängig von der erbrachten Leistung bezahlt wird. Der einzelne Arbeitnehmer kann durch Erhöhung seiner Leistung die Höhe seines Lohnes nicht beeinflussen.
– einfache Kontrolle des Stundennachweises,	
– Vermeidung eines Leistungsdrucks, der einerseits Qualitätsminderungen der Erzeugnisse, andererseits höhere Unfallgefahren bewirken könnte.	– Kontrollen sind erforderlich.
	– Der Betrieb trägt das volle Risiko einer Minderleistung.

Beispiel

> Bei Bürotätigkeiten oder Beratungsberufen ist das Arbeitsergebnis nur schwer zu messen.

Betrachtet man den Lohn als betrieblichen Kostenfaktor, so führt der Zeitlohn dazu, dass die pro hergestelltem Produkt anfallenden Lohnkosten umso höher sind, je höher der Zeitverbrauch des Arbeitnehmers ist.

Beispiel

> Der Stundenlohn eines Arbeiters beträgt 12,00 €. Misst man seine Leistung an der je Stunde gefertigten Stückzahl, so ergibt sich:
>
> | Stück/Stunde | Lohnkosten in € je Stück |
> |---|---|
> | 0,5 | 24,00 |
> | 1 | 12,00 |
> | 2 | 6,00 |
> | 3 | 4,00 |
> | 4 | 3,00 |
> | 5 | 2,40 |
> | 6 | 2,00 |

Akkordlohn

Beim Akkordlohn wird eine Übereinstimmung zwischen der Entlohnung des einzelnen Arbeitnehmers und seiner Leistung angestrebt. Bei der Berechnung der Akkordlöhne orientiert man sich an den tariflichen Mindestlöhnen, die auch bei einer geringeren Leistung des Arbeitnehmers gezahlt werden müssen. Zu diesem kommt ein häufig auch in Tarifverträgen geregelter Akkordzuschlag hinzu, womit die höhere Arbeitsintensität der Akkordarbeit im Vergleich zur Zeitarbeit abgegolten wird.

Mindestlohn und Akkordzuschlag ergeben zusammen den Stundenverdienst des Akkordarbeiters bei Normalleistung. Dieser wird auch **Akkordrichtsatz** genannt.

Beispiel

Mindestlohn:	15,00 €	je Stunde
+ 20 % Akkordzuschlag	3,00 €	
Akkordrichtsatz	18,00 €	

Beim **Stück-Geld-Akkord** wird der Arbeitnehmer nach der von ihm je Zeiteinheit abgelieferten Stückzahl fertiger Produkte entlohnt. Der Akkordrichtsatz als Grundlohn wird in einen Akkordsatz je Stück umgerechnet.

Der Stück-Geld-Akkord wird sehr häufig im Baugewerbe angewandt.

Beispiel

Neun Stück beträgt die Normalleistung eines Arbeitnehmers pro Stunde. Er arbeitet 38 Stunden in der Woche. Der Akkordrichtsatz beträgt 18,00 €.

$$\text{Stückakkordsatz} = \frac{\text{Akkordrichtsatz}}{\text{Normalleistung je Stunde}} = \frac{18}{9} = 2,00 \text{ €}$$

Als Wochenlohn ergibt sich z. B.

	Stückakkordsatz (€)	x Stückzahl pro Stunde	x Wochenarbeitszeit	= Wochenlohn (€)
Unter Normalleistung	2	7	38	532,00 → 570,00
Normalleistung	2	9	38	684,00
Über Normalleistung	2	11	38	836,00

Unterhalb der Normalleistung wird nur der tariflich garantierte Mindestlohn (38 · 15,00) von 570,00 € gezahlt.

Beim **Stück-Zeit-Akkord** wird unter Berücksichtigung eines normalen Leistungsgrades eine feste Vorgabezeit je Produktionseinheit vorgegeben, die sich aus der Normalleistung ableitet.

Der Stück-Zeit-Akkord wird häufig in der Industrie angewandt.

Beispiel

$$\text{Zeitakkordsatz} = \frac{60 \text{ Minuten}}{\text{Normalleistung je Stunde}} = \frac{60}{9} = 6,67 \text{ Min./Stück}$$

$$\text{Minutenfaktor} = \frac{\text{Akkordrichtsatz}}{60} = \frac{18}{60} = 0,30 \text{ €}$$

Als Wochenlohn ergibt sich z. B.

	Stückzahl je Stunde	x Wochenarbeitszeit	x Zeitakkordsatz	x Minutenfaktor	= Wochenlohn
Unter Normalleistung	7	38	6,67	0,30	532,27 → 570,00
Normalleistung	9	38	6,67	0,30	684,00
Über Normalleistung	11	38	6,67	0,30	836,00

Beim **Einzelakkord** wird die Einzelleistung bezahlt. Beim **Gruppenakkord** dagegen erfolgt die Vorgabezeitermittlung und die Lohnberechnung nicht für einen einzelnen Arbeiter, sondern für eine Arbeitergruppe insgesamt. Geeignet ist diese Art der Entlohnung in Fällen, in denen eine bestimmte betriebliche Leistung nur von einer Gemeinschaft erstellt werden kann. Es lässt sich zwar die Leistung der Gruppe ermitteln, nicht aber die Leistung des Einzelnen.

Vorteile des Akkordlohns sind:

– Leistungsanreiz:
  Lohn und Leistung sind eng verknüpft.

– eine hohe Ausnutzung der Betriebsmittel.

Nachteile des Akkordlohns sind:

– Die Kräfte des Mitarbeiters können stark überanstrengt werden.

– Akkordlohn kann durch einseitige Mengenleistung zu Verschleiß der Betriebsmittel und zu Ausschussproduktion führen.

– Durch Vorgabezeiten und Gruppendruck können soziale Spannungen erhöht werden.

Beispielsweise können Probleme bei Leistungsunterschieden zwischen den einzelnen Arbeitern einer Gruppe, die nach dem Gruppenakkordsystem entlohnt werden, auftreten. Der von der Gruppe erzielte Gesamtlohn wird gleichmäßig auf die einzelnen Arbeiter verteilt.

Prämienlohn

Eine Prämie ist eine zusätzliche zum Zeitlohn gezahlte Belohnung als Anerkennung besonderer betrieblicher Leistungen des Arbeitnehmers. Eine Prämie kann bei diesem Verfahren gezahlt werden, wenn

- die pro Zeiteinheit erreichte Leistung über eine festgelegte Norm hinausgeht,
- eine veranschlagte Zeit unterschritten wird.

Weitere Gründe für eine Entlohnung durch Prämien können qualitativer Art sein:

- Verbesserungsvorschläge,
- Umsatzprämien für verkaufte Ladenhüter,
- Unterschreiten zulässiger Abfallquoten,
- Ersparnisse an Energie.

Prämienlöhne unterscheiden sich von den Akkordlöhnen dadurch, dass dem Arbeitnehmer nicht der volle Ertrag seiner Mehrleistung zugute kommt. Der Lohn setzt sich aus einem Grundlohn, der in der Regel ein Zeitlohn ist, und einer Prämie als Sondervergütung zusammen. Der Mehrertrag der Leistung wird nach einem bestimmten Schlüssel zwischen Arbeitnehmer und Betrieb aufgeteilt. Daraus ergibt sich, dass bei Mehrleistung der Arbeitslohn des Arbeitnehmers in geringerem Maß ansteigt als bei Akkordlohn.

Für den Arbeitnehmer ist der Leistungsanreiz bei diesem System geringer als beim Akkordlohn. Das Prämienlohnsystem kann jedoch vielseitiger angewandt werden. Dies ist beispielsweise bei Arbeiten der Fall, die nicht akkordfähig sind.

Beispiel

Ein Industrieunternehmen verwendet ein Prämienlohnsystem. Bei Unterschreiten der Vorgabezeit für die Erstellung eines Produkts wird der Zeitlohn um eine Prämie erhöht. Sie beträgt ein Drittel der ersparten Zeit. Die Vorgabezeit wurde mit 10 Stunden angesetzt, als Zeitlohn werden 15,00 € pro Stunde gezahlt.

Benötigte Zeit in Stunden	Zeitlohn x Stunden	Prämie	Lohn je Stunde	Lohn je Stück
10	150,00	–	15,00	150,00
9	135,00	5,00	15,56	140,00
8	120,00	10,00	16,25	130,00
7	105,00	15,00	17,14	120,00
6	90,00	20,00	18,33	110,00

Werden für die Herstellung eines Produkts 10 Stunden benötigt, betragen die gesamten Lohnkosten für das Stück 150,00 €. Erfolgt die Produktion in nur 6 Stunden, sinken die Lohnkosten pro Stück auf 110,00 € für den Betrieb. Die Ersparnisse von 60,00 € wird zu einem Drittel (20,00 €) als Prämie für den Arbeitnehmer ausgezahlt. Dadurch steigt dessen Stundenlohn von 15,00 € auf 18,33 € (110,00 : 6 Stunden).

Erfolgsbeteiligung

Das Streben nach gerechter Entlohnung und nach Erhöhung des Interesses der Arbeitnehmer am Betrieb hat zur Entwicklung des sogenannten Beteiligungslohns – also der Erfolgsbeteiligung – geführt. Darunter versteht man alle auf freiwilliger Basis getroffenen Betriebsvereinbarungen, wonach die Arbeitnehmer über das garantierte Arbeitsentgelt hinaus Anteile an dem vom Betrieb erzielten Gewinn erhalten.

Die Gewinnbeteiligung ist in drei Formen möglich:

- Barausschüttung:

    Die Arbeitnehmer bekommen den Gewinn ausbezahlt. Dadurch gehen dem Betrieb jedoch liquide Mittel verloren.

- Umwandlung in Eigenkapital:

    Die Arbeitnehmer erhalten Eigenkapitalanteile in Höhe ihrer Gewinnanteile. Durch Ausgabe von Aktien werden sie beispielsweise somit zu echten Miteigentümern.

- Umwandlung in Fremdkapital:

    Die Gewinnanteile werden dem Betrieb als verzinsliche Darlehen zur Verfügung gestellt.

Ziele der Gewinnbeteiligung sind:

– Angebot eines Leistungsanreizes,

– Entwicklung eines partnerschaftlichen Verhältnisses zwischen Unternehmensführung und Arbeitnehmer,

– Einschränkung der Fluktuation der Arbeitskräfte: Dies kann insbesondere dann erreicht werden, wenn die Höhe der Gewinnbeteiligung von der Dauer der Betriebszugehörigkeit abhängig gemacht wird.

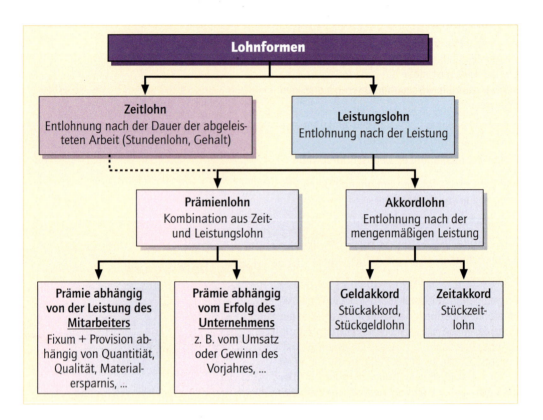

Aufgaben

1. Warum hat die Entlohnung für die Arbeitnehmer einerseits und den Betrieb andererseits unterschiedliche Bedeutung?
2. In welchen Situationen sollte
   a) Zeitlohn,
   b) Akkordlohn gezahlt werden?
3. Welche Lohnform liegt jeweils vor?
   a) Der Arbeitnehmer kann seinen Verdienst selbst beeinflussen.
   b) Zwei Mitarbeiter erhalten den gleichen Lohn, obwohl der eine nur die halbe Leistung erbringt.
   c) Ein Mitarbeiter erhält neben seinem Grundlohn für eine besondere Leistung einen zusätzlichen Geldbetrag.
   d) Ein Mitarbeiter der Produktkontrolle soll die gefertigten Teile auf Mängel und Fehler prüfen. Im Durchschnitt kontrolliert er 80 Teile pro Tag.
   e) Die technisch messbare Gesamtleistung aller Mitglieder einer Arbeitsgruppe wird bezahlt.
   f) 20 % der Gewinnsteigerung werden in Form von Aktien an die Mitarbeiter verteilt.

4. Der Techniker Gerald Staudtmeister, der in der Versuchswerkstatt eines Industrieunternehmens arbeitet, erfährt, dass seine Kollegen in der Produktion durch das Akkordlohnsystem erheblich mehr verdienen als er. Staudtmeister verlangt von seinem Vorgesetzten ebenfalls eine Akkordentlohnung.

   a) Wodurch unterscheidet sich die Tätigkeit Staudtmeisters von der eines Kollegen in der Produktion?
   b) Ist für Staudtmeister eine Akkordentlohnung möglich?
   c) Wie könnte Staudtmeister mehr verdienen?

5. Der Autoverkäufer Norbert Kunze bekommt einen garantierten Mindestlohn von 2.500,00 €. Es wird erwartet, dass er drei Pkw im Monat verkauft. Um sein Einkommen zu erhöhen, verkauft er mehr Autos.

   a) Nach welchem Lohnsystem wird er entlohnt?
   b) Welche Vorteile bietet dieses Lohnsystem einerseits dem Betrieb, andererseits Kunze?

Zusammenfassung

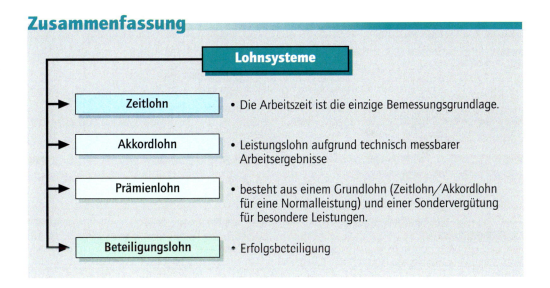

3.6 Beendigung des Arbeitsverhältnisses

Frau Claudia Rösner, 30 Jahre alt, ist seit zehn Jahren bei der Moritz KG als Sachbearbeiterin beschäftigt. Eines Tages erhält sie von der Personalabteilung des Unternehmens folgendes Schreiben:

Prüfen Sie, ob das Arbeitsverhältnis von Frau Rösner mit diesem Schreiben tatsächlich beendet ist.

Information

Arten der Beendigung des Arbeitsverhältnisses

Ein Arbeitsverhältnis kann durch Kündigung, Auflösungsvertrag oder Vertragsablauf beendet werden.

Die **Kündigung** ist eine einseitige, empfangsbedürftige Willenserklärung, durch die das Arbeitsverhältnis beendet wird. Ein auf unbestimmte Zeit eingegangenes Arbeitsverhältnis kann vom Arbeitgeber, aber auch vom Arbeitnehmer gekündigt werden. Die Kündigung muss in schriftlicher Form erfolgen.

Die Schriftform gilt sowohl für die Kündigung durch den Arbeitgeber als auch für die Kündigung durch den Arbeitnehmer. Zur Rechtswirksamkeit der schriftlichen Kündigung ist gemäß §126 BGB die eigenhändige Unterschrift notwendig. Schriftliche Kündigungen, die entweder nicht eigenhändig oder nicht von einer kündigungsberechtigten Person unterzeichnet wurden, sind nichtig. Eine zwar eigenhändig unterzeichnete, aber per Telefax übermittelte Kündigung entspricht ebenfalls nicht dem gesetzlichen Schriftformerfordernis des §126 BGB.

In der betrieblichen Praxis wird die Kündigung in vielen Fällen durch eine Beendigung des Arbeitsverhältnisses im gegenseitigen Einvernehmen ersetzt. Diese Einigung zwischen Arbeitgeber und Arbeitnehmer wird als **Auflösungsvertrag** bezeichnet. In diesem Fall endet das Arbeitsverhältnis zu dem von Arbeitgeber und Arbeitnehmer vereinbarten Zeitpunkt.

Wenn ein Arbeitsvertrag nur befristet abgeschlossen wurde (maximale Laufzeit 2 Jahre), endet das Arbeitsverhältnis nach **Vertragsablauf**, ohne dass eine Kündigung ausgesprochen wurde. Kündigungen und Aufhebungsverträge müssen schriftlich abgeschlossen werden (§ 623 BGB).

Die ordentliche Kündigung

Bei einer ordentlichen Kündigung müssen bestimmte Kündigungsfristen eingehalten werden, die sich aus dem Gesetz und aus den Tarif- bzw. Einzelarbeitsverträgen ergeben.

Die **gesetzlichen Kündigungsfristen** gelten, wenn zwischen Arbeitgeber und Arbeitnehmer keine Kündigungsfristen vereinbart wurden und auch keine tarifvertraglichen Vereinbarungen gelten.

Für **Arbeiter und Angestellte** beträgt die gesetzliche Kündigungsfrist vier Wochen zum 15. eines Monats oder vier Wochen zum Monatsende. Diese Frist muss bei Kündigungen durch den Arbeitgeber und auch bei Kündigungen durch den Arbeitnehmer eingehalten werden. Wird die Frist nicht eingehalten, ist die Kündigung unwirksam.

Beispiele für Kündigungstermine

Spätester Kündigungstermin		Ende des Arbeitsverhältnisses
17. April	4 Wochen (28 Tage)	15. Mai
3. Mai	4 Wochen (28 Tage)	31. Mai
18. Mai	4 Wochen (28 Tage)	15. Juni
2. Juni	4 Wochen (28 Tage)	30. Juni

Für langjährig beschäftigte Arbeiter und Angestellte gelten bei der Kündigung durch den Arbeitgeber längere Kündigungsfristen:

Betriebszugehörigkeit	Kündigungsfrist
2–5 Jahre	1 Monat zum Monatsende
5–8 Jahre	2 Monate zum Monatsende
8–10 Jahre	3 Monate zum Monatsende
10–12 Jahre	4 Monate zum Monatsende
12–15 Jahre	5 Monate zum Monatsende
15–20 Jahre	6 Monate zum Monatsende
20 und mehr Jahre	7 Monate zum Monatsende

Bei der Berechnung der Beschäftigungsdauer werden allerdings nur die Jahre berücksichtigt, die der Arbeitnehmer nach Vollendung des 25. Lebensjahres im Betrieb verbracht hat. Laut Gerichtsurteil müssen in Zukunft auch die Jahre, die der Beschäftigte vor dem 25. Lebensjahr verbracht hat, auf die Beschäftigungsdauer angerechnet werden.

Die Tarifparteien können Kündigungsfristen vereinbaren, die von den gesetzlichen Kündigungsfristen abweichen.

Zwischen dem einzelnen Arbeitgeber und dem einzelnen Arbeitnehmer können im Einzelarbeitsvertrag die gesetzlichen Kündigungsfristen verlängert, aber nicht verkürzt werden (Ausnahme: Bei Aushilfstätigkeiten bis zu drei Monaten Dauer darf die Grundkündigungsfrist vertraglich verkürzt werden).

Allgemeiner Kündigungsschutz

In Betrieben, die mehr als zehn[1] Arbeitnehmer beschäftigen (die Auszubildenden nicht mitgerechnet, die Teilzeitbeschäftigten anteilig gezählt), genießen die Arbeitnehmer den Kündigungsschutz nach den Vorschriften des Kündigungsschutzgesetzes, sofern

- sie das 18. Lebensjahr vollendet haben und
- länger als sechs Monate ohne Unterbrechung in demselben Betrieb oder Unternehmen beschäftigt sind.

Sie dürfen nicht entlassen werden, wenn die Kündigung sozial ungerechtfertigt ist. Eine Kündigung gilt als sozial ungerechtfertigt,

- wenn sie nicht in der Person oder dem Verhalten des Arbeitnehmers begründet ist oder
- wenn es für die Kündigung keine dringenden betrieblichen Erfordernisse gibt.

Gründe in der Person des Arbeitnehmers, die eine Kündigung rechtfertigen können, sind z. B. mangelnde Eignung und mangelnde Ausbildung. Eine langandauernde oder häufig auftretende Krankheit ist dann ein Kündigungsgrund, wenn die krankheitsbedingten Fehlzeiten zu einer unzumutbaren Beeinträchtigung der betrieblichen Interessen führen.

Gründe im Verhalten des Arbeitnehmers sind z. B. wiederholte Unpünktlichkeit, mehrfaches Fehlen ohne ausreichenden Grund, Beleidigungen, Verstöße gegen die Gehorsams- und Verschwiegenheitspflicht. Eine Kündigung aus Gründen im Verhalten des Arbeitnehmers ist im Allgemeinen nur gerechtfertigt, wenn der Arbeitnehmer wiederholt seine Pflichten verletzt hat und deshalb schon verwarnt worden ist (sogenannte **Abmahnung**).

Dringende betriebliche Erfordernisse, die eine Kündigung rechtfertigen können, sind z. B. Absatzschwierigkeiten, Einsparen von Arbeitsplätzen durch Rationalisierungsmaßnahmen, Stilllegung des Betriebes oder einer Abteilung.

Das Vorliegen eines Kündigungsgrundes muss vom Arbeitgeber nachgewiesen werden.

Mitwirkung des Betriebsrates bei der Kündigung

Gibt es in einem Betrieb einen Betriebsrat, so muss der Arbeitgeber den Betriebsrat vor jeder beabsichtigten Kündigung anhören (siehe Kapitel 3.15). Zur Anhörung gehört, dass der Arbeitgeber dem Betriebsrat auch die Kündigungsgründe mitteilt. Eine Kündigung ohne vorherige Anhörung des Betriebsrats ist unwirksam. Der Betriebsrat kann einer ordentlichen Kündigung innerhalb einer Woche, nachdem ihn der Arbeitgeber unterrichtet hat, widersprechen. Der Widerspruch verhindert die Kündigung jedoch nicht. Sie bleibt trotzdem wirksam.

---

[1] Wer vor dem 31.12.2003 im Unternehmen beschäftigt war, genießt Kündigungsschutz, wenn das Unternehmen mehr als fünf Arbeitnehmer beschäftigt.

Das Kündigungsschutzverfahren

Hält ein Arbeitnehmer die Kündigung seines Arbeitsverhältnisses für sozial ungerechtfertigt, kann er das Arbeitsgericht anrufen. Er kann innerhalb von drei Wochen nach Zustellung der Kündigung Klage beim Arbeitsgericht erheben (= Kündigungsschutzklage). Lässt der Arbeitnehmer die Klagefrist verstreichen, ist die Kündigung wirksam.

Stellt das Arbeitsgericht im Klagefall fest, dass die Kündigung sozial ungerechtfertigt war, muss der Arbeitnehmer weiterbeschäftigt werden. Häufig haben sich Arbeitnehmer und Arbeitgeber durch die Führung des Arbeitsgerichtsprozesses jedoch so zerstritten, dass die Fortsetzung des Arbeitsverhältnisses für die Beteiligten nicht zumutbar ist. In solchen Fällen kommt es meistens zu einem Vergleich:

- Der Arbeitnehmer verzichtet auf die Weiterbeschäftigung.
- Der Arbeitgeber zahlt an den Arbeitnehmer eine gerichtlich festgesetzte Abfindung.

Außerordentliche Kündigung

Bei einer außerordentlichen Kündigung wird das Arbeitsverhältnis ohne Einhaltung einer Kündigungsfrist (= fristlos) gekündigt. Eine fristlose Kündigung darf nur aus wichtigem Grund erfolgen. Ein wichtiger Grund liegt vor, wenn dem Arbeitgeber oder dem Arbeitnehmer die Fortsetzung des Arbeitsverhältnisses bis zum Ablauf der ordentlichen Kündigungsfrist nicht mehr zugemutet werden kann. Der wichtige Grund muss auf Tatsachen beruhen, die der Kündigende nachweisen muss. Vermutungen oder Verdächtigungen reichen nicht aus.

Anlässe für eine außerordentliche Kündigung durch den Arbeitgeber sind z. B. beharrliche Arbeitsverweigerung, dauernde Verspätungen, Diebstahl, Unterschlagungen, Beleidigungen, Tätlichkeiten, Verrat von Geschäftsgeheimnissen, Gefährdung des Betriebsfriedens durch Streitigkeiten mit Arbeitskollegen.

Anlässe für eine außerordentliche Kündigung durch den Arbeitnehmer sind z. B. die Weigerung des Arbeitgebers, das vereinbarte Gehalt zu zahlen.

Eine außerordentliche Kündigung ist nur wirksam, wenn sie innerhalb von vierzehn Tagen nach Bekanntwerden des wichtigen Grundes erfolgt ist. Auch vor einer außerordentlichen Kündigung muss der Betriebsrat gehört werden.

Kündigungsschutz für besonders geschützte Arbeitnehmer

Besondere Kündigungsschutzbestimmungen gelten für Betriebsratsmitglieder, Jugend- und Auszubildendenvertretungsmitglieder, Schwerbehinderte, werdende Mütter und Wehrpflichtige.

Gegenüber **Betriebsrats- und Jugend- und Auszubildendenvertretungsmitgliedern** ist eine ordentliche Kündigung nicht zulässig. Ihnen darf nur außerordentlich gekündigt werden, sofern ein wichtiger Grund vorliegt. Der Kündigungsschutz beginnt für Mitglieder von Betriebsräten und Jugend- und Auszubildendenvertretungen mit dem Beginn ihrer Amtszeit und endet ein Jahr nach Beendigung der Amtszeit.

Schwerbehinderten, deren Arbeitsverhältnis seit mindestens sechs Monaten besteht, darf grundsätzlich nur nach vorheriger Zustimmung der Hauptfürsorgestelle gekündigt werden.

Frauen darf während einer Schwangerschaft und bis zu vier Monaten nach der Entbindung nicht gekündigt werden. Der Kündigungsschutz für werdende Mütter gilt auch dann, wenn dem Arbeitgeber zum Zeitpunkt der Kündigung die Schwangerschaft der Arbeitnehmerin nicht bekannt war. Wenn die Arbeitnehmerin dem Arbeitgeber bis spätestens zwei Wochen nach Zugang der Kündigung über die Schwangerschaft informiert, muss sie weiterbeschäftigt werden.

Schwangeren und jungen Müttern darf während der Kündigungsschutzfrist ausnahmsweise gekündigt werden, wenn die für den Arbeitsschutz zuständige oberste Landesbehörde (z. B. in Niedersachsen das Sozialministerium) oder die von ihr beauftragte Stelle die Kündigung für zulässig erklärt.

Arbeitnehmern, die die Elternzeit in Anspruch nehmen, darf der Arbeitgeber während der Elternzeit nicht kündigen.

Einem **wehrpflichtigen Arbeitnehmer** darf in der Zeit von der Zustellung des Einberufungsbescheides bis zur Beendigung des Grundwehrdienstes und während einer Wehrübung nicht ordentlich gekündigt werden.

Die Erteilung eines Zeugnisses

Jeder Arbeitnehmer kann bei Beendigung des Arbeitsverhältnisses von seinem Arbeitgeber ein schriftliches Zeugnis verlangen. Das Zeugnis muss genaue und zutreffende Angaben über die Art der Beschäftigung des Arbeitnehmers und über die Dauer des Arbeitsverhältnisses enthalten (= „einfaches Zeugnis"). Nur wenn es der Arbeitnehmer ausdrücklich verlangt, darf das Zeugnis auch Angaben über die Leistungen und die Führung des Arbeitnehmers enthalten (= „qualifiziertes Zeugnis").

Beispiele für Zeugniscodes

Beurteilungsmaßstäbe des RKW (Rationalisierungskuratorium der Deutschen Wirtschaft)

→ stets zu unserer vollsten Zufriedenheit erledigt = sehr gut

→ stets zu unserer vollen Zufriedenheit erledigt = gut

→ zu unserer vollen Zufriedenheit erledigt = befriedigend

→ zu unserer Zufriedenheit erledigt = ausreichend

→ im Großen und Ganzen zur Zufriedenheit erledigt = mangelhaft

→ hat sich bemüht, die ihm übertragenen Arbeiten zur Zufriedenheit zu erledigen = ungenügend

Die Herausgabe der Arbeitspapiere

Bei der Beendigung des Arbeitsverhältnisses muss der Arbeitgeber alle Arbeitspapiere (Lohnsteuerkarte, Rentenversicherungsnachweisheft usw.) an den Arbeitnehmer herausgeben.

Aufgaben

1. Ein Arbeitgeber will einem Angestellten, der zwei Jahre bei ihm beschäftigt war, zum 31. März kündigen.
Mit dem Angestellten wurde keine vertragliche Kündigungsfrist vereinbart. Wann muss er dem Angestellten die Kündigung spätestens mitteilen?

2. Eine Angestellte will am 1. Oktober die Stelle wechseln. Wann muss sie spätestens kündigen, wenn in ihrem Arbeitsvertrag über die Kündigung keine besondere Vereinbarung getroffen wurde?

3. Ein Angestellter arbeitet seit zehn Jahren in einer Buchhandlung. Er ist 32 Jahre alt. Der Geschäftsinhaber will ihm zum 30. Sept. kündigen. Wann muss er dem Angestellten die Kündigung spätestens mitteilen?

4. Welche Mindestfrist darf bei einzelvertraglich vereinbarten Kündigungsfristen nicht unterschritten werden?

5. Nennen Sie Gründe für eine außerordentliche Kündigung.

6. Eine Angestellte, der fristgerecht zum 31. März gekündigt wurde, ist mit der Kündigung nicht einverstanden. Was kann sie tun?

7. In welchem Zeitraum darf Mitgliedern von Betriebsräten und Jugend- und Auszubildendenvertretungen nicht ordentlich gekündigt werden?

8. Welchen besonderen Kündigungsschutz genießen Schwerbehinderte?

9. In welchem Zeitraum darf weiblichen Angestellten nicht gekündigt werden?

10. Welche Unterschiede bestehen zwischen einem einfachen und einem qualifizierten Zeugnis?

11. Welche Arbeitspapiere muss der Arbeitgeber bei Beendigung eines Arbeitsverhältnisses an den Angestellten herausgeben?

Zusammenfassung

Beendigung des Arbeitsverhältnisses durch

- **Vertragsablauf**
- **Kündigung** = einseitige schriftliche Auflösung eines Arbeitsverhältnisses
- **Aufhebungsvertrag**

ordentliche Kündigung
= Kündigung unter Einhaltung von Kündigungsfristen

außerordentliche Kündigung
= fristlose Kündigung bei Pflichtverletzungen von Arbeitnehmer oder Arbeitgeber

Kündigungsfristen

- gesetzliche Kündigungsfrist
  - für Arbeiter und Angestellte: vier Wochen zum 15. eines Monats oder zum Monatsende
- vertragliche Kündigungsfrist
  - tarifvertraglich: Abweichung von gesetzlichen Kündigungsfristen erlaubt.
  - einzelvertraglich: Verlängerung der gesetzlichen Kündigungsfristen erlaubt.
- verlängerte Kündigungsfrist
  - für langjährige Mitarbeiter bei Kündigung durch den Arbeitgeber

Allgemeiner Kündigungsschutz

(= Schutz gegen sozial ungerechtfertigte Kündigung)

Er gilt für Arbeitnehmer in Betrieben, die **mehr als zehn[1] Arbeitnehmer** beschäftigen.

- Nach mindestens sechsmonatiger Betriebszugehörigkeit darf Arbeitnehmern über 18 Jahre nur gekündigt werden:
  - aus wichtigem betrieblichen Grund oder
  - wenn die Person oder das Verhalten des Arbeitnehmers dazu Anlass gibt.
- Gegen eine sozial ungerechtfertigte Kündigung kann der Arbeitnehmer innerhalb von drei Wochen nach Eingang des Kündigungsschreibens Kündigungsschutzklage beim Arbeitsgericht erheben.

Besonders geschützte Arbeitnehmergruppen sind

- werdende Mütter und Arbeitnehmer in der Elternzeit,
- Betriebsrats- und Jugend- und Auszubildendenvertretungsmitglieder,
- Schwerbehinderte,
- Wehrpflichtige.

[1] unter bestimmten Voraussetzungen: fünf

3.7 Jugendarbeitsschutz

Jetzt bin ich schon 14 Tage „Azubi" und es geht mir irgendwie prima. Unser Ausbilder hat uns genau erklärt, was wir jetzt alles beachten müssen. Dafür gibt es auch Gesetze!

Ja, na klar, das Jugendarbeitsschutzgesetz. Da steht alles genau drin, Arbeitszeit, Urlaub, Pausen und so.

Was soll mit diesen Regelungen bezweckt werden?

Information

Das Jugendarbeitschutzgesetz (JArbSchG) soll jugendliche Arbeitnehmer und Auszubildende vor Überforderungen im Berufsleben schützen. Es gilt für 14- bis 17-jährige Personen.

Arbeitszeitregelungen

Die wöchentliche Arbeitszeit darf 40 Stunden nicht überschreiten. Jugendliche dürfen nur an fünf Tagen in der Woche beschäftigt werden. Die regelmäßige tägliche Arbeitszeit beträgt 8 Stunden. Sie darf bis 8,5 Stunden erhöht werden, wenn dadurch die wöchentliche Arbeitszeit von 40 Stunden nicht überschritten wird. Er darf frühestens um 6 Uhr mit der Arbeit beginnen und nach 20 Uhr nicht mehr beschäftigt werden.

Ausnahmen von dieser Regelung sind für das Gaststätten- und Schaustellergewerbe, mehrschichtige Betriebe, die Landwirtschaft, Bäckereien und Konditoreien vorgesehen.

In Bäckereien und Konditoreien dürfen über 16-Jährige ab 5 Uhr beschäftigt werden. Über 17-Jährige dürfen in Bäckereien ab 4 Uhr arbeiten.

Bis auf wenige Ausnahmen (z. B. Beschäftigung im Gaststättengewerbe und in Krankenanstalten sowie Alten-, Pflege- und Kinderheimen) dürfen Jugendliche nicht an Sonntagen beschäftigt werden.

An Samstagen dürfen Jugendliche nur

- in Krankenanstalten sowie in Alten-, Pflege- und Kinderheimen,
- in offenen Verkaufsstellen, Betrieben mit offenen Verkaufsstellen,
- in Bäckereien und Konditoreien,
- im Friseurhandwerk,
- im Marktverkehr,
- im Verkehrswesen,
- in Landwirtschaft und Tierhaltung,
- im Familienhaushalt,
- im Gaststätten- und Schaustellergewerbe,
- bei Musikaufführungen, Theatervorstellungen und anderen Vorführungen,
- bei Aufnahmen im Hörfunk und Fernsehen, auf Ton- und Bildträgern sowie bei Film- und Fotoaufnahmen,
- bei außerbetrieblichen Ausbildungsmaßnahmen,
- beim Sport,
- im ärztlichen Notdienst,
- in Reparaturwerkstätten für Kraftfahrzeuge

beschäftigt werden.

Pausen

Bei einer täglichen Arbeitszeit von mehr als 4,5 Stunden müssen dem Jugendlichen mindestens 30 Minuten Pause gewährt werden. Bei mehr als sechs Stunden sind es mindestens 60 Minuten. Die Pausen werden nicht auf die tägliche Arbeitszeit angerechnet. Eine Pause muss mindestens 15 Minuten lang sein. Jugendliche dürfen nicht länger als 4,5 Stunden ohne Ruhepause beschäftigt werden.

Urlaub

15-jährige Jugendliche haben einen Anspruch auf 30 Werktage Urlaub im Jahr. Für 16-jährige Arbeitnehmer und Auszubildende sieht das Jugendarbeitsschutzgesetz 27 Werktage und für 17-jährige Beschäftigte 25 Werktage Jahresurlaub vor.

Werktage sind alle Wochentage außer Sonntag.

Anrechnung des Berufsschulbesuchs auf die Arbeitszeit

Beginnt der Berufsschulunterricht vor 9 Uhr, dürfen Jugendliche vorher nicht mehr im Ausbildungsbetrieb beschäftigt werden. Diese Regelung gilt auch für Auszubildende, die 18 Jahre und älter sind.

Jugendliche sind an einem Tag in der Woche den ganzen Tag von der Arbeit befreit, wenn sie an diesem Tag mehr als fünf Unterrichtsstunden die Berufsschule besuchen. Dieser Berufsschultag wird mit acht Stunden auf die wöchentliche Arbeitszeit angerechnet. Für einen zweiten Berufsschultag gilt diese Regelung nicht. Dieser zweite Berufsschultag wird auf die wöchentliche Arbeitszeit nur mit den Stunden angerechnet, die der Auszubildende in der Berufsschule verbringen musste (Unterrichtsstunden + Pausen).

Beschäftigungsverbote

Unter 15-Jährige dürfen nur in einem Ausbildungsverhältnis beschäftigt werden. Akkordarbeit wird für Jugendliche durch das Jugendarbeitsschutzgesetz untersagt. Außerdem dürfen Jugendliche nicht mit Arbeiten betraut oder an Orten beschäftigt werden, die eine sittliche Gefährdung darstellen. Gesundheitsgefährdende Arbeiten sind für Jugendliche unter 16 Jahren grundsätzlich verboten. Für 16- und 17-jährige Beschäftigte sind gesundheitsgefährdende Arbeiten nur dann erlaubt, wenn im Rahmen der Ausbildung nicht auf sie verzichtet werden kann.

Gesundheitliche Betreuung

Vor Beginn einer Ausbildung müssen alle Jugendlichen von einem Arzt untersucht worden sein. Die Untersuchung darf nicht länger als vierzehn Monate zurückliegen (Erstuntersuchung).

Nach dem 1. Ausbildungsjahr müssen sich alle Jugendlichen einer 1. Nachuntersuchung unterziehen (Pflichtuntersuchung). Weitere Nachuntersuchungen sind freiwillig.

Aufgaben

1. Für welche Personen gilt das Jugendarbeitsschutzgesetz?
2. Ein Jugendlicher arbeitet 7,5 Stunden am Tag. Wie viel Minuten Pause stehen ihm zu?
3. Wie viel Stunden darf ein Jugendlicher täglich höchstens arbeiten?
4. Wie viel Stunden darf ein Jugendlicher wöchentlich höchstens arbeiten?
5. Wie viel Werktage Jahresurlaub stehen einer 16-jährigen Auszubildenden nach dem Jugendarbeitsschutzgesetz zu?
6. Eine 17-jährige Auszubildende soll an der Inventur in einem Warenhaus teilnehmen. Bis wie viel Uhr darf sie höchstens im Betrieb beschäftigt werden?
7. Eine 16-jährige Auszubildende besucht an zwei Tagen in der Woche die Berufsschule. Am 1. Berufsschultag werden sechs Unterrichtsstunden in der Zeit von 07:45 Uhr bis 12:45 Uhr erteilt. Am 2. Berufsschultag hat sie von 07:45 Uhr bis 11:00 Uhr vier Unterrichtsstunden. Mit wie viel Stunden wird der Berufsschulbesuch auf die wöchentliche Arbeitszeit angerechnet?
8. Für welche Arbeiten darf ein Jugendlicher nicht eingesetzt werden?
9. An wie viel Pflichtuntersuchungen muss ein Jugendlicher teilnehmen?

Zusammenfassung

Jugendarbeitsschutzgesetz

gilt für 14- bis 17-Jährige; enthält Regeln über:

Arbeitszeit und Freizeit	Urlaub	Beschäftigungsverbote und -beschränkungen	gesundheitliche Betreuung
• tägliche Arbeitszeit: bis 8,5 Stunden • wöchentliche Arbeitszeit: 40 Stunden • 5-Tage-Woche • Berufsschule: arbeitsfrei an einem Tag der Woche nach mehr als fünf Unterrichtsstunden • Ruhepausen: 4,5 bis 6 Stunden = 30 Minuten, mehr als 6 Stunden = 60 Minuten • bis auf wenige Ausnahmen keine Sonntagsarbeit • Samstagsarbeit: nur in einzelnen Beschäftigungszweigen; mindestens 2 Samstage sollen arbeitsfrei bleiben. • Nachtruhe: normalerweise 20 bis 6 Uhr	• 30 Werktage für 15-Jährige • 27 Werktage für 16-Jährige • 25 Werktage für 17-Jährige	• gesundheitsgefährdende Arbeiten • Akkordarbeit • Arbeiten, die die Leistungsfähigkeit der Jugendlichen überschreiten • Arbeiten, bei denen Jugendliche sittlichen Gefährdungen ausgesetzt sind.	• Erstuntersuchung • 1. Nachuntersuchung • weitere freiwillige Nachuntersuchungen

3.8 Gesetzlicher Arbeitsschutz

Frau Gebhard und Herr Fritsch arbeiten als Angestellte in einer Buchhandlung. Von dienstags bis freitags arbeiten sie jeweils von 07:00 bis 16:00 Uhr (einschließlich Pausen von 10:30 bis 11:00 Uhr und 13:00 bis 13:30 Uhr). An den Sonnabenden sind sie von 07:00 bis 13:30 Uhr (einschließlich einer Pause von 10:30 bis 11:00 Uhr) beschäftigt. Der Montag ist ihr freier Tag. Eine Kollegin von Frau Gebhard und Herrn Fritsch meldet sich am Wochenanfang wegen Krankheit für mindestens 14 Tage arbeitsunfähig. Der Inhaber der Buchhandlung bittet Frau Gebhard, solange die Kollegin arbeitsunfähig ist, zusätzlich auch am Montag von 07:00 bis 16:00 zu arbeiten. Herr Fritsch wird gebeten, in dieser Zeit von Dienstag bis Donnerstag jeweils zwei Stunden länger bis zu Geschäftsschluss um 18:00 Uhr zu arbeiten.

Dürfen Frau Gebhard und Herr Fritsch diese Mehrarbeit leisten?

Information

Die Bedeutung des gesetzlichen Arbeitszeitschutzes

Bei der Festlegung der Arbeitszeit müssen Arbeitgeber und Arbeitnehmer zahlreiche gesetzliche Schutzvorschriften beachten. Gesetzliche Arbeitszeitregelungen für Arbeitnehmer enthalten vor allem
- das Arbeitszeitgesetz [ArbZG],
- das Mutterschutzgesetz [MuSchG],
- das Jugendarbeitsschutzgesetz [JArbSchG] (siehe Kapitel 3.7).

Gültigkeitsbereich des Arbeitszeitgesetzes

Die Bestimmungen des Arbeitszeitgesetzes gelten in der Industrie, im Handwerk (außer in Bäckereien und Konditoreien), im Handel und in sonstigen Dienstleistungsbetrieben für alle Arbeiter, Angestellten und Auszubildenden über 18 Jahre.

Sie gelten nicht für
- leitende Angestellte,
- Chefärzte,
- Leiter öffentlicher Dienststellen und deren Vertreter,
- Arbeitnehmer im öffentlichen Dienst, die selbstständig in Personalangelegenheiten entscheiden dürfen.

Für Beschäftigte unter 18 Jahren gelten die Bestimmungen des Jugendarbeitsschutzgesetzes (siehe Kapitel 3.7).

Höchstarbeitszeit

Das Arbeitszeitgesetz bestimmt, dass die regelmäßige Arbeitszeit an Werktagen die Dauer von acht Stunden nicht überschreiten darf. Dabei sind die Ruhepausen nicht Bestandteil der täglichen Arbeitszeit.

Das Arbeitszeitgesetz erlaubt eine Verlängerung der täglichen Höchstarbeitszeit auf bis zu zehn Stunden nur, wenn dadurch die durchschnittliche werktägliche Arbeitszeit innerhalb von sechs Monaten oder vierundzwanzig Wochen nicht überschritten wird.

Ohne Ausgleich kann der 8-Stunden-Tag durch Tarifvertrag an höchstens 60 Werktagen auf bis zu zehn Stunden verlängert werden.

Beispiel

Herr Fritsch arbeitet zwölf Wochen hintereinander täglich zehn Stunden. In den folgenden zwölf Wochen arbeitet er nur sechs Stunden täglich. Damit hat er innerhalb dieser vierundzwanzig Wochen durchschnittlich acht Stunden täglich gearbeitet. Dies ist laut ArbZG zulässig.

Ruhezeiten und Ruhepausen

Die Beschäftigten haben bei einer täglichen Arbeitszeit von mehr als sechs Stunden Anspruch auf mindestens eine halbstündige oder zwei viertelstündige Ruhepausen.

Bei einer täglichen Arbeitszeit von mehr als neun Stunden müssen die Ruhepausen mindestens 45 Minuten betragen.

Die einzelnen Ruhepausen müssen mindestens fünfzehn Minuten lang sein.

Zwischen zwei Arbeitstagen muss die ununterbrochene Ruhezeit für die Beschäftigten mindestens elf Stunden betragen. Im Hotel- und Gaststättengewerbe, im Verkehrsgewerbe, in Krankenhäusern und anderen Behandlungs-, Pflege- und Betreuungseinrichtungen, beim Rundfunk, in der Landwirtschaft und in der Tierhaltung darf die ununterbrochene Ruhezeit auf zehn Stunden verkürzt werden.

Diese Ruhezeitverkürzung muss allerdings innerhalb eines Monats oder innerhalb von vier Wochen durch eine Verlängerung einer anderen Ruhezeit auf mindestens zwölf Stunden ausgeglichen werden.

Sonn- und Feiertagsruhe

An Sonn- und Feiertagen dürfen Arbeiter, Angestellte und Auszubildende grundsätzlich nicht beschäftigt werden. Ausnahmen lässt das Arbeitszeitgesetz jedoch u. a. für das Verkehrsgewerbe, das Gast- und Schankgewerbe, Krankenhäuser und die Landwirtschaft zu.

Bestimmungen des Mutterschutzgesetzes

Schwangere Frauen dürfen nicht mit
- schweren körperlichen Arbeiten,
- Arbeiten, bei denen sie schädlichen Einwirkungen (z. B. Staub, Gasen, Hitze) oder der Gefahr einer Berufskrankheit ausgesetzt sind,
- Akkord- oder Fließbandarbeit

beschäftigt werden.

Werdende und stillende Mütter dürfen nicht mit Mehrarbeit beschäftigt werden. Ihre tägliche Arbeitszeit darf,
- wenn sie unter 18 Jahre alt sind, 8 Stunden,
- wenn sie über 18 Jahre alt sind, 8,5 Stunden

nicht überschreiten.

Außerdem dürfen werdende und stillende Mütter nicht
- in der Nacht zwischen 20:00 und 06:00 Uhr und
- an Sonn- und Feiertagen

beschäftigt werden.

Werdende Mütter dürfen in den letzten sechs Wochen vor der voraussichtlichen Niederkunft nicht beschäftigt werden, es sei denn, dass sie ausdrücklich arbeiten wollen.

Bis zum Ablauf von acht Wochen nach der Entbindung dürfen Frauen nicht beschäftigt werden. Bei Früh- oder Mehrlingsgeburten verlängert sich diese Frist auf zwölf Wochen.

Gesundheits- und Unfallschutzbestimmungen

Gemäß **Arbeitsschutzgesetz** ist der Arbeitgeber für die Sicherheit und den Gesundheitsschutz bei der Arbeit aller Arbeitnehmer seines Betriebs verantwortlich. Er muss dies durch Maßnahmen des Arbeitsschutzes dauerhaft absichern.

Das Arbeitsschutzgesetz bildet den Rahmen für viele weitere Spezialgesetze oder -verordnungen für den Arbeitsschutz, die der Arbeitgeber beachten muss. Das sind z. B.

- das **Arbeitssicherheitsgesetz**: Es regelt den Einsatz von Fachkräften für Arbeitssicherheit, z. B. Betriebsärzte.
- die **Arbeitsstättenverordnung**: Sie regelt die Gestaltung des Arbeitsplatzes und der Pausenräume.
- die **Bildschirmarbeitsverordnung**: Sie regelt die Mindestanforderungen bezüglich der Sicherheit und des Gesundheitsschutzes bei der Arbeit an Bildschirmgeräten.
- die **Gefahrstoffverordnung**: Sie regelt hygienische und technische Maßnahmen, z. B. die Kennzeichnung von giftigen Stoffen.

Außer den staatlichen Gesetzen oder Verordnungen müssen die Unfallverhütungsvorschriften der zuständigen Berufsgenossenschaft in den Betrieben beachtet werden.

Gewerbeaufsicht

Die Einhaltung der Arbeitsschutzbestimmungen wird durch die regionalen Gewerbeaufsichtsämter überwacht. Die Beamten des Gewerbeaufsichtsamtes dürfen alle Betriebe in ihrer Region zu den Betriebs- und Arbeitszeiten unangemeldet betreten, besichtigen und prüfen. Das zuständige Gewerbeaufsichtsamt kann erforderliche Arbeitsschutzmaßnahmen anordnen oder notfalls zwangsweise durchzusetzen.

Aufgaben

1. Wie viele Stunden pro Tag darf ein Arbeitnehmer normalerweise höchstens arbeiten?
2. Susanne Müller, 20 Jahre alt, arbeitet von Montag bis Donnerstag 8 Stunden täglich und am Freitag 6 Stunden. Darf sie ihre tägliche Arbeitszeit von Montag bis Donnerstag auf 9,5 Stunden erhöhen, um am Freitag frei zu haben?
3. Jürgen Berger arbeitet am Donnerstag 9 Stunden. Wie viele Minuten Ruhepausen stehen ihm lt. Arbeitszeitgesetz mindestens zu?
4. Wie viele Wochen nach der Niederkunft darf Frau Seiler nicht arbeiten?
5. Frau Grabert möchte auch fünf Wochen vor dem voraussichtlichen Termin ihrer Niederkunft weiter in ihrem Betrieb arbeiten. Darf ihr Arbeitgeber das gestatten?

Zusammenfassung

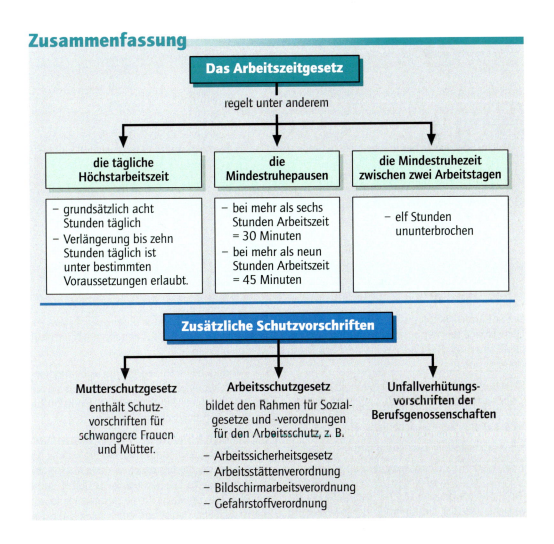

3.9 Sozialversicherung

Stellen-Nr.	Stamm-Nr.	Name, Vorname	Religion	St.-Kl.	Freibetrag	AOK-Nr. SVK	Monat/Jahr
005173	000 191L4	Mertens, Karl	00	IV/0,5		132-09	08/12

	Lohnart		Tage/Std.	Lohnersatz	sozialverspfl.	steuerpfl.	Gesamt
Gehaltsabrechnung	Gehalt August 2012				2.070,00	2.070,00	2.070,00

Gesamt Gesetzl. Abzüge	Lohnst.	Solidaritätszuschl.[1]	Kirchenst.	Krankenvers.	Rentenvers.	Pflegevers.	Arbeitsl.-Vers.	SV-Brutto Gesamtabzüge	Steuer-Brutto	Gesamt-Brutto Nettolohn
Lfd. Monat	234,75	10,76	0,00	169,74	202,86	20,18	31,05	423,83	2.070,00	1.400,66

	Sonstige Abzüge	Schl.-Betrag	Schl./Betrag	Schl./Betrag	Schlüssel Betrag		Schlüssel Betrag	Gesamt
		041 78,00						78,00

				Bankverbindung			Ausgez. Betrag	
				Sparkasse 0815			1.322,66	

Welche Sozialversicherungsbeiträge wurden vom Gehalt des Angestellten Mertens einbehalten?

Information

Die Sozialversicherung ist in der Bundesrepublik Deutschland der weitaus wichtigste Teil der sozialen Sicherung. Die fünf Zweige der Sozialversicherung sind

– die gesetzliche Rentenversicherung,
– die gesetzliche Krankenversicherung,
– die soziale Pflegeversicherung,
– die Arbeitslosenversicherung und
– die gesetzliche Unfallversicherung.

Die Sozialversicherung ist eine gesetzliche Pflichtversicherung, der die Mehrheit der Bevölkerung zwangsweise angehören muss. Sie wird durch Beiträge finanziert, die von den versicherten Arbeitnehmern und den Arbeitgebern aufgebracht werden müssen.

Die Arbeitgeber sind verpflichtet Arbeitnehmer innerhalb von vierzehn Tagen, nachdem sie sie eingestellt haben, bei der gesetzlichen Krankenkasse zur Sozialversicherung anzumelden.

Die Beiträge zur Kranken-, Pflege-, Renten- und Arbeitslosenversicherung müssen von den Arbeitgebern an die gesetzliche Krankenkasse abgeführt werden. Die Krankenkasse leitet dann die Beiträge, die nicht für sie bestimmt sind, an die gesetzliche Rentenversicherung und die Arbeitslosenversicherung weiter.

---

1 Der Arbeitgeber zieht von Lohn- und Gehaltszahlungen grundsätzlich 5,5 % der monatlichen Lohnsteuer als Solidaritätszuschlag ab; wer ein geringes Arbeitsentgelt erhält und/oder Kinder(freibeträge) hat, zahlt weniger als 5,5 % Solidaritätszuschlag. Dieser Zuschlag wurde zur Finanzierung des wirtschaftlichen Aufbaus in den neuen Bundesländern eingeführt.

Gesetzliche Rentenversicherung

In der gesetzlichen Rentenversicherung sind alle Arbeiter, Angestellten, kaufmännischen und gewerblichen Auszubildenden pflichtversichert.

Rentenversicherungsträger ist die „Deutsche Rentenversicherung". Auf regionaler Ebene gibt es 15 Regionalträger. Auf Bundesebene gibt es die Deutsche Rentenversicherung Bund (bisher BfA) und die Deutsche Rentenversicherung Knappschaft-Bahn-See.

Der Beitrag des einzelnen Arbeitnehmers zur gesetzlichen Rentenversicherung ist abhängig von seinem Bruttogehalt oder Bruttolohn. 2012 sind 19,6 % des Bruttogehalts oder Bruttolohns als Rentenversicherungsbeitrag zu entrichten. Die Hälfte des Beitrages (9,8 %) wird dem Versicherten vom Lohn oder Gehalt abgezogen. Die andere Hälfte muss der Arbeitgeber bezahlen. Bei der Ermittlung des Rentenversicherungsbeitrages wird der Bruttoverdienst jedoch nur bis zu einer festgesetzten Höchstgrenze berücksichtigt. Diese Beitragsbemessungsgrenze steigt jährlich. Im Jahr 2012 liegt diese Grenze in den alten Bundesländern bei 5.600,00 € und in den neuen Bundesländern bei 4.800,00 € monatlich.

Gesetzliche Krankenversicherung

In der gesetzlichen Krankenversicherung sind Arbeiter, Angestellte, Auszubildende, Arbeitslose, Rentner und Studenten pflichtversichert.

Angestellte und Arbeiter sind nur dann pflichtversichert, wenn ihr monatliches Gehalt eine bestimmte Grenze nicht übersteigt. Diese Versicherungspflichtgrenze beträgt in den alten und in den neuen Bundesländern 4.237,50 € (Stand 2012). Angestellte und Arbeiter, deren Gehalt die Versicherungspflichtgrenze überschreitet, können der gesetzlichen Krankenversicherung freiwillig beitreten oder sich freiwillig bei einer privaten Krankenversicherung versichern. Selbstständige und Freiberufler, wie z. B. Architekten oder Rechtsanwälte, können der gesetzlichen Krankenversicherung freiwillig beitreten.

Träger der gesetzlichen Krankenversicherung sind die Allgemeinen Ortskrankenkassen (AOK), Ersatzkassen, Betriebskrankenkassen, Innungskrankenkassen, landwirtschaftliche Krankenkassen, Bundesknappschaft und die Seekasse.

Die Beiträge der einzelnen Arbeitnehmer richten sich nach ihren Einkommen. Der allgemeine Beitragssatz liegt 2012 bei 14,6 % vom monatlichen Bruttoverdienst. Diesen Betrag zur gesetzlichen Krankenversicherung bezahlen Arbeitnehmer und Arbeitgeber je zur Hälfte. Zusätzlich zahlen nur die versicherten Arbeitnehmer noch einen Zusatzbeitrag von 0,4 % ihres Bruttoeinkommens für Zahnersatz und 0,5 % für das Krankengeld. Die Beitragsbemessungsgrenze der gesetzlichen Krankenversicherung beträgt in den alten und in den neuen Bundesländern monatlich 3.825,00 € (Stand 2012).

Soziale Pflegeversicherung

In der sozialen Pflegeversicherung sind ab dem 1. Januar 1995 alle Personen versichert, die in der gesetzlichen Krankenversicherung versichert sind (Arbeiter, Angestellte, Auszubildende, Arbeitslose, Rentner und Studenten).

Träger der sozialen Pflegeversicherung sind die bei den gesetzlichen Krankenversicherungen errichteten Pflegekassen.

Die Beiträge zur sozialen Pflegeversicherung betragen 1,95 % des monatlichen Einkommens (2012).[1] Arbeitnehmer und Arbeitgeber zahlen jeweils die Hälfte der genannten Beiträge.[2] Die Beitragsbemessungsgrenze der sozialen Pflegeversicherung entspricht der Beitragsbemessungsgrenze der gesetzlichen Krankenversicherung.

Gesetzliche Arbeitslosenversicherung

Der gesetzlichen Arbeitslosenversicherung gehören alle Arbeiter, Angestellten und Auszubildenden an.

Der Träger der Arbeitslosenversicherung ist die Bundesagentur für Arbeit mit Sitz in Nürnberg. Die örtlichen Arbeitsagenturen sind Zweigstellen der Bundesagentur für Arbeit.

Ebenso wie bei der gesetzlichen Krankenversicherung und Rentenversicherung werden die Beiträge zur Arbeitslosenversicherung je zur Hälfte von Arbeitnehmern und Arbeitgebern bezahlt.

2012 beträgt der Beitrag zur Arbeitslosenversicherung 3,0 % des Bruttoverdienstes. Die Beitragsbemessungsgrenze der Arbeitslosenversicherung entspricht der Beitragsbemessungsgrenze der Rentenversicherung (2012: 5.600,00 € in den alten und 4.800,00 € in den neuen Bundesländern), d. h. der Verdienst eines Arbeitnehmers in den alten Bundesländern, der 5.600,00 € monatlich übersteigt, wird bei der Berechnung des Beitrags zur Arbeitslosenversicherung nicht berücksichtigt.

Für Arbeitnehmer, deren monatlicher Verdienst aus allen Arbeitseinkommen zusammen unter 400,00 € liegt und die keinerlei sonstige Einkünfte erhalten, muss allein der Arbeitgeber unter bestimmten Voraussetzungen einen Pauschbetrag von 28 % an die Rentenversicherung (15 %) und die gesetzliche Krankenversicherung (13 %) bezahlen.

Gesetzliche Unfallversicherung

In der gesetzlichen Unfallversicherung sind alle Arbeitnehmer und Auszubildenden gegen Arbeitsunfälle und Berufskrankheiten versichert.

Träger der gesetzlichen Unfallversicherung für Arbeitnehmer und Auszubildende sind die Berufsgenossenschaften für die einzelnen Berufszweige.

Die Beiträge zur gesetzlichen Unfallversicherung werden allein vom Arbeitgeber aufgebracht.

Aufgaben

1. Nennen Sie die Träger der einzelnen Versicherungszweige.
2. Wer zahlt die Beiträge zur Sozialversicherung?
3. Welche Angestellten sind in der gesetzlichen Krankenkasse pflichtversichert?
4. Wer ist in der Rentenversicherung pflichtversichert?
5. An welchen Versicherungsträger werden die einbehaltenen Sozialversicherungsbeiträge der Arbeitnehmer überwiesen?
6. Am 01.01.2012 stieg die Beitragsbemessungsgrenze für die Rentenversicherung in den alten Bundesländern von 5.500,00 € auf 5.600,00 € monatlich. Für welche Arbeitnehmer bedeutete diese Erhöhung eine Beitragserhöhung?

---

[1] Kinderlose zahlen einen Zuschlag von 0,25 Prozentpunkten ohne Arbeitgeberanteil (ab Vollendung des 23. Lebensjahres).

[2] Dies gilt nur in den Bundesländern, in denen zum Ausgleich ein Feiertag abgeschafft wurde.

Zusammenfassung

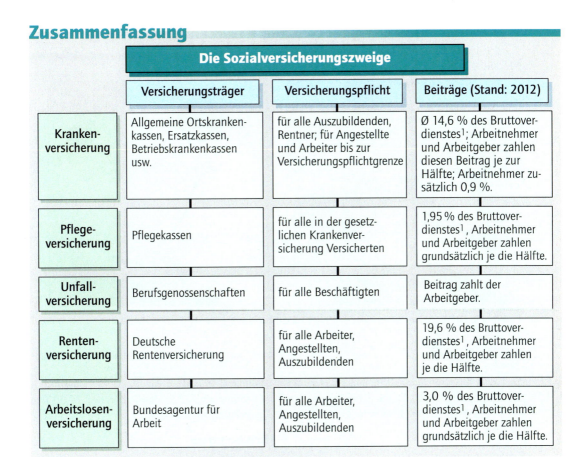

3.10 Leistungen der sozialen Pflegeversicherung

Die soziale Pflegeversicherung gewährt den versicherten Pflegebedürftigen Leistungen zur Verbesserung der häuslichen Pflege (ambulante Pflege) und Leistungen bei stationärer Pflege von Pflegebedürftigen (z. B. in einem Pflegeheim).

	Häusliche Pflege		Stationäre Pflege
	Übernahme der Kosten für ambulante Pflegedienste („Sachleistungen")[1]	Zuschuss für pflegende Angehörige, Nachbarn etc. („Geldleistungen")[2]	
Pflegestufe I (erheblich Pflegebedürftige, mind. 1,5 Std./Tag)	450,00 €/Monat	235,00 €/Monat	1.023,00 €/Monat
Pflegestufe II (schwer Pflegebedürftige, mind. 3 Std./Tag)	1.100,00 €/Monat	440,00 €/Monat	1.279,00 €/Monat
Pflegestufe III (Schwerstpflegebedürftige, mind. 5 Std./Tag)	1.550,00 €/Monat (in Härtefällen bis 1.918,00 €/Monat)	700,00 €/Monat	1.510,00 €/Monat (in Härtefällen bis 1.918,00 €/Monat)

1 Die Beiträge werden vom Lohn und Gehalt bis zu einem monatlichen Höchstbetrag (Beitragsbemessungsgrenze) berechnet. Die Beitragsbemessungsgrenze wird jährlich angehoben.
2 Auch kombiniert in Anspruch zu nehmen. Weitere ergänzende Leistungen, z. B. Inanspruchnahme einer Kurzzeitpflege.

3.11 Leistungen der gesetzlichen Krankenversicherung

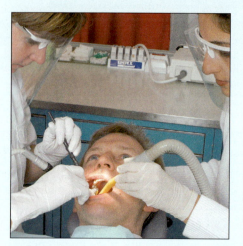

Welche Leistungen bezahlt die Krankenkasse für die erkrankten Arbeitnehmer?

Information

Die Träger der gesetzlichen Krankenversicherung (AOK, Ersatzkassen usw.) zahlen bei Erkrankung eines Arbeitnehmers Krankenpflege und Krankengeld.

Krankenpflege

Die Krankenpflege beinhaltet u. a.
- die ärztliche und zahnärztliche Behandlung,
- die Versorgung mit Arznei-, Verbands-, Heilmitteln, Körperersatzstücken (Prothesen), orthopädischen und anderen Hilfsmitteln,
- Zuschüsse zu den Kosten für Zahnersatz und Zahnkronen,
- Krankenhauspflege,
- häusliche Krankenpflege,
- das Stellen einer Haushaltshilfe.

Bei Arzneimitteln muss der versicherungspflichtige Arbeitnehmer zehn Prozent, mindestens jedoch 5,00 € und höchstens 10,00 €, selbst zahlen. Kinder und Jugendliche bis zum 18. Lebensjahr sind von diesen Zahlungen befreit.

Pro Quartal ist eine Praxisgebühr von 10,00 € fällig.

Für Überweisungen an einen Facharzt oder Vorsorgeuntersuchungen fällt keine weitere Gebühr an. Krankenhaus- und Reha-Klinik-Patienten zahlen 10,00 € pro Tag für höchstens 28 Tage. Für Heilmittel, Krankengymnastik, Massagen und Hilfsmittel sind 10 % der Kosten und 10,00 € je Verordnung zu übernehmen.

Krankengeld

Ist ein Arbeitnehmer wegen Krankheit arbeitsunfähig, so zahlt die Krankenkasse Krankengeld ab der siebenten Woche. In den ersten sechs Wochen hat der Arbeitnehmer Anspruch auf Lohn- oder Gehaltsfortzahlung durch seinen Arbeitgeber. Das Krankengeld beträgt 70 % des durchschnittlichen Bruttoverdienstes (maximale Höhe = Beitragsbemessungsgrenze). Es darf jedoch nicht höher sein als 90 % des letzten Nettoverdienstes. Krankengeld wird innerhalb eines Zeitraums von drei Jahren für höchstens 78 Wochen bezahlt.

Seit 2006 wird von den Versicherten für das Krankengeld ein Sonderbeitrag von 0,5 % erhoben.

Maßnahmen zur Früherkennung von Krankheiten

Die gesetzliche Krankenversicherung gewährt ihren Mitgliedern nicht nur Schutz bei Krankheiten, sondern auch Schutz vor Krankheiten durch kostenlose Maßnahmen zur Früherkennung von Krankheiten. Frauen ab dem 20. und Männer ab dem 45. Lebensjahr können einmal im Jahr auf Kosten ihrer Krankenkasse zur Krebsvorsorge gehen.

Versicherte können ihre Kinder bis zum sechsten Lebensjahr in regelmäßigen Abständen untersuchen lassen. Durch diese Früherkennungsuntersuchungen sollen angeborene Leiden oder Entwicklungsschäden schon in den ersten Lebensjahren festgestellt werden, weil sie dann meist besser geheilt werden können.

Mutterschaftshilfe

Die gesetzliche Krankenkasse gewährt Schwangeren Mutterschaftshilfe. Zur Mutterschaftshilfe gehören:

– Mutterschaftsvorsorgeuntersuchungen,
– Hilfe bei der Entbindung durch eine Hebamme und, falls erforderlich, durch einen Arzt,
– Pflege in einer Entbindungsklinik oder Hauspflege.

Außerdem erhalten Mütter, die Mitglieder in der gesetzlichen Krankenversicherung sind, Mutterschaftsgeld. Es wird innerhalb der Mutterschutzfrist von sechs Wochen vor und acht bzw. zwölf Wochen nach der Entbindung gezahlt.

Familienhilfe

Die Leistungen der gesetzlichen Krankenversicherung erhält nicht nur der Versicherte selbst, sondern auch seine Familienangehörigen. Ehegatten und unterhaltsberechtigte Kinder sind mitversichert, wenn sie kein eigenes Einkommen oberhalb bestimmter Grenzen beziehen. Für diese Familienangehörigen muss der Versicherte keine besonderen Beiträge bezahlen.

Die mitversicherten Familienangehörigen haben Anspruch auf Krankenpflege und Maßnahmen zur Früherkennung von Krankheiten in demselben Umfang wie Versicherte. Krankengeld bekommen sie nicht. Mitversicherte Familienangehörige erhalten auch Mutterschaftshilfe.

Sonstige Hilfen

Ebenfalls zu den Leistungen der gesetzlichen Krankenversicherung gehören ärztliche Beratungen über Empfängnisverhütung und Familienplanung und Leistungen bei Sterilisation und bei Schwangerschaftsabbruch.

Aufgaben

1. Welche Leistungen gewährt die soziale Pflegeversicherung?
2. Welche Leistungen gewährt die gesetzliche Krankenversicherung im Rahmen der Krankenpflege?
3. Wie lange muss ein Arbeitgeber einem Angestellten im Krankheitsfall das Gehalt weiterbezahlen?
4. Welche Leistungen erhalten schwangere Frauen im Rahmen der Mutterschaftshilfe?
5. Für welche Personengruppen zahlt die gesetzliche Krankenkasse Früherkennungsuntersuchungen?
6. Wann hat ein Mitglied einer gesetzlichen Krankenversicherung Anspruch auf Krankengeld?
7. Welche Personen sind im Rahmen der Familienhilfe in der gesetzlichen Krankenversicherung mitversichert?

Zusammenfassung

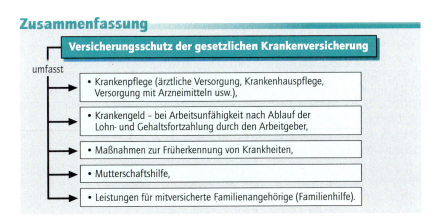

Versicherungsschutz der gesetzlichen Krankenversicherung

umfasst
- Krankenpflege (ärztliche Versorgung, Krankenhauspflege, Versorgung mit Arzneimitteln usw.),
- Krankengeld – bei Arbeitsunfähigkeit nach Ablauf der Lohn- und Gehaltsfortzahlung durch den Arbeitgeber,
- Maßnahmen zur Früherkennung von Krankheiten,
- Mutterschaftshilfe,
- Leistungen für mitversicherte Familienangehörige (Familienhilfe).

3.12 Leistungen der gesetzlichen Rentenversicherung

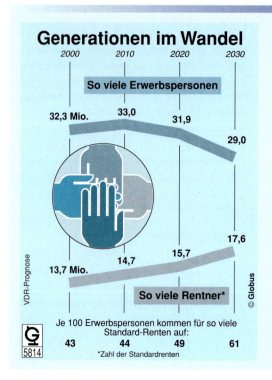

Welches Problem kommt in der Zukunft auf Rentner und Beitragszahler zu?

Information

Der Generationenvertrag

Die Leistungen der gesetzlichen Rentenversicherung werden aus den Beiträgen der Versicherten (Arbeitnehmer- und Arbeitgeberanteil) und einem Bundeszuschuss aus Steuermitteln bezahlt. Die Altersrenten, Hinterbliebenenrenten und Erwerbsminderungsrenten für die jetzigen Rentner werden also im Wesentlichen aus den Beiträgen der heute Berufstätigen bezahlt. Die heutigen Beitragszahler verlassen sich darauf, dass ihre Rente später durch die Beiträge der nachfolgenden Generation bezahlt werden. Dieses Finanzierungsverfahren wird als Umlageverfahren oder Generationenvertrag bezeichnet.

Der Generationenvertrag ist durch die Bevölkerungsentwicklung in der Bundesrepublik Deutschland gefährdet. Durch den seit Mitte der 60er-Jahre zu verzeichnenden Geburtenrückgang schrumpft die deutsche Bevölkerung und beginnt zu überaltern. In Zukunft werden deshalb weniger Erwerbstätige für mehr Rentner aufkommen müssen. Im Jahr 2030 müssen drei Erwerbstätige voraussichtlich zwei Altersrenten finanzieren, während sie heute nur für eine Altersrente aufkommen müssen. Sollen die Altersrenten auch in Zukunft so gewährt werden wie bisher, müssten die Beiträge zur gesetzlichen Rentenversicherung fast verdoppelt werden. Sollen dagegen die Beitragssätze nicht verändert werden, müssten die Renten drastisch gekürzt werden. Durch eine Reform der gesetzlichen Rentenversicherung will der Gesetzgeber verhindern, dass die Beiträge in Zukunft unerträglich hoch oder die Renten unerträglich niedrig werden.

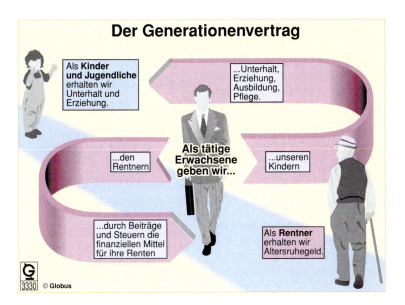

Die Altersrente

Die Altersgrenze für die **Regelaltersrente** (Regelaltersgrenze) wird zwischen 2012 und 2029 schrittweise von 65 Jahren auf 67 Jahre angehoben, d. h. versicherte Männer **und Frauen** ab Jahrgang 1964 können Regelaltersrente erst ab dem vollendeten 67. Lebensjahr beziehen. Für „besonders langjährig Versicherte" liegt die Regelaltersgrenze bei 65 Jahren.

Auch die Altersgrenze für eine abschlagsfreie **Altersrente für Schwerbehinderte** wird stufenweise von 63 auf 65 Jahre angehoben, d. h. versicherte Schwerbehinderte ab Jahrgang 1964 können ihre Altersrente erst ab dem vollendeten 65. Lebensjahr beziehen.

Renten für morgen

Wer 1964 oder später geboren wurde, kann unter folgenden Bedingungen in Rente gehen:

Rentenart	Reguläre Altersgrenze	Vorzeitiger Rentenbezug* ab ...	Voraussetzungen
Regelaltersrente	67	67	5 Jahre Wartezeit = Mindestversicherungszeit (Beitragszeiten, Ersatzzeiten, Zeiten aus Versorgungsausgleich oder Rentensplitting, Zeiten aus 400-Euro-Jobs)
Altersrente für besonders langjährig Versicherte	65	65	45 Jahre Wartezeit (Pflichtbeitragszeiten aus Beschäftigung oder selbständiger Tätigkeit, Berücksichtigungszeiten)
Altersrente für langjährig Versicherte	67	63	35 Jahre Wartezeit (Beitragszeiten, Ersatzzeiten, Zeiten aus Versorgungsausgleich oder Rentensplitting, Anrechnungs- und Berücksichtigungszeiten, Zeiten aus 400-Euro-Jobs)
Altersrente für schwerbehinderte Menschen	65	62	35 Jahre Wartezeit; bei Rentenbeginn als schwerbehindert anerkannt

* für jeden Monat vorzeitiger Inanspruchnahme wird die Rente dauerhaft um 0,3 % gekürzt

Erwerbsminderungsrente

Wer aufgrund seiner gesundheitlichen Einschränkung nur noch unter drei Stunden täglich arbeiten kann, erhält eine volle Erwerbsminderungsrente. Wer noch drei bis unter sechs Stunden täglich arbeiten kann, erhält eine halbe Erwerbsminderungsrente. Wer noch sechs Stunden täglich und länger arbeiten kann, hat keinen Rentenanspruch mehr. Voraussetzung für eine Erwerbsminderungsrente ist eine Wartezeit von mindestens 60 Monaten Beitrags- und Ersatzzeiten.

Hinterbliebenenrenten

Wenn ein Versicherter stirbt, zahlt die gesetzliche Rentenversicherung Hinterbliebenenrente. Sie zahlt auch, wenn der Versicherte gestorben ist, ohne vorher selbst Rentner gewesen zu sein. Er muss allerdings die Wartezeit für die Erwerbsminderungsrente erfüllt haben.

Frauen und Männer erhalten, wenn der Ehegatte stirbt, gleichermaßen eine Witwen- oder Witwerrente. Sie bekommen 55 % von der Rente des verstorbenen Ehegatten. Eigenes Einkommen des Hinterbliebenen wird jedoch zum Teil auf die Witwen- oder Witwerrente angerechnet.

Kinder des Verstorbenen erhalten Waisenrente bis zur Vollendung des 18. Lebensjahres. Bis zur Vollendung des 25. Lebensjahres können sie Waisenrente beziehen, wenn sie sich noch in einer Schul- oder Berufsausbildung befinden. Wenn die Schul- oder Berufsausbildung durch freiwilligen Wehrdienst oder durch ein freiwilliges soziales bzw. ökologisches Jahr unterbrochen wird, kann die Waisenrente noch bis zum 27. Lebensjahr gezahlt werden. Während des Bundesfreiwilligendienstes wird die Waisenrente weiterhin gewährt, wenn die Voraussetzungen für den Rentenbezug noch vorliegen.

Sonstige Leistungen

Die Beiträge der Rentner zur gesetzlichen Krankenversicherung zahlen die Träger der gesetzlichen Rentenversicherung zur Hälfte. Die andere Hälfte wird den Rentenempfängern von ihrer Rente abgezogen.

Die Rentenversicherungsträger zahlen jedoch nicht nur Renten. Zu ihren Aufgaben gehört es auch, die Erwerbsfähigkeit der Versicherten zu erhalten, zu bessern und wiederherzustellen. In diesem Rahmen bieten die Rentenversicherungsträger Heilbehandlungen (besonders Kuren) und Berufsförderungsmaßnahmen an.

Die dynamische Rente

Die Renten werden i. d. R. den jährlichen Lohn- und Gehaltssteigerungen der rentenversicherungspflichtigen Arbeitnehmer angepasst. Seit dem Jahr 2005 erfolgt die Rentenanpassung unter Berücksichtigung des neuen Nachhaltigkeitsfaktors. Dieser Nachhaltigkeitsfaktor berücksichtigt das Verhältnis von Rentenempfängern und Beitragszahlern. Die Rentenanpassung orientiert sich künftig an den gesamten beitragspflichtigen Bruttolohnsummen und nicht mehr an dem gesamten Bruttoentgelt. Damit führen weniger Beitragszahler zu einer geringeren Rentenerhöhung und mehr Beitragzahler zu einer höheren Rentenerhöhung.

Aufgaben

1. Warum wird das System der gesetzlichen Rentenversicherung als Generationenvertrag bezeichnet?
2. Welche Formen des Altersruhegeldes gibt es?
3. Unterscheiden Sie halbe und volle Erwerbsminderungsrente.
4. Welche Personen haben Anspruch auf eine Hinterbliebenenrente?
5. Welche Leistungen gewährt die gesetzliche Rentenversicherung einem Arbeitnehmer, der noch berufstätig ist?
6. Weshalb ist die Rente in der Bundesrepublik Deutschland eine dynamische Rente?

Zusammenfassung

Die gesetzliche Rentenversicherung

zahlt:

- Altersrente
  - Regelaltersrente
  - Altersrente für besonders langjährig Versicherte
  - Altersrente für langjährig Versicherte
  - Altersrente für Schwerbehinderte
- Erwerbsminderungsrente
- Hinterbliebenenrenten für Witwen, Witwer und Waisen
- Beiträge für die Krankenversicherung der Rentner
- Heilbehandlungen (z. B. Kuren)
- Berufliche Förderung (z. B. Umschulung)

- Die Rente ist eine **dynamische Rente**, d. h., sie wird der Einkommensentwicklung angepasst.
- Das Finanzierungsverfahren der Rente wird als **Generationenvertrag** bezeichnet.

3.13 Leistungen der gesetzlichen Arbeitslosenversicherung

Der kaufmännische Angestellte Mertens wird im Alter von 39 Jahren nach fünfzehnjähriger ununterbrochener Berufstätigkeit arbeitslos. Er ist verheiratet und hat zwei schulpflichtige Kinder im Alter von zwölf und fünfzehn Jahren. Sein Nettogehalt betrug im letzten Jahr vor der Entlassung monatlich 2.330,00 €.

Welche Hilfen kann er von der Arbeitslosenversicherung beanspruchen?

Information

Arbeitslosengeld

Ein arbeitsloser Arbeitnehmer muss sich bei der zuständigen Arbeitsagentur arbeitslos melden. Dort kann er Arbeitslosengeld beantragen. Träger der gesetzlichen Arbeitslosenversicherung ist die Bundesagentur für Arbeit; die Arbeitsagenturen sind lediglich Außenstellen.

Die Arbeitslosenversicherung zahlt an Arbeitnehmer, die unfreiwillig arbeitslos geworden sind, Arbeitslosengeld. Anspruch auf Arbeitslosengeld hat ein Arbeitsloser, der in den letzten zwei Jahren vor Beginn der Arbeitslosigkeit mindestens 12 Monate (360 Kalendertage) versicherungspflichtig beschäftigt war. Außerdem muss er arbeitsfähig und arbeitswillig sein. Er muss jede zumutbare Arbeit annehmen.

Das Arbeitslosengeld beträgt für Arbeitslose, die mindestens ein Kind haben, für das sie noch unterhaltspflichtig sind, 67 % vom durchschnittlichen Nettoverdienst der letzten zwölf Monate. Für Arbeitslose ohne unterhaltspflichtige Kinder beträgt das Arbeitslosengeld 60 % vom pauschalierten Nettoverdienst.

Die maximale Dauer der Arbeitslosengeldzahlung ist von 6 Monaten bis 24 Monaten gestaffelt. Sie ist abhängig von der Dauer der vorhergehenden versicherungspflichtigen Beschäftigung und dem Lebensalter des Arbeitslosen. Wer mindestens 12 Monate versicherungspflichtig beschäftigt war, erhält höchstens 6 Monate Arbeitslosengeld. Die maximale Anspruchsdauer steigt auf höchstens 8, 10 bzw. 12 Monate für Arbeitslose, die in den vorhergehenden 3 Jahren mindestens 16, 20 bzw. 24 Monate versicherungspflichtig beschäftigt waren (davon in den vorhergehenden 2 Jahren mindestens 12 Monate).

Arbeitslosen, die jünger als 50 Jahre sind, wird höchstens 12 Monate Arbeitslosengeld gezahlt. Nach Vollendung des 50. Lebensjahres beträgt die Bezugsdauer des Arbeitslosengeldes höchstens 15 Monate, über 55 Jahre 18 Monate und über 58 Jahre 24 Monate.

Arbeitslosengeld II

Wenn die Bezugsdauer für Arbeitslosengeld abgelaufen ist, wird von der Arbeitsagentur nur noch Arbeitslosengeld II gewährt. Es wird nicht aus den Beiträgen zur Arbeitslosenversicherung, sondern aus Steuermitteln finanziert.

Arbeitslosengeld II wird nur an bedürftige Arbeitslose bezahlt. Ein Arbeitsloser ist dann bedürftig, wenn das Vermögen und das Einkommen des Arbeitslosen und seiner mit ihm in einer Bedarfsgemeinschaft lebenden Familienangehörigen für den Lebensunterhalt nicht ausreichen. Auch das Einkommen und Vermögen einer Person, mit der ein Arbeitsloser in eheähnlicher Gemeinschaft oder eingetragener Lebenspartnerschaft lebt, wird bei der Prüfung der Bedürftigkeit berücksichtigt.

Erwerbsfähige Hilfsbedürftige erhalten Arbeitslosengeld II, ihre Angehörigen Sozialgeld. Alleinstehende und Alleinerziehende haben Anspruch auf die volle Regelleistung von 374,00 €. Erwachsene Partner erhalten 90 % dieses Betrags (337,00 €). Für Kinder bis 5 Jahre gibt es 219,00 €, für Kinder von 6 bis 13 Jahre 251,00 €, für Kinder zwischen 14 und 17 Jahren 287,00 €.

Sonstige Leistungen für Arbeitslose

Die Arbeitslosenversicherung bezahlt für die Bezieher von Arbeitslosengeld und Arbeitslosengeld II die Beiträge zur gesetzlichen Kranken- und Rentenversicherung.

Arbeitnehmer, die bei Eröffnung des Insolvenzverfahrens über das Vermögen ihres Arbeitgebers oder Abweisung des Antrags auf Eröffnung des Insolvenzverfahrens mangels Masse noch Arbeitsentgelt für die vorangegangenen drei Monate beanspruchen können, erhalten von der Arbeitsagentur **Insolvenzgeld** als Ausgleich für das nicht gezahlte Arbeitsentgelt.

Maßnahmen zur Arbeits- und Berufsförderung

Die Leistungen der Arbeitslosenversicherung beschränken sich nicht nur auf die Unterstützungszahlungen bei Arbeitslosigkeit. Damit es erst gar nicht zu lang andauernder Arbeitslosigkeit kommt, werden von der Bundesagentur für Arbeit Maßnahmen zur Arbeits- und Berufsförderung angeboten. Dazu gehören

– die Arbeitsvermittlung,

– die Berufsberatung,

– die Gewährung von berufsfördernden Leistungen zur Rehabilitation (= Wiederherstellung) körperlich, geistig und seelisch Behinderter.

Die Bundesagentur für Arbeit fördert die berufliche Ausbildung, Umschulung und Einarbeitung:

An Auszubildende zahlt sie unter bestimmten Voraussetzungen eine **Berufsausbildungsbeihilfe**.

In **beruflichen Umschulungen** werden Arbeitssuchenden Kenntnisse und Fähigkeiten vermittelt, die ihnen den Wechsel in einen anderen, aussichtsreicheren Beruf ermöglichen.

Leistungen zur Erhaltung und Schaffung von Arbeitsplätzen

Durch Zahlung von Kurzarbeitergeld und durch Maßnahmen zur Arbeitsbeschaffung versucht die Bundesagentur für Arbeit, Arbeitsplätze zu erhalten und neue Arbeitsplätze zu schaffen.

Kurzarbeitergeld erhalten Arbeitnehmer als Ausgleich für den Verdienstausfall, der durch eine vorübergehende Verkürzung ihrer Arbeitszeit verursacht wird.

Aufgaben

1. Welche Voraussetzungen muss ein arbeitsloser Arbeitnehmer erfüllen, damit er von der Arbeitslosenversicherung Arbeitslosengeld erhält?
2. Die fünfundvierzigjährige Frau Rosemeier wird nach zwanzigjähriger Berufstätigkeit arbeitslos. Sie ist verheiratet und hat eine siebzehnjährige Tochter, die sich noch in der Ausbildung befindet. Ihr Nettogehalt betrug im letzten Jahr durchschnittlich 1.400,00 € monatlich.

   a) Wie viel € Arbeitslosengeld kann sie beanspruchen?
   b) Wie lange hat sie höchstens Anspruch auf Arbeitslosengeld?
3. Welche Personen haben Anspruch auf Arbeitslosengeld II?
4. Welche Maßnahmen zur Arbeits- und Berufsförderung bietet die Bundesagentur für Arbeit an?
5. Aus welchen Gründen verhängt die Arbeitsagentur eine Sperrzeit?

Zusammenfassung

3.14 Leistungen der gesetzlichen Unfallversicherung

Was kann die Unfallversicherung für den Verunglückten tun?

Information

Die Leistungen nach Eintritt eines Arbeitsunfalls

Die gesetzliche Unfallversicherung bietet Versicherungsschutz nach **Arbeitsunfällen**. Darunter sind Unfälle zu verstehen, die im Zusammenhang mit der Berufsausübung eintreten, wie Unfälle während der Arbeit, Wegeunfälle und Berufskrankheiten.

Wegeunfälle sind Unfälle, die sich auf dem Weg von und zur Arbeit ereignen.

Berufskrankheiten sind Krankheiten, die durch besonders schädigende Einflüsse am Arbeitsplatz (z. B. Schadstoffe, Lärm) verursacht wurden.

Die zuständige Berufsgenossenschaft leistet als Träger der gesetzlichen Unfallversicherung nach einem Arbeitsunfall

- Heilbehandlung des Unfallverletzten (ärztliche und zahnärztliche Behandlung, Arznei- und Verbandsmittel, Heilmittel, Ausstattung mit Prothesen und Gewährung von Pflege bei Hilflosigkeit),
- Berufshilfe für den Unfallverletzten (z. B. Umschulungen),
- finanzielle Entschädigung für Unfallfolgen. (Verletztenrente, Witwen- und Waisenrente, Verletztengeld, das dem Krankengeld entspricht).

Unfallverhütungsvorschriften

Zur Verhütung von Arbeitsunfällen erlassen die Berufsgenossenschaften Unfallverhütungsvorschriften. Sie sind für Arbeitgeber und Arbeitnehmer gleichermaßen verbindlich.

Die Durchführung der Unfallverhütung wird durch die zuständige Berufsgenossenschaft überwacht. Sie führt in regelmäßigen Zeitabständen Betriebsbesichtigungen durch. Festgestellte Mängel muss der Arbeitgeber in einer angemessenen Frist beseitigen. Bei schweren Verstößen gegen die Unfallverhütungsvorschriften kann die Berufsgenossenschaft gegen Arbeitgeber und versicherte Arbeitnehmer Geldbußen verhängen.

Erste Hilfe und Verhalten bei Unfällen

1. Beachten Sie die ausgehängte Anleitung zur Ersten Hilfe bei Unfällen mit den Angaben über Notrufeinrichtungen sowie Personal der Ersten Hilfe, Arzt und Krankenhaus.
2. Informieren Sie sich, wo Erste-Hilfe-Material bereitgehalten wird und wer Erste Hilfe leisten kann.
3. Denken Sie bei einem Unfall daran, nicht nur den Verletzten zu retten und Erste Hilfe zu leisten, sondern erforderlichenfalls auch die Unfallstelle abzusichern.
4. Lassen Sie auch Ihre kleineren Verletzungen sofort versorgen.
5. Suchen Sie einen Durchgangsarzt auf, wenn aufgrund der Verletzung mit Arbeitsunfähigkeit zu rechnen ist.
6. Melden Sie jeden Unfall unverzüglich Ihrem Vorgesetzten.
7. Achten Sie darauf, dass über jede Erste-Hilfe-Leistung Aufzeichnungen gemacht werden, z. B. in einem Verbandbuch.
8. Lassen Sie sich zum Ersthelfer ausbilden, damit Sie auch anderen helfen können.

aus: Berufsgenossenschaft für den Einzelhandel, Sicherheitsratschläge

Aufgaben

1. In welchen der folgenden Fälle ist die gesetzliche Unfallversicherung zuständig?
   a) Ein Angestellter verstaucht sich bei der Arbeit einen Knöchel.
   b) Eine Angestellte verletzt sich bei der Hausarbeit.
   c) Ein Arbeiter ist durch den Maschinenlärm an seinem Arbeitsplatz schwerhörig geworden.
   d) Ein Angestellter verunglückt auf der Fahrt von seiner Wohnung zu seiner Arbeitsstelle mit dem Auto.
   e) Nach Betriebsschluss besucht ein Angestellter mit Kollegen noch eine Gaststätte. Auf dem Heimweg von der Gaststätte hat er einen Unfall.

2. Ein Angestellter hat einen schweren Arbeitsunfall. Welche Leistungen erhält er von der gesetzlichen Unfallversicherung?
3. Welche Leistungen gewährt die gesetzliche Unfallversicherung bei einem tödlichen Arbeitsunfall?
4. Durch welche Maßnahmen versucht die Berufsgenossenschaft, Arbeitsunfälle zu verhüten?
5. Welche Maßnahmen müssen Sie ergreifen, wenn Sie sich während der Arbeit verletzen?

Zusammenfassung

3.15 Bestimmungen des Betriebsverfassungsgesetzes

Warum läuft der Arbeitnehmer zum Betriebsrat?

Information

Im **Betriebsverfassungsgesetz** von 1972 sind die Mitwirkungs- und Mitbestimmungsrechte der einzelnen Arbeitnehmer, des Betriebsrats und der Jugend- und Auszubildendenvertretung in Betrieben der Privatwirtschaft geregelt.

Die Mitwirkungs- und Mitbestimmungsrechte der Arbeitnehmer im öffentlichen Dienst sind im **Bundespersonalvertretungsgesetz** und in den **Personalvertretungsgesetzen der Länder** festgelegt.

Die Wahl des Betriebsrats

Der Betriebsrat ist die wichtigste Interessenvertretung der Arbeitnehmer in einem Betrieb.

Er wird von allen Arbeitnehmern eines Betriebes, die mindestens 18 Jahre alt sind, gewählt. In den Betriebsrat können alle Arbeitnehmer eines Betriebes über 18 Jahre gewählt werden, wenn sie seit mindestens sechs Monaten in diesem Betrieb beschäftigt sind. Die Amtsdauer des Betriebsrates beträgt vier Jahre. Betriebsräte dürfen in allen Betrieben gewählt werden, die mindestens fünf Arbeitnehmer über 18 Jahre beschäftigen. Die Mitgliederzahl des Betriebsrates ist abhängig von der Anzahl der wahlberechtigten Arbeitnehmer eines Betriebes.

Bei fünf bis zwanzig wahlberechtigten Arbeitnehmern wird nur ein einzelner Betriebsobmann gewählt. Der Betriebsrat besteht gemäß § 9 BetrVerfG in Betrieben mit

21 bis 50	wahlberechtigten Arbeitnehmern aus	3 Mitgliedern,
51 bis 100	Arbeitnehmern aus	5 Mitgliedern,
101 bis 200	Arbeitnehmern aus	7 Mitgliedern,
201 bis 400	Arbeitnehmern aus	9 Mitgliedern,
401 bis 700	Arbeitnehmern aus	11 Mitgliedern,
701 bis 1000	Arbeitnehmern aus	13 Mitgliedern,
1001 bis 1500	Arbeitnehmern aus	15 Mitgliedern,
1501 bis 2000	Arbeitnehmern aus	17 Mitgliedern,
2001 bis 2500	Arbeitnehmern aus	19 Mitgliedern,
2501 bis 3000	Arbeitnehmern aus	21 Mitgliedern,
3001 bis 3500	Arbeitnehmern aus	23 Mitgliedern,
3501 bis 4000	Arbeitnehmern aus	25 Mitgliedern,
4001 bis 4500	Arbeitnehmern aus	27 Mitgliedern,
4501 bis 5000	Arbeitnehmern aus	29 Mitgliedern,
5001 bis 6000	Arbeitnehmern aus	31 Mitgliedern,
6001 bis 7000	Arbeitnehmern aus	33 Mitgliedern,
7001 bis 9000	Arbeitnehmern aus	35 Mitgliedern

In Betrieben mit mehr als 9000 Arbeitnehmern erhöht sich die Zahl der Betriebsratsmitglieder um 2 Mitglieder je weitere angefangene 3000 Arbeitnehmer.

Die Mitglieder des Betriebsrates wählen aus ihrer Mitte den Betriebsratsvorsitzenden und seinen Stellvertreter. Für ihre Tätigkeit müssen die Betriebsratsmitglieder so viele Stunden von ihrer beruflichen Arbeit befreit werden, wie zur Erfüllung ihrer Betriebsratsaufgaben notwendig sind. Sind in einem Betrieb mindestens zweihundert Arbeitnehmer beschäftigt, muss mindestens ein Betriebsratsmitglied ganz von der Arbeit freigestellt werden.

Allgemeine Aufgaben des Betriebsrats

Zu den Aufgaben des Betriebsrates gehört es, darüber zu wachen, dass im Betrieb alle zum Schutz der Arbeitnehmer erlassenen Gesetze, Verordnungen, Unfallverhütungsvorschriften und Tarifverträge eingehalten werden. Darüber hinaus hat der Betriebsrat eine Reihe von Mitwirkungs- und Mitbestimmungsrechten.

Mitbestimmung des Betriebsrats bedeutet: Die betriebliche Maßnahme wird erst mit Zustimmung des Betriebsrates wirksam.

Mitwirkung des Betriebsrats bedeutet: Der Betriebsrat hat ein Informations-, Beratungs- oder Anhörungsrecht. Durch seinen Widerspruch wird die vom Arbeitgeber angeordnete Maßnahme jedoch nicht unwirksam.

Mitbestimmung in sozialen Angelegenheiten

Ein volles Mitbestimmungsrecht hat der Betriebsrat in sozialen Angelegenheiten. Dazu gehören

- Kurzarbeit und Überstunden,
- Beginn und Ende der täglichen Arbeitszeit,
- Errichtung betrieblicher Sozialeinrichtungen (z. B. Kantinen und Aufenthaltsräume),
- Entscheidung über Arbeitsplätze mit leistungsbezogenem Entgelt (Akkordlöhne oder Prämien),
- Einführung von Arbeitskontrollen.

Verweigert der Betriebsrat in diesen Angelegenheiten seine Zustimmung, so entscheidet eine Einigungsstelle. Sie setzt sich aus der gleichen Anzahl von Vertretern des Arbeitgebers und des Betriebsrates und einem unparteiischen Vorsitzenden zusammen.

Mitwirkung und Mitbestimmung in personellen Angelegenheiten

Ein Zustimmungsverweigerungs- oder Widerspruchsrecht hat der Betriebsrat bei folgenden personellen Angelegenheiten: Arbeitsplatzgestaltung, Beurteilungsfragen, Berufung und Abberufung von Ausbildern, Versetzungen, Umgruppierungen und Einstellungen.

In einem Unternehmen mit mehr als zwanzig wahlberechtigten Arbeitnehmern dürfen Einstellungen und Versetzungen grundsätzlich nur durchgeführt werden, wenn der Betriebsrat vorher zugestimmt hat (= **volles Mitbestimmungsrecht**). Verweigert der Betriebsrat die Zustimmung, kann der Arbeitgeber das Arbeitsgericht anrufen. Das Arbeitsgericht ersetzt die Zustimmung des Betriebsrates, wenn die Verweigerung der Zustimmung unbegründet war.

Bei Kündigungen von Arbeitnehmern hat der Betriebsrat nur ein **Anhörungsrecht.** Wird der Betriebsrat vor einer Kündigung nicht gehört, ist die Kündigung unwirksam. Ein Widerspruch des Betriebsrates kann eine Kündigung jedoch nicht verhindern; der Arbeitgeber kann den Arbeitnehmer trotzdem entlassen.

Hat der Betriebsrat einer ordentlichen Kündigung binnen einer Woche widersprochen und hat der Arbeitnehmer Kündigungsschutzklage erhoben, so muss der Arbeitnehmer auf sein Verlangen jedoch bis zum rechtskräftigen Abschluss des Rechtsstreits weiterbeschäftigt werden.

Mitwirkung in wirtschaftlichen Angelegenheiten

In wirtschaftlichen Angelegenheiten hat der Betriebsrat nur ein Informations-, Unterrichtungs- und Beratungsrecht.

In Unternehmen mit mehr als einhundert Arbeitnehmern wird ein Wirtschaftsausschuss eingerichtet. Die Mitglieder dieses Ausschusses werden vom Betriebsrat bestimmt. Die Unternehmensleitung ist verpflichtet den Wirtschaftsausschuss umfassend über die wirtschaftliche und finanzielle Lage des Unternehmens zu unterrichten.

Ein Widerspruch des Betriebsrates in wirtschaftlichen Angelegenheiten bleibt ohne Folgen. Letztlich kann hier der Arbeitgeber allein entscheiden.

Betriebsvereinbarungen

Zwischen dem Betriebsrat und dem Arbeitgeber können Vereinbarungen geschlossen werden, die für die Arbeitnehmer eines Betriebes unmittelbar gelten. Diese Betriebsvereinbarungen müssen in schriftlicher Form getroffen und von Arbeitgeber und Betriebsrat unterzeichnet werden.

Der Arbeitgeber ist verpflichtet, Betriebsvereinbarungen durch Auslegen oder Aushang an einer geeigneten Stelle im Betrieb bekannt zu machen.

Eine Sonderform der Betriebsvereinbarung ist der **Sozialplan**. Er soll die wirtschaftlichen Nachteile, die dem Arbeitnehmer infolge einer geplanten Betriebsänderung (z. B. Stilllegung oder Verlegung des Betriebs) entstehen, ausgleichen oder mildern.

Betriebsversammlungen

Der Betriebsrat muss einmal in jedem Kalendervierteljahr auf einer Betriebsversammlung alle Arbeitnehmer (einschließlich der Auszubildenden) über seine Tätigkeit informieren und sich zur Diskussion stellen. Der Arbeitgeber, der ebenfalls eingeladen werden muss, hat das Recht, auf den Betriebsversammlungen zu sprechen. Mindestens einmal im Jahr muss der Arbeitgeber oder sein Vertreter in einer Betriebsversammlung über das Personal- und Sozialwesen, einschließlich des Stands der Gleichstellung von Frauen und Männern im Betrieb und der Integration der im Betrieb beschäftigten ausländischen Arbeitnehmer, die wirtschaftliche Lage und Entwicklung des Betriebes sowie über den betrieblichen Umweltschutz berichten.

An den Betriebsversammlungen können Beauftragte der im Betrieb vertretenen Gewerkschaften beratend teilnehmen. Der Arbeitgeber kann Vertreter seines Arbeitgeberverbandes hinzuziehen, wenn er an einer Betriebsversammlung teilnimmt.

Die Jugend- und Auszubildendenvertretung

Die besonderen Belange der jugendlichen Arbeitnehmer unter 18 Jahren und Auszubildenden unter 25 Jahren werden durch die Jugend- und Auszubildendenvertretung wahrgenommen.

Eine Jugend- und Auszubildendenvertretung kann in Betrieben gewählt werden, in denen mindestens fünf Arbeitnehmer bis 18 Jahre oder Auszubildende bis 25 Jahre beschäftigt sind.

Sie wird von allen Arbeitnehmern unter 18 Jahren und allen Auszubildenden unter 25 Jahren gewählt. In die Jugend- und Auszubildendenvertretung können alle Arbeitnehmer des Betriebes gewählt werden, die noch nicht 25 Jahre alt sind. Die Amtsdauer der Jugend- und Auszubildendenvertretung beträgt zwei Jahre.

Die Zahl der Vertreter in der Jugend- und Auszubildendenvertretung richtet sich nach der Zahl der in dem Betrieb beschäftigten Jugendlichen bis 18 und Auszubildenden bis 25 Jahre.

Vertreter in der JAV gemäß § 62 BetrVerfG	
Jugendliche bis 18 Jahre bzw. Azubis bis 25 Jahre im Betrieb:	Zahl der Vertreter in der neuen JAV
5 bis 20	1
21 bis 50	3
51 bis 150	5
151 bis 300	7
301 bis 500	9
501 bis 700	11
701 bis 1 000	13
mehr als 1 000	15

Ansprechpartner für die Jugend- und Auszubildendenvertretung ist der Betriebsrat. An allen Sitzungen des Betriebsrates kann ein Vertreter der Jugend- und Auszubildendenvertretung teilnehmen. Stehen besondere Probleme der Jugendlichen und Auszubildenden im Betrieb zur Debatte, kann die gesamte Jugend- und Auszubildendenvertretung an der Betriebsratssitzung teilnehmen.

Die Jugend- und Auszubildendenvertreter haben im Betriebsrat dann Stimmrecht, wenn die Beschlüsse des Betriebsrates überwiegend jugendliche Arbeitnehmer oder Auszubildende betreffen.

Mitwirkungs- und Beschwerderechte des einzelnen Arbeitnehmers

Bei den im Betriebsverfassungsgesetz aufgeführten Rechten des einzelnen Arbeitnehmers handelt es sich in erster Linie um Informations- und Anhörungsrechte in Angelegenheiten, die die Person des Arbeitnehmers und seinen Arbeitsplatz betreffen.

Der Arbeitnehmer kann verlangen, dass ihm die Berechnung und die Zusammensetzung seines Gehaltes erläutert werden. Seine Leistungsbeurteilung und seine beruflichen Entwicklungsmöglichkeiten im Betrieb müssen mit ihm erörtert werden, wenn er es wünscht. Dazu kann er ein Mitglied des Betriebsrats hinzuziehen.

Der Arbeitnehmer hat das Recht, sich über den Inhalt der vom Arbeitgeber über ihn geführten Personalakte zu informieren. Auch dazu kann er ein Betriebsratsmitglied hinzuziehen. Er hat die Möglichkeit, zum Inhalt der Personalakte Erklärungen abzugeben. Er kann verlangen, dass diese Erklärungen der Personalakte beigefügt werden. Der Arbeitnehmer darf sich bei der zuständigen Stelle des Betriebes (z. B. Geschäftsinhaber, Geschäftsführer) beschweren, wenn er sich benachteiligt oder ungerecht behandelt fühlt. Dabei kann er ein Betriebsratsmitglied zu seiner Unterstützung hinzuziehen.

Aufgaben

1. Wie viele wahlberechtigte Arbeitnehmer müssen in einem Betrieb beschäftigt sein, damit ein Betriebsrat gewählt werden darf?
2. In welchen Fällen ist eine Entscheidung des Arbeitgebers ohne Zustimmung des Betriebsrats ungültig?
3. In welchen Angelegenheiten hat der Betriebsrat nur ein Informationsrecht?
4. Welche Folgen hat es, wenn einem Angestellten ohne Einschaltung des Betriebsrats gekündigt wurde?
5. Ein Großhändler will einen zusätzlichen Angestellten einstellen. Der Betriebsrat stimmt der Einstellung nicht zu. Kann der Angestellte trotzdem eingestellt werden? Begründen Sie Ihre Antwort.
6. Welche Personen dürfen zu Jugend- und Auszubildendenvertretern gewählt werden?
7. An wen muss sich die Jugend- und Auszubildendenvertretung in Streitfällen wenden?
8. Zwischen wem werden Betriebsvereinbarungen abgeschlossen?
9. Wie oft müssen Betriebsversammlungen in einem Jahr mindestens stattfinden?
10. Ein Angestellter liest in seiner Personalakte, dass er häufig zu spät gekommen sei. Tatsächlich ist er bisher nur zweimal verspätet zur Arbeit gekommen. Was kann er tun?
11. Was kann durch Betriebsvereinbarungen geregelt werden?

Zusammenfassung

Wahl des Betriebsrates

- Er kann in Betrieben mit mindestens fünf wahlberechtigten Arbeitnehmern für vier Jahre gewählt werden.
- Wahlberechtigt sind alle Arbeitnehmer über 18 Jahre.
- Wählbar sind alle wahlberechtigten Arbeitnehmer, die seit mindestens sechs Monaten in dem Betrieb beschäftigt sind.

Aufgaben des Betriebsrates

Mitwirkung (= Anhörung oder Unterrichtung) + **Mitbestimmung** (= Mitentscheiden)

	bei wirtschaftlichen Angelegenheiten	bei personellen Angelegenheiten	bei sozialen Angelegenheiten	
Der Betriebsrat	– achtet auf Gleichbehandlung aller Betriebsangehörigen,	– überwacht die Einhaltung von Arbeitsgesetzen, Verordnungen, Tarifverträgen und Betriebsvereinbarungen,	– schließt mit dem Arbeitgeber Betriebsvereinbarungen ab,	– führt regelmäßig Betriebsversammlungen durch.

Jugend- und Auszubildendenvertretung (JAV)

- Sie vertritt in Betrieben mit mindestens fünf Arbeitnehmern unter 18 Jahren oder Auszubildenden unter 25 Jahren die Interessen der Jugendlichen und Auszubildenden im Betrieb.
- Sie wird von allen Arbeitnehmern unter 18 Jahren und Auszubildenden unter 25 Jahren für zwei Jahre gewählt.
- Wählbar sind Arbeitnehmer und Auszubildende, die noch nicht 25 Jahre alt sind.

Rechte des einzelnen Arbeitnehmers

- Informations- und Anhörungsrecht in Angelegenheiten, die seine Person oder seinen Arbeitsplatz betreffen,
- Recht, seine Personalakte einzusehen,
- Beschwerderecht.

3.16 Mitbestimmung auf Unternehmensebene

Warum kann bei der Zusammensetzung dieses Aufsichtsrates nicht von gleichberechtigter (– paritätischer) Mitbestimmung gesprochen werden?

Information

Die Arbeitnehmer und ihre Gewerkschaften sehen in dem Recht auf Mitgestaltung der Arbeitswelt eines ihrer wichtigsten Anliegen. Mitgestaltungsmöglichkeiten ergeben sich durch die Möglichkeit der Mitbestimmung am Arbeitsplatz, im Betrieb (siehe Kapitel 3.15) und auf Unternehmensebene. Bei der Mitbestimmung auf Unternehmensebene geht es um Einflussnahme von Arbeitnehmern und Gewerkschaften auf Führungsentscheidungen der Unternehmensleitung. Für die Mitbestimmung auf Unternehmensebene gelten drei Regelungen: Die Mitbestimmung auf der Grundlage des

– Montanmitbestimmungsgesetzes von 1951,
– Drittelbeteiligungsgesetzes von 2004 und
– Mitbestimmungsgesetzes von 1976.

Sie unterscheiden sich nach ihrem Geltungsbereich und nach dem Mitspracherecht der Arbeitnehmer.

Mitbestimmung auf der Grundlage des Montanmitbestimmungsgesetzes

Das Montanmitbestimmungsgesetz gilt für alle Aktiengesellschaften, Gesellschaften mit beschränkter Haftung und bergrechtlichen Gewerkschaften des Bergbaus und der Eisen und Stahl erzeugenden Industrie (Montanindustrie), die mehr als 1 000 Personen beschäftigen.

Der Aufsichtsrat dieser Unternehmen setzt sich in der Regel aus zehn Vertretern der Anteilseigner und zehn Arbeitnehmervertretern zusammen. Hinzu kommt eine neutrale Person, auf die sich die Anteilseigner- und Arbeitnehmerseite einigen müssen.

Von den zehn Arbeitnehmervertretern müssen vier in dem Unternehmen beschäftigt sein. Vier Mitglieder der Arbeitnehmerseite sind Gewerkschaftsvertreter. Zwei weitere Arbeitnehmervertreter, die nicht im Unternehmen beschäftigt sind, werden von der Gewerkschaft vorgeschlagen.

Der Arbeitsdirektor, der im Vorstand des Unternehmens für das Personalwesen zuständig ist, kann nicht gegen die Mehrheit der Arbeitnehmervertreter im Aufsichtsrat bestellt werden.

Mitbestimmung auf der Grundlage des Drittelbeteiligungsgesetzes

Das Drittelbeteiligungsgesetz gibt den Arbeitnehmern in AGs, Kommanditgesellschaften auf Aktien, GmbHs, Versicherungsvereinen auf Gegenseitigkeit sowie Erwerbs- und Wirtschaftsgenossenschaften mit 501 bis 2 000 Mitarbeitern ein Mitbestimmungsrecht im Aufsichtsrat dieser Gesellschaften, der zu einem Drittel aus Arbeitnehmern bestehen muss.

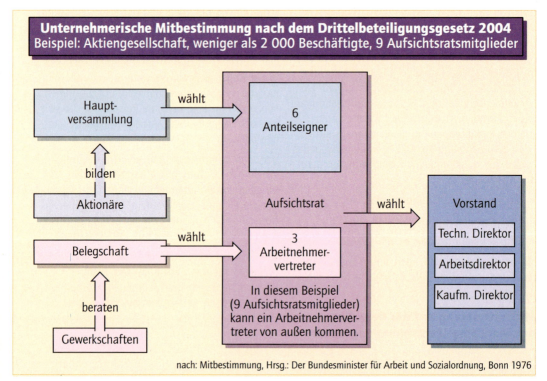

Mitbestimmung auf der Grundlage des Mitbestimmungsgesetzes

Das Mitbestimmungsgesetz von 1976 gilt für alle Kapitalgesellschaften und Genossenschaften außerhalb des Montanbereichs, die mehr als 2 000 Personen beschäftigen.

Die Aufsichtsräte dieser Unternehmen setzen sich je zur Hälfte aus Arbeitnehmervertretern und Vertretern der Anteilseigner zusammen. Mindestens ein Arbeitnehmervertreter muss ein leitender Angestellter sein.

Je nach Größe des Unternehmens besteht der Aufsichtsrat aus zwölf, sechzehn oder zwanzig Mitgliedern.

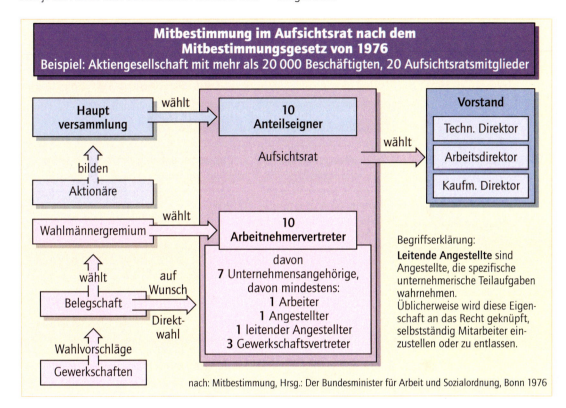

Der Aufsichtsratsvorsitzende wird mit einer Mehrheit von zwei Dritteln der Aufsichtsratsmitglieder gewählt. Können sich die Aufsichtsratsmitglieder nicht mehrheitlich auf einen Vorsitzenden einigen, wählen in einem zweiten Wahlgang die Vertreter der Anteilseigner aus ihrer Mitte den Aufsichtsratsvorsitzenden und die Arbeitnehmervertreter aus ihrer Mitte den stellvertretenden Vorsitzenden jeweils mit der Mehrheit der abgegebenen Stimmen. Ergibt sich bei einer Abstimmung im Aufsichtsrat Stimmengleichheit, so gibt die Stimme des Aufsichtsratsvorsitzenden den Ausschlag. Er hat bei Stimmengleichheit stets zwei Stimmen. Damit ist sichergestellt, dass Pattsituationen aufgelöst werden können.

Aufgaben

1. Welches der Mitbestimmungsmodelle verwirklicht das Prinzip der paritätischen (gleichgestellten) Mitbestimmung von Arbeitnehmern und Anteilseignern am ehesten?
2. Welche Vorteile hat die Mitbestimmung im Aufsichtsrat für die Arbeitnehmer?
3. Warum kann man bei der Mitbestimmung nach dem Mitbestimmungsgesetz nicht von paritätischer Mitbestimmung sprechen?
4. Warum ist in Unternehmen, für die das Mitbestimmungsgesetz gilt, der Aufsichtsratsvorsitzende in der Regel ein Vertreter der Anteilseigner?

Zusammenfassung

Mitbestimmung im Aufsichtsrat

	Geltungsbereich	Zusammensetzung des Aufsichtsrats
Montanmitbestimmungsgesetz von 1951	Unternehmen des Bergbaus und der Eisen und Stahl erzeugenden Industrie	meist • 10 Vertreter der Anteilseigner • 10 Arbeitnehmervertreter • 1 neutraler Vertreter
Drittelbeteiligungsgesetz von 2004	Kapitalgesellschaften und Genossenschaften mit 501 bis 2 000 Beschäftigten	• zwei Drittel Vertreter der Anteilseigner • ein Drittel Arbeitnehmervertreter
Mitbestimmungsgesetz von 1976	Kapitalgesellschaften und Genossenschaften mit mehr als 2 000 Beschäftigten	• 50 % Arbeitnehmervertreter (darunter mindestens ein leitender Angestellter) • 50 % Vertreter der Anteilseigner • In Pattsituationen hat der Vorsitzende zwei Stimmen.

3.17 Führung und Entscheidungsverhalten

Zwei Vorstandsmitglieder eines Industrieunternehmens unterhalten sich über ihr Führungsverhalten. Herr Albers vertritt die Ansicht, dass er die besten Erfolge damit habe, dass er durch genaueste Anweisungen und eine entsprechend strenge Kontrolle seine Mitarbeiter leite.

Herr Kolasinski meint dagegen, dass er seinen Untergebenen nur generelle Anweisungen erteile, deren Durchsetzung diesen überlassen bleibe. Nur bei Abweichungen von gewünschten Zielen schalte er sich ein.

Welche Auswirkung kann das jeweilige Führungsverhalten auf die Mitarbeiter haben?

Information

Bedeutung des Führungsverhaltens

Betriebspsychologische Untersuchungen haben nachgewiesen, dass die Höhe der Bezahlung nicht mehr der alleinige Motivationsmotor der Arbeitnehmer ist. Zumindest genauso, wenn nicht sogar mehr, motivieren heute die Bedingungen, unter denen gearbeitet werden muss.

Diese werden z. B. beeinflusst von
– der Arbeitsorganisation und Arbeitsgestaltung,
– der Eignung der Mitarbeiter,
– dem Betriebsklima.

Sehr stark wirkt sich auch das Führungsverhalten der Vorgesetzten aus.

Die Gestaltung des Führungsverhaltens ist ein wesentliches Problem der Organisation. Da den meisten Stelleninhabern heute – in mehr oder weniger begrenztem Rahmen – Führungsaufgaben abverlangt werden, hat die Mitarbeiterführung ständig an Bedeutung gewonnen.

Sie soll das Verhalten einzelner Mitarbeiter so beeinflussen, dass bestimmte Unternehmensziele erreicht werden können.

Beispiel

Auf bis zu 50 Prozent wird die Zahl der Mitarbeiter geschätzt, die sich in manchen Unternehmen aufgrund von Führungsfehlern in die „innere Kündigung" verabschiedet haben. Damit liegt ein gewaltiges Potenzial an Engagement und Initiative brach.

Ein wichtiges Problem im Zusammenhang mit Untergebenen ist die Beurteilung der Mitarbeiter. Eine *Personalbeurteilung* ist erforderlich bei Versetzungen, Beförderungen, Entlassungen sowie bei der Festlegung der Lohnhöhe des einzelnen Mitarbeiters. Empfindet der Mitarbeiter eine Beurteilung als unfair, wird er nicht motiviert, seine Leistung zu steigern.

In der Praxis gibt es zwei grundlegende Verfahren der Personalbeurteilung. Bei der *summarischen Beurteilung* wird ein Gesamteindruck des

Mitarbeiters beurteilt. Häufig ist jedoch ein solches Verfahren recht subjektiv. Dagegen versucht man im Rahmen der *analytischen Personalbeurteilung* eine Reihe einzelner, vorher genau festgelegter Beurteilungskriterien heranzuziehen, um anschließend zu einem objektiveren Gesamturteil zu kommen.

Beurteilungskriterien können sein:
- Arbeitsmenge
- Arbeitsqualität
- Arbeitsstil
- Denkfähigkeit
- Interesse und Engagement
- Kooperationsbereitschaft
- Lern- und Fortbildungsaktivität
- Verhältnis zu Vorgesetzten und Kollegen

Führungsstile

Vorgesetzte können sich unterschiedlich gegenüber ihren Untergebenen verhalten. Unter Führungsstil versteht man in diesem Zusammenhang die Art und Weise, wie ein Vorgesetzter Entscheidungen trifft, übermittelt, koordiniert und kontrolliert. Durch den jeweils angewandten Führungsstil prägt der Vorgesetzte die Beziehung zu seinen Mitarbeitern.

In der Praxis sind unterschiedliche Haltungen und Grundeinstellungen vorgesetzter Instanzen gegenüber Untergebenen anzutreffen. Diese Führungsstile sind aber immer Ausprägungen entweder des **autoritären** oder **kooperativen** Führungsstils.

In der Praxis gibt es meistens Mischformen des kooperativen und autoritären Führungsstils in unterschiedlichen Ausprägungen.

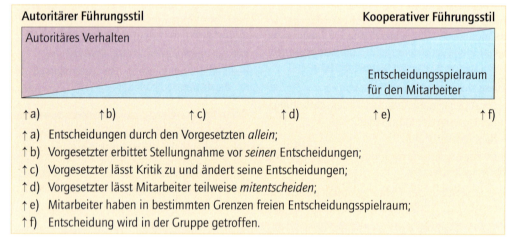

- ↑ a) Entscheidungen durch den Vorgesetzten *allein*;
- ↑ b) Vorgesetzter erbittet Stellungnahme vor *seinen* Entscheidungen;
- ↑ c) Vorgesetzter lässt Kritik zu und ändert seine Entscheidungen;
- ↑ d) Vorgesetzter lässt Mitarbeiter teilweise *mitentscheiden*;
- ↑ e) Mitarbeiter haben in bestimmten Grenzen freien Entscheidungsspielraum;
- ↑ f) Entscheidung wird in der Gruppe getroffen.

Der autoritäre Führungsstil

Beim autoritären Führungsstil trifft der Vorgesetzte Entscheidungen ohne Mitwirkung der Untergebenen. Den Mitarbeitern bleibt lediglich die Ausführung der Anordnungen.

Der kooperative Führungsstil

Beim kooperativen Führungsstil versteht sich der Führende als Koordinator. Er entscheidet in Abstimmung mit den Mitarbeitern. Seine Anordnungen lassen dem Mitarbeiter angemessene Spielräume. Daher kann der Mitarbeiter weitgehend selbstständig arbeiten.

Beispiel

In der Elektrogroßhandlung Kunze & Wienecke ist der Umsatz einer Warengruppe weit hinter den Erwartungen zurückgeblieben. Herr Kunze beschließt daher, alle Preise zu senken. Er teilt seinen Mitarbeitern diese Maßnahme mit und schreibt jedem genau vor, wie er dabei vorzugehen hat. Vorschläge der Mitarbeiter, wie mit anderen Maßnahmen eine Umsatzsteigerung zu erreichen ist, verbittet sich Herr Kunze in scharfer Form.

Beispiel

Eine zweite Warengruppe musste in der Elektrogroßhandlung Kunze & Wienecke einen Umsatzrückgang verzeichnen. Herr Wienecke ruft seine ihm unterstellten Mitarbeiter zu einer Besprechung zusammen. Er bittet um Vorschläge, wie eine Umsatzsteigerung erreicht werden könne. Nach einer längeren Diskussion einigt man sich auf die Durchführung bestimmter Maßnahmen. Herr Wienecke fasst die Ergebnisse zusammen und schließt die Sitzung.

	kooperativ	autoritär
Beziehung Führung – Geführte	Kontakt	Distanz
Auftreten der Führung	schlicht, überzeugend, auf Loyalität bedacht	Betonung der Autorität, befehlend, auf Macht bedacht
Motive des Handelns der Geführten	Einsicht, Verantwortung	Zwang zur Pflichterfüllung
Erzeugtes Klima bei den Geführten	gelöst, Vertrauen	gespannt, Misstrauen
Vorteile	ausgewogene Entscheidungen auf breiter Basis; bessere Auslese des Führungsnachwuchses	rasche Entscheidungen
Nachteile	Entscheidungen müssen erarbeitet werden (zeitaufwendig). Zusammenarbeit braucht ständig Anregungen.	Gruppe ohne Führung fällt auseinander.
Grundeinstellung zum Mitarbeiter	freiwillige Einordnung	unfreiwillige Ein- bzw. Unterordnung
	Selbstständigkeit	Unselbstständigkeit

Führungstechniken

In der Praxis sind eine Reihe von Verfahren entstanden, die verschiedene Gestaltungsmöglichkeiten zur Verwirklichung der kooperativen Führung anbieten. Sie alle umfassen die wesentlichen Grundsätze der Menschenführung:
– Anerkennung,
– sachliche Kritik,
– Verständnis,
– Ermutigung.

Die wichtigsten Führungstechniken sind:

Management by exception

Dies bedeutet **Führung nach dem Prinzip der Ausnahme.** Der Vorgesetzte überträgt den Mitarbeitern die Verantwortung für alle gewöhnlich auftretenden Arbeiten. Er verzichtet auf Kontrollen. Nur wenn ein Problem den festgelegten Entscheidungsspielraum des jeweiligen Mitarbeiters übersteigt, greift er ein.

> **Beispiel**
>
> Ein Verkäufer eines Autohauses darf bei Vertragsabschluss über den Kauf eines Neuwagens den Gebrauchtwagen des Käufers eigenverantwortlich bis zur Höhe von 5.000,00 € in Zahlung nehmen.
>
> Alle darüber hinausgehenden Vertragsabschlüsse behält sich der Chef der Verkaufsabteilung vor.
>
> Als schwierig hat sich bei dieser Führungstechnik oft die Abgrenzung zwischen Routineentscheidung und Ausnahmefall herausgestellt.

Management by delegation

Dies ist die **Führung nach dem Prinzip der Verantwortungsübertragung.** Der Mitarbeiter bekommt für alle in seinem Arbeitsbereich regelmäßig auftretenden Aufgaben Entscheidungsbefugnis. Er hat also selbstständigen Handlungsspielraum und Entscheidungsbefugnis. Der Vorgesetzte führt nur gelegentlich Stichproben und Erfolgskontrollen durch. Ansonsten greift er nur in kritischen Situationen ein.

> **Beispiel**
>
> Ein Filialleiter führt die Filiale einer Großhandlung selbstständig in eigener Verantwortung. Er hat monatlich der Geschäftsleitung zu berichten.

Management by objectives

Führung nach dem Prinzip der Zielvereinbarung bedeutet, dass Vorgesetzte und Mitarbeiter gemeinsam Ziele festlegen. Diese sollen die einzelnen Mitarbeiter eigenverantwortlich erfüllen. Kontrolliert werden nur die Ergebnisse.

> **Beispiel**
>
> Aus der Führungsanweisung für Franz Hermann, der für eine bestimmte Produktgruppe zuständig ist:
>
> „Nach der mit Ihnen geführten Unterredung haben wir die für das nächste Geschäftsjahr anzustrebende Umsatzsteigerung auf 7 % gegenüber dem Ist-Umsatz der gegenwärtigen Geschäftsperiode festgelegt."

Entscheidungssysteme

Ab einer bestimmten Unternehmensgröße wird es immer schwieriger, die Fülle der Instanzenaufgaben allein zu bewältigen. Deshalb übernehmen in der Regel mehrere Personen die Leitungsaufgaben auf einer Ebene. Notwendig werden dadurch Regelungen, die die einheitliche Willensbildung und deren Anordnung organisieren. Um einheitliche Beschlüsse zu gewährleisten, gibt es verschiedene Entscheidungssysteme.

Diese Möglichkeiten der Entscheidungsbildung müssen nicht nur für die oberste Leitungsebene der Betriebshierarchie gefunden werden, sondern gelten prinzipiell auch für darunter liegende Leitungsebenen. Die betrieblichen Entscheidungsprozesse werden dabei grundlegend beeinflusst durch

– die Art der Kommunikation mit den Mitarbeitern,
– das Ausmaß an Informationen, die weitergegeben werden,
– die Delegation von Aufgaben,
– die Verantwortung für Entscheidungen.

In den Unternehmen werden zwei grundsätzliche Entscheidungssysteme angewandt.

Das Direktorialsystem

Beim Direktorialsystem hat eine Person uneingeschränkte Entscheidungsgewalt. Der Vorsitzende einer mehrköpfigen Instanz kann also bei unterschiedlichen Auffassungen gegen den Willen aller Mitglieder entscheiden.

> **Beispiel**
>
> Der Chefetage der Gummibären AG gehören die Herren Hansen, Albers, Kunze und Dannenberg sowie Frau Köhler an. Bei der Frage, ob zukünftig auch Schokoladenriegel produziert werden sollen, entscheidet der vorgesetzte Direktor Hansen allein. Seinen Mitarbeitern gegenüber braucht er seine Entscheidungen nicht zu begründen.

Da die Entscheidungen und die Verantwortung in einer Hand liegen, kann schnell, straff und einheitlich entschieden werden. Wegen der fehlenden breiten Informationsgrundlage kann es aber auch zu einer Arbeitsüberlastung des Vorsitzenden der Instanz und zu „einsamen" bzw. falschen Entscheidungen kommen.

Das Kollegialsystem

Vom Kollegialsystem spricht man, wenn alle Mitglieder der Instanz mitentscheiden. Um *einheitliche* Entscheidungen zu erhalten, sind in Kollegialsystemen Regelungen notwendig, nach denen im „Kollegium" Entscheidungen getroffen werden sollen. Folgende Möglichkeiten sind denkbar:

- Beim **Abstimmungssystem** beruhen Entscheidungen auf Mehrheitsbeschlüssen.

Beispiel

Bei der Willi Winzig AG wird gemäß dem Mehrheitsprinzip entschieden. Maßgebend ist hier die Mehrheit der Mitarbeiterstimmen. Die Entscheidung, nicht ausgeschüttete Gewinne in ein neues Lagergebäude zu investieren, wird daher im vierköpfigen Vorstand mit drei Stimmen gegen eine Stimme durchgesetzt.

Als Nachteil können bei diesem System eventuell Pattsituationen entstehen, wodurch es zu keiner Entscheidung kommt.

- Das **Primatsystem** vermeidet diesen Nachteil dadurch, dass ein Mitglied der Instanz bei Pattsituationen den Ausschlag gibt. Die Gleichberechtigung der Mitglieder wird also in diesem System aufgegeben.

Beispiel

Der vorsitzende Direktor der Halstabletten AG entscheidet mit seinen Mitarbeitern gemeinsam. Er hat aber das Recht, bei Stimmengleichheit seine Meinung durchzusetzen. So ergab eine Abstimmung im Vorstand über den Aufkauf der HUSA-Pharma-GmbH ein Ergebnis von drei gegen drei Stimmen. Herr Aschemann als Vorsitzender gibt den Ausschlag für den Verzicht auf den Firmenzukauf.

Das Primatsystem gilt z. B. in den nach dem Mitbestimmungsgesetz zusammengesetzten Aufsichtsräten von Kapitalgesellschaften mit mehr als 2 000 Beschäftigten (vgl. Kapitel 3.16).

- Beim **Kassationssystem** kann jedes Mitglied der Instanz durch die Verweigerung seiner Zustimmung eine Entscheidung zu Fall bringen. Alle Entscheidungen müssen also einstimmig getroffen werden. Dieses System gewährleistet den größten Einfluss für das einzelne Mitglied, lässt die Entscheidungsfindung – vor allem bei zunehmender Mitgliederzahl der Instanz – aber schwieriger werden.

Beispiel

Bei der Oppermann Handels GmbH lautet die Regelung zur Entscheidungsfindung: „Entscheidungen können von allen Mitgliedern der Unternehmensleitung nur einstimmig getroffen werden." Damit kann Herr Tiedcke mit seiner ablehnenden Haltung eine Investitionsentscheidung blockieren, die von allen anderen fünf Geschäftsführern unterstützt wird.

Kollegialsysteme vermeiden die Machtballung beim Einzelnen. Die Mitglieder der Instanz kontrollieren und kritisieren sich und ihre Beiträge zur Problemlösung gegenseitig. Daher und wegen der breiteren Informationsgrundlage kommt es oft zu ausgewogeneren Entscheidungen als im Direktorialsystem, wozu allerdings oft beträchtliche Zeit benötigt wird. Kommt es dennoch einmal zu einer Fehlentscheidung, ist ungeklärt, wer die Verantwortung dafür trägt.

Aufgaben

1. Warum ist die Gestaltung des Führungsverhaltens eine wichtige Aufgabe der Organisation?
2. Welcher Führungsstil liegt vor?
   a) Den Sachbearbeitern werden die Entscheidungen der Abteilungsleiter schriftlich ohne zusätzliche Information mitgeteilt.
   b) Ein Abteilungsleiter bespricht ein anstehendes Problem gemeinsam mit seinen Sachbearbeitern.
   c) Ein Vorgesetzter ordnet eine Maßnahme an. Auf Einwände und Hinweise seiner Untergebenen reagiert er mit den Worten: „Noch bin ich hier der Abteilungsleiter!"
3. Nennen Sie jeweils zwei Vor- und Nachteile des
   a) autoritären,
   b) kooperativen Führungsstils.
4. Welcher Führungsstil herrscht in Ihrem Ausbildungsbetrieb vor?
5. Warum ist bei der Anwendung der Führungstechniken grundsätzlich ein kooperativer Führungsstil notwendig?
6. Wodurch unterscheiden sich
   a) management by objectives,
   b) management by delegation,
   c) management by exception?

7. Was sind Entscheidungssysteme?
8. Erläutern Sie den Unterschied zwischen Direktorial- und Kollegialsystem?
9. Welches Entscheidungssystem liegt vor?
   a) Im Gesellschaftsvertrag der Hermann Huhn OHG ist festgelegt, dass die Gesellschafter nur einstimmige Beschlüsse fassen können.
   b) Die Hasso GmbH regelt die Beschlussfassung ihrer fünf Geschäftsführer so, dass die einfache Mehrheit zur Annahme eines Beschlusses ausreicht.
   c) Kommt es im Vorstand der Nordwestdeutschen Kalbfleisch AG zu einer Pattsituation, entscheidet die Stimme des Vorsitzenden.

Zusammenfassung

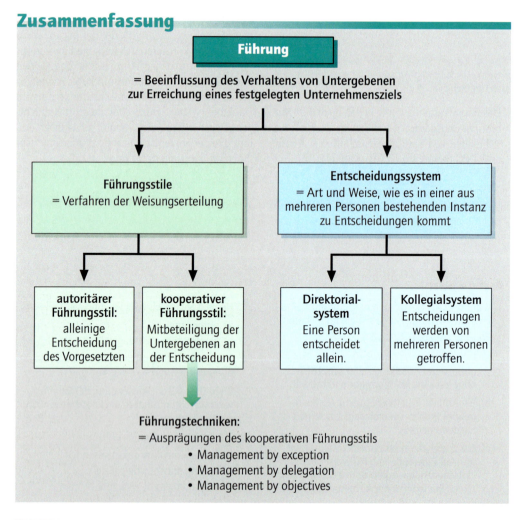

4 Betrieblicher Leistungsprozess

4.1 Ziele privater und öffentlicher Unternehmen

Wie mittelständische Unternehmen unternehmerische Ziele bewerten, zeigt folgende Tabelle:

	Note 1	Note 2	Note 3	Note 4	Note 5
Qualitätsstreben		x			
Gewinnmaximierung					x
Kundennähe	x				
Kostenminimierung			x		
Innovationsstärke	x				

Welche Ziele spielen in mittelständischen Unternehmen eine Rolle?

Information

Ziele privater Unternehmen

Das Streben nach Gewinn

Jeder private Unternehmer strebt durch seine selbstständige Tätigkeit einen möglichst hohen Gewinn an (= **erwerbswirtschaftliche Zielsetzung**), da er sein Einkommen und damit seinen Lebensstandard sichert.

Häufig findet dieses Streben nach einem maximalen Gewinn in dem Ziel einer möglichst hohen Rentabilität des eingesetzten Kapitals seinen Ausdruck.

Rentabilität

Die Rentabilität gibt die Verzinsung des in einem Unternehmen eingesetzten Kapitals an. Bei der Ermittlung der Rentabilität unterscheidet man

– Eigenkapitalrentabilität
  (= **Unternehmerrentabilität**),

– Gesamtkapitalrentabilität
  (= **Unternehmensrentabilität**)
  und

– Umsatzrentabilität.

Bei der Ermittlung der **Eigenkapitalrentabilität** wird der erzielte Unternehmergewinn ins Verhältnis zum Eigenkapital gesetzt. Der Unternehmergewinn ist der Reingewinn vermindert um den kalkulatorischen Unternehmerlohn.

$$\text{Eigenkapitalrentabilität} = \frac{\text{Unternehmergewinn}}{\text{Eigenkapital}} \cdot 100\,\%$$

Die Eigenkapitalrentabilität gibt an, mit wie viel Prozent sich das eingesetzte Eigenkapital verzinst hat.

Der Aussagewert der Eigenkapitalrentabilität ist problematisch, da der Gewinn in der Regel nicht in einem ausschließlichen Kausalverhältnis zu dem Eigenkapital steht (außer wenn das Unternehmen ausschließlich mit Eigenkapital arbeitet), sodass beide auch nicht direkt aufeinander bezogen werden sollten. Zudem kann die festgestellte Eigenkapitalrentabilität leicht zu Fehlschlüssen verleiten. Sie ist nämlich umso höher, je geringer das Eigenkapital ist (z. B. wäre sie bei 100.000 € Gewinn und 50.000 € Eigenkapital 200 %, bei gleichem Gewinn und 500.000 € Eigenkapital nur 20 %). So könnte denn leicht der Schluss gezogen werden, es sei empfehlenswert, nur in geringerem Umfang Eigenkapital einzusetzen, weil dann eine große Eigenkapitalrentabilität erzielt werde. Eine solche Reaktion würde in der Regel den Interessen des Unternehmens zuwiderlaufen. Die Berechnung der Eigenkapitalrentabilität sollte deshalb besser unterbleiben; sie bringt nicht nur keine verwertbaren Erkenntnisse, sondern verleitet eher zu Missdeutungen.

Sinnvoller ist die Berechnung der Gesamtkapitalrentabilität.

Die **Gesamtkapitalrentabilität** gibt an, mit wie viel Prozent sich das gesamte eingesetzte Kapital verzinst hat. Bei ihrer Ermittlung wird der erzielte Kapitalgewinn zum Gesamtkapital ins Verhältnis gesetzt. Der erzielte Kapitalgewinn ist der Unternehmergewinn zuzüglich der Fremdkapitalzinsen. Das Gesamtkapital ist die Summe von Eigen- und Fremdkapital.

$$\text{Gesamtkapitalrentabilität} = \frac{\text{Unternehmergewinn} + \text{Fremdkapitalzinsen}}{\text{Eigenkapital} + \text{Fremdkapital}} \cdot 100\,\%$$

Die Zurechnung der Fremdkapitalzinsen zu dem Gewinn ist erforderlich, weil bei Einbeziehung des Fremdkapitals in das Gesamtkapital des Unternehmens diese Zinszahlungen nicht mehr als Aufwand angesehen werden dürfen; anderenfalls müsste auch für das Eigenkapital ein Zinsbetrag angesetzt und vom Gewinn abgezogen werden. Es ist jedoch besser, die Kapitalverzinsungen in dem Gewinn einbezogen zu lassen, was durch die Zurechnung der Fremdkapitalzinsen zum Gewinn erreicht ist.

Durch einen Vergleich der Eigenkapitalrentabilität mit der Gesamtkapitalrentabilität kann der Unternehmer feststellen, ob sich der Einsatz von Fremdkapital in seinem Unternehmen gelohnt hat. Er hat sich immer dann gelohnt, wenn die Eigenkapitalrentabilität höher als die Gesamtkapitalrentabilität ist. Der Unternehmer hat in diesem Fall durch den Einsatz von Fremdkapital einen zusätzlichen Gewinn erwirtschaftet, der die Zinsen übersteigt, die er für das Fremdkapital bezahlen muss.

Beispiel

Unternehmergewinn: 100.000,00 €
Eigenkapital: 500.000,00 €
Fremdkapital: 500.000,00 €
Zinssatz für das Fremdkapital: 12 %
→ Zinsen für das Fremdkapital: 60.000,00 €

Eigenkapitalrentabilität $= \frac{100.000}{500.000} \cdot 100\,\% = \underline{20\,\%}$

Gesamtkapitalrentabilität $= \frac{100.000 + 60.000}{500.000 + 500.000} \cdot 100\,\% = \underline{16\,\%}$

Bei der **Umsatzrentabilität** wird der Unternehmergewinn ins Verhältnis zum Nettoumsatz gesetzt.

$$\text{Umsatzrentabilität} = \frac{\text{Unternehmergewinn}}{\text{Nettoumsatz}} \cdot 100\,\%$$

Sie gibt den im Nettoumsatz enthaltenen Gewinn in Prozent an.

Eine geringe Umsatzrentabilität führt bei gleichem Umsatz zu einem geringeren Gewinn als eine hohe Umsatzrentabilität.

Beispiel

Unternehmergewinn .... 158.000,00 €
Nettoumsatz .... 4.740.000,00 €
Umsatzrentabilität
$= \frac{158.000}{4.740.000} \cdot 100\,\% = \underline{3,33\,\%}$

Das Unternehmen hat 3,33 € je 100 € Umsatz gemacht.

Viele Unternehmer versuchen, über einen möglichst hohen Umsatz auch einen möglichst hohen Gewinn zu erzielen.

Erhaltung des Betriebes

Gewinn- und Umsatzziele können auf Dauer nur in einem lebensfähigen Unternehmen erzielt werden. Um im Wettbewerb bestehen zu können, reicht es nicht aus, nur hohe Umsätze zu erzielen. Diese Umsätze müssen vielmehr auf möglichst wirtschaftliche Weise erzielt werden.

Ein Unternehmer handelt wirtschaftlich, wenn er versucht

– eine bestimmte Leistung mit möglichst geringem Aufwand

oder

– eine möglichst große Leistung mit einem gegebenen Aufwand zu erzielen (= ökonomisches Prinzip).

Die **Wirtschaftlichkeit** eines Betriebes lässt sich aus dem Verhältnis seiner Leistung zu seinen Kosten ermitteln.

$$\text{Wirtschaftlichkeit} = \frac{\text{Leistung}}{\text{Kosten}}$$

Die **Leistung** eines Betriebes ist seine in Geld bemessene Ausbringungsmenge.

Beispiel

Die Leistung eines Handelsbetriebes ist sein Nettoumsatz. Der Nettoumsatz ist die Absatzmenge bewertet zu Nettoverkaufspreisen.

Kosten sind alle betriebsbedingten Aufwendungen eines Betriebes, z. B. Personalkosten, Raumkosten, Lagerkosten.

Bei gleichbleibender Leistung kann ein Unternehmer die Wirtschaftlichkeit seines Betriebes durch die Minimierung seiner Kosten erhöhen.

Beispiele

vor der Kostensenkung:

Leistung: 100.000,00 €

Kosten: 40.000,00 €

$$\text{Wirtschaftlichkeit} = \frac{100.000}{40.000} = \underline{2,5}$$

nach der Kostensenkung:

Leistung: 100.000,00 €

Kosten: 20.000,00 €

$$\text{Wirtschaftlichkeit} = \frac{100.000}{20.000} = \underline{5}$$

Sicherung der Arbeitsplätze

Eine wirtschaftliche Unternehmensführung ist auch im Interesse der Arbeitnehmer. Nur in einem wettbewerbsfähigen Unternehmen können Arbeitsplätze langfristig erhalten werden.

Ziele öffentlicher Unternehmen

Öffentliche Unternehmen sind Unternehmen, die sich im Eigentum der öffentlichen Hand, d. h. von Bund, Ländern und Gemeinden, befinden. Zu ihnen gehören u. a. kommunale Versorgungsunternehmen (Elektrizitäts-, Gas- und Wasserwerke) und städtische Verkehrsbetriebe (Busse und Bahnen).

Hauptziel öffentlicher Unternehmen ist meist nicht die Gewinnerzielung, sondern die bestmögliche Versorgung der Bevölkerung mit Gütern zur kollektiven Bedürfnisbefriedigung (**Bedarfsdeckungsprinzip** oder **gemeinwirtschaftliches Prinzip**).

Beispiel

Kommunale (gemeindliche) Versorgungsunternehmen sichern die ausreichende Versorgung der Bevölkerung mit Energie und Wasser zu günstigen Preisen.

Um dauerhaft wirtschaften zu können, müssen auch öffentliche Unternehmen zumindest ihre Kosten decken **(Kostendeckungsprinzip)**. Wenn dies aus sozialen oder aus Konkurrenzgründen nicht möglich ist, müssen sie versuchen, ihre Verluste möglichst gering zu halten.

Fast doppelt so schnell wie die Lebenshaltungskosten insgesamt sind im vergangenen Jahr – sowohl in den alten wie in den neuen Bundesländern – die kommunalen Gebühren gestiegen. Trotzdem, so eine Erhebung des Deutschen Städtetages, erfordern die kommunalen Dienstleistungen und Einrichtungen noch erhebliche Subventionen. Teuer kommen den Stadtkämmerern vor allem kulturelle Einrichtungen, wie Theater, Museen und Büchereien.

Aufgaben

1. Warum streben Unternehmer nach einem möglichst hohen Gewinn?
2. Unterscheiden Sie Rentabilität und Wirtschaftlichkeit.
3. Weshalb streben Unternehmer häufig einen möglichst hohen Umsatz an?
4. Ein Unternehmer erwirtschaftet in einem Jahr einen Unternehmergewinn von 100.000,00 €. Sein Eigenkapital betrug in diesem Jahr 50.000,00 €. Das Fremdkapital betrug 100.000,00 €, der Fremdkapitalzinssatz 12 %. Ermitteln Sie, ob sich der Fremdkapitaleinsatz für den Unternehmer gelohnt hat.
5. Weshalb sind
   a) der Inhaber eines Unternehmens,
   b) die Arbeitnehmer eines Unternehmens
   an einer hohen Wirtschaftlichkeit ihres Unternehmens interessiert?
6. Ein Textilgroßhändler besitzt einen Betrieb in Magdeburg und einen Betrieb in Eisenach. In beiden Betrieben wird das gleiche Sortiment verkauft. In dem Magdeburger Betrieb wurde in einem Jahr 2.000.000,00 € Nettoumsatz erzielt. Im gleichen Zeitraum entstanden in diesem Betrieb Kosten in Höhe von insgesamt 1.200.000,00 €. Der Betrieb in Eisenach erzielte im gleichen Jahr einen Nettoumsatz von 1.400.000,00 €. In diesem Betrieb entstanden im gleichen Zeitraum insgesamt 800.000,00 € Kosten. Beurteilen Sie die Wirtschaftlichkeit der beiden Betriebe.
7. Warum streben öffentliche Unternehmen häufig nicht nach einem maximalen Gewinn?
8. Welche der folgenden Leistungen bieten öffentliche Unternehmen häufig mit Verlust an?
   a) Elektrizität,
   b) Leistungen des öffentlichen Personenverkehrs (Busse und Bahnen),
   c) Benutzung öffentlicher Bibliotheken,
   d) Abfallbeseitigung.

Zusammenfassung

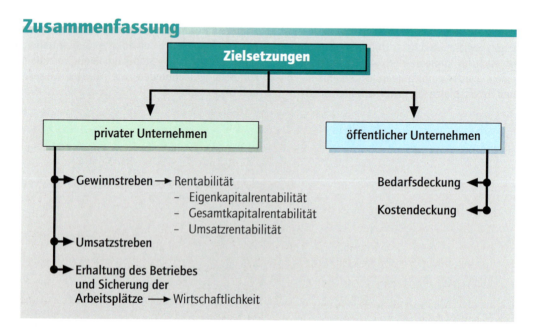

4.2 Funktionen des Industriebetriebes

Das deutsche Bruttoinlandsprodukt 2011

Bruttowertschöpfung nach Wirtschaftsbereichen (Mrd. €)	
Produzierendes Gewerbe ohne Baugewerbe	588,20
Öffentl. Dienstleister., Erziehung, Gesundheit u.a.	515,40
Handel, Gastgewerbe und Verkehr	349,80
Finanzen, Vermietung und Untern.-Dienstl.	630,80
Bautätigkeit	100,90
Information, Kommunikation	88,80
Land- und Forstwirtschaft; Fischerei	21,90
Alle Wirtschaftsbereiche	2.295,80

Quelle: Statistisches Bundesamt Deutschland

Welcher Wirtschaftszweig ist in der Bundesrepublik Deutschland am bedeutendsten?

Information

Die Industrie ist einer der größten Wirtschaftszweige in der Bundesrepublik Deutschland. Hier erfolgt die gewerbliche Verarbeitung von Stoffen, deren ursprüngliche Form zur Bedarfsdeckung ungeeignet ist, zu Produktions- oder Konsumgütern. Industriebetriebe dienen also entweder der Gewinnung von Rohstoffen bzw. Material oder der Herstellung (bzw. Veredelung) von Gütern mithilfe von *Maschinen*. Die Stoffe werden dabei mechanisch oder chemisch be- oder verarbeitet.

Eine Abgrenzung zwischen Industrie- und Handwerksbetrieben ist nicht immer scharf möglich. Das Handwerk als bedeutender Wirtschaftszweig der Bundesrepublik Deutschland umfasst alle gewerblichen Tätigkeiten, die im Wesentlichen mit der *Hand* unter Benutzung einfacher Werkzeuge und Geräte ausgeübt wird. Viele Handwerksbetriebe modernisieren sich jedoch immer mehr. Sie nehmen manchmal schon industriellen Charakter an.

Im Vergleich zu einem Handwerksbetrieb kennzeichnen einen Industriebetrieb folgende Merkmale:

– der erhebliche Kapitaleinsatz,
– die Anlagenintensität: Industriebetriebe haben einen sehr hohen Betriebsmitteleinsatz,
– ein hoher Ausstoß an Produkten,
– eine weitgehende Arbeitsteilung bei hoher Belegschaftszahl,

– eine Produktion für den anonymen Markt:
  Da das Industrieunternehmen in der Regel die Nachfrager nicht kennt, ergibt sich ein hohes Marktrisiko,
– keine Beschränkung auf den lokalen oder nationalen Markt,
– Rationalisierung der Fertigungsverfahren.

Funktionen von Industriebetrieben

In Industriebetrieben müssen folgende Aufgaben erfüllt werden:

– **Beschaffung:** Es muss entschieden werden, welche Produktionsfaktoren dem Betrieb zugeführt werden sollen.
– **Produktion:** Erzeugnisse werden durch Kombination der Produktionsfaktoren erstellt.
– **Lagerung:** Rohstoffe, Zwischenprodukte und verkaufsfähige Endprodukte müssen aufbewahrt werden.
– **Absatz:** Das Unternehmen muss die erstellten Güter am Markt verwerten.

Bei Industrieunternehmen steht vor allem die Aufgabe *Produktion* im Vordergrund. Sie entfällt bei Handelsunternehmen, Kreditinstituten und Versicherungen völlig.

Industriebetriebe lassen sich nach der Industriegruppeneinteilung des Statistischen Bundesamtes verschiedenen Industriezweigen zuordnen:
- Energie- und Wasserversorgung
- Bauwirtschaft
- **Grundstoff- und Produktionsgüterindustrie.**
  Industrie der Steine und Erden, Eisen schaffende Industrie, Nicht-Eisen-Metallindustrie, Mineralölverarbeitung, Kohlenwerkstoffindustrie, chemische Industrie, Sägewerke und Holz verarbeitende Industrie
- **Investitionsgüterindustrie**
  Stahlbau, Maschinenbau, Fahrzeugbau, Schiffbau, elektrotechnische Industrie, Stahlverformung, optische und feinmechanische sowie Uhrenindustrie
- **Verbrauchsgüterindustrie**
  Glasindustrie, Musikinstrumente, Spiel- und Sportgeräte, Schmuckwaren, Druckindustrie, Schuh-, Textil- und Bekleidungsindustrie
- **Nahrungs- und Genussmittelindustrie**
  Molkereien, Brauereien, Tabak verarbeitende Industrie

Jedes Industrieunternehmen ist von zwei Seiten mit dem Wirtschaftskreislauf verbunden. Dies sind einerseits die Beschaffungsmärkte, andererseits die Absatzmärkte.

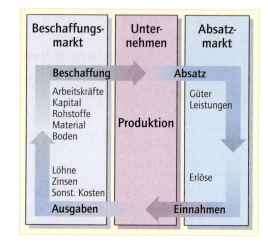

Die Beschaffungsmärkte

Auf den Beschaffungsmärkten bezieht das Unternehmen Arbeitskräfte *(Arbeitsmarkt)*, Betriebsmittel, wie z. B. Maschinen oder Geschäftsausstattung *(Investitionsgütermarkt)* und Werkstoffe *(Rohstoffmarkt)*. Das Industrieunternehmen hat dafür Ausgaben zu leisten. Um diese zu decken, müssen finanzielle Mittel auf dem *Geld-* oder *Kapitalmarkt* beschafft werden.

Die Absatzmärkte

Die betrieblichen Produktionsfaktoren werden von der Unternehmensleitung miteinander kombiniert, um im Zuge des betrieblichen Leistungsprozesses Güter zu erstellen. Dabei hat das Unternehmen in der Regel die Wahl zwischen verschiedenen technischen Möglichkeiten, beispielsweise beim Maschineneinsatz.

Die Ergebnisse der Produktion werden auf den Absatzmärkten angeboten. Dabei entscheidet die Nachfrage, ob die Produktion des Unternehmens zu gewinnbringenden Preisen ihre Käufer finden. Die dadurch erzielten Einnahmen stellen für das Unternehmen Erlöse dar.

Bedeutung der Industriebetriebe

Das wirtschaftliche Profil der Bundesrepublik Deutschland wird entscheidend durch Industriebetriebe bestimmt. Auch wenn der Dienstleistungssektor – wie in anderen hochentwickelten Ländern – ständig an Boden gewinnt, bleibt das verarbeitende Gewerbe das Kernstück der deutschen Volkswirtschaft. Schließlich ist in diesem Bereich fast ein Drittel der Erwerbstätigen beschäftigt, und er leistet einen wesentlichen Beitrag zur Steigerung des Wohlstands.

Herausragende Bedeutung haben Industriebetriebe für die außenwirtschaftlichen Beziehungen der Bundesrepublik Deutschland, da der Außenhandel überwiegend mit Industrieprodukten bestritten wird. Die Industrie trägt damit entscheidend dazu bei, den hohen Lebensstandard in der Bundesrepublik Deutschland zu sichern.

Aufgaben

1. Was ist ein Industriebetrieb?
2. Wodurch unterscheiden sich Industriebetriebe von Handwerksbetrieben?
3. Welche Märkte sind aus der Sicht eines Industriebetriebes
   a) Beschaffungsmärkte,
   b) Absatzmärkte?
4. Warum spielen die Industriebetriebe eine wesentliche Rolle im Rahmen der Gesamtwirtschaft?
5. Zu welchen Industriezweigen gehören die folgenden Betriebe:
   a) Hersteller von Autoradios,
   b) eine Rostocker Werft,
   c) ein Duisburger Hüttenwerk,
   d) ein Gaswerk,
   e) eine Konservenfabrik?
6. Wodurch unterscheiden sich Handelsbetriebe, Versicherungen und Kreditinstitute von Industrieunternehmen?

Zusammenfassung

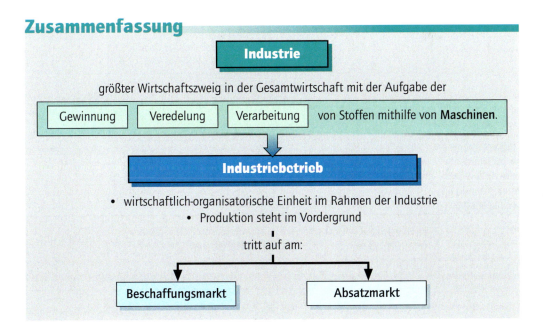

4.3 Kosten des Betriebes

Ein Fachbetrieb aus Erfurt hat sich auf die Herstellung von Fenstern und Türen spezialisiert. Spezialanfertigungen nehmen einen 30%-igen Anteil am Auftragsbestand ein.

Dem Inhaber, Herrn Andresen, entstehen monatlich Aufwendungen in beträchtlicher Höhe, wie z. B. für Löhne und Gehälter, Miete für die Werkstatt, Instandhaltung, Fertigungsmaterial, Strom und Versicherungen, Zinsen, Kfz-Steuern, Bürobedarf, Spezialverpackungen, Spenden an den Sportverein, Abschreibungen, Miete für die Wohnung seiner in Tübingen studierenden Tochter. Darüber hinaus musste er in diesem Monat Steuern für das letzte Jahr nachzahlen und hatte aufgrund eines selbstverschuldeten Autounfalls (Totalschaden) weitere Aufwendungen.

Um sein **Betriebsergebnis** ermitteln zu können, muss Herr Andresen die **betriebsbedingten** Aufwendungen von den betriebsfremden und außerordentlich betrieblichen Aufwendungen trennen.

Welche Aufwendungen sind Ihrer Meinung nach unbedingt zur Erreichung des normalen Betriebszwecks erforderlich?

Information

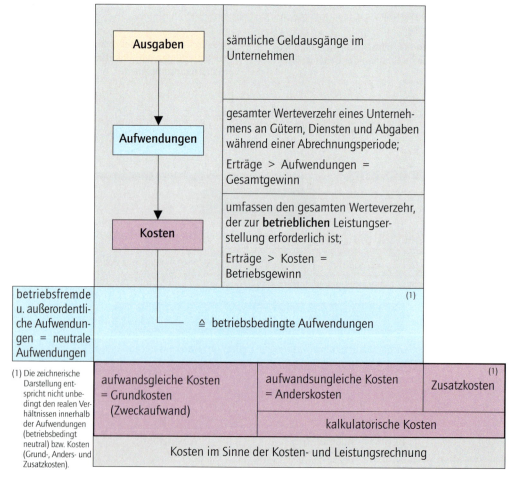

(1) Die zeichnerische Darstellung entspricht nicht unbedingt den realen Verhältnissen innerhalb der Aufwendungen (betriebsbedingt neutral) bzw. Kosten (Grund-, Anders- und Zusatzkosten).

Erklärung:

Grundkosten

Kosten, die unverändert in die Kosten- und Leistungsrechnung eingehen. Sie sind **aufwandsgleiche Kosten**, wie z. B. Löhne, Mieten, Fertigungsmaterial, Werbung. Da sie unbedingt zur Erreichung des Betriebszweckes erforderlich sind, spricht man hier auch von einem **Zweckaufwand**.

Anderskosten

Aufwandsungleiche Kosten, wie z. B. kalkulatorische Abschreibungen, kalkulatorische Zinsen für das Fremdkapital und kalkulatorische Wagnisse. Da sie kalkulatorisch anders erfasst werden müssen, nennt man sie auch **Anderskosten**.

Zusatzkosten

Kosten, denen keine Aufwandsbuchungen in der Geschäftsbuchführung zugrunde liegen. Da sie aber in der Kosten- und Leistungsrechnung berücksichtigt werden müssen, bezeichnet man sie als Zusatzkosten: Kalkulatorischer Unternehmerlohn in Einzelunternehmen und Personengesellschaften, kalkulatorische Zinsen für das Eigenkapital.

Zusatzkosten und Anderskosten fasst man zusammen unter dem Oberbegriff **kalkulatorische Kosten**.

Aufwendungen

Gesamter Verbrauch von Gütern und Dienstleistungen. Die Aufwendungen setzen sich daher zusammen aus den betriebsbedingten und den neutralen Aufwendungen. Letztere haben nichts mit der betrieblichen Tätigkeit zu tun[1] (= **betriebsfremd**), sind außergewöhnlich hoch oder fallen unregelmäßig an[2] (= **untypisch**) oder beziehen sich nicht auf den Abrechnungszeitraum[3] (**periodenfremd**).

Kostenarten

Die Kostenarten können nach folgenden Gesichtspunkten eingeteilt werden:

– nach ihrer **Entstehung**, z. B. Abschreibungen, Personal- und Kapitalkosten
– nach ihrer **kalkulatorischen Verrechenbarkeit** (Einzel- und Gemeinkosten)
– nach ihrem **Verhalten bei schwankendem Beschäftigungsgrad** (variable und fixe Kosten).
– nach ihrer **Ermittlung** (Ist-, Normal- und Plankosten)

Im Rahmen der weiteren Ausführungen soll auf die Einzel- und Gemeinkosten sowie auf die fixen und variablen Kosten näher eingegangen werden.

Kostenarten nach ihrem Verhalten bei schwankendem Beschäftigungsgrad

Zur Produktion von Gütern muss z. B. ein Industriebetrieb andere Güter und Dienstleistungen einsetzen. Es sind dies die Produktionsfaktoren Arbeitskräfte, Werkzeuge, Maschinen, Roh-, Hilfs- und Betriebsstoffe, aber auch die *Beschaffung* von Werkstoffen und Betriebsmitteln oder die Transportleistung eines Spediteurs zählen dazu. Diese Güter und Dienstleistungen müssen bezahlt werden.

> Der in Geld ausgedrückte wertmäßige Verzehr von Sachgütern und Dienstleistungen zur Erstellung einer wirtschaftlichen Leistung (von Gütern und Dienstleistungen) wird als **Kosten** bezeichnet.

Die **Ausgaben** für den Kauf einer EDV-Anlage oder eines firmeneigenen Pkws **sind keine Kosten**. Erst zu dem Zeitpunkt, zu dem diese Investitionsgüter für die betriebliche Leistungserstellung gebraucht werden, entstehen Kosten.

Beispiele für Kostenarten

- Personalkosten: Löhne, Gehälter, Sozialkosten
- Sachkosten: Roh-, Hilfs- und Betriebsstoffe, Treibstoffe, Büromaterial
- Kosten für Dienstleistungen Dritter: Strom, Gas, Miete, Wasser, Versicherungen, Transportkosten, Telefon
- Anlagekosten: Abschreibungen der Maschinen
- Steuern und Abgaben

Da die gesamten Kosten eines Unternehmens die Verkaufspreise der angebotenen Güter maßgeblich beeinflussen, ist es von größter Wichtigkeit, sie genau zu erfassen und möglichst niedrig zu halten.

---

[1] wie z. B. Zinserträge   [2] z. B. ein außerordentlicher Aufwand   [3] wie im Falle einer Steuernachzahlung

Vereinfachtes Beispiel

Marc S. entstehen bei der Produktion seines patentierten Datenträgers für PCs folgende Kosten (keine vollständige Auflistung):

Kosten für die Abnutzung der Anlagen	69.500,00 €
Mietaufwendungen	60.000,00 €
Kapitalkosten	44.300,00 €
Personalkosten der Verwaltung	10.310,00 €
	184.110,00 €
Hinzu kommen pro Datenträger:	
Kosten des Materialverbrauchs	2,705 €
Fertigungslöhne	5,645 €
Energiekosten	1,305 €
	9,655 €

Diese aufgelisteten Kosten sind einerseits feste (fixe) Kosten. Andererseits sind es veränderliche (variable) Kosten.

Feste (fixe) Kosten

Fixe Kosten, wie Abschreibungen oder Mietaufwendungen, **verändern sich** mit der Zunahme oder Abnahme der produzierten Stückzahlen **nicht**. Sie entstehen unabhängig von der hergestellten Menge, also selbst dann, wenn überhaupt nicht produziert wird.

Als *Stückkosten* ändern sich die fixen Gesamtkosten mit der Menge der hergestellten Erzeugnisse. Sie verursachen, z. B. bei zunehmender Produktionsmenge, abnehmende Stückkostenanteile.

Produzierte Stückzahl	Fixe Kosten (€)	
	gesamt	pro Stück
0	184.110,00	0,00
1	184.110,00	184.110,00
500	184.110,00	368,22
10 000	184.110,00	18,41
15 800	184.110,00	11,65
24 750	184.110,00	7,44
38 000	184.110,00	4,85

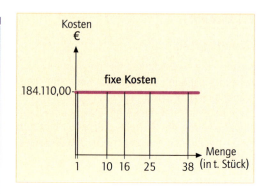

Veränderliche (variable) Kosten

Variable Kosten sind z. B. Kosten des Rohstoffverbrauchs, Fertigungslöhne oder Energiekosten. **Sie sind abhängig von der produzierten Stückzahl.** Sie steigen an, wenn die Produktion zunimmt bzw. vermindern sich bei rückläufiger Produktionsmenge.

Als *Stückkosten* bleiben die variablen Gesamtkosten stets gleich (konstant).

Produzierte Stückzahl	Fixe Kosten (€)	
	gesamt	pro Stück
0	0,00	0,000
1	9,655	9,655
500	4.827,50	9,655
10 000	96.550,00	9,655
15 800	1.52.549,00	9,655
24 750	2.38.961,25	9,655
38 000	3.66.890,00	9,655

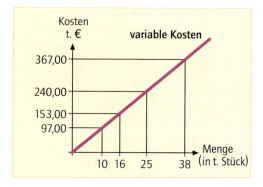

Gesamtkosten

Addiert man die fixen und variablen Kosten, so erhält man die *Gesamtkosten*.

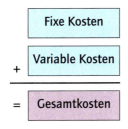

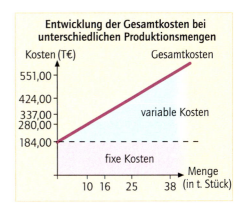

Gesetz der Massenproduktion

Die Stückkosten werden ermittelt, indem man die Gesamtkosten durch die Produktionsmenge teilt:

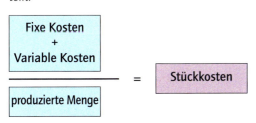

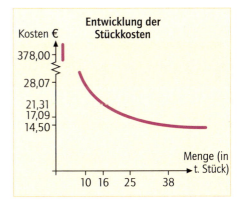

Die Übersicht unten verdeutlicht:

Je mehr produziert wird, desto mehr sinken die Kosten pro Stück (vgl. auch die obige Kurve „Entwicklung der Stückkosten"). Der Grund dafür ist darin zu sehen, dass sich die fixen, nicht veränderlichen Kosten auf eine immer größer werdende Anzahl von Produkten verteilen. Die Selbstkosten pro Stück setzen sich dann überwiegend aus variablen Kosten zusammen. Durch die sinkenden Stückkosten kann ein Unternehmen seine Produkte preiswerter am Markt anbieten und kann dadurch Wettbewerbsvorteile gegenüber seinen Konkurrenten erlangen. Voraussetzung sind allerdings Massenproduktionen bzw. Großserien bei Serienfertigung, denn je höher die Ausbringungsmenge, desto größer die Menge, auf die sich die Fixkosten verteilen lassen und desto größer die kostensenkende Wirkung.

Aufgrund der fixen Kosten *sinken die Stückkosten* mit zunehmender Produktionsmenge. Diese Wirkung wird als das **Gesetz der Massenproduktion** bezeichnet. Es gilt bis zur vollen Ausnutzung der normalen Kapazität.[1]

Produzierte Stückzahl	Fixe Kosten €	Variable Kosten €	Gesamtkosten €	Kosten p. Stück €
0	184.110,00	0,00	184.110,00	0,00
1	184.110,00	9,655	184.119,66	184.119,66
500	184.110,00	4.827,50	188.937,50	377,88
10 000	184.110,00	96.550,00	280.660,00	28,07
15 800	184.110,00	152.549,00	336.659,00	21,31
24 750	184.110,00	238.961,25	423.071,25	17,09
38 000	184.110,00	366.890,00	551.000,00	14,50

[1] Mögliche Menge der Produkte, die ein Betrieb herstellen kann (= betriebliche Leistungsfähigkeit innerhalb einer Zeitspanne).

Wirtschaftet ein Betrieb mit anlageintensiven Betriebsmitteln, und hat er dadurch hohe fixe Kosten in Form von Abschreibungen und Zinskosten, so kann er – und zwar je höher die fixen Kosten sind – seine Produkte um so preisgünstiger anbieten, je höher die Ausbringungsmenge ist. Dabei wird stets vorausgesetzt, dass die Kapazität möglichst voll ausgelastet ist (= Vollbeschäftigung).

Geht die Beschäftigung zurück (= abnehmender Beschäftigungsgrad), d. h. wird die normale Kapazität nicht voll genutzt, so steigen die Stückkosten an, da in diesem Fall die fixen Kosten auf eine geringere Ausbringungsmenge verteilt werden müssen.

$$\text{Beschäftigungsgrad} = \frac{\text{genutzte Kapazität}}{\text{normale Kapazität}} \cdot 100\,\%$$

Kostenarten nach ihrer kalkulatorischen Verrechenbarkeit

Betrachtet man die Kosten nach der Art der Zurechenbarkeit auf die Kostenträger (in einem Großhandelsbetrieb die verschiedenen Warenarten oder Warengruppen; in einem Industriebetrieb die fertigen und unfertigen Erzeugnisse), so unterscheidet man

– Einzelkosten und
– Gemeinkosten.

Einzelkosten lassen sich den einzelnen Kostenträgern **einzeln (direkt)** zurechnen. Zu nennen sind z. B. die Kosten des Wareneinsatzes für eine bestimmte Warenart oder Warengruppe, Werbekosten, Verkaufsprovision, Kosten für den Versand. Im Industrieunternehmen das Fertigungsmaterial, die Fertigungslöhne und Sondereinzelkosten

– der Fertigung wie Werkzeuge für einen bestimmten Auftrag, Modellkosten und
– des Vertriebs: Spezialverpackung, Zölle, Transportversicherung, Fracht.

Einzelkosten sind variable Kosten, d. h. sie verändern sich überwiegend als proportionale Kosten in einem konstanten Verhältnis zur Beschäftigung (= Absatz). Einzelkosten gehen direkt in die Preisberechnung ein.

Gemeinkosten fallen für **sämtliche** Warengruppen an. Sie können daher nicht unmittelbar *einer* Warenart oder Warengruppe zugeordnet werden. Um sie dem betrieblichen Kostenträger zurechnen zu können, müssen sie **indirekt** über die *Verrechnung auf Kostenstellen* verteilt werden.

Zu den Gemeinkosten zählen:

– Gehälter und Hilfslöhne für z. B. die Angestellten, Lagerarbeiten, Fahrer,
– Steuern und Abgaben,
– Zinsen,
– Mieten,
– Energie,
– Betriebsstoffe,
– kalkulatorische Kosten,
– Gemeinkostenmaterial (Büromaterial, Leim, Schmiermittel für Maschinen)

Gemeinkosten können sowohl variable als auch fixe Kosten sein.

Aufgaben

1. Unterscheiden Sie zwischen fixen und variablen Kosten.
2. Nennen Sie je vier Beispiele für fixe und variable Kosten.
3. Erklären Sie das „Gesetz der Massenproduktion".
4. Warum ist es aus unternehmerischer Sicht sinnvoll, die fixen Kosten möglichst niedrig zu halten?
5. In einem Betrieb betragen die fixen Kosten 50.000,00 €. Die variablen Kosten betragen 115,00 € pro Stück.
    a) Stellen Sie den Verlauf der Gesamtkosten (fixe und variable Kosten) zeichnerisch dar.
    b) Stellen Sie in einer zweiten zeichnerischen Darstellung den Verlauf der Stückkosten dar, und erklären Sie den Kurvenverlauf.
6. Nennen Sie fixe und variable Kosten, die
    a) durch eine EDV-Anlage verursacht werden;
    b) bei der Produktion von Autos anfallen.

7. Erklären Sie die folgenden Kostenverläufe (K = Gesamtkosten; k = Stückkosten):

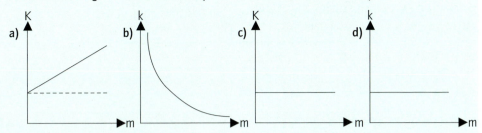

8. Die Kapazität eines Industriebetriebes der Sanitärbranche beträgt für eine aufwendig herzustellende Spezialdichtung 400 Stück pro Monat. Der Betrieb wurde in den Monaten Februar zu 25 % ausgelastet, im März zu 50 %, im April zu 75 % und im Mai zu 100 %. Es fallen an gesamten Fixkosten 500,00 € an, die variablen Gesamtkosten sind beim niedrigsten Beschäftigungsgrad mit 2.000,00 € ermittelt worden.

Stellen Sie eine Tabelle nach folgendem Muster auf und berechnen Sie die Zahlenwerte für alle vier Beschäftigungsgrade. Füllen Sie die Tabelle nicht im Buch aus.

Produzierte Menge (Beschäftigungsgrad)	fixe Kosten		variable Kosten		gesamte Stückkosten
	gesamt	pro Stück	gesamt	pro Stück	

9. Erläutern Sie den Zusammenhang zwischen Beschäftigungsgrad (produzierter Menge), Fixkosten und Stückkosten.

10. Warum sind Einzelkosten variable Kosten und Gemeinkosten überwiegend fixe Kosten?

11. Welche Lohnarten zählen zu den Einzelkosten, welche werden den Gemeinkosten zugeordnet? Begründen Sie Ihre Antwort.

12. Worin liegt der Unterschied zwischen
    a) Aufwendungen und Kosten,
    b) Anderskosten und Zusatzkosten?

13. Ordnen Sie die aufgeführten Kosten den folgenden Kostenarten zu:

Kosten
- Wareneinsatz
- Benzinkosten für Lkw
- Gehälter der kaufmännischen und technischen Angestellten
- Hypothekenzinsen
- Vertreterprovisionen
- Abschreibung der Büromöbel
- Werbekosten für eine Warengruppe
- Miete für das Lagergebäude
- Versandkosten
- Kühlkosten zur Lagerung verschiedener Waren

Kostenart
Einzelkosten
Gemeinkosten
variable Kosten
fixe Kosten

Zusammenfassung

Nach dem Verhältnis der Gesamtkosten zur Beschäftigung unterscheidet man

Veränderliche (variable) Gesamtkosten
- entstehen durch die Produktion
- verändern sich bei steigendem oder sinkendem Beschäftigungsgrad
- bleiben als Stückkosten gleich hoch
- Beispiele:
  - Fertigungsmaterial
  - Akkordlöhne
  - Verpackungskosten

Gleichbleibende (fixe) Gesamtkosten
- entstehen, ohne dass produziert wird
- bleiben unverändert trotz Änderung der Beschäftigung (der Anzahl der hergestellten Produkte)
- ändern sich als Stückkosten bei veränderter Ausbringungsmenge
- Beispiele:
  - Abschreibungen auf Gebäude
  - Kfz-Steuern
  - Zinsen für langfristiges Fremdkapital
  - Gehälter
  - Mieten für Geschäftsräume

Gesetz der Massenproduktion

- Bei Massenfertigung sinken die Stückkosten bei zunehmender Ausbringungsmenge, weil sich die hohen fixen Kosten auf eine größere Stückzahl verteilen.
- Die Stückkosten sinken umso schneller,
  - je höher der Anteil der fixen Kosten an den Gesamtkosten ist und
  - je stärker der Beschäftigungsgrad zunimmt.
- Beschäftigungsgrad = prozentualer Anteil der tatsächlichen Ausbringung (= genutzte Kapazität) an der möglichen (normalen) Kapazität.

Nach ihrer kalkulatorischen Verrechenbarkeit unterscheidet man

Einzelkosten

können den Kostenträgern (z. B. Waren) **direkt** zugeordnet werden.

Gemeinkosten
- fallen für **alle** Kostenträger (= Waren oder Warengruppen) an
- lassen sich nicht direkt den Kostenträgern zuordnen

4.4 Marketing

Das Unternehmen EDINA GmbH aus Göttingen bietet exklusive Markenmöbel an. Mit rund zehn verschiedenen Wohnraumprogrammen präsentiert das Unternehmen eine enorm breite Angebotspalette. Die EDINA GmbH ist darüber hinaus bekannt für ihren perfekten Innenausbau (Maßeinrichtungen für das große Haus oder die kleine Wohnung, für das Appartement für den Single, die Essdiele oder die Bibliothek unterm schrägen Dach), den vorzüglichen Service und seine gewährte zwölfjährige Hersteller-Garantie.

Seit einem halben Jahr ist jedoch der Umsatz sowohl von Schlafzimmern als auch von Wohn- und Kinderzimmern rückläufig.

Daraufhin überprüft die Geschäftsleitung ihr bisheriges Gesamtkonzept und kommt zu dem Entschluss, dass man in der Vergangenheit u. a. bestimmte Trends nicht erkannt hat und dass nun gravierende Änderungen vorgenommen werden müssen.

Zeigen Sie auf, welche konzeptionellen und kaufmännischen Fehler die Geschäftsführung festgestellt hat.
Entwickeln Sie eine umfangreiche absatzpolitische Strategie, die den Umsatz wirksam zu steigern vermag.

Information

Notwendigkeit der Marktorientierung

Begriff und Bedeutung des Marketing

Seit Beginn der 70er-Jahre ist der Warenabsatz durch den Wandel von *Verkäufermärkten zu Käufermärkten* zunehmend schwieriger geworden.

In Situationen, in denen die Nachfrage wesentlich größer ist als das Angebot, spricht man von einem **Verkäufermarkt**. Auf einem Verkäufermarkt herrscht Mangel an bestimmten Gütern und Dienstleistungen.

Beispiel
In einem asiatischen Bergdorf gab es nur eine Übernachtungsherberge. Als in dieser Region zufällig bedeutsame archäologische Funde gemacht wurden, setzte ein Touristenstrom aus aller Welt ein. Die Inhaber der Herberge konnten nicht mehr so viele Übernachtungsbetten bereitstellen wie nachgefragt wurden. Aufgrund dieser enorm gestiegenen Nachfrage konnten sie die Übernachtungspreise wesentlich höher festsetzen als zuvor.

Käufermärkte hingegen, bei denen das Güterangebot größer ist als die Güternachfrage, konnten entstehen durch

– ein *größeres Güterangebot* aufgrund des schnellen technologischen Fortschritts,

– *gesättigte Märkte*,

– kritischeres, wählerisches und preisbewussteres Konsumentenverhalten,

– stärkeren Wettbewerb.

Beispiel
Nach den archäologischen Ausgrabungen und den Presseberichten in aller Welt entstanden in dem einst ruhigen Bergdorf aufgrund des einsetzenden Besucherstroms weitere Herbergen und sogar komfortable Hotels. Im weiteren Verlauf wurden Bettenkapazitäten geschaffen, die über die Nachfrage nach Betten weit hinausgingen. Der Tourist als Nachfrager nach Übernachtungsmöglichkeiten war nun in einer äußerst vorteilhaften Situation.

– Aufgrund des Wettbewerbs unter den Herbergsinhabern im Ort waren die Übernachtungspreise auf ein akzeptables Niveau zurückgegangen.

– Herbergen, die sich nicht auf die speziellen Bedürfnisse ihrer Besucher eingestellt hatten, konnten keine Zimmer mehr vermieten.

Es handelt sich nun um einen Käufermarkt, auf dem nur jene Anbieter von Übernachtungsmöglichkeiten eine Chance zum wirtschaftlichen Überleben haben, die mit ihrem Angebot die Bedürfnisse der Kunden befriedigen.

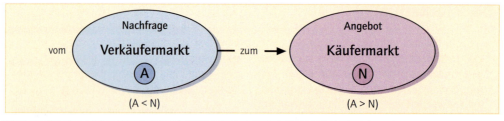

Verkäufermarkt	Käufermarkt
Die Nachfrage ist größer als das Angebot.	Das Angebot ist größer als die Nachfrage.
Der Markt wird vom Verkäufer beherrscht.	Der Markt wird vom Käufer beherrscht.
Der Absatz der Güter/Dienstleistungen bereitet dem Verkäufer keine Schwierigkeit.	Aufgrund der großen Konkurrenz können die Käufer zwischen verschiedenen Anbietern (den leistungsfähigsten und preisgünstigsten) wählen.
Besondere Bemühungen um Käufer sind nicht erforderlich.	Erhebliche Bemühungen um Käufer sind zur Wahrung der eigenen Absatzchancen nötig.

In der Situation eines Käufermarktes (die Märkte der Gegenwart sind in der Regel Käufermärkte), in der es nicht mehr ausreicht, (passiv) darauf zu warten, ob die Käufer die eigenen Güter nachfragen, kommt dem Unternehmensbereich **Absatz** eine besondere Bedeutung zu:

Nur durch *planmäßige Absatzvorbereitungen* kann es einem Unternehmen gelingen
– einen Markt zu finden, auf dem es seine Güter absetzen kann, bzw.
– bereits bestehende Märkte auszubauen und zu sichern.

Sämtliche Maßnahmen, die darauf abzielen, den Absatz zu fördern, nennt man Marketing (engl. = auf den Markt bringen).

Der Begriff Markt kann sich dabei sowohl auf den Beschaffungs- als auch auf den Absatzmarkt beziehen. Im Folgenden soll unter Marketing die Ausrichtung der unternehmerischen Aktivitäten am *Absatzmarkt* verstanden werden.

Das Marketing ist insbesondere in Situationen, in denen Käufermärkte vorherrschen, besonders bedeutsam, da diese Märkte durch die starke Marktstellung der Nachfrager gekennzeichnet sind.

Insofern orientiert sich ein marketingbewusster Unternehmer mit all seinen Aktivitäten zielbewusst, planmäßig und organisatorisch an *den Problemen, Wünschen und Bedürfnissen ausgewählter Kundengruppen*.

Nicht das Produkt oder die Produktion steht im Mittelpunkt. Vielmehr wird das Unternehmen vom Absatzmarkt her geführt, sodass sämtliche unternehmerischen Maßnahmen durch das „Denken-vom-Markt-her" geprägt sind. Dabei werden sowohl Kundenwünsche dauerhaft erfüllt als auch der eigene Unternehmenszweck, d. h. die Gewinnerzielung, erreicht.

Um sämtliche marktorientierten Maßnahmen an den potenziellen Käufern ausrichten zu können, müssen die Entscheidungsträger im Unternehmen
• ihren Markt kennen (Käuferwünsche; Konkurrenzverhalten) und
• die richtigen Maßnahmen (= absatzpolitischen Instrumente) auswählen und gezielt einsetzen.

Zum Marketing gehören daher
• Marktforschung mit ihren Teilbereichen Marktanalyse, Marktbeobachtung und Marktprognose sowie
• die absatzpolitischen Instrumente
– Sortimentspolitik,
– Preis- und Konditionenpolitik,
– Distributionspolitik,
– Kommunikationspolitik.

Beispiel

Bei der Planung zur Aufnahme neuer Schokoriegel in das Sortiment eines Handelsunternehmens werden Marktdaten erhoben, Verbraucher befragt, aktuelle Trends und Entwicklungen verfolgt. Auf dieser Grundlage werden die Schokoriegel ausgewählt, die in das Sortiment aufgenommen werden sollen, der Preis ausgerichtet, die Vertriebswege festgelegt und die Kommunikationsmaßnahmen geplant.

Letztlich beeinflusst Marketing, d. h. die *Einflussnahme des Unternehmens auf den Absatzmarkt* und das *Führen eines Unternehmens vom Absatz her*, sämtliche Unternehmensbereiche, angefangen vom Einkauf über die Beschaffungsorganisation und Lagerhaltung bis hin zur Personalabteilung.

Ziele des Absatzmarketing

Die Ziele des Unternehmens auf den verschiedenen Ebenen (Unternehmen, Marketing, Kommunikation und Werbung) müssen untereinander abgestimmt und aufeinander bezogen sein. Damit werden „Zielkonflikte", die zu Verlusten führen, vermieden.

Unternehmensziele

Die ursprünglichen Unternehmensziele, z. B. Gewinn, Rentabilität, Auslastung, werden durch das Marketing immer mehr am Markt orientiert.

Beispiele für marktbezogene Unternehmensziele

- Festlegung der Märkte, auf denen das Unternehmen aktiv wird
- Erreichen eines hohen Marktanteils bzw. der Marktführerschaft
- Unabhängigkeit, z. B. von anderen Unternehmen
- Steigerung des Jahresumsatzes auf 4,5 Mrd. €
- Ausschöpfen des Marktpotenzials bis 20..

Marketingziele

Die Marketingziele werden aus den Unternehmenszielen abgeleitet. Sie wirken sich auf die Gestaltung aller absatzpolitischen Instrumente aus (Produkt, Sortiment, Kundendienst, Preise und Konditionen, Kommunikation und Distribution).

Beispiele

- Erhöhung des Marktanteils eines Produkts der Unterhaltungselektronik um 10 % innerhalb der nächsten 3 Jahre
- Steigerung des Reingewinns auf 2,1 Mio. € in der Warenwelt „Damen"
- Gewinnung eines neuen Marktes, z. B. im Ausland
- Erreichen eines bestimmten Deckungsbeitrags zur Deckung der fixen Kosten

Absatzpolitische Unterziele – Instrumentalziele

Zur Erreichung der Marketingziele müssen aus ihnen instrumentelle Ziele abgeleitet werden, d. h. es ist zu überlegen, welche Zielsetzung in den einzelnen absatzpolitischen Bereichen geeignet ist, um das Gesamtziel zu erreichen.

Beispiele

Ziele im Rahmen der Produktpolitik:
- Umgestaltung der Packung der Hausmarke (Design und Farbe) mit dem Ziel einer höheren Werbewirksamkeit
- Veränderung des Namens, abgestimmt auf die Kundengruppe der 14- bis 20-Jährigen

Ziel im Rahmen der Sortimentspolitik:
- Reduzierung der Fehlverkäufe bei Damenjeans der Größe XS bis Juni des übernächsten Jahres auf maximal 10 %

Ziel im Rahmen der Kundendienstpolitik:
- Bereitstellung eines Ersatzgeräts im Fall der Reparatur oder Wartung von Büromaschinen ab einem Gerätewert (Neuwert) von 700,00 € – soll ausnahmslos allen Kunden gewährt werden

Ziel im Rahmen der Preispolitik:
- Erhöhung der Handelsspanne von derzeitig 49,09 % auf 53,1 % in der Warenwelt „Spielparadies"

Ziele im Rahmen der Kommunikationspolitik:
- Erhöhung des Bekanntheitsgrades eines Produkts oder des Sortiments um 15 %
- Verbesserung des Unternehmensimages innerhalb der nächsten 12 Monate
- fünfmaliger Kontakt mit einem Werbespot innerhalb der nächsten 6 Monate in Deutschland bei den 24- bis 49-jährigen Hausfrauen
- Bekanntmachung einer Sonderaktion

Ziele im Rahmen der Distributionspolitik:
- Einrichtung von 15 weiteren Niederlassungen im Freistaat Bayern innerhalb der nächsten 2,5 Jahre
- Senkung der firmenfremden Zustellkosten um 12 % bis spätestens in 1,5 Jahren

Werbeziele

Die Werbeziele werden aus den Kommunikationszielen abgeleitet und beziehen sich auf alle möglichen Werbemaßnahmen.

Beispiele

- Vorstellung eines neuen Produkts und seines Nutzens bei der angepeilten Zielgruppe
- Bekanntmachung einer Sonderaktion
- Beeinflussung von Kundinnen und Kunden als vorbereitende Einstimmung für das Verkaufsgespräch
- Stärkung des Vertrauens in ein Produkt zur Erhaltung von Markentreue

Diese Zielsetzungen des Unternehmens können nach ökonomischen und psychographischen Gesichtspunkten eingeteilt werden.

Marketingziele	
ökonomische (wirtschaftliche)	**psychographische** (sollen das Kaufverhalten beeinflussen bzw. ändern)
– Umsatz – Wachstum – Gewinn – Marktanteil – Marktführerschaft – Deckungsbeitrag[1]	– Image – Bekanntheitsgrad – Arbeitsplatzierung – Einschätzung der Qualität – Corporate Identity[2] – Vertrauen – Käufertreue

Ob eine Marketingkonzeption mit Erfolg durchgesetzt werden kann, ist von verschiedenen allgemeinen Voraussetzungen abhängig. Die Chancen werden beispielsweise durch eine allgemein gute Konjunktur gesteigert. Ein Schrumpfungsprozess der Kundenzielgruppen, etwa hervorgerufen durch eine rückläufige Zahl der Kinder, birgt dagegen negative Momente in sich.

Das Käuferverhalten, die Art und Weise, wie die Konkurrenz agiert und reagiert, und auch die Vorgehensweise der Hersteller setzen häufig neue Maßstäbe. Dazu kommen technologische und politische Gegebenheiten. Der Wertewandel spielt ebenfalls eine wichtige Rolle, z. B. gesteigertes Umweltbewusstsein.

Der Schlüssel zum Erfolg liegt bei jedem Unternehmen in der Fähigkeit, rechtzeitig und angemessen Änderungen des Marktes zu berücksichtigen. Die *Marktforschung* liefert dazu das Basismaterial, während die **absatzpolitischen Instrumente** dem Unternehmen dazu dienen, *aktiv Einfluss auf den Absatzmarkt zu nehmen*.

Ausgewählte absatzpolitische Instrumente im Überblick

Sortimentspolitik

Die bewusste und planmäßige Gestaltung des Sortiments bezeichnet man als Sortimentspolitik. Sie wird angewandt, um den Umsatz bzw. den Gewinn des Unternehmens zu steigern.

Preis- und Konditionenpolitik

Der Preis eines Produkts ist einerseits das Entgelt für die Leistung des anbietenden Unternehmens. Andererseits ist er ein Maßstab für die Kaufentscheidung der möglichen Käuferinnen und Käufer. Deshalb muss der Preis Erträge ermöglichen und konkurrenzfähig sein. Außerdem sind preispsychologische Erfahrungen zu berücksichtigen. Entscheidungen über die Preishöhe sind beispielsweise zu treffen, wenn die Nachfrage nach dem Produkt sich verändert, wenn die Kosten steigen, wenn ein neues Produkt erstmalig auf den Markt kommt, wenn die Konkurrenz ein Unternehmen zu Preisänderungen zwingt.

Beispiel

Um sämtliche Kosten zu decken und dem Unternehmen einen bestimmten Gewinn zu bringen, müsste ein neues Produkt mindestens 800 € kosten. Der Preis der Konkurrenzprodukte liegt jedoch zwischen 580 € und 750 €. Bei der Einführung soll das neue Produkt innerhalb dieser Preisspanne angeboten werden. Aus Gründen der Preispolitik wird ein Preis von 748 € festgesetzt.

Zwar besteht das vorrangige Ziel der Preispolitik darin, die Gewinne eines Unternehmens zu maximieren. Aber als alleiniger unternehmerischer Grundsatz wäre dies nur eine grobe Zielgröße, die deshalb zu differenzieren ist. Es ließen sich z. B. hierbei mehr betriebs- oder mehr marktorientierte Ziele unterscheiden. Sind die Ziele mehr betriebsorientiert, dann werden die Kosten eher in den Blick genommen. Hierbei könnte es u. a. darum gehen, den Absatz mehr an den Produktionsgang anzupassen, die Vollbeschäftigung sicherzustellen oder Kosten überall dort zu re-

---

1 Die Differenz zwischen den Verkaufserlösen und den variablen (= direkt zurechenbaren) Kosten eines Kostenträgers ist der Deckungsbeitrag (DB). Er gibt an, welchen Beitrag der jeweilige Kostenträger zur Deckung der fixen Kosten und zur Erzielung eines Gewinns leistet: VKP ./. Bezugspreis ./. variable Handlungskosten pro Stück = DB pro Stück bzw. Verkaufserlöse ./. Wareneinsatz ./. variable Handlungskosten pro Periode = DB pro Periode. Der Betriebsgewinn ergibt sich folgendermaßen: Summe der Deckungsbeiträge aller Kostenträger pro Periode
./. Fixkosten der Periode
= Betriebsgewinn/Betriebsverlust

2 Allgemeine unternehmerische Vorstellung über das innere und äußere Gesamtbild eines Unternehmens. CI strebt ein einheitliches und unverwechselbares Unternehmensbild an.

duzieren, wo es sinnvoll und möglich ist. Wird eher marktorientiert gedacht (vgl. Beispiel), dann ginge es darum, wie der Absatz zu maximieren ist oder die Konkurrenz ausgeschaltet werden kann und wie die Marktanteile für ein Produkt sich erhöhen lassen. Betriebs- und marktgerichtete Ziele bei der Preis- und Konditionenpolitik sind allerdings keine Gegensätze, sondern immer aufeinander zu beziehen.

> Die Preis- und Konditionenpolitik umfasst alle Entscheidungen, die sich mit der Festsetzung der Preise und der Lieferungs- und Zahlungsbedingungen für die angebotenen Leistungen beschäftigen.

Distributionspolitik

Produzierte Waren müssen ihren Käufer erreichen. Die Verteilung (Distribution) muss von dem Unternehmen organisiert werden. Distribution umfasst alle Entscheidungen über Absatzwege (Wahl des „Absatzkanals"). Dabei wird festgelegt, welche Distributionsorgane eingeschaltet werden, damit die Lieferbereitschaft gesichert ist, wie z. B. Groß- und Einzelhandelsbetriebe, Makler, Handelsvertreter, Vertriebsabteilung des Unternehmens. Damit verbunden ist die Frage, wie aufgrund der Kundennachfrage das richtige Produkt zur richtigen Zeit an den richtigen Ort gelangt (Marketinglogistik). Dabei sind Entscheidungen zu treffen über die Transportmethode, das Transportmittel, die Anzahl der Standorte von Vertriebs- und Auslieferungslager. Darüber hinaus ist die Frage der Servicebereitschaft zu klären.

Beispiel

Ein Unternehmen möchte Elektrogeräte durch exklusiven Vertrieb aufwerten. Es verzichtet auf das Angebot über Groß- und Einzelhandel und bietet seine Produkte nur über Außendienstmitarbeiterinnen und -mitarbeiter an. Diese werden speziell geschult und betreuen einen festen Verkaufsbezirk.

> *Distributionspolitik lässt sich als Gestaltung des Weges eines Produkts vom Hersteller zum Käufer bezeichnen.* Die Absatzwege zeigen die Möglichkeiten an, wie eine Ware oder eine Dienstleistung an den Endverbraucher gelangen kann.

Die **Logistik** ist dann die physische Warenverteilung über Straße, Schiene, Wasser und Luft mit entsprechenden Transportmitteln.

Kommunikationspolitik

> Marketingkommunikation ist die Verständigung des Unternehmens mit *möglichen* Abnehmern der Produkte (Werbung), mit Kundinnen und Kunden (Verkaufsförderung), mit der Öffentlichkeit (Public Relations) und mit Unternehmensangehörigen (Human Relations).

Ziel dieser Informationsprozesse ist die Beeinflussung im Sinne der Unternehmensziele. Der abgestimmte Einsatz aller Maßnahmen wird „**Kommunikationsmix**" genannt.

Beispiel

Ein Unternehmen für Reitsportartikel möchte sich als Experte für die Beziehung „Mensch – Pferd" darstellen. Alle Werbemaßnahmen laufen unter dem Slogan *„Sie – Ihr Pferd – und WIR"*, in ausgewählten Sportfachgeschäften werden Infotheken für Reitsportfreunde eingerichtet, eine Spende für die Olympia-Reitmannschaft wird groß herausgestellt und die Mitarbeiterinnen und Mitarbeiter erhalten einen kostenfreien Reitkurs.

Absatzwerbung

Absatzwerbung umfasst alle Kommunikationsmaßnahmen, die darauf ausgerichtet sind, den Absatz der Produkte zu fördern. Sie wendet sich an die möglichen Abnehmer der Produkte. Werbung kann Kenntnisse und Wissen vermitteln (Information), anregen (Motivation) und beeinflussen (Manipulation).

Beispiel

Zur Förderung des Absatzes von hochwertigen Herrenoberhemden plant ein Textilunternehmen eine Anzeigenserie in Zeitschriften, die von Männern mit gehobenem Sozialstatus gelesen werden. Dabei soll über die Faser Baumwolle informiert und zum häufigeren Hemdwechsel angeregt werden. Außerdem soll dem Leser vermittelt werden, dass er in Hemden dieser Marke besonders markant und erfolgreich wirkt.

Direktmarketing

> Als **Direktmarketing** (auch Dialogmarketing oder Direct-Response-Werbung) wird jede Werbemaßnahme bezeichnet, die eine persönliche Ansprache des möglichen Kunden mit der Aufforderung zur Antwort enthält und sich durch eine deutlich hervorgehobene Responsemöglichkeit von der einfachen Direktwerbung unterscheidet.

Im Unterschied zur Direktwerbung wird im Dialogmarketing die Möglichkeit, sich mit dem Unternehmen in Verbindung zu setzen, aktiv verstärkt.

In der Praxis wird ein Werbemittel wie ein Mailing z. B. durch Beilagen oder aufgeklebte Giveaways, durch das Angebot von Verlosungen oder Einladungen zu Veranstaltungen aufgewertet. Besonders exklusive Papiersorten, Kartonagen, Sonderfarben, Präsente oder Theaterkarten können vom Großhändler genutzt werden oder begleitende Maßnahmen, wie z. B. eine nachfolgende SMS, werden eingesetzt, um die persönliche Ansprache zu intensivieren und die Möglichkeit einer Antwort (Response) durch den Empfänger zu erhöhen.

Ein besonders häufig genutztes Instrument im Direktmarketing ist das Callcenter[1]. Im persönlichen Telefongespräch erhält das Großhandelsunternehmen zusätzlich Informationen über den Kunden und seine Präferenzen.

> Als **Telefonverkauf** (auch Telefonmarketing bzw. Telemarketing) wird eine Form des Verkaufs bezeichnet, bei der die Akquisition, die Beratung und der Vertragsabschluss in Teilschritten oder komplett per Telefon vorgenommen werden.

Verkaufsförderung

Als Verkaufsförderung werden alle Maßnahmen angesehen, die die Erlebnisqualität beim Einkauf steigern, also am Ort des Verkaufs bzw. Kaufs (Point of Sale) eingesetzt werden.

Beispiel

Für die Einführung einer neuen Kosmetikserie werden folgende Maßnahmen am Point of Sale vorgesehen: Attraktive Ständer mit großen Postern zur Präsentation der Ware, eine kostenlose Beratung, die Ausgabe von Proben und Autogrammstunden mit dem weiblichen Star einer Fernsehserie.

Public Relations

Der Begriff Public Relations bezeichnet eine Öffentlichkeitsarbeit, die das Image (den Ruf) des Unternehmens aufbaut, pflegt und korrigiert. Es wird um Vertrauen, um Goodwill, um Verständnis für die eigenen Anliegen geworben.

Beispiel

Durch die Havarie eines Tankers ist ein Unternehmen in die massive Kritik der Öffentlichkeit geraten. Das Unternehmen startet eine Anzeigenserie, in der auf seine besonderen Leistungen für den Umweltschutz hingewiesen wird. Damit soll der negative Einfluss auf das Image korrigiert werden.

Diese Öffentlichkeitsarbeit soll sich langfristig natürlich auch positiv auf den Absatz eines Unternehmens auswirken.

Human Relations

Als Human Relations ist die Kommunikation innerhalb des Unternehmens zu verstehen. Es handelt sich um sämtliche Maßnahmen, die das Wohlbefinden der Unternehmensangehörigen steigern und zur Identifikation mit dem Unternehmen beitragen sollen.

Beispiel

Ein Unternehmen, das Dauergebäck in hoher Qualität herstellt, möchte seine Mitarbeiterinnen und Mitarbeiter an sich binden und zu besonderer Leistung motivieren. Es gibt eine interne Zeitschrift heraus, in der Werksangehörige im Mittelpunkt stehen:

Berichte über Einzelne und ihre Arbeit, Erfolge der Betriebsfußballmannschaft, interessante Hobbys und private Nachrichten.

Marktsegmentierung[1]

In den Wohlstandsgesellschaften, in denen sich der Kauf von Ge- und Verbrauchsgütern zum Ausdruck von Mode und Persönlichkeit entwickelt, und in einer weltweit wachsenden Wirtschaft mit ständig enger werdenden Handelsverflechtungen ist es für die Führung eines Unternehmens wichtig, die *Entwicklung des Absatzmarktes* ausreichend zu berücksichtigen.

Dies kann dann gelingen, wenn sich das Unternehmen

– den Veränderungen des Marktes mit flexiblen Konzepten anpasst und
– den potenziellen Gesamtmarkt in möglichst gleichartige Abnehmergruppen aufteilt.

Beispiel

Ein Textilunternehmen hat sich mit seinem Sortiment spezialisiert auf Herren-, Damen- und Haushaltswäsche, Fashion, Damenober-, Sport- und Freizeitbekleidung. Damit ist aus dem gesamten Textilmarkt ein Teilmarkt ausgewählt (selektiert[2]) worden.

Sieht das Unternehmen den zukünftigen Wachstumsmarkt beispielsweise bei den in den letzten Jahren ständig modebewusster gewordenen Männern, und hierbei wiederum bei den Kunden mit gehobenen Ansprüchen an die Qualität der Ware, der Umweltverträglichkeit und den äußeren Schick (vgl.

---

1 Segment (lat.) = Ausschnitt, Teil eines Ganzen
2 Selektion (lat.) = Auswahl

Einstiegsbeispiel), wird es sein Sortiment im Bereich Herrenwäsche dem Bedarf dieser Schicht anpassen.

Indem das Unternehmen den Markt für Herrenwäsche aufteilt und Teilmärkte bildet, die in sich möglichst homogen und untereinander möglichst trennscharf sind, kann sie diese Teilmärkte mit differenzierten Marketingstrategien bearbeiten: Das Unternehmen kann sein Angebot an Herrenwäsche *ganz speziell gestalten* und über eine eng gezielte Streuung den potenziellen Kunden (seien es nun Prestigetypen, Neuheitentypen, Sicherheitstypen, Traditionstypen usw.) der jeweiligen Zielgruppe nahe bringen.

Bestünde eine derartige Marktsegmentierung nicht, müsste das Management des Unternehmens undifferenziert, d. h. in Bezug auf alle potenziellen Nachfrager einheitlich, vorgehen und könnte dabei die besonderen Bedarfsstrukturen der verschiedenen Käufersegmente (Zielgruppen) nicht berücksichtigen.

> **Marktsegmentierung** = Aufteilung eines Marktes auf bestimmte, möglichst gleichartige Zielgruppen (= Marksegment) mit dem Ziel die eigene Marketingpolitik (Marktforschung und absatzpolitische Maßnahmen) auf deren Bedarf auszurichten.

Damit der Einsatz besonderer absatzpolitischer Aktivitäten auch lohnenswert ist, sollten die Marktsegmente (Zielgruppen)
– ausreichend groß,
– von Dauer,
– messbar und erreichbar sein.

Bei der Bildung von Marktsegmenten können u. a. folgende Merkmale eine Rolle spielen:

demografische		Kaufverhalten (Verhaltensmerkmale)	psychologische
sozioökonomische	geografische		
Alter, Geschlecht, Nominaleinkommen, Kaufkraft, Ausbildung, Ausbildungsabschluss, Berufstätigkeit, Berufsgruppe, Konfession, Religion, Nationalität, Rolle im Haushalt, Familiengröße, *Familienlebenszyklus*	Staat, Region, Land, PLZ-Gebiet, Stadt, Stadtviertel, Gemeinde	Kaufanlass, Kaufhäufigkeit, Markentreue, Händlertreue, Verwendungsmotiv, Verwendungshäufigkeit, Einstellung zum Produkt, Einstellung zum Hersteller/Händler, Reaktion auf Marketingmaßnahmen	soziale Schichtzugehörigkeit, Lebensstil, Persönlichkeitsmerkmale

Zielgruppenorientierte Marketingstrategien erfordern den Einsatz EDV-gesteuerter Kundendateien bzw. Zielgruppendateien. Mögliche Zielgruppen für z. B. eine Textilgroßhandlung könnten im Einzelhandelsbereich sein: Fach- und Spezialgeschäfte, Kaufhäuser und evtl. Kleinpreisgeschäfte.

Die differenzierte Nachfragestruktur und das unterschiedliche Verhalten der möglichen Kunden eines Unternehmens erfordern eine differenzierte Marketingstrategie. Dabei ist es hilfreich, den Markt in sämtliche in Betracht kommenden Segmente aufzuteilen und entsprechend zu bearbeiten. Mithilfe der Marktsegmentierung

– können die Marketinginstrumente gezielt und wirtschaftlich eingesetzt,
– können Marktlücken schneller erkannt werden,
– kann das Unternehmen flexibler auf Marktveränderungen reagieren

Marktuntersuchung als Instrument des Marketings

Ein Unternehmen, das erfolgreich sein will, muss seinen Markt genau kennen. Dazu gehört nicht nur, dass es ein attraktives Sortiment anbietet und weiß, wo man es möglichst günstig einkaufen kann. Es muss auch die Wünsche der Verbraucher kennen und außerdem wissen, ob die Kunden mit seinem Geschäft und den angebotenen Leistungen zufrieden sind.

Genauso wichtig ist, dass es möglichst umfassend über die absatzfördernden Maßnahmen seiner Konkurrenten Bescheid weiß. Denn sein Ziel sollte es sein, sich von ihnen möglichst abzuheben und auf ihre Stärke Rücksicht zu nehmen oder ihre Schwäche auszunutzen.

Damit die verschiedenen Marktinformationen beschafft oder verarbeitet werden können, muss das Unternehmen **den Markt** zuvor **untersuchen**.

> **Marktuntersuchung** ist die Beschaffung notwendiger Informationen über die abhängigen Märkte des Unternehmens. Hierunter fallen alle Aktivitäten zur Sammlung und Analyse von Informationen für Marketingentscheidungen. Bezogen auf den Absatzmarkt sind dies insbesondere Informationen über:
> – Verhaltensweisen und Einstellungen der Nachfrager und
> – Produkte und Marktstrukturen (Marktteilnehmer).

Beispiel „Trend-Scout":

Markenfirmen bezahlen Trend-Scouts in allen großen Städten. Diese teilen ihre Beobachtungen aus der Szene der Zentrale mit. Auf dieser Grundlage werden neue Schuhtypen erzeugt und in einigen firmeneigenen Schuhgeschäften probeweise zum Kauf angeboten. Die Registrierkassen in den Filialen sind vernetzt. Im Zentralcomputer wird daher rasch erkennbar, wie die Szene auf das Bild reagiert, das sich die Firma von ihr gemacht hat. Steigen die Verkaufszahlen eines Typs, geht er groß in Produktion. Selbst wenn die Firma sich geirrt hat, entsteht damit eine neue Wahrheit.

In Sekundenschnelle findet die Bauanleitung ihren Weg durchs Internet nach Asien, wenige Wochen später ist der Schuh in Europa lieferbar. Konkurrenten wittern einen Trend und beginnen mit dem Kopieren. Ist die erste Kopie auf dem Markt, ist das Original schon ein Stück origineller geworden.

Der Ursprung einer neuen Form ist kreisförmig. Eine Kettenreaktion von Nachahmungen beginnt, in die sich Abweichungen einschleichen. Überlagerung, Kombinationen, Zufälle und Missverständnisse spielen die gleiche Rolle wie die mitspielenden Akteure. So wie ein Raver den anderen nachahmt, kopiert eine Schuhfirma die andere und alle gemeinsam kopieren sie die Szene, die nichts anderes ist als die Gesamtheit dieser Kopiervorgänge.

> Wird die Marktuntersuchung gelegentlich, d. h. unsystematisch durchgeführt, so spricht man von **Markterkundung**, erfolgt sie hingegen systematisch, so liegt **Marktforschung** vor.

Insbesondere der kleinere Unternehmer ist aus Kostengründen auf die eigene, unsystematische Markterkundung angewiesen. Diese sollte aber durchaus ausreichend sein, da sein Absatzmarkt i. d. R. nicht so umfangreich und deshalb überschaubar ist.

Die systematische **Absatzmarktforschung** soll insbesondere Informationen bereitstellen über:

– die eigene Stellung am Markt **(Absatzforschung)**, d. h. Erforschung der eigenen Marktstellung und der Wirkung der absatzpolitischen Maßnahmen (Planung und Kontrolle des Einsatzes der marketingpolitischen Instrumente wie z. B. Werbung, Absatzorgane [Filialen, Reisende, Handelsvertreter], Sortimentspolitik),

– die Konkurrenz und die Entwicklung der Branche **(Konkurrenz- bzw. Wettbewerbsforschung)**, d. h. Erforschung von Konkurrenten (Zahl und Stärke), Konkurrenzprodukten (Preis und Qualität) und Konkurrenzverhalten (Preisänderungen, neue Werbemaßnahmen usw.),

– die tatsächlichen und möglichen Nachfrager **(Bedarfsforschung)**, d. h. Erforschung von Marktgröße und Aufnahmefähigkeit des Marktes, Kaufkraft und Kaufkraftveränderungen, Zusammensetzung der Nachfrager sowie Käufergewohnheiten, Kaufmotive und Käuferreaktionen (auf Änderung der Qualität, Preise, Produktgestaltung, Verpackung sowie des Kundendienstes); die Bedarfsforschung kann eingeteilt werden in die Tatsachenforschung (objektive Daten über den Markt) und die Meinungs- und Motivforschung (Meinung des Kunden über Produkte und Konkurrenzprodukte; Gründe für die Kaufentscheidung),

– allgemeinwirtschaftliche Verhältnisse, wie die volkswirtschaftliche Entwicklung (Kaufkraft, Preise, Lohnniveau usw.) und den Einfluss der allgemeinen Wirtschaftspolitik und der Konjunkturbewegungen,

– das Image,

– die Stärke des eigenen Standortes.

> **Marktforschung** ist die **systematische** Beschaffung, Auswertung und Interpretation von Informationen über
> – jetzige und zukünftige Marktsituationen und -entscheidungen eines Unternehmens (z. B. über Konkurrenten, allgemeine Marktdaten [Kaufkraft, Preise, Lohnniveau]) oder darüber
> – wie die Waren beim Kunden ankommen und
> – wie der zukünftige Bedarf aussehen wird.

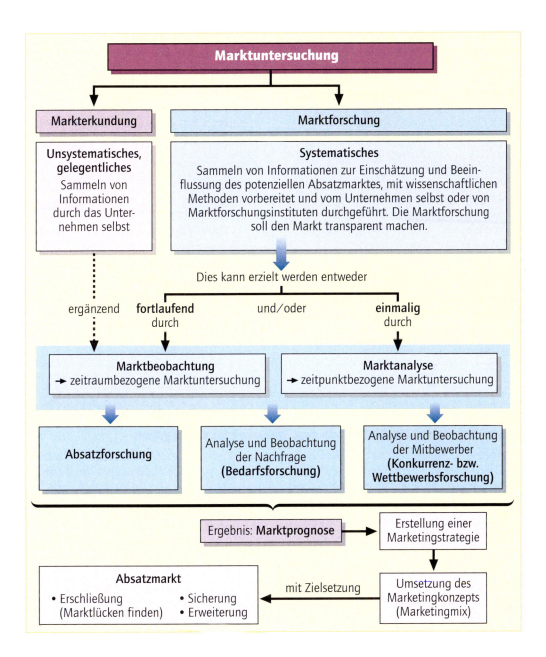

Erhebungsarten und -methoden der Marktforschung

Nach **der Art** *(dem Verfahren)* der Datenerhebung unterscheidet man zwischen Sekundär- und Primärerhebungen (-forschungen).

Sekundärerhebungen

Um Sekundärerhebungen (-forschungen/*Deskresearch*) handelt es sich, wenn bereits vorhandenes Zahlenmaterial ausgewertet wird.

Für Sekundärerhebungen kann das Datenmaterial *innerbetrieblichen* als auch *außerbetrieblichen* Quellen entnommen werden:

Betriebsinterne Quellen	Betriebsexterne Quellen

– Statistiken über Anfragen und Angebote
– Auftragseingänge
– Absatzstatistiken
– Daten der Kosten- und Leistungsrechnung (KLR), z. B. der Deckungsbeitragsrechnung[1]
– Reklamationslisten und -berichte
– Berichte und Umsätze der Außendienstmitarbeiter
– Lagerbestandslisten
– Kundenkarteien und -dateien
– Warenpreislisten
– Daten aus früheren Primärerhebungen
– Messeberichte
– Statistiken über Marketingkosten
	– Veröffentlichungen
	  – staatlicher Stellen, wie z. B. Deutsche Bundesbank, Pressestellen der Ministerien, statistische Ämter
	  – von den Industrie- und Handelskammern (IHK)
	  – supranationaler Behörden, wie z. B. EU, UNO, OECD, WHO, Weltbank
	  – wirtschaftswissenschaftlicher Institute, z. B. IFO-Institut, Institut für Handelsforschung an der Universität Köln
	  – von Wirtschaftsverbänden, z. B. Jahresberichte der Bundesarbeitsgemeinschaft der Mittel- und Großbetriebe des Einzelhandels, des Bundesverbandes des Deutschen Groß- und Außenhandels
	– Jahrbücher
	– Firmenhandbücher und Adressbücher
	– Auskunfteien
	– Fachbücher und -zeitschriften
	– Berichte in Zeitungen und Magazinen
	– Publikationen von Unternehmen: Kataloge, Prospekte, Geschäftsberichte, Preislisten

[1] Der DB dient den Sekundärerhebungen, indem er Informationen liefert über Absatzsegmente (z. B. einzelne Artikel, Artikelgruppen, Aufträge, Absatzgebiete) und deren Beitrag zur Deckung der fixen Kosten des gesamten Unternehmens und zum Gewinn. Die DB-Rechnung dient daher der Vergleichbarkeit und gibt damit aufschlussreiche Anhaltspunkte für einen möglichst effektiven Einsatz der absatzpolitischen Marketinginstrumente.

Sekundärstatistische Daten aus dem Warenwirtschaftssystem

EDV-gestützte Warenwirtschaftssysteme stellen eine der bedeutendsten Quellen für die Datenbeschaffung innerhalb der sekundärstatistischen Marketingforschung dar. Aufgrund der gespeicherten Artikelbewegungen liefern sie eine Vielzahl von Informationen über:

Ausgewählte Informationsbereiche		
Angebotsverarbeitung Fakturierung Scanner-/Abbuchung Kassenabwicklung Lagerabgang bei – Verkauf – Bestellung Abfragen nach – Artikelbestand – Lagermenge – Bestellbestand – bestellte Menge – Preis – Bestandswert Substitutionsartikel Kreditlimitprüfungen Vergleich der Umsätze	Preisfestlegung nach – Aufträgen – Kunden Rabattvergabe nach – Auftragsmenge – Kunden – Artikel Lieferschein – Standard – individuell Transport – Verwaltung – Auswertungen – Optimierung Gewinnentwicklung Kostenentwicklung	Außendienst – Provisionen – Bewertung – mobile Datenerfassung Außenhandel – Zollpapiere – Umsatzsteuer – Fremdwährungen Optimierung – Regalplanung – Sortimente Stücklisten – Vertrieb (Sets) – Ersatzteile Auswertung von Umsätzen – des Tages – des Monats – des Jahres

Derartige Daten, die von EDV-gestützten Warenwirtschaftssystemen zur Verfügung gestellt werden, stellen die Grundlage vieler marketingpolitischer Entscheidungen dar.

Darüber hinaus sollte aber nicht vergessen werden, dass *Gespräche* mit Kunden und Konkurrenten sowie *Kontakte* mit Lieferanten ebenfalls zu wertvollen Informationen führen können.

Bei jedem Problem der Marktforschung sollten zu Beginn grundsätzlich vorhandene sekundäre Quellen gesichtet und analysiert werden. Denn sie können dazu beitragen, Entscheidungen des Handelsmanagements bis zu einem gewissen Grad abzusichern.

Primärerhebungen (Fieldresearch)

Primärerhebungen liegen vor, wenn
- neue bisher noch nicht erhobene Marktdaten ermittelt und
- hierzu eigene Erhebungen durchgeführt werden (oder z. B. durch beauftragte Marktforschungsinstitute),
- die in erster Linie (primär) für eine bestimmte Marktuntersuchung benötigt werden.

Primärerhebungen sind immer dann notwendig, wenn die Informationen, die aus den Sekundärerhebungen gewonnen wurden, zur Lösung des speziellen absatzpolitischen Problems nicht ausreichen.

Beispiel
Auskunft über das Preisbewusstsein und bestimmte Bevorzugungen der Kunden beim Kauf von Seidenbettwäsche kann nicht von der Sekundärforschung erwartet werden. In diesem Falle müssen eigens für diesen Zweck z. B. Umfragen gemacht werden.

Das Informationsmaterial bei einer Primärerhebung kann grundsätzlich mithilfe der folgenden vier **Methoden** gewonnen werden:
- Befragung
- Beobachtung
- Experiment
- Markttest

Befragung

Die *Befragungsmethode* ist die wichtigste und daher auch die am häufigsten angewandte Erhebungsmethode zur Beschaffung von Informationen.

Wird der gesamte infrage kommende Personenkreis in die Befragung einbezogen, so liegt eine **Vollerhebung** vor. Beschränkt man sich hingegen auf einen Teil (z. B. einen bestimmten Prozentsatz) der Auskunftspersonen, so spricht man von **Teilerhebung**.

Aus Zeit- und Kostengründen wird es einem Unternehmen im Allgemeinen nicht möglich sein, sämtliche infrage kommenden Personen zu berücksichtigen. In diesem Falle hilft das *Modell des repräsentativen Querschnitts*:

- Die ausgewählte Teilmasse soll möglichst genau den gesamten Abnehmerkreis widerspiegeln. Weist sie die gleichen Wesensmerkmale wie die Gesamtheit in Bezug auf ihre Zusammensetzung auf, so ist die Befragung als *repräsentativ* anzusehen,
- d. h. dass die geringere Größe der Stichprobe keinen entscheidenden Einfluss auf die Güte des Ergebnisses hat.

Beispiel
Die Zielgruppe bei der Nachfrage von Seidenbettwäsche setzt sich aus Personen verschiedenen Geschlechts, Alters, Berufs, Kinderzahl, Religionszugehörigkeit, Schulbildung, Einkommens usw. zusammen. Würde sich die Befragung des Unternehmens nun lediglich auf ledige Männer und Frauen im Alter zwischen 25 und 35 Jahre beschränken, so ergäbe das wegen der geringen Repräsentativität verfälschte Ergebnisse.

Bei anderen Artikeln muss auch die Zusammensetzung der repräsentativen Gruppe eine andere sein; z. B. wäre es bei einer Befragung über qualitativ hochwertige Damenblusen sicherlich verfehlt, lediglich Angestellte der gehobenen Einkommensklasse und ältere Singles einzubeziehen.

Die Befragung kann **schriftlich**, **mündlich** (durch persönliches Interview) oder **telefonisch** durchgeführt werden. Befragt werden können generell Hersteller, Handelsunternehmen und Endverbraucher.

Schriftliche Befragungen können durchgeführt werden mittels Fragebögen, die entweder repräsentativ ausgewählten Personen direkt per Post zugesandt, Zeitungen beigelegt oder an Geschäftspartner im eigenen Unternehmen verteilt werden.

Bei *telefonischen* und bei *mündlichen Befragungen* (= direkten Interviews) stellt der Interviewer gezielte Fragen und trägt die Antworten in einen Fragebogen ein. Die folgende Tabelle zeigt Vor- und Nachteile der einzelnen Befragungsart an.

Vor- und Nachteile der einzelnen Befragungsarten

Kriterien	Befragungsart		
	schriftlich	mündlich	telefonisch
Rücklaufquote	unterschiedlich	hoch	hoch
Beeinflussung durch Dritte	möglich	kaum möglich	nicht möglich
Umfang der Befragung	mittelgroß	groß	klein
Interviewereinfluss	nicht möglich	groß	relativ groß
Genauigkeit	gering	hoch	unterschiedlich
Zuverlässigkeit	unterschiedlich	hoch	relativ hoch
Geschwindigkeit der Durchführung	relativ gering	niedrig	hoch
Kosten	niedrig	hoch	relativ niedrig
Repräsentativität	relativ niedrig	relativ hoch	gering
Erklärung der Fragen	nicht möglich	möglich	möglich

Eine weitere, besondere Form der Befragung ist das *Panel*.

> Von einem Panel spricht man, wenn ein in einer repräsentativen Stichprobe erfasster gleichbleibender Personenkreis über den gleichen Gegenstand *über einen längeren Zeitraum* hinweg fortlaufend befragt wird.

Panelerhebungen sind *dynamische Erhebungen*. Indem die Ergebnisse der abgelaufenen Periode (z. B. Monat, Halbjahr, Jahr) mit vorangegangenen Perioden verglichen werden, ermöglichen sie Aussagen über die *Entwicklung von Daten*.

Panels findet man bei allen größeren Marktforschungsinstituten. Sie können dort angefordert oder auch in Auftrag gegeben werden. Grundsätzlich ist zu unterscheiden zwischen Verbraucher- und Unternehmerpanels.

Beispiele aus der Praxis

Haushaltspanels:
Bestimmte Haushalte führen über die durchgeführten Einkäufe (Zahl der gekauften Waren, Markennamen, Hersteller usw.) Buch und übermitteln die Daten in regelmäßigen Abständen einem Institut.
– ZFD-Pkw-Besitzerpanel
– BBF-Haushaltsreport
– ZFD-Allensbach-Hausfrauenpanel

Handelspanels:
Bestimmte Einzelhandelsunternehmen geben Informationen über die Verkäufe.
– GfK[1]-Cash-und-carry-Panel
– AC Nielsen[1]-Gebrauchsgüterindex
– GfK-Sport-Panel
– GfK-Foto-Panel

Probleme des Panels:
– Die befragten Personen ändern ihr Verhalten *(= Paneleffekt).*
– Durch das Ausscheiden und Altern von Panelteilnehmern ist der ausgesuchte und befragte Personenkreis nicht mehr repräsentativ *(= Panelsterblichkeit).*

Beobachtung

Die Vorteile der *Beobachtung* liegen darin, dass
– sie im Gegensatz zur Befragung ohne das Wissen der Zielgruppe durchgeführt und
– das tatsächliche Verhalten – frei von verhaltenswirksamen Einflüssen zwischen Erhebungsperson und Informationsgeber – beobachtet und analysiert werden kann.

Die häufigsten Anwendungsgebiete dieser Methode sind z. B. im Handel
– Verkaufsgespräche,
– Kaufverhalten,
– Zählen und Beobachten von Personen,
– Blickregistrierung zur Analyse von Aufmerksamkeitswirkungen.

Für die Beobachtung können Beobachter und/oder technische Geräte (z. B. Spiegel, Lichtschranken, Blickregistrierungsgeräte, Kameras) eingesetzt werden.

Experiment

> Unter einem Experiment (Test) kann die Erprobung einer neuen Maßnahme vor ihrer Einführung verstanden werden.

---

[1] Die GfK (Gesellschaft für Konsumforschung) und AC Nielsen sind die weltweit größten Marktforschungsunternehmen und liefern Daten aus mehr als 100 Ländern.

Experimente lassen sich unterscheiden nach

den Bedingungen, unter denen das Experiment durchgeführt wird

- **Feldexperimente** finden unter normalen Alltagsbedingungen auf einem Testmarkt statt, wie z. B. der Stadt Hildesheim
- **Laborexperimente** werden unter speziellen für den Test geschaffenen (künstlichen) Bedingungen außerhalb des Marktes durchgeführt. Sie können deshalb nicht als repräsentativ angesehen werden.

der Art der Ermittlung der Ergebnisse

- **Befragungsexperimente**
- **Beobachtungsexperimente**

Damit hat das Experiment die Aufgabe, die Wirkungen erst zu schaffender Tatbestände zu erforschen.

Markttest

Um über eine flächendeckende Neueinführung eines Produkts oder auch einer Marketingmaßnahme zu entscheiden, kann der Großhändler einen Markttest durchführen. Die Ware wird auf einem regional begrenzten Teilmarkt (Testmarkt) angeboten und der Verkauf getestet.

Ziel ist es hierbei, die Kundenreaktionen auf einem räumlich begrenzten Markt zu beobachten, um aufgrund der gewonnenen Daten Rückschlüsse auf die Gesamtkundschaft ziehen zu können.

Der Testmarkt muss repräsentativ sein, d. h. die gleiche sozioökonomische Struktur aufweisen wie der Gesamtmarkt. Bekannte Testmärkte sind z. B. das Saarland und Berlin.

Beispiele

Produkttest: Der Hersteller von Seidenbettwäsche will sein Angebot um fünf neuartige Farbkompositionen erweitern. Um zu ermitteln, wie diese Ausführungen vom Markt aufgenommen werden, wird die Bettwäsche zunächst auf dem Testmarkt der Stadt Köln getestet (= *Minimarkttest*).

Preistest: Die Textilgroßhandlung Spindler KG will auf dem relativ kleinen Testmarkt „Region Hannover" feststellen, wie sich die geplante Preiserhöhung für Trainingsanzüge aus Goretex um durchschnittlich 8,2 % auf den zukünftigen Absatz auswirkt.

Bereiche der Marktforschung

Die Marktforschung lässt sich unterteilen in die Bereiche:
- Marktanalyse
- Marktbeobachtung
- Marktprognose

Marktanalyse

Die **Marktanalyse** ist die **einmalige** Untersuchung des Marktes zu einem **bestimmten Zeitpunkt**, beispielsweise die Feststellung des tatsächlichen Absatzes einer neu auf den Markt gebrachten Kollektion von Herrenunterwäsche für den Mann zwischen 18 und 38 (= **Zeitpunkt**untersuchung).

Marktbeobachtung

Die Marktbeobachtung ist eine **laufende** Beobachtung des Marktes über einen **längeren Zeitraum** hinweg (= Kette von Marktanalysen), z. B. die Beobachtung der Absatzentwicklung von farblich neu gestalteter Seidenbettwäsche im Zeitablauf (= **Zeitraum**untersuchung).

Marktprognose

Die Ergebnisse der Marktbeobachtung bzw. der Marktanalyse werden zur Marktprognose (= Voraussage der Marktentwicklung) verarbeitet. Mit ihr wird versucht, die *zukünftige Marktentwicklung* abzuschätzen und vorauszuberechnen. Die Marktprognose ist die Grundlage für die absatzpolitischen Entscheidungen der Unternehmer.

Konzeption eines Absatzmarketings

Die **Konzeption eines Absatzmarketings** bedeutet, dass
- sich das Großhandelsunternehmen *am Kunden orientieren* muss,
- um unter Zuhilfenahme des integrierten Marketings
- die *Kundenwünsche erfüllen* zu können.

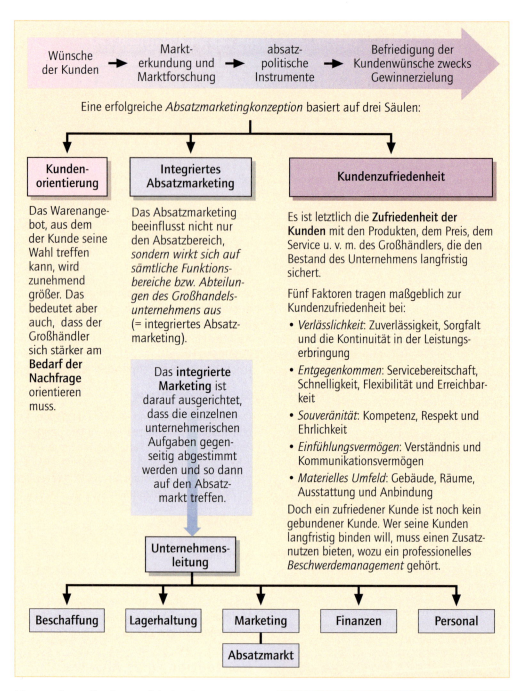

Hierzu müssen die absatzpolitischen Instrumente berücksichtigt werden, die sich gegenseitig bedingen oder ergänzen.

Marketingmix

Das Zusammenwirken der absatzpolitischen Instrumente wird als Marketingmix bezeichnet.

Marketingmix ist die zu einem bestimmten Zeitpunkt eingesetzte **optimale Kombination der Marketinginstrumente,** mit der ein Großhandelsunternehmen versucht, ein bestimmtes Marketingziel zu erreichen.

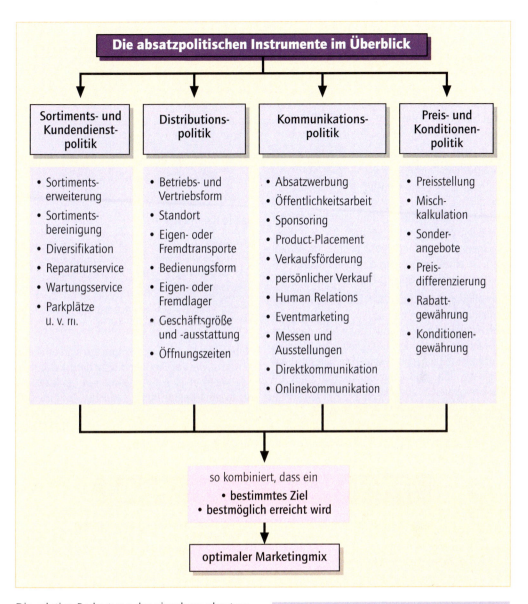

Die relative Bedeutung der einzelnen absatzpolitischen Instrumente ist in erster Linie abhängig von der **Ware** selbst und vom **Verhalten der Kunden**.

Beispiele

- Bei Alltagsgütern spielt der **Preis** eine wesentliche Rolle, während er bei Luxusgütern weniger wichtig ist.
- Bei einigen Produkten ist der **Kundendienst** oftmals ausschlaggebend für den Kauf, wie bei Computern oder Automobilen. Bei anderen hingegen, wie bei Zahnpasta, Waschmittel oder Zucker, spielt er keine Rolle.
- Die **Sortimentspolitik** ist immer dann von wesentlicher Bedeutung, wenn die verschiedenen Produkte sich stark voneinander unterscheiden, z. B. bei DVD-Rekordern oder bei Speiseölen. Weniger wichtig ist sie bei standardisierten oder gleichartigen Produkten.
- Die **Absatzwerbung** wiederum ist in ihrer wirtschaftlichen Bedeutung sehr viel stärker abhängig vom jeweiligen Produkt, z. B. Stahlnägel, TV-Flachbildschirme.

Die nebenstehende Übersicht zeigt anhand ausgewählter absatzpolitischer Instrumente deren unterschiedliche Bedeutung für einzelne Produkte/Dienstleistungen (1 = geringe Bedeutung; 5 = hohe Bedeutung):

Instrumente \ Waren/DL	private Unfallversicherung	Tageszeitung	Reis	Haarwaschmittel	Abendkleid
Absatzwerbung	3	3	1	5	3
persönlicher Verkauf	5	1	2	1	4
Distributionspolitik	4	4	5	4	3
Kundendienst	3	2	–	–	2
Preispolitik	2	3	4	3	3

Der optimale Marketingmix, der dem Unternehmen den größtmöglichen Gewinn ermöglicht, muss selbstverständlich immer auch vor dem Hintergrund der jeweiligen Ware gesehen werden. Da jede Ware ihr eigenes Bedeutungsprofil besitzt, gewinnen auch die einzelnen absatzpolitischen Instrumente unterschiedliche Bedeutung:

Eine allgemeine Formel, wie die einzelnen Instrumente dosiert werden sollen, gibt es, wie gesagt, nicht. Das hängt damit zusammen, dass das menschliche Verhalten bezüglich der Wirkung von Marketingkonzepten keinen bekannten und langfristig gültigen Gesetzmäßigkeiten folgt. Im Marketingbereich aber kommt dem menschlichen Verhalten eine zentrale Stellung zu.

Die Bedeutung verschiedener Marketinginstrumente aus der Sicht des Handels zeigt die folgende Rangskala:

4 – Werbung
3 – Sortimentspolitik
2 – Verpackung
1 – Produktgestaltung

4 – Verkaufsförderung
2 – Kundendienst
2 – Preispolitik

(4 = außerordentlich bedeutend; 3 = sehr bedeutend; 2 = bedeutend; 1 = weniger bedeutend)

Neben den Kunden und Produkten sind es weitere Kräfte, die der Großhändler zu berücksichtigen hat, wenn er in einer bestimmten Marktsituation zu entscheiden hat, in welcher Kombination und wie lange marketingpolitische Instrumente eingesetzt werden sollen, um einen optimalen Marketingmix zu erreichen.

Marktkräfte, die auf den Marketingmix einwirken

Kaufverhalten der Kunden

z. B. bestimmt durch:
- Kaufgepflogenheiten
- Lebensgewohnheiten
- verändertes ökologisches Bewusstsein
- Kaufkraft
- Image
- soziale Umwelt

Verhalten der Händler

z. B. bestimmt durch:
- ihre Motivierungen
- ihre Gepflogenheiten, Struktur und Einstellungen
- ihr Potenzial

Marketingmix

Stellung und Verhalten der Konkurrenten

z. B. beeinflusst durch:
- Branchenstruktur
- Verhältnis von Angebot und Nachfrage
- technologische und soziale Trends
- Ausmaß des Preis- und Qualitätswettbewerbs

Verhalten des Staates

z. B.: Sicherheits- und Umweltschutzauflagen, Vorschriften über Preise, Werbung, Absatzweg (z. B. Vertrieb von Pharmazeutika)

Aspekte für ein zukunftsbezogenes Marketing

Umwelt

Jahr für Jahr erfahren die westlichen Industriestaaten, dass der Markt Fehler in der Unternehmensführung unerbittlich rächt. Verluste, Vergleiche und Insolvenzen waren kaum so häufig wie gerade in den letzten Jahren.

Veränderte Marktbedingungen, wie gesättigte Märkte, zunehmende Konkurrenz, neue Medien, der Wertewandel und der Umweltschutz, stellen an die Marketinginstrumente immer neue Anforderungen.

Insbesondere das **Umweltmarketing** kann als eine Maßnahme mit neuen Dimensionen bezeichnet werden, wie es Wirtschaftsexperten übereinstimmend ausdrückten.

„Versteht man Marketing als marktbezogenes Denken und Handeln und als koordinierten Einsatz des gesamten unternehmerischen Instrumentariums, so ist Umweltmarketing zum Schutz von Umwelt und Verbraucher nicht nur eine Aufgabe für Spezialisten bzw. für die Marketingabteilung. Vielmehr ist Umweltmarketing eine Aufgabe, der sich das gesamte Unternehmen in allen seinen Funktionsbereichen zu stellen hat. Forschung und Entwicklung, Verwaltung und Finanzen, Personal und Recht, Marketing/Vertrieb – alle Unternehmensbereiche sind davon betroffen, jeder hat hier seinen Beitrag zu leisten."

Beim Handel spielen diese Zusammenhänge größtenteils bei der Sortimentsgestaltung, der Verpackung und der Entsorgung eine wichtige Rolle.

Wertewandel

Änderungen im Verhalten heutiger und künftiger Konsumenten werden, vereinfacht formuliert, als „Wertewandel" bezeichnet.

Der Repräsentant einer Käutergruppe, der sich früher eindeutig durch Prestigebewusstsein auszeichnete, zeigt heute ein sehr polares Verhalten. Auf der einen Seite kauft er z. B. Konserven und Waschmittel bei einem Billiganbieter und steht bereits eine Stunde später beim exklusiven Herrenausstatter, um dort eine Markenjacke für 400 € zu erwerben.

Dieser Konsument vereinigt den Sparkauf mit dem prestigeorientierten Markenkauf. Die Verhaltensweisen des neuen Konsumenten lassen sich auch nicht einigermaßen exakt definieren. Gewisse Trends sind jedoch unverkennbar:

- Der Kunde von heute ist mobil. Im Haushalt stehen ein oder zwei Autos zur Verfügung.
- Der Kunde ist preis- und qualitätsbewusst. Sehr kritisch wählt er unter verschiedenen Angeboten aus. Vom Verkäufer erwartet er nicht selten nur noch den letzten Impuls für den Kaufentscheid.
- Der Kunde ist emanzipiert, d. h. er ist informiert. Er kennt seine Rechte und achtet auf die Umweltverträglichkeit.
- Der Kunde ist freizeitorientiert. Freizeit wird durch aktives Handeln ausgefüllt. Alles, was der Freizeitgestaltung dient, wird vorwiegend positiv beurteilt.
- Der Kunde ist prestigeorientiert. Er will sich von Nachbarn und Freunden absetzen. Er sucht das Einmalige, das Unverwechselbare, eben all das, was seinem Lebensstandard entspricht.

Bevölkerungsstruktur

Der Anteil der über 60-Jährigen wächst ständig. Schon bald wird ein Drittel der Gesamtbevölkerung älter als 60 Jahre sein. Damit bekommt der *Seniorenmarkt* eine neue Dimension. Nicht nur wegen der Anzahl der Senioren, sondern auch aufgrund eines veränderten Altersbewusstseins. Schon heute spricht man von den „jugendlichen Sechzigern" und auch den „aktiven Siebzigern".

Dies alles sind Herausforderungen, die im Rahmen von neuen Marketingkonzepten auch vom Großhandel zu lösen sind.

Aufgaben

1. Will ein Unternehmen neue Märkte erschließen, Märkte vergrößern und sichern, so muss es ein durchdachtes Marketingkonzept haben.
   a) Was verstehen Sie unter Marketing?
   b) Worin liegt der Unterschied zwischen Werbung und Marketing?

2. Aufgrund welcher wirtschaftlichen Entwicklung kommt dem Unternehmensbereich Absatz und damit dem Marketing eine besondere Bedeutung zu? Nehmen Sie ausführlich Stellung.

3. Begründen Sie, warum es auf einem Verkäufermarkt nicht notwendig ist, Absatzmarketing zu betreiben.

4. Welcher Zusammenhang besteht zwischen Unternehmenszielen und Marketingzielen?

5. Wie unterscheiden sich ökonomische und psychographische Marketingziele?

6. a) Welche absatzpolitischen Instrumente gehören zum Marketing?
   b) Welches dieser Instrumente halten Sie für ein Handelsunternehmen am wichtigsten? Begründen Sie Ihre Antwort.

7. Erläutern Sie das absatzpolitische Marketinginstrument „Kommunikationspolitik".

8. Was ist allgemein unter Marktsegmentierung zu verstehen?

9. Warum ist es für ein Unternehmen sinnvoll, Marktsegmente zu bilden?

10. Nennen Sie vier Segmentierungsmerkmale Ihrer Wahl und beurteilen Sie diese in Bezug auf die absatzpolitischen Maßnahmen eines Unternehmens.

11. Worin besteht der Unterschied zwischen Marketing und Marktforschung?

12. Nennen Sie das Ziel der Marktforschung.

13. Ein Handelsunternehmen will sein Angebot an spezieller Ausrüstung für Hochgebirgswanderer ausweiten. Um ganz sicher zu gehen, dass die Ware auch ihre Abnehmer finden wird, wollen die Geschäftsführer den Markt untersuchen lassen. Auf welche Informationen werden sie dabei besonderen Wert legen?

14. Wie kann die Primärforschung durchgeführt werden und welchem Zweck soll sie dienen?

15. Unterscheiden Sie zwischen Marktanalyse, Marktbeobachtung und Marktprognose.

16. Welche wirtschaftlichen Vorteile kann ein Unternehmer gegenüber seinen Konkurrenten aufgrund einer richtig erstellten Marktprognose haben?

17. Welche drei Aussagen können den folgenden Begriffen zugeordnet werden?
    – Marktprognose
    – Marktanalyse
    – Marktbeobachtung
    a) Sie versuchen durch den Vergleich von betrieblichen Kennziffern den Absatz zu beeinflussen.
    b) Sie untersuchen die Struktur von Angebot und Nachfrage zu einem bestimmten Zeitpunkt.
    c) Sie sind die in Abständen von einigen Jahren immer regelmäßig wiederkehrenden Wellenbewegungen der Wirtschaft.
    d) Sie sind bemüht die zukünftige Marktentwicklung richtig abzuschätzen und vorauszubestimmen.
    e) Sie verfolgen laufend die Marktentwicklung.
    f) Sie sind langfristige Veränderungen der Wirtschaftsentwicklung.

18. a) Erklären Sie die Erhebungstechniken Primär- und Sekundärerhebung.
    b) Welche Nachteile sehen Sie bei einer Sekundärerhebung im Vergleich zur Primärerhebung?

19. Warum kann Marktforschung dazu beitragen, das Marktrisiko zu reduzieren?

20. Sie sind in einer Textilgroßhandlung tätig. Ihr Abteilungsleiter beauftragt Sie eines Tages die wichtigsten Daten über die Sortimente der Konkurrenz zusammenzustellen. Auf welche sekundärstatistischen Quellen würden Sie zur Erledigung dieses Auftrages zurückgreifen?

21. Worin liegen die Vorteile des Panels gegenüber den sonstigen Befragungsarten?

22. Das Unternehmen Bruns & Co. KG möchte seine neue Rasierermarke „AC 2000" mit revolutionierender Technologie auf den Markt bringen. Um herauszufinden, wie die Verbraucher auf das neue Angebot reagieren, wird

der Markt systematisch untersucht (→ Marktforschung).

a) Wie kann das Unternehmen Bruns & Co. KG im Rahmen der Primärerhebung zu den gewünschten Informationen kommen?
b) Warum spielt in diesem Fall die Sekundärerhebung eine untergeordnete Rolle?
c) Warum muss der Schwerpunkt zur Gewinnung der Marktinformationen im Bereich der Marktanalyse liegen? Grenzen Sie bei Ihrer Begründung Marktanalyse von Marktbeobachtung ab.
d) Bestimmen Sie ein Marktsegment für den Rasierer „AC 2000" und beschreiben Sie vor diesem Hintergrund notwendige Produkteigenschaften des neuen Gerätes.

23. Erklären Sie folgende Methoden der Marktforschung:
a) Befragung/Interview
b) Panel
c) Beobachtung
d) Testmarktverfahren

24. Eine Handelskette hat ein Marktforschungsinstitut mit einer Kundenbefragung zu einem bestimmten Artikel beauftragt. Das Ergebnis ist untenstehend auszugsweise angegeben.
a) Nennen Sie zwei Gründe, die für die Beauftragung eines auf Marktforschung spezialisierten Unternehmens sprechen.
b) Welche Erkenntnisse kann die Handelskette aus diesem Profil gewinnen?

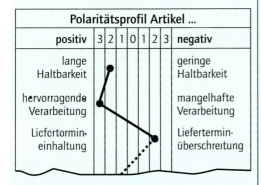

25. Ein Hersteller von Kameras beabsichtigt, eine batterieunabhängig zu betreibende Kamera, die zudem die Kombination von Spiegelreflex- und Digitalkamera in sich vereint, zu entwickeln.

Nachteile, die durch das nicht immer zeitgerechte Film-wechseln-Müssen entstehen, entfallen damit. Die Kamera ist umweltfreundlich (keine Batterien) und soll in ihrer Form und Handhabung den besonderen Ansprüchen von Ästheten und Hobbyfotografen gerecht werden. Der Marktpreis soll knapp unter 650,00 € liegen.

a) Die Geschäftsleitung möchte zur Absicherung ihrer endgültigen Entscheidung eine Marktanalyse durchführen lassen. Um zu absatzpolitisch relevanten Ergebnissen zu gelangen, werden Sie gebeten, Argumente zu suchen, die gegen die Entwicklung einer derartigen Kamera sprechen.
b) Die Befragung im Rahmen einer durchzuführenden Primärerhebung sieht vor, eine bestimmte Zielgruppe auszuwählen. Welche Merkmale sollte dieser Personenkreis aufweisen?
c) Begründen Sie, warum die Befragung schriftlich, mündlich oder telefonisch durchgeführt werden sollte.

26. Welche Informationen liefert die Marktforschung im Rahmen der
a) Kunden-,
b) Konkurrenz-,
c) Imageforschung?

27. Erklären Sie Ihren Mitschülern den Begriff „Marketingkonzeption".

28. Welche Marketingziele könnten bei der Durchführung der Marketingkonzeption mithilfe des Marketingmix und der Marktsegmentierung möglicherweise im Mittelpunkt stehen?

29. Nennen Sie Marktaspekte, die eine erfolgreiche Marketingkonzeption in jedem Fall berücksichtigen muss.

30. Was verstehen Sie unter
a) Marketingmix?
b) einem optimalen Marketingmix?

31. Welche Marktkräfte wirken auf den Marketingmix?

32. Nennen Sie die absatzpolitischen Instrumente genau, die im Rahmen des Marketingmix für einen Haushaltsgerätehersteller von besonderer Bedeutung sein können.

33. Welche Maßnahmen beinhaltet die Kommunikationspolitik?

34. Nennen Sie drei mögliche Werbeziele des Unternehmens.

35. Künftig werden an das Marketing neue Aufgaben gestellt. Beschreiben Sie, wie dies in Ihrem eigenen Unternehmen im Hinblick auf den Umweltschutz, den gegebenen Wertewandel und die Bevölkerungsentwicklung aussieht.

36. Ein Elektrogroßhandelsunternehmen hatte in den letzten drei Jahren im Sortimentsbereich „Handwerkersägen" rückläufige Umsätze zu verzeichnen. Die Unternehmensleitung will diese Entwicklung bremsen. Ihr Ziel für die nächsten 12 Monate ist die kontinuierliche Umsatzsteigerung durch nachhaltige Belebung der Nachfrage. Sie plant daher für ihr Standardmodell, die Universalsäge SL 300, einen optimalen Einsatz der marketingpolitischen Instrumente.

   a) Formulieren Sie die festzulegenden Marketingziele,
   b) zeigen Sie mögliche absatzpolitische Maßnahmen des Marketingmix auf und
   c) begründen Sie die Marketingkonzeption einschließlich der ausgewählten marketingpolitschen Maßnahmen.

37. Bestimmen Sie möglichst ausführlich unter Zugrundelegung der Merkmale der Marktsegmentierung die Zielgruppe (= Marktsegment) für die folgenden Güter:

   a) Backmischungen
   b) Füllhalter
   c) Seife
   d) höherpreisige, sportliche Freizeithemden
   e) Schmuck
   f) Seidenbettwäsche

   Die Güter können Ihren Vorstellungen entsprechend noch spezifiziert werden.

38. a) Vergleichen Sie anhand der nachstehenden Grafik die Umsatzentwicklung des Herrenkonfektionärs Thomas Drautz mit der Umsatzentwicklung der Branche.
    b) Nennen Sie vier mögliche Gründe für die abweichende Umsatzentwicklung des Herrenkonfektionärs Drautz gegenüber der Branche in den Jahren 2 und 3.

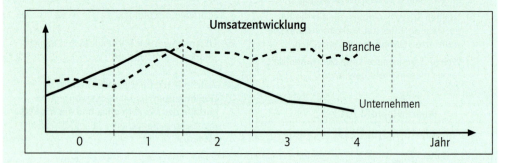

Zusammenfassung

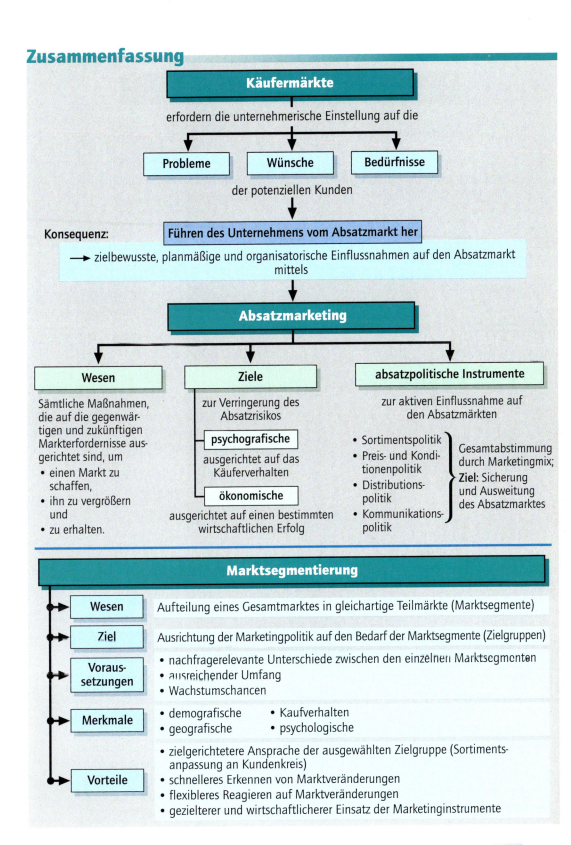

Zusammenfassung

Marktforschung

Erhebungsarten:

- **Primärerhebungen (Fieldresearch)**: Ermittlung **neuer** bisher noch nicht erhobener Marktdaten durch
- **Sekundärerhebungen (Deskresearch)**: Auswertung **bereits vorhandener** Daten aufgrund von bestimmten **Quellen**

Erhebungsmethoden:

Primärerhebungen:
- Befragung
- Beobachtung
- Experiment

- schriftlich ⎫
- mündlich   ⎬ einmalig
- telefonisch ⎭
- Panel = über einen längeren Zeitraum

Sekundärerhebungen:

betriebsinterne:
- Marketingstatistiken über:
  - Anfragen und Angebote
  - Auftragseingänge
  - Absatz
  - Außendiensttätigkeit
  - Reklamationen
- Kundenkarteien
- Lagerbestandslisten
- Warenpreislisten
- Daten der Kosten- und Leistungsrechnung

betriebsexterne:
= Daten, die außerhalb des Unternehmens erstellt werden, aber zugänglich sind, wie z. B.:
- Veröffentlichungen von: Staatlichen Stellen, z. B.
  - Deutsche Bundesbank
  - IHK
  - supranationalen Behörden wie EU, UNO oder OECD
  - wirtschaftswissenschaftlichen Instituten
- Jahrbücher
- Fachbücher und Fachzeitschriften
- Auskunfteien
- Adressbücher
- Daten aus früheren Primärerhebungen
- Berichte in Zeitungen und Magazinen
- Prospekte und Kataloge

Absatzmarktforschung

Wesen
- liefert sämtliche Daten, die über die Möglichkeiten und Probleme des Marktes, über Absatzchancen, über Notwendigkeit von Marketingaktivitäten und deren mögliche Wirkung informiert
- verhilft zu Markttransparenz
- ist die notwendige Voraussetzung des Marketingmix
- konzentriert sich auf den Absatzmarkt

Bereiche
- Marktanalyse: Zeitpunktbetrachtung
- Marktbeobachtung: Zeitraumbetrachtung

Einsatzgebiete
beschafft Informationen über:
- den Standort
- die Kundenstruktur
- die Konkurrenz
- das Image des Handelsunternehmens

Zusammenfassung

Marketing

(= Märkte „produzieren")
= sämtliche Maßnahmen, die den Absatz fördern

Absatzmarkt
- Markt steht im Mittelpunkt aller Überlegungen
- Führung vom Markt her

setzt sich zusammen aus den **Instrumenten** der

Marktforschung
→ dient der Informationsgewinnung

Marktanalyse
= einmalige Marktforschung (Zeitpunktuntersuchung)

Marktbeobachtung
= laufende Markforschung (Zeitraumuntersuchung)

Primärforschung
eigene Erhebung der Daten (Fieldresearch)

Sekundärforschung
Auswertung vorhandener Daten (Deskresearch)

Methoden

Marktprognosen
= Aussagen über die zukünftige Marktentwicklung

Absatzpolitik
→ dient der Marktanpassung

in gegenseitiger Abstimmung zu planen und umzusetzen als **Marketingmix**

- **Sortimentspolitik**
- **Preis- und Konditionenpolitik** (Zahlungs- und Kreditbedingungen, Preis, Rabatte, Skonto)
- **Distributionspolitik** (Absatzlogistik, Absatzkanal)
- **Kommunikationspolitik**

| Werbung | persönlicher Verkauf | Verkaufsförderung | Public Relations | Human Relations |

Kommunikationsmix

sind gerichtet auf

Absatzmarkt
Erschließung (Marktlücken finden), Sicherung, Erweiterung

Zusammenfassung

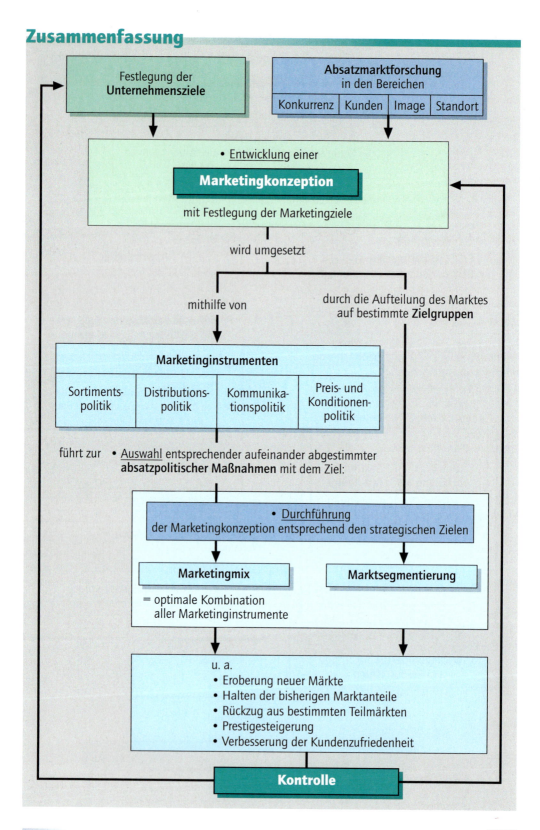

4.5 Stellung und Leistungen des Handels

Aussagen von Kunden eines Warenhauses

Mitunter wird behauptet, der Handel verteuere die Waren unnötig und sei deshalb überflüssig.

Erläutern Sie die Nachteile, die sich für Sie als Verbraucher ergeben würden, wenn es beispielsweise den Einzelhandel nicht gäbe.

Information

Bedeutung der Handelsbetriebe in der Wirtschaft

Die Wirtschaft eines Landes ist nicht nur konjunkturellen und saisonellen Einflüssen ausgesetzt. Im Zeitablauf können bestimmte Branchen *wachsen*, z. B. Unternehmen in der Elektronikindustrie Anfang der 90er-Jahre und im Bereich der Telekommunikation Ende der 90er-Jahre bzw. Anfang des neuen Jahrhunderts, als auch *schrumpfen*, wie beispielsweise die Automobilindustrie Mitte der 90er-Jahre.

Zu jeder Zeit existieren, unter anderem abhängig vom Stand der technischen Entwicklung, Wirtschaftsbereiche (Primärer, Sekundärer und Tertiärer Bereich), deren Zukunftsaussichten als gut bezeichnet werden können, und andere, in denen es Anpassungsprobleme an die fortschreitende wirtschaftliche Entwicklung gibt.

Diese **strukturellen Veränderungen** innerhalb der Wirtschaft sind ursächlich zurückzuführen auf das *Wirtschaftswachstum* (= Anstieg des Bruttoinlandsprodukts).

Ursachen des Wirtschaftswachstums – Beispiele:

- Substitution (= Austausch) des Produktionsfaktors Arbeit durch den Produktionsfaktor Kapital, wie z. B. durch Maschinen und maschinelle Anlagen
- Bevölkerungswachstum und veränderte Bevölkerungsstruktur
- technischer Fortschritt
- verbesserte Ausbildung der Arbeitskräfte
- außenwirtschaftliche Verflechtung
- veränderte Einkommensverteilung und -verwendung

Aus dem Wachstum der Wirtschaft ergeben sich:
- veränderte Produktionsverfahren und
- ein verändertes Nachfrageverhalten der Verbraucher (Bedarfsstruktur).

Für den **nachfragebedingten Wandel** innerhalb der Volkswirtschaft können verantwortlich sein:
- die Bevölkerungsentwicklung,
- der Wandel der Haushaltsstruktur,
- die Entwicklung neuer Güter,
- die Veränderung im Konsumverhalten.

Die wachstumsbedingten Veränderungen der Produktions- und Bedarfsstruktur haben das Entstehen und Schrumpfen einzelner Wirtschaftsbereiche zur Folge.

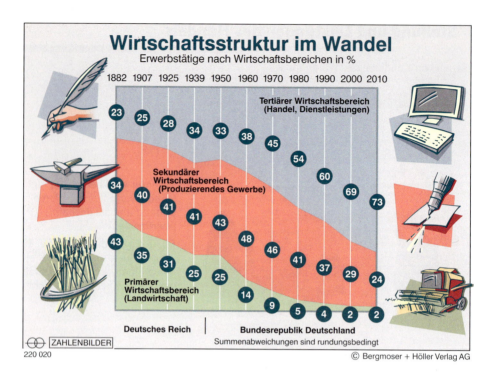

Durch diese Entwicklung hat sich die Produktion und Beschäftigung vom **Primären Wirtschaftszweig** (Land- und Forstwirtschaft, Fischerei und Bergbau) und dem **Sekundären** Bereich (Weiterverarbeitung) immer stärker zum **Tertiären Bereich** (Handel und Dienstleistungen) verlagert.

Dieses Grundmuster des Wandels der Beschäftigungsstruktur setzte sich langfristig auch in Deutschland durch (siehe oben stehendes Bild).

Die Wandlungen im Erwerbsleben, die den Industrialisierungsprozess in Deutschland seit dem 19. Jahrhundert begleitet hatten, setzten sich in der Bundesrepublik nach dem Zweiten Weltkrieg in hohem Tempo fort. Der Bergbau und die „neuen Industrien" wie die Textil- und Bekleidungsindustrie, die elektrotechnische Industrie, die Chemie, der Fahrzeugbau und der Maschinenbau waren die großen Arbeitgeber der ersten Hälfte des 20. Jahrhunderts.

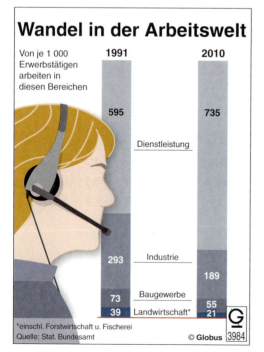

Im weiteren Verlauf der wirtschaftlichen Entwicklung verlagerte sich dann der *Schwerpunkt der Beschäftigung* in den Wirtschaftsbereich „Dienstleistungen, Handel und Verkehr". Dieser Tertiäre Bereich der Wirtschaft hatte einerseits eine immer größer werdende Nachfrage zu befriedigen, verfügte andererseits aber nur über begrenzte Rationalisierungsmöglichkeiten. Gleichzeitig verloren der Primäre und Sekundäre Sektor an Bedeutung: Beides sind Wirtschaftsbereiche mit großen Produktionsfortschritten, aber bezogen auf die Gesamtbeschäftigung lediglich mäßiger Absatzentwicklung. Der Fortschritt der industriellen Produktivität und der weltweite Wettbewerb kostengünstigerer Produktionsstandorte haben die einst bedeutenden Industriebereiche erfasst. Die Industrie geht den Weg der Landwirtschaft: Der Ausstoß steigt, aber die Arbeitsplätze verringern sich.

Gegen Ende der Sechzigerjahre war fast jeder zweite westdeutsche Erwerbstätige im Produzierenden Gewerbe beschäftigt. Zuletzt hatte das Produzierende Gewerbe einen Erwerbstätigenanteil von ca. 25 % – Handel und Verkehr, Dienstleistungsunternehmen, Staat und private Haushalte kamen hingegen auf über 70 %.

Dass sich die Beschäftigung immer mehr in diesen Sektor verlagert, hat verschiedene Ursachen:

- Neue, „intelligente" Dienste (z. B. Forschung und Entwicklung, Software-Produktion, Finanzdienstleistungen, Information) nehmen einen immer breiteren Platz im Wirtschaftsleben ein.
- Dienstleistungsfunktionen werden aus dem produzierenden Sektor ausgegliedert und verselbstständigt.
- Mit zunehmendem Wohlstand wächst die Nachfrage der Bevölkerung nach Dienstleistungen, die früher nur von den besonders begüterten Schichten der Gesellschaft in Anspruch genommen werden konnten (z. B. im Tourismussektor).
- Und anders als in Industrie und Landwirtschaft lässt sich die Produktivität in vielen Dienstleistungsbereichen nur in begrenztem Umfang steigern. Die wachsende Nachfrage erfordert also den Einsatz zusätzlicher Arbeitskräfte.

In einer Volkswirtschaft, deren Märkte sich ständig ausweiten und deren Zweige sich immer mehr spezialisieren, in einem Europa, in dem eine zunehmende Integration der Märkte festzustellen ist, wird auch das Güterangebot ständig vielfältiger. Die Werbung weckt ständig neue Konsumwünsche. Die Kaufkraft der Bevölkerung steigt. Deshalb werden selbst rationellere Formen der Güterverteilung den Personalbedarf in den Dienstleistungsbetrieben kaum vermindern. Infolge dessen wird sich der Aufschwung im Tertiären Wirtschaftsbereich weiter verstärken.

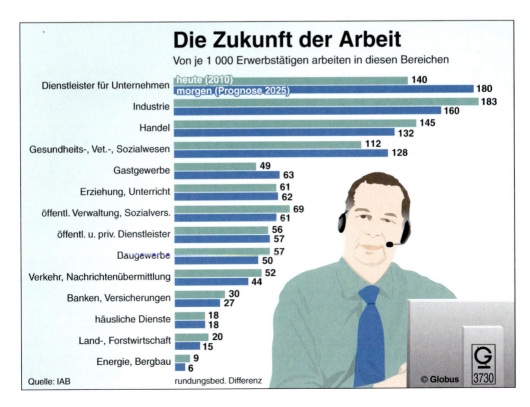

Stellung der Handelsbetriebe in der Wirtschaft

Handel und Verkehr stellen die notwendigen Verbindungen zwischen Industrie und Handwerk (Leistungserstellung) einerseits und den Haushalten (Leistungsverwertung) mit ihren immer differenzierter werdenden Ansprüchen andererseits her.

Die Betriebe der **Urproduktion** schaffen die Voraussetzungen für die Produktion. Die nachgelagerten Betriebe, wie z. B. die des Maschinen- und Fahrzeugbaus, des Textilgewerbes, der Leder- und Mineralölverarbeitung, des Nahrungs- und Genussmittelgewerbes, der Elektrotechnik, des Stahlbaus oder das Handwerk werden der **Weiterverarbeitung** zugerechnet. Auf dieser Stufe geschieht die eigentliche Herstellung der Güter.

Zum Endverbraucher gelangen die Wirtschaftsgüter über den Groß-, Außen- und Einzelhandel. Auf dieser dritten Stufe werden die Güter verteilt. Die Verteilung **(Distribution)** kann als die Hauptleistung des Handels angesehen werden.

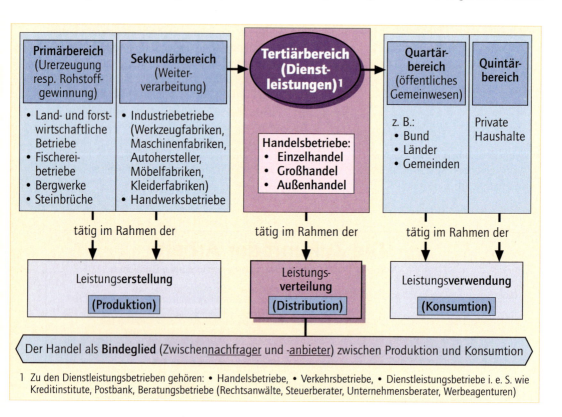

1 Zu den Dienstleistungsbetrieben gehören: • Handelsbetriebe, • Verkehrsbetriebe, • Dienstleistungsbetriebe i. e. S. wie Kreditinstitute, Postbank, Beratungsbetriebe (Rechtsanwälte, Steuerberater, Unternehmensberater, Werbeagenturen)

Darin besteht auch seine volkswirtschaftliche Bedeutung, denn

– der Verbraucher kann nicht sämtliche Waren direkt beim Hersteller beziehen (der Handel schafft die Ware herbei und bietet sie in bedarfsgerechten Sortimenten jederzeit in der verlangten Menge und Qualität an) und

– der Hersteller kann nicht sämtliche Waren direkt absetzen (der Handel nimmt den Herstellungsbetrieben eine große Zahl von Aufgaben im Absatzbereich ab, sodass diese sich auf ihre produktionswirtschaftlichen Aufgaben konzentrieren können).

Grundsätzlich kann ein Hersteller seine Güter auf dem direkten oder indirekten Absatzweg vertreiben.

– Beim **indirekten Absatzweg** werden zwischen Herstellung und Verbrauch Handelsbetriebe eingeschaltet, die dem Hersteller mit ihrem Verteilungs- und Dienstleistungsangebot auf der Absatzseite viele Aufgaben abnehmen.

- Beim **direkten Absatzweg** verkauft der Produktionsbetrieb unmittelbar, d. h. ohne die Zwischenschaltung des Handels, an den Endverbraucher, z. B. bei Autos oder Blumen, Eiern und Gemüse.

Das ist jedoch nur dann möglich, wenn die Spannungen zwischen Herstellung und Verbrauch möglichst niedrig sind. Bestehen z. B. große räumliche und zeitliche Unterschiede, so würde das eine große Lagerhaltung des Produzenten notwendig machen. Lagerhaltung und die Einrichtung einer eigenen Absatzorganisation (z. B. Versandabteilungen, Auslieferungslager, Werksniederlassungen, eigene Verkaufsgeschäfte und/oder Reisende) wiederum erfordern den Einsatz von mehr Kapital. Andererseits bietet der direkte Absatzweg den Vorteil des engen Kontaktes zwischen Hersteller und Kunde.

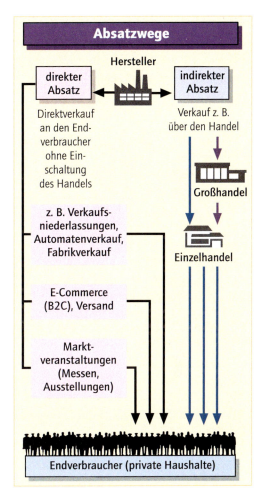

Der Handel lässt sich in Einzelhandel und Großhandel unterscheiden: Der **Einzelhandel** verkauft Waren, die er in großen bis mittleren Mengen beim Großhandel oder Hersteller einkauft, unmittelbar an den Endverbraucher weiter.

Als **Großhandel** bezeichnet man Handelsunternehmen, die Ware ohne wesentliche Veränderungen[1] an gewerbliche Nutzer/Weiterverarbeiter (Handwerks- und Industriebetriebe), Großabnehmer (z. B. Krankenhäuser, Behörden, Werksküchen, Hotellerie) oder Wiederverkäufer (Groß-, Einzelhandels- und Handwerksbetriebe) weitergeben.

Wie viele Handelsbetriebe zwischen Urproduktion und Endverbraucher eingeschaltet sind, ist davon abhängig, welche Dienste der Handel dem Hersteller beim Absatz bieten kann. Der Hersteller wird stets prüfen müssen, welche Kosten ihm bei der Wahl des direkten Absatzweges entstehen und mit welchen Teilen dieser Kosten ihn die Handelsbetriebe entlasten können.

Während Einzelhandelsbetriebe nur am Ende der Absatzkette[2] erscheinen, sind Großhandelsbetriebe auf allen Stufen zwischen Urerzeugung und Leistungsverwendung tätig (mit Ausnahme der Stellung unmittelbar vor der Endverwendung durch die Haushalte), sodass es „die" Stellung des Großhandels in der Wirtschaft nicht geben kann.

Aufgaben des Handels

Der Handel überbrückt die räumliche Distanz zwischen dem Hersteller und dem Endverbraucher (Haushalte und kleine Unternehmen, wie z. B. Handwerksbetriebe). Dabei erfüllt er folgende Aufgaben:

Raumüberbrückung (Transport)

Der Großhändler nimmt – zusammen mit dem Einzelhändler – dem Hersteller die Aufgabe ab die Waren an den Endverbraucher abzusetzen. Er bringt die betreffende Ware unmittelbar an den Wohnort des Verbrauchers und überbrückt damit die räumliche Entfernung zwischen Hersteller und Konsument.

---

1 Das Sortieren, Abfüllen, Veredeln, Umpacken usw. gehört zu den üblichen Handelstätigkeiten und gilt nicht als wesentliche Veränderung.
2 Die Stufen, die ein Produkt von der Urproduktion bis zur Verwendung durch den Endverbraucher durchläuft, werden unter der Bezeichnung **Absatzkette** zusammengefasst.

Beispiele

- Frau Esser, Sachbearbeiterin in der Grotex GmbH, die gern italienische Schuhe trägt, braucht nicht erst beim Schuhhersteller in Mailand zu bestellen. Sie kann ihre Schuhe in Hannover, etliche 100 km von Mailand entfernt, kaufen, weil Groß- und Einzelhändler italienische Schuhe dort anbieten, wo sie nachgefragt werden.
- Kabeljau direkt von der Küste nach Magdeburg
- Käse und Wein aus Frankreich
- Bananen und Kaffee aus Südamerika
- Aprikosen aus Griechenland
- Tomaten aus Holland

Vorteile für den Hersteller:

Er hat geschäftlich nur noch mit einer begrenzten Zahl von Großhändlern zu tun und keinen direkten Kontakt mit einer unübersehbaren Zahl von Konsumenten. Die Großhändler wiederum haben Geschäftsbeziehungen mit einer überschaubaren Zahl von Einzelhändlern. Das bedeutet:

- eine begrenzte Zahl von Großaufträgen für den Produzenten, anstelle von vielen sehr kleinen Aufträgen;
- dadurch reduzierter Umfang der Vertriebsabteilung;
- Möglichkeit der produktionsmäßigen Vordisposition.

Lagerhaltung

Um ständig verkaufsbereit zu sein, muss der Händler bestimmte Warenmengen vorrätig haben. Die ständige Vorratshaltung macht es möglich, dass jeder Bedarf der Kunden jederzeit gedeckt werden kann, insbesondere bei Waren, bei denen Herstellung und Verwendung zeitlich nicht übereinstimmten.

Beispiele

- Der Verbrauch von Honig erfolgt das ganze Jahr über, obwohl er nur zu einer bestimmten Jahreszeit gewonnen werden kann.
- Die Herstellung von z. B. Mikrowellenherden oder Faxmodems erfolgt gleichmäßig das ganze Jahr über, obwohl der Bedarf Schwankungen unterliegt.

In beiden Fällen überbrückt der Handel die Zeit zwischen Herstellung und Verbrauch durch Lagerung **(Zeitüberbrückung)**.

Der zeitliche Ausgleich ist auch dann erforderlich, wenn Herstellung und Verwendung gleichmäßig erfolgen, z. B. bei Papier.

Preisausgleich

Die Raumüberbrückungsfunktion ist auch mit der Preisausgleichsfunktion verbunden. In der Regel sind am Herstellungsort einer Ware deren Preise niedrig, weil das Angebot dort hoch ist. In anderen Regionen, wo das Angebot des betreffenden Gutes knapper ausfällt, ist der Preis relativ hoch.

Beispiel

Zur Zeit der Weinlese würden die Preise für Wein in der Rhein-Main Region stark fallen, während sie in einem Gebiet ohne Weinanbau, z. B. im niedersächsischen Raum, hoch wären. Dadurch, dass der Handel im Weinanbaugebiet Wein kauft, um ihn dort anzubieten, wo er knapp ist, nämlich im Norden Deutschlands, kommt es zu einem Preisausgleich. In der Rhein-Main-Region fällt der Weinpreis nicht mehr so stark bzw. steigt vielleicht sogar aufgrund der Nachfrage. Und dort, wo Wein knapp ist, sinken die Preise für Wein.

Dieser Ausgleichsprozess kann sich auch auf das Preisgefüge deutscher Weine insgesamt auswirken, nämlich dann, wenn wegen überhöhter Weinpreise in Deutschland Weine weniger stark nachgefragt werden und sich die Nachfrage auf französische und/oder italienische Weine konzentriert. Preissenkungen wären die Folge.

Absatzfinanzierung (Kreditgewährung)

Von *Kreditfunktion* des Handels spricht man, wenn der Handelsbetrieb z. B. Anzahlungen oder Vorauszahlungen an den Hersteller leistet, eigenen Kunden Zahlungsziele gewährt oder ihnen Kredite vermittelt, um seinen Umsatz zu steigern. Diese Maßnahmen helfen den Kunden die Zeit zwischen Kauf und Zahlung zu überbrücken.

Beispiele

- Ein Automobilhändler vermittelt einem Kunden beim Kauf eines Neuwagens einen sehr günstigen Kredit. Der Kredit selbst wird aber über ein Kreditinstitut des Automobilherstellers gewährt.
- Die Grotex GmbH, Hannover gewährt ihrem Kunden, dem Textileinzelhändler Bernd Krellwitz ein Zahlungsziel von 60 Tagen zur Begleichung der Rechnung für bereits gelieferte Damenröcke.
- Der Möbeleinzelhändler G. Sagner verkauft eine Polstergarnitur an Familie Rösemann, zahlbar in 14 Monatsraten.

Mengenausgleich (Mengenumgruppierung)

Zwischen der **Produktions**menge einer Ware und der **Verbrauchs**menge bestehen meistens erhebliche Unterschiede. Die Industrie beispielsweise stellt ihre Produkte aus Kostengründen in großen Mengen her. Die Endverbraucher hingegen benötigen nur kleine Mengen. Der Handel sorgt hier für einen Ausgleich, indem er die Bedarfsmengen produktionsgerecht zusammenfasst und große Mengen kauft, die er in kleineren Mengen an seine Kunden abgibt.

Weitere Beispiele

– Viele kleine Gemüsebauern verkaufen ihre jeweils geringen Erdbeerernten an einen Aufkaufgroßhändler, der sie in größeren Mengen an einen Früchtejoghurt-Hersteller weiterverkauft.

– Ein Produzent von Kugelschreibern stellt täglich Zehntausende seiner Stifte her. Ein Verbraucher wird davon höchstwahrscheinlich nur einen benötigen und den dann darüber hinaus noch über einen längeren Zeitraum benutzen.

Der Handel übernimmt in beiden Fällen eine **mengenmäßige Umgruppierung** (= Ausgleichsfunktion).

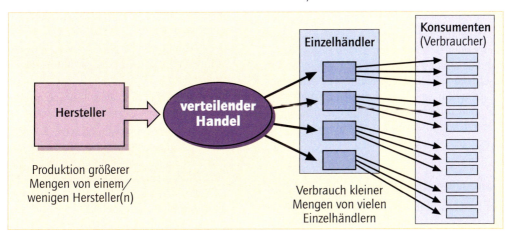

Umgruppieren von großen zu kleinen Mengen. Dieser **verteilende** (distribuierende) Handel ist typisch bei industrieller Massenproduktion, insbesondere von Konsumgütern, die vom einzelnen Endverbraucher nur in kleinen Mengen benötigt werden.

Sortimentsbildung

Aus den vielfältigen Angeboten der Lieferanten wählt der Händler für seine Kunden die entsprechenden Artikel aus und stellt ein bedarfsgerechtes Angebot zusammen. Die Kunden finden daher im Handel eine Vielzahl von Waren, die sich nach Art, Güte und Ausführung unterscheiden. Er führt aber auch gleiche Waren verschiedener Hersteller. Die Kunden haben die Möglichkeit, die Angebote zu vergleichen und zu prüfen.

> **Sortiment** = die Gesamtheit der in einem Geschäft regelmäßig zum Verkauf angebotenen Waren und Dienstleistungen.

Hat der Händler **neue** Warengruppen in sein Sortiment aufgenommen, die nicht miteinander verwandt sind, so spricht man von **Diversifikation**. Es bedeutet eine Ausweitung des Warensortiments zum Zwecke der Risikostreuung und Wachstumssicherung.

Beispiele

– Ein Lebensmittelgeschäft nimmt zusätzlich Topfpflanzen in sein Sortiment auf.
– Ein Weingroßhändler hat Weingläser und -krüge neu in seinem Angebot.
– Eine Textilgroßhandlung hält seit Neustem auch Schuhe für ihre Kunden bereit.

Qualitätsausgleich (Warenmanipulation)

Häufig ist es der Handel, der die Waren erst bedarfsgerecht auf den Markt bringt. Dies geschieht, indem er bestimmte Waren

– mischt, z. B. Bonbons, Tabak, Tee,
– sortiert, z.B. Eier, Obst, Gemüse, Kartoffeln,
– veredelt, z. B. Lagerung von Obst oder Wein bis zur Reife.

Kundendienst

Der Kundendienst macht häufig den Verkauf einer Ware erst möglich. *Serviceleistungen* können z. B. sein: Pflegedienst, Stellung von Ersatzgeräten, Produktinformationen, kulante Umtauschregelungen oder Installation.

Markterschließung

Die Probleme der Hersteller beginnen am Ende des Fließbandes, dort, wo die Waren abgesetzt werden müssen. Der Handel trägt zur Lösung des Problems bei, die Herstellung mit der Nachfrage in Übereinstimmung zu bringen.

Da der Händler die Wünsche und Vorstellungen seiner Kunden kennt, kann er dem Hersteller helfen die richtigen Absatzmärkte zu finden und zu erschließen. Seiner Marktkenntnis ist es letztlich zu verdanken, wenn der Hersteller über Nachfrage- und Bedarfsverschiebungen rechtzeitig informiert wird und Absatzmöglichkeiten für neue Waren geschaffen werden.

Kundenberatung

Der Handelsbetrieb vergrößert durch persönliche Beratung die Marktübersicht, die dem Kunden bei der Vielzahl der angebotenen Waren fehlt, und erleichtert ihm dadurch die Kaufentscheidung.

Beratung ist unerlässlich beim Verkauf z. B. von komplizierten technischen Geräten, wie Personalcomputern, Autofokus-Kameras u. Ä. m.

Fachgerechte Beratung und Information über Beschaffenheit, Pflege und Bedienung tragen zur Umsatzsteigerung bei.

Beratung findet auch gegenüber dem Lieferer statt (Produzentenberatung).

Sonstige Aufgaben

– **Verkaufsförderung**

  Zum Beispiel

  – Schulung des im Einzelhandel tätigen Verkaufspersonals,
  – Bereitstellung von Display-Material, von werbewirksamen Ständern oder Schütten, Regalstoppern und -aufklebern.

– **Ladengestaltung** = Hilfe bei der Einrichtung oder Neugestaltung eines Einzelhandelsbetriebes.

  Abhängig vom Sortiment und dem Kundenkreis im Einzugsgebiet des Händlers kann die Ausstattung der Geschäftsräume schlicht und zweckmäßig sein oder gehobenen oder luxuriösen Ansprüchen genügen. Durch eine individuell gestaltete Ausstattung kann man sich von der Konkurrenz abheben, besondere Aufmerksamkeit beim Kunden erzielen und dadurch die eigenen Absatzmöglichkeiten verbessern.

Aufgaben

1. Welche Aufgabe haben die Betriebe des Binnengroßhandels generell im Rahmen der Gesamtwirtschaft zu erfüllen?
2. „... und verkauft sie in kleineren Mengen überwiegend an Einzelhändler weiter." Wie muss der erste Teil dieses Satzes lauten, der die Tätigkeit eines bestimmten Großhändlers beschreiben will?
3. Beschreiben Sie die Stellung und die Bedeutung von Handelsbetrieben in der Gesamtwirtschaft.
4. a) Was verstehen Sie unter indirektem Absatz?
   b) Was wird die Elegantia Textil GmbH, Lübeck, Hersteller von Damenoberbekleidung und Lieferant der Textilgroßhandlung Grotex GmbH dazu veranlasst haben, den indirekten Absatzweg für ihre Textilerzeugnisse zu wählen?
5. Warum zählt man den Handel zu den Dienstleistungsbetrieben?
6. Worin besteht die „Markterschließungsaufgabe" des Handels?
7. Durch welche Entwicklung ist der Wandel im Handel gekennzeichnet?
8. Welche Auswirkungen hätte es für
   a) die Produzenten,
   b) die Konsumenten,
   wenn es in einer Volkswirtschaft keine Handelsbetriebe gäbe?

Zusammenfassung

Bedeutung des Handels

- Die moderne Arbeitsteilung führte zur Entstehung des Handels.
- Handelsbetriebe sind Dienstleistungsbetriebe, deren Hauptleistung in der **Verteilung** (Distribution) der Waren zu sehen ist.
- Aufgrund wachstumsbedingter Veränderungen entstanden Einzel- und Großhandelsbetriebe. Sie sind das notwendige **Bindeglied** zwischen Industrie/Handwerk (Leistungs**erstellung**) und Haushalten (Leistungs**verwertung**).

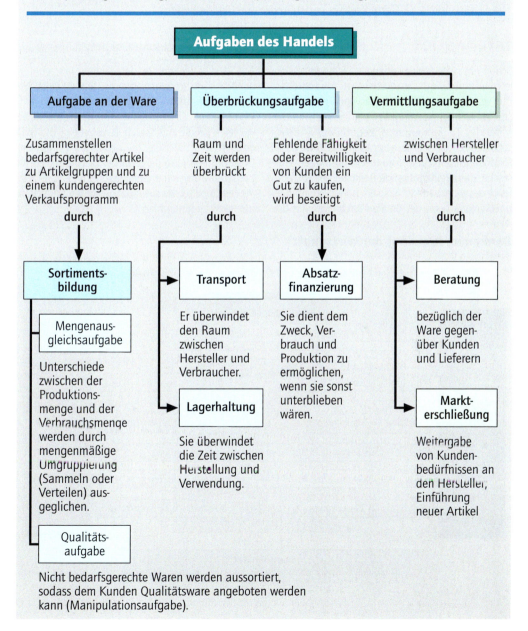

4.6 Leistungen von Banken

Herr Kemper muss einmal im Monat seine Lohntüte mit dem Lohn für seine geleistete Arbeit vom Personalbüro abholen. Anschließend geht er zu verschiedenen Personen und Stellen, um seine Verbindlichkeiten zu begleichen. So führt sein Weg beispielsweise zu seinem in einem Vorort wohnenden Vermieter, dem er die Miete für seine Vierzimmerwohnung übergibt. Für die spätere Ausbildung seines Sohnes legt er 50,00 € jeden Monat in einem Sparstrumpf beiseite. Aufgrund eines selbst verschuldeten Unfalls muss er ein neues Auto kaufen. Doch leider reicht sein Lohn dazu nicht aus.

Wie kann eine Bank Herrn Kemper in den genannten Fällen helfen?

Information

Schon im Altertum wurden in Tempeln Bankgeschäfte getätigt. Priester verwahrten, wechselten und verrechneten dort Geld. Das moderne Bankwesen in der heute bekannten Form entstand in der Mitte des 12. Jahrhunderts. Begriffe des Bankgeschäfts wie Konto, Giro, aber auch das Wort *Bank* (banco) selbst weisen darauf hin, dass oberitalienische Städte eine führende Rolle bei der Entwicklung des Bankwesens gespielt haben. Aufgaben und Wirkungskreis der Banken haben sich mit der Zeit stark erweitert. In den letzten Jahrzehnten gehörte das Kreditgewerbe zu den dynamischsten Wirtschaftszweigen in der Bundesrepublik Deutschland. Gemessen am Bruttosozialprodukt wuchsen Kredit- und Geschäftsvolumen seit 1960 doppelt so schnell wie die gesamtwirtschaftliche Leistung. Während die Zahl der Beschäftigten im Kreditgewerbe sich in den letzten 25 Jahren mehr als verdoppelte, hat sie in der gesamten Wirtschaft nur leicht zugenommen.

Banken im Kreislauf der Wirtschaft

246 Betrieblicher Leistungsprozess

Aufgaben der Banken

Das vielfältige Leistungsangebot der modernen Kreditinstitute lässt sich in folgende Bereiche einteilen:
- Abwicklung des Zahlungsverkehrs
- Geldanlage
- Kreditvergabe
- Sonstige Bankdienstleistungen

Abwicklung des Zahlungsverkehrs

Fast jede Person ist heute auf eine kontoführende Einrichtung angewiesen, die ankommendes Geld für sie empfängt und Zahlungen an andere durchführt. Deswegen unterhalten die meisten Bundesbürger mindestens ein Girokonto bei einem Kreditinstitut. *Girokonten* dienen der Buchung sogenannter „Sichteinlagen". Das sind Gelder, die nicht für eine bestimmte Zeit angelegt, sondern täglich fällig und somit für den Kontoinhaber jederzeit verfügbar sind. Durch die Girokonten wird dem Kontoinhaber die Teilnahme am allgemeinen Zahlungsverkehr ermöglicht. Von einem Girokonto aus kann er nämlich Überweisungen veranlassen. Auch der Scheck- und der Wechselverkehr werden i. d. R. über ein Girokonto abgewickelt, von dem natürlich ebenso Bargeld abgehoben werden kann.

Geldanlage

Selbst bei niedrigen Inflationsraten verliert das Geld mit der Zeit an Wert. Daher wird jeder, der über Ersparnisse verfügt, versuchen, diese Beträge Ertrag bringend anzulegen. Wichtig ist, dass man sich über seine Anlageziele im Klaren ist:
- die beabsichtigte Anlagezeit,
- die erwarteten Erträge,
- das Ausmaß der Risikobereitschaft.

Diese Anlageziele stehen oft in einer direkten Beziehung zueinander.

Beispiele
- Je kürzer die Anlagezeit, desto geringer ist i. d. R. die Verzinsung.
- Je reizvoller die Verzinsung, desto größer ist meist das Anlagerisiko.

Die verschiedenen Anlageformen, die Banken anbieten, sind:
- das Einlagengeschäft,
- das Wertpapiergeschäft,
- der Verkauf von Edelmetallen.

Das Einlagengeschäft

Die traditionelle Form der verzinslichen Einlage ist die *Spareinlage*. Dabei wird die Forderung des Sparers in einem Sparbuch verbrieft. Diese Form der Anlage wird immer noch sehr häufig gewählt, obwohl die Verzinsung niedriger ist als bei anderen Anlageformen.

Längere Anlagezeiten oder regelmäßige bzw. höhere Sparbeträge führen bei den *Sondersparformen* zu zusätzlichen Zinserträgen.

Beispiele

Prämiensparen, Dauerauftragssparen

Ebenfalls höher verzinst als Spareinlagen werden die auf bestimmte Zeiträume (z. B. 3 Monate) befristeten *Termineinlagen*. Dabei legt der Sparer größere Beträge (z. B. 5.000 €) auf einem besonderen Termingeldkonto fest an.

Eine der Spareinlage ähnliche, oft aber besser verzinste Sparform stellt der *Sparbrief* dar. Dies sind von den Banken ausgegebene Anlagepapiere, die zu einem bestimmten Zeitpunkt (z. B. nach 4 Jahren) ausgezahlt werden müssen.

Das Wertpapiergeschäft

Wertpapiere versprechen meist bessere Erträge als Einlagen. Ihr Erwerb verbindet sich aber in manchen Fällen mit Risiken. Daher empfiehlt sich auch hier eine Beratung durch die Banken.

Rentenwerte sind die sichersten unter den Wertpapieren. Sie werden von der öffentlichen Hand (z. B. Staatsanleihen), von Kreditinstituten (Bankschuldverschreibungen) und großen Industrieunternehmen (Industrieobligationen) als mittel- bis langfristige Wertpapiere ausgegeben. Die Anlagebeträge werden während der gesamten Laufzeit zu einem vereinbarten festen Satz verzinst und zu festgelegten Terminen zurückgezahlt. Wer früher über seine Anlage verfügen will, kann das Wertpapier zu dem Preis verkaufen, der sich am Rentenmarkt (Börse) für das Papier gebildet hat.

Der *Bundesschatzbrief* ist ein spezieller Sparbrief in Form eines Wertpapiers, das vom Bund herausgegeben wird. Für ihn gelten z. T. vorteilhaftere Konditionen als für die Sparbriefe der Kreditinstitute.

Pfandbriefe und *Kommunalobligationen* sind aufgrund gesetzlicher Anforderungen besonders gesichert. Diese festverzinslichen Wertpapiere werden von speziellen Kreditinstituten herausgegeben. Risikoreich kann der Erwerb von *Aktien* sein, die das Anteilsrecht an einer Aktiengesellschaft verbriefen. Über die Dividende nimmt der Aktionär an den Gewinnen des Unternehmens teil. Die Kurswerte einer Aktie, also die Preise für Kauf oder Verkauf, können sehr großen Schwankungen unterliegen.

Bei *Investmentzertifikaten* wird eine Risikominderung durch Risikomischung angestrebt: Der Anleger erwirbt einen Anteil an bestimmten, von Banken oder Investmentgesellschaften verwalteten Kapitalanlagen. Diese Anlagen bestehen aus einem Fonds von Wertpapieren oder Immobilien, dessen Zusammensetzung so gewählt ist, dass das Risiko eines Wertverlustes möglichst gering ist. Eng mit dem Wertpapiergeschäft verbunden ist das *Depotgeschäft*. Die Bank verwahrt und verwaltet gegen Gebühr die Wertpapiere des Kunden.

Beispiel

Das Kreditinstitut nimmt für den Kunden die Fälligkeitstermine für Zinsen oder Dividenden wahr. Wenn es dazu ermächtigt wurde, übt es die Stimmrechte des Aktionärs bei Aktionärsversammlungen aus.

Der Verkauf von Edelmetallen

Eine ganz andere Form der Kapitalanlage bieten Banken mit dem Verkauf von Edelmetallen. Da Edelmetalle keine Zinsen abwerfen, liegt das Interesse des Erwerbers allein in eventuellen Wertsteigerungen.

Kreditvergabe

Weil die Banken für die ihnen als Einlagen zugeflossenen Gelder zumeist selbst Zinsen zahlen müssen, versuchen sie diese Mittel möglichst ertragreich anzulegen. Deshalb gewähren sie traditionell Kredite. Aus dem betragsmäßigen Unterschied zwischen Zinsen, die der Einleger erhält, und den Zinsen, die der Kreditnehmer entrichtet, ergibt sich die wichtigste Einnahmequelle der Banken. Abhängig von verschiedenen Kriterien gibt es unterschiedliche Kreditarten (vgl. Kapitel 4.19).

Sonstige Bankdienstleistungen

Die Banken bemühen sich zunehmend ihr Leistungsangebot über die bisher erwähnten traditionellen Finanzdienstleistungen hinaus zu erweitern. So betreiben Banken z. T. heute schon Immobiliengeschäfte, vermitteln Versicherungen und bieten eine umfassende Vermögensverwaltung an. Speziell an Firmenkunden richten sich Dienstleistungsangebote wie Unternehmensberatung und Datenverarbeitungsservice. Ebenso vermitteln Banken beim Verkauf von Unternehmen.

Arten von Kreditinstituten

Nach der Breite des Angebotes an Bankleistungen unterscheidet man zwischen Universalbanken und Spezialbanken.

Universalbanken

Deutschland gilt als klassisches Land der Universalbanken. Hier betreiben die Geschäftsbanken i. d. R. alle denkbaren branchenüblichen Geschäf-

te unter einem Dach. Die als Universalbanken tätigen Kreditinstitute kann man nach der Art ihrer Rechtsform unterscheiden. Danach ergeben sich die drei folgenden Bankengruppen:
- private Geschäftsbanken,
- genossenschaftliche Kreditinstitute,
- öffentlich-rechtliche Kreditinstitute.

Private Geschäftsbanken

Die meisten größeren privaten Geschäftsbanken handeln als Aktiengesellschaften, einige sind jedoch auch als Gesellschaften mit beschränkter Haftung, als offene Handelsgesellschaft oder Kommanditgesellschaft organisiert. Die privaten Geschäftsbanken lassen sich nach Größe und Wirkungskreis aufteilen in

- **Großbanken:** Diese verfügen über ein engmaschiges Netz von Filialen, das sich über ganz Deutschland erstreckt.

Beispiele
Deutsche Bank, Commerzbank

- **Regionalbanken:** Die Geschäftstätigkeit der Regionalbanken erstreckt sich nicht bzw. nicht gleichmäßig über das gesamte Bundesgebiet.

Beispiele
Berliner Bank, Oldenburgische Landesbank

- **Zweigstellen ausländischer Banken:** So wie zahlreiche deutsche Banken im Ausland sind auch viele ausländische Banken in Deutschland mit Niederlassungen vertreten.

Beispiele
Banco di Napoli, Frankfurt
The Bank of Tokyo Ltd., Hamburg

- **Privatbankiers:** Heute gibt es etwa 30 Banken, die man wegen ihrer Personenbezogenheit zur Gruppe der Privatbankiers zählen kann. Sie sind in der Rechtsform der offenen Handelsgesellschaft bzw. der Kommanditgesellschaft organisiert.

Beispiele
Merck, Finck & Co., München – Düsseldorf – Frankfurt; Fürst Thurn und Taxis Bank, München

Genossenschaftliche Kreditinstitute

Die Genossenschaftsbanken bestehen in der Rechtsform der Genossenschaft. Anteilseigner sind hier die Mitglieder (Genossen). In der Bundesrepublik Deutschland gibt es über 1 200 Kreditgenossenschaften mit über 16 Millionen Mitgliedern.

Die Genossenschaftsinstitute firmieren im städtischen Bereich vorwiegend als Volksbanken, in ländlichen Bereichen als Raiffeisenbanken.

Öffentlich-rechtliche Kreditinstitute

Die öffentlich-rechtlichen Kreditinstitute sind Anstalten öffentlichen Rechts: Die sogenannten „Gewährträger" – dies sind Gemeinden, Kreise oder Länder – haften für Ausfälle und üben bestimmte Mitwirkungsrechte aus. Fast jede Sparkasse betreibt als öffentlich-rechtliches Kreditinstitut alle für eine Universalbank typischen Geschäfte. Die Sparkas-

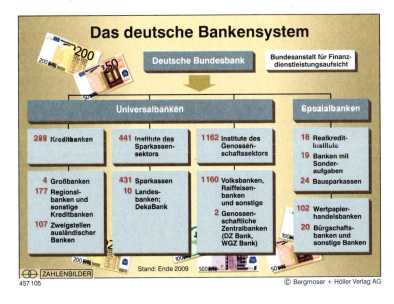

sen beschränken ihre geschäftlichen Aktivitäten auf den geografischen Bereich (Stadt, Kreis) ihres jeweiligen Gewährträgers. Sie verfügen jedoch über Zentralinstitute, die sich Landesbanken nennen.

Die Spezialbanken

Anders als die Universalbanken beschränken sich die Spezialbanken auf bestimmte Arten von Bankgeschäften. Am Geschäftsvolumen sämtlicher Kreditinstitute gemessen, besitzen sie einen Marktanteil von mehr als einem Viertel. Die wichtigsten Gruppen von Spezialbanken sind:

- **Bausparkassen:** Die privaten und öffentlich-rechtlichen Bausparkassen befassen sich mit der Finanzierung von Eigenheimen und Eigentumswohnungen. Die Attraktivität des Bausparens liegt hauptsächlich in dem durch Ansparen erworbenen Anrecht auf die Inanspruchnahme eines Baukredits zu einem verhältnismäßig niedrigen und über die Laufzeit festen Zinssatz.
- **Private Hypothekenbanken:** Die privaten Hypothekenbanken gewähren überwiegend langfristige Kredite zur Finanzierung des Wohnungsneubaus und der Wohnbaumodernisierung, die durch Grundpfandrechte (Hypothek, Grundschuld) abgesichert werden. Zunehmend an Bedeutung gewinnen die Kommunalkredite. Dies sind Darlehen an Bund, Länder und Gemeinden sowie Anstalten des öffentlichen Rechts. Die Hypothekenbanken beschaffen sich die für ihre Ausleihungen erforderlichen Mittel vor allem durch die Ausgabe von Pfandbriefen und Kommunalobligationen.
- **Öffentlich-rechtliche Grundkreditanstalten:** Diese haben dieselben Aufgaben wie die privaten Hypothekenbanken, sind jedoch Anstalten des öffentlichen Rechts.
- **Postbank:** Die 1989 mit der Neustrukturierung der Post geschaffene Postbank wird zur Gruppe der Spezialbanken gezählt. Ihr Geschäftsbereich beschränkt sich bisher überwiegend auf den Zahlungsverkehr und das Spareinlagengeschäft.
- **Teilzahlungskreditinstitute:** Sie sind auf die Vergabe von Ratenkrediten spezialisiert.

Aufgaben

1. Welche Aufgaben hatten Banken ursprünglich?
2. Welche Dienstleistungen können Sie bei einer Bank erlangen?
3. Wodurch unterscheiden sich Universalbanken von Spezialbanken?
4. Zählen Sie einige Ihnen bekannte Universal- und Spezialbanken auf und erläutern Sie deren Tätigkeitsschwerpunkte.
5. Warum können Banken als Mittelpunkt des Wirtschaftsgeschehens angesehen werden?
6. Ordnen Sie Ihre Bankverbindung in das Bankensystem der Bundesrepublik Deutschland ein.
7. Worin liegt die wichtigste Einnahmequelle der Banken?

Zusammenfassung

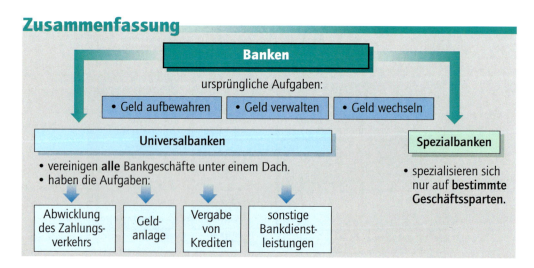

4.7 Leistungen von Versicherungsbetrieben

Herr Baumann ist Inhaber einer Elektrogroßhandlung. Er beschäftigt zehn Angestellte und vier Auslieferungsfahrer. Die Büro- und Lagerräume befinden sich im eigenen Geschäftshaus. Die Waren an seine Kunden liefert er mit zwei eigenen Lieferwagen aus.

Um gegen große Schäden gesichert zu sein, achtet Herr Baumann darauf, dass er gegen

- Schäden, die ihm, seinem Personal oder seinem Betrieb zugefügt werden, und
- Schäden, die durch seinen Betrieb oder seine Angestellten verursacht werden können,

ausreichend versichert ist.

Welche Versicherungen musste Herr Baumann im Einzelnen abschließen?

Information

Niemand kann aus eigenen Mitteln so viel Geld zurücklegen, um dadurch gegen alle Risiken finanziell abgesichert zu sein. Dies ist nur mithilfe von Versicherungen möglich.

Man unterscheidet die Sozialversicherung und die Individualversicherung.

Die **Sozialversicherung** ist eine gesetzliche Pflichtversicherung. Ihre Aufgabe besteht darin, die breite Bevölkerungsmehrheit im Alter, bei Erwerbsunfähigkeit, Arbeitslosigkeit und Krankheit zu schützen (siehe Kapitel 3.9 bis 3.13).

Individualversicherungen sind private Versicherungen, die durch Abschluss eines Versicherungsvertrags zwischen einem Versicherer (= privatem Versicherungsunternehmen) und einem Versicherungsnehmer (z. B. Großhandelsbetrieb) zustande kommen.

Der Versicherungsvertrag

In dem Versicherungsvertrag werden die Leistungen des Versicherers und die vom Versicherungsnehmer zu zahlenden Versicherungsbeiträge festgelegt. Die Versicherungsbeiträge (= Versicherungsprämien) richten sich dabei nach dem Risiko (= Wahrscheinlichkeit, dass der Versicherungsfall eintritt) und der vereinbarten Versicherungsleistung. Im Gegensatz zur gesetzlichen Sozialversicherung sind die Leistungen der Individualversicherung nicht einheitlich durch Gesetze festgelegt, sondern können zwischen dem Versicherer und dem Versicherungsnehmer frei vereinbart werden. Zum Schutz des Versicherungsnehmers ist die Freiheit der Vertragsgestaltung allerdings durch das Versicherungsvertragsgesetz und die staatliche Aufsicht über das Versicherungswesen begrenzt.

Die verschiedenen Zweige der Individualversicherung versichern

- Sachen (z. B. Gebäude, Geschäfts- und Lagereinrichtungen, Maschinen, Fahrzeuge, Warenbestände),
- Vermögen (z. B. Kundenkredite),
- Personen (z. B. gegen Unfallschäden und Krankheit).

Sachversicherungen

Die **Feuerversicherung** deckt Schäden, die an Gebäuden und deren Inhalt (Einrichtungsgegenstände, Warenvorräte, Maschinen usw.) durch

- Brand,
- Blitzschlag,
- Explosion und durch
- Anprall oder Absturz eines bemannten Flugkörpers, seiner Teile oder seiner Ladung verursacht werden.

Die Feuerversicherung ersetzt auch den Schaden, der durch die Brandbekämpfung (Löschen, Niederreißen, Ausräumen) entstanden ist.

Die **Leitungswasserversicherung** ersetzt Schäden, die an Gebäuden und deren Inhalt dadurch entstehen, dass Wasser aus Zu- oder Ableitungsrohren der Wasserversorgung, Warmwasserversorgungs-, Dampfheizungs- oder Klimaanlagen austritt. Schäden durch Regen-, Schnee-, Grund- und Hochwasser werden durch diese Versicherung nicht ersetzt.

Die **Sturmversicherung** deckt Schäden, die an Gebäuden und ihrem Inhalt durch Stürme ab Windstärke acht entstehen.

Durch die **Glasversicherung** sind Scheiben und Verglasungen aller Art versichert, z. B. Schaufenster, Wandbekleidungen, Schilder, Transparente und Leuchtröhrenanlagen.

Die **Einbruchdiebstahlversicherung** bezahlt die durch Einbruchdiebstahl entstandenen Schäden und Verluste an Vorräten, Bargeld und sonstigen Sachen.

Durch eine **Transportversicherung** kann sich ein Versender von Waren gegen Gefahren versichern, denen seine Waren auf einem Transport zu Lande, zu Wasser und in der Luft ausgesetzt sind.

Die **Hausratversicherung** versichert Sachen, die in einem Haushalt zur Einrichtung gehören bzw. zum Gebrauch oder Verbrauch dienen (z. B. Möbel, Elektrogeräte, Bekleidung), gegen Feuer-, Einbruchdiebstahl-, Beraubungs-, Leitungswasser-, Sturm- und Glasbruchschäden.

Bei Sachversicherungen soll die Versicherungssumme dem Wert der versicherten Gegenstände (= Versicherungswert) entsprechen. Wenn die Versicherungssumme geringer als der Versicherungswert ist, liegt eine **Unterversicherung** vor. In diesem Fall werden Schäden nur anteilig ersetzt.

Beispiel

Der Versicherungswert beträgt 100.000,00 €, die Versicherungssumme nur 70.000,00 €. Bei einem Schaden von 20.000,00 € ersetzt die Versicherung nur 14.000,00 €, weil die Versicherungssumme nur 70 % des Versicherungswertes ausmacht.

Wenn die Versicherungssumme höher ist als der Versicherungswert (= **Überversicherung**), wird jedoch keine höhere Entschädigung als die Erstattung des tatsächlichen Schadens bezahlt.

Vermögensversicherungen

Die **Haftpflichtversicherung** zahlt Schadenersatz, zu dem der Versicherte verpflichtet ist, bis zur Höhe der vertraglich vereinbarten Deckungssumme oder leistet Rechtsschutz, um ungerechtfertigte Schadenersatzansprüche abzuwehren.

Die **Privathaftpflichtversicherung** schützt Privatpersonen gegen Haftpflichtansprüche.

Die **Betriebshaftpflichtversicherung** tritt ein, wenn gegen

– den Inhaber eines Unternehmens,

– die gesetzlichen Vertreter eines Unternehmens (z. B. Vorstandsmitglieder einer Aktiengesellschaft, Geschäftsführer) und

– Betriebsangehörige

Schadenersatzansprüche geltend gemacht werden, die sich aus ihrer betrieblichen Tätigkeit ergeben.

Die **Rechtsschutzversicherung** zahlt u. a. die Rechtsanwaltskosten, alle Gerichtskosten und die Kosten des Prozessgegners, sofern sie erstattet werden müssen.

Die **Firmen-Rechtsschutzversicherung** umfasst

– Schadenersatz-Rechtsschutz zur Durchsetzung von Schadenersatzansprüchen,

– Straf-Rechtsschutz für die Verteidigung in einem Straf- oder Bußgeldverfahren,

– Arbeits-Rechtsschutz für alle gerichtlichen und außergerichtlichen Streitigkeiten aus Arbeitsverhältnissen, z. B. Kündigungsschutzklagen,

– Sozialversicherungs-Rechtsschutz für gerichtliche Streitigkeiten mit den Trägern der Sozialversicherung.

Die Firmen-Rechtsschutzversicherung schützt auch die Arbeitnehmer des Betriebes bei rechtlichen Auseinandersetzungen, die sich aus ihrer Berufstätigkeit ergeben. Beim Arbeits-Rechtsschutz ist jedoch nur der Arbeitgeber versichert.

Die **Warenkreditversicherung** zahlt, wenn ein Käufer einer auf Kredit erworbenen Ware zahlungsunfähig wird. Die Warenkreditversicherung begleicht den Schaden jedoch nicht in voller Höhe. Insofern muss der Versicherte einen Teil des Forderungsausfalls immer selbst tragen (= Selbstbeteiligung).

Die **Betriebsunterbrechungsversicherung** ersetzt die wirtschaftlichen Folgeschäden, die entstehen, wenn die betriebliche Tätigkeit eines Betriebes durch einen Sachschaden (Brand, Maschinenschaden) unterbrochen wird. Sie ersetzt den entgangenen Geschäftsgewinn und die fortlaufenden Geschäftskosten.

Die **Betriebsschließungsversicherung** ersetzt die Schäden, die entstehen, wenn ein Betrieb wegen Seuchengefahr schließen muss. Sie ist z. B. für den Lebensmittelhandel von Bedeutung.

Kraftfahrzeugversicherungen

Jeder Halter eines Kraftfahrzeugs ist verpflichtet, eine **Kraftfahrzeug-Haftpflichtversicherung** abzuschließen. Sie ersetzt den Schaden, den ein Kraftfahrer anderen Personen oder deren Sachen mit einem Kraftfahrzeug zufügt.

Gegen Beschädigung und Zerstörung des eigenen Fahrzeugs kann er sich durch eine **Kraftfahrzeug-Fahrzeugversicherung** (Teil- oder Vollkaskoversicherung) versichern.

Die **Teilkaskoversicherung** deckt nur einen Teil der möglichen Schäden. Sie ersetzt Schäden durch Brand, Explosion, unmittelbare Einwirkung von Sturm, Hagel, Blitzschlag und Überschwemmung, Glasbruch, Kurzschluss, Zusammenstoß mit Haarwild (z. B. Rehe, Hasen), Diebstahl und unbefugten Gebrauch durch fremde Personen.

Die **Vollkaskoversicherung** ist teurer als die Teilkaskoversicherung. Dafür ersetzt sie zusätzlich zu den durch die Teilkaskoversicherung gedeckten Schäden auch Unfallschäden am eigenen Fahrzeug und solche Schäden, die von anderen Personen mut- oder böswillig am Fahrzeug angerichtet wurden (z. B. Zerstechen der Reifen, Abbrechen der Autoantenne). Sie kann mit und ohne Selbstbeteiligung abgeschlossen werden. Bei Selbstbeteiligung muss der Versicherte einen Teil des Schadens selbst tragen.

Durch die **Kraftfahrzeug-Unfallversicherung** sind alle Insassen eines Kraftfahrzeugs (auch der Fahrzeughalter und Familienangehörige) gegen die wirtschaftlichen Folgen von Personenschäden geschützt. Für Berufsfahrer und Berufsbeifahrer, die bei einem Versicherungsnehmer angestellt sind, muss eine besondere Berufsfahrerversicherung abgeschlossen werden.

Personenversicherungen

Die **Lebensversicherung** ist der (nach den Prämieneinnahmen) mit Abstand bedeutendste Zweig der Individualversicherung.

Die wichtigsten Arten der privaten Lebensversicherung sind die reine Todesfallversicherung, die reine Erlebensfallversicherung und die gemischte Lebensversicherung.

Bei der **reinen Todesfallversicherung** wird die Versicherungssumme erst beim Tod des Versicherten fällig. Sie dient ausschließlich der Versorgung der Hinterbliebenen des Versicherten.

Bei der **reinen Erlebensfallversicherung** wird die Versicherungssumme fällig, wenn der Versicherte einen bestimmten im Vertrag festgelegten Zeitpunkt (z. B. das 65. Lebensjahr) erlebt. Diese Versicherung dient der Altersversorgung des Versicherten.

Die **gemischte Lebensversicherung** ist eine Versicherung auf den Todes- und den Erlebensfall. Die Versicherungssumme wird an den Versicherten spätestens beim Ablauf der vereinbarten Versicherungsdauer ausgezahlt. Falls er vor Ablauf des Versicherungsvertrages stirbt, wird die Versicherungssumme schon vorher an seine Hinterbliebenen ausgezahlt. Die gemischte Lebensversicherung dient somit sowohl der Alterssicherung des Versicherten als auch der Hinterbliebenenversorgung.

In der **privaten Krankenversicherung** können sich Personen, die nicht in der gesetzlichen Krankenversicherung pflichtversichert sind (Selbstständige, Beamte, Angestellte und Arbeiter, deren Einkommen die gesetzliche Pflichtversicherungsgrenze überschreitet), gegen die finanziellen Folgen einer Erkrankung schützen.

Gegen die Folgen eines Arbeitsunfalls oder eines Unfalls auf dem Weg von und zu ihrer Arbeitsstätte sind die Beschäftigten eines Betriebes bei der zuständigen Berufsgenossenschaft gesetzlich versichert. Einen umfassenden Unfallschutz auch für den privaten Bereich bietet die **private Unfallversicherung**.

Aufgaben

1. Was wird in einem Versicherungsvertrag geregelt?
2. Wonach richtet sich bei einer Individualversicherung der Versicherungsbeitrag?
3. Welche Versicherungen können in folgenden Fällen in Anspruch genommen werden?
   a) Eine Ware, die an einen Kunden mit eigenem Lieferfahrzeug geliefert wird, wird auf dem Transport beschädigt.
   b) Der Auslieferungsfahrer einer Sanitärgroßhandlung verursacht mit dem betriebseigenen Lkw einen Verkehrsunfall. Bei dem Unfall wird ein fremder Pkw beschädigt und dessen Fahrer verletzt. Auch der Lkw weist erhebliche Schäden auf.
   c) Eine Kundin zerreißt ihre Strumpfhose an einer scharfen Stuhlkante.
   d) Von Randalierern wird die Eingangstür eines Geschäftshauses eingeschlagen.
   e) Aus dem Lager einer Großhandlung für Unterhaltungselektronik wurden nachts drei Videorekorder entwendet.
   f) Ein Kunde, der Waren auf Kredit gekauft hat, wird zahlungsunfähig.
   g) Ein Angestellter bricht sich beim Volleyballspiel ein Bein.
   h) Im Lager einer Textilgroßhandlung wird eine Heizungsleitung undicht. Das austretende Wasser beschädigt einen Teil der gelagerten Waren.
   i) Der Inhaber einer Eisenwarengroßhandlung muss wegen Herz-Kreislauf-Beschwerden einen Arzt aufsuchen.
4. Welcher Unterschied besteht zwischen einer gemischten Lebensversicherung und einer reinen Todesfallversicherung?

Zusammenfassung

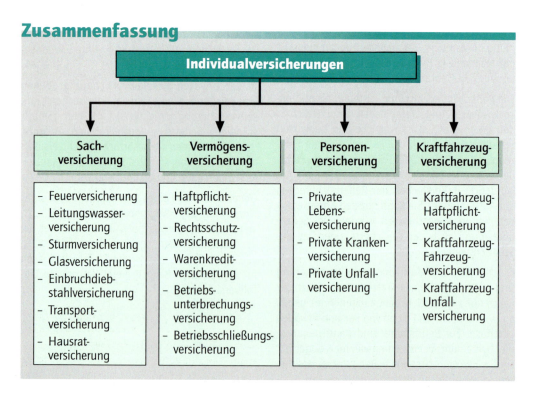

4.8 Eigenschaften und Arten des Geldes

„Er verlangt Geld. Was ist das?"

Beschreiben Sie mit eigenen Worten, was Sie unter Geld verstehen.

Information

Beispiel

Nach Beendigung des Zweiten Weltkrieges waren die meisten Städte und Fabriken zerstört. Die überwiegende Zahl der Menschen hatte keine Arbeit und war in unvorstellbarer Not. Es konnten nur vereinzelt Güter produziert werden und deshalb tauschten die Menschen Waren aus, die sie über den Krieg hinweggerettet hatten.

Der Hunger trieb die Bevölkerung dazu, den Bauern ihre Habe zum Tausch gegen Lebensmittel anzubieten.

So wurden Teppiche, Schmuck, silberne Bestecke, Porzellan, Wäsche und Ähnliches gegen Kartoffeln, Rüben, aus denen Sirup gekocht wurde, Mehl, Speck, Wurst und Schinken eingetauscht. Bei den Bauern waren Arzneimittel von Apothekern und Zigaretten besonders begehrt.

In den Städten bildeten sich regelrechte Tauschringe, da nicht alle Bewohner in die Dörfer fahren konnten.

So wurden an Bretterwänden oder noch ganzen Schaufensterscheiben Zettel mit Tauschgesuchen angehängt.

Herr Müller versuchte, einen Kinderwagen und Babysachen gegen Kinderbekleidung einzutauschen.

Unter anderem stand er vor folgendem Schaufenster:

Kolonialwaren – Fritz Kaufmann

Suche: Kinderbett
Biete: Kinderkleidung
E. Dietrich, Querallee 1

Biete: Kinderbett
Suche: Fahrrad
Maier, F., Niddaweg 14

Tausche **elektrische Eisenbahn** gegen
Schreibmaschine – Alfred Maaß, Parkstr. 7

Suche: Herrenmantel 48/52
Biete: Fahrrad
Heinz Schumacher,
Goetheallee 84

Tausche:
Brennholz gegen
2 VW-Autoreifen
Dr. Gebhard im
Stadtkrankenhaus

Suche: Spirituskocher und
Kochgeschirr, **Biete:** Wolle

Biete: Damenkleidung
gegen Zigaretten
A. Ahlheit
Am Kirchplatz 7

Biete: Goethe
Gesamtausgabe
(neuwertig). **Suche:**
2 Autoreifen DKW-F8

Biete: Schreibmaschine gegen
Lebensmittel
Max Müller
Uferstraße 33

Biete: Gasherd
Suche: Kleiderstoff
Erna Kramer
Unter den Linden 84 a

Biete: Herrenmantel, Gr. 50
Suche: Kinderwagen und
Babysachen
Gustav Schüler, Schillerstraße 10

An diesem Beispiel wird deutlich, dass Herr Müller, um den Kinderwagen und die Babysachen gegen Kinderbekleidung eintauschen zu können – also Ware gegen Ware (= Naturaltausch) – einen umständlich langen Tauschweg hätte gehen müssen. Denn es ist nicht immer leicht,

einen Tauschpartner zu finden, der das eigene Gut gerade benötigt und anbietet, was man selbst braucht. Dies erschwert den Tausch erheblich.

Hierzu können noch weitere Schwierigkeiten kommen, wie die Beschaffung der benötigten Tauschgüter, unterschiedliche Bewertung, Transport, zudem Verderblichkeit und Unteilbarkeit mancher Güter.

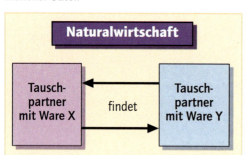

Genau diese Probleme führten schon vor Jahrtausenden dazu, dass der damalige Naturaltausch abgelöst wurde durch die Verwendung bestimmter Waren als Tauschmittel, also durch Waren, die jeder begehrte, weil sie knapp waren. Verwendet wurden Waffen, Muscheln, Perlen, Pfeilspitzen, Salz, Vieh, Felle, Tabak u. v. m. Man bezeichnet als Tauschmittel bevorzugte Sachgüter als **Warengeld**.

Warengeld wurde nicht genommen, weil man es selbst benötigte, sondern nur, um es wieder gegen eine andere Ware einzutauschen.

Man tauschte also:
Eigene Ware gegen Tauschmittel,
Tauschmittel gegen die erstrebte Ware.

aus: Von Tauschern zu Täuschern, SOAK Verlag, Wunstorf 1974

Im Laufe der Zeit (ca. Mitte des 7. Jh. v. Chr.) setzten sich Edelmetalle, vor allem Gold und Silber, aber auch Kupfer durch, die schließlich zu Münzen geprägt wurden. Bei ihnen wurde durch ein Prägesiegel ein bestimmtes Gewicht und ein bestimmter Edelmetallgehalt garantiert.
Dieses Münzgeld hatte bestimmte Vorteile, denn es war
– teilbar,
– allgemein anerkannt,
– wegen seiner Seltenheit knapp und daher
– allgemein begehrt,
– leicht transportierbar,
– gut aufzubewahren (haltbar) und
– staatlich geschützt.
Durch **Münzgeld** wurde der direkte Warentausch abgelöst – es entstand die **Geldwirtschaft**.

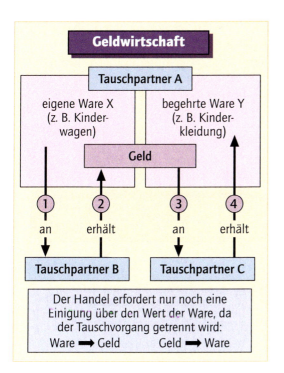

Beispiele

1-, 2- und 5-Cent-Stücke bestehen aus kupferplattiertem Flussstahl;

10-, 20- und 50-Cent-Stücke bestehen aus einer Kupfer-Zink-Legierung namens „Nordic Gold";

1- und 2-Euro-Stücke sind aus Dreischichtwerkstoff gefertigt.

Bei den Münzen ist zu unterscheiden zwischen

- **Kurantmünzen** = vollwertige Münzen, bei denen der Metallwert exakt dem aufgeprägten Nennwert entspricht und

- **Scheidemünzen** = unterwertige Münzen, bei denen der Metallwert unter dem auf der Münze aufgeprägten Nennwert liegt (Kaufkraft ist höher als Metallwert).

Die Ausweitung des Handels machte es erforderlich, das schwere Münzgeld durch eine bequemere Zahlungsart zu ersetzen bzw. zu ergänzen.

Es war nur noch eine Frage der Zeit, bis das *Papiergeld* (= Banknoten im 14. Jh.) und schließlich

Die Münzen im Portemonnaie und die Scheine in den Brieftaschen der Bürger addieren sich zu einem riesigen Euro-Berg. Insgesamt zirkulierten Mitte 2011 rund 14,4 Milliarden Geldscheine und 96,1 Milliarden Münzen mit dem Euro-Schriftzug. Die Scheine ergeben eine Summe von 856 Milliarden Euro; die Münzen addieren sich zu 22,8 Milliarden Euro. Fast 40 Prozent aller Banknoten sind 50-Euro-Scheine. Bei den Münzen dominiert der Cent nach Stückzahlen den Bargeldumlauf. Die kleinste Münze ist fast 24 Milliarden Mal unterwegs. Ein beträchtlicher Anteil der Euro-Geldsumme dürfte sich außerhalb der Euro-Zone befinden. Denn der Euro kann es bei der Wertstabilität mit der früheren D-Mark aufnehmen und dient zunehmend als internationale Reservewährung.

das *Buch- oder Giralgeld* eingeführt wurde. Unter Buchgeld versteht man alle Guthaben oder Kredite bei Kreditinstituten, über die jederzeit durch Scheck oder Überweisung frei verfügt werden kann. Den Namen Buchgeld (= stoffwertloses Geld) hat es bekommen, weil es nur noch als Aufzeichnung auf den Kontenblättern oder auf Datenträgern einer EDV-Anlage des Kreditinstitutes vorhanden ist.

Ein Schuldner zahlt demnach mit Buchgeld durch das Umbuchen des zu zahlenden Betrages von seinem Konto auf das Konto des Gläubigers. In der Bundesrepublik Deutschland werden bis zu 90 % aller Umsätze zahlungsmäßig durch Umschreibung auf Bankkonten abgewickelt.

Während das Papiergeld auch aus Sicherheitsgründen entstanden ist, wurde das Buchgeld geschaffen, um Zahlungen schneller und einfacher abwickeln zu können.

Banknoten und (Scheide-)Münzen bilden den Bargeldumlauf in der Bundesrepublik Deutschland. Das alleinige Recht zur Ausgabe von Banknoten hat die Europäische Zentralbank.

> Geld ist ein allgemein anerkanntes Tauschmittel, das wegen seiner Knappheit einen Tauschwert besitzt.

Aufgaben

1. Welche Geldart spielt in einer hoch entwickelten Volkswirtschaft die größte Rolle?
2. Welcher Unterschied besteht zwischen Kurant- und Scheidemünzen?
3. In welchem Fall spricht man von einer Zahlung mit Buchgeld?
4. Wie bezeichnet man eine Wirtschaft, in der Ware gegen Ware getauscht wird?
5. Nennen Sie die Eigenschaften des Geldes.
6. Wer hat das Recht, Banknoten zu drucken und in Umlauf zu bringen?

Zusammenfassung

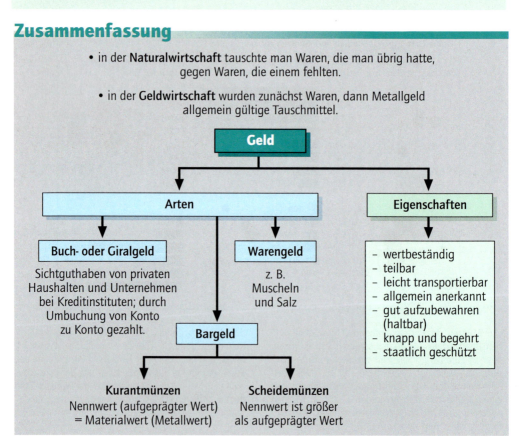

4.9 Aufgaben des Geldes

Nennen Sie die Aufgaben, die das Geld in den fünf Beispielen erfüllt.

Information

Aufgrund seiner beschriebenen Eigenschaften erfüllt das Geld in einer arbeitsteiligen Wirtschaft folgende fünf Aufgaben (Funktionen). Geld ist

- Tauschmittel,
- Wertmesser und Recheneinheit,
- Zahlungsmittel,
- Wertübertragungsmittel und
- Wertaufbewahrungsmittel.

Tauschmittel

Geld ermöglicht den An- und Verkauf von Waren und Dienstleistungen. Waren werden gegen Geld getauscht, mit dem wieder andere Waren gekauft werden können.

Wertmesser und Recheneinheit

Durch das Geld können Waren und Dienstleistungen in Preisen ausgedrückt und somit verschiedene Angebote vergleichbar gemacht werden.

Aber auch Löhne und Gehälter, Verluste und Gewinne, Umsätze und Kosten verschiedener Jahre, Marktanteile, Leistungen einer Volkswirtschaft u. v. m. können wertmäßig erfasst, in Zahlen ausgedrückt und verglichen werden.

Zahlungsmittel

Die genannten Aufgaben kann Geld nur erfüllen, wenn es allgemein anerkannt ist. Seine Aufgabe als Zahlungsmittel erfüllt das Geld, indem jeder Gläubiger verpflichtet ist, Münzen und Banknoten anzunehmen (= Geld als gesetzliches Zahlungsmittel mit schuldenbefreiender Wirkung!).

Was viele nicht wissen: Münzgeld ist nur in begrenztem Maße gesetzliches Zahlungsmittel. Auch beim Euro-Bargeld kann mit Münzen nur begrenzt bezahlt werden. Gemäß einer EU-Verordnung ist niemand verpflichtet, bei einer Zahlung mehr als 50 Münzen (unabhängig von deren Wert) zu akzeptieren. Selbstverständlich können aber Cent- und Euro-Münzen in unbegrenzter Höhe bei den Bundeskassen und der Deutschen Bundesbank in Banknoten umgetauscht werden.

Wertübertragungsmittel

Geld ermöglicht (einseitige) Wertübertragungen.

Beispiele
- Harald bekommt von seiner Mutter sein monatliches Taschengeld in Höhe von 25,00 €.
- Der Großvater schenkt seiner Enkeltochter einen bestimmten Geldbetrag zum Geburtstag.
- Frau Mehrwald erhält von ihrer Bank das gewährte Darlehen in Höhe von 5.000,00 € ausgezahlt.

In allen drei Beispielen werden bestimmte Werte (= Kaufkraft) übertragen.

Wertaufbewahrungsmittel

Als Wertaufbewahrungsmittel kann Geld aufgehoben und erst zu einem späteren Zeitpunkt gegen Waren getauscht werden (= Sparmittel).

Geld ist, was alle Aufgaben erfüllt.

Es ist das „Schmiermittel" der Wirtschaft und ermöglicht einen reibungslosen Zahlungsverkehr, einen funktionsfähigen Wirtschaftskreislauf, die Steigerung der Produktion, des Wohlstands und der Sicherheit und damit der Lebensqualität.

Aufgaben

1. Was versteht man unter gesetzlichen Zahlungsmitteln?

2. Welche Aufgaben (Funktionen) erfüllt das Geld in den folgenden Beispielen?
   a) Jens Krüger spart monatlich 50,00 € für eine HiFi-Anlage.
   b) Klaus W. erhält von seiner Mutter sein wöchentliches Taschengeld.
   c) Der Großhändler Grundstedt überweist dem Finanzamt die fällige Steuer.
   d) Frau Schütte kauft einen Kühlschrank und bezahlt mit Bargeld.
   e) Der Unternehmer Krause erhält von einem Installationsmeister einen Kostenvoranschlag für Umbaumaßnahmen.
   f) Familie Münch will sich einen neuen Pkw kaufen und erhält von ihrer Bank das erforderliche Geld zur Verfügung gestellt.
   g) Der Kaufmann Bruns errechnet seine Tageseinnahme und vergleicht die Summe mit der Einnahme des Vortages.

Zusammenfassung

4.10 Zahlungsarten

Es gibt verschiedene Möglichkeiten, etwas zu bezahlen. Beim Zahlungsverkehr unterscheidet man deshalb nach Zahlungs**arten**. Die Übersicht zeigt die verschiedenen Arten.

Zahlungsart	Zahlender (Schuldner) zahlt durch	Zahlungsempfänger (Gläubiger) erhält	Zahlung von Hand zu Hand (persönlich/ durch Boten)	Zahlung vermittelt durch Western Union, Post und Postbank	Banken und Sparkassen	Konto
Barzahlung	Bargeld (Banknoten und Münzen)	Bargeld	Geldübergabe	Bargeldtransfer Wertbrief	–	keiner
Halbbare Zahlung	Bargeld	Gutschrift auf Konto	–	Zahlschein	Zahlschein	einer
	Lastschrift auf Konto	Bargeld	–	Postbarscheck	Barscheck	
Bargeldlose Zahlung	Lastschrift auf Konto	Gutschrift auf Konto	–	Postverrechnungsscheck, Postbanküberweisung	Verrechnungsscheck, Überweisung	beide

4.11 Zahlung mit Bargeld

Zeichnung: M. Forget

Was hätte am Montag geschehen müssen, um den am Freitag aufgetretenen Ärger vermeiden zu können?

Information

Barzahlung liegt vor, wenn
- Geld (Banknoten und Münzen) vom Schuldner an den Gläubiger persönlich oder durch einen Boten übermittelt wird und
- für die Zahlung keine eigenen Konten verwendet werden.

Barzahlung von Hand zu Hand (= unmittelbare Zahlung)

Nach wie vor ist die Zahlung mit Bargeld im Verkehrsgewerbe (z. B. Bus und Bahn) und im Einzelhandel beim Kauf über den Ladentisch üblich. Da es hier nur um kleinere Warenmengen geht, die an eine Vielzahl von Kunden abgegeben werden, wäre es umständlich und unwirtschaftlich, würde der Einzelhändler dem Kunden stattdessen einen Kredit einräumen, der nur einmal im Monat bezahlt zu werden brauchte. Der Verwaltungsaufwand für die Überwachung der Außenstände wäre zu groß. Hinzu kommt, dass viele Kunden unbekannt sind. Und Unbekannten gibt niemand Ware ohne sofortige Bezahlung.

Wer bar bezahlt, ob der Schuldner persönlich oder ein Handlungsgehilfe (Bote), sollte sich immer eine **Quittung** ausstellen lassen – er hat das Recht darauf:

> § 368 [Quittung] BGB. Der Gläubiger hat gegen Empfang der Leistung auf Verlangen ein schriftliches Empfangsbekenntnis (Quittung) zu erteilen.

Eine Quittung beweist die Übergabe von Bargeld und muss mindestens das **Datum** und die **Unterschrift des Ausstellers** (ein Stempel allein reicht nicht) aufweisen (§§ 126 und 368 BGB).

Kassenbons[1] sind keine Quittungen, da sie nicht das Schriftformgebot (siehe § 126 BGB) erfüllen.

---

[1] Ein Kassenbon erleichtert zwar den Beweis eines Kaufs, für Garantie und Gewährleistung ist er aber gar nicht notwendig. Der Kauf kann auch durch Zeugen oder bei Kartenzahlung auch per Kontoauszug belegt werden.

Es gibt aber auch Vordrucke, die man nur auszufüllen braucht. Jede Quittung sollte folgende Angaben enthalten:

– Zahlungsbetrag (in Ziffern und Buchstaben),
– Name des Zahlers,
– Grund der Zahlung,
– Empfangsbestätigung,
– Ort und Tag der Ausstellung,
– Unterschrift des Zahlungsempfängers (= Ausstellers).

Bei zweiseitigen Handelsgeschäften im Wert von 150,00 € und mehr hat der Käufer Anspruch darauf, dass die Mehrwertsteuer gesondert ausgewiesen wird.

Alternativ kann auch ein Quittungsvermerk auf der Rechnung angebracht werden wie „Betrag dankend erhalten" sowie das Datum und die Unterschrift des Zahlungsempfängers.

Bedeutung der Barzahlung

Barzahlung durch Bargeldtransfer

Es gibt verschiedene Anbieter, die die *Übermittlung von Bargeld* über eine räumliche Distanz ermöglichen.

Um Bargeld beispielsweise mit Western Union zu verschicken, benötigt der Einzahler weder ein Bankkonto noch eine Kreditkarte, sondern nur einen gültigen Ausweis mit Lichtbild.

Man zahlt das Bargeld an einem *Vertriebsstandort* ein. Ein Vertriebsstandort ist eine Niederlassung eines Western-Union-Vertriebspartners, der den Western-Union-Bargeldtransfer-Service anbietet.

In Deutschland sind das die ReiseBank, Postbank, Travelex, diverse Sparkassen und Kreissparkassen, AGw (in Hamburg) sowie Schiller 5 (in München).

Grundsätzlich gibt es kein Limit für Transaktionen. Ab einem Betrag von derzeit 6.200,00 € können zusätzliche Sicherheitsüberprüfungen durchgeführt werden.

Die Gebühren richten sich nach der Höhe der Summe und dem jeweiligen Empfängerland. Sie werden nur dem Absender berechnet; der Empfänger zahlt keine Gebühren.

Ablauf

- Einzahlung des Bargeldes
- Ausfüllen des Auftragsvordrucks „Geldversand" („To send Money")
- Nach erfolgreicher Einzahlung erhält der Einzahler eine Transaktionsnummer, die sogenannte MTCN (Money Transfer Control Number), die zur internen Identifikation des Auftrags dient.
- Einzahler ruft Empfänger an und übermittelt ihm: die Auftragsnummer, den Vor- und Nachnamen des Auftraggebers und dass das Geld zur Abholung bei einer Western-Union-Agentur bereitliegt.
- Der Empfänger kann das Geld dann schon wenig später in einer Western-Union-Agentur entgegennehmen. Die Auszahlung erfolgt grundsätzlich in der Landeswährung des Empfängerlandes, vereinzelt auch in US-Dollar.
- Bei der Abholung des Bargeldes muss sich der Empfänger durch seinen gültigen Ausweis legitimieren.

So kann Bargeld innerhalb Deutschlands und in mehr als 200 Länder und Gebiete mit über 280 000 Agenturen übermittelt werden.

Wertbrief/Wertpaket

Bargeld kann mit der Deutschen Post AG mit dem Service „Wert International"[1] bis zu einem Wert von 500,00 € im Inland und ins Ausland verschickt werden. Übersteigt der tatsächliche Wert den Betrag von 500,00 €, ist ein Wertversand über die Deutsche Post nicht möglich. Mittelbarer Schaden und entgangener Gewinn werden nicht erstattet.

Geldwäschegesetz

Die Kreditinstitute sind verpflichtet, bei Annahme oder Abgabe von Bargeld, Wertpapieren oder Edelmetallen im Wert von mehr als 15.000,00 € ihre Kunden anhand eines Personalausweises oder Reisepasses zu identifizieren und den wirtschaftlich Berechtigten der Transaktion festzustellen. Derartige Angaben müssen von den Kreditinstituten aufgezeichnet werden. Gegebenenfalls hat eine Verdachtsanzeige gegenüber den Strafverfolgungsbehörden (Staatsanwaltschaft oder Landeskriminalamt) wegen Verdachts einer Geldwäschehandlung zu erfolgen.

---

1 „Wert International" steht für einen besonders sicheren Transport wertvoller Gegenstände. Man kann die Geldsendung individuell versichern – dem Wert des Inhalts entsprechend.

Aufgaben

1. Was versteht man unter Barzahlung?
2. Welche Formen der Barzahlung unterscheidet man?
3. Welche Angaben muss eine Quittung enthalten, um eine beweiskräftige Urkunde für die Zahlung zu sein?
4. Welche Bedeutung hat eine rechtsgültige Quittung für den Zahler?
5. Erklären Sie den Western-Union-Bargeldtransfer.
6. Welche Nachteile hat der Zahler bei Barzahlung?
7. Manfred Nagel, Hornweg 17 a, 30457 Hannover, schuldet dem Steuerberater Dr. Vosswinkel, Siemensstr. 153, 30173 Hannover, für Beratung 136,00 €. Die Rechnung vom 15.06. zahlt Herr Nagel am 22.06. im Büro des Steuerberaters. Als die Sekretärin die Zahlung quittieren will, stellt Herr Nagel fest, dass er die Rechnung nicht dabei hat. Da im Sekretariat des Steuerberaters keine Quittungsformulare vorhanden sind, muss eine Quittung von Hand ausgeschrieben werden.

   a) Schreiben Sie die Quittung.
   b) Warum ist die Sekretärin verpflichtet, Herrn Nagel eine Quittung auszustellen?
   c) Prüfen Sie, ob Herr Nagel sich weigern kann, die Rechnung zu bezahlen, wenn die Sekretärin keine Quittung ausstellt.

Zusammenfassung

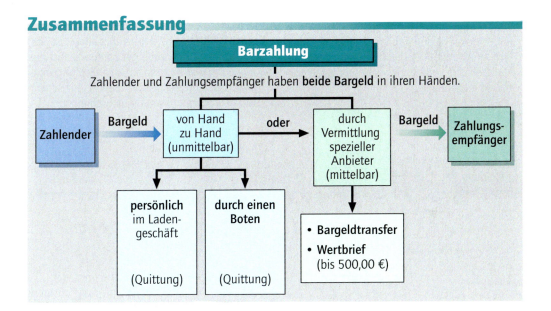

4.12 Halbbare Zahlung

Der Auszubildende Alexander Stern erhält eine Rechnung des Versandhauses Quellmann in Augsburg über 79,00 €, zahlbar entweder auf das Konto Nr. 8704 der Volksbank in Augsburg oder auf das Postbankkonto Nr. 133704-303.

Alexander Stern hat noch kein eigenes Konto.

Schlagen Sie eine Maßnahme vor, mit deren Hilfe Alexander Stern seine Schulden begleichen kann.

Information

Von **halbbarer (bargeldsparender) Zahlung** spricht man, wenn

– auf der einen Seite der Geldübermittlung eine Barzahlung und

– auf der anderen Seite eine Buchung steht, d. h. nur einer der beiden Zahlungsteilnehmer (Zahlungspflichtiger oder Zahlungsempfänger) hat ein Konto bei einer Bank, einer Sparkasse oder bei einer Postbank.

Nur der Zahlungsempfänger hat ein Konto

Hat der Zahlungsempfänger ein Konto bei einer Bank, Sparkasse oder Postbank, kann der Zahler mit einem **Zahlschein** zahlen.

Bei der Zahlung mit Zahlschein bei der Post oder bei Kreditinstituten, zahlt der Zahlungspflichtige Bargeld mit dem Auftrag ein, dem Zahlungsempfänger den entsprechenden Betrag auf seinem Postbank- oder Bankkonto gutzuschreiben.

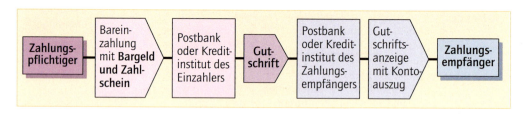

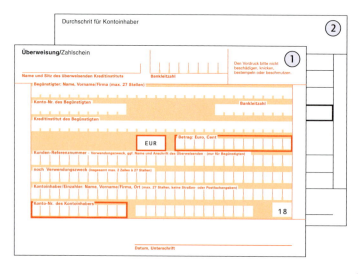

Original (Blatt 1):

Gutschriftsabschnitt, der zusammen mit dem Kontoauszug dem Zahlungsempfänger zugeschickt wird.

Durchschrift (Blatt 2)

Beleg für den Einzahler (Quittung)

Mit Zahlscheinen können Beträge in beliebiger Höhe übermittelt werden. Ihre Benutzung ist gebührenpflichtig.

Nur der Zahlungspflichtige hat ein Konto

Hat nur der Zahlungspflichtige ein Konto, während der Zahlungsempfänger über kein Konto verfügt, dann kann der Zahler Barschecks von Geldinstituten (Banken, Sparkassen, Postbank) verwenden.

Wegen ihrer besonderen Bedeutung für den Zahlungsverkehr werden die Schecks als Zahlungsmittel der halbbaren Zahlung in einem besonderen Kapitel behandelt.

Bedeutung der halbbaren Zahlung

Im Vergleich mit der Barzahlung hat die halbbare Zahlung Vorteile, denn sie ist
- weniger zeitraubend und bequemer,
- sicherer (geringe Diebstahlsgefahr, kein Transportrisiko),
- billiger als Zahlung von Hand zu Hand (keine Fahrtkosten) oder durch Postanweisung.

Aufgaben

1. Was versteht man unter halbbarer Zahlung?
2. Welche Formen der halbbaren Zahlung unterscheidet man?
3. Welches ist die günstigste halbbare Zahlungsmöglichkeit, wenn Ihr Gläubiger ein Postbankkonto besitzt?
4. Wer besitzt bei Zahlung mit Zahlschein ein Konto?
5. Beschreiben Sie den Zahlungsvorgang bei der Zahlung mit Zahlschein.
6. Sie wollen eine Rechnung begleichen. Während Sie ein Postbankkonto besitzen, hat der Zahlungsempfänger kein Konto. Welches Zahlungsmittel müssen Sie verwenden?
7. Welche der angegebenen Zahlungsarten gehören nicht zur halbbaren Zahlung?
   - Persönliche Zahlung
   - Zahlung mit Zahlschein
   - Zahlung durch Zusteller
   - Zahlung durch Zahlungsanweisung
8. Füllen Sie einen Zahlschein nach folgenden Angaben aus:
   Klaus Wentritt, Amselweg 15, 31094 Marienhagen, möchte die Rechnung Nr. 345-87 vom 27. November 20.. in Höhe von 485,36 €, des Handwerkers Fred Kunert, Postfach 3462, 31061 Alfeld/Leine mittels eines Zahlscheines auf das Postbankkonto Hannover 118947-242 begleichen.
9. Welche Vorteile hat die halbbare Zahlung im Vergleich mit der Barzahlung?
10. Worin besteht der Unterschied zwischen Zahlschein und Zahlungsanweisung?

Zusammenfassung

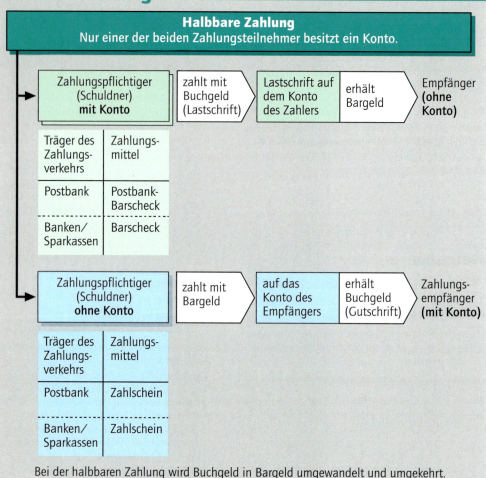

Bei der halbbaren Zahlung wird Buchgeld in Bargeld umgewandelt und umgekehrt.

4.13 Zahlung mit Bankschecks und Girocard

Herr Fischer möchte im Modezentrum Langenhagen eine Rechnung über 1.360,00 € mit einem Barscheck bezahlen. Der Geschäftsinhaber lehnt den Scheck ab, weil er Herrn Fischer nicht kennt.

Warum kann er den Scheck nicht bedenkenlos annehmen?

Information

Der Begriff „Scheck"

Der Scheck ist eine Anweisung an ein Geldinstitut, bei Vorlage einen bestimmten Geldbetrag zulasten des Scheckausstellers auszuzahlen.

Voraussetzungen für das Ausstellen eines Schecks

Der Aussteller eines Schecks muss ein Konto haben. Er darf einen Scheck nur ausstellen, wenn
- sein Konto ein Guthaben über den Scheckbetrag aufweist oder
- das kontoführende Geldinstitut dem Aussteller einen entsprechenden Kredit (= Dispositionskredit) eingeräumt hat.

Die Bestandteile des Schecks

Gemäß Scheckgesetz muss ein Scheck sechs **gesetzliche Bestandteile** enthalten:

① die Bezeichnung „Scheck" im Text der Urkunde,
② die unbedingte Anweisung, eine bestimmte Geldsumme zu zahlen,
③ den Namen dessen, der zahlen soll (= bezogenes Geldinstitut),
④ Zahlungsort (= Geschäftssitz des Geldinstitutes),
⑤ Ort und Tag der Ausstellung,
⑥ die Unterschrift des Ausstellers.

Fehlt einer dieser gesetzlichen Bestandteile, so ist der Scheck ungültig.

Die übrigen Bestandteile des abgebildeten Schecks

1 Schecknummer,
2 Kontonummer,
3 Bankleitzahl,
4 Betrag in Ziffern,
5 Überbringerklausel

sind **kaufmännische Bestandteile**. Sie sollen den Geldinstituten die Scheckbearbeitung erleichtern.

Weicht in einem Scheck der in Buchstaben angegebene Geldbetrag von dem Betrag in Ziffern ab, ist der Scheck trotzdem gültig. Es gilt dann der in Buchstaben angegebene Geldbetrag.

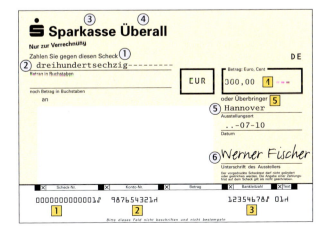

Inhaberscheck

Die von den Geldinstituten ausgegebenen Scheckformulare tragen den Zusatz „oder Überbringer". Dies macht den Scheck zu einem Inhaberpapier. Das bezogene Geldinstitut zahlt an jede Person, die den Scheck vorlegt. Eine Streichung dieser Überbringerklausel wird von dem Geldinstitut nicht anerkannt, d. h. es zahlt auch dann an den Überbringer des Schecks. Die Angabe des Zahlungsempfängers ist deshalb bei einem Inhaberscheck nicht erforderlich.

Namensscheck

Er wird nur in besonderen Fällen (z. B. bei hohen Scheckbeträgen) verwendet. Er enthält den Namen des Zahlungsempfängers, aber keine Überbringerklausel. Das Geldinstitut zahlt den Scheckbetrag nur an den Zahlungsempfänger oder eine dritte Person aus, auf die der Namensscheck durch einen schriftlichen Übergabevermerk auf dem Scheck oder eine schriftliche Abtretung übertragen wurde.

Verwendung von Barschecks

– Der Inhaber eines Barschecks kann sich den Scheckbetrag an einem Schalter des bezogenen Geldinstituts bar auszahlen lassen.
– Er kann den Barscheck aber auch bei seiner Bank oder Sparkasse einreichen. Das Geldinstitut zieht dann den Scheckbetrag bei der bezogenen Bank ein und schreibt ihn dem Konto des Einreichers gut.
– Ein Scheck kann auch zur Bezahlung einer Schuld an einen Gläubiger weitergegeben werden.

Bankschecks sind stets Barschecks, es sei denn, die Verwendung als Barscheck wurde durch den schriftlichen Vermerk „Nur zur Verrechnung" auf dem Scheck ausdrücklich ausgeschlossen.

Verrechnungsscheck

Bei einem Verrechnungsscheck wird dem Überbringer des Schecks der Scheckbetrag nicht bar ausgezahlt, sondern seinem Konto gutgeschrieben. Verrechnungsschecks sind deshalb sicherer als Barschecks. Wenn z. B. ein Verrechnungsscheck gestohlen würde, könnte der Dieb nur an das Geld kommen, wenn er den Scheck seinem Konto gutschreiben ließe. Dazu müsste er aber seinen Namen angeben.

Aus Sicherheitsgründen kann man erhaltene Barschecks in Verrechnungsschecks umwandeln. Dazu muss man auf den Scheck nur den Vermerk „Nur zur Verrechnung" schreiben. Umgekehrt kann ein Verrechnungsscheck jedoch nicht durch Streichung des Vermerks „Nur zur Verrechnung" in einen Barscheck umgewandelt werden.

Die Scheckeinlösung

Ein Scheck ist bei Sicht zahlbar. Der Scheckinhaber kann einen Scheck also unmittelbar, nachdem er ihn erhalten hat, dem bezogenen Geldinstitut zur Einlösung vorlegen. Dies gilt auch für Schecks, in die als Ausstellungsdatum erst ein Tag in der Zukunft eingetragen wurde. Diese vordatierten Schecks können schon vor dem Ausstellungsdatum vorgelegt und eingelöst werden.

Beispiel

Ein Großhändler erhält am 01.07.20.. einen Scheck mit dem Ausstellungsdatum 10.07.20.. . Der Großhändler kann den Scheck schon am 01.07. einlösen. Er muss nicht bis zum 10.07. warten.

Ein Scheck muss dem bezogenen Geldinstitut innerhalb einer bestimmten Frist zur Zahlung vorgelegt werden. Die Vorlegefristen bei einem Geldinstitut in der Bundesrepublik Deutschland betragen für

– im Inland ausgestellte Schecks: acht Tage,
– im europäischen Ausland ausgestellte Schecks: zwanzig Tage,
– im außereuropäischen Ausland ausgestellte Schecks: siebzig Tage ab Ausstellungsdatum.

Beispiel

Das Ausstellungsdatum auf dem Scheck des Kunden Fischer ist der 10.07.20.. . Damit die Vorlegefrist eingehalten wird, muss der Scheck der Sparkasse Überall bis zum 18.07.20.. zur Einlösung vorgelegt werden.

Wenn ein Scheck erst nach Ablauf der Vorlegefrist vorgelegt wird, darf ihn das bezogene Geldinstitut noch einlösen, sofern er bis dahin vom

Aussteller nicht gesperrt (widerrufen) wurde. Gesperrte Schecks dürfen von dem bezogenen Geldinstitut nicht eingelöst werden.

Löst das bezogene Kreditinstitut dennoch einen widerrufenen Scheck ein, muss es dem Kunden den Scheckbetrag wertstellungsgleich wieder gutschreiben und macht sich unter Umständen darüber hinaus schadenersatzpflichtig.

Weigert sich das bezogene Geldinstitut nach Ablauf der Vorlegefrist, den Scheck einzulösen, so hat der Inhaber des Schecks kein Rückgriffsrecht mehr gegenüber dem Aussteller.

Das Rückgriffsrecht besagt, dass der Scheckinhaber vom Aussteller die Schecksumme und eventuell anfallende Auslagen verlangen kann, wenn das bezogene Geldinstitut den vorgelegten Scheck nicht einlöst. Voraussetzung für das Rückgriffsrecht ist, dass
– der Scheck vor Ablauf der Vorlegefrist vorgelegt wurde und
– die Verweigerung der Zahlung festgestellt wurde (z. B. durch einen schriftlichen Vermerk des bezogenen Geldinstituts auf dem Scheck).

Electronic Cash

Electronic Cash lautet das Schlagwort, von dem sich Händler und Kreditinstitute Vorteile versprechen und das dem Kunden ein grenzenloses Einkaufsvergnügen garantieren soll.

> Unter Electronic Cash wird das bargeldlose Zahlen mit der Girocard (der früheren Scheckkarte) verstanden.

Sobald der zu zahlende Betrag feststeht, schiebt der Kunde seine Karte in das bereitstehende elektronische Lesegerät und bestätigt den angezeigten Betrag per Tastendruck. Als Nächstes wird die persönliche Geheimnummer PIN (Personal Identification Number) eingetippt. Damit ist der Zahlungsvorgang für den Kunden abgeschlossen, eine Unterschrift ist nicht erforderlich.

Die Abwicklung ist schnell, denn es entfällt bei Electronic Cash das Wechseln von Bargeld. Für das Unternehmen verringert

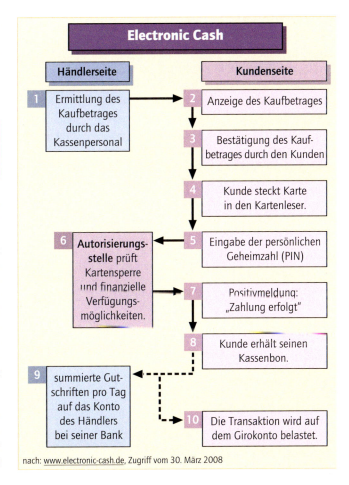

nach: www.electronic-cash.de, Zugriff vom 30. März 2008

sich wegen des geringeren Bargeldbestandes das Beraubungsrisiko, auch Kassenfehlbeträge sind mit Electronic Cash weitgehend ausgeschlossen.

Um die hohen Sicherheitsanforderungen zu erfüllen, sind alle electronic-cash-fähigen Datenkassen online mit Netzknotenrechnern privater Betreibergesellschaften verbunden, die den elektronischen Zahlungsverkehr abwickeln.

Sobald also ein Zahlungsvorgang eingeleitet wird, erfolgt innerhalb weniger Sekunden – für Händler und Kunden unbemerkbar – eine Autorisierungsanfrage, die über den Netzknotenrechner an den jeweiligen Zentralrechner der Bankengruppe weitergeleitet wird. Dort wird dann je nach individueller Programmierung der Zahlungsvorgang unmittelbar untersucht oder noch mal weitergeleitet zum Computer des kontoführenden Institutes. Geprüft wird u. a. die richtige Eingabe der Geheimnummer sowie eine eventuelle Sperre der Karte. Das ebenso überwachte Ausgabenlimit kann von jeder Bankengruppe individuell vorgegeben werden.

Möglich ist sowohl die Festlegung eines bestimmten Höchstbetrages (z. B. 1.000,00 € pro Woche) wie auch der unmittelbare Zugriff auf das Kundenkonto und das darin gespeicherte Guthaben bzw. Kreditlimit.

Untersuchungen haben gezeigt, dass mit Electronic Cash die Höhe der einzelnen Einkäufe und die Zahl der Spontankäufe deutlich zunimmt. Zudem kann eine höhere Kundenbindung erreicht werden.

Verbraucherschutzverbände weisen in diesem Zusammenhang auf folgende Probleme hin:
– Jeder Kauf mit der Karte kostet den Kunden Geld. Für jede Kontenbewegung berechnen die Banken eine Postengebühr.
– Electronic Cash kann zu einer „Entsinnlichung" des Zahlens führen. Die Kunden verlieren den Überblick über ihre Käufe. Es besteht eine größere Neigung, sich zu verschulden.

Lastschriftverfahren

Die mit Electronic Cash verbundenen Kosten für die Händler (Bankgebühren, Leitungskosten, Hardwareausstattung) führten dazu, dass einige experimentierfreudige Händler Alternativen entwickelten. Bei dem von verschiedenen Einzelhändlern angewandten Lastschriftverfahren benötigt der Kunde nur seine Girocard, mithilfe derer über einen Magnetstreifenleser Kontonummer und Bankleitzahl ermittelt sowie ein Lastschriftbeleg erstellt werden. Mit seiner Unterschrift auf dieser Einzugsermächtigung bevollmächtigt der Kunde den Händler, den Zahlbetrag von seinem Konto einzuziehen. Es findet dabei keine Prüfung der persönlichen Identifikationsnummer statt. Die Unternehmen sparen Kosten, da keine Gebühren für eine Verbindung zu einer Autorisierungszentrale anfallen. Das Unternehmen trägt jedoch das volle Risiko für die Zahlbeträge.

Aufgaben

1. Wozu dienen die kaufmännischen Bestandteile eines Schecks?
2. Wodurch unterscheiden sich Inhaberscheck und Namensscheck?
3. Welcher Scheck gehört zur bargeldlosen Zahlung?
4. Woran erkennt man einen Verrechnungsscheck?
5. Was kann der Scheckempfänger mit einem Barscheck tun?
6. Ein Scheck wurde im Inland am 3. Aug. 20.. mit dem Ausstellungsdatum 5. Aug. 20.. ausgestellt.
   a) Wann darf dieser Scheck dem bezogenen Geldinstitut frühestens zur Einlösung vorgelegt werden?
   b) Bis zu welchem Tag muss dieser Scheck dem bezogenen Geldinstitut spätestens zur Einlösung vorgelegt werden?
7. Ein gesperrter Scheck wird von der Bank des Ausstellers eingelöst. Wer trägt den Schaden?
8. Welche Vorteile hat Electronic Cash für Einzelhandelsbetriebe?

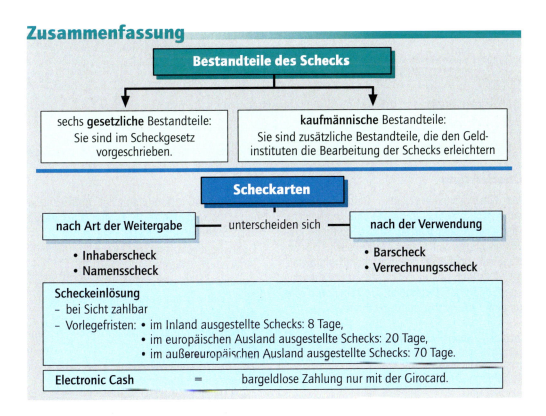

4.14 Bargeldlose Zahlung

Die Textilgroßhandlung Brinkmann erhält von der Wäschefabrik Beyer & Co. folgende Rechnung (Auszug):

Rechnung

Ihr Zeichen/Ihr Datum	Unser Zeichen/Rechn.-Nr.	Datum
L/B 18. Juni ..	E/B 1020/88	2. Juli ..

Pos.	Lieferung/Leistung	Menge	Preis je E.	Gesamtpreis
1	Geschirrtücher Artikelnummer 112/2	500 Stück	1,50 €	750,00 €
2	Walkfrottiertücher Artikelnummer 156/3	500 Stück	4,80 €	2.400,00 €
				3.150,00 €
			+ 19 % USt	598,50 €
				3.748,50 €

Zahlung:
innerhalb von 10 Tagen abzüglich 2 % Skonto,
innerhalb von 30 Tagen netto Kasse

Kontoverbindung:
Postbank Hannover, Konto-Nr. 954-33-102, BLZ 250 100 30
Deutsche Bank, Zweigstelle Hannover, Konto-Nr. 12 345 678, BLZ 250 500 40

Wie kann Brinkmann die Rechnung am schnellsten und bequemsten begleichen?

Information

Überweisung

Mit Überweisungen werden Geldbeträge von einem Konto auf ein anderes Konto umgebucht. Der Überweisungsbetrag wird vom Konto des Zahlers abgezogen. Man sagt dazu auch: „Der Betrag wird abgebucht" oder „Das Konto wird belastet". Der Betrag wird dem Konto des Zahlungsempfängers gutgeschrieben, d. h. sein Konto wird um den Überweisungsbetrag erhöht.

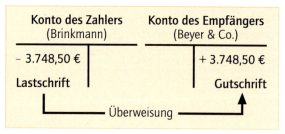

Überweisungen werden von Banken, Sparkassen und der Postbank ausgeführt.

Mit einem Überweisungsauftrag können Beträge auf Girokonten der Banken und Sparkassen und auf Postbankkonten überwiesen werden.

Die Überweisungsformulare der Banken und Sparkassen sind einheitlich. Es sind Durchschreibeformulare, die aus zwei Teilen bestehen:
– Überweisungsauftrag für die kontoführende Bank oder Sparkasse,
– Durchschrift für den Auftraggeber.
In den Überweisungsauftrag muss der Zahler
– den Namen des Empfängers,
– Kontonummer und Geldinstitut des Empfängers (mit Bankleitzahl),
– den Überweisungsbetrag,
– seinen Namen und seine Kontonummer,
– das Ausstellungsdatum und
– seine Unterschrift
eintragen.

Außerdem sollte er den Verwendungszweck angeben (z. B. Rechnungsnummer), damit der Empfänger daraus ersehen kann, wofür er das Geld erhält.

Eine Überweisung kann auch mit dem kombinierten Formblatt „Zahlschein/Überweisung" erfolgen. Die kombinierten Formblätter werden häufig einer Rechnung beigefügt. Sie können als Zahlschein für Bareinzahlungen oder für Überweisungen auf das Girokonto des Zahlungsempfängers benutzt werden. Soll das Formblatt als Überweisung verwendet werden, muss der Zahler seinen Namen, seine Kontonummer, Name und Sitz des beauftragten Kreditinstituts (mit Bankleitzahl) und das Ausstellungsdatum eintragen und den Überweisungsauftrag unterschreiben.

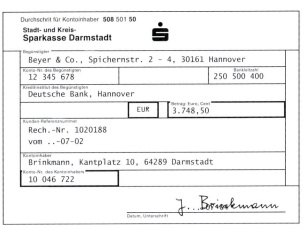

Euro-Überweisungen im neuen einheitlichen Eurozahlungsraum in Europa (Single Euro Payments Area [SEPA]) werden mit einer **SEPA-Überweisung** durchgeführt. In den SEPA-Überweisungsauftrag muss der Auftraggeber statt seiner Kontonummer und der Bankleitzahl die IBAN (International Bank Account Number = Internationale Bankkontonummer) und den BIC (Bank Identifier Code = internationale Bankleitzahl) des Zahlungsempfängers eintragen.

SEPA-Überweisungen können ausschließlich in Euro abgewickelt werden. Zahlungen in anderen Währungen müssen mit einer **Auslandsüberweisung** durchgeführt werden.

Wird ein Überweisungsauftrag erteilt, wird das Konto des Auftraggebers noch am selben Tag belastet. Hat der Zahlungsempfänger sein Konto bei demselben Geldinstitut, erfolgt die Gutschrift meist schon am selben Geschäftstag. Bei Überweisungen auf Konten anderer Geldinstitute kann es einige Tage dauern, bis der Überweisungsbetrag gutgeschrieben wird.

Soweit keine anderen Fristen vereinbart werden, sind Überweisungen im Rahmen der gesetzlichen Fristen gemäß § 675 s Abs. 1 BGB durchzuführen.

> § 675 s Ausführungsfrist für Zahlungsvorgänge
>
> (1) Der Zahlungsdienstleister des Zahlers ist verpflichtet sicherzustellen, dass der Zahlungsbetrag spätestens am Ende des auf den Zugangszeitpunkt des Zahlungsauftrags folgenden Geschäftstags beim Zahlungsdienstleister des Zahlungsempfängers eingeht; bis zum 1. Januar 2012 können ein Zahler und sein Zahlungsdienstleister eine Frist von bis zu drei Geschäftstagen vereinbaren. Für Zahlungsvorgänge innerhalb des Europäischen Wirtschaftsraums, die nicht in Euro erfolgen, können ein Zahler und sein Zahlungsdienstleister eine Frist von maximal vier Geschäftstagen vereinbaren. Für in Papierform ausgelöste Zahlungsvorgänge können die Fristen nach Satz 1 um einen weiteren Geschäftstag verlängert werden.

Sammelüberweisungsauftrag

Inhaber von Giro- oder Postbankkonten können mehrere Überweisungsaufträge an verschiedene Zahlungsempfänger in einem Sammelüberweisungsauftrag zusammenfassen. Sammelüberweisungsaufträge sind zeit- und kostensparend. Mit einem einzigen ordnungsgemäß unterschriebenen Sammelüberweisungsauftrag können beliebig viele zusammengefasste Überweisungen zum Preis einer einzigen Buchung durchgeführt werden. In den Sammelüberweisungsauftrag wird nur die Gesamtsumme der Überweisungen eingetragen. Für jeden Zahlungsempfänger muss ein Überweisungsträger ausgestellt werden. Die dafür notwendigen Endlosformulare erhält der Auftraggeber bei seiner Bank, Sparkasse oder seiner Postbank.

Dauerauftrag

Mit einem Dauerauftrag beauftragt ein Kontoinhaber sein Geldinstitut oder seine Postbank, regelmäßig zu einem bestimmten Termin einen bestimmten Betrag auf das Konto des Zahlungsempfängers zu überweisen. Daueraufträge eignen sich für regelmäßig wiederkehrende Zahlungen in derselben Höhe (z. B. Miete, Versicherungsprämien).

Lastschriftverfahren

Beim Lastschriftverfahren erlaubt der Zahlungspflichtige dem Zahlungsempfänger, Zahlungen für einen bestimmten Zweck von seinem Giro- oder Postbankkonto abzubuchen. Dazu kann er

- dem **Zahlungsempfänger** eine **Einzugsermächtigung** (= Einzugsermächtigungsverfahren) oder
- seinem **Geldinstitut** einen **Abbuchungsauftrag** (= Abbuchungsverfahren) erteilen.

Das *Einzugsermächtigungsverfahren* bietet sich bei regelmäßigen Zahlungen von Beträgen in unterschiedlicher Höhe an (z. B. Telefongebühren, Strom-, Gas- und Wasserkosten).

Im Rahmen des Einzugsermächtigungsverfahrens kann der Zahlungspflichtige gegen eine ungerechtfertigte Belastung jederzeit bei seinem kontoführenden Geldinstitut Widerspruch einlegen. Der belastete Betrag wird dann sofort wieder gutgeschrieben.

Das *Abbuchungsverfahren* findet vornehmlich Anwendung bei Zahlung von größeren Beträgen an Subunternehmen.

Beim Abbuchungsverfahren ist eine Aufhebung der Belastung nicht möglich.

Bedeutung des bargeldlosen Zahlungsverkehrs

Der bargeldlose Zahlungsverkehr hat in den letzten Jahrzehnten ständig an Umfang gewonnen. 1970 wurden die von „Nichtbanken" (Unternehmen, Privatleute usw.) gehaltenen Konten mittels Überweisungen, Lastschriften und Scheckverrechnungen um 2,3 Billionen € belastet; 1990 waren es 12,3, 1995 – auf gesamtdeutscher Ebene – 19,9 und 2007 43,4 Billionen €, die bargeldlos umgeschlagen wurden. Um die Flut der Zahlungsvorgänge bewältigen zu können, hat die Kreditwirtschaft den Zahlungsverkehr ständig weiter rationalisiert und automatisiert. Seit 1998 wird die Verrechnung zwischen den Banken vollständig elektronisch und beleglos abgewickelt.

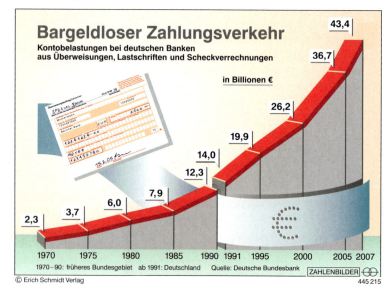

Aufgaben

1. Welche Vorteile bietet eine Überweisung
   a) dem Zahler?
   b) dem Zahlungsempfänger?
2. Wie kann ein Zahler nachweisen, dass er seiner Bank einen Überweisungsauftrag erteilt hat?
3. Welche besonderen Formen der Überweisung würden Sie in folgenden Fällen jeweils wählen? Begründen Sie Ihre Meinung.
   a) Zahlung der Fernsprechgebühren
   b) Zahlung des IHK-Beitrags
   c) Zahlung von Mitgliedsbeiträgen (Partei, Sportverein)
   d) Zahlungen an mehrere Zahlungsempfänger
   e) Zahlung der Miete
   f) Zahlung der Stromrechnung
   g) Zahlung der Gehälter an die Angestellten des Betriebes
4. Die Rechnung auf der Seite 274 soll durch eine Banküberweisung beglichen werden. Füllen Sie den Überweisungsauftrag für die Textilgroßhandlung Brinkmann aus. Konto der Textilgroßhandlung Brinkmann: Stadtsparkasse Hannover, Konto-Nr. 800 324 700, BLZ 250 801 50

Zusammenfassung

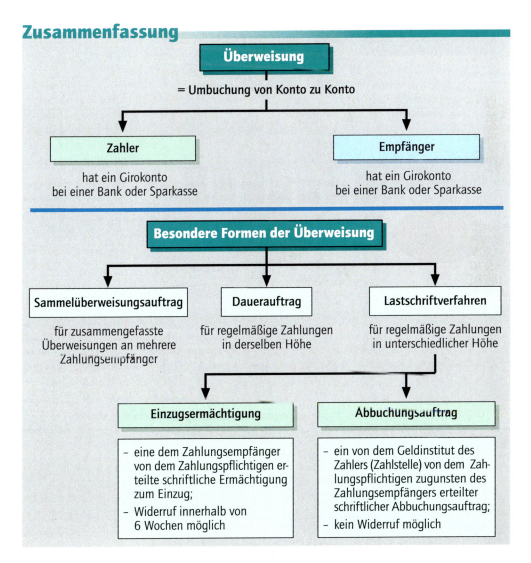

Betrieblicher Leistungsprozess

4.15 Zahlung mit Kreditkarten

Plastik im Portemonnaie

Die deutschen Konsumenten zahlen immer öfter bargeldlos. Im Einzelhandel wurden im Jahr 2005 nur noch 64 Prozent der Umsätze bar getätigt, 1998 waren es noch rund 75 Prozent. Im Gegenzug nehmen Kartenzahlungen zu. Dieser Trend wird sich im Zukunft noch verstärken, denn viele Karten sind mit einer Geldkartenfunktion ausgestattet. Da beispielsweise Käufe von Zigaretten an Automaten zwecks Altersnachweis (ab 2009: mindestens 18 Jahre) nur noch mit Bankkarte möglich sind, erleben auch Kartenzahlungen einen weiteren Aufschwung. In Deutschlands Geldbörsen dominieren eindeutig Debitkarten:

Obwohl die Kreditkarten in den letzten 20 Jahren ein beeindruckendes Wachstum auf über 22 Millionen Stück vorgelegt haben, kommen im Alltag ganz überwiegend die etwa 90 Millionen Bankkunden-Karten – früher auch ec-Karten genannt – zum Einsatz. Auf diese Karten entfallen 75,5 Prozent aller Kartenumsätze, auf Kreditkarten lediglich 22,5 Prozent, die restlichen zwei Prozent werden mit den mittlerweile etwa 9,3 Millionen Kundenkarten des Handels umgesetzt. Beim Einsatz der Debitkarten läuft das PIN-Nummerngestützte EC-Cash-Verfahren dem unterschriftenbasierten elektronischen Lastschriftverfahren zunehmend den Rang ab: Da die Legitimation via Eingabe der PIN-Nummer sicherer ist und mittlerweile auch große Discounter wie Lidl und Aldi dieses Verfahren einsetzen, holt EC-Cash stark auf: 11,5 Prozent aller Einzelhandelsumsätze entfielen 2005 auf EC-Cash, um Jahr zuvor waren es noch 8,6 Prozent; gleichzeitig sank der Anteil des Lastschriftverfahrens von 16,9 auf 15,4 Prozent.

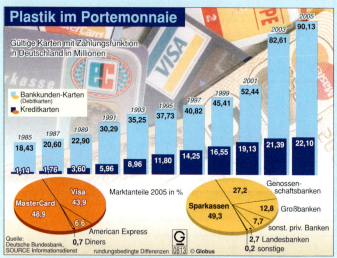

Welche Vor- und Nachteile bietet die Kreditkarte dem Karteninhaber?

Information

Kreditkartenarten

In der Bundesrepublik Deutschland werden Kreditkarten von Einzelhandelsbetrieben in eigener Regie oder von Kreditkartenorganisationen und Banken ausgegeben.

Die Kreditkarten, die einzelne Einzelhandelsbetriebe (meist Waren- und Kaufhäuser) kreditwürdigen Kunden auf Antrag ausstellen (sogenannte **Kundenkarten**), berechtigen zum Kauf auf Kredit in dem jeweiligen Einzelhandelsbetrieb. Die Kundenkarten werden an die Kunden kostenlos oder gegen eine geringe Servicegebühr abgegeben.

Mit einer **Kreditkarte**, die von einer Kreditkartenorganisation oder Bank ausgegeben wurde, kann der Karteninhaber bei allen in- und ausländischen Vertragsunternehmen des Kreditkartenherausgebers Waren oder Dienstleistungen bis zu einer bestimmten Höchstsumme auf Kredit erhalten. Zur Bezahlung muss er nur seine Kreditkarte vorlegen und auf der Rechnung unterschreiben. Für die von Kreditkartenorganisationen und Banken ausgegebenen Kreditkarten muss der Inhaber in der Regel einen festen Jahresbeitrag bezahlen.

Die wichtigsten Kreditkartenorganisationen auf dem deutschen Markt sind zurzeit Eurocard, American Express, Diners Club und VISA.

Vertragsunternehmen sind hauptsächlich Einzelhandelsbetriebe, Hotels und Gaststätten, aber auch Banken, Tankstellen, Reisebüros und Fluggesellschaften.

chargecards: Diese Karten haben eine reine Zahlungsfunktion. Einmal im Monat (vereinzelt auch 14-tägig) werden alle Zahlungen gesammelt und dem Karteninhaber in Rechnung gestellt. I. d. R. wird der Betrag per Lastschrift vom Girokonto eingezogen. Teilweise ist ein monatliches Ausgabelimit vorgesehen. Sollzinsen fallen hier nicht an. Man hat also einen geringen Zinsvorteil, weil man die Ware erst später bezahlen muss. Zu dieser Kartenart zählen American Express, Diners Club und die meisten EUROCARDs.

creditcards: Der Karteninhaber hat hier die Möglichkeit, seine Monatsrechnung in Raten (gegen Darlehenszinsen) abzubezahlen. Der Rückzahlungsvorgang kann vom Karteninhaber i. d. R. selbst gesteuert werden; vorgegeben ist nur ein Mindestbetrag, der gleich gezahlt werden muss (z. B. 5 oder 10 % der Gesamtsumme). Zu dieser Kartenart zählen die meisten VISA-Karten, aber auch einige EUROCARDs.

debitcards: Hier gibt es weder eine Monatsrechnung noch ein Zahlungsziel. Alle Käufe werden unmittelbar, nach Kartenabrechnung bei der Kartenorganisation, dem Kunden auf seinem Girokonto belastet. Sie räumt also keinen Kredit ein, sondern bietet nur die Möglichkeit, weltweit bargeldlos zu bezahlen. Die verbreitetste debitcard ist die girocard (früher: „ec-Karte"), die allerdings außerhalb Europas nur begrenzt akzeptiert wird. Auch VISA-Karten können als debitcards beantragt werden.

Kundenkarten: Kundenkarten mit Zahlungsfunktion werden i. d. R. nur von dem anbietenden Unternehmen akzeptiert. Bei den meisten Karten erfolgt die Abbuchung einmal im Monat. Einige bieten eine Kreditkartenfunktion mit der Möglichkeit, gegen Berechnung von Zinsen in Raten zu zahlen.

Co-Branding-Karte: Viele Unternehmen aus den Bereichen Handel, Dienstleistungen und Industrie bieten ihren Kunden eine eigene Kreditkarte an, zusammen mit einem Kartenemittenten (eine Bank oder Kartenorganisation). Neben dem Logo des Emittenten erscheint auf der Vorderseite der Karte auch das Unternehmenssignet. Vorteile der Co-Branding-Karten ist der weltweite Einsatz einer Kreditkarte verbunden mit speziellen Leistungen des eigenen Unternehmens – mit entsprechender Kundenbindung.

Abwicklung der Zahlung mit Kreditkarte

Der Karteninhaber legt beim Kauf seine Kreditkarte vor. Auf dieser Plastikkarte sind der Name des Karteninhabers und verschiedene Nummerierungen (u. a. Kartennummer und Verfalldatum) in erhabenem Druck eingeprägt.

Der Verkäufer stellt die Kreditkartenrechnung aus und lässt sie von dem Kreditkarteninhaber unterschreiben.

Kreditkartenrechnungen können elektronisch mit einem Kartenlesegerät oder mechanisch mit einem Handdrucker erstellt werden.

Zur Erstellung der Kreditkartenrechnung mit einer Datenkasse muss der Kassierer zunächst die Zahlungsartentaste „Kreditkarte" drücken und der Kunde seine Kreditkarte in das mit der Datenkasse verbundene Kartenlesegerät stecken. Nachdem durch eine Online-Überprüfung festgestellt wurde, dass die Kreditkarte nicht gesperrt ist, erstellt die Datenkasse zwei Kreditkartenbelege.

Bei der mechanischen Erstellung der Kreditkartenrechnung legt der Verkäufer die Kreditkarte in den Handdrucker, der eine zweite Plastikkarte mit der Kontonummer und Anschrift des Vertragsunternehmers enthält. Über beide Karten legt er dann die Kreditkartenrechnung. Durch die Betätigung des Handdruckers werden die Daten beider Plastikkarten auf die Rechnung übertragen. Der Verkäufer trägt dann nur noch den Rechnungsbetrag in die Rechnung ein und lässt sie anschließend vom Kreditkarteninhaber unterschreiben.

Eine Kopie wird dem Karteninhaber ausgehändigt. Eine zweite Kopie behält der Vertragsunternehmer (z. B. Einzelhändler) als Beleg. Die dritte Kopie schickt er zum Rechnungsausgleich an den Kreditkartenherausgeber. Der Kreditkartenherausgeber begleicht dann diese Rechnung innerhalb einer vertraglich festgesetzten Frist. Von der Rechnungssumme behält er eine ebenfalls vertraglich vereinbarte Umsatzprovision (zurzeit zwischen 3 bis 6 % des Rechnungsbetrages) ein. Dafür trägt er das volle Kreditrisiko, d. h. wenn der Karteninhaber seine Rechnungen nicht begleicht, geht dies zulasten des Kreditkartenherausgebers.

Der Kreditkartenherausgeber verlangt meist einmal monatlich von dem Karteninhaber die Bezahlung aller Rechnungen. Sofern der Karteninhaber eine Einzugsermächtigung erteilt hat, lässt der Kreditkartenherausgeber den Betrag vom Konto des Karteninhabers durch Lastschrift einziehen. Der Karteninhaber braucht keine Zuschläge auf die von ihm unterschriebenen Rechnungen zu zahlen.

Vor- und Nachteile der Kreditkarte

Vorteile für den Kreditkarteninhaber	Nachteile für den Kreditkarteninhaber
– Zinsfreier Kredit bis zum Fälligkeitsdatum der Monatsrechnung, – übersichtliche Abrechnung: exakte und detaillierte Aufstellung aller Zahlungen mit Kreditkarte während eines Monats, – bequemes Zahlungsmittel: Zahlung mit Karte und Unterschrift, – sicheres Zahlungsmittel: Anstelle größerer Geldmengen braucht man nur eine Kreditkarte zum Einkauf mitzunehmen. Das Verlustrisiko wird dadurch erheblich vermindert.	– Einkauf mit Kreditkarte nur bei Vertragsunternehmen, – Gefahr, mehr einzukaufen, als wenn mit Scheck oder Bargeld bezahlt würde, – Offenlegen persönlicher Daten: Im Kreditkartenantrag werden u. a. Angaben über Familienstand, Monatseinkommen und Arbeitgeber verlangt.

Vorteile für das Vertragsunternehmen	Nachteile für das Vertragsunternehmen
– Steigerung des Umsatzes: Kreditkarten können zu Mehreinkäufen führen, – kein Kreditrisiko, wenn der Kunde mit Kreditkarte zahlt, die von einer Kreditkartenorganisation oder Bank herausgegeben wurde, – Einsatz der Kreditkarte im Electroniccash.	– Höhere Kosten: Der Kreditkartenherausgeber behält von den Kreditkartenumsätzen eine Umsatzprovision ein, – größerer Verwaltungsaufwand durch Abwicklungsformalitäten.

Aufgaben

1. Welche Unterschiede bestehen zwischen Kreditkarten, die von Kreditkartenorganisationen herausgegeben werden, und Kundenkarten einzelner Einzelhandelsbetriebe?
2. Weshalb geben Einzelhändler an ihre Kunden Kundenkarten aus?
3. Ein Kunde will in einem Fachgeschäft mit Kreditkarte bezahlen. Wie verhält sich der Verkäufer, wenn das Fachgeschäft Vertragsunternehmen des Kreditkartenherausgebers ist?
4. Wer trägt die Kosten, die bei der Zahlung mit Kreditkarte entstehen?
5. Weshalb ist der Anteil der Kunden, die mit Kreditkarte bezahlen in der Bundesrepublik Deutschland noch sehr klein?
6. Ein Gastwirt entschließt sich, Vertragsunternehmer einer Kreditkartenorganisation zu werden. Welche Vorteile verspricht er sich davon?
7. Wie kann eine Kreditkartenrechnung erstellt werden?
8. Wie kann sich ein Kreditkarteninhaber gegen Kreditkartenmissbrauch schützen?

Zusammenfassung

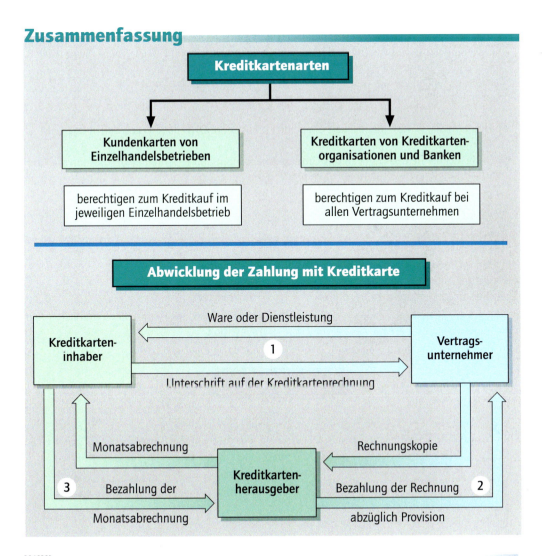

4.16 Investition und Finanzierung (Investitionsarten, Finanzierungsarten und -anlässe)

Herr Herrmann und Herr Schreiber sind Inhaber der Hermann & Schreiber OHG. Ihre Geschäftstätigkeit liegt im Bereich von Elektroinstallationen, Einbau und Wartung von Nachtstromspeicheranlagen, Alarmanlagen, Antennenbau, Blitzschutz, Steuer- und Regeltechnik.

In einem Gespräch mit seinem Partner über die zukünftigen Unternehmenspläne weist Herr Hermann auf die geänderte Marktsituation und die sich verschlechternde Situation der OHG hin.

Um die Konkurrenzfähigkeit zu verbessern, schlägt er vor, die Verkaufsbereitschaft und den Kundenservice des Unternehmens zu erhöhen. Insbesondere der Kundenservice scheint in der letzten Zeit für den Verkauf von Elektroanlagen immer bedeutsamer geworden zu sein.

Dazu sind der

– Ausbau der Lagerräume und

– die Anschaffung eines weiteren Pkw für den Kundendienst

notwendig.

Nach seinen Berechnungen würden diese Maßnahmen 80.000,00 € kosten.

Herr Schreiber gibt zu bedenken, dass die Eigenkapitaldecke des Unternehmens sehr dünn ist. Herr Hermann erwidert, dass der noch nicht ausgezahlte Gewinn des letzten Jahres zur Verfügung stehen würde.

Beide diskutieren noch sehr lange über die beste Finanzierungsmöglichkeit der notwendigen Anschaffungen.

a) Erläutern Sie, welche Möglichkeit die beiden Inhaber der OHG haben, sich das nötige Geld zu beschaffen.

b) Untersuchen Sie die Chancen des Unternehmens Hermann & Schreiber OHG, wenn die Anschaffungen nicht vorgenommen werden.

Information

Ein Unternehmen muss ständig finanzielle Mittel einsetzen, um die Produktion von Gütern und Dienstleistungen ermöglichen zu können.

Es setzt Geld ein, um sein Unternehmen

– zu erhalten,
– zu verbessern und/oder
– zu erweitern.

Diese Verwendung finanzieller Mittel nennt man **Investition**.

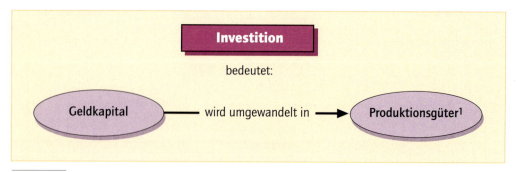

1 Der Begriff Produktionsgüter umfasst Sach-, Finanz- und immaterielle Investitionen.

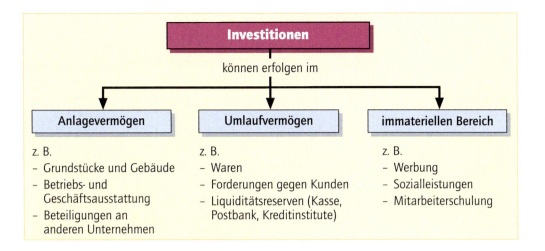

Investition = *Verwendung* von finanziellen Mitteln zur Beschaffung von Produktionsgütern, also Sachvermögen (Maschinen, Vorräte), immateriellem Vermögen (Patente, Lizenzen), Finanzvermögen (Wertpapiere, Beteiligungen).[1]

Einen Überblick, wie Kapital verwendet und beschafft wurde, gibt die Bilanz eines Unternehmens.

Die beschafften Vermögenswerte, beispielsweise Gebäude, Maschinen, Waren, Gabelstapler oder EDV-Anlage, werden auf der *Aktivseite der Bilanz* ausgewiesen (= Mittelverwendung). Auf der *Passivseite der Bilanz* ist abzulesen, woher das Unternehmen die finanziellen Mittel für die betrieblichen Investitionen bekommen hat (= Mittelherkunft).

Bilanz

Aktiva	Passiva
Mittelverwendung = Investition	Mittelherkunft = Finanzierung
VERMÖGEN	KAPITAL
Anlage**vermögen**	Eigen**kapital**
Umlauf**vermögen**	Fremd**kapital**

Die Bilanz zeigt folglich auf beiden Seiten dieselben Mittel, die lediglich unter den unterschiedlichen Betrachtungsweisen dargestellt werden:

– Mittel**verwendung** = investierte Mittel
– Mittel**herkunft** = finanzielle Mittel

Dabei setzt die Kapitalverwendung stets die Kapitalbeschaffung voraus.

Kapital*beschaffung* bedeutet Finanzierung

Der Begriff Kapitalbeschaffung wird üblicherweise gleichgesetzt mit der Beschaffung von Geldmitteln. Meistens denkt man bei dem Begriff Kapitalbeschaffung an eine Bilanzverlängerung. Hier werden zusätzliche Geldmittel in der Weise beschafft, dass das Eigen- oder Fremdkapital des Unternehmens in entsprechender Weise erhöht wird. Wenn einem Unternehmen etwa auf dem Kreditwege zusätzliche Geldmittel zufließen, so erhöht sich die Bilanzsumme.

Eine Beschaffung von Geldmitteln liegt aber auch dann vor, wenn ein Aktivtausch zu diesem Zweck vorgenommen wird, d. h. wenn beispielsweise Wertpapiere oder Grundstücke verkauft werden, um so (Vermögensumschichtung) den Kassenbestand zu erhöhen. Die Bilanzsumme bleibt bei einem Aktivtausch unverändert.

Auch ein Passivtausch, d. h. eine Kapitalumschichtung, kann zu Finanzierungszwecken vorgenommen werden, etwa mit dem Ziel künftige

---

[1] Den umgekehrten Vorgang, die Kapitalfreisetzung, nennt man *Desinvestition*. Beispiel: Ein Kunde der Grotex GmbH überweist nach Ablauf des Zahlungszieles den fällig gewordenen Rechnungsbetrag. Hierdurch wird bislang gebundenes Kapital in der GmbH wieder freigesetzt.

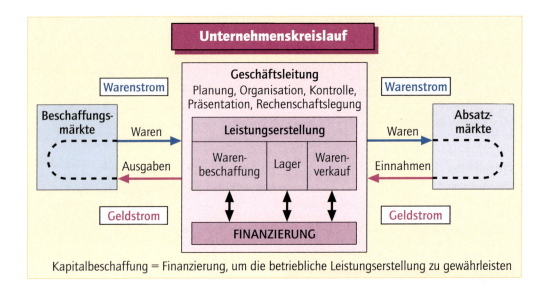

Kapitalbeschaffung = Finanzierung, um die betriebliche Leistungserstellung zu gewährleisten

Auszahlungen für das aufgenommene Fremdkapital zu vermeiden oder zu senken. Dieser Fall liegt dann vor, wenn Fremdkapital in eine Beteiligung, d. h. in Eigenkapital umgewandelt wird oder wenn kurzfristige Verbindlichkeiten durch langfristige abgelöst werden. Die Bilanzsumme bleibt beim Passivtausch unberührt, die Kapitalbeschaffung (Finanzierung) hat keine Investition zur Folge.

Finanzierung = Sämtliche Maßnahmen, die der lang-, mittel- und kurzfristigen **Beschaffung von Kapital** in allen Formen (Eigen- oder Fremdkapital) dienen.

Neben den besonderen Finanzierungsanlässen (vgl. Investitionsarten) muss durch entsprechende Finanzierung stets auch der **laufende Betriebsprozess** sichergestellt sein. Regelmäßig zu finanzieren sind dabei z. B.

– Löhne und Gehälter,
– Beschaffung von Roh-, Hilfs- und Betriebsstoffen,
– Sozialversicherungsabgaben des Arbeitgebers,
– Steuern,
– Reparaturen,
– Miet-, Strom- und Heizungskosten,
– laufende Ersatzbeschaffungen.

Kapitalbedarf

Die Berechnung des Kapitalbedarfs erstreckt sich auf das ganze Unternehmen. Eine Kapitalbedarfsrechnung ist unumgänglich, wenn neue Ereignisse, wie z. B.

– die Errichtung einer Filiale,
– betriebliche Erweiterungen oder Umstellungen (z. B. der Ausbau der Lagerkapazitäten),
– Rationalisierungsmaßnahmen oder
– Arbeitsplatzschutz- und Umweltschutzmaßnahmen

finanziell bewältigt werden müssen.

Kapitalbedarf entsteht letztlich immer, wenn die Kapitalbindung, beispielsweise durch den Kauf von Anlagegütern, und die Kapitalfreisetzung, resultierend aus den Umsatzerlösen, zeitlich auseinanderfallen.

Bedarf an zusätzlichen Geldmitteln besteht daher konkret, wenn innerhalb eines bestimmten Zeitraumes die Auszahlungen größer sind als die Einzahlungen. Dieser Kapitalbedarf muss durch die Zuführung von Finanzmitteln befriedigt werden.

Kapitalbedarfsermittlung

Die Höhe des Kapitals hängt von verschiedenen Einflussgrößen ab, wie z. B. von:

• der Unternehmensgröße

Beispiel „Expansion"

Wenn sich, wie bei der Grotex GmbH, die Umsätze von Jahr zu Jahr erhöhen, müssen daraus finanzielle Konsequenzen gezogen werden. Für zusätzlich Beschäftigte, die Aufstockung der Lagerkapazität, den Kauf weiterer Lkws, die Finanzierung gestiegener Kundenkredite und die Einrichtung einer Filiale müssen neue Geldmittel aufgebracht werden.

- der Betriebsform
- der Branche
- dem Sortiment

Beispiel

Die Sortimente, die ein Baustoff-Fachhändler führen muss, expandieren ständig. Früher waren es vor allem die Rohbaustoffe, die schwerpunktmäßig verkauft wurden, heute sind die Baustoffe für den Innenausbau, den Gartenbau, vielfach auch Sanitäreinrichtungen, Holz, Werkzeuge und vieles andere mehr hinzugekommen.

Das bedeutet letztlich erhöhten Kapitalbedarf für das Sortiment, die aufgestockte Lagerkapazität und hoch qualifizierte Verkaufskräfte.

Ähnliche Zusammenhänge ergeben sich bei der Spezialisierung. Das vorhandene Sortiment muss breiter und tiefer ausgebaut werden.

- der Kapitalbindungsdauer

  Gemeint ist hier der unterschiedlich lange Zeitraum von der Investition, z. B. Wareneinkauf oder Kauf einer neuen DV-Anlage, bis zur Desinvestition durch die Verkaufserlöse. Mit zunehmender Kapitalbindungsdauer steigt der Kapitalbedarf eines Großhandelsbetriebes.

Beispiel

Die Gegenstände des Anlagevermögens, z. B. Grundstücke und Gebäude, haben eine wesentlich längere Kapitalbindungsdauer als beispielsweise die Handelswaren, die dem Umlaufvermögen zuzurechnen sind. Die Kapitalfreisetzung bei Positionen des Umlaufvermögens erfolgt wesentlich schneller.

- der Rechtsform

  Die Gründungskosten z. B. einer Aktiengesellschaft sind wesentlich höher als die eines Einzelunternehmens; AGs haben zudem die Möglichkeit, sich notwendige finanzielle Mittel am Kapitalmarkt zu beschaffen, die den Personengesellschaften versagt bleibt.

- der eigenen Kreditgewährung an Kunden

  Je länger das den Kunden eingeräumte Zahlungsziel ist, desto größer ist der Kapitalbedarf. Längere Kreditfristen haben die gleiche Wirkung wie eine längere Lagerdauer.

- den Liefererkrediten

  Je länger das Liefererziel ist, desto geringer ist der Kapitalbedarf.

- Saisoneinflüssen
- den angebotenen Dienstleistungen
- der Eigenkapitalausstattung
- Steuerzahlungen (z. B. Umsatzsteuer, Gewerbesteuer)
- dem Standort

Investitionsarten

Unternehmerische Investitionsentscheidungen haben verschiedene Motive.

Die wichtigsten Investitionsarten sind

Bruttoinvestitionen sind die gesamten Investitionen in einer Volkswirtschaft.

Sie sagen aber nichts aus über das Wachstum der Wirtschaft, da in dieser Summe auch die Ersatzinvestitionen enthalten sind.

Ersatz-(Re-)Investitionen dienen dazu, veraltete oder verbrauchte Anlagen zu ersetzen.

Durch die Produktion nutzen sich beispielsweise die Maschinen ab. Ihre Lebensdauer ist zeitlich begrenzt. Die abgenutzten Anlagen müssen durch neue ersetzt werden. Zur Finanzierung der Ersatzinvestitionen werden sogenannte Abschreibungen gebildet. Sie werden ihrem Kostencharakter entsprechend in die Verkaufspreise einkalkuliert, kommen über die Erlöse in das Unternehmen zurück und können reinvestiert werden. Ersatzinvestitionen dienen also nicht der Erweiterung, sondern in erster Linie dem Erhalt des Produktionsapparates.

Eine Ersatzinvestition kann aber gleichzeitig auch **Rationalisierungsinvestition** sein, wenn beispielsweise eine abgenutzte Maschine durch eine kostengünstiger produzierende ersetzt wird, ohne dass dabei die Kapazität verändert wird.

Ersatzinvestitionen zählen zu den Bruttoinvestitionen, die alle Investitionen umfassen, aber nicht zu den Neuinvestitionen, die mehr als den reinen Erhalt des Produktionsapparates bezwecken.

> **Neu-(Netto-)Investitionen** sind die Differenz zwischen Bruttoinvestitionen und Ersatzinvestitionen (Abschreibungen).

Sind Neuinvestitionen vorhanden, so ist das gleichbedeutend mit einer Zunahme des gesamtwirtschaftlichen Güterangebots und einem Wachstum der Wirtschaft.

Bei den Neuinvestitionen lassen sich **nach dem Zweck** der Investition unterscheiden:
- Rationalisierungsinvestitionen,
- Erweiterungsinvestitionen,
- Vorratsinvestitionen.

Mit **Rationalisierungsinvestitionen** bezweckt das Unternehmen, seine Produktionskosten zu senken, ohne dabei aber seine Produktionsanlagen auszudehnen. Vielmehr wird in produktivere und kostengünstiger produzierende Betriebsmittel investiert. Rationalisierungsinvestitionen verbessern so zwar die Leistungsfähigkeit des Unternehmens, haben aber auch zur Folge, dass Arbeitsplätze verloren gehen. Arbeitskraft wird durch Kapital (= produzierte Produktionsmittel) ersetzt (substituiert). Rationalisierungsinvestitionen werden immer dann vorgenommen, wenn die Arbeitskosten real stärker steigen als die Produktivität.

Rationalisierungsinvestitionen sind die Voraussetzung für das allgemeine Wachstum einer Volkswirtschaft.

Erweiterungsinvestitionen vergrößern den Produktionsmittelbestand eines Unternehmens (= Kapitalneubildung).

Beispiele
- Eröffnung eines Zweigwerkes
- Bau einer Lagerhalle
- Errichtung eines neuen Verwaltungsgebäudes
- Anschaffung eines Montageroboters mit erhöhter Kapazität
- Modernisierung der Betriebs- und Geschäftsausstattung

Zu den **Vorratsinvestitionen** zählen die *nicht dauerhaften Produktionsmittel*, wie z. B. die Lagerbestände der Roh-, Hilfs- und Betriebsstoffe und die Fertigprodukte. Sie stellen zusammen mit den Erweiterungs- und Ra-

Für die wirtschaftliche Entwicklung eines Landes sind Investitionen von entscheidender Bedeutung, denn sie schaffen die Grundlage für die Produktion von morgen und damit für ein größeres Güterangebot, für Arbeitsplätze und höhere Einkommen.

Was bedeuten Investitionen?

In der Privatwirtschaft	Beim Staat
Erweiterung und Modernisierung des Produktionsapparates	Neubau und Verbesserung öffentlicher Einrichtungen
zum Beispiel: Maschinen	Schulen, Universitäten
Fabriken	Krankenhäuser
Gebäude	Verkehrswege
Fuhrpark	Verwaltungsgebäude
Patente, Lizenzen	Sportplätze, Schwimmbäder
Vorratslager	Kläranlagen u. a.
Größere Güterproduktion, höherer materieller Wohlstand	Bessere öffentl. Ausstattung, höherer sozialer Wohlstand

Wachsender Lebensstandard

© Globus 1852

Betrieblicher Leistungsprozess

tionalisierungsinvestitionen die Summe der Neuinvestitionen dar.

Eine weitere Gliederung der Investitionen ergibt sich aus der Betrachtung des **Investitionsanlasses**:

- **Sachinvestitionen**, z. B. Anlagevermögen wie Grundstücke, Maschinen und Fuhrpark; Handelswaren, Rohstoffe, Fertigerzeugnisse
- **Finanzinvestitionen**, z. B. Beteiligungen an anderen Unternehmen, Wertpapiere, Forderungen gegen Kunden
- **Immaterielle Investitionen**, z. B. Forschungs- und Entwicklungsarbeiten, Werbung, Ausbildung

Unter **Anlageinvestitionen** versteht man die langfristige Anlage von Kapital zur Erhaltung, Verbesserung und Erweiterung des Produktionsapparats einzelner Unternehmen und der Volkswirtschaft im Ganzen. Zu unterscheiden ist dabei zwischen **Ausrüstungsinvestitionen** (Maschinen, technische Anlagen, Fahrzeuge, EDV-Anlagen usw.) und **Bauinvestitionen** (Wohnungs-, Fabrik- und Verwaltungsgebäude, Verkehrsbauten usw.).

[http://www.bundesbank.de]

Die westdeutsche Industrie wird im laufenden Jahr ihre Investitionen um sechs Prozent erhöhen. Das ist das Ergebnis der jüngsten Investitionserhebung des ifo-Instituts. Bereits im Jahr zuvor waren die Investitionen um 16 Prozent gestiegen und konnten so den schweren Einbruch nach der Wirtschaftskrise im Jahr 2009 zum Teil wieder wettmachen. Nach Erhebungen der Münchener Konjunkturforscher wollen 72 Prozent der befragten Unternehmen ihre Investitionen im Jahr 2012 erhöhen; jeder vierte Betrieb plant eine Verringerung der Investitionen. Knapp ein Drittel der Ausgaben dient dazu, alte Maschinen durch neue zu ersetzen. 28 Prozent der Mittel sollen für Kapazitätserweiterungen eingesetzt werden.

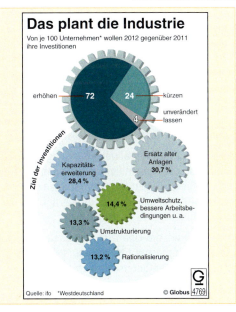

Unternehmen investieren nicht, um Arbeitsplätze zu schaffen, Unternehmen investieren in der Hoffnung auf künftige Gewinne. Und doch ist der Zusammenhang zwischen der Investitionslust und der Schaffung neuer Arbeitsplätze eng.

Mehr Investitionen bedeuten zunehmende Beschäftigung und Sicherung der Arbeitsplätze.

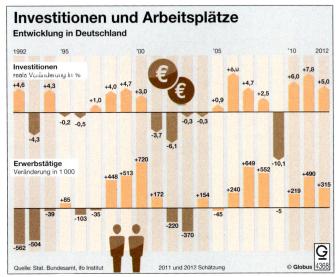

Finanzierungsregeln und -kennzahlen

Das notwendige Kapital steht dem Unternehmer unterschiedlich lange Zeit zur Verfügung:

- kurzfristig } = Fremdkapital
- langfristig

- unbefristet = Eigenkapital

Ein Unternehmen muss daher immer über flüssige Mittel verfügen, um Fremdkapital auch rechtzeitig zurückzahlen zu können. Eigenkapital hingegen kann unbedenklich langfristig investiert werden.

Sogenannte **Finanzierungsregeln (Finanzierungsgrundsätze)** sollen sicherstellen, dass die Liquidität des Unternehmens stets aufrechterhalten bleibt, um die **betriebliche Zahlungsfähigkeit** zu sichern. Es handelt sich dabei um Faustregeln, die auf ein bestimmtes Verhältnis von Eigen- und langfristigem Fremdkapital zum Anlagevermögen und auf den Vergleich von Anlage- und Umlaufvermögen bzw. Eigen- und Fremdkapital zielen.

Der Aussagewert der allgemeinen Regeln ist begrenzt, da sie firmenindividuelle Gegebenheiten nicht berücksichtigen. Trotzdem spielen sie, etwa bei der Beurteilung der Kreditwürdigkeit eines Unternehmens, eine wichtige Rolle.

Versucht man, die Finanzierungsregeln zu systematisieren, so lassen sich zwei am Bilanzbild orientierte Gruppen unterscheiden:

- horizontale Regeln
und
- vertikale Regeln.

Horizontale Regeln

Die *horizontalen* Regeln untersuchen die Relationen zwischen dem Vermögen und der Kapitalstruktur der Bilanz.

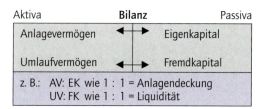

z. B.: AV: EK wie 1 : 1 = Anlagendeckung
UV: FK wie 1 : 1 = Liquidität

Der wichtigste und daher bekannteste Finanzierungsgrundsatz ist in der **goldenen Finanzierungsregel** festgeschrieben.

- **Goldene Finanzierungsregel**

Zur Sicherung der Zahlungsfähigkeit gilt es, die goldene Finanzierungsregel (auch goldene Bankregel) zu beachten. Sie besagt:

> Aufgenommenes Fremdkapital soll erst dann fällig sein, wenn die damit finanzierten Investitionen durch den Umsatzerlös wieder zu Geld geworden sind (= Desinvestition).

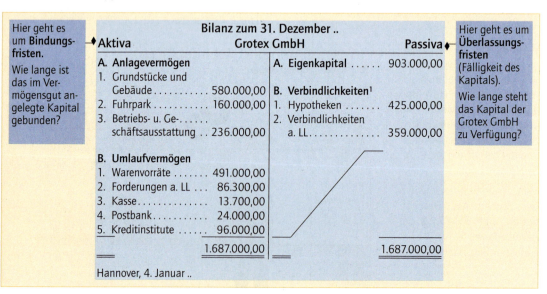

[1] Verbindlichkeiten = handelsrechtlicher Begriff; Fremdkapital = betriebswirtschaftlicher Begriff

Das heißt:
- Anlagevermögen ist mit Eigenkapital bzw. in geringem Umfang mit langfristigem Fremdkapital zu finanzieren.
- Umlaufvermögen sollte mit mittel- und kurzfristigem Fremdkapital beschafft werden. Die Fristigkeiten (siehe Zeichnung) sollten sich decken.

Die Beachtung dieser Grundsätze soll unter Berücksichtigung der Rückzahlungsverpflichtungen jederzeit die **Zahlungsbereitschaft** des Unternehmens **sicherstellen**.

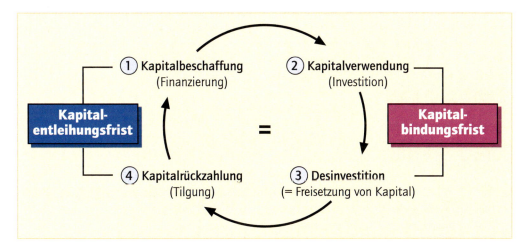

Erläuterung: Der Umschlag des Anlagevermögens erfolgt sehr langsam. Die Ausgaben für das Anlagevermögen gelangen über die Verkaufserlöse nur allmählich in das Unternehmen zurück. Daher sollte das für das Anlagevermögen notwendige Kapital möglichst langfristig, am besten unbefristet, zur Verfügung stehen.

Das Umlaufvermögen hingegen lässt sich eher mit fremden Mitteln, die in relativ kurzer Zeit zurückzuzahlen sind, finanzieren. Umlaufvermögen, wie z. B. die Waren, wird wesentlich schneller umgeschlagen, sodass auch die eingesetzten Fremdmittel sehr schnell zum Unternehmen zurückfließen.

- **Silberne Finanzierungsregel**

Wegen des überwiegend sehr knappen Eigenkapitals im Handel ist dort die goldene Finanzierungsregel kaum anwendbar, deshalb ist in der Praxis des Handels eher die sogenannte **„Silberne Finanzierungsregel"** anzuwenden.

Sie besagt, dass bei ungenügendem Eigenkapital mindestens das Anlagevermögen und etwa $1/3$ des Umlaufvermögens durch Eigenkapital und langfristiges Fremdkapital gedeckt sein sollen, während das restliche Umlaufvermögen mit kurzfristigem Fremdkapital finanziert werden kann. Außerdem sollen ein Teil der Kundenforderungen (ca. $1/3$ bis $1/2$) sowie eventuell eine Liquiditätsreserve ($1/12$ der jährlichen Kosten) langfristig finanziert sein.

- **Goldene Bilanzregel**

Eine weitere horizontale Kapital-Vermögensstrukturregel ist die **„Goldene Bilanzregel"**, die in ihrer *engsten* Fassung besagt, dass das Anlagevermögen ausschließlich mit Eigenkapital zu finanzieren ist.

In ihrer *weiten* Fassung fordert sie:

Anlagevermögen und ständig gebundenes Umlaufvermögen (= eiserner Bestand, der zur Aufrechterhaltung der Betriebsbereitschaft

$$\text{Anlagendeckung 1} = \frac{\text{Eigenkapital}}{\text{Anlagevermögen}} \cdot 100\,\%$$

erforderlich ist) sind langfristig gebundenes Vermögen. Es sollte deshalb durch langfristiges Kapital, also durch Eigenkapital und langfristiges Fremdkapital (mehr als 4 Jahre Laufzeit), gedeckt sein:

$$\text{Anlagendeckung 2} = \frac{\text{Eigenkapital + langfristiges Fremdkapital}}{\text{Anlagevermögen + ständig gebundenes Umlaufvermögen}} \cdot 100\,\%$$

Die Einbeziehung des Umlaufvermögens mag zunächst irritieren, da die gelagerten Waren mehrmals jährlich umgeschlagen werden. Zu bedenken ist jedoch, dass trotz möglicher saisonaler Schwankungen die Kapitalbindung für ein durchschnittlich großes Warenlager langfristig vorhanden ist.

Die übrigen Teile des Umlaufvermögens können kurzfristig finanziert werden. Auf diese Weise ist gewährleistet, dass kurzfristige Tilgungsverpflichtungen (z. B. Liefererschulden) nicht durch den Verkauf von Anlagegegenständen finanziert werden müssen.

Unter Eigenkapital ist das Inhaberkapital zu verstehen, bei Gesellschaften mit beschränkter Haftung das Stammkapital einschließlich der Rücklagen. In vielen Fällen, z. B. bei Unternehmen, die gerade große Investitionen getätigt haben, ist langfristiges Fremdkapital (Hypothekendarlehen) dem Eigenkapital gleichzusetzen.

Beispiel

Im Falle der Grotex GmbH ist festzustellen:

Verhältnis von Eigenkapital zu Anlagevermögen $\rightarrow \dfrac{903.000}{976.000} \cdot 100\,\% = \mathbf{92\,\%}$ **(0,92 : 1)** bzw.

Anlagendeckung mit langfristigem Fremdkapital $\rightarrow \dfrac{(903.000 + 425.000)}{976.000} \cdot 100\,\% = \mathbf{136\,\%}$ **(1,36 : 1)**

Bei dem Ergebnis von 92 % ist durch die Finanzierung des Anlagevermögens das Eigenkapital bereits aufgebraucht. Die Investitionssituation ist nicht ganz befriedigend. Das Ergebnis von 136 % hingegen sagt aus, dass das Anlagevermögen durch eine langfristige Finanzierung gesichert ist. Die Gefahr, dass durch eine mangelhafte Finanzierung des Anlagevermögens (durch kurzfristige Mittel) der Grotex GmbH die Existenzgrundlage entzogen wird, besteht nicht.

Vertikale Regeln

Die *vertikalen Regeln* untersuchen die Positionen auf der Aktiv- bzw. Passivseite der Bilanz.

Aktiva	**Bilanz**	Passiva
Anlagevermögen	▲	▲ Eigenkapital
Umlaufvermögen	▼	▼ Fremdkapital
z. B.: EK: FK wie 1 : 1 = Kapitalstruktur		
AV: UV wie 1 : 1 = Vermögensstruktur		

Kennzahlen des Kapitalaufbaus

- Finanzierung

Bei der Beurteilung des Kapitalaufbaus eines Unternehmens wird untersucht, wie sich das Unternehmen finanziert hat: überwiegend mit *eigenen* oder *fremden* Mitteln. Dabei sollen bei günstiger Finanzierung Eigenkapital und Fremdkapital in einem angemessenen Verhältnis zueinander stehen, möglichst 1 : 1.

Dieser Grundsatz bringt zum Ausdruck, dass zusätzlich zum langfristig gebundenen Kapital eigene Mittel vorhanden sein müssen, damit unerwartete Risiken, wie etwa die Zahlungsunfähigkeit eines Kunden, abgefedert werden können.

$$\text{Finanzierung} = \frac{\text{Eigenkapital}}{\text{Fremdkapital}} \cdot 100\,\%$$

Das Verhältnis von Eigen- zu Fremdkapital (= Finanzierung) beträgt im Falle der Grotex GmbH:

$$\frac{903.000}{425.000 + 359.000} \cdot 100\,\% = \underline{\underline{115\,\%}}$$
$$(= 1{,}15 : 1)$$

Das Verhältnis zwischen Eigen- und Fremdkapital eines Unternehmens kann allerdings nicht eindeutig definiert werden. Was angemessen, richtig oder zweckmäßig ist, hängt von der individuellen Struktur des einzelnen Unternehmens ab. Die Qualität der Debitoren (= Kunden), der Führungsstil, eine aussagefähige Kostenrechnung, zukunftsorientiertes Denken und Handeln gehören dazu.

Eine generelle Aussage ist jedoch sicherlich möglich. Fällt der Eigenkapitalanteil unter 20 % des Gesamtkapitals, besteht Gefahr für das Unternehmen.

> Im Falle der Grotex GmbH beträgt der Eigenkapitalanteil 53,53 %. Dieser Prozentsatz weist auf den Anteil der Finanzierung mit Eigenkapital hin.

Je größer das Eigenkapital ist, umso sicherer ist die Situation des Unternehmens:

- Ein **hoher Anteil** an eigenem Kapital erhöht das haftende Kapital und damit gleichzeitig die Kreditwürdigkeit im Geschäftsleben.
- Des Weiteren bestehen größere finanzielle Unabhängigkeit von Kreditgebern sowie niedrigere Belastungen mit Zins- und Tilgungszahlungen.

- Eigenkapitalanteil

$$\text{Eigenkapitalanteil (Eigenkapitalintensität)} = \frac{\text{Eigenkapital}}{\text{Gesamtkapital}} \cdot 100\,\%$$

Umgekehrt wird mit abnehmendem Eigenkapitalanteil bzw. steigendem Fremdkapitalanteil die Zins- und Tilgungsbelastung des Großhändlers größer, was zusätzlich den Gewinn schmälert.

Weitere Kennziffern zur Beurteilung der Finanzlage eines Unternehmens sind:

Vertikale Bilanzkennzahlen:	im Falle der Grotex GmbH (vgl. Bilanz S. 288)
Verschuldungsgrad = $\frac{\text{Fremdkapital}}{\text{Eigenkapital}} \cdot 100\,\%$ (= Verhältnis von Fremdkapital zu Eigenkapital)	$\frac{425.000 + 359.000}{903.000} \cdot 100\,\% = \underline{\underline{86,2\,\%}}$
Fremdkapital (Fremdkapitalintensität) = $\frac{\text{Fremdkapital}}{\text{Gesamtkapital}} \cdot 100\,\%$	$\frac{425.000 + 359.000}{1.687.000} \cdot 100\,\% = 46,47\,\%$

Die Kapitalstruktur der Grotex GmbH kann als günstig bezeichnet werden, denn es ist wünschenswert, dass das Verhältnis von Eigenkapital zu Fremdkapital mindestens 1 : 1 ist, d. h. dass beide wenigstens gleich groß sind; das Eigenkapital sollte sogar möglichst überwiegen.

Diese Erkenntnis kann durch den Verschuldungsgrad bestätigt werden. Der Prozentsatz von 86,82 % sagt aus, dass auf je 100 € Eigenkapital 86,82 € Fremdkapital entfallen, d. h. dass das Eigenkapital größer ist als das Fremdkapital.

Der Anteil des Fremdkapitals am Gesamtkapital kommt in der Fremdkapitalintensität zum Ausdruck. Eine Erhöhung der 46,47 % in der Grotex GmbH würde bedeuten, dass die Selbstständigkeit der Textilgroßhandlung eingeengt würde. Begründung: Mit jeder weiteren Aufnahme von Fremdkapital (z. B. Kredite) ist zwangsläufig die Kontrolle durch Gläubiger sowie der Nachweis der Kreditverwendung verbunden.

Kennzahlen des Vermögensaufbaus

Bei der Analyse der Vermögensstruktur interessieren besonders die Art und die Zusammensetzung des Vermögens sowie der einzelnen Vermögensposten zueinander, insbesondere das Verhältnis des Anlage- zum Umlaufvermögen, auch **Konstitution** genannt.

Vertikale Bilanzkennzahlen:	im Falle der Grotex GmbH
Konstitution = $\dfrac{\text{Anlagevermögen}}{\text{Umlaufvermögen}} \cdot 100\,\%$ Je geringer das Anlagevermögen im Verhältnis zum Umlaufvermögen ist, desto – geringer ist für das Unternehmen die Belastung mit fixen Kosten, – flexibler kann es auf veränderte Marktsituationen reagieren.	$\dfrac{976.000}{711.000} \cdot 100\,\% = \underline{137,27\,\%}\ (1,37:1)$
Anlagenintensität = $\dfrac{\text{Anlagevermögen}}{\text{Gesamtvermögen}} \cdot 100\,\%$	$\dfrac{976.000}{1.687.000} \cdot 100\,\% = \underline{57,85\,\%}$
Umlaufintensität = $\dfrac{\text{Umlaufvermögen}}{\text{Gesamtvermögen}} \cdot 100\,\%$	$\dfrac{711.000}{1.687.000} \cdot 100\,\% = \underline{42,14\,\%}$

Die beiden Ergebnisse von 57,85 % und 42,14 % zeigen, dass das Anlagevermögen etwas mehr als die Hälfte am Gesamtvermögen ausmacht. Das **Anlagevermögen** der Grotex GmbH, einem Handelsbetrieb, der seinen geschäftlichen Schwerpunkt im Ein- und Verkauf von Textilien hat, ist **zu hoch**. Der Grund für diesen hohen Anteil ist darin zu sehen, dass in den letzten zwei Jahren von den Geschäftsführern Erweiterungs- und Rationalisierungsinvestitionen in Höhe von 350.000 € vorgenommen wurden.

Da die Unternehmen aufgrund der Unterschiede zwischen den einzelnen Branchen die verschiedenartigste Struktur haben, lässt sich eine allgemeingültige Verhältniszahl für Anlage- und Umlaufvermögen nicht angeben.

Es kann jedoch überschlägig gesagt werden, dass in anlageintensiven Unternehmen (z. B. in der Schwerindustrie oder bei Lagerhausunternehmen) das Anlagevermögen das Umlaufvermögen im Allgemeinen erheblich übersteigt, während bei den meisten anderen Unternehmen, insbesondere bei Handelsbetrieben, je nach der Art des einzelnen Unternehmens das Umlaufvermögen überwiegt. Doch bestehen nicht nur zwischen den einzelnen Wirtschaftszweigen, sondern auch zwischen den Unternehmen gleicher Branchen teilweise erhebliche Unterschiede im Verhältnis von Anlage- und Umlaufvermögen.

Liquiditätsgrundsätze

Jedes Unternehmen hat *Verpflichtungen*: Monatlich sind Löhne und Gehälter zu zahlen, die Rechnungen der Lieferanten sind zu begleichen, Kosten der Verwaltung wie Bürobedarf, Porto und Telefon müssen bezahlt werden, Versicherungen, Mieten und vieles mehr werden fällig. Wird diesen Verpflichtungen fristgerecht nachgekommen, so bedeutet das **Auszahlungen**, die gleichzusetzen sind mit einem **Geldabfluss**.

Forderungen entstehen u. a. durch den Warenverkauf. Die daraus resultierenden **Einzahlungen** stellen einen **Zufluss an flüssigen Mitteln** (= Zahlungsmittel) dar, dessen Umfang man an der Summe der Finanzmittelbestände (Kasse, Bank, Postbank, diskontfähige Wechsel) ablesen kann.

Die Zahlungsfähigkeit eines Unternehmens ist gegeben, wenn sich Einzahlungen (= Geldzuflüsse) und Auszahlungen (= Geldabflüsse) ausgleichen. Es liegt ein finanzielles Gleichgewicht vor = **optimale Liquidität**.

> Liquiditätsbedingung:
>
> Bestand an flüssigen Mitteln (Zahlungsmittel)
> + Einzahlungen
> ./. Auszahlungen
> _____
> ≥ 0

Liquidität (Flüssigkeit) = Die Fähigkeit des Unternehmens stets zahlungsbereit zu sein, um seine fälligen Verpflichtungen fristgerecht erfüllen zu können.

Übersteigen die Zahlungsmittelbestände die betrieblichen Verpflichtungen bzw. die Geldeingänge aus den Forderungen die Zahlungsabflüsse aus den Verpflichtungen, entsteht ein Überschuss an Zahlungsmitteln; man spricht dann von **Überliquidität**.

Zwar kann das Unternehmen in dieser Situation seine Zahlungsverpflichtungen erfüllen, vorhandene überschüssige Zahlungsmittel bedeuten aber auch, dass das Kapital unwirtschaftlich genutzt wird und Zinsverluste hingenommen werden müssen. In diesem Fall sollten die überschüssigen Mittel Rendite bringend, z. B. durch den Kauf von Wertpapieren, angelegt werden.

Sind die Ausgaben höher als die Einnahmen, so liegt **Unterliquidität** vor. In dieser Situation decken die flüssigen Mittel nicht die fälligen kurzfristigen Verpflichtungen. Das Unternehmen ist nicht mehr jederzeit in der Lage, seine Zahlungsverpflichtungen zu erfüllen – es ist nur noch eingeschränkt zahlungsfähig. Hält dieser Zustand über einen längeren Zeitraum an, kann es zur Illiquidität (= Zahlungsunfähigkeit) führen und letztlich zur Auflösung des Unternehmens.

In der Vergangenheit sind **Liquiditätskennzahlen** entwickelt worden. Sie sollen Auskunft darüber geben, ob das Unternehmen über ausreichend flüssige Mittel zur Begleichung seiner Verpflichtungen verfügt.

Die Kennzahlen der Liquidität 1. bis 3. Grades besagen, wie das kurzfristige Fremdkapital zum Bilanzstichtag

– durch flüssige Mittel (Liquidität 1. Grades) bzw.
– durch flüssige Mittel und kurzfristige Forderungen (Liquidität 2. Grades) bzw.
– durch Umlaufvermögen (Liquidität 3. Grades)

gedeckt ist.

Es werden folgende **Liquiditätsgrade** unterschieden:		in Zahlen (bezogen auf die Grotex GmbH):
Liquidität 1. Grades (Barliquidität)	$= \dfrac{\text{Zahlungsmittel}^1}{\text{kurzfristige Verbindlichkeiten}}$	$\dfrac{133.700}{359.000} = 0,37 (= 37\%)$
1 Sofort flüssige Mittel wie Kasse, Postbank, frei verfügbare Bankguthaben		
Liquidität 2. Grades (einzugsbedingte Liquidität)	$= \dfrac{\text{Zahlungsmittel + kurzfristige Forderungen}}{\text{kurzfristige Verbindlichkeiten}}$	$\dfrac{220.000}{359.000} = 0,61$ d. h., die kurzfristigen Verbindlichkeiten werden nicht durch kurzfristig verfügbare Mittel abgedeckt; da L < 1.
Liquidität 3. Grades (Umsatzliquidität)	$= \dfrac{\text{Zahlungsmittel + kurzfristige Forderungen + Vorräte (UV)}}{\text{kurzfristige Verbindlichkeiten}}$	$\dfrac{711.000}{359.000} = 1,98$ d. h., das Unternehmen müsste zweimal so hohe Verbindlichkeiten haben, bevor es ernste Zahlungsschwierigkeiten bekommen würde.

Erfahrungsregeln besagen, dass zur Aufrechterhaltung der Zahlungsfähigkeit

- die Liquidität 1. Grades[1] mindestens $\frac{1}{5}$ (= 20 %) betragen soll

  (Zwar ist die Liquidität mit 20 % unzureichend, weil flüssige Mittel fehlen. Andererseits sind die kurzfristigen Verbindlichkeiten nicht alle am Bilanzstichtag fällig. Insofern ist es möglich, dass bis zum jeweiligen Fälligkeitstermin noch flüssige Mittel eingehen.),
- die Liquidität 2. Grades[2] mindestens 1 (= 100 %) betragen soll,
- die Liquidität 3. Grades[3] mindestens 2 (= 200 %) betragen soll.

Da eine optimale Liquidität in der Praxis sehr selten realisiert werden kann, bilden die Unternehmen aus Gründen der Sicherung ihrer Zahlungsfähigkeit finanzielle Reserven. Durch dieses unwirtschaftlich genutzte Kapital entsteht zwangsläufig ein Zinsverlust, der eine Verringerung des Gewinns zur Folge hat und letztlich die Rentabilität verschlechtert. Denn je höher die Überliquidität ausfällt, desto geringer muss die Rentabilität sein.

Liquidität geht vor Rentabilität.[4]

Finanzierungsarten

Je nachdem, ob die Deckung des ermittelten Kapitalbedarfs mit Eigen- oder Fremdkapital vorgenommen wurde, unterscheidet man zwischen **Eigenfinanzierung** und **Fremdfinanzierung**.

Eigenfinanzierung

Die Eigenfinanzierung umfasst

- die **Einlagen- oder Beteiligungsfinanzierung** und
- die **Selbstfinanzierung**.

In beiden Fällen wird das Kapital selbst aufgebracht, das Unternehmen erhält eigene Mittel: **Eigenkapital**.

1. Einlagen- oder Beteiligungsfinanzierung

Von Einlagen- oder Beteiligungsfinanzierung spricht man, wenn
- der bisherige oder die bisherigen Gesellschafter eine zusätzliche Einlage leisten oder
- Kapitalgeber als neue Gesellschafter aufgenommen werden.

Tätige/-r Teilhaber/-in

gesucht für bestens eingeführtes Hutmoden-Geschäft (über 50 J. am Ort), konkurrenzlos im weiten Umkreis, Ia-Lage, im süddeutschen Raum (Nähe Bodensee), spätere Übernahme nicht ausgeschlossen.

Bestens in D, A, CH eingeführtes

TEXTIL-PRODUKTIONS- und IMPORT-HANDELS-UNTERNEHMEN

sucht INVESTOR (500.000 EUR), um Liquidität der wachsenden Auftragslage anzupassen, gute Rendite gewährleistet.

Die Arten der Einlagen- oder Beteiligungsfinanzierung sind von der Unternehmensform abhängig. Den Unternehmen wird dabei aber stets Kapital (Geld, Sachleistungen oder Rechte) von **außen (= Außenfinanzierung)** zugeführt.

Unternehmens-form	Erhöhung des Eigenkapitals durch
Einzelunternehmen	Einzahlung privater Gelder oder privaten Sachvermögens (Einlagenfinanzierung)
OHG KG	weitere Kapitaleinlagen bzw. Aufnahme neuer Gesellschafter
GmbH	Erhöhung des Stammkapitals, indem die bisherigen oder neuen Gesellschafter Geldmittel zuführen.
AG	Ausgabe neuer Aktien (Grundkapitalerhöhung)
Genossenschaft	Erhöhung der Geschäftsanteile der Genossen und Eintritt neuer Mitglieder

---

1 gibt den Deckungsgrad der kurzfristigen Verbindlichkeiten durch bare Mittel an.
2 zeigt den Deckungsgrad der kurzfristigen Verbindlichkeiten durch Mittel an, die innerhalb von 3 Monaten verfügbar werden, wie Kundenforderungen oder bundesbankfähiger Besitzwechsel.
3 zeigt den Deckungsgrad der kurzfristigen Verbindlichkeiten durch Mittel an, die durch den künftigen Umsatzprozess flüssig gemacht werden können.
4 Rentabilität siehe Kapitel 4.1

Bei der Einlagen- oder Beteiligungsfinanzierung ist der Kapitalgeber Eigentümer des Unternehmens. Er ist am Gewinn und Verlust des Unternehmens beteiligt.

Eigenkapital ist langfristiges Kapital, d. h. es steht dem Unternehmen **unbegrenzt lange** zur Verfügung. Da die Kapitalgeber keinen Anspruch auf eine feste Verzinsung ihres Kapitals haben und Tilgungsraten nicht anfallen, ist es in Krisensituationen vorteilhaft, wenn das Unternehmen zu einem großen Anteil mit Eigenkapital finanziert ist.

Darüber hinaus wird die Kreditwürdigkeit des Unternehmens im Falle einer Fremdfinanzierung (z. B. Aufnahme eines Bankkredites) erhöht: Da Eigenkapital haftendes Kapital darstellt, wird die Beschaffung von Fremdkapital erleichtert. Andererseits muss aber bedacht werden, dass

- bei Personengesellschaften die Aufnahme neuer voll haftender Gesellschafter eine Einschränkung in der Geschäftsführung und Vertretung zur Folge hat,
- potenzielle Kapitalgeber (Teilhafter) nur dann zu finden sind, solange das betreffende Unternehmen Gewinne erwirtschaftet, die die Kapitalanlagen höher verzinsen, als es auf dem Kapitalmarkt der Fall wäre.

2. Selbstfinanzierung

> Unter Selbstfinanzierung versteht man die Finanzierung des Unternehmens **aus eigener Kraft, ohne Zuführung von Kapital von außen (= Innenfinanzierung).**
>
> Selbstfinanzierung ist Finanzierung aus erwirtschafteten, einbehaltenen Gewinnen.

Nach der Art des Ausweises in der Bilanz kann man unterscheiden in:
- offene Selbstfinanzierung und
- stille oder verdeckte Selbstfinanzierung.

Offene Selbstfinanzierung

- **Personengesellschaften und Einzelunternehmen**

Nicht entnommene/ausgeschüttete Gewinne werden auf den Kapitalkonten der vollhaftenden Gesellschafter gutgeschrieben (siehe unten).

- **Kapitalgesellschaften und Genossenschaften**

Die Gewinne fließen den **offenen Rücklagen** (Gewinnrücklagen) zu, ausgewiesen in der Bilanz. Speziell die Aktiengesellschaft ist gemäß Aktiengesetz verpflichtet, den zwanzigsten Teil des Jahresüberschusses so lange den Rücklagen[1] zuzuführen, bis sie den zehnten Teil (oder den in der Satzung bestimmten höheren Teil) des Grundkapitals betragen.

Neben den gesetzlichen können freie Rücklagen gebildet werden.

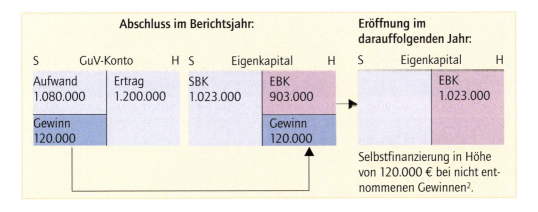

---

[1] Gemäß HGB setzen sich die offenen Rücklagen aus den Kapital- und den Gewinnrücklagen zusammen, wobei hier nur die **Gewinnrücklagen** für die offene Selbstfinanzierung von Bedeutung sind.

[2] Der nicht entnommene Gewinn erhöht das Eigenkapital, das für Investitionen zur Verfügung steht. Eigenkapital macht im Vergleich zu Fremdkapital unabhängiger und krisenfester. Das Anlagevermögen sollte daher grundsätzlich mit Eigenkapital finanziert werden.

Stille oder verdeckte Selbstfinanzierung

Die stille Selbstfinanzierung entsteht dadurch, dass nicht ausgewiesene und somit unversteuerte Gewinne einbehalten werden. Der Gewinnausweis wird durch bewusste bilanzpolitische Maßnahmen verringert, wodurch **stille Reserven** gebildet werden.

Möglichkeiten zur Bildung stiller Reserven:

- Unterbewertung von Vermögensteilen (Aktiva)
  Die Unterbewertung der Aktivposten in der Bilanz kann beispielsweise erfolgen durch überhöhte direkte Abschreibungen oder zu niedrige Wertansätze des Umlaufvermögens.
- Überbewertung von Schulden (Passiva)
  Die Überbewertung der Passiva wäre möglich z. B. durch hohe Steuerrückstellungen oder zu hohen Rechnungsabgrenzungsposten.
- Nichtaktivierung von aktivierungsfähigen Vermögensgegenständen, z. B. bei geringwertigen Wirtschaftsgütern

In allen Fällen **verdecken** die höher ausgewiesenen Aufwendungen den **tatsächlich erzielten Gewinn** teilweise oder ganz. Dies führt zu einer geringeren Steuerbelastung in der Abrechnungsperiode. Diese Form der Selbstfinanzierung wird „still" genannt, weil sie nicht aus der Bilanz ersichtlich ist. Zu einem späteren Zeitpunkt werden diese stillen Reserven aufgelöst, z. B. beim Verkauf der betreffenden Vermögensgegenstände. Doch bis zur Auflösung der stillen Reserven ergeben sich Liquiditäts- und Zinsvorteile, weil zinsloses Kapital im Unternehmen verbleibt. Dieses Kapital kann zur Finanzierung von Investitionsvorhaben verwendet werden.

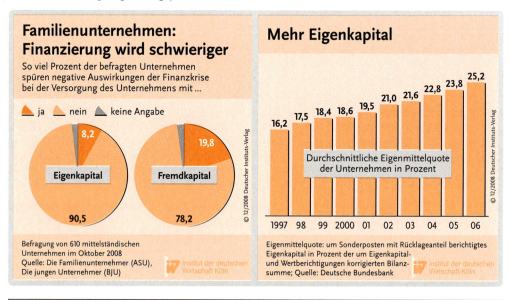

Selbstfinanzierung	
Vorteile	**Nachteile**
– keine Kosten für die Kapitalbeschaffung – unabhängig von fremden Kapitalgebern – keine Belastung durch Zins- und Tilgungsverpflichtungen – Erhöhung der Kreditwürdigkeit – Erhöhung der Krisenfestigkeit – Steigerung der Investitionsbereitschaft (z. B. risikoreiche Investitionen) und Investitionstätigkeit – Verringerung des Fremdkapitalanteils – durch Eigenkapitalerhöhung zusätzliche Gewinnerzielung	– Zinsloses Eigenkapital kann zu riskanten Spekulationsgeschäften verleiten (Gefahr der Fehlinvestition). – Verdeckte Selbstfinanzierung verschleiert die tatsächliche Rentabilität. – Sofern die Bedingung des Verkäufermarktes gegeben ist und die Selbstfinanzierung über überhöhte Preise erfolgt, muss der Käufer die Kosten für die Bildung zusätzlichen Eigenkapitals tragen. – Werden stille Reserven aufgelöst, wird u. U. trotz wirtschaftlichen Verlusts noch Gewinn ausgewiesen; Verschleierung von Managementfehlern.

Finanzierung durch Ausgabe von Aktien

Da traditionelle Finanzierungsquellen wie Bankkredite und einbehaltene Gewinne allein nicht mehr ausreichen, um für Expansion und Globalisierung genügend liquide zu sein, gehen mehr und mehr vornehmlich inländische Aktiengesellschaften an die Börse. Aber auch Steueränderungen und gelockerte Bedingungen für den Börsengang inspirieren die Unternehmen.

3. Finanzierung durch Abschreibungen

Abschreibungen entstehen ursächlich u. a. durch technischen und natürlichen Verschleiß sowie aufgrund von Entwertungen durch technischen Fortschritt und Bedarfsverschiebungen (wirtschaftliche Überholung).

Diese Wertminderungen von Anlagegütern sind betriebsbedingter Aufwand, der durch Abschreibungen erfasst wird.

Die Abschreibungen sind in die Verkaufspreise eingerechnet. Werden Waren verkauft, so fließen die Abschreibungsbeträge über die Verkaufspreise in das Unternehmen zurück. Dort werden sie aber zeitlich erst später benötigt, nämlich dann, wenn das Anlagegut abgeschrieben ist und durch ein neues ersetzt werden soll.

Die über die Umsatzerlöse in das Unternehmen zurückfließenden Abschreibungsgegenwerte werden sodann nicht über die gesamte Nutzungsdauer angesammelt, sondern zwischenzeitlich für neue Ersatz- oder Erweiterungsinvestitionen ausgegeben (Kapazitätserweiterungseffekt).

Damit dieser Prozess reibungslos funktioniert und bei einer fälligen Ersatzinvestition auch das benötigte Kapital vorhanden ist, muss vom Unternehmen ein genauer Abschreibungs- und Reinvestitionsplan aufgestellt werden.

Der **Kapazitätserweiterungseffekt** wird auf S. 298 am Beispiel von Reinvestitionen in Anlagen gleicher Art dargestellt.

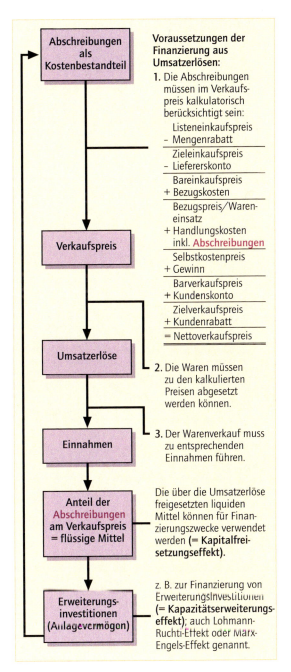

Voraussetzungen der Finanzierung aus Umsatzerlösen:

1. Die Abschreibungen müssen im Verkaufspreis kalkulatorisch berücksichtigt sein:

   Listeneinkaufspreis
   − Mengenrabatt
   Zieleinkaufspreis
   − Lieferskonto
   Bareinkaufspreis
   + Bezugskosten
   Bezugspreis/Wareneinsatz
   + Handlungskosten inkl. **Abschreibungen**
   Selbstkostenpreis
   + Gewinn
   Barverkaufspreis
   + Kundenskonto
   Zielverkaufspreis
   + Kundenrabatt
   = Nettoverkaufspreis

2. Die Waren müssen zu den kalkulierten Preisen abgesetzt werden können.

3. Der Warenverkauf muss zu entsprechenden Einnahmen führen.

Die über die Umsatzerlöse freigesetzten liquiden Mittel können für Finanzierungszwecke verwendet werden (= **Kapitalfreisetzungseffekt**).

z. B. zur Finanzierung von Erweiterungsinvestitionen (= **Kapazitätserweiterungseffekt**); auch Lohmann-Ruchti-Effekt oder Marx-Engels-Effekt genannt.

Beispiel

Ein Handelsunternehmen beginnt seinen Geschäftsbetrieb mit sechs gleichen Lagertransportmaschinen. Der Anschaffungswert pro Maschine betrug 15.000,00 €. Die Hydraulikmaschinen wurden bzw. werden über 5 Jahre mit jeweils 20 % pro Jahr linear[1] abgeschrieben. Die Waren sind zu kostendeckenden Preisen absetzbar.

Jahr	Bestand an Maschinen jeweils am Jahresanfang		Abschreibung	Maschinen		Restbetrag aus Abschreibungen
	Anzahl	Anschaffungswert		Neuzugang	Abgang	
1	6	90.000,00	18.000,00	+ 1		3.000,00
2	7	105.000,00	21.000,00	+ 1		9.000,00
3	8	120.000,00	24.000,00	+ 2		3.000,00
4	10	150.000,00	30.000,00	+ 2		3.000,00
5	12	180.000,00	36.000,00	+ 2	– 6	9.000,00
6	8	120.000,00	24.000,00	+ 2	– 1	3.000,00
7	9	135.000,00	27.000,00	+ 2	– 1	–
8	10	150.000,00	30.000,00	+ 2	– 2	
9	10	150.000,00	30.000,00	+ 2	– 2	

Der Anfangsbestand von sechs hydraulischen Transportmaschinen führt im 1. Jahr zu einer Gesamtabschreibung von 18.000,00 € (= *freigesetzter Abschreibungswert*). Davon werden 15.000,00 € **unverzüglich** wieder in eine neue siebte Maschine gleicher Technik investiert; 3.000,00 € bleiben als Restbetrag übrig.

Im 2. Jahr beträgt der Abschreibungswert insgesamt 21.000,00 €. Von dieser Summe wird eine achte Maschine angeschafft, die restlichen 6.000,00 € werden als Restbetrag ausgewiesen (3.000 € + 6.000 € = 9.000 €).

Am Ende des 5. Jahres scheiden die im 1. Jahr angeschafften sechs Maschinen aus, während aufgrund der freigesetzten Abschreibungen in diesem Jahr zu Beginn des 6. Jahres zwei neue Maschinen gekauft werden; neuer Maschinenbestand zu Beginn des 6. Jahres: acht.

Am Ende des 6. Jahres muss die siebte Maschine (Anschaffung im 2. Jahr) ersetzt werden, am Ende des 7. Jahres die achte (Anschaffung im 3. Jahr) usw.

Vom Ende des 8. Jahres an entspricht die Abschreibungssumme jedes Jahres genau dem Reinvestitionsbetrag von 3.000,00 €; Maschinenneuzugänge und -abgänge (+2/−2) gleichen sich aus. Dieser Gleichgewichtszustand stellt das Ende des Kapazitätserweiterungsprozesses dar.

Ohne dass Finanzmittel von dem Handelsunternehmen aufgenommen wurden, konnte die Anzahl der Lagertransportmaschinen von sechs auf zehn Maschinen erhöht werden; dies entspricht einer Kapazitätserweiterung von 66,67 %.

Die Funktionsweise des Kapazitätserweiterungseffektes ist an mehrere Voraussetzungen geknüpft:

– lineare Abschreibung der Anlagen und kontinuierliche Investition der Abschreibungsgegenwerte in neue, gleichwertige Anlagen
– konstante Wiederbeschaffungspreise der Anlagen
– kein technischer Fortschritt
– konstante Leistungsfähigkeit der Anlagen während der gesamten Nutzungsdauer
– Finanzierung der Erstanschaffung der Anlagen mit Eigenkapital – bei Fremdfinanzierung müssten die freigesetzten Mittel in das Anlagevermögen investiert werden, anstatt damit die teuren Kredite abzulösen.

Der Kapazitätserweiterungseffekt wird eingeschränkt, weil

– die oben genannten Voraussetzungen realitätsfern sind, wie z. B. die konstanten Wiederbeschaffungspreise oder die Reinvestition in gleichartige Maschinen;
– eine Ausweitung des Anlagevermögens zu Folgekosten führt (Ausweitung des Umlaufvermögens, höhere Lagerkapazitäten, Personal), die ebenfalls finanziert werden müssen;
– eine Kapazitätsausweitung nur sinnvoll ist, wenn die zusätzlichen Produkte auch am Markt absetzbar sind.

---

[1] Bei der linearen Abschreibungsmethode wird mit gleichen Beträgen von den Anschaffungs- oder Herstellungskosten abgeschrieben.

Fremdfinanzierung

> Bei der Fremdfinanzierung erhält das Unternehmen Kapital in Form von Geld- oder Sachkrediten. Dabei sind die **Kreditgeber unternehmensfremde Gläubiger**; die Überlassung der Mittel ist befristet.

Bevor ein Unternehmer einen Kredit aufnimmt, müssen von ihm die folgenden Punkte geklärt werden:
- Verwendungszweck des Kredits, z. B. für Anlage- oder Umlaufvermögen
- Höhe des Kredits
- Laufzeit des Kredits
- Kreditart, z. B. Bank- oder Lieferantenkredit
- Sicherheiten

Kreditfinanzierung

> Bei der Kreditfinanzierung wird dem Unternehmen (von außen) durch unternehmensfremde Kapitalgeber (Gläubiger) Fremdkapital auf begrenzte Zeit zur Verfügung gestellt (Außenfinanzierung).

Da die Kapitalgeber Gläubiger des Unternehmens sind (es entsteht keine Beteiligung des Kreditgebers am Unternehmen des Schuldners), haben sie Anspruch
- auf Verzinsung und
- pünktliche Rückzahlung ihres Kapitals.

Am Verlust nehmen sie nicht teil.

Insofern stellen die Zins- und Tilgungszahlungen für Kredite eine feste Liquiditätsbelastung dar, die bei starken Umsatzrückgängen zu Liquiditätsschwierigkeiten oder doch zumindest zu einer Einengung der Dispositionsfreiheit bezüglich der Preisuntergrenze führen kann.

Darüber hinaus ist zu bedenken, dass die Gläubiger zwar kein Mitspracherecht im Unternehmen haben, dennoch aber die Gefahr erhöhter Abhängigkeit besteht, sollte sich das Unternehmen bei einem Großkreditgeber hoch verschuldet haben.

Das für die Fremdfinanzierung erforderliche Fremdkapital kann u. a. über die Kreditmärkte beschafft werden.

Kreditkarten lassen sich nach der Fristigkeit des Kredits unterscheiden:
- kurzfristige Kredite,
- mittelfristige Kredite und
- langfristige Kredite.

Mittel- und kurzfristige Kredite

Mit **mittelfristigen Krediten** (von einem bis zu fünf Jahren Laufzeit) werden **kurzlebige Güter des Anlagevermögens** finanziert, wie z. B. Teile der Betriebs- und Geschäftsausstattung.

Kurzfristige Kredite (bis zu einem Jahr Laufzeit) sind vornehmlich bei der Finanzierung des **Umlaufvermögens** (Waren und Forderungen) angebracht.

Bedeutsam bei der Beschaffung von kurzfristigen Mitteln sind:
- Kredite der Lieferer ⎫ Handelskredite
- der Kundenkredite ⎭
- der Kontokorrentkredit ⎫ Bankkredite als
- der Wechseldiskontkredit ⎭ Geldkredite
- der Bankkredit als Kreditleihe

• Liefererkredit

Der Liefererkredit entsteht dadurch, dass der Lieferer (z. B. Hersteller) dem Käufer (z. B. Großhändler) ein Zahlungsziel einräumt (Kauf von Waren auf Ziel). Der Käufer muss den Rechnungsbetrag erst nach einer bestimmten Frist, z. B. nach 30 oder 60 Tagen, begleichen, beispielsweise „Zahlung innerhalb von 60 Tagen netto Kasse". Ihm wird durch den Zahlungsaufschub ermöglicht, seine Schulden aus den Umsatzerlösen der verkauften Waren zu bezahlen, sodass sein sonstiger Kapitalbedarf durch diese Art der Kreditgewährung wesentlich geringer ist.

Allerdings gewährt der Lieferer den Kredit nicht kostenlos. Er kalkuliert den Zins für die Gewährung des Liefererkredits zuvor in seinen Verkaufspreis ein, denn üblicherweise kann bei Barzahlung vom Rechnungspreis Skonto abgezogen werden, z. B. „Zahlbar in 30 Tagen ohne Abzug oder innerhalb von 14 Tagen mit 1 % Skonto".

Das folgende Beispiel zeigt, dass es günstiger ist, den vom Lieferer gewährten Skonto in Anspruch zu nehmen, als den Liefererkredit zu nutzen.

Beispiel

Der Einzelhändler Ulrich Wolf, Hannover, erhält die Rechnung des Großhändlers Arnold Gessner, Peine, vom 6. August 20.. über 6.000,00 € netto. Sie enthält die Zahlungsbedingung „Zahlbar innerhalb von 10 Tagen mit 2 % Skonto oder 30 Tage netto".

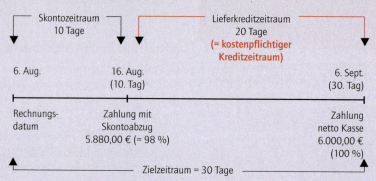

Zahlt der Einzelhändler Wolf spätestens am 10. Tag, so erhält er dafür, dass er 20 Tage vor dem Zahlungsziel zahlt, 2 % = 120,00 € (Netto) Skonto.

Die ersten 10 Tage des Ziels, während der ein Skontoabzug möglich ist, verursachen noch keine Kreditkosten. Kreditkosten in Höhe von 2 %, die im Verkaufspreis einkalkuliert sind, entstehen ab dem 11. bis zum 30. Tag. Der kostenpflichtige Kreditzeitraum umfasst 20 Tage (Zielzeitraum – Skontozeitraum).

20 Tage Kredit kosten demnach 120,00 €.

Da sich 2 % Skonto auf den kostenpflichtigen Kreditzeitraum von 20 Tagen beziehen, ergibt dies, bezogen auf ein Jahr, einen Jahreszinssatz von

$$\begin{array}{l} 20 \text{ Tage} = 2\,\% \\ 360 \text{ Tage} = x\,\% \end{array} \quad x = \frac{360 \cdot 2\,\%}{20} = \underline{\underline{36\,\%}}$$

Die genaue Lösung:

$$p = \frac{Z \cdot 360}{K \cdot t} \cdot 100\,\% = \frac{120 \cdot 360}{5.880 \cdot 20} \cdot 100\,\% = \underline{\underline{36{,}73\,\%}}$$

Z = Skontoertrag; K = Zahlung mit Skontoabzug; t = Kreditzeitraum

bzw. $p = \dfrac{2\,\% \cdot 360 \cdot 100\,\%}{98\,\% \cdot 20} = \underline{\underline{36{,}73\,\%}}$

Übersteigt der Skontoertrag (hier 120,00 €) die Kosten für einen Bankkredit, ist es für den Käufer wirtschaftlicher, einen kurzfristigen Bankkredit aufzunehmen, um den Skontoabzug ausnutzen zu können.

Die Finanzierung durch Liefererkredit kann für ein Unternehmen aber dennoch von besonderer Bedeutung sein, wenn sein Eigenkapital und seine Liquidität gering sind, und wenn es nicht über genügend Sicherheiten verfügt, um Bankkredite in Anspruch nehmen zu können. Mithilfe des Liefererkredits kann es zumindest teilweise seine Lagerbestände finanzieren.

- **Kontokorrentkredit**

Der Kontokorrentkredit ist der wichtigste und am häufigsten vorkommende kurzfristige Bankkredit im Handel.

Er entsteht bei der Abwicklung des Zahlungsverkehrs über das laufende Konto.

Die Bank gewährt dem Kreditnehmer (z. B. der Grotex GmbH) einen Kredit bis zu einer bestimmten Höhe. Bis zu dieser Kreditgrenze (= Limit) kann der Kontoinhaber innerhalb einer bestimmten Laufzeit sein Konto überziehen. Durch ständige Ein- und Auszahlungen entsteht eine laufende Rechnung, deren Saldo entweder ein Guthaben oder eine Kreditinanspruchnahme aufweist.

Der Kontokorrentkredit ist ein kurzfristiger Kredit. Vereinbarungen zwischen Kreditnehmer und Kreditgeber von bis zu einem Jahr sind der Regelfall. Normalerweise wird der Kontokorrentkredit aber verlängert, sodass er dem Kreditnehmer tatsächlich langfristig zur Verfügung steht.

Folgende Kapitalkosten fallen an:

– **Soll-Zinsen:** Berechnung für den tatsächlichen beanspruchten Kreditbetrag (Der Soll-Zinssatz für den Kreditsaldo ist relativ hoch, die Haben-

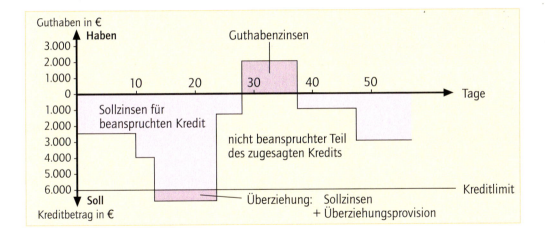

- **Überziehungsprovision** bei Überschreitung der Kreditlinie (Kreditlimit): Sie wird zusätzlich zu den Soll-Zinsen berechnet.
- **Kreditprovision** für die Bereitstellung des Kredits (Entgelt für die Möglichkeit der jederzeitigen Kreditinanspruchnahme)
- **Umsatzprovision**: Entgelt für die Führung des Kontokorrentkontos sowie für die Bereitstellung der banktechnischen Einrichtungen
- **Auslagen** für z. B. Spesen und Porto

Dem Kreditnehmer dient der Kontokorrentkredit zur Sicherung seiner Zahlungsbereitschaft. Er ist besonders bedeutsam für die Ausnutzung von Skonto. Der Kontokorrentkredit ist nicht zweckgebunden, sodass der Kreditnehmer selbst entscheiden kann, wofür und in welcher Höhe er ihn einsetzt (= optimale Dispositionsfreiheit).

- **Kundenkredit**

Im Gegensatz zum Liefererkredit tritt bei **Anzahlungen** der Kunde eines Unternehmens als Kreditgeber auf. Der Kunde zahlt bereits, noch bevor das Unternehmen seine Leistung erbracht hat.

Besondere Bedeutung hat diese kurzfristige Fremdfinanzierung im Großanlagen- und Wohnungsbau, im Großmaschinen- und Schiffsbau.

Vorteile für den Lieferer:
- eigene Liquidität wird positiv beeinflusst,
- Sicherheit, dass der Kunde zahlungsfähig ist,
- Sicherheit, dass der Kunde weiterhin an der Leistung interessiert ist.

Das Risiko für den Auftraggeber besteht darin, dass der Lieferer trotz Anzahlung seinen Verpflichtungen nicht nachkommt. Daher wird der Auftraggeber in der Regel einen Bankaval (siehe folgende Ausführung) als Sicherheit verlangen.

- **Wechseldiskontkredit**

Der Wechseldiskontkredit ist ein kurzfristiger Kredit mit einer Laufzeit von i. d. R. maximal drei Monaten. Reicht ein Kreditnehmer einen Wechsel vor dessen Fälligkeit seiner Bank ein, so stellt sie ihm den Gegenwert unter Abzug von Diskontzinsen für die Restlaufzeit, Spesen und Provisionen zur Verfügung (vgl. ausführlich Kap. 4.17). Durch den Diskontkredit erhält der Wechseleinreicher Geldmittel, obwohl er seinem Kunden ein längeres Zahlungsziel einräumt.

Sehr häufig vereinbaren die Banken mit ihrem Kunden einen Höchstbetrag, bis zu dem Diskontkredit gewährt wird (= Diskontkontingent oder Diskontlinie). Die Höhe des Kontingents hängt u. a. von der Kreditwürdigkeit des Bankkunden ab.

- **Kreditleihen**

Bei Kreditleihen stellt das Kreditinstitut keine Geldmittel zur Verfügung, sondern lediglich seine *Kreditwürdigkeit*. Näher betrachtet werden sollen in diesem Zusammenhang
- der Akzeptkredit und
- der Avalkredit.

Beim **Akzeptkredit** erklärt sich z. B. die Noris Bank in Hannover durch Unterschrift auf dem Wechsel, den z. B. die Textilgroßhandlung Grotex GmbH auf sie bezogen hat, als Wechselschuldner. Die Großhandlung kann nun den Wechsel zum Diskont z. B. bei der bezogenen Bank einreichen oder als Zahlungsmittel an einen Lieferer weitergeben. Die Abwicklung dieses Kreditgeschäftes erfolgt i. d. R. über das Kontokorrentkonto. Als Kosten fallen Bearbeitungsgebühren und eine Akzeptprovision zwischen 1,5 % – 2,5 % p.a. an.

Der **Avalkredit** stellt eine Bürgschaft des Kreditinstituts dar, allerdings nur zugunsten von kreditwürdigen Kunden (Bürgschaftskredit). Die Bürgschaftserklärung kann selbstschuldnerisch oder als Wechselbürgschaft abgegeben werden.

Avalkredite sind häufig anzutreffen bei Importen, bei denen hohe Zölle fällig sind. In diesem Fall garantiert die Bank für die Zahlung des Zolls zu einem späteren Zeitpunkt. Avalkredite können darüber hinaus zur Sicherung größerer Liefererkredite dienen oder bei der Vergabe von größeren Aufträgen die Voraussetzung dafür sein, dass der Auftrag überhaupt erteilt wird. Kapitalkosten fallen in Form der Avalprovision an.

Langfristige Kredite

Die langfristige Fremdfinanzierung ist eine Finanzierung durch **Darlehen**[1].

Das Darlehen ist Fremdkapital mit einer **Laufzeit von mehr als fünf Jahren**.

Darlehen werden insofern überwiegend zur Finanzierung des Anlagevermögens aufgenommen.

Merkmale des Darlehens sind:

– feste Laufzeit: Darlehen sind Kredite, die an bestimmten, vertraglich vereinbarten Terminen auszuzahlen und zurückzuzahlen sind.
– Zinszahlungen
– Tilgungszahlungen: Die Rückzahlung am Fälligkeitstag kann in einer Summe oder während einer festgelegten Laufzeit in Raten getilgt werden.

Fremdfinanzierung	
Vorteile	**Nachteile**

– Kapitalgeber haben keinen direkten Einfluss auf die Geschäftsführung.
– Fremdkapitalgeber sind nicht am Gewinn beteiligt.
– Fremdkapital kann kostengünstiger sein als Eigenkapital.
– Die Kosten der Fremdkapitalbeschaffung mindern den steuerlichen Gewinn (Einkommen- bzw. Körperschaftsteuer; Gewerbesteuer).
– Bei festen niedrigen Zinsen und steigendem allgemeinen Zinsniveau wird der Kredit kostengünstiger.
– Die Finanzierung von Betriebserweiterungen ist auch dann möglich, wenn die Finanzkraft des Unternehmens erschöpft ist.
– Risikoreiche Investitionen werden vermieden, weil die Zins- und Liquiditätsbelastung des Fremdkapitals zu sorgfältiger Kalkulation zwingt.
	– Fremdkapital
	  • steht zeitlich nicht unbegrenzt zur Verfügung,
	  • ist daher zeitlich nur beschränkt verwendbar,
	  • verursacht Zinsen und Tilgungsbeträge, die auch in wirtschaftlich schlechten Geschäftsjahren zu zahlen sind.
	– Fremdkapitalzinsen erhöhen die fixen Kosten; damit werden Kalkulation und Liquidität belastet; bei schlechter Konjunktur können somit die Verkaufspreise steigen.
	– Bei festen Zinssätzen und fallendem Zinsniveau wird der Kredit teurer.
	– Bei Zahlungsschwierigkeiten können die Gläubiger (Kapitalgeber) den Bestand des Unternehmens gefährden (Gefahr der Liquidation bzw. der Insolvenz).
	– Mit zunehmender Fremdfinanzierung sinkt die Kreditwürdigkeit.
	– Ein hoher Fremdkapitalanteil am Gesamtkapital verschlechtert den guten Ruf (Goodwill) des Einzelhändlers.

---

[1] Auf weitere Formen der langfristigen Fremdfinanzierung wie Anleihen und Schuldscheindarlehen soll im Rahmen dieser Ausführungen nicht eingegangen werden.

Tilgungsformen langfristiger Darlehen

Es lassen sich den möglichen Tilgungsvereinbarungen entsprechend folgende Darlehensarten unterscheiden:

- Fest- oder Fälligkeitsdarlehen (Kündigungsdarlehen)
- Abzahlungsdarlehen
- Annuitätendarlehen

Fest- oder Fälligkeitsdarlehen

> Beim **Fälligkeits-(Fest-)Darlehen** wird am Ende der vereinbarten Laufzeit die gesamte Darlehenssumme zurückgezahlt.
>
> Lediglich die Zinsen werden in vertraglich vereinbarten Zeitabständen gezahlt, z. B. jährlich oder vierteljährlich.

Häufig werden Darlehen z. B. von Kreditinstituten nicht zum vollen Betrag, d. h. zu 100 %, ausgezahlt, sondern mit einem Abschlag (**Disagio**). Darüber hinaus können in Rechnung gestellte Spesen und Provisionen die auszuzahlende Darlehenssumme weiter reduzieren. Die Folge: Die tatsächlichen (effektiven) Kreditkosten können wesentlich höher sein als der ausgewiesene Nominalzins.

Finanzierung aus Pensionsrückstellungen

Pensionsrückstellungen sind **langfristige** Rückstellungen. Sie stellen **Fremdkapital** dar, da das Unternehmen sich gegenüber seinen Betriebsangehörigen verpflichtet, ihnen später ein Ruhegehalt zu zahlen (= **Fremdfinanzierung**).

Pensionsrückstellungen werden aus Gewinnanteilen gebildet (also vom Unternehmen selbst erwirtschaftet) und auf der Passivseite der Bilanz ausgewiesen. Da zwischen Pensionsversprechen und Beginn der Pensionszahlung in der Regel viele Jahre liegen, steht dem Unternehmen das Geld solange zur Verfügung (= **Innenfinanzierung**).

Finanzierungseffekt

Der Finanzierungseffekt besteht darin, dass Lohn- und Gehaltsaufwendungen heute als Aufwand verrechnet werden, aber die Auszahlungen (Renten) erst in späteren Perioden – nach dem Ausscheiden des Arbeitnehmers aus dem Unternehmen – anfallen. Zwischen der Bildung und der Auszahlung verbleiben die Rückstellungen als liquide Mittel im Unternehmen.

Aufgaben

1. Was versteht man unter den Begriffen „Finanzierung" und „Investition"?
2. Der Unternehmer Fritz Schwerdtfeger, Asternweg 15, 31141 Hildesheim, will aufgrund der Gewinnsituation sein Unternehmen durch die Einrichtung einer Filiale in Marienhagen erweitern. Dazu benötigt er umfangreiche Geldbeträge.
   Welche Möglichkeiten der Innen- und Außenfinanzierung bieten sich Herrn Schwerdtfeger?
3. Welche Finanzierungsart (Einlagenfinanzierung, Selbstfinanzierung, Fremdfinanzierung) wird in den folgenden Beispielen angesprochen?
   a) Kapitaleinlage eines Kommanditisten
   b) Überziehung des Kontokorrentkontos
   c) Ausgabe neuer Aktien
   d) Erhöhung des Eigenkapitals durch Einlagen
4. Entscheiden Sie in den folgenden Fällen, ob
   – Innen- oder Außenfinanzierung,
   – Selbstfinanzierung, Beteiligungs- oder Fremdfinanzierung vorliegt.
   a) Der Unternehmer Karl-Otto Bodenstein stockt sein Warenlager durch Zieleinkäufe auf.
   b) Die Gesellschafter einer OHG beschließen, ihre Gewinnanteile in Höhe von je 50.000,00 € nicht zu entnehmen, sondern für Investitionszwecke in ihrem Unternehmen zu belassen.
   c) Der Unternehmer Wilfried Bachstein nimmt bei der Sparda-Bank Hannover eG einen Kontokorrentkredit in Höhe von 65.000,00 € auf.
5. Welche Vorteile hat es für den Unternehmer, wenn er sein Unternehmen vornehmlich mit Eigenkapital finanziert?
6. Nennen Sie die Grenzen der Eigenfinanzierung.
7. Worin besteht der Unterschied zwischen Beteiligungsfinanzierung und Selbstfinanzierung?
8. Erklären Sie die goldene Finanzierungsregel.
9. Welche Probleme können sich ergeben, wenn das Eigenkapital im Verhältnis zum Fremdkapital zu niedrig ist?
10. Zur Finanzierung einer besonders günstigen Warenlieferung benötigt ein Teppichhändler 150.000,00 € für etwa fünf Monate. Eigenkapital steht nicht ausreichend zur Verfügung.
    Welche Kreditform würden Sie empfehlen?
11. a) Erklären Sie den Lieferantenkredit und den Kontokorrentkredit.
    b) Worin besteht der Unterschied zwischen einem Kontokorrentkredit und einem Darlehen?
12. Heinz Rössing und Gertrud Seeler sind Gesellschafter der Rössing & Seeler OHG. Beide beschließen, dringend notwendige Investitionen vorzunehmen. Herr Rössing setzt sich dafür ein, das notwendige Kapital von 120.000,00 € durch Bankkredite zu beschaffen. Frau Seeler hingegen vertritt die Auffassung, neue Gesellschafter in die OHG aufzunehmen.
    Wozu würden Sie Rössing und Seeler raten?
13. Welche Folgen ergeben sich aus der Tatsache, dass Fremdkapital stets befristet ist?
14. Welche Arten von Fremdfinanzierung gibt es?
15. Nennen Sie drei Investitionsgründe.
16. Erläutern Sie den Begriff Desinvestition.
17. Welcher Zusammenhang besteht zwischen Finanzierung und Investition?
18. Ordnen Sie die folgenden Begriffe entweder der Aktiv- oder der Passivseite der Bilanz zu.
    a) Vermögen
    b) Finanzierung
    c) Kapitalverwendung
    d) Investition
    e) Kapital
    f) Kapitalherkunft
19. Welche Auswirkungen können
    a) Erweiterungsinvestitionen,
    b) Rationalisierungsinvestitionen auf eine Volkswirtschaft haben?
20. Welcher Anlass kann eine Ersatzinvestition auslösen?
21. Was verstehen Sie unter Nettoinvestitionen?
22. Erklären Sie,
    a) was Sie unter Liquidität verstehen,
    b) warum ein Unternehmen stets liquide sein sollte,
    c) welche Gefahren bei Über-, Unter- und Illiquidität bestehen.

23. Für das Großhandelsunternehmen Wolff OHG, Berlin, ergibt sich die folgende Bilanz:

Aktiva		Bilanz der Wolff OHG		Passiva
A. Anlagevermögen	450.000,00	A. Eigenkapital		1.350.000,00
B. Umlaufvermögen		B. Schulden		
1. Waren	810.000,00	1. langfristig		360.000,00
2. Forderungen a. WI	630.000,00	2. kurzfristig		540.000,00
Kasse Bank Postbank	360.000,00			
	2.250.000,00			2.250.000,00

a) Welche Bedeutung hat der relativ hohe Eigenkapitalanteil für das Unternehmen?
b) Errechnen Sie die Liquidität 1., 2. und 3. Grades.
c) Berechnen Sie das Verhältnis des Anlagevermögens zum Umlaufvermögen.
d) Wie hoch ist die Deckung des Anlagevermögens nach der engen und weiten Fassung der „Goldenen Bilanzregel", wenn der eiserne Bestand 450.000,00 € beträgt? Bewerten Sie die beiden Ergebnisse.
e) Welche Aussagen lässt die Bilanz der Wolff OHG hinsichtlich Kapital- und Vermögensstruktur zu. Argumentieren Sie vor dem Hintergrund Ihrer rechnerischen Ergebnisse.

24. Die Mohnhoff GmbH kauft 7 vollautomatische und baugleiche Webstühle zur Herstellung von textilen Flächengebilden. Pro Maschine musste das Unternehmen 40.000 € bezahlen. Die Anlagen werden mit 18 % linear abgeschrieben. Die Abschreibungsbeträge werden zur Anschaffung neuer, gleichartiger Maschinen verwendet. Stellen Sie in einer tabellarischen Übersicht den Kapazitätserweiterungsprozess bis zu seinem Ende (= Gleichgewichtszustand) dar.

25. Der Lebensmittelgroßhändler Völker will seine Verwaltung effektiver gestalten. Der Investitionsaufwand für neue Personalcomputer und sonstige Bürotechnologie in Höhe von 375.000 € soll durch einen Bankkredit finanziert werden. Welche Kreditart würden Sie ihm hinsichtlich der Laufzeit (Fristigkeit und Sicherheit) empfehlen?

26. Es liegt das folgende Schlussbilanzkonto vor:

Soll		Schlussbilanzkonto		Haben
Gebäude	430.000,00	Eigenkapital		850.000,00
T.A. u. Maschinen	150.000,00	langfristige Bankverb.		950.000,00
Geschäftsausstattung	130.000,00	Verb. a. LL		250.000,00
Waren	980.000,00	Wechselverbindlichkeiten		80.000,00
Ford. a. LL	230.000,00			
Wechselforderungen	80.000,00			
Kasse	10.000,00			
Postbank	50.000,00			
Kreditinstitute	70.000,00			
	2.130.000,00			2.130.000,00

a) Bereiten Sie das Schlussbilanzkonto nach dem Bilanzgliederungsschema zur Ermittlung der Bilanzkennziffern auf.
b) Errechnen Sie die folgenden Kennziffern: Konstitution, Anlagenintensität, Umlaufintensität, Finanzierung, Eigenkapitalintensität, Anlagendeckung 1, Anlagendeckung 2, Liquidität 1. Grades, Liquidität 2. Grades und Liquidität 3. Grades.

27. Ein Unternehmer erwirtschaftet in einem Jahr einen Unternehmergewinn von 100.000,00 €. Sein Eigenkapital betrug in diesem Jahr 50.000,00 €. Das Fremdkapital betrug 100.000,00 €, der Fremdkapitalzinssatz 12 %.
Ermitteln Sie, ob sich der Fremdkapitaleinsatz für den Unternehmer gelohnt hat.

Zusammenfassung

Investitionsarten
Investition = Umwandlung von Geldkapital in Sachkapital

Bruttoinvestitionen
= gesamte Investition einer Volkswirtschaft

Sachinvestitionen ≙ Bruttoanlageinvestitionen
Investitionen in langlebige Produktionsmittel
- Maschinen
- Fuhrpark
- Betriebs- und Geschäftsausstattung

Vorratsinvestitionen
Vergrößerung der Lagerbestände (nicht dauerhafte Produktionsmittel)

Finanzinvestitionen
Investitionen in Wertpapiere und Forderungen

Immaterielle Investitionen
Investitionen in Know-how und Patente

Ersatzinvestitionen
Ersatz verbrauchter Anlagen; Erhaltung des erreichten Vermögens

Neu-(Netto-)Investitionen
Vergrößerung des Bestands an Produktionsgütern; Steigerung des Wirtschaftswachstums

Rationalisierungsinvestitionen
Verbesserung des Produktionsapparats bzw. der Qualität; Ersatz menschlicher Arbeitskraft

Erweiterungsinvestitionen
Ausdehnung der Produktion

306 Betrieblicher Leistungsprozess

Zusammenfassung

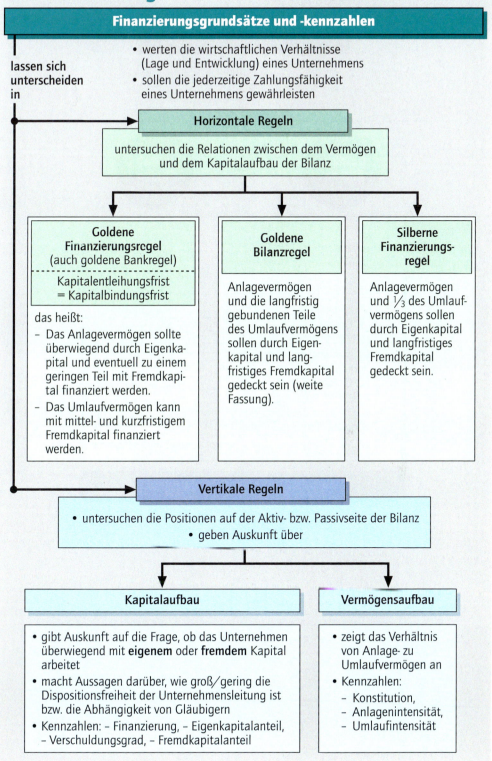

Zusammenfassung

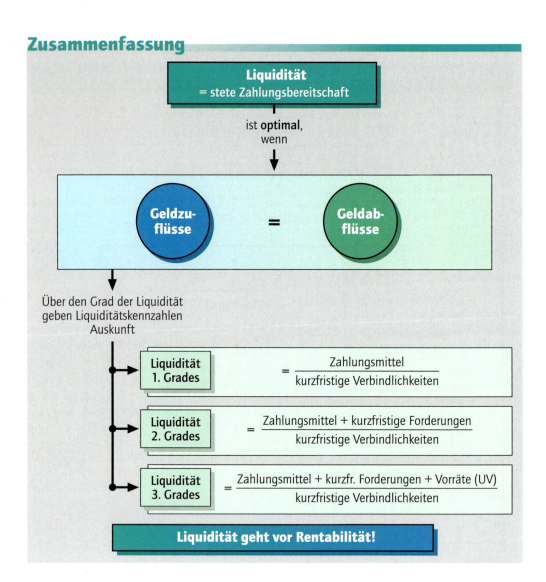

Zusammenfassung

Finanzierung
= sämtliche Maßnahmen der Kapitalbeschaffung (Geld oder Sachgüter)

Finanzierungsarten nach der Rechtsstellung der Kapitalgeber

Eigenfinanzierung
= unbefristete Überlassung von Mitteln durch den bzw. die **Eigentümer**

Fremdfinanzierung
= befristete Überlassung von Mitteln durch **Gläubiger** mit Rückzahlungsverpflichtung

Finanzierungsarten nach der Finanzierungsform

Einlagen- oder Beteiligungsfinanzierung durch Geld oder Sachgüter
- Erhöhung des Eigenkapitals von außen

Finanzierung durch Abschreibungen
- Finanzierung über Umsatzerlöse
- Aktivtausch durch Vermögensumschichtung

Selbstfinanzierung (Überschussfinanzierung)

offene
- Eigenkapitalerhöhung durch nicht entnommene Gewinne (Kapitalbeträge kommen aus dem Unternehmen selbst); Finanzierung über den Preis

stille (verdeckte)
- Unterbewertung von Aktiva
- Überbewertung von Passiva

Finanzierung aus Rückstellungen
- Finanzierung über Umsatzerlöse
- Zwischen Bildung und Fälligkeit verbleiben Rückstellungen als liquide Mittel im Unternehmen

Kreditfinanzierung
- Aufnahme von Fremdkapital für eine begrenzte Zeit

Leasing (siehe Kap. 4.19)
- Erwerb von Nutzungsrechten

Factoring (siehe Kap. 4.19)
- Erlös aus dem Verkauf von Forderungen

Finanzierungsarten nach der Herkunft des Kapitals

- **Innenfinanzierung**
- **Außenfinanzierung**

Betrieblicher Leistungsprozess

Zusammenfassung

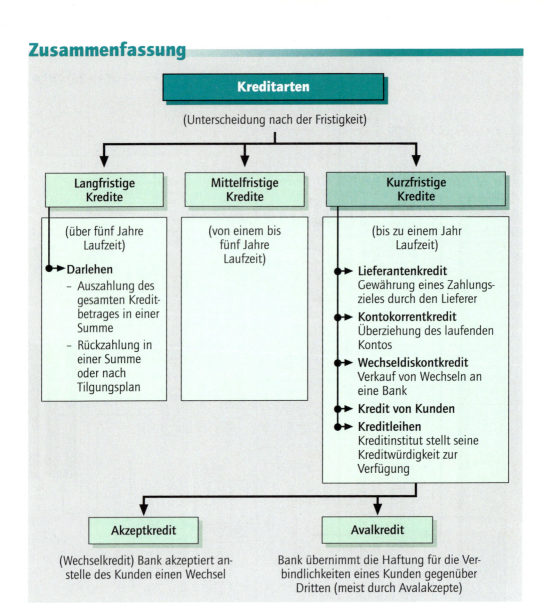

4.17 Finanzierung durch Wechselkredit

Der in der Goebenstraße 30 in 30163 Hannover ansässige Computerhändler Fred Hennies erhält als Vertragshändler am 15. Juni von dem Großhändler AGU Deutschland GmbH in 20255 Hamburg, Osterstr. 198 ein besonders günstiges Angebot über fünf Personalcomputer zum Gesamtpreis von 7.500,00 €. Die Geräte müssten bar bezahlt werden.

Herr Hennies ist an dem Angebot des Großhändlers sehr interessiert. Allerdings verfügt er momentan weder über die entsprechenden finanziellen Mittel noch über einen entsprechenden Kreditspielraum bei seiner Bank.

Herr Hennies rechnet sich allerdings aus, dass er die seiner Meinung nach recht preisgünstigen Computer spätestens in drei Monaten verkauft haben wird. Mit den dann eingenommenen Beträgen könnte er ohne Probleme die Rechnung des Großhändlers begleichen.

Herr Hennies muss daher ein Zahlungsmittel wählen, das für ihn praktisch einen Kredit darstellt und gleichzeitig für den Großhändler zur Sicherung der Forderung dient. In einem Telefongespräch vereinbart Hennies mit der AGU Deutschland GmbH, dass die Lieferung mit einem Wechsel, der in drei Monaten fällig sein soll, bezahlt wird.

Erläutern Sie, welche Bedeutung die Zahlung mit Wechsel hat für
a) den Unternehmer Fred Hennies,   b) den Großhändler AGU Deutschland GmbH?

Information

Das Wesen des Wechsels

> Unter einem Wechsel versteht man eine Urkunde, durch die der Wechselaussteller (Zahlungsempfänger) den Wechselbezogenen (Zahlungspflichtigen) auffordert, zu einem festgesetzten Zeitpunkt eine bestimmte Geldsumme an den Wechselnehmer (= Wechselaussteller oder jemand anderes) zu zahlen.

Ein Unternehmer kann u. a. mithilfe des Wechselkredits den Kauf seiner Waren finanzieren. Die Zahlung mit einem Wechsel macht es möglich, dass er dem Lieferer die Waren erst dann bezahlt, nachdem er sie wieder verkauft hat. Der Lieferer hingegen kann durch Verwendung des Wechsels sofort über Geld verfügen, um ebenfalls Warenlieferungen, Löhne, Verwaltungskosten usw. bezahlen zu können.

Die Finanzierung durch Wechselkredit entspricht infolgedessen dem Verlangen des Käufers nach einem Zahlungsziel wie auch dem Verlangen des Lieferers nach sofortiger Bezahlung.

Fortführung des Eingangsbeispiels:

Die AGU Deutschland GmbH hat selbst Verbindlichkeiten und will den Wechsel zum teilweisen Ausgleich dieser Schuld an ihren Lieferer, die Machmann Kommunikations-Industrie AG, An der Jakobuskirche 19 in 34123 Kassel weitergeben.

Nach dem Wechselrecht heißt der Schuldner „Bezogener" **(Trassat)**, der Gläubiger „Aussteller" **(Trassant)**.

Die AGU Deutschland GmbH ist Aussteller. Sie stellt auf den Einzelhändler Fred Hennies einen Wechsel aus (zieht = trassiert einen Wechsel), fällig in drei Monaten. Den „gezogenen" Wechsel nennt man **Tratte**.

Der Bezogene, Fred Hennies, nimmt den Wechsel an, indem er den gezogenen Wechsel auf der linken Seite des Wechselformulars quer unterschreibt. Damit verpflichtet er sich, den Wechsel am Fälligkeitstag einzulösen. Der akzeptierte Wechsel wird **Akzept** genannt.

Die AGU Deutschland GmbH gibt den Wechsel, nachdem sie ihn von Hennies zurückerhalten hat, zum Ausgleich ihrer Schulden an die Machmann Kommunikations-Industrie AG weiter.

Die Machmann Kommunikations-Industrie AG legt dem Bezogenen den Wechsel am Fälligkeitstag vor.

Der Bezogene bezahlt dann die Wechselschuld an die Machmann Kommunikations-Industrie AG.

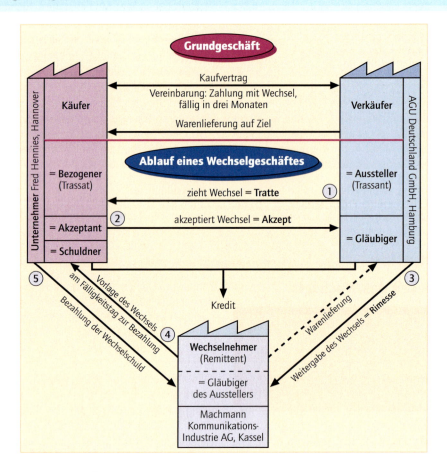

Bestandteile des Wechsels

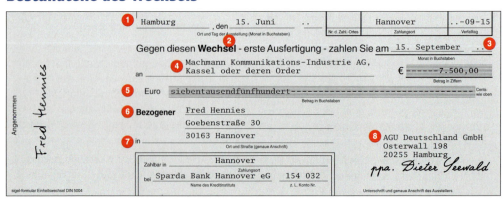

Die Urkunde muss bestimmte, im Wechselgesetz vorgeschriebene Bestandteile enthalten (Art. 1 WG), wenn sie als Wechsel gelten soll.

① Ort und Tag der Ausstellung (Monat in Buchstaben)

② das Wort „Wechsel" im Text der Urkunde

③ die Verfallzeit

Das Wechselgesetz unterscheidet dabei zwischen:
- Tagwechsel (z. B. „... am 15. September .."): an einem kalendermäßig bestimmten Tag fällig
- Datowechsel (z. B. „heute in drei Monaten"): eine bestimmte Zeit nach der Ausstellung fällig
- Sichtwechsel (z. B. „bei Sicht"): bei Vorlage fällig
- Nachsichtwechsel (z. B. „90 Tage nach Sicht"): eine bestimmte Zeit nach der Annahme fällig

④ Name des Wechselempfängers (Wechselnehmers/Remittenten), an den – oder an dessen Order gezahlt werden soll.

Beispiel

Da die AGU Deutschland GmbH den Wechsel zum Ausgleich eigener Verbindlichkeiten an ihren Lieferer Machmann Kommunikations-Industrie AG weitergeben möchte, wird als Wechselempfänger der Hersteller in Kassel eingetragen. Daher liegt im vorliegenden Beispiel ein **„Wechsel an fremde Order"** vor; mögliche Formulierungen: „an die Order der Firma..." oder „an Herrn..."

Sollte sich der Aussteller nicht sicher sein, an wen er den Wechsel weitergibt, setzt er sich selbst als Wechselnehmer ein. Man spricht dann von einem **„Wechsel an eigene Order"** mit dem Vermerk „an mich", „an eigene Order". Durch die negative Orderklausel „nicht an Order" kann der Wechsel zu einem Rektapapier gemacht werden.

Beim Wechsel an eigene Order sind Aussteller und Wechselnehmer dieselbe Person. Dadurch kann der Aussteller den Wechsel beliebig weiterverwenden.

Mit dem Wechsel ist ein **Orderpapier** entstanden, das nur den namentlich genannten Gläubiger oder eine von ihm durch Order bestimmte Person berechtigt, die Zahlung am Fälligkeitstag einzuziehen.

⑤ Den Wechselbetrag möglichst in Worten mit der unbedingten Zahlungsanweisung. Die Wechselsumme braucht nur einmal angegeben zu werden. Das in der Praxis verwendete Einheitsformular (siehe Seite 312) sieht die Angabe der Wechselsumme in Ziffern und in Buchstaben vor. Bei Abweichungen zwischen Betrag in Buchstaben und Betrag in Ziffern gilt immer die in Buchstaben geschriebene Summe (Art. 6 WG).

⑥ Name des Bezogenen (Trassaten), d. h. desjenigen, der zahlen soll.

⑦ Zahlungsort

Der Zahlungsort muss genannt sein, weil die Wechselschuld eine Holschuld ist. Fehlt der Zahlungsort, gilt der beim Namen des Bezogenen angegebene Ort als Zahlungsort. Fehlt auch diese Angabe, ist der Wechsel nichtig.

⑧ Unterschrift des Ausstellers

Sollten die Angaben unter 1 oder 7 fehlen, ist der Wechsel dennoch gültig. Das Gleiche gilt für die fehlende Verfallzeit: Der Wechsel gilt in diesem Fall als Sichtwechsel (Art. 2 WG).

Radieren, Durchstreichen oder Zerreißen machen einen Wechsel ungültig, wenn dadurch wesentliche Bestandteile vernichtet werden. Bei nachträglichen Fälschungen bleibt der Wechsel gültig. Personen, die vor der Fälschung unterschrieben haben, haften für den ursprünglichen Text; Personen, die nach der Fälschung unterschrieben haben, haften für den geänderten Text (Art. 69 WG).

Kaufmännische Bestandteile

Die kaufmännischen Bestandteile sind im Einheitswechsel-Vordruck vorgesehen, um die Bearbeitung des Wechsels zu erleichtern. Zu ihnen zählen

a) Ortsnummer des Zahlungsortes,
b) Wiederholung des Zahlungsortes,
c) Wiederholung des Verfalltages,
d) Zusatz „erste Ausfertigung",
e) Wiederholung der Wechselsumme in Ziffern,
f) Zahlstellenvermerk: Die meisten Wechsel werden bei einem Kreditinstitut zahlbar gestellt. Die Deutsche Bundesbank nimmt nur Wechsel an, die an einem Bankplatz (Ort mit Niederlassung einer Landeszentralbank) zahlbar sind.
g) Anschrift des Ausstellers,
h) der Ordervermerk (die Orderklausel).

Verwendungsmöglichkeiten

Der Aussteller hat verschiedene Möglichkeiten, den (Besitz-)Wechsel zu verwenden.
Er kann ihn
- **bis zum Verfalltag aufbewahren** und den Betrag dann selbst oder durch ein Kredit- oder Inkassoinstitut einziehen;

- **vor dem Fälligkeitstag** an ein Kreditinstitut **verkaufen** (diskontieren). Damit erhält er vorzeitig flüssige Mittel. Das Kreditinstitut, das selber den Wechselbetrag erst später, am Verfalltag, einziehen kann, gewährt dem Aussteller somit einen kurzfristigen Kredit (Wechseldiskontkredit). Für diesen Kredit berechnet es Zinsen (Diskont für vorzeitige Zahlung), die es von der Wechselsumme abrechnet (Wechselsumme minus Diskont = Barwert; siehe Beispiel). Der Diskont wird dann meist dem Bezogenen in Rechnung gestellt. Er ist es ja schließlich, der den Wechsel als Kreditmittel nutzt, und Kredit kostet bekanntermaßen Zinsen. Dem zum Diskont eingereichten Wechsel soll ein Waren- oder Dienstleistungsgeschäft zugrunde liegen – damit wird er zu einem guten **Handelswechsel**;
- als Zahlungsmittel an einen seiner Gläubiger (Lieferer) **weitergeben** (vgl. Eingangsbeispiel) zum Ausgleich seiner Verbindlichkeiten. In diesem Fall muss allerdings der Gläubiger sein Einverständnis gegeben haben.

Aussteller und Wechselnehmer haben beide eine Wechselforderung an den Bezogenen. Da sie den Wechsel „in Besitz" nehmen, ist der Wechsel für sie ein **Besitzwechsel**.

Für den Bezogenen entsteht eine Wechselverbindlichkeit, sodass für ihn der Wechsel ein **Schuldwechsel** ist.

Aufgaben des Wechsels

Der Wechsel erfüllt wichtige Aufgaben. Für den Kaufmann ist er in erster Linie

- **Kreditmittel**, da er (der Bezogene) erst zu einem späteren Zeitpunkt – erheblich nach der Warenlieferung – zahlen muss (= Liefererkredit in Wechselform). In der Zwischenzeit hat er die Möglichkeit, die erhaltene Ware „zu Geld zu machen" und aus dem Verkaufserlös den Wechsel einzulösen.

Für den Lieferer hat der Wechsel ebenfalls die Funktion eines Kreditmittels, da er beim Verkauf an ein Kreditinstitut einen kurzfristigen Kredit eingeräumt bekommt.

In zweiter Linie ist er

- **Zahlungsmittel**, da mit der Übergabe des Wechsels Verbindlichkeiten beim Lieferer beglichen werden können, und
- **Sicherungsmittel**, da aufgrund der strengen Vorschriften des Wechselgesetzes Wechselforderungen sicherer sind als gewöhnliche Forderungen (vgl. hierzu die Ausführungen über „Wechselstrenge" Seite 318).

Die Annahme (Akzept) des Wechsels

Der Bezogene (hier Fred Hennies) verpflichtet sich mit seiner Unterschrift quer auf der linken Seite des Wechsels, ihn am Verfalltag einzulösen.

> Sowohl der angenommene Wechsel selbst als auch die schriftliche Annahmeerklärung werden **Akzept** genannt.

Da das Akzept kein gesetzlicher Bestandteil ist, ist der Wechsel auch ohne Annahmeerklärung gültig. Solange der Bezogene aber nicht akzeptiert hat, haftet der Aussteller für die Annahme und Zahlung des Wechsels.

Die **Arten des Akzepts** können unterteilt werden nach der *Form*, dem *Inhalt* und nach dem *Anlass* der Annahme.

- Nach der **Form** sind zu unterscheiden das:

Kurzakzept	Vollakzept
Das Kurzakzept besteht lediglich aus der Unterschrift des Bezogenen: *Georg Meyer*	Das Vollakzept besteht aus der Annahme, dem Ort und Datum sowie der Unterschrift des Bezogenen (es kann auch den Wechselbetrag wiederholen): Angenommen 10.000,00 € Neustrelitz, den 6. Juni 20.. *Detlef Hansen* Bei einem Nachsichtwechsel ist ein Vollakzept notwendig, weil der Verfalltag durch das Datum der Annahme bestimmt wird.

- Unterscheidet man nach dem **Inhalt** der Annahme, kann das Akzept erscheinen als:

Teilakzept	Blankoakzept
Durch ein Teilakzept oder beschränktes Akzept (Art. 26, I WG) will der Bezogene mitteilen, dass er nicht den vollen Wechselbetrag zu zahlen bereit ist. Bei einer Wechselsumme über 9.000,00 € könnte das Teilakzept lauten: Angenommen für 6.000,00 € *[Unterschrift]* Alexander Schauer Teilakzepte können z. B. wegen voraussichtlicher Zahlungsschwierigkeiten des Bezogenen oder wegen Lieferung mangelhafter Ware abgegeben werden. Normalerweise wird aber in solchen Fällen ein neuer Wechsel über den niedrigeren Betrag ausgestellt und akzeptiert (Voll- und Kurzakzept).	Beim Blankoakzept (Art. 10 WG) handelt es sich um ein Voll- und Kurzakzept auf einem unvollständig oder nicht ausgefüllten Wechsel. – Der Bezogene muss auch dann den Wechsel am Verfalltag einlösen, wenn der Aussteller nach der Annahme vertragswidrig beispielsweise einen höheren als den ursprünglich vereinbarten Wechselbetrag eingetragen hat. – Durch ein Blankoindossament wird der Wechsel, der ein geborenes Orderpapier ist, zum Inhaberpapier. – Jeder, der einen Wechsel aufgrund eines Blankoindossaments besitzt, gilt als legitimierter Wechselgläubiger und erwirbt das Eigentum an dem Papier (sofern er nicht dabei bösgläubig war).

Der **Wechselinhaber eines blanko indossierten Wechsels** hat folgende Möglichkeiten:

– Er kann den Wechsel mit dem Blankoindossament seines Vormannes weitergeben. Er erscheint jetzt nicht als Wechselverpflichteter und haftet wechselrechtlich nicht.
– Er kann das Indossament vervollständigen, indem er über der Unterschrift des Indossanten den Namen eines neuen Indossatars einsetzt. Er selbst erscheint nicht als Wechselverpflichteter und haftet wechselrechtlich nicht.
– Er kann das Blankoindossament vervollständigen, indem er über der Unterschrift des Indossanten seinen Namen einsetzt. Er erscheint jetzt als Wechselinhaber und kann den Wechsel nur durch sein Indossament weiterübertragen.
– Er kann den Wechsel durch Voll- oder Blankoindossament weiterübertragen. Er übernimmt damit die volle wechselrechtliche Haftung.

- Bei der Unterscheidung nach dem **Anlass** der Akzeptierung soll lediglich das **Aval- oder Bürgschaftsakzept** erwähnt werden.

Man findet es in der Praxis als *zusätzliche Sicherheit* auf einem Wechsel. Wird die Zahlungsfähigkeit des Akzeptanten von einem Wechselbeteiligten angezweifelt, so kann ein Bürge mit seiner Unterschrift eine eigene wechselmäßige Verpflichtung übernehmen. Er muss angeben, für wen er die Bürgschaft übernimmt. Fehlt diese Angabe, gilt die Bürgschaft als für den Aussteller übernommen.

Beispiel

Als Bürge angenommen

[Unterschrift]

Manfred Renneberg

Weitere Zusätze wie die Angabe der Wechselsumme, des Verfalltags, des Orts und des Datums der Annahme sind möglich.

Weitergabe des Wechsels

Bei der Weitergabe des Wechsels durch den Aussteller oder jeden anderen Wechselnehmer muss der Wechsel mit einem **schriftlichen Übertragungsvermerk** auf der Rückseite versehen werden. Den Übertragungsvermerk bezeichnet man als **Indossament** („in dosso" = auf dem Rücken). Das Weitergeben wird indossieren oder girieren, der Weitergebende **Indossant** und der Empfänger **Indossat oder Indossatar** genannt.

Während das **Vollindossament** als die am häufigsten verwendete Übertragungsart den Namen des Indossatars und die Unterschrift des Indossanten enthält, besteht das **Blankoindossament** lediglich aus der Unterschrift des Indossanten. Gibt der Wechselinhaber den Wechsel unverändert weiter, so kann er, da er nicht als Indossant erscheint, wechselrechtlich auch nicht haftbar gemacht werden.

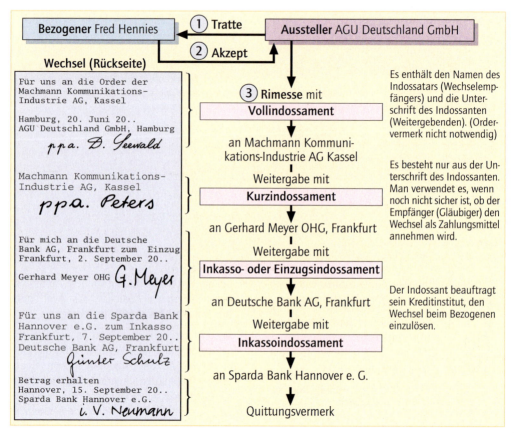

Rektaindossament. Das Vollindossament mit Weitergabeverbot (Rektaindossament) lautet z. B.: „... Für uns an die Firma Gebrüder Reißer, Amberg, nicht an deren Order, Ort, Tag, Unterschrift". Durch die Rektaklausel „nicht an deren Order" kann der Indossant zwar die Weitergabe des Wechsels nicht verbieten, **haftet** jedoch im Fall der Übertragung **nur seinem Nachmann**.

Angstindossament. Das Vollindossament mit Ausschluss der Haftung, auch Angstindossament genannt, lautet z. B.: „Für uns an die Machmann Kommunikations-Industrie AG, Kassel, ohne Obligo. Ort, Datum, Unterschrift". Durch die Angstklausel „ohne Obligo" oder „ohne Gewähr" oder „ohne Haftung" schließt der Indossant seine Haftung für die Nachleute aus, d. h. er **haftet keinem der Nachleute** (z. B. nicht der Machmann Kommunikations-Industrie AG).

Mit dem Indossament erklärt jeder, der einen Wechsel weitergibt, dass der Bezogene nicht an ihn, sondern an einen neuen Zahlungsempfänger zahlen soll.

Das Indossament hat folgende Wirkungen:
- Alle Rechte aus dem Wechsel (z. B. das Recht, Zahlung zu verlangen, das Recht, den Wechsel weiterzugeben) gehen auf den neuen Inhaber (Indossatar) über (= **Übertragungs- oder Transportfunktion**);
- der neue Inhaber kann sich als Wechselberechtigter ausweisen (= **Ausweis- oder Legitimationsfunktion**);
- der Weitergebende (Indossant) haftet durch seine Unterschrift zusätzlich für die Annahme und Einlösung des Wechsels (= **Garantiefunktion**), d. h. er kann bei Nichteinlösung oder Nichtannahme des Wechsels im Wege des Rückgriffs in Anspruch genommen werden.

Einlösung des Wechsels

Wechselschulden sind Holschulden, weil der Bezogene im Allgemeinen nicht weiß, an wen er zu zahlen hat. Der Wechsel ist daher beim Bezogenen (in dessen Geschäft oder in seiner Wohnung) oder der Zahlstelle (bei Wechseln mit Zahlstellenvermerk) einzuziehen.

Dies kann geschehen durch:
- den Wechselberechtigten selbst,
- einen Boten, Geschäftsfreund oder Angestellten,
- ein Kredit- oder Inkassoinstitut.

Zur Einlösung muss der Wechsel am Verfalltag oder an einem der beiden darauf folgenden Werktage, spätestens bis 18 Uhr vorgelegt werden. Grundsätzlich ist der Zahlungstag der Verfalltag. Fällt der Verfalltag auf einen Samstag, Sonn- oder gesetzlichen Feiertag, so gilt der nächste Werktag als Zahlungstag.

Beispiel

Verfalltag	Zahlungstag	letzter Vorlegungstag
Mittwoch	Mittwoch	Freitag
Freitag	Freitag	Dienstag
Samstag	Montag	Mittwoch

Der Bezogene bzw. die Zahlstelle prüft vor der Wechseleinlösung
- die Berechtigung des Vorlegenden,
- die Ordnungsmäßigkeit des Wechsels (gesetzliche Bestandteile),
- die Lückenlosigkeit der Indossamente.

Wenn der Bezogene gezahlt hat, wird ihm der quittierte Wechsel („Betrag erhalten"/Ort/Tag/Unterschrift) ausgehändigt bzw. zugestellt.

Versäumt der letzte Wechselinhaber die Vorlegungsfrist, so erlöschen die Rückgriffsansprüche gegen seine Vorpersonen und den Aussteller. Der Bezogene bleibt jedoch wechselmäßig verpflichtet.

Störungen des Wechselumlaufs („Not leidender Wechsel")

Ein Not leidender Wechsel liegt vor, wenn der Bezogene den Wechsel
- nicht akzeptiert oder
- nicht oder nur teilweise einlöst.

Kann der Bezogene den Wechsel nicht einlösen, sind zwei Möglichkeiten denkbar:

a) Die Laufzeit des Wechsels wird verlängert (prolongiert) oder

b) der Wechsel geht zu Protest.

Prolongation

Der Aussteller stellt auf rechtzeitiges Bitten des Bezogenen einen neuen Wechsel mit einem späteren Verfalltag aus. Er stellt dem Bezogenen gleichzeitig die zur Einlösung des alten Wechsels erforderliche Summe zur Verfügung. Die Kosten der Wechselprolongation trägt der Bezogene.

Wechselprotest

Der letzte Wechselinhaber muss spätestens am zweiten Werktag nach dem Zahlungstag Protest erheben (Protest mangels Zahlung). Versäumt er diese Frist, verliert er sein Rückgriffsrecht auf alle Vorpersonen, die ihre Unterschrift auf den Wechsel gesetzt haben: **Ohne Protest kein Rückgriff!**

Der Protest, der vom Gerichtsvollzieher oder einem Notar vorgenommen wird, ist eine Beweisurkunde, aus der hervorgeht, dass der Bezogene den ordnungsgemäß vorgelegten Wechsel nicht eingelöst hat.

Benachrichtigung

Der letzte Wechselinhaber muss nach Protesterhebung den Aussteller und seine unmittelbare Vorperson innerhalb von vier Werktagen nach dem Protest benachrichtigen (= Notifikation).

Jeder Indossant wiederum muss seine jeweilige Vorperson innerhalb von zwei Werktagen nach Erhalt der Nachricht über den Protest informieren.

Wer die rechtzeitige Benachrichtigung versäumt, verliert nicht sein Rückgriffsrecht, er haftet aber für den durch seine Nachlässigkeit entstandenen Schaden bis zur Höhe der Wechselsumme.

Rückgriff (Regress)

Sämtliche Vorpersonen des letzten Wechselinhabers sind regresspflichtig. Daher kann sich bei rechtzeitiger Protesterhebung der letzte Wechselinhaber an eine **beliebige** Vorperson oder an den Aussteller wenden.

Wird dabei der Reihe nach eine Vorperson nach der anderen in Anspruch genommen, so liegt ein **Reihenrückgriff** vor.

Von **Sprungrückgriff** spricht man, wenn andere Vorpersonen übersprungen und eine beliebige, zahlungskräftige Vorperson in Anspruch genommen wird.

Wechselmahnbescheid und Wechselklage

Jeder Gläubiger, der einen protestierten Wechsel besitzt, kann beim zuständigen Amtsgericht den Erlass eines Wechselmahnbescheides gegen den Bezogenen (Schuldner) beantragen. Formular und Ablauf sind identisch mit dem gerichtlichen Mahnverfahren (§ 204 Abs. 1 Nr. 3 BGB).

Eine andere Möglichkeit, gegen den Bezogenen vorzugehen, besteht darin, Wechselklage zu erheben. Mit der Wechselklage wird der Wechselprozess eingeleitet.

Der Wechselprozess ist ein Urkundenprozess, der den Kläger relativ schnell zu seinem Recht kommen lässt. Gegenüber einem normalen Zivilprozessverfahren hat er folgende Besonderheiten (= **Wechselstrenge**):

– Kurze Ladungsfrist (Einlassungsfrist). Der Zeitraum zwischen Zustellung der Klageschrift und dem Verhandlungstermin beträgt 24 Stunden bis höchstens eine Woche.

– Die Beweismittel sind beschränkt. Zugelassen sind lediglich der Wechsel, die Protesturkunde sowie Kläger und Beklagter.

– Einwendungen des Beklagten gegen die Klage sind beschränkt.

– Das Urteil ist sofort vollstreckbar.

Einem Unternehmer, der einen Wechsel zu Protest gehen lässt, können nachhaltige wirtschaftliche Folgen entstehen. Neben den Vertrauensverlust tritt der Verlust seiner Kreditwürdigkeit. Kreditinstitute und Auskunfteien führen zentral eine sog. „schwarze Liste", in die er eingetragen wird. Das bedeutet, dass er kaum noch Wechselverbindlichkeiten eingehen kann und kaum noch Kredite erhalten wird.

Die Verjährung des Wechsels (Verjährungsfristen)

Ist der Wechsel verjährt, kann der Wechselberechtigte seinen Anspruch nicht mehr durch den strengen und schnellen Wechselprozess geltend machen. Es bleibt nur noch das langwierige Zivilprozessverfahren wegen ungerechtfertigter Bereicherung (BGB §§ 812 f.).

Aufgaben

1. In welchem Fall ist der Wechsel ungültig?
   a) Wechsel ohne Angabe der Verfallzeit
   b) Wechsel ohne Angabe der Anschrift des Ausstellers
   c) Der Bezogene Hennies ist im Wechsel ohne Vornamen angegeben.
   d) Wechsel ohne Akzept
   e) Wechsel mit Angabe der Summe nur in Zahlen
   f) Wechsel ohne Angabe des Zahlungsortes
2. Worin besteht der Unterschied zwischen einer Tratte und einem Akzept?
3. Ein Wechsel ist am Freitag fällig. Wann muss er spätestens dem Bezogenen vorgelegt werden?
4. Welche Bedeutung haben die gesetzlichen Bestandteile eines Wechsels?
5. Wer ist berechtigt den Wechsel dem Bezogenen zur Einlösung vorzulegen?
6. Erklären Sie die Bedeutung und Funktion des Indossaments.
7. Wie kann ein Besitzwechsel verwendet werden?
8. Mit welcher auf der Vorderseite einer Tratte bezeichneten Person ist der 1. Indossant identisch, wenn es sich um einen Wechsel an fremde Order handelt?
9. Warum werden Wechsel an eigene Order ausgestellt?
10. Was verstehen Sie unter Wechselprolongation?
11. Begründen Sie, warum der Wechsel für den Einzelhändler ein Kreditmittel ist.
12. In welchem Fall ist der Verfalltag mit dem Zahlungstag nicht identisch?
13. Was verstehen Sie unter Wechselstrenge?
14. Durch wen kann Protesterhebung erfolgen?
15. Der letzte Wechselinhaber hat es versäumt, den Wechsel fristgerecht dem Bezogenen zur Einlösung vorzulegen. Welche Folgen hat das für ihn?
16. Erklären Sie, was unter „Notifikation" zu verstehen ist.
17. Was bedeutet Sprung- und Reihenrückgriff?

Zusammenfassung

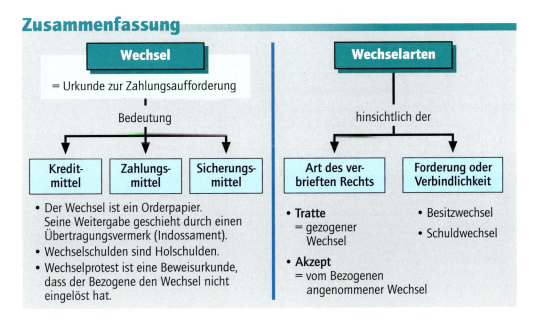

Zusammenfassung

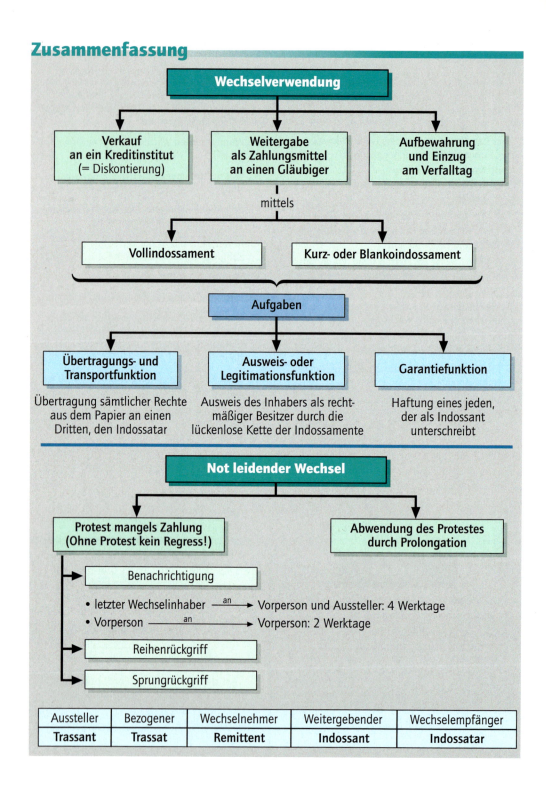

4.18 Besondere Finanzierungsformen (Finanzierungshilfen)

Die Hermann & Schreiber OHG hat inzwischen sowohl die Lagerräume als auch den nötigen zusätzlichen Pkw für den Kundendienst angeschafft – Gesamtkosten 80.000,00 €.

Das Geschäft läuft durch diese Investitionen wieder gut – so gut, dass unbedingt drei weitere Kunden- bzw. Außendienstfahrzeuge für den Lieferungs-, Wartungs- und Reparaturdienst benötigt werden.

Da die Eigenkapitaldecke mittlerweile aber gering ist, dem jungen wachsenden Unternehmen die banküblichen Sicherheiten fehlen und die nur noch geringen unternehmensbezogenen Kreditmöglichkeiten geschont werden sollen, stehen die beiden Inhaber vor einem Finanzierungsproblem.

Sie möchten auf jeden Fall nach wie vor die OHG in der jetzigen Form, d. h. ohne ein Mitspracherecht von neuen Gesellschaftern, weiterführen.

Unterbreiten Sie Vorschläge, wie Herr Hermann und Herr Schreiber die Anschaffung der drei Fahrzeuge im Gesamtwert von 75.000,00 € finanzieren könnten.

Information

Grundsätze des Leasings

Als eine weitere Möglichkeit zur mittel- und langfristigen Finanzierung von Anlagevermögen kann das **Leasing** gesehen werden.

> **Leasing**[1] = Mittel- und langfristige Vermietung oder Verpachtung von beweglichen oder unbeweglichen Investitions- sowie langlebigen Konsumgütern durch die Hersteller dieser Güter oder durch besondere Leasinggesellschaften an einen Leasingnehmer.

Der Leasingvertrag kann als eine besondere Art des Miet- wie auch des Pachtvertrages betrachtet werden, bei dem das Anlagegut während der gesamten Zeit **im Eigentum des Leasinggebers** bleibt (§ 535 ff. BGB und § 581 ff. BGB).

Einer der Unterschiede zwischen traditioneller Miete und Leasing besteht darin, dass der Leasingnehmer (= Mieter oder Nutzer des Leasingobjekts) beim Leasing Rechte, Risiken und Pflichten übernimmt, die bei der „normalen" Miete in der Regel der Vermieter trägt. So haftet der Leasingnehmer für Beschädigungen und ggf. für den Ausfall des Produkts. Er muss Reparaturen ausführen und das Objekt instand halten.

Inhalte des Leasingvertrags sind: Mietdauer, Höhe der Mietrate, Leasingobjekt, Versicherungen und Kündigungsfrist.

---

[1] to lease (engl.) = mieten

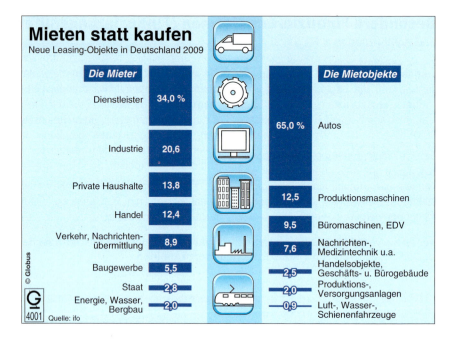

Beim Leasing tritt an die Stelle der einmaligen Zahlung des Kaufpreises eine laufende, regelmäßig zu entrichtende Mietzahlung, in die der Leasinggeber einkalkuliert:

- den Abschreibungsbetrag für die Wertminderung des Leasingobjekts
- die Verzinsung des von ihm investierten Kapitals
- einen Risikozuschlag, z. B. für schnelles Veralten
- Wartungs- und Reparaturkosten, soweit von ihm übernommen
- sonstige Verwaltungs- und Vertriebskosten
- den Gewinnzuschlag

Die Höhe der Leasingraten richtet sich nach der Laufzeit des Vertrags sowie nach den vom Leasinggeber zu erbringenden Serviceleistungen.

Der Leasingvertrag wird erst wirksam, wenn der Leasingnehmer seine Bestellung nicht binnen 2 Wochen widerruft. Während der Widerrufsfrist ist der Vertrag schwebend unwirksam.

Die Kosten beim Leasing sind in der Regel höher als beim Kauf. Leasing bietet aber als langfristige Investitionsform ergänzend zu den bekannten Finanzierungsarten für den Unternehmer die Möglichkeit, die eigenen Mittel zu schonen und sie für eine andere Verwendung freizustellen, ohne dabei auf die notwendige Investition verzichten zu müssen. Seine Anwendung hängt aber letztlich von der jeweiligen betriebswirtschaftlichen Situation ab.

Leasing ist jedoch auf keinen Fall Rettungsanker für Unternehmen, die eine verfehlte Unternehmenspolitik betrieben haben. Voraussetzung für das Leasing ist eine ausreichende Bonität.

Leasingformen

Betrachtet man die **Formen des Leasings**, sind folgende Unterscheidungen gebräuchlich:

- nach der wirtschaftlichen Stellung des Leasinggebers
- nach der Art der Leasingobjekte
- nach der Anzahl der Leasingobjekte
- nach dem Verpflichtungscharakter des Leasingvertrags

Unterscheidung nach der wirtschaftlichen Stellung des Leasinggebers:

- **direktes Leasing** (Herstellerleasing):
  Leasinggeber ist der Hersteller selbst oder eine speziell dafür eingerichtete Tochtergesellschaft.

- **indirektes Leasing**:
  Zwischen dem Hersteller und dem Leasingnehmer steht eine **herstellerunabhängige Leasinggesellschaft** als Leasinggeber.

Unterscheidung nach der Art der Leasingobjekte:

- **Investitionsgüter-Leasing** in Form des
    - **Mobilien-Leasings**
      Vermietung von Ladeneinrichtungen, Telefonanlagen, Computern, EDV-Anlagen, Auszeichnungsgeräten, Kassensystemen, Regalanlagen, Nutzfahrzeugen u. a.
    - **Immobilien-Leasings**
      Vermietung von Verwaltungsgebäuden, Lagerhallen u. a.
- **Konsumgüter-Leasing**
  Vermietung von Konsumgütern mit relativ langer Lebensdauer
  Nach Beendigung der Vertragszeit muss der Leasingnehmer den gemieteten Gegenstand zurückgeben. Vertragsverlängerung oder Kauf ist möglich.

Unterscheidung nach der Anzahl der Objekte:

- **Equipment-Leasing:**
  Geleast wird ein einzelnes bewegliches Wirtschaftsgut.
- **Plant-Leasing:**
  Geleast wird eine ganze Betriebsanlage, die aus beweglichen und unbeweglichen Wirtschaftsgütern bestehen kann.

Unterscheidung nach dem Verpflichtungscharakter des Leasingvertrags:

- **Finance-Leasing**

  Merkmale des Finance-Leasings:
    - Verträge mit einer **festen Grundmietzeit** (Langfristcharakter)
    - Der Vertrag kann während der Grundmietzeit von beiden Seiten **nicht gekündigt** werden.
    - Die Grundmietzeit ist kürzer als die betriebsgewöhnliche Nutzungsdauer.
    - Das **Investitionsrisiko** (Risiko des zufälligen Untergangs, der wirtschaftlichen Entwertung durch technischen Fortschritt während der Grundmietzeit) liegt beim **Leasingnehmer**.
    - Der Leasinggeber stellt das Kapital zur Verfügung und trägt das Kreditrisiko.

  Es gibt im Finance-Leasing unterschiedliche Vertragsmodelle. Eine wichtige Grundeinteilung ist die in *Vollamortisations- und Teilamortisationsverträge*.

Der Vollamortisationsvertrag[1]

($\rightarrow$ Finanzierungsleasing)

Er umfasst Verträge, bei denen

- die Grundmietzeit festgelegt ist
  (die Grundmietzeit beträgt in der Regel zwischen 40 % und 90 % der betriebsgewöhnlichen Nutzungsdauer des Leasinggegenstandes; sie lässt sich nach den amtlichen AfA-Tabellen[2] ermitteln),

Beispiel

EDV-Anlage
- 5 Jahre (= 60 Monate) Abschreibungszeit
- 40 % **mindestens** = 24 Monate ⎫
- 90 % **höchstens** = 54 Monate ⎭ Laufzeit des Vertrages

- die gesamten Leasingzahlungen, die der Leasingnehmer während der unkündbaren Grundmietzeit zu entrichten hat, mindestens die Anschaffungs- oder Herstellungskosten für das Leasinggut sowie alle sonstigen Nebenkosten einschl. der Finanzierungskosten des Leasinggebers und dessen Gewinnspanne beinhalten,
- der Leasinggeber das Kapital beschafft und das Kreditrisiko trägt.

Der Vollamortisationsvertrag wird vor allem dann angeboten, wenn der Leasingnehmer nach Ablauf der Grundmietzeit entscheiden möchte, ob er das Leasingobjekt weiter mieten, es kaufen oder es einfach zurückgeben und ein neues mieten möchte.

Vollamortisationsverträge sind die Regel bei Leasingverträgen über Maschinen und maschinelle Anlagen sowie ganze Betriebs- und Geschäftsausstattungen.

---

1 Amortisation = a) allgemein: Tilgung einer Schuld
 b) Finanzwirtschaft: Deckung der für ein Investitionsgut aufgewendeten Anschaffungskosten aus dem mit diesem Gut erzielten Ertrag.

2 AfA = Kurzform für **A**bsetzung für **A**bnutzung. Ein Begriff aus dem Steuerrecht, der gleichzusetzen ist mit Abschreibungen, die die Wertminderungen der Anlagegüter erfassen [Konto „Abschreibungen auf Sachanlagen (SA)]. Abschreibungen mindern als Aufwand den Gewinn und somit auch die gewinnabhängigen Steuern.

Leasingvertrag Nr. 1000   Teilamortisation – Mobile Investitionsgüter –

Leasinggeber: Maschinen- und Apparate-Vermietung GmbH & Kommanditgesellschaft, Postfach 1234, 40595 Düsseldorf, Adam-Stegerwald-Str. 15

Leasingnehmer: Textilgroßhandlung Grotex GmbH	Handelsregister: Han. B Nr.: 43
Straße und Nr. Lange Straße 4, 30559 Hannover	Gründung: 1992 ☎ 0511/
PLZ Ort	
Objektwert: = € 60.000,00	
(Kaufpreis ohne Mehrwertsteuer)	**Vertragsdauer:** 36 **Monate**
Leasingrate:	
1. Monat bis 3. Monat (in % ....) € 1.680,00 zzgl. MWSt	4. Monat bis 36. Monat (in % ....) € 1.680,00 zzgl. MWSt

Die Vertragspartner sind sich einig, dass die vom Leasingnehmer in der Vertragszeit zu entrichtenden Leasingraten die Gesamtkosten des Leasinggebers nicht decken. Es verbleibt nach Ablauf der unkündbaren Vertragsdauer ein Restwert von 25 % vom Objektwert = € 15.000,00 zzgl. MWSt

Zahlungsweise: monatlich zum x̶/15.ˣ

Der Leasingnehmer ermächtigt hiermit den Leasinggeber die fällig werdenden Leasingraten vom Bankkonto des Leasingnehmers bei der

Bank/Sparkasse Stadtsparkasse Düsseldorf

BLZ (Bankleitzahl) 300 501 10   Konto-Nr.: 100007   – durch Lastschrift einzuziehen.

Standort des Leasingobjektes: Düsseldorf
Nutzungsdauer: .... Jahre, weil .... Schichtbetrieb.

Leasingobjekt – fabrikneu –:

1 DB-PKW, Typ E 280, Farbe: schwarz
Fahrgestell-Nr. 7634, amtl. Kennzeichen: H-D 475
gem. Rechnung Nr. 100 des Autohauses Schulz & Co. vom 2. Oktober ..

Lieferant: Schulz & Co.   **Lieferzeit:** erfolgt

40595 Düsseldorf,   3. Oktober ..   Düsseldorf   3. Oktober ..

Leasinggeber:
Maschinen- und Apparate-Vermietung
GmbH & Kommanditgesellschaft

Leasingnehmer:
Grotex GmbH
Lange Straße 4
30559 Hannover

(Firmenstempel und Unterschrift des Leasingnehmers)

Der Leasingnehmer beauftragt die Leasinggesellschaft – im Folgenden Leasinggeber genannt – das Leasingobjekt vom Lieferanten zu dessen Lieferbedingungen zu kaufen und bietet dem Leasinggeber den Abschluss eines Leasingvertrages zu den oben und auf den folgenden Seiten aufgeführten Vertragsbedingungen an. Der Leasingnehmer hält sich an diesen Antrag für einen Monat nach Eingang beim Leasinggeber gebunden.

Der Teilamortisationsvertrag
(→ Non-full-pay-out-Vertrag)
- Die feste Laufzeit liegt wie beim Vollamortisationsvertrag zwischen 40 % und 90 % der betriebsgewöhnlichen Nutzungsdauer laut amtlicher AfA-Tabelle.
- Die monatliche Leasingrate ist so bemessen, dass der zum Vertragsende vorhandene Verkehrswert durch die gezahlten Leasingraten **nicht ganz gedeckt** wird. Die monatlichen Leasingraten sind daher wesentlich niedriger als beim Vollamortisationsvertrag.

Den noch nicht amortisierten Teil der Kosten kann sich der Leasinggeber durch unterschiedliche Vertragsgestaltungen absichern lassen. Damit wird dann ebenfalls die volle Amortisation erreicht.
- Auf den nicht getilgten Rest kommt bei Vertragsende zunächst der Veräußerungserlös aus der Verwertung des Investitionsgegenstandes zur Anrechnung:
  - Wird ein höherer Erlös erzielt, so gewähren die meisten Leasinggesellschaften dem Leasingnehmer eine Gutschrift bis zu 75 % des Mehrerlöses (Teilamortisationsvertrag mit Mehrerlösbeteiligung).
  - Wäre der Erlös aus dem Verkauf niedriger als der geschätzte Restwert, so werden die Leasinggesellschaften von dem vertraglich vereinbarten **Andienungsrecht** Gebrauch machen, wonach der Leasingnehmer verpflichtet ist, das Investitionsgut zum vertraglich vereinbarten **Restwert zu kaufen**. Jedoch hat der Leasingnehmer kein Recht, den Leasinggegenstand erwerben zu dürfen (Teilamortisationsvertrag mit Andienungsrecht).

Hieraus ergibt sich, dass das Risiko der Wertminderung ausschließlich der Leasingnehmer trägt.

Operating-Leasing

> Operating-Leasing lässt sich beschreiben als die Vermietung von Objekten, die einem raschen technischen Fortschritt unterliegen.

Beispiele
Fotokopiergeräte, EDV-Anlagen und andere nicht speziell auf das Unternehmen des Leasingnehmers abgestellte Güter.

Die Objekte können bei technischen Neuerungen sofort gegen das aktuellste ausgetauscht werden.

Kennzeichnend für das Operating-Leasing ist ebenfalls, dass der Leasingnehmer meist nicht weiß, wie lange er die Sache braucht oder ob er sie anschließend erwerben will.

Operating-Leasing kommt folglich auch dann zur Anwendung, wenn das Großhandelsunternehmen seine Kapazität wirtschaftlichen Schwankungen anpassen möchte, ohne dabei das Risiko einer Fehlinvestition eingehen zu wollen.

Beispiele
- Vergrößerung des Fuhrparks
- Ausbau einer Stabsstelle u. a. mit diverser Hightech-Bürotechnologie für eine gewisse Zeit

Merkmale des Operating-Leasings:
- Vertrag **ohne feste Grundmietzeit**
- Vertrag kann vom Leasingnehmer **jederzeit gekündigt** werden.
- Ziel dieses Vertrags ist nicht die „Finanzierung" des Objekts, sondern allein die Gebrauchsüberlassung gegen ein Entgelt.
- Der Leasinggeber verpflichtet sich, das Objekt zu überwachen, instand zu halten (Übernahme von Reparatur- und Wartungskosten) und bei Bedarf auszutauschen.
- Das Vermarktungsrisiko am Ende der Leasing-Laufzeit trägt alleine der Leasinggeber.

Besonderheit dieser Vertragsgestaltung ist weiterhin, dass der Leasinggeber keine Abschlusszahlung erhält. Er trägt selbst das **Investitionsrisiko** und die Kosten, wenn der Leasingvertrag beendet wird, bevor die Ausgaben durch die Leasingraten wieder eingenommen wurden.

Die *universellen Güter* des Operating-Leasings rentieren sich meist erst durch eine **mehrmalige „Vermietung"** an verschiedene Leasingnehmer, die diese hintereinander nutzen.

Da hier die Sache nur gegen Bezahlung zum Gebrauch überlassen wird und nicht zugleich eine Finanzierung gewollt ist, überwiegt der **mietrechtliche Charakter.** Das Operating-Leasing wird deshalb überwiegend nach Mietrecht beurteilt.

Für den Fall der Kündigung werden Abschlusszahlungen des Leasingnehmers fällig, die bereits bei Vertragsbeginn im Leasingvertrag, gestaffelt nach Kündigungsterminen, festgelegt sind. Da der Vertrag jederzeit verlassen werden kann, ist mit hohen Leasingraten bzw. einer hohen Abschlusszahlung zu rechnen.

Vorteile des Leasings:	Nachteile des Leasings:
– Keine Bindung des Eigenkapitals, da eine 100%ige Fremdfinanzierung möglich ist. – Eigenkapital kann rentabler eingesetzt werden a) im ertragsstarken Umlaufvermögen und b) durch Einräumung von Rabatt oder Sonderangeboten. – Die Liquidität wird geschont bzw. erhöht, da weder eigene noch fremde Mittel benötigt werden. Die Mieten werden aus dem laufenden wirtschaftlichen Ertrag des Mietobjektes bezahlt. – Leasingraten sind Fremdkapitalkosten, die steuerlich Betriebsausgaben darstellen und daher die Steuerbelastung mindern (wenn wirtschaftlich die Objekte nicht dem Leasingnehmer zugerechnet werden). – Durch schnelle Anpassung an den technischen Fortschritt schützt Leasing vor Überalterung der Anlagen. – Leasing bietet einen Servicevorteil durch Beratung, Wartung und Reparatur des Leasingobjektes durch den Leasinggeber. – Der Finanzierungsspielraum und die Kreditlinien bleiben für den kurz- und mittelfristigen Finanzbedarf erhalten. – Das Verhältnis zwischen Eigen- und Fremdkapital ändert sich nicht (gleich bleibende Bilanzrelationen). – Der Leasingnehmer hat feste monatliche Raten, die eine genaue Kalkulation ermöglichen. – Für die Dauer des Leasingvertrages liegen die monatlichen Leasingraten fest. Sie sind von Preisveränderungen unberührt. Das Risiko trägt der Leasinggeber. – Leasing erleichtert den Kosten-Nutzen-Vergleich einer Investition, da die anfallenden Kosten genau fixiert sind. Investitionsentscheidungen können so leichter abgeklopft werden, ob sie vorteilhaft sind.	– Hohe finanzielle Belastung mit fixen Kosten. – Das Leasing ist teurer als der Kreditkauf. – Die Leasingobjekte müssen ihre Miete erst verdienen, was besonders in Krisenzeiten nicht immer möglich ist. – Der Leasingnehmer ist während der Grundmietzeit (beim Finance-Leasing) vertraglich fest gebunden. – Investitionsobjekte sind nicht im Eigentum des Nutzers. – Sie können deshalb auch nicht – quasi kostenlos – nach der Abschreibungszeit weiterarbeiten. – Die eventuell Gewinn bringende Verwertung des Investitionsobjekts nach Ende der betrieblichen Nutzung liegt beim Leasinggeber.

Ihr zuverlässiger Finanzierungspartner

Sehr verehrte Damen!
Sehr geehrte Herren!

Unser **Leasingsystem** hat Ihre Aufmerksamkeit gefunden und wir freuen uns über Ihr Interesse an dieser bewährten Finanzierungsart, die wir bereits seit fast 20 Jahren in der Bundesrepublik Deutschland mit großem Erfolg anbieten.

Daher möchten wir Ihnen die Vorzüge einer **Leasingfinanzierung** darlegen:

- **Sie selbst bestimmen**
  das gewünschte Leasingobjekt (Kraftfahrzeug/ Maschine), das Ihren Vorstellungen entspricht, und legen den genauen Lieferungsumfang bei Ihrem Lieferanten fest. Ihre alten Geschäftsverbindungen bleiben somit bestehen.

- **Sie behalten**
  die Garantieansprüche gegenüber den Herstellern/ Lieferanten, sodass der enge technische Kontakt bestehen bleibt.

- **Sie schließen**
  mit unserer Gesellschaft einen Teilamortisations-Leasingvertrag über eine angemessene Laufzeit ab. Die Gesellschaft tritt nach Abschluss des Leasingvertrages gegenüber dem Lieferanten in Ihre Bestellung ein und kauft das Leasinggut zu den festgelegten Bedingungen. Die Lieferantenrechnung wird auf unsere Gesellschaft ausgestellt und von uns sofort nach Erhalt in voller Höhe (einschl. Mehrwertsteuer) beglichen.

- **Keine Kilometer-Begrenzung beim Fahrzeugleasing**
  Bei unserem System unterliegen Sie keinen Kilometer-Begrenzungen. Sie setzen das Fahrzeug nach Ihren Erfordernissen ein.

- **Keine Anzahlung.**
  Wir finanzieren den Leasinggegenstand zu 100 %, d.h. den reinen Anschaffungswert; Reparaturen, Versicherungen, Steuern gehen wie bisher zu Ihren Lasten. Die Kfz-Kosten für Zulassung und Überführung trägt der Leasingnehmer.

- **Schonung des Eigenkapitals – Verbesserte Liquidität**
  *Ihr Eigenkapital wird durch die neue Investition nicht belastet.
  Ihre liquiden Mittel bleiben für andere wichtige betriebliche Aufgaben frei.
  Ihre Kreditlinien bei Ihren Hausbanken stehen Ihnen für weitere geschäftliche Dispositionen zur Verfügung.
  Diese Gelder können Sie vorteilhafter für Lieferantenskonti und Nachlässe beim Wareneinkauf, die Entwicklung neuer Produkte, Werbung, Altersversorgung, Kapitalanlage usw. verwenden.
  Sie schaffen sich die Möglichkeit zur Rationalisierung und die Voraussetzung für höhere Umsätze, kürzere Lieferzeiten, schnelleren Produktionsausstoß.
  Sie sind immer auf dem neuesten Stand der Technik durch den Einsatz modernster Maschinen, Ausrüstungen, Kraftfahrzeuge usw.
  Sie können umgehend auf Konjunktur- und Marktveränderungen reagieren.*

- **Steuerersparnis**
  *Die monatlichen Leasingzahlungen stellen für Sie Betriebsaufwendungen dar und sind steuerlich absetzbar. Hinzu kommen positive Auswirkungen auf Gewerbesteuer, Vermögensteuer u. a.
  Die Laufzeit der Verträge ist kürzer als die betriebsgewöhnliche Nutzungsdauer.*

- **Gleichbleibende Leasingbeträge**
  Die einmal vereinbarten Netto-Leasingraten können während der gesamten vereinbarten Vertragszeit nicht verändert werden, sodass Sie einen festen Kostenfaktor vorliegen haben. Die gesetzliche Mehrwertsteuer wird von uns gesondert ausgewiesen und berechnet. Sie ist in der Regel als Vorsteuer absetzbar.

  Einfache Zahlungsweise
- Wir buchen die monatlichen Leasingbeträge am 1. oder 15. eines Monats durch Lastschriftverfahren von Ihrem Bankkonto ab, um Ihnen und uns die Abwicklung zu erleichtern.

- **Kraftfahrzeugbrief und Versicherung**
  Das Kraftfahrzeug wird auf Ihren Namen zugelassen, den Kfz-Brief erhalten wir für unsere Akten. Gleichzeitig fordern wir bei Ihrer Versicherungsgesellschaft einen Kfz-Sicherungsschein als Nachweis für eine bestehende Vollkaskoversicherung mit 325,00 € Selbstbeteiligung je Schadensfall zugunsten unserer Gesellschaft an.

- **Maschinenversicherung**
  Bei Maschinen und Einrichtungen benötigen wir ebenfalls den Nachweis einer entsprechenden Versicherung.

Als eingeführte, mittelständische Leasinggesellschaft stehen wir seit fast 20 Jahren besonders der Industrie, dem Handel, dem Handwerk und den freien Berufen nahe.

Aufgrund unserer langjährigen Erfahrung und großen Beweglichkeit sind wir jederzeit in der Lage, uns individuell auf die Wünsche unserer Kunden einzustellen.

Wir finanzieren Mobilien aller Art und in jeder Größenordnung über unsere Leasingverträge, z. B. Kraftfahrzeuge – Gabelstapler – Maschinen und Apparate – med. Einrichtungen und Geräte für Ärzte und Laborgemeinschaften.

Zur ausführlichen Beratung stehen Ihnen unsere Leasingfachleute gern zur Verfügung.

Ihre Leasinggesellschaft

Factoring

Unternehmen müssen häufig sehr lange Zeit auf den Zahlungseingang warten, sodass es zu kritischen Liquiditätsengpässen kommen kann. Abhilfe dagegen verspricht das *Factoring*.

> **Factoring** = Der laufende oder einmalige Verkauf von kurzfristigen Geldforderungen aus Warenlieferungen und Dienstleistungen gegenüber Kunden (Schuldner; Debitor[1]) an eine Factoringgesellschaft (Factor; Factoringinstitut).

Dabei werden die Forderungen nicht einzeln, sondern bündelweise verkauft.

Factoringvertrag und -abwicklung

Grundlage des Factoringgeschäfts ist der **Factoringvertrag,** der zwischen Lieferer (= Factoringnehmer) und dem Factor geschlossen wird.

Bevor der Factoringvertrag abgeschlossen wird und während der gesamten Vertragslaufzeit prüft das Factoringinstitut in zeitlichen Abständen die Bonität der Debitoren. Das Ergebnis der Prüfung ist das sogenannte **Ankaufslimit**, bis zu dessen Höhe der Factor das Ausfallrisiko eines Debitors trägt. Bei ungenügender Bonität eines Debitors kann das Factoringinstitut zudem den Ankauf der Forderungen ablehnen.

Der Factoringvertrag weist folgende Merkmale auf:
– Verkauf bzw. Abtretung aller Kundenforderungen an den Factor, der auch die Debitorenkonten führt
– Bevorschussung der abgetretenen Forderungen vor deren Fälligkeit zu einem hohen Prozentsatz, meist 80 % bis 90 % des geforderten Betrags
– Sicherheitseinbehalt: Einbehaltung der restlichen 10 % bis 20 % als Sicherheit für eventuelle Regressansprüche gegen den Lieferer (z. B. wegen mangelhafter Lieferung oder nicht übertragbarer Forderungen)

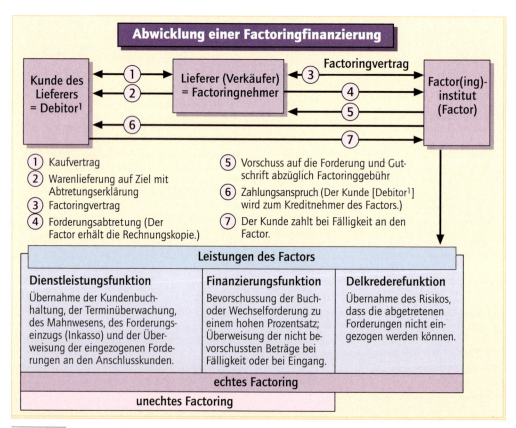

1 Debitor = Schuldner, der Waren von einem Lieferer auf Kredit bezogen hat

- Bei Begleichung der Forderung durch den Debitor bzw. bei Fälligkeit der Forderung, wird der Sicherheitseinbehalt entweder verrechnet oder an den Factoringnehmer ausbezahlt.

Der Factor übernimmt üblicherweise auch das **Risiko des Forderungsausfalls** und bietet eine Reihe weiterer Dienstleistungen an.

Der Vertrag bezieht sich in der Regel auf Forderungen, die nach Vertragsschluss entstehen.

Es können aber auch bereits bestehende Forderungen mit einbezogen werden. Die Laufzeit eines Factoringvertrages beträgt mindestens zwei Jahre. Unmittelbar nach Abschluss des Factoringvertrages informiert der Lieferer seinen Kunden darüber, dass die Zahlungen künftig an den Factor zu leisten sind **(= offenes Factoring)**, und gibt – meist elektronisch – direkt nach Rechnungsstellung jeweils eine Rechnungskopie an den Factor weiter.

Beispiel

Die Niederlassung der Grotex GmbH in Neustrelitz hat einen neuen Kunden in Russland gewinnen können. Ein Handelsgeschäft im Auftragsvolumen von 70.000,00 € steht kurz vor dem Abschluss. Da die Angestellten der Grotex GmbH ihren russischen Partner noch nicht gut genug kennen, treten sie die aus diesem Geschäft entstehenden Forderungen ab: Sie verkaufen die Forderungen a. LL. an eine in Leipzig ansässige Factoringgesellschaft.

Im Vordergrund steht für die Grotex GmbH die 100%ige Absicherung gegen Forderungsausfälle und u. U. die Entlastung vom grenzüberschreitenden Debitorenmanagement, denn ohne kompetente Hilfe stellen Sprachbarrieren sowie vor allem nationale Unterschiede in den rechtlichen Rahmenbedingungen und Zahlungsgewohnheiten den Mittelstand bei Auslandsgeschäften oft vor große Probleme.

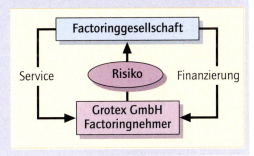

Vorteile

Der entscheidende Vorteil beim Factoring für ein Unternehmen wie der Grotex GmbH besteht in der **Absicherung vor Forderungsausfällen**.

Ein weiterer wichtiger Vorteil ist in der **Erhöhung der Liquidität** durch den sofortigen Zufluss von Geldern, die ohne Factoring erst später eingehen würden, zu sehen. Der Factoringnehmer ist dadurch in der Lage,
- seine Wareneinkäufe unter **Ausnutzung von Skonto** vornehmen sowie
- den eigenen Kunden längere Zahlungsziele einräumen zu können.

Werden die liquiden Mittel zur Tilgung bestehender Schulden eingesetzt, so führt das außerdem zu einer **verbesserten Eigenkapitalquote**, was eine **höhere Bonität** zur Folge hat. Dies hat wiederum positiven Einfluss auf das Ergebnis des Ratings, was ein wichtiges Argument gegenüber Banken in Zeiten von „Basel II"[1] ist.

Des Weiteren kann der Factoringnehmer seine **Zinsbelastungen reduzieren**, wenn er die finanziellen Mittel zur Tilgung seiner Bankverbindlichkeiten verwendet.

Neben diesen Vorteilen des Factorings sind schließlich noch die **eingesparten Verwaltungsgebühren** zu nennen.

Um die tatsächlichen Factorkosten ermitteln zu können, müssen diese Einsparungen von den vom Factorinstitut berechneten Factorkosten abgezogen werden.

Nach dem erfolgten Kauf können die Forderungen nicht mehr auf den ursprünglichen Eigentümer (den Factoringnehmer) zurückübertragen werden.

Nachteile

Neben den aufgezeigten Vorteilen sind für den Factoringnehmer (=Verkäufer der Forderungen) aber auch **Nachteile** zu nennen:
- verhältnismäßig hohe Kosten des Factors
- Der unmittelbare Kontakt zwischen Lieferer und seinen Kunden geht beim „offenen Factoring"[2] verloren.

---

[1] Basel II = Eigenkapitalrichtlinien für Banken. Ausführliche Erklärungen sind auf Seite 334 nachzulesen
[2] In Deutschland ist nur offenes Factoring üblich.

Musterrechnung Factoring:

Die Grotex GmbH in Hannover hat ein hannoversches Factoringinstitut mit dem Komplettinkasso ihrer Kundenrechnungen beauftragt. Wie sie davon profitiert, beweist folgende Rechnung: (Angaben in €)

Das kostet der Factoringservice:

– 0,9 % Factoringgebühr auf den Jahresumsatz von 10 Millionen EUR	90.000
– 10,75 % Sollzinsen auf jahresdurchschnittliche Finanzierungen von 500.000 EUR	53.750
– Gebühren für die Limitanfrage je Kunde	2.500
– Gesamtkosten	**146.250**

Das bringt der Factoringservice

– 2 % Skonto beim Wareneinkauf von jährlich 7 Millionen EUR	140.000
– Vermiedene Zahlungsausfälle (gerundet)	25.000
– Einkaufsvorteile durch Mengenrabatte	5.000
– Ersparte Gebühren für Kreditwürdigkeitsprüfungen neuer Kunden	3.000
– Gesamterträge	**173.000**
Gewinn durch Factoring	**26.750**

- Kunden könnten die Abtretung an den Factor als Zeichen wirtschaftlicher Schwäche deuten.
- Anpassungsprobleme, wenn der Verkäufer nach einigen Jahren die Dienstleistungsfunktion wieder selbst übernehmen will.

Ob sich die Ausgaben für den Factoringeinsatz für ein Unternehmen letztlich lohnen, muss im Rahmen einer *Kosten-Nutzen-Analyse* immer individuell entschieden werden.

Vertragsarten

Factoring nach dem Leistungsumfang

- **Echtes Factoring** (old-line-factoring)
  Beim echten Factoring beinhaltet der Factoringvertrag alle drei genannten Funktionen, d. h. unter Gewährung des vollen Delkredereschutzes.

- **Unechtes Factoring**
  Beim unechten Factoring bleibt die *Haftung des Factoringnehmers* bestehen; der Factor übernimmt nicht das Ausfallrisiko, sondern nur die Verwaltung und die Finanzierung **(Factoring ohne Delkredereschutz)**.

Wurde also vom Factor eine uneinbringliche Forderung bevorschusst, kann er auf den Factoringnehmer zurückgreifen. Für den Factoringnehmer kann das unechte Factoring dann von Vorteil sein, wenn er einen zahlungskräftigen und zahlungswilligen Kundenstamm besitzt (Ersparnis der Delkrederegebühr).

Factoring nach der Erkennbarkeit

- **Offenes Factoring**
  Beim offenen Factoring erhalten die Kunden (Debitoren) von ihrem Lieferer (=Factoringnehmer) eine Mitteilung über die bestehende Forderungsabtretung und zahlen unmittelbar an den Factor.

- **Stilles Factoring**
  Beim stillen Factoring nimmt der Lieferer weiterhin die Zahlungen seiner Kunden entgegen und leitet sie an den Factor weiter. Insofern wird der Schuldner (Debitor) nicht über den Verkauf der Forderungen informiert.

Bedeutung

Die Kunden der Factoringinstitute kommen aus unterschiedlichsten Wirtschaftszweigen, z. B. aus der Textil und Bekleidungsbranche (Grotex GmbH), der Zellstoff und Papierbranche, dem Fahrzeug und Maschinenbau, der Möbel, der Kunststoff und der Nahrungsmittelbranche.

Factoring eignet sich für

- gesunde Unterenehmen. Es kann nicht als Sanierungsmittel für wirtschaftlich angeschlagene Unternehmen dienen;
- mittelständische Unternehmen mit gewerblichen Kunden und einem Jahresumsatz von mindestens 1 bis 1,5 Mio. Euro, unabhängig davon, ob es sich um Hersteller, Großhändler oder Dienstleister handelt;

dabei sollten

- Rechnungen nicht unter einer Höhe von 250 € liegen;
- Zahlungsziele nicht mehr als 90 Tage (Inland) bzw. 120 Tage (Ausland) betragen.

Gründe für den Factoringboom

- Folge der *zurückhaltenden Kreditvergabe* vieler Banken im Firmenkundengeschäft
- Das Bewusstsein für *Outsourcing* steigt. Viele Factoringkunden, die früher nur ihrer Haus-

bank verbunden waren, fahren inzwischen lieber zweigleisig.
- Verkäufer können ihren eigenen Kunden Zahlungsziele gewähren, ohne die eigene Liquidität stärker zu belasten.
- Steigende *Unternehmensinsolvenzen* führten zu einem Anstieg der Forderungsausfälle.
- Verkäufer sind in der Lage, mit den durch den Forderungsverkauf gewonnenen liquiden Mitteln eigene Lieferantenverbindlichkeiten unter Ausnutzung der Skontofrist zu begleichen.
- Aufgrund der beglichenen Verbindlichkeiten aus Warenlieferungen verbessern sich die Bilanzrelationen; die Eigenkapitalquote steigt.

Aufgaben

1. Was verstehen Sie unter „Leasing"?
2. Aus welchen Rechengrößen setzt sich die Leasingrate zusammen?
3. Nennen Sie die Vorteile des Leasingverfahrens für den Leasingnehmer.
4. Welche Nachteile ergeben sich aus dem Leasingverfahren?
5. Beschreiben Sie die Abwicklung eines indirekten Leasinggeschäftes.
6. Worin unterscheidet sich der Vollamortisationsvertrag vom kündbaren Vertrag?
7. Über welche Güter werden in den beiden Vertragstypen der Aufgabe 6 Verträge geschlossen?
8. Worin besteht der Unterschied zwischen echtem und unechtem Factoring?
9. Welche Vorteile hat ein Lieferer durch die Abtretung seiner Forderungen an einen Factor?
10. Wofür berechnet der Factor eine Delkrederegebuhr?
11. Die Grotex GmbH beabsichtigt einen Pkw im Werte von 70.000 € zu leasen.
    a) Beschreiben Sie die Abwicklung dieses Leasings in Form eines Ablaufschemas.
    b) Stellen Sie die wesentlichen Argumente, die für und gegen Leasing sprechen, aus der Sicht der Grotex GmbH einander gegenüber.
12. Die Textilgroßhandlung Grotex GmbH benötigt zweimal pro Jahr kurzfristig größere Finanzmittel zur Bezahlung der saisonbedingt einzukaufenden Modetextilien. Welche der folgenden Finanzierungsalternativen würden Sie dem Unternehmen empfehlen:
    a) Einsatz eigener Mittel,
    b) Aufnahme eines Darlehens,
    c) Beantragung eines Kontokorrentkredites,
    d) Factoring?
    Begründen Sie die Berücksichtigung/Nichtberücksichtigung Ihrer Alternativen.
13. Die Wiking GmbH hat im letzten Jahr einen Umsatz von 1.250.000,00 € erzielt. Das Zahlungsziel beträgt 30 Tage.
    Ein Factoring-Institut unterbreitet der Wiking GmbH das folgende Angebot:
    - Dienstleistungsgebühr 1,5 % des Forderungsumsatzes
    - Delkrederegebühr 0,8 % des Forderungsumsatzes
    - Zinsen 7,5 % p. a.
    Als Sicherheit (Sperrbetrag) behält der Factor 10 % des Umsatzes.
    a) Wie hoch sind die Factor-Kosten für die Wiking GmbH?
    b) Aufgrund der Übernahme der Kundenbuchhaltung, der Terminüberwachung, des Mahnwesens und des Inkassos kann die Wiking GmbH eine Halbtagskraft einsparen, sodass die Personalkosten um 18.000 € reduziert werden können. Die sonstigen Kosteneinsparungen betragen 10.000 € pro Jahr. Was bedeutet das für die Wiking GmbH?

Zusammenfassung

Leasing = langfristige Finanzierung von Anlagevermögen

bedeutet, dass
- vom Leasingnehmer Investitionsgüter gemietet werden;
- der Leasingnehmer eine monatliche Leasingrate zu zahlen hat;
- der Leasinggeber Eigentümer des Leasingobjekts bleibt;
- der Leasinggeber eine Finanzierungsgesellschaft oder der Hersteller ist;
- nach Ablauf der Vertragszeit der gemietete Gegenstand weitergemietet, gekauft oder zurückgegeben werden kann.

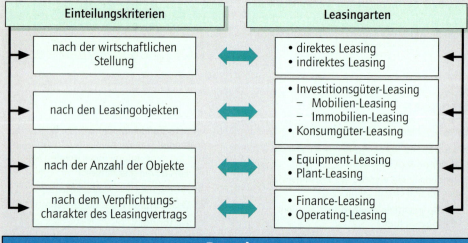

Einteilungskriterien	Leasingarten
nach der wirtschaftlichen Stellung	• direktes Leasing • indirektes Leasing
nach den Leasingobjekten	• Investitionsgüter-Leasing – Mobilien-Leasing – Immobilien-Leasing • Konsumgüter-Leasing
nach der Anzahl der Objekte	• Equipment-Leasing • Plant-Leasing
nach dem Verpflichtungscharakter des Leasingvertrags	• Finance-Leasing • Operating-Leasing

Factoring
= kurzfristige (Fremd-)Finanzierung des Umlaufvermögens (→ Absatzfinanzierung)

- bedeutet, dass Forderungen aus Warenlieferungen und Dienstleistungen durch den Factor (= Finanzierungsinstitut) angekauft werden
- Umfang der Finanzierung: bis zu 90 % der Forderungen
- Dauer des Vertragsverhältnisses: langfristig (mind. zwei Jahre)
- Gebühr für den Ankauf von inländischen Forderungen inkl. Delkredere und Dienstleistungsfunktion: 0,8 bis 1,5 % des angekauften (Brutto-)Forderungsbestands
- Leistungen des Factors:

echtes Factoring

Finanzierungsfunktion	Dienstleistungsfunktion	Delkrederefunktion
Kreditgewährung (sofortige Bereitstellung von Liquidität, sodass u. a. die Nutzung von Skonti möglich ist)	Übernahme der Debitorenbuchhaltung, des Forderungsinkassos und des Mahnwesens	Sicherung von Verlusten aus Insolvenzen, Auswahl und Überwachung der Debitoren (Kreditsicherung)

unechtes Factoring

- Von besonderer Bedeutung ist die Absicherung von Forderungsausfällen durch das Factoringinstitut und die damit verbundene sofort zur Verfügung stehende Liquidität.
- Durch den Liquiditätsgewinn können den eigenen Kunden längere Zahlungsziele eingeräumt werden, was die Wettbewerbsfähigkeit verbessert.

4.19 Kredite: Kreditarten, Kreditwürdigkeit, Kreditsicherungen

NEUHEIT
im Auftrag ausländischer Geldgeber
Ideal-Spezial-Kredit ohne Bankauskunft

Kredite von 1.000 bis 4.000 € für jeden Verwendungszweck, für Selbstständige, Rentner, Arbeitnehmer, ohne Sicherheiten, auch bei Mahnbescheid usw. Zinsen 5 % p. a., effektiver Jahreszins: 9,714 % freibleibend.

Auszahlung: 100 % ohne Abzug

Erklären Sie, warum es normalerweise bei den Banken nicht üblich ist, Kredite ohne Sicherheiten zu gewähren.

Information

Kreditprüfung und Kreditvertrag

Kredit bedeutet, dass Geld durch den Kreditgeber an den Kreditnehmer (= Schuldner) gegeben wird. Der Kreditnehmer gibt dabei seine Zusage, das Geld zu einem vereinbarten späteren Zeitpunkt zurückzuzahlen.

Bevor allerdings der Kreditvertrag abgeschlossen wird, findet eine **Kreditprüfung** statt.

Sie umfasst u. a. die Prüfung der Kreditfähigkeit und der Kreditwürdigkeit (Bonität).

Kreditfähigkeit

Kreditfähig ist, wer rechtswirksam Kreditgeschäfte abschließen kann.

Das sind
- natürliche Personen, die voll geschäftsfähig sind,
- handelsrechtliche Personenvereinigungen (OHG/ KG),
- juristische Personen des privaten und öffentlichen Rechts, wenn sie rechtsfähig sind, d. h. wenn sie im Handelsregister eingetragen sind.

Kreditwürdigkeit

Neben der Kreditfähigkeit hat die **Kreditwürdigkeit** besondere Bedeutung. Sie ist abhängig von persönlichen und materiellen Faktoren.

Materielle Faktoren

Die materielle Kreditwürdigkeit bezieht sich auf die wirtschaftliche Lage des Kreditnehmers. Bei Unternehmen ist es in erster Linie die Liquiditäts- und Ertragslage.

Im Einzelnen können die folgenden Unterlagen herangezogen werden (= **sachliche** Prüfung):
- Handelsregister und Grundbuchauszüge,
- Investitionspläne,
- Finanzplan, der über die betriebliche Liquidität informiert,
- Steuerunterlagen,
- Bilanz,
- Gewinn- und Verlustrechnung,
- Geschäftsbücher,
- Betriebsbesichtigung (Zustand der Geschäftseinrichtung, Organisation) und
- Auskünfte von z. B. Auskunfteien, Kammern, Verbänden.

Persönliche Faktoren

Zur **persönlichen** Kreditwürdigkeitsprüfung zählen:
- charakterliche Eigenschaften, wie z. B. Fleiß, Tüchtigkeit, Zuverlässigkeit,
- fachliche und kaufmännische Qualifikationen, z. B. Berufserfahrung, Studienabschlüsse, Auslandsaufenthalte,

- „geordnete" finanzielle Verhältnisse (keine nennenswerten Schulden und keine größeren ungewöhnlichen finanziellen Belastungen),
- persönliche Haftungsverhältnisse, z. B. Vollhafter in einer OHG oder „nur" Teilhafter in einer KG,
- unternehmerische Fähigkeiten.

Dazu kommt der „gute" Eindruck, den ein Kreditnehmer hinterlassen sollte: seriös, entschlossen, tatkräftig, überzeugt von sich selbst und seinem Vorhaben sowie – vor allem – gut vorbereitet für das Kreditgespräch.

Bedeutsam sind auch:
- die familiären Verhältnisse,
- das Image des Unternehmens,
- ob der Kreditsuchende seriös und gewissenhaft ist und ob er pünktlich zahlt.

Da Gewissenhaftigkeit und pünktliche Zahlungsweise aber nicht vom Gesicht abzulesen sind, bedienen sich Banken bestimmter Grundlagen, um die wirtschaftlichen Verhältnisse des Kreditnehmers zu prüfen.

Heutzutage umfasst die Kreditwürdigkeitsprüfung drei Bestandteile:
- die **vergangenheitsbezogene** Auswertung der Jahresabschlüsse,
- die Beurteilung der **gegenwärtigen** Situation auf der Grundlage von betriebswirtschaftlichen Auswertungen,
- die **zukunftsbezogene** Darstellung der wirtschaftlichen Verhältnisse. In diesem Zusammenhang ist die sogenannte „Kapitaldienstfähigkeit" des Einzelhändlers von besonderer Bedeutung. Hiermit ist eine ausreichend hohe zu erwartende Rentabilität gemeint.

Und letztlich: Je mehr Eigenkapital der Kreditnehmer einsetzen kann, desto besser sind die Erfolgsaussichten, die gewünschte Kreditsumme auch zu erhalten.

Sehr häufig spielt bei der Kreditvergabe auch der **Goodwill (Geschäfts- oder Firmenwert)** des Einzelhandelsunternehmens eine große Rolle.

Der Geschäfts- oder Firmenwert ist der Teil des Unternehmenswertes, der über den Buchwert hinausgeht. Der Goodwill setzt sich aus Werten zusammen, die nicht in der Bilanz erscheinen, aber maßgeblich am Unternehmenserfolg beteiligt sein können.

Er ist umso höher, je positiver die folgenden firmenwertbildenden Faktoren bewertet werden:
- Standort (verkehrsgünstige Lage),
- Zukunftsaussichten des Unternehmens,
- bekannter Markenname,
- gesicherter Kundenstamm,
- treue Stammkundschaft,
- Zahlungsverhalten des Einzelhändlers,
- vorhandene Patente und Lizenzrechte,
- gut qualifiziertes Personal,
- gutes Management,
- rationelle betriebliche Organisation.

Bei all diesen Faktoren ist es jedoch schwierig, eine Bewertung vorzunehmen.

Bedeutung des Eigenkapitals[1]

Mittlerweile berücksichtigen Kreditinstitute die Bonität[2] ihrer Kunden und die Verwertbarkeit der Sicherheiten – und damit das Ausfallrisiko eines Kredits – stärker. Wie viel **Eigenkapital zur Absicherung von Krediten** eingesetzt werden muss, hängt ebenfalls von der Bonität des Kreditnehmers ab.

- Je geringer die Bonität des Kreditnehmers ist, desto mehr Eigenkapital muss das Kreditinstitut hinterlegen und umgekehrt.
- Je mehr Eigenkapital ein Kreditinstitut hinterlegen muss, desto höher wird der Zinssatz für ein gewährtes Darlehen sein und umgekehrt. Damit sind die Kosten bzw. Zinsen für einen Kredit je nach Risiko eines Zahlungsausfalls unterschiedlich hoch.

---

1 Eigenkapitalrichtlinien für Banken (Basel III): Basel III schreibt vor, welche Kapitalreserven eine Bank vorhalten muss, wenn sie Kredite vergibt. Die Regelungen schreiben fest, dass Kreditinstitute ein Kernkapital in bestimmter Höhe nachweisen müssen. Unter Kernkapital wird das Kapital verstanden, das eine Bank als Reserve verfügbar hat, wenn sie in finanzielle Schwierigkeiten gerät. Diese Schwierigkeiten können entstehen, wenn Kredite in hohem Umfang nicht zurückgezahlt werden. Die Kernkapitalquote – oder auch Eigenkapitalquote genannt – ergibt sich aus dem Verhältnis von eigenem Kapital zu genehmigten Krediten. Sie soll künftig auf 6 % steigen. Hinzu kommt ein „Kapitalerhaltungspuffer", der weitere 2,5 % betragen soll. Das macht zusammen knapp 9 %. Aufgrund der höheren Kernkapitalquote besteht die Gefahr, dass die Banken zukünftig ihre Kreditvergabe einschränken und/oder höhere Zinsen fordern.

2 einwandfreier Ruf einer Person oder eines Unternehmens im Hinblick auf ihre Zahlungsfähigkeit und -willigkeit

Die einfache Formel lautet:
- Gute Bonität = geringes Risiko = niedrige Kreditzinsen
- Schlechte Bonität = hohes Risiko = hoher Zinssatz bei Kreditvergabe oder gar kein Kredit

Die Finanzkraft eines Kreditnehmers (Bonität) soll mithilfe eines Ratings festgestellt werden.

Rating

> Als **Rating** bezeichnet man eine Aussage über die zukünftige Fähigkeit eines Unternehmens zur vollständigen und termingerechten Tilgung und Verzinsung seiner Schulden.

Die Einstufung der Bonität in eine Rangliste ist daher eine Art Schulnote. Das Spektrum reicht von AAA = sehr gute Bonität über BBB = gut bis zu C = schlechte Bonität (Vorsicht: Insolvenzgefahr) bzw. D = bereits eingetretene Zahlungsstörung.

Kreditsicherungen (Kreditarten)

Kein Kreditgeber kann sicher sein, dass der Kreditnehmer den Kredit zum vereinbarten Termin zurückzahlen und die Zinsen für den gewährten Kredit aufbringen kann.

Daher müssen sich Kreditinstitute durch eine **Kreditsicherung** bei Zahlungsunfähigkeit des Schuldners vor Verlusten schützen.

Einfache Personalkredite (Blankokredite)

Einfache Personalkredite sind fast immer kurzfristige Kredite. Sie werden in Form des Kontokorrentkredits vergeben, gelegentlich als Darlehen.

Für die Gewährung des Personalkredits ist ausschließlich die Kreditwürdigkeit des Schuldners ausschlaggebend. Sie wird in erster Linie nach seiner persönlichen Zuverlässigkeit, seinem guten Ruf und dem Vertrauen in seine wirtschaftliche Leistungsfähigkeit beurteilt. Da besondere Sicherheiten nicht verlangt werden, ist die Kreditwürdigkeit sehr sorgfältig zu prüfen.

Verstärkte (erweiterte) Personalkredite

Ist beim Kreditnehmer keine ausreichende Gewähr für die termingerechte Rückzahlung und Verzinsung des Kredits gegeben, müssen außer dem Schuldner noch weitere Personen haften.

Verstärkte Personalkredite können in Form
- des Bürgschaftskredits,
- des Zessionskredits und
- des Wechseldiskontkredits gewährt werden.

Bürgschaftskredit

Dem *Bürgschaftskredit* liegen zwei Rechtsgeschäfte zugrunde:
- der **Kreditvertrag** (zwischen Kreditnehmer = Hauptschuldner und Bank = Gläubiger) und
- der **Bürgschaftsvertrag** (zwischen Bank und Bürge = Nebenschuldner).

> Der **Bürgschaftsvertrag** ist ein einseitig verpflichtender Vertrag. Darin verpflichtet sich der Bürge, für die Erfüllung der Verbindlichkeit des Hauptschuldners einzustehen (§ 765 BGB).

Kommt der Kreditnehmer seiner Zahlungsverpflichtung nicht rechtzeitig nach, so kann sich der Kreditgeber (Gläubiger) an den Bürgen wenden. Die Bürgschaft erlischt, wenn der Kreditnehmer (Schuldner) den Kredit getilgt hat.

Normalerweise ist beim Bürgschaftsvertrag die Schriftform erforderlich (§§ 766, 126 BGB). Unter Kaufleuten ist die mündliche Form möglich (§ 350 HGB), soweit sie aufseiten des Bürgen ein Handelsgeschäft ist.

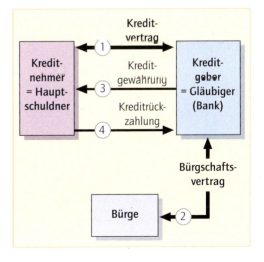

Sittenwidrig sind die Verträge allerdings, wenn Bürgen – vor allem junge Erwachsene – beim Scheitern der Kreditrückzahlung die Schulden ein Leben lang nicht abtragen können und die Bank dabei geschäftliche Unerfahrenheit ausnutzt (§ 138 BGB).

Beispiele

- Eine 21-jährige Arbeitslose bürgt für die Ausweitung der Geschäftskredite ihres Vaters.
- Ein 23-jähriger Zeitsoldat haftet für den Baukredit des Vaters in Höhe von 1,2 Millionen Euro.
 Hier muss ein Gericht allerdings noch prüfen, ob der Sohn als Mitunternehmer einsteigen sollte. Bei großem Eigeninteresse müsste der Bürge den Vertrag dann erfüllen.

Die Bürgschaft eignet sich wegen der fehlenden dauerhaften Wertgarantie nicht zur Sicherung von langfristigen Krediten.

Es sind zwei Arten der Bürgschaft zu unterscheiden:

– die Ausfallbürgschaft und

– die selbstschuldnerische Bürgschaft.

Ausfallbürgschaft

Bei der **Ausfallbürgschaft** muss der Bürge erst zahlen, wenn gegen den Hauptschuldner erfolglos die Zwangsvollstreckung betrieben wurde.

Der Bürge hat nämlich in diesem Fall die **Einrede der Vorausklage** (§ 771 BGB), die ihm das Recht gibt, die Zahlung zu verweigern, solange der Gläubiger nicht eine Zwangsvollstreckung in das Vermögen des Hauptschuldners erfolglos versucht hat.

Der Bürge haftet nur für den **Ausfall**. Zahlt demnach der Schuldner lediglich einen Teil seiner Schuld, muss der Bürge in Höhe des noch bestehenden Ausfalls haften. Der Gläubiger muss die Höhe des Ausfalls nachweisen.

Selbstschuldnerische Bürgschaft

Die Einrede der Vorausklage ist ausgeschlossen, wenn der Bürge im Bürgschaftsvertrag ausdrücklich auf sie verzichtet hat. Man spricht dann von einer **selbstschuldnerischen Bürgschaft**.

In diesem Fall kann der Bürge ohne vorherige Zwangsvollstreckung zur Zahlung verpflichtet werden, wenn der Hauptschuldner am Fälligkeitstag nicht zahlt. Er haftet genauso wie der Hauptschuldner.

Die Bürgschaft von Kaufleuten bei einem Handelsgeschäft ist immer selbstschuldnerisch (§ 349 HGB).

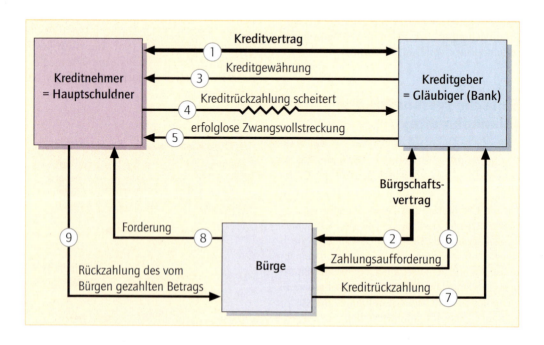

Zessionskredit

Beim *Zessionskredit* wird die Bank durch die Abtretung von Forderungen Eigentümerin der Forderung. Mit dem Abtretungsvertrag tritt die Bank an die Stelle des alten Gläubigers. Diesen Vorgang nennt man „Zession" (von lat. cedere = abtreten, zurücktreten). Der Zessionsvertrag ist formfrei. Aus Beweisgründen wird er jedoch überwiegend schriftlich abgeschlossen.

Von **stiller Zession** ist immer dann die Rede, wenn der Drittschuldner von der Forderungsabtretung nichts erfährt. Er zahlt nach wie vor an seinen Gläubiger, der das Geld anschließend an die Bank (neuer Gläubiger) weiterleitet.

Wird er allerdings von der Abtretung benachrichtigt, so liegt eine **offene Zession** vor. Hierbei muss der Drittschuldner an die Bank direkt zahlen[1].

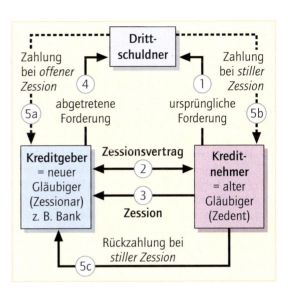

	stille Zession	**offene Zession**
Chancen	Für den Kreditnehmer (Zedenten): – Der Drittschuldner (Kunde) erfährt nichts von der Abtretung. – Das Ansehen bleibt erhalten.	Für den Kreditgeber (Zessionar), z. B. Bank: – größere Sicherheit, da der Drittschuldner nur an den Kreditgeber (Bank) zahlen kann – keine Mehrfachabtretungen möglich
Risiken	Für den Kreditgeber, z. B. Bank: – Die abgetretene Forderung existiert nicht oder nicht mehr. – Gefahr der Mehrfachabtretung (Die Forderung wurde bereits an einen weiteren Zessionar abgetreten.) Drittschuldner zahlt an Kreditnehmer, der die Zahlung nicht an den Kreditgeber (Zessionar) abführt, sondern sie anderweitig verwendet. – Drittschuldner hat die Abtretung vertraglich ausgeschlossen. – Forderungen können zweifelhaft oder uneinbringlich werden. → Kreditinstitute bevorzugen daher die offene Zession.	Für den Kreditnehmer (Zedent): – Der Drittschuldner (Kunde) erfährt durch die Benachrichtigung von der Kreditaufnahme/den Zahlungsschwierigkeiten des Kreditnehmers. – Rufschädigung (Imageverlust) und Minderung der Kreditfähigkeit

---

1 vgl. auch Wechseldiskontkredit in Kap. 4.17

Realsicherheiten

Realsicherheiten bzw. Realkredite sind Kredite, bei denen die Forderung des Kreditgebers durch **bewegliche und unbewegliche Sachen** (Dinge) abgesichert wird. Daher spricht man auch von **dinglicher Sicherung**.

Zu unterscheiden sind
– das Pfandrecht (Lombardkredit),
– die Sicherungsübereignung,
– der Eigentumsvorbehalt und
– die Grundpfandrechte Hypothek und Grundschuld.

Pfandrecht

Zur Sicherung seiner Forderung schließt der Kreditgeber mit dem Schuldner einen Pfandvertrag. **Das Pfand**, wie z. B. Wertpapiere, Schmuck, Edelmetalle, Bausparverträge und Lebensversicherungen, **geht dabei in den Besitz des Kreditgebers über, während der Schuldner aber Eigentümer bleibt**. Das Pfandrecht erlischt dann, wenn der Schuldner seine Schulden bezahlt hat.

Sollte der Schuldner am Fälligkeitstag jedoch seine Schulden nicht begleichen können, gibt der Pfandvertrag dem Kreditgeber das Recht, die verpfändeten Sachen versteigern zu lassen und seine Forderung aus dem Erlös zu befriedigen.

Sicherungsübereignung

Besitzt der Unternehmer zur Sicherung eines Kredits keine Gegenstände, die er verpfänden könnte, so besteht die Möglichkeit, dass er der Bank Vermögensgegenstände als Sicherheit anbietet, z. B. Transporteinrichtung, Lieferwagen, Geschäftseinrichtung, seltener Warenvorräte.

Neben dem Kreditvertrag wird zwischen der Bank (Kreditgeber) und Schuldner (Kreditnehmer) ein Sicherungsübereignungsvertrag geschlossen, wodurch **die Bank Eigentümerin wird und der Schuldner Besitzer bleibt**.

Die Sicherungsübereignung ist nach außen von Dritten nicht zu erkennen. Sie hat für den Schuldner den Vorteil, dass er mit den übereigneten Sachen weiterarbeiten kann.

Eigentumsvorbehalt

Der Eigentumsvorbehalt dient der Sicherung von Liefererkrediten. Er soll den Anspruch des Verkäufers auf ordnungsgemäße Zahlung der von ihm gelieferten Waren sichern.

Grundpfandrechte

Die Absicherung von langfristigen Krediten (Darlehen) erfolgt bei Banken im Allgemeinen durch ein Pfandrecht an einem Grundstück oder Gebäude in Form der **Hypothek** oder der **Grundschuld**.

Kreditinstitute bevorzugen eine solche Kreditsicherung, da Grundstücke wertbeständig sind und meist einen dauernden Ertrag versprechen.

Eingetragen werden die Grundpfandrechte im Grundbuch, einem Verzeichnis (staatlichem Register) aller Grundstücke in einem Amtsgerichtsbezirk. Es gibt Auskunft, wer Eigentümer eines Grundstücks ist und welche Lasten und Beschränkungen auf Grundstücken ruhen.

Das Grundbuch genießt öffentlichen Glauben, sodass sich jeder auf die Richtigkeit der Eintragungen verlassen kann. Einsicht nehmen kann jeder, der ein berechtigtes Interesse nachweist.

● **Hypothek**

Die Hypothek entsteht durch
– **Einigung** zwischen dem Kreditgeber und dem Grundstückseigentümer und
– **Eintragung** in das Grundbuch als **Buchhypothek**.

Wird zusätzlich vom Grundbuchamt ein Hypothekenbrief (= öffentliche Urkunde) ausgestellt, so spricht man von einer **Briefhypothek**.

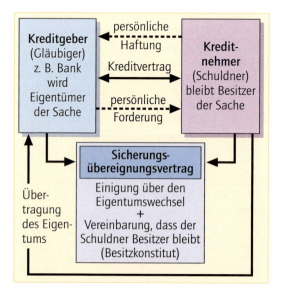

338 Betrieblicher Leistungsprozess

Die Hypothek setzt immer das Bestehen einer Forderung voraus. Daher erwirbt z. B. eine Bank als Gläubiger die Hypothek erst, wenn die Forderung tatsächlich entsteht, also bei Auszahlung des Darlehens. Bei einer Briefhypothek ist zudem die Übergabe des Briefes notwendig. Es wird immer nur **eine bestimmte Forderung** in der ursprünglichen Höhe abzüglich der darauf geleisteten Tilgungen **gesichert** (strenge Akzessorietät).

Das hat zur Folge:
- Das Kreditinstitut, zu dessen Gunsten eine Hypothek in das Grundbuch eingetragen wurde, erwirbt, nachdem das Darlehen an den Kreditnehmer ausgezahlt wurde, die Rechte an dem Grundstück.
- Das Kreditinstitut verliert mit jeder Tilgungsrate durch den Kreditnehmer genau in dieser Höhe einen Anteil am Grundstück.
- Nach Rückzahlung des Gesamtbetrags des Darlehens muss die Hypothek aus dem Grundbuch gelöscht werden, da das Kreditinstitut keine Forderung gegenüber dem einstigen Kreditnehmer mehr hat.

Bei der Bestellung der Hypothek verlangen die Banken grundsätzlich vom Kreditnehmer, dass er die persönliche Haftung übernimmt und sich der sofortigen Zwangsvollstreckung unterwirft. Kommt er nämlich mit seinen Leistungen in Verzug, so kann nach Kündigung des Kredits die Zwangsvollstreckung sowohl in das Grundvermögen **(= dingliche Haftung)** als auch in das sonstige Vermögen **(= persönliche Haftung)** des Schuldners betrieben werden.

Die Hypothek erlischt mit der Rückzahlung des Darlehens.

Beispiel

Ein Hauseigentümer nimmt bei seiner Bank ein Darlehen in Höhe von 100.000,00 € auf (≙ tatsächliche Forderung der Bank). Als Sicherheit für den langfristigen Kredit belastet er sein Haus mit einer Hypothek in Höhe von 100.000,00 €. Der Hauseigentümer (= Hypothekenschuldner) haftet nun mit seinem Haus (= dingliche Haftung) sowie mit seinem privaten Vermögen (= persönliche Haftung).

Sollte eine mögliche Zwangsversteigerung einen Betrag von 90.000,00 € erbringen, so müsste der Schuldner die restlichen 10.000,00 € aus seinem sonstigen Vermögen zur Begleichung der Schuld aufbringen.

● **Grundschuld**

Die Grundschuld entsteht wie die Hypothek durch
- **Einigung** der Beteiligten über die Belastung des Grundeigentums **und**
- **Eintragung** der Grundschuld in das Grundbuch.

Der Schuldgrund, nämlich die Kreditaufnahme, wird nicht in das Grundbuch eingetragen. Auch hier gibt es die Form der Buch- und Briefgrundschuld.

Die Grundschuld bringt dem Kreditgeber **nur eine dingliche Haftung.**

Sie ist ein Pfandrecht an einem Grundstück, bei dem **nur das Grundstück** haftet, nicht aber der Schuldner persönlich wie bei der Hypothek.

Der Kreditgeber hat demnach keinen persönlichen Anspruch gegen den Grundstückseigentümer. Es besteht **keine persönliche Schuld**, insofern auch keine persönliche Forderung. Aus diesem Grund braucht im Falle der Zwangsvollstreckung eine Forderung auch nicht nachgewiesen werden.

Durch die Grundschuld können somit gegenwärtige und zukünftige Forderungen abgesichert werden. Insbesondere Kredite mit wechselnder Inanspruchnahme, wie Kontokorrentkredite, sind durch ein Grundpfandrecht abzusichern.

Auch bei zeitweiser Rückzahlung aller Verbindlichkeiten durch den Schuldner erlischt die Grundschuld nicht **(Grundschuld ohne Schuldgrund)**. Sie bleibt in voller Höhe bestehen, auch wenn die persönliche Forderung aus dem Kreditgeschäft erloschen ist.

Die Grundschuld erlischt erst, wenn sie im Grundbuch gelöscht wird. Zur Löschung muss der Gläubiger eine Löschungsbewilligung ausfertigen.

Beispiel

Die Deutsche Bank AG gewährt dem Unternehmer Neubarth einen Kontokorrentkredit in Höhe von 20.000,00 €. Zur Sicherung bestellt Herr Neubarth eine Grundschuld in Höhe von 30.000,00 €. Die Grundschuld bleibt nun in unveränderter Höhe bestehen, egal ob auf dem Konto des Unternehmens ein Soll-Saldo von 10.000,00 €, 18.000,00 € oder gar ein Guthaben von 5.000,00 € ausgewiesen wird. Die Grundschuld ist unabhängig von einer persönlichen Forderung.

Die Grundschuld ist wesentlich flexibler als die Hypothek. Daher wird die Hypothek von den Banken kaum noch praktiziert.

Beispiel

Ein Hausbesitzer will das Dachgeschoss seines Hauses ausbauen. Für die Ausbauarbeiten rechnet er, verteilt auf die nächsten zwei Jahre, mit Kosten von ca. 40.000,00 €. Über diesen Betrag lässt er eine Grundschuld zugunsten seiner Hausbank in das Grundbuch eintragen.

Je nachdem, wie viel Geld er dann jeweils im Laufe der nächsten zwei Jahre benötigt, kann er zu gegebener Zeit verschieden hohe Darlehen bei der Bank aufnehmen. Die Grundschuld dient für diese Darlehen – und bei Bedarf auch für künftige Kredite – als Sicherheit. Sie bleibt bestehen, auch wenn keine Schuld mehr vorliegt.

Bei einem Hypothekarkredit müsste der Hauseigentümer bei jedem Kredit eine Hypothek in das Grundbuch eintragen lassen. Das würde nicht nur mehr Zeit kosten, sondern auch zu steigenden Notariats- und Grundbuchkosten führen.

Kreditversicherung

Über diese Kreditsicherungsmöglichkeiten hinaus ist eine Kreditsicherung durch den Abschluss einer Kreditversicherung möglich, indem der Kreditnehmer seine Ansprüche gegen die Versicherungsgesellschaft, mit der er den Kreditversicherungsvertrag abgeschlossen hat, an die Kredit gewährende Bank abtritt.

Aufgaben

1. Warum ist es für eine Bank notwendig, die Bonität eines Kreditnehmers zu prüfen?
2. Welche Informationsquellen kann der Kreditgeber bei der Kreditprüfung benutzen?
3. Worin besteht die Kreditsicherung bei einem
   - Personalkredit,
   - verstärkten Personalkredit,
   - Realkredit?
4. Wie kommt eine Bürgschaft zustande?
5. Erklären Sie die „Einrede der Vorausklage".
6. Unterscheiden Sie zwischen selbstschuldnerischer Bürgschaft und Ausfallbürgschaft.
7. Welche Bürgschaftsart kann ein Unternehmer übernehmen, wenn er
   a) für eine Verbindlichkeit der Heiko Binnewies KG bürgen will,
   b) für seine Tochter die Bürgschaft für die Bezahlung eines neuen Sportwagens übernehmen möchte?
8. Nennen Sie die Merkmale eines Lombardkredits.
9. Beschreiben Sie das Wesen einer Zession.
10. Der Großhändler Arnold tritt an die Sparda-Bank Hannover e. G. zur Sicherung eines Kontokorrentkredits Forderungen gegen seine Kunden über 30.000,00 € ab.
    a) Wer ist Zessionar, Zedent u. Drittschuldner?
    b) Wer erhält – bei Begleichung der Schulden durch die Kunden – das Geld bei – stiller Zession, – offener Zession?
11. Welche Vorteile bietet
    a) die offene Zession der Bank,
    b) die stille Zession dem Kreditnehmer?
12. Wie ist der Vorgang der Sicherungsübereignung und was bewirkt sie?
13. Was verstehen Sie unter dinglicher Sicherung?
14. Nennen Sie die entsprechende Kreditart für folgende Kreditsicherungsmittel:
    a) Forderungen aus Warenlieferungen und Leistungen,
    b) Kraftfahrzeuge,
    c) Grundstücke.
15. Welche Vorteile hat die Sicherungsübereignung für den Kreditnehmer?
16. Wer ist beim Faustpfandrecht Eigentümer und wer Besitzer der verpfändeten Sache?
17. Erklären Sie die Bedeutung des Besitzkonstituts im Zusammenhang mit der Sicherungsübereignung.
18. Worin besteht der grundlegende Unterschied zwischen Hypothek und Grundschuld?
19. Wie entsteht eine Hypothek?

Zusammenfassung

Die Kreditprüfung

umfasst die Prüfung der

Kreditfähigkeit

= Fähigkeit rechtsgültige Kreditgeschäfte abzuschließen

Kreditfähig sind:
- natürliche Personen: Feststellung der Geschäftsfähigkeit
- OHG/KG
- juristische Personen

} Feststellung der Rechtsfähigkeit mittels Handelsregister

Kreditwürdigkeit (Bonität)

- sachliche
- persönliche

Nach zusätzlicher Prüfung der Sicherheiten schließen **Kreditgeber** + **Kreditnehmer** einen **Kreditvertrag**

Kreditarten

(Unterscheidung nach den Sicherheiten)

Sicherung durch Personen

einfacher Personalkredit (Blankokredit)

Gewährung ist abhängig von der Kreditwürdigkeit des Schuldners
- kurzfristiger Kredit
- Kredit ohne Sicherheit

verstärkte (erweiterte) Personalkredite

= neben dem Kreditnehmer (Schuldner) haften weitere Personen
- **Bürgschaftskredit**
  - Ausfallbürgschaft
  - selbstschuldnerische Bürgschaft
- **Zessionskredit**
  Abtretung von Forderungen an eine Bank, die Eigentümerin wird
  - stille Zession
  - offene Zession
- **Wechseldiskontkredit**

Sicherung durch Sachen

Realsicherheiten

= bewegliche und unbewegliche Sachen haften für eine Forderung
- **Pfandrecht** (Lombardkredit)
- **Sicherungsübereignung**
- **Eigentumsvorbehalt**
- **Grundpfandrechte**
  - **Hypothek**
    - Eigentümer und Grundstücke haften
    - ohne Forderung keine Hypothek
  - **Grundschuld**
    - nur das Grundstück haftet
    - Grundschuld setzt keine Forderung voraus.
    Grundschuld ohne Schuldgrund

4.20 Krise des Unternehmens

Insolvenzen, Neugründungen und Löschungen, Jahr 2011
Insolvenzzahlen gesunken – aber erneut mehr als 100 000 Verbraucher insolvent

Neuss, 1. Dezember 2011 – Die günstige Konjunkturlage in Deutschland in den zurückliegenden zwölf Monaten hat sich positiv auf das Insolvenzgeschehen ausgewirkt. Die Zahl der Unternehmensinsolvenzen sank auf 30 200 Fälle und blieb damit um 5,8 Prozent unter dem Vorjahreswert (32 060). Ebenfalls zurückgegangen ist die Zahl der Verbraucherinsolvenzen. Mit 103 200 Fällen (2010: 109 960; minus 6,1 Prozent) wurde aber erneut die Marke von 100 000 insolventen Verbrauchern pro Kalenderjahr übertroffen. Diese Entwicklung verdeutlicht, dass die Verbraucherinsolvenz in Deutschland mittlerweile ein Massenphänomen darstellt. Seit der Einführung der Insolvenzordnung für Privatpersonen 1999 haben mehr als 800 000 Deutsche Insolvenz angemeldet. [...]

Das Insolvenzgeschehen ist im Vergleich zu 2010 kleinteiliger und jünger geworden. Vor allem im Handel (83,0 Prozent) und im Dienstleistungssektor (82,8 Prozent) sind vornehmlich sehr kleine Unternehmen (bis fünf Mitarbeiter) unter den Insolvenzkandidaten zu finden. Die größte Insolvenz des Jahres betraf den Druckmaschinenhersteller Manroland mit rund 6 500 Mitarbeitern. Rund 750 000 Gläubiger bangen im Insolvenzverfahren von TelDaFax, das ebenfalls zu den zehn größten Insolvenzfällen des Jahres zählt, um ihr Geld. Insgesamt waren 2011 236 000 Arbeitnehmer von der Insolvenz ihres Arbeitgebers betroffen (2010: 240 000).

Stärker als 2010 waren sehr junge Unternehmen unter den Insolvenzkandidaten zu finden. Jedes sechste insolvente Unternehmen (16,4 Prozent) wies ein Betriebsalter von höchstens zwei Jahren auf (2010: 15,2 Prozent). Wie im Vorjahr war gut ein Drittel der insolventen Unternehmen (35,7 Prozent; 2010: 35,3 Prozent) älter als zehn Jahre.

Das Verarbeitende Gewerbe (minus 14,1 Prozent; 2 430 Fälle) und das Baugewerbe (minus 13,3 Prozent; 4 310 Fälle) verzeichnen einen überdurchschnittlich starken Rückgang der Insolvenzen. Im Handel liegt das Minus mit 6,3 Prozent (6 200 Fälle) im Bereich des gesamtwirtschaftlichen Durchschnitts. Im Dienstleistungssektor wurden 17 260 Insolvenzen registriert (minus 2,2 Prozent gegenüber dem Vorjahr). Die Insolvenzquote, das heißt, die Zahl der Insolvenzfälle je 10 000 Unternehmen, ist im Baugewerbe (123; Vorjahr: 145) am höchsten und im Verarbeitenden Gewerbe (67; Vorjahr: 77) am niedrigsten. Stark verringert hat sich das Insolvenzgeschehen in den Branchen Maschinenbau, Textilindustrie, Kunststoffindustrie, Kfz-Handel und Herstellung von Metallerzeugnissen. Zuwächse wurden in den Bereichen Tiefbau, Gesundheitswesen, Wach- und Sicherheitsdienstleistungen, Friseur- und Kosmetiksalons sowie Post- und Kurierdienste registriert.

Quelle: Verband der Vereine Creditreform e. V., Neuss; Pressemeldung vom 1. Dezember 2011

Welche Gründe können zur Insolvenz eines Unternehmens führen?

Information
Gründe für Unternehmenskrisen

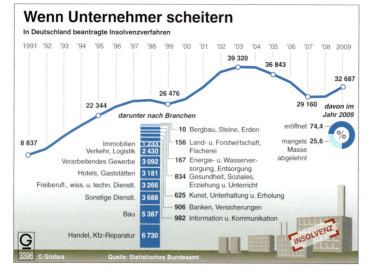

Anzeichen für Unternehmenskrisen sind
- Umsatzrückgang,
- immer geringer werdende Gewinne,
- Verluste und Schrumpfen des Eigenkapitals,
- eine zunehmende Verschuldung und als Folge
- Zahlungsschwierigkeiten und schließlich
- Zahlungsunfähigkeit.

Für eine solche Entwicklung können personelle, sachliche, organisatorische und finanzielle Gründe verantwortlich sein.

Personelle Gründe sind z. B.
- Entscheidungsfehler der Geschäftsleitung bei der Sortimentsgestaltung und Umsatzplanung,
- Verluste durch Fehlplanungen beim Einkauf,
- Streitigkeiten unter den Gesellschaftern eines Unternehmens,
- Ausscheiden eines Gesellschafters aus dem Unternehmen,
- Nachlässigkeit des Verkaufspersonals im Umgang mit den Kunden.

Sachliche Gründe sind z. B.
- Nachfragerückgang durch
  - eine allgemeine Verschlechterung der Wirtschaftslage (Konjunktur),
  - Rückgang der Kaufkraft infolge steigender Arbeitslosigkeit,
  - Änderungen der Verbrauchergewohnheiten,
- Verschärfung des Wettbewerbs,
- Verschlechterung der Standortbedingungen, z. B. durch Straßenbauarbeiten vor dem Geschäftshaus oder Änderung der Verkehrsführung.

Organisatorische Gründe sind z. B.
- veraltete Betriebsorganisation,
- zu hohe Lagerbestände, hoher Schwund und Verderb infolge einer mangelhaften Organisation der Warenwirtschaft (Beschaffung, Lagerung und Verkauf),
- versäumte Rationalisierung durch Verzicht auf den Einsatz von EDV-gestützten Warenwirtschaftssystemen,
- zu viel Personal durch mangelhafte Personaleinsatzplanung.

Finanzielle Gründe sind u. a.
- zu geringes Eigenkapital,
- falsche Kapitalverwendung, z. B. Verwendung kurzfristiger Kredite zur Beschaffung von Anlagevermögen (Geschäftsausstattung, Geschäftsfahrzeuge usw.),
- zu großzügige Kreditvergabe an Kunden,
- hohe Forderungsausfälle,
- zu hohe Privatentnahmen.

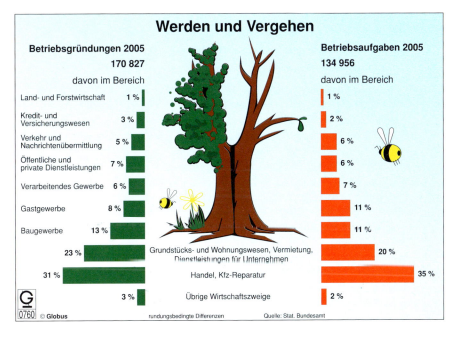

Maßnahmen zur Lösung der Unternehmenskrise

Eine Unternehmenskrise kann
- durch die Auflösung des Unternehmens oder
- durch Sanierung des Unternehmens

gelöst werden.

Die Auflösung eines Unternehmens wird als Liquidation bezeichnet.

Unter Sanierung versteht man die Gesamtheit aller Maßnahmen, die der Wiederherstellung der

Leistungsfähigkeit eines in Zahlungsschwierigkeiten geratenen Unternehmens dienen. Sie erfolgt auf Kosten der Eigentümer des Unternehmens.

Insolvenzverfahren

Die **Insolvenz** eines Schuldners liegt vor, wenn sein Vermögen nicht mehr ausreicht, um alle seine Gläubiger zu befriedigen oder er überschuldet ist.

> Das **Insolvenzverfahren** ist ein Verfahren, bei dem das Vermögen eines Schuldners verwertet (z. B. Gebäude, Geschäftsausstattung, Waren des Unternehmens verkauft) und der Erlös nach den Vorschriften der Insolvenzordnung an die Gläubiger verteilt wird (Regelverfahren) oder in einem Insolvenzplan eine abweichende Regelung insbesondere zum Erhalt des Unternehmens getroffen wird.

Um ein Insolvenzverfahren eröffnen zu können, muss ein Insolvenzgrund vorliegen. **Insolvenzgründe** sind

- **Zahlungsunfähigkeit** (§ 17 Abs. 2 InsO): Der Schuldner ist zahlungsunfähig, wenn er nicht in der Lage ist die fälligen Zahlungsverpflichtungen zu erfüllen.
- **Überschuldung** (§ 19 Abs. 2 InsO): Bei einer juristischen Person (z. B. AG, GmbH) ist auch die Überschuldung ein Insolvenzgrund. Sie liegt vor, wenn das Vermögen des Schuldners die bestehenden Verbindlichkeiten nicht mehr deckt.
- **Drohende Zahlungsunfähigkeit** (§ 18 InsO): Die drohende Zahlungsunfähigkeit liegt vor, wenn der Schuldner voraussichtlich nicht in der Lage sein wird die bestehenden Zahlungsverpflichtungen zum Zeitpunkt der Fälligkeit zu erfüllen. Dieser Insolvenzgrund ist allerdings nur bei einem Eigenantrag des Schuldners und nicht bei einem Gläubigerantrag anzuwenden.

Ablauf des Regelverfahrens

Antrag	– bei Zahlungsunfähigkeit oder Überschuldung durch Gläubiger oder Schuldner – bei drohender Zahlungsunfähigkeit nur durch Schuldner – Die Verfahrenskosten müssen gedeckt sein.
Durchführung	– Eröffnungsverfahren durch das Insolvenzgericht (Das Gericht prüft u. a., ob ein Eröffnungsgrund vorliegt und ob genügend Masse zur Verfahrensdurchführung vorhanden ist.) – Eröffnungsbeschluss des Insolvenzgerichts mit Ernennung des Insolvenzverwalters und Bestimmung eines Berichts- und Prüfungstermins – Anmeldung der Forderungen durch die Insolvenzgläubiger – Berichtstermin: In dieser 1. Gläubigerversammlung bestimmen die Gläubiger den Verfahrensweg (Regelverfahren oder nicht, Fortführung des Unternehmens oder nicht). Die Gläubigerversammlung kann den Insolvenzverwalter beauftragen einen Insolvenzplan auszuarbeiten. – Prüfungstermin: Forderungen werden geprüft; Berichts- und Prüfungstermin können verbunden werden. – Verwertung (es sei denn, das Unternehmen wird noch fortgeführt) und Verteilung der Insolvenzmasse durch den Insolvenzverwalter – Schlusstermin – Aufhebung des Insolvenzverfahrens durch das Insolvenzgericht: Eintragung ins Handelsregister und Veröffentlichung

Feststellen der Insolvenzmasse

Die Insolvenzmasse ist das gesamte Vermögen, das dem Schuldner zum Zeitpunkt der Eröffnung des Verfahrens gehört und das er während des Verfahrens erwirbt.

Nicht zur Insolvenzmasse gehören

- unpfändbare Gegenstände, die dem persönlichen Gebrauch und der Berufsausübung dienen, z. B. notwendiger Hausrat, Bekleidungsstücke, Schreibmaschine.

- Gegenstände, die sich bei der Eröffnung des Insolvenzverfahrens im Besitz des Schuldners befinden, ihm aber nicht gehören, z. B. unter Eigentumsvorbehalt gelieferte Waren, geliehene oder gemietete Gegenstände. Sie werden den Eigentümern zurückgegeben (= **Aussonderung**; § 47 InsO).

Verteilung der Insolvenzmasse

Die Insolvenzmasse muss im Regelverfahren nach einer genau vorgeschriebenen Reihenfolge verteilt werden:

I. Absonderung	Gläubigerforderungen, die durch ein Pfandrecht, eine Sicherungsübereignung oder eine Hypothek besonders gesichert sind, werden bevorzugt befriedigt.
II. Aufrechnung	Wenn ein Gläubiger nicht nur Forderungen, sondern auch Schulden gegenüber dem Gemeinschuldner hat, kann er sie gegeneinander aufrechnen.
III. Kosten des Insolvenzverfahrens und sonstige Masseverbindlichkeiten	Kosten des Insolvenzverfahrens sind – die Gerichtskosten für das Insolvenzverfahren, – Ausgaben für die Verwaltung, Verwertung und Verteilung der Insolvenzmasse (z. B. Ausgaben für den Gläubigerausschuss, Vergütung des Insolvenzverwalters). Sonstige Masseverbindlichkeiten sind Schulden, die erst nach der Insolvenzeröffnung entstanden sind, z. B. Käufe, Miete, Löhne und Gehälter.
IV. Forderungen der (nicht nachrangigen) Insolvenzgläubiger	Insolvenzgläubiger sind die Gläubiger, die bei der Eröffnung des Insolvenzverfahrens eine Forderung gegen den Schuldner haben.
V. Forderungen nachrangiger Insolvenzgläubiger	1. die seit der Eröffnung des Insolvenzverfahrens laufenden Zinsen der Forderungen der Insolvenzgläubiger 2. die Kosten, die den einzelnen Insolvenzgläubigern durch die Teilnahme am Verfahren entstehen 3. Geldstrafen, Geldbußen, Ordnungsgelder und Zwangsgelder sowie solche Nebenfolgen einer Straftat oder Ordnungswidrigkeit, die zu einer Geldzahlung verpflichten 4. Forderungen auf eine unentgeltliche Leistung des Schuldners 5. Forderungen auf Rückgewähr des kapitalersetzenden Darlehens eines Gesellschafters oder gleich stehende Forderungen

Nachdem die bevorrechtigten Ansprüche (I bis III) aus der Insolvenzmasse voll befriedigt worden sind, werden die Forderungen der (nicht nachrangigen) Gläubiger aus der Restmasse beglichen. Die Insolvenzgläubiger werden dabei insgesamt gleich behandelt. Bei nicht ausreichender Masse werden sie also anteilig befriedigt.

Beispiel

Forderungen der
(nicht nachrangigen)
Insolvenzgläubiger   50.000,00 € = 100 %
Restmasse   5.000,00 € = 100 %

$$x = \frac{100\% \cdot 5.000\,€}{50.000\,€} = 10\%$$

Da die Restmasse nur 10 % der Forderungen ausmacht, erhält jeder (nicht nachrangige) Insolvenzgläubiger nur 10 % seiner Forderungen beglichen.

Die Ansprüche der nachrangigen Insolvenzgläubiger werden erst nach den Ansprüchen der (nicht nachrangigen) Insolvenzgläubiger befriedigt. Das heißt, die Forderungen der nachrangigen Insolvenzgläubiger werden nur dann ganz oder teilweise beglichen, wenn noch eine Restvermögensmasse übrig bleibt, nachdem die Forderungen aller (nicht nachrangigen) Gläubiger zu 100 % befriedigt sind.

Insolvenzplanverfahren

In einem **Insolvenzplan** können
- die Befriedigung der absonderungsberechtigten Gläubiger und der Insolvenzgläubiger,
- die Verwertung der Insolvenzmasse und die Verteilung an die Beteiligten sowie
- die Haftung des Schuldners nach Beendigung des Insolvenzverfahrens

abweichend von den gesetzlichen Vorschriften der Insolvenzordnung (Regelverfahren) geregelt werden.

Die inhaltliche Gestaltung des Insolvenzplans kann von den Gläubigern selbstständig vorgenommen werden.

Die Insolvenzordnung enthält daher nur grobe Vorgaben zur Gestaltung des Insolvenzplans.

Arten des Insolvenzplans

Es gibt drei Grundtypen des Insolvenzplans:
- den **Liquidationsplan**: Die Vermögensgegenstände werden abweichend vom Gesetz veräußert.
- den **Übertragungsplan**: Das Unternehmen geht auf einen anderen Rechtsträger über.
- den **Sanierungsplan**: Das Unternehmen wird saniert und bleibt erhalten.

Diese Grundtypen können auch als Mischform auftreten, z. B. Liquidation eines Betriebsteils, Übertragung eines zweiten und Sanierung eines dritten Betriebsteils.

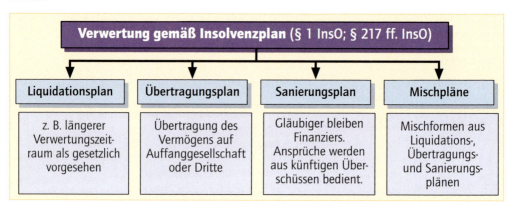

Ablauf des Insolvenzplanverfahrens

- **Vorlage des Insolvenzplans**

Zur Vorlage eines Insolvenzplans sind nur der Schuldner und der Insolvenzverwalter berechtigt.

Der Schuldner kann den Insolvenzplan bereits mit der Antragstellung auf Insolvenzeröffnung vorlegen.

Der Insolvenzverwalter muss einen Insolvenzplan ausarbeiten und vorlegen, wenn dies die Gläubigerversammlung so beschließt.

Gliederung des Insolvenzplans

Der Insolvenzplan besteht aus dem darstellenden Teil und dem gestaltenden Teil.

Im **darstellenden Teil** des Insolvenzplans wird beschrieben, welche Maßnahmen nach der Eröffnung des Insolvenzverfahrens getroffen sind oder noch getroffen werden sollen, um die Grundlagen für die geplante Gestaltung der Rechte der Beteiligten zu schaffen (§ 220 Abs. 1 InsO). Er hat die Grundlagen und die Auswirkungen des Plans so zu beschreiben und darzustellen, dass sich der Gläubiger sowohl ein Urteil über die Lage des Unternehmens als auch über den Sinn der im gestaltenden Teil für ihn getroffenen Regelungen bilden kann.

Im **gestaltenden Teil** des Insolvenzplans wird festgelegt, wie die Rechtsstellung der Beteiligten durch den Plan, z. B. die Regelungen über die Verteilung der Insolvenzmasse, geändert werden soll (§ 221 InsO).

- **Vorprüfung des Insolvenzplans durch das Insolvenzgericht**

Das Insolvenzgericht muss den Insolvenzplan im Rahmen einer Vorprüfung prüfen. Es weist den Plan gegebenenfalls wegen Mängel zurück, wenn z. B.

- der vom Schuldner oder Insolvenzverwalter eingereichte Plan formal und inhaltlich nicht dem Gesetz entspricht,
- der vom Schuldner eingereichte Plan offensichtlich keine Aussicht auf Annahme durch die Gläubiger oder auf Bestätigung durch das Gericht hat,
- der vom Schuldner eingereichte Plan Ansprüche enthält, die den Beteiligten nach dem gestaltenden Teil des Plans zustehen, die aber offensichtlich nicht erfüllt werden können.

Wird der Insolvenzplan zugelassen, leitet ihn das Insolvenzgericht dem Gläubigerausschuss, dem Betriebsrat, dem Sprecherausschuss der leitenden Angestellten sowie dem Schuldner (wenn der Insolvenzverwalter den Plan vorgelegt hat) bzw. dem Insolvenzverwalter (wenn der Schuldner den Plan vorgelegt hat) zur Stellungnahme zu.

- **Erörterungs- und Abstimmungstermin**

Das Insolvenzgericht bestimmt einen Erörterungs- und Abstimmungstermin, zu dem die Insolvenzgläubiger, die absonderungsberechtigten Gläubiger, der Insolvenzverwalter, der Schuldner, der Betriebsrat und der Sprecherausschuss der leitenden Angestellten eingeladen werden.

Im Erörterungs- und Abstimmungstermin wird

- der Insolvenzplan mit den Beteiligten erörtert,
- das Stimmrecht der Insolvenzgläubiger und Absonderungsberechtigten festgestellt und anschließend
- über den Plan abgestimmt.

Die Abstimmung über den Plan wird in Gruppen durchgeführt. Jede Gruppe und jede Untergruppe der stimmberechtigten Gläubiger stimmt gesondert über den Insolvenzplan ab.

Welche Gruppen und Untergruppen abstimmen, hängt davon ab, welche Gruppen im vorgelegten Insolvenzplan gebildet wurden. Wurde die Gruppenbildung entsprechend den beispielhaft erwähnten Gläubigergruppen des § 222 InsO vorgenommen, so erfolgt die Abstimmung in den folgenden Gruppen:

- den **absonderungsberechtigten** Gläubigern, wenn durch den Plan in deren Rechte eingegriffen wird,
- den **nicht nachrangigen Insolvenzgläubigern,**
- den einzelnen **Rangklassen der nachrangigen Insolvenzgläubiger,** soweit deren Forderungen nicht nach § 225 InsO als erlassen gelten sollen (Hier ist für jede Rangklasse eine eigene Gruppe zu bilden.),
- der **Arbeitnehmergruppe,**
- der **Kleingläubigergruppe.**

Der **Insolvenzplan ist angenommen,** wenn in jeder Gruppe eine Mehrheit der abstimmenden Gläubiger **(Kopfmehrheit)** zustimmt und eine Mehrheit der Ansprüche (Forderungen) der abstimmenden Gläubiger **(Summenmehrheit)** besteht.

Die Erzielung einer Mehrheit wird durch das **Obstruktionsverbot** des § 245 InsO erleichtert. Danach gilt die Zustimmung einer Abstimmungsgruppe auch dann als erteilt, wenn die erforderlichen Mehrheiten nicht erreicht worden sind, sofern

- die Gläubiger dieser Gruppe durch den Plan nicht schlechter gestellt werden, als sie ohne Plan (also nach dem Regelverfahren) stünden,
- die Gläubiger dieser Gruppe angemessen an dem wirtschaftlichen Wert beteiligt werden, d. h., dass sie gegenüber den anderen Gruppen nicht benachteiligt sind und
- die Mehrheit der abstimmenden Gruppen dem Plan mit den erforderlichen Mehrheiten zugestimmt hat.

- **Gerichtliche Bestätigung**

Nach der Annahme des Insolvenzplans durch die Gläubiger und der Zustimmung des Schuldners muss der Plan durch das Insolvenzgericht bestätigt werden. Der Beschluss, durch den der Insolvenzplan bestätigt oder abgelehnt wird, muss im Abstimmungstermin oder in einem alsbald zu bestimmenden besonderen Termin bekannt gegeben werden.

Auf Antrag eines Gläubigers ist die Bestätigung des Insolvenzplans zu verweigern, wenn der Gläubiger nachweist, dass er durch den Plan schlechter als ohne Insolvenzplan gestellt ist (**Minderheitenschutz**).

- **Aufhebung des Insolvenzverfahrens**

Sobald die Bestätigung des Insolvenzplans rechtskräftig ist, beschließt das Insolvenzgericht die Aufhebung des Insolvenzverfahrens. Damit erlöschen die Ämter des Insolvenzverwalters und des Gläubigerausschusses. Mit der Aufhebung des Insolvenzverfahrens erhält der Schuldner das Recht zurück, über die Insolvenzmasse frei zu verfügen.

Ist die **Überwachung** der Planerfüllung im Insolvenzplan vorgesehen, besteht jedoch zu diesem Zweck das Amt des Insolvenzverwalters, des Gläubigerausschusses und des Insolvenzgerichts fort.

Das Verbraucherinsolvenzverfahren

Wenn der Schuldner eine natürliche Person ist und keine oder nur geringfügige selbstständige Tätigkeit ausübt, kann das Verbraucherinsolvenzverfahren angewandt werden (§ 304 InsO).

Für Privatpersonen, die sich finanziell übernommen haben, eröffnet das Verbraucherinsolvenzverfahren die Chance auf einen wirtschaftlichen Neubeginn. Es eröffnet Privatleuten die Möglichkeit, ihre Schulden nach Ablauf einer Wohlverhaltenszeit, in der das gesamte pfändbare Einkommen an die Gläubiger gezahlt werden muss, loszuwerden.

Ablauf des Verbraucherinsolvenzverfahrens

1. Phase: Außergerichtlicher Einigungsversuch

Der Schuldner muss zunächst versuchen, mit seinen Gläubigern auf der Grundlage eines **Schuldenbereinigungsplanes** einen außergerichtlichen Vergleich zu schließen. Beim Zustandekommen einer solchen Einigung verpflichtet sich der Schuldner, z. B. sein pfändbares Einkommen für einen bestimmten Zeitraum an seine Gläubiger zu zahlen. Bei pünktlicher Ratenzahlung verzichten die Gläubiger im Gegenzug auf die Restforderungen und auf Zwangsvollstreckungsmaßnahmen.

Der Schuldenbereinigungsplan wird mithilfe eines Anwalts oder einer Schuldnerberatungsstelle aufgestellt. In ihm muss der Schuldner aufführen, welche Vermögenswerte, welches Einkommen und welche Schulden er hat und wie er sich einen mindestens teilweisen Abbau der Schulden und eine Einigung mit seinen Gläubigern vorstellen kann.

2. Phase: Gerichtliches Schuldenbereinigungsplanverfahren

Falls der außergerichtliche Einigungsversuch trotz aller Bemühungen nicht erfolgreich war und die beratende Stelle dies bescheinigt, kann der Schuldner innerhalb von sechs Monaten beim Insolvenzgericht einen Antrag auf Eröffnung des Insolvenzverfahrens stellen.

Das Insolvenzgericht wird nach einer ersten Prüfung nicht sofort mit dem Insolvenzverfahren beginnen, sondern zunächst versuchen, die Gläubiger zum Einverständnis mit dem Schuldenbereinigungsplan des Schuldners zu bewegen (Schuldenbereinigungsplanverfahren). Das Gericht schickt dazu den Schuldenbereinigungsplan an alle Gläubiger. Diese haben einen Monat Zeit, um zu dem Schuldenbereinigungsplan des Schuldners Stellung zu nehmen. Melden Sie sich danach nicht beim Insolvenzgericht, gilt der Schuldenbereinigungsplan als genehmigt. Stimmt die Mehrheit der Gläubiger zu, kann das Gericht den Schuldenbereinigungsplan auch gegen den Willen der störrischen Gläubiger in Kraft setzen, wenn diese dadurch nicht unangemessen benachteiligt werden.

3. Phase: Vereinfachtes Insolvenzverfahren

Erst wenn das gerichtliche Schuldenbereinigungsplanverfahren gescheitert ist, beginnt das eigentliche Insolvenzverfahren. Dieses gegenüber dem Regelinsolvenzverfahren vereinfachte Verfahren ist insbesondere dadurch gekennzeichnet, dass statt eines Insolvenzverwalters ein Treuhänder tätig wird und eine vereinfachte Verteilung (§ 314 InsO) erfolgen kann. Die Aufgabe des Treuhänders besteht zunächst darin, das Vermögen des Schuldners zu verwerten und den Erlös an die Gläubiger zu verteilen.

4. Wohlverhaltensphase

Auf das vereinfachte gerichtliche Insolvenzverfahren folgt eine lange Phase, in der der Schuldner diszipliniert haushalten muss, wenn er eine Restschuldbefreiung erlangen will.

Für einen Zeitraum von sieben Jahren muss er sein pfändbares Einkommen an den Treuhänder abgeben, der es unter den Gläubigern aufteilt.

Wenn der Schuldner arbeitslos ist, muss er sich ständig um eine Erwerbstätigkeit bemühen. Außerdem muss er eine Reihe weiterer Vorschriften einhalten.

Nach Ablauf der sieben Jahre muss der Schuldner dem Insolvenzgericht und den Gläubigern Auskunft darüber erteilen, ob er alle seine Pflichten erfüllt hat und auf Antrag der Gläubiger die Richtigkeit dieser Aussage an Eides statt versichern. Beschließt das Insolvenzgericht daraufhin die Restschuldbefreiung, können die Gläubiger noch ein Jahr lang den Widerruf dieser Entscheidung beantragen, wenn sich nachträglich das Gegenteil herausstellt.

Nach 12 Monaten ohne Widerruf ist der Schuldner von allen Schulden frei, die er vor Beginn des Insolvenzverfahrens hatte.

Fünf Schritte zur Schuldenfreiheit

Stufe 1
Versuch außergerichtlicher Einigung mit Gläubigern
- erfolgreich: private Entschuldung ohne Gericht.
- nicht erfolgreich: Stufe 2 beantragen (vor Gericht).

Stufe 2
Verfahren über gerichtlichen Schuldbereinigungsplan
- Gläubiger stimmen dem Plan vor Gericht zu: Fortan läuft die Entschuldung nach diesem Plan.
- Gericht ersetzt die Zustimmung der Gläubiger: Die Entschuldung läuft ebenfalls nach diesem Plan.

Stufe 3
Gericht macht aufgrund des Entschuldungsplans ein vereinfachtes Insolvenzverfahren; ein Treuhänder verwaltet das Vermögen des Schuldners und teilt es unter die Gläubiger auf.
- Antrag auf Restschuldbefreiung wird im Insolvenzverfahren abgelehnt: Alles war umsonst.
- Antrag auf Restschuldbefreiung wird angenommen: Es beginnt Stufe 4.

Stufe 4
Wohlverhaltensperiode
- Sieben Jahre lebt der Schuldner vom pfändungsfreien Teil seines Einkommens, nimmt jede zumutbare Arbeit an und meldet alle persönlichen Veränderungen dem Treuhänder und dem Gericht.

Stufe 5
Entscheidung über Restschuld
- Der Schuldner hält die 7 Jahre nicht durch: Restschuldversagung.
- Der Schuldner hält die 7 Jahre durch: Restschuldbefreiung.

Aufgaben

1. Welche personellen, sachlichen, organisatorischen und finanziellen Gründe können zu einer Unternehmenskrise führen?
2. Wodurch unterscheiden sich Liquidation und Sanierung?
3. Wer kann einen Antrag auf Eröffnung eines Insolvenzverfahrens stellen?
4. Warum wird der Eröffnungsbeschluss über ein Insolvenzverfahren veröffentlicht?

5. Welche Gegenstände gehören nicht zur Insolvenzmasse?

6. In welcher Reihenfolge müssen folgende Forderungen in einem Insolvenzverfahren befriedigt werden?
   a) die Gerichtskosten für das Insolvenzverfahren
   b) unter Eigentumsvorbehalt gelieferte Ware
   c) ungesicherte Forderungen eines Lieferers
   d) rückständige Gewerbesteuerzahlung
   e) eine durch Sicherungsübereignung gesicherte Forderung
   f) die Forderung eines Arztes gegenüber dem Schuldner

7. Welche Vorteile bietet das Insolvenzplanverfahren gegenüber dem Regelverfahren
   a) dem Schuldner?
   b) den Gläubigern?

8. Der Inhaber der Jeans-Mode KG ist nicht mehr in der Lage, seine Zahlungsverpflichtungen zu erfüllen. Welche Maßnahmen kann er ergreifen, um sein Unternehmen vor der Auflösung zu bewahren?

9. Der Angestellte Frank Bussath ist nicht mehr in der Lage, seine Schulden zu bezahlen. Was muss er tun, um eine Restschuldbefreiung zu erlangen?

Zusammenfassung

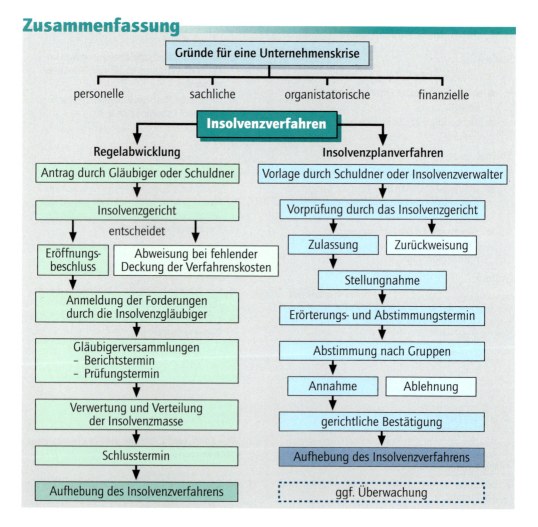

Zusammenfassung

4.21 Entstehung der Aufbauorganisation

Frau Lippert hat eine Buchhandlung neu eröffnet. Sie beschäftigt in diesem Geschäft zwei Buchhändlerinnen. In den ersten Wochen nach der Geschäftseröffnung haben sich folgende Vorfälle ereignet:

– Die Buchhändlerin Frau Geier muss mehrmals Kunden wegschicken, weil die gewünschten Titel nur als gebundene Ausgaben, nicht aber als Taschenbücher vorrätig sind. Die Kunden wollten die Bücher sofort mitnehmen.

– Frau Geier bestellt in Abwesenheit von Frau Lippert insgesamt 50 Taschenbuchausgaben.

– Frau Lippert ist ärgerlich und überrascht zugleich. Sie hat kürzlich ebenfalls 10 Taschenbuchausgaben bestellt, die eigentlich schon eingetroffen sein müssten. In einem Nebenraum findet sie den Karton mit den Büchern.

– Frau Geier hat Ärger mit ihrer Kollegin Frau Rose. Frau Rose behauptet, nur sie habe Zugang zur Kasse. Frau Geier weiß davon nichts.

Wodurch ist das schlechte Betriebsklima zustande gekommen? Machen Sie Verbesserungsvorschläge.

Information

Arten der Organisation

Jeder Betrieb sollte so organisiert sein, dass die betriebliche Tätigkeit reibungslos und mit dem geringstmöglichen Aufwand durchgeführt werden kann. Daher braucht jedes Unternehmen ein System von generellen und fallweisen Regelungen zur ordnungsgemäßen Erfüllung der Betriebsaufgabe. Durch die **Organisation** wird der **Aufbau** des Betriebes und der **Ablauf** der betrieblichen Tätigkeiten festgelegt.

Es werden für die Betriebsorganisation daher zwei Anwendungsbereiche deutlich:

- die **Aufbauorganisation:**

  Sie legt die Betriebsstruktur durch Aufgliederung der Tätigkeitsbereiche und Bildung von Stellen und Abteilungen fest.

- die **Ablauforganisation:**

  Sie versucht, den Arbeitsablauf optimal zu regeln.

Um organisatorische Regelungen vornehmen zu können, müssen bestimmte Voraussetzungen gegeben sein:

1. Vorhandensein einer Aufgabe:

   Die Aufgabe ist beispielsweise der Betrieb eines Industrieunternehmens.

2. Teilbarkeit der Aufgabe:

   Die Gesamtaufgabe muss in Teilaufgaben zerlegt werden können. Dies sind z. B. Einkauf, Lager, Produktion, Vertrieb und Verwaltung.

3. Wiederholbarkeit:

   Die Teilaufgaben sollen nicht nur einmal, sondern wiederholt durchgeführt werden. Beispielsweise soll ein Automodell mehrere Jahre produziert werden.

Die Ziele der Organisation werden durch die drei Tätigkeiten

– Planung (Sollzustand),

– Durchführung (Realisierung),

– Kontrolle (stimmt die Planung mit den Ergebnissen der Realisierung überein)

erreicht.

Der Organisationsaufbau richtet sich nach der Größe des Betriebes.

Während in einem Kleinbetrieb der Inhaber sämtliche Aufgaben selbst erfüllt, wird die Organisation in großen Betrieben in mehrere Aufgabenbereiche aufgeteilt.

Aufgabenanalyse

Mithilfe der Aufgabenanalyse wird zunächst einmal der gesamte Aufgabenkomplex des Betriebes untersucht und bis in kleinste Teilaufgaben aufgegliedert. Die Aufgabengliederung kann dabei nach unterschiedlichen Gliederungsprinzipien erfolgen.

Beispiel

Die Gliederung kann nach den **Arbeitsarten** vorgenommen werden (**Verrichtungsprinzip**). Die Aufgabenanalyse eines großen Buchhandelsbetriebes sieht wie folgt aus:

Funktionsbereiche	Einzelaufgaben
Beschaffung	Marktforschung, Sortimentsgestaltung, Feststellung der Bezugsquellen und -wege, Führen der Bezugsquellenkartei, Feststellung der Einkaufsmenge und -zeit, Bestellungserteilung, Führen des Bestellbuches, Überwachung der Liefertermine, Prüfen der Rechnungen, Erledigung von Reklamationen.
Lager	Annehmen und Auspacken der Ware (sofern keine eigene Abteilung „Warenannahme" eingerichtet ist), Verkehr mit den Beförderungsstellen, Wareneingangskontrolle, Einordnen der Waren nach Lagerplan, Führung der Wareneingangs- und Ausgangsbücher bzw. -karteien, Eingangs- und Versandmeldungen an die Abteilungen Einkauf oder Verkauf, Verpackung und Versand der Waren (falls keine eigene Versandabteilung eingerichtet ist), Überwachung und Einsatz des Fuhrparkes, Bestandskontrollen und Meldung an die Einkaufsabteilung bei Erreichen des Meldebestandes.
Vertrieb	Aufstellen des Werbeplanes, Durchführung der Werbung (Schaufensterdekoration, Ladengestaltung, Inneneinrichtung), Werbeerfolgskontrolle; Verkauf über die verschiedenen Verkaufsabteilungen: Zahlung (Kasse), Warenausgangskontrolle (Packtisch), Warenübergabe (Kassenzettel); Verkaufsaufsicht, Kundendienst, Bearbeitung von Anfragen, Ausführung von Sonderbestellungen, Erledigung von Beanstandungen, Kreditverkäufe, Überwachung der Zahlungseingänge.
Rechnungswesen	Buchen der ein- und ausgehenden Belege; Kontrolle der Zahlungsbereitschaft und der Außenstände; periodische Erfolgsermittlung; Verkehr mit den Finanzbehörden (Vorbereitung und Abgabe der Steuererklärungen, Überwachung der Steuertermine); monatliche, vierteljährliche und jährliche Abschlussarbeiten; Aufarbeiten der Unterlagen für die Betriebsabrechnung, Auswertung der Zahlen für die Betriebsstatistik.
Verwaltung	Eingehende Post in das Posteingangsbuch eintragen, mit lfd. Nummer und Eingangsstempel versehen; Prüfung durch Abteilungsleiter, Bearbeitung des Schriftwechsels und der Rechnungen hinsichtlich ihrer sachlichen und rechnerischen Richtigkeit; wichtige Durchschläge in Umlaufmappen allen zuständigen Sachbearbeitern zur Kenntnis bringen; Schriftgutablage in der Arbeitsplatz- oder Zentralablage; Bearbeitung von Rechts- und Personalfragen; Telefonzentrale, eventuell Fernschreibdienst.

Eine **Aufgabengliederung** kann aber auch **nach den Objekten** eines Betriebes (z. B. den Produkten) vorgenommen werden. Hat ein Chemieunternehmen die Abteilungen Arzneimittel, Kunststoffe und Farben, so liegt eine Gliederung nach dem **Objektprinzip** zugrunde.

Stellenbildung

Alle ständig wiederkehrenden Teilaufgaben, die eine Person zu erledigen hat, werden anschließend zu einer **Stelle** zusammengefasst. Eine Stelle ist daher der Aufgabenbereich einer Person und entspricht seinem Arbeitsplatz. Sie ist die **kleinste organisatorische Einheit** eines Unternehmens. Die Zahl der Stellen in einem Unternehmen hängt von seiner Größe ab.

Manche Stellen sind gleichzeitig Instanzen. Dies sind Stellen, die Anordnungs- und Entscheidungsbefugnisse gegenüber untergeordneten Stellen haben.

Beispiel

Die Stelle des Lagerleiters, dem sechs Lagerarbeiter untergeordnet sind, ist eine Instanz.

Erforderlich ist, dass alle Beteiligten, also Stelleninhaber und Vorgesetzte, genau über die Aufgaben in der betreffenden Stelle informiert sind, d. h. dass das Arbeitsgebiet und die Verantwortung eindeutig abgegrenzt sind.

Deshalb sollten folgende Inhalte **schriftlich** festgelegt werden:
- alle Aufgaben und Befugnisse des Stelleninhabers,
- wer der Vorgesetzte ist,
- wem man selbst „vorgesetzt ist",
- welches Leitziel man verfolgen soll (= Stellenziel),
- wie man selbst und wie der Arbeitsplatz „benannt" wird,
- wen man vertritt und von wem man selbst vertreten wird,
- welche Kenntnisse und Fähigkeiten die Stelle erfordert.

Eine solche Beschreibung des Arbeitsplatzes wird als **Stellenbeschreibung** bezeichnet.

Vorteile der Stellenbeschreibung:
- keine Kompetenzstreitigkeiten,
- leichtere Überwachung der Arbeitsleistung,
- Orientierung für neu eingestellte Mitarbeiter,
- Betriebsorganisation wird transparenter.

Abteilungsbildung

Aus der Unternehmensgröße ergibt sich schließlich die Notwendigkeit der Abteilungsbildung.

Eine Abteilung ist die Zusammenfassung mehrerer Stellen unter einer Leitung. Dadurch wird festgelegt, wer **weisungsbefugt** ist. Die Weisungsberechtigung muss auch für die einzelnen Abteilungen untereinander geregelt werden.

Die Abteilungsbildung kann nach dem **Verrichtungsprinzip** (Beispiel 1) oder nach dem **Objektprinzip** (Beispiel 2) erfolgen.

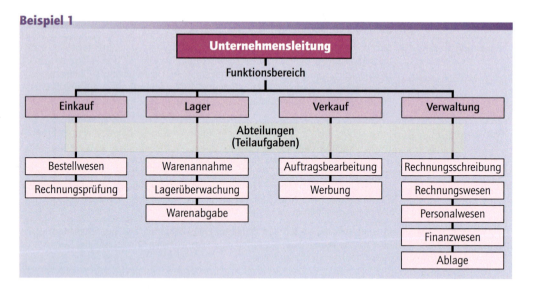

Weisungssysteme

Das jeweils gewählte Weisungssystem (oft auch Leitungssystem genannt) vervollständigt die Aufbauorganisation eines Betriebes:

Für jede Stelle wird genau festgelegt, welche anderen Stellen in ihren Aufgaben gleichgeordnet, über- bzw. untergeordnet sind. Die Weisungssysteme geben Auskunft über die offiziellen Befehls- und Informationswege im Unternehmen. Die wichtigsten Weisungssysteme werden im Folgenden beschrieben.

Das Einliniensystem

Alle Personen sind in einen einheitlichen Befehlsweg eingegliedert, der von der obersten Instanz bis zur letzten Arbeitskraft reicht. Jeder Mitarbeiter erhält nur von seinem unmittelbaren Vorgesetzten Anweisungen. Ebenso kann er Meldungen und Vorschläge nur bei ihm vorbringen (= **Instanzen- oder Dienstweg**).

Vorteile	Nachteile
– klare Verantwortungsbereiche; – eindeutige Regelungen der Weisungszuständigkeiten; – gute Kontrollmöglichkeiten; – übersichtlicher organisatorischer Aufbau; – einheitliche Leitung.	– durch die langen Dienstwege für Anordnungen und Meldungen sehr schwerfällig; – starke Belastung der oberen Leitungsebenen, weil alle Entscheidungen vom Vorgesetzten getroffen werden müssen. Mit steigender Ranghöhe nimmt die Arbeitsbelastung zu; – Gefahr von Fehlentscheidungen; – Spezialisierung wird erschwert.

Das Einliniensystem wird in seiner reinen Form nur noch in kleinen Unternehmen angewendet.

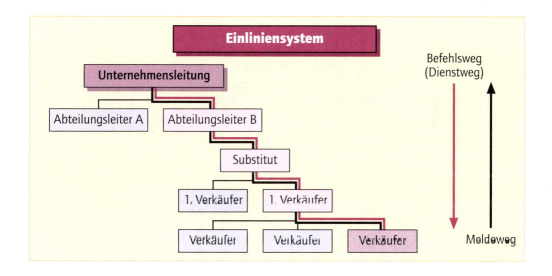

Das Mehrliniensystem

Beim Mehrliniensystem kann ein Mitarbeiter von mehreren spezialisierten Vorgesetzten Anweisungen erhalten. Dies erfordert eine gute Abstimmung und Zusammenarbeit der jeweils weisungsberechtigten Stellen. Dadurch wird die Gefahr von Kompetenzüberschneidungen sehr groß, was sich leicht leistungshemmend auf die ausführenden Personen auswirken kann. Als vorteilhaft erweist sich jedoch häufig der kurze und schnelle Dienst- und Instanzenweg.

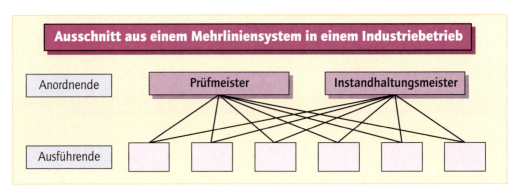

Das Stabliniensystem

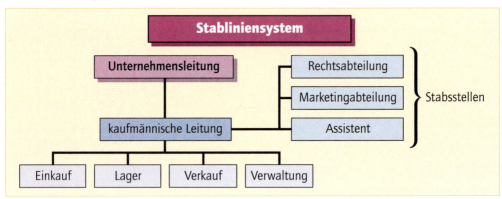

Das Stabliniensystem ist ein Liniensystem, wobei den oberen Leitungsstellen Spezialisten zugeordnet werden. Es werden sogenannte **Stabsstellen** gegründet. Ein Stab kann eine eigene Stabsabteilung, aber auch nur eine einzelne Stelle sein, z. B. eine Sekretärin.

Die Mitarbeiter in diesen Stäben können selbst keine Anordnungen erteilen. Notwendige Anweisungen werden durch den obersten Leiter erteilt.

Die Aufgabe der Stabsstellen besteht in der fachkundigen Beratung der Führungskräfte, z. B. in Fragen der Planung, des Rechts, der Organisation, des Marketing oder der Finanzen. Sie sollen die Leitungsstellen entlasten.

Die Spartenorganisation

Im Rahmen der Spartenorganisation – häufig auch divisionale Organisation genannt – werden große, daher in der Regel unübersichtliche und schwer zu steuernde Unternehmen in mehrere Geschäftsbereiche unterteilt. Diese Sparten oder Divisionen sind praktisch wirtschaftlich unabhängige Teilunternehmen, denen nur die Gesamtunternehmensleitung übergeordnet ist. *Die Unternehmensbereiche werden nach dem Objektprinzip gebildet.* Sie sind also beispielsweise für einzelne Produktgruppen zuständig, die sich oft sehr stark unterscheiden. Innerhalb der einzelnen Sparten sind das Einlinien- oder Stabliniensystem mit den üblichen Funktionsbereichen eines Unternehmens anzutreffen.

Verfügt ein Spartenleiter über die direkte Gewinnverantwortung gegenüber der Unternehmensleitung, spricht man im Zusammenhang mit der Sparte auch von einem „Profitcenter".

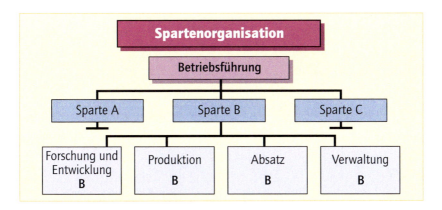

Vorteile	Nachteile
– Bessere Anpassung an die Marktverhältnisse bei Produktgruppen mit unterschiedlichen Eigenschaften. – Die Erfolgsentwicklung wird transparenter und beim Profitcenterkonzept werden sogar Gewinne klar zurechenbar. – Die Unternehmensleitung wird durch Delegation von Verantwortung an die Geschäftsbereiche vom Alltagsgeschäft entlastet.	– Die Unternehmensleitung kann den Gesamtüberblick verlieren. – Mit der Zahl der Führungspositionen wächst die Gefahr, dass Informationen für das Top-Management verschleiert werden.

Matrixorganisation

Wenn einzelne Mitarbeiter auf das Management bestimmter Produkte bzw. Projekte spezialisiert sind, ohne dass die übrigen Funktionsbereiche der Unternehmensleitung aufgegeben werden, liegt eine Matrixorganisation vor. Jeder Mitarbeiter untersteht also sowohl einer verrichtungsorientierten als auch einer objektorientierten Instanz.

In Matrixorganisationen kann es zu Konflikten zwischen Produktmanagern und Funktionsmanagern kommen. Diese zum Teil sogar gewollten Konflikte bieten oft Wege, gemeinsam Möglichkeiten einer optimalen Lösung zu finden.

Beispiel

Einem Produktmanager sind in der Regel alle Entscheidungen vorbehalten, die sich aus der Sicht des Produktes ergeben. Dagegen entscheidet der Leiter eines Funktionsbereiches – der für alle Produkte verantwortlich ist –, wie in seinem Bereich die verschiedenen Aufgaben ausgeführt werden.

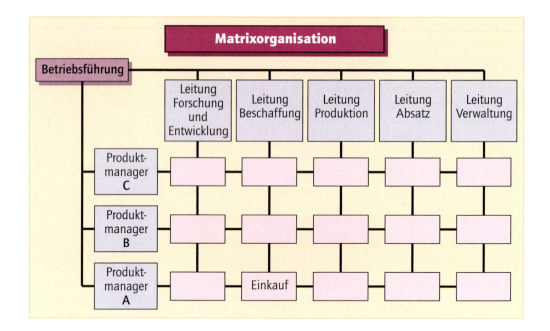

Aufgaben

1. Wovon ist der Organisationsaufbau eines Betriebes abhängig?
2. Erklären Sie das Funktions- und Objektprinzip.
3. Worin besteht der Unterschied zwischen einer Abteilung und einer Stelle?
4. Warum ist es sinnvoll, eine Stelle möglichst genau zu beschreiben?
5. Was verstehen Sie unter Hierarchie und Instanz?
6. Warum wird das Liniensystem in größeren Unternehmen nicht angewendet?
7. Welche Bedeutung haben Stabsstellen?
8. Welche Vorteile hat das Stabliniensystem gegenüber dem reinen Liniensystem?
9. Nennen Sie Beispiele für Abteilungen, Stellen und Stabsstellen Ihres Ausbildungsbetriebes.
10. Beschreiben Sie den Unterschied zwischen Einlinien- und Mehrliniensystem.
11. Wodurch unterscheiden sich die verschiedenen Liniensysteme von
    a) der divisionalen Organisation,
    b) der Matrixorganisation?

Zusammenfassung

**Aufbauorganisation
= Ordnung von Zuständigkeiten**

- regelt die Gliederung der Betriebsaufgaben nach
  a) Verrichtungen (Tätigkeiten, Funktionen)
  b) Objekten (Waren)
- ordnet Aufgaben und Teilaufgaben (Zuständigkeiten) Personen zu
- soll durch die Stellen- und Abteilungsbildung eine reibungslose betriebliche Leistungserstellung ermöglichen
- legt Weisungsbefugnisse und Über- bzw. Unterstellungen fest
- wird im Organisationsplan festgehalten
- schlägt sich im Weisungssystem nieder

  - **Einliniensystem**
    Jeder untergeordneten Stelle ist nur eine Stelle mit Weisungsbefugnis (= Instanz) übergeordnet.
  - **Mehrliniensystem**
    Jeder Mitarbeiter hat mehrere spezialisierte Vorgesetzte.
  - **Stabliniensystem**
    Stabsstellen haben keine Entscheidungsbefugnis, beraten aber die Vorgesetzten.
  - **Divisionale Organisation**
    Auf der Ebene der Unternehmensleitung erfolgt die Abteilungsbildung nach Objekten.
  - **Matrixorganisation**
    Jeder Mitarbeiter hat einen produkt- bzw. projektorientierten und einen funktionsorientierten Vorgesetzten.

4.22 Ablauforganisation

Der Betriebsberater Rüdiger Knorr soll die Schwachstellen in der Einkaufsabteilung einer Großhandlung aufdecken. Dazu benutzt er einen Arbeitsablaufbogen. Für jeden Arbeitsgang wird die Art der Tätigkeit (in bestimmten Symbolen) festgehalten, die dazu benötigte Zeit und der erforderliche Weg.

Abt.: **Einkauf** aufgen. von: **R. Knorr** Datum: **03.02.**							
lfd. Arbeitsgang Nr.	Bearbeitung	Transport	Überprüfung	Verzögerung	Lagerung	Zeit	Weg	Bemerkungen
1 Bedarf feststellen	●	⇨	☐	◇	▽	2 Tg.		
2 Bezugsquellen feststellen	●	⇨	☐	◇	▽	3 Tg.		
3 Angebote einholen	○	⇨	☐	◆	▽	14 Tg.		
4 Angebotseingang	○	⇨	☐	◇	▽	15 Min.		
5 Prüfung	○	⇨	■	◇	▽	1 Tag		
6 Bestellung	●	⇨	☐	◇	▽	30 Min.		
7 Warenlieferung	○	⇨	☐	◆	▽	21 Tg.		
8 Warenkontrolle	○	⇨	■	◇	▽	2 Std.		
9 Rechnung bearbeiten	●	⇨	☐	◇	▽	1 Std.		
10 Übernahme ins Lager	○	⇨	☐	◇	▼	3 Std.		

Erläutern Sie den Arbeitsablauf „Einkauf".

Information

Die **Aufbauorganisation** befasst sich mit der Gliederung und organisatorischen Strukturierung des Betriebes in ein Ordnungssystem von Stellen, Abteilungen und Instanzen sowie deren Beziehung untereinander.

Die **Ablauforganisation** behandelt dagegen die Ordnung von Arbeitsabläufen und Handlungsprozessen innerhalb der betrieblichen Struktur. Sie hat die Gestaltung des räumlich-zeitlichen Zusammenwirkens von Menschen, Betriebsmitteln und Arbeitsgegenständen zum Ziel.

Ziele der Ablauforganisation

Bei der Gestaltung von Arbeitsprozessen können unterschiedliche Schwerpunkte gesetzt werden:

- **Durchlaufverbesserungen:** Hierzu zählen z. B. die Verkürzung der Bearbeitungs- und Wartezeiten und die Verbesserung des innerbetrieblichen Transportwesens.
- **Kapazitätsausnutzung:** Die Ablauforganisation zielt darauf ab, Engpässe und Leerkapazitäten abzubauen.
- **Wirtschaftlichkeit**
- **Arbeitsbedingungen:** Die Ablauforganisation versucht, Arbeitsplätze und -abläufe ergonomisch zu gestalten. Die Arbeitsbedingungen sollen human sein.
- **Produktqualität:** Die Ablauforganisation soll durch Einschalten von Qualitätskontrollen kontrollieren, dass die Verfolgung der vorgenannten Ziele nicht zulasten der angestrebten Qualität geht.

Elemente der Ablauforganisation

Die Ablauforganisation kann nach verschiedenen Gesichtspunkten erfolgen:

Inhaltsorientierte Ablaufplanung

Im Rahmen der Aufgabenanalyse legt die Aufbauorganisation einzelne betriebliche Teilaufgaben fest. Die Ablauforganisation untersucht anschließend,

- welche Einzeltätigkeiten zur Erfüllung der Aufgabe notwendig sind,
- in welcher Reihenfolge die Einzeltätigkeiten ausgeführt werden sollen,
- wie die Einzeltätigkeiten miteinander zu verbinden sind.

Beispiel

Die Aufgabe „Einstellung von Mitarbeitern" wird von der Aufbauorganisation festgestellt. Die Ablauforganisation ermittelt nun die Art und Reihenfolge der zur Erfüllung dieser Aufgabe notwendigen Einzeltätigkeiten:

1. Bewerbungsausschreibung
2. Prüfung der eingegangenen Bewerbungen
3. Vorauswahl
4. Vorstellungsgespräche
5. Ärztliche Untersuchung
6. Entscheidung über den einzustellenden Mitarbeiter
7. Arbeitsvertrag an den ausgewählten Bewerber schicken

Raumorientierte Ablaufplanung

Die räumliche Anordnung und die Raumausstattung können erheblichen Einfluss auf die Arbeitsleistung ausüben. Die Ablauforganisation bringt Betriebsmittel (Maschinen, Hilfs-, Roh- und Betriebsstoffe) und Räumlichkeiten in die jeweils günstigste Anordnung. Sie versucht, die einzelnen Arbeitsplätze möglichst optimal zu gestalten.

Beispiel

Im Zentrallager eines Großhandelsunternehmens wurde von Herrn Krämer festgestellt, dass die durchschnittlichen Durchlaufzeiten bei der Zusammenstellung der Waren im Vergleich zu Mitbewerbern zu hoch sind. Daraufhin werden die Lagerartikel, die am häufigsten nachgefragt werden, in die Nähe der sich auch im Lager befindenden Versandabteilung gelegt. Daraufhin sinkt die durchschnittliche Zeit für die Zusammenstellung der Sendungen erheblich.

Zeitorientierte Ablauforganisation

Der Zeitfaktor ist ein wesentlicher Aspekt beim Arbeitsablauf. Durch die zeitorientierte Ablauforganisation wird der termingerechte Einsatz von Arbeitsmitteln und -kräften geplant.

Beispiel

In der Finanzbuchhaltung eines Industrieunternehmens haben die verschiedenen Mitarbeiter ihre Urlaubswünsche angemeldet:

Dies sind der Abteilungsleiter Müller, sein Stellvertreter Meier und die Sachbearbeiter Schulze, Brunotte, Putzig und Gutfried. Der Urlaub soll in einer Zeit von acht Wochen genommen werden. In der Personalabteilung wird daraufhin zunächst der gewünschte Urlaubsplan als Balkendiagramm erstellt. Balkendiagramme eignen sich besonders für die Terminplanung. Die Balkenlänge gibt die Zeitdauer eines Vorganges an.

Mitarbeiter \ Woche	1	2	3	4	5	6	7	8
Müller			▓	▓				
Meier					▓	▓		
Schulze				▓	▓			
Brunotte	▓	▓						
Putzig						▓	▓	
Gutfried							▓	▓

Müller und Schulze haben Kinder und können daher ihren Urlaub nur in den Schulferien (1. bis 6. Woche) nehmen. Die Unternehmensleitung gibt zudem die Anweisung, dass immer ein Vorgesetzter und möglichst die Hälfte der Sachbearbeiter im Betrieb anwesend sein sollen. Daraufhin erstellt die Personalabteilung das folgende Diagramm:

Woche Mitarbeiter	1	2	3	4	5	6	7	8
Müller	■	■	■	■				
Meier					■	■	■	■
Schulze	■	■	■					
Brunotte				■	■	■		
Putzig								
Gutfried					■	■		

Phasen der Ablauforganisation

Wenn festgestellt wurde, dass ein Arbeitsprozess nicht optimal ist, erfolgt die Reorganisation der Arbeitsabläufe in den folgenden fünf Schritten:

1. **Erfassung des Ist-Zustandes:** Zunächst wird der momentane Arbeitsablauf ermittelt. Es werden dabei unter anderem untersucht:
   – die Häufigkeit von Vorgängen
   – die Dauer von Vorgängen
   – die für die Tätigkeit erforderlichen Arbeitsmittel
   – Kosten
   – Wege

2. **Darstellung des Ist-Zustandes:** Anschließend werden die gegenwärtigen Arbeitsprozesse in verbaler oder grafischer Form dargestellt. Vor allem die grafischen Darstellungsmöglichkeiten
   – Arbeitsablaufbogen,
   – Balkendiagramm,
   – Flussdiagramme,
   – Netzplantechnik
   lassen durch ihre Übersichtlichkeit Zeitverzögerungen, Doppelarbeiten und andere Schwachstellen erkennen.

3. **Bewertung des Ist-Zustandes:** Anschließend folgt die Phase der Kritik. In systematischer Analyse und Beurteilung werden Schwachstellen und verbesserungsfähige Arbeitsabläufe deutlich gemacht.

4. **Soll-Konzeption:** Aufgabe der Soll-Konzeption ist es, für die in der Analyse entwickelten Schwachstellen verbesserte Arbeitsabläufe zu konzipieren.
   Dabei ist es oftmals erforderlich, nicht nur nach Verbesserungen im bestehenden Verfahren zu suchen, sondern gegebenenfalls auch das zur Zeit angewendete Verfahren generell infrage zu stellen. Die entwickelten Lösungen sind sowohl im Hinblick auf die Verbesserungen bei den ermittelten Schwachstellen als auch in ihren sonstigen Auswirkungen zu bewerten. Damit soll vermieden werden, Schwachstellen durch gleichzeitige schwerwiegende Benachteiligungen in anderen Bereichen zu beseitigen. Vielfach ist eine Verbesserung nur durch Beeinträchtigung eines anderen Gesichtspunktes erreichbar.

Beispiel

Die verbesserte Lieferfähigkeit kann der Minimierung des Lagerbestandes entgegenstehen.

Um jederzeit auf eine verstärkte Nachfrage reagieren zu können, erhöht die Gummibären AG die Reservebestände. Um diese lagern zu können, müssen auf dem Gelände der benachbarten Halstabletten AG leerstehende Lagergebäude angemietet werden. Als Folge ergeben sich eine starke Erhöhung der Lagerkosten und aufgrund der längeren Wege ein vermehrter Zeitaufwand für die Zusammenstellung von Sendungen für die Kunden.

Bei der Bewertung der einzelnen Verfahrensalternativen geht es also um eine Gesamtoptimierung. Dabei spielen sowohl Aspekte der Kostenminimierung als auch der Flexibilität eine Rolle.

5. **Einführung und Durchsetzung:** Nach der Entscheidung für ein neues Konzept ist die Einführung zu planen. Neben einer eindeutigen Darstellung der neuen Soll-Konzeption sind im Allgemeinen folgende Maßnahmen erforderlich:
   – Beschaffung und Austausch von Arbeitsmitteln
   – Einweisung, Ausbildung und ggf. Einstellung entsprechenden Personals
   – Einführung von Organisationshilfsmitteln

Die Umstellung des Arbeitsablaufs sollte von einer Kontrolle begleitet werden. Damit soll sichergestellt werden,
   – dass auch nach dem neuen Konzept gearbeitet wird,
   – und zum anderen, dass nach einer gewissen Übergangszeit überprüft wird, ob auch der geplante Erfolg eingetreten ist.

Aufgaben

1. Erläutern Sie den Unterschied zwischen Ablauf- und Aufbauorganisation.
2. Welche Arten der Ablauforganisation gibt es?
3. In welchen Schritten wird ein nicht rationeller Arbeitsablauf optimiert?
4. Welche Aufgabe haben grafische Darstellungsmittel in der Organisation?
5. Welche Ziele verfolgt die Ablauforganisation?

Zusammenfassung

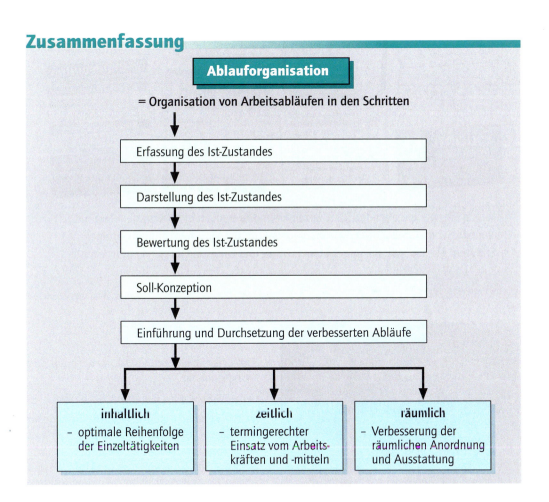

5 Markt und Preis
5.1 Marktarten

1. Klären Sie, wer die abgedruckten Anzeigen und Annoncen in Auftrag gegeben hat.
2. Nennen Sie den Zweck, den die Auftraggeber mit der Veröffentlichung verfolgen.
3. Erläutern Sie, wo man die angebotenen Güter und Dienstleistungen kaufen könnte.

Information

Sibylle und der Obsthändler begegnen sich
- zu einer **bestimmten Zeit**
- an einem **bestimmten Ort**, nämlich auf dem Wochenmarkt.

Hierbei wird Sibylles Bedarf zur Nachfrage.

Der Wochenmarkt, auf dem Sibylle Geld gegen Obst tauscht, ist unmittelbar sichtbar. Genauso verhält es sich z. B.

- mit der *Börse:* organisierter Markt für Wertpapiere, Devisen oder Waren, auf dem während der Börsenstunden aufgrund von Kauf- und Verkaufsaufträgen Preise festgelegt werden,
- *Messen:* Unternehmen bieten ihre neuesten Güter an, z. B. Internationale Frankfurter Messe, Deutsche Industriemesse in Hannover. In der Kürze der Verkaufsveranstaltung soll sich herausstellen, ob die Neuheiten bei den Wiederverkäufern Anklang finden oder

- Ausstellungen, z. B. Caravan + Boot – Internationale Ausstellung in München, Bildungsmesse in Nürnberg oder die IAA in Frankfurt.

Dies sind Beispiele für **ortsgebundene Märkte**, auf denen sich Anbieter und Nachfrager treffen, um wirtschaftliche Güter zu tauschen. Darüber hinaus gibt es Märkte, die nicht ortsgebunden sind, z. B. der Spielwarenmarkt in Hannover. Er umfasst alle Anbieter und Nachfrager von Spielwaren in der Stadt Hannover.

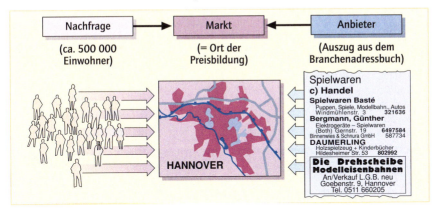

Beschränkt man diesen Markt nicht mehr auf Hannover allein, so kann man auch ganz allgemein vom Spielwarenmarkt sprechen.

In diesem Fall besteht der Markt nicht mehr aus einem bestimmten unmittelbar sichtbaren Ort.

Man müsste vielmehr die miteinander konkurrierenden Anbieter z. B. in der ganzen Bundesrepublik Deutschland oder – beim internationalen Spielwarenmarkt – sogar in der ganzen Welt suchen.

Auf einem Markt finden sich die jeweiligen Tauschpartner, z. B. Sibylle als *Nachfragerin* nach Obst und der Händler als *Anbieter* dieses wirtschaftlichen Gutes. Dieses Zusammentreffen kann wie gesehen auf dem Marktplatz stattfinden, aber auch am Telefon, an der Tankstelle, auf einer Messe, im Kaufhaus oder bei einer Versteigerung wie beispielsweise im Internet.

> Unter einem **Markt** versteht man jedes *Zusammentreffen* von **Angebot** (Verkäufer von Gütern) und **Nachfrage** (Käufer von Gütern) für ein bestimmtes Wirtschaftsgut. Der Markt ist der Ort der Preisbildung.

Es existieren so viele Märkte, wie Waren bzw. Dienstleistungen vorhanden sind. Dazu gehören selbstverständlich auch Märkte, auf denen man etwas kaufen kann, das dem Verbraucher nicht direkt dient, z. B. Blech für Autos, Fässer oder Maschinen. Um dieses Blech herstellen zu können, benötigt man Eisenerz, das wiederum auf einem bestimmten Markt, dem Rohstoffmarkt, gehandelt wird.

Aufgrund der Vielfalt an Gütern und Dienstleistungen wird eine Grobeinteilung nach **Marktarten** vorgenommen:

1. Faktormärkte
- **Arbeitsmarkt:** Hier werden Arbeitsleistungen gegen Arbeitsentgelte gehandelt. Die *Anbieter* sind alle Arbeitswilligen und die *Nachfrager* sind der Staat und die Unternehmer.
- **Immobilienmarkt:** Hier werden Grundstücke und Gebäude gehandelt. Die *Anbieter* sind die Eigentümer von Grundstücken und Gebäuden und die *Nachfrager* sind Wohnraumsuchende und Gewerbetreibende.
- **Kapital- und Geldmarkt:** Hier werden z. B. lang- und kurzfristige Kredite vermittelt. Die *Anbieter* sind die Banken und Sparkassen und die *Nachfrager* sind die Unternehmer, Konsumenten und der Staat.

2. Gütermärkte
- **Konsumgütermärkte:** Hier werden Ge- und Verbrauchsgüter wie z. B. Lebensmittel oder Autos gehandelt. *Anbieter* sind die Unternehmen und die *Nachfrager* sind die privaten Haushalte (Endverbraucher).
- **Investitionsgütermärkte:** Hier werden Produktionsgüter wie z. B. Maschinen, Werkzeuge oder Lkw für Unternehmen gehandelt. Die *Anbieter* sind Unternehmen und die *Nachfrager* sind ebenfalls Unternehmen.

Vernetzte Marktplätze (Onlinemarktplätze)

Über das Datennetz kommen Anbieter und Nachfrager aus unterschiedlichen Ländern zusammen, die sich in der realen Welt nie so schnell, mühelos und kostengünstig finden würden. Für diesen Vorteil zahlen die beteiligten Unternehmen Provision oder Standmiete an den Veranstalter des Handelsforums.

Beispiel

Bei der Textilgroßhandlung Grotex GmbH liegt noch ein geringer Rest von Trainingsanzügen der letzten Sommerkollektion auf Lager. Für diese Restmenge selbst einen Käufer zu suchen, wäre für den hannoverschen Großhändler völlig unrentabel.
Bislang schrieb das Unternehmen solche Restbestände bis auf eine Mark ab und verschenkte sie. Heute ist es möglich, die überzähligen Textilartikel elegant loszuwerden. Über einen Onlinemarkt für textile Lagerüberbestände im Internet verkauft sie sie für 39,00 Euro das Stück.

Reihenweise eröffnen neue Branchenmärkte im World Wide Web. Von der Bauindustrie bis zur Werbewirtschaft kann so gut wie jedes Unternehmen seine spezifischen Wünsche und Anforderungen online ausschreiben oder in Katalogsammlungen nach Schnäppchen forschen.

Aufgaben

1. Nennen Sie Anbieter und Nachfrager auf den einzelnen Faktor- bzw. Gütermärkten.
2. Ein Großhändler aus Alfeld bestellt Ware bei seinem Hersteller in Hamburg. Die Ware wird drei Wochen später geliefert. Warum kann man davon sprechen, dass sich das Geschäft auf einem Markt abgespielt hat?

Zusammenfassung

5.2 Marktformen

… ich sollte die Briefmarke in der Postfiliale in der Goethestraße holen. Vielleicht ist sie dort billiger?!

Nehmen Sie Stellung zu Tanjas Gedanken.

Information

Auf einigen Märkten gibt es für bestimmte Güter und Dienstleistungen **nur einen Anbieter**, aber viele Nachfrager. Auch die Deutsche Post AG war lange ein Alleinanbieter. Sie hatte z. B. bis Ende 2007 in Deutschland das alleinige Recht, Briefe bis 50 Gramm Gewicht zuzustellen. Dieses Recht beruhte auf einem Gesetz und deshalb brauchte die Post auch keine Wettbewerber zu befürchten. Die Post beherrscht weiterhin den Markt, sie besitzt auf dem Gebiet der Briefzustellung an Haushalte immer noch eine faktische Monopolstellung.

Marktbeherrschung gibt es sowohl auf Anbieter- wie auf Nachfragerseite. Liegt *die gesamte Nachfrage am Markt nur in einer Hand*, so hat man es mit einem Nachfragemonopol zu tun. Der alleinige Nachfrager besitzt einen Marktanteil von hundert Prozent. Er ist marktbeherrschend, denn er hat keine Konkurrenz und ist keinem Wettbewerb ausgesetzt.

Unterscheidet man die Märkte also nicht nach Gütern und Dienstleistungen, sondern nach der *Anzahl der Marktteilnehmer*, d. h. nach der Anzahl von Anbietern und Nachfragern, so ergibt sich der folgende Aufbau (= Struktur) des Marktes, auch **Marktformen** genannt. Obwohl es unendlich viele Marktbeziehungen gibt, sollen bei der Betrachtung der Zahl der Marktteilnehmer auf der Angebots- und Nachfrageseite jeweils lediglich drei Unterscheidungen getroffen werden, und zwar nach:

viele – wenige – einer.

Marktformen (Unterscheidung nach der Anzahl der Marktteilnehmer)

Nachfrager \ Anbieter	viele	wenige (starke)	einer
viele	**vollständige Konkurrenz (POLYPOL)** Wochenmarkt Lebensmittelhändler in Ballungsgebieten / Konsumenten	**Angebotsoligopol** Mineralölgesell. / Autofahrer Automobilhersteller / Nachfrager nach Pkws Zigarettenindustrie/Raucher	**Angebotsmonopol** Briefpost / Nutzer der Briefbeförderung
wenige	**Nachfrageoligopol** Landwirte / Molkereien Weinbauern / Winzergenossenschaften Pensionen in einem Feriengebiet / Reisegesellschaften	**zweiseitiges Oligopol** Hersteller von Kränen / Hafenmeistereien Werften / Reedereien	**beschränktes Angebotsmonopol** Hersteller eines biologischen Spezialgerätes / Labor OPEC / Nachfrager nach Erdöl
einer	**Nachfragemonopol** Bauunternehmen, die z. B. den Bundestag bauen / Staat Landwirte / Zuckerrübenfabrik in einer Region	**beschränktes Nachfragemonopol** Hersteller bestimmter Rüstungsgüter / Staat	**zweiseitiges Monopol** einziger Hersteller eines Pkw-Ersatzteiles / Automobilunternehmen

Den weiteren Ausführungen liegen die drei grundlegenden Marktformen *Polypol*, Angebots*oligopol* und Angebots*monopol* zugrunde.

Ein **Monopolist** (z. B. ein Allein*anbieter*) bleibt häufig nicht allein am Markt, denn schnell kommen Konkurrenten auf diesen Markt. Sie bieten nun ebenfalls die gleichen Güter, wahrscheinlich noch preisgünstiger, an und nehmen dem Monopolisten einen Teil der Nachfrager weg.

Beispiel

Ursprünglich wurden Jeans nur von einem großen Anbieter verkauft. Die Preise für diese Jeans waren hoch. Doch schon nach kurzer Zeit gab es Jeans von mehr als fünfzehn unterschiedlichen Herstellern. Das Angebot an Jeans hat heute um ein Vielfaches zugenommen. Der Monopolist hat viele Mitanbieter (Konkurrenten) bekommen. Alle stehen untereinander im Wettbewerb. Der Preis für Jeans ist gesunken.

Cola ist beispielsweise ein Gut, das von *vielen* Lebensmittelgeschäften *angeboten* und von *vielen* Menschen gekauft, also *nachgefragt* wird. Da **das Angebot und die Nachfrage** jeweils **in den Händen vieler gleich starker Marktteilnehmer** liegt, spricht man von **vollständiger Konkurrenz** oder von einem **polypolistischen Markt** (poly = viele). Kein Marktteilnehmer hat bedeutende Marktanteile und damit Marktmacht.

Die dritte grundlegende Marktform, die des **Oligopols** (oligo = wenige), liegt immer dann vor, wenn **der Markt nur von wenigen großen (meistens gleich starken) Marktteilnehmern gemeinsam beherrscht** wird, wie es z. B. auf der Anbieterseite auf dem Benzinmarkt, dem Waschmittel- oder Zigarettenmarkt der Fall ist.

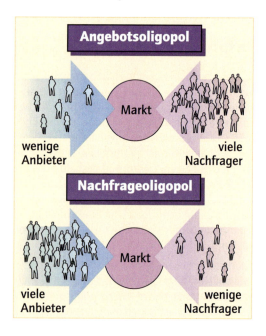

Markt und Preis

Voraussetzung bei einer Oligopolmarktbeherrschung sind zwei oder mehrere marktbeherrschende Unternehmen. Die einfachste Form des Oligopols besteht lediglich aus je zwei Marktteilnehmern auf der Angebots- und Nachfrageseite (= zweiseitiges Oligopol). Wesentliches Merkmal für das Oligopol ist die gegenseitige Abhängigkeit der Unternehmen. Jeder beobachtet die Maßnahmen der Konkurrenz, z. B. bei der Preisgestaltung oder beim Kundendienst.

- Je geringer die Zahl der Anbieter ist, desto größer wird ihre Macht. Es besteht die Tendenz zu höheren Preisen (vgl. Kapitel 5.5 „Preisbildung auf eingeschränkten Märkten").
- Je geringer die Zahl der Nachfrager ist, desto größer ist ihre Macht. Es ist die Tendenz zu niedrigeren Preisen zu beobachten.

Nachfragemacht des Handels
Kaum Spielraum für Preiserhöhungen

kdo. Frankfurt.

Die Konzentration in der deutschen Handelslandschaft bereitet dem Nahrungsmittelhersteller Nestlé zunehmend Sorgen. Es sei bereits deutlich spürbar, dass die Zusammenballung von Unternehmen sowohl im Groß- als auch im Einzelhandel den Druck auf die Einkaufskonditionen verstärke, sagte der seit Mitte vergangenen Jahres amtierende Vorstandsvorsitzende der Nestlé Deutschland AG, Robert Raeber, in Frankfurt.

Die drei großen Einkaufsgruppen der Branche, Markant, Rewe und Edeka, würden schon 60 Prozent des Nestlé-Umsatzes auf sich vereinigen. Im Einzelhandel brächten es Rewe, Asko, Tengelmann, Spar und Aldi gemeinsam auf 50 Prozent. Viel Spielraum für Preiserhöhungen sieht Raeber daher nicht mehr.

Aufgaben

1. Nennen Sie die Marktform, auf die die folgenden beschriebenen Märkte jeweils zutreffen. Begründen Sie Ihre Antworten mit der Nennung der Anzahl der Marktteilnehmer bei den Anbietern bzw. bei den Nachfragern.

    a) Markt für Bier in Deutschland
    b) Markt für Kuchen und Gebäck
    c) Markt für Flugzeuge
    d) Markt für die Personenbeförderung auf Schienen
    e) Markt für Strom für die Bewohner Dresdens
    f) Markt für unverbleites Benzin
    g) Markt für Damenhalbschuhe
    h) Markt für die Nachfrage nach Bremsen für die Produktion des neuen Modells bei VW

2. Welchen Vorteil hat der Verbraucher auf einem Markt, auf dem viele Anbieter die gleichen Güter anbieten?

3. Was muss der Verbraucher tun, um diese Vorteile (vgl. Aufgabe 2) auch nutzen zu können?

4. In welchem Fall handelt es sich um ein Angebotsoligopol?

    a) viele Anbieter – viele Nachfrager
    b) wenige Anbieter – viele Nachfrager
    c) wenige Anbieter – wenige Nachfrager
    d) ein Anbieter – viele Nachfrager
    e) viele Anbieter – ein Nachfrager

5. Bestimmen Sie die verbleibenden Marktformen in Aufgabe 4.

6. Suchen Sie je ein weiteres Beispiel (Aufgabe 1 sollte nicht verwendet werden) unter Angabe des jeweils gehandelten Gutes für ein:

    a) zweiseitiges Monopol
    b) Angebotsoligopol
    c) Polypol
    d) Angebotsmonopol

Zusammenfassung

Marktformen

- **Einteilungsmerkmal:**
  Einteilung der Marktteilnehmer auf der Angebots- und Nachfrageseite **nach der Anzahl**

- **Grundlegende Marktformen:**
  - **Polypol**
    viele relativ kleine Marktteilnehmer (vollständige Konkurrenz)
  - **Oligopol**
    Wenige große Anbieter und/oder große Nachfrager befinden sich auf dem Markt.
  - **Monopol**
    Auf dem Markt ist nur ein Anbieter und/oder ein Nachfrager vorhanden.

- Je geringer die Zahl der Anbieter, desto größer ist ihre Macht.
  Je geringer die Zahl der Nachfrager, desto größer ist ihre Macht.

5.3 Bildung des Gleichgewichtspreises – seine Veränderungen und Aufgaben

Durchschnittliche Erzeugerpreise für Speisekartoffeln in €/100 kg (in Hannover) (Sortengruppe 2 und 3)

03. Oktober 2003	14,30	02. September 2007	10,70	04. April 2011	25,15
07. Oktober 2004	18,90	14. Oktober 2008	26,30	09. März 2012	28,70
24. August 2005	18,97	11. August 2009	22,10		
05. Oktober 2006	12,40	07. September 2010	19,83		

Erklären Sie das Auf und Ab der Kartoffelpreise.

Information

Preisbildung beim Polypol

Betrachtet werden soll ein Markt mit vielen Anbietern und vielen Nachfragern (= **vollständige Konkurrenz; Marktform des Polypols**).

Zwischen Anbietern und Nachfragern besteht ein Spannungsverhältnis. Die Anbieter wollen ihr Produkt möglichst teuer verkaufen (→ Gewinnmaximierung), die Nachfrager sind dagegen bestrebt, das Produkt möglichst billig zu erwerben (→ Nutzenmaximierung).

Die Preisbildung auf den einzelnen Märkten hängt sowohl vom Umfang des Angebots als auch von der Nachfrage ab.

Zur Verdeutlichung ist es notwendig, das Angebot des Unternehmens und die Nachfrage des privaten Haushaltes am Beispiel eines beliebigen Konsumgutes näher zu betrachten:

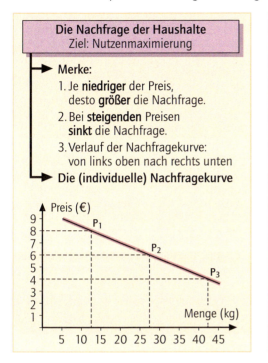

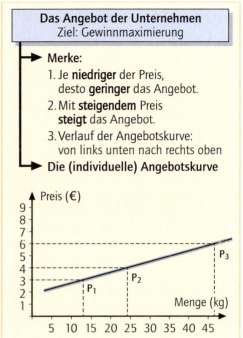

Überträgt man beide Kurven in ein Koordinationssystem, so ergibt sich folgendes Bild:

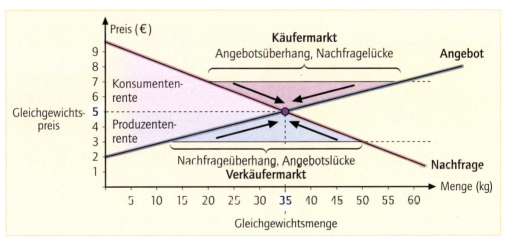

Erklärung:

Bei einem Marktpreis von z. B. 7,00 € besteht ein Überangebot (Angebot 57 Stück/Nachfrage 20 Stück), die Anbieter können nicht sämtliche Güter absetzen, sie müssen den Preis senken (= **Käufermarkt**).

Der Marktpreis von 3,00 € hingegen erscheint den Nachfragern so günstig, dass sie 50 Stück erwerben möchten, die Anbieter aber nur 12 Stück anbieten; der Preis wird steigen (= **Verkäufermarkt**).

In beiden Fällen herrscht kein Gleichgewicht.

Die Pfeile im Schaubild verdeutlichen, wie sich in einem ständigen Anpassungsprozess der Preis dem Gleichgewichtspreis von 5,00 € nähert.

Gleichgewichtspreis und Gleichgewichtsmenge

- Angebots- und Nachfragekurve schneiden sich bei einem Preis von 5,00 €/kg. Bei diesem Preis werden 35 kg des Gutes angeboten und 35 kg des Gutes nachgefragt.
- Im Schnittpunkt beider Kurven sind Angebot und Nachfrage im Marktgleichgewicht. Lediglich bei diesem Preis stimmen angebotene und nachgefragte Menge überein. Dieser Preis wird daher als **Gleichgewichtspreis** bezeichnet, die Menge nennt man **Gleichgewichtsmenge**.
- Beim **Gleichgewichtspreis** werden die Kaufwünsche der Nachfrager erfüllt, die bereit sind, mindestens diesen Preis zu zahlen. Die Verkaufsabsichten der Anbieter, die bereit sind, zu diesem Preis ihre Ware zu veräußern, werden beim Gleichgewichtspreis ebenfalls erfüllt. Das heißt, alle Anbieter, die bereit sind, zum **Gleichgewichtspreis** zu verkaufen, können ihr gesamtes Angebot absetzen. Alle Nachfrager, die bereit sind, zum **Gleichgewichtspreis** zu kaufen, können ihre gesamten Wünsche realisieren.

Die **Konsumentenrente** macht die Differenz aus, die sich zwischen dem höheren Betrag, den ein Nachfrager zu zahlen bereit ist, und dem tatsächlichen Marktpreis, multipliziert mit der nachgefragten Menge, ergibt.

Beispiel
Einzelhändlerin Villanuera ist bereit, für einen bestimmten Pullover 47,00 € zu zahlen. Sie bestellt 90 Stück und kann so einen Kaufvertrag zum Stückpreis von 36,00 € abschließen. Damit hat sie eine Konsumentenrente in Höhe von 990,00 € erzielt (11,00 € · 90 Stück).

Grenznachfrager ist der Marktteilnehmer, dessen Konsumentenrente null beträgt. Der Betrag, den dieser Nachfrager höchstens zu zahlen bereit ist, entspricht dem Marktpreis. Eine noch so geringfügige Erhöhung des Marktpreises hätte ein Ausscheiden des Grenznachfragers zur Folge.

Die **Produzentenrente** macht die Differenz aus, die sich zwischen dem niedrigsten Preis, zu dem dieser Anbieter ein bestimmtes Gut noch anbieten würde, und dem tatsächlichen Marktpreis, multipliziert mit der angebotenen Menge, ergibt.

Beispiel
Ein Lebensmittelgroßhändler ist bereit, 10 Kisten Joghurt zu jeweils 26,00 € anzubieten. Der Marktpreis, zu dem er den Joghurt an den Einzelhandel verkauft, liegt jedoch bei 32,00 €. Seine Produzentenrente beträgt somit 10 × 6,00 € = 60,00 €.

Grenzanbieter ist der Marktteilnehmer, der zu einem Marktpreis anbietet, der seine Gesamtkosten gerade noch deckt. Seine Produzentenrente ist gleich null. Bei einer noch so geringen Preissenkung würde er als Anbieter ausscheiden.

Der Gleichgewichtspreis (hier: 5,00 €) ist ein Kompromiss aus den Preisvorstellungen der Anbieter und der Nachfrager. Beim Gleichgewichtspreis wird auf dem Markt der größte Umsatz erzielt. Der Markt wird geräumt und es besteht kein Angebotsüberschuss oder Nachfrageüberhang mehr.

Gleichgewichtspreis ist der Preis, bei dem die angebotene Menge und die nachgefragte Menge eines Gutes auf einem Markt übereinstimmen.

Preis €	Nachfrage Stück	Angebot Stück	Differenz Stück	möglicher Absatz/Stück	Marktlage
2,00	57	3	54	3	} Nachfrageüberhang
3,00	50	12	38	12	(= Verkäufermarkt)
5,00	35	35	0	35	Gleichgewichtspreis
7,00	20	57	37	20	} Angebotsüberhang
8,00	14	68	54	14	(= Käufermarkt)

Preismechanismus

Das Modell zur Bildung des Gleichgewichts zeigt folgende *Gesetzmäßigkeiten*:

1. Ist das Angebot größer als die Nachfrage,
   - dann bleiben Warenrückstände am Markt
   - und der Preis sinkt.

Beispiel

Aufgrund des milden Klimas reifen große Mengen an Birnen. Das Angebot ist hoch, die Preise sinken.

2. Änderung der Angebotssituation

- Erhöhen andererseits die Unternehmen ihr Angebot *bei gleichbleibender Nachfrage*, **verschiebt sich die Angebotskurve nach rechts**. Rechtsverschiebung der Angebotskurve bedeutet, dass das Angebot bei jedem möglichen Preis höher ist als vor der Verschiebung der Angebotskurve. **Das Marktgleichgewicht verschiebt sich nach rechts unten** (siehe Abb. 1). Gründe können z. B. sein, dass die Gewinnerwartungen steigen, dass eine modernere Technik eingeführt wird oder dass die Preise der Produktionsfaktoren sinken. In dem neuen Gleichgewicht ist der Preis gesunken ($p_0 \rightarrow p_1$), die abgesetzte Menge hat zugenommen ($m_0 \rightarrow m_1$).

- Verringert sich das Angebot, **verschiebt sich die Angebotskurve nach links**: Der Preis steigt, die Menge geht zurück (p_2/m_2). Die Linksverschiebung der Angebotskurve bedeutet, dass das Angebot bei jedem möglichen Preis geringer ist als vor der Verschiebung der Angebotskurve. **Das Marktgleichgewicht verschiebt sich nach links oben** (siehe Abb. 1).

3. Ist die Nachfrage größer als das Angebot,
   - dann bleibt ungedeckte Nachfrage und
   - der Preis steigt.

Beispiel

Wegen der kalten Witterung ist das Angebot an Spargel nur gering. Wollen nun vor Pfingsten, wie das erfahrungsgemäß der Fall ist, viele Menschen Spargel essen, dann steigt aufgrund des knapp gewordenen Angebots der Preis. (Der Markt wird geräumt, bevor die Nachfrage gedeckt ist.)

4. Änderung der Nachfragesituation

- Gesetzt den Fall, die Nachfrage steigt *bei gleichbleibendem Angebot*, dann **verschiebt sich die Nachfragekurve nach rechts**, es entsteht ein neuer Gleichgewichtspreis p_1.
Bei diesem höheren Preis wird mehr abgesetzt (m_1). Die Rechtsverschiebung der Nachfragekurve bedeutet, dass generell die Nachfrage bei jedem möglichen Preis höher ist als vor der Verschiebung der Nachfragekurve. **Das Marktgleichgewicht verschiebt sich nach rechts oben** (siehe Abb. 2).

- Bei einem Nachfragerückgang erfolgt die Verschiebung der Nachfragekurve nach links: Der Preis sinkt, die Menge geht zurück (p_2/m_2). Die Linksverschiebung der Nachfragekurve bedeutet, dass generell die Nachfrage bei jedem möglichen Preis geringer ist als vor der Verschiebung der Nachfragekurve. **Das Marktgleichgewicht verschiebt sich nach links unten** (siehe Abb. 2).

Gründe für die Nachfragesteigerung können beispielsweise sein: höheres Einkommen, Än-

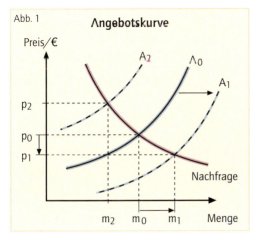

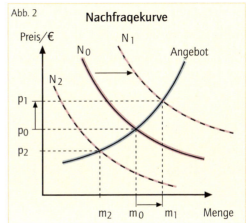

derung der Bedarfsstruktur oder die Preise anderer Güter.

5. **Entsprechen sich Angebot und Nachfrage beim Gleichgewichtspreis, dann wird der Markt geräumt.**

   Zu diesem Preis ist die Mehrzahl der Anbieter und Nachfrager zu einem Geschäftsabschluss bereit. Es wird die größtmögliche Gütermenge umgesetzt.

Wichtig ist zu unterscheiden zwischen einer Bewegung
- **auf (entlang) der Kurve.** Hier geht es um die Fragestellung: „Wie ändert sich die nachgefragte Menge *bei Änderung des Preises des Gutes?*" (Stichwort: Gütermenge)
- **der gesamten Kurve (Verschiebung).** Diese Verschiebungen sind abhängig von bestimmten Einflussgrößen, denen die Marktteilnehmer bei ihren Entscheidungen unterliegen. Nachfrager bzw. Anbieter verändern ihr Verhalten, obwohl der Preis des entsprechenden Gutes sich nicht geändert haben muss.

Bestimmungsgründe für Verhaltensänderungen

Welche Größen bestimmen das Verhalten der	
Nachfrager?	**Anbieter?**
– Preis des angebotenen Gutes – Preise anderer Güter – verfügbares Einkommen (Kaufkraft) der Haushalte – Erwartungen über die zukünftige wirtschaftliche Entwicklung – Art der Bedürfnisse und ihrer Dringlichkeit (abhängig von Geschlecht, Alter, Beruf, gesellschaftlichem Umfeld, Ausstattung mit Gütern, Einkommen usw.) – Anzahl der Nachfrager	– Preis des angebotenen Gutes – Gewinnerwartung – Kosten der Produktionsfaktoren (z. B. Arbeitskosten, Kapitalkosten) – Preise anderer Güter – Unternehmensziele (z. B. Gewinnmaximierung, Existenzerhaltung, Vergrößerung des Marktanteils) – Stand der technischen Entwicklung – Wettbewerbssituation – Einschätzung der zukünftigen wirtschaftlichen Entwicklung
Beispiele	
– Steigen die Preise für Rindfleisch, so nimmt die Nachfrage nach Schweinefleisch zu (die von Rindfleisch ab). – Steigt der Preis von Schuhen, so nimmt unter Umständen nicht nur die Nachfrage nach Schuhen ab, sondern auch die Nachfrage nach Schuhputzmitteln. – Bei niedrigem (hohem) Einkommen wird eine kleine (größere) Menge des Gutes nachgefragt. – Obwohl die Eintrittskarten für ein Popkonzert regulär 20,00 € kosten, ist Kathy bereit, den Schwarzmarktpreis von 45,00 € zu bezahlen. – Der sehr durstige Tim bezahlt im Fußballstadion für eine Dose Fanta 1,50 €, obwohl er sie zu Hause für 0,45 € bekommen könnte.	– Technischer Fortschritt senkt die Kosten der Produktion; dies kann zu sinkenden Preisen führen. – Steigende Preise der Produktionsfaktoren, z. B. für Zinsen, führen zu steigenden Kosten und eventuell zu einer Verringerung des Angebots. – Steigt der Preis für Benzin ständig an, wird verstärkt über die Herstellung Benzin sparender Modelle nachgedacht. – Tritt ein neuer Anbieter auf dem Markt auf, werden sich die Altanbieter mittels Preissenkungen wehren.

Angebotsfunktion	Ursachen für Verschiebungen der Angebots- bzw. Nachfragefunktion	Nachfragefunktion
positiv	– Erwartungen über die zukünftige wirtschaftliche Entwicklung	negativ
angebotserhöhend	– Veränderungen der Unternehmensziele	– –
– –	– Haushaltseinkommen	sinkt
sinken	– Kosten der Produktionsfaktoren	– –
– –	– Wertschätzung des Gutes	sinkt
steigt	– Preis eines Substitutionsgutes	sinkt
sinkt	– Preis eines Komplementärgutes	steigt
steigt	– Zahl der Anbieter bzw. Nachfrager	sinkt
⇓ Erhöhung des **Angebots** Verschiebung nach rechts [$A_0 \rightarrow A_1$]		⇓ Senkung der **Nachfrage** Verschiebung nach links [$N_1 \leftarrow N_0$]

⇓

Es entsteht ein neuer Gleichgewichtspreis, der **unter** dem ursprünglichen Preis liegt!

Nachfrageverhalten bei Veränderung der Preise anderer Güter

Der Preis eines nachgefragten Gutes wird sich entsprechend verändern, wenn der Preis eines anderen Gutes sich verändert, das zu dem betrachteten Gut in gewisser Abhängigkeit steht.

Die Preisveränderung ist dabei abhängig von der Art des anderen Gutes. Betrachtet werden sollen in diesem Zusammenhang die dem untersuchten Gut zugehörigen Substitutions- und Komplementärgüter.

Substitutionsgüter können sich aufgrund des gleichen Nutzens bzw. Ertrags gegenseitig ersetzen. Da sie bei der Bedürfnisbefriedigung alternativ nachgefragt werden, stehen sie aus der Sicht der Nachfrager in Konkurrenz zueinander.

Komplementärgüter ergänzen sich und werden nur zusammen nachgefragt bzw. nur gemeinsam mit anderen Gütern genutzt. Die Nachfrage nach einem Gut beeinflusst direkt die Nachfrage nach dem Komplementärgut.

- **Substitutionsgüter:** [Butter/Margarine], [Öl/Gas], [Blech/Kunststoff], [Zucker/Süßstoff], [Reis/Nudeln], [Kaffee/Tee], [Rindfleisch/Schweinefleisch]

  Preiserhöhungen bei Butter führen zu einer Erhöhung des Margarineabsatzes, wenn die Margarinepreise nicht gleichzeitig angehoben werden.

  Die Haushalte substituieren demnach Butter gegen Margarine. Man spricht in diesem Fall von **Kreuzpreiselastizität**.

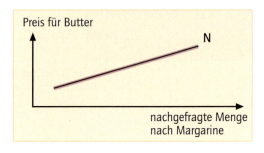

Bei ansteigenden Personalkosten wird der Produktionsfaktor Arbeit zunehmend auch den Produktionsfaktor Kapital (z. B. Maschinen) ersetzt (substituiert).

- **Komplementärgüter:** [Automobil/Benzin], [CD-ROM/Computer], [Pfeife/Tabak], [Fotoapparat/Film], [Kaffeemaschine/Filterpapier], [Kugelschreiber/Mine]

  Steigt der Preis für Computer, dann hat das eine Nachfragesenkung bei PCs zur Folge; gleichzeitig werden auch weniger CD-ROMs nachgefragt.

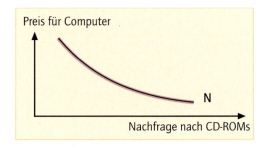

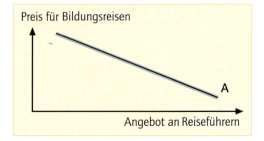

Steigt der Preis für Bildungsreisen, werden die Anbieter von Reiseführern mit einer sinkenden Nachfrage nach Bildungsreisen rechnen und ihr Angebot an Reiseführern ebenfalls reduzieren.

Preiselastizität der Nachfrage

Die **Preiselastizität der Nachfrage** gibt Auskunft, in welchem Ausmaß die Nachfrager auf Preisänderungen eines Gutes (mengenmäßig) reagieren (prozentuale Mengenänderung).

$$\text{Preiselastizität der Nachfrage} = \frac{\text{prozentuale Veränderung der nachgefragten Menge}}{\text{prozentuale Veränderung des Preises}}$$

Theoretisch kann die Preiselastizität (ausgedrückt durch den Elastizitätskoeffizienten E) jeden Wert von null bis unendlich einnehmen.

Dabei können die folgenden Elastizitäten unterschieden werden:

Vollkommen unelastische (starre) Nachfrage [$E_N=0$]
Die Nachfrager reagieren auf Preisänderungen überhaupt nicht. Beispiele: lebenswichtige Medikamente, Blutkonserven.

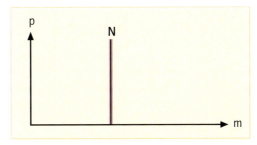

Unelastische Nachfrage [$0<E_N<1$]
Der Wert der Preiselastizität liegt zwischen null und eins, d. h. die Nachfrager reagieren auf Preisänderungen nur begrenzt.
Beispiele: Grundnahrungsmittel, Wohnungsmieten.

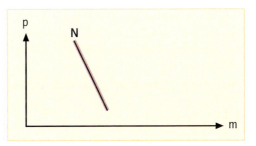

Elastische Nachfrage [$1<E_N<\infty$]
Eine elastische Nachfrage liegt immer dann vor, wenn der Wert der Preiselastizität größer als eins ist, d. h. die Nachfrager reagieren auf Preisänderungen sehr stark.
Beispiele: Güter des gehobenen Bedarfs, wie Schmuck.

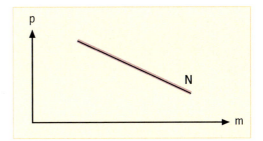

Vollkommen elastische Nachfrage [$E_N = \infty$]
Die vollkommen elastische Nachfrage ist als ein Grenzfall zu sehen, da die Preiselastizität der Nachfrage einen Wert von unendlich annimmt. In diesem theoretischen Fall reagieren die Nachfrager auch auf eine nur geringfügige Preisänderung mit absolutem Nachfrageverzicht.

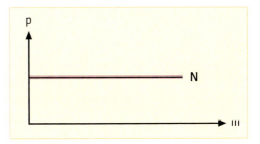

Aufgaben (Funktionen) des Gleichgewichtspreises

Bei polypolistischer Konkurrenz (Modell) hat der Preis folgende Aufgaben:

Informationsaufgabe (Signalfunktion)
Der Preis eines Gutes steigt, wenn a) die Nachfrage bei gleich bleibendem Angebot steigt oder b) sich das Angebot bei gleich bleibender Nachfrage verknappt hat. Lässt z. B. das Interesse der Nachfrager nach einem Gut nach, sinkt dessen Preis. Der Preis zeigt den Marktteilnehmern demzufolge an, wie dringlich der Bedarf einzuschätzen bzw. wie knapp das Gut ist. Ändert sich der Preis, deutet das auf eine veränderte Güterknappheit hin. Damit wird es den Anbietern und Nachfragern ermöglicht, sich möglichst schnell an die veränderte Situation anzupassen. Aus diesem Grund spricht man auch von *Signalfunktion* des Preises.

Lenkungsaufgabe

Die Unternehmen werden in den Bereichen ihre Güter anbieten, in denen sie sich den größtmöglichen Gewinn versprechen. Ist der Preis hoch, deutet das auf hohe Wertschätzung bei den Nachfragern hin. Die Gewinnaussichten sind in diesem Wirtschaftsbereich größer. Hohe Gewinne regen an das Angebot zu steigern. Die Produktionsfaktoren werden in diesem Erfolg versprechenden Produktionsbereich verstärkt eingesetzt (Produktionslenkung durch den Preis), in einem Bereich, in dem die Güter von den Nachfragern auch tatsächlich verlangt werden. Dies zeigt sich besonders bei Nachfrageverschiebungen.

Beispiel

> Steigt die Nachfrage nach tragbaren CD-Playern und damit der Preis (und sinkt die Nachfrage nach Walkmen), so können auf dem Markt für CD-Player höhere Gewinne erzielt werden. Die Unternehmen werden die Produktion von CD-Playern erhöhen. Es werden Arbeitskräfte und andere Produktionsfaktoren von der Walkman-Produktion abgezogen und im CD-Player-Bereich vermehrt eingesetzt. Dadurch passt sich das Angebot der veränderten Nachfragesituation an. Es wird von den CD-Playern mehr angeboten als bisher und von den Walkmen weniger.

Versucht ein Anbieter, das Angebot zu verknappen, um den Gewinn hoch zu halten, ruft er die Konkurrenz auf den Plan. Andere werden in die Lücke springen, die Preise lassen sich nicht mehr halten.

Ausgleichsaufgabe (Markträumungsfunktion)

Der Gleichgewichtspreis räumt den Markt. In dieser Situation besteht ein Gleichgewicht zwischen Angebot und Nachfrage. Sämtliche Marktteilnehmer sind zufrieden: Alle von den Anbietern angebotenen Güter werden von den Nachfragern restlos aufgekauft (vgl. Seite 371 f.).

Weniger kaufkräftige Nachfrager und nicht konkurrenzfähige Anbieter werden bei dem zustande gekommenen Gleichgewichtspreis vom Markt fern gehalten. Insofern sind Ausgleichs- und Ausleseaufgabe eng verknüpft.

Ausleseaufgabe (Selektionsfunktion)

Nicht wettbewerbsfähig ist ein Anbieter, der mit überhöhten Kosten arbeitet. Er müsste, um wirtschaftlich, d. h. kostendeckend, zu arbeiten, seinen Preis heraufsetzen. Die Folge: Der Anbieter wird vom Markt gedrängt, da er zur Kostendeckung zu hohe Preise verlangt. Auf diese Weise bewirkt die Auslesefunktion des Preises, dass sich die jeweils kostengünstigere Produktionstechnik durchsetzt.

Auf der Seite der Nachfrager wird derjenige vom Markt verdrängt, der zum Gleichgewichtspreis nicht mehr zahlungsfähig oder zahlungswillig ist.

Aufgaben

1. Ein Anbieter bietet seine Ware mit nachstehender Preis-/Mengenvorstellung an:

Menge	Preis	Menge	Preis
3 kg	für 14,00 €	1,5 kg	für 9,00 €
1 kg	für 7,00 €	0,5 kg	für 3,00 €

   Ein Nachfrager hat von der Ware folgende Preis-/Mengenvorstellung:

Menge	Preis	Menge	Preis
4 kg	für 2,00 €	1,5 kg	für 9,00 €
3,25 kg	für 4,00 €	0,75 kg	für 11,00 €
2,5 kg	für 6,00 €		

   a) Stellen Sie den Angebots- und Nachfrageverlauf zeichnerisch dar.
   b) Deuten Sie den Schnittpunkt der beiden Kurven.

2. Der Absatz von Frischkartoffeln geht zurück. Das könne mit der Qualität zusammenhängen, sagt die Ernährungsreferentin. Verzehrte 1997/98 der Bundesbürger pro Kopf und Jahr noch etwa 80,5 Kilogramm Kartoffeln, so waren es 2009 nach Angaben der Verbraucherzentrale im Durchschnitt acht Kilogramm weniger.

   a) Stellen Sie fest, ob ein Käufer- oder Verkäufermarkt vorliegt. Begründen Sie Ihr Ergebnis.
   b) Warum könnte sich der Preis verändern, wenn die Anbieter von Kartoffeln wieder qualitativ höherwertige Ware anbieten würden?

3. a) Beschreiben Sie das Nachfrageverhalten, das in den beiden unten abgebildeten Kurven zum Ausdruck kommt.
   b) Worauf ist der unterschiedliche Verlauf der dargestellten Nachfragekurven zurückzuführen?

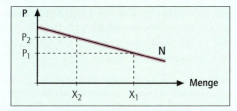

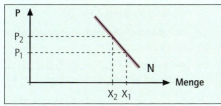

4. Welche Änderung erfolgt beim Preis?
   a) Konstante Nachfrage → Angebot wird größer → Preis?
   b) Konstantes Angebot → Nachfrage wird kleiner → Preis?
   c) Konstante Nachfrage → Angebot wird kleiner → Preis?
   d) Konstantes Angebot → Nachfrage wird größer → Preis?

5. Was verstehen Sie unter der „Markträumungsaufgabe" des Gleichgewichtspreises?

6. Auf dem Urlaubsmarkt übersteigt die Nachfrage nach Amerika-Reisen das Angebot beträchtlich. Erklären Sie in diesem Fall die verschiedenen Aufgaben des Preises.

7. Beschreiben Sie, wie der Preis die Produktionsfaktoren lenkt.

8. In welche Richtung verändert sich
   a) die Nachfrage nach DVDs, wenn die Preise für DVD-Rekorder fallen?
   Welche Preisänderung folgt daraufhin bei DVDs, wenn das Angebot gleich bleibt?
   b) das Angebot für Computer-Wörterbücher, wenn aufgrund der technischen Entwicklung sehr große Stückzahlen hergestellt werden können?
   Welche Preisänderung ergibt sich, wenn die Nachfrage zunächst konstant bleibt?
   Stellen Sie die Situationen aus den Fällen a) und b) grafisch dar.

9. Welche Ursachen führen zu einer Linksverschiebung der Nachfrage- bzw. der Angebotskurve?

10. Nennen Sie jeweils vier Bestimmungsgrößen, die sich auf das Angebots- bzw. Nachfrageverhalten auswirken.

11. Was verstehen Sie unter
    a) Konsumentenrente,
    b) Grenznachfrager,
    c) Produzentenrente,
    d) Grenzanbieter?

12. Es gilt zu unterscheiden zwischen einer Bewegung
    → **auf der Kurve:**
    a) Bewegung auf der Nachfragekurve nach oben
    b) Bewegung auf der Nachfragekurve nach unten
    c) Bewegung auf der Angebotskurve nach oben
    d) Bewegung auf der Angebotskurve nach unten
    → **der gesamten Kurve:**
    e) Verschiebung der Nachfragekurve nach links
    f) Verschiebung der Nachfragekurve nach rechts
    g) Verschiebung der Angebotskurve nach links
    h) Verschiebung der Angebotskurve nach rechts

    Ordnen Sie die Auswirkungen a) bis h) den folgenden Ursachen 1 bis 13 zu.

Ursachen:
1) Der Preis des angebotenen Konsumgutes sinkt.
2) Das verfügbare Einkommen der Haushalte steigt.
3) Die Währung des Importlandes ist gegenüber dem € um 5,4 % abgewertet worden.
4) Der Preis eines Substitutionsgutes steigt.

5) Aufgrund der gestiegenen Mineralölsteuer geben die Haushalte weniger Geld für den Konsum aus.
6) Die Preise für komplementäre Güter sinken.
7) Aufgrund anziehender Preise wird das Angebot vergrößert.
8) Wegen der drastisch gestiegenen Benzinpreise müssen die Anbieter erheblich höhere Bezugskosten zahlen.
9) Die Bedarfsstruktur ändert sich zugunsten eines anderen angebotenen Gutes.
10) Die Erwartungen über die zukünftige Entwicklung der Wirtschaft sind negativ.
11) Aufgrund neuer Technologien konnte die Produktivität deutlich erhöht und die Angebotspreise dementsprechend gesenkt werden.
12) Die Wertschätzung eines Gutes steigt bei den Verbrauchern.
13) Aufgrund der jüngsten Steuerreform geben die Haushalte merklich mehr Geld für den Konsum aus.

13. Legen Sie bei der Beantwortung der nachfolgenden Fragen die unten stehende Abbildung zugrunde.

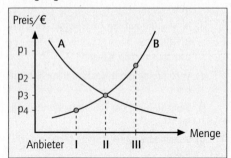

a) Durch welche Kurve (A oder B) wird das Verhalten der Anbieter wiedergegeben?

b) Welcher Anbieter (I/II/III) wird durch den Gleichgewichtspreis vom Markt verdrängt?

c) Welcher Anbieter wird beim vorhandenen Gleichgewichtspreis eine Produzentenrente erzielen?

d) Welcher der Anbieter I, II und III wird als Grenzanbieter bezeichnet?

e) Bei welchem Preis (p_1, p_2, p_3, p_4) kann die größtmögliche Warenmenge umgesetzt werden?

f) Bezeichnen Sie den Gleichgewichtspreis.

g) Zeichnen Sie in das Koordinatensystem die Nachfragelücke ein.

h) Bei welcher Preissituation bietet Anbieter I an?

i) Bei welcher Preissituation findet Umsatz statt und die angebotene Menge ist kleiner als die nachgefragte?

14. Welche Art der Nachfrageelastizität liegt bei den folgenden Beispielen vor?

a) Aufgrund einer Preissenkung um 0,50 € auf 3,00 € steigt die Nachfrage von 600 auf 730 Stück an.

b) Nachfrager sind gewillt ein angebotenes Gut zu einem bestimmten Preis in jeder erhältlichen Menge zu kaufen.

c) Die Nachfrage nach einem Gut bleibt konstant, obwohl sich der Preis von 15,00 € auf 12,00 € reduziert hat.

d) Die Nachfrager nach Mietwohnungen bis zu 80 m² reagieren auf eine durchschnittliche Erhöhung des Quadratmeterpreises um 15 % nur sehr begrenzt.

e) Der Tagesumsatz eines Gutes beträgt 560 kg bei einem Preis von 12,00 €. Bei einem Preis von 14,04 € geht die verkaufte Menge auf 495 kg zurück.

Zusammenfassung

Bei vollständiger Konkurrenz gilt:

- Der Gleichgewichtspreis bildet sich im Schnittpunkt von Angebots- und Nachfragekurve.
- Der Gleichgewichtspreis räumt den Markt.
- Zum Gleichgewichtspreis wird die größtmögliche Warenmenge abgesetzt.
- Der Gleichgewichtspreis ist der Preis, bei dem sich Anbieter und Nachfrager in ihren Kaufhandlungen einig sind.
- Liegt der Marktpreis über dem Gleichgewichtspreis, so existiert ein Käufermarkt, denn das Angebot ist größer als die Nachfrage.
- Liegt der Marktpreis unter dem Gleichgewichtspreis, so existiert ein Verkäufermarkt, da die Nachfrage größer ist als das Angebot.

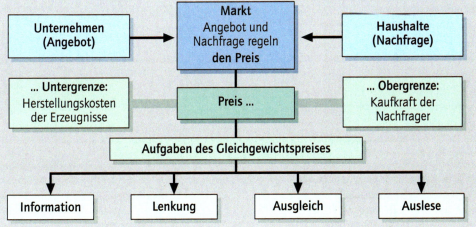

Zusammenfassung

Marktgesetze

1. Ist die Nachfrage größer als das Angebot (**Nachfrageüberhang**), steigt der Marktpreis.
   Beispiel: Aufgrund seiner spektakulären Erfolge wird ein junger Tennisspieler zum Idol. Daraufhin steigt die Nachfrage nach der Marke seines Tennisschlägers ➡ der Hersteller kommt mit der Produktion nicht nach ➡ der Preis steigt (≙ **Verkäufermarkt**).

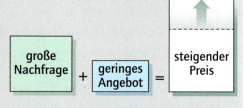

große Nachfrage + geringes Angebot = steigender Preis

2. Ist das Angebot größer als die Nachfrage (**Angebotsüberhang**), sinkt der Marktpreis.
   Beispiel: Aufgrund des sehr milden Winters sind die Läger der Textilunternehmen mit Wintergarderobe voll. Das Angebot übersteigt die Nachfrage ➡ die Preise sinken (≙ **Käufermarkt**).

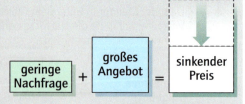

geringe Nachfrage + großes Angebot = sinkender Preis

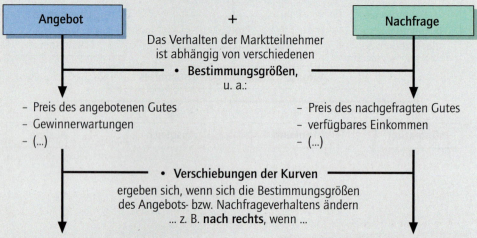

Angebot + **Nachfrage**

Das Verhalten der Marktteilnehmer ist abhängig von verschiedenen
- **Bestimmungsgrößen**, u. a.:

- Preis des angebotenen Gutes
- Gewinnerwartungen
- (...)

- Preis des nachgefragten Gutes
- verfügbares Einkommen
- (...)

- **Verschiebungen der Kurven**
ergeben sich, wenn sich die Bestimmungsgrößen des Angebots- bzw. Nachfrageverhaltens ändern
... z. B. **nach rechts**, wenn ...

- die Preise von Komplementärgütern sinken
- die Produktionsfaktoren preisgünstiger werden
- moderne Technologie eingesetzt wird
- die Gewinnerwartungen steigen

- die Preise für ähnliche Güter steigen oder für ergänzende Güter sinken
- die Bedarfsstruktur sich zugunsten des Gutes ändert
- das kaufkräftige Einkommen steigt

(Die Angebots- bzw. Nachfragekurve **verschiebt sich nach links**, wenn sich z. B. das Angebot verringert bzw. die Nachfrage zurückgeht.)

5.4 Markttypen

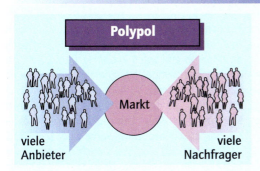

Begründen Sie, warum einer der vielen Anbieter auf dem polypolistischen Markt (auf dem es viele Anbieter und viele Nachfrager gibt) seinen Angebotspreis nicht willkürlich heraufsetzen kann.

Information

Im Kapitel 5.3 (Bildung des Gleichgewichtspreises) kommt der Gleichgewichtspreis nur zustande, wenn sich *viele* Anbieter und *viele* Nachfrager gegenüberstehen. Zwischen diesen Marktteilnehmern besteht *vollständiger Wettbewerb*.

Diese ideale Marktform der Konkurrenz ist jedoch lediglich eine Vereinfachung der wirtschaftlichen Wirklichkeit. Sie ist insofern nur eine **Modell**annahme, in der der Einzelne keine Möglichkeit hat eigenständig den Preis zu beeinflussen.

Am nächsten kommen dem *Modell der vollkommenen Konkurrenz* die Börse und ggf. der Wochenmarkt.

Beispiele

- Der Gemüsegroßhändler, der seine Tomaten zu einem höheren Preis anbietet als die Konkurrenz, wird sein Gemüse nicht verkaufen können, da andere Händler preisgünstiger sind.
- Ein Großhändler (Nachfrager), der auf dem Großmarkt einen niedrigeren Preis für Euro-Bananen zahlen will als die anderen Marktkunden (Nachfrager), wird ohne seine Bananen nach Hause gehen müssen.

Mit diesem gedanklichen Modell des **vollkommenen Marktes**, das nur einen Ausschnitt der Praxis wiedergibt, hat man allerdings die Möglichkeit, die grundlegenden Zusammenhänge der Preisbildung verständlich machen zu können.

Folgende *Voraussetzungen* müssen für einen vollkommenen (störungsfreien) Markt gegeben sein:

- **Vollständige Konkurrenz**
  Viele Nachfrager treffen auf viele Anbieter (= Marktform des Polypols). Eine Veränderung der Angebotsmenge des einzelnen Anbieters führt daher nicht zu einer Preisveränderung.

- **Markttransparenz**
  Jeder Marktteilnehmer ist vollständig informiert über das, was auf den Märkten geschieht. Der Markt ist vollkommen transparent, d. h. durchsichtig. Alle Anbieter haben daher die vollständige Übersicht über das, was, wo, wie, wann und von wem angeboten bzw. nachgefragt wird. Sie kennen z. B. sämtliche Preise, Zahlungs- und Lieferungsbedingungen, die angebotenen Mengen usw.

- **Homogenität der Güter**
  Die von den vielen Anbietern angebotenen Güter müssen völlig homogen, d. h. gleichartig, sein. Sie stimmen in Art, Qualität und Aufmachung überein.

Beispiele

- DVD-Rekorder gleichen Typs (gleiches Design, gleiche Farbe usw.) sind homogene Güter.
- Äpfel einer Sorte werden als homogenes Gut angesehen, auch wenn die einzelnen Äpfel unterschiedlich groß sind.

Wenn die Güter völlig gleichartig sind, dann haben die Anbieter und Nachfrager auch keine Vorlieben für bestimmte Güter. Darüber hinaus dürfen sie nach den Voraussetzungen des Modells auch keine anderen Marktteilnehmer, z. B. andere Händler, vorziehen.

Es dürfen demnach **keine**

- persönlichen,
- sachlichen und
- räumlichen,
- zeitlichen

Bevorzugungen (= Präferenzen) vorhanden sein.

Diese Voraussetzungen bietet in der Wirklichkeit nur die Börse.

> **Beispiel**
>
> An der Börse sind sämtliche Angebots- und Nachfragepreise bekannt. Die Aktien eines Unternehmens (z. B. BMW-Aktien) sind völlig identisch. Persönliche Beziehungen sind unwichtig. Alle interessierten Anbieter und Nachfrager sind zur selben Zeit am selben Ort (Punktmarkt). Sie handeln bei Preisänderungen ohne zeitliche Verzögerung.

Persönliche Bevorzugungen würden vorliegen, wenn z. B. eine Mutter die Garderobe für ihr Kind in einer bestimmten Kinderboutique kauft, weil sie sich dort mit der Verkäuferin immer so nett unterhalten kann – obwohl die Ware dort etwas teurer ist. Oft sind persönliche Bevorzugungen das Ergebnis von mangelnder Marktübersicht. Der Kunde müsste theoretisch über alle Konkurrenzprodukte (über deren Preise, Qualitäten u. v. m.) bei verschiedenen Anbietern informiert sein.

Sachliche Bevorzugungen würden vorliegen, wenn ein Gut gekauft würde, weil es sich von anderen unterscheidet in Geschmack, Qualität, Farbe usw.

> **Beispiele**
>
> Kathy Kämmerer trinkt leidenschaftlich gerne „Cola light", weil die wegen ihres geringen Kaloriengehalts gesünder ist als das „normale" Colagetränk.

Bei sonst gleichartigen Gütern kann allein schon die Verpackung sachliche Bevorzugungen bewirken.

Räumliche (entfernungsmäßige) Bevorzugungen spielen heutzutage im täglichen Leben eine größere Rolle, als man gemeinhin denkt. Schon allein Geschäfte in den Hauptverkehrsstraßen ziehen die Kunden stärker an als die Konkurrenzgeschäfte in den Nebenstraßen. Auch unterschiedliche Transportkosten können zu entfernungsmäßigen Bevorzugungen führen.

> **Beispiele**
>
> Die Einwohner eines kleinen Dorfes ziehen es vor, bei dem einzigen Einzelhändler für Fahrradersatzteile im Ort einzukaufen statt bei anderen Händlern in der 30 km entfernt liegenden Stadt, obwohl der ortsansässige Händler seine Produkte im Durchschnitt um 10 Prozent teurer verkauft.

Nach dem Modell des vollkommenen Marktes dürfen diese entfernungsmäßigen Unterschiede nicht vorhanden sein. Anbieter und Nachfrager müssen, wie z. B. beim Wochenmarkt oder der Börse, an einem bestimmten Ort zusammentreffen. Der vollkommene Markt ist ein Punktmarkt.

Zeitliche Bevorzugungen: Eine Hausfrau geht zum Wochenmarkt erst kurz vor Beendigung des Marktes einkaufen in der Hoffnung, ihr Obst dann preisgünstiger bekommen zu können. Sie hat eine zeitliche Vorliebe für ihren Einkauf entwickelt. Die Bedingung des vollkommenen Marktes, dass eben **keine** zeitlichen Präferenzen vorherrschen dürfen, würde aber bedeuten, dass sowohl Nachfrager als auch Anbieter ohne zeitliche Verzögerungen handeln (= unendlich schnelle Reaktionsgeschwindigkeit der Marktteilnehmer).

Handeln also alle Anbieter und Nachfrager nach den beschriebenen Voraussetzungen, d. h. rational als *homo oeconomicus* (lat. = der wirtschaftlich handelnde und denkende Mensch), so bildet sich auf einem durchsichtigen, polypolistischen Markt für eine Güterart nur ein **einheitlicher Preis.**

Würde ein Anbieter nun z. B. für sein Produkt einen höheren Preis verlangen, so würde er seinen gesamten Absatz verlieren. Die Nachfrager sind bekanntlich hierüber informiert (der Markt ist transparent), sie würden alle gleichzeitig zur Konkurrenz abwandern. Der allein gelassene Anbieter würde konsequenterweise auf dieses Verhalten der Nachfrager mit Preissenkungen reagieren müssen.

Weder Anbieter noch Nachfrager können demzufolge aufgrund ihres geringen Marktanteils den Preis beeinflussen. Der **Preis** stellt für sie ein **Datum** dar, sodass Preiswettbewerb nicht stattfindet. Die Anbieter und Nachfrager können lediglich als Mengenanpasser handeln, indem sie mehr oder weniger anbieten bzw. nachfragen.

Fehlt auch nur **eine** der Voraussetzungen des vollkommenen Marktes, so liegt ein **unvollkommener Markt** vor.

Die Wirklichkeit kennt nur unvollkommene Märkte, weil

- die Markttransparenz fehlt (Ausnahme: Wertpapierbörse). Gütermärkte sind undurchsichtig. Die meisten Nachfrager sind nicht in der Lage, sich über das gesamte Angebot zu informieren;

- Bevorzugungen bestehen:
  - Die Anbieter versuchen z. B. durch unterschiedliche Qualitäten und Aufmachungen (Design, Verpackung usw.), die Nachfrager für sich zu gewinnen (= sachliche Präferenzen);
  - viele Nachfrager bevorzugen Unternehmen, bei denen sie schon immer gekauft haben und zu denen sie eine persönliche Beziehung entwickelt haben (= persönliche Präferenzen);
  - zeitliche Präferenzen: Ein Schulbuchverlag ist deshalb für viele Schulen attraktiv, weil er schneller und pünktlicher als die anderen Verlage das Lehrbuch nach den neuen Richtlinien ausliefern kann;
- die Marktformen des Oligopols und des Monopols bestehen.

Durch z. B. Preisunterbietungen und Unternehmenszusammenschlüsse kann ein Polypol aufgelöst werden, sodass es häufig nur noch wenige Anbieter für ein bestimmtes Produkt gibt.

Aufgaben

1. Wodurch wird der Preis beim vollkommenen Markt beeinflusst?
2. Nennen Sie anhand eines von Ihnen gewählten Produkts persönliche Präferenzen.
3. Was verstehen Sie unter der „Homogenitätsbedingung"?
4. Was unterscheidet den unvollkommenen vom vollkommenen Markt?
5. Bestimmen Sie die Präferenzen der folgenden Beispiele.
    a) In einem abgelegenen Dorf gibt es nur einen Schlachter.
    b) Das Mobiltelefon des Unternehmens X wird wegen seines formschönen Aussehens von den Jugendlichen bevorzugt gekauft.
    c) In den einzelnen Stadtteilen einer Großstadt darf jeweils nur ein Gastwirt bis Mitternacht geöffnet haben.
    d) Eine Handelskette verkauft ihre Produkte in Süddeutschland preisgünstiger als im Norden Deutschlands.
    e) Peter S. kauft besonders gern in der Boutique „Bella" ein, weil er dort von der hübschen Verkäuferin Yvonne bedient wird.
6. Warum kann man das Modell des vollkommenen Marktes nicht als realistisches Abbild der wirtschaftlichen Wirklichkeit bezeichnen?
7. Welche Möglichkeit hat der Einzelne bei vollkommener Konkurrenz, den Preis zu beeinflussen?
8. Warum kommt die Börse dem Modell des vollkommenen Marktes am nächsten?
9. Erklären Sie, warum man in der Wirtschaftslehre das Modell des vollkommenen Marktes überhaupt behandelt.
10. Bilden sich die Preise für die folgenden Güter auf vollkommenen oder auf unvollkommenen Märkten?
    a) Goldpreis an der Edelmetallbörse in Frankfurt
    b) Brotpreis beim Bäcker
    c) Brillenpreis beim Optiker
    d) Kaffeepreis an der Warenbörse in London
    e) Aktienkurs für VW-Aktien an der Börse in Hannover
    f) Preis eines Wintermantels in einer Boutique

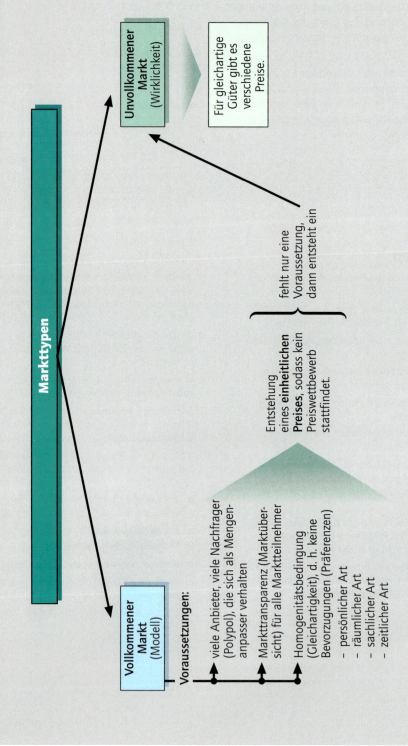

5.5 Preisbildung auf eingeschränkten (unvollkommenen) Märkten

Sibylle will eine Geburtstagsparty geben. Sie ist gerade dabei, mit ihrem Freund Patrick Getränke für ihre Gäste einzukaufen. Die beiden informieren sich über die Preise für Limonaden: Sollten sie Dosen oder Flaschen nehmen? Welcher Einzelhändler bietet wohl am preisgünstigsten an? Gibt es vielleicht sogar gerade ein Sonderangebot?

Nachdem sie sich in mehreren Geschäften ihres Wohnortes umgesehen haben, finden sie schließlich in einem Supermarkt dieses Angebot, das preisgünstigste bisher:

Patrick will gerade einpacken, doch Sibylle möchte gern noch zu dem Getränkemarkt auf der anderen Straßenseite. Dort finden die beiden dieses Angebot:

Erklären Sie die Preisunterschiede bei diesen **gleichartigen** Limonaden mit **gleichem** Inhalt und mit **gleicher** Menge.

Information

Preisbildung beim unvollkommenen Polypol

Preisbildung auf unvollkommenen Märkten findet immer dann statt, wenn der Wettbewerb bzw. die Konkurrenz eingeschränkt ist.

Die unvollkommene Konkurrenz ist in der Wirklichkeit häufig anzutreffen. **In vielen Fällen ist für ein wirtschaftliches Gut daher kein Gleichgewichtspreis vorzufinden.**

Dies kann daran liegen, dass Wettbewerbsvorteile vorhanden sind, z. B. durch

– Standortvorteile (= **räumliche Präferenzen**) oder

– unterschiedlich lange Öffnungszeiten (= **zeitliche Präferenzen**).

Denkbar ist auch, dass z. B. ein Nachfrager aufgrund einer langjährigen Geschäftsbeziehung seine Güter nur bei einem bestimmten Anbieter kauft, obwohl dieser für die gleiche Güterqualität einen höheren Preis verlangt als seine Mitanbieter (= **persönliche Präferenzen**).

Beispiele

Sibylle kauft ihr Gemüse und Obst seit Jahren nur bei „Gemüse-Willi". Sie kennt ihn schon sehr lange und kann sich häufig bei ihrem Bummel über den Wochenmarkt sehr nett mit ihm unterhalten. Außerdem haben seine Äpfel einen wesentlich schöneren Glanz als die übrigen auf dem Markt – Sibylle bezahlt dafür gerne etwas mehr.

Man sieht, dass Verbraucher/Nachfrager aus **persönlichen, zeitlichen, räumlichen und sachlichen** Gründen einen bestimmten Anbieter bevorzugen können.

Es kommt also nicht immer auf die Höhe des Preises an. Von Bedeutung können unter Umständen sein:

– die Art der Bedienung
– eine gepflegte Ladenausstattung
– bei der Ware: gefälliges Aussehen, vielseitige Verwendbarkeit, gute Verarbeitung, gute Materialqualität
– Zuverlässigkeit des Anbieters
– die Schnelligkeit des Kundendienstes
– der Standort

Indem der Anbieter versucht, sich auf diesen Gebieten von seinen Konkurrenten abzusetzen, entzieht er sich dem Wettbewerb und bekommt Spielraum für die eigene Preispolitik. So ist es möglich, dass – je nach Stärke der Bevorzugungen – der Anbieter eine mehr oder weniger monopolähnliche Marktstellung erhalten kann.

Der Anbieter kann nun innerhalb einer **bestimmten Bandbreite (Preisklasse oder Preisspielraum)** seinen gewinnmaximalen Preis festsetzen, ohne dass die Nachfrager darauf nennenswert reagieren. Hinzu kommt, dass die Nachfrager sehr häufig keine konkreten Vorstellungen über den Preis haben bzw. nicht hinreichend genug über die Güterqualität und die Güterpreise informiert sind. **Der Markt ist** für sie **undurchsichtig**. Nur aus diesen Gründen ist es zu erklären, dass *für ein und dasselbe wirtschaftliche Gut unterschiedliche Marktpreise* gefordert und gezahlt werden.

Beispiele

Tennisanfänger sind bereit, für einen Tennisschläger einer bestimmten Qualität 100,00–125,00 € zu bezahlen (Bereich 2 der Abb.). Nutzt der einzelne Anbieter nun seine Position zu sehr aus und überschreitet seinen Preisspielraum (Bereich 1), dann reagieren die Nachfrager, indem sie einen (auch vergleichbaren) Tennisschläger bei der Konkurrenz kaufen. Der Preis des angebotenen Tennisschlägers befindet sich nicht mehr im Einklang mit der individuell nachgefragten Produktqualität (Preisklasse). Der Anbieter befindet sich nun im elastischen Bereich der Nachfrage (Bereich 1): Preiserhöhungen haben den schlagartigen Kundenverlust zur Folge.

Wird der Preisspielraum unterschritten (Bereich 3), indem weniger als 100,00 € verlangt wird, dann wird die Nachfrage nach den Tennisschlägern dieser Produktqualität erheblich ansteigen (ebenfalls elastischer Nachfragebereich).

Die monopolähnliche Marktstellung ergibt sich daher aus der Tatsache, dass sich der Polypolist wie ein Monopolist verhalten kann und man deshalb auch von seinem **monopolistischen Absatzbereich** sprechen kann.

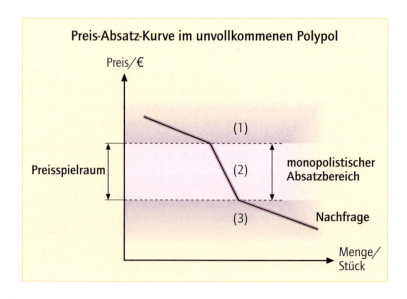

Markt und Preis

Preisbildung beim unvollkommenen Monopol

Existiert nur ein Marktteilnehmer, z. B. auf der Angebotsseite, so muss dieser Anbieter keine Rücksicht auf Konkurrenten nehmen und kann den Marktpreis seines Gutes selbst bestimmen.

Für den Monopolisten ist der *Preis keine unbeeinflussbare Größe*. Er kann wahlweise ihn oder die Absatzmenge bestimmen. In der Regel setzt er einen bestimmten Preis fest. Je niedriger er diesen festsetzt, desto mehr Güter wird er absetzen können. Bei einem allzu hohen Angebotspreis hingegen würde die Nachfrage zurückgehen.

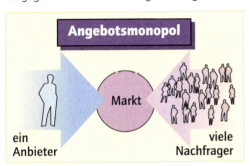

Inwieweit sich die Nachfrager dann zurückziehen, hängt ganz davon ab, ob es sich bei dem vom Monopolisten angebotenen Gut um ein Existenz- oder Luxusgut handelt.

Beispiele

- Bei einer Preiserhöhung für Babynahrung wird die Nachfrage nicht so stark zurückgehen (man spricht von unelastischer Nachfrage).
- Bei einer Preiserhöhung von vergoldeten Armbanduhren gäbe es einen wesentlich stärkeren Nachfragerückgang (die Nachfrage ist elastisch).

Dadurch, dass der **Preis keine gegebene Größe** darstellt, sondern vom Monopolisten frei festgesetzt wird, ist dieser in der Lage, **Preispolitik** betreiben zu können.

Bei unangemessen hohen Preisforderungen besteht für ihn allerdings die Gefahr, dass die Nachfrager sich zukünftig stärker einschränken oder auf das Gut ganz verzichten und auf ähnliche Güter (Substitutionsgüter) ausweichen. Darüber hinaus werden aufgrund der guten Gewinnaussichten Konkurrenten angelockt, die dann versuchen werden, in den Markt einzudringen.

Der Monopolist muss seine Preispolitik wohl durchdenken, da er von der Preisempfindlichkeit der Nachfrager abhängig ist. Er kann daher den Preis *nicht willkürlich* bestimmen, sondern wird sich für den entscheiden, von dem er langfristig den größtmöglichen Gewinn erwartet. Sein Ziel der Gewinnmaximierung wird dort erreicht sein, wo der Unterschied zwischen Umsatz (= Einnahmen aus den Verkäufen) und Kosten, z. B. für Löhne und Gehälter, Werbung, Abschreibungen und Wareneinkäufe, am größten ist.

Beispiel

Marc S. hat einen neuen Datenträger für PCs erfunden, der die Computertechnik revolutioniert und die bisherigen Disketten und CDs vollständig ersetzt. Marc S. ist Alleinanbieter des patentierten Datenträgers.

Seine Entscheidung bei der Preisfestsetzung sieht bei eigenen Herstellungskosten von 7,25 € pro Stück wie folgt aus:

Preis in € je Stück	Nachfrage in Stück	Umsatz €	Kosten €	Gewinn €	
10,00	110 000	1.100.000	797.500	302.500	
15,50	76 000	1.178.000	551.000	627.000	
21,25	58 000	1.232.500	420.500	812.000	
24,50	47 600	1.166.200	345.100	821.000	
30,50	38 000	1.159.000	275.500	883.500	maximaler Gewinn
35,00	31 000	1.085.000	224.750	860.250	
41,00	24 750	1.014.750	179.437,50	835.312,50	
45,25	19 200	868.800	139.200	729.600	
49,75	15 800	786.050	114.550	671.500	

Seinen maximalen Gewinn in Höhe von 883.500 € wird der Monopolist Marc S. bei einem Verkaufspreis von 30,50 € pro Datenträger erzielen. Das Beispiel zeigt, dass es dem Monopolisten nicht um den höchsten Umsatz geht (den würde er bei einem Preis von 21,25 € erzielen). Im Gegenteil, er *verkauft weniger Güter* zu einem höheren Preis, als es bei einem Polypol mit vielen Anbietern der Fall wäre. **Der Markt ist damit unterversorgt.**

Die Bevölkerung wird demnach bei monopolistischem Verhalten **nicht** bestmöglich versorgt. Und je stärker das Produkt nachgefragt wird und je weniger Ersatzprodukte von anderen Anbietern angeboten werden, desto höher kann der Monopolist seinen Preis festsetzen. Weiterhin kann die Markt- und Machtstellung des Alleinanbieters zur Folge haben, dass er seine Produkte nicht mehr verbessert und/oder keine neuen, preisgünstigeren auf den Markt bringt. Er behindert den Fortschritt.

Bei Missbrauch seiner Marktstellung kann die überzogene Preispolitik vom Staat allerdings untersagt werden.

Neben diesen auf Gewinnmaximierung ausgerichteten *privatwirtschaftlichen* Monopolen gibt es noch Monopole, die die **Bedarfsdeckung** zum Ziel haben, wie z. B. staatliche Elektrizitäts- und Wasserversorgungsunternehmen. Ihre Aufgabe besteht darin, die Bevölkerung mit wichtigen Gütern und Leistungen bestmöglich und zu *kostendeckenden* Preisen zu versorgen.

Preisbildung beim unvollkommenen Oligopol

Auf unvollkommenen Märkten ist das Oligopol die am häufigsten vorkommende Marktform. Den vielen kleinen Nachfragern stehen nur wenige, relativ starke Anbieter gegenüber (= Angebotsoligopol). Wie der Monopolist muss auch der Oligopolist bei der Preisfestsetzung die Reaktionen der Nachfrager beachten. Je unelastischer die Nachfrage ist, desto größer wird seine Marktmacht sein.

Auf welchen Märkten nur wenige Anbieter übrig geblieben sind, zeigt die Abbildung unten.

Neben dem Verhalten der Nachfrager müssen bei der Preisfestsetzung auch **die Reaktionen der anderen Oligopolisten berücksichtigt** werden. Bei der Bestimmung des Preises sind folgende Verhaltensweisen und Strategien denkbar:

– Marktverdrängung, d. h. Vergrößerung des Marktanteils durch Ausschalten der Konkurrenz als Folge eines ruinösen Preiswettbewerbs

– Preisabsprachen, d. h. Sicherung der Marktmacht (oligopolistische Zusammenarbeit; Kollektivmonopol)

– Preisführerschaft, d. h. der wirtschaftlich stärkste Oligopolist wird von seinen Mitbewerbern als Preisführer anerkannt

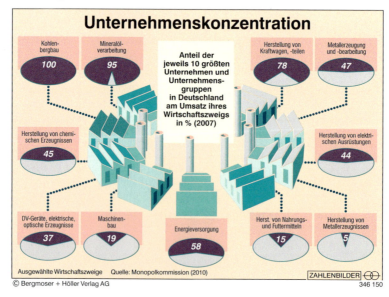

- Bei der Strategie der **Marktverdrängung** versucht ein Anbieter, die Konkurrenten vom Markt zu verdrängen, indem er die Angebotspreise seiner Mitbewerber unterbietet und dabei (kurzfristig) bewusst auf die Maximierung seines Gewinns verzichtet. Nun müssen die anderen mit Preissenkungen nachziehen, wollen sie keine Kunden an den preisgünstiger Anbietenden verlieren. Während sie sich ständig gegenseitig unterbieten, haben die Nachfrager den Nutzen – sie können preisgünstig einkaufen. Durch diesen Kampf um den Kunden haben alle betroffenen Anbieter Umsatzeinbußen. Schließlich können die Preissenkungsrunden dazu führen, dass einige zu den jetzt erreichten niedrigen Kampfpreisen nicht mehr anbieten können (ihre Kosten übersteigen den Verkaufspreis) und aus dem Markt ausscheiden (= **ruinöser Wettbewerb**). Bleibt schließlich nur ein Anbieter übrig, so besteht die Gefahr nach der Phase der ständigen Preissenkungen, dass die Preise wieder angehoben werden (Monopolpreisbildung).

- Ein derartiges Verhalten ist allerdings sehr selten, da es ja für den „Angreifer" auch den eigenen wirtschaftlichen Tod bedeuten könnte. Weniger risikoreich und daher realistischer ist ein **gemeinsames Vorgehen aller Oligopolisten** (= oligopolistische Zusammenarbeit). Die Mitanbieter werden nicht herausgefordert. Anstatt über den Preis miteinander zu konkurrieren, **sprechen** sie ihre **Preise ab**. Da sie auf diesem Wege versuchen, gemeinsam ihren Gewinn mit möglichst hohen Preisen zu maximieren, handeln sie wie ein Monopolist (= Kollektivmonopol). Wie bei monopolistischer Preisgestaltung sind auch beim Oligopolisten Preisgrenzen nach oben gesetzt. Bei allzu hohen Preisen wird der Verbraucher sich einschränken oder Ersatzgüter kaufen.

Beispiele

- Setzt ein Oligopolist seinen Preis von P_1 auf P_2 herauf, ist damit zu rechnen, dass er einen spürbaren Absatzrückgang hinzunehmen hat, vorausgesetzt, dass die anderen Oligopolisten ihre Preise unverändert lassen.
- Erfolgt hingegen eine Preissenkung von P_1 auf P_3, so werden die anderen Oligopolisten ebenfalls ihren Preis senken. Die dadurch bedingte Nachfrageerhöhung kann aber nicht im vollen Umfang realisiert werden ($m_1 \rightarrow m_3$), da die Nachfrager auf die Preissenkungen der Mitbewerber reagieren werden, sodass sich letztlich die entstehende Nachfrageerhöhung auf alle Oligopolisten verteilt.
- Insofern lohnt es sich nicht, den Preis mit dem Ziel zu senken, eine größere Absatzsteigerung zu erzielen. Folgerichtig wird der Preis (P_1) konstant gehalten und der Wettbewerb auf andere Bereiche verlagert (siehe oben).

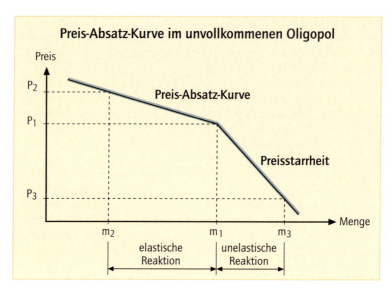

Preisabsprachen sind in Deutschland nach dem Gesetz gegen Wettbewerbsbeschränkungen verboten, da sie den Wettbewerb ausschalten und die Verbraucher benachteiligen.

- Ist ein Oligopolist wirtschaftlich stärker als seine Mitbewerber, so kann er von den übrigen als **Preisführer** anerkannt werden. Dieses große Unternehmen bestimmt die Preise und die anderen folgen ihm. Im Falle von gleich starken Oligopolisten wird die Preisführerschaft unter den Anbietern wechseln.
- Bei diesem „friedlichen" Verhalten wird der Wettbewerb unter den Oligopolisten nicht mehr über den Preis ausgetragen. Sie verlagern ihn nun auf die Qualität und die Aufmachung ihrer Produkte.

Aufgaben

1. Warum kann ein Anbieter auf einem unvollkommenen polypolistischen Markt Preispolitik betreiben?
2. Erklären Sie, warum es beim eingeschränkten Polypol für ein und dasselbe Gut unterschiedliche Preise geben kann.
3. Durch welche Maßnahmen erhält ein Anbieter beim unvollkommenen Polypol eine monopolähnliche Stellung?
4. Welche Voraussetzungen müssen gegeben sein, damit ein Monopolist Preispolitik betreiben kann?
5. Bei welchem Preis erzielt der Monopolist sein Gewinnmaximum, wenn ihm Kosten in Höhe von 2,25 € pro Stück entstehen?

Preis/€ je Stück	49,50	39,15	30,75	20,50	13,30	9,90
Nachfragemenge	550	2 200	5 700	14 600	21 700	31 000

6. Warum strebt die Deutsche Post AG mit ihrem Briefdienst keine Maximierung ihres Gewinns an?
7. Nennen Sie Gefahren und Nachteile monopolistischer Preisgestaltung.
8. Nennen Sie jeweils zwei Formen der
   a) räumlichen, b) zeitlichen und c) persönlichen Präferenzen beim unvollkommenen Polypol.
9. Inwiefern ist der Monopolist von der Elastizität der Nachfrage abhängig?
10. Bei welcher Marktform verlagert sich der Wettbewerb von der Preisebene auf die Ebene der Qualitäts- und Servicekonkurrenz?
11. Beschreiben Sie, welche Strategien der Preisfestsetzung auf oligopolistischen Märkten denkbar sind.
12. Stellen Sie dar, warum bei friedlichem Verhalten der Oligopolisten der Wettbewerb nicht völlig ausgeschaltet ist.
13. Welche Marktform ist Ihrer Meinung nach für den Verbraucher am günstigsten?

Zusammenfassung

Preisbildung auf (eingeschränkten) unvollkommenen Märkten

Die Konkurrenz ist eingeschränkt, sodass beim

Polypol

in Wirklichkeit vorzufinden ist:

Anbieter verkaufen gleiche Güter in verschiedenen Ausführungen.

Die Nachfrager
- sind über die unterschiedlichen Preise nicht informiert,
- kaufen bei bestimmten Anbietern aus persönlichen Gründen,
- bevorzugen den Einkauf in nächster Nähe,
- müssen bei ihrem Kauf mit Lieferfristen rechnen,
- reagieren nicht unverzüglich auf Preisänderungen.

... und so sieht die Theorie aus:

Sämtliche Anbieter verkaufen völlig gleichartige Güter.

Die Nachfrager
- kennen alle Preise der Anbieter,
- kaufen nicht aus persönlichen Gründen bei bestimmten Anbietern,
- nehmen jede Entfernung in Kauf,
- bekommen ihre gewünschten Produkte sofort,
- reagieren sofort auf Preisänderungen.

Monopol

- der Preis durch einseitige Preisfestsetzung des alleinigen Marktteilnehmers (Anbieter oder Nachfrager) bestimmt wird (der Monopolist betreibt Preispolitik),
- Marktmacht entsteht, wenn Nachfrage unelastisch ist,
- maximaler Gewinn (Erlös ./. Kosten) angestrebt wird.

Monopolistische Preisgestaltung und seine

Grenzen	Nachteile
• Die Kunden kaufen nicht mehr, falls sie das Gut nicht unbedingt benötigen.	• Monopole behindern möglicherweise den technischen Fortschritt.
• Nachfrager weichen auf Ersatzgüter aus.	• Fehlender Wettbewerb verringert den Zwang zur Rationalisierung.
• Es tritt Konkurrenz auf.	• Der Preis verliert seine Lenkungsaufgabe.
• Bei Machtmissbrauch sind staatliche Eingriffe möglich.	

Oligopol

die Preisfestsetzung des Oligopolisten beeinflusst wird von:
- seinen Kosten,
- Reaktionen der Marktgegenseite,
- Reaktionen seiner Konkurrenten.

Es bestehen die Möglichkeiten zu:
- ruinöser Konkurrenz,
- Preisabsprachen,
- Preisführerschaft.

5.6 Staatliche Preisbildung

Die aus Steuergeldern finanzierte Vernichtung von Obst und Gemüse in der Europäischen Gemeinschaft hat einen Rekord erreicht. Im letzten Jahr wurden 2,56 Millionen Tonnen vernichtet.

Dies entspricht etwa 50 Prozent der deutschen Jahresproduktion. Wie in den Vorjahren wird der weitaus größte Teil der im Überfluss produzierten Güter (u. a. Weizen, Milch, Butter, Rindfleisch) vernichtet, z. B. auf den Müll gekippt, oder – wie im Fall von Rotwein – in Haarwasser verwandelt.

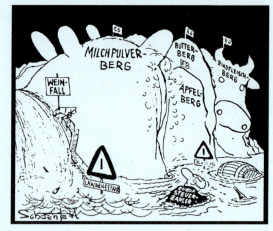

Europa – deine Berge, deine Seen

1. Diskutieren Sie die Tatsache, dass derartige Warenüberschüsse produziert werden, wo doch der Marktpreis zu einem Ausgleich von Angebot und Nachfrage führen soll. Fassen Sie Ihre Ergebnisse kurz zusammen.
2. Warum werden Ihrer Meinung nach im Überfluss produzierte Lebensmittel vernichtet?

Information

Die *Preisbildung* findet bei vielen Waren und Dienstleistungen *nicht* unter den Bedingungen des Marktes statt, sondern *wird durch den Staat beeinflusst*. Das gegenseitige Verhältnis von Angebot und Nachfrage bestimmt in diesen Fällen nicht mehr den Preis.

Die staatliche Beeinflussung des Preises kann **direkt** oder **indirekt** erfolgen.

Direkte staatliche Eingriffe in die Preisbildung

Die **direkte** Preisbeeinflussung ist gekennzeichnet durch Maßnahmen, mit denen der Staat den Wettbewerb verhindert (= **marktkonträre** oder **marktinkonforme** Maßnahmen).

Der Staat tritt *nicht* als Marktteilnehmer auf, sondern greift direkt u. a. durch Vorschriften in die Preisbildung ein und setzt damit die Preisfunktionen außer Kraft. Diese wettbewerbsfeindlichen Eingriffsmöglichkeiten bestehen in der Festsetzung von:

– Mindestpreisen,
– Höchstpreisen,
– Festpreisen.

- Von **Mindestpreisen** spricht man, weil der Staat mit diesen Preisen eine Preis-**Untergrenze** festsetzt, unter die der Preis nicht fallen darf. Dieser Preis muss von den Nachfragern mindestens gezahlt werden.

Beispiele

Der **Gleichgewichtspreis** für ein Pfund Butter würde 0,65 € betragen. Ein **Mindestpreis** liegt vor, wenn der staatlich verordnete Preis z. B. auf 2,10 € festgesetzt wird.

Staatliche Mindestpreise liegen daher immer über dem Gleichgewichtspreis. Oberhalb der Grenze ist die Preisbildung frei.

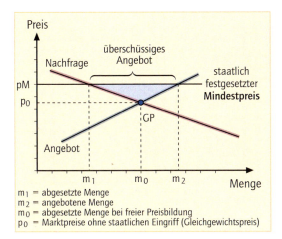

m_1 = abgesetzte Menge
m_2 = angebotene Menge
m_0 = abgesetzte Menge bei freier Preisbildung
p_0 = Marktpreise ohne staatlichen Eingriff (Gleichgewichtspreis)

Erklärung:

Der über dem Gleichgewichtspreis p_0 staatlich garantierte **(hohe)** Mindestpreis pM führt dazu, dass die Anbieter mehr Güter anbieten (m_2), als die Nachfrager zu diesem Preis abnehmen möchten (m_1). Das Angebot übersteigt die Nachfrage, es entsteht ein **Angebotsüberhang**. In diesem Fall räumt also der Mindestpreis **nicht** den Markt.

Hätte der Staat mit der Festsetzung des Mindestpreises nicht direkt eingegriffen, so würde sich – *bei freier Konkurrenz* – ein Marktpreis von p_0 ergeben. Die Anbieter müssten dann wesentlich weniger Güter anbieten (m_0) als im Falle des (hohen) Mindestpreises pM, wo das Angebot noch bei m_2 lag.

Die Nachfrager hingegen würden bei dem niedrigeren Preis von p_0 die Menge m_0 nachfragen und demnach die Nachfrage erhöhen. Denn beim Mindestpreis pM lag die nachgefragte Menge nur bei m_1.

Staatliche Mindestpreise führen fast immer zu Überproduktionen, da die Produktion von Gütern wegen des garantierten und hohen Preises risikolos ist. Diese Überschussmengen werden – soweit keine Produktionsbeschränkungen vorgeschrieben werden – vom Staat aufgekauft und eingelagert. Die hohen Lagerbestände werden anschließend abgebaut, indem sie zu erheblich niedrigeren Preisen ins Ausland verkauft werden (z. B. Butter in Nicht-EU-Staaten Osteuropas) oder hochwertige zu geringwertigen Gütern verarbeitet werden, z. B. Qualitätswein zu Haarwasser, Getreide zu Viehfutter, Butter zu Schmierfett.

Staatlich garantierte Mindestpreise werden immer dann festgesetzt, wenn zu befürchten ist, dass es durch die Konkurrenz auf den Märkten unter den Anbietern zu einem ruinösen Wettbewerb kommen könnte, bei dem jeder Anbieter versucht, mit seinen Angebotspreisen die Konkurrenz zu unterbieten. Das würde z. B. im Bereich der Landwirtschaft zulasten der bäuerlichen Familienbetriebe gehen, die letztlich vom Markt verdrängt würden.

Der vom Staat festgesetzte Preis kann nicht mehr durch die Konkurrenz der Anbieter untereinander fallen. Folglich kann die staatliche Mindestpreisgarantie die **Anbieter**, z. B. die Landwirte, vor niedrigen Preisen **schützen** und damit ihr **Bestehen sichern**.

Kritisch zu betrachten ist jedoch, dass die Anbieter gerade durch die (hohen) staatlich garantierten Preise und Abnahmegarantien angespornt werden, noch mehr Güter zu erzeugen, obwohl diese Mengen gar nicht mehr abgesetzt werden. Das führt zu den bekannten Erscheinungen wie „Apfelberge", „Butterberge" oder „Weinseen". Zu hohe Preise reizen zur Überproduktion, deren Beseitigung sehr teuer wird.

Es kann unmöglich sinnvoll sein,

– wenn teure Nahrungsmittel erzeugt werden,
– die zu den festgesetzten Preisen niemand haben will,
– die deshalb vom Staat aufgekauft, eingelagert und
– schließlich verbilligt auf dem Weltmarkt „verschleudert" werden müssen
– unter hohem Aufwand an Lagerkosten und Subventionen[1].

- Mit **Höchstpreisen** setzt der Staat eine Preis-**Obergrenze** fest, über die der Preis nicht steigen darf.

Beispiel

Der Gleichgewichtspreis für 1 m² Wohnungsmiete würde im Durchschnitt 6,00 € betragen. Durch die Festlegung des Preises für 1 m² auf 3,00 € im sozialen Wohnungsbau bestimmt der Staat, welche Höhe der Preis pro m² **höchstens** betragen darf (daher der Name *„Höchstpreis"*).

---

[1] Finanzhilfen und Steuervergünstigungen des Staates (ohne Gegenleistungen) zur Erhaltung lebenswichtiger Wirtschaftszweige oder zur Förderung von Anpassungs- und Modernisierungsprozessen in einzelnen Branchen und Regionen. Dadurch können die Unternehmer den Preis bestimmter Produkte niedriger halten, als er sich durch Angebot und Nachfrage auf dem Markt ergeben hätte.

Staatliche Höchstpreise liegen stets unter dem Gleichgewichtspreis. Sie sind also niedriger als der Preis, der sich bei freier Preisbildung, d. h. ohne staatlichen Eingriff, am Markt ergeben würde. Bis zum Höchstpreis ist die Preisbildung frei.

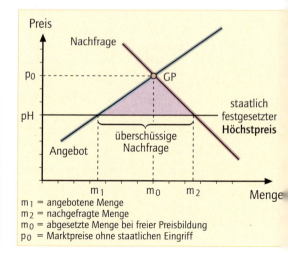

> **Erklärung**
>
> Bei dem Höchstpreis pH bieten die Anbieter lediglich die Menge m_1 an, während aber die Menge m_2 nachgefragt wird. Die Nachfrage übersteigt bei diesem Preis das Angebot sichtlich. Es verbleibt überschüssige Nachfrage = **Nachfrageüberhang**.
>
> Viele Anbieter bieten deshalb nicht mehr Güter an, weil sie zu dem (niedrigen) festgesetzten Preis von pH nicht mehr kostendeckend oder nicht mit ausreichendem Gewinn produzieren können.

Mit staatlich verordneten Höchstpreisen sollen die **Verbraucher geschützt** werden, z. B. mit der Mietpreisfestlegung im sozialen Wohnungsbau. Der staatliche Eingriff in das Marktgeschehen mit Höchstpreisen soll sicherstellen, dass auch Bevölkerungsschichten mit geringem Einkommen bezahlbaren Wohnraum erhalten. Deshalb muss der staatliche **Höchstpreis** aus sozialen Gründen **unter dem Marktpreis** liegen. Der Preis kann jetzt nicht mehr durch Konkurrenzdruck der Nachfrager (Mieter) untereinander steigen, indem beispielsweise einige von ihnen sich bereit erklären, dem Anbieter (Vermieter) eine höhere Miete zu zahlen, als es den festgelegten Höchstmieten entspricht.

Andererseits kann aber ein *ständiger Nachfrageüberhang* zu mangelhafter Bedarfsdeckung führen, zu Käuferschlangen in den Geschäften und zur Bildung von Schwarzmärkten, wie z. B. die Versorgungsengpässe bei Fleisch und Südfrüchten in den früheren sozialistischen Ländern.

Administrierte Preise: Arten und Auswirkungen

Der Begriff der administrierten Preise steht für den staatlichen Einfluss – ohne die Auswirkungen allgemeiner Steuerveränderungen – auf die Verbraucherpreise. Je nach Art und Grad des Einflusses werden vier Gruppen administrierter Preise unterschieden.

- Zum einen kann der Einfluss direkt und vollständig sein, wie z. B. bei der Festlegung der Kfz-Steuer, bei der der vom Verbraucher zu zahlende Preis auch in der Höhe völlig der staatlichen Preissetzung entspricht. In diesem Fall spricht man von **direkt administrierten Preisen**. Hierzu zählen auch Verkehrstarife, Gebühren für die Nachrichtenübermittlung, Rundfunk- und Fernsehgebühren sowie Gebühren für eine Reihe von kulturellen und sportlichen Veranstaltungen. Im Warenkorb besitzen diese Güter aber nur ein Gewicht von rund 4 %.

- Besitzt die öffentliche Stelle bei der Preisbildung nur ein Mitspracherecht bzw. bestimmt nur einen Teil des Verbraucherpreises, wie z. B. bei der Festsetzung von Tarifen für Haushaltsenergie, spricht man von **teiladministrierten Preisen**. Zu dieser Gruppe gehören außerdem die Mieten im öffentlich geförderten Wohnungsbau, Preise für Dienstleistungen im Gesundheitswesen und Tarife der Versicherungswirtschaft. Im Warenkorb haben diese Güter ein Gewicht von rund 12 %.

- Die dritte Gruppe umfasst alle Güter, auf die spezielle Verbrauchsteuern erhoben werden. Hierbei handelt es sich um Genussmittel und Mineralölprodukte; man spricht von quasiadministrierten Preisen. Das Gewicht dieser Güter mit quasiadministrierten Preisen beträgt 10 %.

- Schließlich können staatliche Einflüsse auch indirekt wirken, **(indirekt administrierte Preise)** wie es z. B. bei Preisen von Fleisch, Obst, Milch u. a. Lebensmitteln der Fall ist, die von der europäischen Agrarmarktordnung beeinflusst werden. Diese Gruppe umfasst rund 5 % der Güter im Preisindex.

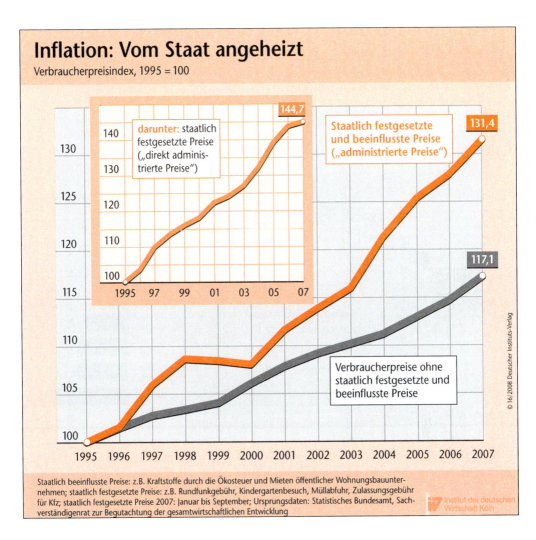

Der Staat treibt die Preise, die er beeinflussen kann. So sind die Gebühren für Dienstleistungen des Staates – angefangen von der Straßenreinigung über Konzertkarten und neue Ausweise bis hin zu Kfz-Zulassungen – in den Jahren von 1995 bis 2007 um satte 45 % gestiegen. Die Verbraucherpreise jenseits der staatlichen Einflusssphäre legten im gleichen Zeitraum lediglich um 17 % zu. Zu den staatlich administrierten Preisen gehören auch die Preise, die der Staat nicht bestimmt, sondern nur mittelbar beeinflusst – etwa über Verbrauchssteuern. Das Plus betrug bei letzteren, vor allem als Folge der Ökosteuer, innerhalb des Zeitraums von 1995 bis 2007 65 %.

Das Leben in Deutschland hat sich von August 2010 bis August 2011 stetig verteuert und setzt somit den Trend der vorangegangenen Jahre fort. Deutlich höhere Preise für Kraftstoffe, Heizöl und Fernwärme trieben die jährliche Inflationsrate auf 2,4 %. Und ein Ende ist auch 2012 nicht in Sicht.

Zum hohen Anstieg der Verbraucherpreise insgesamt trugen des Weiteren auch der Anstieg der Preise für Lebensmittel und Getränke sowie für Wohnung, Strom und Wasser u.a. bei. Dieser lag bei um die 3,0 %.

Lediglich im Bereich Nachrichtenübermittlung ist ein Rückgang der Preise von 3,1 % zu beobachten.

Das Leben in Deutschland wird also von Jahr zu Jahr immer teurer.

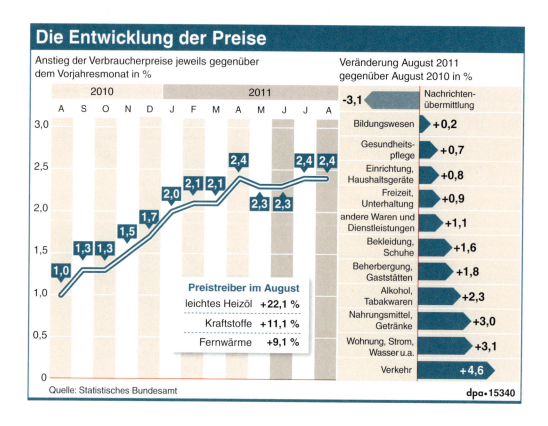

Indirekte Eingriffe des Staates in die Preisbildung

Nimmt der Staat nur Einfluss auf das Angebot und/oder die Nachfrage, indem er selbst als Anbieter oder Nachfrager am Markt auftritt, so spricht man von **marktkonformer Preislenkung**.

Auf den Preis nimmt der Staat nur **indirekt Einfluss**, weil er sich weiterhin am Markt bildet. Der Preismechanismus wird **nicht** *außer Kraft gesetzt* (= marktkonform).

Beispiele

- Verringerung der Staatsnachfrage nach Wohnbauten → *Preissteigerungen* im Wohnungsbau werden gebremst.
- Zahlung von Wohngeld an Einkommensschwache (= Subventionen), die dadurch besseren Wohnraum nachfragen können → Preise steigen.
- Erhöhung der Zölle, um die Einfuhren von Gütern aus dem Ausland zu verringern → *Güter aus dem Ausland werden teurer.*
- Steuersenkungen für die Unternehmen, um die Nachfrage nach Investitionsgütern zu steigern → *Preise* für z. B. Maschinen und maschinelle Anlagen *steigen*.

Aufgaben

1. Warum greift der Staat in die Preisbildung ein?
2. Nennen Sie die zwei grundsätzlichen Möglichkeiten staatlicher Preisbeeinflussung.
3. Welche Möglichkeiten der direkten staatlichen Preisbeeinflussung kennen Sie?
4. Erläutern Sie die Festsetzung von Mindest-, Höchst- und Festpreisen.
5. Worin besteht der Unterschied zwischen Mindest- und Höchstpreis einerseits und Gleichgewichtspreis andererseits?
6. Erklären Sie den Unterschied zwischen marktkonformen und marktkonträren staatlichen Eingriffen in die Preisfestsetzung.
7. Nennen Sie Gründe, die für und gegen die staatliche Preisfestsetzung sprechen.
8. Was verstehen Sie im Zusammenhang mit festgesetzten *Höchstpreisen* unter dem Begriff „Nachfrageüberhang"?
9. Wie kann der Staat das Angebot bzw. die Nachfrage marktkonform beeinflussen?
10. Warum bietet der Anbieter zum Mindestpreis mehr und warum fragt der Nachfrager weniger Güter nach als zum Gleichgewichtspreis?
11. Durch welchen staatlichen Eingriff in die Preisbildung entsteht ein Angebotsüberhang?
12. Die folgende Grafik zeigt das angenommene Verhalten von Anbietern und Nachfragern auf dem Markt für ein bestimmtes Produkt.

    Im Rahmen seiner Wirtschaftspolitik setzt der Staat einen Mindestpreis fest, der zwanzig Euro vom Gleichgewichtspreis abweicht.

    a) Wie viel € beträgt der Gleichgewichtspreis?
    b) Wie viel Stück macht der Angebotsüberschuss bei dem festgesetzten Mindestpreis aus?
    c) Wie viel € muss der Staat für den Kauf des Angebotsüberschusses aufwenden?
    d) Wie viel € beträgt der aufgrund des Mindestpreises erzielte Mehrerlös der Anbieter?

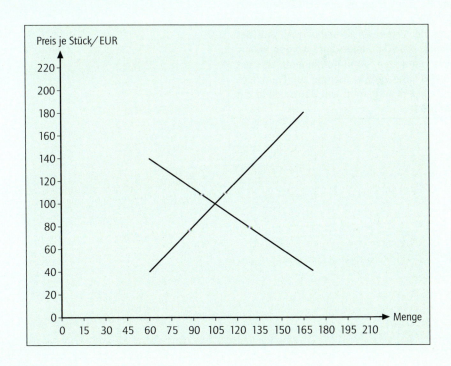

13.

**Rindfleischverkauf um 50 % gesunken
– Interventionen der EU**

Nürnberg/Bonn (vwd/RU) – An den deutschen Rindfleischmärkten ist der Absatz in der Woche vom 25.–31. März gegenüber den vorangegangenen Märzwochen um absolut 50 % zurückgegangen. Legt man nur das Frischfleischangebot zugrunde, ergab sich gegenüber der Vorwoche (die Woche, in der die Briten einen möglichen Zusammenhang zwischen Bovine Spongiforme Enzephalopathie [BSE] und Creutzfeldt-Jakob-Krankheit zugaben) ein Minus von 30 %, teilt die Gesellschaft für Konsum-, Markt- und Absatzforschung (GfK), Nürnberg, Ende April mit.

Dieser absehbare starke Nachfrageeinbruch veranlasste Anfang April die EU-Agrarministerien, kurzfristig zur Entlastung des Marktes zu intervenieren. Zur Marktunterstützung sollte ein Kontingent von 50 000 t Rindfleisch aufgekauft werden. Nun teilte das Bundesernährungsministerium am 28. April mit, dass das Kontingent ausgeschöpft sei. Nach der zweiten Ausschreibung am 19. April seien in den EU-Ländern jetzt 40 766 t aufgekauft worden, nachdem im Zuge der ersten Ausschreibung Anfang des Monats 9 230 t angekauft worden waren. Vom gesamten April-Kontingent sei mit 16 188 t die größte Menge auf Frankreich entfallen, dicht gefolgt von Deutschland mit 15 229 t.

a) Bis zum März befand sich der Rindfleischpreis über dem von Staat garantierten Mindestpreis von 3,00 €. Welches Ziel wird mit der Festlegung eines Mindestpreises verfolgt?

b) Im März ging die Rindfleischnachfrage um 50 % zurück (siehe Text gegenüber).

1. Zeichnen Sie diesen 50%igen Rückgang in ein Koordinatensystem ein.

2. Welche Auswirkungen auf Preis und Menge hat dieser Rückgang?
Geben Sie die Beträge an.

c) Zeichnen Sie den durch den Rückgang entstandenen Angebotsmengenüberschuss (Nachfragelücke) ein.

d) Die Agrarminister sahen sich deshalb veranlasst, in dieser Situation einzugreifen, indem sie 50 000 Tonnen Rindfleisch aufkauften.

1. Zeichnen Sie diese Maßnahme in das Koordinatensystem ein.

2. Welche Auswirkungen ergeben sich? (Neue Beträge angeben).

Zusammenfassung

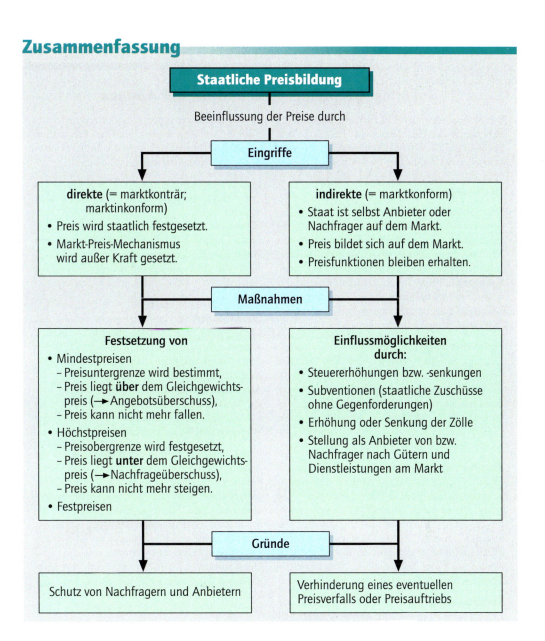

5.7 Kooperation und Konzentration in der Wirtschaft

Tui bringt Rivalen mit Fusion wieder auf Abstand

Der Touristikkonzern Tui baut den Abstand zu seinem größten Konkurrenten Thomas Cook wieder aus. Tui legt sein Reisegeschäft mit dem britischen Wettbewerber First Choice Holidays zusammen, wie der Konzern am Montag in Hannover mitteilte.

Erst vor einem Monat hatte Thomas Cook, eine Tochter des KarstadtQuelle-Konzerns, die Übernahme des britischen Reiseveranstalters Mytravel angekündigt und damit die Distanz zum Branchenführer Tui verringert. Zusammen kommen Tui/First Choice auf einen Jahresumsatz von rund 18 Milliarden Euro. Zum Vergleich: Thomas Cook und Mytravel erreichen zusammen zwölf Milliarden Euro Umsatz.

Fusion zum „richtigen Zeitpunkt"
Der Vorstandsvorsitzende von Tui, Michael Frenzel, sagte, er wolle durch die Fusion die Konsolidierung der europäischen Tourismusbranche „aktiv" vorantreiben. Die Gründung komme zum „richtigen Zeitpunkt", meinte Frenzel. Ziel sei es, einen der größten und profitabelsten Reisekonzerne der Welt zu bilden.

Tui bringt nach eigenen Angaben seine Touristiksparte mit Ausnahme einiger Hotelbeteiligungen in das neue Unternehmen ein – die Schifffahrtssparte bleibt unberührt. Das neue Unternehmen soll Tui Travel heißen und seinen Sitz in London haben. Dort soll Tui Travel als eigenständige Konzerntochter an der Börse gehandelt werden, wie First Choice mitteilte. Bisher wird das Tui-Reisegeschäft von Hannover aus geführt.

Abschluss bis Herbst
Der deutsche Konzern wird an Tui Travel mit 51 Prozent die Mehrheit halten, geführt werden soll das Unternehmen aber vom derzeitigen First-Choice-Chef Peter Long – Tui-Chef Frenzel soll Chairman werden, was etwa der Position eines Aufsichtsratsvorsitzenden entspricht.

Der Tui-Aufsichtsrat hatte am Sonntag bis in den Abend über den Übernahmeplan beraten und der Fusion in der Nacht zu Montag zugestimmt, wie das Unternehmen weiter mitteilte. Der Zusammenschluss stehe noch unter dem Vorbehalt der Zustimmung der First-Choice-Aktionäre sowie der Kartellbehörden und soll bis zum dritten Quartal 2007 abgeschlossen sein.

Spezialist für Studentenreisen
Die Synergien auf der Kostenseite schätzt das Management auf mindestens 146 Millionen Euro vor Steuern pro Jahr. Voll wirksam sollen sie drei Jahre nach der Übernahme werden. Das Ausmaß eines fusionsbedingten Verlustes von Arbeitsplätzen sei noch nicht klar, hieß es weiter. Arbeitsplätze in Deutschland seien durch die Fusion nicht direkt betroffen. Ein Großteil der Synergien entfalle auf den britischen Markt.

First Choice gilt in Branchenkreisen als das bei weitem profitabelste Reiseunternehmen in Großbritannien. Es hat im Geschäftsjahr 2005/06 umgerechnet rund vier Milliarden Euro umgesetzt und einen Vorsteuergewinn von 171 Millionen Euro erwirtschaftet. Mit einer operativen Umsatzrendite von fünf Prozent sind die Briten allerdings deutlich ertragsstärker als Tui. Das dürfte mit der stärkeren Fokussierung auf margenstarke Nischenmärkte wie Studenten- und Yachtreisen zu tun haben, während Tui Massengeschäft mit Pauschalangeboten betreibt.

Quelle: www.netzeitung.de, 19.03.2007; Abrufdatum: 20.08.2008

Welche Vorteile hat TUI durch den Aufkauf von anderen Unternehmen?

Information

Der Zusammenschluss von Unternehmen zu großen Wirtschaftseinheiten wird als **Konzentration** bezeichnet. Sie kann durch vertragliche oder kapitalmäßige Bindungen erfolgen. Die wirtschaftliche Selbstständigkeit der einzelnen Unternehmen wird dadurch eingeschränkt oder völlig aufgegeben.

Kooperation ist die freiwillige, vertraglich geregelte Zusammenarbeit rechtlich unabhängiger und wirtschaftlich weitgehend selbstständig bleibender Unternehmen. Sie dient der Verbesserung der Leistungsfähigkeit der kooperierenden Unternehmen.

Ziele der Konzentration und Kooperation

Zweck der Konzentration ist häufig die Erhöhung des Marktanteils mit dem Ziel, die Stellung gegenüber Lieferern und Mitwettbewerbern zu stärken.

Diese Entwicklung ist besonders im Handel weit fortgeschritten. Die fünf größten deutschen Handelskonzerne beherrschen fast 85 % des Lebensmittelhandels.

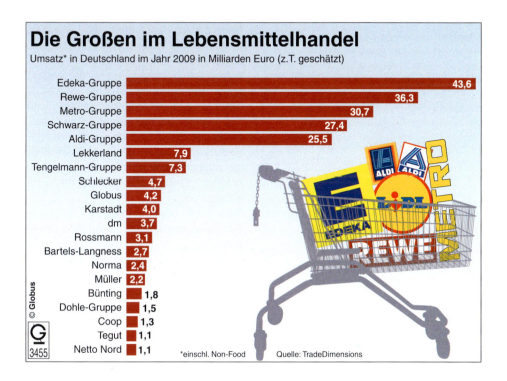

Weitere Ziele, die Unternehmen durch Kooperation und Konzentration anstreben, sind:
- die Vergrößerung der Kapitalbasis und Vorteile bei der Kapitalbeschaffung, z. B. günstigere Kreditzinssätze,
- Beschränkung des Wettbewerbs, z. B. durch Vereinbarung einheitlicher Allgemeiner Geschäftsbedingungen für alle Unternehmen einer Branche,
- Einkaufsvorteile, z. B. Mengenrabatte und günstigere Konditionen durch Einkauf in großen Mengen,
- Umsatzsteigerung durch den Einsatz überregionaler Werbung und Erweiterung des Verkaufsstellennetzes,
- Risikoverteilung durch Angliederung branchenfremder Unternehmen (= Diversifikation),
- Sortimentsbereinigung durch Handelsmarken (= Markenartikel, die von Handelsunternehmen gestaltet werden).

Kartelle

Kartelle sind Zusammenschlüsse zwischen Unternehmen der gleichen Produktions- oder Handelsstufe (= horizontale Zusammenschlüsse), bei denen nur vertragliche Absprachen erfolgen. Die beteiligten Unternehmen bleiben rechtlich und wirtschaftlich selbstständig. Die wirtschaftliche Entscheidungsfreiheit der dem Kartell angehörenden Unternehmen ist jedoch je nach Art des Kartells mehr oder weniger stark eingeschränkt.

Ziel von Kartellen ist häufig die Marktbeherrschung durch Ausschaltung oder zumindest Beschränkung des Wettbewerbs.

Wegen ihrer wettbewerbsbeschränkenden Wirkungen sind Kartelle in der Bundesrepublik Deutschland und der Europäischen Union (EU) grundsätzlich verboten.

Vereinbarungen, die bestimmte wirtschaftliche oder technische Verbesserungen mit sich bringen, sind von diesem Kartellverbot jedoch nicht betroffen, wenn

- die Verbraucher an dem dadurch entstehenden Gewinn angemessen beteiligt werden und
- dadurch nicht die Möglichkeit eröffnet wird, den Wettbewerb für einen wesentlichen Teil der betreffenden Waren auszuschalten (§ 2 Abs. 1 GWB und Art. 81 Abs. 3 EGV).

Somit sind Beschlüsse und Vereinbarungen von Unternehmen über eine zwischenbetriebliche Zusammenarbeit zur Rationalisierung wirtschaftlicher Vorgänge erlaubt, wenn

- dadurch der Wettbewerb auf dem Markt nicht wesentlich beeinträchtigt wird und
- die Vereinbarungen oder Beschlüsse dazu dienen, die Wettbewerbsfähigkeit kleiner und mittelständischer Unternehmen zu verbessern (Mittelstandskartelle; § 3 GWB).

Beispiel

Eine Vereinbarung von Großhandelsbetrieben über den gemeinsamen Einkauf von Waren ist erlaubt.

Verboten sind jedoch u. a. Vereinbarungen über

- eine einheitliche Preisstellung oder eine gleichartige Preisermittlung,
- bestimmte Produktionsmengen,
- eine Aufteilung des Marktes zwischen den Vertragspartnern.

Konzern

Ein Konzern ist ein Zusammenschluss von rechtlich selbstständigen Unternehmen, die ihre wirtschaftliche Selbstständigkeit unter einer einheitlichen wirtschaftlichen Leitung aufgeben.

Beispiel

Durch die Übernahme der DER-Touristik durch die REWE-Gruppe verliert die DER-Touristik die wirtschaftliche Unabhängigkeit an die REWE-Gruppe. Die rechtliche Selbstständigkeit bleibt jedoch erhalten, da die DER-Touristik unter der bisherigen Firma weitergeführt wird.

Die **Holdinggesellschaft** stellt eine besondere Form der Konzernbildung dar. Eine Dachgesellschaft (die Holding) erwirbt Kapitalanteile verschiedener Unternehmen, indem sie holdingeigene Aktien gegen Aktien der angeschlossenen Unternehmen tauscht, jedoch nie so viel, dass eine Beherrschung seitens der untergeordneten Unternehmen möglich wäre. Die Holdinggesellschaft ist eine Finanzierungs- und Verwaltungsgesellschaft. Sie verwaltet lediglich die angeschlossenen Unternehmen, ohne selbst Produktions- oder Handelsaufgaben zu übernehmen.

Nach der Richtung des Zusammenschlusses unterscheidet man horizontale, vertikale und Mischkonzerne.

Ein **horizontaler Konzern** ist ein Zusammenschluss von Unternehmen derselben Produktions- oder Handelsstufe, z. B. der Zusammenschluss mehrerer Verbrauchermärkte.

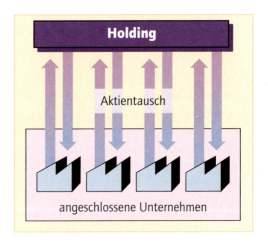

Ein **vertikaler Konzern** ist ein Zusammenschluss von Unternehmen aufeinander folgender Produktions- oder Handelsstufen. Rohstoffe werden z. B. in konzerneigenen Betrieben be- und verarbeitet und die fertigen Konsumgüter über eigene Handelsunternehmen an die Verbraucher verkauft.

Beispiel

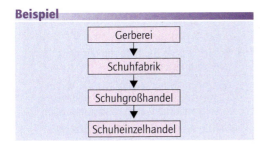

In einem **Mischkonzern** (anorganischer Konzern) sind Unternehmen der verschiedensten Wirtschaftsstufen und Branchen zusammengeschlossen. Diese Zusammenschlüsse werden häufig aus Gründen der Risikostreuung gebildet. Verluste in einer Branche können durch Gewinne in einer anderen Branche aufgefangen werden.

Beispiele

Die Metro betreibt Warenhäuser, Lebensmittel-, Verbraucher- und Baumärkte.

Trust

Ein Trust ist eine Verschmelzung (= Fusion) von Unternehmen, die ihre rechtliche und wirtschaftliche Selbstständigkeit aufgeben. Es besteht nur noch ein rechtlich und wirtschaftlich selbstständiges Unternehmen.

Beispiele

Die Textilgroßhandlung Busse GmbH wird von der Grotex GmbH gekauft. Beide Großhandlungen werden in Zukunft unter dem gemeinsamen Namen Grotex GmbH betrieben.

Fusionskontrolle

Der Zusammenschluss von Unternehmen muss dem Bundeskartellamt vor dem Vollzug gemeldet werden, wenn im letzten Geschäftsjahr vor dem Zusammenschluss

1. die beteiligten Unternehmen insgesamt weltweit mehr als 500 Millionen Euro Umsatzerlöse und

2. mindestens ein beteiligtes Unternehmen im Inland Umsatzerlöse von mehr als 25 Millionen Euro

erzielt haben (§ 35, Abs. 1 GWB).

Das Kartellamt kann einen Zusammenschluss untersagen, wenn zu erwarten ist, dass durch den Unternehmenszusammenschluss eine marktbeherrschende Position entsteht.

Durch diese vorbeugende Zusammenschlusskontrolle (= Fusionskontrolle) soll der Wettbewerb in der Bundesrepublik Deutschland durch Verhinderung einer marktbeherrschenden Stellung einzelner Unternehmen erhalten bleiben.

Überschreiten die Umsatzerlöse der Beteiligten die Schwelle von 5 Millionen Euro, ist die Europäische Kommission für die Prüfung des Zusammenschlussvorhabens zuständig.

Missbrauchsaufsicht

Wenn marktbeherrschende Unternehmen ihre Marktmacht missbrauchen, kann die Kartellbehörde das missbräuchliche Verhalten untersagen und Verträge für unwirksam erklären.

Marktbeherrschende Unternehmen missbrauchen ihre Marktmacht bei

– überhöhten Preisforderungen,

– Kampfpreisunterbietungen zum Zweck der Kundenabwerbung (ruinöser Verdrängungswettbewerb),

– Liefer- und Bezugssperren.

Aufgaben

1. Welche Unternehmenszusammenschlüsse werden im Folgenden beschrieben?
   a) Die beteiligten Unternehmen verlieren ihre wirtschaftliche und rechtliche Selbstständigkeit.
   b) Unternehmen übertragen Kapitalanteile an eine Dachgesellschaft.
   c) Die beteiligten Unternehmen behalten ihre rechtliche und wirtschaftliche Selbstständigkeit.
   d) Die beteiligten Unternehmen behalten ihre rechtliche Selbstständigkeit, verlieren aber ihre wirtschaftliche Selbstständigkeit.

2. Welche Richtungen des Zusammenschlusses liegen in folgenden Fällen vor?
   a) Die Textilgroßhandlung Grotex GmbH Hannover erwirbt Anteile an einer Textilgroßhandlung in Münster.
   b) Ein Lebensmittelfilialist beteiligt sich an einer Wurstfabrik.
   c) Ein Großversandhaus beteiligt sich an einer Arzneimittelgroßhandlung.
   d) Eine Mäntelfabrik beteiligt sich an mehreren Textilfachgeschäften.

3. Beurteilen Sie die Zulässigkeit der folgenden Vereinbarungen:
   a) Unternehmen einer Branche vereinbaren die Anwendung gemeinsamer Allgemeiner Geschäftsbedingungen.
   b) Die Rundfunk- und Fernsehfachgeschäfte in einer Stadt vereinbaren einen neu auf den Markt gekommenen DVD-Rekorder zum einheitlichen Preis von 998,00 € anzubieten.
   c) Die Hersteller von Videokassetten einigen sich auf ein einheitliches Kassettenformat.
   d) Rechtlich und wirtschaftlich selbstständige Unternehmen verkaufen ihre Erzeugnisse über eine gemeinsame Verkaufsorganisation.
   e) Zwei Textilgroßhandlungen teilen ihr Absatzgebiet auf. Eine Großhandlung beliefert nur noch Textilgeschäfte in der Innenstadt. Die andere Großhandlung beliefert nur noch Textilgeschäfte in den Vororten und im Landkreis.

4. Welche Aufgaben hat eine Holdinggesellschaft?

5. Unter welcher Voraussetzung muss ein Unternehmenszusammenschluss beim Bundeskartellamt angemeldet werden?

Zusammenfassung

Unternehmenszusammenschlüsse	Selbstständigkeit der beteiligten Unternehmen		Richtung des Zusammenschlusses
	wirtschaftlich	rechtlich	
Kartell	bleibt weitgehend erhalten	bleibt erhalten	horizontal
Konzern	wird stark eingeschränkt	bleibt erhalten	horizontal und vertikal
Trust	wird aufgegeben (von mindestens einem Unternehmen)	wird aufgegeben (von mindestens einem Unternehmen)	horizontal und vertikal

5.8 Staatliche Regelungen zum Schutz des Verbrauchers

Frau Helmold wird an der Haustür von Vertreter Fuchs angesprochen. Mitleiderregend bittet er sie, ein Zeitungsabonnement abzuschließen, weil er gerade seinen Arbeitsplatz verloren hat und auf diese Weise seinen Lebensunterhalt und den seiner Familie verdienen muss. Frau Helmold will helfen und schließt ein Abonnement ab. Eine Auftragsbestätigung soll sie mit der ersten Zeitschriftenlieferung bekommen. Als ihr Mann von der „guten Tat" erfährt, macht er ihr Vorhaltungen, da zwei Zeitschriften und eine Fernsehzeitschrift genug seien. Frau Helmold will daraufhin den Vertrag widerrufen. Allerdings sind mittlerweile 14 Tage vergangen, seit der Vertreter Fuchs vor der Tür stand.

Stellen Sie fest, welche Möglichkeit Frau Helmold hat.

Information

Haustürgeschäfte

Einen besseren Schutz des Verbrauchers versprechen die §§ 312 und 312 a BGB. Ziel der Bestimmungen ist es, den Kunden[1] bei Haustür- und ähnlichen Geschäften vor der Gefahr einer Überforderung zu schützen.

Es kommt sehr häufig vor, dass Kunden in der Privatwohnung, am Arbeitsplatz, bei einer Freizeitveranstaltung (sogenannte Kaffeefahrten), in Verkehrsmitteln und auf öffentlich zugänglichen Verkehrswegen zu Bestellungen verleitet werden, die sie nicht ausreichend geprüft und überlegt haben, die sie später nicht bezahlen können oder für die sie gar keinen Bedarf haben. Die Gefahr bei derartigen Geschäften besteht also deshalb, weil sie dem Kunden nur eine verkürzte Überlegungsfrist lassen. Dies gilt insbesondere für Verkäufe an der Haustür, bei denen häufig unter Ausnutzung eines Überrumpelungseffekts Ware von der anderen Vertragspartei[2] zu überhöhten Preisen angeboten wird.

Allerdings ist die Überrumpelung des Kunden keine zwingende Voraussetzung für das Eingreifen der gesetzlichen Vorschriften. Maßgeblich und entscheidend ist vielmehr, dass eine wie zuvor

---

1 Der als „Kunde" bezeichnete Verbraucher ist jede natürliche Person, die den maßgeblichen Vertrag abschließt, der weder ihrer gewerblichen noch ihrer selbstständigen beruflichen Tätigkeit zugerechnet werden kann. Mit dieser Regelung fallen sämtliche Privatgeschäfte dieser Personengruppe unter den Schutzbereich dieser gesetzlichen Regelungen. Demgegenüber werden Kaufleute, Gewerbetreibende, Freiberufler und Landwirte, sofern sie nicht als Privatleute handeln, von der Schutzwirkung ausgenommen.

2 Mit der Bezeichnung „andere Vertragspartei" ist sowohl eine natürliche als auch juristische Person gemeint, die **geschäftsmäßig handeln** muss (geschäftsmäßig heißt nicht nur ein gewerbsmäßiges, sondern auch ein ohne Gewinnerzielungsabsicht vorgenommenes Handeln, sofern dieses nur auf Wiederholung und Dauerhaftigkeit ausgerichtet ist).

Geschäfte zwischen Privatpersonen sollen also vom Schutzbereich der Vorschriften ausgeschlossen werden, wie z. B. der gelegentliche Verkauf von gebrauchten Gegenständen oder die Vermietung einer Wohnung im selbst genutzten Haus.

beschriebene **räumliche Vertragssituation** für den Kunden geschaffen worden ist, in der er sich dem Vertragsschluss nicht mehr so ohne Weiteres durch einfaches Entfernen (wie beim Ladengeschäft) entziehen kann. Dies veranlasst dann viele Kunden, einem Vertragsschluss zuzustimmen, nur um der als unangenehm empfundenen Verhandlungssituation zu entgehen.

Die Anwendungsbereiche der §§ 312 und 312 a BGB

Um den Kunden einen ausreichenden Schutz bei solchen Geschäften zu gewähren, sieht das Gesetz die Einräumung eines befristeten Widerrufsrechts vor.

Es ist genau festgelegt, in welchen Fällen der Kunde einen Vertrag wieder rückgängig machen kann:

- Wenn der Verkäufer den Kunden an seinem Arbeitsplatz (hierzu zählt jeder Bereich des Betriebsgeländes oder des Arbeitsplatzes, wie z. B. die Kantine, eine Freizeitanlage, der Parkplatz usw.) oder in einem öffentlichen Verkehrsmittel (hiermit werden alle Arten von Transportmitteln wie Schiffe, Flugzeuge, Busse und Bahnen erfasst, die allgemein zugänglich sind) angesprochen und zum Kauf überredet hat.

- Wenn der Kunde bei einer Freizeitveranstaltung oder Verkaufsfahrt überrumpelt wurde, z. B. auf einer Kaffeefahrt.

- Wenn es sich um Geschäfte handelt, die in der Privatwohnung (hierzu gehören die eigentlichen Wohnräume sowie die unmittelbare Umgebung, wie z. B. Hausflur und Garten) oder durch überraschendes Ansprechen auf öffentlichen Verkehrswegen (hierzu zählen Straßen, Plätze, Ladenpassagen, Fußgängerzonen, öffentliche Parks und Parkplätze als auch die den öffentlichen Verkehrsmitteln dienenden Örtlichkeiten wie Bahnhöfe, Flugplätze, Autobahnraststätten usw. Nicht dazu gehören jedoch private Sport-, Park- und Campingplätze, die nicht jedermann zugänglich sind) zustande gekommen sind. Ausnahmen bilden Geschäfte an Verkaufsständen auf Märkten oder Volksfesten, da hier ein Ansprechen nicht überraschend sein kann.

Sofern ein Vertragsschluss an der Arbeitsstelle oder in der Privatwohnung angebahnt worden ist, kommt es nicht darauf an, wo der Kunde anschließend seine Vertragserklärung abgibt, also z. B. den Vertrag unterschreibt. Allein entscheidend ist, wo er zu ihrer Abgabe „bestimmt worden ist". Ein enger **zeitlicher Zusammenhang** zwischen den besonderen Vertragssituationen und der vertraglichen Willenserklärung ist daher **nicht erforderlich**.

Diese Regelungen des BGB gelten für alle Verträge, die den Kunden zu einer Geldleistung verpflichten, also nicht nur für Kaufverträge, sondern auch für Verträge über Werk- und Dienstleistungen.

Das Widerrufsrecht

Das Gesetz gibt dem Kunden nun das Recht, die beim Vertragsabschluss abgegebene Willenserklärung binnen zwei Wochen *ohne jegliche Begründung* **zu widerrufen** (§ 355 BGB). Man muss schriftlich nach Abschluss des Vertrages erklären, dass man von dem Kauf Abstand nehmen will. Wenn der Kunde sich also montags mit dem Verkäufer geeinigt hat, muss er spätestens am Montag der übernächsten Woche seinen Widerruf abschicken. Es gilt das Datum des Poststempels.

Die Zweiwochenfrist beginnt nicht mit dem Kaufvertrag, sondern erst, wenn der Kunde vom Verkäufer ordnungsgemäß **über die Widerrufsmöglichkeit belehrt** wurde. Diese Belehrung darf auf demselben Schriftstück wie der Kaufvertrag stehen, muss aber eindeutig von ihm getrennt und drucktechnisch so deutlich hervorgehoben sein, dass der Kunde sie nicht übersehen kann, z. B. durch Farbe, größere Buchstaben oder Fettdruck (Deutlichkeitsgebot). Sie darf nicht mit anderen Erklärungen vermischt sein. Aus der Widerrufsbelehrung muss der Name und die Anschrift des Verkäufers (Widerrufsempfängers) hervorgehen; sie muss im Übrigen den Hinweis enthalten, dass

– zur Wahrung der Widerrufsfrist die rechtzeitige Absendung des Widerrufs genügt und

– der Lauf der Widerrufsfrist erst mit der Aushändigung dieser Belehrung beginnt (§ 360 BGB).

Bei Verträgen, die nicht notariell beurkundet worden sind, ist diese Belehrung vom Verbraucher gesondert von der sonstigen Vertragsunterschrift **zu unterschreiben** oder mit einer sog. **qualifizierten elektronischen Signatur** zu versehen. Steht sie mit auf dem Vertragsformular, sind also

zwei Unterschriften nötig. Ein Exemplar bekommt der Verbraucher ausgehändigt.

Erfüllt die Belehrung durch den Verkäufer diese Voraussetzungen nicht, so beginnt die Zweiwochenfrist erst gar nicht zu laufen. Ein Widerruf des Kaufvertrages durch den Kunden ist dann noch so lange möglich, bis der Verkäufer eine ordentliche Belehrung nachholt. Erfolgt die *Belehrung nach Vertragsschluss,* verlängert sich die Widerrufsfrist auf einen Monat. Versäumt der Unternehmer die Belehrung, erlischt das Widerrufsrecht spätestens sechs Monate nach Vertragsschluss bzw. nach Eingang der Ware beim Empfänger.

Die Beweislast, ob und zu welchem Zeitpunkt dem Kunden die Belehrung ausgehändigt wurde, liegt im Zweifelsfall beim Verkäufer. Bis zum Ende der Widerrufsfrist ist der Vertrag schwebend unwirksam. Eine Postkarte reicht aus, um ein Haustürgeschäft zu widerrufen. Vertragsbedingungen, die den Widerruf per Einschreiben verlangen, sind nichtig. Um bei rechtlichen Auseinandersetzungen dennoch beweisen zu können, dass der Widerruf tatsächlich abgeschickt wurde, sollte er per Einschreiben mit Rückschein versandt werden.

Macht der Kunde von seinem Widerrufsrecht Gebrauch, muss jede Vertragspartei der anderen die empfangenen Leistungen erstatten. Für die Nutzung des Kaufgegenstandes oder für sonstige Leistungen kann der Verkäufer vom Kunden eine angemessene Vergütung verlangen – allerdings nur, wenn er bei Vertragsschluss schriftlich auf dieses Risiko hingewiesen und ihm ein möglicher Ausweg genannt wurde. Die Kosten für die Rücksendung der Ware im Rahmen des Widerrufs- und Rückgaberechts trägt der Unternehmer (Verkäufer); per Vertrag kann er davon aber bis zu 40,00 € auf den Verbraucher abwälzen.

Bei Vertragsabschluss in der Wohnung besteht auch unabhängig von Formulierungen im Kleingedruckten ein Rücktrittsrecht. Eine vorformulierte Klausel, der Kunde hätte den Verkäufer selbst bestellt, ist rechtswidrig, da sie den Kunden zwingt, das Gegenteil zu beweisen.

Ausschluss des Widerrufsrechts

Gesetzlich ist das Widerrufsrecht des Kunden u. a. für die folgenden Fälle ausgeschlossen:

- Wer den Verkäufer an den Arbeitsplatz oder in die Privatwohnung telefonisch (u. U. sogar stillschweigend, wenn eindeutig) bestellt bzw. einlädt, ist nicht geschützt. Er kann sich nicht damit herausreden, „überrumpelt" worden zu sein, denn der Kunde kann sich auf die Kaufverhandlungen rechtzeitig einstellen.

Ebenfalls ausgenommen vom Widerruf sind sogenannte Kleingeschäfte bis 40,00 € („Bagatellgeschäft"), wenn der Kaufpreis sofort bezahlt wird.

Beispiel

Ein Geschäft wird so aufgespalten, dass die Wertgrenze von 40,00 € nicht überschritten wird, wie z. B. im Falle eines Wäschepaketes, das 240,00 € kostet. Unterschreiben soll der Kunde sechs Verträge zu 40,00 €. Ein derartiger Versuch zur Umgehung des Gesetzes ändert nichts am Widerrufsrecht des Kunden.

- bei Versicherungsverträgen:
  Die Bestimmungen zu Haustürgeschäften sind andererseits anwendbar, wenn der Besuch eines Außendienstmitarbeiters zwar vereinbart war, es aber zu einem ganz anderen als dem zuvor besprochenen Geschäft gekommen ist.

Beispiele

- Wer einen Vertreter zur Vorführung eines Wasserverdunsters bestellt, behält sein Widerrufsrecht, wenn er bei ihm einen Staubsauger kauft.
- Bietet ein Autoverkäufer dem Kunden eine Probefahrt an und macht der Kunde dann mit dem Vertreter einen Termin aus, so hat er ihn normalerweise nicht schon zum Vertragsabschluss bestellt. Deshalb wird er die Bestellung des Autos widerrufen können, wenn er den Vertrag in seiner Wohnung unterschrieben hat.

Für Klagen aus Haustürgeschäften, die unter die Paragrafen des BGB fallen, ist ausschließlich das Gericht am Wohnsitz des Kunden zuständig. Dadurch soll erreicht werden, dass der Kunde leichter Klage erheben oder sich leichter verteidigen kann.

Dem Verbraucher kann anstelle des Widerrufsrechts ein Rückgaberecht nach § 356 BGB eingeräumt werden (siehe S. 411).

Fernabsatzhandel

Geltungsbereich

Die Bestimmungen zum Fernabsatz von Waren oder Dienstleistungen (§ 312 b–d BGB) dienen der Sicherung der Verbraucherrechte beim sogenannten *Fernabsatz.*

Als **Fernabsatz** gilt der Handel mit Waren und Dienstleistungen, bei dem sich der Verbraucher und Unternehmen nicht unmittelbar gegenüberstehen – der Vertragsschluss erfolgt daher unter ausschließlicher Verwendung von Fernkommunikationsmitteln.

Beispiel

Ein Internetangebot muss den Geschäftszwecken, wie z. B. Versandverkauf, und die Identität des Unternehmens, d. h. die komplette Angabe der Rechtsform und der Adresse enthalten. Bei Telefon-Marketing-Angeboten sind diese Daten dem Kunden vorab mitzuteilen.

Beispiele

Internet, E-Mails, Telefonanrufe, Briefe, Kataloge sowie Rundfunk, Tele- und Mediendienste (Voicemail-System, Teleshopping, Telefax usw. – § 312 b BGB)

Bei Telefongesprächen müssen Identität und Geschäftszweck zu Beginn des Gesprächs ausdrücklich offen gelegt werden.[1]

Informationspflichten
(§ 312 c BGB i. V. m. Art 246 EGBGB)

Kern der Bestimmungen des BGB zum Fernabsatz ist eine umfangreiche **Informationspflicht** des Anbieters. Zum Schutz des Verbrauchers (Bestellers; Fernkunden) vor irreführenden und aggressiven Verkaufsmethoden im Fernabsatz muss der Anbieter dem Kunden rechtzeitig vor Abschluss des Vertrages klar und verständlich seine **Identität** und den **geschäftlichen Zweck** nennen.

Der Unternehmer muss den Verbraucher darüber hinaus vor Abschluss eines Fernabsatzvertrags in einer dem eingesetzten Fernkommunikationsmittel entsprechenden Weise klar und verständlich u.a. informieren über[2]:

– seine Identität und Anschrift,
– die wesentlichen Eigenschaften der angebotenen Waren oder Dienstleistungen, insbesondere über den Kundendienst sowie Gewährleistungs- und Garantiebedingungen,
– die Vertragslaufzeit bei einem Dauerschuldverhältnis,
– den Zeitpunkt des Zustandekommens des Vertrages,
– die Mindestlaufzeit des Vertrages, wenn es sich um eine andauernde oder wiederkehrende Leistung handelt,
– das Bestehen und die Bedingungen des Widerrufs- oder Rückgaberechts,
– die Zahlungs- und Lieferbedingungen,
– den Endpreis der Ware oder Dienstleistung einschließlich aller Bestandteile, wie anfallenden Steuer-, Liefer- und Versandkosten,
– die Kosten, die dem Kunden durch die Nutzung der Fernkommunikationsmittel entstehen (sofern sie über die üblichen Grundtarife hinausgehen),
– zusätzlich anfallende Liefer- und Versandkosten.

Einkaufen per Mausklick
Von je 100 Einwohnern* haben 2009 Waren und Dienstleistungen über das Internet bestellt

Griechenland	10
Italien	12
Spanien	23
Polen	23
Tschechien	24
Belgien	36
Österreich	41
Frankreich	45
Finnland	54
Deutschland	56
Luxemburg	58
Schweden	63
Niederlande	63
Dänemark	64
Großbritannien	66

Quelle: Stat. Bundesamt   *16 bis 74 Jahre

Der Unternehmer muss diese Informationen dem Verbraucher unverzüglich, spätestens bis zur vollständigen Erfüllung des Vertrages – bei Waren spätestens bei Lieferung an den Verbraucher – zur Verfügung stellen.

---

1 In diesem Zusammenhang wird auf das „Gesetz zur Bekämpfung unlauterer Telefonwerbung" vom 4. August 2009 verwiesen.
2 Art. 246, § 1 EGBGB

Dabei reicht es nicht aus, die Informationen lediglich mündlich mitzuteilen oder sie im Internet anzuzeigen. Die Informationen müssen dem Kunden vielmehr als Schriftstück, E-Mail oder CD-ROM übermittelt werden oder – bei Internetangeboten – ausgedruckt oder heruntergeladen werden können. Im Streitfall hat das Unternehmen (der Onlineanbieter) die Übermittlung zu beweisen.

Widerrufsrecht

Für fast alle online oder telefonisch erworbenen Produkte gilt das **Widerrufsrecht**. Der Unternehmer muss den Verbraucher darauf hinweisen, dass er jeden erteilten Auftrag **innerhalb von 14 Tagen**

- nach Erhalt der Ware bzw.
- bei Dienstleistungen ab Vertragsschluss

    ohne Angabe von Gründen widerrufen kann (§ 312 d BGB i. V. m. § 355 BGB).

    Das gilt auch für Verträge über Waren, die bei **Internetauktionen** ersteigert wurden, sofern die Belehrung unverzüglich **nach Vertragsschluss**, d. h. spätestens einen Tag nach der Bestellung, in Textform erteilt wird, z. B. in einer Bestätigungsmail (§ 355 Abs. 2 Satz 2 BGB). Wird die Widerrufsbelehrung nicht wie oben beschrieben zum maßgeblichen Zeitpunkt mitgeteilt, beträgt die **Widerrufsfrist 1 Monat**.

    Die Widerrufsfrist beginnt bei Waren, sobald sie beim Kunden eingetroffen sind. In jedem Fall beginnt die Frist nie, bevor der Kunde vom Händler nicht das Widerrufsrecht in Textform erhalten hat. Eine alleinige Belehrung im Internetshop reicht nicht aus.

    Insofern ist es wichtig, dass die Widerrufsbelehrung z. B. per E-Mail, Brief oder Fax verschickt wird, sobald der Vertrag zustande gekommen ist. Die sicherste Form ist allerdings, dem Verbraucher eine Widerrufsbelehrung in Papierform zusammen mit der Warenlieferung zuzusenden.

- Läuft die Frist und ist ihr letzter Tag ein Samstag, Sonntag oder Feiertag, gilt sie bis zum nächsten Werktag.

- Maßgebend für die Fristwahrung ist das (rechtzeitige) Absenden des Widerrufs. Für den Widerruf genügt ein Schreiben oder eine E-Mail. Der Kunde sollte aber einen Beweis haben. Deshalb ist ein Widerruf wenigstens per Fax mit Sendeprotokoll oder per Einschreiben ratsam.

- Die schriftliche Widerrufsbelehrung muss vom Kunden nicht unterschrieben werden.

- Das Widerrufsrecht erlischt spätestens **6 Monate nach Eingang** der Ware beim Empfänger (der Kunde kann die Ware also innerhalb von 6 Monaten nach Erhalt an den Absender zurückschicken; § 355 Abs. 3 BGB).

- Wenn der Kunde nicht oder fehlerhaft belehrt worden ist, besteht das Widerrufsrecht unbefristet fort. Theoretisch könnte der Verbraucher so eine gekaufte Ware dann also noch nach Jahren zurückgeben.

Anstelle des Widerrufsrechts kann dem Verbraucher auch ein **Rückgaberecht** (Rücksendung der Ware binnen zwei Wochen) eingeräumt werden (§ 356 BGB).

Rückgabe statt Widerruf

Das nach dem Gesetz vorgeschriebene Widerrufsrecht und die damit verbundene Belehrungspflicht entfallen, wenn dem Kunden stattdessen ein uneingeschränktes Rückgaberecht eingeräumt wird (§ 356 BGB). Dann muss er allerdings hierüber entsprechend belehrt werden. Dazu muss die Rückgabefrist genannt und klargestellt werden, dass dies für ihn mit keinerlei Kosten verbunden ist. Der unauffällige Hinweis „Sie behalten nur, was Ihnen gefällt" genügt nicht[1].

Der Vorteil für den Unternehmer liegt darin, dass das Rückgaberecht nur durch Rücksendung der Ware ausgeübt werden kann. Der Unternehmer muss daher nach erfolgtem Widerruf nicht seiner Ware hinterherlaufen.

Rücksendung

Wenn der Kunde das ihm eingeräumte **Widerrufsrecht in Anspruch genommen** hat, muss die Ware zurück zum Unternehmen.

---

1 Zum **Inhalt der Widerrufs- und Rückgabebelehrung** siehe § 360 BGB. Musterbelehrungen/Gestaltungshinweise für das Widerrufs- und Rückgaberecht sind im Einführungsgesetz zum BGB (EGBGB) verankert und erhalten dadurch Gesetzesrang (siehe Anlagen 1 und 2 EGBGB).

- Eine Frist für die Rücksendung gibt es nicht, doch zu lange sollte der Kunde nicht warten.
- Sperrige Ware muss der Händler abholen lassen. Lässt sich die Ware per Paket befördern, muss der Kunde sie zurückschicken. Die Originalverpackung ist dabei nicht verpflichtend.
- Auch wenn die Ware schon gebraucht wurde, darf das Unternehmen die Rücknahme nicht generell ausschließen. Für die Nutzung bzw. das erste Ingebrauchnehmen (Prüfen) der Ware bis zum Widerruf bzw. zur Rückgabe hat der Unternehmer **keinen Anspruch auf Wertersatz**.[1]

Beschädigungen und Missbrauch sind allerdings nach wie vor vom Käufer zu ersetzen.

Beispiele

- Ein online gekauftes Kleidungsstück kann der Verpackung entnommen und anprobiert werden. Es besteht kein Anspruch auf Wertersatz.
- Die online bestellten Kleidungsstücke werden einen Abend lang auf einer Party getragen. In diesem Fall kann der Verkäufer Wertersatz verlangen.
- Ein Kunde probiert online bestellte Schuhe und zerkratzt dabei die Ledersohle. Ein Wertersatz ist vom Kunden nicht zu leisten.[2]

Kosten

Bei den **Rücksendekosten** ist darauf zu achten, ob der Verkäufer ein Widerrufsrecht oder ein Rückgaberecht eingeräumt hat.

- Beim **Widerrufsrecht** kann der Unternehmer festlegen, dass der Kunde die Rücksendekosten bei einem Wert der zurückzusendenden Ware bis 40,00 € selbst tragen muss. Dieser Hinweis muss sowohl in der Widerrufsbelehrung als auch in den Allgemeinen Geschäftsbedingungen stehen. Entscheidend ist dabei der reine Warenwert einschließlich Mehrwertsteuer. Werden daher mehrere Produkte gleichzeitig bestellt, kommt es für die 40-€-Grenze nicht auf den Bestellwert der gesamten Sendung an, sondern allein auf den Wert der zurückgeschickten Ware. Die Kostenübernahme durch den Käufer erfolgt aber nur, wenn der Händler ihn im Vorfeld darüber informiert hat.
- Entspricht die gelieferte Ware nicht der Bestellung, hat der Verkäufer die Versandkosten für die Rücksendung unabhängig vom Warenwert zu tragen.
- Nach Erhalt der zurückgesandten Ware darf der Unternehmer die Erstattung des Kaufpreises nicht unnötig verschleppen. Spätestens 30 Tage nach der Widerrufs- oder Rückgabeerklärung ist er im Verzug. Verbraucher können dann Verzugszinsen verlangen.
- Hat der Verkäufer seinem Kunden ein **Rückgaberecht** eingeräumt, so muss er immer die Rücksendekosten übernehmen.
- Onlinehändler und Versandhäuser müssen ihren Kunden im Falle des Widerrufs oder der Rückgabe sämtliche geleistete Zahlungen erstatten. Hierzu gehören auch die Kosten für die Zusendung der Ware – die sogenannten **Hinsendekosten**, die dem Kunden nicht auferlegt werden dürfen.

Ausschluss des Widerrufsrechts

Das Widerrufsrecht ist z. B. ausgeschlossen bei

- Waren, die nach individuellen Kundenbedürfnissen angefertigt wurden (z. B. ein Kleid nach Maß),
- Waren, die aufgrund ihrer Beschaffenheit für eine Rücksendung nicht geeignet sind (z. B. bestelltes Öl),
- Waren, die schnell verderben können oder deren Verfalldatum überschritten würde,
- Audio-, Videoaufzeichnungen oder Software, sofern sie entsiegelt wurden,
- Zeitungen, Zeitschriften und Illustrierte, es sei denn, dass der Verbraucher seine Vertragserklärung telefonisch abgegeben hat,
- Pauschalreisen, Tickets für Freizeitveranstaltungen oder Hotelbuchungen.

---

[1] Entscheidung des Europäischen Gerichtshofs (EuGH – 3. Sept. 2009 – C-489/07). Im Urteil stellt der EuGH fest, dass die generelle Auferlegung eines Wertersatzes für die Nutzung der im Fernabsatz gekauften Ware mit den Zielen des EU-Rechts unvereinbar ist. Da das BGB dem Verkäufer aber ermöglicht, vom Käufer ein Nutzungsentgelt zu verlangen, stellt sich die Frage nach der Vereinbarkeit zwischen EU-Recht und BGB.

[2] Wertersatz müsste der Verbraucher nur dann leisten, wenn er spätestens bei Vertragsschluss in Textform auf diese möglicherweise entstehenden Kosten sowie eine Möglichkeit hingewiesen worden ist, sie zu vermeiden. Solange eine Belehrung nur online vorgegeben ist, muss der Händler für beschädigte Produkte seines Kunden aufkommen, wenn dieser die Waren innerhalb eines Monats zurückgibt und sie in dieser Zeit nur so genutzt wurden wie vorgesehen (siehe Urteil des BGH, Az.: VIII ZR 250/09).

Teilzahlungskauf (Abzahlungs- oder Ratenkauf)

Kann vom Käufer der Kaufpreis nicht sofort in voller Höhe bezahlt werden, so kann der Verkäufer mit ihm vereinbaren, den Kaufpreis in gleichbleibenden Teilbeträgen zu begleichen, die Zahlung also über einen längeren Zeitraum vorzunehmen.

> Man spricht dann von einem **Abzahlungs- oder Ratenkauf**, wenn der Kaufpreis in mindestens zwei Raten bezahlt wird. Der Verkäufer kann sich bis zur vollständigen Bezahlung des Kaufpreises das Eigentum an der Kaufsache vorbehalten (Eigentumsvorbehalt). Erst mit der Zahlung der letzten Rate geht das Eigentum an der Sache auf den Käufer über.

Den Kauf auf Raten nehmen vor allem solche Käufer in Anspruch, die langlebige Gebrauchsgüter wie Möbel, Kraftfahrzeuge oder Fernsehgeräte kaufen wollen, aber den Kaufpreis nicht auf einmal aufbringen können.

Rechtlich gesehen gewährt der Händler beim Abzahlungsgeschäft dem Kunden ein Darlehen in Höhe des Barzahlungspreises. Der Händler verspricht sich durch die Kreditgewährung steigende Absatzzahlen.

Ist der **Käufer ein Verbraucher,** so wird ein Abzahlungskauf nur wirksam, wenn bestimmte Mindestanforderungen eingehalten werden. Erforderlich ist die **Schriftform** (§ 492 BGB) des Vertrages mit folgenden Inhalten (§ 491a BGB Art. 247, § 2 EGBGB[1]):

- Barzahlungspreis;
- Teilzahlungspreis (Gesamtbetrag von Anzahlung und allen vom Verbraucher zu entrichtenden Teilzahlungen einschließlich Zinsen und sonstige Kosten);
- Betrag, Zahl und Fälligkeit der Teilzahlungsraten, z. B. erste Rate bei Lieferung, 17 weitere Raten von je 92,00 €, fällig jeweils am 15. eines Monats;
- effektiver Jahreszins. Die Gegenüberstellung von Bar- und Teilzahlungspreis soll dem Käufer deutlich machen, welchen Aufpreis er bezahlen muss; der effektive Jahreszins gibt hierüber Aufschluss;
- Kosten einer Versicherung, die im Zusammenhang mit dem Teilzahlungsgeschäft abgeschlossen wird, z. B. eine Restschuldversicherung. Die Prämie für eine Restschuldversicherung muss mit in den Effektivzins eingerechnet werden;
- Vereinbarung eines Eigentumsvorbehalts oder einer anderen zu bestellenden Sicherheit;
- Kosten im Zusammenhang mit dem Kredit, z. B. für Buchungen oder Kontoführungsgebühr;
- Kosten bei Zahlungsverzug: Für verspätete Zahlungen werden Verzugszinsen in Höhe von 5 % über dem jeweils aktuellen Basiszinssatz berechnet;
- Widerrufsrecht: Sein **Recht auf Widerruf des Kreditvertrages** kann der Käufer **innerhalb von 2 Wochen** ohne Angaben von Gründen wahrnehmen (§ 495 BGB). Zur Wahrung der Frist genügt die rechtzeitige Absendung des Widerrufs. Allerdings muss der Käufer die fristgemäße Absendung des Widerrufs und dessen Zugang beim Verkäufer beweisen. Allein die Absendung durch Einschreiben reicht nicht aus, es ist vielmehr ein Einschreiben mit Rückschein zu empfehlen;
- vorzeitige Rückzahlung: Kunden können Ratenkredite, die nach dem 11.06.2010 geschlossen wurden, jederzeit und ohne Einhaltung einer Kündigungsfrist kündigen. Sie dürfen dann den Restbetrag sofort zurückzahlen, ohne Kündigungsfrist. Zwar darf das Kreditinstitut eine Vorfälligkeitsentschädigung berechnen, jedoch maximal 1 % des zurückgezahlten Betrags und nur 0,5 %, wenn die Restlaufzeit bereits unter einem Jahr liegt (§ 502 BGB).

Beispiel

Stehen von einem 10.000,00 €-Kredit noch 7.000,00 € aus, sind maximal 70,00 € Entschädigung zu zahlen. Das kann sich besonders dann lohnen, wenn ein neuer Ratenkredit zinsgünstiger zu bekommen wäre.

Vor Vertragsschluss muss der Kreditgeber den Kreditnehmer u. a. diese Einzelheiten des Ratenkredits angemessen erläutern.

Kreditgeber dürfen darüber hinaus nicht mit sogenannten Superzinsen werben, die am Ende kaum jemand vereinbaren kann. Stattdessen

---

1 Die vollständige Aufzählung ist nachzulesen in der Anlage 3 EGBGB.

muss mit einem Effektivzins geworben werden, den mindestens **zwei Drittel der Kunden tatsächlich auch erhalten** (§ 6a PangV). Damit soll verhindert werden, dass Kreditinstitute mit entsprechenden Zinssätzen werben, die nur Kunden mit bester Kreditwürdigkeit angeboten werden.

Der Verkäufer (Kreditgeber) kann vom Vertrag nur zurücktreten, wenn

- der Kunde mit mindestens zwei aufeinanderfolgenden Raten in Verzug ist,
- mit mindestens 10 % (bei mehr als dreijähriger Laufzeit 5 %) des gesamten Teilzahlungsdarlehens in Rückstand ist und
- eine Nachfrist von zwei Wochen zur Zahlung des rückständigen Betrags verstrichen ist.

Um den Käufer durch einen Rücktritt nicht unangemessen zu benachteiligen, schreibt das Gesetz genau vor, welche Ansprüche die Beteiligten haben. Der Käufer muss dem Verkäufer die infolge des Vertrages gemachten Aufwendungen ersetzen: Porto, Transportkosten, Versicherungsprämien usw.

Der Verkäufer muss die vom Käufer gemachte Anzahlung und die geleisteten Raten zurückzahlen, so weit sie nicht durch seine Gegenansprüche auf dem Wege der Verrechnung verbraucht sind.

Beide Parteien haben nach Rücktritt ein **Zurückbehaltungsrecht**. Sie brauchen ihre Leistungen nur Zug um Zug gegen die Leistung des anderen Teils zu erbringen. Dadurch haben beide ein wirksames Druckmittel in der Hand, das verhindert, dass der eine seine Pflicht erfüllt, während der andere dies nicht tut.

Kommt es über ein Abzahlungsgeschäft zum Rechtsstreit, ist das Gericht am Wohnsitz des Käufers zuständig.

Preisauszeichnungspflicht

Die Vielfalt der angebotenen Waren und Dienstleistungen nimmt ständig zu. Für den Verbraucher wird es dadurch zunehmend schwieriger, sich einen Marktüberblick zu verschaffen. Aus diesem Grund ist es wichtig und notwendig, dass die Waren mit Preisen ausgezeichnet werden.

Durch die **Preisabgabenverordnung** ist der Einzelhändler **zur Preisauszeichnung** seiner Waren **verpflichtet**. Diese Vorschrift gilt für alle Waren, die in Schaufenstern, Schaukästen, innerhalb oder außerhalb des Verkaufsraumes für den Kunden sichtbar ausgestellt sind oder die vom Verbraucher unmittelbar entnommen werden können (Selbstbedienung).

Im Interesse der **Preisklarheit** und **Preiswahrheit** müssen die Preise dem Angebot oder der Werbung **eindeutig zugeordnet, leicht erkennbar und deutlich lesbar** sein.

Durch die Pflicht zur Preisauszeichnung soll die Möglichkeit eines optimalen Preisvergleichs für die Verbraucher geschaffen werden. Gute Preisvergleichsmöglichkeiten sind eine entscheidende Voraussetzung für das Funktionieren der marktwirtschaftlichen Ordnung. Zusätzlich fördert die PAngV daher den Wettbewerb.

Grundvorschriften

> Jeder, der Endverbrauchern[1] gewerbsmäßig Waren oder Dienstleistungen anbietet oder unter Angabe von Preisen wirbt, ist nach der *Preisabgabenverordnung* verpflichtet, den **Preis einschließlich Umsatzsteuer** und aller eventuell zusätzlich anfallender Preisbestandteil anzugeben, den sogenannten **Endpreis**.

Auch weitere Preisbestandteile sind bei der Preisangabe zu berücksichtigen:

- Eine Pfandforderung ist gesondert anzugeben.
- Bestehen für Waren oder Leistungen Liefer- oder Leistungsfristen von mehr als 4 Monaten, so können Preise mit einem Änderungsvorbehalt angegeben werden.
- Bei Leistungen können auch Stunden-, Kilometer- und andere Verrechnungssätze angegeben werden, die alle Leistungselemente einschließlich der anteiligen Umsatzsteuer enthalten.

Angaben auf dem Preisschild

Gesetzlich vorgeschriebene Angaben:
- **Bruttoverkaufspreis**
  d. h. Verkaufspreis einschließlich Umsatzsteuer

---

[1] Endverbraucher ist jeder, der eine Ware oder Dienstleistung für den privaten Verbrauch erwirbt.

- **Mengeneinheit**
  z. B. 5 Stück, 3 m, 0,7 l, 1 kg. Unbestimmte Mengenangaben wie z. B. „300 g bis 350 g" oder ca. „10 Stück" sind unzulässig.

- **Grundpreis**
  Es besteht die Pflicht, Waren, die nach Gewicht, Volumen, Länge oder Fläche angeboten werden (also fast alle handelsüblichen Waren), mit einem **Grundpreis** (sofern nicht Stückpreis) sowie einen **Endpreis** auszuzeichnen.

> **Grundpreis** ist der Preis je Mengeneinheit (z. B. für 1 Kilogramm, 1 Liter oder 1 Quadratmeter) einschließlich der Umsatzsteuer und sonstiger Preisbestandteile.
>
> **Endpreis** ist der Preis, den der Verbraucher für die gesamte Verpackungseinheit der Ware zu zahlen hat.

Bei loser Ware genügt die Angabe des Grundpreises.

Bei Waren, deren Nenngewicht oder Nennvolumen 250 Gramm oder Milliliter nicht übersteigt, dürfen als Mengeneinheit für den Grundpreis 100 Gramm oder 100 Milliliter verwendet werden. Der *Grundpreis* ist ebenfalls einschließlich der Umsatzsteuer und sonstiger Preisbestandteile unabhängig von einer Rabattgewährung auszuweisen.

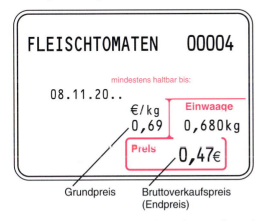

Bei *Haushaltswaschmitteln* sowie *Wasch- und Reinigungsmitteln* kann als Mengeneinheit für den Grundpreis eine übliche Anwendung verwendet werden. Die Hersteller geben auf den Packungen freiwillig eine Reichweitenangabe in Form von Messbecherfüllungen an.

- **Handelsübliche Gütebezeichnung/ Warenbezeichnung**
  Damit ist die Benennung der Ware gemeint, wie z. B. „Deutsche Markenbutter", „Gewürzgurken", „Vollkornschnitten-Roggenschrotbrot" oder „ . . . Handelsklasse I a". Fantasienamen wie z. B. „Puszta-Salat", dürfen allein nicht benutzt werden, da sie keinen genauen Rückschluss auf den Inhalt ermöglichen.
  Bei *Textilien* sind Namen und Prozentsätze der verwendeten Fasern (aber nicht die Pflegekennzeichen) vorgeschrieben, bei *Lebensmitteln* das Verbrauchsdatum. Ist das Verbrauchsdatum abgelaufen, darf das betreffende Lebensmittel nicht mehr in den Verkehr gebracht werden.

- **Etikettierung von Lebensmitteln**
  Folgendes muss auf verpackten Lebensmitteln stehen:

  – Verkehrsbezeichnung

  – Zutatenverzeichnis

  – Allergene

  – Füllmenge

  – Mindesthaltbarkeitsdatum (MHD)

  – Anbieter

  – Nährwertangaben

Freiwillige Angaben (aus Gründen der innerbetrieblichen Organisation)**:**

– **Eingangsdatum**
zur Kontrolle der Lagerdauer;

– **Lieferantennummer**
für Nachbestellungen; Mängelrügen;

– **Artikel- und Lagernummer;**

– **Einkaufspreis**
zur Erleichterung der Inventur.

Durchführung

Ladenhandel

– gut lesbare Preisschilder oder Etiketten an jeder einzelnen Ware;

– besteht an den Waren selbst keine Auszeichnungsmöglichkeit, sind die Behälter oder Regale, in denen sich die Ware befindet, mit Preisschildern zu versehen;

– Beschriftung der Ware selbst;

– Waren, die nach Musterbüchern angeboten werden, z. B. Tapeten, Gardinen, Stoffe oder Teppichfliesen, sind mit Preisen auf den Mustern zu versehen oder in Preisverzeichnissen aufzuführen.

Dienstleistungs- und handwerkliche Betriebe

Dienstleistungsbetriebe wie Friseure, Hotels, Tankstellen u. a. sowie handwerkliche Einzelhandelsbetriebe wie Bäckereien, Fleischereien u. a., müssen gut sichtbare Preisschilder oder Preisverzeichnisse in ihrem Geschäftslokal anbringen (§ 5 PAngV).

Gaststättenbetriebe haben Preisverzeichnisse für Speisen und Getränke aufzustellen und auf den Tischen zu verteilen oder jedem Gast vor Entgegennahme von Bestellungen und auf Verlangen bei Abrechnung vorzulegen oder gut lesbar anzubringen (§ 7 PAngV). Neben dem Eingang der Gaststätte ist ein Preisverzeichnis anzubringen.

Versandhandel

Unternehmer, die im **Fernabsatz** tätig sind (Katalogkauf, Internet, Fernsehen usw.), müssen ihre Preise so auszeichnen, dass diese die jeweilige Umsatzsteuer und sonstige Preisbestandteile einschließen. Außerdem sind die Kosten für den Versand anzugeben (§ 1 Abs. 2 PAngV). Die Preise müssen neben den Warenabbildungen oder Warenbeschreibungen, in Anmerkungen oder in einem Preisverzeichnis angegeben werden.

Ausnahmen (§ 9 PAngV)

Die Auszeichnungspflicht entfällt u. a. bei:
– Kunstgegenständen, Sammlerstücken und Antiquitäten;
– Waren, die in Werbevorführungen angeboten werden, sofern der Preis der jeweiligen Ware bei deren Vorführung und unmittelbar vor Abschluss des Kaufvertrages genannt wird;
– Blumen und Pflanzen, die unmittelbar vom Freiland, Treibbeet oder Treibhaus verkauft werden;
– Waren, die ausschließlich solchen Letztverbrauchern angeboten werden, die die Waren in ihrer selbstständigen beruflichen oder gewerblichen Tätigkeit verwerten (z. B. Schneiderinnen);
– Waren bei Versteigerungen.

Die **Angabe eines Grundpreises wird nicht gefordert** für Waren,
– die über ein Nenngewicht oder -volumen von weniger als 10 Gramm oder Milliliter verfügen;
– die verschiedenartige Erzeugnisse enthalten, die nicht miteinander vermischt oder vermengt sind;
– die von kleinen Einzelhandelsgeschäften (z. B. Kiosken) angeboten werden, bei denen die Warenausgabe überwiegend im Wege der Bedienung erfolgt;
– die in Getränke- und Verpflegungsautomaten angeboten werden.

Des Weiteren kann **auf einen Grundpreis verzichtet werden** bei
– Kau- und Schnupftabak mit einem Nenngewicht bis 25 Gramm;
– kosmetischen Färbemitteln für Haut, Haare oder Nägel;
– Parfüms und parfümierten Duftwässern;
– leicht verderblichen Lebensmitteln, wenn der geforderte Endpreis wegen einer drohenden Gefahr des Verderbs herabgesetzt wird.

Im Einzelhandel ist es allgemein nicht üblich, Preise einzeln auszuhandeln. Dennoch findet dies in einigen Branchen (z. B. Gebrauchtwagenhandel, Immobilien) täglich statt. Daher kann die Bereitschaft, über Preise zu verhandeln, durch entsprechende Hinweise bei der Preisangabe („Verhandlungssache") dem Kunden signalisiert werden, vorausgesetzt, es werden dadurch keine anderen Rechtsvorschriften verletzt.

Vorteile der Preisauszeichnung

- **für den Verbraucher**
  - Preisinformation und -vergleich bereits bei Waren im Schaufenster;
  - Preisvergleiche sind leichter und schneller möglich;
  - Preiskontrolle beim Bezahlen an der Kasse.

- **für den Einzelhändler**
  - Die Ware wird nicht zu einem anderen Preis als dem vorgesehenen verkauft;
  - bei Nachbestellungen sind alle wichtigen Daten schnell zur Hand;
  - anhand des Eingangsdatums leichteres Erkennen von Ladenhütern;

- informative Etiketten können die Beratung durch einen Verkäufer ersetzen;
- durch den verschlüsselten Einkaufspreis kann der Inventurwert bei Bestandsaufnahme schnell ermittelt werden.
- Warenbewegungen werden leicht erfasst (Warenwirtschaft);
- in bestimmten Fällen bieten Etiketten auch einen Diebstahlschutz.

- **für den Mitarbeiter im Handel**
  - schnelle Einarbeitung, da nicht sämtliche Preise auswendig gelernt werden müssen;
  - kein Handeln mit dem Kunden;
  - die Auszeichnung gibt nützliche Hinweise für die Kundenberatung (Größe, Qualität, Material u. v. m.).

Ordnungswidrigkeiten

Die Einhaltung der Preisangabenverordnung wird vom Gewerbeaufsichtsamt überwacht. Vorsätzliche oder fahrlässige Verstöße werden mit Bußgeldern geahndet.

Etikettenarten

- **nach der Art der Beschriftung**
  - handgeschriebenes Etikett
  - gestempeltes Etikett
  - maschinengeschriebenes Etikett
  - mit Auszeichnungsmaschine bedrucktes Etikett
- **nach Art der Befestigung**
  - Stecketikett
  - Nadeletikett
  - Hängeetikett
  - Klebeetikett
  - Stelletikett
- **nach Art der Verwendung**
  - Einfachetikett (einteilig)
  - Mehrfachetikett (mehrteilig)

Das Einfachetikett wird lediglich für die Preisauszeichnung verwendet, während das Mehrfachetikett im Betrieb organisatorischen Zwecken dient, z. B. als Kassenzettel.

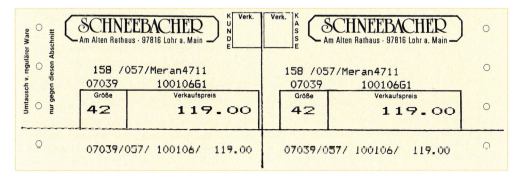

Sonstiges

- Ein niedriger Preis darf mit einem höheren Preis überklebt werden und umgekehrt. Der gültige Preis muss aber auf jeden Fall deutlich erkennbar sein.
- Übernimmt der Einzelhändler einen unverbindlich empfohlenen Preis unverändert, gilt der aufgedruckte Preis als Preisangabe. Der Händler kann aber auch mehr oder weniger fordern. Er muss die Ware aber dann neu auszeichnen.
- Dekorationsstücke sind keine Waren. Dagegen unterliegen Attrappen der Preisangabepflicht.
- In einem Selbstbedienungsgeschäft kommt der Kaufvertrag erst an der Kasse zustande. Insofern kann dort ein höherer Preis verlangt werden als der, der z. B. am Regal angebracht war. Das Gleiche gilt, wenn zwei Preisschilder mit unterschiedlichen Preisen auf der Ware kleben. Aber auch in diesem Fall wird vorsätzliches Handeln bestraft.

Aufgaben

1. Nennen Sie die drei grundlegenden Geschäftsbereiche, die unter das Haustürwiderrufsgesetz fallen.
2. Welches Recht steht dem Verbraucher zu, wenn er ein Haustürgeschäft abschließt?
3. Bei welchen Geschäften hat der Kunde kein gesetzliches Widerrufsrecht gemäß BGB?
4. Warum besteht die Regelung, dass bei Klagen das Gericht am Wohnsitz des Kunden zuständig ist?
5. Was bestätigt der Kunde mit seiner zweiten Unterschrift bei einem Haustürgeschäft?
6. Welche rechtliche Bedeutung hat die zweite Unterschrift des Kunden?
7. Nennen Sie die notwendigen Inhalte bei einem Ratenkauf, die der Verkäufer dem Kunden schriftlich mitzuteilen hat.
8. Herr Zapke kauft am Samstag, dem 28. Sept. 20.. eine komplette EDV-Anlage auf Raten. Aus bestimmten Gründen will er nun diesen Kauf rückgängig machen und bringt daher den Einschreibebrief mit dem Widerruf an das Vertragsunternehmen am Freitag, dem 11. Okt. 20.. zur Post.

    Reicht dieser Zeitraum zur Wahrnehmung des Widerrufsrechts nach dem Verbraucherkreditgesetz aus? Begründen Sie Ihre Antwort.
9. Herr Koch leistet bei Vertragsabschluss über den Kauf einer Couchgarnitur eine Anzahlung und vereinbart mit dem Verkäufer, dass der Rest bei Lieferung gezahlt wird. Seine zurzeit bettlägerige Frau ist mit diesem Kauf nicht einverstanden – ihr gefällt das Design nicht. Herr Koch beruft sich auf das BGB und widerruft daraufhin noch am selben Tag telefonisch den abgeschlossenen Kaufvertrag. Das Unternehmen weigert sich jedoch, den Widerruf anzuerkennen. Über welche rechtlichen Bestimmungen war Herr Koch nicht informiert?
10. Herr Arnold hat am 5. Aug. einen Beamer auf Raten gekauft. Der Vertragstext ist von ihm unterschrieben (1. Unterschrift) und eine Durchschrift ordnungsgemäß ausgehändigt worden.

    Am 24. Aug., Herr Arnold hat zu diesem Zeitpunkt den Beamer längst noch nicht vollständig bezahlt, erklärt er ohne Angaben von Gründen den Widerruf des Kaufvertrages.

    Einige Tage später erhält Herr Arnold ein Schreiben des Verkäufers. Hierin weigert er sich – unter Hinweis auf die bereits abgelaufene Zweiwochenfrist –, das Schreiben anzuerkennen. Herr Arnold sei folglich an den rechtsgültig abgeschlossenen Kaufvertrag gebunden und zur ordnungsgemäßen Zahlung verpflichtet.

    Warum sind in diesem Fall die Einwände des Verkäufers rechtlich nicht haltbar?
11. Für welche Geschäfte gelten die Bestimmungen über Fernabsatzverträge?
12. Was kann einem E-Commerce-Unternehmer passieren, wenn er die Informationspflichten der gesetzlichen Regelungen zum Fernabsatz nicht beachtet?
13. Welche Fristen muss der Verbraucher gemäß den Regelungen zum Fernabsatz beachten?
14. Was passiert mit einem E-Commerce-Vertrag, wenn der Vertrag vom Verbraucher widerrufen wird?
15. Welche Bedeutung hat die Preisangabenverordnung für den Verbraucher?
16. Welche gesetzlich vorgeschriebenen Angaben muss ein Preisschild enthalten?
17. Welche Waren sind gänzlich von der Preisangabenpflicht ausgenommen?
18. Ihre Eltern bitten Sie, einen Weihnachtsbaum für das Weihnachtsfest zu besorgen. In die engere Wahl ist eine Edeltanne gekommen, weil die ihre Nadeln nicht so schnell verliert.

    Warum könnten Sie Schwierigkeiten beim Preisvergleich bekommen?
19. Was verstehen Sie unter einem Grundpreis?

Zusammenfassung

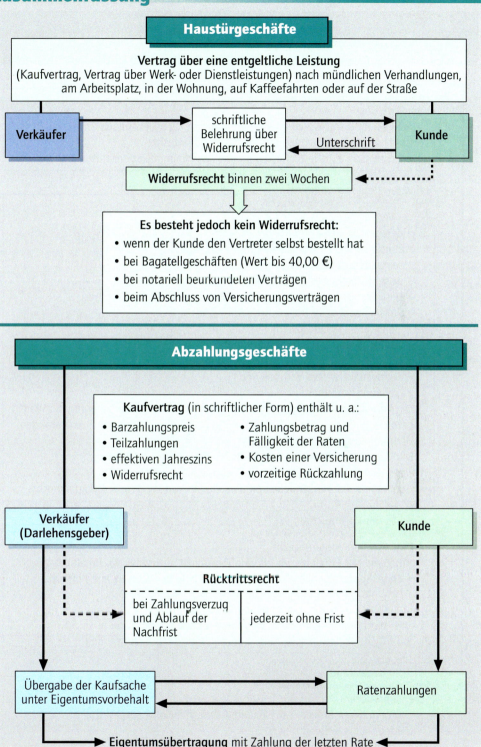

Zusammenfassung

Geschäfte im Fernabsatz
Verträge über Warenlieferungen oder Dienstleistungen, abgeschlossen per Brief, Katalog, Fax, Telefon, E-Mail oder online

Geltungsbereich

Verträge über
- die Lieferung von Waren oder Erbringung von Dienstleistungen
- zwischen einem Unternehmer und einem Verbraucher
- unter ausschließlicher Verwendung von Fernkommunikationsmitteln

Pflichten des Unternehmers

- Vor Vertragsabschluss u. a. informieren über
  - den geschäftlichen Zweck des Vertrags,
  - Zeitpunkt des Zustandekommens des Vertrags,
  - seine Identität und Anschrift,
  - wesentliche Merkmale der Ware bzw. Leistung,
  - Bestehen und Bedingungen des Widerrufs- oder Rückgaberechts,
  - Preis, einschl. aller Bestandteile der Ware,
  - Liefer- und Versandkosten,
  - Zahlungs- und Lieferungsbedingungen,
  - Gültigkeitsdauer bei befristeten Angeboten,
  - Mindestlaufzeit des Vertrags und
  - Lieferungsvorbehalte.

  Die Informationen sind dem Verbraucher spätestens mit der Lieferung der Ware bzw. Erfüllung des Vertrags auf einem „dauerhaften Datenträger" zu bestätigen.
- Übernahme der **Rücksendekosten**
  Der Verbraucher kann mit den Rückgabeekosten belastet werden,
  wenn der Warenwert einschl. USt 40,00 € nicht übersteigt.
- Übernahme der **Hinsendekosten** im Falle des Widerrufs- oder Rückgaberechts

Rechte des Verbrauchers

- Zwei Wochen Widerrufsrecht
  - Beginn: Mit Erfüllung der Informationspflicht, nicht aber vor Erhalt der Ware
  - Ende: Spätestens sechs Monate nach Eingang der Ware beim Empfänger bzw. nach Vertragsabschluss bei Dienstleistungen
- Das Widerrufsrecht gilt nicht bei bestimmten Verträgen
- Zwei Wochen Rückgaberecht; Beginn und Ende wie bei Widerrufsrecht
- Schriftliche Widerrufsbelehrung muss nicht unterschrieben werden

Bedeutung

Die Verbraucher
- sind geringeren Risiken insbesondere beim Onlinekauf ausgesetzt.
- werden umfassend informiert.
- haben die Möglichkeit zum Kauf auf Probe.

Zusammenfassung

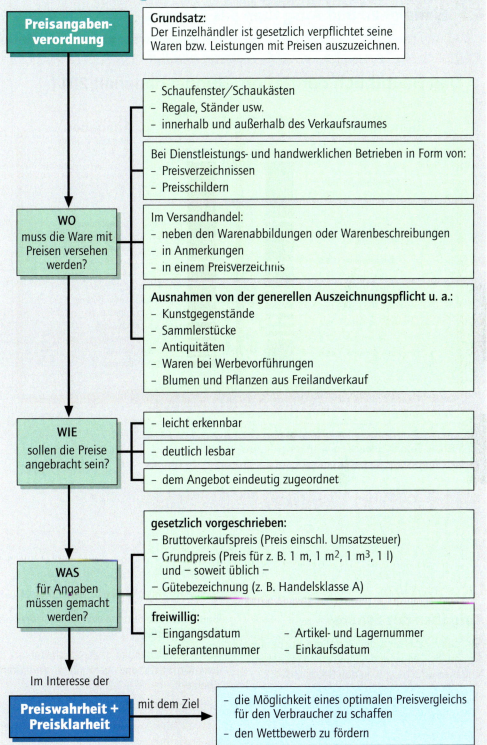

6 Steuern

6.1 Einnahmen und Ausgaben des Staates

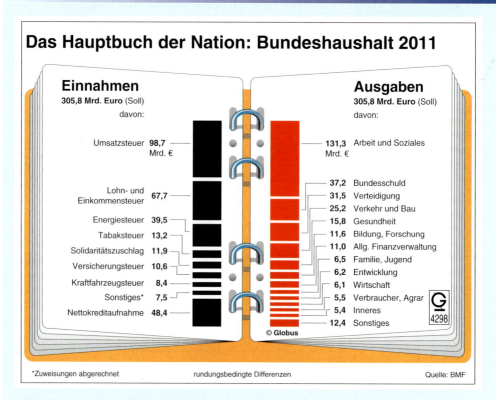

1. Welche Einnahmequellen besitzt der Staat?
2. Was finanziert der Staat mit seinen Einnahmen?

Information

Aufgaben des Staates

Der Staat – das sind der Bund, die Bundesländer und die Gemeinden – muss eine Vielzahl von Aufgaben erfüllen, z. B. in den Bereichen

- soziale Sicherung (Zuschüsse zur Sozialversicherung, Kindergeld, Wohngeld usw.),
- Verteidigung,
- öffentliche Sicherheit und Ordnung,
- Bau- und Wohnungswesen (z. B. Straßenbau, Wohnungsbau),
- Wirtschaftsförderung (z. B. Zuschüsse an die Landwirtschaft und gefährdete Wirtschaftszweige,
- Bildung, Wissenschaft und Forschung.

Diese Aufgaben können nur erfüllt werden, wenn dem Staat die entsprechenden Geldmittel zur Verfügung stehen.

Einnahmequellen des Staates

Der Staat erhält die notwendigen Einnahmen aus folgenden Einnahmequellen:

- öffentlich-rechtliche Abgaben, das sind in erster Linie Steuern, Gebühren und Beiträge;
- Erwerbseinkünfte aus öffentlichen Unternehmen, z. B. Erträge aus öffentlichen Verkehrsbetrieben;
- Anleihen (= öffentliche Kreditaufnahme).

Steuern, Gebühren, Beiträge

Steuern sind die wichtigste Einnahmequelle des Staates. Sie sind Geldleistungen, die der Steuerpflichtige an ein öffentliches Finanzwesen (Bund, Länder, Gemeinden, Kirchen) entrichten muss, ohne dass er dafür eine direkte Gegenleistung beanspruchen kann.

Gebühren und Beiträge unterscheiden sich von den Steuern dadurch, dass sie für eine Gegenleistung gezahlt werden.

Gebühren müssen für bestimmte Leistungen öffentlicher Einrichtungen bezahlt werden, z.B. Gebühr für die Ausstellung eines Passes oder Personalausweises, Bibliotheksbenutzungsgebühr, Müllabfuhrgebühr, Zulassung eines Kfz.

Beiträge dienen zur Deckung der Kosten bestimmter öffentlicher Einrichtungen. Der Beitragspflichtige erwirbt durch die Beitragszahlung das Recht, die Leistungen dieser Einrichtungen zu nutzen. Er muss die Beiträge aber auch dann zahlen, wenn er die Leistungen nicht in Anspruch nimmt. Beiträge sind z. B. Sozialversicherungsbeiträge, Kurtaxen, IHK-Beiträge.

Einteilung der Steuern nach dem Gegenstand der Besteuerung

Nach dem Gegenstand der Besteuerung werden die Steuern in Besitzsteuern, Verkehrsteuern, Verbrauchsteuern und Zölle unterschieden.

Besitzsteuern sind Steuern, die von Besitzwerten (z. B. Einkommen, Grundstücken) erhoben werden. Sie werden weiter unterteilt in Personensteuern und Realsteuern.

- Bei der Erhebung der **Personensteuer** werden die persönlichen Verhältnisse (z. B. Familienstand) und die Leistungsfähigkeit (z. B. Einkommen) einer Person zugrunde gelegt.
- Die Entrichtung der **Realsteuern** ist an den Besitz eines bestimmten Objektes (Grundstück, Gewerbebetrieb) gebunden.

Verkehrsteuern sind an rechtliche und wirtschaftliche Vorgänge gebunden. Sie besteuern in erster Linie den Austausch von Gütern und Leistungen.

Verbrauchsteuern sind Steuern, die auf den Verbrauch von bestimmten Gütern erhoben werden.

Zölle sind Steuern, die bei der Einfuhr von Waren aus dem Ausland und der Ausfuhr von Waren in das Ausland anfallen.

Steuerart / Empfänger	Besitzsteuern		Verkehrsteuern	Verbrauchsteuern	Zölle
	Personensteuern	Realsteuer			
Bundessteuern			Versicherungsteuer, Kapitalverkehrsteuer	Mineralölsteuer, Tabaksteuer, Einfuhrumsatzsteuer, Kaffeesteuer, Schaumweinsteuer usw.	Einfuhrzölle, Ausfuhrzölle
Landessteuern	Erbschaftsteuer		Grunderwerbsteuer, Lotteriesteuer, Abgaben von Spielbanken, Kraftfahrzeugsteuer	Biersteuer	
Gemeindesteuern		Grundsteuer, Gewerbesteuer, Hundesteuer	Vergnügungsteuer, Schankerlaubnissteuer	Getränkesteuer	
Gemeinschaftsteuern	Einkommensteuer, Lohnsteuer, Körperschaftsteuer, Kapitalertragsteuer		Umsatzsteuer		
Kirchensteuer	Kirchensteuer				

Bundessteuern fließen ausschließlich dem Bund,
Landessteuern ausschließlich den Bundesländern und
Gemeindesteuern ausschließlich den Gemeinden zu.

Gemeinschaftsteuern sind Steuern, die zwischen dem Bund und den Ländern oder dem Bund, den Ländern und den Gemeinden nach einem festgelegten Schlüssel aufgeteilt werden.

Kirchensteuer darf nur von Religionsgemeinschaften erhoben werden, die Körperschaften des öffentlichen Rechts sind.

Einteilung der Steuern nach der Art der Entrichtung

Nach der Art der Entrichtung können die Steuern in direkte und indirekte Steuern unterteilt werden.

Bei einer **direkten Steuer** muss die Person, die die Steuer an das Finanz- oder Zollamt abführen muss, sie auch selbst wirtschaftlich tragen. Das ist z. B. bei der Einkommensteuer, Körperschaftsteuer, Erbschaftsteuer und der Grundsteuer der Fall.

Bei einer **indirekten Steuer** muss die Person, die die Steuer abführen muss, die Steuer nicht selbst wirtschaftlich tragen. Sie kann sie auf eine andere Person abwälzen. Zu den indirekten Steuern gehören u. a. die Umsatzsteuer, alle Verbrauchsteuern, Versicherungsteuer, Kapitalverkehrsteuer und die Zölle.

Aufgaben

1. Welche Einnahmequellen hat der Staat?
2. Welche der folgenden Abgaben sind Beiträge?
   a) Zahlung an die Sozialversicherung
   b) Zahlung für die Ausstellung eines Reisepasses
   c) Zahlung einer Kurtaxe
   d) Zölle
   e) Eintrittskarte für ein öffentliches Hallenbad
3. Nach dem Steuergegenstand unterscheidet man Besitzsteuern, Verkehrsteuern, Verbrauchsteuern und Zölle. Ordnen Sie diesen Gruppen folgende Steuern richtig zu: Einkommensteuer, Körperschaftsteuer, Kaffeesteuer, Hundesteuer, Grundsteuer, Tabaksteuer, Grunderwerbsteuer, Mineralölsteuer, Umsatzsteuer, Biersteuer, Erbschaftsteuer, Gewerbesteuer.
4. Wodurch unterscheiden sich direkte und indirekte Steuern?
5. Welche Steuer ist die wichtigste indirekte Steuer?

Zusammenfassung

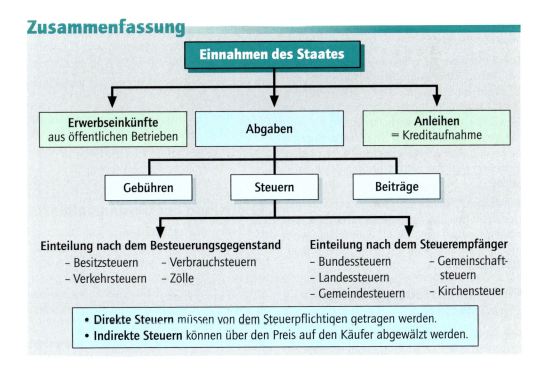

6.2 Versteuerung des Einkommens

Georg Franke ist Inhaber einer Buchhandlung. Aus seinen Geschäftsbüchern entnimmt er, dass die Einnahmen seines Betriebes im Kalenderjahr 2011 500.000,00 € betragen haben. Die Betriebsausgaben betrugen im gleichen Zeitraum 420.000,00 €.

Petra Jung ist bei Georg Franke als Buchhändlerin beschäftigt. Sie hat 2011 insgesamt 28.000,00 € Gehalt bezogen.

Welche Steuern müssen Herr Franke und Frau Jung von ihren Einkünften bezahlen?

Information

Die Einkommen natürlicher Personen unterliegen der **Einkommensteuer**.

Die **Lohnsteuer** ist keine eigenständige Steuer. Sie stellt nur eine besondere Erhebungsform der Einkommensteuer bei Einkünften aus nichtselbstständiger Arbeit dar.

Die Einkommensteuer ist eine Personensteuer, bei deren Ermittlung die persönlichen Verhältnisse des Steuerpflichtigen (z. B. Familienstand, Anzahl der Kinder, Alter) und besondere Umstände, die seine wirtschaftliche Leistungsfähigkeit beeinträchtigen (z. B. Unterstützung mittelloser Angehöriger) berücksichtigt werden. Besteuert wird das Einkommen eines Kalenderjahres.

Juristische Personen (z. B. Aktiengesellschaften, Gesellschaften mit beschränkter Haftung, Genossenschaften) sind nicht einkommensteuerpflichtig. Ihr Einkommen unterliegt der **Körperschaftsteuer**.

Einkommensteuerpflichtige Einkunftsarten

Das steuerpflichtige Einkommen ergibt sich aus folgenden sieben im § 2 Einkommensteuergesetz aufgeführten Einkunftsarten:

1. Einkünfte aus Land- und Forstwirtschaft (z. B. aus landwirtschaftlichen Betrieben, Gartenbaubetrieben, Weinbaubetrieben, forstwirtschaftlichen Betrieben),
2. Einkünfte aus Gewerbebetrieben (z. B. aus Handelsbetrieben, Handwerksbetrieben, Industriebetrieben),
3. Einkünfte aus selbstständiger Arbeit (= Einkünfte von Selbstständigen, die keinen Gewerbebetrieb oder land- und forstwirtschaftlichen Betrieb haben, z. B. Ärzte, Rechtsanwälte, Architekten, Steuerberater),
4. Einkünfte aus nicht selbstständiger Arbeit (Löhne und Gehälter),
5. Einkünfte aus Kapitalvermögen (z. B. Gewinnanteile aus Aktien, Zinsen aus Sparguthaben),
6. Einkünfte aus Vermietungen und Verpachtungen,
7. Sonstige Einkünfte (z. B. Spekulationsgewinne, Einkünfte aus Unterhaltsleistungen, Renten, Einkünfte aus Vermietung beweglicher Gegenstände).

Ermittlung der Gewinneinkünfte

Die ersten drei Einkunftsarten (aus Land- und Forstwirtschaft, Gewerbebetrieben, selbstständiger Arbeit) werden Gewinneinkünfte genannt, weil bei ihnen der Gewinn als Einkunft angesetzt wird. Der Gewinn wird durch Abzug der Betriebsausgaben von den Betriebseinnahmen ermittelt.

Beispiel

Der selbstständige Buchhändler Franke hatte Betriebseinnahmen von 500.000,00 €. Diese Betriebseinnahmen wurden durch den Verkauf von Waren an Endverbraucher erzielt. Im gleichen Zeitraum betrugen die Betriebsausgaben 420.000,00 €. In diesen Betriebsausgaben sind z. B. Miete für Geschäftsräume, Gehälter für das Verkaufspersonal, der Wareneinsatz und die Abschreibungen auf Anlagen enthalten. Durch Abzug der Betriebsausgaben von den Betriebseinnahmen ergibt sich ein Gewinn von 80.000,00 €. Diese 80.000,00 € muss Herr Franke als Einkünfte aus einem Gewerbebetrieb versteuern.

Ermittlung der Überschusseinkünfte

Die Einkünfte der Einkunftsarten 4 bis 7 (Einkünfte aus nicht selbstständiger Arbeit, aus Kapitalvermögen, aus Vermietungen und Verpachtungen, sonstige Einkünfte) sind die Überschüsse der Einnahmen aus den jeweiligen Einkunftsarten über die abzugsfähigen Werbungskosten. Sie werden deshalb Überschusseinkünfte genannt.

Werbungskosten sind Ausgaben, die zum Erwerb, Sicherung und Erhalt der Einnahmen notwendig sind. Sie müssen immer bei der Einkunftsart abgezogen werden, für die sie aufgewendet wurden. Die Werbungskosten sind bei den Überschusseinkünften das, was die Betriebsausgaben bei den Gewinneinkünften sind.

Werbungskosten bei Einkünften aus nicht selbstständiger Arbeit sind vor allem

- Aufwendungen für Fahrten zwischen Wohnung und Arbeitsstätte:
  Entfernungspauschale 0,30 € je km, den die Wohnung von der Arbeitsstätte entfernt liegt. Die Entfernungspauschale gilt für alle Berufspendler in gleicher Höhe unabhängig von dem Verkehrsmittel, mit dem Sie zur Arbeit kommen.
- Beiträge zu Berufsverbänden, z. B. Gewerkschaftsbeiträge,
- Aufwendungen für Arbeitsmittel, z. B. Berufsbekleidung, Werkzeuge, Fachbücher,
- Mehraufwendungen für Verpflegung bei über zwölfstündiger berufsbedingter Abwesenheit von der Wohnung,
- Mehraufwendungen für eine beruflich bedingte doppelte Haushaltsführung,
- weitere Werbungskosten, z. B. Fortbildungskosten, Reisekosten, beruflich bedingte Umzugskosten, Bewerbungskosten.

Pauschbeträge für Werbungskosten

Grundsätzlich müssen alle Werbungskosten, die der Steuerpflichtige absetzen will, einzeln nachgewiesen werden. Aus Gründen der Vereinfachung des Besteuerungsverfahrens wird jedoch bis zu einem bestimmten Gesamtbetrag auf den Einzelnachweis verzichtet.

Bei der Ermittlung der Einkünfte aus nicht selbstständiger Arbeit wird vom Lohn oder Gehalt ein **Arbeitnehmerpauschbetrag** von 1.000,00 €, wenn nicht höhere Werbungskosten nachgewiesen werden, abgezogen. Für Ehegatten, die gemeinsam veranlagt werden, sind diese Beträge jeweils zu verdoppeln.

Zum 1.1.2009 wurde die sogenannte Abgeltungssteuer eingeführt. Sämtliche Einkünfte aus Kapitalvermögen werden direkt an der Quelle mit 25 % versteuert, der Anleger bekommt nur 25 % seiner Erträge ausbezahlt. Auch dann gibt es Freibeträge, allerdings können diese erst bei der Einkommensteuererklärung geltend gemacht werden: „Bei der Ermittlung der Einkünfte aus Kapitalvermögen ist als Werbungskosten ein Betrag von 801,00 € abzuziehen (Sparer-Pauschbetrag); der Abzug der tatsächlichen Werbungskosten ist ausgeschlossen. Ehegatten, die zusammen veranlagt werden, wird ein gemeinsamer Sparer-Pauschbetrag von 1.602,00 € gewährt." (EStG § 20 Abs. 9)

Ermittlung des zu versteuernden Einkommens

Bemessungsgrundlage für die Einkommensteuer ist das zu versteuernde Einkommen, das der Steuerpflichtige innerhalb eines Kalenderjahres bezogen hat. Es wird nach folgendem Schema ermittelt:

```
  Gewinneinkünfte (Einkunftsarten 1–3)
+ Überschusseinkünfte (Einkunftsarten 4–7)
= Summe der Einkünfte
− Altersentlastungsbetrag
= Gesamtbetrag der Einkünfte
− Sonderausgaben
− außergewöhnliche Belastungen
= Einkommen
− Kinderfreibetrag
− Entlastungsbetrag für Alleinerziehende
= zu versteuerndes Einkommen
```

Sonderausgaben

Sonderausgaben sind Aufwendungen der Lebensführung, die aus sozialen, wirtschaftlichen und steuerpolitischen Gründen steuerlich begünstigt werden.

Die größte und wichtigste Gruppe innerhalb der Sonderausgaben bilden die **Vorsorgeaufwendungen**. Das sind

- die Beiträge zur gesetzlichen Renten- und Arbeitslosenversicherung,
- Beiträge zu Kranken-, Unfall-, Lebens- und Haftpflichtversicherungen
- sowie Bausparverträge.

Beiträge zu Sachversicherungen (z. B. Hausrat- und Kaskoversicherungen) sind keine Vorsorgeaufwendungen und damit auch nicht als Sonderausgaben abzugsfähig.

Die Vorsorgeaufwendungen sind nur beschränkt bis zu einem bestimmten Höchstbetrag abziehbar. Steuerpflichtigen mit Einkünften aus nicht selbstständiger Arbeit (Arbeitnehmer) wird eine Vorsorgepauschale abgezogen, sofern sie keine höheren Vorsorgeaufwendungen nachweisen können. Die Vorsorgepauschale ist kein Festbetrag. Sie ist nach der Höhe des Arbeitslohns gestaffelt.

Die übrigen **Sonderausgaben** sind

- **Unterhaltszahlungen** an den geschiedenen oder dauernd getrennt lebenden Ehegatten;
- **Renten und dauernde Lasten**, zu deren Zahlung sich der Steuerpflichtige verpflichtet hat: Er hat z. B. ein Haus geerbt und muss deshalb eine Rente zahlen.
- **Berufsausbildungskosten**;
- die gezahlte **Kirchensteuer**;
- **Steuerberatungskosten**;
- **Spenden und Beiträge für wissenschaftliche, mildtätige und kulturelle Zwecke**;
- **Spenden und Beiträge für kirchliche, religiöse und gemeinnützige Zwecke**;
- **Spenden und Mitgliedsbeiträge an politische Parteien**.

Außergewöhnliche Belastungen

Eine außergewöhnliche Belastung ist gegeben, wenn ein Steuerpflichtiger zwangsläufig größere Aufwendungen bestreiten muss als die überwiegende Mehrzahl der Steuerpflichtigen gleicher Einkommens- und Vermögensverhältnisse. Wenn diese Aufwendungen eine zumutbare Eigenbelastung übersteigen, wird der übersteigende Betrag auf Antrag vom Gesamtbetrag der Einkünfte abgezogen.

Außergewöhnliche Belastungen sind z. B.

- Krankheitskosten (z. B. Zahnersatz, Brillen), soweit sie nicht von dritter Seite (z. B. einer Krankenkasse) ersetzt werden,
- Kurkosten,
- Unterstützung bedürftiger Angehöriger (z. B. Eltern, Geschwister, Kinder),
- Anwalts- und Gerichtskosten bei Ehescheidungen,
- Kinderbetreuungskosten (z. B. Aufwendungen für die Unterbringung von Kindern alleinstehender Arbeitnehmer in Kindergärten und Kinderhorten),
- besondere Aufwendungen von Körperbehinderten.

Auch die Aufwendungen, die einem Steuerpflichtigen durch die persönliche häusliche Pflege eines Angehörigen entstehen, können als außergewöhnliche Belastungen geltend gemacht werden. Diese Aufwendungen werden – sofern keine höheren Aufwendungen nachgewiesen werden – durch einen Pflegepauschbetrag von 924,00 € abgegolten.

Kinderfreibetrag

Eltern erhalten für Kinder unter 18 Jahre einen Kinderfreibetrag von 4.368,00 € je Kind. Dieser Freibetrag steht ihnen auch für Kinder zwischen 18 und 25 Jahren zu, wenn diese sich in der Berufsausbildung befinden.

Da Steuerpflichtige entweder Kindergeld oder diese Freibeträge erhalten, prüft das Finanzamt die Einkommensteuererklärung daraufhin, was für den Steuerpflichtigen günstiger ist. Wenn durch den Kinderfreibetrag eine höhere Steuerersparnis als das Kindergeld zustande kommt, wird der Freibetrag vom Finanzamt angesetzt und am Ende der Steuerberechnung das erhaltene Kindergeld der so ermittelten Einkommensteuerschuld hinzugerechnet.

Entlastungsbetrag für Alleinerziehende

Einen Entlastungsbetrag für Alleinerziehende von 1.308,00 € erhalten alleinstehende Elternteile mit mindestens einem Kind, für das sie einen Kinderfreibetrag erhalten.

Der Einkommensteuertarif

Die Einkommensteuer wird von dem zu versteuernden Einkommen des Steuerpflichtigen berechnet. Maßgebend für die Höhe der Einkommensteuer ist der Einkommensteuertarif. Er umfasst vier verschiedene Tarifzonen. (Stand Jan. 2012)

1. **Grundfreibetrag:** Jeder Steuerpflichtige bekommt pro Jahr einen Grundfreibetrag von 8.004,00 €, für den er keine Steuern bezahlen muss.
2. **Progressionszone:** Das den Grundfreibetrag übersteigende Jahreseinkommen unterliegt bis 52.882,00 € einem mit der Höhe des Einkommens steigenden Steuersatz von 14 bis 42%.
3. **Untere Proportionalzone:** Der 52.882,00 € übersteigende Teil des Einkommens wird gleichbleibend mit einem Spitzensteuersatz von 42 % belastet. Dieser Steuersatz gilt jedoch nur bis zu einem Betrag von 250.730,00 €.
4. **Obere Proportionalzone:** Der Teil des zu versteuernden Einkommens, der 250.730,00 € übersteigt, muss mit dem Spitzensteuersatz von 45 % versteuert werden.

Für gemeinsam veranlagte Ehepartner verdoppeln sich die vorstehend aufgeführten Euro-Beträge (Splittingtarif).

Die Einkommensteuer wird im Veranlagungsverfahren, die Lohnsteuer im Abzugsverfahren erhoben.

Einkommensteuererklärungspflicht[1]

Der Steuerpflichtige muss beim Finanzamt eine jährliche Einkommensteuererklärung für den vergangenen Veranlagungszeitraum (in der Regel das letzte Kalenderjahr) abgeben. Diese Erklärung muss auf einem amtlich vorgeschriebenen Vordruck bis zum 31. Mai des dem Veranlagungszeitraum folgenden Jahres abgegeben werden.

Die Steuerschuld wird vom Finanzamt aufgrund dieser Steuererklärung ermittelt und dem Steuerpflichtigen in einem schriftlichen Steuerbescheid mitgeteilt. Er enthält eine Abrechnung, in der bereits geleistete Vorauszahlungen (vierteljährliche Einkommensteuervorauszahlungen, bezahlte Lohnsteuer) von der ermittelten Steuerschuld abgezogen werden. Übersteigt die Steuerschuld die Vorauszahlungen, so muss der Steuerpflichtige die verbleibende Steuerschuld innerhalb eines Monats nach Erhalt des Steuerbescheids an das Finanzamt nachzahlen. Mit dem Steuerbescheid wird dem Steuerpflichtigen außerdem die Höhe der zukünftigen vierteljährlichen Einkommensteuervorauszahlung mitgeteilt.

Ehegatten können sich getrennt oder gemeinsam zur Einkommensteuer veranlagen lassen. Bei der gemeinsamen Veranlagung werden die Einkünfte der Ehegatten zusammengerechnet und gemeinsam besteuert.

Das Lohnsteuerabzugsverfahren

Bei Einkünften aus nicht selbstständiger Arbeit wird die Einkommensteuer in Form der Lohnsteuer einbehalten. Der Arbeitgeber muss die Einkommensteuerschuld seiner Arbeitnehmer errechnen, den Betrag von deren Lohn oder Gehalt abziehen und in der Regel bis zum 10. des Folgemonats an das Finanzamt abführen. Er haftet für die Lohnsteuer, die er einzubehalten und abzuführen hat.

Der Arbeitgeber ermittelt die Lohnsteuer auf der Grundlage der von der Finanzverwaltung zur Verfügung gestellten Merkmale der Arbeitnehmer (Anschrift, Familienstand, Geburtsdatum, Steuerklasse, Religionszugehörigkeit, Zahl der Kinder und Zahl der Kinderfreibeträge des Arbeitnehmers).

Der Arbeitnehmer erhält vom Arbeitgeber eine Bescheinigung über die abgeführten Steuern mit einer PIN (= Personal Identification Number), die er bei seiner Einkommensteuererklärung oder seinem Antrag auf Einkommensteuerveranlagung angeben muss.

Die Lohnsteuertabelle

Der Arbeitgeber ermittelt die einzubehaltende Lohnsteuer mithilfe einer Lohnsteuertabelle. Diese Tabellen gibt es als Tages-, Wochen-, Monats- und Jahrestabelle. Den Steuerbeträgen in der Lohnsteuertabelle liegt der Einkommensteuertarif zugrunde. In die Tabelle sind

---

[1] Die Einkommensteuererklärungspflicht gilt nicht generell, sondern nur, wenn Ehegatten die Steuerklassenkombination III/V gewählt haben, Freibeträge auf der Lohnsteuerkarte eingetragen sind oder andere als Einkünfte aus unselbstständiger Tätigkeit vorliegen.

- der Arbeitnehmerpauschbetrag von 920,00 €,
- die allgemeine Vorsorgepauschale,
- die Kinderfreibeträge und
- der Haushaltsfreibetrag

eingearbeitet. Die Lohnsteuertabelle reiht die Arbeitnehmer in sechs Steuerklassen ein.

Die Steuerklassen

Ehegatten, die beide Arbeitslohn beziehen, können zwischen der Steuerklassenkombination IV/IV und III/V wählen. Sie sollten die Kombination III/V nur dann wählen, wenn der Arbeitslohn des einen Ehegatten wesentlich höher ist als der des anderen. Der Ehegatte mit dem höheren Einkommen sollte sich dann in die günstigere Steuerklasse III, der mit dem niedrigeren Einkommen in die Steuerklasse V einstufen lassen.

Antrag auf Einkommensteuerveranlagung

Häufig übersteigt die von einem steuerpflichtigen Arbeitnehmer im Laufe des Kalenderjahres einbehaltene Lohnsteuer die auf den gesamten Jahresarbeitslohn entfallende Steuer. Die zu viel gezahlte Lohnsteuer wird vom Finanzamt erstattet, wenn der steuerpflichtige Arbeitnehmer einen Antrag auf Einkommensteuerveranlagung stellt.

Der Antrag auf Einkommensteuerveranlagung ist freiwillig. Er kann nur von Arbeitnehmern gestellt werden, für die keine Einkommensteuererklärungspflicht besteht.

Ein Antrag auf Einkommensteuerveranlagung lohnt sich für den steuerpflichtigen Arbeitnehmer insbesondere, wenn

- ihm Werbungskosten, Sonderausgaben oder außergewöhnliche Belastungen entstanden sind, für die kein Freibetrag auf seiner Lohnsteuerkarte eingetragen war,
- sein Gehalt im Laufe des Jahres gestiegen ist,
- Nach- oder Sonderzahlungen (z. B. Weihnachtsgeld, Gehaltsnachzahlungen) zu überproportionalen Steuerabzügen geführt haben,
- er nicht das ganze Jahr in einem Arbeitsverhältnis beschäftigt war (z. B. wegen Arbeitslosigkeit),
- auch sein Ehegatte Arbeitslohn bezogen hat,
- sich seine persönlichen Verhältnisse im Laufe des Jahres geändert haben (z. B. Heirat, Geburt eines Kindes).

Steuerklasse	Personenkreis
I	- Ledige und geschiedene Arbeitnehmer, - verheiratete Arbeitnehmer, die von ihrem Ehegatten dauernd getrennt leben oder deren Ehegatte im Ausland lebt, - verwitwete Arbeitnehmer, wenn der Ehegatte vor dem vorangegangenen Kalenderjahr gestorben ist. Steuerklasse I gilt nicht für Arbeitnehmer, die einen Haushaltsfreibetrag erhalten.
II	- Ledige und geschiedene Arbeitnehmer, - verheiratete Arbeitnehmer, die von ihrem Ehegatten dauernd getrennt leben oder deren Ehegatte im Ausland lebt, - verwitwete Arbeitnehmer, wenn der Ehegatte vor dem vorangegangenen Kalenderjahr gestorben ist, die einen Entlastungsbetrag für Alleinerziehende erhalten.
III	- Verheiratete Arbeitnehmer, wenn der Ehegatte - keinen Arbeitslohn bezieht oder - auf Antrag beider Ehegatten in die Steuerklasse V eingereiht wird, - verwitwete Arbeitnehmer, wenn der Ehegatte im vorangegangenen Kalenderjahr gestorben ist.
IV	Verheiratete Arbeitnehmer, wenn beide Ehegatten Arbeitslohn beziehen.
V	Verheiratete Arbeitnehmer - wenn der Ehegatte ebenfalls Arbeitslohn bezieht und - auf Antrag beider Ehegatten in die Steuerklasse III eingereiht wird.
VI	Sie wird auf der zweiten und jeder weiteren Lohnsteuerkarte für Arbeitnehmer eingetragen, die aus mehreren Arbeitsverhältnissen gleichzeitig von verschiedenen Arbeitgebern Arbeitslohn beziehen.

Einkommensteuererklärungspflicht von Arbeitnehmern

Arbeitnehmer sind verpflichtet, eine Einkommensteuererklärung abzugeben, wenn

- sie noch andere Einkünfte, die nicht Lohneinkünfte sind, von mehr als 410,00 € bezogen haben,
- auf ihrer Lohnsteuerkarte ein Freibetrag eingetragen ist.

Arbeitnehmer, die erklärungspflichtig sind, müssen eine Einkommensteuererklärung abgeben. Die im Laufe des Jahres einbehaltene Lohnsteuer rechnet das Finanzamt auf ihre Einkommensteuerschuld an.

Aufgaben

1. Unterscheiden Sie Einkommen-, Lohn- und Körperschaftsteuer.

2. Der selbstständige Großhändler Franz Kraus hatte im letzten Jahr folgende Einkünfte:
   - Gewinn aus seinem Großhandelsbetrieb
   - Einnahmen aus der Vermietung von Wohnungen in seinem Dreifamilienhaus
   - Dividende aus seinem Aktienbesitz
   - Spekulationsgewinn aus einem Wertpapiergeschäft
   - Zinsen aus seinem Sparguthaben

   Zu welchen Einkunftsarten zählen die einzelnen Einkünfte?

3. Martina Kluge arbeitet als Buchhändlerin in der Leipziger Universitätsbuchhandlung. Welche der folgenden Aufwendungen kann sie als Werbungskosten von der Steuer absetzen?
   - Gewerkschaftsbeitrag
   - Fahrtkosten vom Wohnort zum Arbeitsplatz
   - Versicherungsbeiträge
   - Beiträge zur Sozialversicherung

4. Welche der folgenden Aufwendungen kann Frau Kluge als Sonderausgaben absetzen?
   - Kirchensteuer
   - Haftpflichtversicherungsbeitrag
   - Kraftfahrzeugsteuer
   - Schuldzinsen für einen Anschaffungskredit
   - Lebensversicherungsbeiträge
   - Sozialversicherungsbeiträge
   - Hausratsversicherungsbeitrag

5. Welche der folgenden Ausgaben kann Frau Kluge als außergewöhnliche Belastungen absetzen?
   - Kosten für eine neue Brille (Eigenleistung)
   - Miete für eine Zweitwohnung
   - monatliche Unterstützungszahlung an ihre mittellose Mutter
   - Beitrag zu einer privaten Unfallversicherung

6. Ein lediger Angestellter hatte ein Jahresbruttoeinkommen von 36.000,00 €. Wie viel € seines Einkommens sind
   a) steuerfrei?
   b) werden progressiv versteuert?

7. Welche Angestellten müssen eine Einkommensteuererklärung abgeben?

8. Wählen Sie jeweils die richtige Steuerklasse.
   a) lediger Angestellter ohne Kinder
   b) berufstätiges Ehepaar, wenn der Ehemann 28.000,00 € brutto und die Ehefrau 40.000,00 € brutto jährlich verdient
   c) alleinstehende Frau mit einem schulpflichtigen Kind
   d) lediger Angestellter mit zwei Arbeitsverhältnissen

9. Frank Bader ist bei der Schwarz AG als Industriekaufmann beschäftigt. Von seinem Bruttogehalt hat sein Arbeitgeber 2008 8.576,00 € Lohnsteuer, 771,84 € Kirchensteuer und Sozialversicherungsbeiträge in Höhe von 9.549,84 € einbehalten. Der Arbeitgeberanteil zur Rentenversicherung betrug 2.089,50 €. Herr Bader ist 2008 an 208 Tagen mit eigenem Pkw zu seiner Arbeitsstelle gefahren, die 18 km von seiner Wohnung entfernt liegt. Außerdem hat er Gewerkschaftsbeiträge in Höhe von 225,00 € gezahlt. Außerdem bezahlte er Beiträge zur
   - privaten Unfallversicherung 48,00 €,
   - Hausratversicherung 105,00 €,
   - Lebensversicherung 220,00 €,
   - Haftpflichtversicherung 110,00 €.

   Wieviel € kann Herr Bader in seinem Antrag auf Einkommensteuerveranlagung
   a) als Werbungskosten,
   b) als Sonderausgaben angeben?

10. Frau Korte verdient als Großhandelskauffrau im Monat 3.200,00 € brutto. Sie ist geschieden und hat eine 12-jährige Tochter. Wie viel € Lohnsteuer muss ihr Arbeitgeber von ihrem Monatsgehalt einbehalten?

Zusammenfassung

```
                          ┌─────────────┐
                          │   Steuern   │
                          └─────────────┘
              ┌──────────────────┴──────────────────┐
        vom Einkommen natürlicher Personen        vom Einkommen
                                                  juristischer Personen
    ┌──────────────────┐  ┌──────────────────┐   ┌──────────────────┐
    │  Einkommensteuer │  │    Lohnsteuer    │   │ Körperschaftsteuer│
    └──────────────────┘  └──────────────────┘   └──────────────────┘
```

wird durch Ver-   wird bei Einkünften aus nichtselbst-
anlagung erhoben.   ständiger Tätigkeit durch Abzug erhoben.

- **Einkommensteuerpflichtige Einkünfte** sind
  - Gewinneinkünfte   (= Betriebseinnahmen – Betriebsausgaben),
  - Überschusseinkünfte (= Einnahmen – Werbungskosten)
- Zur **Ermittlung des steuerpflichtigen Einkommens** werden die Einkünfte vermindert um
  - den Altersentlastungsbetrag, – außergewöhnliche – Kinderfreibeträge,
  - Sonderausgaben,   Belastungen,   – Sonderfreibeträge.
- **Der Einkommensteuertarif** gliedert sich in
  - Grundfreibetrag = steuerfreies Einkommen, – obere Proportionalzone =
  - Progressionszone = ansteigender Steuersatz,   gleichbleibender Spitzensteuersatz.
- **Lohnsteuer** wird vom Arbeitgeber mithilfe der Lohnsteuertabelle ermittelt.
- Die **Lohnsteuertabelle** reiht die Arbeitnehmer in **sechs Steuerklassen** ein.
- Auf Antrag wird zu viel gezahlte Lohnsteuer vom Finanzamt erstattet.

7 Wirtschaftsordnungen
7.1 Idealtypische Wirtschaftsordnungen

Ein Blick in die Zukunft ... (?)

Die letzte Bundestagswahl gewann überraschend die erst kürzlich gegründete Partei „Die Blauen", die sofort das bisherige Wirtschaftssystem veränderte. Für Auszubildende änderte sich damit einiges:

- Da dieses Jahr ein heißer Sommer ist, möchten Sie mehr Bier als normal trinken. Aber der Staat meint, Sie sollten so viel trinken wie letztes Jahr.
- Nur noch im Museum gibt es Unternehmer zu besichtigen: Ihr Chef ist nun eine Behörde.
- Als extrem fleißige(r) Auszubildende(r) bekommen Sie innerhalb kurzer Zeit 15 Orden und Auszeichnungen.
- Der Staat entlastet jetzt Ihre Vorgesetzten und damit auch Sie! Er legt allein fest, was und wie viel produziert und verbraucht wird und wie viel die Güter kosten sollen.
- Als Konsument müssen Sie jetzt regelmäßig Fragebogen ausfüllen. Der Staat will von Ihnen beispielsweise wissen, wie viel Lederhosen Sie in drei Jahren oder wie viel Gummibären Sie in zwei Jahren benötigen, damit er dann rechtzeitig zur Zufriedenheit der Verbraucher handeln und planen kann.
- Da Ihre Freundin/Ihr Freund in Peine wohnt, wollen Sie dort arbeiten. Aber der Staat braucht Sie dringend in Pattensen und setzt Sie dort ein.

Welche Merkmale kennzeichnen dieses Wirtschaftsmodell?

Information

Eine moderne Volkswirtschaft ist durch Arbeitsteilung gekennzeichnet. Die spezialisierten Leistungen vieler Berufe, die Güterproduktion von einer großen Zahl unterschiedlicher Betriebe sowie die vielfältige Nachfrage der Haushalte müssen jedoch auf irgendeine Weise aufeinander abgestimmt werden. Damit die arbeitsteilige Wirtschaft funktioniert, bedarf es also der Koordination (Abstimmung), andernfalls wäre ein Chaos die Folge. Eine Wirtschaft muss also nach bestimmten Merkmalen organisiert sein.

Wirtschaftsordnungen

> Unter einer Wirtschaftsordnung versteht man die Erscheinungsform einer Volkswirtschaft. Sie stellt die Summe aller Regeln dar, die für die Wirtschaft gelten.

Eine Wirtschaftsordnung umschreibt somit, auf welche Weise und durch welche Regelungen die am Wirtschaftsprozess Beteiligten (z. B. Unternehmen, Haushalte, Staat) zusammenwirken.

Es werden zwei große Gruppen von Wirtschaftsordnungen unterschieden:

- **Idealtypische Wirtschaftsordnungen**
  sind von der Wirklichkeit weitgehend losgelöste theoretische Modelle. Sie bestehen nur als Ideen. In der Praxis sind sie daher nicht in „reiner" Form anzutreffen.

  Mithilfe der idealtypischen Wirtschaftsordnungen können jedoch wesentliche wirtschaftliche Erkenntnisse gewonnen werden. Zwei Denkmodelle stehen sich als absolute Gegensätze gegenüber:

  - die *freie Marktwirtschaft* und
  - die *Zentralverwaltungswirtschaft*

- **Realtypische Wirtschaftsordnungen:**

  Die Wirtschaftsordnungen verschiedener Staaten (wie z. B. die soziale Marktwirtschaft der Bundesrepublik oder die Wirtschaftsordnungen der USA oder der ehemaligen DDR) sind keine „reinen" Ordnungsformen, sondern „Mischformen" der beiden idealtypischen Modelle.

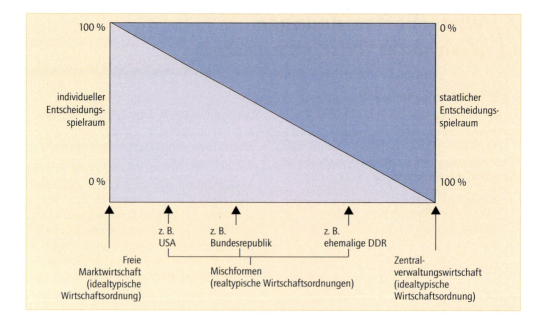

Unter realtypischen Wirtschaftsordnungen versteht man also die **tatsächlich in der Praxis bestehenden Wirtschaftsordnungen.** In ihnen sind in unterschiedlichem Ausmaß Tatbestände der idealtypischen freien Marktwirtschaft und der Zentralverwaltungswirtschaft miteinander verschmolzen.

Das Grundprinzip der idealtypischen Wirtschaftsordnungen

Der entscheidende Unterschied zwischen der freien Marktwirtschaft und der Zentralverwaltungswirtschaft liegt in der Planung der Aktivitäten der Wirtschaftsteilnehmer.

Die **freie** Marktwirtschaft ist eine Wirtschaftsordnung, in der in ihrer Handlungsfreiheit unbeeinträchtigte Unternehmen und Haushalte für sich *einzelne* Wirtschaftspläne aufstellen und durchführen.

Bei der **Zentralverwaltungswirtschaft** wird alles Wirtschaften zentral, also durch *einen* Plan *einer* Zentralstelle gelenkt.

Beispiele

In der freien Marktwirtschaft entscheidet jeder Betrieb für sich, welche Güter er produzieren möchte und zu welchen Preisen er sie anbietet. In der Zentralverwaltungswirtschaft legt der Staat für alle Betriebe fest, was sie zu welchen Preisen herzustellen haben.

Die freie Marktwirtschaft

Die freie Marktwirtschaft überlässt die Planung, was produziert bzw. verbraucht werden soll, den einzelnen Wirtschaftsteilnehmern. Die Koordination (Abstimmung) übernehmen dabei die Märkte, auf denen sich die Einzelpläne aller Beteiligten in Form von Angebot und Nachfrage treffen und über die Preisbildung zum Ausgleich kommen. Der Staat greift in die Wirtschaft nicht ein. Die Betriebe in der freien Marktwirtschaft orientieren sich an den Marktgegebenheiten und den Preisen. Sie entscheiden selbst über Investitionen und streben nach Rentabilität: Die Dynamik der Märkte bietet die Chance des Gewinns, es droht aber auch ein Verlustrisiko. Die Produktionsmittel sind Privateigentum. Es besteht eine freie Wahl von Beruf, Arbeitsplatz, Ausbildungsstätte, außerdem Niederlassungs- und Gewerbefreiheit. Die freie Entscheidung und die freie Entfaltung der Wirtschaftsteilnehmer bewirkt theoretisch

– eine optimale Herstellung,

– eine optimale Verteilung,

– einen optimalen Verbrauch der Güter.

Als Nachteile der freien Marktwirtschaft werden angesehen:

- Störungen durch die unternehmerische Freiheit
  – Belästigung für die Bevölkerung z. B. durch die freie Standortwahl.

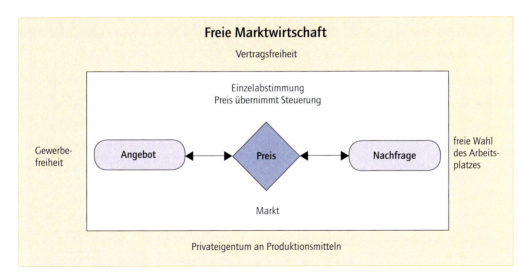

- Störung des ökologischen Haushalts
- Verschwendung von Rohstoffen
- Machtballungen entweder durch ungehemmten Wettbewerb oder durch Kartellbildungen
- Benachteiligung der wirtschaftlich Schwachen
  - keine soziale Absicherung
  - starke Abhängigkeit der Arbeitnehmer
- starke konjunkturelle Bewegungen

Zentralverwaltungswirtschaft

In der Zentralverwaltungswirtschaft sind die Wirtschaftsteilnehmer in ihren Dispositionen beschränkt. Es erfolgt eine zentrale Planung, Lenkung und Kontrolle des gesamten Wirtschaftsgeschehens durch eine staatliche Behörde. Es besteht Staatseigentum an den Produktionsmitteln. Höhe und Art der Investition werden durch den staatlichen Plan festgelegt. Die Preise bilden sich nicht am Markt, sondern werden administrativ (durch die Wirtschaftsverwaltung) vorgegeben. Oberstes Ziel allen wirtschaftlichen Handelns ist die Planerfüllung. Betriebe und Haushalte haben keine individuelle Entscheidungsfreiheit. Sie müssen sich den Planzielen unterordnen.

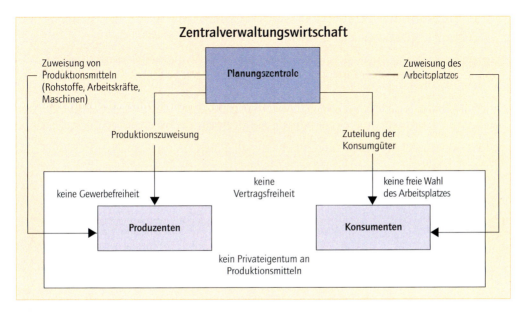

Vorteile	Nachteile
– Keine Benachteiligung der wirtschaftlich Schwachen: Produktion und Konsum sind durch die staatlichen Planvorgaben am Gemeinwohl orientiert. – Keine konjunkturellen Schwankungen: Die wirtschaftliche Entwicklung kann durch die zentrale Planbehörde langfristig und krisenfrei geplant werden. – Kein Konkurrenzkampf: Die Betriebe müssen zur Planerfüllung zusammenarbeiten. – Vollbeschäftigung: Jedem Arbeitnehmer wird ein Arbeitsplatz zugeteilt, um eine maximale Güterproduktion zur Bedarfsdeckung zu erreichen.	– Eine genaue Planung ist unrealistisch: Angesichts von ca. 20 Millionen Güterarten in der Volkswirtschaft ist es äußerst schwierig, einen genauen Überblick über die Bedürfnisse aller Haushalte und die Möglichkeiten *aller* Betriebe zu bekommen. – Große Auswirkungen von Planungsfehlern: Liegt auch nur ein Planungsfehler vor, wird das ganze Plansystem, dessen Daten zusammenhängen und voneinander abhängig sind, in Mitleidenschaft gezogen. – Schwerfällige Anpassung an Datenveränderungen: Die durch die Pläne starr festgelegte Produktion verhindert eine rasche Anpassung an veränderte Verhältnisse. – Mangelnder Einsatzwille: Infolge der Fremdbestimmung durch den Zentralplan wird die Eigeninitiative nicht gefördert.

	Zentralverwaltungswirtschaft	Freie Marktwirtschaft
Grundprinzip	Kollektivprinzip	Individualprinzip
Träger der Planung	staatliche Zentrale	die einzelnen Wirtschaftssubjekte
Koordinationsprinzip	staatliche Befehle (Kommandowirtschaft)	Preisbildung auf den Märkten
Eigentum an den Produktionsmitteln	Staatseigentum	Privateigentum
Zielsetzungen der Betriebe	Planerfüllung	Rentabilität
Entscheidungen über Investitionen	durch Plan vorgegeben	Entscheidung der Betriebe
Steuerung der Produktion	Sollziffern der Pläne	Marktgegebenheiten
Bestimmung des Verbrauchs	Gesamtumfang durch Planung; vorgegebenes Angebot	freie Konsumwahl
Einkommensverteilung	durch Zentrale reguliert	durch Beteiligung an der Produktion; Preisbildung auf den Märkten für Produktionsmittel
Außenwirtschaft	Außenhandelsmonopol	Exporte und Importe durch freie Entscheidungen der Wirtschaftssubjekte

Aufgaben

1. Was sind Wirtschaftsordnungen?
2. Wodurch unterscheiden sich die idealtypischen von den realtypischen Wirtschaftsordnungen?
3. Welcher grundsätzliche Unterschied besteht zwischen der freien Marktwirtschaft und der Zentralverwaltungswirtschaft?
4. Welche Freiheiten haben Arbeitnehmer und Unternehmer in der freien Marktwirtschaft?
5. In der freien Marktwirtschaft hat der Staat lediglich die Funktion eines „Nachtwächters". Was versteht man darunter?
6. In Fantasien, einem Land mit realisierter Zentralverwaltungswirtschaft, plant der Staat den Bau einer Mähdrescherfabrik.

   a) Welche grundsätzlichen Daten muss die Planungszentrale für diesen Produktionsprozess in Erfahrung bringen, um den Bau planen zu können?
   b) Warum kann der Fall eintreten, dass sich die erhobenen Daten nicht miteinander vereinbaren lassen?
   c) Nachdem die fantas(t)ische Mähdrescherfabrik den Produktionsprozess aufgenommen hatte, stellte sich heraus, dass die Plandaten für den Zuliefererbetrieb von Luftfiltern für Mähdreschermotoren nicht entsprechend geändert wurden. Welche Folgen (bis hin zu den Haushalten) kann diese Fehlplanung für die Wirtschaftsentwicklung der Zentralverwaltungswirtschaft haben?

Zusammenfassung

Idealtypische Wirtschaftsordnungen
- theoretische Denkmodelle über die Organisation einer Wirtschaft nach bestimmten Merkmalen
- dienen dem Erkenntnisgewinn

Freie Marktwirtschaft
Jeder Wirtschaftsteilnehmer stellt **eigene** Wirtschaftspläne auf und führt sie durch.

Zentralverwaltungswirtschaft
Alles Wirtschaften wird durch **einen** Plan **einer** Behörde gelenkt. Alle Wirtschaftsteilnehmer müssen dieser Entscheidung folgen.

7.2 Realtypische Wirtschaftsordnungen

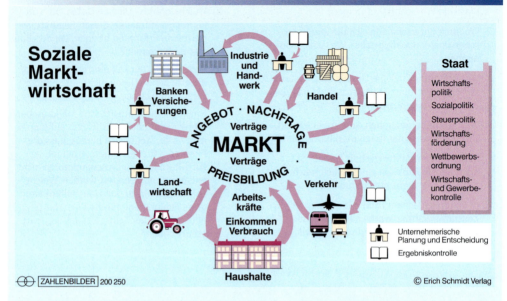

Wodurch unterscheidet sich die im Bild dargestellte soziale Marktwirtschaft der Bundesrepublik von der idealtypischen Wirtschaftsordnung der freien Marktwirtschaft?

Information

Die Merkmale der idealtypischen Wirtschaftsordnung der freien Marktwirtschaft waren am ehesten in der Mitte des 19. Jahrhunderts in England entwickelt. Absolute Wettbewerbsfreiheit und freie Preisbildung in allen Bereichen wurden weitgehend verwirklicht. Der Staat beschränkte sich wirtschaftspolitisch auf eine passive Rolle. Er sah über Missbräuche des freien Spiels der Kräfte und Ausbeutung der Arbeiter dort hinweg, wo er hätte eingreifen müssen. Wirtschaftlich ging es damals zwar in einem sich beschleunigenden Tempo aufwärts. Begleitet wurde der Aufschwung jedoch von spekulativen Übertreibungen und regelmäßigen Krisen und Zusammenbrüchen. Unter den Arbeitern herrschte großes Elend. Bei der Gründung der Bundesrepublik Deutschland wurde eine Wirtschaftsordnung entwickelt, die die Nachteile der freien Marktwirtschaft vermeiden sollte, ohne auf den Vorteil der großen wirtschaftlichen Leistungsfähigkeit zu verzichten. Die Wirtschaftsordnung, die in der Bundesrepublik verwirklicht wurde, ist die soziale Marktwirtschaft.

Auch in Deutschland war im 19. Jahrhundert die freie Marktwirtschaft weitgehend verwirklicht

In einem Berliner Elendsviertel 1843 ...
I. Gartenstraße 92 b, Stube Nr. 9. Dahlström hat früher als Seidenwirker gearbeitet und wöchentlich 3 bis 4 Taler verdient. Seit 5 Jahren leidet er an chronischem Katarrh und an Augenschwäche, sodass er völlig untauglich zur Arbeit ist. Die feuchte Kellerwohnung, die er wegen rückständiger Miete nicht vertauschen kann, wirkt sehr nachteilig auf seine Gesundheitsumstände. Der älteste Sohn, ein Stickmusterzeichner, hat ihn vor wenigen Wochen verlassen. Der zweite arbeitet auch für sich, wohnt bei den Eltern und gibt 25 Silbergroschen zu der Miete. Ein 14-

jähriges Mädchen verdient wöchentlich 22 Silbergroschen in einer Kattunfabrik, wo es von 5 Uhr morgens bis 9 Uhr abends zur Arbeit angehalten wird. Die Mutter sucht in der Stadt Knochen zusammen, wovon ein Zentner mit 10 Silbergroschen bezahlt wird. Dahlström war 15 Jahre lang Soldat, er bekommt daher monatlich einen Taler Unterstützung. Den kleinen Kindern dient ein Strohsack als Bett. Auf den Tisch kommt morgens ein wenig trockenes Brot, mittags gewöhnlich nichts, abends Brot und Hering oder Mehlsuppe ...

II. 92 b, Stube Nr. 73. Der Weber Fischer ist 42 Jahre alt, er hat sich als Webergeselle schon weit umhergetrieben. Gegen Ende des vorigen Jahres fehlte es ihm 17 Wochen an Arbeit. Er bleibt 8 Taler Miete schuldig, reiste nach Hamburg, fand dort auch keine Arbeit, kam krank nach Berlin zurück und wurde ins Krankenhaus gebracht. Als er wieder gesund war, fehlte es ihm an Obdach; die Polizei brachte ihn mit seiner ganzen Familie ins Arbeitshaus, wo er 15 Wochen getrennt von Frau und Kindern als Gefangener lebte neben Verbrechern aller Art ... Endlich entließ man ihn mit 4 Talern Unterstützung. Von diesen zahlte er 3 Taler an die Mietschuld, 1 Taler Exekutionskosten. Er bleibt also noch 5 Taler Miete schuldig ... (Ein Nachbar besorgte ihm für 14 Tage Arbeit) ... Auf zwei Wochen ist die Existenz der Familie gesichert. Es ist aber vorauszusehen, dass sie binnen kurzer Zeit wieder ins Arbeitshaus gebracht werden muss.

Die soziale Marktwirtschaft

Die soziale Marktwirtschaft beruht auf **dynamischem Wettbewerb** und sozialem **Fortschritt**.

Ziel der sozialen Marktwirtschaft ist es, das Prinzip der Freiheit auf dem Markt, wo die Wirtschaftsteilnehmer ihre eigenen Pläne aufstellen, mit dem Prinzip des sozialen Ausgleichs zu verbinden, für das der Staat sorgt.

Auch die wirtschaftlich Schwachen, seien es nun kleine Unternehmen, Bauern oder Arbeiter, müssen die Chance erhalten, sich wirtschaftlich zu behaupten. Dem Staat fällt die Aufgabe zu, für entsprechende Rahmenbedingungen zu sorgen. Somit geht die Wirtschaftsordnung der Bundesrepublik über das Modell der freien Marktwirtschaft weit hinaus. Zwar ist deren Grundelement – die Individualplanung der Wirtschaftsteilnehmer auf dem Markt – *weitgehend* verwirklicht. In bestimmten Bereichen beeinflusst bzw. lenkt der Staat jedoch das Wirtschaftsgeschehen, um für soziale Gerechtigkeit und Sicherheit zu sorgen. Der Staat ergänzt also durch **aktive Eingriffe** das marktwirtschaftliche Geschehen dort, wo es versagt oder zu unerwünschten gesellschaftlichen und sozialen Ergebnissen führt:

- Zu den volkswirtschaftlichen Grundlagen der freien Marktwirtschaft gehört der Wettbewerbsgedanke. Die Erfahrung zeigt aber, dass die Aufrechterhaltung des Wettbewerbs dort nicht zwangsläufig ist. Zur Aufrechterhaltung und institutionellen Sicherung des Leistungswettbewerbs werden im Rahmen der **staatlichen Wettbewerbspolitik** verschiedene Gesetze erlassen. Daher sind Kartellverbote, Fusionskontrollen und Missbrauchsaufsicht Eckpfeiler der sozialen Marktwirtschaft (vgl. Seite 403 ff.).

- In der freien Marktwirtschaft erfolgt die Aufteilung bzw. die Umverteilung des Sozialproduktes nur auf der Grundlage von Leistungen, die der Einzelne erbracht hat. In der sozialen Marktwirtschaft der Bundesrepublik werden zusätzlich individuelle Lebensverhältnisse wie Alter, Familienstand, Gesundheit usw. berücksichtigt. Noch nicht oder nicht im Produktionsprozess Stehende (Heranwachsende, Rentner) haben ebenfalls am Sozialprodukt teil. Der Staat definiert nämlich im Rahmen der **Sozialpolitik** soziale Schutzrechte und den Rahmen für Sicherungssysteme (z. B. Kranken-, Arbeitslosen- oder Rentenversicherung), die dem Einzelnen den Lebensunterhalt auch in den Lebensphasen sichern sollen, in denen er nicht in der Lage ist, für sich selbst zu sorgen. Das Sozialstaatsprinzip (Art. 20 Grundgesetz: „Die Bundesrepublik Deutschland ist ein demokratischer und sozialer Bundesstaat") findet seinen Niederschlag in einer Reihe gesetzgeberischer Maßnahmen, wie z. B. im Berufsbildungsgesetz, im Lohnfortzahlungsgesetz, im Mutterschutzgesetz usw.

- Im Rahmen der **Verteilungspolitik** greift der Staat in die auf dem Markt erzielte primäre Einkommensverteilung ein. Er verändert also Marktergebnisse. Dahinter steht eine auf Ausgleich ausgerichtete Gerechtigkeitsvorstellung. Der Lebensstandard der Menschen soll nicht allein von ihren am Markt erzielten Einkommen

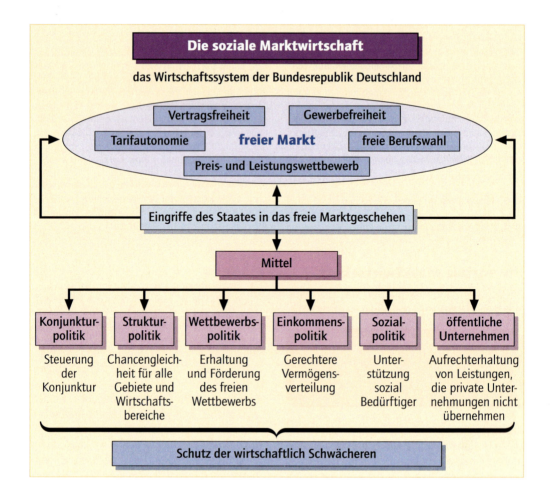

abhängen. Das wichtigste Umverteilungsinstrument ist die progressive Einkommensteuer (vgl. Kapitel 6.2). Die Markteinkommen von Beziehern hoher Einkommen werden prozentual stärker besteuert als diejenigen von Beziehern niedriger Einkommen. Ein weiteres Instrument der Umverteilung sind Geldtransfers (Übertragung finanzieller Leistungen des Staates an andere Wirtschaftsteilnehmer ohne direkte Gegenleistung).

Beispiele

- Sozialhilfe
- Arbeitslosenhilfe
- Wohngeld
- Kindergeld

- Bei krisenhaften Zuspitzungen kann der Staat durch Maßnahmen im Rahmen der **Konjunkturpolitik** einen nachhaltigen Einfluss auf das Wirtschaftsgeschehen ausüben (vgl. Kapitel 8.5).

- Freie Marktwirtschaften sind dynamisch. Ständig entstehen neue Märkte und damit Einkommensquellen, gleichzeitig gehen aber andere verloren. Ständig werden Besitzstände durch den Wettbewerb infrage gestellt. In der sozialen Marktwirtschaft akzeptiert der Staat diesen Strukturwandel aus sozialen, ausgleichs- und arbeitsmarktpolitischen Gründen nicht. Er betreibt **Strukturpolitik** (vgl. Kapitel 8.6). Durch Interventionen (Eingriffe) in Märkte versucht er, Tempo und Richtung des Strukturwandels zu beeinflussen. Dies geschieht entweder dadurch, dass Wirtschaftszweige gestützt werden, die ohne diese Hilfe stärker schrumpfen würden, oder indem gezielt Zukunftsbranchen oder -technologien gefördert werden.

- Durch **öffentliche Unternehmen** übernimmt der Staat einzelne Wirtschaftsaufgaben. Teilbereiche der Wirtschaft werden somit aus sozialen und historischen Gründen aus dem Wettbewerb herausgehalten oder innerhalb des Wettbewerbs begünstigt. Der Staat besitzt und betreibt die verschiedensten Arten von Unternehmen.

Beispiele
- Gas- und Wasserwerke
- Nahverkehrsbetriebe

Die öffentliche Versorgung könnte gefährdet sein, wenn beispielsweise Nahverkehrsbetriebe nur Privatunternehmen wären. Diese würden dann nur Strecken betreiben, die Gewinne abwerfen. Öffentliche Unternehmen hingegen decken auch den Bedarf der Bevölkerung in Orten oder Ortsteilen an unrentablen Strecken.

Die Wirtschaftsordnung der sozialen Marktwirtschaft hat sich in der Vergangenheit als überaus erfolgreich erwiesen. Die Produktivkräfte, die nach dem 2. Weltkrieg freigesetzt wurden, haben zu einer historisch einmaligen Steigerung der Wirtschaft des Landes und des Wohlstandes bei breiten Bevölkerungsschichten geführt („Wirtschaftswunder"). Das durchschnittliche Einkommen der Haushalte hat sich beispielsweise seit 1950 real um das Dreifache erhöht. Die Bundesrepublik ist zu einem der größten Exporteure auf den Weltmärkten geworden.

Vergleich der „Freien Marktwirtschaft" mit der „Sozialen Marktwirtschaft"	
Freie Marktwirtschaft	**Soziale Marktwirtschaft**
Keine Staatseingriffe in die Wirtschaft	Staatliches Eingreifen zur Gewährleistung sozialer Sicherheit und Gerechtigkeit
Größtmögliche Freiheit des Einzelnen	Einschränkung der persönlichen Freiheit bei Gefährdung der Freiheit anderer
Völlige Entscheidungsfreiheit der Unternehmer	Aufhebung der Entscheidungsfreiheit bei Gefährdung der Bevölkerung (z. B. keine Produktion von Sprengstoffen in dicht besiedelten Gebieten)
Absolute Vertragsfreiheit	Gesetzliche Regelungen zum Schutz des schwächeren Vertragspartners (z. B. Kündigungsschutz)
Freie Konsumwahl	Staatliches Eingreifen bei gesundheitsschädlichen Gütern (Verbot von Rauschgift)
Nur Privateigentum an Produktionsmitteln	Auch Staatseigentum ist möglich.
Geld hat reinen Zahlungsmittelcharakter	Geld wird auch als konjunkturpolitisches Steuerungsmittel verwendet.
Freier Außenhandel	Staatliche Beeinflussung des Außenhandels durch Währungs- und Zollpolitik

Die „real existierende sozialistische Planwirtschaft" der ehemaligen DDR

Konnten in einem unmittelbaren Vergleich mit der sozialen Marktwirtschaft zum Teil erheblich abweichende und schlechtere wirtschaftliche Ergebnisse festgestellt werden, so ist dies sicher nicht auf mangelnden Fleiß oder einen geringeren Bildungs- oder Ausbildungsstand zurückzuführen. Diese Unterschiede waren vielmehr ein Indiz für die Problematik und die systemimmanenten Schwierigkeiten der Wirtschaftsordnung der ehemaligen DDR. Dort wurde versucht, durch eine zahlenmäßig kleine politische Führung nach streng hierarchischen Prinzipien eine Volkswirtschaft zu planen und zu lenken. Das System der „real existierenden sozialistischen Planwirtschaft" wies jedoch wegen in der Praxis auftretender Schwierigkeiten, die das theoretische Modell nicht vorgesehen hat, erhebliche Unterschiede zur idealtypischen Wirtschaftsordnung der Zentralverwaltungswirtschaft auf:

- Es fand eine **Zentralplanung nur von Globalpositionen** statt: Das Bestreben, die Wirtschaft planmäßig zu steuern, scheiterte schon an der riesigen Anzahl von Gütern und Dienstleistungen, die in einer modernen Industriegesellschaft benötigt werden. Für über 20 Millionen Güterarten konnten Einzelpläne weder erstellt noch aufeinander abgestimmt werden. Man fasste daher viele tausend Güterarten in wenigen Globalplänen zusammen. Die darauf beruhende Unvollkommenheit der Planrechnung führte zu schwerwiegenden Störungen des Wirtschaftsprozesses.

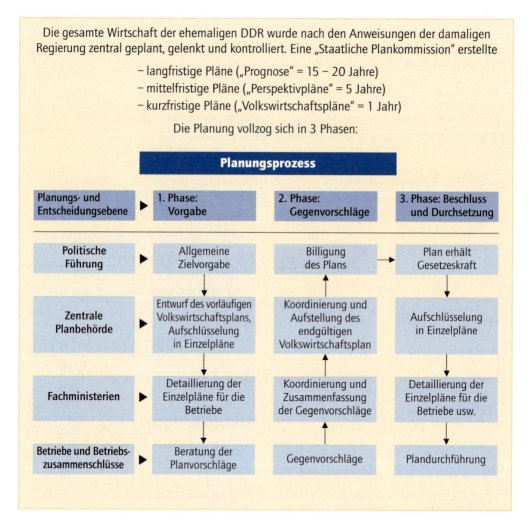

- **Einseitige Planung der Produktionsziele:** Als Ausgangspunkt für die Planung legte die Regierung der ehemaligen DDR bestimmte Produktionsziele fest. Sie bevorzugte in der Praxis die Verwendungsbereiche Staatsbedarf, Rüstung, Investitionen vor allem in der Schwerindustrie und den als Devisenbeschaffer dienenden Export. Die Produktion für den privaten Konsum trat demgegenüber meist zurück. Ebenfalls vernachlässigt wurde die Planung des Transports der Güter zu anderen Betrieben oder zum Verbraucher sowie die ganze für die Warenherstellung und -verteilung notwendige Infrastruktur der Volkswirtschaft.

- **Unzureichende Deckung des Bedarfs an Konsumgütern:**

  Aufgrund der mangelhaften Planung kam es zu keiner Abstimmung zwischen Angebot und Nachfrage. Die gewünschten Waren standen sehr oft nicht zur Verfügung. Lücken im Angebot führten zu Warteschlangen.

- **Entstehung von Ersatzmärkten:**

  Durch die mangelhafte Versorgung bildete sich neben dem offiziellen System eine „Schattenwirtschaft" heraus. Es bildeten sich Märkte, wo es fast alles gab, was über den Ladentisch nicht zu haben war. Diese Waren hatten allerdings Preise, die im Gegensatz zu den offiziell festgelegten Verrechnungspreisen den tatsächlichen Knappheitsverhältnissen entsprachen. Das einheimische Geld wurde auf diesen Märkten wegen der geringen Kaufkraft weitgehend durch Fremdwährungen (Devisen) verdrängt. Daneben blühte ein reger Tauschverkehr.

- **Minimale ökonomische Freiheit verursachte mangelnde Initiative und Leistungsbereitschaft:** Das politische und wirtschaftliche System der DDR griff tief in das Grundrecht zur freien Entfaltung der Persönlichkeit ein.

Beispiele

In der ehemaligen DDR verfügte der Staat über die Arbeitsplätze. Er bestimmte die Produktion, besetzte Stellen, wies Arbeit an, kontrollierte, entlohnte und gewährte Sozialleistungen. Er gab Wohnungen und Autos, führte die Sparkonten. Daher fehlten in der DDR-Volkswirtschaft sowohl Unternehmerinitiative als auch häufig (trotz eines Prämiensystems) Leistungsbereitschaft und Verantwortungsbewusstsein der einzelnen Arbeitnehmer.

Weitere realtypische sozialistische Planwirtschaften gab es in den anderen Ländern Osteuropas. Unter diesen war das Wirtschaftssystem der DDR das erfolgreichste Wirtschaftssystem. Im Vergleich zur sozialen Marktwirtschaft der Bundesrepublik wiesen jedoch alle gravierende Mängel auf. Aber auch die soziale Marktwirtschaft ist nie abgeschlossen und vollkommen. Die schnelle technische und wirtschaftliche Entwicklung verlangt eine ständige Anpassung an die Realität unter Berücksichtigung des sozialen Fortschritts und der sozialen Gerechtigkeit.

Aufgaben

1. Warum greift der Staat in der sozialen Marktwirtschaft der Bundesrepublik in das Wirtschaftsgeschehen ein?
2. Erläutern Sie, wo der Staat eine aktive Rolle in der sozialen Marktwirtschaft spielt.
3. Wie lief der wirtschaftliche Planungsprozess in der Wirtschaftsordnung der ehemaligen DDR ab?
4. Nennen Sie Störquellen für die Planerfüllung im Wirtschaftssystem der ehemaligen DDR.
5. Beurteilen Sie die Wirtschaftsordnung der ehemaligen DDR anhand der folgenden Kriterien:
   a) Deckung des Bedarfs,
   b) Leistungsmotivation der Wirtschaftssubjekte,
   c) Freiheit der Wirtschaftsteilnehmer,
   d) Anpassungsfähigkeit an Datenänderungen.

Zusammenfassung

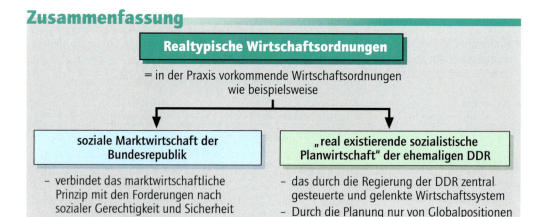

8 Wirtschaftspolitik

8.1 Wirtschaftskreislauf mit staatlicher Aktivität und Außenwirtschaft

Der Bundeshaushalt 2012 sieht Ausgaben in Höhe von rund 306,2 Milliarden Euro vor. Das sind nur rund 400 Millionen Euro mehr als im Haushalt 2011. Der größte Brocken im Haushaltsentwurf sind die Ausgaben für Arbeit und Soziales mit 126,5 Milliarden Euro; das sind 41 Prozent des Gesamtetats. Die Bundesschuld verschlingt 38,3 Milliarden Euro und ist damit zweitgrößter Posten.

Der Bundeshaushalt 2012 sieht eine Nettokreditaufnahme in Höhe von 26,1 Milliarden Euro vor. Im Haushalt 2011 ist die Neuverschuldung noch mit 48,4 Milliarden Euro veranschlagt. Dank der positiven Konjunkturentwicklung, die dem Finanzminister höhere Steuereinnahmen als erwartet beschert, dürfte sie aber am Jahresende bei etwa 22 Milliarden Euro liegen.

Nehmen Sie begründet Stellung zu der Bedeutung des Staats in der Gesamtwirtschaft.

Information

Im Wirtschaftskreislauf ist der **Staat** ein besonders wichtiger **Wirtschaftssektor**. Zu ihm zählen der Bund, die Länder, die Gemeinden und die Sozialversicherungsträger. Eine Volkswirtschaft ohne staatliche Beteiligung ist heute nicht mehr denkbar. Unternehmen und Haushalte geben einen Teil ihres Einkommens an den Staat ab:

Die Haushalte führen Steuern (Lohn- und Einkommensteuer, Vermögens-, Schenkungs- und Erbschaftsteuer, Kraftfahrzeugsteuer), Sozialversicherungsbeiträge und sonstige Abgaben an den Staat ab.

Die Unternehmen müssen ebenfalls Abgaben an den Staat entrichten, z. B. Körperschaftsteuer, Zölle, Mineralölsteuer, Umsatzsteuer, Vergnügungsteuer, Arbeitgeberanteil zur Sozialversicherung usw.

Ein großer Teil der Staatseinnahmen fließt hingegen an die einzelnen Wirtschaftssubjekte zurück, z. B. in Form von Löhnen und Gehältern an die Beschäftigten im öffentlichen Dienst, als Kindergeld, Mietbeihilfen, Pensionen und Renten an die Haushalte oder als Staatsaufträge (Der Staat verwendet die Steuern, um Gemeinschaftsaufgaben zu finanzieren, wie z. B. den Bau von Autobahnen, Krankenhäusern, Schulen, Altenheimen oder militärische Güter.) und Subventionen an die Unternehmen.

Subventionen sind Unterstützungszahlungen, die von den Unterstützten nicht zurückgezahlt werden müssen, z. B. Finanzhilfen und Steuervergünstigungen für die Landwirtschaft, den Schiffbau, die Luft- und Raumfahrttechnik, den Steinkohlebergbau oder Hilfen für die Forschung und Entwicklung neuer Technologien.

Den Renten- und Pensionszahlungen, den Ausgaben für Wohngeld oder BAföG an die Haushalte stehen ebenfalls keine wirtschaftlichen Gegenleistungen der Zahlungsempfänger gegenüber. Sie werden daher insgesamt Übertragungen oder **Transferzahlungen** genannt.

So ist der Sektor *Staat* mit den Unternehmen bzw. den privaten Haushalten durch zwei einander entgegenlaufende Geldströme verbunden.

1. Sektor *private Haushalte*: Steuern, Gebühren, Beiträge, Personalausgaben und Sozialleistungen,

2. Sektor *Unternehmen*: Steuern, Gebühren, Beiträge – Staatsaufträge und Subventionen.

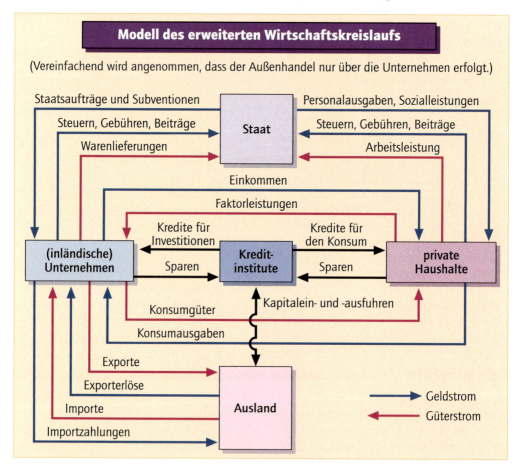

Eine Volkswirtschaft ohne die Betrachtung der Beziehungen zum Ausland bezeichnet man als **geschlossene Volkswirtschaft**.

Da unsere Volkswirtschaft aber mit anderen Volkswirtschaften vielfältige wirtschaftliche Verbindungen hat, müssen in die vollständige Betrachtung des Wirtschaftsprozesses schließlich noch die Austauschbeziehungen mit dem **Sektor Ausland** berücksichtigt werden. Deshalb spricht man bei diesem Modell von einer **offenen Volkswirtschaft**.

Im Außenhandel ist zu unterscheiden zwischen Importgüterstrom und Exportgüterstrom. Den beiden Güterströmen fließen die Geldströme (Exporterlös bzw. Importzahlungen) in umgekehrter Richtung entgegen.

Importe sind Leistungen des Auslandes, Exporte sind Lieferungen von Sachgütern und Dienstleistungen an das Ausland.

Beispiele

Exporte:
Straßenfahrzeuge, Druckereimaschinen, Werkzeugmaschinen, Holzbe- und -verarbeitungsmaschinen, Nahrungs- und Verpackungsmaschinen, Baustoffmaschinen, chemische Erzeugnisse, elektrotechnische Erzeugnisse, Textilien z. B. nach Spanien, Italien, Großbritannien, Österreich, Belgien, Frankreich, USA, Niederlande.

Für die verkauften Güter und Dienstleistungen fließt Geld aus dem Ausland in den inländischen Wirtschaftskreislauf.

Importe:
Flugzeuge aus Frankreich, Nahrungs- und Genussmittel aus Holland und Dänemark, Maschinen aus Italien, Bekleidung aus Polen und Griechenland, Nickel, Eisenerz, Aluminium, Kupfer, Zinn und Zink z. B. aus Sambia, Mauretanien, Liberia und Niger, Kaffee aus Uganda und Burundi, Baumwolle aus dem Tschad, Zucker aus Kuba und der Dominikanischen Republik, Rohöl aus Kuwait.

Die eingeführten Güter und Dienstleistungen bewirken, dass Geld aus dem Inland in das Ausland abfließt.

Sind die **Exporte größer als die Importe**, so nimmt die Gütermenge im Inland ab, d. h., es werden weniger Güter konsumiert und investiert, als im Inland produziert wurden.

Durch diesen Zwangsverzicht beim Konsum (die inländischen Haushalte leisten Konsumverzicht für das Ausland) steigen zwar die Forderungen des Inlandes gegenüber dem Ausland an und das Einkommen im Inland erhöht sich. Durch die Verringerung des inländischen Güterangebots steigen aber andererseits die Preise.

Umgekehrt vergrößert sich bei einem **Importüberschuss** die Gütermenge im Inland und das inländische Einkommen vermindert sich wegen der zu bezahlenden Einfuhrgüter. Das Inland hat demnach mehr Güter konsumiert und investiert, als es selbst hergestellt hat. Folge: Die Verbindlichkeiten des Inlandes gegenüber dem Ausland nehmen zu. Das Ausland hat in diesem Fall auf Konsum zugunsten des Inlandes verzichtet.

Die Differenz zwischen dem Wert der exportierten und dem Wert der importierten Güter und Dienstleistungen nennt man den **Außenbeitrag** einer Volkswirtschaft. Sind die Exporte größer als die Importe, so liegt ein **positiver Außenbeitrag** vor; überwiegen wertmäßig die Importe, so spricht man von einem **negativen Außenbeitrag**.

Beim **erweiterten Wirtschaftskreislauf** werden der Staat und das Ausland als zusätzliche Wirtschaftssektoren aufgenommen. Sehen Sie hierzu die Abbildung auf S. 446.

Aufgaben

1. Nennen Sie die Wirtschaftssektoren einer geschlossenen Volkswirtschaft.
2. Unterscheiden Sie
   a) die geschlossene von der offenen Volkswirtschaft,
   b) den einfachen vom erweiterten Wirtschaftskreislauf.
3. Erklären Sie,
   a) was Sie unter Transferzahlungen verstehen,
   b) an wen Transferzahlungen fließen, und
   c) nennen Sie vier Beispiele für Transferzahlungen.
4. Was verstehen Sie unter
   a) Außenbeitrag,
   b) positivem Außenbeitrag,
   c) negativem Außenbeitrag?
5. Welche gesamtwirtschaftlichen Folgewirkungen sind bei einem Exportüberschuss im Inland zu erwarten?
6. Es ist folgende wirtschaftliche Ausgangssituation gegeben: Exporte < Importe. Wer leistet in dieser Situation Konsumverzicht?

Zusammenfassung

Sektoren des **erweiterten** Wirtschaftskreislaufs

Unternehmen
produzieren Güter und Dienstleistungen und bieten sie gegen Entgelt an.

Private Haushalte
verbrauchen Konsumgüter und sparen.

Banken
erhalten Spareinlagen von den Haushalten und geben sie als Kredite für Investitionen der Unternehmen weiter.

Staat
Bund, Länder, Gemeinden, Sozialversicherungsträger

Ausland[1]
Kunden und Lieferanten von Gütern und Dienstleistungen im Ausland

bilden zusammen eine **offene**[1] Volkswirtschaft

[1] Durch Einbeziehung des Sektors „Ausland" entsteht aus der geschlossenen eine offene Volkswirtschaft.

Ausgaben des Staates

durch

Zahlungen an Haushalte und Unternehmen **mit Gegenleistung**

für

Sachgüter (staatliche Investitionen)
- Schulen
- Autobahnen

Dienstleistungen
- Löhne und Gehälter für Beamte, Angestellte und Arbeiter

= **Staatsverbrauch**

Zahlungen **ohne Gegenleistung** der Zahlungsempfänger

z. B. für

- Pensionen und Renten
- Wohngeld
- Subventionen

= **Transferzahlungen** (Übertragungen)

Der **Außenbeitrag** einer Volkswirtschaft

= Unterschied zwischen dem Wert der Güter- und Dienstleistungsexporte und dem Wert der Güter- und Dienstleistungsimporte

ist

positiv
Exporte > Importe

negativ
Exporte < Importe

- Gütermenge im Inland nimmt ab.
- Forderungen des Inlands gegenüber dem Ausland steigen an.
- Inländische Haushalte leisten Konsumverzicht für das Ausland.
- Inländisches Einkommen erhöht sich.

- Gütermenge im Inland nimmt zu.
- Verbindlichkeiten des Inlands gegenüber dem Ausland steigen an.
- Das Ausland verzichtet auf Konsum für das Inland.
- Inländisches Einkommen vermindert sich.

8.2 Bruttoinlandsprodukt

Wenn früh am Morgen die Werkssirene dröhnt,
und die Stechuhr beim Stechen lustvoll stöhnt,
in der Montagehalle die Neonröhre strahlt,
und der Gabelstaplerfahrer mit der Stapelgabel prahlt.

Ja, dann wird wieder in die Hände gespuckt,
wir steigern das Bruttosozialprodukt,
ja, jetzt wird wieder in die Hände gespuckt,
wir steigern das Bruttosozialprodukt.

Die Krankenschwester kriegt 'nen riesen Schreck,
schon wieder ist ein Kranker weg,
sie operierten gerade erst sein Bein,
doch schon kniet er sich wieder mächtig rein.

Ja, dann wird wieder in die Hände gespuckt,
wir steigern das Bruttosozialprodukt,
ja, jetzt wird wieder in die Hände gespuckt,
wir steigern das Bruttosozialprodukt.

Wenn sich Opa den Sonntag auf sein Fahrrad schwingt,
und heimlich in die Fabrik eindringt,
dann hat Oma Angst, dass er zusammenbricht,
denn Opa macht heute wieder Sonderschicht.

Ja, dann wird wieder in die Hände gespuckt,
wir steigern das Bruttosozialprodukt,
ja, jetzt wird wieder in die Hände gespuckt,
wir steigern das Bruttosozialprodukt.

Quelle: Musik & Text: Friedel Geratsch, Rainhard Balerle © Mambo Musik Verlags und Produktions GmbH c/o Sony Music Publishing

Das ist die musikalische Umschreibung des Bruttosozialprodukts durch die Popgruppe „Geier Sturzflug". Stellen Sie fest, was man in der Wirtschaftswissenschaft unter „Bruttoinlandsprodukt" versteht und inwieweit diese statistische Größe für ein marktwirtschaftlich orientiertes Unternehmen von wirtschaftlicher Bedeutung sein könnte.

Information

Inlandskonzept und Inländerkonzept

Bruttoinlandsprodukt

Beim *Bruttoinlandsprodukt* (kurz: BIP) werden – wie der Name schon sagt – alle Leistungen zusammengefasst, die innerhalb der deutschen Grenzen erbracht werden.

Dabei ist es unwichtig, ob die Erwerbstätigen oder auch die Eigentümer der Unternehmen ihren ständigen Wohnsitz in Deutschland haben oder anderswo.

Entscheidend ist, dass die Einkommen **im Inland entstanden** sind, gleichgültig, ob sie Inländern oder Ausländern zufließen **(= Inlandskonzept; Inlandsprodukt).** Das BIP ist also eine regional abgegrenzte Größe *(raumbezogenes Inlandskonzept).*

Beispiel

Ein Franzose, der seinen Wohnsitz in Straßburg (Frankreich) hat, zu seinem Arbeitsplatz aber täglich nach Kehl (Deutschland) pendelt, erhöht mit seiner Arbeitsleistung das BIP in Deutschland.

Bruttonationaleinkommen

Beim *Bruttonationaleinkommen* wird die Produktion von Waren und Dienstleistungen zusammengerechnet, die Menschen, **die in Deutschland wohnen,** gegen Lohn erbracht haben. Dabei ist es unerheblich, ob sie dafür nun in Deutschland oder im Ausland gearbeitet haben – es zählt nur, dass sie ihr Einkommen in Deutschland bekommen haben.

Zusammenhang zwischen Inlands- und Inländerprodukt		
Bruttoinlandsprodukt: im Inland von Inländern oder Ausländern erwirtschaftete Einkommen **(= Inlandsprodukt)**		vom Ausland zugeflossene Einkommen
ins Ausland abgeflossene Einkommen	**Bruttonationaleinkommen:** nur von Inländern im Inland und im Ausland erwirtschaftete Einkommen **(= Inländerprodukt)**	

Die Erwerbs- und Vermögenseinkommen, die an die übrige Welt geflossen sind, zieht man vom Bruttoinlandsprodukt ab und fügt umgekehrt die Erwerbs- und Vermögenseinkommen hinzu, die von inländischen Personen bzw. Institutionen aus der übrigen Welt bezogen worden sind. Das so ermittelte Ergebnis wird als **Bruttonationaleinkommen** (= Inländerprodukt; Inländerkonzept) bezeichnet.

Bruttoinlandsprodukt
(Produktionsergebnis aller im Inland verwendeten Produktionsfaktoren = Inlandskonzept)

+ Einkommen von Inländern, das aus dem Ausland fließt
− Einkommen von Ausländern, das vom Inland gezahlt wird

= **Bruttonationaleinkommen (= Inländerkonzept)**

Oder:

Bruttonationaleinkommen
− Saldo zwischen den vom Ausland bezogenen Einkommen und dem Ausland zugeflossenen Einkommen

= **Bruttoinlandsprodukt (BIP)**

Bruttonationaleinkommen = Summe aller Einkommen, die Inländer (z. B. Deutsche) erhalten, und zwar vom Inland und Ausland (*personenbezogenes Inländerkonzept*).

Das *Bruttonationaleinkommen* ist also das geeignete Maß, wenn die Einkommensseite im Mittelpunkt der Betrachtung steht. Wenn jedoch die Produktion zur Beurteilung einer wirtschaftlichen Situation herangezogen wird, dann ist das *Bruttoinlandsprodukt* das geeignete Maß.

Ermittlung des Bruttoinlandsprodukts

Das **BIP entsteht** durch:

− die **privaten Haushalte,** die den Unternehmen die Produktionsfaktoren Arbeit, Boden und Kapital zur Verfügung stellen und dafür Einkommen erhalten

− die **Unternehmen,** die die Produktionsfaktoren kombinieren und damit Güter und Dienstleistungen erstellen

− **den Staat**

Will man errechnen, wie hoch die geschaffenen Werte (= Wertschöpfung) einer Volkswirtschaft (= eines Landes) sind, so muss man die hergestellten Güter und die erbrachten Leistungen aller Wirtschaftsbereiche in einer Summe zusammenfassen. Man erhält dann zunächst den **Bruttoproduktionswert,** der aber noch viele doppelte Zählungen enthält. Der Grund: Die einzelnen Unternehmen tauschen Güter untereinander aus.

Vereinfachtes Beispiel zur Ermittlung des Bruttoinlandsprodukts (= Bruttowertschöpfung):

Produktionsstufen	Bruttoproduktionswerte	Vorleistungen von anderen Unternehmen	Nettoproduktionswerte (= Bruttowertschöpfung)
Ein Forstwirt produziert Bäume für	60.000,00 €	−	60.000,00 €
Das Sägewerk kauft das Holz und stellt daraus Bretter her im Wert von	80.000,00 €	60.000,00 €	20.000,00 €
Eine Möbelfabrik verarbeitet das Rohmaterial zu Kleiderschränken im Wert von	110.000,00 €	80.000,00 €	30.000,00 €
	250.000,00 €	140.000,00 €	110.000,00 €

In das BIP werden demzufolge *nur Endprodukte* einbezogen. Nicht berücksichtigt werden die Bäume, die der Forstwirt an das Sägewerk verkauft, und das Holz, das das Sägewerk an die Möbelfabrik abgibt, sondern nur die Kleiderschränke, die aus den Brettern gefertigt werden. Würde allerdings z. B. das Sägewerk die Bretter nicht zur Weiterverarbeitung an die Möbelfabrik verkaufen, sondern an einen privaten Hobbybastler, dann müsste der Wert der Bretter in das BIP eingerechnet werden.

Um die doppelte Erfassung von Werten zu vermeiden, wird daher auf jeder Produktionsstufe **nur die Wertschöpfung** berücksichtigt. Das ist der Wert, der zu den Vorleistungen durch Weiterverarbeitung **hinzugefügt** wird.

Um diese Doppelzählungen zu vermeiden, werden die **Vorleistungen** (die Verkäufe eines Unternehmens können zum Teil Vorleistungen eines anderen Unternehmens sein) nicht mehr berücksichtigt.

Beispiele
- Getreide, das von der Fabrik zu Mehl gemahlen wird
- Strom, der in einem Industriebetrieb verbraucht wird
- Autositze eines Zulieferers, die beim Hersteller der Fahrzeuge eingebaut werden

Damit sind in der gesamtwirtschaftlichen Produktion die **Nettoproduktionswerte (= Bruttowertschöpfung)** aller Unternehmen erfasst.

Da man keine Computer, Erdbeermarmelade, Lkws und Dienstleistungen eines Lehrers zu einer Summe zusammenfassen kann, müssen die Nettoproduktionswerte der einzelnen Güter und die Dienstleistungen mit ihren Werten, d. h. mit ihrem am Markt erzielten Preis, bewertet werden. Sie werden also zum Zwecke des Zusammenzählens gleichnamig gemacht.

Die genaue Bezeichnung für das Bruttoinlandsprodukt lautet deshalb **Bruttoinlandsprodukt zu Marktpreisen** (im Beispiel 110.000,00 € = Summe der Wertschöpfungen aller Produktionsstufen).

Zusammenfassend ergibt sich folgende Übersicht:

Wirtschaftsbereiche:	
– Land- und Forstwirtschaft – Waren produzierendes Gewerbe – Handel und Verkehr – Dienstleistungen – Staat und private Haushalte	erzeugen (im Inland) den *Bruttoproduktionswert*
./. Vorleistungen	
= Bruttoinlandsprodukt zu Marktpreisen (Inlandskonzept)	

Das Bruttoinlandsprodukt zu Marktpreisen
- erfasst sämtliche Güter und Dienstleistungen, die innerhalb der deutschen Grenzen jährlich geschaffen werden, unabhängig davon, ob diejenigen, die ihre Arbeitskraft und ihr Kapital in die Produktion einbringen, selbst im Inland wohnen oder nicht;
- ist die wichtigste Vergleichsgröße zur Beurteilung der wirtschaftlichen Leistung eines Landes (einer Volkswirtschaft).

Ermittlung des Nettoinlandsprodukts

Will man die **eigentliche Leistung** einer Volkswirtschaft ermitteln, so dürfen die Wertminderungen des Betriebsvermögens in den Unternehmen, z. B. beim Fuhrpark oder bei den maschinellen Anlagen, **nicht als neu geschaffene** Werte berücksichtigt werden.

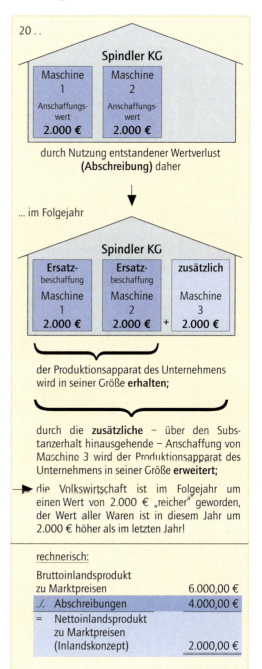

Wirtschaftspolitik

Die Unternehmen wollen ihre Leistungsfähigkeit erhalten und deshalb müssen sie die bei der Produktion abgenutzten Betriebsmittel ersetzen. Diese Investitionen führen nicht zu einem echten Neuzugang an Gütern **(kein Wertzuwachs)**, sondern ersetzen lediglich die verschlissenen Güter. Aus diesem Grund wird die Wertminderung von Investitionsgütern, auch **Abschreibungen** genannt, vom BIP abgezogen. Das Ergebnis ist das **Nettoinlandsprodukt zu Marktpreisen (NIP)**. Das NIP sagt genauer aus, wie hoch der Wohlstand eines Landes tatsächlich ist bzw. wie er sich verändert hat.

Subventionen[1] haben im Vergleich zu den indirekten Steuern den gegenteiligen Effekt:

Subventionen gewährt der Staat Not leidenden Unternehmen zur Unterstützung, z. B. in Form von Steuerermäßigungen oder direkten Zahlungen.

Subventionen entlasten das Not leidende Unternehmen kostenmäßig; sie haben mit der wirtschaftlichen Leistung des Unternehmens nichts zu tun. Subventionen haben die Wirkung, dass ein Unternehmen seine Produkte preisgünstiger anbieten kann, als es den tatsächlichen Produktionskosten entspricht.

Beispiel

Die Erhöhung der Subventionen hätte zur Folge, dass sich das Bruttoinlandsprodukt (BIP) verringern würde (der Marktpreis sinkt), ohne dass sich der Einsatz der Produktionsfaktoren zur Erstellung des BIP geändert hat.

Subventionen sind Leistungen der öffentlichen Hand, die zur Erreichung eines bestimmten, im öffentlichen Interesse liegenden Zwecks gewährt werden. Der Staat erhält für die Fördermaßnahmen keine entsprechenden Gegenleistungen.

Subventionen müssen, *da sie den Marktpreis künstlich niedrig halten,* zur Ermittlung der tatsächlichen Produktionskosten **addiert werden.**

Nach Berücksichtigung *der indirekten Steuern* und der *Subventionen* erhält man als Ergebnis das **Nettoinlandsprodukt zu Faktorkoste**n (s. Abb. 1 auf folgend. Seite).

Die Berechnung des **Nettoinlandsprodukts zu Faktorkosten** wird in der Übersicht (s. Abb. 2 auf Seite 454) sichtbar.

---

1 von lat. subvenire = zu Hilfe kommen

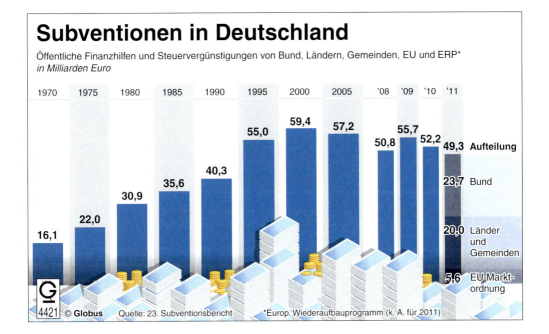

Die Wirtschaftskrise hat auch bei den Subventionen Spuren hinterlassen. Die Finanzhilfen und Steuervergünstigungen in Deutschland stiegen im Jahr 2009 auf 55,7 Milliarden Euro. Der Anstieg ist im Wesentlichen auf die Maßnahmen zur Krisenbekämpfung zurückzuführen. 2010 gingen sie auf 52,2 Milliarden Euro zurück, und im laufenden Jahr sollen sie unter die 50-Milliarden-Euro-Marke sinken. Die Finanzhilfen des Bundes, das sind die direkt ausgezahlten Subventionen, betragen im laufenden Jahr 6,6 Milliarden Euro. Zusammen mit den Steuererleichterungen in Höhe von 17,1 Milliarden Euro ergibt sich so ein Subventionsvolumen von 23,7 Milliarden Euro für den Bund. Auf die Länder und Gemeinden entfallen 20 Milliarden Euro.

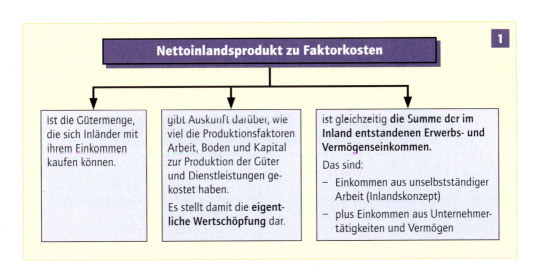

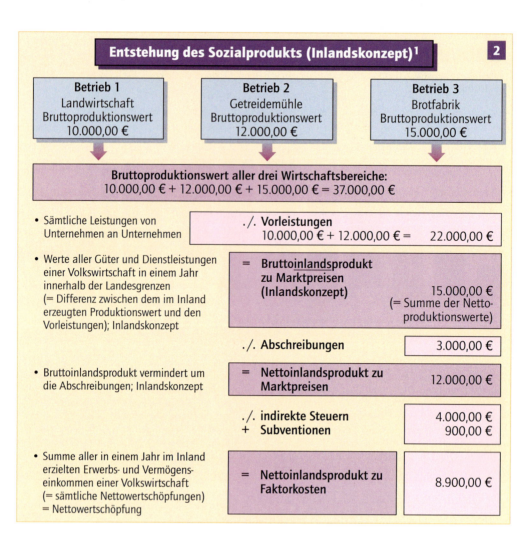

Bruttoinlandsprodukt und Wirtschaftswachstum

Das *Bruttoinlandsprodukt zu Marktpreisen* kann **nominal** und **real**[1] ermittelt werden.

---

1 nominal (oder nominell) = dem Nennwert nach; real = wirklich, tatsächlich
2 Das heißt, das preisbereinigte BIP z. B. für das Jahr 2011 wird in Preisen des Jahres 2010 abgebildet, um das reale Wachstum im Jahr 2011 vergleichen mit dem Vorjahr ermitteln zu können. Langfristige Vergleiche werden möglich, indem nacheinander jeweils solche Bezüge auf die Vorjahre hergestellt werden. Deshalb heißt dieser Index auch Kettenindex.

Bewertet man die Steigerung des Bruttoinlandsprodukts demnach mit den jeweiligen Preisen, so liegt **nominales Wachstum** vor.

Steigen nun die Marktpreise, so erhöht sich auch das nominale BIP, obwohl nicht mehr Güter produziert wurden.

Die im Marktpreis enthaltenen Preissteigerungen blähen den Geldwert der erfassten Leistungen auf. Das nominale BIP gibt damit nicht mehr Auskunft über die tatsächliche gesamtwirtschaftliche Leistung eines Landes.

Für die Beurteilung der Wirtschaftsentwicklung ist es wichtig, nicht nur die Veränderung des nominalen BIP zu kennen, sondern auch die der **realen, preisbereinigten Wirtschaftsleistung.** Diese Preisbereinigung wird in Bezug auf die Vorjahrespreise durchgeführt. Wird die Veränderung des realen BIP in Bezug auf weiter in der Vergangenheit liegende Jahre untersucht, so werden die Preisbereinigungen nacheinander durchgeführt (Kettenindex), d. h. es wird jeweils die Wachstumsrate des realen BIP auf der Basis der Vorjahrespreise ermittelt und diese einzelnen Wachstumsraten werden dann miteinander multipliziert, um das Gesamtwachstum zu ermitteln.

Die jährlichen Veränderungsraten des preisbereinigten BIP können so als Maßstab der (realen) Wirtschaftsentwicklung betrachtet werden.

> Von **realem Wachstum** spricht man, wenn bei bereinigten Preisen das BIP gestiegen ist.

Nullwachstum liegt vor, wenn das reale BIP konstant bleibt, dabei kann durchaus nominales Wachstum vorliegen.

Die reale bzw. nominale Wirtschaftsentwicklung der letzten Jahre zeigt die unten stehende Darstellung.

Das BIP spiegelt die wirtschaftliche Gesamtleistung eines Landes wider.

Können Leistungen nicht bewertet werden, weil sie keinen Marktpreis erzielen, so werden sie im BIP zu Marktpreisen **nicht erfasst**.

Beispiele
- Arbeiten im Haushalt, z. B. Wäsche waschen, Wohnung putzen, Essen kochen
- Arbeiten im privaten Bereich, z. B. Eigenbau von Möbeln, Autoreparaturen, Eigenheimbau in Nachbarschaftshilfe
- Schwarzarbeit, bei der Güter und Dienstleistungen illegal erstellt werden (= Schattenwirtschaft)

Zur **Schattenwirtschaft** gehören alle Leistungen, die normalerweise in die volkswirtschaftliche Gesamtrechnung[1] eingehen müssten, tatsächlich aber nicht in ihr enthalten sind. Es handelt sich dabei um legale wirtschaftliche Aktivitäten, die

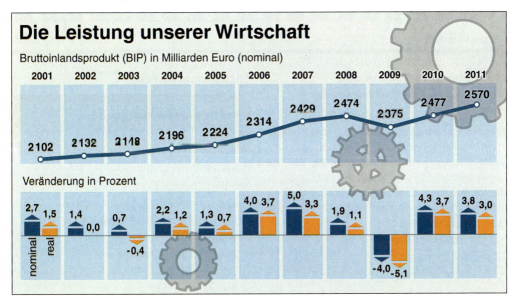

---

[1] Die **volkswirtschaftliche Gesamtrechnung (VGR)** erfasst die gesamtwirtschaftlichen Einkommens- und Güterströme (Kreislaufgrößen) in einer Volkswirtschaft. Sie liefert somit einen Überblick über das wirtschaftliche Geschehen in einer Volkswirtschaft.

jedoch **illegal ausgeführt** und am Fiskus vorbei entlohnt werden, darunter insbesondere die klassische Form der **Schwarzarbeit**.

Der Schwerpunkt der Schwarzarbeit liegt im handwerklich-gewerblichen Bereich und bei den Dienstleistungen. Meist steht dabei die persönlich erbrachte Arbeitsleistung im Vordergrund. Schätzungsweise 45 % der Aktivitäten entfallen allein auf Bauarbeiten, Renovierungen und Reparaturen. Aber auch Schreibarbeiten, Fahrdienste, Nachhilfestunden oder Garten- und Feldarbeiten werden häufig „schwarz" abgerechnet.

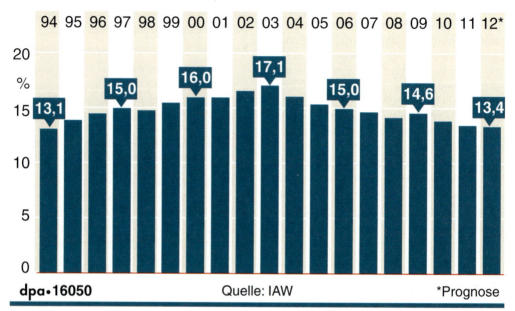

Entstehung, Verteilung und Verwendung des Bruttoinlandsprodukts[1]

Mithilfe der Bruttoinlandsproduktberechnung kann man erkennen, wie das vorjährige wirtschaftliche Ergebnis **entstanden** ist, wie es **verwendet** wurde und wie die Einkommen in der Volkswirtschaft **verteilt** wurden. Man unterscheidet damit drei Auswertungsmethoden des Bruttoinlandsprodukts:
– Entstehungsrechnung
– Verwendungsrechnung
– Verteilungsrechnung

Entstehungsrechnung

Die **Entstehungsrechnung** zeigt, welchen Beitrag die verschiedene Bereiche der Volkswirtschaft zum BIP erbracht haben.

Unterschieden werden dabei die folgenden großen Wirtschaftszweige:
– Land- und Forstwirtschaft, Fischerei
– Waren produzierendes Gewerbe
– Handel und Verkehr
– Dienstleistungsunternehmen
– Staat
– private Haushalte

---
[1] Aktuelles Zahlenmaterial zum Bruttoinlandsprodukt nach EU-Statistik (ESVG) ist zu finden beim Statistischen Bundesamt unter www.destatis.de.

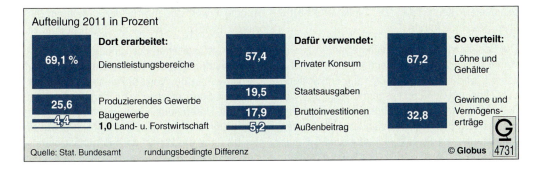

Aus dem Vergleich mit anderen Jahresergebnissen lassen sich die Veränderungen der volkswirtschaftlichen Produktionsstruktur erkennen.

Die Zahlen des Schaubildes fügen sich in einen schon lange anhaltenden Trend ein: Wie in den übrigen modernen Volkswirtschaften bestimmen mittlerweile auch in Deutschland die Dienstleistungen den größten Teil des Wirtschaftsgeschehens. So entfielen 2011 69,1 % auf den **Dienstleistungsbereich**.

Zieht man das Inlandsprodukt des früheren Bundesgebiets von 1970 zum Vergleich heran, wird das Ausmaß des **Strukturwandels** deutlich, den die deutsche Wirtschaft seither durchlaufen hat: Damals entfielen noch 52 % der Bruttowertschöpfung auf die Gütererzeugung und 19 % auf die Güterverteilung, aber nur 29 % auf den Dienstleistungssektor.

Verwendungsrechnung

Die **Verwendungsrechnung** zeigt, für *welche Zwecke* das Bruttoinlandsprodukt verwandt wurde. Dabei unterscheidet man:
- privaten Verbrauch
- Staatsverbrauch
- Bruttoinvestitionen
  (= Ersatzinvestitionen + Nettoinvestitionen)
- Außenbeitrag (Export ./. Import)

Die **Verwendungsrechnung** gibt Auskunft darüber, welche Teile der volkswirtschaftlichen Produktion verbraucht oder nicht verbraucht (gespart) und damit investiert wurden.

Die Verwendungsrechnung lässt weiterhin erkennen, wie das Ergebnis der außenwirtschaftlichen Beziehungen (Sachgüter- und Dienstleistungsexporte und -importe) zustande gekommen ist, ob also ein Land in Form von Exportüberschüssen mehr Güter und Leistungen an das Ausland geliefert oder mehr aus dem Ausland bezogen hat (= **Außenbeitrag**).

Verteilungsrechnung

Bei der Verteilungsrechnung geht es um die Verteilung des Volkseinkommens.

Das **Volkseinkommen** ist die Summe der Einkommen aller Haushalte als Gegenleistung für die eingesetzte Arbeitskraft.

Dabei wird unterschieden zwischen
- Bruttoeinkommen aus unselbstständiger Arbeit (Einkommen der Arbeitnehmer) und
- Bruttoeinkommen aus Unternehmertätigkeit und Vermögen (Gewinne der privaten Unternehmen und Einkommen der Arbeitnehmer u. a. aus Zinserträgen auf Sparkonten, Bausparverträgen und Wertpapierbesitz).

Die **Verteilungsrechnung** gibt Auskunft über die Aufgliederung des Volkseinkommens auf die Einkommensarten.

Setzt man den Anteil des Einkommens aus unselbstständiger Arbeit in Bezug zum Volkseinkommen, so erhält man die **Lohnquote**:

$$\text{Lohnquote} = \frac{\text{Einkommen aus unselbstständiger Arbeit}}{\text{Volkseinkommen}} \cdot 100$$

Die **Lohnquote** ist der Anteil der Arbeitnehmereinkommen am gesamten Volkseinkommen.

Die Lohnquote gehört deshalb zu den wirtschafts- und gesellschaftspolitisch am stärksten beachteten Kennzahlen der volkswirtschaftlichen Gesamtrechnung.

Die Beteiligung der Arbeitnehmer am Volkseinkommen, wie sie in der Lohnquote zum Ausdruck kommt, wird nicht allein durch die Entwicklung der Löhne und Gehälter bestimmt. So beruhte der langfristige Anstieg der Lohnquote in der früheren Bundesrepublik Deutschland zu einem guten Teil darauf, dass die Zahl der Lohn- und Gehaltsempfänger zunahm, während die der Selbstständigen zurückging.

Um festzustellen, wie sich die Verteilung des Volkseinkommens unabhängig von diesen Verschiebungen in der Erwerbstätigenstruktur entwickelt hat, kann man auch eine **„bereinigte" Lohnquote** berechnen. Dabei wird das Zahlenverhältnis zwischen selbstständig und unselbstständig Erwerbstätigen für den gesamten Zeitraum z. B. auf dem Stand von 1990 festgehalten.

Bei der Interpretation der Lohnquote sind auch die **Auswirkungen des Konjunkturverlaufs**[1] auf die Verteilung des Volkseinkommens zu berücksichtigen. So ist in wirtschaftlichen Krisenjahren, wenn die Unternehmergewinne sinken, meist ein kurzfristiger Anstieg der Lohnquote zu beobachten, bis dann das Pendel nach Rationalisierungsmaßnahmen, Entlassungen und mäßigen Tarifabschlüssen bei gleichzeitiger Ausweitung der Produktion wieder zur anderen Seite ausschlägt.

Die *Verteilungsrechnung* zeigt die Bedeutung der Einkommensarten auf. Keine Auskunft kann sie jedoch auf die Frage geben, inwiefern die Verteilung als gerecht anzusehen ist.

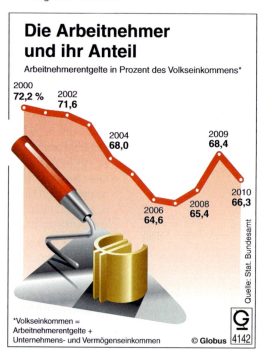

Aussagekraft und Bedeutung des Bruttoinlandsprodukts

Das Wachstum des Bruttoinlandsprodukts als *Maßstab für Wohlstand und Lebensqualität* ist umstritten.

Es erfasst nämlich u. a. auch die Beseitigung von Umweltschäden und Krankheitskosten als eine Steigerung des BIP. In einem Land gibt es viele Vorgänge, die bedeutsam sind für den Wohlstand und die Lebensqualität. Die Messgröße BIP sagt nichts aus über:

– die Verteilung der Einkommen

– die Bedeutung von Gütern und Dienstleistungen

---

1 siehe Kap. 8.4

- die Qualität der Güter
- die Einbußen an Lebensqualität durch Lärm und Umweltverschmutzung (Umweltschäden müssten eigentlich vom Bruttoinlandsprodukt abgezogen werden.)
- die Verbesserungen der Arbeitsbedingungen und der Arbeitsplatzgestaltung
- die Leistungen ohne Geldeinkommen (Güter, die nicht auf dem Markt gehandelt werden, werden nicht erfasst, z. B. die Leistungen des im Haushalt tätigen Ehepartners und der Mütter, ehrenamtliche Tätigkeiten oder Schwarzarbeit)

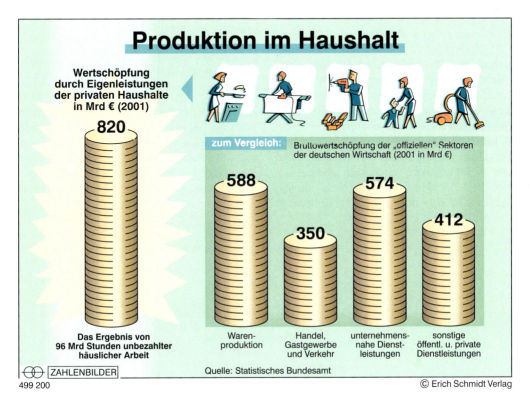

Im Zusammenhang mit diesen Überlegungen wird gefordert, man solle überlegen, *„was denn da wachsen soll und was nicht".* An die Stelle eines unkontrollierten, rein mengenmäßig bestimmten Wirtschaftswachstums solle ein qualitatives Wachstum treten:

Dennoch ist klar, dass zwischen Wirtschaftsleistung und Lebensqualität ein enger Zusammenhang besteht.

Neben der positiven Auswirkung aufgrund steigender wirtschaftlicher Leistung gibt es weitere „Für", aber auch „Wider" das Wirtschaftswachstum betreffend. In erster Linie sind es die Grenzen, die im anhaltenden Wachstum der Wirtschaft und der Bevölkerung kritisch anzuführen sind.

Aber woher soll das Wachstum noch kommen? 1950 brachte ein Prozent Wirtschaftswachstum zusätzliche Güter im Wert von 500 Mio. EUR. Heute bringt ein Prozent mehr 7,5 Milliarden Euro an zusätzlichen Waren und Diensten. Für die Beseitigung der Arbeitslosigkeit wären sechs Prozent reales Wachstum erforderlich. Das bedeutet, dass sich innerhalb von 12 Jahren die Menge der jährlich zu erwirtschaftenden Güter und Dienstleistungen verdoppeln müsste. Unendliches Wachs-tum ließ die Natur bislang weder bei Pflanzen noch bei anderen Lebewesen zu. Unendliches Wachstum wird der Mensch auch nicht bei seiner Güterproduktion bewerkstelligen. Doch wie soll eine Wirtschaft ohne ständiges Mehr aussehen? Wie sollen die Millionen beschäftigt werden, die bisher allein deswegen Arbeit hatten, weil die Unternehmen ihre Produktion ständig erweitern konnten?

Wirtschaftswachstum zur Verbesserung der Lebensqualität	
mögliche positive Auswirkungen	Grenzen
• Schaffung neuer Arbeitsplätze • verbessertes Güterangebot (mehr und besser) • höhere Renten • kürzere Arbeitszeiten • verbesserte Gesundheitsvorsorge • zunehmende soziale Sicherheit	• knappe Rohstoffvorräte (Zinn, Zink, Kupfer, Blei, Aluminium u. v. m.) • erschöpfte Energieträger (z. B. Kohle, Erdgas, Erdöl) • Belastung der Umwelt

Aufgaben

1. Erklären Sie, was Sie unter Bruttoinlandsprodukt verstehen.
2. Worin besteht der Unterschied zwischen
   a) Bruttoinlandsprodukt zu Marktpreisen und Nettoinlandsprodukt zu Faktorkosten,
   b) Bruttoinlandsprodukt und Bruttonationaleinkommen?
3. In welchen Bereichen entsteht in erster Linie das Bruttoinlandsprodukt?
4. a) Wie wird der Bruttoproduktionswert ermittelt?
   b) Wie unterscheidet er sich vom Nettoproduktionswert?
5. Warum dürfen die Vorleistungen bei der Errechnung der gesamten Wertschöpfung eines Landes nicht berücksichtigt werden?
6. Nennen Sie drei unterschiedliche Beispiele, wie das Sozialprodukt in der Volkswirtschaft verwendet werden kann.
7. Warum fließen die Leistungen der Hausfrauen und -männer nicht in das BIP mit ein?
8. Was verstehen Sie unter Subventionen?
9. Warum werden die Subventionen zum Nettoinlandsprodukt hinzugerechnet und die indirekten Steuern abgezogen?
10. Nennen Sie fünf verschiedene indirekte Steuerarten.
11. Worin besteht der Unterschied zwischen nominalem und realem BIP?
12. Beurteilen Sie das Wirtschaftswachstum eines Landes, wenn das nominale Sozialprodukt ansteigt, das reale Sozialprodukt aber zurückgeht.
13. Errechnen Sie die Lohnquote, wenn die Einkommen aus unselbstständiger Arbeit 671,12 Mrd. € betragen und das Volkseinkommen mit 955,96 Mrd. € angegeben wird.
14. Welche Gefahr könnte in der sehr starken Erhöhung der Lohnquote bestehen?
15. Nennen Sie drei Beispiele, warum das BIP nicht unbedingt als Maßstab für den Wohlstand gelten kann.
16. In welchen Bereichen ist die Steigerung des realen BIP Voraussetzung für die Steigerung der Lebensqualität, und in welchen Bereichen ist dieses quantitative Wachstum nicht notwendig, um die gesellschaftliche Wohlfahrt zu steigern?
17. Aus der Verwendungsrechnung des Bruttoinlandsprodukts der Bundesrepublik Deutschland liegen die folgenden Werte vor:

Bruttoinvestitionen	250 Mrd. €
private Konsumausgaben	380 Mrd. €
Export	400 Mrd. €
staatliche Konsumausgaben	120 Mrd. €
sonstige Anlagen	25 Mrd. €
Import	350 Mrd. €

    Ermitteln Sie das Bruttoinlandsprodukt in Milliarden Euro.
18. Lesen Sie das folgende Zitat und diskutieren Sie über dessen Aussagegehalt.

    „Wir müssen von dem Aberglauben loskommen, dass nur das wirklich ist, was sich messen lässt. Dieser Glaube führt zur seelischen Verkrüppelung."

    Prof. M. Boss, Psychoanalytiker

Zusammenfassung

Bruttoinlandsprodukt

Reales Wachstum
- wird dargestellt mit dem jeweils preisbereinigten Jahreswert des BIP.
- zeigt die Wirtschaftsentwicklung unter Ausschaltung der Preisveränderungen.

Nominales Wachstum
- wird berechnet mit den Marktpreisen des jew. Jahres.
- zeigt die Wirtschaftsleistung inklusive der jährlichen Preisveränderungen.

Bruttoinlandsprodukt

Wo ist es entstanden?	Wofür wurde es verwendet?	Wie wurde es verteilt?
Entstehungsrechnung	**Verwendungsrechnung**	**Verteilungsrechnung**
• Industrie und Handwerk • Dienstleistungen • Handel und Verkehr • Staat • Landwirtschaft	• Privater Verbrauch • Investitionen • Staatsverbrauch • Außenbeitrag	• Einkommen aus unselbstständiger Arbeit • Einkommen aus Unternehmertätigkeit und Vermögen

Die Zusammenhänge zwischen den verschiedenen Sozialproduktgrößen zeigt die folgende Gegenüberstellung

Entstehung des Bruttoinlandsprodukts		Verwendung des Bruttoinlandsprodukts
Summe der Produktionswerte ./. Summe der Vorleistungen		Privater Verbrauch + Staatsverbrauch + Bruttoinvestitionen + Ausfuhr ./. Einfuhr
= Bruttoinlandsprodukt zu Marktpreisen (Inlandskonzept) ./. Abschreibungen	+ Saldo der Erwerbs- und Vermögenseinkommen zwischen Inländern und der übrigen Welt	= Bruttonationaleinkommen (Inländerkonzept) ./. Abschreibungen
= Nettoinlandsprodukt zu Marktpreisen (Inlandskonzept) ./. indirekte Steuern + Subventionen	+ Saldo der Erwerbs- und Vermögenseinkommen zwischen Inländern und der übrigen Welt	= Nationaleinkommen (Inländerkonzept) ./. indirekte Steuern + Subventionen
= Nettoinlandsprodukt zu Faktorkosten = Nettowertschöpfung (Inlandskonzept) = Summe der im Inland entstandenen Erwerbs- und Vermögenseinkommen	+ Saldo der Erwerbs- und Vermögenseinkommen zwischen Inländern und der übrigen Welt	= Nationaleinkommen zu Faktorkosten = Volkseinkommen (Inländerkonzept) = Summe der den Inländern letztlich zugeflossenen Erwerbs- und Vermögenseinkommen

Verteilung des Volkseinkommens

Das sind:
Einkommen aus unselbstständiger Arbeit (Inlandskonzept)
+ Einkommen aus Unternehmertätigkeit und Vermögen (Inlandskonzept)

Das sind:
Einkommen aus unselbstständiger Arbeit (Inländerkonzept)
+ Einkommen aus Unternehmertätigkeit und Vermögen (Inländerkonzept)

8.3 Gesamtwirtschaftliche Ziele und Zielkonflikte

Zwei Mitarbeiter eines Maschinenbauunternehmens unterhalten sich während der Frühstückspause in der Kaffeeküche ...

Benennen Sie die Wunschvorstellungen von einer störungsfreien und zufriedenstellenden wirtschaftlichen Situation, die Sie aus dem Gespräch der beiden Arbeitskollegen heraushören.

Information

Ziele des Stabilitätsgesetzes

In modernen Industriegesellschaften wird vom Staat erwartet, dass er u. a. auch weitreichende soziale und wirtschaftspolitische Aufgaben erfüllt. Die staatliche Wirtschaftspolitik hat hierfür die allgemeinen Rahmenbedingungen zu schaffen, um sicherzustellen, dass die Volkswirtschaft ihre Leistungsfähigkeit behält. Darüber hinaus soll sie krisenhaften Entwicklungen im Wirtschaftsprozess durch geeignete Maßnahmen rechtzeitig entgegensteuern, damit sich die gesamte Volkswirtschaft möglichst störungsfrei entwickeln und gleichmäßig wachsen kann.

Dadurch sollen sichergestellt werden

– die soziale Sicherheit,
– die persönliche Freiheit,
– die Mehrung des Wohlstandes,
– die gerechte Verteilung des wachsenden Wohlstandes.

Wirtschaftspolitik = Sämtliche staatliche Maßnahmen, durch die der Wirtschaftsprozess mit geeigneten Mitteln beeinflusst werden soll.

Die Ziele, an denen sich die staatliche Wirtschaftspolitik dabei zu orientieren hat, sind im „Gesetz zur Förderung der Stabilität und des Wachstums der Wirtschaft" (Stabilitätsgesetz) vom 8. Juni 1967 formuliert:

§ 1 Bund und Länder haben bei ihren wirtschafts- und finanzpolitischen Maßnahmen die Erfordernisse des gesamtwirtschaftlichen Gleichgewichts zu beachten. Die Maßnahmen sind so zu treffen, dass sie im Rahmen der marktwirtschaftlichen Ordnung gleichzeitig zu Stabilität des Preisniveaus, zu einem hohen Beschäftigungsgrad und außenwirtschaftlichen Gleichgewicht bei stetigem und angemessenem Wirtschaftswachstum beitragen.

In diesem Paragrafen wird das gesamtwirtschaftliche Gleichgewicht als oberstes Ziel genannt. Dieses Ziel steht als Kurzform für die wirtschaftspolitischen Unterziele:

– stabiles Preisniveau,
– hoher Beschäftigungsstand („Vollbeschäftigung"),
– angemessenes und stetiges Wirtschaftswachstum,
– außenwirtschaftliches Gleichgewicht.

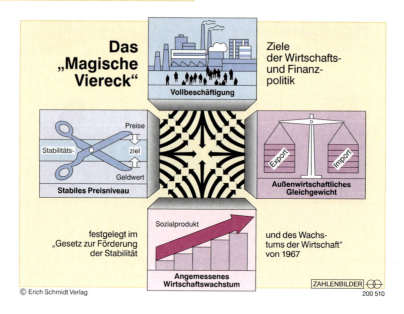

Stabilität des Preisniveaus (Geldwertstabilität)

Kaufkraft

Wie viel und welche Güter man für sein Geld erwerben kann, ist unabhängig

– vom Material, aus dem das Geld (Scheidemünzen und Banknoten) gemacht ist,
– vom Nennwert, der aufgeprägt oder aufgedruckt ist.

Der **Wert des Geldes** wird bestimmt durch die Kaufkraft.

Die **Kaufkraft** gibt an, welche Gütermenge für eine Geldeinheit gekauft werden kann. Sie erfasst den tatsächlichen Wert (Realwert) im Unterschied zum aufgedruckten Nominalwert des Geldes.

Beispiel

Frau Bode hat wie jeden Mittwoch auf dem Wochenmarkt für die Familie eingekauft. Am Obststand stellt sie fest, dass die Preise für Bananen innerhalb kurzer Zeit erneut, jetzt mittlerweile zum vierten Mal, gestiegen sind. Als sie sich zu Hause die Zeit nimmt und diesen Preisanstieg nachrechnet, stellt sie einen Anstieg von insgesamt 133,3 % fest.

Will Frau Bode nach wie vor mittwochs auf dem Markt Bananen für insgesamt 3,50 € einkaufen, so wird sie in Zukunft für diesen Betrag weniger Bananen erhalten.

Steigt der *Preis für ein Gut*, z. B. für Bananen oder Benzin, dann *nimmt der Wert des Geldes ab*. Man erhält für den gleichen Geldbetrag eine geringere Gütermenge (= **Kaufkraftverlust**).

Ob nun insgesamt die Kaufkraft des Geldes gesunken oder – bei gesunkenen Preisen – gestiegen ist, kann aufgrund der Preisveränderung der Bananen, d. h. nur eines einzelnen Gutes, nicht festgestellt werden.

Aus diesem Grund werden sehr viele Güterpreise zugrunde gelegt, um den Geldwert messen zu können.

Das Ergebnis ist das sog. **Preisniveau,** ein *Durchschnittswert aller Güterpreise* im Zeitablauf (in der Regel eines Jahres) in einer Volkswirtschaft.

Von Preisstabilität spricht die Europäische Zentralbank daher auch dann noch, wenn das Preisniveau um höchstens 1 %–2 % ansteigt.[1]

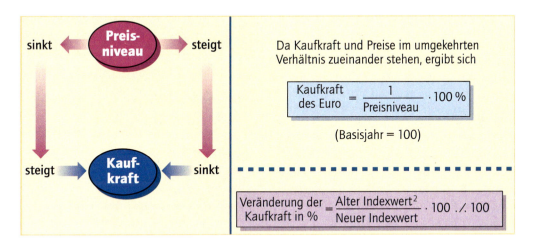

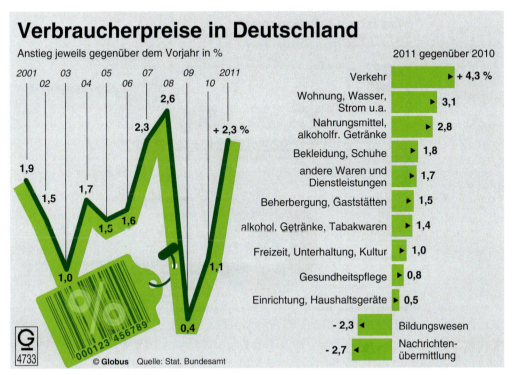

[1] Das Statistische Bundesamt stellt anhand des Warenkorbes die Preise für die Lebenshaltungskosten fest und vergleicht diese mit denen des Vormonats oder Vorjahres (vgl. Seite 466 ff.).
[2] Aktuelle Indexwerte unter www.destatis.de

Wirtschaftspolitik

Preisveränderungen

In einer Marktwirtschaft kann es absolut stabile Preise nicht geben.

Somit wäre es sinnlos, unter dem Stabilitätsziel den Auftrag zu verstehen, eine Null-Prozent-Steigerung anzustreben.

Wenn demnach in diesem Kapitel von „stabilen" Preisen gesprochen wird, so bedeutet dies, dass der *Durchschnitt aller Güterpreise und Dienstleistungen* (= das **Preisniveau**) unverändert geblieben ist. Die Preise der verschiedenen Güter können daher im Einzelnen durchaus steigen oder fallen. Insofern zielt das *wirtschaftspolitische Ziel der Preisstabilität* **nicht** auf die Unveränderbarkeit der Preise aller Güter ab. Richtigerweise muss man dann auch von **Preisniveaustabilität** sprechen.

Da es unmöglich wäre, die Veränderungen aller Preise zu messen, verwendet man zur Messung der Preisentwicklung (der Kaufkraft) einen **Verbraucherpreisindex**[1] (VPI). Diese Indexziffer ist eine statistische Größe, die es ermöglicht, u. a. zeitliche Vergleiche von Preisniveauveränderungen durchzuführen.[2]

Sie wird vom Statistischen Bundesamt anhand der Preise für die Güter und Dienstleistungen eines **„Warenkorbs"** ermittelt, dessen Zusammensetzung sich nach den tatsächlichen Verbrauchsverhältnissen richtet (= repräsentative Güterauswahl; siehe Abb. unten).

> Der allgemeine **Verbraucherpreisindex** zeigt in einer Messzahl die Preisänderungen von Gütern und Dienstleistungen – bezogen auf ein bestimmtes Basisjahr (= 100 %). Erfasst werden alle privaten Haushalte.[3]

$$\text{Verbraucherindex} = \frac{\text{Warenkorb-Preise des Berichtsjahrs}}{\text{Warenkorb-Preise des Basisjahrs}} \cdot 100$$

Beispiel

Sind die Preise gegenüber dem Vorjahr um 4,5 % gestiegen, ist der Index für die Lebenshaltungskosten auf 104,5 % gestiegen. Das **Preisniveau** (der Durchschnitt aller Güter in der Volkswirtschaft) ist angestiegen, die **Kaufkraft** ist gesunken.

---

1 lat. indicare = anzeigen
2 Da die Verbrauchergewohnheiten von Staat zu Staat verschieden sind, weichen die Berechnungsverfahren der Indexe voneinander ab. Im Rahmen der Europäischen Union gilt seit 1998 für internationale Vergleiche ein harmonisierter Verbraucherpreisindex (HVPI), der von den nationalen Statistiken abweichen kann.
3 Der Verbraucherpreisindex hat den bisher ermittelten Preisindex für die Lebenshaltung in Deutschland abgelöst. Alle Monatswerte des Verbraucherindex seit 1991 sind auf der Homepage des Statistischen Bundesamtes zu finden.

Beispiel für die Messung der Preisveränderung

	Verbrauch/Preis				
	Bananen	Benzin	Kinobesuche	Zahnpasta	Gesamtausgaben
Mai im Jahr 1	2 kg à 1,95 €	1 000 km 1,01 €/l (10 l/100 km)	3 · 8,00 €	1 Tube 2,45 €	131,35 €
Mai im Jahr 2	2 kg à 2,50 €	1 000 km 1,19 €/l (10 l/100 km)	3 · 10,00 €	1 Tube 2,99 €	156,99 €
Mai im Jahr 3	2 kg à 3,50 €	1 000 km 1,49 €/l (10 l/100 km)	3 · 15,00 €	1 Tube 3,45 €	204,45 €

Trotz **gleichen Verbrauchs** liegen die Ausgaben dieses Haushaltes Jahr für Jahr höher als im Vergleichsmonat des Vorjahres: Ausgabensteigerung Jahr 2: 25,64 €, Jahr 3: 47,46 €.

Preisindex
(als Messgröße für das Preisniveau im Jahr 2) $= \frac{156,99}{131,35} \cdot 100 = \underline{\underline{119,52}}$, d. h. das Preisniveau ist um 19,52 % angestiegen

Allg. Teuerungsrate:
$\left(\frac{\text{Neuer Indexwert}}{\text{Alter Indexwert}} \cdot 100 \right) ./. 100$

Preisindex
(für Jahr 3) $= \frac{204,45}{131,35} \cdot 100 = \underline{\underline{155,65}}$

In diesem Fall sind das Preisniveau und damit die Lebenshaltungskosten vom Mai im Jahr 1 bis Mai im Jahr 3 um 55,65 %[1] angestiegen.

Güter, die man im Jahr 1 noch für 100 € kaufen konnte, kosten im Jahr 3 155,65 €.

Kaufkraft (im Jahr 3) = 1 : 155,65 · 100 = 0,64 €, d. h. der Euro hat von Jahr 1 bis Jahr 3 0,36 € an Wert verloren.

	Gesamtausgaben	Indexziffer	in Prozent gegenüber dem Vorjahr
Mai im Jahr 1	131,35 €	100	
Mai im Jahr 2	156,99 €	119,52	19,52
Mai im Jahr 3	204,45 €	155,65	30,23[2] $\left[\left(\frac{155,65}{119,52} \cdot 100\right) ./. 100\right]$

Bezogen auf den Index 119,52 ergeben sich 36,13 **Prozentpunkte** (155,65 − 119,52), sodass die Ausgaben vom Mai des Jahres 2 bis Mai des Jahres 3 tatsächlich um 30,23 % angestiegen sind.

Aus diesem Beispiel lässt sich ableiten, dass inzwischen für einen Betrag von 100,00 € 35,76 % weniger Güter zu bekommen sind als vorher. Die Kaufkraft hat demnach seit dem Mai des Jahres 1 um 35,76 % abgenommen (= **Kaufkraftverlust**):

$$\left(\frac{100,00 \, (= \text{alter Indexwert})}{155,65 \, (= \text{neuer Indexwert})} \cdot 100 \right) ./. 100 = \underline{\underline{-35,76 \, \%}}$$

> Eine *Änderung des Preisniveaus* (hier: 55,65 % seit Mai des Jahres 1) um einen bestimmten Prozentsatz ist also nicht gleichzusetzen mit der entsprechenden *Veränderung des Geldwerts* (hier: 35,76 %).

1+2 Lösungen im Dreisatz:

131,35 €	≙ 100 %		119,52 Indexpunkte	≙ 100 %
(204,45 € − 131,35 €)	≙ x %		36,13 Indexpunkte	≙ x %
x = 55,65 %			x = 30,23 %	

Beispiel für die Messung der Kaufkraftveränderung:

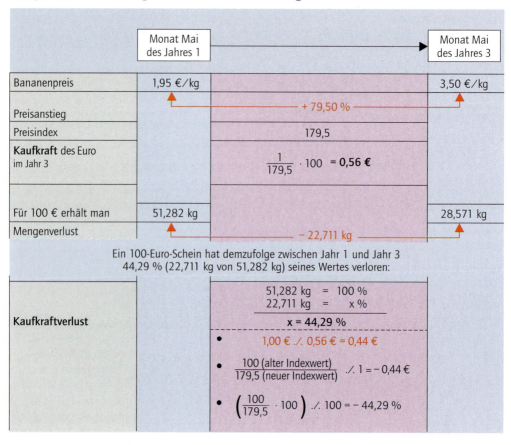

Geldwert und Reallohn

Der **Nominallohn** eines Arbeitnehmers sagt daher noch nichts über den Wert seines Einkommens aus. Erst wenn man weiß, wie viel Waren man für diesen Lohn kaufen kann, bekommt das monatliche Einkommen seinen Wert. So haben die Löhne den Wettlauf mit den Preisen schon oft verloren. Wenn z. B. die Nettoverdienste um 3 % steigen, die Preise aber um 4,5 %, so wird aus dem vermeintlichen Lohnplus ein **Kaufkraftminus**:

Die Arbeitnehmer können sich mit mehr Geld in der Lohntüte weniger Güter kaufen als zuvor: Der **Reallohn** (der Wert des Lohnes) **ist gesunken**. Liegt die Lohnsteigerungsrate über der Preissteigerungsrate, so steigt der Reallohn.

$$\text{Realeinkommen} = \frac{\text{Nominaleinkommen}}{\text{Preisniveau des Konsumgüter}}$$

Reallohn = gibt an, welche Menge an Gütern tatsächlich erworben werden kann. Er wird ermittelt unter Berücksichtigung des Preisniveaus.

Nominallohn = gibt an, wie viel Geld jemand verdient. Er entspricht dem Nennwert des Lohnes.

Für den Wert des Einkommens ist also nicht die Einkommenshöhe von Bedeutung, sondern die Gütermenge, die damit erworben werden kann.

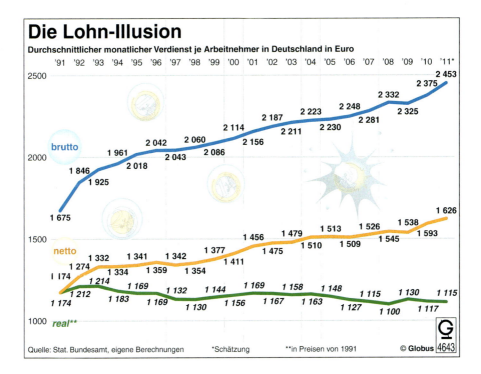

Bestimmungsgrößen des Geldwerts

Insbesondere die beiden Größen Geld- und Gütermenge und ihr Verhältnis zueinander rufen die Veränderungen des Geldwerts hervor.

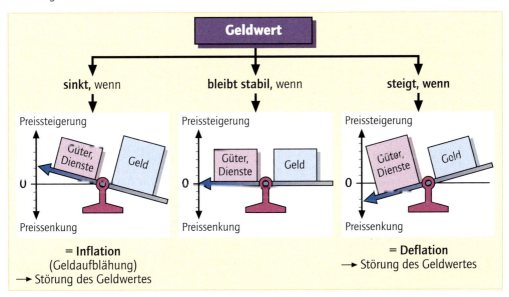

- Gibt es keine Veränderungen zwischen Geld- und Gütermenge, so bleibt der **Geldwert stabil**.
- Ist die Geldmenge größer als die Gütermenge, dann **sinkt der Wert des Geldes**.

Die Folge:

Preissteigerungen, d. h. die Nachfrager müssen für die gleiche Gütermenge mehr Geld bezahlen → **Kaufkraftverlust**

Handelt es sich um eine dauerhafte Tendenz, dann spricht man von **Inflation**.

Inflation = Prozess anhaltender und erheblicher Steigerungen des Preisniveaus und damit sinkenden Geldwerts

Ist die Gütermenge größer als die Geldmenge, dann **steigt der Geldwert**.
Die Folge:
Preise sinken, d. h. die Nachfrager können mit ihrem Einkommen mehr Güter kaufen als zuvor → **Kaufkraftanstieg**.

Ist die Tendenz dauerhaft, dann spricht man von Deflation[1].

Deflation = Andauerndes ständiges **Sinken des allgemeinen Preisniveaus** mit der Folge, dass die Kaufkraft (der Wert des Geldes) zunimmt.

Befindet sich die Wirtschaft in einem Zustand
- mit Preissteigerungen
- bei gleichzeitigem realem Wachstumsstillstand und
- Arbeitslosigkeit,

dann spricht man von **Stagflation** (**Stag**nation + In**flation** = Stagflation).

Inflation
Arten der Inflation

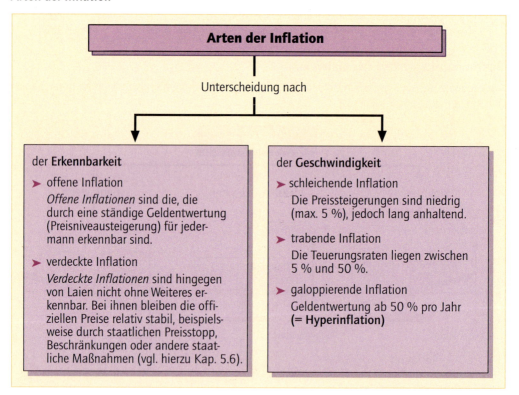

Die Grenzen zwischen diesen Inflationsarten sind fließend. Jedes Land nimmt unterschiedliche Abgrenzungen vor, je nachdem, in welcher Weise dort über die Inflation gedacht wird.

---
1 lat. deflare = einschränken, schrumpfen; Unterversorgung der Wirtschaft mit Geld bzw. Warenüberhang; siehe Ausführungen S. 473 f.

Inflationsschock 1923: In Arztpraxen musste statt mit Geld mit Naturalien bezahlt werden. Foto: dpa

In Deutschland schien die Geldentwertung kein Thema mehr zu sein. Von 1993 – die Inflationsrate lag damals bei 4,5 % – bis 2007 war der Preisauftrieb nie größer als 2 %. Die Preissteigerungen seit Mitte 2007 haben jedoch viele beunruhigt.

Gerade bei den Älteren sitzt die Inflationsangst noch sehr tief. Viele erinnern sich mit Schrecken an den Preisschock von 1923. Deutschland erlebte das Trauma der großen Inflation. Im Sommer 1923 stiegen die Preise erst wöchentlich, dann täglich und schließlich stündlich.

Im Januar kostete ein Brot in Berlin 250 Mark, im Herbst schon 400 Mrd. Mark. Der Kurs für einen Dollar kletterte in diesem Jahr von 7.350,00 Mark auf 4,2 Billionen Mark. Die Hausfrauen trugen das Geld tütenweise zum Einkauf.

Ursachen der Inflation

Die Ursachen der Inflation können sowohl von der Geldmenge, der Nachfrage- als auch von der Angebotsseite ausgehen.

Nachfrageinflation

Auslöser = Nachfrageseite

Ist die gesamtwirtschaftliche Nachfrage größer als das gesamtwirtschaftliche Angebot, steigen die Preise.

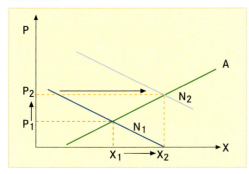

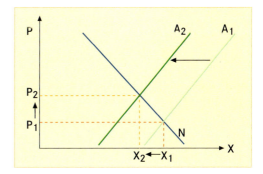

Die nachfrageinduzierte Inflation (Überschussnachfrageinflation) kann untergliedert werden in *konsum-, investitions-, staats- und auslandsnachfrageinduzierte (= importierte) Inflation.*

Angebotsinflation

Auslöser = Angebotsseite

Die angebotsinduzierte Inflation kann in *gewinn- und kosteninduzierte Inflation* unterteilt werden.

Bei der **kosteninduzierten**[1] **Inflation** sind die Preissteigerungen auf die Verteuerung der Produktionsfaktoren zurückzuführen, wie z. B. der Löhne und Gehälter und der importierten Vorprodukte. Auch Zins- und Steuererhöhungen können zu Preissteigerungen führen.

Das Merkmal einer **gewinninduzierten Inflation** sind Preissteigerungen auch bei rückläufiger Nachfrage. Dies ist nur denkbar bei Marktmacht des Anbieters (Monopolstellung) bzw. der Anbieter (Preisabsprachen) und der Ausschaltung des Wettbewerbs.

Administrierte Inflation

Bei einer **administrierten Inflation** im engeren Sinne kann es sich um eine *staatlich* oder *privat administrierte* Inflation handeln.

Bei der **staatlich administrierten Inflation** ist der Staat der „Preistreiber". So erhöht er z. B. die Preise durch eine Erhöhung der Umsatzsteuer

---

1 lat. inducere = verursachen

bzw. spezieller Verbrauchsteuern. Ein weiteres Beispiel hierfür sind die Mindestpreise im Rahmen der EG-Agrarordnung.

Bei der **privat administrierten Inflation** handelt es sich um eine Folge der Preispolitik auf **Monopol- und Oligopolmärkten**. Die großen Anbieter auf einem Monopol- bzw. Oligopolmarkt verfügen über die Marktmacht, eine langfristige Preiserhöhungspolitik ohne Rücksicht auf z. B. Nachfrageveränderungen zu betreiben.[1]

Geldmengeninduzierte Inflation

Von einer **geldmengeninduzierten Inflation** spricht man, wenn eine im Verhältnis zur gesamtwirtschaftlichen Gütermenge übermäßige Geld- und Kreditschöpfung durch das Bankensystem zu einer Erhöhung des Preisniveaus führt.

Quantitätstheorie

Vertreter der sogenannten Quantitätstheorie begründen in diesem Zusammenhang den Wert des Geldes mit der **Geldmenge** und der **Umlaufgeschwindigkeit des Geldes**.

Insofern ist für die Entwicklung des Geldwerts nicht nur die vorhandene Geldmenge, sondern auch die Umlaufgeschwindigkeit des Geldes ausschlaggebend.

Beispiel

Wechselt z. B. ein 100-Euro-Schein innerhalb eines Jahres 200-mal den Eigentümer, so ergibt sich daraus eine umgesetzte Gütermenge von 20.000,00 €.

Aufgrund dieser Überlegungen hat der Ökonom Irving Fisher (1867–1947) folgende **Verkehrsgleichung** (Tauschgleichung) aufgestellt:

$$G \cdot U = P \cdot H$$
(Geldseite)   (Güterseite)

Geldumsatz = Gesamtpreis des Güterumsatzes

G = Geldmenge (Münz-, Papier- und Buchgeld), die sich im Wirtschaftskreislauf befindet

U = Umlaufgeschwindigkeit des Geldes

P = durchschnittliche Preise aller im Handelsvolumen enthaltenen Güter und Dienstleistungen (Preisniveau)

H = umgesetzte Gütermenge innerhalb eines Jahres, zu dessen Erwerb die entsprechende Menge an Geld benötigt wird

Beispiel zur Errechnung des Güterumsatzes (P · H) und des Geldumsatzes (G · U):

Angenommen in einer Volkswirtschaft gäbe es die Güter A, B, C und D, von denen die folgenden Mengen zu Marktpreisen umgesetzt werden:

A	3 000 Einheiten	zu 10,00 €/Einheit	30.000,00 €
B	10 000 Einheiten	zu 5,00 €/Einheit	50.000,00 €
C	6 000 Einheiten	zu 1,00 €/Einheit	6.000,00 €
D	1 000 Einheiten	zu 14,00 €/Einheit	14.000,00 €
	20 000 Einheiten ─────────────────────────▶		100.000,00 €
	Durchschnittlicher Preis pro Einheit ────▶		5,00 €

Volkswirtschaftlicher **G**üterumsatz: **P**reisniveau (5,00) · **H**andelsvolumen (20.000) = 100.000,00 €

Würde nun jede Geldeinheit von den Nachfragern zum Kauf **nur einmal benutzt** werden, so müssten die Nachfrager über eine Geldmenge (G) verfügen, die dem Handelsvolumen in Höhe von 100.000,00 Euro entspricht. Normalerweise wird jedoch z. B. ein 100-Euro-Schein mehrmals den Eigentümer wechseln und für Nachfrage nach Gütern sorgen.

Die Häufigkeit, mit der die einzelne Geldeinheit zur Bezahlung von Gütern verwendet wird (= Umlaufgeschwindigkeit des Geldes – U), bestimmt gemeinsam mit der Geldmenge (G) den

Volkswirtschaftlichen **G**eldumsatz: **G**eldmenge (12.500,00 €) · **U**mlaufgeschwindigkeit (8) = 100.000,00 €

Daraus ergibt sich gemäß Verkehrsgleichung:
5,00 · 20 000 = 12.500 · 8
Güterumsatz = Geldumsatz

$$P \cdot H = G \cdot U$$

---

[1] siehe Kap. 5.5

Formt man diese Gleichung nun um, so erhält man die **Gleichung des Preisniveaus:**

$$P = \frac{G \cdot U}{H}$$

Danach ist das Preisniveau abhängig von

- der umlaufenden Geldmenge,
- der Umlaufgeschwindigkeit des Geldes,
- dem Handelsvolumen.

} Bestimmungsgrößen des Preisniveaus

Beispiel für steigendes Preisniveau (sinkender Geldwert):

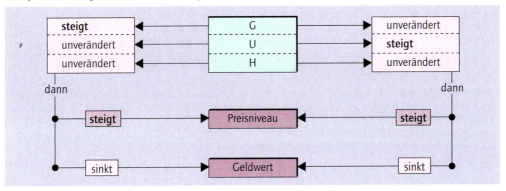

Andererseits können Preissteigerungen bzw. Kaufkraftverluste vermieden werden, wenn die Erhöhung einer Größe durch die Verringerung einer anderen ausgeglichen wird.

Beispiele

Ausgangssituation: $P = \dfrac{G \cdot U}{H} = \dfrac{12.500 \cdot 8}{20\,000} = 5$

Die Umlaufgeschwindigkeit des Geldes soll sich von 8 auf 10 erhöhen:

a) Die höhere Umlaufgeschwindigkeit (U) kann durch eine <u>Verringerung der Geldmenge</u> von 12.500,00 € auf 10.000,00 € ausgeglichen werden.

$$P = \frac{10.000 \cdot 10}{20\,000} = 5$$

b) Die angestiegene Umlaufgeschwindigkeit wird durch ein <u>höheres Handelsvolumen</u> aufgehoben.

$$P = \frac{12.500 \cdot 10}{25\,000} = 5$$

Anhand dieser volkswirtschaftlichen Zusammenhänge wird ersichtlich, wie wichtig und notwendig die Steuerung des Geldumlaufs und der Geldmenge durch die Europäische Zentralbank zur Erreichung eines stabilen Preisniveaus ist.[1]

Steigt das Handelsvolumen stärker als die Geldmenge (= Geldmengenunterversorgung), besteht die Gefahr einer **deflatorischen Entwicklung**, neben der Inflation eine weitere Störung des Geldwerts.

Deflation

Wie die Verkehrsgleichung gezeigt hat, wird der Wert des Geldes durch die Menge der Güter und Dienstleistungen bestimmt, die der Geldmenge gegenübersteht.

Dass in einer Volkswirtschaft einzelne Preise sinken, ist nichts Ungewöhnliches und sogar wünschenswert, denn es zeigt, dass Produktivitätsgewinne bei bestimmten Erzeugnissen durch niedrigere Preise an die Verbraucher weitergege-

---

1 siehe Kap. 8.12

ben werden, sodass die Nachfrage nach diesen Gütern angeregt wird. Wenn die Preise aber auf breiter Front nachgeben, droht die Gefahr der wirtschaftlichen Abwärtsspirale, der nur äußerst schwer wieder zu entkommen ist.

Die Bekämpfung der Deflation muss über eine Belebung der gesamtwirtschaftlichen Nachfrage erfolgen (z. B. staatliche Aufträge an die Wirtschaft, Arbeitsbeschaffungsmaßnahmen, steuerliche Entlastungen) und die Erhöhung der Geldmenge.

Die Deflation im Jahre 1931

„Die Haltung der Rohstoffpreise war Mitte Mai bei gleichzeitigen Kurseinbrüchen an den Effektenmärkten überwiegend schwach. Am Weltmarkt sind die Preise für Nichteisenmetalle, insbesondere Kupfer sowie die Preise für Baumwolle, Flachs, Rohseide und zum Teil auch für Wolle weiter zurückgegangen. Die inländischen Schrottpreise sind besonders am Berliner Markt beträchtlich gefallen. Die Preise für Häute und Felle haben gleichfalls nachgegeben. Die Indexziffer der industriellen Rohstoffe und Halbwaren verzeichnete am 20. Mai mit 103,3 (1913 = 100) einen bisher nicht erreichten Tiefstand; seit Anfang des Jahres ist sie um 4,7 Prozent gesunken. Im Zusammenhang mit der Entwicklung der Rohstoffpreise sind bei anhaltend geringer Kaufkraft die Preise für industrielle Fertigwaren weiter zurückgegangen. Von den Produktionsmitteln haben insbesondere die Preise für landwirtschaftliche Bedarfsgüter (Bindegarn, Decken, Plane, kleine Wirtschaftsgeräte aus Eisen) nachgegeben. Unter den Konsumgütern sind Preisermäßigungen besonders für Textilien und Möbel eingetreten."

aus: Wirtschaft und Statistik, 1. Juni 1931; Statistisches Reichsamt, Berlin

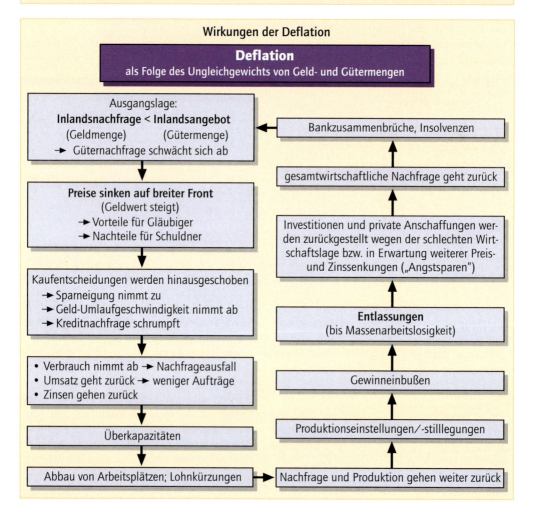

Bedeutung des Ziels „Preisstabilität"

Inflation und Deflation können einer Volkswirtschaft nachhaltig schaden. Daher ist es die oberste Pflicht der staatlichen Konjunkturpolitik und der Geldpolitik, betrieben durch die Europäische Zentralbank, diese Geldwertstörungen zu verhindern bzw. zu bekämpfen:

Steigt das Preisniveau, so muss für Waren insgesamt mehr Geld ausgegeben werden. Die Kaufkraft sinkt und die Bezieher fester Einkommen verlieren einen Teil ihres Einkommens und Sparguthabens, z. B. Arbeitnehmer und Rentner.

Es findet eine *Flucht in die Sachwerte* statt (z. B. Kauf von Edelmetallen, Grundstücken, Schmuck, Antiquitäten), die in ihrem Wert steigen. Der soziale Wohlstand wird gefährdet, die Realeinkommen werden unkontrolliert umverteilt. Das kann unter Umständen zu sozialen Ungerechtigkeiten bis hin zu Unruhen führen.

Ein **stabiles Preisniveau** verhindert die Geldentwertung und schützt damit insbesondere die kleinen Geldsparer. Es wird Vertrauen in den Wert und die Aufgaben des Geldes geschaffen.

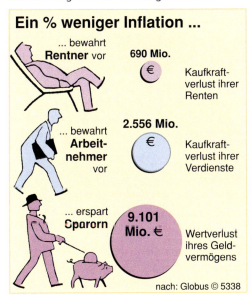

Hoher Beschäftigungsstand

Unter dem Ziel des hohen Beschäftigungsstandes versteht man im engeren Sinne, dass die Arbeitslosigkeit vermindert wird. Absolute Vollbeschäftigung liegt vor, wenn niemand arbeitslos ist. Diese Arbeitslosenzahl von Null ist in der Realität aber nicht zu erreichen. Nach Ansicht der Bundesregierung ist das Ziel des hohen Beschäftigungsstandes auch dann erreicht, wenn der Anteil der Arbeitslosen an der Gesamtzahl der unselbstständigen Erwerbstätigen zwischen 1 % und 2 % liegt.

$$\text{Arbeitslosenquote in \%} = \frac{\text{Anzahl der registrierten Arbeitslosen}}{\text{Anzahl der abhängigen Erwerbspersonen}^1} \cdot 100\,\%$$

Liegt die Arbeitslosenquote über 2 %, so liegt **Unterbeschäftigung** vor. **Die Überbeschäftigung** ist gekennzeichnet von einer Arbeitslosenquote von weniger als 1 %.

Ein anderer Maßstab für hohen Beschäftigungsstand ist die Anzahl der offenen Stellen. Entspricht die Anzahl der Arbeitslosen im Wesentlichen der Anzahl der offenen Stellen, so spricht man ebenfalls von hohem Beschäftigungsstand. Ist die Anzahl der offenen Stellen geringer als die Anzahl der Arbeitslosen, so liegt Unterbeschäftigung vor. Bei Überbeschäftigung übersteigt die Anzahl der offenen Stellen die Arbeitslosenzahl.

Ursachen der Arbeitslosigkeit

Es sind verschiedene **Ursachen** dafür zu nennen, warum nicht alle Personen, die arbeitsfähig und arbeitswillig sind, auch Arbeit finden:
– konjunkturelle Gründe
– strukturelle Gründe
– saisonale Gründe
– profilbedingte Gründe
– friktionelle Gründe

Konjunkturelle Arbeitslosigkeit entsteht durch Konjunkturschwankungen (vgl. Kapitel 8.4), hervorgerufen durch einen allgemeinen Nachfragerückgang, insbesondere in der Phase des Abschwungs. Produktionseinschränkungen in allen Wirtschaftszweigen sind die Folge.

Strukturelle Arbeitslosigkeit ist gekennzeichnet durch das Schrumpfen einzelner Wirtschaftszweige. Sie entsteht u. a. durch veränderte Produktionsverfahren oder durch verändertes Nachfrageverhalten.

---

1 abhängige Erwerbstätige und registrierte Arbeitslose

Beispiele

- Die Entwicklung fortschrittlicher Produktionstechniken hat zur Folge, dass die bisherigen Gütermengen **mit weniger Arbeitskräften** produziert werden.
- Die Nachfrage nach Kohle geht stark zurück. Die entlassenen Arbeitnehmer finden so schnell keinen neuen Arbeitsplatz (↔ Kohlekrise in den 60er-Jahren im Ruhrgebiet).
- Unternehmen der Textilbranche lassen ihre Artikel in Fernost fertigen wegen der dort niedrigeren Löhne.

Die Arbeitswelt im 21. Jahrhundert wird sich deutlich von der Arbeitswelt zu Beginn der 90er-Jahre des 20. Jahrhunderts unterscheiden. Weg von der Industrie- und hin zur Dienstleistungsgesellschaft – dieser Trend wird sich fortsetzen. In der Landwirtschaft und im Bergbau, die schon in den vergangenen Jahren stark geschrumpft sind, werden noch einmal viele Beschäftigte ihre Arbeitsplätze verlieren. Aber auch die Zahl der Arbeitsplätze im industriellen Kernbereich wird weiter abnehmen. Gewinner sind die Dienstleister. In diesen zukunftsträchtigen Bereichen (ohne den Handel) werden im 2025 schätzungsweise mehr als die Hälfte der Erwerbstätigen beschäftigt sein.

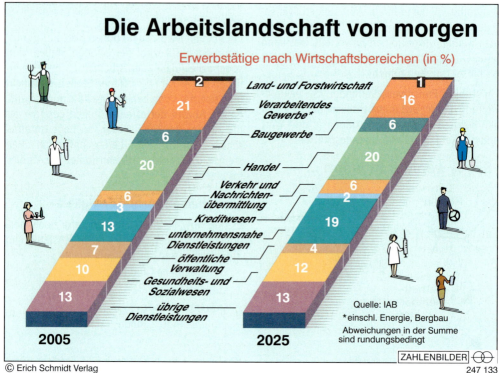

Dass sich die Beschäftigung immer mehr in diesen Sektor verlagert, hat verschiedene Ursachen: Neue, „intelligente" Dienste (z. B. Forschung und Entwicklung, Softwareproduktion, Finanzdienstleistungen, Information) nehmen einen immer breiteren Platz im Wirtschaftsleben ein. Dienstleistungsfunktionen werden aus dem produzierenden Sektor ausgegliedert und verselbstständigt. Mit zunehmendem Wohlstand wächst die Nachfrage der Bevölkerung nach Dienstleistungen, die früher nur von den besonders begüterten Schichten der Gesellschaft in Anspruch genommen werden konnten (z. B. im Tourismussektor). Und anders als in Industrie und Landwirtschaft lässt sich die Produktivität in vielen Dienstleistungsbereichen nur in begrenztem Umfang steigern. Die wachsende Nachfrage erfordert also den Einsatz zusätzlicher Arbeitskräfte.

Im Jahr 2006 waren bundesweit rund 715.000 Unternehmen mit 6,4 Millionen Beschäftigten in den Dienstleistungsbereichen (ohne den Handel) tätig. Die Spannweite der gebotenen Servicefunktionen reicht von den Verkehrs- und Kommunikationsdienstleistungen über die Rechts-, Steuer- und Unternehmensberatung, die Datenverarbeitung, den sozialen Bereich, die Werbung und die privatwirtschaftliche Forschung und Entwicklung bis zu den Schutz- und Reinigungsdiensten. In diesen zukunftsträchtigen Bereichen werden im Jahre 2012 ca. 9,1 Millionen Menschen Arbeit finden.

Profilbedingte Arbeitslosigkeit ist darauf zurückzuführen, dass die Profile der Arbeitsplätze und der Arbeit Suchenden nicht zueinander passen (= Mismatch-Arbeitslosigkeit).

Erklärung: Bestimmten Problemgruppen ist bei hoher Arbeitslosigkeit der Zugang zum Arbeitsmarkt versperrt. Darüber hinaus werden ihre Fähigkeiten und Fertigkeiten mit zunehmender Dauer der Arbeitslosigkeit entwertet. Parallel hierzu können aber offene Stellen nicht besetzt werden, da die hierfür erforderlichen Qualifikationen auf dem Arbeitsmarkt nicht verfügbar sind.

Saisonale Arbeitslosigkeit ist auf jahreszeitlich bedingte Rückgänge der Beschäftigtenzahlen zurückzuführen. Sie ist kurzfristig und kehrt regelmäßig wieder, wie z. B. im Baugewerbe, in der Touristikbranche und in der Landwirtschaft.

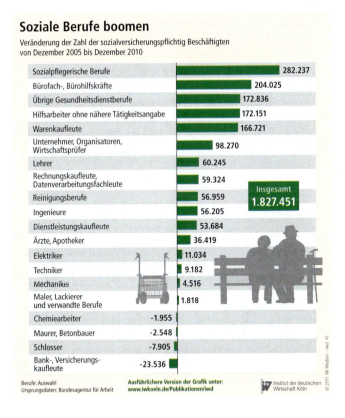

Friktionelle Arbeitslosigkeit (Fluktuationsarbeitslosigkeit) ist eine *vorübergehende Arbeitslosigkeit*. Sie entsteht dadurch, dass Arbeitnehmer ihren bisherigen Arbeitsplatz aufgeben, um umgeschult zu werden oder um einen neuen Arbeitsplatz zu suchen oder anzunehmen, sodass sie zwischenzeitlich mehr oder minder „freiwillig" arbeitslos sind.

Wie der Strukturwandel den Arbeitsmarkt prägt

Der technische Fortschritt ermöglicht vor allem in der industriellen Fertigung enorme Produktivitätsfortschritte. Einfache Arbeiten lassen sich dort oft günstiger maschinell als von Hand erledigen – was die Chancen Geringqualifizierter, in der Industrie unterzukommen, drastisch verschlechtert hat. Im wachsenden Servicesektor lässt sich Handarbeit dagegen meist gar nicht durch Maschinen ersetzen.

Die Nachfragestruktur hat sich mit steigendem Wohlstand gewandelt – die Menschen geben heute einen geringeren Teil ihres Einkommens für Lebensmittel und langlebige Gebrauchsgüter wie Möbel aus, dafür aber mehr für Dienstleistungen. Dies wiederum kommt weniger gut ausgebildeten Arbeitnehmern zugute.

Staatliche Regeln beeinflussen die Arbeitsmarktentwicklung ebenfalls. So sind durch die Hartz-Reformen die Anreize gestiegen, auch einfache, geringbezahlte Jobs anzunehmen.

(Quelle: Institut der deutschen Wirtschaft Köln, iw-dienst, Nr. 41 vom 13.10.2011)

Merkmale zukünftiger Beschäftigungsverhältnisse	
Die neuen Beschäftigungsformen sind von beiden Marktseiten – Arbeitgebern und Arbeitnehmern – auf der Basis des laufenden Strukturwandels und eines Wertewandels gewollt. Die Märkte wollen **flexible Produktmärkte**. Die Menschen streben eine **Individualisierung** an, die sie frei macht von den Zwängen der Institutionen. Folgende Merkmale werden die zukünftigen Beschäftigten erfüllen müssen, um Arbeit zu finden:	
Flexibilisierung der Arbeit	Die Beschäftigten werden örtlich und zeitlich sehr flexibel sein müssen. Sie müssen entweder zur Arbeit hinziehen oder mithilfe der neuen Medien die Entfernungen zur Arbeit überbrücken, indem sie von zu Hause aus arbeiten. Die Arbeitsinhalte verlangen nicht mehr den Spezialisten, sondern das Multitalent.
Life long learning	Früher reichte die Erstausbildung für 40 Jahre Berufstätigkeit. Das gilt aber lange nicht mehr. Ständiges Lernen bewirkt eine Anpassung an die Veränderungen der Arbeitswelt und Anforderungen. Das Wochenende wird zum Fortbildungswochenende werden.
Learning in the job	Die Qualifikation wird durch die Berufsarbeit ständig weiterentwickelt. Neue Berufe entstehen daraus wie z. B. der Informationsbroker, der Rechercheur.
Projektarbeit	Der Beschäftigte wird Teil eines Teams, das in begrenztem Umfang zusammenarbeitet, um das Projekt fertigzustellen.
Patchwork-Biografie	Der Beschäftigte wird keinen geradlinigen Lebenslauf mehr haben. Seine Berufslaufbahn wird sich aus einem Flickenteppich von Qualifikationen zusammensetzen. Vor allem verschiedene Erfahrungen machen ihn wertvoll.
Selbstbeauftragung	Der Beschäftigte muss seine Nische finden und entwickeln. Er muss sich dem Arbeitsmarkt aufdrängen und um Beauftragung kämpfen.

Bedeutung des Ziels „Hoher Beschäftigungsstand"

Arbeitslosigkeit führt zu gesamtwirtschaftlichen Nachteilen wie:

- Kaufkraftschwund
- Wachstumsverlust
- Ausfällen bei
  - den Steuereinnahmen, z. B. bei der Lohn- und Einkommensteuer und der Umsatzsteuer
  - den Sozialversicherungsbeiträgen
  - steigenden Ausgaben, z. B. beim Arbeitslosengeld

Nicht vergessen werden darf bei der Betrachtung der wirtschaftlichen Auswirkungen die **seelische Belastung** eines jeden einzelnen Arbeitslosen. Vor allem bei den Langzeitarbeitslosen breitet sich häufig das Gefühl aus, nichts mehr wert und überflüssig zu sein. Vollbeschäftigung ist daher eines der wichtigsten wirtschaftspolitischen Ziele zur Sicherung des sozialen Friedens.

Außenwirtschaftliches Gleichgewicht

Für die deutsche Konjunkturentwicklung sind die Wirtschaftsbeziehungen zum Ausland äußerst wichtig, denn einerseits sind wir auf die Einfuhr bei uns nicht vorhandener Rohstoffe angewiesen. Andererseits bietet uns das Ausland seine Märkte für den Absatz unserer Waren und Dienstleistungen. Werden durch das Inland preisgünstigere und qualitativ hochwertigere Güter angeboten (Waren „Made in Germany") als durch die ausländische Konkurrenz, dann werden vermehrt inländische Güter vom Ausland nachgefragt. Dadurch können mehr Güter exportiert als importiert (= Exportüberschüsse) und schließlich Arbeitsplätze gesichert werden.

Bezahlen nun aber im Gegenzug die Auslandskunden ihre in Deutschland gekauften Waren, so fließt Geld ins Inland, das für den Kauf von z. B. Rohstoffen im Ausland wieder ausgegeben wird. Die Geldmenge im Inland bleibt nur dann unverändert, wenn der gesamte Geldzufluss aus den Exporten für Importe wieder ins Ausland fließt.

Bei **Exportüberschüssen** ist allerdings ein Teil der Einnahmen aus dem Export nicht wieder für Einfuhren ausgegeben worden, sondern ist im Inland verblieben und hat dort die Geldmenge erhöht. Da in dieser Situation das Gut *Geld* nicht mehr knapp ist, sinkt sein Preis, also der Zins. Die Folge ist die vermehrte Nachfrage nach zinsgünstigen Krediten, die für den Kauf von Investitions- und Konsumgütern verwendet werden. Dies führt zu Preissteigerungen und zur Inflation; man spricht in diesem Fall von **importierter Inflation**.

Kaufen inländische Unternehmen vorwiegend im Ausland, weil dort die Waren preisgünstiger angeboten werden – die Importe können nun größer werden als die Exporte –, so geht der Absatz der inländischen Produzenten und Händler zurück. Es folgen Betriebsstilllegungen und Arbeitslosigkeit.

Import und Export von Waren und Dienstleistungen sollten deshalb ausgeglichen sein, womit der **Außenbeitrag** (→ die Gesamtheit der wirtschaftlichen Beziehungen zwischen verschiedenen Staaten) gleich null wäre.

Außenbeitrag = Exporte (Ausfuhren) ./. Importe (Einfuhren)

$$\text{Außenbeitragsquote} = \frac{\text{Außenbeitrag}}{\text{Bruttoinlandsprodukt}} \cdot 100\,\%$$

Für die Bundesregierung gilt das Ziel eines außenwirtschaftlichen Gleichgewichts auch noch bei einem *positiven Außenbeitrag* (**Außenbeitragsquote**) als erreicht. Dabei darf aber der Überschuss höchstens zwischen 1,5 % und 2 % des nominalen Bruttoinlandsproduktes ausmachen.

Der Wirtschaftsverkehr zwischen Inland und Ausland wird statistisch in der **Zahlungsbilanz** erfasst (vgl. Kap. 8.9). Vereinfacht kann man sich eine Bilanz wie ein Konto vorstellen, auf dem Zu- und Abgänge verzeichnet werden. Aus diesen wertmäßigen Gegenüberstellungen ergibt sich entweder ein Überschuss oder ein Defizit. Dieser positive oder negative Restbetrag heißt Saldo. Das Ziel eines außenwirtschaftlichen Gleichgewichts ist erreicht, wenn der Saldo gleich null ist, d. h. wenn sich die Zahlungseingänge vom Ausland mit den Zahlungsausgängen an das Ausland die Waage halten (= Zahlungsbilanzausgleich).

Stetiges und angemessenes Wirtschaftswachstum

Gesamtwirtschaftliches Wachstum wird erzielt durch eine Zunahme des Güter- und Dienstleistungsangebots (pro Kopf der Bevölkerung). Es wird gemessen an der jährlichen Zunahme des realen (um Preissteigerungen bereinigten) Bruttoinlandsprodukts (BIP). Das Wachstumsziel gilt heute als erreicht, wenn Wachstumsraten von 2 % – 3 % erzielt werden unter Bezugnahme auf ein bestimmtes Basisjahr.

Ursachen des Wirtschaftswachstums

Wirtschaftswachstum ist die treibende Kraft jeder gesellschaftlichen Entwicklung. Wirtschaftliches Wachstum erkennt man daran, dass innerhalb eines Jahres in einer Volkswirtschaft real mehr Güter und Dienstleistungen hergestellt wurden als im Vorjahreszeitraum (= Anstieg des realen Bruttoinlandsprodukts)[1]. Dieses Wachstum lässt

---

[1] Wirtschaftliches Wachstum im Zielkatalog der Bundesregierung bedeutet wachsendes Volkseinkommen, d. h. Zunahme des Angebots an Gütern und Dienstleistungen pro Kopf der Bevölkerung.

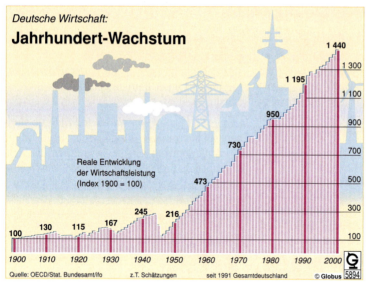

sich auf verschiedene Ursachen zurückführen (siehe Seite 481 f.).

Die Produktion je Erwerbstätigenstunde ist in der westdeutschen Industrie ständig gestiegen (siehe Abb. unten).

Die Steigerung der Arbeitsproduktivität hat folgende Ursachen:

- Wachsende **Kapitalausstattung der Arbeitsplätze** in Verbindung mit dem technischen Fortschritt:
  Sie ermöglicht es z. B., in einer Arbeitsstunde mithilfe von Maschinen und Computern weit mehr als bei reiner Handarbeit zu produzieren. Auch die Verbesserung der Betriebs- und Arbeitsorganisation trägt zur steigenden Produktivität bei.

- **Qualifizierung der menschlichen Arbeitskraft:**
  Der Umgang mit anspruchsvoller Technik erfordert eine immer bessere Ausbildung. Darüber hinaus besteht die Tendenz, das menschliche Arbeitsvermögen je Zeiteinheit intensiver zu nutzen. Viele der Rationalisierungsmaßnahmen und Personaleinsparungen zielen in diese Richtung – auch mit dem Ergebnis, dass weniger Leistungsfähige zunehmend aus dem Arbeitsprozess hinausgedrängt werden.

- **Gesamtwirtschaftliche Strukturveränderungen:**
  Sie sorgen dafür, dass leistungsschwache und unrentable Fertigungszweige aufgegeben und die Arbeit fortwährend in produktivere Bereiche der Wirtschaft umgelenkt wird.

- **Schwankungen der Konjunktur:**
  Sie beeinflussen auf kurze Sicht die Arbeitsproduktivität insofern, als dass die Produktionsleistung je Erwerbstätigenstunde in Phasen des wirtschaftlichen Abschwungs sinkt, weil die Produktionsanlagen dann nicht mehr voll genutzt werden können und die Unternehmen ihren Personalbestand zunächst nicht so stark reduzieren, wie es der rückläufigen Absatzlage entspräche. Umgekehrt steigt die Produktivität in Aufschwungsphasen kräftig an, weil die vorhandenen Kapazitäten dann besser ausgelastet sind und die in der Rezession modernisierten Anlagen voll zur Wirkung kommen.

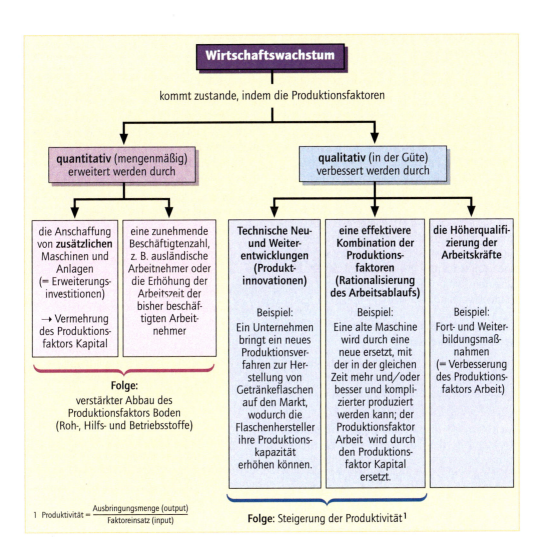

Wirtschaftswachstum wird erzielt, indem
- zusätzliche Produktionsfaktoren eingesetzt werden und/oder
- die Qualität der Produktionsfaktoren verbessert wird. (Qualitätsverbesserungen tragen erfahrungsgemäß stärker zum Wachstum der Wirtschaft bei als die mengenmäßigen Erweiterungen der Produktionsfaktoren.)

$$\text{Wachstumsrate} = \frac{\text{Veränderung des Bruttoinlandsprodukts im Vergleich zum Vorjahr}}{\text{Bruttoinlandsprodukt des Vorjahres}} \cdot 100\,\%$$

Wirtschaftswachstum kommt auch zustande durch eine vertiefte *internationale Arbeitsteilung*.

Beispiele

Spezialisierung auf bestimmte Produktionen (wie z. B. Maschinen für den Straßenbau, chemische Produkte), die dann in größerer Serie für den Weltmarkt produziert werden. Zugleich Verzicht auf Produktionszweige, auf die sich andere Länder spezialisieren, z. B. die Herstellung von Fotoapparaten und Stereoanlagen, Bekleidung oder Agrarprodukte (= Strukturverbesserung der ökonomischen Leistungsfähigkeit).

Die Möglichkeiten, durch *Vermehrung* der Produktionsfaktoren Arbeit, Boden und Kapital das Wirtschaftswachstum zu fördern, sind allerdings begrenzt und problematisch:

Die Wachstumssteigerung durch technischen Fortschritt (Produktinnovationen) ist begrenzt, da er mit hohen Entwicklungskosten verbunden ist. Diese hohen Kosten müssen von den Unternehmen aus ihren Umsatzerlösen bezahlt werden, was nur in den wenigsten Fällen möglich sein dürfte. Außerdem werden durch neue Technologien i. d. R. Arbeitsplätze wegrationalisiert. Der **Produktionsfaktor Boden** ist insbesondere als Abbauboden nicht vermehrbar. Die Vermehrung des **Produktionsfaktors Arbeit** ist nicht unproblematisch, da z. B. die Zuwanderung zusätzlicher ausländischer Arbeitnehmer zwar volkswirtschaftlichen Nutzen bringt, aber andererseits auch Kosten verursacht, z. B. für die Schaffung einer Infrastruktur, sowie sozialen Sprengstoff bedeuten kann, wenn Arbeitsplätze insgesamt knapper werden.

Bedeutung des Ziels „Stetiges Wirtschaftswachstum"

Der materielle Lebensstandard und die Bedürfnisse einer modernen Volkswirtschaft können nur durch eine steigende Güterproduktion erhöht bzw. befriedigt werden.

Quantitatives (mengenmäßiges) Wirtschaftswachstum ist die Grundlage, um Vollbeschäftigung zu erhalten und soziale Spannungen abzubauen, da die Verteilungskämpfe weniger hart ausgetragen werden. Es können mehr und bessere Leistungen durch den Staat erbracht und die unterstützenden Maßnahmen für die Entwicklungsländer gesteigert werden.

Nur wenn die volkswirtschaftliche Gesamtleistung steigt, lassen sich neue Verfahren zur Energiegewinnung, zur Wiederverwendung von Abfällen (Recycling) und zur umweltschonenden Abfallbeseitigung finanzieren. Wachstum bedeutet Wohlstand: Die Arbeitnehmer beziehen höhere Einkommen, können mehr Güter kaufen und haben dabei auch noch mehr Freizeit. Für die Unternehmer bedeutet Wirtschaftswachstum erhöhten Absatz und steigende Gewinne.

Stetiges Wachstum bedeutet, dass starke Wachstumsschwankungen, wie sie durch die Konjunkturphasen „Hochkonjunktur" und „Tiefstand" verkörpert werden, möglichst zu vermeiden sind. Das reale BIP soll ohne große Ausschläge von Jahr zu Jahr gleichmäßig steigen (idealtypisch steht hierfür der „Wachstumstrend").

Angemessen ist das Wachstum, wenn die Zuwachsraten des BIP die übrigen Ziele des Stabilitätsgesetzes unterstützen. Das heißt, dass es so stark sein sollte, dass die Arbeitslosigkeit beseitigt wird, ohne das Ziel der Geldwertstabilität zu gefährden.

Inwieweit andere wirtschaftliche und soziale Ziele wie Umweltschutz, Lebensqualität, Humanisierung der Arbeitswelt und gerechte Einkommens- und Vermögensverteilung in der Forderung „angemessenes Wachstum" berücksichtigt werden müssen, lässt das Stabilitätsgesetz offen. Vor allen Dingen wegen dieser Problematik ist das Wachstumsziel von allen vier Zielen heute das umstrittenste.

Notwendigkeit der Erweiterung des „Magischen Vierecks"

Meldungen von Umweltskandalen, Probleme bezüglich der Finanzierbarkeit des sozialen Netzes sowie die Diskussion um eine ökologische Steuerreform – u. a. erhöhte Besteuerung des Energie- und Rohstoffverbrauchs – zeigen an, dass die soziale Marktwirtschaft vor neuen Herausforderungen steht. Zur Bewältigung der Zukunftsprobleme ist das „Magische Viereck" um weitere zwei Ziele zu ergänzen:

– Erhaltung der lebenswerten Umwelt
– gerechte Einkommens- und Vermögensverteilung

Lebenswerte Umwelt

Politisch abgesichert ist das Ziel *„Erhaltung einer lebenswerten Umwelt"* bzw. *„Schonung der Umwelt"*.

> **Art. 20 GG**
> Der Staat schützt auch in Verantwortung für die künftigen Generationen die natürlichen Lebensgrundlagen im Rahmen der verfassungsmäßigen Ordnung durch die Gesetzgebung und nach Maßgabe von Gesetz und Recht durch die vollziehende Gewalt und die Rechtsprechung.

Kreislaufwirtschaft

Noch ist die industrielle Produktionsweise und die Art des Konsumierens weitgehend gekennzeichnet durch die sogenannte Durchlaufökonomie („Einbahnstraßensystem"). Dabei werden der Natur alle Mittel, die in die Produktion eingehen, entnommen und im Rahmen des Herstellungsprozesses unter Einsatz von Energien zu Gütern umgeformt und veredelt. Übrig bleiben schließlich irgendwann die Gebrauchsreste, der Müll.

Dieser Durchgangsprozess wird begleitet von energieintensiven Personen- und Gütertransporten und Abfallstoffen verschiedenster Art. Die Natur hingegen produziert, konsumiert und baut ab, ohne dass unverträgliche Abfälle oder Schadstoffe zurückbleiben (Kreislaufwirtschaft) – eine „Wirtschaftsweise", die für die Wirtschaft als „isoliertes System" Vorbildcharakter haben sollte bei ihrer Annäherung an einen ganzheitlichen ökonomisch-ökologischen Kreislauf.

Umweltschutz und Wirtschaftswachstum

Unbestritten ist, dass das wirtschaftliche Wachstum einer Volkswirtschaft Voraussetzung ist für
- eine verbesserte Versorgung der Bevölkerung mit Gütern und Dienstleistungen (mehr, leistungsfähigere und umweltfreundlichere Güter, ein funktionierendes Rechtswesen, ein verlässliches Sicherheitssystem u. v. m.);
- einen zunehmenden Beschäftigungsstand;
- die Möglichkeit, die Einkommen und Vermögen gerechter zu verteilen: Geringes Wachstum bedeutet, dass der Spielraum für Lohnerhöhungen für die Arbeitnehmer eingeengt wird. Je weniger Einkommen in einer Volkswirtschaft innerhalb eines Jahres hinzuwächst, desto weniger kann verteilt werden;
- die Schaffung sozialer Sicherheit der Bevölkerung, z. B. Renten, Ausbildungsförderung, Sozialhilfe, Kinder- und Wohngeld, Arbeitslosenunterstützung;
- finanzielle Unterstützungen anderer Länder;
- die staatliche Aufgabenerfüllung auch in den gesellschaftlichen Bereichen Bildung und Umweltschutz.

Unbestritten ist aber auch, dass Wirtschaftswachstum ohne Rücksicht auf die Umwelt zerstörerische Wirkung hat. Insofern wird das mengenmäßige Wirtschaftswachstum nicht mehr kritiklos als Schlüsselrolle für die Steigerung des Wohlstandes angesehen.

Das mengenmäßige Wachstum findet seine Grenzen in der Forderung nach einer **lebenswerten Umwelt**.

Die Grenzen des Wachstums sind umso schneller erreicht, je mehr Länder versuchen, ihren Wohlstand auf der Grundlage eines mengenmäßigen Wachstums zu steigern.

Die Folgen sind weltweit:
- Wiesen-, Wald- und Sumpfflächen gehen zurück. Dies hat zu negativen Folgen für Tiere, Pflanzen und Menschen geführt.
- Gewässer, Luft und Boden werden verunreinigt oder zerstört. Zahlreiche Krankheiten stehen im Zusammenhang mit den Umweltbelastungen, von verstärkt auftretenden Allergien bis hin zu Krebs.
- Zum Produzieren wird Energie benötigt. Nach Prognosen der Internationalen Energieagentur wird der Weltenergieverbrauch weiterhin ständig ansteigen. Entsprechend wird sich der Ausstoß des Verbrennungsprodukts Kohlendioxid (CO_2) steigern. Kohlendioxid wird an die Atmosphäre abgegeben. Diese Zunahme der CO_2-Konzentration in der Luft verstärkt den **Treibhauseffekt** und führt zur Erhöhung der Temperatur an der Erdoberfläche. Wenn es nicht gelingt, die vom Menschen verursachte Emission[1] von Kohlendioxid zu vermindern, könnte es nach Meinung von Klimaforschern zu einer Klimakatastrophe kommen.

Neben den Umweltbelastungen gibt es weitere **Argumente, die gegen ein quantitatives** (mengenmäßiges) **Wachstum** und für die Verbesserung der Lebensqualität sprechen[2]:
- Wachstumsstreben führt zur Zersiedelung und Zubetonierung der Landschaft und zum Waldsterben. Wachstumsdenken führt ganz allgemein zu einer Zerstörung der natürlichen Umwelt.
- Nicht wieder herstellbare (regenerierbare) Rohstoff- und Energiequellen werden rücksichtslos ausgebeutet, so z. B. die Öl- und Kohlevorräte.
- Durch steigendes Wirtschaftswachstum wird der bestehende Luxus in den Industrieländern noch weiter gesteigert. Die Menschen werden aber trotz steigenden materiellen Wohlstands nicht unbedingt glücklicher.
- Für Haushalte und Unternehmen entstehen in zunehmendem Maße Entsorgungsprobleme: Müllbeseitigung, Abwasserreinigung, Luftreinhaltung, Lagerung von chemischen und radioaktiven Abfällen.
- Das Wachstumsstreben führt zu Klimaveränderungen, wie die rücksichtslose Abholzung der Urwälder im Amazonasgebiet zeigt: Die Abholzung und die Luftverschmutzung zerstören die Ozonschicht und lassen den Treibhauseffekt entstehen. Die kurzwelligen Sonnenstrahlen gelangen auf die Erdoberfläche, die sich aufheizt und dadurch das Klima verändert.
- Tiere werden in ihrer Lebensumwelt bedroht und sterben gar aus.

Die Lösung heißt nicht *pro* oder *kontra* Wirtschaftswachstum, sondern **Ökologie** und **Ökonomie** (siehe Ausführungen S. 542).

Wirtschaftswachstum zur Verbesserung der Lebensqualität?	
mögliche positive Auswirkungen (Pro)	Grenzen (Kontra)
- sichert und vermehrt Arbeitsplätze - verbessertes Güterangebot (mehr und bessere Güter) - sichert die Erfüllung staatlicher Aufgaben wie soziale Sicherung oder Umweltschutz - führt zu kürzeren Arbeitszeiten - verbessert die Gesundheitsvorsorge - führt zu zunehmender sozialer Sicherheit - erhöht den materiellen Lebensstandard - erleichtert die sozialpolitisch motivierte Umverteilung von Einkommen und Vermögen	- beutet die Natur zulasten späterer Generationen aus: - knappe Rohstoffvorräte: Zinn, Zink, Kupfer, Blei, Aluminium u. v. m. werden immer schneller abgebaut und sind nicht mehr zu regenerieren - erschöpfte Energieträger (z. B. Kohle, Erdgas, Erdöl; bei wachsendem Energieverbrauch sind die Vorräte an diesen fossilen Energieträgern in etwa 50 bis 60 Jahren erschöpft; Kohle hält noch länger vor) - führt zu weiteren Umweltbelastungen (Luft-, und Wasserverschmutzung, Aussterben vieler Tier- und Pflanzenarten) - ist einseitig auf materielle Verbesserungen ausgerichtet

---

1 Der Begriff *Emission* (Aussendung, Ausstoß) beschreibt den **Übertritt luftverunreinigender Bestandteile** in die offene Atmosphäre. Der Ort des Übertritts heißt Quelle oder **Emittent**. Der Begriff *Emission* wird über die Definition hinausgehend auch als allgemeine Benennung für die übertretenden, luftverunreinigenden Stoffe selbst benutzt.
2 siehe Kap. 8.2

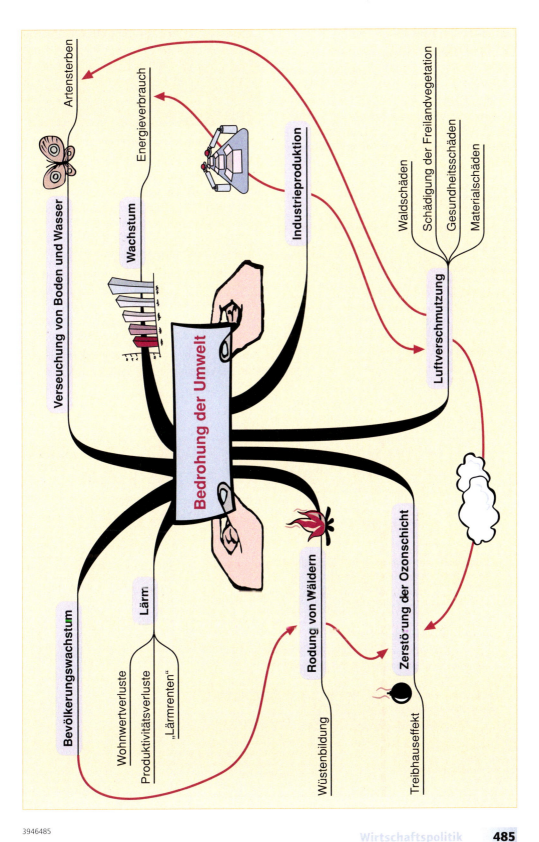

Wirtschaftspolitik

Gerechte Einkommens- und Vermögensverteilung

Die Forderung nach einer gerechten Einkommens- und Vermögensverteilung soll die Vermögensbildung der Arbeitnehmer fördern und so zu einer *gleichmäßigen Verteilung des gesellschaftlichen Vermögens* führen. Die Reichen sollen nicht ständig reicher werden, während die Armen gleichzeitig immer ärmer werden.

> **Einkommensverteilung** (Primärverteilung) = Verteilung des Volkseinkommens auf die am Produktionsprozess beteiligten Produktionsfaktoren (= funktionelle Einkommensverteilung) bzw. auf die einzelnen Einkommensbezieher (= personelle Einkommensverteilung).

> **Armut ist relativ**
> Von Einkommensarmut wird in der Regel dann gesprochen, wenn das Einkommen eines Haushalts weniger als die Hälfte des Durchschnittseinkommens ausmacht. Selbst bei in allen Schichten steigendem Wohlstand kann die Armut demnach zunehmen, wenn die Einkommen am unteren Rand der Skala nur unterdurchschnittlich wachsen. Das Paradoxe an dieser Armutsdefinition: Auch wenn ein Haushalt mit der Hälfte des Durchschnittseinkommens wie ein Fürst leben könnte, gilt er immer noch als arm.

Der Verteilung des Volkseinkommens liegen zwei prinzipielle Überlegungen zugrunde:

– Das **Leistungsprinzip:** Die Einkommens- und Vermögenshöhe soll sich **primär** an den erbrachten Leistungen orientieren, wie es z. B. bei den tariflich ausgehandelten Löhnen und Gehältern bereits der Fall ist. Die Verteilung erfolgt daher über den Markt.

– Das **Bedarfsprinzip:** Der Lebensstandard der Menschen soll aber nicht allein von ihren am Markt erzielten Einkommen abhängen, sondern sich auch an den sozialen Bedürfnissen ausrichten (= sekundäre Einkommensverteilung).

Der Staat regelt die Sekundärverteilung im Rahmen der Verteilungs- und Vermögenspolitik.

Verteilungspolitik

> **Verteilungspolitik** = sämtliche staatliche Maßnahmen, die auf Änderungen der Einkommens- und Vermögensverteilung abzielen.

Die beiden wichtigsten Umverteilungsinstrumente im Rahmen der sekundären Einkommensverteilung durch den Staat sind:
- progressive Einkommensteuer
- Transferleistungen (Geldübertragungen)

▶ **Steuergerechtigkeit durch progressive Einkommensteuer**

Das wichtigste Umverteilungsinstrument im Rahmen der sekundären Einkommensverteilung durch den Staat ist die **progressive Einkommensteuer**.

> Das **Prinzip der Steuergerechtigkeit** besagt, dass Bezieher höherer Einkommen höher besteuert werden als die weniger gut Verdienenden.

Die Folge: knapp 53 % der Einkommensteuerzahlungen werden von 10 % der Einkommensteuerzahler aufgebracht.

Dabei ist allerdings zu berücksichtigen, dass auf Einkommen unterhalb einer Schwelle, dem sogenannten Grundfreibetrag, von 7.834,00 € (für Ledige) bzw. 15.668,00 € (für Verheiratete) keine Einkommensteuer zu zahlen ist und auch der Solidaritätszuschlag entfällt. Damit bleibt das **Existenzminimum steuerfrei**.

Grundsätzlich orientiert sich das Prinzip der Steuergerechtigkeit an der **persönlichen Leistungsfähigkeit**. Stets sind aber auch die **persönlichen Verhältnisse des Steuerpflichtigen** zu berücksichtigen. Dies geschieht durch die Gewährung von steuerlichen Freibeträgen bei der Einkommensteuerveranlagung.

Mit der Verfolgung des **Prinzips der Steuergerechtigkeit** in Verbindung mit anderen nichtökonomischen und wirtschaftsnahen Zielen (Bildung, Versorgung mit Kollektivgütern, Verbesserung der Lebensqualität, Sicherung der Rohstoffbasis, Sicherung der Energiebasis) kann der Staat nicht nur gesellschaftliche Grundziele, wie sozialen Frieden und Sicherheit, besser realisieren, sondern auch dazu beitragen, dass die soziale Marktwirtschaft ein Modell für die Zukunft ist.

▶ **Transferleistungen**

Ein weiteres Instrument der Umverteilung sind **Transferleistungen** *(Geldübertragungen)*. Zu unterscheiden sind *ungebundene* und *zweckgebundene* Leistungen.
- **Ungebundene Geldübertragungen** werden vom Staat an Bedürftige gezahlt, ohne dass eine besondere Auflage für die Verwendung dieser Gelder gemacht wird.
- **Zweckgebundene Geldübertragungen** werden gezahlt für sozial besonders wichtige Güter.

Beispiele

Kindergeld, Förderung der vermögenswirksamen Leistungen, steuer- und prämienbegünstigtes Sparen für Bezieher niedriger Einkommen, Ausbildungsförderung

Eine Einkommensumverteilung liegt daher immer dann vor,
- wenn Bezieher höherer Einkommen stärker belastet werden und
- Steuereinnahmen in Form von zweck- und ungebundenen Geldübertragungen an einkommensschwache Haushalte fließen.

Vermögenspolitik

> **Vermögenspolitik** = sämtliche staatliche Maßnahmen, die darauf gerichtet sind, die Vermögensbildung der Arbeitnehmer zu fördern. Das Ziel ist die gleichmäßigere Verteilung des gesellschaftlichen Vermögens entweder durch
> - die Umverteilung des Vermögensbestands oder
> - die Verteilung der Vermögenszuwächse (Vermögensbildung).

Beispiele

Mittel der Vermögenspolitik im Rahmen der
- **Umverteilung des Vermögensbestandes**
  - Erbschaftsteuer
  - Lastenausgleichsabgabe
- **Vermögensbildung**
  - tarifliche Vermögensbildung durch vermögenswirksame Leistungen
  - Sparförderung durch Sparzulagen und Prämien
  - Beteiligung der Beschäftigten am Unternehmenserfolg
  - Bausparförderung
  - steuerliche Regelung beim Erwerb von Wohneigentum

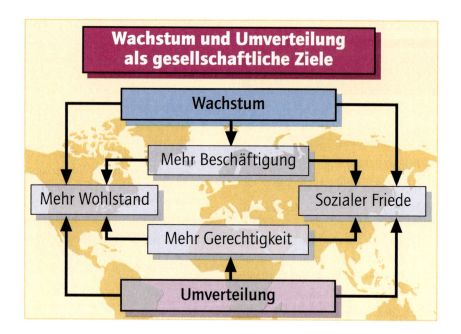

Beziehung zwischen den einzelnen wirtschaftspolitischen Zielen

Betrachtet man zunächst die vier Ziele, die im Stabilitätsgesetz festgeschrieben sind, so kann man feststellen, dass diese sich gegenseitig zwar nicht ausschließen, aber häufig in Konkurrenz zueinander stehen. Das bedeutet, dass sie sich in der wirtschaftlichen Praxis oftmals nicht zum gleichen Zeitpunkt und in gleichem Ausmaß verwirklichen lassen. Häufig behindern staatliche Maßnahmen, die der Erfüllung des einen Zieles dienen sollen, das Erreichen eines anderen Zieles. Weil für das gleichzeitige Erreichen aller Ziele geradezu magische Kräfte erforderlich wären, wird diese Zielkombination auch als „Magisches Viereck" bezeichnet.

Zwischen den wirtschaftspolitischen Zielen bestehen unterschiedliche Beziehungen.

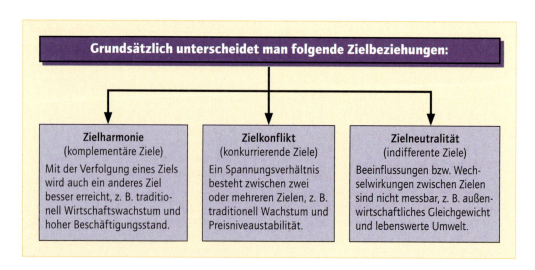

▶ **Zielharmonien**

- *Wirtschaftswachstum und hoher Beschäftigungsstand*
  Staatliche Maßnahmen zur Förderung des *Wirtschaftswachstums* haben positive Auswirkungen auf einen *hohen Beschäftigungsstand*, denn um die Güterproduktion zu steigern, benötigt man Arbeitskräfte.

- *Geldwertstabilität und außenwirtschaftliches Gleichgewicht*
  Um den weiteren *Preisniveauanstieg* zu *verhindern*, werden Maßnahmen ergriffen, die den Export deutscher Güter ins Ausland erschweren. Dadurch wird der bestehende Exportüberschuss der deutschen Wirtschaft reduziert und das Ziel eines *außenwirtschaftlichen Gleichgewichts* erreicht.

▶ **Zielkonflikte**

- *Hoher Beschäftigungsstand kontra Stabilität des Geldwertes*
  Die Bundesregierung ergreift bestimmte Maßnahmen zur Ankurbelung der Nachfrage. Die Wirtschaft kommt in Schwung und erreicht schließlich den *Zustand der Vollbeschäftigung*.
  Mögliche Folgen:
  Auf dem Arbeitsmarkt gibt es keine Arbeitslosen mehr. Der Produktionsfaktor Arbeit ist also knapp geworden, sodass die Löhne und Gehälter stärker ansteigen. Lohnsteigerungen führen bei den Unternehmen zu erhöhten Kosten, wirken aber gleichzeitig auf der Seite z. B. der privaten Haushalte nachfragesteigernd. Steigende Nachfrage und der Kostendruck führen zu *steigenden Preisen*, die ihrerseits die Exportchancen der deutschen Wirtschaft verringern.

Verfolgungsjagd

- *Außenwirtschaftliches Gleichgewicht kontra hoher Beschäftigungsstand*
  Die Regierung verfolgt wegen der negativen Auswirkungen auf das Preisniveau (importierte Inflation) den Abbau von Zahlungsbilanzüberschüssen, z. B. durch die Maßnahme einer Aufwertung ihrer Währung.
  Mögliche Folgen:
  Die Exporte gehen zurück, es kommt infolge zu einem Rückgang der Beschäftigung und zu einer nachlassenden Konsumgüternachfrage – dieser Nachfragerückgang hat Produktionseinschränkungen zur Folge.

- *Preisstabilität kontra Wirtschaftswachstum*
  Um den Preisanstieg zu dämpfen, versucht der Staat, die gesamtwirtschaftliche Nachfrage zu drosseln.
  Mögliche Folgen:
  Nachlassende Nachfrage führt zu Produktionseinschränkungen – das Wirtschaftswachstum fällt geringer aus (Rückgang des Bruttoinlandsprodukts), sodass auch die Beschäftigung zurückgeht.

  Stabile Preise haben auch Auswirkungen auf das außenwirtschaftliche Gleichgewicht: Die Wettbewerbssituation der deutschen Wirtschaft verbessert sich auf den Weltmärkten – die Exportchancen steigen. Exportüberschüsse führen aber zu Preissteigerungen im Inland (→ importierte Inflation).

- *Hoher Beschäftigungsstand kontra außenwirtschaftliches Gleichgewicht*
  Im Rahmen ihrer Wirtschaftspolitik fördert die Bundesregierung die Exportwirtschaft (indem sie beispielsweise Subventionen gewährt und Handelsschranken abbaut), um das Ziel eines hohen Beschäftigungsstandes zu erreichen.
  Mögliche Folgen:
  Es kommt zu einer vermehrten Güterausfuhr und letztlich zu Handelsbilanzüberschüssen. Damit ist das außenwirtschaftliche Gleichgewicht gestört. Gleichzeitig können sich aber positive Effekte auf die Einkommen bei Unternehmen und Arbeitnehmern, der volkswirtschaftlichen Gesamtnachfrage und letztlich den Arbeitsmarkt ergeben; die Wirtschaft wächst bei gleichzeitig steigenden Preisen.

Die bestehenden Zielkonflikte werden in der praktischen Wirtschaftspolitik dadurch gelöst, dass stets das Ziel vorrangig verfolgt wird, das in einer bestimmten wirtschaftlichen Situation am gefährdetsten erscheint.

Damit die beiden nicht im Stabilitätsgesetz stehenden Ziele „Erhaltung einer lebenswerten Umwelt" und „gerechte Einkommens- und Vermögensverteilung" entsprechend berücksichtigt werden, ist das magische Viereck zum magischen Sechseck erweitert worden.

Aufgrund des magischen Sechsecks ergibt sich eine Vielzahl von Zielkonflikten. Betrachtet werden soll beispielsweise das Verhältnis zwischen den Zielen

- *lebenswerte Umwelt und Wirtschaftswachstum:*

  Wie zuvor beschrieben, verschlechtert das mengenmäßige Wachstum die Umweltbedingungen der Menschheit. Der Staat beschließt deshalb bestimmte Maßnahmen, um die Umwelt lebenswerter zu gestalten, sodass als Folge
  - die natürlichen Rohstoffquellen nicht weiter so hemmungslos ausgebeutet werden,
  - die Umwelt in Zukunft nicht weiter durch Industrieabfall und -abgase sowie durch die privaten Haushalte belastet wird.

Aus dem ursprünglichen Zielkonflikt (bei Verfolgung eines quantitativen Wachstums) kann durchaus Zielharmonie entstehen (bei Verfolgung eines qualitativen Wachstums).

Voraussetzung zur Verwirklichung eines qualitativen Wachstums bzw. zur Erhaltung einer lebenswerten Umwelt ist das gemeinsame Handeln der internationalen Staatengemeinschaft (z. B. internationale Umweltschutzabkommen) und die Verabschiedung nationaler Gesetze (z. B. Verpackungsverordnung).

Beispiel

Sämtliche Pkw-Hersteller müssen funktionsunfähig gewordene Autos zurücknehmen.

Mögliche Folgen:
- Investitionen steigen (Kauf von Recyclinganlagen)
- der Beschäftigungsstand steigt
- der Konsum steigt
- der Export steigt (z. B. Technologievorsprung beim Bau von Recyclinganlagen)

Beispiele für die Vereinbarkeit der wirtschaftspolitischen Ziele:

Ziel, z. B.: →	unvereinbar mit →	vereinbar mit →	ohne Auswirkungen auf
• Preisstabilität	hoher Beschäftigungsstand; angemessenes Wirtschaftswachstum	außenwirtschaftliches Gleichgewicht; gerechte Einkommens- und Vermögensverteilung	Erhaltung einer lebenswerten Umwelt
• Angemessenes Wirtschaftswachstum	Preisstabilität; Schonung der Umwelt; (außenwirtschaftliches Gleichgewicht)	hoher Beschäftigungsstand; gerechte Einkommens- und Vermögensverteilung; Schonung der Umwelt	
• Hoher Beschäftigungsstand	Preisstabilität; außenwirtschaftliches Gleichgewicht; Schonung der Umwelt	angemessenes Wirtschaftswachstum	gerechte Einkommens- und Vermögensverteilung
	Zielkonflikte	Zielharmonien	Zielneutralität

Aufgaben

1. Welche wirtschaftspolitischen Zielsetzungen
   a) zählen
   b) gehören nicht
   zum „Magischen Viereck"?
2. Warum werden die vier wirtschaftspolitischen Ziele des Stabilitätsgesetzes als „Magisches Viereck" bezeichnet?
3. Wann spricht man von „Inflation"?
4. Unterscheiden Sie schleichende, trabende und galoppierende Inflation.
5. Nennen und beschreiben Sie die Ursachen der Inflation.
6. Nennen Sie drei Gründe, die für eine Nachfrageinflation verantwortlich sein können.
7. Was versteht man unter „Kaufkraft des Geldes"?
8. Der Preisindex für die Lebenshaltungskosten ist von 117,5 auf 122,8 gestiegen. Ist die Kaufkraft des Geldes gestiegen oder gesunken?
9. Wie wirkt sich die Erhöhung der Umlaufgeschwindigkeit des Geldes von 2 auf 4 auf das Preisniveau (= die Höhe des Geldwertes) aus, wenn von folgenden Daten ausgegangen werden soll:
   Geldmenge: 230 Mrd. €
   Handelsvolumen: 70 Mrd. Einheiten
   Preisniveau: 6,57 €
10.

    Der Kraftfahrer-Preisindex

Insgesamt			Januar 2010	
			Index 2001 = 100	in Prozent gegenüber Vorjahr
2001	100	Reparaturen, Inspektionen, Wagenwäsche	148,0	0,4
2002	97,2	Kfz-Versicherung	145,9	3,9
2003	98,1	Krafträder	133,1	0,0
2004	99,6	Pkw-Anschaffung	131,1	0,0
2005	104,7	Fahrschule/Führerschein	128,9	0,9
2006	107,5	Garagenmiete	128,1	0,9
2007	112,9	Ersatzteile, Zubehör, Pflegemittel	117,4	0,3
2008	118,0	Kfz-Steuer	113,5	2,2
2009	123,3	Kraftstoffe	109,4	11,3
Januar 2010 127,9 Jahresdurchschnitt		Insgesamt	127,9	2,8

    a) Was bedeutet der Wert „insgesamt 127,9"?
    b) Berechnen Sie den Preisanstieg in der Zeit von 2001–2009, wenn als Ausgangsbasis 2000 ein Index von 73,6 angenommen wird.
    c) Wie hoch wäre der Preisanstieg für die Jahre von 2001 bis 2006?
    d) Wie hoch war die Preissteigerung im Jahr 2010 im Vergleich zum Jahr 2009?

11. Wie hoch ist der Kaufkraftverlust in Prozent, wenn das Preisniveau um 5,3 % angestiegen ist?
12. Welche Auswirkung hat ein sinkendes Preisniveau auf die Kaufkraft? Begründen Sie Ihre Antwort.
13. Wodurch wird eine importierte Inflation ausgelöst?
14. Warum wird der Warenkorb im Zeitablauf immer neu „gepackt"?
15. Nennen Sie die Größen, die das Preisniveau bestimmen.
16. Nennen Sie ein Beispiel, nach dem gemäß der Verkehrsgleichung der Wert des Geldes steigen würde.
17. Betrachten Sie die Tabelle in Aufgabe 10.
    a) Im Basisjahr 2001 mussten für die Miete einer Garage monatlich 60,00 € ausgegeben werden. Wie hoch ist die Garagenmiete in € im Januar 2010?
    b) Wie hoch war die Preissteigerungsrate zwischen Basisjahr und Berichtsjahr 2010?
    c) Wie viele Garagen hätte man 2001 und 2010 für 120,00 € mieten können?
    d) Wie hoch war die Garagenmiete im Januar 2009?
18. Von welchen Größen kann eine nachfragebedingte Inflation ausgehen?
19. Welche Folgen hat eine deflatorische Entwicklung?
20. Worin besteht der Unterschied zwischen Inflation und Deflation bezüglich
    a) ihrer Ausgangssituation,
    b) ihrer Folgewirkungen?
21. Was bezeichnet man gewöhnlich als hohen Beschäftigungsstand?
22. Was besagt die Arbeitslosenquote?
23. Wann herrscht Gleichgewicht auf dem Arbeitsmarkt?
24. Wann spricht man von
    a) Unterbeschäftigung,
    b) Überbeschäftigung?
25. Welche Aussage trifft zu auf
    a) konjunkturelle Arbeitslosigkeit,
    b) saisonale Arbeitslosigkeit,
    c) friktionelle Arbeitslosigkeit,
    d) strukturelle Arbeitslosigkeit?

Aussagen

1. Durch einen Arbeitsplatzwechsel wird ein Angestellter vorübergehend arbeitslos.
2. In der Phase des Abschwungs steigt die Zahl der Arbeitslosen an.
3. Ein Kellner im Wintersportort Garmisch-Partenkirchen wird zum Sommerbeginn arbeitslos.
4. Weil sich in den letzten Jahren die Nachfrage nach Autos zulasten von Fahrrädern verschoben hat, werden in der Automobilindustrie Arbeitskräfte entlassen.

26. Was sind die Ursachen der Arbeitslosigkeit in einer Volkswirtschaft?
27. Wann kann man von einem positiven Außenbeitrag sprechen?
28. Welche Ziele konkurrieren miteinander, wenn die Erhaltung bzw. Erreichung der Vollbeschäftigung durch Exportförderung erreicht werden soll?
29. Warum wird die Forderung nach einem „außenwirtschaftlichen Gleichgewicht" erhoben?
30. Warum fordert das Stabilitätsgesetz ein „stetiges und angemessenes" Wirtschaftswachstum und nicht ein „maximales"?
31. Was ist unter Stagflation zu verstehen?
32. Warum wurde die Forderung nach einer lebenswerten Umwelt in den Zielkatalog aufgenommen?
33. Erklären Sie den Zielkonflikt zwischen
    a) Preisstabilität und Wirtschaftswachstum,
    b) Wachstum und Umweltschutz,
    c) außenwirtschaftlichem Gleichgewicht und Preisstabilität.
34. Nennen Sie ein Beispiel für Zielharmonien und beschreiben Sie es.
35. Indikatoren (Maßgrößen) geben Auskunft darüber, ob die Ziele des Stabilitätsgesetzes erreicht wurden oder nicht.
    Nennen Sie den/die Indikatoren für das Ziel
    a) außenwirtschaftliches Gleichgewicht,
    b) hoher Beschäftigungsgrad,
    c) Preisniveaustabilität,
    d) angemessenes, stetiges Wirtschaftswachstum.
36. Wegen der Weihnachtszeit steigt das Bruttoinlandsprodukt um 2,5 % gegenüber dem gleichen Zeitraum des Vorjahres. Warum kann man daraus nicht auf einen verbesserten Konjunkturverlauf schließen?

37.

Peter Neugebauer: „Der fröhliche Fortschritt wird weiterhin die Menschheit beglücken. Überall."

Auf welches Problem macht die Abbildung aufmerksam?

38. Berechnen Sie die reale Einkommenssteigerung in Euro und Prozent eines Arbeitnehmers unter den folgenden Bedingungen:

Nominaleinkommen zu Beginn des Jahres 1: 3.700,00 €

Nominaleinkommen am Ende des Jahres 2: 3.959,00 €

Anstieg des Preisniveaus der Konsumgüter in den zwei Jahren: 4%

39. Siehe Seite 494

39.

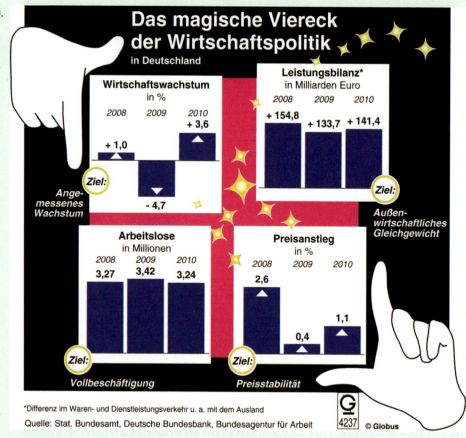

Interpretieren Sie die Abbildung vor dem Hintergrund des § 1 Stabilitätsgesetz.

Zusammenfassung

Wirtschaftspolitik

= sämtliche Maßnahmen, durch die der Wirtschaftsprozess mit geeigneten Mitteln beeinflusst werden soll

orientiert sich an den sechs Hauptzielen

Magisches Sechseck ...

① **angemessenes und stetiges Wirtschaftswachstum**
reales Wachstum des BIP von 2%–3%

② **Geldwertstabilität**
Inflation max. 1%–2%

③ **hoher Beschäftigungsstand**
Arbeitslosenquote höchstens 1%–2%

④ **außenwirtschaftliches Gleichgewicht**
Außenbeitrag zwischen 1,5%–2% des nominalen BIP

formuliert im **Stabilitätsgesetz**

⑤ **Erhaltung einer lebenswerten Umwelt**

⑥ **gerechte Einkommens- und Vermögensverteilung**

... weil zur gleichzeitigen Erreichung aller 6 Ziele magische Kräfte nötig wären.

Messgröße
z. B. **Umweltrechnungen**, die den Verzehr an Rohstoffen, Wald- und Ackerfläche erfassen; CO_2-Emissionen

Zielgröße
vgl. Standards des Umweltgutachtens 1996; Selbstverpflichtung der deutschen Wirtschaft zur CO_2-Emission; Agenda 21

Messgröße
Einkommensverteilung: = laufende Zuflüsse, z. B. Lohn, Gehalt, Zins- und Mieteinnahmen
Vermögensverteilung: Bestand an Spargutjaben, Wohnungen, Grundstücken

Zielgröße
z. B. Verteilung des Volkseinkommens (Lohn- und Gewinnquote); primäre und sekundäre Einkommensverteilung

Primärverteilung ← betrachtet als → **Sekundärverteilung**

funktionale Einkommensverteilung; Verteilung des Gesamteinkommens auf die Produktionsfaktoren Arbeit, Boden, Kapital
personelle Einkommensverteilung; Verteilung des Gesamteinkommens auf die einzelnen Haushalte

Umverteilung des Einkommens im Rahmen der Steuer- und Sozialpolitik (staatliche Umverteilung des Primäreinkommens)

nach dem Prinzip
- **der Leistung**
- **des Bedarfs**

Arbeitslosigkeit und ihre Gründe

- jahreszeitliche Einflüsse → saisonale Arbeitslosigkeit
- zyklische Schwankungen im Wirtschaftsgeschehen → konjunkturelle Arbeitslosigkeit
- Niedergang einer Branche, umfassende Rationalisierung → strukturelle Arbeitslosigkeit
- kurzfristige Übergangsschwierigkeiten (z. B. beim Arbeitsplatzwechsel) → friktionelle Arbeitslosigkeit
- unterschiedliche Profile von Arbeitslosen und offenen Stellen → Mismatch-Arbeitslosigkeit

Zusammenfassung

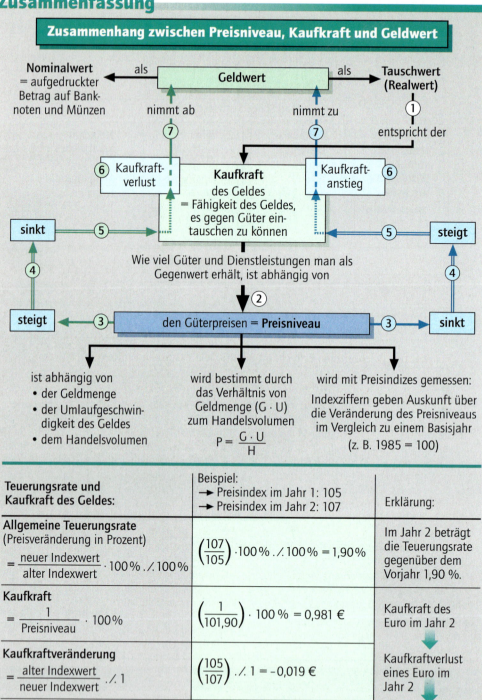

Zusammenfassung

Begriff und Wirkung der Inflation

Als Inflation bezeichnet man einen Prozess anhaltender und erheblicher Steigerungen des Preisniveaus. Als Folge können für eine Geldeinheit weniger Güter gekauft werden, die Kaufkraft des Geldes nimmt ab.

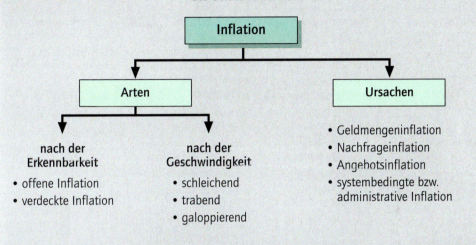

Ursachen der Inflation

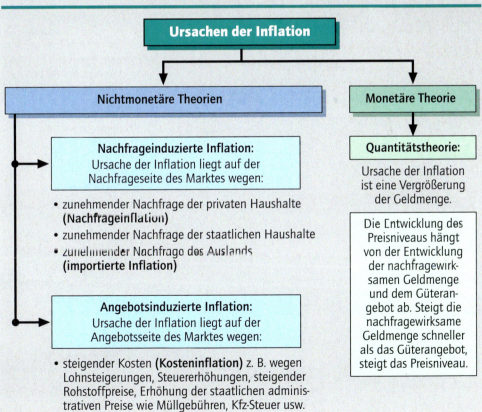

Zusammenfassung

Wirtschaftswachstum

Ursachen

Mengenmäßige Erweiterung und qualitative Verbesserung der Produktionsfaktoren

- Arbeit
  → zunehmende Beschäftigtenzahl
  → Höherqualifizierung
- Boden
- Kapital
  → technische Neu- und Weiterentwicklungen
  → Erweiterungsinvestitionen

Notwendigkeit

Wachstum als Voraussetzung für
- eine verbesserte Güterversorgung der Bevölkerung
- zunehmende Beschäftigung
- soziale Sicherheit
- eine gerechtere Einkommens- und Vermögensverteilung
- die Unterstützung anderer Länder
- die staatliche Aufgabenerfüllung

Grenzen

Mengenmäßiges Wachstum hat zerstörerische Wirkungen.

Grenzen bestehen in
- den knappen Rohstoffvorräten
- den erschöpften Energieträgern
- den Belastungen der Umwelt:
  - Luftverschmutzung
  - Wasserbelastung
  - Lärm

Forderungen

Schaffung einer lebenswerten Umwelt, in der
- die Luft rein,
- das Wasser sauber,
- die Umwelt lärmfrei ist.

Ökologie und Ökonomie

d. h. eine umweltorientierte Unternehmensführung, die neben den Leistungszielen ökologische Ziele verfolgt:

- Verwendung ⎫
- Verwertung ⎬ von Abfallprodukten
- Entsorgung ⎭

Ziel:
- Abfallbeseitigung
- Luftreinhaltung
- Lärmbekämpfung
- Gewässerschutz

Zusammenfassung

Wirtschafts-politisches Ziel	Messgröße	Zielgröße
Wirtschaftswachstum	Zunahme des Bruttoinlandsproduktes	reales Wirtschaftswachstum um 2 %–3 % jährlich
Hoher Beschäftigungsstand	Arbeitslosenquote	1 %–2 % Arbeitslosenquote (Fluktuation)
Außenwirtschaftliches Gleichgewicht	Zahlungsbilanz	Außenbeitrag von 1,5 %–2 % des Bruttoinlandsproduktes
Preisniveaustabilität	Preisindizes	Preissteigerung um höchstens 1 %–2 %
Erhalt einer lebenswerten Umwelt	z. B. Umweltrechnungen, die den Verzehr an Rohstoffen, Wald- und Ackerfläche erfassen; CO_2-Emissionen	Vgl. Standards des Umweltgutachtens 1996; Selbstverpflichtungen der deutschen Wirtschaft zur CO_2-Emission; Agenda 21
Gerechte Einkommens- und Vermögensverteilung	**Einkommensverteilung:** = laufende Zuflüsse, z. B. Lohn, Gehalt, Zins- und Mieteinnahmen **Vermögensverteilung:** Bestand an Sparguthaben, Wohnungen, Grundstücken	z. B. Verteilung des Volkseinkommens (Lohn- und Gewinnquote); primäre und sekundäre Einkommensverteilung

nach dem Prinzip
- der Leistung
- des Bedarfs

betrachtet als
- **Primärverteilung**
  - **funktionale** Einkommensverteilung: Verteilung des Gesamteinkommens auf die Produktionsfaktoren Arbeit, Boden und Kapital
  - **personelle** Einkommensverteilung: Verteilung des Gesamteinkommens auf die einzelnen Haushalte
- **Sekundärverteilung**
  Umverteilung des Einkommens im Rahmen der Steuer- und Sozialpolitik (staatliche Umverteilung des Primäreinkommens)

8.4 Konjunkturelle Schwankungen

Schlagworte und Begriffe wie diese können wir täglich hören und lesen. Ihre weite Verbreitung verdeutlicht, dass die wirtschaftliche Entwicklung nicht gleichmäßig verläuft, sondern regelmäßig wiederkehrenden Schwankungen unterliegt.

Stellen Sie fest, wodurch derartige Schwankungen hervorgerufen werden können.

Information

Konjunkturbegriff und Konjunkturschwankungen

Wie die Betrachtung des Wirtschaftswachstums gezeigt hat (vgl. Kap. 8.2), ist das reale Bruttoinlandsprodukt (BIP) jedes Jahr um einen bestimmten Prozentsatz gestiegen oder gefallen. In einer Volkswirtschaft sind demnach ständig Veränderungen bei den realen Wachstumsraten zu beobachten. So gibt es Zeiten, in denen die Wirtschaft gut läuft – folglich ist die Wachstumsrate hoch:
- Sämtliche Arbeitnehmer haben in dieser Phase Arbeit und beziehen hohe Löhne,
- die Unternehmer erzielen hohe Umsätze und erwirtschaften steigende Gewinne,
- der Staat erhält hohe Steuereinnahmen.

Es gibt aber auch Phasen, in denen die Produktion, die Nachfrage und die Beschäftigung abnehmen.

Konjunktur = das periodische Auf und Ab der wirtschaftlichen Aktivität

Im Zeitablauf ist die Konjunktur ständigen Schwankungen unterworfen. Schon im Alten Testament sind mit dem Hinweis auf die sieben fetten und sieben mageren Jahre Schwankungen im Wirtschaftsleben erwähnt. Die Ursache war damals in Naturereignissen zu finden. Denn waren die Ernten schlecht, mussten die Menschen Not leiden, waren die Erträge gut, so ging es ihnen besser. Mit der Entwicklung von Handwerk, Industrie, Handel, Banken und Versicherungen waren wirtschaftliche Schwankungen weiterhin zu beobachten. Sie ließen sich jetzt jedoch weniger nur auf Naturereignisse zurückführen.

Es gibt verschiedene **Gründe für Wirtschaftsschwankungen**. Die Wirtschaftstheorie unterscheidet drei Arten:

- **Strukturelle Schwankungen (lange Wellen)**

In den 20er-Jahren stellte der russische Wirtschaftswissenschaftler Kondratieff fest, dass die Weltkonjunktur seit dem Beginn der Industrialisierung **langfristigen** Schwankungen (50 bis 70 Jahre) unterliegt. Ein Aufschwung fällt stets zusammen mit der Einführung neuer Techniken.

- **Saisonale Schwankungen**

Sie treten **kurzfristig** auf, dauern daher meist nur wenige Wochen oder Monate, sind **jahreszeitlich bedingt** und **betreffen** lediglich **bestimmte Branchen**.

Beispiele
- Hotel- und Gaststättengewerbe in Erholungsgebieten: Hauptbeschäftigungszeit liegt in den Ferienzeiten.
- Baugewerbe: Während der Frostperiode entsteht Winterarbeitslosigkeit.

Diese kurzfristige Arbeitslosigkeit ist wirtschaftlich aber wenig bedeutsam. Saisonale Schwankungen können auch von der Nachfrageseite aus entstehen .

Beispiele

Einzelhandel: Umsatzzuwächse werden während der Schlussverkäufe und zu Weihnachten erzielt.

Die Jahreszeiten beeinflussen die Heizungs- und Bekleidungsindustrie.

- **Konjunkturelle Schwankungen**

Will man die Konjunkturentwicklung (Konjunkturschwankungen) über Jahrzehnte darstellen, so müssen die jährlichen Wachstumsraten des Bruttoinlandsprodukts herangezogen werden. Untersuchungen haben ergeben, dass diese rhythmischen Veränderungen sich wellenförmig alle vier bis fünf Jahre ständig wiederholen (= **mittelfristige** Schwankungen). Eine solche wellenförmige Bewegung der Konjunktur, üblicherweise von einem Tiefpunkt zum nächsten gemessen, kann in vier Phasen eingeteilt werden:

– Aufschwung (Erholung oder Expansion)

– Hochkonjunktur (Boom)

– Abschwung (Konjunkturabschwächung, Rezession)

– Tiefstand (Krise oder Depression).

Die Zeitspanne zwischen zwei Wendepunkten, z. B. von einem Tiefpunkt bis zum nächsten, nennt man Zyklus. Durchläuft nun eine Wirtschaftsentwicklung diese vier Konjunkturphasen mit einer zyklischen Abfolge, so spricht man von **Konjunkturzyklus.** Die einzelnen Zyklen können sehr voneinander abweichen. Sie können sich in der Stärke des Ausschlags sowie in der Phasenlänge unterscheiden.

Als Maßstab der konjunkturellen Entwicklung, die im Gegensatz zu den saisonalen Schwankungen **Auswirkungen auf die Gesamtwirtschaft** hat, dient stets die Entwicklung des realen Bruttoinlandsprodukts (BIP).

Konjunkturelle Schwankungen = mittelfristige Auf- und Abwärtsbewegungen der wirtschaftlichen Aktivität, die überwiegend gemessen werden an den Wachstumsraten des Bruttoinlandsprodukts.

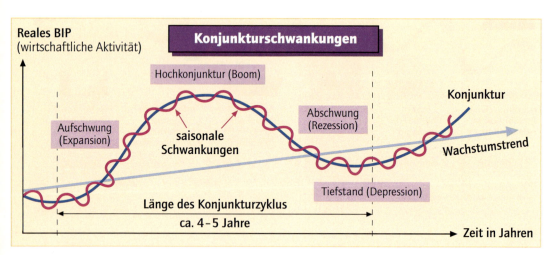

Die zeichnerische Darstellung zeigt u. a.:

- Der Wachstums**trend** gibt die Grundrichtung (Tendenz) der wirtschaftlichen Entwicklung an. Er ergibt sich aus der langfristigen Betrachtung der realen Wachstumsraten und ist unabhängig von wirtschaftlichen Schwankungen.

- Saisonale Schwankungen finden statt, gleichgültig, ob die Wirtschaft wächst, gleichbleibt oder zurückgeht.

Konjunkturverlauf und seine Phasen

Die Idealvorstellung von einer wirtschaftlichen Entwicklung ist ein stetiger Wirtschaftsaufschwung. Obwohl dies bisher noch keinem Volk gelungen ist, bemühen sich der Staat und alle für die Wirtschaft Verantwortlichen, Wirtschaftskrisen möglichst zu vermeiden. Voraussetzung für ein erfolgreiches Krisenmanagement (für die Bestimmung der aktuellen konjunkturellen Situation) ist allerdings die Kenntnis der typischen Merkmale (Indikatoren) der einzelnen Konjunkturphasen (ein Arzt kann einem erkrankten Patienten ja auch nur dann wirksam helfen, wenn er dessen Krankheit und das gegenwärtige Krankheitsstadium richtig diagnostiziert).

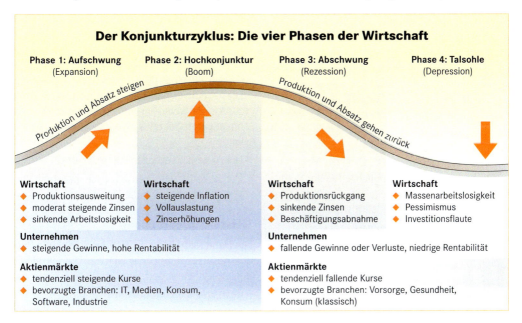

Aufschwung (Expansion)

Der Aufschwung setzt nach der Überwindung des Tiefstandes ein – die Konjunktur beginnt sich zu erholen. Er wird ausgelöst durch Nachfragesteigerungen in einzelnen Wirtschaftsbereichen. Die Zunahme der Nachfrage kann ursächlich hervorgerufen worden sein durch staatliche Aufträge (Bau von Schulen, Krankenhäusern, Straßen), durch das Ausland und/oder durch die privaten Haushalte.

Folge: Die Unternehmen investieren mehr, die Lagervorräte werden abgebaut, die Produktion wird erhöht (insgesamt werden die Produktionskapazitäten besser ausgelastet) und es werden zusätzliche Arbeitskräfte eingestellt. Durch den höheren Bedarf an Arbeitskräften steigt das gesamtwirtschaftliche Einkommen, das zusammen mit der zunehmenden Produktion sowohl die private Nachfrage nach Konsumgütern (z. B. Autos, Fernseher, Mikrowelle u. v. m.) als auch die Nachfrage der Unternehmer nach Investitionsgütern (z. B. neue und/oder zusätzliche Maschinen) ansteigen lässt – der Aufschwung greift so nun auch auf andere Branchen über und führt dort ebenfalls zu weiteren Einstellungen und Investitionen.

Löhne und Preise bleiben in dieser Konjunkturphase noch relativ stabil, weil

- noch nicht alle Arbeitskräfte einen Arbeitsplatz gefunden haben,
- die Unternehmen bei zunehmender Ausnutzung ihrer Kapazitäten noch mit sinkenden Stückkosten produzieren.

Ähnlich wie mit den Preisen und Löhnen verhält es sich mit den Zinsen, obwohl jetzt Kredite verstärkt nachgefragt werden. Die Kreditwirtschaft kann zurzeit die erhöhte Kapitalnachfrage noch leicht befriedigen – der Geldmarkt ist noch flüssig. Insgesamt ist die allgemeine Stimmung sehr zuversichtlich.

Der Aufschwung endet meist im Boom.

Hochkonjunktur (Boom)

In dieser Phase steigt die Nachfrage so stark, dass die Produktion nicht mehr mitkommt (die Nachfrage übersteigt das Angebot). Die Produktionskapazitäten sind voll ausgelastet, was zur Folge hat:

- Höchststände bei den Aktienkursen
- Starke Lohnerhöhungen:

  Auf dem Arbeitsmarkt herrscht Vollbeschäftigung, sodass der Produktionsfaktor Arbeit knapp geworden ist (→ Arbeitskräftemangel).
- Steigende Preise:

  Die Nachfrage der privaten Haushalte wächst schnell wegen der kräftig gestiegenen Einkommen.
- Steigende Zinsen:

  Die Kreditschöpfungsmöglichkeiten der Kreditinstitute ist ausgelastet; das Kreditangebot kann nicht weiter ausgedehnt werden.
- Steigendes Steueraufkommen
- Hohe Investitionsbereitschaft der Unternehmen mit nachlassender Tendenz:

  Die hohen Gewinne wachsen wegen der gestiegenen Rohstoff- und Materialpreise, der gestiegenen Löhne und Zinsen nicht mehr oder nur noch langsam.
- Das Wachstum verlangsamt sich, die wirtschaftliche Stimmung ist optimistisch bis gedämpft; Inflationsangst.

Abschwung (Rezession)[1]

Der Boom wird vom Abschwung abgelöst – der obere Wendepunkt ist überschritten. Aufgrund der pessimistischen Gewinnerwartungen schwächt sich die Investitionstätigkeit weiter ab. Die Produktion von Investitionsgütern unterschreitet bald das Vorjahresniveau, sodass die Produktionskapazitäten stark unausgelastet sind (die Nachfrage ist kleiner als das Angebot). Damit verändern sich auch die anderen Konjunkturindikatoren.

- Gewinne: sinken.
- Arbeitslosigkeit: entsteht. Es kommt zu Entlassungen, zunächst in der Investitionsgüterindustrie. Die Einkommen und somit auch die Nachfrage der Beschäftigten in dieser Branche gehen zurück, sodass es als Folge zu Produktionseinschränkungen und Entlassungen in der Konsumgüterindustrie kommt mit all ihren Folgewirkungen auf die Gesamtwirtschaft.
- Löhne: sinkende Zuwachsraten
- Preise: abnehmende Steigerungen bis hin zu Preissenkungen
- Zinsen: sinkende Tendenz

  Die Kreditvergabe der Kreditinstitute geht zurück, da weder im unternehmerischen noch im privaten Sektor sonderlich stark investiert wird.
- Die Aktienkurse sinken (Börsenflaute).
- Die Zukunft wird pessimistisch beurteilt; die Wirtschaft rutscht in die Depression.

Tiefstand (Depression)

Die Depression kann als Tief der Produktion und des Absatzes bezeichnet werden. Die einzelnen Begleiterscheinungen sind:

- unausgelastete Produktionskapazitäten
- hohe Lagerbestände
- hohe Arbeitslosigkeit
- zurückgehende Löhne (Kürzungen bei den sogenannten betrieblichen Zusatzleistungen)
- geringe Konsumgüternachfrage
- niedrige Preise
- Statt Gewinnen werden häufig Verluste erwirtschaftet.
- zahlreiche Unternehmenszusammenbrüche
- sinkende Aktienkurse
- niedrige Zinsen

  Kredite werden aber wegen der schlechten Absatzsituation nicht in Anspruch genommen (Kreditinstitute haben hohe Liquiditätsreserven).
- geringe Steuereinnahmen
- niedergedrückte, depressive Grundstimmung.

---

[1] Rezession (technische Definition): zwei BIP-Minus-Quartale hintereinander.
Rezession (qualitative Definition): Die gesamtwirtschaftliche Aktivität ist durch eine länger andauernde, breit angelegte Schwäche gekennzeichnet.
Für den Konjunkturbeobachter stellt sich immer das Diagnoseproblem, zwischen kurzlebigen Wachstumspausen, zyklischer Abschwächung und Rezession zu unterscheiden.

In der nachfolgenden Abbildung wird der volkswirtschaftliche Wirkungszusammenhang in der Hochkonjunktur (Boom) verdeutlicht:

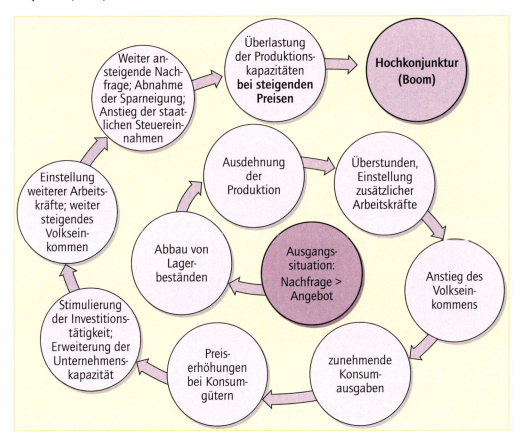

> Kommt die wirtschaftliche Entwicklung zum Stillstand, so spricht man von **Stagnation**. Sie ist dadurch gekennzeichnet, dass die Wirtschaft nicht mehr wächst, aber auch noch nicht schrumpft.

Trifft diese Wachstumsphase zeitlich mit anhaltenden Kaufkraftverlusten des Geldes (Inflation) zusammen, dann ist die Rede von einer **Stagflation** (die Bezeichnung ist gebildet worden aus den Begriffen *Stag*nation und In*flation*). Die Wachstumsrate des realen Sozialproduktes ist null, während andererseits aber die Preise steigen.

Bei der Betrachtung der einzelnen Konjunkturphasen ist offensichtlich geworden, dass das **zentrale Merkmal** zur Unterscheidung aller Phasen die jeweilige **Auslastung der Produktionskapazitäten** ist. Sie erfasst die Entwicklung von Nachfrage und Produktion.

Trotz des konjunkturellen Auf und Ab sollte nicht übersehen werden, dass das reale BIP – bis auf wenige Ausnahmen – in Deutschland stets wächst.

Genauer gesagt: Das Niveau des unteren Wendepunktes (Tiefstand) eines Zyklus wird vom unteren Wendepunkt des folgenden Zyklus übertroffen. Die Konjunkturschwankungen entwickeln sich somit um einen ansteigenden (langfristigen) **Wachstumstrend**. Nur er sichert die Zielerreichung eines stetigen und angemessenen Wirtschaftswachstums. Ein weiteres Erfordernis dieses Zieles besteht darin, dass die zyklischen Abweichungen von dieser Idealentwicklung möglichst gering ausfallen (vgl. hierzu Kap. 8.5).

Je nachdem, wie stark die Aufschwungphase und die Hochkonjunktur ausgeprägt sind, spricht man auch von einem *wachstumsstarken* oder *wachstumsschwachen Konjunkturzyklus*. Wie sich die mittelfristigen Schwankungen (= Konjunkturzyklen) in Deutschland in der Vergangenheit dargestellt haben, ist der Abbildung unten zu entnehmen.

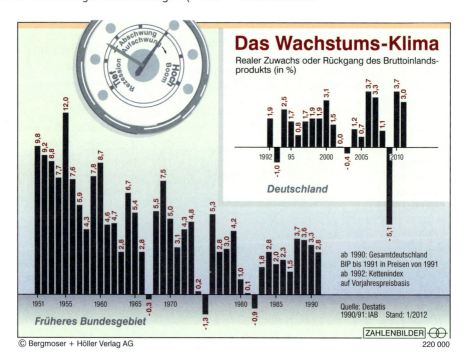

Konjunkturindikatoren

Will man nun feststellen, auf welchem Stand und in welcher Entwicklungsphase sich die Konjunktur befindet, benötigt man aussagefähige Daten. Diese verschiedenen wirtschaftlichen Größen, die das wirtschaftliche Wachstum beeinflussen, nennt man **Konjunkturindikatoren**.

Frühindikatoren (dem Konjunkturverlauf vorauseilend)	Gegenwartsindikatoren (mit dem Konjunkturverlauf zusammenfallend)	Spätindikatoren (dem Konjunkturverlauf nachlaufend)
dienen zur Vorhersage für die Konjunkturentwicklung der kommenden Monate	lassen Beschreibungen der gegenwärtigen Konjunkturlage zu	zeigen häufig noch Aufwärtsbewegungen an, wenn der Abschwung bereits begonnen hat
– die Auftragseingänge der Industrie (die Aufträge von heute bestimmen die Produktion von morgen) – Baugenehmigungen im Hochbau – Stimmung und Erwartungen der Wirtschaftssubjekte – Aktienkurse – Arbeitsplatzangebot	– die gesamtwirtschaftliche Produktion (der Fachbegriff hierfür heißt Inlandsprodukt) – Auftragsbestand/Kapazitätsauslastung – Reaktion der Beschäftigung (Kurzarbeit/Überstunden) – die Löhne und Gehälter – die Konsumgüternachfrage (Einzelhandelsumsätze) – die Investitionsneigung der Unternehmer – die Zinssätze – die Gewinne der Unternehmen – Lagerbestandsveränderungen	– Preisindex der Lebenshaltung – Volkseinkommen – Arbeitslosenquote – Wirtschaftswachstum – Steueraufkommen

Die **Konjunkturindikatoren bilden die Grundlage der Konjunkturforschung**, die u. a. von den Ministerien, der Europäischen Zentralbank (EZB) und wissenschaftlichen Instituten betrieben wird. Die Daten werden vom Statistischen Bundesamt und der Deutschen Bundesbank monatlich veröffentlicht. Sie geben wichtige Hinweise über die aktuelle Phase des Konjunkturverlaufs (Konjunkturdiagnose) und die wirtschaftliche Entwicklung (Konjunkturprognose). Die Ergebnisse der Konjunkturforschung dienen als Grundlage für die konjunkturpolitischen Maßnahmen der Regierung und der geldpolitischen Maßnahmen der EZB (vgl. Kap. 8.12).

Beobachtet man die Größen über längere Zeit (fünf bis zehn Jahre), so kann insbesondere an der Produktionstätigkeit festgestellt werden, ob die Wirtschaft wächst.

Ursachen von Konjunkturschwankungen

Die meisten Erklärungsversuche zur Bestimmung der Ursachen von Konjunkturschwankungen gehen vom Gedanken des gesamtwirtschaftlichen Gleichgewichts aus:

> Das **gesamtwirtschaftliche Gleichgewicht** beschreibt einen konjunkturellen Idealzustand. Danach ist ein konjunktureller Idealzustand erreicht, wenn sich gesamtwirtschaftlich Angebot und Nachfrage im Gleichgewicht befinden und dabei Vollbeschäftigung herrscht.

Konjunkturschwankungen treten daher stets dann auf, wenn dieses Gleichgewicht gestört wird:

- Bei einer **Angebotslücke** ist die gesamtwirtschaftliche Nachfrage größer als das gesamtwirtschaftliche Angebot (N > A). Insofern kann es für die Unternehmen sinnvoll werden, ihre Produktion mittels neuer Technologien zu steigern. Durch die Mehrproduktion von Gütern kann die gesamte Güternachfrage in einem höheren Maße befriedigt werden, sodass nun die Angebotslücke geschlossen ist. Während dieses Anpassungsprozesses kann es zu inflationären Erscheinungen kommen, vorausgesetzt die Kapazitäten der Unternehmen sind bereits ausgelastet. Man bezeichnet die Angebotslücke daher auch als **inflationäre Lücke**.

- Im umgekehrten Fall spricht man von einer **Nachfragelücke**: Die gesamtwirtschaftliche Nachfrage ist kleiner als das gesamtwirtschaftliche Angebot (N < A). In dieser Situation können die Unternehmen ihre Kapazitäten nicht auslasten mit der Folge, dass die Güterproduktion gedrosselt wird und Arbeitskräfte freigesetzt werden.

Daraufhin kommt es bei den Haushalten, denen nun weniger Einkommen für konsumtive Zwecke zur Verfügung steht, zur Nachfragereduzierung. Am Ende dieser Entwicklung entsteht ein neues Gleichgewicht zwischen gesamtwirtschaftlicher Nachfrage und gesamtwirtschaftlichem Angebot, bei dem allerdings Produktionskapazitäten in höherem Maße unausgelastet sind. Wegen des gesamtwirtschaftlichen Nachfrageausfalls wird es zu einem Rückgang des allgemeinen Preisniveaus kommen. Daher wird eine Nachfragelücke auch als **deflatorische Lücke** bezeichnet.

Im Wesentlichen sind vier Ursachen zu nennen, die in unterschiedlichen Kombinationen einen Konjunkturzyklus kennzeichnen:

Aufgaben

1. a) In welche vier Phasen lässt sich ein Konjunkturzyklus einteilen?
   b) Bringen Sie die Konjunkturphasen in die richtige Reihenfolge.
2. Worin unterscheiden sich konjunkturelle von saisonalen Schwankungen?
3. Wie könnte man den Begriff „Konjunktur" umschreiben?
4. Nennen Sie sechs Gegenwartsindikatoren (gesamtwirtschaftliche Größen, die die Konjunkturlage beschreiben).
5. Welcher Konjunkturindikator ist zur Früherkennung besonders gut geeignet?
6. Welche Wirtschaftszweige sind im Konjunkturverlauf saisonalen Schwankungen ausgesetzt?
7. Welche Konjunkturphase ist den folgenden typischen Merkmalen zuzuordnen?
   a) – steigende Zinsen
       – starke Lohnerhöhungen
       – steigendes Steueraufkommen
   b) – Es entsteht Arbeitslosigkeit.
       – Die Aktienkurse sinken.
       – Es verbreitet sich Pessimismus.
   c) – Die Lagervorräte werden abgebaut.
       – Es werden zusätzliche Arbeitskräfte eingestellt.
       – Die Produktionskapazitäten werden besser ausgelastet.
   d) – hohe Arbeitslosigkeit
       – unausgelastete Kapazitäten
       – niedrige Preise
8. Wie entwickelt sich das wirtschaftliche Wachstum in der Phase
   a) der Rezession?
   b) der Expansion?
9. Warum steigen in der Hochkonjunktur die Preise?
10. Welches sind die Ursachen für die Schwankungen der Konjunktur?

Zusammenfassung

Konjunktur
- Das Auf und Ab der wirtschaftlichen Aktivitäten.
- Wirtschaftsschwankungen (Wechsellagen), die regelmäßig wiederkehren.

Wirtschaftsschwankungen

kurzfristig
(Wellen von 3 – 4 Monaten)

Saisonale Schwankungen

Ursache: Wechsel der Jahreszeiten; betrifft einzelne Branchen

mittelfristig
(Wellen von 4 – 5 Jahren)

Konjunkturelle Schwankungen
(siehe Konjunkturzyklus)

Ursache: fehlende Übereinstimmung zwischen Nachfrage- und Angebotsverhalten; betrifft die gesamte Volkswirtschaft

langfristig
(Wellen von 50 – 70 Jahren)

Strukturelle Schwankungen

Ursache: technischer Fortschritt; betrifft alle Länder mit marktwirtschaftlicher Ordnung

Konjunkturzyklus

Zeitspanne zwischen zwei Tiefpunkten (wellenartige Bewegung)

umfasst vier Phasen:
- Aufschwung (Expansion)
- Hochkonjunktur (Boom)
- Abschwung (Rezession)
- Tiefstand (Depression)

können im Rahmen der **Konjunkturforschung** bestimmt werden durch

Konjunkturindikatoren

- Messgrößen in Form von statistischen Zeitreihen
- spiegeln die Änderungen der wirtschaftlichen Aktivitäten wider

Trend:
- Grundrichtung der wirtschaftlichen Entwicklung
- unabhängig von wirtschaftlichen Schwankungen

Zusammenfassung

Hauptmerkmale der Konjunkturphasen

Konjunkturphase / Indikatoren	Aufschwung (Expansion)	Hochkonjunktur (Boom)	Abschwung (Rezession)	Tiefstand (Depression)
Frühindikatoren				
Auftragseingänge/Nachfrage	zunehmend	stark steigend (geräumige Lager, lange Lieferfristen)	schnell sinkend	gering
Wirtschaftliche Stimmung	vorsichtig bis optimistisch	optimistisch bis gedämpft	pessimistisch	niedergedrückt
Aktienkurse	steigend	Höchststände	gehen zurück	Zusammenbruch
Gegenwartsindikatoren				
Produktion (Sozialprodukt)	langsam steigend	stark steigend (Vollauslastung der Kapazitäten)	fallend	gering (unausgelastete Kapazitäten)
Beschäftigungssituation	zunehmende Beschäftigung	Voll- bis Überbeschäftigung (offene Stellen; Arbeitskräftemangel)	verschlechtert sich (Kurzarbeit; Entlassungen; weniger offene Stellen)	hohe Arbeitslosigkeit
Preise	geringe Preissteigerungen	hoch und weiter steigend (Verkäufermarkt)	fallende Preissteigerungsraten; z. T. sinkende Preise (Käufermarkt)	niedrig; z. T. Preiseinbrüche
Löhne und Gehälter	mäßig steigend	hoch (starke Lohnsteigerungen)	mäßig steigend (Inflationsausgleich)	niedrig (geringe Lohnerhöhungen; z. T. Reallohnsenkungen)
Investitionsneigung	beginnt zu steigen	hohe Steigerungsraten	fallen zunächst langsam, später schneller	sehr gering; z. T. Investitionsstopp
Zinsen	noch niedrig, aber steigend	hoch (Geldnachfrage > Geldangebot)	fallend, aber noch hoch	sehr niedrig (Geldnachfrage < Geldangebot)
Unternehmergewinne	schnell steigend	hoch	langsam sinkend	gering; z. T. Verluste (Insolvenzen)
Steuereinnahmen	steigend	hoch	sinkend	niedrig

8.5 Fiskalpolitik des Staates

1. Gehen Sie der Frage nach, welche wirtschaftlichen Auswirkungen das Bauvorhaben des Staates auf die Gesamtwirtschaft und letztlich auf die Geschäfte eines Unternehmens haben kann.
2. Nennen Sie weitere staatliche Maßnahmen zur Ankurbelung der Wirtschaft.

Information

Wie die Betrachtung des wirtschaftlichen Geschehens gezeigt hat, befindet sich die Volkswirtschaft entweder in einer Abschwungsphase mit Arbeitslosigkeit und geringen Wachstumsraten oder in einer Aufschwungsphase mit steigenden Preisen. Diese Schwankungen sind wegen ihrer negativen Begleiterscheinungen unerwünscht.

Um den Wirtschaftsablauf so zu beeinflussen, dass für die Wirtschaft die größten Vorteile entstehen bzw. Nachteile und Belastungen vermieden werden können, muss der Staat in den wirtschaftlichen Ablauf eingreifen.

> Dabei besteht das Ziel der **Wirtschaftspolitik** darin, die konjunkturellen Schwankungen (Boom; Depression) durch rechtzeitiges Gegensteuern zu glätten bzw. auszuschalten.

Die Hochkonjunktur soll gedämpft, die Konjunkturflaute gebremst und überwunden werden, sodass ein gleichmäßiges und stetiges Wachstum erreicht werden kann. Der konjunkturelle Idealverlauf wäre der Wachstumstrend (siehe Abb. S. 502 und 503).

Staatliche Einzelmaßnahmen reichen hierzu nicht aus. Vielmehr müssen *gesamtwirtschaftliche (= globale) Größen* beeinflusst werden, wie z. B. die gesamtwirtschaftliche Nachfrage nach Gütern (Konsum- oder Investitionsgüter), das Volkseinkommen oder die Geldmenge (= **Globalsteuerung**), um den gesamtwirtschaftlichen Fehlentwicklungen wirksam entgegenwirken zu können. Dabei sollen die gesamtwirtschaftliche Nachfrage und das gesamtwirtschaftliche Angebot gemäß Stabilitätsgesetz (→ Sicherung des gesamtwirtschaftlichen Gleichgewichts) harmonisch wachsen, ohne dass es zu Arbeitslosigkeit oder inflationären Preissteigerungen kommt.

Die Träger der Wirtschaftspolitik sind Bund, Länder und die Europäische Zentralbank (EZB). Sie versuchen gemeinsam bei Störungen des Wirtschaftsablaufs mit strukturpolitischen und **konjunkturpolitischen** Gegenmaßnahmen die Ursachen zu beseitigen, damit die Wirtschaft möglichst schwankungslos abläuft.

Im Rahmen der **Konjunkturpolitik** (man könnte sie als *kurzfristige Wirtschaftspolitik* bezeichnen) unterscheidet man

- **Konjunkturpolitik der EZB**. Die EZB soll den Staat mit ihren geldpolitischen Instrumenten unterstützen = *Geldpolitik* (monetäre Konjunkturpolitik).
- **Konjunkturpolitik des Staates**. Eine wichtige Rolle spielt dabei die Fiskalpolitik (= finanzwirtschaftliche Maßnahmen).

> **Konjunkturpolitik** = Staatliche Eingriffe in das Wirtschaftsgeschehen, um Konjunkturschwankungen so gering wie möglich zu halten.

Fiskalpolitik

Wichtigstes staatliches Steuerungsmittel zur Konjunkturbeeinflussung ist die Fiskalpolitik[1]. Die staatliche Konjunktursteuerung mithilfe der Fiskalpolitik bedeutet, dass der Staat die Konjunktur über den Staatshaushalt (mit öffentlichen Finanzmitteln) beeinflusst (daher auch der Name „Haushalts- oder **Finanzpolitik**").

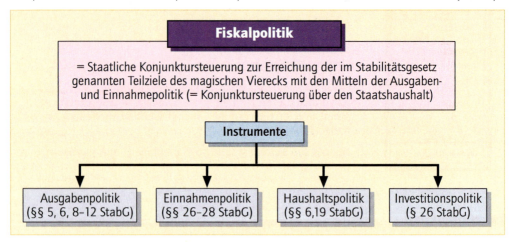

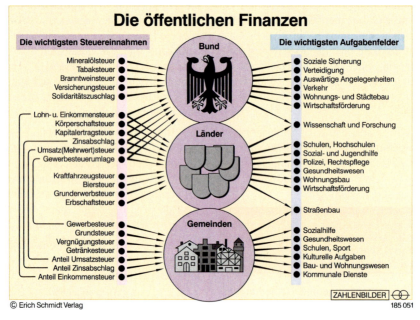

© Erich Schmidt Verlag

Bei seiner Fiskalpolitik nimmt der Staat **mit Veränderungen seiner Ausgaben und Einnahmen** Einfluss, insbesondere **auf die gesamtwirtschaftliche Nachfrage**, und versucht dadurch, den gesamtwirtschaftlichen Verlauf in die wirtschaftspolitisch gewünschte Richtung zu lenken. Die Ausgaben und Einnahmen werden so ausgerichtet, dass die Konjunkturzyklen **nicht** verstärkt werden. Es wird im Gegenteil eine Haushaltspolitik betrieben, die den Ausschlägen der Konjunkturwellen *entgegengerichtet (= antizyklisch)* ist. Man spricht in diesem Fall von antizyklischer Fiskalpolitik.

---

[1] Fiskus (lat. = Geldkorb); das Wort wurde im 16. Jh. aus dem Lateinischen entlehnt und ist heute der allgemeine Begriff für die Staatskasse bzw. den Staat.

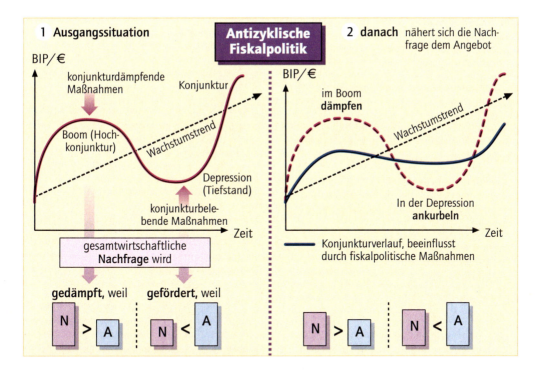

> **Antizyklische Fiskalpolitik** = Staatliche Steuerung der Wirtschaft mit dem Ziel, die **Ausschläge** des Konjunkturzyklus mit geeigneten Maßnahmen zu **dämpfen**.

Nachfrageorientierte Fiskalpolitik

Wie im Kapitel 8.4 beschrieben wurde, sind Konjunkturschwankungen das Ergebnis der *Entwicklung der Gesamtnachfrage* nach Gütern und Dienstleistungen.

> Störungen des gesamtwirtschaftlichen Gleichgewichts treten ein, wenn die *Nachfrage* das vorhandene Angebot übersteigt (Boom mit Inflationsgefahren) oder dahinter zurückbleibt (Depression mit Massenarbeitslosigkeit).

Als Nachfragebereiche werden unterschieden:
- Nachfrage der **privaten Haushalte** nach Konsumgütern
- Nachfrage der **Unternehmen** nach Investitionsgütern
- Nachfrage des **Staates**
- Nachfrage des **Auslandes** (Export)

Auf diese Nachfragebereiche soll von der Fiskalpolitik eingewirkt werden, und zwar so, dass

- eine inflationäre Überhitzung der **Nachfrage gedämpft** oder
- eine mangelnde bzw. rückläufige **Nachfrage**entwicklung **aufgefangen, angeregt** und wieder verstärkt wird (vgl. Kurvenverlauf in der obigen Abbildung).

Insofern kann man auch von einer **nachfrageorientierten Fiskalpolitik** sprechen.

Nach dem Stabilitätsgesetz sind hierzu folgende zwei Möglichkeiten mithilfe fiskalpolitischer Maßnahmen denkbar:

- Die *Steuerung der staatlichen Nachfrage* durch eine konjunkturgerechte Haushaltspolitik (= **Ausgabenpolitik**).
- Die *Steuerung der privatwirtschaftlichen Nachfrage* der privaten Haushalte (Konsum) und Unternehmen (Investitionen) vorwiegend durch das Mittel der Steuerpolitik (= **Einnahmenpolitik**).

Einnahmenpolitik

Die Politik über den Staatshaushalt soll durch Maßnahmen **zur Steuerung der privatwirtschaftlichen Nachfrage** ergänzt werden. Zu den staatlichen Einnahmen zählen neben Gebühren, Beiträgen und Zöllen insbesondere Steuern.

Durch **Heraufsetzen oder Herabsetzen der Steuersätze** soll die gesamtwirtschaftliche Nachfrage beeinflusst und damit dem Konjunkturverlauf entgegengewirkt werden.

Fiskalpolitische Maßnahmen im Rahmen der Einnahmenpolitik können sein:

- *Erhöhung bzw. Senkung der* **Einkommen- und Körperschaftsteuer** (→ Investitionspolitik)

  Wird z. B. die **Steuerbelastung erhöht**, so
    - werden die privaten Haushalte weniger Einkommen zur Verfügung haben und die Nachfrage nach Konsumgütern wird zurückgehen,
    - werden die Unternehmen weniger investieren und produzieren,
    - wird die Nachfrage nach Investitionsgütern nachlassen.

  Wird allerdings die Steuerbelastung von privaten Haushalten und Unternehmern in der bestehenden Hochkonjunktur schon als zu hoch eingestuft, so ist die fiskalpolitische Maßnahme der Steuererhöhung zur Nachfragedrosselung und Konjunkturdämpfung wirkungslos. Des Weiteren besteht die große Gefahr, dass bei solchen Maßnahmen die Konjunkturbremse von der Bundesregierung zu stark „angezogen" wird.

  Steuersenkungen (vor allem bei Einkommen- und Körperschaftsteuer) vergrößern das verfügbare Einkommen. Dadurch sollen die Unternehmen zum Investieren veranlasst werden und die privaten Haushalte Anreize zu mehr Konsum erhalten.

  Investitionsprämien hingegen sollen die Nachfrage anregen. Sie werden gewährt in Form eines steuerlichen Abzugs: Ein bestimmter Prozentsatz des Investitionsaufwands kann von der Einkommen- und Körperschaftsteuer abgezogen werden. Investitionsprämien sollen die Unternehmen zu erhöhten Investitionen veranlassen.

  Beispiel
  In dem Großhandelsunternehmen Gerber OHG beträgt die Steuerschuld 100.000,00 €. In diesem Jahr wurden Investitionen in Höhe von 400.000,00 € durchgeführt. Das Unternehmen kann bei Gewährung einer Investitionsprämie von 7,5 % 30.000,00 € von der Steuerschuld abziehen.

Sinken der staatlichen Steuereinnahmen
↓
Anstieg der Rentabilität der Investition
↓
Anstieg der
- Investitionsgüternachfrage
- Einkommen
- Konsumgüternachfrage

↓
Anstieg der Beschäftigung in der Investitions- und Konsumgüterindustrie

---

- **Gewährung bzw. Aussetzung von Abschreibungsvergünstigungen** (→ Investitionspolitik)

  Abschreibungsmöglichkeiten werden beschränkt, z. B. durch die Aufhebung von Sonderabschreibungen. Dadurch steigt der zu versteuernde Gewinn, sodass höhere Steuern an das Finanzamt zu zahlen sind. Diese Maßnahme hat zum Ziel, die gesamtwirtschaftliche Nachfrage zu verringern und so die Konjunktur zu dämpfen.

  Die **Verbesserung von Abschreibungsmöglichkeiten**, z. B. durch die Erhöhung von Abschreibungssätzen oder die Einführung von Sonderabschreibungen, soll durch die Steuerersparnis zu zusätzlichen Investitionen führen und die Konjunktur beleben.

  Die Variation der Abschreibungsmöglichkeiten ist gesetzlich auf ein Jahr beschränkt und muss von Bundesrat und Bundestag gebilligt werden.

Ausgabenpolitik

Ausgabenpolitik bedeutet, dass **der Staat seine öffentlichen Ausgaben erhöht oder senkt, um die Nachfrage zu beeinflussen** und damit der Konjunktur entgegenzuwirken.

- Werden Ausgaben gekürzt, wird über die verringerte Nachfrage die Konjunktur gedämpft.
- Werden umgekehrt die Ausgaben erhöht, wird Nachfrage erzeugt bzw. verstärkt und damit die Konjunktur angekurbelt.

Solange es in der Wirtschaft Arbeitslose und freie Kapazitäten in den Unternehmen gibt, *wirkt* diese Nachfragebelebung *nicht inflatorisch*.

Zu den Staatsausgaben zählen Transferzahlungen an die Haushalte (z. B. Wohngeld, Sozialhilfe, Kindergeld), Subventionen, Lohn- und Gehaltszahlungen des Staates und öffentliche Investitionen z. B. für den Gesundheits-, Energie-, Forschungs- und Verkehrsbereich.

Die fisikalpolitischen Maßnahmen im Rahmen der Ausgabenpolitik sind im Einzelnen:

- *Bildung bzw. Auflösung von* **Konjunkturausgleichsrücklagen**

  Die Konjunkturausgleichsrücklage ist ein zinsloses Sperrkonto der öffentlichen Hand bei der Bundesbank. Entstandene Haushaltsüberschüsse können, wenn konjunkturpolitisch wünschenswert, der Konjunkturausgleichsrücklage zugeführt oder zur Schuldentilgung verwendet werden. In beiden Fällen werden dadurch Gelder, die sonst der Nachfrageerhöhung dienen würden, dem Wirtschaftskreislauf entzogen.

  Die stillgelegten Mittel können wieder aufgelöst werden, wenn der Staat seine und damit die gesamtwirtschaftliche Nachfrage ausdehnen möchte.

- *Aufschieben bzw. Beschleunigung* **von ausgabewirksamen Maßnahmen**

  Darunter fallen zum Beispiel Investitionen im Wohnungs- und Straßenbau oder für die Schulen.

Die staatlichen Mehr- oder Minderausgaben können bewirken, dass die gesamtwirtschaftliche Nachfrage den Umfang der ursprünglich verausgabten bzw. stillgelegten Gelder erheblich übersteigt (siehe Beispiel oben rechts).

Die Größe, die angibt, um das Wievielfache einer Investition das Volkseinkommen wächst, nennt man **Multiplikator**; man spricht in dem im Schaubild gezeigten Zusammenhang vom **Multiplikatoreffekt**. Die Größe, die angibt, wie sich die Nachfrage nach Investitionsgütern verändert, wenn die Konsumgüternachfrage steigt oder fällt, wird **Akzelerator** genannt.

Beispiel

Der Staat vergibt Aufträge für den Straßenbau.
Gesamtwirtschaftliche Wirkung:

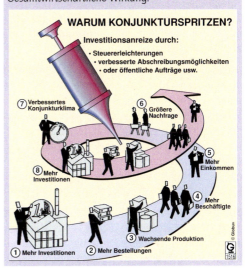

Beispiel für den Akzeleratoreffekt

Durch die Zunahme der Beschäftigung (Phase 4) steigt das Einkommen der privaten Haushalte (Phase 5) und bewirkt, dass die Konsumgüternachfrage steigt (Phase 6). Die wachsende Nachfrage nach Konsumgütern verbessert das Konjunkturklima (Phase 7), erhöht wiederum die Produktion und die Beschäftigung in den Unternehmen und führt letztlich zu weiteren zusätzlichen Investitionen (Phase 8).

Der Akzelerator ist demnach ein Faktor, um den sich die Nettoinvestition im Verhältnis zur Konsumgüternachfrage ändert. Vorausgesetzt wird, dass die unternehmerischen Kapazitäten ausgelastet sind. Die Befriedigung der angestiegenen Konsumgüternachfrage kann daher nur über die Anschaffung neuer (zusätzlicher) Investitionsgüter erfolgen, wobei selbstverständlich langfristig positive wirtschaftliche Zukunftserwartungen vorhanden sein müssen.

(→ Wie verändert sich das Volkseinkommen, wenn sich die gesamtwirtschaftliche Nachfrage ändert?)

Anstieg der Nachfrage → Produktionserweiterung → Erhöhung der Beschäftigung → Anstieg des Volkseinkommens

Multiplikator- und Akzeleratoreffekt bewirken demnach, dass die **gesamtwirtschaftliche Nachfrage wächst**, und zwar nicht nur in Höhe der zusätzlichen Staatsaufträge (Phase 1). Die Nachfrage weitet sich weiter aus, vergleichbar mit einem rollenden Schneeball, der mit jeder Umdrehung größer wird.

In der Hochkonjunktur sind *ausgabewirksame Maßnahmen* möglichst zu **vermeiden**. So können z. B. geplante Ausgaben zeitlich verschoben, vorläufig gesperrt oder endgültig gestrichen werden. Auch in diesem Fall kann der ursprüngliche Nachfragerückgang sich um ein Vielfaches verstärken. Er verringert sich dann nicht nur in Höhe der geplanten Ausgabenkürzungen, sondern er weitet sich weiter aus.

Staatliche Gelder sollten stets **beschleunigt ausgegeben** werden *in Zeiten wirtschaftlicher Abschwächung*. In dieser Phase der konjunkturellen Krise, die geprägt ist von sinkenden Preisen, Arbeitslosigkeit und *mangelnder Nachfrage*, muss der Staat Nachfrage schaffen durch vermehrte Staatsaufträge, wie beispielsweise Straßenbaumaßnahmen, die nun früher als geplant stattfinden.

Die zusätzlichen Ausgaben werden finanziert entweder durch die Auflösung einer vorher gebildeten Konjunkturausgleichsrücklage oder durch Kredite über das ESZB[1]. Damit wird eine dritte fiskalpolitische Maßnahme angesprochen.

- *Beschränkung bzw. Ausweitung der* **Kreditfinanzierung**

    Verschuldet sich der Staat, um zusätzliche Ausgaben zu finanzieren, so spricht man von **Deficitspending**. Der Staat gibt mehr aus, als er einnimmt (Haushaltsdefizit), und versucht so, die Konjunktur anzuregen (→ Haushaltspolitik).

    Dabei wird davon ausgegangen, dass die Staatsausgaben, die über die Kreditaufnahme finanziert wurden, in vollem Umfang die Gesamtnachfrage erhöhen.

    Bei anhaltender Kreditaufnahme besteht allerdings die Gefahr, dass sich der Staat hoch verschuldet. Die Zahlungen für die Tilgung und die Zinsen der Kredite können dann so hoch sein, dass zur Finanzierung anderer wichtiger Staatsaufgaben kein Geld mehr vorhanden ist.

    Wird die öffentliche *Kreditaufnahme beschränkt*, so ist das gleichzusetzen mit einer Verminderung der Staatsausgaben und einer Dämpfung der Nachfrage und Konjunktur.

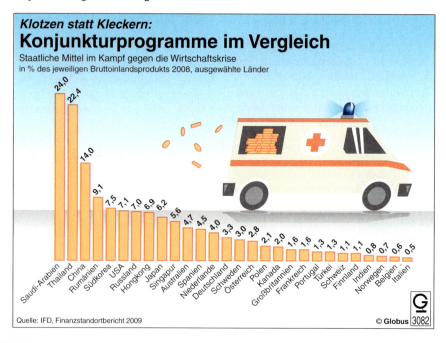

[1] Europäisches System der Zentralbanken (vgl. Kap. 8.11)

Den Grad der Beanspruchung der Volkswirtschaft durch den öffentlichen Sektor misst man durch die **Staatsquote**. Sie wird wie folgt ermittelt:

$$\text{Staatsquote} = \frac{\text{Öffentliche Ausgaben (inkl. Sozialversicherung)}}{\text{Bruttosozialprodukt bzw. Bruttoinlandsprodukt}} \cdot 100\,\%$$

In der Bundesrepublik war die **Staatsquote** zwischen 1960 und 1970 von 32,9 % auf 38,5 % geklettert. Dieser Trend hielt in der ersten Hälfte der Siebzigerjahre unvermindert an und im Rezessionsjahr 1975, als staatliche Konjunkturspritzen und rasch wachsende Sozialleistungen mit einem schwachen Wirtschaftsergebnis zusammenfielen, wurde sogar die Rekordmarke von 48,8 % erreicht. Die Staatsquote ging danach zwar wieder zurück, schnellte in der Wirtschaftskrise 1982 aber kurzfristig wieder empor. Mit strenger Ausgabendisziplin versuchten die öffentlichen Haushalte dieser Entwicklung ab 1981/82 entgegenzusteuern. Durch Begrenzung des Personalaufwands und der Sozialleistungen, zum Teil auch durch Kürzungen bei den Investitionen, wurde die Staatsquote bis 1990 wieder auf unter 44 % zurückgeschraubt. 1996 erreichten die Staatsausgaben auf gesamtdeutscher Ebene mit **49,3 % des Bruttoinlandsprodukts** einen neuen Höchststand. Die in der Folge unternommenen Anstrengungen zur Begrenzung der öffentlichen Ausgaben und zur Reform der Sozialsysteme bewirken eine **Trendumkehr**: 2007/2008 sank die Staatsquote auf unter 44 %. In der Wirtschafts- und Finanzkrise stieg sie 2009 zwar wieder kräftig an, doch dürfte der Zwang zur Konsolidierung der öffentlichen Haushalte dem staatlichen Handeln bald wieder enge Grenzen setzen.

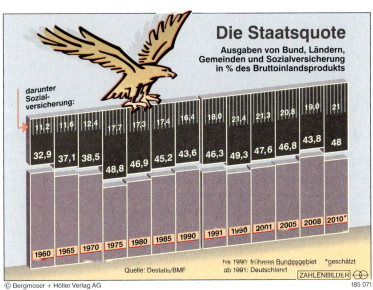

Insgesamt verhält sich der Staat mit seiner antizyklischen Fiskalpolitik wie vorsichtige Eltern, die in Zeiten, wo es der Familie gut geht, Rücklagen bilden, die sie in schlechten Jahren verwenden, um dann der Familie den gewohnten Lebensstandard zu sichern.

Die Fiskalpolitik muss mit den Ländern und Gemeinden abgestimmt werden. Dafür gibt es den Konjunkturrat, dem der Bundesfinanzminister, je ein Vertreter eines jeden Bundeslandes und vier Vertreter der Gemeinden und der Gemeindeverbände angehören.

Welche fiskalpolitischen Maßnahmen in welcher Konjunkturphase eingesetzt werden können, um **dem Konjunkturverlauf antizyklisch entgegensteuern** zu können, zeigt die folgende Übersicht auf Seite 518.

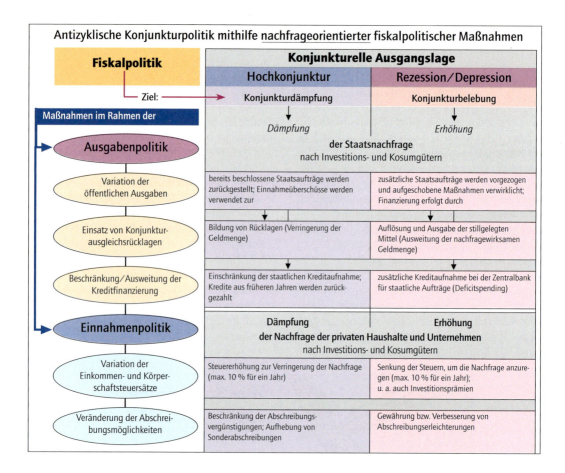

Probleme der antizyklischen nachfrageorientierten Fiskalpolitik

Häufig zeigt die antizyklische Fiskalpolitik nicht die beabsichtigte Wirkung. Mitunter wirkt sie sogar prozyklisch, d. h. anstatt der konjunkturellen Entwicklung entgegenzuwirken, verstärkt sie die Konjunkturausschläge.

Die **Grenzen der Fiskalpolitik** sind folgende:

- Die künftige konjunkturelle Entwicklung kann nur ungenau eingeschätzt werden, sodass der richtige Zeitpunkt zum Gegensteuern verfehlt werden kann. Ein zu früher Einsatz kann beispielsweise die Volkswirtschaft schnell wieder in die Hochkonjunktur mit den dargestellten negativen Folgewirkungen führen (Timing-Problem).
- Die eingeleiteten staatlichen Maßnahmen zeigen keine oder nur geringe Wirkung.
- Die Mittel der Fiskalpolitik werden entweder nicht nachhaltig genug oder zu stark eingesetzt.

So kann es beispielsweise bei übertrieben hohen Staatsaufträgen an die Wirtschaft leicht zu unerwünschten Preissteigerungen kommen.

- Der Staat beeinflusst mit dem Mittel der Einnahmenpolitik die gesamtwirtschaftliche Nachfrage nur indirekt.

  - Er kann zwar günstige wirtschaftliche Voraussetzungen schaffen, er kann aber z. B. keine Investitionsentscheidungen erzwingen. Oder umgekehrt: Schätzen die Unternehmer ihre zukünftigen Gewinnaussichten optimistisch ein, dann werden sie auch dann investieren, wenn die Steuersätze angehoben werden.
  - Auf Steuererhöhungen können die Konsumenten durch verringertes Sparen reagieren, sodass die beabsichtigte Nachfragedrosselung nicht eintritt.

- Die tatsächliche Veränderung der gesamtwirtschaftlichen Nachfrage ist daher ganz entscheidend **von den Reaktionen** der privaten Haushalte und Unternehmen abhängig. Lassen sie sich nicht zu einer entsprechenden Reaktion veranlassen, so wirken die fiskalpolitischen Mittel nur eingeschränkt.

- Fiskalpolitische Maßnahmen sind politisch oftmals nicht durchsetzbar, wie Proteste gegen bestimmte Bauvorhaben oder gegen Steuererhöhungen zeigen.

- Staatliche Ausgabenkürzungen in der Phase des Abschwungs sind nur bedingt möglich. Ein erheblicher Teil der Staatsausgaben besteht nämlich aus Personalkosten; Löhne und Gehälter können aber nicht gekürzt werden.

- Fiskalpolitik findet getrennt von der Geldpolitik der Europäischen Zentralbank (EZB) statt. So kann die EZB z. B., weil sie Gefahren für den Geldwert sieht, eine Politik des „knappen Geldes" mit hohen Zinsen verfolgen, während der Staat mit fiskalpolitischen Maßnahmen versucht, die Wirtschaft anzukurbeln.

- Die Koordinierung der Fiskalpolitik zwischen Bund, Ländern und Gemeinden ist häufig sehr schwierig.

- Fiskalpolitische Maßnahmen greifen oftmals zu früh oder zu spät (time lags).

- Die Einflussmöglichkeiten auf die Auslandsnachfrage sind relativ gering.

- Problem bei der Wahl und Kombination der fiskalpolitischen Maßnahmen. Eine Entscheidung setzt genaue Kenntnis der wirtschaftlichen Situation voraus.

- Entscheidungsverzögerung (decision lag) als Zeitspanne von der Einsicht in die Handlungsnotwendigkeit bis zur Auswahl und Festlegung geeigneter Maßnahmen.

- Durchführungsverzögerung (instrumental lag) als Zeitspanne vom Beschluss bis zur verwaltungstechnischen Durchführung.

- Dosierungs- und Finanzierungsproblem: Das Problem liegt bei der Feststellung der notwendigen Eingriffsstärke. Es besteht zusätzlich die Gefahr, dass der Staat mit privaten Kreditnachfragern um das vorhandene Kreditangebot konkurriert, d. h. das Zinsniveau steigt, private Investoren werden verdrängt (crowding-out-Effekt).

- Zunehmende **staatliche Verschuldung** schränkt durch steigende Tilgungs- und Zinszahlungen die fiskalpolitischen Möglichkeiten ein.

Problem der Staatsverschuldung

- **Die Höhe der Staatschulden**

    Die Schulden des Bundes, der Länder und der Gemeinden wachsen unaufhörlich, mittlerweile um 1.335,00 € pro Sekunde. Sie hatten im Januar 2012 die Höhe von 2.032.674.283.921,00 € (2.032 Mrd. €) erreicht, was einer Verschuldung pro Kopf der Bevölkerung von 24.849,00 € entspricht[1].

- **Die Folgen der Verschuldung**

    Wer Schulden macht, muss Zinsen zahlen. Der Staat muss heute schon mehr als jeden achten Euro, den er durch Steuern einnimmt, für Schuldzinsen ausgeben; der Bund sogar jeden fünften. Dieses Geld fehlt an anderer Stelle, um die eigentlichen Aufgaben des Staates zu erfüllen. Auch wird dadurch der Spielraum für dringend notwendige Entlastungen auf der Steuer- und Abgabenseite erheblich eingeschränkt. Hinzu kommt die zunehmende Empfindlichkeit des Staates auf Zinsänderungen an den Geld- und Kreditmärkten. Erhöhen sich die Zinsen um einen Prozentpunkt, steigen die Zinskosten allein des Bundes um 8,8 Mrd. Euro.

    Die Schulden von heute sind die Steuern von morgen, denn die Schulden, die der Staat

---

1 Der aktuelle Schuldenstand kann nachgelesen werden unter www.steuerzahlerbund.de

heute macht, müssen die nachfolgenden Generationen später in Form von Steuern zurückzahlen. Besonders zweifelhaft erscheint diese Tatsache unter dem Aspekt, dass etwa der Bund rund 85 Prozent seiner Ausgaben für Konsumzwecke verwendete. Es muss also später für einen Großteil dessen gezahlt werden, was zu diesem Zeitpunkt dann schon längst vom Staat verkonsumiert wurde und somit keinen Nutzen mehr stiften kann, wie dies bei Investitionen der Fall wäre.

- **Die Grenzen der Staatsverschuldung**
Zwei Grenzen nennt der Vertrag von Maastricht aus dem Jahre 1992: Die jährliche Neuverschuldung darf in der Regel maximal drei Prozent des Bruttoinlandsproduktes (BIP) betragen und der Schuldenstand darf sich insgesamt auf höchstens 60 Prozent des BIP belaufen.

Der Artikel 115 Grundgesetz erlaubt es den Politikern auf Bundesebene, Kredite nur bis zur Höhe der im Haushaltsplan veranschlagten Ausgaben für Investitionen aufzunehmen. Eine Überschreitung dieser Grenze ist nur zur Abwehr einer Störung des gesamtwirtschaftlichen Gleichgewichts gestattet. Dabei ist der Investitionsbegriff längst nicht einheitlich geklärt.

Der Hintergedanke dieser Bindung der Kreditaufnahme an möglichst nachhaltige Investitionen ist der, dass wenn sich der Staat schon zulasten künftiger Generationen verschuldet, diese wenigstens auch einen Nutzen daraus ziehen sollen. Die Unwirksamkeit dieser Schuldengrenze ist angesichts des heutigen Schuldenstandes offensichtlich.

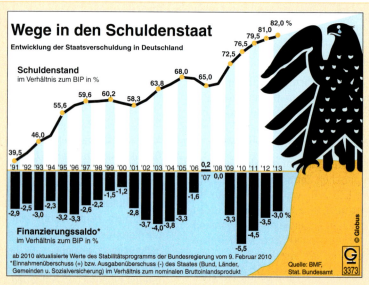

Deutschland hat den Kampf gegen die schwerste Rezession seit Jahrzehnten mit einer gigantischen Neuverschuldung bezahlt. Der Staatshaushalt rutschte im Krisenjahr 2009 noch tiefer in die roten Zahlen als bisher angenommen. Das Staatsdefizit betrug im vergangenen Jahr 79,3 Milliarden Euro. Die Statistiker revidierten damit erste Schätzungen vom Januar leicht nach oben. Die gesamtstaatliche Neuverschuldung kletterte nicht zuletzt wegen der Konjunkturpakete auf 3,3 Prozent des Bruttoinlandsprodukts (BIP). Damit überschritt Deutschland erstmals seit 2005 wieder die Maastricht-Grenze. Die EU-Regel erlaubt ein Defizit von maximal 3,0 Prozent des BIP. [...] Die drastische Verschlechterung der öffentlichen Finanzen im Jahr 2009 ist nach Angaben der Bundesbank zu knapp 50 Prozent auf die Konjunkturentwicklung zurückzuführen. Die Deutsche Bundesbank geht davon aus, dass die staatliche Defizitquote 2010 auf 5,0 Prozent steigen dürfte. Die Bundesregierung rechnet sogar mit einem gesamtstaatlichen Defizit von 5,5 Prozent des BIP. Der Fehlbetrag soll in den Folgejahren schrittweise zurückgefahren werden: 2011 auf 4,5 Prozent und 2012 auf 3,5 Prozent. 2013 will die Bundesregierung das Defizit auf 3,0 Prozent drücken und damit die Maastricht-Grenze wieder einhalten.

Angebotsorientierte Fiskalpolitik

Aufgrund der dargelegten Probleme und Grenzen einer nachfrageorientierten Fiskalpolitik gerät mehr und mehr die **angebotsorientierte Fiskalpolitik** in den Mittelpunkt der Betrachtungen. Sie hat zum Ziel, die wirtschaftlichen Aktivitäten auf der *Angebotsseite* **langfristig** zu beleben.

Grundüberlegung: **Die Rentabilität der Produktion** bestimmt die Höhe des Einkommens und der Beschäftigung.

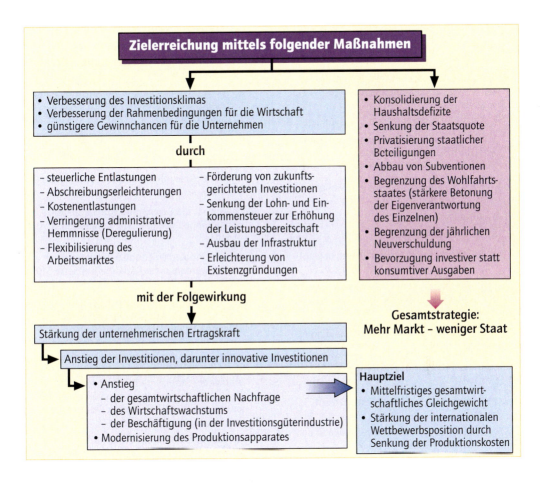

Grenzen der angebotsorientierten Fiskalpolitik

Auch durch die angebotsorientierte Fiskalpolitik können Probleme entstehen:

– Soziale Probleme können verstärkt werden, das Reich-Arm-Gefälle wird größer.
– Arbeitnehmer sind immer mehr von den Arbeitgebern abhängig (z. B. durch Lockerung des Kündigungsschutzes).
– Einsparungen durch Steuersenkungen werden häufig nicht in inländische Produktionspotenziale gesteckt, sondern ins Ausland.
– Die Selbstheilungskräfte des Marktes werden überschätzt (z. B.: Arbeitslosigkeit kann ohne Eingriffe des Staates nicht behoben werden.).

Aufgaben

1. Was verstehen Sie unter Fiskalpolitik?
2. Warum sollen fiskalpolitische Maßnahmen antizyklisch eingesetzt werden?
3. Nennen Sie je zwei Maßnahmen, mit denen der Staat
   a) in der Hochkonjunktur,
   b) in der Rezession/Depression
   die Nachfrage bzw. die Konjunktur beeinflussen kann.
4. Was ist der Zweck der Maßnahmen, die Sie als Antwort zu der Aufgabe 3 a) und 3 b) gegeben haben?
5. Welche zwei Möglichkeiten sind nach dem Stabilitätsgesetz denkbar, um die gesamtwirtschaftliche Nachfrage mithilfe der Haushaltspolitik zu beeinflussen?
6. Nennen Sie die fiskalpolitischen Maßnahmen, die möglich sind im Rahmen der
   a) Ausgabenpolitik,
   b) Einnahmenpolitik.
7. a) Welche wirtschaftliche Wirkung erzeugt die Senkung der Abschreibungssätze?
   b) In welcher Konjunkturphase sollte diese fiskalpolitische Maßnahme eingesetzt werden?
8. Was verstehen Sie unter Deficitspending?
9. In welcher konjunkturellen Phase ist die Verschuldung des Staates konjunkturpolitisch sinnvoll?
10. Welche Wirkung auf die Volkswirtschaft hätte
    a) die Erhöhung der Staatsausgaben in der Phase der Hochkonjunktur?
    b) die Einkommensteuersenkung in der Phase der Depression?
11. Wie müssten Bund, Länder und Gemeinden ihre fiskalpolitischen Instrumente nach dem Stabilitätsgesetz einsetzen, um einer Konjunkturüberhitzung gegenzusteuern?
    a) Bei den Steuersätzen?
    b) Bei den staatlichen Aufträgen?
    c) Bei den Abschreibungssätzen?
12. Was will der Staat bezwecken, wenn in der Phase des Booms die Staatsausgaben kleiner sind als die Staatseinnahmen?
13. Welche der folgenden staatlichen Maßnahmen können als antizyklisch bezeichnet werden?
    Begründen Sie Ihre Antworten.
    Staatliche Maßnahmen:
    a) In der Depression senkt die Bundesregierung ihre Staatsausgaben, um so die Staatsverschuldung zu verringern.
    b) Die degressive Abschreibung wird in der Phase des Abschwungs von 20 % auf 25 % erhöht.
    c) In der Hochkonjunktur wird die Erhebung einer Investitionsteuer von 10 % beschlossen.
    d) Die Bundesregierung löst in der Phase der Depression die Konjunkturausgleichsrücklage auf.
    e) In der Boomphase wird die Senkung der Einkommensteuer beschlossen.
14. Warum ist die Gewährung von Sonderabschreibungen geeignet, die Konjunktur zu beleben?
15. Welche Probleme der antizyklischen Fiskalpolitik werden in der Karikatur auf Seite 519 angesprochen?
16. Die Bekämpfung der Arbeitslosigkeit ist nach wie vor das wichtigste Ziel der Wirtschaftspolitik in der Bundesrepublik Deutschland. Während die eine Bundesregierung u. a. auf die Entlastung der Unternehmen, die Liberalisierung der Märkte und den Abbau der Staatsverschuldung setzte, rückt die andere Bundesregierung eine nachfrageorientierte Wirtschaftspolitik wieder etwas stärker in den Mittelpunkt.
    a) Zeigen Sie anhand von vier Maßnahmen, wie mithilfe der Fiskalpolitik die gesamtwirtschaftliche Nachfrage stimuliert werden könnte.
    b) Legen Sie anhand von vier Aspekten dar, inwiefern dieser Art von Fiskalpolitik bei der Bekämpfung der Arbeitslosigkeit Grenzen gesetzt sind.
17. Der im September 2011 von der Bundesregierung vorgelegte Entwurf des Haushaltsplans für 2012 folgte der mit dem „Programm für mehr Wachstum und Beschäftigung" vorgezeichneten Linie und zeugte von beträchtlichen Sparanstrengungen. Das Ausgabenvolumen unterschritt den Ansatz 2011 um 2,3 %.

a) Begründen Sie aus finanzpolitischer Sicht, warum die Bundesregierung die Beschränkung des Ausgabenvolumens für zwingend notwendig hielt. Berücksichtigen Sie dabei drei Aspekte.

b) Das Deutsche Institut für Wirtschaftsforschung (DIW) vertrat die Meinung, dass die Bundesregierung zur Bekämpfung der anhaltend hohen Arbeitslosigkeit ihren Sparkurs kurzfristig lockern solle.

Wägen Sie Für und Wider dieser Forderung des DIW ab.

c) Die geplanten Sparmaßnahmen der Bundesregierung betrafen auch den Sozialbereich. Erläutern Sie, ob sich Kürzungen in diesem Bereich mit grundlegenden Prinzipien der sozialen Marktwirtschaft (Individual- und Sozialprinzip) vereinbaren lassen.

Zusammenfassung

Konjunkturpolitik
= sämtliche Maßnahmen zur Steuerung des Konjunkturverlaufs

Ziel: Erreichung eines gleichmäßigen, stetigen Wirtschaftsablaufs

wird betrieben

- **durch den Staat**
- **durch die Europäische Zentralbank**

Fiskalpolitik
= Konjunktursteuerung durch Veränderungen der Staatsausgaben und Staatseinnahmen

Ziel: Beeinflussung der gesamtwirtschaftlichen Nachfrage

Geldpolitik
Eingriffe der EZB in die Geldversorgung der Wirtschaft

= monetäre Konjunkturpolitik

Mit fiskalpolitischen Maßnahmen wird in der Phase

der Depression/Rezession	der Hochkonjunktur (Boom)
Nachfrage < Angebot	**Nachfrage > Angebot**

gegengesteuert mittels

Antizyklischer Fiskalpolitik

fiskalpolitische Maßnahmen:

• Steuersenkungen • Investitionsprämien • Ausgabenerhöhungen • Kreditaufnahme • Gewährung von Sonderabschreibungen • Heraufsetzung der Abschreibungssätze	• Steuererhöhungen • Ausgabenkürzungen • Einnahmenstilllegungen • Aussetzung von Sonderabschreibungen • Herabsetzung der Abschreibungssätze
Staatsausgaben > Staatseinnahmen	**Staatsausgaben < Staatseinnahmen**

Folgewirkung:

• Anregung der Nachfrage • Ankurbelung der Wirtschaftsflaute	• Drosselung der Nachfrage • Abschwächung der Hochkunjunktur

8.6 Strukturwandel und Strukturpolitik

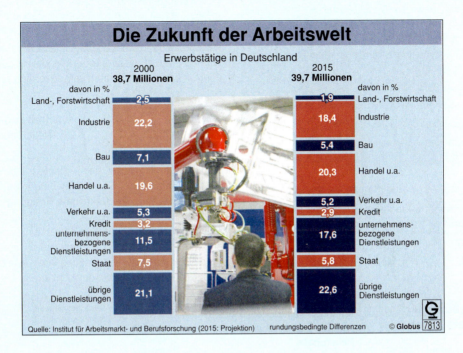

1. Diskutieren Sie die Ursachen und die Folgen dieses Wandels in der Arbeitswelt.
2. Was kann bzw. soll die Bundesregierung zu ihrer Beseitigung tun?

Information

Strukturwandel

Die Wirtschaft eines Landes ist nicht nur konjunkturellen und saisonellen Einflüssen, sondern auch strukturellen Veränderungen ausgesetzt. Im Zeitablauf können bestimmte Branchen *wachsen*, z. B. Unternehmen in der Elektronikindustrie Anfang der 90er-Jahre und im Bereich der Telekommunikation Ende der 90er-Jahre bzw. Anfang des neuen Jahrhunderts, oder auch *schrumpfen*, wie beispielsweise die Automobilindustrie Mitte der 90er-Jahre des 20. Jahrhunderts.

Zu jeder Zeit existieren Wirtschaftsbereiche[1], in denen die Zukunftsaussichten mit gut bezeichnet

> Als **Strukturwandel** bezeichnet man die langfristigen und grundsätzlichen Veränderungen des Aufbaus der Wirtschaftsbereiche einer Volkswirtschaft.

werden können, und andere, in denen es Anpassungsprobleme an die fortschreitende wirtschaftliche Entwicklung gibt.

Die strukturellen Veränderungen innerhalb der Wirtschaft sind ursächlich häufig zurückzuführen auf das *Wirtschaftswachstum* (= Anstieg des Bruttoinlandsprodukts).

---

[1] Urerzeugung (primärer Wirtschaftsbereich): Land- und Forstwirtschaft, Jagd und Fischerei; Weiterverarbeitung (sekundärer Wirtschaftsbereich): Industrie und Handel; Dienstleistung (tertiärer Wirtschaftsbereich): Verkehr und Nachrichtenübermittlung, Handel, Kreditinstitute, Versicherungen, Hotels und Gaststätten, „freie" Berufe, Staat

Mögliche Ursachen für das Ansteigen des Bruttoinlandsprodukts

- Substitution des Produktionsfaktors Arbeit durch den Produktionsfaktor Kapital (= Maschinen und maschinelle Anlagen)
- Bevölkerungswachstum und veränderte Bevölkerungsstruktur
- technischer Fortschritt
- verbesserte Ausbildung der Arbeitskräfte
- außenwirtschaftliche Verflechtung
- veränderte Einkommensverteilung und -verwendung

Strukturelle Veränderungen ergeben sich durch:

- veränderte Produktionsverfahren und
- ein verändertes Nachfrageverhalten der Verbraucher (= Bedarfsstruktur).

Veränderte Produktionsstruktur

Die Produktionsstruktur gibt Auskunft über den Anteil einzelner Wirtschaftsbereiche(-sektoren) an der gesamtwirtschaftlichen Produktion einer Volkswirtschaft.

Für den produktionsbedingten Wandel innerhalb der Volkswirtschaft können verantwortlich sein:

- neue Produktionsmethoden
- neue Sachgüter und Dienstleistungen

= Innovationen (Neuerungen)

Der Wettbewerb unter den Anbietern bewirkt, dass ständig neue Güter angeboten werden und dass nach immer effektiveren Fertigungsmethoden gesucht wird. Der verstärkte Einsatz von Maschinen in der Produktion erhöht die Arbeitsproduktivität und führt in Verbindung mit der Massenproduktion zur Kostensenkung und zu Wettbewerbsvorteilen gegenüber der Konkurrenz.

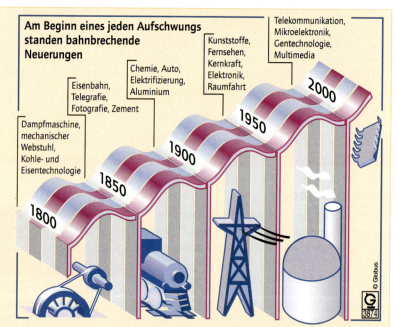

Schübe der Innovation

Zeitlicher Zusammenhang von Basisinnovationen und langfristiger Wirtschaftsentwicklung

In den 20er-Jahren stellte der russische Wissenschaftler Kondratieff fest, dass die Weltkonjunktur seit Beginn der Industrialisierung in langen Wellen verläuft. Ein Aufschwung fällt stets zusammen mit grundlegend neuen Techniken. Telekommunikation, Mikroelektronik, Gentechnologie und Multimedia könnten die Felder sein, die die Weltkonjunktur im dritten Jahrtausend beflügeln. Auf ihnen wird sich die Zukunft der Volkswirtschaften entscheiden.

Die Abbildung zeigt die Notwendigkeit des Strukturwandels zur Aufrechterhaltung des Wirtschaftswachstums: Neuerungen erfordern Kapital, d. h. Produktionsmittel (= Investitionen), die zu Wachstums- und Nachfrageschüben führen.

Die Abbildung zeigt den wellen- oder S-förmigen Wachstumsverlauf des einst so beliebten „MP3-Players"; ein sehr kurzlebiger, schnell herzustellender Modeartikel. Die Kurve des Konsumgutes Auto verläuft dagegen wesentlich flacher. Beiden Kurven ist gemeinsam, dass sie wellenförmig verlaufen und die „Marktstadien" Experimentier-, Expansions-, Ausreifungs- und Stagnationsphase durchlaufen.

Offensichtlich ist, dass der „MP3-Players" sehr schnell die Sättigungsgrenze erreicht und danach vom Markt verschwindet, d. h. die Produktion wird vollständig eingestellt. Beim Auto geht zwar auch der vorher angestiegene Absatz leicht zurück und stagniert dann, es bleibt aber ein ständiger Ersatzbedarf erhalten. In beiden Fällen kommt es jedoch zu Entlassungen: beim „MP3-Player" wegen der Produktionseinstellung, beim Auto wegen der Rationalisierungsmaßnahmen aufgrund der wachsenden Konkurrenz.

Nur die stetige Wiederholung der dargestellten „S-Kurven-Produkte" kann Wachstum und Vollbeschäftigung erhalten. Denn nur so können die im jeweils niedergehenden Produktionsbereich freigesetzten Produktionsfaktoren Arbeit und Kapital anschließend wieder in den neu entstandenen Bereichen eingesetzt werden.

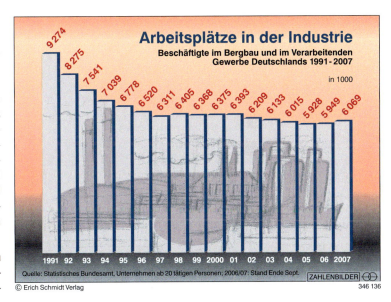

Damit vollzieht sich ein ständiger Strukturwandel von den auslaufenden bzw. stagnierenden zu den wachsenden Produkten oder Produktionszweigen.

Gelingt dieser Strukturwandel nicht, so sind Wachstumskrisen mit struktureller Arbeitslosigkeit die Folge.

Im Falle des Wandels der Produktionsstruktur spricht man auch von einem Strukturwandel, der von der Angebotsseite ausgelöst wird.

Andere Anstöße zum Strukturwandel gehen von der Nachfrageseite aus:

Veränderte Bedarfsstruktur

Die **Bedarfsstruktur** der privaten Haushalte gibt Auskunft über das **Verhältnis der Ausgaben** für Nahrungs- und Genussmittel, Bekleidung und Schuhe, Wohnungsmieten, Bildung und Unterhaltung **zu den Gesamtausgaben**.

Für den **nachfragebedingten Wandel** innerhalb der Volkswirtschaft können verantwortlich sein:

- **die Bevölkerungsentwicklung**
  Unterschiedliche Altersgruppen haben ein unterschiedliches Konsumverhalten. Die Verschiebung der Anteile der einzelnen Altersgruppen an der Gesamtbevölkerung bewirkt ein verändertes Nachfrageverhalten nach Konsumgütern.

  In weniger als einem Jahrhundert wird sich die Bevölkerungspyramide in Deutschland vermutlich auf den Kopf gestellt haben. Statt 30 % Kinder und Jugendliche im Jahre 1950 wird es 2050 wohl nur noch 15 % geben. Und statt 15 % Anteil der Älteren 100 Jahre später ca. 40 %.

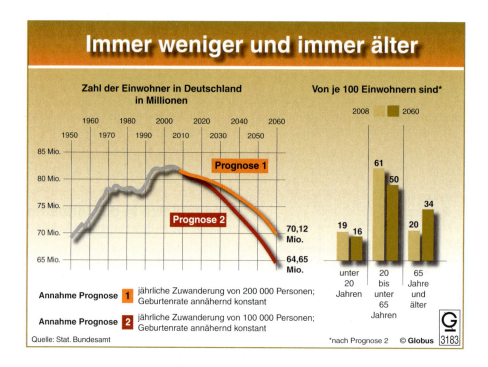

- **der Wandel der Haushaltsstruktur**

  Im deutschen Reich lebten 1871 rund 40,3 Millionen Menschen in 8,7 Millionen Haushalten. Rein rechnerisch kamen damit 4,6 Personen auf einen Haushalt. 2005 gab es hingegen in Deutschland bei einer Gesamtbevölkerung von 82,7 Millionen Menschen bereits ca. 39 Millionen Haushalte. Der Durchschnittshaushalt war mit 2,1 Personen nur noch halb so groß wie zur Zeit der Reichsgründung.

  Der Rückgang der durchschnittlichen Haushaltsgröße hängt eng mit der Verbreitung der Einpersonenhaushalte zusammen. In den letzten Jahren haben insbesondere jüngere Leute den Single-Haushalt als Wohn- und Lebensform für sich entdeckt. So stieg der Anteil der Alleinlebenden unter den jungen Erwachsenen zwischen 20 und 34 Jahren 2012 schon auf 26 % an.

  Aber auch die Familien sind heute durchschnittlich kleiner und bleiben nicht so lange zusammen wie in früheren Zeiten.

Das Statistische Bundesamt geht davon aus, dass sich der Trend zum kleineren Haushalt in den nächsten Jahren fortsetzt: Mit weiter steigender Lebenserwartung wird es mehr Ein- und Zweipersonenhaushalte älterer Menschen geben; zudem leben auch die jüngeren und mittleren Jahrgänge voraussichtlich immer häufiger in Kleinhaushalten, da die Heiratsneigung sinkt, weniger Kinder geboren werden und Partnerschaften mit getrenntem Haushalt zunehmen.

Unter diesen Voraussetzungen steigt die Anzahl der Privathaushalte bis 2025 auf 40,5 Millionen. Dieser Zuwachs resultiert allein aus der Zunahme der Ein- und Zweipersonenhaushalte, während die größeren Haushalte an Boden verlieren. Die durchschnittliche Haushaltsgröße schrumpft rein rechnerisch auf 1,95 Personen je Haushalt. Bestanden 2005 knapp 38 % aller Haushalte in Deutschland aus einer alleinlebenden Person, so sind es 2025 schon 41 %. Der Anteil der Zweipersonenhaushalte steigt im gleichen Zeitraum von 34 % auf 37 %. In nicht allzu ferner Zukunft entfallen also fast acht von zehn Haushalten auf jüngere Singles, Paare ohne Kinder, Alleinerziehende mit einem Kind oder aber ältere alleinstehende Menschen. Der Anteil der Haushalte mit drei oder mehr Personen sinkt dagegen von 29 % (2005) auf nur noch 22 %.

- die Einkommensentwicklung

Nettoeinkommen im Monat (Euro)	durchschnittliche Ausgaben pro Monat (Euro)	von den Ausgaben entfielen so viel Prozent auf							
		Nahrung	Kleidung	Wohnung	Verkehrsmittel	Info und Kultur	Versicherungen	Reisen	Übrige Kosten
0 – 800	565	25,2	6,7	32,5	6,7	10,5	2,0	4,5	11,9
800 – 1.250	920	24,2	7,2	27,5	9,0	10,2	3,3	5,5	13,4
1.250 – 1.750	1.360	23,5	7,3	23,2	12,9	9,7	3,9	5,1	14,4
1.750 – 2.000	1.643	22,6	7,6	22,0	13,8	9,7	4,4	5,3	14,6
2.000 – 2.250	1.798	22,0	7,7	21,6	13,8	9,8	4,9	5,5	14,7
2.250 – 2.500	1.923	21,4	7,7	21,3	13,8	9,8	5,6	5,8	14,6
2.500 – 3.000	2.064	20,8	7,8	21,0	13,9	9,8	6,1	5,8	14,8
3.000 – 3.500	2.256	20,1	7,7	20,6	14,1	9,8	6,8	5,7	15,2
3.500 – 12.500	3.540	15,0	8,0	17,0	13,8	10,1	12,8	5,1	18,2

Mit allgemein steigendem Einkommen nehmen die Ausgaben für Grundbedürfnisse wie Nahrung und Wohnung relativ ab, während sich mit steigendem Wohlstand die Ausgaben für Verkehrsmittel, Versicherungen und für Dienstleistungen insgesamt, aber auch für Delikatessen und für gewerbliche Erzeugnisse insgesamt erhöhen.

- **die Entwicklung neuer Güter**
  Neue Güter, wie beispielsweise digitale Kameras, der DVD-Player, werden bei steigendem Einkommen zusätzlich erworben. Andere Güter, wie CD-Player, werden in das Sortiment aufgenommen und verdrängen alte, wie den Plattenspieler (siehe Abb. Seite 8 u. 14).
- **die Veränderung im Konsumverhalten**
  bedingt z. B. durch die Veränderung des Bevölkerungsbewusstseins im Bereich Ernährung und Umwelt.

Beispiele

- Immer mehr Arbeitnehmer benutzen für ihre tägliche Fahrt zum Arbeitsplatz öffentliche Verkehrsmittel. Durch den Verzicht auf das Auto wird der Verkehr entlastet und die Umwelt durch den geringeren Schadstoffausstoß geschont.
- Durch den verstärkten Verbrauch von Vollkornprodukten ist einer statistischen Umfrage zufolge der Anteil der an Verdauungsstörungen Erkrankten stark zurückgegangen.

Die Veränderungen der Produktions- und Bedarfsstruktur hat das Entstehen und Schrumpfen einzelner Wirtschaftsbereiche zur Folge. Zwar schafft der Strukturwandel neue Arbeitsplätze, aber er gefährdet auf der anderen Seite auch Arbeitsplätze in den Unternehmen, die vom Wandel betroffen sind. Auf der Anbieterseite bringt die ständige Weiterentwicklung der Volkswirtschaft den Unternehmen Expansionschancen und neue Gewinnmöglichkeiten. Bei anderen Unternehmen führt sie zur Aufgabe und Schließung.

Der Wandel der Beschäftigtenstruktur ist von den Ökonomen Clark und Fourastié in ihrem Drei-Sektoren-Modell entwickelt worden, in dem sie den Weg von der Industrialisierung bis zur „reifen" Volkswirtschaft skizzieren.

In der Landwirtschaft wird der Beschäftigungsanteil weiter sinken. Infolge der gestiegenen Agrarproduktivität reicht dieser Anteil aber noch aus, um die inländische Bevölkerung mit Nahrungsmitteln zu versorgen.

Der Prozess des wirtschaftlichen Wachstums geht nach dem Modell zunächst vom Industriebereich aus. Dieser Sektor nimmt die Beschäftigten aus der Landwirtschaft auf und schafft selbst die Voraussetzungen für die industrielle Steigerung der Agrarproduktion durch die Herstellung von Land- und Transportmaschinen, Düngemittel usw.

Infolge der industriellen Ausweitung **wächst** gleichzeitig **auch der Dienstleistungsbereich** an. Weitere Wachstumsimpulse erhält dieser Wirtschaftsbereich wegen der veränderten Bedarfsstruktur. In Zukunft werden aufgrund der steigenden Einkommen immer mehr Dienstleistungen im Bereich Tourismus, Kultur und Gesundheitswesen nachgefragt. Andererseits steht

Beschäftigungsstruktur im Zeitverlauf nach Fourastié

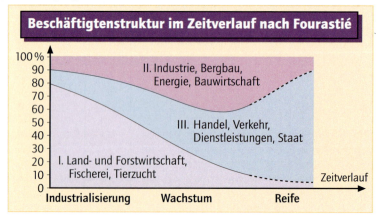

die Ausweitung dieses Bereichs aber auch im Zeichen einer **veränderten Unternehmensphilosphie**:

- Früher waren die Industrieunternehmen bemüht, möglichst sämtliche Leistungen, die zur Herstellung ihres Produkts notwendig waren, durch das eigene Unternehmen zu erbringen.
- Heute werden dagegen immer mehr unternehmensbezogene Dienstleistungen hinzugekauft.

Insofern werden Arbeitsplätze nicht allein innerhalb des Industrie-Sektors verlagert – oft wandert die Arbeit hinüber zum Dienstleistungsbereich. Man rechnet für ganz Deutschland im Zeitraum von 2000 bis 2015 mit über 3 Millionen neuen Arbeitsplätzen bei Banken, Versicherungen und im Bereich der sonstigen Dienstleistungen. Damit wird der Dienstleistungsbereich bei gleichzeitig rückläufigem Beschäftigtenanteil der Industrie zum entscheidenden Arbeitgeber.

Das Grundmuster des Wandels der Beschäftigtenstruktur setzte sich langfristig auch in Deutschland durch: Die *Landwirtschaft* ist der Bereich, der die stärksten Einbußen in der Erwerbstätigkeit aufweist. Weitere starke Rückgänge der Beschäftigtenzahlen sind im *Textil- und Bekleidungsgewerbe* und im *Kohle- und Stahlsektor* festzustellen. Das sind alles sogenannte traditionelle Wirtschaftszweige, die in früheren Zeiten ständig Wachstumsraten aufwiesen. Nun sind sie unter starkem Anpassungs- und Wettbewerbsdruck vor allem durch das Ausland geraten. Eine weitere Krisenbranche ist der Schiffbau. Sämtliche dieser „alten" Wirtschaftsbereiche der ersten Innovationswellen leiden unter Überkapazitäten, sind auf Sättigungsgrenzen gestoßen und können mit billigeren Anbietern aus den sogenannten „Schwellenländern", die die moderne Technologie inzwischen übernommen haben, nicht mehr konkurrieren.

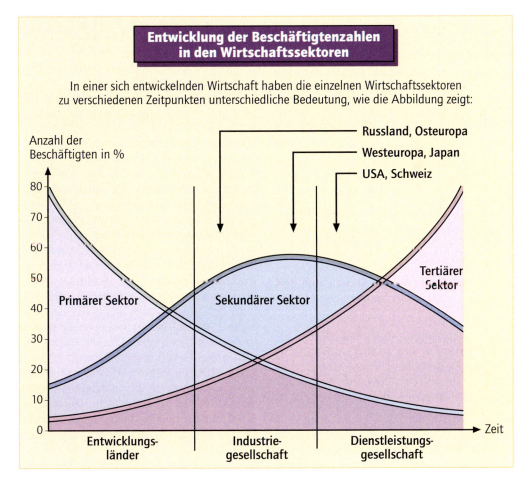

Der Abwärtstrend konnte nur in den Wirtschaftszweigen gestoppt werden (z. B. in der Textilindustrie und im Bekleidungsgewerbe), wo es gelang, hochwertige und neuartige Produkte auf den Markt zu bringen oder durch Rationalisierung die Produktionskosten zu senken. Auf Expansionskurs lagen in der Vergangenheit die Kraftfahrzeugindustrie, die Elektrotechnik, die chemische Industrie und der Maschinenbau, Wirtschaftszweige, die vor allem auch für den Export produzieren.

Erreicht die industrielle Entwicklung ein bestimmtes Reifestadium, nimmt der Anteil des produzierenden Gewerbes (sekundärer Wirtschaftsbereich) an der Gesamtbeschäftigung nicht mehr zu. Erklärt werden kann diese Entwicklung mit den technisch fortschrittlicheren Produktionsanlagen, mit denen **ohne zusätzliche Arbeitskräfte** mehr Güter hergestellt werden können als zuvor.

In einer Volkswirtschaft, deren Märkte sich ständig ausweiten und deren Zweige sich immer mehr spezialisieren, stellen Handel und Verkehr die notwendigen Verbindungen her. Daher ist auch im tertiären Wirtschaftsbereich ein verstärkter Aufschwung festzustellen (vgl. Abb. Seite 530 und 531).

Der mit Abstand größte Zuwachs bei der Beschäftigung erfolgte im **Dienstleistungsbereich** (einschließlich Staat).

Dass sich die Beschäftigung immer mehr in diesen Sektor verlagert, hat verschiedene Ursachen:

- Neue, „intelligente" Dienste (z. B. Forschung und Entwicklung, Software-Produktion, Finanzdienstleistungen, Information) nehmen einen immer breiteren Platz im Wirtschaftsleben ein.
- Dienstleistungsfunktionen werden aus dem produzierenden Sektor ausgegliedert und verselbstständigt.
- Mit zunehmendem Wohlstand wächst die Nachfrage der Bevölkerung nach Dienstleistungen, die früher nur von den besonders begüterten Schichten der Gesellschaft in Anspruch genommen werden konnten (z. B. im Tourismussektor).
- Und anders als in Industrie und Landwirtschaft lässt sich die Produktivität in vielen Dienstleistungsbereichen nur in begrenztem Umfang steigern. Die wachsende Nachfrage erfordert also den Einsatz zusätzlicher Arbeitskräfte.

Beispiel Deutschland

In der Zeit nach dem Zweiten Weltkrieg waren die Menschen in Deutschland vor allem mit dem Wiederaufbau beschäftigt. Auch deshalb wurden Konsumgüter, Maschinen und Fahrzeuge gebraucht. Folglich arbeitete fast die Hälfte aller Erwerbstätigen in Produktionsbetrieben. Immerhin ein Viertel bewirtschaftete Felder und züchtete Vieh. Doch seitdem haben in der Industrie neue Herstellungsverfahren und Maschinen viele Arbeitsplätze wegfallen lassen. Die technische Entwicklung hat auch in der Landwirtschaft dazu geführt, dass viele Bauernhöfe aufgeben mussten und heute nur noch wenige Fachkräfte gebraucht werden.

Anders verlief die Entwicklung im Dienstleistungsbereich: Serviceleistungen wurden immer wichtiger – ob im Handel, im Verkehr, in der Beratung oder bei Banken und Versicherungen. So beschäftigen sich heute schon zwei von drei Erwerbstätigen mit einer dieser Dienstleistungen. Und ein Ende dieses Trends ist nicht abzusehen ...

Heute arbeitet in Deutschland die Mehrheit der Erwerbstätigen in Berufen, in denen Informationsaufgaben vorherrschen. Die klassische Aufteilung der Beschäftigung in einen primären Sektor (Landwirtschaft), einen sekundären Sektor (Produktion) und einen tertiären Sektor (Dienstleistungen) kann die aktuelle Entwicklung nicht mehr so recht beschreiben. So sind personenbezogene Dienstleistungen eher zurückgegangen oder aus der Erwerbsarbeit herausgefallen. Demgegenüber hat das Büro, also die „Werkstatt für Informationsverarbeitung", immense Bedeutung auch für die Beschäftigung erhalten. Der Dienstleistungsbereich ist nämlich vor allem dort gewachsen, wo Informationen verarbeitet werden. Wird dieser Bereich aus den traditionellen Sektoren herausgelöst, dann ergibt sich ein „Vier-Sektoren"-Modell, in dem der Informationssektor heute schon mehr als die Hälfte aller Erwerbstätigen umfasst. Computer sind in wenigen Jahren zu leistungsfähigen Instrumenten zur Speicherung und Verarbeitung von Informationen geworden, die auch intensiv genutzt werden. 2010 stand an 86 % der Arbeitsplätze ein Computer, bald werden fast alle Arbeitsaufgaben mit Computerhilfe erledigt. Die engen Kommunikationsbezüge zwischen Mensch und Computer werden derzeit mit

Multimedia verbreitet, Computer werden komfortabler, leistungsfähiger und dringen in alle Informationsverarbeitungsaufgaben ein. Durch die Technisierung ist die gleichförmige Arbeit vieler Menschen, wie sie in allen Darstellungen zu finden ist, nicht mehr erforderlich. Auf Baustellen und in Fabriken sind heute zwischen vielen Maschinen nur noch wenige Arbeiter zu finden. Moderne Organisationskonzepte nutzen die erhöhte Leistungsfähigkeit der Mitarbeiter, die dann möglich wird, wenn die Arbeit individuell angepasst und ausgestaltet wird. Anspruchsvolle Ziele lassen sich nur dann erreichen, wenn die Mitarbeiter ihre Arbeit weitgehend selbst gestalten dürfen.

Menschliche Aktivitäten werden „global", Informationssysteme sind weltweit zugänglich, unterschiedliche Kulturen werden vereinheitlicht und normiert. Erwerbsarbeit wird international, entweder durch Wanderung der Menschen oder durch Vernetzung mit Telekommunikation. Neue Konkurrenzsituationen entstehen, Arbeitsteiligkeit wird differenzierter, Problemlösungen werden variabler.

Ein Bestandsschutz nationaler Eigenheiten wird sich in einer globalen Wirtschaft kaum noch aufrecht erhalten lassen, Privilegien zerbrechen. Die Welt wird ähnlicher, Marketing und Wertorientierung erfolgen flächendeckend, es entwickeln sich Kunstsprachen und eine Abkehr von der Sprache zu Symbolen. Multimedia fördert diese Entwicklung. Erwerbsarbeit wird somit international und muss sich weltweiten Rahmenbedingungen unterwerfen. Informatisierung, Individualisierung und Internationalisierung sind eng miteinander verknüpft und bedingen sich gegenseitig. Sie kristallisieren sich derzeit in einem spezifischen Phänomen, das als „Telearbeit" bezeichnet wird. In der Telearbeit wird Arbeit via Telekommunikation arbeitsteilig organisiert. Telearbeit unterstützt die Internationalisierung. Die Entfernung spielt kaum noch eine Rolle, die Leitungsgebühren sind zwar meist entfernungsabhängig, doch durch besondere Dienste lassen sich hier auch kostengünstige Übertragungsformen realisieren.

Auf dem Weg zur Dienstleistungsgesellschaft

219	Vermögensberatung
215	Medizinische Praxen
139	Unternehmensberatung
129	Datenverarbeitung
116	Gebäudereinigung
112	Architekturbüros
103	Immobilien
97	Kultur, Unterhaltung
94	Sozialwesen (Heime)
89	Steuerberatung
65	Rechtsberatung
55	Personalvermittlung
53	Krankenhäuser
48	Körperpflege, Fitness
45	Abfallbeseitigung
35	Werbung
30	Unterricht
16	Forschung, Entwicklung
16	Leasing, Renting
15	Bewachung
12	Übrige personenbezogene Dienstleistungen
9	Beteiligungsgesellschaften
9	Spiel
7	Marktforschung
6	Veterinärwesen
5	Chemische Reinigung
4	Sport
3	Erziehung
3	Techn. Untersuchung
1	Verlagsgewerbe

Beschäftigungsentwicklung der Sonstigen Dienstleistungen, 1996–2010 (Differenz in Tsd.; 2010 gegenüber 1995)

Insgesamt erfordert der Wandel in der Produktions- und Bedarfsstruktur notwendige Anpassungsprozesse in der Volkswirtschaft. Die Anpassung ist gekennzeichnet durch schrumpfende, expandierende und neu entstehende Wirtschaftszweige.

Andererseits dürfen nicht die Härten übersehen werden, die den Einzelnen treffen: Bedingt durch Arbeitslosigkeit oder Kurzarbeit muss die Verringerung des Einkommens und – bei gleichzeitigem Bestehen bzw. Ansteigen der Lebenshaltungskosten – ein spürbarer Rückgang des Lebensstandards hingenommen werden. Die Folge ist oftmals der wirtschaftliche und soziale Abstieg.

Strukturpolitik des Staates

Die Struktur einer Volkswirtschaft bestimmt sich aus ihrer Gesellschafts-, Sozial- und Wirtschaftsstruktur. Volkswirtschaftlicher Strukturwandel im engeren Sinn meint aber lediglich Verschiebungen in den Beiträgen der einzelnen Wirtschaftsbereiche zur gesamten Leistung, die Änderungen der Struktur der Wertschöpfung einer Volkswirtschaft bewirken.

Handelt es sich hierbei nicht nur um vorübergehende, durch saisonale oder konjunkturelle Schwankungen bedingte Entwicklungen, sondern um fortlaufende Prozesse, so ändert sich das gesamtwirtschaftliche Leistungsgefüge nachhaltig – seine Struktur wandelt sich.

Wirtschaftswachstum und Strukturwandel sind untrennbar verbunden: Strukturwandel ist Voraussetzung für Wachstum und umgekehrt auch Folge des Wachstums. Wachstumszwang und technologische Revolutionen bedingen einen Strukturwandel z. B. auf dem Arbeitsmarkt, wie Umorientierung der Arbeitssuchenden von herkömmlichen Arbeitsplätzen hin zu solchen mit hoher Produktivität und Zukunftssicherheit.

Durch den Strukturwandel entstehen ständig neue Märkte, gleichzeitig gehen aber andere verloren. Die Bewältigung des Strukturwandels, die richtige Einstellung auf neue wirtschaftliche Gegebenheiten ist zunächst Aufgabe der Unternehmen selbst.

Andererseits wird dieser Wandel vom Staat aus sozialen, ausgleichs- und arbeitsmarktpolitischen Gründen nicht ohne Weiteres hingenommen. Er wird versuchen, geeignete Rahmenbedingungen zu schaffen, um die vom Markt ausgehenden Anpassungs- und Neuerungsprozesse zu unterstützen. Damit soll erreicht werden, dass bruchartige Entwicklungen vermieden bzw. abgefedert werden. In diesem Sinne betreibt der Staat **Strukturpolitik**.

Strukturpolitik hat das Ziel, entweder einzelne **Wirtschaftszweige, Regionen** und **Unternehmen** zu stützen oder **Technologien** zu fördern, die ohne staatliche Hilfe stärker schrumpfen bzw. sich langsamer entwickeln würden. Dadurch sollen durch Arbeitsplatz- oder Einkommensverluste bedingte soziale Härten abgemildert werden.

> **Strukturpolitik** = Staatliche Eingriffe in Märkte, um den Anpassungsprozess an die wirtschaftliche Entwicklung zu erleichtern, zu fördern bzw. zu beschleunigen – *bei Vermeidung sozialer Härten.*

Konkret bedeutet das, **den Aufbau der Wirtschaft** durch staatliche Eingriffe **zu verbessern** im

– regionalen Bereich,
– sektoralen (branchenbezogenen) Bereich,
– infrastrukturellen Bereich.

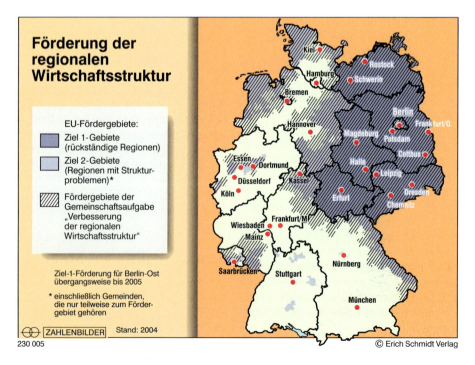

Regionale Strukturpolitik

Die regionale Strukturpolitik bezieht sich auf **bestimmte Wirtschaftsräume (Regionen)**, die wirtschaftlich unterentwickelt sind, z. B. der Bayerische Wald, Ostfriesland oder die neuen Bundesländer.

Zu den Maßnahmen der regionalen Strukturpolitik gehören:

- Subventionen an private Unternehmen, z. B. in Form von zinsgünstigen Krediten. Dadurch soll die Neuansiedlung von Industrieunternehmen in ländlichen Gebieten gefördert werden
- Subventionen an öffentliche Unternehmen, z. B. an die oft im Staatsbetrieb befindlichen Unternehmen des Personennahverkehrs. Dadurch sollen die Fahrpreise gesenkt werden, um mehr Menschen auf die Schiene zu bringen. Der verstärkte Ausbau der Nahverkehrsstraßen würde dann entfallen
- Steuerliche Vergünstigungen
- Förderungsprogramme für den Wohnungsbau
- Ausbau der Infrastruktur (regionale Strukturpolitik ist häufig auch Infrastrukturpolitik)
- Erschließung von Industriegebieten
- Durchführung von Fortbildungs- und Umschulungsmaßnahmen

Sektorale Strukturpolitik

Die sektorale Strukturpolitik verfolgt in erster Linie die **Förderung wirtschaftlich schwacher oder in ihrer Existenz bedrohter Wirtschaftszweige** (z. B. die Landwirtschaft, den Bergbau oder die Werftindustrie). Durch finanzielle Anreize soll die Branchenstruktur in die gewünschte Richtung gelenkt und damit Arbeitsplätze und Einkommen der jeweils betroffenen Bewohner gesichert werden.

Maßnahmen im Bereich der sektoralen Strukturpolitik können sein:

- Staatliche Preisfestsetzungen im Agrarsektor
- Schutz inländischer Hersteller vor Importen durch Einfuhrzölle oder mengenmäßige Beschränkungen der Einfuhr, z. B. die Festlegung von Importhöchstmengen für japanische Pkw auf 15 % der Zulassungen oder das Importverbot von Fleisch aus den USA
- Exportgarantien des Bundes als Schutz vor Handelsrisiken
- Subventionen für einzelne Technologiesektoren und für Forschungsprojekte, wie z. B. für Technologien zur Energieeinsparung, für Recyclingverfahren, für die Luft- und Raumfahrt, für ein umweltfreundliches und energiesparendes Auto, für die Umwelttechnik oder die Informations- und Biotechnologie.

Wichtige Impulse für das Wachstum im Euroraum kommen von der Strukturpolitik. Dazu gehören – neben den genannten Maßnahmen – Maßnahmen zur Liberalisierung und Deregulierung einzelner Märkte und Branchen sowie die Bemühungen um einen schlanken und effizienten Staat.

Die **Deregulierungsmaßnahmen**, z. B. im Bereich der Telekommunikation und der Stromversorgung, führten in diesen Branchen zu starkem Wachstum und bremsten den gesamtwirtschaftlichen Preisanstieg. Der Telekommunikationsmarkt zeigt deutlich, wie positiv sich ein erhöhter Wettbewerb auf die Verbraucherpreise auswirkt.

Die Bemühungen um einen schlanken und effizienten Staat greifen nicht nur bei den großen Staatsbetrieben Bahn und Post, bei denen Liberalisierungsmaßnahmen u.a. durch das europäische Wettbewerbsrecht erzwungen wurden, sondern auch bei Betrieben der Elektrizitäts- und Wasserversorgung.

Infrastrukturpolitik

Infrastrukturpolitik bedeutet **öffentliche Investitionen**, um die Grundvoraussetzungen für das wirtschaftliche Leben und damit für die *privaten* Investitionen zu schaffen.

Sämtliche öffentliche Einrichtungen des Güter-, Personen- und Nachrichtenverkehrs, der Energieversorgung sowie der Erhaltung und Verbesserung der Umweltbedingungen geben u. a. Auskunft über die **Infrastruktur** eines Wirtschaftsraumes.

Hinzu kommen Bildungseinrichtungen, staatliche Verwaltungs- und Ordnungseinrichtungen, Kultur- und Sporteinrichtungen, die Einrichtung eines Gesundheits- und Fürsorgewesens sowie private Einrichtungen, die der Öffentlichkeit zugänglich sind (z. B. private Krankenhäuser, private Altenheime und private Schulen).

Die Qualität der Infrastruktur ist – neben der Ausstattung mit Produktionsfaktoren – ausschlaggebend für das Niveau des Wirtschaftens in einer Volkswirtschaft. Die Infrastruktur eines Landes kann nicht importiert werden wie bestimmte Güter. Da der Auf- und Ausbau der Infrastruktur hohe Investitionskosten erfordert, wird sie überwiegend vom Staat bereitgestellt, indem er beispielsweise Gewerbegebiete plant und ausbaut (→ *Raumordnungspolitik*).

> **Infrastruktur** = Gesamtheit aller (meist) öffentlichen und privaten Einrichtungen eines Wirtschaftsgebietes, die der Allgemeinheit zur Verfügung stehen.

Die Infrastruktur ist eine elementare Voraussetzung für die Ansiedlung von Unternehmen in einem Gebiet. Erst durch eine gute Infrastruktur wird das entsprechende Gebiet zu einem geeigneten Wirtschafts- und Lebensraum.

Mögliche staatliche Maßnahmen zur Verbesserung der Infrastruktur:

- Bau von Schulen, Universitäten, Krankenhäusern und Kindergärten
- Errichtung von Kläranlagen
- Ausbau des Trink-, Industrie- und Abwassernetzes
- Bau von Altenheimen, Schwimmbädern, Bibliotheken, Theatern
- Einrichtung einer öffentlichen Verwaltung, Polizei
- Bau und Ausbau von Verkehrswegen, wie Straßen, Kanäle, Häfen, Schienenverkehr
- Bau von Einrichtungen für die Versorgung mit Energie und Wasser, z. B. Kraftwerke
- Finanzhilfen bei Umschulungsmaßnahmen, z. B. nach dem Arbeitsförderungsgesetz (= personelle Infrastruktur)

Die Strukturpolitik der Europäischen Union

Zwischen den Regionen der Europäischen Union besteht ein erhebliches Entwicklungs- und Wohlstandsgefälle. So ist das Pro-Kopf-Einkommen in den reichsten Gebieten um ein Mehrfaches so hoch wie in den wirtschaftlich schwächsten Regionen und auch die Beschäftigungschancen sind sehr ungleich verteilt. Diese Unterschiede abzubauen und den **wirtschaftlichen und sozialen Zusammenhalt** der Gemeinschaft zu stärken, ist eine der vordringlichsten Aufgaben der Europäischen Union.

Zum Abbau dieser Unterschiede und damit zur Stärkung des wirtschaftlichen und sozialen Zusammenhalts in der Gemeinschaft sollen die vier Strukturfonds der EU beitragen: der Europäische Fonds für regionale Entwicklung (EFRE), der Europäische Sozialfonds (ESF), der Europäische Agrarfonds – Abteilung Ausrichtung (EAGFL) und das Finanzinstrument für die Ausrichtung der Fischerei (FIAF). Aufgaben und Funktionsweise der Fonds wurden im Rahmen des Reformprogramms Agenda 2000 gründlich revidiert.

In den Jahren 2007 bis 2013 konzentriert sich die EU-Strukturförderung auf drei vorrangige Ziele. Als **Ziel 1** steht dabei die Förderung der rückständigen Regionen der Gemeinschaft im Vordergrund: Für sie werden rund 70 % der vorgesehenen Gesamtausgaben von 346 Mrd. Euro zur Verfügung stehen. Beihilfen zur Überwindung ihres Entwicklungsrückstands erhalten Regionen, deren Pro-Kopf-Wirtschaftsleistung weniger als 75 % des EU-Durchschnitts beträgt, darunter Griechenland, Süditalien, große Teile Spaniens und Portugals, sowie die beigetretenen Staaten des ehemaligen Ostblocks. Für einige EU-Regionen, die aus der bisherigen Förderung herausgefallen sind, gilt eine Übergangsregelung. Nach **Ziel 2** wird die wirtschaftliche und soziale Umstellung in Gebieten mit Strukturproblemen unterstützt. Dazu zählen die meist von hoher Arbeitslosigkeit heimgesuchten Regionen mit schrumpfenden Industrie- und Dienstleistungsbranchen, Problemgebiete in den Städten und auf dem flachen Land und schließlich Gebiete, die vom Niedergang der Fischerei betroffen sind. **Ziel 3** gilt der Anpassung und Modernisierung des Bildungs-, Ausbildungs- und Beschäftigungssektors außerhalb der Ziel-1-Regionen. Es erstreckt sich auf ein breites Spektrum von Maßnahmen, mit denen die Arbeitslosigkeit zurückgedrängt und die Qualifikation der Arbeitskräfte verbessert werden soll. Etwa 5 % der gesamten Fördermittel fließen in **Gemeinschaftsinitiativen**, mit denen Lösungen für übergreifende Probleme der regionalen Entwicklung gefunden werden sollen.

Ergänzend zu den Strukturfonds wurde bereits 1993 ein **Kohäsionsfonds** eingerichtet. Dieser Fonds unterstützt vor allem Vorhaben in den Bereichen Umwelt und transeuropäische Verkehrsnetze.

Gefördert werden EU-Staaten, deren Pro-Kopf-Einkommen unter 90 % des EU-Durchschnitts liegt.

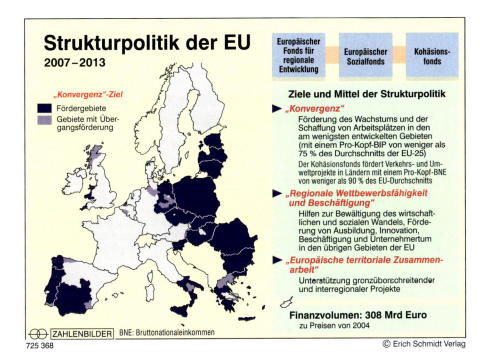

Aufgaben

1. Was verstehen Sie unter Strukturwandel?
2. Worüber gibt der Produktionsaufbau einer Volkswirtschaft Auskunft?
3. Nennen Sie vier Beispiele für Wirtschaftszweige.
4. Begründen Sie, warum für den produktionsbedingten Wandel neue Produktionsmethoden und neue Güter verantwortlich sind.
5. Welche Einflussgrößen sind für den nachfragebedingten Wandel verantwortlich?
6. Warum ist die Entwicklung der Einkommen eine Größe, die die Bedarfsstruktur verändern kann?
7. Erklären Sie das 3-Sektoren-Modell von Clark und Fourastié.
8. Was verstehen Sie unter Strukturpolitik?
9. Warum betreibt der Staat Strukturpolitik?
10. Nennen Sie staatliche Maßnahmen zur Beeinflussung der Wirtschaftsstruktur.
11. Worin liegt der Unterschied zwischen regionaler und sektoraler Strukturpolitik?
12. Nennen Sie die Ziele der sektoralen Strukturpolitik und ergänzen Sie sie mit möglichen Maßnahmen zur Zielerreichung.
13. Was bedeutet die Aussage „Das Land hat eine gute Infrastruktur"?

Zusammenfassung

Bei marktwirtschaftlich orientierter Wachstumspolitik kommen die Risiken und Chancen wirtschaftlicher Entwicklungen zum Ausdruck im

Strukturwandel

= Veränderung des Aufbaus einer Volkswirtschaft

Veränderte Produktionsstruktur
= angebotsbedingter Wandel

abhängig von
- neuen Produktionsmethoden
- neuen Gütern
} Innovationen

Veränderte Bedarfsstruktur
= nachfragebedingter Wandel

abhängig von
- der Bevölkerungsentwicklung
- dem Wandel der Haushaltsstruktur
- der Einkommensentwicklung
- der Entwicklung neuer Güter
- dem veränderten Konsumverhalten

ist zurückzuführen auf das

Wirtschaftswachstum,

das beinflusst wird von

| dem Bevölkerungswachstum und der veränderten Bevölkerungsstruktur | dem technischen Fortschritt | der außenwirtschaftlichen Verflechtung | der verbesserten Ausbildung der Arbeitskräfte | der veränderten Einkommensverteilung und -verwendung | der Substitution des Produktionsfaktors Arbeit durch den Produktionsfaktor Kapital |

Zusammenfassung

Staatliche Strukturpolitik

soll

- durch einen zukunftsorientierten und umweltgerechten Ausbau der Infrastruktur die Voraussetzungen für mehr arbeitsplatzschaffende Investitionen verbessern
- in der Wirtschaft die Entwicklung und Anwendung marktorientierter Neuerungen erleichtern
- die Mobilität von Arbeit und Kapital verbessern und Anpassungsprozesse durch begleitende Maßnahmen unterstützen

zur

Verbesserung des Aufbaus der Wirtschaft im
- regionalen
- sektoralen
- infrastrukturellen Bereich

mit folgenden Maßnahmen:

- Erhaltung und Förderung der Wettbewerbsfähigkeit
- Einkommenshilfen
- Erleichterung der wirtschaftlichen Umstellung
- Förderung der Infrastruktur
- Förderung von Wissenschaft und Forschung
- Verbesserung der Bildungsmöglichkeiten

8.7 Staatliche Wachstums- und Umweltschutzpolitik

Berlin: Die natürliche Umwelt wurde im Jahr 2001 durch wirtschaftliche Aktivitäten in Deutschland weniger beansprucht als noch zu Beginn der 1990er Jahre. Sowohl die Entnahme von Stoffen aus der Natur als auch die Abgabe wichtiger Rest- und Schadstoffe an die Natur verminderten sich in den Neunzigerjahren. Dies sind einige wichtige Ergebnisse der „Umweltökonomischen Gesamtrechnung", die das Statistische Bundesamt jetzt vorgestellt hat.

Begründen Sie,
a) warum eine umweltökonomische Gesamtrechnung notwendig ist,
b) welcher Zusammenhang zwischen Wachstum und Umweltverbrauch besteht,
c) was ein Unternehmen, der Staat und die privaten Haushalte zur Zielerreichung (Erhaltung und Schonung der Umwelt) beitragen können.

Information

Einerseits erscheint quantitatives Wirtschaftswachstum notwendig zur Steigerung der Lebensqualität. Andererseits ergeben sich aber aus einer unkritischen Verfolgung dieses Wirtschaftszieles nicht mehr reparable Schäden für die Umwelt. Es stellt sich daher die Frage, ob es nicht sinnvoll ist, eine *ökologisch orientierte Wirtschaftspolitik* zu verfolgen, die mit einer als notwendig erachteten Wachstumspolitik vereinbar ist.

Will der Staat das Wirtschaftswachstum fördern, so muss er die genannten Wachstumsursachen kennen und sie mit entsprechenden Maßnahmen unterstützen (siehe Übersicht auf der nächsten Seite).

Aber woher soll das Wachstum noch kommen? 1950 brachte ein Prozent Wirtschaftswachstum zusätzliche Güter im Wert von einer Milliarde Euro. Heute bringt ein Prozent mehr 15 Milliarden Euro an zusätzlichen Waren und Diensten. Für die Beseitigung der Arbeitslosigkeit wären sechs Prozent reales Wachstum erforderlich. Das bedeutet, dass sich innerhalb von zwölf Jahren die Menge der jährlich zu erwirtschaftenden Güter und Dienstleistungen verdoppeln müsste. Unendliches Wachstum ließ die Natur bislang weder bei Pflanzen noch bei anderen Lebewesen zu. Unendliches Wachstum wird der Mensch auch nicht bei seiner Güterproduktion bewerkstelligen. Doch wie soll eine Wirtschaft ohne ständiges Mehr aussehen? Wie sollen die Millionen beschäftigt werden, die bisher allein deswegen Arbeit hatten, weil die Unternehmen ihre Produktion ständig erweitern konnten?

Die *Märkte* im Bereich des Massenkonsums sind weitgehend *gesättigt*. Hinzu kommt die Ansicht einiger Wirtschaftswissenschaftler, dass die *ungenügende Produktinnovation* verantwortlich sei für die Absatzstockungen. Es fehle an Basiserfindungen für einen nachhaltigen und dauerhaften Nachfrageschub, wie er seinerzeit vorhanden war beim Fernseher oder Transistorradio. Zwar gibt es andere nennenswerte Neuheiten. Doch diese Gebrauchsgüter haben nicht die erforderliche nachfragewirksame Wirkung.

Die Wachstumskrise kann nach diesem Erklärungsansatz behoben werden durch eine Infrastrukturpolitik, die die Förderung von Forschungsvorhaben zur Entwicklung neuartiger Güter zum Ziel hat.

Andere o. a. staatlichen Maßnahmen zur Förderung des Wachstums werden zum Teil von den sog. *Angebots*-Theoretikern vertreten. Sie führen die abnehmenden Wachstumsraten auf ein zu hohes Lohnniveau und zu hohe Steuern und Sozialabgaben zurück.

Mögliche staatliche Maßnahmen zur Förderung des Wachstums	
Infrastrukturpolitik	• Förderung – von Forschungsvorhaben – von Bildungseinrichtungen – des **technischen Fortschritts**[1] *Die ständige Erneuerung der maschinellen Anlagen erfordert hoch qualifizierte Arbeitnehmer sowohl in der Forschung als auch beim Bedienungspersonal.* • Verbesserung der Verkehrssysteme in ländlichen Gebieten • Versorgung abgelegener Gebiete mit sozialen Einrichtungen, wie z. B. mit Schulen, Kindergärten, Krankenhäusern oder Theatern *Die Maßnahmen sollen die zukünftigen Arbeitsplätze attraktiv machen und den Warenverkehr für die neu gegründeten Unternehmen erleichtern.*
Bevölkerungspolitik	• Staatliche Maßnahmen zur Erhöhung der Geburtenrate • Aufnahme ausländischer Arbeitnehmer (→ Greencard)
Investitionsneigung	• Förderung der Investitionsbereitschaft durch die Gewährung von – Investitionsprämien und – Steuervergünstigungen, z. B. Sonderabschreibungen, Senkung der Vermögens-, Körperschafts- und Einkommensteuer, um die Unternehmergewinne zu erhöhen
Strukturpolitik	• Förderung der Wirtschaftsbereiche, die die größten Wachstumsaussichten haben. Dadurch wird der benötigte ständige Strukturwandel gefördert und die Produktion den Bedürfnissen des Weltmarktes angepasst. **Beispiele:** – Subventionierung gefährdeter Branchen – Steuererleichterungen für mittelständische Unternehmen – bedarfsgerechte Berufsförderung – staatliche Vergabe von Aufträgen an unterbeschäftigte Regionen – Starthilfen für junge Unternehmer

Im Gegensatz zu ihnen sehen die *Nachfrage*-Theoretiker die abnehmenden Wachstumsraten ursächlich in den zu geringen Staatsausgaben und den zu niedrigen Löhnen begründet. Da die Kaufkraft der privaten Haushalte nicht ausreicht, um die von den Unternehmern angebotenen Güter nachzufragen, werden gefordert:

- Lohnerhöhungen
- Umverteilung der Einkommen zugunsten der privaten Haushalte, um Kaufkraft und damit ausreichende Nachfrage zu schaffen
- staatliche Ausgabensteigerungen zur Finanzierung wachstumsfördernder Investitionen (Deficitspending).

Wachstumspolitik = Sämtliche staatliche Maßnahmen mit dem Ziel, das Wirtschaftswachstum zu fördern.

Letztlich muss man sich aber fragen, ob hohe Wachstumsraten überhaupt wünschenswert sind. Die Ausführungen zur Aussagekraft des BIP in Kap. 8.2 haben deutlich gezeigt, dass das quantitative Wirtschaftswachstum als Maßstab für unseren Wohlstand mehr und mehr infrage gestellt wird.

Von einigen Wachstumskritikern wird daher die Lösung im **Nullwachstum** gesehen. Die Verfechter dieser Richtung gehen davon aus, dass der gegenwärtige wirtschaftliche Entwicklungsstand ausreicht, um die gesellschaftlichen und individuellen Bedürfnisse zu befriedigen. Nullwachstum in diesem Sinne bedeutet, dass einige Wirtschaftsbereiche durchaus wachsen können, während andere schrumpfen oder keine Steigerungen aufweisen. Insgesamt würde Nullwachstum aber bedeuten, dass sich die Menschen mit weniger begnügen

---

[1] Der technische Fortschritt bewirkt, dass eine bestimmte Gütermenge mit einem geringeren Einsatz der Produktionsfaktoren Arbeit, Boden und Kapital hergestellt werden kann. Die dadurch gewonnenen Faktoren können zur Steigerung des Güter- und Dienstleistungsangebots eingesetzt werden.

müssten. Es setzt also Menschen voraus, die damit einverstanden sind, dass sich ihr Lebensstandard nicht mehr verbessert.

Wirtschaftswachstum	
Pro	Kontra
– erhöht den materiellen Lebensstandard – sichert und vermehrt Arbeitsplätze – erleichtert die sozialpolitisch motivierte Umverteilung von Einkommen und Vermögen – sichert die Erfüllung staatlicher Aufgaben wie soziale Sicherung oder Umweltschutz	– führt zu weiteren Umweltbelastungen – beutet die Natur zulasten späterer Generationen aus – ist einseitig auf materielle Verbesserungen ausgerichtet

Auf der Kontra-Seite wird vor allen Dingen auf die Umweltschäden, die mit dem Wirtschaften und dem daraus resultierenden Wachstum verbunden sind, hingewiesen.

Die Lösung heißt nicht pro oder kontra Wirtschaftswachstum, sondern:

Ökologie und Ökonomie

Wirtschaftliches Wachstum kann in diesem Sinne nur weiterverfolgt werden, wenn
– das Kreislaufsystem der Natur nicht zerstört wird und
– kein Raubbau an den natürlichen Ressourcen (Rohstoffen) stattfindet.

Sollen demzufolge notwendige höhere Wachstumsraten keine ständigen sozialen, gesundheitlichen und kostenmäßigen Folgewirkungen für die Menschen nach sich ziehen, so muss sich die skizzierte staatliche Wirtschaftspolitik neu orientieren.

Wachstumspolitik kann daher heutzutage nicht mehr losgelöst gesehen werden von einer nachhaltig verfolgten **Umweltschutzpolitik.** Sie kommt u. a. zum Ausdruck in den folgenden staatlichen Maßnahmen:

- Staatliche Förderung bei der Entwicklung alternativer Energiequellen, wie beispielsweise Wasserkraftwerke, Wind-, Solar- und Gezeitenkraftwerke sowie umweltfreundlichere Produkte und Fertigungstechniken (sanfte Technologie).

> **Milliardenförderung für Luftfahrtbranche geplant**
> Berlin (dpa)
> Ein Milliardenförderprogramm für die Luftfahrtindustrie hat die Bundesregierung nach einem Gespräch mit den Ministerpräsidenten der Länder angekündigt. Der Staatssekretär im Wirtschaftsministerium erklärte, Berlin wolle ein Forschungs- und Technologieprogramm für die Luftfahrtbranche auflegen. Es sehe ein Gesamtkonzept von 0,6 Milliarden Euro in den nächsten vier Jahren vor. 50 Prozent davon soll die Industrie finanzieren. 300 Millionen Euro der Bund. 50 Millionen Euro sollen bereits im nächsten Jahr fällig werden. Es gehe darum, Flugzeuge zu entwickeln, die weniger Energie verbrauchen, weniger Schadstoffe ausstoßen und weniger Lärm verursachen. Die Länder hätten angekündigt, die Forschung in diesem Bereich besonders zu fördern.

- Staatliche Verkehrspolitik, wie z. B. der Ausbau der öffentlichen Verkehrsmittel Bus, Eisenbahn, U-Bahn und Straßenbahn, um die Luftbelastung mit Kohlenmonoxid und Stickstoffoxiden zu verringern, denn den größten materiellen Schaden richtet die Luftverschmutzung in zweistelliger Milliardenhöhe an.

- Staatliche Förderung der Wiederverwertung der in der Gesellschaft entstehenden Abfallprodukte (Recyclingtechnologie).

Ein Weg in die richtige Richtung ist das **Recycling**.

Unser Abfall ist begehrt: Kommunen und private Entsorger streiten sich um die Wertstoffe, die aus den deutschen Haushalten auf den Müll fliegen. Ab 2012 soll es eine neue Wertstofftonne für Plastik- und Metallabfall geben. Das könnte das Aus für die gelbe Tonne (oder die gelben Säcke) bedeuten, in der bisher alle recycelbaren Stoffe gesammelt werden. Wer den wertvollen Müll dann wiederverwerten darf, wird wohl davon abhängen, ob die zuständige Kommune ein hochwertiges Sammelsystem auf die Beine stellt. Wenn nicht, könnten auch private Entsorger zum Zug kommen. Gestritten wird um den Müll, weil sich aus ihm viel Neues herstellen lässt – ein lukratives Geschäft. Dabei wird aus einigem Abfall schlicht wieder dasselbe: Aus Altglas werden neue Flaschen oder aus alten Fischdosen neue Tomatendosen.

Papier und Glas können recycelt werden, ebenso Aluminium, bekannt von Folien, Tuben und Behältern, sowie Weißblech, verwendet für Konserven, Dosen, Deckel und Verschlüsse. Das Recycling von ca. einer Milliarde Pfandflaschenverschlüssen bringt einen Minderverbrauch von

1 500 t Aluminium jährlich. Das ist wertvoller Rohstoff, der eingespart werden kann.

Bis vor wenigen Jahren war es das Hauptanliegen der bundesdeutschen Abfallpolitik, die wachsende Abfallflut in geordnete Bahnen zu lenken und möglichst schadlos zu beseitigen. Weil auf Dauer aber nicht immer mehr Rohstoffe verarbeitet, verbraucht und dann als Abfall weggeworfen werden können, setzt das **Kreislaufwirtschaft- und Abfallgesetz** – in Kraft seit 7. Oktober 1996 – grundlegend andere Prioritäten. Mit dem Ziel, die natürlichen Ressourcen zu schonen, will es schon möglichst früh, bei der Entstehung von Abfällen, eingreifen.

Das Gesetz legt in einer dreistufigen Rangfolge die Pflichten im Umgang mit Abfällen fest. Oberstes Gebot ist die **Vermeidung von Abfällen.** Sie soll unter anderem erreicht werden durch die anlageninterne Kreislaufführung von Stoffen (also z. B. die Weiterverarbeitung von Metallresten oder chemischen Nebenprodukten im gleichen Betrieb), durch abfallarme Produktgestaltung und durch ein Konsumverhalten, das abfall- und schadstoffarmen Produkten den Vorzug gibt.

An zweiter Stelle steht die Verwertung der Abfälle, die sich nicht vermeiden lassen. Dabei können die Abfälle entweder stofflich verwertet oder als Brennstoff zur Energiegewinnung eingesetzt

werden; Vorrang hat jeweils die umweltverträglichere Art der Verwertung. Um eine stoffliche Verwertung handelt es sich, wenn Rohstoffe durch Recyclingmaterial ersetzt werden und wenn die stoffliche Beschaffenheit der Abfälle entweder für den ursprünglichen Zweck (z. B. gereinigtes Öl als Schmiermittel) oder für einen anderen Zweck (z. B. Pflanzenabfälle als Kompost) genutzt wird. Wenn eine Verwertung nicht infrage kommt, hat in dritter Linie die schadlose Beseitigung der Abfälle zu erfolgen. Um die Menge des Abfalls zu verringern, verwertbare Stoffe herauszuziehen und schädliche Bestandteile zu zerstören, umzuwandeln oder abzutrennen, ist zunächst eine Behandlung des Abfalls erforderlich. Als Möglichkeit dafür kommt vor allem die Müllverbrennung infrage. Die verbleibenden Mengen sind schließlich dauerhaft abzulagern. Das Gesetz verlangt im Übrigen, dass die Abfälle im Inland beseitigt werden.

Zur Durchsetzung einer abfallarmen Kreislaufwirtschaft werden Hersteller und Handel besonders in die Pflicht genommen. Sie tragen die **Produktverantwortung**, die sich über den gesamten Lebenszyklus eines Produkts erstreckt, und haben folglich dafür zu sorgen, dass bei dessen Herstellung und Gebrauch möglichst wenig Abfälle entstehen und dass es nach Gebrauch umweltverträglich verwertet und beseitigt werden kann.

Umweltpolitik = Sämtliche Maßnahmen, die auf die Erhaltung und Verbesserung der Umwelt gerichtet sind.
Träger der Umweltpolitik sind in erster Linie staatliche Körperschaften, wie Bund, Länder und Gemeinden.

Die in der Bundesrepublik praktizierte Umweltpolitik beruht in erster Linie auf dem **Verursacherprinzip**. Es sollen diejenigen die Kosten einer Umweltbelastung tragen, die für ihre Entstehung verantwortlich sind (produzierende Unternehmen; private Haushalte).

Beispiel
Ein Unternehmen muss eine staatlich verordnete Abgabe leisten, weil es seine bei der Produktion entstehenden Abgase unfiltriert durch die Schornsteine in die Atmosphäre ableitet. Sind nun diese Abgabensummen höher als die Kosten einer Filteranlage, so wäre es für dieses Unternehmen unwirtschaftlich, weiterhin auf den Einbau von umweltfreundlichen Filtern zur Reinhaltung der Luft zu verzichten.

Da das Verursacherprinzip aber nur Kosten zurechnet, begründet es noch keine Schadenersatz- oder Haftungspflichten.

Ist der Verursacher der Umweltschäden nicht zu ermitteln, weil z. B. der Schaden in der Vergangenheit entstanden ist (sog. Altschaden), wird das **Gemeinlastprinzip** angewendet. Die entstehenden Kosten zur Beseitigung des Umweltschadens werden dann mit öffentlichen Geldern bestritten in Form von

- höheren Steuern und Abgaben,
- Subventionen oder Steuererleichterungen zur Vermeidung bzw. Beseitigung von Umweltschäden, wie z. B. die Subventionierung einer Kläranlage durch den Staat.

Mit anderen Worten: Die Gemeinschaft der Steuerzahler wird zur Kasse gebeten.

Das Gemeinlastprinzip setzt leider nur an den Symptomen der Umweltschädigung an, die Ursachen werden nicht einbezogen. Daher ist es lediglich als Übergangslösung sinnvoll.

Die Anwendung des **Vorsorgeprinzips** soll Umweltschäden von vornherein verhindern (= präventiver Umweltschutz). Dieses Prinzip der Umweltpolitik ist gekennzeichnet durch staatliche Nutzungsverbote und Nutzungsbeschränkungen, nach denen sich die Unternehmen zu richten haben, z. B. nach staatlich festgelegten Emissionsnormen. Insgesamt sollten umweltschädigendes Verhalten verteuert und umweltschonendes Verhalten belohnt werden. Die Güterproduktion der Zukunft muss vordringlich auf energie- und ressourcenschonende Produktionsverfahren ausgerichtet sein. Die Unternehmen sollten darüber hinaus verstärkt ökologische Zukunftsinvestitionen vornehmen und die privaten Haushalte Umweltschutz auch tatsächlich leben – die Welt, auf der wir leben, ist einmalig – wir besitzen keine zweite.

Dass unsere Umwelt besser geschützt und erhalten werden muss, darüber besteht gesellschaftlich wie politisch weitgehend Übereinstimmung. Insbesondere soll der Staat aus seiner Verantwortung für die nachfolgenden Generationen die natürlichen Lebensgrundlagen schützen. Eine Regelung, den Umweltschutz als Staatsziel in das Grundgesetz aufzunehmen, zielt deshalb in die richtige Richtung.

Der Vorschlag der Gemeinsamen Verfassungskommission für Art. 20 a GG (Umwelt-Artikel) hat folgenden Wortlaut:

> „Der Staat schützt auch in Verantwortung für die künftigen Generationen die natürlichen Lebensgrundlagen im Rahmen der verfassungsmäßigen Ordnung durch Gesetzgebung und nach Maßgabe von Gesetz durch die vollziehende Gewalt und die Rechtsprechung."

In diesem Sinne ist bereits 1987 von der Weltkommission für Umwelt und Entwicklung **das Prinzip der Nachhaltigkeit** formuliert worden. Es wird verstanden als eine Entwicklung, die die Bedürfnisse der Gegenwart befriedigt, ohne zu riskieren, dass künftige Generationen ihre eigenen Bedürfnisse nicht befriedigen können. Die noch lebende Generation soll also darauf achten, dass ihr wirtschaftliches Tun nicht die Lebenschancen ihrer Enkel und Urenkel begrenzt.

Aber auch das *Umwelt-Budget der privaten Wirtschaft* wird in Zukunft wachsen. Denn die Abfallentsorgung wird immer mehr zu einem bestimmenden umweltpolitischen Aufgabenfeld. Neben dem Bau von Verbrennungsanlagen und Deponien geht es vor allem um die technische Lösung für Abfallvermeidung und Wiederverwertung von Gütern. Diese Entsorgungswege müssen in erster Linie von der *Industrie* gegangen werden.

Da die öffentlichen Kassen leer sind, muss verstärkt *privates* Kapital einspringen, um die kapitalintensive Infrastruktur im Gewässerschutz realisieren zu können.

Die Schaffung einer lebenswerten Umwelt muss zum Ziel haben, die Rohstoffe zu schonen, die Luft rein und das Wasser sauber zu halten. Darüber darf das Ziel einer möglichst lärmfreien Umwelt nicht vergessen werden.

Mittlerweile hat sich die Erkenntnis, dass Umwelterhaltung bzw. Lebensqualität und Wirtschaftswachstum miteinander durchaus vereinbar sind, auch bei den Wachstumskritikern durchgesetzt.

Beispiele

Automobilindustrie:

In diesem Wirtschaftszweig hat die Wertschöpfung seit Jahren erheblich stärker zugenommen als die Anzahl der hergestellten Automobile, d. h. dass die Autos immer wertvoller geworden sind (die Preissteigerungen sind dabei schon herausgerechnet). Voraussetzung für diese Entwicklung war die Produktinnovation: Antiblockiersysteme, Abgaskatalysator und Elektronik statt Mechanik machten u. a. den Pkw sparsamer, umweltverträglicher, sicherer und komfortabler.

Wohnungsausstattung:

Die Durchschnittswohnung ist heute nicht nur teurer, sondern aufgrund ihrer reicheren Ausstattung auch wertvoller geworden. Selbstverständlich gehören zum Standard fließendes Warmwasser oder ein Badezimmer mit Dusche. Außerdem wurden Wärmeisolierung und der Lärmschutz verbessert.

Haushaltsausstattung:

Die meisten privaten Haushalte sind mit vielen Gebrauchsgütern des täglichen Lebens gut versorgt. Im Zeitablauf sind diese Produkte unter ökologischen Gesichtspunkten ständig verbessert worden. Es gibt beispielsweise Öko-Waschmaschinen und energiesparende Staubsauger und Küchenherde. Darüber hinaus sorgt die Mikroelektronik für sparsameren Umgang mit den knappen Ressourcen.

„Ich jedenfalls verborge nie wieder etwas!"

(Karikatur: Haitzinger)

Den engen Zusammenhang zwischen Wirtschaftsleistung und Lebensqualität hat auch das amerikanische Institut für Bevölkerungsentwicklung (Population Crisis Committee – PCC) in Washington nachgewiesen. In einer Studie wird die Lebensqualität von 130 Ländern in einem einzigen Wert – dem Lebensqualitäts-Index – ausgedrückt. Danach führen die Länder mit hohem Bruttosozialprodukt und wettbewerbsfähiger Wirtschaft die Liste, die Auskunft über die beste Lebensqualität gibt, an (siehe folgende Tabelle).

Deutsche Lebensqualität Platz zwei
Die fünf Länder mit der besten Lebensqualität

0 = bester, 10 = schlechtester Wert	Rang	1 CH	2 D	3 L	4 NL	5 USA
Bruttosozialprodukt pro Kopf		0	2	1	3	0
Durchschnittl. jährl. Inflationsrate		0	1	4	2	4
Durchschnittlicher jährlicher Anstieg der Erwerbsbevölkerung	0	0	0	1	2	
Durchschnittlicher jährlicher Anstieg der Stadtbevölkerung		0	0	1	0	1
Kindersterblichkeit		0	1	0	0	1
Kalorienverbrauch		0	0	0	0	0
Zugang zu sauberem Wasser		0	0	0	0	0
Energieverbrauch pro Kopf		4	1	0	1	0
Analphabetentum		0	0	0	0	0
Allgemeine persönliche Freiheit		0	0	0	0	0
Lebensqualitätsindex Punktzahl insgesamt		4	5	6	7	8

Erst ein ausreichendes Wirtschaftswachstum macht es möglich, dass die Industrie umweltfreundliche Techniken einsetzen kann. Die Gelder für Investitionen müssen zuvor am Markt verdient werden, so auch Investitionen im Bereich des Umweltschutzes. Besteht der hierfür notwendige finanzielle Spielraum, so kann in neue Anlagen investiert werden, die z. B. der Luftreinigung, der nochmaligen Verwendung von Rohstoffen und der Abfallbeseitigung oder der Klärung von Abwässern dienen.

Für das Jahr 2020 wird prognostiziert, dass die Umweltbranche die Automobilhersteller überholt.

Immer mehr Unternehmer versuchen, ihr Unternehmen umweltorientiert zu führen, indem sie neben den Leistungszielen wie Produktivität, Wirtschaftlichkeit und Rentabilität ökologische Ziele verfolgen, wie Vermeidung, Verwertung und Entsorgung von Abfallprodukten.

Im Bereich der **Abfallbeseitigung** werden Investitionen für Anlagen und Einrichtungen zum Sammeln und Befördern, Behandeln, Lagern und Ablagern von Abfällen getätigt. Die Investitionen für **Gewässerschutz** umfassen Anlagen und Einrichtungen, die zur Verminderung der Abwasserfracht und zum Schutz der Oberflächengewässer und des Grundwassers bestimmt sind.

Der **Lärmbekämpfung** dienen Investitionen für Anlagen und Einrichtungen zur Beseitigung, Verringerung oder Vermeidung von Geräuschen.

Die Investitionen für Anlagen und Einrichtungen der **Luftreinhaltung** dienen der Beseitigung, Verringerung oder Vermeidung von luftfremden Stoffen in Abluft/Abgas.

Streben nach wirtschaftlichem Wachstum wird in Zukunft stärker als bisher mit der Handlungsmaxime verbunden sein: **kein Raubbau an Rohstoffen und Umwelt**.

Dazu bedarf es einer **umweltorientierten Unternehmensführung**.

Für einen großen Konzern im Einzelhandel prüften Experten z. B. Reinigungsmittel, Gartenzubehör und das Büro-Sortiment auf Umweltfreundlichkeit. Das zunehmende Engagement im Bereich der Investitionen für den Umweltschutz zeigt, dass immer mehr Unternehmer versuchen, Ökologie und Ökonomie miteinander zu verbinden.

Dank des gestiegenen Umweltbewusstseins der Bevölkerung wird ihnen freilich die Aufgabe erleichtert.

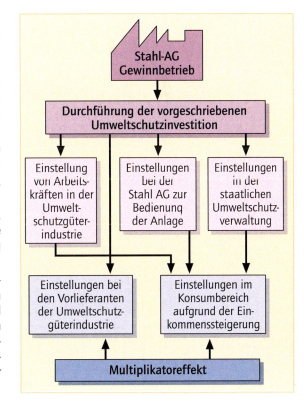

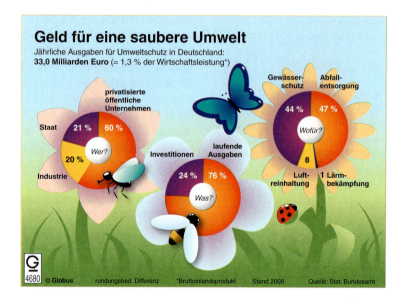

Eine saubere Umwelt kostet Geld. Das belegt die umweltökonomische Gesamtrechnung (UGR), die das Statistische Bundesamt für das Jahr 2008 veröffentlicht hat. Demnach wurden in Deutschland 33 Milliarden Euro für die Umwelt ausgegeben. Das waren 1,3 Prozent der Wirtschaftsleistung (Bruttoinlandsprodukt). Über die Hälfte der Ausgaben tätigten privatisierte öffentliche Unternehmen. Dazu zählen beispielsweise Wasserwerke oder die Betreiber von Müllverbrennungsanlagen. Jeweils etwa ein Fünftel entfiel auf den Staat und die Industrieunternehmen. Drei Viertel der Mittel waren laufende Ausgaben; jeder vierte Umwelt-Euro floss in Investitionen für neue Anlagen. Die größten Summen beanspruchten die Abfallentsorgung (47 Prozent) und der Gewässerschutz (44 Prozent).

Umweltmanagement als Unternehmensaufgabe

- Ein Unternehmen muss den Lebenszyklus eines Produkts nicht nur in dem Abschnitt unter die ökologische Lupe nehmen, der in seinem eigenen Bereich abläuft, sondern auch in den Bereichen, die vor und nach der eigenen Produktion liegen.

Es werden Produktionsverfahren von vornherein so entwickelt, dass sie nachsorgende Umweltmaßnahmen überflüssig machen; diese Entwicklung wird mit integriertem Umweltschutz umschrieben.

Was ist das? Integrierter Umweltschutz

Bisher hatte Umweltschutz überwiegend nachsorgende Qualitäten: Dem eigentlichen Produktionsprozess nachgeschaltete Anlagen (End-of-Pipe-Technologien) neutralisieren die bei der Produktion entstandenen Schadstoffe oder fangen diese vor ihrer Emission in die Umwelt auf. Unter nachsorgendem Umweltschutz lässt sich auch die nachträgliche Beseitigung von Umweltbelastungen verstehen

Problematisch ist der nachsorgende Umweltschutz

- aus ökologischer Perspektive, da die Schadstoffe häufig nur aus den Emissionen an die Filter gebunden werden. So können zwar akute Schadstoffemissionen verhindert werden, Probleme bereitet jedoch die Entsorgung der häufig hochkontaminierten Filter;
- aus ökonomischer Perspektive, da nachgeschaltete Umweltschutzmaßnahmen immer mit zusätzlichen Kosten verbunden sind.

Langfristig sinnvoller ist dagegen der integrierte Umweltschutz. Dieser ist eng mit den Prinzipien der Vermeidung und der Verwertung verbunden. Integrierter Umweltschutz bedeutet

- die Anwendung von Produktionsprozessen, bei denen von Anbeginn an möglichst wenig Schadstoffe entstehen;
- die Entwicklung und Herstellung von Produkten, die hinsichtlich ihres Gebrauchs und ihrer Entsorgung möglichst umweltfreundliche Eigenschaften aufweisen.

Eine wichtige Rolle spielt auch die Verwirklichung geschlossener Stoffkreisläufe und die Entwicklung von über ihren ganzen Lebenszyklus hinweg umweltfreundlichen Produkten.

Beispiel

Eine neue Maschine wird so konstruiert, dass sie besonders leise läuft. Damit entfällt die Notwendigkeit, nachträglich Schalldämpfer einzubauen (= sanfte Technologie).

Der Wandel vom nachsorgenden zum integrierten Umweltschutz lässt ausgesprochen starke strukturelle Effekte erwarten. Einerseits werden Arbeitsplätze in den nachsorgeorientierten Bereichen der Produktion von End-of-Pipe-Anlagen und der Entsorgung vernichtet. Andererseits werden umweltschutzbezogene Arbeitsplätze im Bereich der produktionsorientierten Dienstleistungen geschaffen. Voraussehbar ist dabei, dass die freigesetzten Arbeitskräfte nicht die Qualifikationen aufweisen werden, die nötig sind, um die neu entstandenen Stellen besetzen zu können, man spricht hier von **Mismatch-Arbeitslosigkeit**.

Durch integrierte Umweltschutzmaßnahmen werden keine zusätzlichen Arbeitsplätze geschaffen. Vielmehr sichern diese Maßnahmen langfristig bereits bestehende Arbeitsplätze.

Ökonomie und Ökologie müssen also keine Gegensätze sein. Im Gegenteil: Die Verbesserung der Produktqualität, die Schonung der natürlichen Ressourcen und der sparsame Umgang mit Energie bewirken ein stärkeres qualitatives Wachstum. Dadurch kann auch das (quantitative) Bruttoinlandsprodukt ansteigen. Damit ist gleichzeitig die Voraussetzung zur Erreichung eines hohen Beschäftigungsstandes gegeben.

Zwischen Gewinn und Umweltschutz muss ebenfalls kein Widerspruch bestehen. Indem mit neuen Produkten neue Märkte erschlossen werden, bei gleichzeitiger Kostensenkung durch die Einsparung und Substitution von Ersatzstoffen, können die Unternehmen das Ziel der Gewinnerzielung **und** des Umweltschutzes gleichzeitig befriedigend realisieren.

- Mit der **Öko-Bilanz** will das Unternehmen einen besseren Überblick über das ökologische Geschehen seiner betrieblichen Tätigkeiten herstellen. Während in Bilanzen die Werte in Geld erfasst werden, erfassen Ökobilanzen die Gegenstände mit ihren ökologischen Belastungen.

Nicht der Wiederverkaufswert des Fuhrparks wird erfasst, sondern der Bezinverbrauch, die Abgaszusammensetzung und die Lärmbelästigung.

Da aber gerade ökologische Wirkungen komplex sind, versucht man, den ganzen Lebenszyklus der einzelnen Positionen zu erfassen. Mithilfe der Öko-Bilanz wird nicht nur der Lebensweg der einzelnen Produkte, sondern im besten Fall sogar der Lebensweg der einzelnen Rohstoffe aufgezeichnet. So ergibt sich schnell, welche ökologischen Probleme mit der Produktion verbunden sind.

- **Die Schwachstellen-Analyse**

Dieses Instrument eignet sich zum Erkennen von ökologischem Handlungsbedarf. Hierbei wird untersucht, ob es bessere als die vorhandenen Produktionsverfahren gibt, ob die Art der Verpackung ökologisch ist, ob die Versandwege ökologischen Ansprüchen genügen. So wird z. B. die Produktion von energieaufwendigen Verpackungen zugunsten von energiesparsamen Verpackungen eingestellt. Dadurch zeigt das Umweltmanagement nicht nur ökologisches, sondern auch ein betriebswirtschaftliches Verhalten. Außerdem wird in einem Soll-Ist-Vergleich die tatsächlich benötigte Menge gefährlicher Stoffe prüfend mit dem höchstzulässigen SOLL verglichen.

- **Umwelt-Audits als Kontrolle des ganzheitlichen Umweltmanagements**

Nach den EU-Regeln des Öko-Audits sollen die ökologischen Maßnahmen des Umweltmanagements regelmäßig von unternehmensfremden Personen überprüft werden. Die neu eingeführte Möglichkeit dazu ist das Umwelt-Audit. „Audit" kommt aus dem Englischen und bedeutet so viel wie „Prüfung". Somit stellt der Begriff eine Erfassung und Prüfung der ökologischen Situation eines Unternehmens dar. Ein Unternehmen, das sich an dem EU-Öko-Audit beteiligt, erhält ein Zeichen, das es für seine umweltschutzbezogene Werbung oder einfach nur für seinen Ruf nutzen kann. Die Stufen, in denen das Öko-Audit abläuft, sind folgende:

Leitsätze für die umweltorientierte Unternehmensführung im Mannesmann-Konzern

1. **Organisatorische Anpassung**

   Wer im Betrieb das Sagen hat, muss etwas vom Umweltschutz verstehen. Wer etwas vom Umweltschutz versteht,
   - kann Belastungen der Umwelt durch Produkte und Produktionsverfahren erkennen und bewegen,
   - kennt Vermeidungs- und Minderungsmaßnahmen,
   - hält die einschlägigen Umweltvorschriften ein.

   Umweltschutz ist integrierter Bestandteil aller Entscheidungen im Unternehmen. Dies muss in der betrieblichen Organisation verankert sein.

2. **Entwicklung von Produkten, Umwelttechnologien und Dienstleistungen**
   - Produkte sind zu entwickeln und herzustellen, die umweltverträglich zu verwenden, zu verwerten und zu entsorgen sind.
   - Die Umwelttechnologien zur Vermeidung und Minderung von Umweltbelastungen sollen den Stand der Technik weiterführen.
   - Dienstleistungen sind fachgerecht und unter Berücksichtigung des vorbeugenden Umweltschutzes auszuführen.

3. **Verfahrensinnovation**
   - Produktionsverfahren sind zu entwickeln, die energie- und rohstoffoptimiert durchgeführt werden können und zugleich Recyclingwege ermöglichen.

4. **Stoffsubstitution**
   - Schadstoffbefrachtete Roh-, Hilfs- und Betriebsstoffe sind durch umweltverträglichere Alternativen zu ersetzen.

5. **Qualifikation der Mitarbeiter**
   - Die Mitarbeiter sind zu qualifizieren und zu motivieren, damit sie im Bewusstsein für eine gesunde Umwelt kompetent und verantwortungsbewusst handeln.

Ein kurzes Fazit[1]

Umweltschutz ist eine übergreifende Gemeinschaftsaufgabe, zu der jeder Einzelne und alle gesellschaftlichen Gruppen, aber auch die Völkergemeinschaft insgesamt ihren Beitrag leisten müssen. Ein entscheidender Aktivposten ist das gewachsene Umweltbewusstsein der Bevölkerung. Aber auch der Staat, die Wirtschaft und Wissenschaft haben die umweltpolitischen Herausforderungen angenommen und vielfältige Maßnahmen zur Schonung der natürlichen Lebensgrundlagen eingeleitet. So ist die Bundesrepublik Deutschland auf dem Weg, einen tragfähigen Ausgleich zwischen Ökonomie und Ökologie herbeizuführen, in den letzten Jahren ein gutes Stück vorangekommen.

Dennoch bleibt viel zu tun. Die aktuellen Bestandsaufnahmen zeigen, dass Luft, Wasser und Boden trotz vielschichtiger Anstrengungen nach wie vor starken Belastungen ausgesetzt sind. Allein die nachträgliche Korrektur von eingetretenen Umweltschäden, wie z. B. die Beseitigung von Altlasten (alte Mülldeponien), wird große Anstrengungen erfordern und finanzielle Opfer verlangen, die nicht allein von der Wirtschaft oder dem Staat finanziert werden können, sondern von der Allgemeinheit aufgebracht werden müssen.

Umweltschutz muss aber mehr sein als nur nachträgliches Sanieren. Er muss offensiv die Zukunft gestalten. Am wirkungsvollsten ist Umweltschutz zweifellos dann, wenn die Natur von vornherein so genutzt wird, dass Umweltschäden gar nicht erst entstehen. Das kann aber kein Nahziel sein. Das setzt vielmehr einen langfristigen Entwicklungsprozess voraus. Neben dem Verursacherprinzip und dem Gemeinlastprinzip muss die Umweltpolitik im Rahmen der Wachstumspolitik immer mehr auch das Vorsorgeprinzip in den Vordergrund stellen.

Das Statistische Bundesamt bietet daher seit geraumer Zeit eine **Umweltökonomische Gesamtrechnung (UGR)** an.

Es ist das erklärte Ziel dieses neuen Berichtssystems, die Wechselwirkungen zwischen Wirtschaft und Umwelt zu erfassen und in einem Gesamtzusammenhang übersichtlich darzustellen.

Es soll darüber hinaus informieren,
- wie Umweltbelastungen durch menschliche Aktivitäten entstehen,
- wie sich der Zustand der Umwelt verändert und
- welche Umweltschutzmaßnahmen eingeleitet werden.

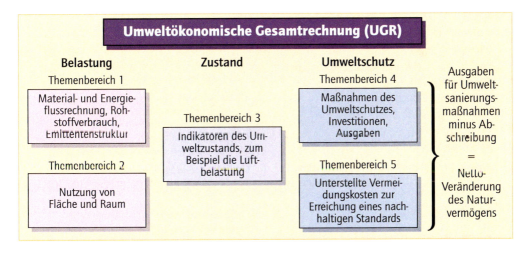

Die verschiedenen Themenbereiche sind jeweils durch eine ihnen eigene charakteristische Methode gekennzeichnet: In den Themenbereichen 1, 4 und 5 werden Wirtschaftsstatistiken und Gesamtrechnungsmethoden angewandt, um die von den Wirtschaftssektoren verursachten Stoffströme sowie die getroffenen Umweltschutzmaßnahmen zu bilanzieren. Themenbereich 2 befasst sich mit den Be-

---

1 Information zur politischen Bildung, Hrsg.: Bundeszentrale für politische Bildung, Heft 219 „Umwelt", 2. Quartal 1988, Seite 38

lastungen, die nicht stofflicher Art sind, sondern auf einer geänderten Nutzungsverteilung des Raumes, auf physikalischen Eingriffen usw. beruhen; methodische Instrumente sind Fernerkundung, etwa die Ermittlung von Bodenbelastungen per Flugzeug, und Geoinformationssysteme, zum Beispiel Bohrungen zur Suche von Altlasten. Im Themenbereich 3 besteht die Aufgabe im Wesentlichen darin, die räumlich und inhaltlich isolierten Mess- und Beobachtungsdaten zu geeigneten Indikatoren zu verdichten; aufbauend auf Themenbereich 2 wird eine Flächenstichprobe mit dem Ziel von Ökoindikatoren/-indizes entwickelt. Der UGR-Gesamtdarstellungsbereich umfasst nicht das Setzen von allgemein einzuhaltenden Standards. Die UGR-Informationen haben jedoch das ausdrückliche Ziel, für den politischen Entscheidungsprozess zum Setzen solcher Standards – soweit verfügbar – Sachdaten über Kosten und Nutzen alternativer Standardwerte zur Verfügung zu stellen.

Die Grundidee der UGR ist dabei, auf das „Naturvermögen" Abschreibungen (Kapitalverzehr, Naturverbrauch) zu kalkulieren, so wie das bei den produzierten Vermögensgegenständen auch der Fall ist.

Das Hauptproblem besteht letztlich darin, dass der UGR nicht wie der Volkswirtschaftlichen Gesamtrechnung ein einheitlicher Maßstab, nämlich Geld, zur Verfügung steht. Es fehlt die „ökonomische Währung". Beispielsweise müssen Verschmutzungen der Gewässer in einer anderen Dimension gemessen werden als die Belastungen der Luft. Insofern sind die Ergebnisse der UGR als Grundlage für umweltpolitische Handlungsanleitungen nur sehr bedingt anwendbar.

Aufgaben

1. Begründen Sie, warum die Erschließung und Verarbeitung der in einer Volkswirtschaft vorhandenen Rohstoffe Einfluss auf das Wirtschaftswachstum hat.
2. Was verstehen Sie unter Wachstumspolitik?
3. Nennen Sie mindestens drei Quellen von Luftverschmutzungen sowie Beispiele für den Schadstoffausstoß.
4. Erklären Sie, was Sie im Zusammenhang mit der Umweltpolitik unter
    a) Verursacherprinzip,
    b) Gemeinlastprinzip,
    c) Vorsorgeprinzip
    verstehen.
5. Welche Bedeutung hat der technische Fortschritt für das wirtschaftliche Wachstum?
6. Inwiefern kann der Umweltschutz Arbeitsplätze schaffen?
7. Wie würden Sie die Aussage begründen, dass Umweltschutz zur Steigerung des qualitativen Wachstums beiträgt?
8. Die volkswirtschaftlichen Produktionsfaktoren Arbeit, Boden und Kapital tragen gemeinsam zum wirtschaftlichen Wachstum bei. Nennen Sie mindestens fünf Beispiele.
9. Durch die steigende Produktion von Gütern innerhalb einer Volkswirtschaft fallen gleichzeitig immer mehr Abfallprodukte und Schadstoffe an, die vermehrt die Umwelt (Luft, Boden, Wasser) belasten.
    a) Worin sehen Sie die Hauptursache des heutigen Umweltproblems?
    b) Welche Folgen hat die Verschmutzung der Umwelt?
    c) Welche Maßnahmen sind zur Schonung der Umwelt denkbar?
10. Nehmen Sie Stellung zu der Aussage: „Quantitatives Wirtschaftswachstum ist notwendig zur Steigerung des Bruttoinlandsprodukts und zur Schaffung/Erhaltung einer lebenswerten Umwelt (Lebensqualität)."
11. Worin sehen Sie die Grenzen des Wirtschaftswachstums zur Verbesserung der Lebensqualität?
12. Was verstehen Sie unter integriertem Umweltschutz?
13. Welche Möglichkeiten besitzt der Staat,
    a) Wachstum zu fördern,
    b) Wachstum umweltgerecht zu fördern?
14. Bundestag und Bundesrat haben beschlossen, die Mineralölsteuer unter finanz- und umweltpolitischen Gesichtspunkten anzuheben.

Diskutieren Sie die Auswirkungen einer Erhöhung der Mineralölsteuer auf drei in diesem Zusammenhang relevante Ziele des „Magischen Sechsecks".

15. Die Erhaltung einer lebenswerten Umwelt stellt eines der Ziele der Wirtschaftspolitik in der Volkswirtschaft dar. Die Regierung erwägt daher Maßnahmen zur Minderung des CO_2-Ausstoßes. Es werden folgende Alternativen diskutiert:

    – Verbot des Betreibens von Feuerungsanlagen in Kraftwerken, die bestimmte Abgaswerte nicht einhalten können.
    – Vergabe von Emissionszertifikaten an die Betreiber von Kraftwerken durch den Staat, mit der Möglichkeit des Handels dieser Zertifikate an einer Börse. Dabei ist also ein Unternehmen, das mehr als die ihm zugestandene Schadstoffmenge emittieren will, gezwungen, zusätzliche Rechte von anderen Unternehmen zu erwerben.

    a) Diskutieren Sie die prinzipiellen Wirkungen dieser Alternativen für die Erreichung des Ziels „Erhaltung einer lebenswerten Umwelt".
    b) „Umweltpolitik schafft Arbeitsplätze." Nehmen Sie zu dieser These Stellung.
    c) Begründen Sie die Notwendigkeit der Erhaltung einer lebenswerten Umwelt als Ziel der Wirtschaftspolitik in der Sozialen Marktwirtschaft an drei weiteren volkswirtschaftlichen Aspekten.

16. Vor dem Hintergrund der Situation auf dem Arbeitsmarkt stellt sich in der gegenwärtigen Diskussion um die Einführung von Umweltabgaben erneut die Frage, ob die wirtschaftspolitischen Ziele „hoher Beschäftigungsstand" und „Erhaltung einer lebenswerten Umwelt" gleichzeitig verwirklicht werden können.

    a) Stellen Sie allgemein die Beziehungen zwischen den genannten Zielen dar.
    b) Erläutern Sie je zwei mögliche Auswirkungen von Umweltabgaben auf die Haushalte und Unternehmen.

17. Im Rahmen der Standortdiskussion wird über verschiedene Maßnahmen zum Schutz der Umwelt nachgedacht. So lautet eine Forderung, die bestehenden Regelungen zur Minderung des Schadstoffausstoßes durch Grenzwerte zunehmend durch Umweltabgaben zu ergänzen oder zu ersetzen.

    a) Erläutern Sie die Zielbeziehungen zwischen Wirtschaftswachstum und Umweltschutz.
    b) Beurteilen Sie die Wirkung von Grenzwerten und Umweltschutzabgaben unter umweltpolitischen und betriebswirtschaftlichen Gesichtspunkten sowie im Hinblick auf die Übereinstimmung zur Wirtschaftsordnung der Bundesrepublik Deutschland.

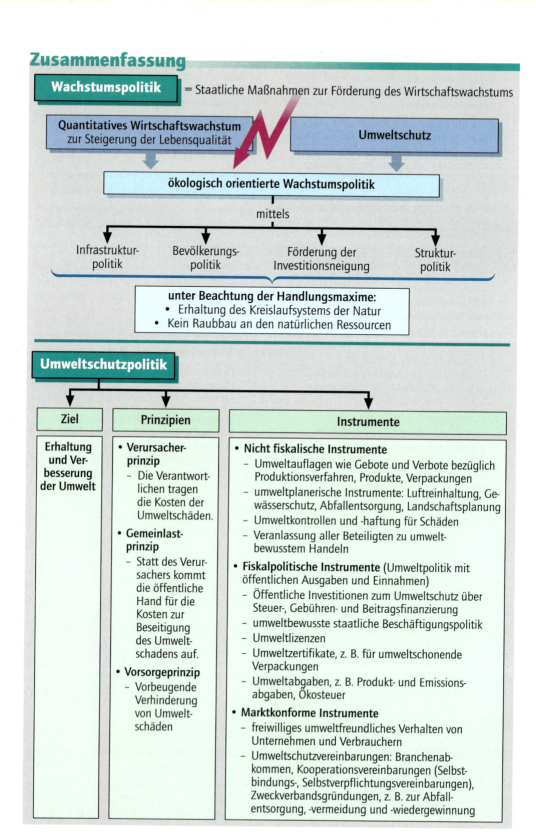

8.8 Bedeutung des Außenhandels für die Bundesrepublik Deutschland

Herr Schwarz, Sachbearbeiter im Rechnungswesen, und Frau Altmann, Sekretärin der Geschäftsleitung, unterhalten sich während der Mittagspause:

Herr Schwarz: „... Ich mag weder Pizza noch Gyros. Und auch sonst haben wir Deutschen das Ausland nicht nötig."

Frau Altmann: „... über Geschmack beim Essen lässt sich ja reden. Unsere Arbeitsplätze hängen jedoch vom Ausland ab."

Herr Schwarz: „Das bestreite ich aber ..."

Erläutern Sie, welche Bedeutung der Handel mit dem Ausland für die Bundesrepublik Deutschland tatsächlich hat.

Information

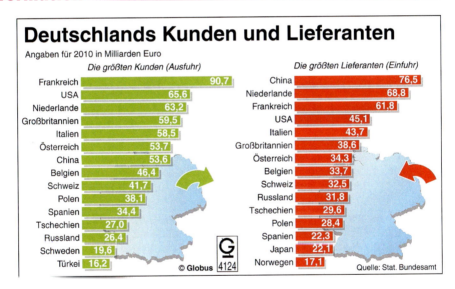

Der Außenhandel ist für die Bundesrepublik Deutschland von zentraler Bedeutung. Die Bundesrepublik ist stark exportabhängig. Etwa ein Drittel unseres Bruttoinlandsprodukts wird im Export verdient. Auf der anderen Seite ist unsere Volkswirtschaft auch in hohem Maße von Importen abhängig. Die Einfuhren machen nahezu 30 % des Bruttoinlandsproduktes aus. Der Außenbeitrag – die Differenz zwischen Export und Import von Waren und Dienstleistungen – lag in den vergangenen Jahren immer zwischen 2 und 6 Prozent. Fast kein anderes Land exportierte so viel wie die Bundesrepublik; sie nahm im Welthandel immer einen der ersten drei Ränge ein.

Der größte Teil der Exporte ging in die Mitgliedstaaten der Währungsunion. Denn die Handelsbeziehungen zu den Nachbarländern sind traditionell eng. Und seit es den Euro gibt, ist der Handel mit den Ländern der Eurozone noch einfacher geworden, weil die Wechselkursrisiken gänzlich entfallen.

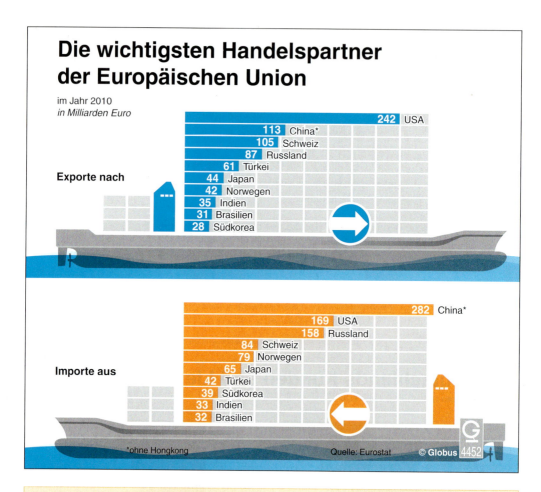

Die USA sind der mit Abstand wichtigste Kunde der Europäischen Union. Im vergangenen Jahr verkauften die 27 Mitgliedstaaten der EU Waren im Wert von 242 Milliarden Euro an US-amerikanische Abnehmer; das waren knapp 18 Prozent der gesamten EU-Exporte. Etwas weniger Gewicht haben die USA auf der Lieferantenseite. Die EU-Importe aus Amerika erreichten einen Wert von 169 Milliarden Euro. Das entsprach einem Anteil von rund elf Prozent aller Einfuhren aus Nicht-EU-Ländern – ein Anteil, der deutlich von den Importen aus China übertroffen wurde, die mit 282 Milliarden Euro 19 Prozent der Einfuhren ausmachten. Russland und die Schweiz sind für die EU der 27 ebenfalls gewichtige Handelspartner.

Das Wesen des Außenhandels

Der Außenhandel ist der grenzüberschreitende Austausch von Waren und Dienstleistungen zwischen verschiedenen Ländern. Er ermöglicht dabei einen Ausgleich zwischen Volkswirtschaften, in denen Güter

– in großer Menge,
– zu günstigen Preisen,
– in besonderer Qualität

hergestellt werden, und Volkswirtschaften, die diese Güter zwar benötigen, aber sie nur

– in geringer Menge,
– zu hohen Preisen,
– in schlechterer Qualität

produzieren können.

Arten des Außenhandels

Nach den **Außenhandelsgütern** lassen sich folgende Formen der internationalen Wirtschaftsbeziehungen unterscheiden:

- Der **Warenverkehr** umfasst grundsätzlich alle beweglichen Sachen, die gehandelt werden können. Davon ausgenommen sind Wertpapiere und Zahlungsmittel. Der Warenverkehr gilt als Außenhandel im engsten Sinn.

- Der **Dienstleistungsverkehr**
Darunter fallen alle wirtschaftlichen Tätigkeiten, die nicht in der Erzeugung von Sachgütern, sondern in persönlichen Leistungen bestehen.

Beispiele
- Erlöse aus Schiffsreparaturen an ausländischen Frachtern
- internationale Verwertung inländischer Autorenrechte
- internationale Bank- und Versicherungsleistungen
- Reisen von Inländern ins Ausland usw.

- Der **Kapitalverkehr** umfasst alle zwischenstaatlichen Übertragungen von Geldkapital. Dazu zählt vor allem die Aufnahme von Krediten, die Erträge aus internationalen Kapitalanlagen, der Erwerb oder Verkauf von Vermögenstiteln sowie die Gründung von Unternehmen.

In **räumlicher Sicht** ergibt sich folgende Unterscheidung:

- **Export:**
Dies ist die Ausfuhr von Waren und Dienstleistungen in das Ausland. Bei einem direkten Export verkauft der Hersteller die Ware selbst an den ausländischen Käufer.

Beispiel
Die Grünpunkt AG, Hildesheim, verkauft 1000 Autoradios an einen finnischen Händler in Turku.

Wird die Ausfuhr für den Hersteller von einem Ausfuhrhändler vorgenommen, der sich auf das Auslandsgeschäft spezialisiert hat, liegt ein indirektes Exportgeschäft vor.

Beispiel
Die Hispania Export GmbH aus Rostock verkauft 20 000 Autoradios der Grünpunkt AG an einen russischen Warenhauskonzern.

- **Import:**
Von Einfuhrgeschäften spricht man, wenn Waren und Dienstleistungen aus dem Ausland bezogen werden.

- **Transit:**
Beim Transit im engeren Sinn (häufig auch *Transitverkehr* oder *Durchverkehr* genannt) wird Ware durch ein Land hindurchgeleitet, ohne dort gelagert, verändert, be- oder verarbeitet zu werden. Es erfolgt also eine reine Warendurchfuhr durch das Transitland, ohne dass ein Zwischenhändler an dem Warengeschäft beteiligt ist.

Es werden lediglich die Transportwege des Transitlandes genutzt. Der Transit im weiteren Sinn (oft als *Transithandel* oder *Durchhandel* bezeichnet) umfasst alle geschäftlichen Transaktionen, bei denen Waren aus einem Ursprungsland durch einen Transithändler in einem dritten Land an einen Käufer in einem Einfuhrland veräußert werden.

Beispiel
Ein deutscher Transithändler kauft Tropenholz in Brasilien und verkauft es weiter nach Bulgarien.

Die Abwicklung des Geschäfts erfolgt also nicht direkt zwischen dem Exporteur im Ursprungsland der Ware (Brasilien) und dem Importeur im Einfuhrland (Bulgarien), sondern über den Transithändler in einem Drittland (Deutschland). Dieser kauft die Ware im Ausland und verkauft sie in ein drittes Land weiter. Damit hat er also eine Vermittlerfunktion zwischen Importeur und Exporteur.

Ursachen internationalen Handels

Ursachen für die Aufnahme außenwirtschaftlicher Beziehungen sind vor allem die ungleichmäßige Ausstattung der einzelnen Wirtschafträume mit natürlichen Ressourcen und unterschiedliche klimatische Gegebenheiten. Auch Unterschiede in der Bevölkerungszahl, dem Lebensstandard, der technologischen Entwicklung sowie den organisatorischen Fähigkeiten begünstigen internationale Wirtschaftsbeziehungen.

Die Bundesrepublik ist ein hoch entwickelter Industriestaat. Sie verfügt allerdings nicht über ausreichende Rohstoffe und auch die im eigenen Wirtschaftsgebiet erzeugten Nahrungsmittel reichen für eine Versorgung der Bevölkerung nicht aus. Die deutsche Industrie ist daher auf vielen Gebieten auf die Einfuhr ausländischer Waren angewiesen. Ohne diese käme die industrielle Produktion in der Bundesrepublik zum Erliegen. Ausländische Erzeugnisse können aber nur importiert werden, wenn die nationale Volkswirtschaft durch eigene Leistungen die zur Bezahlung der Einfuhr notwendigen Devisen verdient hat. Für die Bundesrepublik ist daher der Export – insbesondere von qualitativ hochwertigen Gütern – von lebenswichtiger Bedeutung.

Importabhängigkeit der deutschen Wirtschaft

Rohstoff	Hauptverwendung	Importanteil	Hauptlieferland	Lagerbestände (im Schnitt)
Aluminium	Flugzeugbau	100 %	Australien/Guinea	4 Monate
Blei	Batterien	87 %	Schweden	2 Monate
Chrom	Edelstahl	100 %	Südafrika	7 Monate
Eisenerz	Schiffe, Autos	93 %	Brasilien	3 Monate
Erdöl	Energieerzeugung	96 %	OPEC	4 Monate
Kobalt	Turbinen, Computer	100 %	Zaire	6 Monate
Kupfer	Kabel, Kessel	99 %	Chile	2 Monate
Mangan	Stahl, Kurbelwellen	100 %	Südafrika	4 Monate
Molybdän	Edelstahl	100 %	USA/Chile	3 Monate
Nickel	Stahl, Küchengeräte	100 %	GUS/Neu-Kaledonien	5 Monate
Silber	Fotochemie, Silberwaren	98 %	Großbritannien	1 1/2 Monate
Tantal	Spezialstähle	100 %	USA/Zaire	4 Monate
Titan	Flugzeugbau	100 %	Kanada/UdSSR	2 Monate
Vanadium	Baustahl	100 %	Südafrika	1 Monat
Wolfram	Elektrotechnik	100 %	Frankreich/China	6 Monate
Zink	Messing, Draht	68 %	Kanada	3 1/2 Monate

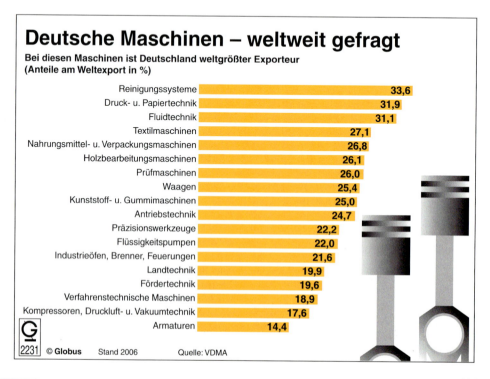

Deutsche Maschinen – weltweit gefragt
Bei diesen Maschinen ist Deutschland weltgrößter Exporteur
(Anteile am Weltexport in %)

Reinigungssysteme	33,6
Druck- u. Papiertechnik	31,9
Fluidtechnik	31,1
Textilmaschinen	27,1
Nahrungsmittel- u. Verpackungsmaschinen	26,8
Holzbearbeitungsmaschinen	26,1
Prüfmaschinen	26,0
Waagen	25,4
Kunststoff- u. Gummimaschinen	25,0
Antriebstechnik	24,7
Präzisionswerkzeuge	22,2
Flüssigkeitspumpen	22,0
Industrieöfen, Brenner, Feuerungen	21,6
Landtechnik	19,9
Fördertechnik	19,6
Verfahrenstechnische Maschinen	18,9
Kompressoren, Druckluft- u. Vakuumtechnik	17,6
Armaturen	14,4

© Globus   Stand 2006   Quelle: VDMA

Der Außenhandel kommt also durch das Ungleichgewicht zwischen verschiedenen Staaten zustande. Diese ergeben sich u. a. aus:
- verschiedenartigen, unterschiedlich weit entwickelten Technologien

Beispiel

Produktivitätsunterschiede zwischen verschiedenen Volkswirtschaften können durch Erfindungen neuer (kostengünstiger) Produktionsverfahren bewirkt werden: Eine Ursache japanischer Exporterfolge wird in der Einführung der „lean production" gesehen.

- einer unterschiedlichen Verteilung der Rohstoffe

Beispiel

Viele arabische Länder haben gewaltige Erdölvorkommen, in der Bundesrepublik wird dagegen kaum Erdöl gefördert.

- bestimmten Fertigkeiten der Arbeitskräfte in bestimmten Produktionsbereichen

Beispiel

Die über viele Generationen entwickelten und über die Berufsausbildungssysteme weitergegebenen Erfahrungen der Arbeitskräfte haben entscheidend zur Überlegenheit der westlichen Industrieländer im gewerblich-industriellen Bereich beigetragen.

- verschiedenartigen sozialen und wirtschaftlichen Verhältnissen, die einen unterschiedlichen Bedarf an Gütern und Arbeitskräften hervorrufen.

Beispiel

Viele importierte Waren aus sogenannten „Niedriglohnländern" sind relativ preiswert, weil dort die Produktionskosten niedrig sind.

- unterschiedlichen Möglichkeiten einzelner Länder, Kostensenkungen durch Massenproduktion zu erzielen.

Beispiel

Länder mit großen heimischen Märkten und entsprechend hoher Nachfrage haben Vorteile bei der Produktion bestimmter Güter.

Vorteile des Außenhandels

Der Außenhandel ermöglicht es, dass die Vorteile einer weltweiten Arbeitsteilung realisiert werden können. Durch eine gezielte Förderung und Ausnutzung der wirtschaftlichen Unterschiede und Ungleichgewichte wird eine Spezialisierung in den verschiedensten Bereichen angestrebt. Diese ermöglicht eine Massenproduktion mit sinkenden Stückkosten.

Der durch den internationalen Handel bewirkte Ausgleich von Überschuss und Mangel an bestimmten Gütern in den verschiedenen Volkswirtschaften führt i. d. R. zu einem höheren Lebensstandard. Den Käufern wird ein größeres Produktsortiment zur Auswahl angeboten. Sie können am billigsten Punkt der Welt einkaufen. Für die Produzenten ergibt sich die Möglichkeit, auch am teuersten Ort ihre Waren zu verkaufen. Darüber hinaus erhöht der internationale Handel den Wettbewerb zwischen den Produzenten und verstärkt die Neigung zu Produkt- und Prozessinnovation.

Beispiel

Wird ein Gewinn versprechendes Produkt auf den Markt gebracht, versuchen die internationalen Mitbewerber, durch Mehrung der Produktvorteile oder durch günstigere Preise am Erfolg teilzuhaben.

Ein weiterer positiver Aspekt des Außenhandels liegt in der zunehmenden wirtschaftlichen, aber auch politischen Zusammenarbeit und Verflechtung. Dadurch kann der internationale Handel z. T. politische Spannungen abbauen.

Bedeutung außenwirtschaftlicher Beziehungen für die Bundesrepublik

- Der Außenhandel ermöglicht es, dass die Vorteile einer weltweiten Arbeitsteilung realisiert werden können.
- Die Teilnahme an der internationalen Arbeitsteilung erhöht den Wohlstand im Inland.
- Der Außenhandel erhöht den Wettbewerb zwischen den Herstellern und verstärkt den Trend zu Produktion- und Prozessinnovation.
- Die Produktion hochwertiger Industriegüter für den Export stabilisiert die deutsche Wirtschaft, sichert Arbeitsplätze und schafft Einkommen.
- Die Bundesrepublik Deutschland muss als rohstoffarmes Land die meisten Rohstoffe importieren.
- Zahlreiche Lebensmittel – wie Kaffee, Tee, Zitrusfrüchte, Gewürze – können unter hiesigen Klimabedingungen nicht erzeugt werden.

– Der Außenhandel beeinflusst maßgeblich, dass die Produktionsfaktoren ihrer produktivsten Verwendung zugeführt werden, indem Standort- und andere Kostenvorteile ausgenutzt werden.

Eine Messzahl, die die Vorteile angibt, die ein Land aus dem Außenhandel zieht, sind die **Terms of Trade**. Sie gibt an, in welchem Wert Importgüter für eine bestimmte Exportmenge eingetauscht werden können.

Terms of Trade (ToT) =

$$\frac{\text{Index der Durchschnittswerte der Ausfuhr}}{\text{Index der Durchschnittswerte der Einfuhr}} \cdot 100$$

Die wirtschaftliche Situation eines Landes ist umso günstiger, je höher die Exportpreise im Verhältnis zu den Importpreisen sind. Denn je höher der Erlös eines Landes für eine bestimmte Menge an exportierten Gütern ist, desto mehr Güter können dafür aus dem Ausland eingeführt werden. Die **Terms of Trade** sind in diesem Fall angestiegen – die Tauschposition des betreffenden Landes hat sich verbessert.

Eine **Verschlechterung der Terms of Trade** bedeutet dagegen, dass für den Wert einer bestimmten Menge exportierter Güter weniger Güter aus dem Ausland importiert werden können. Demzufolge sind die Preise der eingeführten Güter stärker gestiegen als die Ausfuhrpreise – die Terms of Trade sind gesunken.

Beispiel

Das Land A exportiert eine bestimmte Warenmenge im Wert von 1.000.000,00 € und kann dafür einen bestimmten Warenkorb in gleichem Wert von Land B kaufen.
ToT = (1.000.000,00 : 1.000.000,00) · 100 = 100
Gelingt es nun in der Folgezeit den Exporteuren des Landes A, den gleichen Warenkorb zu durchschnittlich 12 Prozent höheren Preisen abzusetzen bei gleichzeitig um lediglich 4 Prozent angestiegenen Importpreisen, so können mit dem Exporterlös, den Land A erzielt hat, folglich mehr Importgüter gekauft werden als vorher. Die Terms of Trade haben sich für das Land A verbessert (von 100 auf 107,69):
ToT = (1.120.000,00 : 1.040.000,00) · 100 = 107,69

Die Terms of Trade werden durch Änderungen der Mengen und Preise exportierter und importierter Güter und auch durch Wechselkursbewegungen beeinflusst.

Unterschiede zwischen Binnenhandel und Außenhandel

Es gibt einige Merkmale, die den Außenhandel vom Warenaustausch innerhalb eines Landes unterscheiden:

– Die Zahlungen für den Gütertausch erfolgen überwiegend in verschiedenen Währungen.
– Die Mobilität der Produktionsfaktoren Kapital und vor allem Arbeit ist innerhalb eines Landes größer als zwischen den Ländern.
– Im Ausland gelten andere Gesetze, jedes Land hat seine eingenen Sitten und Gebräuche. Rechtsprechung und Besteuerung sind anders.
– Der internationale Handel ist i. d. R. Eingriffen und Kontrollen unterworfen, die im Inland nicht anzutreffen sind.

Beispiel

Gelegentlich wird aus politischen Gründen als Repressalie gegenüber bestimmten Staaten ein Embargo verhängt. So verfügt der Staat die Zurückhaltung von Exportwaren an Krieg führende Staaten.

Aufgaben

1. Erläutern Sie die Bedeutung des Außenhandels für die Bundesrepublik Deutschland.
2. Welche Ursachen führen dazu, dass Außenhandel betrieben wird?
3. Welche Arten des Außenhandels werden in räumlicher Hinsicht unterschieden?
4. Welche Vorteile bringt der Außenhandel den Teilnehmern einer Volkswirtschaft?
5. Welche Branchen sind vom Außenhandel besonders stark abhängig?
6. Erkunden Sie in Ihrem Ausbildungsbetrieb, welche Waren in welchem Ausmaß importiert bzw. exportiert werden.
7. Die Bundesrepublik Deutschland exportiert nach den Philippinen einen bestimmten Warenkorb im Wert von 500.000,00 €. Sie kann dafür aus den Philippinen – bei einem Wechselkurs von 45,00 PHP/EUR – Waren im Wert von 22.500.000,00 Peso einkaufen, was einem Gesamtpreis für den importierten Warenkorb von 500.000,00 € entspricht.

   Ermitteln und interpretieren Sie die Terms of Trade unter den veränderten Bedingungen, wie sie nachfolgend dargestellt sind:

   a) In den nächsten 12 Monaten steigen die Preise des exportierenden Landes Deutschland für den gleichen Warenkorb um 6 %, während die philippinischen Exporteure ihre Waren in Deutschland lediglich 2 % teurer verkaufen können. Unterstellt wird, dass sich der Wechselkurs nicht verändert hat.

   b) Ausgehend von der Ausgangssituation hat sich der Wechselkurs in der Folgezeit verändert und notiert wie folgt: 49,00 PHP/EUR. Preisveränderungen haben nicht stattgefunden.

8. Führen Sie Unterschiede zwischen Binnen- und Außenhandel auf.
9. Unterscheiden Sie direkten und indirekten Export.
10. Worin liegt der Unterschied zwischen Durchverkehr und Durchhandel?

Zusammenfassung

Ungleichgewichte zwischen den verschiedenen Volkswirtschaften führen zu einer weltweiten Arbeitsteilung:

Außenhandel

- grenzüberschreitender Austausch von Waren und Dienstleistungen zwischen verschiedenen Ländern
- von herausragender Bedeutung für die Bundesrepublik Deutschland
- Vorteile:
  - Massenproduktion
  - Arbeitsplätze
  - größere Produktauswahl
  - höherer Lebensstandard
  - zusätzliche Gewinne
  - Zwang zur politischen Zusammenarbeit

8.9 Zahlungsbilanz

Erfolgskurve des deutschen Außenhandels

Ein Bericht aus der Vergangenheit:

„Die Bundesrepublik war 2010 der zweitgrößte Exporteur in der Welt. Gleich für 16 der 28 wichtigsten Handelsnationen war Deutschland der **Lieferant Nummer 1**.

Waren ‚Made in Germany' sind Bestseller vor allem auf den europäischen Auslandsmärkten, wo die deutschen Exporteure ihre Konkurrenten zumeist in den Schatten stellen. Jahr für Jahr wuchsen die Ausfuhren der Bundesrepublik und mit ihnen die *Ausfuhrüberschüsse*.

2010 erreichte das Plus in der *Handelsbilanz* (das ist die wertmäßige Gegenüberstellung der Warenein- und ausfuhr) den Wert von 154,3 Mrd. Euro (Ausfuhr 951,9 Mrd. und Einfuhr 797,6 Mrd. €; der Saldo der Handelsbilanz beziffert in diesem Fall den **Export- bzw. Außenhandelsüberschuss**). Mit diesem Ergebnis übertraf die Bundesrepublik das Wachstum des gesamten Welthandels und baute ihren Weltmarktanteil weiter aus.

Seit Jahren liefern die Deutschen also mehr Waren und Dienstleistungen ins Ausland, als sie von dort beziehen (= positiver Außenbeitrag: Exporte > Importe). Damit liegt der Exportüberschuss regelmäßig über den ‚Eckwerten' für die Konjunkturpolitik der Bundesregierung, die einen Überschuss von etwa 1,5 – 2 % des nominalen Bruttoinlandsprodukts als Ziel für ein außenwirtschaftliches Gleichgewicht nennt." So weit dieser Bericht.

Weitere Überschriften in Tageszeitungen lauteten in den letzten Jahren:

– „Trendwende im Außenhandel?"
– „Zahlungsbilanz positiv", oder ein Jahr zuvor
– „Kapitalabflüsse reißen Loch in die Zahlungsbilanz"
– „Zahlungsbilanz bleibt defizitär"
– „Trotz Arbeitskampf hoher Handelsbilanzüberschuss"

1. Stellen Sie den Unterschied zwischen einer Handelsbilanz und einer Zahlungsbilanz fest.
2. Erläutern Sie die Aufgaben der Zahlungsbilanz.
3. Diskutieren Sie im Klassenverband, warum es für die Träger der Wirtschaftspolitik wichtig ist, Zahlen über den Handel mit dem Ausland und über die außenwirtschaftlichen Verflechtungen der Bundesrepublik insgesamt zu besitzen.

Information

Begriff

Die *Außenwirtschaft* der Bundesrepublik Deutschland ist in fünf Teilbereiche gegliedert:
- Außenhandel,
- Dienstleistungsverkehr,
- Übertragungen,
- Erwerbs- und Vermögenseinkommen und
- Kapitalverkehr.

An ihrer Entwicklung kann man die wachsende wirtschaftliche Verflechtung der Bundesrepublik mit dem Ausland erkennen, also das Gesamtbild unserer Beziehungen zur „übrigen Welt".

Beispiele

- Ausländische Geldanleger kaufen deutsche Wertpapiere.
- Das Maschinenbauunternehmen Eggers verkauft Straßenfahrzeuge an ein portugiesisches Unternehmen.
- Deutsche Urlauber nehmen auf ihren Auslandsreisen die Dienstleistungen der Hotels und Gaststätten des Gastgeberlandes in Anspruch.
- Die deutsche Landwirtschaft erhält Zuschüsse aus dem EU-Agrarfonds.
- Die deutsche Industrie bezieht Flugzeuge aus den USA, Nahrungs- und Genussmittel aus der Schweiz, den Niederlanden und aus Estland.
- Türkische Arbeitnehmer in der Bundesrepublik überweisen einen Teil ihres Einkommens in ihr Heimatland.
- Die Bundesregierung überweist eine bestimmte Geldsumme zur Unterstützung der Bevölkerung in die Entwicklungsländer Somalia und Bolivien.

Die jährlichen Ergebnisse dieser Außenwirtschaft werden statistisch in der Zahlungsbilanz erfasst, in der systematisch alle in Geld bewerteten wirtschaftlichen Übertragungen (Geschäftsfälle) zwischen In[1]- und Ausländern aufgezeichnet werden. Sie ist demnach eine zahlenmäßige Darstellung

> Die **Zahlungsbilanz** ist die wertmäßige Aufzeichnung aller wirtschaftlichen Beziehungen[2] eines Landes, die innerhalb eines Jahres zwischen Inland und Ausland stattgefunden haben.

des gesamten jährlichen Waren-, Dienstleistungs-, unentgeltlichen Zahlungs- und Kapitalverkehrs zwischen Inland und Ausland und vermittelt damit einen **Gesamtüberblick über die außenwirtschaftlichen Beziehungen eines Landes**.

Da man aus ihr erkennen kann, welche Forderungen und Schulden ein Land zu einem bestimmten Zeitpunkt hat, dient sie der Bundesregierung und dem ESZB als Orientierungshilfe für ihre Konjunktur- bzw. Geldpolitik. Denn wirtschaftspolitische Maßnahmen werden häufig durch die Zahlungsbilanzsituation bedingt bzw. beeinflusst.

Beispiel

1. Ausgangssituation:
Aktive Zahlungsbilanz (= Zahlungsbilanzüberschuss)

Folge:

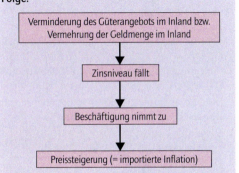

Mögliche konjunktur- und geldpolitische Maßnahmen:

- Der EZB-Rat erhöht z. B. die Leitzinsen, um das Geld für Kredite teurer zu machen und damit die inländische Nachfrage nach Gütern zu drosseln.
- Die Bundesregierung kürzt staatliche Aufträge, z. B. den Bau von neuen Autobahnen (= Staatsausgabensenkungen) oder sie beschließt zusammen mit anderen Regierungen, den Euro aufzuwerten, um deutsche Waren im Ausland teurer zu machen und damit die Ausfuhren zu erschweren.
- Im Rahmen der Außenwirtschaftspolitik können z. B. Importbeschränkungen ausgesprochen werden, wie Zollerhöhungen und Importsteuern, aber auch die Kontingentierung der Einfuhr bis zum vollständigen Einfuhrstopp bei allen Produkten, die die Regierung für nicht produktionsentscheidend ansieht.

---

[1] Als Inländer gelten alle Wirtschaftssubjekte, die ihren Wohnsitz im Inland haben. Das heißt, auch ausländische Arbeitnehmer mit Wohnsitz in der Bundesrepublik zählen im Sinne der Zahlungsbilanz zu den Inländern. Darüber hinaus zählt zum Inland das Wirtschaftsgebiet der Bundesrepublik Deutschland. Zum Ausland zählen alle anderen Länder, auch die anderen Mitgliedsländer der Europäischen Währungsunion (EWU).

[2] Auch außenwirtschaftliche Beziehungen oder wirtschaftliche Transaktionen genannt, wie der Austausch von Gütern, Dienstleistungen und finanziellen Ansprüchen. Die Statistiken zur Zahlungsbilanz enthalten ab Juli 1990 auch die Transaktionen des Gebiets der ehemaligen DDR mit dem Ausland.

Merke:

Ein Überschuss in der Zahlungsbilanz fördert die Beschäftigung, führt aber langfristig gesehen zur Inflation.

2. Ausgangssituation:
Passive Zahlungsbilanz (= Zahlungsbilanzdefizit)

Folge:

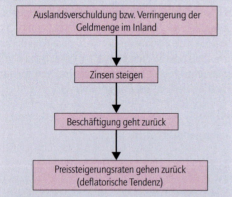

Mögliche konjunktur- und geldpolitische Maßnahmen:
– Die EZB kauft im Rahmen ihrer Offenmarktpolitik Wertpapiere.
– Die Bundesregierung gewährt den Unternehmen zusätzliche Abschreibungsmöglichkeiten.
– Möglich ist auch die Abwertung des Euro. Dadurch müssen Inländer mehr Geld als bisher für Devisen aufwenden, während Ausländer den Euro billiger erwerben. Dies hat eine entsprechende Verteuerung der Importe und Verbilligung der Exporte zur Folge.
– Gleichzeitig bestehen verschiedene Möglichkeiten, den Export zu fördern durch Subventionen von Exportindustrien.

Merke:

Ein Defizit in der Zahlungsbilanz dämpft die Preissteigerungen, wirkt sich aber negativ auf die Beschäftigungssituation aus.

Sämtliche Maßnahmen der beiden Beispiele sollen dazu beitragen, die **Zahlungsbilanz auszugleichen**.

Wegen dieser Bedeutung und zur Verbesserung des Informationswertes werden die fünf unterschiedlichen Ströme der außenwirtschaftlichen Transaktionen in getrennten Teilbilanzen der Zahlungsbilanz festgehalten. Die **Teilbilanzen** sind:

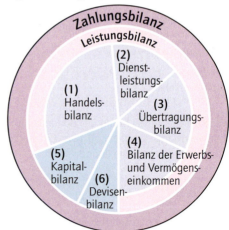

Handels-, Dienstleistungs-, Übertragungsbilanz und Bilanz der Erwerbs- und Vermögenseinkommen (Faktoreinkommen) ergeben zusammen die **Leistungsbilanz**, alle Bilanzen zusammen bilden die **Zahlungsbilanz**. Die Salden der fünf Teilbilanzen sehen für 2009 wie folgt aus:

Grundsätzlich unterscheidet die Zahlungsbilanz zwischen dem **Leistungsverkehr** und dem **Kapitalverkehr** mit dem Ausland.

In der Leistungsbilanz und der Bilanz der Vermögensübertragungen werden die Ströme an

Gütern, Dienstleistungen und Übertragungen zwischen Inländern und Ausländern erfasst.

Die Kapitalbilanz hingegen zeichnet die Veränderungen der Forderungen und Verbindlichkeiten gegenüber dem Ausland auf.

Sämtliche Vorgänge werden in den Teilbilanzen auf zwei Seiten festgehalten. Das bedeutet, dass der Saldo der Leistungsbilanz und der Bilanz der Vermögensübertragungen stets ebenso groß wie der Saldo der Kapitalbilanz und der Devisenbilanz ist; mit anderen Worten: Die Zahlungsbilanz ist buchhalterisch immer ausgeglichen.

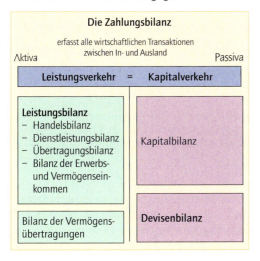

Wird unterstellt, dass sämtliche Transaktionen bar abgewickelt werden, so werden in der Zahlungsbilanz verbucht:

Aktiva	Zahlungsbilanz	Passiva
Zahlungseingänge (Leistungen vom Inland an das Ausland, die zu einem Devisenangebot führen)[1]		Zahlungsausgänge (Leistungen vom Ausland an das Inland, die zur Devisennachfrage führen)

Die Aktivseite zeigt die Kapitalquellen, aus denen ausländische Kaufkraft ins Inland geflossen ist (z. B. durch den Export). Auf der Passivseite ist die Mittelverwendung durch das Inland zu sehen (z. B. Ausgaben für importierte Güter und Dienstleistungen).

Die Zahlungsbilanz wird vom Statistischen Bundesamt und der Deutschen Bundesbank erstellt; die Bundesbank veröffentlicht sie in ihren Monatsberichten.

Teilbilanzen der Zahlungsbilanz

- Handelsbilanz

Der größte Posten in der Zahlungsbilanz der Bundesrepublik ist der Warenhandel. Der Wert dieses jährlichen Warenverkehrs mit dem Ausland wird in der **Handelsbilanz** erfasst. Gegenübergestellt werden dabei wertmäßig die Exporte (Warenausfuhr) und die Importe (Wareneinfuhr) von Waren (Güter der Ernährungswirtschaft, Rohstoffe, industrielle Halb- und Fertigprodukte), die per Lkw, Bahn, Binnen- und Seeschiff, Flugzeug oder Post in grenzüberschreitendem Verkehr hin- und herbewegt werden.

Aktiva	Handelsbilanz	Passiva
Warenexporte (Forderungen)		Warenimporte (Verbindlichkeiten)

Die **Warenexporte** führen als Forderungen zu **Einnahmen** – die **Warenimporte** bedeuten als Verbindlichkeiten **Ausgaben.**

Der Buchungssatz für den Verkauf deutscher Autos ins Ausland würde so aussehen:

Handelsbilanz an Kapitalbilanz

Da die Warenausfuhr zu einer Verbesserung der Position des exportierenden Landes gegenüber dem Ausland führt, wird sie auf der Einnahmenseite verbucht. Gleichzeitig entsteht eine Forderung, die in der Kapitalbilanz festgehalten wird.

Ausnahmslos besteht zwischen dem Wert der Exporte und dem der Importe eine Differenz, sodass zwei Möglichkeiten denkbar sind:

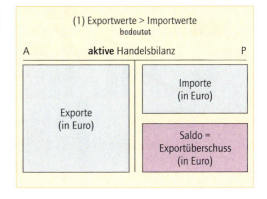

---

[1] Ein Exporteur beispielsweise bietet seine Erlöse (in der Auslandswährung) auf dem Devisenmarkt an.

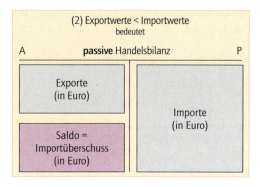

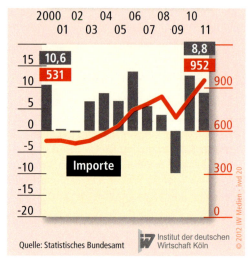

Passive Handelsbilanzen sind häufig in Agrarstaaten vorzufinden. Sie führen Rohstoffe aus und kaufen teuere Industrieprodukte, die wertmäßig die Einfuhren übersteigen.

In der Bundesrepublik jedoch ist der Außenhandelssaldo seit 1952 immer positiv, d. h. die Exporte waren stets höher als die Importe (siehe Abbildung).

Eine **aktive Handelsbilanz** sichert zwar Arbeitsplätze und erhöht das Volkseinkommen. Andererseits führt sie aber zu einem Devisenzufluss (ausländische Zahlungsmittel und Forderungen). Fließen diese Geldmittel nicht wieder aus dem Inland ab, z. B. zur Bezahlung der Importe, so kommt es zu einem Ungleichgewicht zwischen Geld- und Gütermenge. Der Gütermenge steht eine zu große Geldmenge gegenüber, es kommt zu einer sog. *„importierten Inflation"* (vgl. Seite 479). Das Ziel der Wirtschaftspolitik ist daher eine ausgeglichene Handels- bzw. Leistungsbilanz.

Seit dem Jahr 2000 sind die deutschen Warenausfuhrungen nominal um 87 Prozent gewachsen – preisbereinigt betrug das Plus 78 Prozent. Im Jahr 2011 verkauften die Unternehmen erstmals Industrieerzeugnisse im Wert von mehr als 1,1 Billionen Euro an ihre ausländischen Kunden.

- **Dienstleistungsbilanz**

In der Dienstleistungsbilanz werden die Exporte und Importe von Dienstleistungen mit dem Ausland gegenübergestellt.

A	Dienstleistungsbilanz	P
Dienstleistungsexporte = geleistete Dienste an das Ausland (Forderungen/ Einnahmen)		Dienstleistungsimporte = empfangene Dienste vom Ausland (Verbindlichkeiten/ Ausgaben)

Die wichtigsten Dienstleistungen sind
- Reisen ins Ausland,
- alle Käufe von Waren im Zusammenhang mit Reisen über die Grenze, z. B. die Einnahmen und Ausgaben im kleinen Grenzverkehr mit den unmittelbaren Nachbarländern,
- die Transportdienste: z. B. Frachten und Hafendienste für Warentransporte mit ausländischen Lkw, Schiffen, Eisenbahnen oder Flugzeugen) und
- Transithandel: Der Transithändler erbringt durch den An- und Verkauf von Waren eine Wertschöpfung. Sie entspricht der Betragsdifferenz zwischen Kauf und Verkauf und kann sich in den Dienstleistungen positiv (als Einnahme) oder negativ (als Ausgabe) niederschlagen;

- der weitere Dienstleistungsverkehr umfasst Versicherungen[1], Lizenzen, Patente, Provisionen, Bauleistungen und Montagen, Werbe- und Messekosten.

Die Dienstleistungen bezeichnet man auch als „unsichtbare Exporte und Importe".

Beispiele

- Beauftragt ein deutscher Exporteur eine ausländische Reederei, um seine Waren nach Hongkong zu verschiffen, so empfängt er eine Dienstleistung aus dem Ausland – er **importiert** sie; Wert: die Höhe der zu bezahlenden Frachtrate. Dieser **Import** einer Dienstleistung schlägt sich in der Dienstleistungsbilanz auf der Passivseite nieder – als Ausgabe für Transportleistungen.
- Herr Schwarz, Sachbearbeiter im Rechnungswesen der Grotex GmbH, der einen 14-tägigen Urlaub auf der Dominikanischen Republik verbringt, **importiert** ebenfalls Dienstleistungen, indem er die dortigen Verkehrsmittel, den Hotelservice und die Dienstleistungen der Gastronomie in Anspruch nimmt.
- Umgekehrt muss der Urlaub eines Kanadiers in Deutschland als **Export von Dienstleistungen** (= Einnahme aus dem Reiseverkehr) auf der Aktivseite der Dienstleistungsbilanz festgehalten werden. Die Bundesrepublik exportiert Dienstleistungen, die z. B. die inländischen Transportbetriebe und Hotels erbringen.

Der Umfang der Dienstleistungsbilanz ist kleiner als der der Handelsbilanz. Im Gegensatz aber zur Handelsbilanz weist sie seit Anfang der Sechzigerjahre (mit Ausnahme des Zeitraums 1989–91) Jahr für Jahr ein hohes Defizit aus (Importe > Exporte). Die Ursache dafür sind v. a. die Ausgaben deutscher Touristen für **Reisen ins Ausland**.

So gaben sie 2011 auf ihren Reisen in andere Länder den Rekordbetrag von 60,6 Mrd. Euro aus, während Ausländer für ihren Aufenthalt in Deutschland 27,9 Mrd. Euro gezahlt haben. Einen deutlichen Einnahmenüberschuss gab es bei den **Transportleistungen** (Frachtverkehr, Personenbeförderung). Einen erfreulichen Einnahmeüberschuss gab es auch bei den EDV-Leistungen und bei den Finanzdienstleistungen. Die sonstigen Dienstleistungen (z. B. kaufmännische Dienstleistungen und Patente und Lizenzen) wiesen jeweils ein Minus auf. Insgesamt lässt sich für das Jahr 2011 ein Defizit von ca. 6,5 Mrd. Euro errechnen.

Fasst man Handels- und Dienstleistungsbilanz zusammen, so ergibt der Saldo den **Außenbeitrag**.

Der deutsche Dienstleistungshandel
im Jahr 2011 in Milliarden Euro

Einnahmen (Exporte)		Ausgaben (Importe)	
Insgesamt	**192,8**	**Insgesamt**	**199,3**
darunter:		darunter:	
Transportleistungen	45,4	Reiseverkehr	60,6
Reiseverkehr	27,9	Transportleistungen	38,0
EDV-Leistungen	13,4	Kaufmännische Dienstleistungen	16,3
Kaufmännische Dienstleistungen	12,4	EDV-Leistungen	11,7
Finanzdienstleistungen	10,5	Patente und Lizenzen	9,5

Quelle: Deutsche Bundesbank

Institut der deutschen Wirtschaft Köln

---

1 Es handelt sich lediglich um die Verwaltungsleistungen und Ertragskomponenten.

- **Bilanz der laufenden Übertragungen**

In der Übertragungsbilanz stehen sich laufende **unentgeltliche** („einseitige") Leistungen aus dem Ausland (Güter-, Dienstleistungs- und Kapitalbewegungen) und **unentgeltliche** Leistungen an das Ausland gegenüber.

Beispiel

Ein bei der Grotex GmbH in Neustrelitz arbeitender vietnamesischer Facharbeiter überweist einen Teil seines Gehaltes an Familienangehörige in Hanoi.

Dieser Übertragung (Transaktion) steht **keine** direkte wirtschaftliche Gegenleistung gegenüber, denn es werden ja im Gegenzug *keine* Waren nach Deutschland zurückfließen. Es hat eine **unentgeltliche Übertragung** stattgefunden, also **ein Zahlungsausgang**, der auf der Passivseite in der Übertragungsbilanz ausgewiesen wird (die Gegenbuchung erfolgt in der Devisenbilanz).

A	Übertragungsbilanz	P
unentgeltliche Leistungen (Übertragungen) **vom** Ausland = Zahlungseingänge		unentgeltliche Leistungen (Übertragungen) **an das** Ausland = Zahlungsausgänge

Zu den unentgeltlichen Leistungen zählen:
- Überweisungen ausländischer Arbeitnehmer in ihre Heimatländer,
- Leistungen im Rahmen der Entwicklungshilfe,
- Wiedergutmachungszahlungen (die aus dem 2. Weltkrieg herrühren) an das Ausland,
- Leistungen an internationale Organisationen (z. B. EU, UNO, NATO, OECD),
- Renten, Pensionen und sonstige Leistungen an ausländische Empfänger,
- Geschenke von Privatleuten an Ausländer,
- Versicherungsleistungen: Prämien, grenzüberschreitende Entschädigungszahlungen, Rückvergütungen;
- Einnahmen von ausländischen militärischen Dienststellen,
- Leistungen aus dem Überleitungsvertrag mit der ehemaligen Sowjetunion.

Da aus dem Ausland keine entsprechenden Zahlungen hereinkommen (man nennt die Übertragungsbilanz deshalb auch *Schenkungsbilanz*), ist die **Bilanz der laufenden Übertragungen** – und das schon seit 1953 – **immer passiv** (= Defizit).

Die unentgeltlichen Leistungen können nur finanziert werden, wenn die Handelsbilanz einen hohen Außenhandelsüberschuss aufweist. Wenn die Bundesrepublik dem Ausland (z. B. Türkei, Griechenland, Italien und Spanien = Empfängerländer von besonders hohen Übertragungen) nicht die Kaufkraft durch die Defizite ihrer Übertragungsbilanz übertragen würde, könnten diese Länder nicht mehr Güter und Dienstleistungen kaufen, als sie in der Bundesrepublik verkauft haben.

- **Bilanz der Erwerbs- und Vermögenseinkommen**

In der Bilanz der Erwerbs- und Vermögenseinkommen werden erfasst:
- Einkommen aus unselbstständiger Arbeit aus dem Ausland (Löhne und Gehälter, die über die Landesgrenzen zu- oder abfließen; ohne die Überweisungen ausländischer Arbeitnehmer in ihr Heimatland),
- Kapitalerträge: Dividenden und sonstige Gewinne aus deutschen Kapitalanlagen im Ausland bzw. aus Anlagen von Ausländern in der Bundesrepublik sowie Zinsen für Kredite und Darlehen.

A	Erwerbs- und Vermögenseinkommen	P
Erhaltene Löhne, Gehälter, Zinsen und Dividenden		**Gezahlte** Löhne, Gehälter, Zinsen und Dividenden
Saldo = Defizit		

Grund für das Defizit: Hohe Zins- und Dividendenzahlungen ins Ausland sowie eine hohe Anzahl von ausländischen Grenzgängern.

- **Die Leistungsbilanz**

Handelsbilanz, Dienstleistungsbilanz, Bilanz der laufenden Übertragungen und Bilanz der Erwerbs- und Vermögenseinkommen bilden zusammen die **Leistungsbilanz** (auch: *Bilanz der laufenden Posten*). Sie wird gemeinhin als Kernstück der Zahlungsbilanz angesehen, denn in ihr schlagen sich **alle Transfers** nieder, die **Einfluss auf Einkommen und Verbrauch** des jeweiligen Landes haben.

Der Saldo in der Leistungsbilanz zeigt die Differenz an zwischen inländischer Ersparnis und Nettoinvestition.

Die Leistungsbilanz kann aktiv oder passiv sein:
- Eine **passive** Leistungsbilanz bedeutet: Die Bundesrepublik muss an das Ausland zahlen.

  Defizite (= Ausgabenüberschüsse) bedeuten, dass Deutschland sich in einer Schuldnerposition befindet. Es sind also mehr Devisen in das Ausland geflossen als umgekehrt von dort hereingekommen sind. Wenn es in Berichten heißt, dass sich die **passive Leistungsbilanz** der Bundesrepublik Deutschland spürbar **verbessert** habe, dann heißt das, dass *die Rechnung, die wir an das Ausland zu zahlen haben*, **kleiner** geworden ist.

- Eine **aktive** Leistungsbilanz bedeutet: Das Ausland muss an die Bundesrepublik zahlen.

  Mit anderen Worten: Ein Einnahmenüberschuss in der Leistungsbilanz stellt ein Guthaben an ausländischen Zahlungsmitteln dar, es ist eine Forderung gegenüber dem Ausland entstanden. Die Wirtschaftssubjekte des Überschusslandes haben demzufolge weniger Geld ausgegeben, als sie eingenommen haben.

Da die Devisenzuflüsse größer sind als die Devisenabflüsse (= Nettodevisenzufluss), ergeben sich folgende wirtschaftliche Folgen:

Für die Binnenkonjunktur:	– Die Geldmenge im Inland steigt, womit die Inflationsgefahr steigt. – Aufgrund des Exportbooms steigen die Investitionen im Inland, die Arbeitslosigkeit nimmt ab, die volkswirtschaftliche Nachfrage steigt, die Wirtschaft wächst in der Phase des Booms.
Für den Außenhandel:	– Die steigende Nachfrage nach Euro lässt den Eurokurs ansteigen, sodass die Exporte zurückgehen. Die Geldmenge steigt nur gering, sodass einer „importierten Inflation" entgegengesteuert wird. – Ein höherer Eurokurs fördert den Import und hemmt den Export.

Wenn die Nachrichten lauten, unsere ohnehin schon **aktive Leistungsbilanz** habe sich weiter **verbessert**, dann bedeutet das, dass *die Rechnung, die das Ausland an uns zu zahlen hat*, noch **größer** geworden ist.

In der Regel werden Überschüsse in der Leistungsbilanz begrüßt, denn sie gelten allgemein als Zeichen für die besondere Leistungsfähigkeit einer Wirtschaft. Ein Überschuss in der Leistungsbilanz verschafft ein erhebliches Devisenpolster und gilt als ein Maßstab für die Wettbewerbsfähigkeit der Wirtschaft auf ausländischen Exportmärkten.

Leistungsbilanz der Bundesrepublik Deutschland

Handelsbilanz / Leistungsbilanz / Bilanz der „unsichtbaren Leistungen" (Dienstleistungen, Erwerbs- und Vermögenseinkommen, laufende Übertragungen)

Saldo in Mrd €

Quelle: Deutsche Bundesbank (9/10)

In den achtziger Jahren hatte die Bundesrepublik Deutschland regelmäßig hohe Leistungsbilanzüberschüsse erzielt. Mit der deutschen Einigung veränderte sich ihre außenwirtschaftliche Position fast auf einen Schlag, sodass die Leistungsbilanz 1991 tief ins Minus rutschte. Dieser Umschwung war letztlich damit zu erklären, dass die deutsche Volkswirtschaft in erheblichem Umfang auf ausländische Ressourcen zurückgreifen musste, um den Aufbau in Ostdeutschland zu bewältigen. Erst 2001 verzeichnete die Leistungsbilanz wieder ein leichtes Plus, das sich in den folgenden Jahren jedoch rasch ausweitete. 2007 erreichte der Leistungsbilanzüberschuss den Rekordwert von 185 Mrd €, ehe er sich 2008 unter dem Eindruck der globalen Wirtschaftskrise auf 167 Mrd € und 2009 weiter auf 119 Mrd € verringerte. Dafür ausschlaggebend war der scharfe Rückgang der Exporte. Da die Importe dem Betrag nach weniger stark einbrachen, schrumpfte der Exportüberschuss 2009 um rund ein Viertel.

- **Probleme**

Nicht übersehen darf man allerdings die *Probleme, die ständig hohe Leistungsbilanzüberschüsse mit sich bringen*. Denn was die Bundesrepublik als Überschuss erwirtschaftet hat, fehlt auf der anderen Seite den ausländischen Handelspartnern. Das kann bei diesen Auslandspartnern zu Zahlungsproblemen führen. Unter Umständen greifen sie sogar zu Gegenmaßnahmen, indem sie die Einfuhr von deutschen Waren mit hohen Einfuhrzöllen belegen oder sogar verbieten. Darüber hinaus führen ständige Exportüberschüsse zu Devisenüberschüssen in Deutschland. Dieses hereinfließende und nicht mehr abfließende Geld bewirkt schließlich die Gefahr einer „importierten Inflation".

Insofern ist das Ziel eines außenwirtschaftlichen Gleichgewichts (= Ausgleich der Einnahmen und Ausgaben in der Leistungsbilanz) ständigen Leistungsbilanzüberschüssen stets vorzuziehen.

Die ausländischen Handelspartner können ihre o. a. Defizite nur decken, wenn sie Kapital importieren. Kapitalimporte sind hauptsächlich gleichzusetzen mit der Aufnahme von Krediten. Daher werden die *Überschüsse* in der deutschen Leistungsbilanz überwiegend als *Kapital exportiert*, um dem Ausland die Finanzierung ihrer Fehlbeträge in ihren Leistungsbilanzen zu ermöglichen.

- **Bilanz der Vermögensübertragungen**

Als besonderer Posten neben der Leistungsbilanz werden die „einmaligen Vermögensübertragungen" wie Schuldenerlasse, Erbschaften oder bestimmte Investitionszuschüsse verbucht.

Der Leistungsbilanz und der Bilanz der Vermögensübertragungen stehen die Kapitalverkehrs- und Devisenbilanz gegenüber.

- **Bilanz des Kapitalverkehrs**

Mit den Leistungstransaktionen geht – wie gesehen – eine Zu- oder Abnahme der Forderungen bzw. Verbindlichkeiten eines Landes gegenüber dem Ausland einher. Die Kapitalbilanz (auch *Kapitalverkehrsbilanz*) schlüsselt auf, welche Finanzpositionen sich dabei verändern. In ihr werden **die Ausfuhr und Einfuhr von Kapital mit dem Ausland** (= finanzielle Vorgänge) festgehalten, sodass der Stand der Forderungen und Verbindlichkeiten der Bundesrepublik Deutschland gegenüber dem Ausland ersichtlich wird; zu nennen sind beispielsweise die Aufnahme oder Gewährung von Krediten, die Wertpapiergeschäfte und der Erwerb von Eigentumsrechten an Unternehmen und Grundstücken.

Beispiele

Eine deutsche Interessengemeinschaft, bestehend aus einigen Geschäftsführern von Textilgroßhandlungen, kauft in Peru 30 Alpaka-Kamele und ein Stück Land, um die eigene Wollzucht zu versuchen. Dieser Vermögenserwerb (Geldanlage im Ausland) führt im Inland zu einem Zahlungsausgang, also zu einem Export von Kapital, das langfristig im Ausland verbleibt. Dieser **Kapitalexport (–)**[1] (eine Leistung an das Ausland wurde auf Kredit erbracht) wird in der Kapitalverkehrsbilanz auf der Passivseite verbucht.

Nimmt die Textilgroßhandlung Grotex GmbH aus Hannover zum Ausbau ihres Filialnetzes in den neuen Bundesländern einen Kredit im Ausland auf, weil dort die Zinsen niedriger sind, so entsteht ein **Kapitalimport (+)** (empfangener Kredit vom Ausland; Forderung vom Ausländer an den Inländer), der den Devisenbestand der deutschen Wirtschaft erhöht.

Aktiva	Kapitalbilanz	Passiva
ausländische Anlagen im Inland = **Kapitalimporte (+)** (empfangene Kredite vom Ausland; Forderungen vom Ausland; Auslandsverbindlichkeiten)		deutsche Anlagen im Ausland = **Kapitalexporte (–)** (gegebene Kredite an das Ausland; Forderungen an das Ausland)

Die Kapitalbilanz wird untergliedert in die Bereiche
– Direktinvestitionen:
  Investitionen deutscher Staatsbürger im Ausland und ausländischer Investoren in der Bundesrepublik (z. B. Beteiligung und Errichtung von Unternehmen; Erwerb und Veräußerung von Immobilien, reinvestierte Gewinne)
– Wertpapieranlagen:
  Aktien, festverzinsliche Wertpapiere, Geldmarktpapiere, Optionsscheine usw.
– Kreditverkehr:
  Finanzkredite und Bankguthaben, Handelskredite

} Wertpapier- und Kreditgeschäfte werden getätigt, wenn sich im Ausland höhere Renditen erzielen lassen oder wenn Ausländer in Deutschland billigere Kredite bekommen als anderswo.

---

[1] Die Begriffe Kapitalexport und Kapitalimport zeigen die Richtung an, in der sich Geld bewegt. Deshalb wird Kapitalexport statistisch mit einem Minuszeichen, Kapitalimport mit einem Pluszeichen versehen.

Der Kapitalverkehr zwischen Deutschland und der übrigen Welt war 2006 durch starke gegenläufige Finanzströme gekennzeichnet. Nach Beginn der europäischen Währungsunion entwickelte sich die Bundesrepublik zur Finanzdrehscheibe für die Euro-Zone: Während aus dem übrigen Ausland umfangreiche Mittel in den deutschen Kapitalmarkt flossen, investierten die deutschen Anleger ihrerseits verstärkt im Euro-Währungsraum. Die anhaltende Welle grenzüberschreitender Unternehmensfusionen ließ auch den Umfang der Direktinvestitionen in beiden Richtungen anschwellen. Per Saldo verzeichnete die deutsche Kapitalbilanz 2006 einen Kapitalexport von 146,3 Mrd. Euro.

- **Die Devisenbilanz**

In der Devisenbilanz (Reservebilanz) werden alle **direkten Zu- und Abflüsse von Gold und Devisen**[1] erfasst. Dazu zählen sämtliche kurzfristigen Geldtransaktionen, die über die Bundesbank abgewickelt werden[2]. Die Devisenbilanz zeigt somit die Veränderung der Währungsreserven (Gold und Devisen) der Zentralbank an. Sie kann daher auch als das „Auslandskonto der Bundesbank" bezeichnet werden (es wird auch *Auslandsposition der Bundesbank* genannt).

Devisenzugänge beispielsweise entstehen durch Waren- und Dienstleistungsexporte:

Beispiel

Ein deutscher Exporteur verkauft Maschinen in die USA gegen Barzahlung von US-Dollar.

Durch diese wirtschaftliche Transaktion kommt es in der Handelsbilanz der Bundesrepublik zu einer erhöhten Warenausfuhr (Buchung auf der Aktivseite). In der Devisenbilanz hat das den Zugang von Dollar zur Folge (**Buchung auf der Passivseite**), d. h. dem Inland sind *Devisen zugeflossen*.

Aktiva	Devisenbilanz	Passiva
Abfluss von Gold und Devisen		Zufluss von Gold und Devisen
= Goldexport und Devisenabgang		= Goldimport und Devisenzugang

Auf Dauer kann ein Land Zahlungen ans Ausland nur leisten und Güter und Dienste nur einführen, soweit ihm dafür ausländische Devisen (Währungseinheiten) zur Verfügung stehen. Um den Saldo auszugleichen, muss die Zentralbank gegebenenfalls Währungsreserven einsetzen.

Das Zahlungsbilanzgleichgewicht

Alle ökonomischen Transaktionen lassen sich auf fünf Grundtypen zurückführen. In einem vereinfachten Zahlungsbilanzschema kann ihre Verbuchung wie folgt dargestellt werden:

Wirtschaftliche Transaktionen mit dem Ausland	Zahl der Buchungen in den Teilbilanzen[3]			
	Handels- und Dienstleistungsbilanz	Übertragungsbilanz	Kapitalbilanz	Devisenbilanz
Tausch von Gütern oder Diensten gegen Forderungen *Beispiel:* Export von Volkswagen in die USA	1	0	1	0
Tausch von Gütern oder Diensten gegen Güter oder Dienste *Beispiel:* Tauschgeschäft mit Russland: Stahlröhren gegen Erdgas	2	0	0	0

(Fortsetzung s. folgende Seite)

---

[1] Zu den Devisen zählen alle ausländischen Zahlungsmittel, wie Schecks, Wechsel und Buchgeld. Bargeld in ausländischer Währung (Banknoten und Münzen) werden als Sorten bezeichnet.

[2] Es könnte zunächst verwirren, dass eine gesonderte Devisenbilanz geführt wird, da doch Devisen ebenfalls kurzfristige Kreditbeziehungen sind. Aus statistischen Gründen wird in der Devisenbilanz lediglich die Veränderung des Devisenbestandes bei der Bundesbank einschließlich der Änderungen ihres Goldbestandes erfasst. Die Änderungen der Devisenforderungen und -verbindlichkeiten aller anderen Inländer einschließlich der Geschäftsbanken wird in der Bilanz des kurzfristigen Kapitalverkehrs festgehalten.

[3] ohne „Bilanz der Erwerbs- und Vermögenseinkommen"

Zahl der Buchungen in den Teilbilanzen				
Wirtschaftliche Transaktionen mit dem Ausland	Handels- und Dienstleistungsbilanz	Übertragungsbilanz	Kapitalbilanz	Devisenbilanz
Übertragung von Gütern oder Diensten ohne unmittelbare ökonomische Gegenleistung *Beispiel:* Medikamentenlieferung des Deutschen Roten Kreuzes in ein ausländisches Katastrophengebiet	1	1	0	0
Übertragung von Finanzmitteln ohne unmittelbare ökonomische Gegenleistung *Beispiel:* Wiedergutmachungszahlungen der Bundesrepublik an Israel	0	1	0	1
Tausch von Finanzmitteln gegen Finanzmittel *Beispiel:* Die Deutsche Bundesbank legt überschüssige $-Reserven in verzinslichen US-Staatspapieren an.	0	0	1	1

(nach Vorlagen von: Allgayer, Friedemann u. a., Der Milliardenkreislauf, München/Wien (Olzog) 1972, S. 139)

Da also bei jeder Buchung auf einer der Teilbilanzen eine Gegenbuchung auf einer anderen erfolgen muss (Prinzip der doppelten Buchführung: Jeder Gutschrift entspricht eine Lastschrift), **ist die Zahlungsbilanz stets ausgeglichen**, obwohl sich regelmäßig **Salden in den Teilbilanzen** ergeben (nur zufällig könnten sämtliche Teilbilanzen ausgeglichen sein). **Eine aktive oder passive Zahlungsbilanz kann es folglich nicht geben**, wie das folgende Beispiel zeigt.

Beispiele

Das Statistische Bundesamt der Bundesrepublik hat folgende Transaktionen mit dem Ausland aufgezeichnet:

1. Maschinenbauunternehmen exportieren Geräte der Messtechnik ins außereuropäische Ausland, bar .... 60 Mrd. Euro
   Buchung: *Handelsbilanz an Devisenbilanz*

2. Deutsche Unternehmen importieren Südfrüchte a) gegen Kredit .... 10 Mrd. Euro
   b) bar .... 5 Mrd. Euro
   Buchung: *Kapitalbilanz und Devisenbilanz an Handelsbilanz*

3. Beitragszahlungen an die UNO, bar .... 9 Mrd. Euro
   (von der Bundesbank abgerufen)
   Buchung: *Devisenbilanz an Übertragungsbilanz*

4. Das Ausland erhält Handelskredite, bar (von der DBB abgerufen) .... 4 Mrd. Euro
   Buchung: *Devisenbilanz an Kapitalbilanz*

5. Die exportierten Messgeräte (Fall 1) wurden von deutschen Spediteuren ins Ausland transportiert. Die Transportkosten werden bar bezahlt .... 7 Mrd. Euro
   Buchung: *Dienstleistungsbilanz an Devisenbilanz*

6. Deutsche Urlauber geben auf ihren Auslandsreisen pro Jahr aus .... 20 Mrd. Euro
   Buchung: *Devisenbilanz an Dienstleistungsbilanz*

7. Ausländische Investoren erzielen in Deutschland Dividende .... 2 Mrd. Euro
   Buchung: *Kapitalbilanz an Bilanz der Erwerbs- und Vermögenseinkommen*

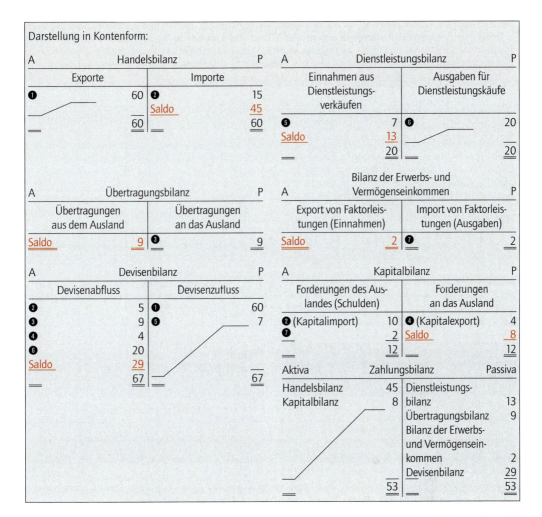

Erklärung:

Die Addition der Handels-, Dienstleistungs-, Übertragungsbilanz sowie der Bilanz der Erwerbs- und Vermögenseinkommen (= Leistungsbilanz) und der Kapitalbilanz ergibt insgesamt einen **Einnahmenüberschuss** von 29 Mrd. Euro (45 + 8 = 53; 53 − 13 − 9 − 2 = 29). In dem Beispielland Bundesrepublik waren demzufolge die Zahlungseingänge aus dem Ausland um 29 Mrd. Euro höher als die Zahlungsausgänge in das Ausland.

Ursache: Deutschland hat mehr Leistungen für das Ausland erbracht, als es selbst an Leistungen vom Ausland bezogen hat. Dieser erhöhte Zahlungseingang (z. B. aufgrund eines hohen Überschusses in der Handelsbilanz) bedeutet, dass **Devisen zugeflossen** sind und sich nun im Inland befinden. In der Devisenbilanz wird dieser Geldstrom als Saldo auf der Aktivseite ausgewiesen (Überschuss = Devisenabfluss < Devisenzufluss).

- Der ausgewiesene **Überschuss in der Devisenbilanz** (= positiver Saldo) wird als **aktive Zahlungsbilanz** bezeichnet.
- Entsprechend wird von einer **passiven Zahlungsbilanz** gesprochen, wenn sich ein Defizit (Devisenabfluss > Devisenzufluss) **in der Devisenbilanz** errechnet (= negativer Saldo).
- Gleichen sich die Zahlungseingänge und Zahlungsausgänge (Überschüsse und Defizite) **für sämtliche Transaktionen** mit dem Ausland, die in der Leistungsbilanz und Kapitalbilanz verbucht wurden, **aus, so ist der Saldo der Devisenbilanz = null.**

- Von einem **Zahlungsbilanzungleichgewicht** spricht man, wenn langfristig (2–3 Jahre) in einer Volkswirtschaft die **Zuflüsse und Abflüsse an Devisen nicht ausgeglichen** sind. (Die Zahlungsbilanz selber ist formell stets ausgeglichen; eine aktive bzw. passive Zahlungsbilanz bezieht sich immer auf die Devisenbilanz, in der regelmäßig ein Saldo entsteht.)

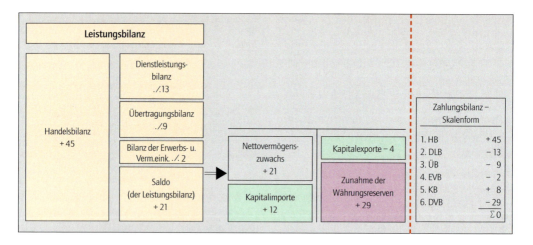

Wichtige Posten der Zahlungsbilanz[1]

Mrd. €

Position	2008	2009
I. Leistungsbilanz		
1. Außenhandel		
Ausfuhr (fob)	984,1	803,5
Einfuhr (cif)	805,8	667,4
Saldo	+ 178,3	+ 136,1
2. Ergänzungen zum Außenhandel[2]	– 12,6	– 9,2
3. Dienstleistungen (Saldo)	– 7,0	– 9,4
4. Erwerbs- und Vermögenseinkommen (Saldo)	42,6	33,8
5. Laufende Übertragungen (Saldo)	– 34,3	– 31,9
Saldo der Leistungsbilanz	+ 167,0	+ 119,4
II. Saldo der Vermögensübertragungen	– 0,21	– 0,19
III. Saldo der Kapitalbilanz	– 198,7	– 137,8

Ursachen und wirtschaftliche Folgen von Zahlungsbilanzungleichgewichten

Die Ursache für ein Zahlungsbilanzdefizit bzw. -überschuss ergibt sich generell aus der Unausgeglichenheit der Teilbilanzen.

[1] Quelle: Deutsche Bundesbank: Zahlungsstatistik Stand vom 12.04.2010
[2] Unter anderem Lagerverkehr auf inländische Rechnung und Absetzung der Rückwaren

Beispiele

Handelsbilanz: Exporte sind wertmäßig höher als die Importe.
Mögliche Ursachen:
- Inlandsgüter haben höhere Qualität und technische Vorteile: Das exportorientierte Land hat eine fortschrittliche Fertigungstechnologie (Erfindungen). Dieses Land kann nun aufgrund seiner z. B. höheren Produktivität preisgünstigere und technisch ausgereiftere Produkte anbieten. Das wiederum führt zu vermehrten Exporten (→ aktive Handelsbilanz).
- Hohe Inflation im Ausland, deshalb sind die Güter auf dem Inlandsmarkt preisgünstiger.
- Konjunkturaufschwung bzw. Hochkonjunktur im Ausland.
- Geschmackswandel bei Nachfragern, sodass in erster Linie die Inlandswaren verlangt werden.
- Verschlechterung des Wechselkurses, sodass Inlandswaren für Importeure deutscher Waren preisgünstiger werden.

Folge: Devisenzuflüsse, möglicherweise Devisenüberschüsse (→ Zahlungsbilanzungleichgewicht).

Dienstleistungsbilanz: Importe von Dienstleistungen sind wertmäßig größer als die Exporte.
Mögliche Ursache: Aufgrund von sehr vielen Auslandsreisen der Bevölkerung sind hohe Geldbeträge ins Ausland abgeflossen (→ passive Dienstleistungsbilanz).

Übertragungsbilanz: Die unentgeltlichen Leistungen an das Ausland sind größer als die des Auslands an das Inland (→ passive Übertragungsbilanz).

Mögliche Ursachen: Hohe Zahlungen zur Wiedergutmachung und Zahlungen an die Europäische Union.

Oder der umgekehrte Fall:

Die erhaltenen Leistungen ohne unmittelbare Gegenleistung sind größer als die erbrachten Leistungen ohne unmittelbare Gegenleistung (→ Saldo = Überschuss).

Mögliche Ursachen: Es gehen zusätzliche öffentliche und private Zahlungen ein wie z.B. Entschädigungen von Versicherungen oder Heimatüberweisungen.

Für ein *exportorientiertes* Land mit einer **aktiven Zahlungsbilanz** ergibt sich folgendes Problem:

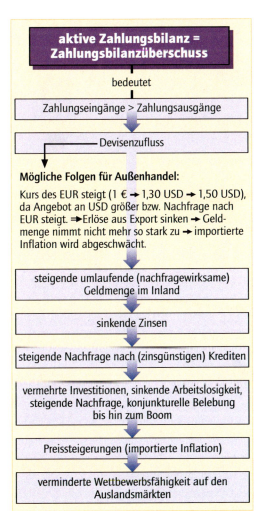

Aufgaben

1. a) Welche Information können Sie aus einer Handelsbilanz ableiten, in der die Exporte mit 400 Mrd. Euro und die Importe mit 250 Mrd. Euro ausgewiesen sind?
   b) Welche Auswirkungen hat diese Situation auf
   – die Leistungsbilanz
   – die Zahlungsbilanz
   – die gesamtwirtschaftlichen Daten des exportierenden Landes?

2. In welchen Teilbilanzen und auf welcher Bilanzseite werden die folgenden Transaktionen erfasst?
   a) Ein Maschinenbauunternehmen aus Hannover verkauft Druckereimaschinen nach Großbritannien. Die Bezahlung erfolgt durch einen Handelskredit, fällig in zwei Monaten.
   b) Die Bundesrepublik stellt Botswana auf Kreditbasis 7 Mio. Euro für die Entwicklung seiner Wirtschaft zur Verfügung.
   c) Ein deutscher Lebensmittelkonzern importiert aus Ghana Kakao im Werte von 80.000 €. Die Bezahlung erfolgt zu 10 % in bar, die restlichen 90 % erfolgen gegen Kreditaufnahme.
   d) Inländische Unternehmen erhalten langfristige Kredite des Auslands bar von insgesamt 170 Mio. Euro.
   e) Deutsche Unternehmen investieren in Hongkong.
   f) Ausländische Geldanleger kaufen deutsche Wertpapiere.
   g) Die deutschen Landwirte erhalten Zuschüsse von der Europäischen Union.
   h) Ein Lkw eines deutschen Spediteurs hat in Spanien einen Achsenbruch. Er wird von einer spanischen Reparaturwerkstatt wieder fahrtüchtig gemacht.
   i) Deutsche Unternehmen erzielen (auf US-Dollar lautende) Dividenden im Ausland in Höhe von 30 Mio. Euro.

3. Warum ist die Zahlungsbilanz formal immer ausgeglichen?

4. Erklären Sie die Entstehung
   a) einer aktiven und
   b) einer passiven Zahlungsbilanz.

5. Erklären Sie die Begriffe: Devisen, Transaktionen, Leistungsbilanz und Zahlungsbilanz.
6. Warum spricht man von einer ausgeglichenen Zahlungsbilanz, wenn der Saldo der Devisenbilanz null ist?
7. Nennen Sie je ein Beispiel für Transaktionen, die
   a) zu einem Devisenzufluss,
   b) zu einem Devisenabfluss führen.
8. Welche Bedeutung hat eine passive Zahlungsbilanz?
9. a) Was verstehen Sie unter Außenbeitrag,
   b) warum ist er gesamtwirtschaftlich unerwünscht und
   c) wann ist er null?
10. Die Reiseausgaben der Bundesbürger stiegen im Jahr 2011 auf 60,7 Milliarden Euro.
    a) Welche Auswirkungen hat diese Reisetätigkeit der Bundesbürger auf die Leistungsbilanz?
    b) Warum ist diese grenzenlose Reiselust bezüglich der Forderung des Stabilitätsgesetzes nach einem außenwirtschaftlichen Gleichgewicht eher unerwünscht?
    c) Um wie viel Prozent sind die Reiseausgaben im Jahr 2012 im Vergleich zum Vorjahr angestiegen?

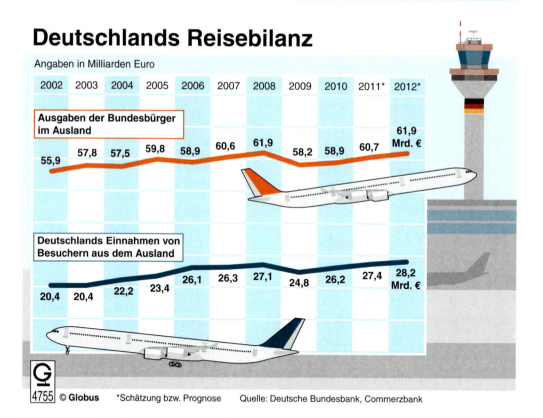

Deutschlands Reisebilanz

Die Reiselust der Bundesbürger hat im vergangenen Jahr wieder deutlich zugenommen. Die deutschen Reiseausgaben im Ausland stiegen im Jahr 2011 nach ersten Schätzungen um knapp zwei Milliarden Euro auf insgesamt 60,7 Milliarden Euro. Das beliebteste Auslandsreiseziel der Bundesbürger blieb Spanien; mit 6,7 Milliarden Euro gaben die deutschen Reisenden 2011 rund fünf Prozent mehr aus als im Vorjahr.

Mit 6,5 Milliarden Euro folgt Österreich auf Platz zwei der beliebtesten Urlaubsländer. Laut einer Studie der Commerzbank werden die Deutschen 2012 ihre Reiseausgaben zwar weiter erhöhen, doch bleibt der Zuwachs voraussichtlich hinter dem des Jahres 2011 zurück – nicht zuletzt als Folge der Unsicherheiten durch die Euroschuldenkrise. Nahe gelegene Reiseziele dürften den Experten zufolge profitieren.

Zusammenfassung

Die Zahlungsbilanz

= Gegenüberstellung aller wirtschaftlichen Transaktionen (Zahlungsforderungen und Zahlungsverbindlichkeiten) zwischen dem Inland und dem Ausland innerhalb eines Jahres

setzt sich zusammen aus den Teilbilanzen

Handels-bilanz	Dienst-leistungsbilanz	Übertragungs-bilanz	Bilanz der Erwerbs- und Vermögenseinkommen	Kapital-bilanz	Devisen-bilanz
		Leistungsbilanz			

Zahlungsbilanzgleichgewicht

→ Überschüsse und Defizite der Teilbilanzen gleichen sich aus, d. h.,
- gegenüber dem Ausland bestehen weder Forderungen noch Schulden
- Saldo der Devisenbilanz = Null (Devisenzuflüsse = Devisenabflüsse)

Zahlungsbilanzungleichgewichte

(Teilbilanzen gleichen sich nicht gegenseitig aus)

— wenn —

Saldo der Devisenbilanz positiv, d. h., Zahlungseingänge aus dem Ausland übersteigen die Zahlungsausgänge (→ Devisenzuflüsse)

Saldo der Devisenbilanz negativ, d. h., Zahlungseingänge sind geringer als die Zahlungsausgänge in das Ausland (→ Devisenabflüsse)

Aktive Zahlungsbilanz (= Zahlungsbilanzüberschuss)
Die Zahlungsbilanz wird durch Zunahme der Gold- und Devisen-bestände ausgeglichen.

Folge:
Preissteigerungen (→ importierte Inflation)

Passive Zahlungsbilanz (= Zahlungsbilanzdefizit)
Die Zahlungsbilanz wird durch Abnahme der Gold- und Devisen-bestände ausgeglichen.

Folge:
Preissteigerungsraten gehen zurück (→ deflatorische Tendenz)

Entscheidend für einen Zahlungsbilanzüberschuss bzw. ein Zahlungsbilanzdefizit ist die Entwicklung der Leistungsbilanz.

Zusammenfassung

Störungen des außenwirtschaftlichen Gleichgewichts und seine Auswirkungen

Leistungsbilanzüberschuss

- **Exporte > Importe**
  - Inlandswaren bzw. -leistungen billiger als im Ausland
  - Inlands„produktion" steht auf höherem technischen Niveau als die des Auslands bzw. besitzt höhere Attraktivität (z. B. als Urlaubsziel)
  - Außenwert der heimischen Währung niedrig bzw. gesunken

- **Hohe laufende Übertragungen aus dem Ausland**
  - viele Inländer arbeiten im Ausland
  - Zahlungen internationaler Organisationen, Empfänger von Entwicklungshilfe (nicht Kredit) oder von Reparationen

⇓

Überschussland

Leistungsbilanzdefizit

- **Importe > Exporte**
  - Inlandswaren bzw. -leistungen teurer als im Ausland
  - Inlandsproduktion steht auf niedrigerem technischen Niveau als die des Auslands
  - Aufbau der Industrie erfordert hohe Produktionsgüterimporte
  - Wechselkurs der heimischen Währung zu niedrig (Außenwert hoch)

- **Hohe laufende Übertragungen an das Ausland**
  - Beschäftigung ausländischer Gastarbeiter
  - Zahlungen an internationale Organisationen und/oder von Entwicklungshilfe, evtl. Zahlung von Reparationen bzw. Stationierungskosten

⇓

Defizitland

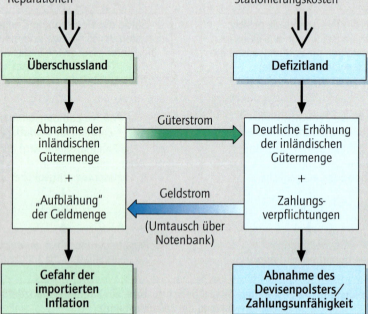

Abnahme der inländischen Gütermenge + „Aufblähung" der Geldmenge → Gefahr der importierten Inflation

Güterstrom →
Geldstrom ← (Umtausch über Notenbank)

Deutliche Erhöhung der inländischen Gütermenge + Zahlungsverpflichtungen → Abnahme des Devisenpolsters/Zahlungsunfähigkeit

8.10 Handels- und zollpolitische Maßnahmen zur Beeinflussung des Außenwirtschaftsverkehrs

Detlef Hansen liest die folgende Notiz im Wirtschaftsteil seiner Tageszeitung:

Strafzölle auf CD-Spieler

BRÜSSEL, 13. Juli (dpa/vwd). CD-Plattenspieler (Compact Disc) aus Japan und Südkorea könnten in der Europäischen Union bald teurer werden. Die Kommission der Europäischen Union hat nämlich jetzt provisorische Strafzölle zwischen 6,4 und 33,9 Prozent auf einen großen Teil der Lieferungen aus diesen beiden Ländern verhängt. Die Zölle, heißt es, sollen die europäischen Hersteller vor Dumpingpreisen schützen. Die meisten CD-Spieler aus Japan und Südkorea, meint die Kommission, seien in Europa zu Preisen angeboten worden, die zum Teil weit unter den Preisen auf den heimischen Märkten lägen. Bei den japanischen Geräten habe die Dumpingrate zwischen 1,5 und 45,6 Prozent, bei koreanischen Geräten zwischen 20,1 und 23,5 Prozent betragen.

Welche außenwirtschaftspolitischen Maßnahmen wurden von Japan und Südkorea einerseits, der Europäischen Union andererseits angewandt?
Aus welchem Grund werden derartige Maßnahmen ergriffen?

Information

Freihandel oder Protektionismus

Die internationale Handelspolitik kennt zwei einander entgegengesetzte Prinzipien. Im **System des Freihandels** gibt es einen völlig unbehinderten internationalen Güteraustausch. Die Ländergrenzen haben eine rein politische Bedeutung und stellen für die zwischenstaatlichen Handelsbeziehungen keine Schranke dar. Jeder kann in der ganzen Welt kaufen oder verkaufen. Dies kann sehr häufig zu besseren Konditionen geschehen als im Inland. Somit wird der größte Nutzen nicht nur für sich selbst, sondern auch für alle Übrigen erzielt. In- und Ausländer werden also gleich behandelt.

Es ist unter Volkswirten unbestritten, dass der Freihandel vorteilhaft ist: Die Gesamtproduktion der Welt wird bei gegebener Ausstattung mit Produktionsfaktoren maximiert. Es gibt jedoch einige Argumente, die das Prinzip des Freihandels kritisch beleuchten:

- Der Freihandel garantiert nicht die optimale Entwicklung der Produktionsstruktur der Länder. Aus dem Außenhandel resultierende Überschüsse werden nicht „gerecht" verteilt.

Beispiel

Land A hat sich auf die Produktion von Rindfleisch, Land B auf die Produktion von Stahl spezialisiert. Da durch die fortschreitende Industrialisierung der Bedarf an Stahl laufend wächst, die Nachfrage nach Rindfleisch hingegen eine natürliche Grenze erreicht, hätte diese internationale Arbeitsteilung für Land A langfristig die Folge, dass die Nachfrage nach seinem Exportgut stagniert, seine Importwünsche hingegen laufend steigen werden.

Wie die bisherige Entwicklung des Welthandels zeigt, verlieren die Anbieter von landwirtschaftlichen Produkten gegenüber den Anbietern von Industrieprodukten. Die Nachfrage nach Industrieprodukten und deren Preise steigen weitaus schneller als die Nachfrage nach landwirtschaftlichen Gütern und Rohstoffen und deren Preise.

Weil auf die Dauer nur eine Steigerung der Arbeitsproduktivität durch Mechanisierung und Industrialisierung eine Zunahme des materiellen Wohlstandes bewirken kann, müssen alle Länder die Entwicklung einer heimischen Industrie anstreben. Dies geht aber nur, wenn gegen das Prinzip des Freihandels verstoßen wird. Solche Schutzmaßnahmen sollen vor der erdrückenden Konkurrenz der entwickelten ausländischen Industrienationen schützen.

Beispiel

Der Industrialisierungsprozess in Deutschland während des 19. Jahrhunderts ist entscheidend durch Schutzzölle auf Waren erleichtert worden, die den Konkurrenzkampf mit der damals führenden englischen Industrie zu bestehen halfen.

- Extreme Spezialisierung der Wirtschaftsstruktur eines Landes ist im Interesse langfristiger Stabilität zu vermeiden.

Beispiel

Ein Land, das nur Kakao exportiert, ist vollständig von der Entwicklung der Kakaopreise auf dem Weltmarkt abhängig.

- Bestimmte Wirtschaftszweige sollen vor Abhängigkeit geschützt werden.

Beispiel

Kann ein Produkt im Ausland ständig und auf lange Sicht günstiger als im Inland hergestellt werden, so besteht die Möglichkeit, dass die inländische Produktion eingestellt, die betroffenen Betriebe aufgelöst werden. Dadurch ist das Land auf den Bezug dieser Güter aus dem Ausland zunehmend angewiesen. Unter diesem Aspekt (neben Nachteilen wie Arbeitslosigkeit usw.) ist ohne staatliche Einflussnahme die wirtschaftliche Unabhängigkeit und Selbstversorgung (Autarkie) gefährdet.

Im **System des Protektionismus** wird der internationale Handel durch verschiedene Eingriffe erschwert oder begünstigt.

Der Staat gewährt inländischen Produzenten eine Vorzugsstellung. Dies kann durch Erschwerung der Einfuhr geschehen, die eine Konkurrenzbeschränkung für die inländischen Unternehmen bewirkt. Dadurch kann es jedoch zur Entstehung von Monopolen oder Kartellen kommen, was zulasten der Konsumenten geht.

Aber auch Erleichterungen der Ausfuhr können die Verbraucher z. B. durch eine Verschlechterung der Inlandsversorgung oder inflationistische Tendenzen schädigen.

Ob bzw. unter welchen Voraussetzungen eine Behinderung des freien internationalen Warenaustauschs gerechtfertigt sein kann, ist eine jahrhundertealte Streitfrage.

Grundsätzliche Strategien in der Außenwirtschaftspolitik

Freihandel

Verbesserung der wirtschaftlichen Situation von Konsumenten und Produzenten durch Förderung der internationalen Arbeitsteilung.

- Jedes Land beschränkt sich auf die Produktion der Güter, die es am besten und billigsten herstellen kann.
- Abbau sämtlicher Handelshemmnisse.
- Die Produktionsfaktoren Arbeit und Kapital können dorthin gelangen, wo ihre Produktivität am höchsten ist.
- Die Güter können ohne Einschränkung an die Orte gelangen, wo sie für den größten Nutzen sorgen.

Protektionismus

Verbesserung der wirtschaftlichen Situation von Konsumenten und Produzenten durch Schutz der einheimischen Produktion und des eigenen Marktes.

- Schutz der inländischen Produzenten vor der ausländischen Konkurrenz.
- Bekämpfung der Arbeitslosigkeit durch Bevorzugung nationaler Erzeugnisse.
- Umfangreiche Zölle als Mittel der staatlichen Einnahmequellen.

Deutsche Außenwirtschaftspolitik

> Die **Außenwirtschaftspolitik** ist die Summe aller Maßnahmen zur Beeinflussung und Gestaltung der Außenwirtschaft.

In der Bundesrepublik Deutschland werden die Regierungsmaßnahmen durch solche der Bundesbank unterstützt und zunehmend durch solche übernationaler Organisationen, wie z. B. der Europäischen Union und der Europäischen Zentralbank ergänzt bzw. ersetzt.

Grundprinzip der deutschen Außenwirtschaftspolitik ist es, möglichst wenig durch staatliche Maßnahmen in die außenwirtschaftlichen Beziehungen einzugreifen. Der internationale Handels- und Zahlungsverkehr zwischen der Bundesrepublik und dem Ausland läuft also weitgehend nach marktwirtschaftlichen Grundsätzen ab (Freihandel). Abgelehnt werden dagegen spezielle Maßnahmen, um die inländische Wirtschaft vor ausländischer Konkurrenz zu schützen (Protektionismus). Die Bundesrepublik Deutschland hält sich dabei an das Regelwerk der Welthandelsorganisation bzw. des Allgemeinen Zoll- und Handelsabkommens GATT. Dieses sieht durch Beseitigung der internationalen Handelshemmnisse und diskriminierender Handlungsweisen eine Förderung des Freihandels vor, wodurch sich der Lebensstandard erhöhen soll.

Instrumente der Außenhandelspolitik

Viele Länder versuchen, ihren Außenhandel mehr oder weniger stark zu beeinflussen.

Trotz der offenkundig positiven Wirkungen internationalen Freihandels gibt es praktisch kein Land, in dem nicht irgendwelche Formen der Handelsbeschränkung (Protektion) aus bestimmten Gründen praktiziert werden.

Beispiel

Aus stabilitätspolitischen Gründen gewährt die Bundesregierung staatliche Beihilfen für die Werft- und die Stahlindustrie. Dadurch soll eine größere regionale Arbeitslosigkeit in den Küstenregionen oder im Ruhrgebiet verhindert werden.

Als Instrumente der Außenwirtschaftspolitik sind u. a. denkbar:

- **Zölle**

  Zölle sind Abgaben, die beim grenzüberschreitenden Warenverkehr vom Staat erhoben werden.

  Sie sind das älteste und wahrscheinlich heute noch am häufigsten angewandte Mittel der Außenwirtschaftspolitik. Sie werden überwiegend als Importzölle erhoben. Dabei haben sie entweder das Ziel, dem Staat Einnahmen zu verschaffen (Finanzzoll) oder einen einheimi-

Mittel der Außenwirtschaftspolitik	expansive Wirkung (= Förderung der inländischen Wirtschaft)	restriktive Wirkung (= Belastung der inländischen Wirtschaft)
Preismaßnahmen	– Preisentlastung des Exports, z. B. Subventionen (Exportprämien), Steuerrückvergütungen, Krediterleichterungen. – Preisbelastung des Imports (durch Importzölle)	– Preisbelastung des Exports (z. B. Ausfuhrzölle) – Preisentlastung des Imports
Mengenmaßnahmen	– Einfuhrverbote – Einfuhrkontingente (= Begrenzung der Einfuhrmengen bestimmter Güter) – Aufhebung von Exportverboten und Exportkontingenten	– Ausfuhrverbote – Ausfuhrkontingente (= Begrenzung der Ausfuhrmengen bestimmter Güter) – Aufhebung von Importverboten und Importkontingenten
Wechselkurspolitik	– Abwertung	– Aufwertung

Überblick über die Mittel der Außenwirtschaftspolitik

schen Wirtschaftszweig vor ausländischer Konkurrenz zu schützen (Schutzzoll). Häufig lassen sich diese beiden Motive kaum trennen.

- **Einfuhrkontingente**

  Einfuhrkontingente sind die schärfsten der protektionistischen Methoden. Bei ihnen ist ein allgemeines Einfuhrverbot Voraussetzung, das Kontingent ist in Form einer Lizenz oder Einfuhrbewilligung eine Ausnahmegenehmigung. Es findet also eine mengenmäßige Beschränkung des grenzüberschreitenden Warenverkehrs statt.

- **Embargomaßnahmen**

  Verbot, mit anderen Staaten Handel zu treiben (aus politischen Gründen).

- **Devisenbewirtschaftung**

  Die Devisenbewirtschaftung ist ein überaus wirksames Mittel zur Erschwerung der Einfuhr. Der Staat beschränkt die Freiheit, beliebig viele ausländische Zahlungsmittel zu kaufen, die für Importe notwendig sind.

- **Exportquoten**

  Durch internationale Vereinbarungen werden Exportquoten für verschiedene Länder festgelegt, um die Preise nicht fallen zu lassen.

Beispiel

Die OPEC (Organisation der Erdöl exportierenden Länder) legte für ihre Mitgliedsländer Förderquoten fest, um dadurch die Erlöse zu stabilisieren.

- **Handelsverträge**

  Langfristige Vereinbarungen zwischen einzelnen Ländern, um den zwischenstaatlichen Handel zu regeln. In einem Handelsvertrag werden die grundlegenden Handelsbeziehungen zwischen Vertragsländern umfassend geregelt, und zwar insbesondere im Hinblick auf die gegenseitige Gewährung von zollmäßigen, handelspolitischen und rechtlichen Vergünstigungen. Unter anderem können vereinbart werden:

  – Art und Menge der Austauschgüter (Warenliste),
  – Art der Verrechnung,
  – Konvertibilität der Währung,
  – Angleichung von Rechtsvorschriften,
  – Errichtung von Zweigniederlassungen,
  – gewerblicher Rechtsschutz (Patente, Muster- und Markenzeichenschutz),
  – Zollvergünstigungen (**Meistbegünstigung**): Ein Land verpflichtet sich vertraglich, dem Partnerland alle Einfuhrerleichterungen zu gewähren, die es auch Drittländern einräumt. Das Partnerland wird demnach dem meistbegünstigten Drittland gleichgestellt. Die Meistbegünstigungsklausel (**M**ost **F**avoured **N**ation) bedeutet die Weitergabe von Zollsenkungen an ein Partnerland, auch dann, wenn die Begünstigten keine Gegenkonzessionen machen. Zweiseitige Handelsvorteile müssen daher automatisch für alle anderen Länder gelten. Die Meistbegünstigung fördert den internationalen Wettbewerb und kommt dem Freihandelsgrundsatz sehr nahe.

Handelsverträge bedürfen wegen ihrer grundlegenden Vereinbarungen der Ratifizierung durch das Parlament.

Man unterscheidet:

1. **Zweiseitige (bilaterale) Verträge**

   Darunter sind Verträge zu verstehen, die zwischen zwei Staaten abgeschlossen werden (z. B. Vertrag zwischen der Bundesrepublik und einem Entwicklungsland).

2. **Mehrseitige (multilaterale) Verträge**

   Sie bezwecken die vertragliche Regelung der wirtschaftlichen Beziehungen mehrerer Länder.

- **Handelsabkommen**

  Kurzfristige Vereinbarungen konkreter Maßnahmen zwischen einzelnen Ländern. Handelsabkommen werden entweder im Vorfeld eines späteren Handelsvertrages abgeschlossen oder dienen der konkreten Ausfüllung eines Handelsvertrages. Sie beinhalten beispielsweise Vereinbarungen über einen zeitlich und mengenmäßig begrenzten Austausch bestimmter Waren zwischen den Partnerländern, über die Einfuhrmodalitäten (z. B. erforderliche Dokumente), über Auslandsinvestitionen sowie über Kapital- und Geldverkehr.

- **Dumping**

  Dumping liegt vor, wenn ein Produkt im Ausland zu Preisen verkauft wird, die nicht die Produktionskosten decken. Ziel des Dumpings ist die rücksichtslose Eroberung eines Absatzmarktes.

- **Staatliche Instanzen zur Beeinflussung der Außenwirtschaftspolitik**

  Staatliche Einrichtungen – aber auch internationale Organisationen – können als Verkäufer bzw. Käufer von Gütern auftreten, um Preise zu stabilisieren.

  Beispiel

  Die Europäische Union kauft zu festgelegten Mindestpreisen Überschussprodukte (z. B. Butter) auf, lagert diese längerfristig („Butterberg") und liefert sie z. T. (durch Exportsubventionen) zu Vorzugsbedingungen an andere Länder (z. B. Russland).

- **Administrative Handelshemmnisse**

  Durch administrative Anforderungen kommt es zu Erschwernissen im Abfertigungs- oder Genehmigungsverfahren, es werden technische Standards vorgegeben oder Herkunftszeugnisse bzw. Gesundheitszertifikate verlangt usw. Diese von Verwaltungen vorgegebenen Methoden laufen praktisch auf eine Importsperre hinaus. Sie gewinnen zunehmend an Bedeutung.

  Beispiele

  - Leicht verderbliche Ware wird erst nach Wochen zollamtlich abgefertigt.
  - Vom Einfuhrland werden zahlreiche Bescheinigungen und Untersuchungen verlangt.

Dumping

Unterbieten oder Verschleudern heißt die Übersetzung von Dumping aus dem Englischen. Der Begriff kommt ursprünglich aus dem internationalen Handelsrecht. Oft wird er aber auch verwendet, wenn ein Anbieter seine Ware dauerhaft unter dem Einstandspreis verkauft, also unter den eigenen Kosten. Mit Dumping-Angeboten macht ein Unternehmen daher Verluste. Der Verbraucher freut sich über den niedrigen Preis, die Wettbewerber ärgern sich. Ziel des Dumping ist es nämlich, Marktanteile zu gewinnen und/oder andere Anbieter vom Markt zu verdrängen. Eine Dumpingstrategie über längere Zeit kann sich ein Unternehmen nur leisten, wenn es mit anderen Produkten genug Geld verdient. Gelingt es ihm, Konkurrenten vom Markt zu drängen, hebt es die Preise meist wieder an. Über Dumping können sich daher auch die Kunden nur kurzfristig freuen.

aus: tagesspiegel, 20. Februar 2002

Aufgaben

1. Was versteht man im Außenwirtschaftsverkehr unter
   a) Freihandel,
   b) Protektionismus?

2. Welche Gründe sprechen
   a) für den Freihandel,
   b) für den Protektionismus?

3. Erläutern Sie, warum eine Devisenbewirtschaftung den Import von Waren erschwert.

4. Führen Sie Beispiele für administrative Handelshemmnisse auf.

5. Wie können staatliche Instanzen und bestimmte internationale Organisationen den Außenhandel beeinflussen?

6. Welche Ursachen können Autarkiebestrebungen eines Landes haben?

7. Welche außenwirtschaftspolitischen Maßnahmen wurden in den folgenden Presseschlagzeilen angesprochen?
   a) „USA erhöhen Abgasvorschriften für PKW",
   b) „Berlin klagt bei der EU höhere Stahlquoten ein",
   c) „Bundesregierung kritisiert überhöhte Subventionen für die Werftindustrie in anderen Ländern"?

8. „Die Japaner greifen an!"

   So lauteten die Schlagzeilen in der deutschen Presse, als die japanischen Autohersteller zum ersten Mal einen größeren Marktanteil in Deutschland errangen. Es wurde die Forderung erhoben, der Staat sollte Maßnahmen ergreifen. Welche Eingriffsmöglichkeiten hatte der Staat in diesem Fall?

Zusammenfassung

Freihandel **Protektionismus**

= völlig unbehinderter Warenaustausch

= Eingriffe des Staates in den Außenhandel
Zweck: Schutz vor ausländischer Konkurrenz

Instrumente der Außenwirtschaftspolitik

- Zölle
- Einfuhrkontingente
- Devisenbewirtschaftung
- Exportquoten
- Handelsverträge
- Dumping

- Staatliche Instanzen zur Beeinflussung der Außenwirtschaftspolitik
- Administrative Handelshemmnisse

8.11 Europäisches System der Zentralbanken (ESZB): Geldschöpfung und Geldmengensteuerung

> **Art. 12[1] (Aufgaben der Beschlussorgane)** (1) (...) Der EZB-Rat[2] legt die Geldpolitik der Gemeinschaft fest, gegebenenfalls einschließlich von Entscheidungen in Bezug auf (...) die Bereitstellung von Zentralbankgeld im ESZB[3], und erlässt die für ihre Ausführung notwendigen Leitlinien.
>
> **Art. 105[4] (Ziele und Aufgaben des ESZB)** (1) Das vorrangige Ziel des ESZB ist es, die Preisstabilität zu gewährleisten. Soweit dies ohne Beeinträchtigung des Zieles der Preisstabilität möglich ist, unterstützt das ESZB die allgemeine Wirtschaftspolitik der Gemeinschaft (...).
>
> **Art. 106[4] (Ausgabe von Banknoten und Münzen)** (1) Die EZB hat das ausschließliche Recht, die Ausgabe von Banknoten innerhalb der Gemeinschaft zu genehmigen. (...)

Um das Wirtschaftswachstum zu fördern und um gleichzeitig Preissteigerungen zu vermeiden, gibt die Europäische Zentralbank (EZB) jährlich ihr Geldmengenziel bekannt. In den letzten Jahren lautete das Ziel: Erhöhung der Geldmenge um 4,5 %.

Bei der Festlegung des Geldvolumens muss sie beachten,

- dass die Wirtschaft genug Geld zur Verfügung hat, um eine Deflation zu vermeiden bzw.
- dass nicht zu viel Geld im Umlauf ist, um Preissteigerungen (Inflation) zu verhindern.

Trotz dieses Geldmengenzieles und des alleinigen Rechts, Banknoten auszugeben, war das Geldvolumen stärker als 4,5 % angewachsen. Die Folge waren Preissteigerungen, die ja durch das vorgegebene Geldmengenziel der EZB vermieden werden sollten.

Finden Sie Erklärungen dafür, wie es möglich ist, dass die Geldmenge entgegen der Absicht der Europäischen Zentralbank ansteigt, obwohl einzig und allein sie berechtigt ist, Banknoten auszugeben?[5]

Information

Bargeld- und Buchgeldschöpfung des Europäischen Systems der Zentralbanken (ESZB)

In der Euro-Währungsunion existieren verschiedene Geldarten nebeneinander:

- Bargeld in Form von Banknoten und Münzen und
- Buchgeld (Giralgeld).

Sämtliche im EU-Währungsraum umlaufenden Münzen sind Scheidemünzen. Sie werden im Auftrag der EZB von den Mitgliedstaaten ausgegeben, wobei der Umfang dieser Ausgabe der Genehmigung durch die EZB bedarf. Banknoten auszugeben ist hingegen das alleinige Recht der EZB.

Die heute in hoch entwickelten Volkswirtschaften am meisten verbreitete Geldart ist hingegen das **Buch- oder Giralgeld.** Buchgelder sind Sichtguthaben oder täglich fällig werdendes Geld

---

[1] Protokoll über die Satzung des Europäischen Systems der Zentralbanken und der Europäischen Zentralbank.
[2] Zentralbankrat, bestehend aus den Mitgliedern des Direktoriums der Europäischen Zentralbank (EZB) und den Präsidenten der nationalen Zentralbanken des Euro-Währungsgebietes (Näheres siehe unter Kapitel 8.12).
[3] Europäisches System der Zentralbanken; es besteht aus der EZB und den nationalen Zentralbanken.
[4] EG-Vertrag in der Fassung vom 16. April 2003.
[5] Die Münzprägung durch die Regierungen der Mitgliedstaaten (Münzhoheit) in Abstimmung mit der EZB soll hierbei vernachlässigt bleiben.

(auch Festgelder mit einer Befristung bis zu 30 Tagen) von Nichtbanken bei den Kreditinstituten. Sie existieren nur auf den Konten der Banken.

Buchgeld unterscheidet sich vom Bargeld dadurch, dass

- es nur im *bargeldlosen* Zahlungsverkehr übertragbar ist (Verrechnungsschecks und Überweisungen beispielsweise sind kein Buchgeld, sondern lediglich Instrumente, mit denen Buchgeld von einem Konto zu einem anderen Konto übertragen werden kann). Buchgeld ist jederzeit in voller Höhe in Bargeld umwandelbar;
- es weniger liquide ist als Bargeld.

> Buchgeld kann sowohl von der **Europäischen Zentralbank** als auch von den **Kreditinstituten** geschaffen werden.

Die EZB kann nach eigenem Ermessen Geld in Form von Banknoten und Buchgeld schaffen. Diesen Vorgang bezeichnet man als Geldschöpfung der Notenbank.

Das ESZB produziert Zentralbankgeld (= Bargeld und Buchgeld)[1] und bringt es in den Geldkreislauf durch:

- Ankauf oder Verpfändung von Wertpapieren,
- Ankauf von Gold und Devisen (ausländische Zahlungsmittel),
- Ankauf der Scheidemünzen von den Mitgliedstaaten (Münzen verkauft das ESZB an die Kreditinstitute gegen Banknoten),
- Kreditgewährung an die jeweiligen Staaten.

} Ankauf von Aktiva

Die jeweilige nationale Zentralbank bezahlt diese Transaktionen mit den von der EZB hergestellten Banknoten oder durch die Einräumung von Sichtguthaben. Folge: Das ESZB erwirbt auf der einen Seite Aktiva, denen auf der Passivseite als Gegenposition ausgegebenes Zentralbankgeld (Banknotenumlauf) und Einlagen (von inländischen Geschäftsbanken und öffentlichen Haushalten) gegenüberstehen.

Aktiva	Bilanz, z. B. der Deutschen Bundesbank	Passiva
Gold		Banknotenumlauf
Kredit und sonstige Forderungen an das Ausland		Einlagen
		– von inländischen Geschäftsbanken
Kredit an inländische Kreditinstitute		– von öffentlichen Haushalten
Devisen und Sorten		– aus dem Auslandsgeschäft
Verbindlichkeiten an das Ausland		– gegenüber Kreditinstituten
Wertpapiere		– aus abgegebenen Liquiditätspapieren
Scheidemünzen		

Beispiel

Die Deutsche Bundesbank kauft von einem Kreditinstitut für 80.000,00 Euro Wertpapiere. Sie schreibt der Geschäftsbank den Gegenwert auf ihrem Bundesbankkonto gut.

Aktiva	Bilanz d. Deutschen Bundesbank	Passiva
Wertpapiere + 80.000,00		Einlagen von + 80.000,00 inländischen Geschäftsbanken

Die Deutsche Bundesbank (das ESZB) hat in diesem Fall Buchgeld geschaffen. Wären die 80.000,00 Euro für die Wertpapiere mit Banknoten bezahlt worden, dann wäre zusätzliches Bargeld in den Wirtschaftskreislauf geflossen.

So wird in jedem der aufgeführten Fälle, in denen Zentralbankgeld in den Geldkreislauf gebracht wird, **zusätzliches** Geld in Umlauf gebracht (= Bargeld- bzw. Buchgeld**schöpfung**); die Menge des Zentralbankgeldes erhöht sich dadurch.

Bei umgekehrtem Verhalten der Bundesbank wird **Zentralbankgeld „vernichtet"**. Das heißt es fließen in diesen Fällen entsprechend Banknoten zur Bundesbank zurück. Verkauft die Bundesbank beispielsweise Gold oder Devisen, so erhält sie dafür Banknoten. Folge: Der Banknotenumlauf wird verringert.

Zur *Bargeld*schöpfung und -vernichtung ist allein die EZB berechtigt.

---

[1] Banknoten, Münzen und Sichtguthaben sind stets Zentralbankgeld. Zum Geldvolumen werden sie hingegen nur dann gerechnet, wenn sie sich außerhalb des Bankensektors befinden. So ist das Sichtguthaben eines Kreditinstituts bei der Bundesbank zwar Zentralbankgeld, zählt aber nicht zum Geldvolumen. Insofern führt nicht jede Erhöhung der Zentralbankgeldmenge gleichzeitig zu einer Vergrößerung der Geldmenge.

Beispiele

Geldschöpfung durch Ankauf von Wertpapieren:

Die Bundesbank kauft festverzinsliche Wertpapiere des Staates, z. B. Schuldverschreibungen.

Die Papiere werden bar bezahlt mit neuen Banknoten (= *Bargeldschöpfung*) oder durch die Einräumung eines Sichtguthabens (= Buchgeld- oder Giralgeldschöpfung). Der Erlös fließt in die Wirtschaft. Die umlaufende Geldmenge nimmt zu.

Geldschöpfung durch Ankauf von Devisen:

Die Großhandlung Grotex GmbH verkauft Textilien an einen Kunden in Polen im Wert von 39.300 Zloty. Von seinem polnischen Geschäftspartner bekommt das deutsche Großhandelsunternehmen einen Scheck in entsprechender Höhe. Diesen Scheck reicht die Grotex GmbH bei ihrer Hausbank ein, die ihn wiederum an die nationale Zentralbank (hier: Bundesbank) verkauft. Die Bundesbank bezahlt zum entsprechenden Kurs mit Euro-Banknoten. Dieser Betrag wird dem Großhändler auf seinem Konto gutgeschrieben (= Sichtguthaben); er kann über den Gegenwert nun frei verfügen.

Damit ist zusätzlich Zentralbankgeld entstanden – die Geldmenge im Euro-Währungsgebiet hat sich erhöht.

> **Geldschöpfung des ESZB** = Vermehrung der umlaufenden Geldmenge durch den Ankauf von Aktiva und Kreditgewährung (→ es entsteht neues, zusätzliches Geld).

Ob die Geldnachfrage der Wirtschaftssubjekte (Unternehmen, Haushalte und Staat) befriedigt werden kann, hängt vom Geldangebot ab. Wie in Kap. 8.12 noch dargestellt wird, kontrolliert die Europäische Zentralbank das gesamte Geldangebot, also auch das der Kreditinstitute.

Buchgeldschöpfung der privaten Kreditinstitute

- **Passive Giralgeldschöpfung**

Da Unternehmen und Haushalte sich nicht bei der EZB verschulden können, ist es Aufgabe der Kreditinstitute, die Wirtschaft mit Krediten zu versorgen. Kreditinstitute „produzieren" Kredite (und damit auch Buchgeld) – das ist ihre Hauptaufgabe.

Beispiele für das Entstehen von Buchgeld

Frau Jonas, Abteilungsleiterin des Rechnungswesens in der Grotex GmbH, zahlt eine Summe in Höhe von 10.000 Euro am Abend bei der Hausbank der Großhandlung auf das Firmenkonto ein.

Das Beispiel zeigt, dass Frau Jonas mit ihrer Einzahlung Bargeld in Buchgeld umgewandelt hat. Sie bzw. das Unternehmen hat aber nicht mehr Geld zur Verfügung als zuvor; es ist kein zusätzliches Geld entstanden. Sie hat lediglich Bargeld gegen die Möglichkeit, z. B. mit Schecks bezahlen zu können, eingetauscht. Die umlaufende Geldmenge hat sich daher in ihrer Höhe nicht verändert, lediglich die Erscheinungsform hat sich gewandelt: Das Buchgeldvolumen ist um 10.000 Euro angestiegen, während das Bargeldvolumen sich um diesen Betrag vermindert hat.

Da durch die Bareinzahlung aber immerhin neues Buchgeld geschaffen wurde, kann man in diesem Fall von **Buchgeld- oder Giralgeldschöpfung** sprechen. Man bezeichnet sie auch als **passive Buchgeldschöpfung**, da sich das Kreditinstitut passiv verhalten hat und auch nichts gegen diese Geldschöpfung unternehmen konnte.

Buchgeld wird andererseits **vernichtet**, wenn z. B. Geldguthaben auf einem Girokonto bar ausgezahlt wird.

- **Aktive Giralgeldschöpfung**

Ein weiteres Beispiel für das Entstehen von Buchgeld

Die Grotex GmbH erhält von ihrer Hausbank für eine betriebliche Investition einen Kredit in Höhe von 25.000 Euro. Das Geld wird dem Geschäftskonto des Unternehmens gutgeschrieben.

Die beiden Geschäftsführer Spindler und Hansen können so im Wege des bargeldlosen Zahlungsverkehrs über das Guthaben verfügen. Sie können ihre Verbindlichkeiten bei Handwerkern und Lieferanten mittels Überweisungen oder Schecks begleichen.

Dieses Beispiel zeigt sehr deutlich, dass eine **Geldschöpfung in Form von Buchgeld** stattgefunden hat; es ist diesmal aber Geld „aus dem Nichts" neu entstanden. Da der Anstoß zur Schaffung von Buchgeld von der Bank durch Kreditvergabe ausgegangen ist, spricht man auch von **aktiver Buchgeldschöpfung**. Das Geld verschwindet ebenso spurlos, wenn der Kredit von den Geschäftsführern der Grotex GmbH zurückgezahlt wird (= **Buchgeldvernichtung**).

> Gibt eine Bank einem Kunden Kredit, so entsteht
> - eine **Forderung** der Bank
> und
> - ein **Guthaben** des Kreditnehmers.

Neben dem ESZB besitzen demnach auch die Geschäftsbanken die Möglichkeit zur Buchgeld- oder Giralgeldschöpfung bzw. -vernichtung.

Dieses Guthaben ist vollgültiges Giralgeld. Allerdings muss die Bank damit rechnen, dass ihr ein Teil des Kreditbetrages durch Barabhebung oder durch Zahlungen an fremde Banken entzogen wird. Daher führt jede Kreditauszahlung in bar zum Verlust von liquiden Mitteln. Für die Einhaltung der Liquidität halten die Banken eine entsprechende **Bargeldreserve**.

Darüber hinaus hat die EZB das Recht, zur Stabilisierung des Geldwertes die Geldschöpfungsmöglichkeiten der Banken einzuschränken. Sie kann die Überschussreserven der Geschäftsbanken beschränken, indem sie die Mindestreservesätze erhöht.

Mindestreserven[1] sind Pflichtguthaben, die die Banken beim ESZB gegen entsprechende Verzinsung hinterlegen müssen. Über die restlichen Sichteinlagen können sie frei verfügen, z. B. indem sie sie als Kredite an ihre Kunden vergeben.

Zur Verdeutlichung des Zusammenhangs sollen folgende Ausführungen dienen:

> Durch die Gutschrift von 10.000 Euro auf das Unternehmenskonto hat Frau Jonas (vgl. Beispiel von Seite 587) dazu beigetragen, dass sich der Kassenbestand der Hausbank um diesen Betrag erhöht hat. Damit hat sich aber keinesfalls die Vermögenslage der Bank verändert. Denn dem Zuwachs steht eine gleich hohe Verbindlichkeit an die Grotex GmbH gegenüber.
>
> Allerdings hat sich der Bestand an flüssigen Mitteln, d. h. die Liquidität der Bank, erhöht. Müsste die Hausbank der Grotex GmbH (sie soll in Zukunft Bank 1 genannt werden) nun damit rechnen, dass ihr Kunde sich seine 10.000 Euro in den nächsten Tagen wieder bar auszahlen ließe, so wäre sie gezwungen, die gesamte Summe als Barreserve bereitzuhalten.

Aus Erfahrung weiß man aber bei den Kreditinstituten, dass das Buchgeld nicht so schnell in voller Höhe wieder zu Bargeld gemacht wird. Insofern halten sie stets nur einen geringen Teil ihrer Einlagen als Bargeldreserve bereit. Ein anderer Teil des eingezahlten Bargeldes muss bei der EZB hinterlegt werden (sog. Mindestreserve) und wird entsprechend verzinst. Damit steuert die EZB indirekt die Kreditvergabemöglichkeiten der Kreditinstitute.

Beispiel

Angenommen, der Mindestreservesatz wird von der Europäischen Zentralbank mit 2 % festgelegt und die Barreserve soll 8 % betragen. Von den von ihrem Kunden dem Unternehmen Grotex GmbH eingezahlten 10.000 Euro verbleiben der Bank 1 nach Abzug von 10 % noch 9.000 Euro (= zur Verfügung stehender Überschuss), die in Form eines Kredits an einen anderen kreditsuchenden Kunden ausgeliehen werden können, z. B. an das Unternehmen Klaus Franke e. Kfm., das 9.000 Euro benötigt, um eine Rechnung beim Installateur Hitter bezahlen zu können. **Durch die Kreditgewährung in Höhe von 9.000 Euro wird durch die Bank 1 die Buchgeldmenge um diesen Betrag erhöht.**

Dieser Vorgang kann nun durch andere Banken fortgesetzt werden: Der gewährte Buchgeldkredit in Höhe von 9.000 Euro wird dem Konto des Herrn Hitter gutgeschrieben. Herr Hitter hat sein Konto bei der Bank 2. Bei dieser Bank entsteht so Buchgeld in Höhe von 9.000 Euro, das nach Abzug des Reservesatzes von 10 % als Kredit in Höhe von 8.100 Euro ausgeliehen werden kann.

In gleicher Höhe räumt Bank 2 ihrem Kunden Herrn Weißbach einen Kredit ein und überweist gleichzeitig in seinem Auftrag diese Summe (8.100 Euro) an dessen Gläubiger Einzelunternehmen Elisabeth Gloth e. Kfr. Frau Gloth hat ihr Konto bei der Bank 3, bei der diese Summe als Buchgeldguthaben (genauer: auf dem Konto von Frau Gloth) erscheint.

Insgesamt beträgt das Buchgeldguthaben der drei Banken 27.100 Euro (10.000 Euro + 9.000 Euro + 8.100 Euro). Berücksichtigt man, dass bei Bank 1 die 10.000 Euro Buchgeld der Grotex GmbH durch eine Bargeldeinzahlung entstanden sind (passive Buchgeldschöpfung), so ist das Geldvolumen bis jetzt insgesamt um 17.100 Euro (27.100 Euro − 10.000 Euro) angestiegen.

Unter der Voraussetzung, dass die drei Banken die Buchgeldguthaben abzüglich der Liquiditätsreserve wieder ausleihen, ist hingegen **durch die Kreditinstitute durch Kreditvergabe zusätzliches (neues) Buchgeld** in Höhe von 24.390 Euro (9.000 Euro + 8.100 Euro + 7.290 Euro) geschaffen worden (aktive Buchgeldschöpfung oder Kreditschöpfung).[2]

---

[1] Näheres zu den Mindestreserven im Kapitel 8.12.

[2] Ein einzelnes Kreditinstitut kann nur aktiv Geld schöpfen und damit Buchgeld schaffen, solange bei ihm Überschussreserven vorhanden sind.

Zahlenübersicht:			
Kreditinstitut	Neueinlage (Geldzufluss)	Liquiditätsreserve 10 %	Überschussreserve → ausgeliehen als Kredit (= aktive Buchgeldschöpfung)
Bank 1	10.000,00 €	1.000,00 €	9.000,00 €
Bank 2	9.000,00 €	900,00 €	8.100,00 €
Bank 3	8.100,00 €	810,00 €	7.290,00 €
– Buchgeldguthaben		27.100,00 €	
– Anstieg des Geldvolumens		17.100,00 €	
– aktive Buchgeldschöpfung			24.390,00 €

Voraussetzung für die aktive Buchgeldschöpfung ist, dass die Bankkunden ihre Einlagen nicht gleichzeitig abrufen. Würde dies geschehen, dann wären die Banken zahlungsunfähig.

Der vorliegende Fall zeigt auch, dass die „Überschussreserve" im Bankensystem immer kleiner wird. Der Prozess der Giralgeldschöpfung wird dadurch gebremst. Jede einzelne Bank hat immer nur einen Bruchteil ihres Liquiditätszuflusses ausgeliehen. Trotzdem sind am Ende die Einlagen im Bankensystem – das Giralgeld – um ein Mehrfaches derjenigen Einlage gestiegen, die durch die Kreditgewährung der Bank 1 ursprünglich entstanden ist. Man spricht deshalb auch von der „multiplen Giralgeldschöpfung"[1].

Das Beispiel der Kreditgewährung bzw. Buchgeldschöpfung nimmt mit der Bank 1 nur seinen Anfang. Um den gesamten Geldschöpfungsprozess aufzeigen zu können, muss er mit weiteren Banken fortgeführt werden. Deshalb kann die Geldschöpfung insgesamt den Ausgangsbetrag in Höhe von 10.000 Euro um das Mehrfache überschreiten. Die Kreditschöpfungsmöglichkeit der Kreditinstitute ist beendet, wenn von der Neueinlage (vom Geldzufluss) keine Liquiditätsreserve mehr gebildet werden kann.

> Je höher die **erstmals** eingezahlte Einlage und je geringer die Liquiditätsreserve (Bargeld- und Mindestreserve), desto höher ist die Buchgeldschöpfungsmöglichkeit der Kreditinstitute.

Mithilfe des **Geld-(Kredit-)Schöpfungsmulitplikators,** der den umgekehrten Wert der Liquiditätsreserve darstellt, wird der **gesamte Umfang der Geldschöpfung** gemessen.

$$\text{Geldschöpfungsmultiplikator} = \frac{1}{\text{Liquiditätsreserve}}$$

Im vorstehenden Beispiel beträgt der Geldschöpfungsmultiplikator bei einer Liquiditätsreserve von 10 %:

$$\frac{1}{10\%} = \frac{1}{\frac{10}{100}} = \frac{100}{10} = 10{,}0$$

Die gesamte **Kreditschöpfungsmöglichkeit** (= Summe des zusätzlich geschaffenen Buchgeldes) beträgt das 10fache des ursprünglich zur Verfügung stehenden Überschusses in Höhe von 9.000 Euro:

$$10{,}0 \times 9.000\ \text{€} = 90.000\ \text{€}$$

Durch eine einmalige Zahlung von 10.000 Euro gelingt es im vorliegenden Beispiel dem Bankensystem, **Buchgeld** in 9facher Höhe – genau: in Höhe von 90.000 Euro – neu zu schaffen. Die Kreditinstitute sind also in der Lage, mehr Buchgeld zu schöpfen, als an ursprünglicher Überschussreserve vorhanden war.

Je höher der Geldschöpfungsmultiplikator, desto weniger Sichteinlagen sind notwendig, um ein bestimmtes Kreditvolumen zu erreichen.

Der grundlegende Unterschied zwischen Bargeld und Buchgeld hat für die Geldpolitik des ESZB erhebliche Konsequenzen. Denn das Buchgeld ist dem unmittelbaren Einfluss der Geldpolitik weitgehend entzogen. Es entsteht aufgrund privater Vereinbarungen in der jeweils benötigten Höhe „von selbst" und es kann ebenso schnell wieder verschwinden. Während die Menge der ausgegebenen oder umlaufenden Bargeldmenge jederzeit festgestellt werden kann, entzieht sich das Buchgeld weitgehend einer mengenmäßigen Erfassung.

---
[1] multiple = vielfach

Die geldpolitische Strategie der Europäischen Zentralbank

Die Preisentwicklung wird letztlich von der Entwicklung der Geldmenge bestimmt. Ein Preisauftrieb kann zwar viele Ursachen haben. Ohne eine übermäßige Geldvermehrung kann ein inflationärer Prozess auf die Dauer aber nicht ablaufen, da steigende Preise finanziert werden müssen. Die Kontrolle der Geldmenge ist deshalb eine notwendige, wenn auch keine ausreichende Bedingung für Preisstabilität.

Alljährlich im Voraus wird daher von der EZB bekannt gegeben, um wie viel sie die Geldmenge im kommenden Jahr erhöhen will. Nach dem geldpolitischen Konzept der EZB entsteht Inflation dann, wenn der Wachstumstrend der Geldmenge den des realen Sozialprodukts überschreitet.

Ziel der EZB ist es demzufolge, der Wirtschaft stets so viel Geld zuzuführen, dass ein Gleichgewicht zwischen Geld- und Gütermenge gewährleistet ist, um das zu erwartende reale Wirtschaftwachstum ohne Inflationsgefahren begleiten zu können. Steigt das Sozialprodukt, so muss das ESZB der Wirtschaft mehr Geld zuführen, d. h. mehr Kaufkraft zur Verfügung stellen. Nur wenn sich die umlaufende Geldmenge und die gekaufte Gütermenge annähernd im Gleichgewicht befinden, kann der **Geldwert stabil bleiben.**

Bei dieser Festlegung der Geldmenge spielt die wahrscheinliche Entwicklung der Produktionsmöglichkeiten der Wirtschaft im Euro-Währungsgebiet und die wahrscheinliche (unvermeidliche) Entwicklung der Inflationsrate[1] eine entscheidende Rolle.[2]

Das folgende Beispiel unterstreicht, dass Inflation unter anderem ein geldliches Phänomen ist. Zur Erhaltung der Preisniveaustabilität muss daher das Geldmengenwachstum in Einklang gebracht werden mit den gesamtwirtschaftlichen Produktionsmöglichkeiten. Die Geldwertstabilität ist dann gesichert, wenn das Geldmengenwachstum über Jahre hinweg dem Zuwachs der Produktionsmöglichkeiten der Wirtschaft (Potenzialwachstum) entspricht.

Die EZB gibt daher einen Referenz- bzw. Zielwert für ein inflationsneutrales Wachstum der Geldmenge vor: Der EZB-Rat hat das Geldmengenziel auf 4,5 Prozent pro Jahr festgelegt. Dahinter steht die Einsicht, dass die Bekanntgabe eines solchen Geldmengenziels allen am Wirtschaftsleben Beteiligten als wichtige Orientierungsgröße dienen kann. Ist der Kurs der Geldpolitik nämlich erst einmal abgesteckt, dann lassen sich die Entscheidungen auf einer sichereren Grundlage treffen.

Wird dieser Referenzwert nun erheblich überschritten, sind Risiken für die Geldwertstabilität zu befürchten. (Beim Referenzwert ist für die Marktteilnehmer allerdings unklar, wie lange und in welchem Umfang die Geldmenge diesen Wert unter- oder überschreiten darf, bis die EZB eingreift.)

Beispiel

Angenommen, es wird eine *Steigerung der volkswirtschaftlichen Produktionsmöglichkeiten* von 2,5 % geschätzt. Dies bedeutet, dass die Menge an Gütern und Dienstleistungen, die innerhalb des Jahres produziert wird, ebenfalls um 2,5 % wächst, wenn diese Leistungsfähigkeit voll ausgeschöpft wird. Um die Mehrproduktion reibungslos finanzieren zu können, müsste nun auch die Geldmenge um 2,5 % erhöht werden.

Die zweite Größe ist die *Entwicklung der Preissteigerungsrate*. Angenommen, es wurde eine Rate von 2,0 % geschätzt. In diesem Fall wird die EZB, um beide Entwicklungen zu finanzieren, die Geldmenge insgesamt um 4,5 % erhöhen.

Würde die Inflationsrate bei der Festlegung der Geldmengenwachstumsrate nicht mit berücksichtigt, so wäre die Geldmenge zu gering, um das Wachstum der Produktion bei höheren Preisen zu ermöglichen.

---

1 Das ist die Rate, die erreicht werden kann, ohne dass sie sich negativ auf das Wirtschaftswachstum und die Beschäftigung auswirkt.

2 Die EZB strebt ein potenzialgerechtes Geldmengenwachstum an (Produktionspotenzialwachstum = Zuwachs der Kapazitäten zur Herstellung von Gütern und Dienstleistungen). Das heißt, sie verfolgt ein Geldmengenwachstum, das in Einklang steht mit dem mittelfristigen Wachstum des Güter- und Dienstleistungsangebots (reales Wachstum) und nicht mit der aktuellen Produktion.

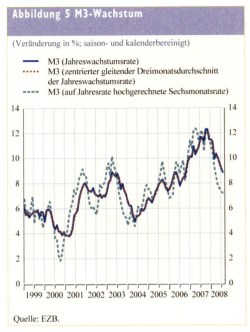

Abbildung 5 M3-Wachstum
(Veränderung in %; saison- und kalenderbereinigt)
— M3 (Jahreswachstumsrate)
····· M3 (zentrierter gleitender Dreimonatsdurchschnitt der Jahreswachstumsrate)
---- M3 (auf Jahresrate hochgerechnete Sechsmonatsrate)
Quelle: EZB.

Eine geldmengenorientierte Politik begegnet der Schwierigkeit, dass sich Geld nicht eindeutig definieren lässt. Die EZB hat sich für eine weit abgegrenzte Geldmengengröße entschieden. Maßgeblich für die Geldpolitik der EZB ist die **Geldmenge M 3**.

Neben dem

- **Bargeldumlauf** (Banknoten und Münzen) beinhaltet sie
- die **täglich fälligen Einlagen** (= Guthaben bei Kreditinstituten, die ohne Weiteres in Bargeld umgewandelt oder für bargeldlose Zahlungen eingesetzt werden können),
- sonstige kurzfristige Einlagen bei Kreditinstituten
  - Einlagen mit vereinbarter Laufzeit von bis zu 2 Jahren und
  - Einlagen mit vereinbarter Kündigungsfrist von bis zu 3 Monaten sowie
- marktfähige Finanzinstrumente
  - Repogeschäfte[1],
  - Geldmarktfondsanteile,
  - Geldmarktpapiere (z. B. Schatzwechsel des Staates mit einer Laufzeit von 3 bis 6 Monaten und unverzinsliche sechsmonatige Schatzanweisungen des Bundes) sowie
  - Schuldverschreibungen mit einer Ursprungslaufzeit von bis zu 2 Jahren.

Die Geldmenge M3 steht in einer recht stabilen positiven Beziehung zu den Produktionsmöglichkeiten der Wirtschaft bzw. zum Bruttoinlandspro-

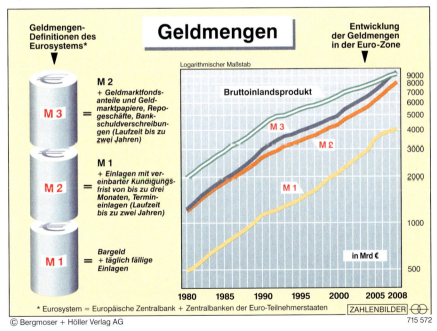

[1] Refinanzierungsposten, d. h. kurzfristige Wertpapiere mit Rückkaufvereinbarung; repo = (engl.) repurchase agreement (ausführlicher hierüber im Kapitel 8.12).

dukt und in einem negativen Zusammenhang zur Zinsentwicklung. Das heißt, die Geldmenge wächst auf längere Sicht weitgehend im Einklang (bzw. etwas schneller) mit den gesamtwirtschaftlichen Produktionsmöglichkeiten, dem sogenannten Produktionspotenzial, bzw. dem Bruttoinlandsprodukt.

Andererseits geht die Geldmenge M3 regelmäßig zurück, wenn die Zinssätze steigen. Umgekehrt nimmt sie zu, wenn die Zinsen fallen. Die EZB kann deshalb darauf setzen, mit ihrer Zinspolitik die Geldmenge M3 zu steuern und damit längerfristig die Entwicklungstendenzen des nominalen Sozialprodukts und des gesamten Preisniveaus in dem gewünschten Sinne beeinflussen zu können. Die EZB hält diese monetären Daten allein allerdings nicht für aussagekräftig genug, um ihre zinspolitischen Entscheidungen daran auszurichten. Deshalb bezieht sie außerdem die in der Volkswirtschaft kursierenden **Inflationserwartungen** anhand einer Vielzahl von Indikatoren in ihre Überlegungen ein **(2-Säulen-Strategie)**.

Das Geldmengenziel stellt dabei kein Endziel dar, wie das Inflationsziel, sondern ein Zwischenziel. Unter der Annahme, dass zwischen Geldmengenwachstum und Inflationsrate ein starker Zusammenhang besteht, steuert die EZB eine Zwischenzielgröße, die einfacher und schneller zu beeinflussen ist.

Die Orientierung an der Geldmenge M3 erlaubt es den Währungshütern, vorausschauend zu handeln. Ein übermäßiges Geldmengenwachstum signalisiert – bei stabiler Geldnachfrage – frühzeitig Risiken für die Preisstabilität. Die Geldmengenentwicklung liefert somit ein Vorwarnsignal, das geldpolitische Schritte wie die Erhöhung der Leitzinsen auslösen kann, noch ehe der Preisanstieg außer Kontrolle gerät (Geldmenge als „erste Säule" der europäischen Geldpolitik).

Während Inflationsprognosen in relativ kurzen Zeitabständen korrigiert werden müssen, langfristige und kurzfristige Effekte schwer zu trennen sind und Inflationsprognosen auch die autonomen Handlungen der Teilnehmer am Wirtschaftsprozess – vor allem der Tarifpartner – einkalkulieren müssen, sind die Geldmengendaten als solche eindeutig und unabhängig von jeglichem Prognosespielraum. Sie entziehen sich damit von ihrem Ansatz her sowohl politischer Einflussnahme wie Wunschdenken und sichern deshalb auch die Unabhängigkeit der EZB operativ ab.

Aufgaben

1. Wer hat in der Bundesrepublik das Recht,
   a) Bargeld,
   b) Buchgeld zu schöpfen?

2. Beschreiben Sie anhand eines selbst gewählten Beispieles den Vorgang der Bargeldschöpfung durch das Europäische System der Zentralbanken.

3. Nennen Sie die Formel für den Geldschöpfungsmultiplikator, wenn zu berücksichtigen ist
   – ein Bargeldreservesatz von 10 %,
   – ein Mindestreservesatz von 3 %.

4. Worin besteht der Unterschied zwischen passiver und aktiver Geldschöpfung eines Kreditinstituts?

5. Aus welchem Grund könnte es theoretisch einem einzelnen Kreditinstitut nicht möglich sein, aktive Geldschöpfung zu betreiben?

6. Warum entsteht durch die Kreditvergabe (= Buchgeldschöpfung) der Kreditinstitute nicht gleichzeitig neues Zentralbankgeld?

7. Ein Kreditinstitut erhält von einem Kunden eine Bareinzahlung in Höhe von 2.000,00 Euro.
   Die Liquiditätsreserve des Instituts beträgt 20 %.
   a) Wie hoch ist der Geldschöpfungsmultiplikator?
   b) Berechnen Sie den Betrag, der zusätzlich an Giralgeld insgesamt geschöpft werden kann.
   c) Wie hoch ist 1. die aktive Buchgeldschöpfung und 2. das gesamte Buchgeldguthaben des Bankensystems, wenn fünf Banken an der Kreditschöpfung beteiligt sind?
   d) Welche Auswirkungen ergeben sich
      1. für das Kreditinstitut 1,
      2. für das gesamte Bankensystem, wenn die Europäische Zentralbank den Mindestreservesatz um 5 % erhöht?

8. Begründen Sie, warum die Geldschöpfungsmöglichkeit der Kreditinstitute eine Ursache für eine inflationäre Entwicklung sein kann.

9. a) Was verstehen Sie unter „Überschussreserve"?
   b) Nennen Sie zwei Maßnahmen, mit denen eine Geschäftsbank ihre Überschussreserve erhöhen kann.

10. a) Die Deutsche Bundesbank als integrativer Bestandteil des ESZB kauft Wertpapiere von der Geschäftsbank Martens AG gegen Einräumung eines Sichtguthabens.
    b) Frau Dorawa kauft Sparbriefe bei ihrer Hausbank und zahlt bar.
    c) Das ESZB kauft Scheidemünzen von einem Mitgliedsstaat. Der Gegenwert wird dem Konto der jeweiligen Regierung bei der nationalen Zentralbank gutgeschrieben.

    Wie verändert sich in den drei Fällen
    1. die umlaufende Geldmenge (Bar- und Buchgeld) und
    2. die umlaufende Menge an Zentralbankgeld?

11. Welche Möglichkeiten besitzt das ESZB, Zentralbankgeld in den Geldkreislauf zu bringen?

12. Was verstehen Sie unter der Zwei-Säulen-Strategie der Europäischen Zentralbank?

13. Welche Bedeutung hat die Geldmenge M3 im Rahmen der Geldpolitik des ESZB?

14. Inwiefern ist die alljährliche Bekanntgabe eines Ziel- bzw. Referenzwertes (Geldmengenziel) aus Sicht der EZB von Bedeutung?

Zusammenfassung

Geldschöpfung[1]

= Vermehrung der Geldmenge (Bar- und Buchgeld)

durch die

Regierungen der Mitgliedstaaten

in Form von **Münzen** (Bargeld)
(Genehmigung durch EZB)

entsteht durch
- Ankauf von Aktiva
- Kreditvergabe

Europäische Zentralbank

schafft Zentralbankgeld in Form von
- **Banknoten** (Bargeld)
- **Buchgeld** (= Guthaben auf Girokonten der nationalen Zentralbanken)

kann unbegrenzt „produziert" werden

Geschäftsbanken

in Form von **Buchgeld** (= Gutschriften auf Girokonten der Geschäftsbanken)

entsteht durch
- Bareinzahlungen von Kunden auf ein Bankkonto
- Gutschriften

passive Buchgeldschöpfung
- Die Geldmenge wird **nicht** vergrößert.

Gewährung von Krediten

aktive Buchgeldschöpfung (Kreditschöpfung)
- Anstoß zur Schaffung von Buchgeld geht von den Geschäftsbanken durch **Kreditvergabe** aus
- Geldmenge wird vergrößert
- Voraussetzung: Überschussreserve bei der jeweiligen Bank (= vorhandenes Zentralbankgeld – Liquiditätsreserve)
- Einschränkung/Grenze: Liquiditätsreserve

[1] „Geschöpftes" Geld ist neues, zusätzliches Geld, das vor allem durch den „geschöpften" Kredit entsteht.

Buchgeldvernichtung

beispielsweise durch

- Barabhebung vom Girokonto (Kreditschöpfungsmöglichkeit der Bank wird eingeschränkt)
- Kreditrückzahlung
- Rückkauf von Wertpapieren durch das ESZB

Zusammenfassung

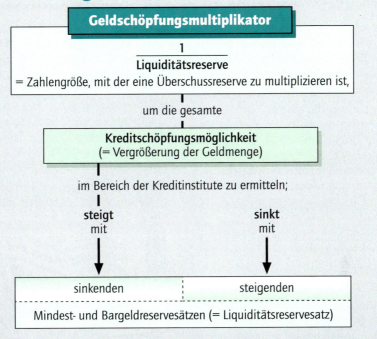

Bei der Messung und Beobachtung der Geldbestände unterscheidet die Europäische Zentralbank zwischen drei unterschiedlich weit gefassten Geldmengenaggregaten. Maßgeblich für die Geldpolitik der EZB und damit das wichtigste Steuerungsinstrument ist die Geldmenge M3:

Geldmenge M3						
Geldmenge M2				Repogeschäfte (kurzfristige Wertpapiere mit Rückkaufvereinbarung, mit denen sich Kreditinstitute refinanzieren)	Geldmarktfondsanteile und Geldmarktpapiere	Schuldverschreibungen mit einer Laufzeit bis zwei Jahre
Geldmenge M1		Einlagen bei Kreditinstituten mit einer vereinbarten Laufzeit von bis zu zwei Jahren	Einlagen bei Kreditinstituten mit einer vereinbarten Kündigungsfrist von bis zu drei Monaten			
Bargeldumlauf (Banknoten und Münzen)	täglich fällige Einlagen (Buchgeld)					

8.12 Geldpolitik der Europäischen Zentralbank (EZB)

„Inflation kann man wie Diktaturen nur bekämpfen, ehe sie die Macht übernommen haben", hat Alfred Müller-Armack, einer der Väter der sozialen Marktwirtschaft, gesagt.

Daniela Lange allerdings, obwohl Auszubildende im zweiten Lehrjahr, kann sich nicht vorstellen, wie Preissteigerungen bekämpft werden können. Ihr Freund Patric meint, dass dies die Aufgabe der Europäischen Zentralbank sei, denn er erinnert sich an einen Artikel im Wirtschaftsteil seiner Tageszeitung, in dem u. a. zu lesen war:

„... hat auf seiner heutigen Sitzung der Rat der Europäischen Zentralbank beschlossen, aus Gründen der Preisstabilität den Leitzins (= Zinssatz für die Hauptrefinanzierungsgeschäfte) um 0,5 Prozentpunkte heraufzusetzen."

Begründet wird die Entscheidung damit, dass
- der Leitzins in den letzten zweieinhalb Jahren mit 2 % außergewöhnlich niedrig war und
- die Inflationsrate bereits im fünften Jahr in Folge im Jahresdurchschnitt über der selbst gesetzten Stabilitätsmarke von 2 % liegt.
- Darüber hinaus besteht Sorge vor einer Lohn-Preis-Spirale: Es gibt zwar für einen verstärkten Lohnauftrieb noch keine Anzeichen, doch sind die Risiken gestiegen und die EZB muss vorbeugend handeln.

Diese Beschlüsse wurden im Hinblick auf das sich beschleunigende Wachstum der Geldmenge M3 gefasst. M 3 wuchs im Juli im Vergleich zum Vorjahresmonat auf 7,9 % nach 7,6 % im Juni, und damit so schnell wie seit zwei Jahren nicht mehr. Die Geldmenge hat zwar schon seit Jahren an Zuverlässigkeit als Vorbote steigender Verbraucherpreise eingebüßt, dennoch dürfte der ungebrochene Aufwärtstrend die Sorge im EZB-Rat über Inflation verstärken.

Negative Auswirkungen auf die Konjunktur" so zitiert Patric weiter, „befürchtet die EZB allerdings nicht."

Doch letztlich weiß auch Patric nicht, wie diese Maßnahmen der Europäischen Zentralbank weitere Preissteigerungen verhindern sollen.

1. Diskutieren Sie, wie die Nachfrage der Unternehmen und privaten Haushalte nach Krediten beeinflusst wird, wenn die Zinsen steigen. Stellen Sie dabei im Hinblick auf die Zinserhöhung die Aktivitäten der EZB gebührend heraus.
2. Erläutern Sie anschließend, inwiefern durch eine rückläufige Kreditnachfrage die Preissteigerungen von Gütern und Dienstleistungen gedämpft werden können.

Information

Das Eurosystem – Aufgaben und Ziele

Mit Einführung des Euro ging die Aufgabe der Währungssicherung auf das **Eurosystem** über.

> Das **Eurosystem** besteht aus der Europäischen Zentralbank (EZB) und den nationalen Zentralbanken (NZB) der EU-Länder, die den Euro eingeführt haben.

Seine grundlegenden **Aufgaben** bestehen darin,
- die Geldpolitik des Euro-Währungsgebiets festzulegen und auszuführen,
- Devisengeschäfte durchzuführen,
- die offiziellen Währungsreserven der Mitgliedstaaten zu halten und zu verwalten,
- das reibungslose Funktionieren der Zahlungssysteme zu fördern.

Diese Aufgaben sind folgendermaßen verteilt:
- EZB: **zentral** zu treffende Entscheidungen bzw. Richtlinien, um die Einheitlichkeit der Geld- und Währungspolitik im Eurogebiet sicherzustellen
- NZB: **dezentrale** Durchführung des operativen Geschäfts

Das ESZB ist nicht mit eigener Rechtspersönlichkeit ausgestattet, d. h., es bedient sich der Beschlussorgane der EZB. Das ESZB wird vom **Europäischen Zentralbankrat (EZB-Rat)** und dem Direktorium der EZB geleitet.

- Der **EZB**-Rat
  - ist das oberste Entscheidungsgremium der EZB,
  - legt die einheitliche Geldpolitik im Euro-Währungsgebiet fest, d. h., er bestimmt die Leitzinsen und stellt Zentralbankgeld mit dem vorrangigen vertraglich festgelegten Ziel des ESZB bereit, **die Preisstabilität der EURO-Region zu gewährleisten** (Art. 105 des Vertrages zur Gründung der Europäischen Gemeinschaft)[1],
  - erlässt Weisungen und formuliert die Leitlinien für die Ausführung der Geldpolitik durch die nationalen Zentralbanken der Teilnehmerländer,
  - unterstützt nachrangig die allgemeine Wirtschaftspolitik der Europäischen Währungsunion, soweit dies ohne Beeinträchtigung des Zieles der Preisstabilität möglich ist, um zu einem beständigen, harmonischen Wirtschaftswachstum und zur Verbesserung des Lebensstandards beizutragen,
  - genehmigt die Ausgabe von Banknoten und Münzen[2],
  - besteht aus den Mitgliedern des Direktoriums der EZB und den Präsidenten der nationalen Zentralbanken der 17 Euro-Länder[3] und
  - trifft mit einfacher Stimmenmehrheit alle geldpolitischen Entscheidungen; bei Stimmengleichheit gibt die Stimme des Präsidenten den Ausschlag.
  - Die im EZB-Rat vertretenen Präsidenten der nationalen Zentralbanken werden für eine Amtszeit von mindestens fünf Jahren in ihr Amt berufen mit der Möglichkeit der Wiederernennung.

Die Europäischen Währungshüter

ESZB
Das Europäische System der Zentralbanken

trägt seit dem 1. Januar 1999 die Verantwortung für die Geldpolitik in der Europäischen Wirtschafts- und Währungsunion

★ **Oberstes Ziel – Preisstabilität**
★ **Unterziel** — Unterstützung der Wirtschaftspolitik der EU im Rahmen einer freien Marktwirtschaft
★ **Aufgaben** — Geldpolitik
  Wechselkurs-Geschäfte
  Halten und Verwalten der Fremdwährungs-Reserven
  Zahlungssysteme in der EU

EZB
Europäische Zentralbank

Direktorium:
Präsident
Vize-Präsident
vier weitere Mitglieder werden v. d. Staats- und Regierungschefs einvernehmlich ernannt

★ **Aufgaben**
- Sitzungsvorbereitung des EZB-Rates
- Durchführung der Geldpolitik
- Führung der laufenden EZB-Geschäfte

Hier fallen die Entscheidungen
EZB-Rat
★ **Aufgaben** — Formulierung der Geldpolitik (u.a. Leitzinsen, Mindestreserven)
tagt i. d. R. zweimal im Monat

NZB
Nationale Zentralbanken
Präsidenten der 16 NZB, die an Euroland teilnehmen

Beratendes Gremium:
Erweiterter Rat
Präsident und Vize-Präsident der EZB
Präsidenten aller 27 NZB der EU

© Globus 3480

---

[1] Für die Europäische Währungsunion ist damit geklärt, dass interne Preisstabilität Vorrang hat vor äußerer Wechselkursstabilität.
[2] Münzhoheit liegt bei den Regierungen (in Abstimmung mit der EZB), Notenmonopol besitzt die EZB.
[3] Die nationalen Zentralbanken dieser Länder, die nicht dem Euro-Währungsraum angehören, sind Mitglieder des ESZB mit einer Sonderstellung: Sie wirken nicht an den geldpolitischen Beschlüssen für den Euro-Währungsraum und an der Umsetzung dieser Entscheidungen mit und verfolgen ihre nationale Geldpolitik autonom.

- Das **Direktorium** führt die laufenden Geschäfte der EZB, d. h. es
  - führt die Geldpolitik gemäß den Leitlinien und Entscheidungen des EZB-Rates aus,
  - erteilt den nationalen Zentralbanken die hierzu erforderlichen Weisungen,
  - bereitet die Sitzungen des EZB-Rates vor,
  - besteht aus dem Präsidenten der EZB, dem Vizepräsidenten und vier weiteren Mitgliedern,
  - beschließt grundsätzlich mit einfacher Mehrheit der abgegebenen Stimmen.
  - Die Direktoriumsmitglieder werden für eine einmalige achtjährige Amtszeit vom europäischen Rat der Staats- und Regierungschefs auf Empfehlung des EU-Finanzministerrats nach Anhörung des europäischen Parlaments und des EZB-Rats ernannt (Art. 109 a des EG-Vertrages).

Die Präsidenten der nationalen Zentralbanken und die Mitglieder des Direktoriums können nur durch den Europäischen Gerichtshof aus ihrem Amt zwangsentlassen werden.

- Der **Erweiterte Rat der EZB**
  - besteht aus dem Präsidenten und dem Vizepräsidenten der EZB sowie den Präsidenten aller 27 nationalen Zentralbanken in der Europäischen Union,
  - soll die Mitgliedstaaten, die noch nicht an der Währungsunion teilnehmen (die sogenannten „outs"), an den Euro-Raum heranführen und die Vorarbeiten zum endgültigen Fixieren der Wechselkurse gegenüber dem Euro koordinieren,
  - fungiert daher als Bindeglied zwischen den EU-Ländern innerhalb und außerhalb der Euro-Währungsunion und
  - nimmt überwiegend beratende Aufgaben wahr.

Die Durchführung der Aufgaben des ESZB hat nach den Weisungen und Leitlinien der EZB zu erfolgen. Die EZB nimmt dafür die nationalen Notenbanken in Anspruch.

Die Deutsche Bundesbank ist als Zentralbank der Bundesrepublik Deutschland integrativer Bestandteil des ESZB. Sie wirkt an der Erfüllung seiner Aufgaben mit dem vorrangigen Ziel mit, die Preisstabilität zu gewährleisten (§ 3 BBankG).

Der Zentralbankrat der Bundesbank bestimmt künftig nicht mehr die Währungs- und Kreditpolitik der Bank, sondern nur noch die Geschäftspolitik. Die Bundesbank ist dezentral organisiert, unterhält in den Bundesländern neun Hauptverwaltungen, die Landeszentralbanken und wird im EZB-Rat durch ihren Präsidenten vertreten. [www.bundesbank.de]

Während die geldpolitischen Entscheidungen zentral getroffen werden, erfolgt die Umsetzung dezentral über die nationalen Zentralbanken. Somit haben die nationalen Zentralbanken folgende Aufgaben wahrzunehmen:
- die Abwicklung der Refinanzierung,
- das Halten der Mindestreserven,
- die Versorgung der Wirtschaft mit Bargeld,
- die bankmäßige Abwicklung des Zahlungsverkehrs im Inland und mit dem Ausland,
- (lediglich) Ausgabe von Banknoten.

In Deutschland geschieht dies nach wie vor durch die Bundesbank und ihre Zweigstellen.

Damit ist die **Deutsche Bundesbank** mit Sitz in Frankfurt am Main weiterhin als die Bank der Banken anzusehen, nämlich als letzte Quelle zur Versorgung des Bankensystems mit Zentralbankgeld und als Hausbank des Bundes.

Darüber hinaus unterstützt sie die allgemeine Wirtschaftspolitik der Bundesregierung, soweit dies unter Wahrung ihrer Aufgabe als Bestandteil des ESZB möglich ist. Eine Unterstützung der nationalen Wirtschaftspolitik kommt danach nur noch in Betracht, soweit es mit der vorrangigen Aufgabenstellung des ESZB vereinbar ist.

Bei der Ausübung ihrer Befugnisse ist die EZB **von Weisungen der nationalen Regierungen und EU-Organen unabhängig.** Die Mitglieder des EZB-Rates sind daher allein der Stabilität des Euro verpflichtet.

Nur einer unabhängigen EZB ist es möglich, ihre geldpolitischen Maßnahmen ohne länder- und parteipolitische Rücksichtnahmen an dem Ziel der Erhaltung eines stabilen Preisniveaus auszurichten. Politische Einflussnahmen werden ausgeschlossen, da Regierungen häufig noch andere Prioritäten als nur Preisstabilität verfolgen, beispielsweise der Konjunktur beschäftigungspolitische Impulse zu geben, und daher eine weniger restriktive Geldpolitik wünschen könnten. Eine unabhängige EZB ist ferner in der Lage, schnell und unbürokratisch zu entscheiden, da ihre Beschlüsse, z. B. die Zinsen zu verändern, von keinem Parlament genehmigt werden müssen.

Bei einer gemeinsamen Währung kann es letztlich nur eine Geldpolitik zu gleichen Bedingungen in allen beteiligten Ländern geben.

> **Geldpolitik** = Sämtliche Maßnahmen des ESZB zur Steuerung der **nachfragewirksamen Geldmenge** (Geldmengenentwicklung M3), um das Ziel „Preisniveaustabilität"[1] möglichst zu erreichen.

An dieser Stelle ist darauf hinzuweisen, dass die Geldpolitik der EZB nicht wechselkursorientiert ist. Denn das Ziel der mittelfristigen Bewahrung von Preisstabilität setzt nicht voraus, dass für ein bestimmtes Wechselkursniveau gesorgt wird. Den Rückwirkungen von Wechselkursänderungen auf das Preisniveau kann mit den üblichen Maßnahmen der Geldmengenkontrolle begegnet werden.

Die geldpolitischen Instrumente des Eurosystems

Erfahrungsgemäß steigen die Preise immer dann, wenn die Geldmenge schneller zunimmt als das Güterangebot. *Zu viel Geld macht Jagd auf zu wenig Güter.* Das Geld verliert an Wert. Bei einem anhaltenden Preisanstieg (Inflation) werden die Einkommen und Ersparnisse der Menschen entwertet. Die Inflation schafft wirtschaftliche Unsicherheit – das Wirtschaftswachstum schwächt sich ab – die Arbeitslosigkeit nimmt zu.

Die Geldpolitik des Eurosystems zielt daher darauf ab, den **Geldwert stabil zu halten,** indem es auf den Geldumlauf und die Kreditversorgung einwirkt (Kontrolle der Geldmengenentwicklung M 3).

---

[1] Preisstabilität wird als Wert verstanden, der „aus der Inflationsrate" ersichtlich ist (Art. 121 Abs. 1 EG-Vertrag). Von Geldwertstabilität spricht man bei einer mittelfristigen Inflationsrate von maximal 2 % (gemessen am harmonisierten Verbraucherpreisindex für die gesamte Euro-Zone). Nach dem geldpolitischen Konzept der EZB entsteht Inflation dann, wenn der Wachstumstrend der Geldmenge den des realen Sozialprodukts überschreitet.

Diese Einwirkungsmöglichkeit kann zwei alternative Zielsetzungen haben:

1. die nachfragewirksame **Geldmenge zu vermehren**
   - zur Förderung der konjunkturellen Entwicklung und
   - zur Vermeidung von deflatorischen Entwicklungen

2. die nachfragewirksame **Geldmenge zu verringern**
   - zur Dämpfung der konjunkturellen Entwicklung und
   - zur Vermeidung von inflationären Entwicklungen

Beispiel

Befindet sich die Wirtschaft in der Phase des Booms, in der bekanntlich die Preise hoch sind, wird die EZB entsprechend ihres Auftrags mit ihrer Geldpolitik die **konjunkturelle Entwicklung bremsen.** Dazu muss die nachfragewirksame **Geldmenge eingeschränkt** werden (Verknappung des Geldvolumens und der Giralgeldschöpfung[1] der Kreditinstitute).

Folge: Die Zinsen steigen, d. h. Kredite werden teurer und weniger nachgefragt, sodass letztlich auch die gesamtwirtschaftliche Nachfrage nach Gütern und Dienstleistungen gedrosselt und der Preisanstieg (= Geldentwertung) gestoppt wird.[2]

Das Eurosystem kann die Geldmenge direkt nur beeinflussen durch die Ausgabe von Banknoten. Den **Umlauf an Zahlungsmitteln** aber kann es nicht bestimmen. Er wird vielmehr bestimmt von den Zahlungsgewohnheiten und saisonalen Schwankungen, wie z. B. beim Weihnachtsgeschäft, zu Ostern oder während der Urlaubszeit. Das Eurosystem kann damit die Geldmenge **nicht direkt steuern,** besitzt aber eine Reihe von Einflussmöglichkeiten. Durch den **Einsatz seiner geldpolitischen Instrumente** versucht es, die Verhaltensweisen der Kreditinstitute, der Unternehmen und der Haushalte so zu beeinflussen, dass sich das gewünschte Geldmengenwachstum einstellt. Kreditvergabe an Unternehmen und Privatpersonen sind dem Eurosystem nicht erlaubt.

Das Eurosystem hat die Möglichkeit, die Kreditinstitute[3] reichlich mit Geld zu versorgen oder sie knapp bei Kasse zu halten. Damit kann die Nachfrage nach Krediten und schließlich nach Gütern und Dienstleistungen beeinflusst werden.

Das Eurosystem ist daher bestrebt,
- das Verhalten der Banken und deren Vergabe von Krediten (das Kredit**angebot**) und
- die **Geld- und Kreditnachfrage** der Wirtschaft

über die Veränderungen der Bankenliquidität und den Zinsmechanismus zu steuern.

Mit seiner **Zinspolitik** beeinflusst das Eurosystem die Geldkosten und damit das **Zinsniveau** und die **Kreditnachfrage.** Durch eine Erhöhung bzw. Senkung der Zinskosten wird auf eine Senkung bzw. Steigerung der Investitionsneigung abgezielt.

Mit seiner **Liquiditätspolitik** beeinflusst das Eurosystem die Liquidität und damit das Kreditvolumen **(Kreditangebot)** des Bankensystems. Wie auch die Zinskosten wirkt sich eine Veränderung des Kreditangebots auf die Investitionstätigkeit der Unternehmen aus.

Liquiditätspolitische Maßnahmen haben stets Auswirkungen auf das Zinsniveau und umgekehrt. Wird beispielsweise die Bankenliquidität verbessert, so sinken die Zinssätze. Andererseits beeinflusst die Zinspolitik die Bankenliquidität, da sie die Beschaffung von Zentralbankgeld verbilligt bzw. verteuert.

- Soll die gesamtwirtschaftliche Aktivität gefördert werden, so kann eine expansive, d. h. liquiditätserhöhende Geldpolitik betrieben werden (vornehmlich in der Rezession oder Depression).[4]

- Soll die Konjunktur hingegen gedämpft werden, weil die Geldwertstabilität bedroht bzw. nicht mehr gegeben ist (so häufig in der Expansion oder im Boom), so wird das Eurosystem seine Instrumente **restriktiv,** d. h. liquiditätssenkend einsetzen.

---

1 Durch die (aktive) Buchgeldschöpfung schaffen die Geschäftsbanken zusätzliches Geld in Form von Buchgeld (Giralgeld). Die Geldmenge entsteht dadurch, dass die Geschäftsbanken Kredite vergeben.
2 Den nicht kreditfinanziellen Teil der gesamtwirtschaftlichen Nachfrage kann die EZB nicht unmittelbar beeinflussen.
3 Im Euro-Währungsgebiet gibt es 8 400 Kreditinstitute als Geschäftspartner, davon ca. 40 % deutsche Banken.
4 An der Verpflichtung des EZB, die Preisstabilität im Euro-Währungsraum zu sichern, wird dabei nicht gerüttelt. Das Wirtschaftswachstum spielt für die Geldpolitik nur insofern eine Rolle, als es der Schätzung von Inflationsrisiken dient.

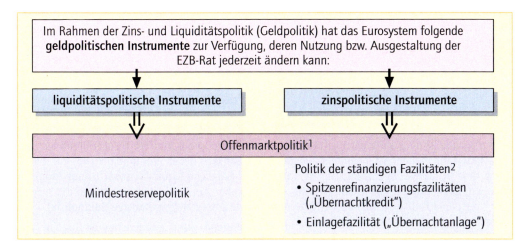

Der Einsatz dieser Instrumente dient zur Steuerung der Zinssätze und der Liquidität am Markt, um letztlich das vorrangige Ziel, *die Preise in der Euro-Zone stabil zu halten,* zu sichern.

Offenmarktpolitik

Im Zentrum der geldpolitischen Instrumente steht die Offenmarktpolitik. Um Zinssätze und die Liquidität am Geldmarkt und damit letztlich die umlaufende (nachfragewirksame) Geldmenge zu beeinflussen, handelt das Eurosystem mit bestimmten Wertpapieren am „offenen Markt".

> Mit **Offenmarktpolitik** bezeichnet man den Kauf und Verkauf von Wertpapieren durch das EZB für eigene Rechnung „am offenen Markt".

Mit der Offenmarktpolitik soll Einfluss auf den Geld- und Kapitalmarkt und somit auf die Bankenliquidität genommen werden. Mit dem Begriff *offener Markt* wird gleichzeitig klargestellt, dass das Eurosystem keine Wertpapiere direkt von den Emittenten übernehmen darf

Bei Offenmarktgeschäften geht die Initiative von der EZB aus, die auch über das einzusetzende Instrument und die Bedingungen für die Durchführung der Geschäfte entscheidet. Grundsätzlich werden die Geschäfte aber *dezentral von den nationalen Zentralbanken* auf deren Initiative dem Finanzsektor angeboten.

Wirkungen[3]

– **Verkauft das Eurosystem** (mit attraktiven Zinssätzen ausgestattete) **Wertpapiere** an die Banken, so entzieht sie den Banken Zentralbankgeld. Dies führt zu einer Verringerung der Liquidität, sodass sich die Kreditvergabemöglichkeiten verringern. Die Folge sind negative Auswirkungen auf die gesamtwirtschaftliche Nachfrage.

– Dies geschieht in Zeiten der Hochkonjunktur mit Preissteigerungen und Vollbeschäftigung zur Dämpfung der Konjunktur und des Preisanstiegs (= **restriktive Geldpolitik**).

Beispiel

Ausgangssituation: Die Wirtschaft befindet sich in einer konjunkturell überhitzten Phase mit einer Inflationsrate von 8,3 %.

Zielsetzung: Die EZB möchte die Konjunktur dämpfen, um das Preisniveau zu senken. Zu diesem Zweck muss der Wirtschaft Geld entzogen werden, d. h. die nachfragewirksame Geldmenge muss beschränkt werden.

Geldpolitische Maßnahme: Will die EZB mit dem Instrument der Offenmarktpolitik ihr Ziel erreichen, so muss sie in ihrem Besitz befindliche Wertpapiere verkaufen; sie erhöht den Abgabesatz. Die Kreditinstitute werden nun aus Ertragsüberlegungen Wertpapiere kaufen: Nach der Erhöhung des Abgabesatzes von 3 % auf 4 % p. a. kauft die Renobank Hannover für 2,0 Mio. Euro Schatzwechsel von der Bundesbank, Laufzeit 60 Tage:

---

[1] Die Offenmarktpolitik beeinflusst sowohl die Geldkosten (Zinsen) als auch die Geldmenge (Liquidität) und wird daher sowohl der Zins- als auch der Liquiditätspolitik zugeordnet.
[2] Engl. facility = Gelegenheit oder Möglichkeiten, sprich Kreditmöglichkeiten
[3] Die Wirkungen der Offenmarktpolitik betreffen in erster Linie die Geldmenge und erst in zweiter Linie das Zinsniveau.

–	Kauf am 1. Juni	2.000.000,00 Euro
	4 % / 60 Tage	13.333,33 Euro
	Rechnungsbetrag	1.986.666,67 Euro
–	Verkauf am 1. August	
	Gutschrift	2.000.000,00 Euro
	Zinsertrag der Bank	13.333,33 Euro

gesamtwirtschaftliche Folgen siehe Abbildung auf dieser Seite

Voraussetzung ist die Kaufbereitschaft der Banken. Diese kann maßgeblich beeinflusst werden durch eine attraktive Verzinsung. Sie ist dann gegeben, wenn sich z. B. die Kreditinstitute von dem Wertpapierkauf eine höhere Rendite versprechen als bei einer alternativen Geldanlage.

Beim Wertpapierverkauf werden die nationalen Zentralbanken daher die Verkaufspreise der von ihr angebotenen Papiere herabsetzen bzw. die Abgabesätze zum Kaufanreiz erhöhen.

Hohe Rücknahmesätze beim Wertpapierkauf sollen hingegen die Kaufbereitschaft der Kreditinstitute erhöhen.

– Soll die nachfragewirksame **Geldmenge vermehrt** werden, um in konjunkturellen Krisenzeiten (z. B. in der Rezession) die Konjunktur anzukurbeln, so müssen die nationalen Zentralbanken im Rahmen der Offenmarktpolitik **Wertpapiere kaufen.** Damit führen sie den Banken neues Zentralbankgeld zu. Diese zusätzliche Liquidität schafft neue Möglichkeiten der Kreditvergabe und bewirkt sinkende Zinssätze **(= expansive Geldpolitik).**

Werden diese zinsgünstigeren Kredite von den Unternehmen und Verbrauchern nachgefragt, so wird die gesamtwirtschaftliche Nachfrage angeregt und die Konjunktur belebt.

Die gesamtwirtschaftlichen Folgewirkungen von Wertpapierkauf und -verkauf zeigt die folgende Übersicht:

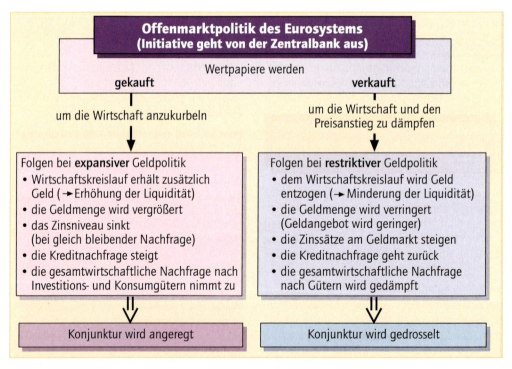

Die **Offenmarktgeschäfte bilden den Schwerpunkt der geldpolitischen Operationen.** Dem Eurosystem stehen dabei vier Arten von *geldpolitischen Geschäften* zur Verfügung.

Arten von geldpolitischen Geschäften

Die geldpolitischen Geschäfte können im Rahmen der *Offenmarktgeschäfte* in vier Kategorien unterteilt werden:
- Hauptrefinanzierungsgeschäfte
- längerfristige Refinanzierungsgeschäfte
- Feinsteuerungsoperationen
- strukturelle Operationen

Hauptrefinanzierungsgeschäfte

Das **Hauptrefinanzierungsinstrument**[1] ist ein Wertpapierpensionsgeschäft und das wichtigste geldpolitische Instrument der EZB.

> Die Zentralbank kann mithilfe dieses Instruments über die Zinsen und die Menge des zur Verfügung gestellten Geldes Konsum und Investitionen und somit die gesamtwirtschaftliche Lage beeinflussen.

Als Hauptrefinanzierungsinstrument dienen **regelmäßig stattfindende liquiditätszuführende befristete Transaktionen.** Das Eurosystem gewährt den Kreditinstituten kurzfristige Kredite gegen die Verpfändung von Schuldverschreibungen, Aktien sowie Kreditforderungen.

Im Rahmen dieser Geschäfte können sich die Kreditinstitute **einmal wöchentlich** für eine *Laufzeit von zwei Wochen* beim Eurosystem Liquidität beschaffen. Die Kreditvergabe wird über die nationalen Zentralbanken nach einem vorher festgelegten Zeitplan durchgeführt und ist vergleichbar mit der Abwicklung von Wertpapierpensionsgeschäften durch die Bundesbank. Die Durchführung erfolgt als Mengen- oder Zinstender.[2]

Geldpolitische Bedeutung

Der Zinssatz, zu dem die EZB auf diese Art und Weise Geld bereitstellt, spiegelt ihre geldpolitische Grundausrichtung wider. Er wird auch als RePo-Satz bezeichnet und hat die Bedeutung eines **europäischen Leitzinses**.

Da das Bankensystem auf die Refinanzierung über das Eurosystem angewiesen ist, hat das Eurosystem die Möglichkeit, bei jedem Anschlussgeschäft neu zu entscheiden, ob der Refinanzierungsrahmen erweitert oder eingeschränkt werden soll.

Die kurze Laufzeit ist der große Vorteil des Hauptrefinanzierungsinstruments, da somit jede Woche die Bedingungen für einen Großteil des Refinanzierungsvolumens neu festgelegt werden können. Das bedeutet, dass die EZB durch das Hauptrefinanzierungsinstrument jederzeit Einfluss auf den Geldmarkt hat. In einer wirtschaftlich schlechten Phase betreibt sie eine expansive Geldpolitik (wodurch Kredite billiger werden), in einer wirtschaftlich guten Phase eine restriktive bzw. kontraktive Geldpolitik (wodurch die Inflation niedrig gehalten wird).

> FRANKFURT AM MAIN: Die Europäische Zentralbank hat wegen wachsender Inflationsrisiken zum zweiten Mal innerhalb von sechs Wochen die Zinsen erhöht. Sie beschloss, den Geldmarkt-Zins von 3,25 auf 3,5 Prozent anzuheben. Als Begründung erklärte die Zentralbank, die anhaltende Schwäche des Euro bleibe Anlass zur Sorge. Die dadurch bedingte Erhöhung der Importpreise habe negative Auswirkungen auf das Preisklima und steigere das Inflationsrisiko. Die deutsche Kreditwirtschaft begrüßte die Zinsanhebung einhellig.

Durchführung eines Wertpapiergeschäfts

Das Hauptrefinanzierungsgeschäft ist ein regelmäßiges Offenmarktgeschäft, das in Form einer *befristeten Transaktion*[3] *durchgeführt* wird.

> Als **befristete Transaktionen** werden Geschäfte bezeichnet, bei denen die EZB Wertpapiere für eine bestimmte Zeit (im Rahmen von Rückkaufsvereinbarungen) kauft oder verkauft oder Kreditgeschäfte gegen Verpfändung refinanzierungsfähiger Sicherheiten durchführt.

Die kaufende (verkaufende) Bank verpflichtet sich, die Wertpapiere nach einer bestimmten Zeit zurückzuverkaufen (zurückzukaufen).

Befristete Transaktionen sind das wichtigste Instrument und können von den nationalen Zen-

---

[1] Die *Refinanzierung* dient bei den Kreditinstituten der Mittelbeschaffung für die eigene Vergabe von Krediten.
[2] engl. tender = Angebot, Offerte. Ausführungen zum Tenderverfahren siehe unter „Verfahren zur Abwicklung von Offenmarktgeschäften", S. 606 ff.
[3] Auf die weiteren Transaktionsarten (Definitive Käufe und Verkäufe, Ausgabe von Schuldverschreibungen und Devisenswapgeschäfte) soll im Rahmen dieser Ausführungen nicht eingegangen werden.

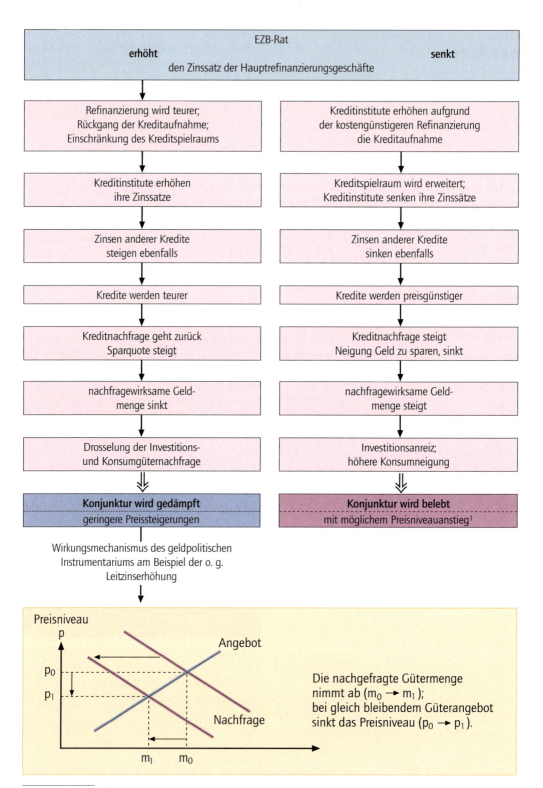

tralbanken oder der EZB entweder in Form von
- Pfandkreditgeschäften oder als
- Wertpapierpensionsgeschäfte
durchgeführt werden.[1]

Kernstück der Offenmarktgeschäfte sind dabei die **Wertpapierpensionsgeschäfte.** Sie stellen inzwischen das **wichtigste geldpolitische Instrument** der EZB mit überragender Bedeutung für die Feinsteuerung des Geldmarktes dar.

Offiziell lautet die *Bezeichnung Offenmarktgeschäfte mit Rückkaufsvereinbarung über festverzinsliche Wertpapiere,* also **Offenmarktgeschäfte auf Zeit** (Pension).[2]

Im Grunde genommen handelt es sich beim Wertpapierpensionsgeschäft um zwei Geschäfte:
- Das **Eurosystem kauft** von den Kreditinstituten Wertpapiere und
- vereinbart gleichzeitig mit ihnen den **Rückkauf** dieser Papiere **zu einem geringeren Kurs zu einem vorher vereinbarten Termin.** Die Differenz zwischen dem Rückkaufspreis und dem Kaufpreis entspricht den Zinsen, die für den aufgenommenen Betrag zu entrichten sind.

Für den Zeitraum zwischen Kauf und Verkauf, währenddessen die Kreditinstitute ihre Wertpapiere an das Eurosystem vorübergehend in Pension geben, erhalten sie zeitlich begrenztes Guthaben, d. h. kurzfristig liquide Mittel. Der Geldmarkt, an dem die Banken miteinander Zentralbankgeld handeln, wird dann bei sinkenden Zinsen flüssiger. Die Banken können nun mehr und billigere Kredite vergeben.

Verkauft das Eurosystem hingegen Wertpapiere, so zieht es Geld aus dem Verkehr. Das Geld

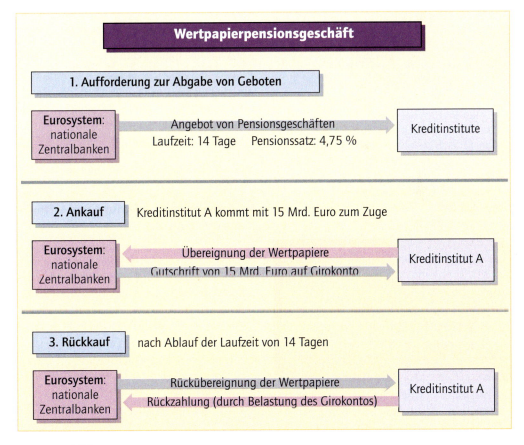

---

[1] Im Zusammenhang mit den befristeten Transaktionen sind das „Hauptreferenzinstrument", die „Längerfristigen Refinanzierungsgeschäfte" sowie die „Feinsteuerungs- und strukturellen Operationen" zu nennen.

[2] Engl. repurchase agreement = RePo. Der Zinssatz wird daher auch als RePo-Satz bezeichnet. Repogeschäfte: Wertpapierverkauf mit späterer Rückkaufszusage zu festem Kurs

wird knapper und daher teurer. Die Zinsen am Geldmarkt und die Zinsen für Bankkredite und Bankeinlagen steigen.

Durch die **Veränderung des Zinssatzes** und des **Umfangs** von Wertpapierpensionsgeschäften ist die EZB in der Lage, die **Bankenliquidität und das Zinsniveau am Geldmarkt zu beeinflussen.**

Beispiel

Die EZB will den Kreditinstituten mehr Zentralbankgeld (Liquidität) zur Verfügung stellen und damit die Kreditschöpfung erhöhen. Sie ersetzt daraufhin ein auslaufendes Pensionsgeschäft durch ein neues mit höherem Volumen. Auf diese Weise soll die Geldmenge in der Wirtschaft vergrößert werden **(expansive Geldpolitik).**

Mit den zugeteilten Beträgen beeinflusst die EZB die **Bankenliquidität** direkt. Wesentlich dabei ist, dass bei den wöchentlich stattfindenden Hauptrefinanzierungsgeschäften zum Zeitpunkt der Zuteilung neuer Pensionen alte Pensionsgeschäfte auslaufen.

Gegenüber traditionellen Formen der Refinanzierung haben die Offenmarktgeschäfte „auf Zeit" den Vorzug, dass bei ihnen die Initiative – hinsichtlich Laufzeit, Satzungsgestaltung und Volumen der Einzelabschlüsse – stärker bei der EZB liegt und die Konditionen nach der jeweiligen Geldmarktlage variiert werden können. Die unmittelbaren Liquiditätseffekte am Geldmarkt (Feinsteuerung der Bankenliquidität) stehen bei den Pensionsgeschäften im Vordergrund.

- Unter **Wertpapierpensionsgeschäften** versteht man die Veränderung des Zuteilungsvolumens für den **Ankauf** von Wertpapieren gegen die Verpflichtung zum **Rückkauf** (Liquiditätspolitik) bzw. die Veränderung der Pensionssätze für Pensionsgeschäfte (Zinspolitik).
- Wertpapierpensionsgeschäfte (= Offenmarktgeschäfte auf Zeit) dienen der Fernsteuerung des Geldmarktes.

Die drei anderen Offenmarktgeschäfte der EZB werden nicht zu geldpolitischen Zwecken genutzt, sondern haben das Ziel, die Banken mit der notwendigen Liquidität zu versorgen. Zu nennen sind:

Längerfristige Refinanzierungsgeschäfte

Längerfristige Refinanzierungsgeschäfte sind **liquiditätszuführende Transaktionen** mittels Kreditgewährungen gegen die Verpfändung von Wertpapieren.

Anders als die Hauptrefinanzierungsgeschäfte mit ihrem kurzfristigen Charakter werden längerfristige Refinanzierungsgeschäfte mit einer **Laufzeit von drei Monaten** und als Standardtender (siehe folgende Seite) im **monatlichen Rhythmus** von den nationalen Zentralbanken angeboten.

Feinsteuerungsoperationen

Feinsteuerungsoperationen dienen der Liquiditätsbereitstellung bzw. -abschöpfung und umfassen z. B. Verkäufe und Käufe von Wertpapieren bzw. Devisen und die Hereinnahme von Termineinlagen. Sie werden zur Steuerung der Marktliquidität und der Zinssätze über Schnelltender oder bilaterale Geschäfte durchgeführt.

Strukturelle Operationen

Diese Operationen werden genutzt, wenn die EZB die strukturelle Liquiditätsposition des Finanzsektors gegenüber dem Eurosystem anpassen will. Die Bundesbank beispielsweise bietet den Kreditinstituten über die Ausgabe von Schuldverschreibungen eine Anlagemöglichkeit und entzieht dem Bankensystem somit Liquidität.

Verfahren zur Abwicklung von Offenmarktgeschäften

Bei der *Durchführung* offenmarktpolitischer Geschäfte (also bei der Kreditvergabe) wird auf bilaterale Geschäfte und vor allem auf das Tenderverfahren – ein Versteigerungs- bzw. Ausschreibungsverfahren, bei dem die geldpolitische Operation durch das Eurosystem initiiert wird – zurückgegriffen.

Bei den **bilateralen Geschäften** schließt das Eurosystem nur mit einem oder wenigen Kreditinstituten geldpolitische Transaktionen ab.

Mit dem **Tenderverfahren** richtet sich das Eurosystem an das gesamte Bankensystem. Es wird dabei zwischen zwei verschiedenen Arten von Tenderverfahren unterschieden:

Das Tenderverfahren wird in sechs Verfahrensschritte gegliedert:

		Standardtender[1]	Schnelltender
1	Tenderankündigung durch die EZB und die nationalen Zentralbanken	14:30 Uhr	beliebige Stunde
2	Abgabe von Geboten durch die Geschäftspartner	nächster Tag bis 09:30 Uhr	20 Minuten
3	Zusammenstellung der Gebote durch das ESZB	bis 11:00 Uhr	10 Minuten
4	Zuteilung durch die EZB und Bekanntgabe des Tenderergebnisses	11:30 Uhr	nach 20 Minuten
5	Bestätigung der einzelnen Zuteilungsergebnisse	bis 12:10 Uhr	10 Minuten
6	Abwicklung der Transaktionen (Valutierung der Liquidität)	nächster Tag	umgehende Abwicklung

Techniken beim Tenderverfahren

Die EZB kann zur Durchführung dieser Geschäfte *zwei Techniken* anwenden, meist getrennt, manchmal gleichzeitig:

- das Mengentenderverfahren und
- das Zinstenderverfahren.

Mengentender

Das Eurosystem hat sich zu Beginn der Währungsunion für den **Mengentender** entschieden. Er hat den großen Vorteil, dass er die geldpolitischen Absichten der Notenbank eindeutig signalisiert.

Beim Mengentender (Festzinstender) wird gegen Verpfändung von Wertpapieren den Banken Zentralbankgeld angeboten. Dabei legt die EZB den Zinssatz, das Gesamtvolumen und die Laufzeit des Pensionsgeschäfts bereits bei der Ausschreibung fest. Die Kreditinstitute geben daraufhin bis zu einem vorgegebenen Zeitpunkt ihre Gebote für die von ihnen gewünschten Beträge ab. Übersteigt die Summe der Einzelgebote die vom Eurosystem festgelegte Zuteilungssumme, erhalten alle Bieter denselben Prozentsatz (Zuteilquote) ihres Gebotes.

---

[1] Die Auflegung eines Standardtenders wird durch das Eurosystem europaweit öffentlich über Wirtschaftsinformationsdienste bzw. über die nationalen Zentralbanken und **Wirtschaftsmedien** jeweils montags bis ca. 16:00 Uhr bekannt gegeben.

Beispiel: Hauptrefinanzierungsgeschäft als Mengentender

Die EZB beabsichtigt ein Gesamtvolumen von 30 Mrd. Euro zur Verfügung zu stellen:
Ankündigungstag: 6. Juni / 14:30 Uhr
Abschlusstag/
Abwicklung der Transaktionen: 7. Juni / 8. Juni
vorgegebener Zinssatz: 3,5 %
Laufzeit / Rücknahme: 14 Tage ab Wertstellung / 21. Juni

	Gebote	Zuteilungsquote	Zuteilung
Kreditinstitut A	5 Mrd. Euro	75 %	3,75 Mrd. Euro
Kreditinstitut B	9 Mrd. Euro	75 %	6,75 Mrd. Euro
Kreditinstitut C	15 Mrd. Euro	75 %	11,25 Mrd. Euro
Kreditinstitut D	11 Mrd. Euro	75 %	8,25 Mrd. Euro
Gesamt	40 Mrd. Euro	75 %[1]	30,00 Mrd. Euro

Im Beispiel sind insgesamt bei der Bundesbank als ausführendem Organ der EZB von vier Kreditinstituten Gebote über 40 Mrd. Euro eingegangen. Nun wird repartiert, d. h. anteilmäßig zugeteilt. Jedes Gebot wird nur in Höhe der errechneten Quote von 75 % erfüllt. Die Restbeträge müssen sich die Banken am Geldmarkt bei anderen Kreditinstituten besorgen.

Als Mengentender werden in der Regel die wöchentlichen Hauptrefinanzierungsgeschäfte durchgeführt. Der Mindestbetrag beläuft sich auf 1 Mio. Euro, die Gebote der Kreditinstitute müssen auf volle 100.000 Euro lauten. Wertpapierpensionsgeschäfte haben sowohl Zins- als auch Liquiditätswirkungen. Das gilt auch für die Mengentender. Mit dem dort vorgegebenen Zins – oder dem marginalen Zins (Einheitszinssatz) beim Zinstender – wirkt das Eurosystem direkt auf die Zinsbildung am Geldmarkt ein. Mit dem zugeteilten Betrag beeinflusst es direkt die Bankenliquidität. Dabei spielt eine Rolle, dass bei den regelmäßig stattfindenden Wertpapierpensionsgeschäften üblicherweise zum Zeitpunkt der Zuteilung neuer Pensionen alte Pensionsgeschäfte auslaufen.

Zinstender

Beim Zinstender beteiligt die EZB im Rahmen des Zuteilungsverfahrens die Kreditinstitute an der Ermittlung des Zinssatzes. Eine Bank kann bis zu zehn verschiedene Gebote abgeben. Es sind zwei unterschiedliche Zuteilungsverfahren zu unterscheiden, das *holländische* und das *amerikanische*:

---

[1] Zuteilungsquote:
$$\frac{\text{Kreditvolumen}}{\text{Summe aller Gebote}} \cdot 100 \rightarrow \frac{30 \cdot 100}{5+9+15+11} = 75\%$$

Beispiel: Längerfristiges Refinanzierungsgeschäft als Zinstender

Beabsichtigtes Gesamtvolumen des Offenmarktgeschäftes 30 Mrd. Euro *(nicht bekannt gegeben)*
Ankündigungstag: 11. März / 14:30 Uhr durch EZB
Abschlusstag/Abwicklung der Transaktionen: 12. März / 13. März
Mindestbietungssatz der EZB: 3,5 %
Laufzeit / Rücknahme: 90 Tage ab Wertstellung/11. Juni

	Gebote		Zuteilung	Zuteilungsquote
	Zinssatz	Betrag		
Kreditinstitut A	3,95 %	5 Mrd. Euro	5 Mrd. Euro zu 3,85 %	100 %
Kreditinstitut B	3,90 %	9 Mrd. Euro	9 Mrd. Euro zu 3,85 %	100 %
Kreditinstitut C	3,90 %	15 Mrd. Euro	15 Mrd. Euro zu 3,85 %	100 %
Kreditinstitut D	3,85 %	11 Mrd. Euro	1 Mrd. Euro zu 3,85 %	9,1 %
Kreditinstitut E	3,80 %	8 Mrd. Euro	--	
Kreditinstitut F	3,70 %	7 Mrd. Euro	--	
Kreditinstitut ...	(...)			
			30 Mrd. Euro	

Das letzte Gebot, das noch im Rahmen des beabsichtigten Zuteilungsvolumens von 30 Mrd. Euro liegt, ist das des Kreditinstituts D. Dessen Bietungssatz wird zum **Einheitszinssatz** von 3,85 %, zu dem dann zugeteilt wird.

– *Volle Zuteilung* erhalten alle Gebote, die über dem Einheitssatz liegen: Kreditinstitut A, B und C; zusammen 29 Mrd. Euro.
– *Teilweise Zuteilung* (Repartierung) erhält Kreditinstitut D mit 9,1 % = 1 Mrd. Euro. Es hatte sein Gebot zum Einheitssatz abgegeben.
– *Unberücksichtigt* bleiben die Kreditinstitute E, F und andere, die ihre Gebote unter dem Einheitssatz abgegeben hatten.

– Holländisches Verfahren

Beim **holländischen** Zuteilungsverfahren verzichtet die EZB darauf, den Zinssatz vorzugeben. Sie nennt neben der Laufzeit zur Orientierung lediglich einen **Mindestzinssatz** und überlässt es anschließend den Kreditinstituten, bei Abgabe ihrer Gebote den Zins zu steigern. Das Zuteilungsvolumen wird nicht bekannt gegeben. Die Kreditinstitute müssen bei diesem Verfahren sowohl den von ihnen gewünschten Betrag, über den sie ein Geschäft abschließen wollen, als auch den Zins angeben, den sie höchstens bereit sind zu zahlen.
Die Zuteilung erfolgt dann zu einem Einheitszinssatz (= marginaler Zinssatz), und zwar zu dem Bietungssatz des letzten Gebotes,

das noch im Rahmen des beabsichtigten Gesamtbetrags liegt. Allerdings werden die höchsten Gebote zuerst zugeteilt. Gebote, die zum Zuteilungssatz abgegeben wurden, werden im Bedarfsfall repartiert. Gebote zu Sätzen unter dem Einheitszinssatz werden nicht berücksichtigt.

- **Amerikanisches Verfahren**
  Beim amerikanischen Verfahren, das von der EZB bevorzugt wird, gibt sie **keinen Zins** vor, sondern teilt lediglich mit, dass sie bis zu einem bestimmten Zeitpunkt Gebote erwartet. Auch in diesem Fall müssen die Kreditinstitute sowohl Betrag als auch Zins nennen, zu denen sie das Geschäft abschließen möchten. Dabei sind sie an den von ihnen abgegebenen Zins gebunden.
  Die Zuteilung erfolgt zu dem jeweils von den Kreditinstituten gebotenen Zinssatz. Während des Zuteilungsverfahrens werden sämtliche Gebote, die über dem niedrigsten Gebot liegen, das noch berücksichtigt wird, aufgenommen, bis das Gesamtvolumen des Geschäfts, das in diesem Fall bekannt gegeben wurde, erreicht ist. Bleibt ein Restbetrag, der unter mehreren Kreditinstituten, die den gleichen Zinssatz geboten haben, zu verteilen ist, so erhalten diese Kreditinstitute denselben Prozentsatz (Zuteilungsquote) ihres Bietungsbetrags.

Als Zinstender werden vor allen Dingen alle längerfristigen Refinanzierungsgeschäfte mit einer Laufzeit von drei Monaten durchgeführt; sie werden einmal im Monat aufgelegt.

Politik der ständigen Fazilitäten

Um den Schwankungen des Geldmarktzinses Grenzen zu setzen, steht der EZB das geldpolitische Instrument der **ständigen Fazilitäten** zur Steuerung des Geldmarktes zu Verfügung.

Eine Fazilität ist die von der Zentralbank den Kreditinstituten eingeräumte Möglichkeit, bei Bedarf
- auf eigene Initiative
- gegen Stellung erstklassiger Sicherheiten
- für einen Geschäftstag („über Nacht")
- und im Volumen unbegrenzt

kurzfristig Kredite in Anspruch zu nehmen oder Guthaben anzulegen.

Beispiel

Gesamtvolumen des Offenmarktgeschäftes 39 Mrd. Euro; Laufzeit 90 Tage; kein Mindestbietungssatz!

	Gebote		Zuteilung	Zuteilungsquote
	Zinssatz	Betrag		
Kreditinstitut A	3,95 %	5 Mrd. Euro	5 Mrd. Euro zu 3,95 %	100 %
Kreditinstitut B	3,90 %	9 Mrd. Euro	9 Mrd. Euro zu 3,90 %	100 %
Kreditinstitut C	3,90 %	15 Mrd. Euro	15 Mrd. Euro zu 3,90 %	100 %
Kreditinstitut D	3,85 %	11 Mrd. Euro	5,8 Mrd. Euro zu 3,85 %	52,6315 %
Kreditinstitut E	3,85 %	8 Mrd. Euro	4,2 Mrd. Euro zu 3,85 %	52,6315 %
Kreditinstitut F	3,70 %	7 Mrd. Euro	--	
Kreditinstitut ...	(...)			
			39 Mrd. Euro	

- *Volle Zuteilung* erhalten alle Gebote der Kreditinstitute A, B und C mit einem Gesamtvolumen von zusammen 29 Mrd. Euro. Sie liegen über dem niedrigsten Gebot, das zum Zuge kommt; im vorliegenden Fall abgegeben von Kreditinstitut D und E mit 3,85 %.
- Die Gebote von Kreditinstitut D und E (3,85 %) mit einem Gesamtvolumen von zusammen 10 Mrd. Euro wurden repartiert (*teilweise zugeteilt*). Es sind jene Gebote, die noch zu dem niedrigsten Satz zum Zuge kommen. Darüber hinaus war im vorliegenden Fall der Restbetrag in Höhe von 10 Mrd. Euro unter den Kreditinstituten D und E, die den gleichen Zinssatz geboten hatten, zu verteilen. Beide Institute erhielten dabei denselben Prozentsatz (Zuteilungsquote) von 52,6315 % ihres Bietungssatzes.
- *Unberücksichtigt* bleiben Gebote, die zu niedrigeren Sätzen als 3,85 % abgegeben wurden, so z. B. Kreditinstitut F mit 3,70 %.

> Unter der **Politik der Ständigen Fazilitäten** wird die Veränderung des Zinssatzes verstanden mit dem Ziel, den Kreditspielraum der Kreditinstitute zu beeinflussen und so die umlaufende Geldmenge und damit das allgemeine Zinsniveau zu steuern.

Die ständigen Fazilitäten können in zwei Formen genutzt werden:
- Spitzenrefinanzierungsfazilität
- Einlagefazilität

Spitzenrefinanzierungsfazilität
(liquiditätszuführend)

Die Spitzenrefinanzierungsfazilität (marginal lending facility) dient der Liquiditätsbereitstellung. Die Kreditinstitute können sich
- kurzfristig
- zur Deckung eines vorübergehenden Liquiditätsbedarfs
- bei den nationalen Zentralbanken
- zu einem vorgegebenen Zinssatz (Spitzenrefinanzierungssatz)

- gegen refinanzierungsfähige Sicherheiten[1]
- für die Laufzeit eines Geschäftstages

Geld beschaffen (Tagegeld oder Übernachtliquidität).

Bedeutung für den Geldmarkt

Grundsätzlich können sich Geschäftsbanken auch über den Interbankenmarkt – also direkt untereinander – mit Übernachtkrediten versorgen.

Eine Erhöhung oder Senkung des Spitzenrefinanzierungssatzes der EZB zieht entsprechende Zinsänderungen der Geschäftsbanken nach sich und wirkt damit auch auf den Geldmarkt.

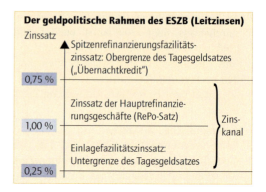

Der Spitzenrefinanzierungszinssatz wird beispielsweise in der Phase der konjunkturellen Überhitzung mit inflationärer Tendenz **angehoben** (= restriktive Geldpolitik).

Eine allgemeine Erhöhung des Zinsniveaus mit entsprechend nachlassender Kreditnachfrage, rückläufigen Investitions- und Konsumausgaben hat eine dämpfende Wirkung auf die Konjunktur. Eine Zinssenkung hat die gegenteilige Wirkung.

Einlagefazilität (liquiditätsabschöpfend)

Das Instrument der Einlagefazilität (deposit facility) ermöglicht es den Kreditinstituten, überschüssige Gelder für einen Tag bei der nationalen Zentralbank zu einem vorgegebenen Zinssatz anzulegen. Laut Beschluss der EZB liegt er immer einen Prozentpunkt unter dem Hauptrefinanzierungssatz.

Geldpolitische Bedeutung der Einlagefazilität

Auch die Übernachtanlagen können Geschäftsbanken über den Geldmarkt (Interbankenmarkt) tätigen. Erhöht (senkt) die EZB den Einlagesatz, so werden auch die Geschäftsbanken ihren Zins für Übernachtanlagen erhöhen (senken). Einlagefazilitäten unterliegen keiner Betragsbegrenzung, sie verringern den Kreditspielraum der Banken.

Der Zinssatz der Spitzenrefinanzierungsfazilität bildet die **obere Grenze der für Übernachtkredite erhobenen Zinsen und der Einlagesatz die untere Grenze für Tagesgeld.** Somit ergibt sich ein Zinskanal, begrenzt nach oben durch den Spitzenrefinanzierungssatz und nach unten durch den Einlagesatz.

Der Zinskanal liegt im vorliegenden Beispiel zwischen 0,25 % (Zinssatz bei Einlagefazilität) und 1,75 % (Zinssatz bei Spitzenrefinanzierungsfazilität). Der Mittelwert im Zinskanal ist dann in der Regel der Zinssatz für Wertpapierpensionsgeschäfte (= 1 %). Alle drei Zinssätze zusammen bilden die Leitzinssätze für den Finanzsektor.[2]

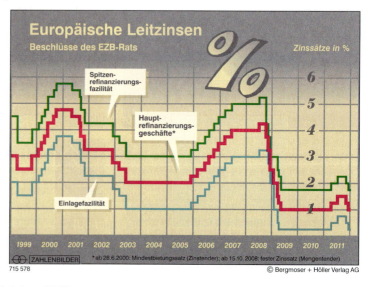

---

1 Siehe Ausführungen zu den Kreditsicherheiten auf S. 613.

2 Eine Übersicht über die aktuellen Zinssätze und die geldpolitischen Geschäfte des Eurosystems (Tenderverfahren) sind zu finden im statistischen Teil des Bundesbank-Monatsberichts unter VI. Zinssätze, Tabelle 4 „Geldpolitische Geschäfte des Eurosystems (Tenderverfahren)", www.bundesbank.de.

Die Zinssätze werden vom EZB-Rat vorgegeben, die Fazilitäten aber dezentral von den nationalen Zentralbanken verwaltet.

Mindestreservepolitik

Aufgrund ihrer aktiven Giralgeldschöpfung sind die Kreditinstitute in der Lage, ihr Kreditangebot um ein Mehrfaches der Bargeldmenge zu erhöhen. Diese Giralgeldschöpfung versucht das Eurosystem über das Instrument der Festlegung der Mindestreservehöhe zu steuern.

> **Mindestreserven** sind Einlagen (Pflichtguthaben oder Zwangseinlagen), die die Kreditinstitute bei der jeweiligen nationalen Zentralbank unterhalten müssen. Die jeweilige Höhe wird durch den **Mindestreservesatz** bestimmt.

Die Mindestreserveguthaben werden zum Mengentender-Zinssatz (marktmäßige Verzinsung) verzinst.

Grundsätzlich sind alle im Euro-Währungsraum niedergelassenen Kreditinstitute verpflichtet, Mindestreserven bei der EZB zu unterhalten. Der **Mindestreservesatz** wird vom EZB-Rat bestimmt. Es ist der Prozentsatz, nach dem die Mindestreserve berechnet wird. Sie kann den Mindestreservesatz festlegen für:
- täglich fällige Einlagen
- Einlagen mit vereinbarten Laufzeiten oder Kündigungsfristen bis zu zwei Jahren
- ausgegebene Schuldverschreibungen mit vereinbarter Laufzeit von bis zu zwei Jahren
- Geldmarktpapiere

Auf diese Verbindlichkeiten wird gegenwärtig ein Reservesatz von 2 % angewandt.

Andere Verbindlichkeiten, beispielsweise Einlagen mit vereinbarter Laufzeit bzw. Kündigungsfrist von über zwei Jahren, werden zunächst nicht einbezogen. Vom Mindestreserve-Soll eines Kreditinstituts wird ein Freibetrag von 100.000,00 € abgezogen, um kleine Banken zu schonen. Die Guthaben bei der Zentralbank müssen nicht täglich, sondern im Monatsschnitt gehalten werden.

> Unter **Mindestreservepolitik** wird die Veränderung der Mindestreservehöhe verstanden mit dem Ziel, die Geld- und Kreditschöpfungsmöglichkeiten der Kreditinstitute **direkt** zu beeinflussen und so den Geldumlauf und das allgemeine Zinsniveau zu steuern.

Die Politik der Mindestreserve ist als ein *liquiditätspolitisches Instrument* anzusehen, da die Liquiditätslage der Kreditinstitute unmittelbar betroffen wird.

Wirkung

- Eine **Erhöhung des Mindestreservesatzes** wird von der EZB vorgenommen, um in Zeiten von Vollbeschäftigung und starkem Wirtschaftswachstum die Inflation einzudämmen. Die Geschäftsbanken müssen nun höhere Guthaben bei der EZB hinterlegen, wodurch ihr **Geldschöpfungsspielraum**, also die Fähigkeit, Kredite zu gewähren, unmittelbar **eingeschränkt** wird (die Überschussreserven der Kreditinstitute sinken).

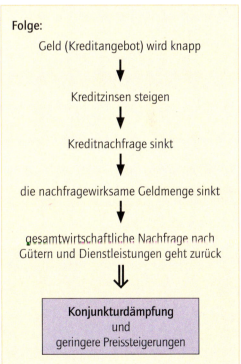

Wirtschaftspolitik

- Die **Senkung der Mindestreservesätze** bewirkt eine Verringerung des Mindestreservensolls der Kreditinstitute bei den nationalen Zentralbanken. Die Kreditinstitute verfügen jetzt über mehr Geld, sie werden liquider, sodass sie ihre Kreditschöpfungsmöglichkeiten erweitern können.

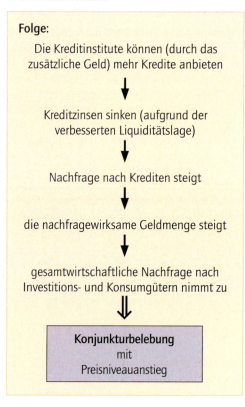

Die **Senkung des Mindestreservesatzes** ist somit in der **Depression** angebracht, in der Arbeitslosigkeit vorherrscht und ein rückläufiges BIP zu beobachten ist.

Beispiel

Die S&B-Bank in Dresden verfügt am Monatsende über folgende reservepflichtige Verbindlichkeiten:

	Reservepflichtige Verbindlichkeiten in Mio. Euro		
	Einlagen	ausgegebene Schuldverschreibungen	Geldmarktpapiere
Monatsendbestand	500	80	180
Mindestreservesatz	2 %	2 %	2 %
Mindestreservesoll	10	1,6	3,6

Summe Mindestreservesoll:	15,2 Mio. Euro
abzüglich:	0,1 Mio. Euro
zu hinterlegende Mindestreserve:	15,1 Mio. Euro

Die Mindestreserveerfüllung dauert vom 24. eines Monats bis zum 23. des Folgemonats und berechnet sich nach dem letzten Tag des Vormonats. Für die Periode vom 24. Februar bis zum 23. März ist beispielsweise der Bestand am 31. Januar maßgeblich. Es wurde damit für die Mindestreserveerfüllung eine Entkopplung vom Kalendermonat bewirkt, an dessen Ende die Liquiditätsschwankungen besonders hoch sind.

Wenn nun der EZB-Rat in der Deflationsphase die Geldschraube lockert und den Mindestreservesatz auf 1,5 % senkt, so verringert sich die zu hinterlegende Mindestreserve der S&S-Bank bei der EZB um 3,8 Mio. Euro, sodass in Zukunft mehr Kredite an die Kunden ausgeliehen werden können (→ die Kreditschöpfung der S&S-Bank hat sich erhöht). Damit wird die nachfragewirksame Geldmenge ausgedehnt, die gesamtwirtschaftliche Nachfrage angeregt und die Konjunktur belebt.

Bedeutung

Bereits geringe Veränderungen der Mindestreservesätze haben wirkungsvolle Auswirkungen auf die Liquiditätsabflüsse bzw. -zuflüsse und damit bedeutsame Veränderungen der Rentabilität bei den Kreditinstituten zur Folge. Die Mindestreservepolitik beeinflusst die Kreditvergabe der Kreditinstitute **direkt** und wirkt schärfer und schneller als Zinsvorgaben. Sie stellt daher ein wichtiges geldpolitisches Instrument zur Stabilisierung der Konjunktur dar.

Kombination der geldpolitischen Instrumente

In der Realität muss das Eurosystem sämtliche geldpolitischen Instrumente kombinieren, um die erhoffte Wirkung zu erzielen.

- In Zeiten der **Hochkonjunktur** wird die EZB eine **restriktive Geldpolitik** betreiben. Das heißt, sie wird versuchen, die gesamtwirtschaftliche Nachfrage nach Gütern und Dienstleistungen zu verringern, indem sie
  - die Geldmenge reduziert und
  - die Zinsen erhöht.

Insbesondere die wirtschaftlich erwünschte Zinserhöhung mit ihrer Auswirkung auf die Kreditnachfrage soll durch die Anhebung der Leitzinsen erreicht werden. Allerdings lässt sich das Problem der Geldmengenverringerung nicht ohne die Reduzierung des Kreditangebots lösen. Daher versucht das Eurosystem, die freien Liquiditätsreserven des Bankensystems einzuschränken, indem es gleichzeitig die **Mindestreservesätze** erhöht. Die Verringerung der Geld- und Kreditmenge kann nun zusätzlich noch durch die Verringerung des Zuteilungsvolumens im Rahmen der Pensionsgeschäfte unterstützt werden. Ferner können durch den **definitiven Verkauf von Wertpapieren und die Ausgabe von Schuldverschreibungen** freie Liquiditätsreserven der Kreditinstitute verringert und der Kreditvergabespielraum noch weiter eingeengt werden.

- Soll in Zeiten der **Rezession** die Wirtschaft mit den Mitteln einer **expansiven Geldpolitik** unterstützt werden, so wird das Eurosystem den kombinierten Einsatz seines geldpolitischen Instrumentariums in der entgegengesetzten Richtung erwägen: **Senkung der Leitzinsen und der Mindestreservesätze, Ankauf von Wertpapieren.**

Die Folge können Zinssenkungen und eine Ausdehnung des Kreditangebots durch das Bankensystem sein, womit letztlich die Konjunktur belebt werden kann.

Kreditsicherheiten bei der Refinanzierung über das Eurosystem

Für alle Kreditbeschaffungsgeschäfte sind von den Banken ausreichende Sicherheiten zu stellen.

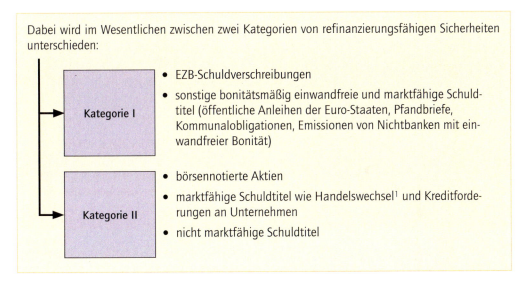

Dabei wird im Wesentlichen zwischen zwei Kategorien von refinanzierungsfähigen Sicherheiten unterschieden:

Kategorie I
- EZB-Schuldverschreibungen
- sonstige bonitätsmäßig einwandfreie und marktfähige Schuldtitel (öffentliche Anleihen der Euro-Staaten, Pfandbriefe, Kommunalobligationen, Emissionen von Nichtbanken mit einwandfreier Bonität)

Kategorie II
- börsennotierte Aktien
- marktfähige Schuldtitel wie Handelswechsel[1] und Kreditforderungen an Unternehmen
- nicht marktfähige Schuldtitel

Bei beiden Kategorien muss der Emittent von der EZB bzw. von der nationalen Zentralbank als bonitätsmäßig einwandfrei eingestuft worden sein.

Bei der Bereitstellung von Liquidität durch das Eurosystem wird vorausgesetzt, dass ein Kreditinstitut die erforderlichen Sicherheiten in einem Depot bei der jeweiligen nationalen Zentralbank hinterlegt hat.

Grenzen der Geldpolitik

Die EZB nimmt mit ihren geldpolitischen Instrumenten Einfluss auf das Kreditangebot und die Kreditnachfrage. Auf die nicht kreditfinanzierte gesamtwirtschaftliche Nachfrage nach Gütern und Dienstleistungen hat sie **keinen Einfluss.**

---

[1] Das Eurosystem kauft keine Wechsel von Banken im Rediskontverfahren mehr an. Verwendung findet er stattdessen als Pfand für die Kreditgewährung an die Geschäftsbanken.

Ist die EZB aus stabilitätspolitischen Gründen an einer reduzierten Kreditnachfrage interessiert, so muss sie eine **Politik der hohen Zinsen** verfolgen.	Verfolgt die EZB eine **Politik niedriger Zinsen,** um beispielsweise die Konjunktur zu beleben, so verspricht dieses Vorgehen nur dann Erfolg, wenn die Gewinnerwartungen der Unternehmen optimistisch sind.

- Bei dieser Hochzinspolitik wird aber ausländisches Kapital in den Euro-Währungsraum gelockt, sodass letztlich die Geldmenge vermehrt wird. Die Stabilitätsbemühungen der EZB werden damit unterlaufen.
- Darüber hinaus stellen die Zinsen im Rahmen der unternehmerischen Kalkulation nur einen (kleinen) Kostenbereich dar. Vielfach werden daher langfristig angelegte Investitionsvorhaben wegen gestiegener Geldkosten kaum zeitlich verschoben, insbesondere dann nicht, wenn sich die zusätzlichen Geldbeschaffungskosten auf die Verkaufspreise abwälzen lassen.
- Des Weiteren orientieren sich die Unternehmen bei ihren Investitionsentscheidungen weniger an den aktuellen Zinssätzen, sondern eher an der langfristigen Gesamtrentabilität ihrer Investition. Sie werden daher trotz hoher Zinsen investieren, wenn sie ihre Gewinnerwartungen und Absatzchancen positiv einschätzen.
- Sind die Kreditinstitute ausreichend mit Geld versorgt, so hat die Erhöhung der Leitzinsen wenig Einfluss auf das Zinsverhalten der Banken bei ihrer Kreditvergabe.
- Die öffentlichen Haushalte reagieren, obwohl aufgrund der jährlichen Neuverschuldung die Zinsbelastungen weiterhin ständig zunehmen, wenig auf Zinssteigerungen.

- Solange die wirtschaftliche Entwicklung pessimistisch eingeschätzt wird, sind weder die Unternehmen noch die privaten Haushalte bereit, Kredite aufzunehmen; zwingen kann sie schon gar niemand. Die gesamtwirtschaftliche Nachfrage wird sich daher kaum erhöhen.
- Hinzu kommt, dass in Phasen niedriger Zinsen Geldanleger im Euro-Währungsgebiet ihr Geld lieber im Ausland anlegen (sofern das Zinsniveau dort höher ist). Die beabsichtigte Geldmengenerweiterung der EZB findet nicht statt.

Es können sich darüber hinaus **unerwünschte prozyklische Wirkungen** ergeben, da

- die Wirtschaftssubjekte oft mit zeitlichen Verzögerungen auf die geldpolitischen Maßnahmen, wie beispielsweise Änderungen der Zinssätze, reagieren.
- die Geldpolitik insgesamt nur mit einiger Verzögerung wirkt. Was der EZB-Rat heute entscheidet, wird erst nach 12 bis 15 Monaten in der Preisentwicklung sichtbar und schlägt sich in anderthalb bis zwei Jahren im Preisniveau nieder.

Beim Einsatz der geldpolitischen Instrumente besteht die Gefahr der Über- oder Untersteuerung der Wirtschaft.

Aufgaben

1. Worin besteht die vorrangige Aufgabe der Europäischen Zentralbank?
2. Welche Beziehung besteht zwischen
    a) der Deutschen Bundesbank und der Bundesregierung?
    b) der Deutschen Bundesbank und der Europäischen Zentralbank?
    c) der EZB und dem ESZB?
    d) dem EZB-Rat und der Deutschen Bundesbank?
3. Was verstehen Sie unter der Aufgabe der EZB „Festlegung der Richtlinien der Geldpolitik"?
4. Erklären Sie den wesentlichen Unterschied zwischen Zins- und Liquiditätspolitik.
5. a) Warum gibt die EZB ein jährliches Geldmengenziel bekannt?
    b) Welche Größen müssen bei der Festsetzung des Geldmengenzieles berücksichtigt werden?
6. Der EZB-Rat beschließt eine Erhöhung der Mindestreservesätze. Welche Wirkung hat das auf
    a) den Kreditspielraum der Kreditinstitute?
    b) die gesamtwirtschaftliche Nachfrage nach Gütern und Dienstleistungen?
7. Worauf zielt eine Senkung der Mindestreservesätze?
8. Mit welchen Maßnahmen erhöht die EZB den Geldumlauf bzw. das Kreditangebot?
9. Erklären Sie die Wirkungsweise der Offenmarktpolitik.
10. Erläutern Sie die Wirkungsweise der Politik der ständigen Fazilitäten, wenn sie betrieben wird
    a) zur Dämpfung
    b) zur Ankurbelung der Konjunktur.
11. Welche geldpolitischen Maßnahmen der EZB führen zu einer erhöhten Geldabschöpfung bei den Kreditinstituten?

12. Von welchem Organ der EZB wird eine Senkung der Leitzinsen beschlossen?
13. Welche Maßnahmen des ESZB sind im Rahmen der Offenmarktpolitik möglich?
14. Nennen Sie vier mögliche geldpolitische Maßnahmen des ESZB zur Dämpfung der Konjunktur. Begründen Sie die Maßnahmen hinsichtlich ihrer wirtschaftlichen Wirkung.
15. Der EZB-Rat will aus stabilitätspolitischen Gründen in Zukunft verstärkt eine restriktive Geldpolitik verfolgen.
    a) Nennen Sie mögliche Maßnahmen mit zinspolitischer Wirkung.
    b) Welche liquiditätspolitischen Maßnahmen wären zu ergreifen?
    c) Welche Folgewirkungen hat eine derartige Geldpolitik auf
       - die Liquidität der Kreditinstitute,
       - die Zinsen,
       - die Nachfrage nach Krediten,
       - die umlaufende Geldmenge,
       - die gesamtwirtschaftliche Nachfrage nach Gütern und Dienstleistungen,
       - die konjunkturelle Entwicklung,
       - das Preisniveau?
16. Welche Auswirkung auf die Geldschöpfungsmöglichkeit der Kreditinstitute haben die folgenden geldpolitischen Maßnahmen?
    a) Eine Bank tauscht ihr Guthaben bei der Deutschen Bundesbank gegen Bargeld.
    b) Die Deutsche Bundesbank verkauft Wertpapiere.
    c) Eine Bank verpfändet EZB-bankfähige Kommunalobligationen und börsennotierte Aktien im Rahmen eines Mengentenders an das ESZB.
    d) Herr Voss verkauft Wertpapiere bar an seine Hausbank.
    e) Kreditinstitute verpfänden Wertpapiere bei den nationalen Zentralbanken zum Zwecke der Geldbeschaffung.
17. Welche Hemmnisse stehen einer wirksamen Geldpolitik der EZB in der Hochkonjunktur entgegen?
18. Erklären Sie,
    a) warum die Offenmarktpolitik in Form von Wertpapierpensionsgeschäften (befristete Transaktionen) zu den liquiditätspolitischen Instrumenten des ESZB gezählt wird,
    b) die Wirkungsweise einer Verringerung des Zuteilungsvolumens für die Verpfändung von Wertpapieren auf inflationäre Entwicklungen.
19. Erläutern Sie, inwiefern die Offenmarktpolitik sowohl Zins- als auch Liquiditätseffekte hat.
20. Erklären Sie im Zusammenhang mit den geldpolitischen Instrumenten des ESZB die Begriffe „Liquiditätsbereitstellung" und „Liquiditätsabschöpfung".
21. Erläutern Sie ausführlich und geben Sie dabei die Wirkung auf die nachfragewirksame Geldmenge in der Volkswirtschaft an bei
    - Wertpapierpensionsgeschäft (Mengen- und Zinstender)
    - Pfandkreditgeschäft
    - Ausgabe von Schuldverschreibungen
    - Definitive Käufe oder Verkäufe von Wertpapieren
    - Hereinnahme von Termineinlagen
22. Welche Wirkung soll mit dem geldpolitischen Instrument der „Ständigen Fazilitäten" verfolgt werden?
23. Warum bevorzugt die EZB in bestimmten wirtschaftlichen Situationen den Mengentender?
24. Welche Zinssätze haben eine Leitzinsfunktion?
25. Welches geldpolitische Instrumentarium wird von der Europäischen Zentralbank in der Phase
    a) der Rezession,
    b) des Booms
    eingesetzt und welche Zielsetzung wird damit jeweils verfolgt?
26. Welche Instrumente, Arten und Verfahren zählen zu den Offenmarktgeschäften?

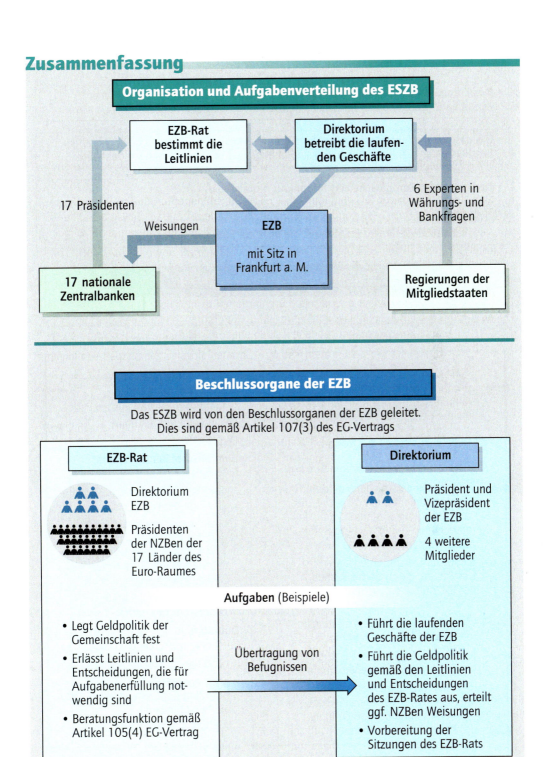

Zusammenfassung

- **Das Europäische System der Zentralbanken** (ESZB) besteht aus der Europäischen Zentralbank (EZB) und den nationalen Zentralbanken aller EU-Mitgliedstaaten.

- **Die nationalen Zentralbanken** des Euro-Währungsgebietes führen die geldpolitischen Beschlüsse des EZB-Rates durch und sind unabhängig von den Weisungen der Politik.

- **Der Erweiterte Europäische Zentralbankrat** besteht aus
  - dem Präsidenten und Vizepräsidenten der EZB und
  - den Präsidenten aller 29 nationalen Zentralbanken in der Europäischen Union (d. h. einschließlich aller EU-Staaten, die nicht zur Eurozone gehören).

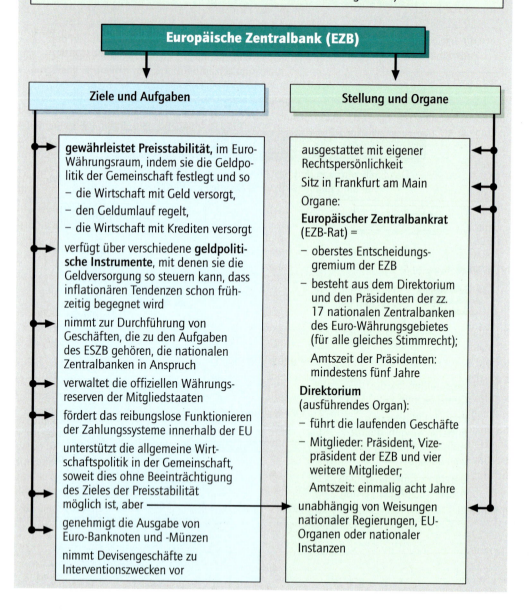

Europäische Zentralbank (EZB)

Ziele und Aufgaben

- **gewährleistet Preisstabilität,** im Euro-Währungsraum, indem sie die Geldpolitik der Gemeinschaft festlegt und so
  - die Wirtschaft mit Geld versorgt,
  - den Geldumlauf regelt,
  - die Wirtschaft mit Krediten versorgt
- verfügt über verschiedene **geldpolitische Instrumente**, mit denen sie die Geldversorgung so steuern kann, dass inflationären Tendenzen schon frühzeitig begegnet wird
- nimmt zur Durchführung von Geschäften, die zu den Aufgaben des ESZB gehören, die nationalen Zentralbanken in Anspruch
- verwaltet die offiziellen Währungsreserven der Mitgliedstaaten
- fördert das reibungslose Funktionieren der Zahlungssysteme innerhalb der EU
- unterstützt die allgemeine Wirtschaftspolitik in der Gemeinschaft, soweit dies ohne Beeinträchtigung des Zieles der Preisstabilität möglich ist, aber
- genehmigt die Ausgabe von Euro-Banknoten und -Münzen
- nimmt Devisengeschäfte zu Interventionszwecken vor

Stellung und Organe

- ausgestattet mit eigener Rechtspersönlichkeit
- Sitz in Frankfurt am Main
- Organe:

Europäischer Zentralbankrat (EZB-Rat) =
  - oberstes Entscheidungsgremium der EZB
  - besteht aus dem Direktorium und den Präsidenten der zz. 17 nationalen Zentralbanken des Euro-Währungsgebietes (für alle gleiches Stimmrecht);
  - Amtszeit der Präsidenten: mindestens fünf Jahre

Direktorium (ausführendes Organ):
  - führt die laufenden Geschäfte
  - Mitglieder: Präsident, Vizepräsident der EZB und vier weitere Mitglieder;
  - Amtszeit: einmalig acht Jahre
- unabhängig von Weisungen nationaler Regierungen, EU-Organen oder nationaler Instanzen

Zusammenfassung

Geldpolitische Operationen des Eurosystems

Geldpolitische Geschäfte	Transaktionsart – Bankenliquidität wird bereitgestellt	Transaktionsart – Bankenliquidität wird abgeschöpft	Laufzeit	Rhythmus	Verfahren
Offenmarktgeschäfte – Hauptrefinanzierungsgeschäfte	• Wertpapierpensionsgeschäft (= befristete Transaktionen)	–	zwei Wochen	jede Woche	• Standardtender • Mengentender
Offenmarktgeschäfte – längerfristige Refinanzierungsgeschäfte	• Wertpapierpensionsgeschäft (= befristete Transaktionen)	–	drei Monate	monatlich	• Standardtender • Zinstender
Offenmarktgeschäfte – Feinsteuerungsoperationen → Steuerung der Marktliquidität → Steuerung der Geldmarktzinsen	• Wertpapierpensionsgeschäft (= befristete Transaktionen) • Devisenswaps	• Wertpapierpensionsgeschäft • Devisenswaps • Hereinnahme von Termineinlagen mit festgesetzter Verzinsung	• Pensionsgeschäft: keine standardisierte Laufzeit • Termineinlagen mit fester Laufzeit	unregelmäßig (insbesondere bei unerwarteten Liquiditätsschwankungen am Markt)	• Schnelltender • einzelne zweiseitige Geschäfte
Offenmarktgeschäfte – Feinsteuerungsoperationen (Forts.)	definitive Wertpapierverkäufe	• definitive Wertpapierverkäufe • Verkauf und Rückkauf von Wertpapieren aus Eigenbestand der EZB	Kaufverträge: unbefristet		einzelne zweiseitige Geschäfte
Offenmarktgeschäfte – Strukturelle Operationen → Steuerung der Marktliquidität	Wertpapierpensionsgeschäft (= befristete Transaktionen)	Emission von kurz laufenden abgezinsten Schuldverschreibungen der EZB	Pensionsgeschäft: keine standardisierte Laufzeit	unregelmäßig (situationsbedingte Durchführung)	Standardtender
Offenmarktgeschäfte – Strukturelle Operationen (Forts.)	definitive Wertpapierverkäufe	definitive Wertpapierverkäufe	Kaufverträge: unbefristet	unregelmäßig	einzelne, zweiseitige Geschäfte
Ständige Fazilitäten – Spitzenrefinanzierungsfazilität (→ Deckung kurzfristiger Liquiditätsengpässe)	befristete Transaktionen	–	einen Tag (über Nacht)	standig angebotene Geschäfte	Inanspruchnahme auf Initiative der Kreditinstitute / bilaterale Geschäfte
Ständige Fazilitäten – Einlagefazilität (→ Anlage kurzfristig überschüssiger Liquidität)	–	Einlagenannahme	einen Tag (über Nacht)	standig angebotene Geschäfte	Inanspruchnahme auf Initiative der Kreditinstitute / bilaterale Geschäfte
Mindestreserven → Dämpfung von Zinsvolatilitäten → Gewährleistung von ausreichender Liquiditätsknappheit	Senkung der Reservesätze	Erhöhung der Reservesätze	• Mittel zur Steuerung der Giralgeldschöpfung der Banken • liquiditätspolitisches Instrument • beeinflusst Kreditvergabe der Banken direkt • wirkt schneller und schärfer als Zinsvorgaben • Reservesatz 2 % (bis max. 10 % möglich)		

Wirtschaftspolitik

Zusammenfassung

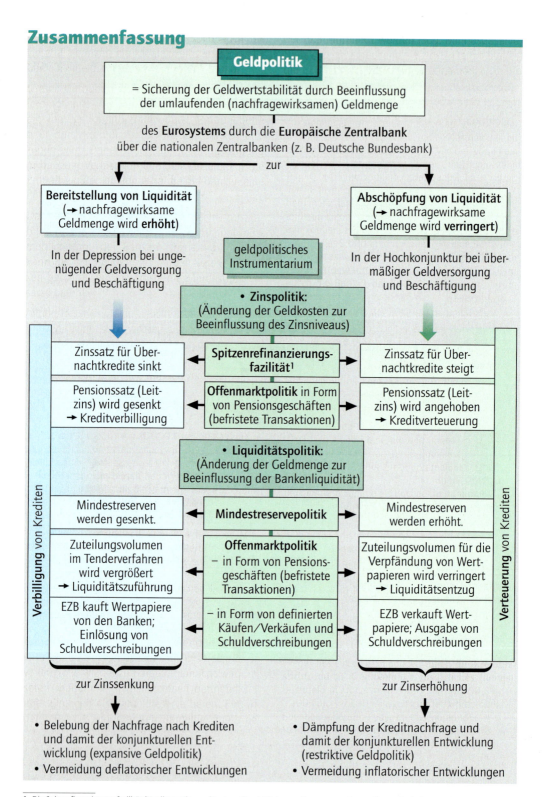

1 Die Spitzenfinanzierungsfazilität (Kreditgewährung für einen Geschäftstag zu einem vorgegebenen Zinssatz) erhöht zwar den Kreditspielraum der Banken, beeinflusst aber andererseits die Kosten der Refinanzierung. Die Einlagefazilität schöpft generell Liquidität ab.

8.13 Lohnpolitik der Tarifvertragsparteien

Mit gemischten Gefühlen stehen die Arbeitgeber der neuesten Gewerkschaftsforderung gegenüber, wonach die Gewerkschaft ver.di mit einer Forderung nach Anhebung der Löhne um 6,5 Prozent in die nächste Tarifrunde gehen will.

Die Gewerkschaft legte ihrer Empfehlung einen Anstieg der gesamtwirtschaftlichen Produktivität in Höhe von 2,5 Prozent und eine Teuerungsrate von 1,5 Prozent zugrunde.

Das Arbeitgeberlager weist diese Forderung aber nachdrücklich zurück. Der Arbeitgeberverband ist der Auffassung, dass ein sorgfältig ausgewogener Tarifabschluss notwendig sei, der das Risiko von Arbeitsplatzverlusten verringere.

Brückenschlag   Karikatur: Bensch

Wunsch und Wirklichkeit klaffen bei den Tarifabschlüssen mehr oder weniger weit auseinander. Nennen Sie Gründe für die gegensätzlichen Standpunkte von Gewerkschaften und Arbeitgebern (Arbeitgeberverbänden).

Information

Die Wirtschaftspolitik ist in Deutschland nicht allein Aufgabe von Parlament und Regierung, sondern stützt sich in zwei wichtigen Bereichen auf unabhängige Akteure:

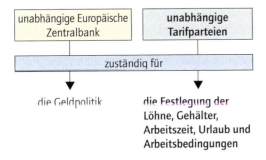

In der **Lohnpolitik** gilt das Prinzip der **Tarifautonomie** (siehe Kap. 3.4): Unabhängige Gewerkschaften auf der einen und Arbeitgeberverbände oder einzelne Unternehmen auf der anderen Seite regeln selbstständig *ohne Einmischung des Staates* durch verbindliche Verträge die Ausgestaltung der Löhne und Gehälter sowie der sonstigen Arbeitsbedingungen.

Der Staat beschränkt sich auf die Festlegung des rechtlichen (ordnungspolitischen) Rahmens, innerhalb dessen die Tarifvertragsparteien bei ihren Verhandlungen weitgehend freies Spiel haben. Rechtlicher Hintergrund der Tarifautonomie ist das in Art. 9 Abs. 3 des Grundgesetzes (GG) verankerte Grundrecht der Koalitionsfreiheit.

> **Art. 9 Abs. 3 GG** „Das Recht, zur Wahrung und Förderung der Arbeits- und Wirtschaftsbedingungen, Vereinigungen zu bilden, ist für jedermann und für alle Berufe gewährleistet. (...)"

Derartige Vereinigungen im Bereich des Arbeitslebens sind Arbeitgeberverbände und Gewerkschaften sowie deren Spitzenverbände. Ihnen wird das Recht gewährt die Arbeitsbedingungen ihrer Mitglieder selbstständig durch Tarifvertrag zu regeln. Sie werden deshalb als Tarifvertragsparteien oder Tarifparteien bezeichnet. Mit Blick auf das notwendige Zusammenwirken beider Seiten im Tarifwesen und ihre Einbeziehung in verschiedene Bereiche des Sozialwesens wird oft auch von Tarifpartnern oder Sozialpartnern gesprochen.

Die Festlegung der Löhne und Arbeitsbedingungen ist von entscheidender Bedeutung für viele wichtige wirtschaftliche und gesellschaftliche Größen: Die Einkommensverteilung, die Finanzierung der sozialen Sicherung und die Beschäftigungslage, letztlich die gesamte volkswirtschaftliche Entwicklung hängen davon ab.

Tarifpolitische Argumentationen

Der Hintergrund der tarifpolitischen Argumentationen beider Seiten sind die völlig unterschiedlichen Auffassungen über ökonomische Wirkungszusammenhänge:

Gewerkschaften: argumentieren nachfrageorientiert („keynesianisch"),	Arbeitgeber: argumentieren angebotsorientiert („neoklassisch").

Dieser Gegensatz wird besonders deutlich in dem Streit über den Nachfrage- und Kosteneffekt von Lohnerhöhungen sowie über deren Auswirkungen auf die Beschäftigung. Der Grund liegt in der ökonomischen Doppelbedeutung des

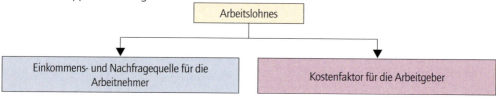

Argument:

Tariflohnsteigerungen führen über den Anstieg der gesamtwirtschaftlichen Arbeitseinkommen zu wachsenden Konsumausgaben, die wiederum die gesamtwirtschaftliche Nachfrage stimulieren, die Produktion erhöhen und Investitionen wie Beschäftigung steigen lassen.

Argument ...

Lohnerhöhungen stellen samt Arbeitgeberbeiträgen zur Sozialversicherung Kosten dar. Je höher diese Kosten ansteigen, desto weniger Arbeitskräfte können die Unternehmen tendenziell beschäftigen.

... und Gegenargument:

Darüber hinaus wird bei der nachfrageorientierten Sichtweise übersehen, dass ein Teil des zusätzlichen Einkommens gespart oder für Importgüter ausgegeben wird und daher die Nachfrage nach inländischen Produkten überhaupt nicht stärken kann. Zudem vernachlässigt die Kaufkraftargumentation den Kosteneffekt von Lohnerhöhungen, die über dem Produktivitätsfortschritt (also der Steigerung der Arbeitsleistung) liegen. Sie führen nämlich zu

– Verteuerungen der Produktion,

– Preiserhöhungen,

– Gewinneinbußen,

– Rationalisierungen oder

– Arbeitsplatzverlagerungen ins Ausland

und verkehren auf diese Weise die angestrebte Stärkung der Binnenkonjunktur und der Beschäftigung ins Gegenteil.

Kaufkrafttheorie
Rechnung für einen westdeutschen Durchschnittsverdiener in Euro

	in Euro
Brutto-Lohnerhöhung	50,00
Lohnsteuer (einschließlich Solidaritätszuschlag)	– 13,90
Sozialbeiträge	– 10,75
Netto-Lohnerhöhung	= 25,35
Konsum von Importwaren	– 5,90
Ersparnis	– 2,90
Nachfrageplus nach inländischen Konsumgütern	= 16,55
Kostenbelastung des Unternehmens	60,75

Durchschnittsverdiener: Brutto-Monatsverdienst von rund 2.220 €, verheiratet, 2 Kinder, Steuerklasse III/2
Ursprungsdaten: Statistisches Bundesamt
Institut der deutschen Wirtschaft Köln

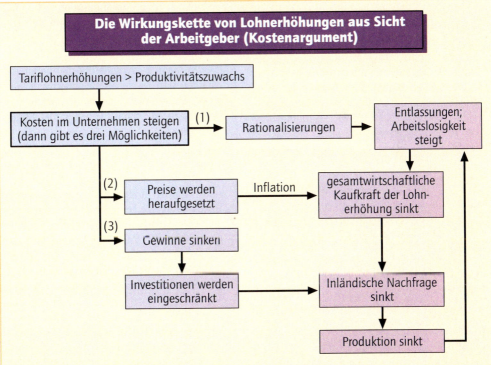

Aus Unternehmersicht führen Lohnerhöhungen, die den Produktivitätszuwachs übersteigen, zu höheren Kosten. Diese können entweder durch Preiserhöhungen ausgeglichen werden oder führen zu sinkenden Gewinnen. Bei geringeren Gewinnen (oder sogar Verlusten) unterbleiben Investitionen, es wird weniger produziert und ggf. rationalisiert. Alles gefährdet längerfristig oder sofort Arbeitsplätze, sodass die Arbeitslosenquote ansteigt.

Die Lohnsumme in einer Volkswirtschaft ist die Hauptquelle, aus der der private Verbrauch gespeist wird. Gleichzeitig ist die Höhe der Löhne und Gehälter für fast alle Wirtschaftszweige der wichtigste Kostenfaktor. Von daher erklärt sich die Bedeutung, die der Lohnpolitik für die gesamtwirtschaftliche Entwicklung zukommt.

Im gesamten Tarifverhandlungsprozess spielen die folgenden Faktoren eine wichtige Rolle:

- **Produktivitätsentwicklung**

  Eine zentrale Orientierungsgröße bei Tariflohnerhöhungen ist der erwartete Anstieg der gesamtwirtschaftlichen Arbeitsproduktivität (siehe auch Kap. 1.5, S. 25 ff.), d. h. der realen Produktion je Erwerbstätigen(stunde).

  Die Arbeitsproduktivität wird wie folgt errechnet:

  $$\frac{\text{Menge der produzierten Güter (Leistung)}}{\text{Menge der benötigten Arbeitsleistungen (Faktoreinsatz)}}$$

  bezogen auf einen bestimmten Zeitraum. Hierbei können entweder die geleisteten Arbeitsstunden oder die Zahl der Erwerbstätigen zugrunde gelegt werden. Im ersten Fall wird die Stundenproduktivität, im letzteren Falle die Pro-Kopf-Produktivität errechnet. Mit anderen Worten: Die Arbeitsproduktivität misst, welche Menge an Gütern und Dienstleistungen in einer Volkswirtschaft pro Arbeitsstunde bzw. pro Arbeitskraft hergestellt wird.

Beispiel

Ein Unternehmen benötigt zur Produktion von 400 Produktionseinheiten 100 Arbeitsstunden. Die Arbeitsproduktivität ist in diesem Fall 4, d. h. in einer Arbeitsstunde kann das Unternehmen 4 Einheiten herstellen. Der Stundenlohn der Arbeiter beträgt 15,00 €, der Verkaufspreis der Güter 12,00 € je Stück. Von anderen Kosten soll aus Gründen der Vereinfachung im vorliegenden Beispiel abgesehen werden. Die entscheidenden wirtschaftlichen Größen sehen dann wie folgt aus:

Produktionsergebnis	400
Arbeitsstunden	100
Arbeitsproduktivität	4
Stundenlohn	15,00 €
Lohnsumme	1.500,00 €
Lohnkosten je Produktionseinheit	3,75 €
Verkaufspreis	12,00 €
Umsatz	4.800,00 €
Umsatz ./. Lohnsumme	3.300,00 €

Im darauffolgenden Jahr gelingt es dem Unternehmen aufgrund besserer Produktionsverfahren, nicht mehr nur 400, sondern 440 Produktionseinheiten in 100 Arbeitsstunden zu produzieren.

Die Arbeitsproduktivität ist also um 10 Prozent gestiegen. Daraufhin werden die Löhne im Ausmaß der Produktivitätssteigerung ebenfalls um 10 Prozent angehoben, also von vorher 15,00 Euro auf 16,50 Euro. Daraus ergeben sich für die Lohnkosten die folgenden wirtschaftlichen Konsequenzen:

Produktionsergebnis	440	(+ 10 %)
Arbeitsstunden	100	
Produktivität	4,4	(+ 10 %)
Stundenlohn	16,50 €	
Lohnsumme	1.650,00 €	
Lohnkosten je Produkteinheit	3,75 €	(konstant)
Verkaufspreis	12,00 €	
Umsatz	5.820,00 €	(+ 10 %)
Umsatz ./. Lohnsumme	3.630,00 €	(+ 10 %)

- Steigen demzufolge die Arbeitskosten pro Arbeitnehmer (oder pro Stunde) im selben Ausmaß wie dessen Arbeitsproduktivität, so erhöhen sich die Produktionskosten je Einheit – die sogenannten Lohnstückkosten – nicht.

- Die Verteilung zwischen Arbeitnehmereinkommen und Unternehmensgewinnen bleibt gleich: Sowohl die Stundenlöhne als auch die Größe „Umsatz minus Lohnsumme" steigen um 10 %.

Die Arbeitgeber erkennen diesen Aspekt der Gewerkschaftsforderungen grundsätzlich an. Sie verweisen jedoch darauf, dass nur originäre Produktivitätssteigerungen den Arbeitnehmern zugute kommen dürfen. Das ist der Teil des statistisch ausgewiesenen Produktivitätsfortschritts, der nicht durch Rationalisierung entstanden ist. Denn: Ein Teil der rechnerischen Produktivitätsgewinne kommt gerade durch Beschäftigungsabbau zustande – z. B. wenn nach einem lohnkostenbedingten Personalabbau weniger Arbeitnehmer im Unternehmen gleich viel produzieren. Eine Verteilung dieses Produktivitätsanstiegs macht die Job-Verluste unumkehrbar und verfestigt so die Arbeitslosigkeit.[1] Bei Arbeitslosigkeit sollte ein Teil des Produktivitätsfortschritts zur Schaffung neuer Arbeitsplätze im Unternehmen bleiben.

---

[1] Nach Angaben des Instituts der Deutschen Wirtschaft beträgt das beschäftigungsneutrale Produktivitätsplus rund zwei Drittel des statistisch ausgewiesenen Zuwachses.

- **Inflationsrate**

Die Gewerkschaften fordern zur Sicherung der Reallöhne einen vollen Ausgleich der prognostizierten Verteuerung der Lebenshaltungskosten.

Die Arbeitgeber lehnen dies ab, da ein solcher Inflationsausgleich zu einer Verteuerung der Produktion führt und die Gefahr einer Lohn-Preis-Spirale mit sich bringt. Tarifabschlüsse sollten nur den unvermeidlichen Preisanstieg berücksichtigen – nicht also den von ihnen selbst verursachten Preisdruck. Zudem sollten sie sich an der Entwicklung der Absatzpreise der Unternehmen und nicht an den Verbraucherpreisen orientieren – nur die Absatzpreise spiegeln das wider, was die Unternehmen am Markt durchsetzen können. Nur durch eine entsprechend nach unten korrigierte Inflationsrate lässt sich daher verhindern, dass daran ausgerichtete Lohnzuwächse selbst Preissteigerungen auslösen und eine Lohn-Preis-Spirale in Gang setzen.

Darüber hinaus wird die Entwicklung der Verbraucherpreise durch systematische Messfehler überzeichnet (z. B. unzureichende Erfassung der Qualitätsverbesserung von Produkten).

Faustformel der Gewerkschaften: Die Tariflöhne sollen mindestens so stark steigen wie die Summe aus Inflationsrate und Produktivitätsentwicklung. Damit soll zum einen die Kaufkraft der Arbeitnehmer gesichert werden. Zum anderen können die Beschäftigten am Produktivitätsfortschritt angemessen beteiligt werden.

In Deutschland, Finnland und Portugal sind die Inflation und die Produktivitätsentwicklung die wichtigsten Richtmarken, in Spanien und Italien kommt die allgemeine Wirtschaftslage hinzu. Zum anderen können die Beschäftigten am Produktivitätsfortschritt angemessen beteiligt werden.

- **Unternehmensgewinne und Umverteilung**

Mit der Umverteilungskomponente ihrer Forderungen streben die Gewerkschaften eine gerechtere Verteilung des Volkseinkommens zwischen Unternehmern und Arbeitnehmern an. Als Indiz für eine notwendige Umverteilung dient den Gewerkschaften eine gute Ertragslage der Unternehmen.

Die Arbeitgeber lehnen dies ab und betrachten Gewinne als Grundvoraussetzung für Investitionen, die wiederum Arbeitsplätze schaffen und damit auch die Einkommensverteilung verbessern.

- **Beschäftigungslage**

Die Arbeitgeber betrachten Arbeitslosigkeit vorwiegend als Ergebnis überhöhter Löhne und fordern deshalb – in Anlehnung an den Sachverständigenrat – eine lohnpolitische Zurückhaltung bei schlechter Beschäftigungslage.

Einen derartigen Zusammenhang lehnen die Gewerkschaften ab. Sie fordern stattdessen vielfach Arbeitszeitverkürzungen zur Aufteilung der geringen Beschäftigung auf eine größere Anzahl von Köpfen.

- **Arbeitszeitverkürzung**

Verkürzungen der Wochen-, Jahres- oder Lebensarbeitszeit werden von den Gewerkschaften mit der Schaffung oder Sicherung von Arbeitsplätzen begründet. Die Arbeitgeber verweisen dagegen auf die kostentreibenden Effekte von Arbeitszeitverkürzungen (vor allem mit Lohnausgleich), die statt zu einer Erhöhung sogar zu einem Rückgang der Beschäftigung führen können. Sie lehnen allgemeine

Tarifpolitik in Europa: Inflation fest im Blick

Faktoren, die die Lohnforderungen der Gewerkschaften beeinflussen

● = wichtiges Kriterium ○ = ergänzendes Kriterium

	Inflation	allgemeine Wirtschaftslage	Produktivität	Unternehmensgewinne
B	●	○		
DK	●	●	○	
D	●		●	
FIN	●		●	
F	●			●
GR	●	●	○	
I	●	●	○	
IRL	●	○		
NL	○	○	○	
A	○	○	○	
P	●		●	
S	●			
E	●	●	●	
UK	●			

Ursprungsdaten: European Industrial Relations Observatory, European Trade Union Institute
Institut der deutschen Wirtschaft Köln

Arbeitszeitverkürzungen auch deshalb ab, weil diese besonders von kleineren Unternehmen nur schwer umzusetzen sind und weil sie dadurch eine Verschärfung des Fachkräftemangels befürchten.

Neuorientierungen für die Tarifpolitik

- **Neuorientierung der Arbeitgeber**
  - **Orientierung am Produktivitätsfortschritt**

    Lohnerhöhungen dürfen sich nur am Produktivitätsfortschritt orientieren. Bei hoher Arbeitslosigkeit müssen sie darunter bleiben, damit neue, zusätzliche Arbeitsplätze entstehen können.

    Ergänzend ist eine ausreichende Differenzierung der Löhne nach Teilarbeitsmärkten, nach Branchen, nach Regionen und Qualifikationen vorzunehmen.

  - **Generalüberholung des Tarifkartells**

    Das Tarifsystem muss generalüberholt werden. Tarifverträge sollten nur Eckwerte, Mindestbedingungen, Korridore und Optionen enthalten und so Freiräume schaffen für betriebsnahe Regelungen in Form von Betriebsvereinbarungen. Der Flächentarifvertrag sollte daher vor allem eine Öffnungsklausel enthalten, die es den Unternehmen ermöglicht, eine – zeitlich einander bedingende – Absenkung der tariflichen Leistungen gegen eine Beschäftigungsgarantie zu vereinbaren.

Erster Durchbruch   Karikatur: Bensch

- **Neuorientierung der Gewerkschaften**
  - **Arbeitsplatzsicherung vor Lohnerhöhungen**

    Die Gewerkschaften sind mehr und mehr bereit, ihr bisheriges Hauptziel der Lohnzuwächse zugunsten der Erhaltung von bestehenden und der Schaffung von zusätzlichen Arbeitsplätzen einzutauschen. Dies entspricht dem Arbeitgeberziel, dass Lohnerhöhungen unterhalb der Produktivitätszuwächse vereinbart werden.

  - **Erhaltung der Mindeststandards**

    Den Gewerkschaften geht es nicht mehr hauptsächlich um Zuwächse, sondern um die Sicherung der Standards. Dieses Ziel wird gefährdet, da immer mehr Unternehmer ihren Tarifverband verlassen und die Gewerkschaften keine Verhandlungspartner mehr haben. Sie müssen versuchen, die Flächentarife zu erhalten.

  - **Teilhabe am Strukturwandel**

    In Deutschland findet zurzeit ein rasanter Strukturwandel statt, der sowohl Arbeitsplätze vernichtet als auch Arbeitsplätze schafft. Es stellt sich daher die Frage, wie die derzeitigen Tarifverträge auf neue Arbeitsplätze anzuwenden sind. Einen Schritt in diese Richtung hat die Deutsche Postgewerkschaft gemacht, die mit der Telekom AG einen Tarifvertrag zur Tele-Heimarbeit vereinbart hat.

- **Exkurs: Strukturveränderungen im Tarifgefüge**

    Die folgenden Ereignisse wirken auf eine Strukturveränderung im Tarifgefüge hin:
    - Immer mehr Unternehmer kündigen ihre Mitgliedschaft im Arbeitgeberverband, um entweder eigene Haustarife abzuschließen oder sich der Tarifbindung zu entziehen. Denn die zentrale Einheit für die Lohnfindung ist das Unternehmen, nicht (mehr) die Branche oder die Region, denn es geht um das Überleben einzelner Betriebe und um deren Arbeitsplätze.
    - Die großen Flächentarifverträge, die die wirtschaftlichen Unterschiede der Regionen ausgleichen sollen, erhalten auf diese Weise immer geringere Bindungswirkungen.
    - Die neuen Tarifverhandlungen werden immer schwieriger, weil immer weniger Unternehmen sich den Beschlüssen der Tarifkommissionen unterwerfen wollen.

Einflussfaktoren der Lohnpolitik

Die Forderungen und Angebote sowie die Verhandlungspositionen der Tarifparteien werden von einer Reihe von Faktoren beeinflusst:

- **Wirtschaftslage**

  Je besser die konjunkturpolitische Entwicklung, desto höher fallen die Forderungen der Gewerkschaften aus, die jetzt die verbesserte Ertragslage der Unternehmen zur Umverteilung nutzen wollen. In der Hochkonjunktur ist auch ihre Verhandlungsposition günstiger, weil ein Arbeitskampf und der damit einhergehende Produktionsausfall die Unternehmen besonders stark trifft. Bei schlechter Konjunktur- und Arbeitsmarktlage müssen sich die Gewerkschaften dagegen eher zurückhalten, um die Beschäftigung nicht zu gefährden. In dieser Situation beharren die Arbeitgeber stärker auf kostendämpfenden Tarifabschlüssen und sie sind notfalls eher bereit, dafür auch Arbeitskämpfe durchzustehen.

- **Organisatorische Stärke und Finanzkraft**

  Die Verhandlungsposition beider Tarifparteien hängt auch von ihrer organisatorischen Geschlossenheit und Einigkeit sowie von ihrer Mitgliederstärke ab. Der (streng geheim gehaltene) Umfang der Streikkasse und damit die finanzielle Fähigkeit, etwaige Arbeitskämpfe erfolgreich durchzustehen, spielt ebenfalls eine Rolle.

- **Verbandspolitische Faktoren**

  In beiden Tarifparteien müssen die Funktionäre auch bedenken, inwieweit ihre Ziele und Tarifabschlüsse den Wünschen verschiedener Mitgliedergruppen entsprechen und ob sie das Überleben des Verbandes gefährden.

- **Öffentliche Unterstützung**

  Ungeachtet der garantierten Tarifautonomie dürften Empfehlungen und Kritik aus Wissenschaft und Politik sowie die Einstellung der Öffentlichkeit die Verhandlungsparteien nicht unberührt lassen. Zu denken ist hier etwa an die Empfehlungen des Sachverständigenrates zur Lohnpolitik und an tarifpolitische Aussagen von Regierungsmitgliedern – auch wenn diese oft von den Tarifparteien als unerwünschte Einmischung zurückgewiesen werden.

Insgesamt gilt das Tarifgefüge in Deutschland noch immer als einzigartig in der Welt. Es hat in der Vergangenheit für die Sicherung des sozialen Friedens gesorgt und zum wirtschaftlichen Wohlergehen Deutschlands beigetragen. Das Tarifgefüge gilt sowohl für Arbeitgeber als auch für Arbeitnehmer als stabiles System, nach dem kalkuliert werden kann und an dem man sich orientieren kann.

Künftig wird die Tarifpolitik allerdings durch mehr Flexibilität geprägt sein. Denn die Globalisierung des Wettbewerbs macht betriebliche Veränderungen der Arbeitsorganisation, der Arbeitsabläufe und -inhalte notwendig. Dies erfordert mehr Flexibilität in den Arbeitsbedingungen. Sie ist eine entscheidende Voraussetzung dafür, einerseits international wettbewerbsfähig zu sein und andererseits neue Beschäftigung zu schaffen.

Beispiele für bereits getroffene Vereinbarungen

- Vereinbarung von Entgeltkorridoren, die Entgelte bis zu 10 Prozent unter Tarif zulassen, wenn die Betriebsparteien dies vereinbaren und die Tarifpartner zustimmen.
- Neue bzw. fortgeführte Regelungen zur Beschäftigungssicherung ermöglichen kürzere Arbeitszeiten ohne Lohnausgleich, wenn dadurch betriebsbedingte Kündigungen vermieden werden.
- Manche Tarifvertragsparteien verpflichten sich zur Schaffung neuer Arbeitsplätze und zur Übernahme der Ausgebildeten.
- Tarifregelungen zur Flexibilisierung der Arbeitszeit von Jahresarbeitszeiten bis zu Arbeitszeitkonten ersparen Überstundenzuschläge.
- Einstiegstarife für neu eingestellte Arbeitnehmer und Arbeitslose sehen um bis zu zehn Prozent geringere Entgelte vor.
- Einige Tarifverträge zur Altersteilzeit ermöglichen das frühere Ausscheiden von älteren Arbeitnehmern, um Arbeitsplätze für jüngere freizumachen.
- Öffnungsklauseln für Betriebsvereinbarungen lassen Abweichungen von bestimmten tariflichen Leistungen zu oder ermöglichen das Aussetzen von vereinbarten Tariferhöhungen.
- Zahlreiche Regelungen zur Entgeltfortzahlung im Krankheitsfall sichern die volle Entgeltfortzahlung unter Kürzung von Zusatzleistungen wie Weihnachts- oder zusätzliches Urlaubsgeld.
- Erster Tarifvertrag zur neuen Betriebsrente:

  Die Gewerkschaft Bauern – Agrar – Umwelt hat mit den zuständigen Arbeitgeberverbänden durch einen Tarifvertrag vereinbart, dass die Beschäftigten das Recht erhalten, Teile ihres Gehaltes in eine Zusatzvorsorge umzuwandeln.

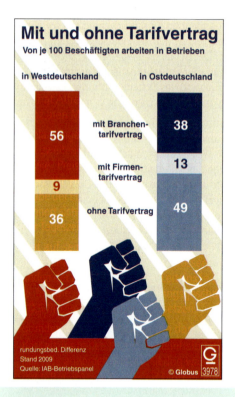

Aufgaben

1. Der Sachverständigenrat bzw. die Bundesbank mahnt stets im Sinne der Stabilität angemessene Lohnerhöhungen an. Inwiefern ist es den Tarifvertragsparteien möglich, die staatliche Stabilitätspolitik zu unterlaufen?

2. Nehmen Sie Bezug auf die Abbildung auf Seite 623 „Die Wirkungskette der Kaufkrafttheorie des Lohnes aus gewerkschaftlicher Sicht" und beantworten Sie folgende Fragen:
   a) Welcher Zusammenhang besteht zwischen einer Tariflohnerhöhung und einem Anstieg der Beschäftigung?
   b) Welcher Aspekt wird bei der nachfrageorientierten Sichtweise aus Arbeitgebersicht insgesamt übersehen?
   c) Mit welchen Reaktionen ist zu rechnen, wenn die Lohnzuwächse über dem Produktivitätsfortschritt liegen?

3. Betrachten Sie die Karikatur auf Seite 626. Was will der Karikaturist mit der Zeichnung und dem zusätzlichen Hinweis „Erster Durchbruch" ausdrücken?
   Beschreiben Sie, worin das eigentliche Problem des Verteilungskonflikts zwischen Arbeitgebern und Arbeitnehmern begründet liegt.

4. Erklären Sie die Bedeutung der Produktivitätsentwicklung für die Lohnpolitik.

5. Was verstehen Sie unter a) Flächentarifvertrag und b) Öffnungsklausel?

6. Worin sehen Sie den Vorteil der Unabhängigkeit der Tarifparteien?

7. Bei Tarifauseinandersetzungen wird häufig von einer „Preis-Lohn-Spirale" bzw. von einer „Lohn-Preis-Spirale" gesprochen.
   a) Welche Tarifpartei benutzt welche Aussage zur Verstärkung ihrer Ansprüche?
   b) Skizzieren Sie sinngemäß den wirtschaftlichen Zusammenhang beider Aussagen, mit dem die beiden gegensätzlichen Lager Forderungen Nachdruck verleihen wollen.

8. Den Tarifpartnern kommt bei der Lösung des Problems der Arbeitslosigkeit eine wichtige Rolle zu. Die Deutsche Bundesbank bescheinigte den Tarifparteien, dass sie zuletzt mit der verstärkten Mäßigung bei den Lohnabschlüssen „von der Kostenseite her günstige Voraussetzungen für die inzwischen in Gang gekommene Konjunkturerholung" in Westdeutschland geschaffen haben.
   a) Zeigen Sie mögliche Auswirkungen niedriger Lohnabschlüsse für die Sektoren Haushalte und Staat auf.
   b) Erläutern Sie die Reaktionsmöglichkeiten der Unternehmen auf Lohnabschlüsse, die über dem Produktivitätszuwachs liegen, und gehen Sie dabei auch auf Risiken ein, die sich daraus für die Volkswirtschaft der Bundesrepublik Deutschland ergeben können.

9. Mögliche Ansatzpunkte zur Bekämpfung der Arbeitsmarktprobleme in Deutschland werden in der Lohn- und in der Geldpolitik gesehen.
   Stellen Sie zwei lohnpolitische Maßnahmen zur Kostenentlastung der Unternehmen dar und beurteilen Sie, inwieweit davon positive Auswirkungen auf die derzeitige Beschäftigungslage in der Bundesrepublik Deutschland ausgehen können.

Zusammenfassung

Lohnpolitik der Tarifvertragsparteien

Prinzip: Tarifautonomie

Die Tarifvertragsparteien handeln ohne Einmischung des Staates die Löhne und Gehälter aus.

Verteilungskonflikt

Liegt begründet in der Doppelfunktion des Arbeitslohnes
- Einkommens- und Nachfragequelle für die Arbeitnehmer
- Kostenfaktor für die Arbeitgeber

Argumentationslinien

- Gewerkschaften begründen Tariflohnsteigerungen mit der Kaufkrafttheorie: wachsende Arbeitseinkommen führen zu steigender Beschäftigung.
- Arbeitgeber vertreten die Produktivitätstheorie: Die durchschnittlichen Löhne dürfen nicht stärker steigen als die Zuwachsrate der gesamtwirtschaftlichen Produktivität.

Einflussfaktoren auf den Tarifverhandlungsprozess

- Produktivitätsentwicklung
- Inflationsrate
- Unternehmensgewinne
- Beschäftigungslage
- Arbeitszeitverkürzung

- Die Lohnpolitik ist das Instrument der Gewerkschaften, mit dem sie versuchen, die Einkommenssituation zugunsten der Arbeitnehmer zu verändern.
- Die Verkaufspreise der Produkte und die Zahl der Arbeitsplätze, die angeboten werden, sind unter anderem die Instrumente der Arbeitgeber, mit denen sie versuchen, ihre wirtschaftlichen Interessen durchzusetzen.
- Das Ergebnis der Bemühungen beider sozialer Gruppen, ihre wirtschaftliche Position zulasten der anderen zu verbessern, ist die ständige Gefährdung der gesamtwirtschaftlichen Ziele Preisniveaustabilität und hoher Beschäftigungsstand.
- Im Tarifabschluss schlägt sich das jeweils gerade bestehende Kräfteverhältnis zwischen Gewerkschaften und Arbeitgeberverbänden nieder.
- Im Ergebnis der betrieblichen Lohnfindung drückt sich das jeweilige Verhältnis von Angebot und Nachfrage auf dem Arbeitsmarkt aus.

8.14 Systeme der Wechselkurse

Katja Niebühr und Jens Behre verbringen ihren diesjährigen Winterurlaub beim Skifahren in der Schweiz. Am dritten Tag treffen sie auf der Skipiste zufällig ihren gemeinsamen Freund Reinhard aus Lehrte bei Hannover.

Das unverhoffte Wiedersehen wird an der Skibar gefeiert. Als Reinhard später die Rechnung bezahlen will, stellt er fest, dass er am Morgen im Hotelzimmer versehentlich nur Euro eingesteckt hat.

Der Wirt sieht sich leider außerstande, das Euro-Geld anzunehmen. Er schlägt ihm stattdessen vor, seine Euro in Schweizer Franken *einzuwechseln*. Reinhard willigt ein und bekommt für einen 50-Euro-Schein 73 Schweizer Franken – ein schlechter Kurs, wie er murrt. Denn im letzten Skiurlaub hat er als Gegenwert noch 78 Franken erhalten.

1. Was verstehen Sie unter einem Wechselkurs?
2. Untersuchen Sie, welche Auswirkungen dieser veränderte Wechselkurs
   a) auf Reinhards Urlaubskasse,
   b) langfristig eventuell auf die Schweizer Wirtschaft
   hat.

Information

Außenwert des Geldes

Wechselkurse

Über den Export und Import von Waren, Dienstleistungen und Kapital fließt ausländisches Geld in die eigene Volkswirtschaft und inländisches Geld ins Ausland. Da für die Abwicklung des Geldverkehrs keine Weltwährung existiert, ist internationaler Handel nur möglich, wenn die Währungen der einzelnen Länder gegeneinander eingetauscht werden können.

Im Dezember 1958 wurde die freie Konvertibilität[1] der DM eingeführt. Damit bestand ab nun die Möglichkeit, die eigene Währung in unbeschränkter Menge gegen jede beliebige fremde Währung einzutauschen.

Das Wertverhältnis zweier Währungen lässt sich durch einen Kaufkraftvergleich ermitteln. Dazu wird in jedem Land ein Warenkorb mit den gleichen Gütern gepackt und mit den Preisen gewichtet. Danach können die Währungen in ein festes Wertverhältnis zueinander gebracht werden. Ausdruck dieses Verhältnisses ist der *Wechsel- oder Devisenkurs*, zu dem der Austausch der Währungen erfolgt.

Beispiel

Kostet ein vergleichbarer Warenkorb, dessen Preis in jeder Währung ermittelt wird, im Euro-Währungsgebiet 600,00 Euro und in den USA 810,00 Dollar, dann beträgt der Wechselkurs, dem eine gleiche Kaufkraft zugrunde liegt, 1,35 US-Dollar je Euro.

$$\text{Wechselkurs} = \frac{\text{Auslandspreisniveau in ausländischer Währung}}{\text{Inlandspreisniveau in Euro}}$$

[1] Konvertibilität (lat.) = Austauschbarkeit

Was Währungen allerdings wirklich wert sind, darüber streiten die Experten. Die Berechnungen sind kompliziert, denn Wechselkurse werden nicht nur von der Nachfrage und von Konjunkturdaten bestimmt. Auch Kriege und Attentate, Wahlen und Putschgerüchte können Paritäten verändern. Problematisch ist dieses Vorgehen darüber hinaus wegen des für alle Länder gleichen Warenkorbes. Denn schon bei Nahrungs- und Genussmitteln sind die Geschmäcker von Land zu Land verschieden.

Als eine verblüffend einfache Lösung dieses Problems gilt der „Big-Mac-Index". Er basiert auf der schlichten Theorie, dass der Wechselkurs zwischen zwei Währungen dann stimmt, wenn der Big Mac in beiden Ländern das Gleiche kostet.

Beispiel

In mehr als 100 Ländern wird der Top-Burger von McDonald's identisch hergestellt – doch zu unterschiedlichen Preisen verkauft.

Die Big-Mac-Parität beispielsweise zwischen Euro und US-Dollar wird wie folgt berechnet (Angaben hier als Preisnotierungen):

Der durchschnittliche Euro-Preis für einen Big-Mac im Euro-Währungsgebiet (3,37 €) wird durch den Dollar-Preis für einen Big-Mac in den USA (3,57 $) dividiert. Daraus ergibt sich die Kaufkraftparität von 0,94 € je US-Dollar.

Bei einem tatsächlichen (Big-Mac) Wechselkurs von 0,94 € je US-Dollar würde man demnach für einen bestimmten Geldbetrag – egal ob in Euro oder Dollar – im Euro-Währungsgebiet und den USA die gleiche Anzahl Big-Macs bekommen.

Sind am Bankschalter jedoch beispielsweise nur 0,73 € je Dollar zu zahlen, wie Ende Juli 2008 (siehe Tabelle unten), dann sind 3,37 € umgerechnet 4,59 Dollar. Dafür gibt es aber in New York mehr als einen Big-Mac, denn dort kostet er 1,02 $ weniger.

Für den Betrag, den ein Tourist im Eurowährungsgebiet durchschnittlich für 6 Big-Macs bezahlen muss (9·4,59 US-$=27,54 US-$), werden ihm in den USA fast 8 Riesenburger serviert (27,54 US-$: 3,57 US-$=7,71). Ein Reisender kann sich daher jenseits des großen Teichs für eine bestimmte Geldsumme mehr leisten als hierzulande.

Fazit: Die Kaufkraft des Dollar ist höher, als es der Wechselkurs von 0,73 vorgibt. Der wahre Wert der amerikanischen Währung ist 0,94 € je US-Dollar (Big-Mac-Wechselkurs), was einer Überbewertung des € von fast 29 % entspricht.

Ganz anders beim polnischen Zloty, der mit einem Wechselkurs von 2,55 Zloty zum US-Dollar viel zu billig zu bekommen ist. Am Big-Mac gemessen, müsste der Preis (Big-Mac-Wechselkurs) des polnischen Zloty bei 1,96 für einen US-Dollar liegen. Die polnische Währung ist daher mit 23 % unterbewertet.

Der Big-Mac-Index

Land	Währung	Big-Mac-Preis in nationaler Währung	Big-Mac-Preis in US-Dollar	Kaufkraftparität (Big-Mac-Wechselkurs)	Wechselkurs im Juli 2009	Unter- (–)/ Überbewertung (+) gegenüber dem US-Dollar (%)
USA	$	3,57	3,57	–	1,00	–
Australien	Austral-$	3,45	2,37	0,97	1,46	– 34
Großbritannien	Pfund	2,29	4,00	0,64	0,57	+ 12
China	Yuan	12,50	1,83	3,50	6,83	– 49
Tschechien	T-Kronen	66,10	3,65	18,52	18,11	+ 2
Dänemark	D-Kronen	28,00	5,12	7,84	5,46	+ 44
Euro-Währungsgebiet	Euro	3,37	4,59	0,94	0,73	+ 29
Ungarn	Forint	670,00	3,62	187,68	185,13	+ 1
Japan	Yen	280,00	2,78	78,43	100,54	– 22
Norwegen	N-Kronen	40,00	6,47	11,20	6,18	+ 81
Polen	Zloty	7,00	2,75	1,96	2,55	– 23
Russland	Rubel	59,00	2,26	16,53	26,11	– 37
Schweden	S-Kronen	38,00	5,35	10,64	7,11	+ 50
Schweiz	Franken	6,50	5,73	1,82	1,14	+ 60

1 Euro = 1,3645 US-Dollar
oder
1 US-Dollar = 0,7328 Euro?

Seit dem 1. Jan. 1999 gilt im Euroland für die Kursnotiz in Euro die **Mengennotierung**.

(Wie viel ausländische Geldeinheiten erhält man für 1 Euro?).

Der **Wert des Euro** wird somit jetzt **in der jeweiligen Fremdwährung angegeben**. Die Inlandswährung (1 Euro) ist feste Bezugsgröße, die ausländische Währung ist die variable Basisgröße.

Beispiele:

- *Kurs 1,205 für CHF.* Dies bedeutet, dass in Deutschland für 1 EUR 1,205 Schweizer Franken gezahlt werden.
- *Kurs 0,6835 für Euro* bedeutet in der Schweiz: Für 1 CHF bekommt man dort 0,8299 EUR.

Das Austauschverhältnis zwischen inländischer und ausländischer Währung bezeichnet man als **Parität**[1].

Diese wird in einem Preis ausgedrückt, dem **Wechselkurs**.

Der Wechselkurs bezeichnet den Betrag (die **Menge**) **ausländischer Währungseinheiten** (z. B. polnische Zloty), **die man für einen Euro** erhält bzw. **die man für einen Euro** bezahlen muss.

Wechselkurse geben also die Austauschverhältnisse zwischen den verschiedenen Währungen an. An diesen Wechselkursen ist der **Außenwert** des Geldes abzulesen. Der Außenwert gibt an, wie viel Währungseinheiten man für einen bestimmten Euro-Betrag erhält. Je mehr ausländische Währungseinheiten für eine inländische Währungseinheit zu erhalten sind oder je weniger inländische Währungseinheiten für eine ausländische Währungseinheit zu zahlen sind, desto höher ist der Außenwert des Geldes und umgekehrt.

Außenwert der Währung = Äußerer Geldwert, der die Kaufkraft der inländischen Währung im Ausland angibt. Er wird durch den Wechselkurs einer Währung zu Währungen anderer Länder bestimmt.[2]

Mitentscheidend für die Entwicklung der Wechselkurse ist die reale Kaufkraft der einzelnen Währungen und ihre Veränderung – die Inflation. Wenn für einen bestimmten Geldbetrag im Ausland wie im Inland die gleiche Warenmenge gekauft werden kann, dann stimmt der Wechselkurs.

Beispiel

Ein Pkw kostet in Deutschland 25.000,00 Euro und in den USA – bei einem Dollarkurs von 1,36 USD/EUR – 34.000,00 Dollar oder umgerechnet ebenfalls 25.000,00 Euro. Durch eine Inflationsrate von 2,5 % steigt der Autopreis in Deutschland auf 25.625,00 Euro.

In den USA treiben 5 % Inflation den Preis auf 35.700,00 Dollar. Der Wechselkurs reagiert auf die unterschiedlichen Inflationsraten und sorgt durch eine Dollar-Abwertung auf 1,39 USD/EUR dafür, dass das Auto nach wie vor in Deutschland und in den USA real das Gleiche kostet: nämlich 25.625 Euro.

Bei der Angabe unterschiedlicher Wechselkurse muss unterschieden werden zwischen

- An- und Verkaufskurs einerseits und
- Wechselkursschwankungen (innerhalb von An- und Verkaufskurs) andererseits.

An- und Verkaufskurs[3]

Der **Verkaufskurs** (= Briefkurs) ist der Kurs, zu dem ein deutsches Kreditinstitut ausländische Devisen von seinen Kunden hereinnimmt bzw. **Euro verkauft**.

Beispiel

Die Firma Ballmer KG exportiert in die USA Waren. Fakturiert wurde in USD; Rechnungsbetrag 27.000 USD; Kurs 1,397. Die deutsche Bank schreibt anschließend 19.327,13 Euro auf dem Konto der Ballmer KG gut.

→ Die Bank **verkauft Euro** – sie nimmt dafür US-Dollar (zum höheren Briefkurs).

→ Beim **höheren Briefkurs** erhält man weniger Euro für die eingereichten US-Dollar.

Der **Ankaufskurs** (= Geldkurs) ist der Kurs, zu dem die Kreditinstitute ausländische Devisen abgeben bzw. **Euro kaufen**.

---

1 Parität (lat.) = Gleichheit, Gleichwertigkeit
2 Im Gegensatz zum Außenwert drückt der **Binnenwert** des Geldes die Kaufkraft einer Währung im Inland aus. Er sagt also aus, wie viel Güter und Dienstleistungen im Inland gekauft werden können.
3 Bei Geschäften mit Währungen außerhalb des Euro-Währungsraums gibt es weiterhin An- und Verkaufskurse.

Beispiel

Die Firma Höhne GmbH importiert aus den USA kalifornischen Weißwein zum Gesamtpreis von 27.000,00 USD. Fakturiert wurde in USD; Kurs 1,3150. Die Hausbank der Höhne GmbH belastet anschließend das Konto des Unternehmens mit 20.532,32 Euro.

→ Die Bank **kauft Euro** – sie gibt dafür US-Dollar (zum niedrigeren Geldkurs).
→ Beim **niedrigeren Geldkurs** (Ankaufskurs) muss man für die benötigten US-Dollar mehr Euro bezahlen.

Der Verkaufskurs (Briefkurs) liegt (numerisch) immer etwas höher als der Ankaufskurs (Geldkurs), denn jedes Kreditinstitut will und muss ja beim Geldwechsel auch etwas verdienen (Differenzbetrag ist begründet in den entstehenden Kosten, dem evtl. zu tragenden Kursrisiko und in der Gewinnerzielung). Im direkten Vergleich der vorliegenden beiden Beispiele erzielt die Bank auf der Grundlage von 27.000,00 USD einen Differenzbetrag in Höhe von 1.205,19 € (20.532,32 € ./. 19.327,13 €).

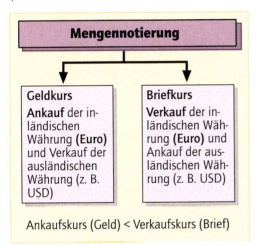

Für *Sorten* (Bargeld und Banknoten) und für *Devisen*[1] sind unterschiedliche Kurse/Preise zu zahlen. Fast immer ist der Sortenkurs ungünstiger als der Devisenkurs. Bei An- und Verkauf von Sorten sind zu berücksichtigen: Kassenhaltung, Zinsverlust und Arbeitsaufwand. Die täglich in den Wirtschaftsteilen der Zeitungen veröffentlichten Wechselkurse sind **Referenzkurse**, d.h. vom ESZB empfohlene Kurse[2]. Die von den privaten Banken ermittelten „Orientierungspreise" weichen nicht wesentlich von den Referenzkursen ab.

Devisen- und Sortenkurse für 1 Euro

16.05.12		Referenzkurse Euro FX[1]	Preise am Bankschalter[2]	
		EZB	Geld	Brief
USA	US-$	1,2738	1,2679	1,2739
Japan	YEN	102,53	101,9400	102,4200
Großbrit.	£	0,79925	0,7965	0,8005
Schweiz	sfr	1,2011	1,1990	1,2030
Kanada	kan-$	1,2832	1,2775	1,2895
Schweden	skr	9,0970	9,0862	9,1342
Norwegen	nkr	7,6210	7,6037	7,6517
Dänemark	dkr	7,4331	7,4130	7,4530
Australien	A-$	1,2813	1,2709	1,2909
Neuseeland	NZ-$	1,6601	1,6347	1,6847
Tschechien	Krone	25,460	25,243	26,043
Polen	n. Zloty	4,3500	4,3106	4,4106
Südafrika	Rand	10,5861	10,4495	10,7495
Hongkong	HK-$	9,8959	9,7841	9,9641
Singapur	S-$	1,6136	1,6013	1,6213
Ungarn	HUF	294,32	292,63	299,63

[1] Quelle: Deutsche Bundesbank – Devisenkursstatistik
[2] Quelle: Hamburger Sparkasse

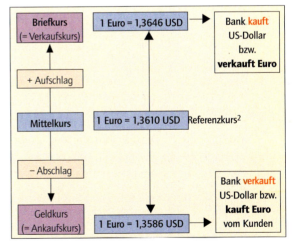

---

1 **Sorten** sind ausländische Banknoten und Münzen (Bargeld). Bei Sorten wird unterschieden zwischen An- und Verkaufskurs. **Devisen** sind z. B. Schecks und Wechsel, die auf ausländische Währungseinheiten lauten, sowie Zahlungsaufträge an eine Bank, fremde Zahlungsmittel ins Ausland zu überweisen bzw. aus dem Ausland eingehende Zahlungen dem Empfängerkonto gutzuschreiben (bargeldlose Zahlung) → ausländische Zahlungsmittel in Form von Buchgeld.

2 Die EZB veröffentlicht seit dem 4. Jan. 1999 arbeitstäglich Referenzkurse für die wichtigsten internationalen Währungen sowie für die Währungen der Länder, mit denen Beitrittsverhandlungen zur EU aufgenommen wurden.

Wechselkursbildung

In welcher Weise sich die Wechselkurse verändern können, hängt von der Wechselkursgestaltung ab. Die Wechselkursbildung erfolgt nach zwei unterschiedlichen Methoden: nach dem Prinzip
– frei schwankender (flexibler) Wechselkurse oder
– fester (fixer) Wechselkurse.

- **Flexible (freie) Wechselkurse**
  Der Wechselkurs muss nicht jeden Tag gleich sein. Er kann durchaus schwanken. Der Wechselkurs ist der Preis, der für die einzutauschende Auslandswährung gefordert und bezahlt wird. **Der Preis bildet sich** ohne staatliche Eingriffe wie der der meisten Güter frei **nach Angebot und Nachfrage** auf den Devisenmärkten. Der freie Wechselkurs ist ein **Gleichgewichtspreis:** Devisenangebot (Nachfrage nach Binnenwährung; hier: Euro) und Devisennachfrage (Angebot von Binnenwährung) befinden sich im Gleichgewicht.

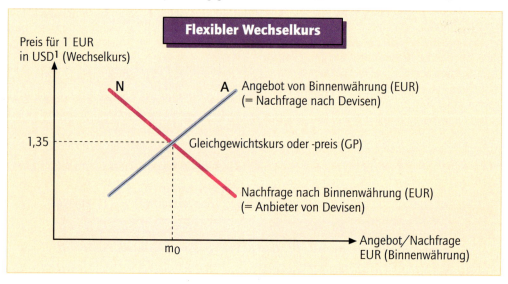

Wechselkurssteigerung

Beispiel

Steigt der Export in die USA, d. h. steigt die amerikanische Nachfrage nach deutschen (europäischen) Gütern und müssen die Rechnungen in Euro beglichen werden, so werden durch die verstärkten amerikanischen Importe (von den Amerikanern) mehr Euro nachgefragt.

Folge:
Durch die verstärkte Euro-Nachfrage *verschiebt sich die Nachfragekurve nach rechts*, von N_1 nach N_2. Der **Wechselkurs** (Preis des Euro in USD) **steigt** aufgrund der Nachfrageerhöhung nach Euro (Binnenwährung). Für die amerikanischen Importeure wird die Binnenwährung teurer, sie müssen dadurch mehr Dollar für den Ankauf von Euro bezahlen: vorher 1,35 USD, danach 1,42 USD für 1 Euro.
Aus der Sicht der amerikanischen Geschäftspartner werden die **Wareneinfuhren** in die USA damit **teurer**,

d. h. die **Exporte sinken** und es werden weniger Devisen erlöst. Die Abwertung des USD führt im Aufwertungsland (Euro-Währungsgebiet) dazu, dass die **Nachfrage nach Binnenwährung** und damit auch der deutsche (europäische) **Außenbeitrag sinkt,** da die Nachfrage der amerikanischen Käufer zurückgeht (= Rückgang der Devisenerlöse).

Da die Fremdwährung billiger geworden ist, können gleichzeitig in Deutschland (im Euro-Währungsgebiet) **amerikanische Güter preisgünstiger importiert** werden: die Importe steigen. Die Nachfrage nach Devisen steigt, was so viel bedeutet, dass mehr Inlandswährung angeboten wird. Es kommt zu einem Ausgleich von Exporten und Importen.

Außerdem besteht aus deutscher (europäischer) Sicht eine Tendenz zu nachlassenden Kapitalimporten und steigenden Kapitalexporten, sodass die deutschen Überschüsse in der Devisenbilanz sinken.

---

1 Kursnotiz als Mengennotierung, d. h. ⇒ Kurs 1,35 für USD, was bedeutet: Für 1 Euro erhält man in Deutschland 1,35 US-Dollar.

Grafisch lässt sich die Funktionsweise der Wechselkursermittlung wie folgt darstellen:

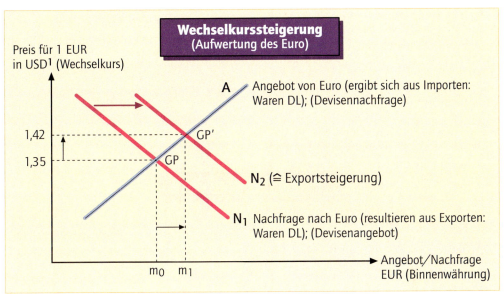

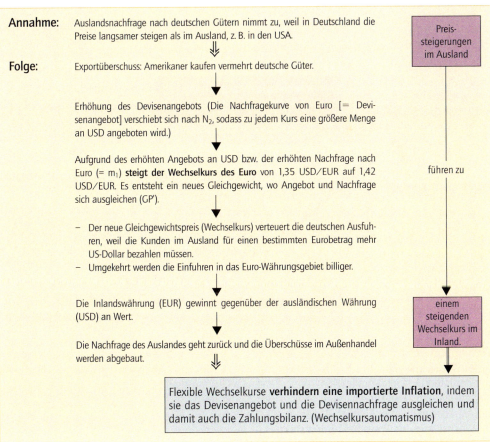

[1] Kursnotiz als Mengennotierung, d. h. ⇒ Kurs 1,35 für USD, was bedeutet: Für 1 Euro erhält man in Deutschland 1,35 US-Dollar.

Wechselkurssenkung

Beispiel

Nimmt die *inländische Nachfrage nach amerikanischen Gütern* zu, so werden die deutschen Importeure mehr USD benötigen, um ihre Einfuhren bezahlen zu können. Aufgrund der gestiegenen Nachfrage nach der amerikanischen Währung (= steigendes Angebot an Euro) **sinkt der Wechselkurs des Euro:** Preis für 1 Euro von z. B. 1,35 auf 1,15 für USD.

Ein deutsches Importunternehmen schließt einen Kaufvertrag mit einem amerikanischen Lieferer über Waren im Wert von 675.000,00 US-Dollar (= 500.000,00 €); fakturiert wurde in USD. Als die Rechnung einige Wochen später fällig wird, ist der Wechselkurs während dieser Zeitspanne drastisch gesunken. Nach dieser Wechselkurssenkung muss das inländische Handelsunternehmen nun für den Dollarbetrag in Höhe von 675.000,00 insgesamt 586.956,52 Euro bezahlen, was für den deutschen Importeur einen Mehraufwand in Höhe von 88.043,48 Euro bedeutet.

Die Folge:
Die Fremdwährung ist für die Importeure in Deutschland bzw. im Euro-Währungsgebiet zu teuer geworden, sodass die **Einfuhren** aus den USA **gedrosselt** werden. Die Nachfrage nach Devisen (hier: USD) nimmt ab, sodass zwangsläufig auch weniger Inlandswährung (hier: Euro) angeboten wird.

Andererseits wird gleichzeitig die Binnenwährung (der Euro) für die amerikanischen Geschäftspartner billiger, sodass der **Export** in die USA **zunimmt.** Insofern steigt die Nachfrage nach Euro, weil mehr Devisen erlöst werden.

Es kommt zu einem Ausgleich von Exporten und Importen, d. h. aber auch: Die Geldmenge hat sich weder in den USA noch in Deutschland verändert. Der Geldwert in Deutschland bleibt durch diesen Automatismus stabil.

Grafisch lässt sich die Funktionsweise der Wechselkursermittlung wie folgt darstellen:

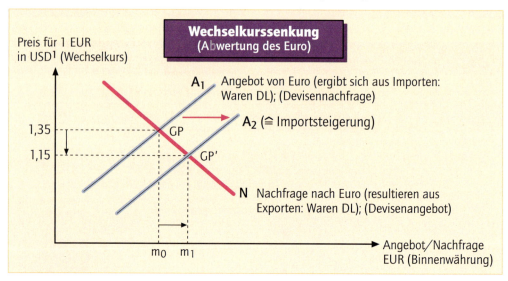

Ist eine ausländische Währung – bei unverändertem Devisenangebot – z. B. aufgrund zunehmender Importe stark gefragt (Das Angebot der Binnenwährung [Euro] nimmt zu.), so wird sich die *Angebotskurve von A_1 nach A_2 verschieben;* der **Wechselkurs** (der Preis für 1 Euro) **sinkt.**

Die **Binnenwährung** wird demzufolge **abgewertet,** sodass ihr Außenwert sinkt: Die inländische Währungseinheit (EUR) ist in Devisen nun weniger wert.

[1] Kursnotiz als Mengennotierung, d. h. ⇒ Kurs 1,35 für USD, was bedeutet: Für 1 Euro erhält man in Deutschland 1,35 US-Dollar.

Das Angebot von Devisen auf dem inländischen Devisenmarkt kommt überwiegend aus Exporten von Gütern und Dienstleistungen und aus Kapitalimporten. Die Devisennachfrage stammt aus Güterimporten und Kapitalexporten.

Wenn sich die Wechselkurse auf diese Weise ganz *ohne staatliche Eingriffe* auf einem freien Markt bilden, dann spricht man von **flexiblen**[1] (frei schwankenden) **Wechselkursen** oder auch von **Floating**.

Flexible Wechselkurse bewirken tendenziell den Ausgleich der Zahlungsbilanz.

Ein **Sinken der Wechselkurse** ausländischer Währungen (aus Euro-Sicht; Mengennotierung) bedeutet einen **Abwertungseffekt** der inländischen Währung (für die Inlandswährung erhält man *weniger* ausländische Devisen). Häufig ergibt sich dieser aufgrund eines Defizits in der Zahlungsbilanz. Der sinkende Wechselkurs der ausländischen Währungen fördert den Export von inländischen Gütern und bremst den Import von jetzt teurer gewordenen ausländischen Gütern und Dienstleistungen.

Die Folge: Der Ausgleich der Zahlungsbilanz wird gefördert.

Steigen die Wechselkurse ausländischer Währungen (aus Euro-Sicht; Mengennotierung) aufgrund von Zahlungsbilanzüberschüssen, so ist das gleichzusetzen mit einer **Aufwertung** der inländischen Währung (für die Inlandswährung erhält man *mehr* ausländische Devisen). Damit werden die Güter und die inländischen Dienstleistungen für die Nachfrager im Ausland teurer.

Umgekehrt werden die Einfuhren von Gütern aus dem Ausland und ausländische Dienstleistungen billiger sowie die Investitionen im Ausland gefördert. Diese Wirkung steigender Wechselkurse kann anhaltende Zahlungsbilanzüberschüsse mit einhergehender importierter Inflation verhindern.

Die Folge: Durch den Exportrückgang und den Anstieg der Importe werden die Handelsüberschüsse verringert und der Zahlungsbilanzausgleich gefördert.

> Im **System flexibler Wechselkurse** wird der Kurs auf den Devisenmärkten frei nach Angebot und Nachfrage bestimmt („Floating").

Wechselkurskorrekturen können **durch die Europäische Zentralbank** vorgenommen werden. Trotz offiziell freier Kursbildung kann die EZB, obwohl sie nicht zu Interventionen verpflichtet ist, eingreifen, um den Kursverlauf zu glätten und dadurch den EU-Binnenmarkt vor allzu heftigen Kursausschlägen zu schützen. Sollen die Kurse gehalten oder erhöht werden, so wird sie Devisen kaufen (Stützung der Auslandswährung). Sie verkauft z. B. US-Dollar gegen Euro, um ein zu starkes Ansteigen des Dollar-Kurses zu verhindern (Stützung des EUR).

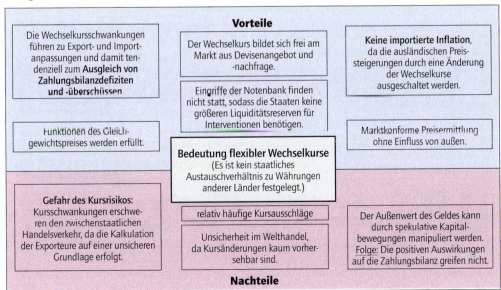

---

[1] flexibles (lat.) = biegsam, geschmeidig, unbeständig

Die Wechselkurse der meisten Währungen waren aber bis vor kurzem nicht flexibel, sondern fest.

- **Feste Wechselkurse**

Auf ein solches **festes** oder **starres Austauschverhältnis** zwischen den Währungen der nicht sozialistischen Länder hatte man sich 1944 in Bretton Woods (USA) geeinigt. Dort wurde das Abkommen über den Internationalen Währungsfonds (IWF) geschlossen, dem die Bundesrepublik Deutschland 1952 beigetreten ist. Auf der Konferenz von Bretton Woods hatten sich die teilnehmenden Staaten u. a. auf zwei wichtige Grundsätze für ein internationales Währungssystem geeinigt:

- Die Währungen aller Mitgliedstaaten sollen grundsätzlich frei konvertierbar sein.
- Die Wechselkurse dieser Währungen sollen nicht flexibel, sondern relativ fest sein, um Kursausschläge zu verhindern.

Jedes Land, das sich dem Internationalen Währungsfonds anschloss, vereinbarte mit ihm für seine Währung eine Parität und verpflichtete sich, den Kurs der Währung, der sich am Devisenmarkt bildet, um höchstens 1 % nach oben und unten von der festgelegten Parität abweichen zu lassen (Schwankungsbereich = Bandbreite: 2 %). Gemeinsamer Bezugspunkt aller Währungen war der US-Dollar als Leitwährung. Sobald der Dollarkurs die Grenzen nach oben oder unten zu überschreiten drohte, musste die Notenbank zur Stützung der eigenen Währung eingreifen, indem sie Dollar auf dem Devisenmarkt verkaufte. Drohte der Dollar unter den unteren Grenzbereich zu fallen, musste sie zur Stützung des Dollars eingreifen, indem sie Dollar aufkaufte. Nur wenn grundlegende Zahlungsbilanzungleichgewichte auftraten, sollten die Paritäten geändert werden können.

Bei diesen relativ festen Währungskursen gibt es keinen freien Devisenmarkt, auf dem sich die Währungskurse nach Angebot und Nachfrage bilden. Höchst- und Niedrigkurse werden vom Staat festgesetzt. Sie stellen die Grenzen dar, bis zu denen der Marktpreis vom vereinbarten Paritätskurs abweichen darf. Wird der Niedrig- oder Höchstkurs erreicht, greift die Zentralbank ein: Durch Käufe oder Verkäufe von Devisen versucht sie, den Kurs vor weiteren Abstürzen bzw. Höhenflügen zu bewahren. Das Eingreifen der Zentralbank zur Beeinflussung der Wechselkurse wird auch *„intervenieren"* genannt, die Höchst- und Niedrigkurse heißen entsprechend *Interventionspunkte*.

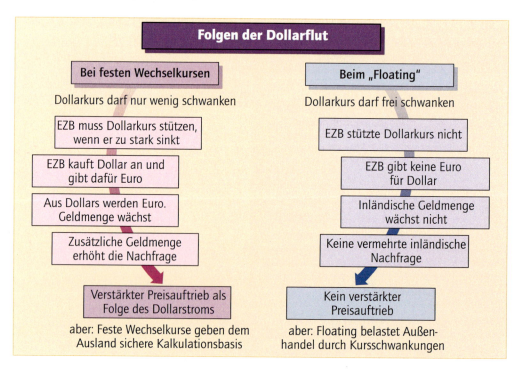

Wechselkursänderungen

Auf- und Abwertung (im Rahmen fester Wechselkurse)

Beispiel

Angenommen, die deutsche Nachfrage nach japanischen Yen (JPY) steigt infolge erhöhter Importe weiter an.
- **Folge bei flexiblen Wechselkursen:**
  neuer, niedrigerer Gleichgewichtspreis (= Abwertung des Euro; Wechselkurs sinkt);
- **Folge bei festen Wechselkursen** (z. B. bei einem zwischen den beiden Ländern fest vereinbarten Kurs von 133,43 JPY/EUR):
  - kein neuer Gleichgewichtskurs (nur zufällig könnte der Wechselkurs als staatlich festgesetzte Parität ein Gleichgewichtspreis sein)
  - Überschussnachfrage nach Yen; in Höhe dieser Überschussnachfrage muss die EZB zusätzlich Yen aus ihrem Bestand anbieten
  - der Euro wird überbewertet, der Yen unterbewertet
  - die japanische Wirtschaft exportiert mehr, als sie importiert, die deutsche Volkswirtschaft wird mehr importieren als exportieren
  - für beide Länder gilt: Exporte ≠ Importe
  ⇒ unausgeglichene Zahlungsbilanzen

Wenn dieses Missverhältnis in der Zahlungsbilanz schließlich zu groß wird, dann bleiben nur zwei Möglichkeiten, um den Ausgangszustand gleicher Kaufkraftparitäten wieder herzustellen:
- Änderung der starren Wechselkurse durch eine Auf- oder Abwertung,
- Freigabe des Wechselkurses, damit er sich von selbst auf das richtige Verhältnis einpendeln kann **(Floating).** Durch das Floating werden starre Kurse flexibel. Dieses Vorgehen hat die gleiche Wirkung wie die Auf- oder Abwertung einer Währung.

Im vorstehenden Beispiel müsste der überbewertete Euro **abgewertet** werden, um die Exporte zu verbilligen und sie damit gleichzeitig zu erhöhen.

Beispiel

Aus 133,43 JPY/EUR wird das Austauschverhältnis 110,75 JPY/EUR. (Eine Abwertung entspricht – nach Mengennotierung – einem **Rückgang** des numerischen Wertes des Wechselkurses.)

Ziel: Exporte = Importe.

Eine Euro-Abwertung hat eine höhere Bewertung des japanischen Yen zur Folge.

Vorteile

- Durch die Währungsschwankungen innerhalb vorgegebener Bandbreiten wird das Währungsrisiko beschränkt.
- Feste Wechselkurse gewähren eine sichere Kalkulationsgrundlage für die Ein- und Ausfuhr.
- Aufgrund des minimierten Währungsrisikos wird der Warenaustausch zwischen den Ländern gefördert.
- Keine Spekulationsmöglichkeiten

Bedeutung fester Wechselkurse
(Wechselkurse werden von den Regierungen festgesetzt.)

- Ein durch feste Wechselkurse geförderter Export (in Ländern mit unterbewerteten Währungen, d. h. mit stabilen Preisen) führt
  - zu einem Überschuss in der Handelsbilanz mit der Folge der Geldmengenvermehrung,
  - dazu, dass das Devisenangebot die Devisennachfrage übersteigt. Die Bundesbank muss dann Devisen kaufen und vermehrt dadurch die Geldmenge.
  Fazit: Inflation wird importiert!
- Interventionen der Zentralbanken erfordern erhebliche Liquiditätsreserven. Gefahr der schnellen Erschöpfung bei häufigen und nachhaltigen Eingriffen
- Kein automatischer Ausgleich der Zahlungsbilanz
- Unterschiedliche Preisentwicklungen in den einzelnen Volkswirtschaften führen zu
  - einer Überbewertung der Währungen in Ländern mit starkem Preisanstieg,
  - einer Unterbewertung in Ländern mit geringen Preissteigerungen (z. B. in Deutschland).
- Mangelnde Anpassungsmöglichkeit an Weltmarktsituation durch veränderte Handelsbedingungen.

Nachteile

Dadurch ist der japanische Yen teurer geworden, die Importe werden gedrosselt. Für die Japaner ist der Euro billiger geworden, die deutschen Produkte sind für Japaner nun preisgünstiger einzukaufen.

> **Abwertung** = Der **Paritätskurs** der eigenen Währung wird gegenüber ausländischen Währungen **herabgesetzt**.
> Der **Außenwert** der inländischen Währungen sinkt.
> Eine Abwertung erhöht für die Inländer den Preis für die ausländische Währung (= **Wechselkurssenkung**).

Ursachen für eine Abwertung können sein:

- **Inflationsunterschiede:** Angenommen im Inland steigen die Preise stärker als im Ausland, dann werden mehr Güter im Ausland gekauft. Folge: Das Angebot der eigenen Währung zum Kauf fremder Währungen steigt → der Kurs der eigenen Währung fällt.
- **Leistungsbilanzdefizite:** In der Situation *Importe > Exporte* wird mehr Geld ausgegeben als eingenommen. Daraufhin wächst das Angebot der Währung des Landes mit dem Importüberschuss an den Devisenbörsen → der Wechselkurs kommt unter Druck.
- **Spekulationen:** Wird beispielsweise wegen befürchteter Inflationsrisiken für die eigene Währung eine Abwertung erwartet, so wird vermehrt die eigene Währung in andere Währungen umgetauscht. Folge: Die erwartete Abwertung tritt nun erst recht ein, da das Angebot der eigenen Währung an den Devisenbörsen zunimmt.
- **Zinsunterschiede:** Aufgrund höherer Zinsen im Ausland fließt vermehrt Kapital aus dem Inland ab. Da die eigene Währung daher verstärkt angeboten und Auslandsgeld nachgefragt wird, sinkt der Wechselkurs der eigenen Währung.
- **Krisen:** Politische oder wirtschaftliche Krisen können zur Kapitalflucht ins Ausland führen und den Wechselkurs entsprechend beeinflussen.
- **Interventionen der Notenbanken:** Aufgrund des Angebots der eigenen Währung bzw. der Nachfrage nach fremden Währungen durch die Notenbanken können an den Devisenbörsen (gewollte) Kurssenkungen der eigenen Währung herbeigeführt werden.

Wirtschaftliche Folgewirkungen einer Abwertung (der Inlandswährung):

- Förderung des Zustroms ausländischen Geldes nach Deutschland.
- Die Importe werden gebremst und die Exporte gefördert, weil die ausländischen Kunden nun weniger Devisen brauchen, wenn sie Waren in der Bundesrepublik kaufen wollen.
- Die Konjunktur wird über die zunehmende Auslandsnachfrage belebt.
- Die Beschäftigung wird zunehmen, insbesondere in den Exportindustrien und deren Zuliefererunternehmen.
- Die volkswirtschaftliche Gesamtnachfrage steigt an.
- Ein vorhandenes Zahlungsbilanzdefizit kann verringert oder sogar beseitigt werden.
- Allerdings werden Auslandsreisen für Deutsche teurer.
- Die ebenfalls teurer gewordenen ausländischen Güter und Dienstleistungen können eine **importierte Inflation** hervorrufen:
  – Die inländischen Importeure sind gezwungen, auf den Auslandsmärkten höhere Preise zu bezahlen. Sie werden versuchen, ihre Kostensteigerungen durch höhere Verkaufspreise aufzufangen. Diese Überwälzung kann bei der hohen Nachfrage auch relativ leicht gelingen.
  – Bei der Produktion von Exportgütern erhalten die inländischen Arbeitskräfte Einkommen, das zum Kauf von Gütern verwendet werden kann (Einkommenseffekt). Dieser möglichen Nachfrage steht allerdings ein geringeres Angebot gegenüber, weil ein Teil der produzierten Güter an das Ausland verkauft worden ist.
  – Zur Verteidigung der festen Wechselkurse muss die EZB die aus dem Exportüberschuss stammenden Devisenüberschüsse gegen inländische Währung aufkaufen (Liquiditätseffekt). Die größere Geldmenge ermöglicht die Finanzierung zusätzlicher Nachfrage.

Bei einer **Aufwertung** des Euro (unterbewertete Währungen werden aufgewertet) wird ausländisches Geld billiger. Für das Ausland wird der Euro teurer.

Beispiel

10,561 HKD/EUR (Hongkong)
↓
12,105 HKD/EUR

Durch die Aufwertung des Euro wird der Hongkong Dollar niedriger bewertet. (Eine Aufwertung des Euro entspricht einem **Anstieg** des numerischen Wertes des Wechselkurses.)

Ein Freizeitanzug, der einer Textilgroßhandlung in Deutschland für 728 HKD angeboten wird, kostet das Unternehmen umgerechnet 68,88 €. Nach der Aufwertung des Euro kann der Anzug nunmehr für 60,14 € eingekauft werden, weil die importierende Großhandlung nach der Verbilligung des HKD weniger Euro aufwenden muss, um die 728 HKD zu bezahlen.

Umgekehrt verteuert sich ein deutscher Pkw, der vom Hersteller für 60.000,00 Euro angeboten wird, nach einer Aufwertung des Euro in Hongkong, weil der chinesische Autoimporteur jetzt mehr HK-Dollar aufwenden muss, um die 60.000,00 Euro zu bezahlen. Anstatt 633.654,00 HKD muss er nun nach der Aufwertung des Euro 726.294,00 HKD aufwenden, um die 60.000,00 Euro bezahlen zu können.

Ein deutscher Tourist, der seinen Weihnachtsurlaub im warmen Hongkong verbringt, profitiert von der Aufwertung des Euro bzw. der Abwertung des HKD, weil für ihn die fremde Währung billiger wird. Er erhält beim Umtausch für 1 EUR mehr HKD.

In einem System fester Wechselkurse wird eine Aufwertung i. d. R. unumgänglich, wenn bei dem herrschenden Wechselkurs das Angebot an Devisen über einen längeren Zeitraum hinweg die Devisennachfrage übersteigt.

> **Aufwertung** = Der **Paritätskurs** der eigenen Währung wird gegenüber ausländischen Währungen **heraufgesetzt**.
> Die Wechselkursänderung bedeutet die **Erhöhung des Außenwertes** der inländischen (eigenen) Währung.
> Dadurch können Inländer ausländische Währungen preisgünstiger kaufen (= **Wechselkurserhöhung**).

Die **Ursachen einer Aufwertung** sind – bei Umkehrung der Bedingungen – identisch mit jenen der Abwertung.

Wirtschaftliche Folgewirkungen einer Aufwertung (der Inlandswährung):

- Ausfuhren von Gütern und Dienstleistungen des Inlandes werden für das Ausland teurer; Einfuhren werden für das Inland billiger.
- Der Export geht zurück und der Import von ausländischen Gütern nimmt zu.
- Zahlungsbilanzüberschüsse werden so verringert.
- Rückgang der Geldmenge im Inland.
- Die volkswirtschaftliche Inlandsnachfrage schrumpft.
- Der Preisanstieg wird gebremst.
- Es kann aber zu Entlassungen und Insolvenzen bei den auf den Export angewiesenen Unternehmen kommen.
- Andererseits können ausländische Güter und Dienstleistungen preisgünstiger eingekauft werden.
- Für Urlauber, die im EU-Währungsraum wohnen, werden Reisen in andere ausländische Länder billiger.

Auf- und Abwertungen, vorgenommen **durch die Regierungen**[1], verändern den festen Wechselkurs einer Währung gegenüber anderen Währungen. Es kommt zu einer Neufestsetzung der Wechselkurse. Eine solche Änderung bei festgelegten Wechselkursen wird immer wieder einmal nötig sein, wenn der Außenwert der Währung nicht mehr der Parität entspricht, z. B. aufgrund unterschiedlicher Geldentwertungsraten. Das kann zur Folge haben, dass die inländischen Güter und Dienstleistungen auf den ausländischen Märkten ausländischen Konkurrenzerzeugnissen vorgezogen werden. Dies wiederum kann einen Überschuss in der Zahlungsbilanz bewirken, der – falls keine entsprechenden Kapitalabflüsse stattfinden – den Devisenbestand steigen lässt. Das außenwirtschaftliche Gleichgewicht wäre gestört. Die Wechselkurse werden dann den veränderten Kaufkraftparitäten angepasst.

---

[1] Auf Empfehlung der EZB oder der Kommission und nach Anhörung der EZB können die Regierungen mit qualifizierter Mehrheit die Euro-Leitkurse im EWS-II (= Wechselkursmechanismus zwischen dem Euro und nicht an der Währungsunion teilnehmenden EU-Währungen) anpassen. Darüber hinaus sind die Finanzminister berechtigt, der EZB allgemeine Orientierungen in Bezug auf den Wechselkurs bzw. den Außenwert des Euro vorzugeben.

Beispiele

Ein Unternehmer will für innerbetriebliche Schulungen ein kleines Konferenzgebäude in unmittelbarer Nähe zum Bodensee mieten. Ihm wird ein deutsches Haus zu 100 Euro und ein Schweizer Haus zu 225 CHF pro Tag bei ansonsten vergleichbarem Standard angeboten. Bei einem Kurs von 1,500 CHF/EUR müsste die Grotex GmbH für das Schweizer Ferienhaus umgerechnet 150 Euro pro Tag zahlen.

Ein preisliches Gleichgewicht wäre daher nur möglich, wenn das um 50 % höhere Schweizer Preisniveau durch einen um 50 % höheren Kurs von 2,250 CHF/EUR ausgeglichen würde.

Der **Euro** müsste demnach **aufgewertet** werden, damit über den neuen Kurs in Höhe von 2,25 CHF/EUR die ursprüngliche Kaufkraftparität zwischen den beiden Ländern wieder hergestellt ist.

Auf den Philippinen war in der Vergangenheit die Preissteigerungsrate stets deutlich höher als in Deutschland.

Folge: Deutsche Güter konnten auf den Philippinen preiswerter angeboten werden als vergleichbare philippinische Produkte. Umgekehrt war es für philippinische Produkte auf deutschen Märkten sehr schwierig, mit den einheimischen Angeboten zu konkurrieren.

Die philippinische Währung war überbewertet, während umgekehrt der Euro gegenüber dem Peso unterbewertet war.

Derartige Verzerrungen des Wettbewerbs können durch Wechselkursänderungen beseitigt werden: Entweder erfolgt eine Aufwertung des Euro oder eine Abwertung des Peso.

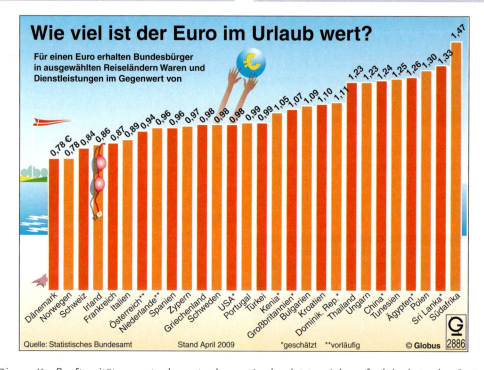

Dieser Kaufkraftparitätenansatz besagt, dass die Wechselkurse das Preisgefälle zwischen zwei Ländern ausgleichen. In der Schweiz stieg das Inflationsgefälle zugunsten des Euro-Währungsraums. Diese Entwicklung müsste daher gegenüber dem Schweizer Franken zu einer Euro-Aufwertung führen.

Kaufkraftparität = Verhältnis der Kaufkraft zweier Währungen zueinander.

In den letzten Jahren funktionierte das System der starren Wechselkurse, auf das man sich in Bretton Woods geeinigt hatte, immer schlechter. Nach mehreren Währungskrisen, die vor allem durch die hohen Zahlungsbilanzdefizite der USA und durch umfangreiche kurzfristige Kapitalbewegungen ausgelöst worden waren, brach das System fester Wechselkurse 1973 zusammen. Im März 1973 wurde der Wechselkurs der DM und anderer Währungen gegenüber dem Dollar freigegeben (Floating).

Aufgaben

1. Was verstehen Sie unter Devisen und Sorten?

2. Erläutern Sie die Begriffe und Zusammenhänge von Wechselkurs, Außenwert und Parität.

3. Verfolgen Sie mehrere Tage lang die Devisenkurse der amerikanischen, japanischen und Schweizer Währung. Wie sind die Veränderungen zu erklären?

4. Der Zentralbankrat der DBB hatte im Juli 1993 die Leitzinsen nicht verändert. Kurz danach mussten die Finanzminister die Schwankungsbreite (= Bandbreite) im Europäischen Währungssystem (EWS) auf +/− 15 % ausweiten.

    a) Begründen Sie, wie sich die letztgenannte Entscheidung auf die Höhe der Interventionen der Bundesbank auf den Devisenmärkten auswirken könnte.

    b) In welcher Weise werden dadurch die inländische Geldmenge und der Geldwert beeinflusst?

    c) Nennen Sie drei Gründe, warum die Politik wieder eine Zurückführung der Schwankungsbreite auf den alten Stand anstrebt. Berücksichtigen Sie auch einzelwirtschaftliche Gesichtspunkte.

5. Worin besteht der Unterschied zwischen Floating und Interventionspflicht?

6. Wodurch unterscheiden sich flexible von festen Wechselkursen?

7. Beschreiben Sie die Funktionsweise beim System frei schwankender Wechselkurse.

8. Welche Auswirkungen hat eine anhaltend aktive Zahlungsbilanz

    a) im System flexibler Wechselkurse,

    b) im System begrenzter Wechselkursflexibilität (= fester Wechselkurs mit Bandbreite)?

9. Welche Gründe würden für ein steigendes Devisenangebot sprechen?

10. Was verstehen Sie unter Auf- und Abwertung und welche wirtschaftlichen Folgewirkungen gehen von ihnen auf die Volkswirtschaft aus?

11. Erklären Sie die Aussage „Währungen sind untereinander konvertierbar".

12. Nennen Sie die Währungen, gegenüber denen Deutschland gegenwärtig starre und freie Wechselkurse hat.

13. Errechnen Sie den oberen und unteren Interventionspunkt für die dänische Krone, wenn die Währungsparität für 1 Euro 7,4650 DKR beträgt.

14. Angenommen, die deutsche Nachfrage nach russischen Gütern nimmt zu.

    Welche Folgewirkungen hat das

    a) bei flexiblen Wechselkursen,

    b) bei festen Wechselkursen?

15. Wie ist es zu erklären, dass flexible Wechselkurse tendenziell den Ausgleich der Zahlungsbilanz bewirken?

16. Beschreiben Sie die Folgewirkungen sinkender Wechselkurse im System flexibler Wechselkurse.

17. Warum sind Importeure und Exporteure an stabilen Wechselkursen interessiert?

18. Im Inland besteht Preisstabilität, während der ausländische Handelspartner seit längerer Zeit gegen eine hohe Inflationsrate zu kämpfen hat. Zeigen Sie kleinschrittig auf, welche Wirkungen Preissteigerungen im Ausland

    a) auf den Wechselkurs im Inland,

    b) beim inländischen Partner auf dessen Export haben.

    Untersuchen Sie die Fragestellung unter der Prämisse beider Wechselkurssysteme (flexible und fixe Wechselkurse).

19. Die folgenden zwei Abbildungen 1 und 2 zeigen den Zusammenhang zwischen dem Angebot von Inlandswährung, der Nachfrage nach Inlandswährung und dem Wechselkurs im System „Freier Wechselkurse".
    a) Nennen Sie mögliche Ursachen dafür, warum der Wechselkurs in Abb. 1 sinkt und in Abb. 2 ansteigt.

b) Gehen Sie von den Wechselkursänderungen aus und
    1. begründen Sie die jeweiligen Kurvenverschiebungen,
    2. erläutern Sie die wirtschaftlichen Folgewirkungen für die Handelspartner.

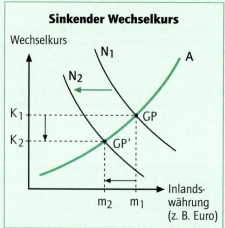

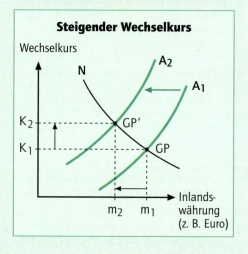

K_1 = alter Wechselkurs
K_2 = neuer Wechselkurs
m_1 = bisher auf dem Devisenmarkt umgesetzte Inlandswährung
m_2 = aktuell auf dem Devisenmarkt umgesetzte Inlandswährung

Zusammenfassung

Der Wechselkurs bezeichnet die Menge ausländischer Währungseinheiten, die man für eine inländische Währungseinheit (1 Euro) erhält (→ Mengennotierung).

- = Preis, der für eine ausländische Währung in Inlandswährung gezahlt werden muss
- bestimmt im Vergleich zu anderen Währungen **den Außenwert** der Währung; der Außenwert zeigt an, welchen Gegenwert in Gütern man im Ausland für die inländische Währung erhält

Wechselkursänderungen zur Beseitigung von Ungleichgewichten in der Zahlungsbilanz durch

Abwertung: wenn die Inlandswährung überbewertet ist (Devisenangebot < Devisennachfrage) = Wechselkurssenkung, d. h., ausländische Währungen werden teurer

Aufwertung: wenn die Inlandswährung unterbewertet ist (Devisenangebot > Devisennachfrage) = Wechselkurssteigerung, d. h., ausländische Währungen werden billiger

Wirkung einer ...	**Aufwertung** vorher: 1 EUR = 1,10 USD nachher: 1 EUR = 1,35 USD	**Abwertung** vorher: 1 EUR = 64,36 PHP nachher: 1 EUR = 58,29 PHP
Wechselkurs (Mengennotierung)	**steigt** ⇒ ausländisches Geld wird billiger	**sinkt** ⇒ ausländisches Geld wird teurer
Wert der inländischen Währung	**steigt** ⇒ ausländische Güter werden im Inland preisgünstiger	**sinkt** ⇒ ausländische Güter werden im Inland teurer
Importe	**steigen**	**sinken**
Wert der ausländischen Währung	**sinkt** ⇒ inländische Güter werden im Ausland teurer	**steigt** ⇒ inländische Güter werden im Ausland preiswerter
Exporte	**sinken**	**steigen**
Entwicklung der Preise	**Preisanstieg wird gebremst** (preisdämpfend)	**Preisanstieg wird angeregt** (preistreibend)
Entwicklung der Konjunktur	**wird gedämpft**	**wird gefördert**
Arbeitsmarkt	**Beschäftigung lässt nach**	**Beschäftigung nimmt zu**

Parität = Verhältnis des Wertes der Währungen zweier Länder

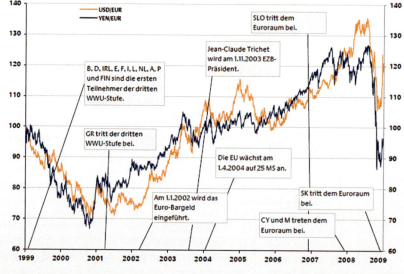

Entwicklung der Wechselkurse US$/EUR und YEN/EUR in den vergangenen zehn Jahren, indexiert zum 4. Januar 1999.

Quelle: Monatsbericht des Bundesfinanzministeriums 01/2009

8.15 Europäische Wirtschafts- und Währungsunion

Mit der Entscheidung für den pünktlichen Start der Währungsunion Anfang 1999 mit damals elf Ländern trat die europäische Integration in eine neue Phase ein. Dabei stimmten alle Beteiligten überein, dass es sich nur um einen Zwischenschritt handelt. Wie aber die weiteren Schritte aussehen und vor allem, wann sie umgesetzt werden, lässt sich heute kaum verlässlich angeben.

Offen war und ist insbesondere, ob eine gemeinsame Geldpolitik auch eine Harmonisierung in anderen Feldern der Wirtschaftspolitik erfordert und inwieweit die monetäre Integration eine engere politische Zusammenarbeit, mit dem Fernziel einer politischen Union, nach sich ziehen wird.

Was die Einführung einer gemeinsamen Währung angeht, waren seinerzeit – vor dem Start der Währungsunion – zwei Geschäftsführer eines Maschinenbauunternehmens ausnahmsweise einmal nicht einer Meinung:

Herr Hansen: Das wirtschaftliche Hauptziel der Währungsunion besteht darin, den europäischen Binnenmarkt zu fördern.

Herr Spindler: Die Vorteile des größeren Währungsraumes werden sich aber nur dann einstellen, wenn die gemeinsame Währung auch stabil ist. Nur dann bleiben die Zinsen niedrig und die Wechselkurse stabil. Nur dann wird der Binnenmarkt gefestigt.

Herr Hansen: Mit der Währungsunion können Devisenspekulanten nicht mehr die Wechselkurse für ihre Interessen manipulieren. Das allein kann schon zu mehr Wettbewerb, zu mehr Wirtschaftswachstum und zu höherem Lebensstandard führen und letztlich daher auch positiv durchschlagen auf unsere eigenen künftigen Geschäftsergebnisse.

Herr Spindler: Eine Währungsunion hat intern keinen Wechselkurs mehr, das ist richtig. Gleichzeitig fehlt damit aber ein Instrument, mit dem sich Fehlentwicklungen, z. B. ein zu starker Kostenanstieg, korrigieren lassen. Es sollten deshalb nur solche Länder an der Währungsunion teilnehmen, die für den schärferen Wettbewerb reif sind und aus eigener Kraft mithalten können. Sonst besteht das Risiko steigender Arbeitslosigkeit in den einen und hoher Transferzahlungen in den anderen Ländern. Dies könnte zu wirtschaftlichen Spannungen führen, die leicht in politische Konflikte um Transferzahlungen und die Orientierung der Geldpolitik umschlagen können.

Herr Hansen: Im Gegenteil: Die politischen Spannungen sehe ich nicht, denn die Währungsunion wird die Gemeinschaft verstärkt auch auf dem Weg zu einer politischen Union voranbringen. Das Zusammengehörigkeitsgefühl der EU-Bürger wird positiv beeinflusst werden. Der größere Währungsraum kann auch dazu beitragen, Dollarbewegungen und die Anfälligkeit gegenüber weltweiten Störungen besser abzufangen. Ebenso wird er zu einer Vertiefung der Kapitalmärkte in Europa führen und so die Finanzierung von Investitionen erleichtern ...

1. Diskutieren Sie mit Ihren Mitschülern die Vor- und Nachteile einer gemeinsamen europäischen Währung.
2. Stellen Sie Ihre Argumente in Form einer Präsentation in der Klasse vor.

Information

nach: Zeitbild-Verlag GmbH (Hrsg.), Das Zeitbild. Bonn, 6. J.

Der Maastrichter Vertrag

Der am 1. Jan. 1993 in Kraft getretene Vertrag über die Europäische Union (auch Maastrichter Vertrag genannt) stellt einen Meilenstein in der europäischen Geschichte dar. Gemäß diesem Einigungswerk stützt sich das Gebäude der Europäischen Union auf drei tragende Säulen:

Der Kern des Maastrichter Vertrages verkörpert die Vereinbarung über die Errichtung der Wirtschafts- und Währungsunion (WWU) bis zum Jahr 1999. Die Teilnehmer geben in der WWU die Verantwortung für ihre nationalen Geldpolitiken an die Europäische Zentralbank (EZB) ab und setzen eine gemeinsame Währung – den Euro – an die Stelle der nationalen Währung. Das beinhaltet einen bedeutenden Souveränitätsverzicht für alle beteiligten Länderregierungen.

Europäische Wirtschafts- und Währungsunion (EWWU)	
Währungsunion	**Wirtschaftsunion**
• Unwiderrufliche Fixierung der Wechselkurse • Beseitigung der Bandbreiten • Ersatz der nationalen Währungen durch eine Gemeinschaftswährung • Vollständige Liberalisierung des Kapitalverkehrs und volle Integration der Banken- und Finanzmärkte	• Gemeinsamer Binnenmarkt mit Waren-, Dienstleistungs-, Kapital- und Personenfreiheit • Gemeinsame Wettbewerbspolitik zur Stärkung der Marktmechanismen • Maßnahmen zur Strukturanpassung und Regionalentwicklung • Koordinierung der nationalen Wirtschaftspolitiken

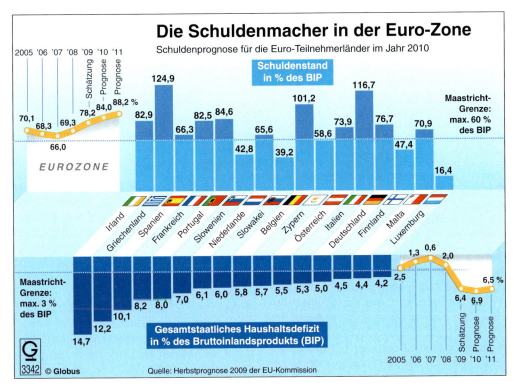

Der Vertrag zur Gründung der Europäischen Gemeinschaft sieht in Artikel 121 vier Konvergenzkriterien vor, die EU-Mitglieder erfüllen müssen, wenn sie der dritten Stufe der Europäischen Währungsunion beitreten und den Euro einführen wollen (auch Maastrichtkriterien genannt).

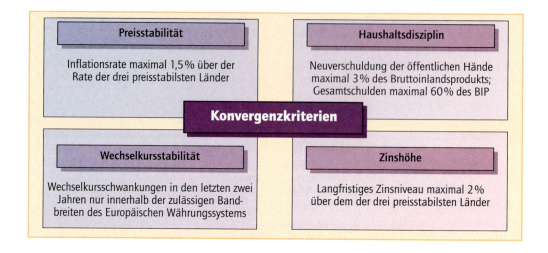

Der europäische Wechselkursmechanismus

Am 1. Januar 1999 führten elf EU-Mitgliedstaaten den Euro als gemeinsame Währung ein. Für die sich zunächst noch nicht am Euro als gemeinsamer Währung beteiligenden Mitgliedstaaten wurde ein neuer europäischer Wechselkursmechanismus, kurz **WKM II**, geschaffen.

Funktionsweise des WKM II

Die Mitglieder des WKM II[1] („pre-in"-Länder) verpflichten sich zu gesunden Staatsfinanzen, moderater Lohnpolitik und Preisstabilität.

Darüber hinaus werden für die teilnehmenden Währungen **Leitkurse** in Euro festgelegt. Gegenüber diesen Leitkursen dürfen die Wechselkurse innerhalb einer Standardbreite von +/−15 % schwanken.[2]

Werden diese Marken überschritten, wird an den Devisenmärkten eingegriffen (interveniert). Die EZB und die nationalen Zentralbanken müssen bei Erreichen von einem der beiden Interventionspunkte automatisch und in unbegrenzter Höhe eingreifen. Zeichnen sich jedoch anhaltende Abweichungen ab, sollen die Leitkurse im gegenseitigen Einvernehmen angepasst werden.

Die relativ breiten Margen von +/−15 % sollen die Flexibilität gewährleisten, die nötig ist, um den unterschiedlichen Konvergenzfortschritten der Nicht-EWU-Länder gerecht zu werden. Bei entsprechenden Konvergenzfortschritten können auf Antrag eines betroffenen Staates geringere Margen vereinbart werden.

Haben die Länder dem WKM II mindestens zwei Jahre angehört, ohne dass größere Spannungen aufgetreten sind, ist – neben den bereits genannten – eine der Vorbedingungen für den Beitritt zur Euro-Zone erfüllt.

Die Abbildung auf Seite 651 zeigt die mögliche Kursentwicklung der litauischen Lira an der Frankfurter Devisenbörse. Bei der Bandbreite von 30 % darf der Kurs der Lira auf höchstens 3,97072 steigen und höchstens auf 2,93488 sinken. Interventionen werden bei Erreichen des oberen bzw. unteren Interventionspunkts von den betroffenen Zentralbanken grundsätzlich automatisch durchgeführt. Für den Euroraum werden diese Stützungsoperationen am Devisenmarkt zur Verteidigung der Leitkurse im Normalfall von den „in"-Zentralbanken ausgeführt, die dabei als Agenten der EZB handeln. Sie gehen dabei aber kein Risiko ein, denn die beteiligten Zentralbanken müssen ihre Währungen später zurückkaufen.

---

[1] Derzeitige Teilnehmer am Europäischen Wechselkursmechanismus II sind Dänemark, Lettland und Litauen.

[2] Für die dänische Krone wurde eine Bandbreite von +/- 2,25 % vereinbart, um die bereits erreichten Konvergenzfortschritte festzuhalten und zu verteidigen. Dänemark trat Anfang 1999 dem WKM bei und gehört ihm, nachdem sich die dänische Bevölkerung 2001 gegen den Euro ausgesprochen hatte, immer noch an.

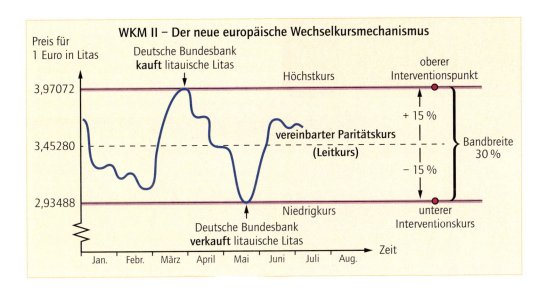

Durch die *Bindung an die Leitwährung Euro* wird die in der Euro-Zone verfolgte Stabilitätspolitik auch für die WKM-II-Teilnehmer zum Orientierungsrahmen. Dies ist besonders wichtig für diejenigen Staaten, die den im Maastricht-Vertrag festgelegten Grad an wirtschaftlicher Konvergenz erst noch erreichen müssen, ehe sie in den Euro-Währungsraum aufgenommen werden können. Darüber hinaus bietet der Wechselkursmechanismus den beteiligten Staaten einen gewissen Schutz gegen spekulative Wechselkursverzerrungen, die das Funktionieren des europäischen Binnenmarkts stören könnten.

> Der **Wechselkurs** bezeichnet den Betrag (die Menge) ausländischer Währungseinheiten (z. B. estnische Kronen), die man für **einen Euro** erhält bzw. die man für **einen Euro** bezahlen muss.

Wechselkursschwankungen

Steigender Wechselkurs

Steigt der Wechselkurs in Richtung auf den **oberen Interventionspunkt** an, bedeutet das, dass die Nachfrage nach Euro stark oder das Angebot von Euro schwach ist. Droht der Wechselkurs wegen einer zu großen Nachfrage über den oberen Interventionspunkt zu steigen und damit die Bandbreite zu verlassen, müssen die Zentralbanken der angeschlossenen Länder als Anbieter (= Verkäufer) der starken Währung (hier: Euro) auftreten (die Zentralbanken intervenieren) bzw. es muss die Fremdwährung am Markt gekauft werden (aus Sicht der Bundesbank werden damit die Devisenüberschüsse aufgekauft). Durch die zusätzliche Nachfrage nach der fremden Währung **(Verkäufe von Euro)** soll der Kurs gesenkt werden, bis er sich wieder innerhalb der Bandbreite bewegt (siehe Beispiel 1, Seite 652).

Sinkender Wechselkurs

Sinkt der Wechselkurs (die Fremdwährung wird stärker, der Euro schwächer), z. B. aufgrund verstärkter Importe, **bis zum unteren Interventionspunkt** und besteht die Gefahr, dass er unterschritten wird, so liegt ein hohes Angebot bzw. eine zu geringe Nachfrage nach Euro vor oder ein schwaches Angebot bzw. eine starke Nachfrage nach der fremden Währung. Die Zentralbanken der Euro-Zone sind in diesem Fall zur Intervention verpflichtet. Sie werden versuchen, durch zusätzliche **Verkäufe** der Fremdwährung aus ihren Devisenbeständen **(Käufe von Euro)** den Kurs zu stützen, bis er sich wieder innerhalb der Bandbreite gefestigt hat.

Da Devisenreserven stets knapp sind, kann der aufgezeigte Prozess aber nur begrenzte Zeit ablaufen.

Muss der Kurs durch andauernde Interventionen innerhalb der Bandbreite gehalten werden, ist zu prüfen, ob die bisherige Parität noch geeignet ist, die tatsächlichen Kaufkraftverhältnisse der Währungen auszudrücken (siehe Beispiel 2, Seite 652).

Das Austauschverhältnis zwischen inländischer und ausländischer Währung bezeichnet man als **Parität**[1].
Diese wird in einem Preis ausgedrückt, dem **Wechselkurs**.

Schließlich bringt die ständige Stützung der schwachen Währung die starke Währung in Inflationsgefahr. Dann muss es zu einer Neufestsetzung (= realignment) des Leitkurses durch Ab- oder Aufwertung kommen.

Beispiel 1

Interventionen der dänischen Zentralbank am Devisenmarkt (DKK = Dänische Krone)

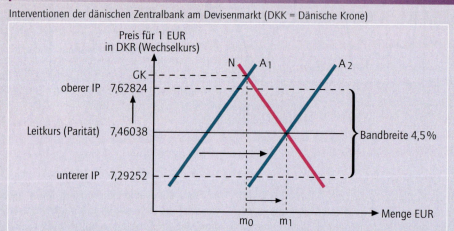

Der Gleichgewichtskurs (GK) liegt **über** dem oberen Interventionspunkt (IP), was eine schwache dänische Krone und einen starken Euro dokumentiert. In dieser Situation muss z. B. die dänische Zentralbank das zu geringe Angebot an Euro erhöhen, indem sie **Euro** aus ihren Devisenbeständen ans ESZB **verkauft** ($m_0 \leftrightarrow m_1$), d. h. DKR kauft.

Folge: Das Angebot an Euro steigt an, der Kurs fällt in die Bandbreite zurück (↔ schwache Währung verkauft starke).

Beispiel 2

Interventionen der dänischen Zentralbank am Devisenmarkt (DKR = Dänische Krone)

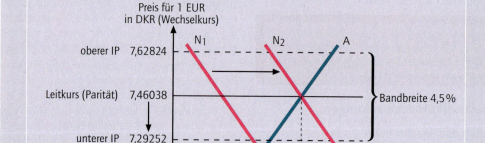

Der Gleichgewichtskurs (GK) liegt **unter** dem unteren Interventionspunkt (IP), was eine starke dänische Krone und einen schwachen Euro dokumentiert. In dieser Situation muss z. B. die dänische Zentralbank die Nachfrage nach Euro erhöhen, indem sie **Euro** vom ESZB **kauft** ($m_0 \leftrightarrow m_1$), d. h. DKR verkauft.

Folge: Die Nachfrage nach Euro steigt an, der Kurs befindet sich wieder innerhalb der Bandbreite (→ starke Währung kauft schwache).

---

1 Parität (lat.) = Gleichheit, Gleichgewichtigkeit

Wird die Parität gesenkt und damit die Bandbreite **nach unten** verschoben (im möglichen Fall von Beispiel 2), so entspricht das einer **Abwertung der Inlandswährung** (= Aufwertung der starken Auslandswährung). Der neue Leitkurs soll dem Gleichgewichtskurs entsprechen.

Wird die Parität erhöht und damit die Bandbreite **nach oben** verschoben (im möglichen Fall von Beispiel 1), so liegt eine **Aufwertung der inländischen Währung** vor.

Dadurch kommt man zum gleichen Ergebnis wie beim **Floating**[1], allerdings mit dem Unterschied, dass beim Floating die Wechselkursänderung in kleineren Schritten als beim Interventionssystem erfolgt.

Insbesondere gegenüber dem Dollar und dem japanischen Yen floatet die Euro-Währung.

Von Bedeutung ist dieses Wechselkurssystem vor allem auch für eine Reihe von mittel- und osteuropäischen Staaten, die im Rahmen der Erweiterungsverhandlungen der Europäischen Union beitreten möchten. Nach erfolgtem EU-Beitritt besteht für diese Länder die Möglichkeit, durch Teilnahme am WKM II ihre Währungen am Euro auszurichten.

Der EZB als „Hüterin der Preisstabilität" ist nur in zwei Fällen eine Devisenmarktintervention erlaubt:

– Zum einen kann sie eine Intervention im Interesse der Preisstabilität beschließen, wenn sich ein schwacher Wechselkurs des Euro über verteuerte Importe merklich auf die Inflationsentwicklung im Eurogebiet auswirkt oder wenn ein (zu) starker Außenwert eine Deflation in der Eurozone auslöst.

– Zum anderen kann das ESZB intervenieren, um die Wirtschaftspolitik in der Gemeinschaft zu unterstützen. Liegt also ein stärkerer oder schwächerer Außenwert des Euro im Interesse europäischer Wirtschaftspolitik, kann die EZB Reserven kaufen oder verkaufen, allerdings nur soweit dies ohne Beeinträchtigung des vorrangigen Ziels der Preisstabilität möglich ist.

---

[1] Im System flexibler Wechselkurse wird der Kurs auf den Devisenmärkten ohne staatliche Eingriffe **frei nach Angebot und Nachfrage** bestimmt.

Chancen und Risiken der Währungsunion

Das wesentliche Hauptziel der Währungsunion ist die Absicherung und Förderung des Europäischen Binnenmarktes. Daneben soll sie die Gemeinschaft auch auf dem Weg zu einer politischen Union voranbringen. Mit der Währungsunion entfallen Umtauschkosten zwischen den heutigen nationalen Währungen ebenso wie Wechselkursschwankungen und die damit verbundenen Kurssicherungs- und Anpassungskosten. Das allein schon sollte zu einer Kostenreduktion, zu mehr Wettbewerb und zu mehr Wachstum und Beschäftigung in Europa führen.

Darüber hinaus wird der WWU-interne Außenhandel aufgrund der gemeinsamen Währung jetzt zum Binnenhandel. Insofern wird dadurch das Gewicht des wechselkursabhängigen Handels stark reduziert. Konkret heißt das: Dank des großen Währungsraums sind die Länder der Währungsunion nur noch zu etwa 16 % ihrer Wertschöpfung vom Außenwert ihrer Währung abhängig. Anders als in der Situation des alten Deutschland oder Holland mit seinerzeit 30 % oder sogar 60 % Außenwertabhängigkeit. Insofern schlägt sogar eine 30%ige Abwertung des Euro – die früher deutliche Inflationsimpulse gebracht hätte – jetzt nur noch wenig (etwa einen halben Prozentpunkt) auf die Inflationsrate von „Euro-Land" durch.

Was der Euro bringt – wirtschaftliche Auswirkungen der Währungsunion	
Chancen	**Risiken**

• Wegfall der Wechselkursrisiken (Währungsstabilität) und damit keine währungsbedingten Umtausch- und Kurssicherungskosten mehr und
• höhere Preistransparenz über Ländergrenzen hinweg, da Preisauszeichnung einheitlich in Euro erfolgt und
• Erhöhung des Wettbewerbs, somit
  – Tendenz zu Preissenkungen,
  – niedrigere Teuerungsraten und
  – neue Produkte (Produktdifferenzierung)
• Schaffung eines investitionsfreundlichen Klimas
• neuer, großer Markt für alle Europäer deren Länder teilnehmen (315 Mio. Menschen),
• Stärkung des Wachstums
• Arbeitsplatzsicherung
• höhere Planungs- und Kalkulationssicherheit für Unternehmen
• Devisenspekulanten können nicht mehr beliebig die Wechselkurse nach oben oder unten treiben und so die Wettbewerbsverhältnisse verzerren
• Stärkung der Marktmacht der EU gegenüber Japan und USA
• Europa wird gegen regionale Währungskrisen immun (europäische Stabilitätsinsel)
• enge Bindung zwischen den Euro-Nationen (Friedensimpuls: Das gemeinsame Europäische Geld soll das Zusammengehörigkeitsgefühl der EU-Bürger stärken.)
	• die Währungsumstellung verursacht bei Unternehmen, Banken, Behörden und Bürgern hohe Kosten
	• die Inflationsrate könnte im langfristigen Durchschnitt höher als in Deutschland ausfallen, wenn die EZB gegenüber den Einzelstaaten keinen Stabilitätskurs verfolgt oder durchsetzen kann
	• die Kapitalmarktzinsen könnten in der Übergangsphase oder sogar dauerhaft höher als in Deutschland sein
	• einzelne Länder könnten nach Erreichen der Währungsunion in den alten Schuldenschlendrian zurückfallen und so die Geldwertstabilität gefährden
	• versteckte Preiserhöhungen des Handels
	• mehr Wettbewerb, daher möglicher Arbeitsplatzverlust
	• Anstieg der Arbeitslosigkeit in Europa auch dann, wenn die Gewerkschaften eine schnelle Angleichung der Löhne in den einzelnen Ländern durchsetzen
	• durch mehr Wettbewerb auch schärferer Strukturwandel in der europäischen Industrie
	• höherer Leistungsdruck
	• hohe Transferleistungen innerhalb der EU wegen großer wirtschaftlicher und sozialer Unterschiede zwischen den einzelnen EU-Ländern (→ hohe Zuzahlungen an wirtschaftlich schwächere Länder, wobei Deutschland dann Hauptzahler wäre)

Aufgaben

1. Was kennzeichnet das WKM II?
2. Welche Funktion hat der Euro als Leitkurs in der Wirtschafts- und Währungsunion?
3. Warum sind permanente Käufe der Zentralbanken zur Stützung einer Währung problematisch und warum entspricht dieses Vorgehen über einen längeren Zeitraum keiner ökonomisch sinnvollen Währungspolitik?
4. Warum sind Korrekturen der Wechselkurse notwendig?
5. Warum sind zwischen den Staaten, die den Euro eingeführt haben, keine Wechselkurskorrekturen mehr notwendig?
6. Nehmen Sie ausführlich Stellung zu der Frage, ob es durch die Einführung des Euro zukünftig grundsätzlich keine Auf- und Abwertungen mehr geben wird.
7. Die Abbildung zeigt die derzeitige Situation eines bestimmten Devisenmarktes auf der Grundlage des europäischen Wechselkursmechanismus.

a) Beschreiben Sie die vorhandene Situation.
b) Inwiefern muss in dieser Situation die Zentralbank eingreifen?
c) Welche Folgewirkungen ergeben sich aus der Intervention, die Sie unter Antwort b) vorgeschlagen haben?
d) Worüber müsste das ESZB nachdenken, wenn der Kurs durch andauernde Interventionen innerhalb der Bandbreite gehalten werden muss?

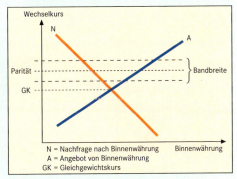

N = Nachfrage nach Binnenwährung
A = Angebot von Binnenwährung
GK = Gleichgewichtskurs

Zusammenfassung

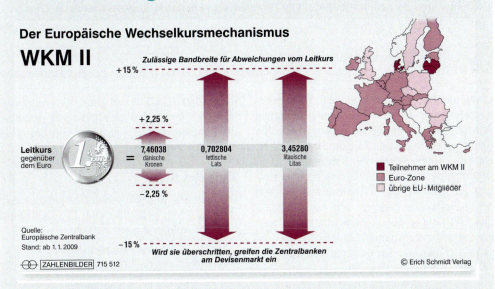

Voraussetzungen für den Beitritt zur Euro-Zone:

- Zugehörigkeit zum WKM II mindestens zwei Jahre ohne größere Spannungen
- stabiles Preisniveau
- solide Staatsfinanzen
- Annäherung der Zinssätze an das Niveau der „preisstabilsten" Euro-Länder

8.16 Internationale Handelsabkommen und -organisationen

Welchen Einfluss haben internationale Handelsabkommen und -organisationen auf den Außenhandel der Bundesrepublik?

Information

Umfangreiche Vereinbarungen auf Staatenebene bilden heute die Grundlage für den deutschen Außenhandel. Die Bundesrepublik hat durch den Beitritt zu multilateralen Abkommen (z. B. GATT, EU, OECD) eine starke weltwirtschaftliche Verflechtung der einzelnen Volkswirtschaften gefördert. Für die jeweiligen Mitgliedsländer hat sich der Außenhandel dadurch sehr erleichtert, da diese Abkommen eine Verwirklichung des Freihandelsprinzips anstreben. Diese Pflege der aussenwirtschaftlichen Beziehungen kommt somit dem deutschen Export zugute.

Vom GATT zur WTO

Das Allgemeine Zoll- und Handelsabkommen GATT (General Agreements on Tarifs and Trades) war zunächst als provisorisches Handelsabkommen gedacht, ist jedoch heute eine Dauereinrichtung der UNO zur Liberalisierung des internationalen Warenaustausches. Das 1947 gegründete GATT hat heute 153 Mitgliedsstaaten (Vertragsparteien genannt), darunter die Bundesrepublik Deutschland. Sitz des GATT ist Genf in der Schweiz.

Ziele des GATT

Die Handels- und Wirtschaftsbeziehungen zwischen den Mitgliedsstaaten des GATT sollen auf folgende Aufgaben gerichtet sein:
– Erhöhung des Lebensstandards,
– Verwirklichung der Vollbeschäftigung,
– ein hohes und ständig steigendes Niveau des Realeinkommens und der Nachfrage,
– die volle Erschließung der Hilfsquellen der Welt,
– die Steigerung der Produktion und des Austauschs von Waren.

Um diese Ziele zu erreichen, fordert das GATT, das sich als Wächter des Welthandels versteht, den Abbau von Zöllen und Handelsschranken und die Beseitigung von Diskriminierung im internationalen Warenaustausch.

Grundsätze des GATT

Die Ziele des GATT sollen durch die folgenden Grundsätze erreicht werden:

- **Allgemeine Meistbegünstigung:**
  Zoll- und Handelsvorteile, die ein Mitgliedsland einem anderen Land einräumt, sollen auch anderen Mitgliedern zugute kommen. Kein Lieferant darf also wegen seiner Nationalität gegenüber anderen Mitbewerbern bevorzugt oder benachteiligt werden.

- **Abbau von Zöllen:**
  Die GATT Mitglieder verpflichten sich, am Abbau von Zöllen mitzuwirken.

- **Grundsatz der Nichtdiskriminierung:**
  Handelsbeschränkungen – sofern sie überhaupt vom GATT zugelassen sind – müssen in gleicher Weise gegenüber allen Staaten angewendet werden.

- **Beseitigung von mengenmäßigen Beschränkungen:**
  Eine Vertragspartei darf bei der Ein- und Ausfuhr von Waren Verbote oder Beschränkungen (z. B. Kontingente, Ein- und Ausfuhrbewilligungen) weder einführen noch beibehalten.

Die WTO

Nach den neuesten GATT-Vereinbarungen ist die GATT-Zuständigkeit deutlich ausgeweitet worden. Zum erstenmal wird auch der Handel mit Dienstleistungen und geistigen Produkten internationalen Regeln unterworfen. Subventionierte Agrarexporte müssen eingeschränkt werden.

Das GATT, das bisher lediglich als Handelssekretariat geführt wurde, wurde in eine „World Trade Organisation" (WTO) umgewandelt. Die WTO als Sonderorganisation der UNO übernimmt die Ziele und Grundsätze des GATT.

Die WTO soll im Gegensatz zum GATT Mitglieder zur Einhaltung jener Regeln bewegen können, denen sie zugestimmt haben. Eine Art Gericht entscheidet über Dumpingklagen.

Aufgaben der WTO

Überwachung der verschiedenen WTO-Abkommen und der Grundregeln für die Handelsbeziehungen:
- Allgemeines Zoll und Handelsabkommen (GATT)
- Übereinkommen über den Handel mit Dienstleistungen
- Übereinkommen über handelsbezogene Aspekte des geistigen Eigentums
- Übereinkommen über die Landwirtschaft
- Übereinkommen über die Anwendung gesundheitspolizeilicher und pflanzenschutzrechtlicher Maßnahmen
- Übereinkommen über technische Handelshemmnisse
- Übereinkommen über Textilwaren und Bekleidung
- Übereinkommen über handelsbezogene Investitionsmaßnahmen
- Übereinkommen über Antidumping
- Übereinkommen über Zollwerte
- Übereinkommen über Vorversandkontrollen
- Übereinkommen über Ursprungsregeln
- Übereinkommen über Einfuhrlizenzen
- Übereinkommen über Subventionen und Ausgleichsmaßnahmen
- Übereinkommen über Schutzmaßnahmen

Neben diesen für alle WTO-Mitglieder verbindlichen Übereinkommen gibt es im Rahmen der WTO verschiedene plurilaterale Abkommen mit begrenzter Mitgliedschaft. Dazu gehören:
- Übereinkommen über den Handel mit IT(Informationstechnologie)-Waren (ITA)
- Übereinkommen über Regierungskäufe
- Übereinkommen über den Handel mit Zivilluftfahrzeugen

Weitere Aufgaben der WTO:
- Forum für multilaterale Handelsverhandlungen
- Beilegung von Handelsstreitigkeiten
- Überwachung nationaler Handelspolitiken TPRM (Trade Policy Review Mechanism)
- Unterstützung der Entwicklungsländer durch technische Hilfe
- Zusammenarbeit mit anderen internationalen Organisationen (z. B. Weltbank, IWF)

Die OECD

Der Organisation für wirtschaftliche Zusammenarbeit und Entwicklung OECD (Organisation for Economic Cooperation and Development) gehören derzeit 34 westliche Industriestaaten, darunter die Bundesrepublik Deutschland, an. Sitz der 1963 gegründeten Organisation ist Paris.

Ziele und Aufgaben

Die OECD hat sich zum Ziel gesetzt,
- an einer optimalen Wirtschaftsentwicklung und Beschäftigung sowie zu einem steigenden Lebensstandard in ihren Mitgliedstaaten unter Wahrung der finanziellen Stabilität beizutragen,
- in den Mitgliedsländern und den Entwicklungsländern das wirtschaftliche Wachstum zu fördern,
- eine Ausweitung des Welthandels zu begünstigen.

Ihre Aufgaben reichen von der Zusammenarbeit in der allgemeinen Wirtschafts- und Währungspolitik über die Koordinierung der Hilfe für die Entwicklungsländer sowie hilfsbedürftige OECD-Länder bis zur Erörterung handelspolitischer Fragen und zur Behandlung politischer und technischer Probleme, etwa im Energie-, Verkehrs-, Agrar- und Arbeitskräftebereich.

Unterschiede zu anderen internationalen Organisationen

Von anderen internationalen Gruppierungen unterscheiden die OECD folgende Merkmale:
- Sie umfasst anders als etwa die Europäische Union, alle für den internationalen Wirtschaftsverkehr wichtigen „westlichen" (neben den europäischen Industrienationen z. B. auch USA, Kanada und Japan) Länder,
- sie hat, anders als das GATT, keine Mitglieder, deren Interessen und Ziele mit denen der westlichen Industrieländer nur teilweise oder gar nicht vereinbar sind.

Die Europäische Union (EU)

Die Europäische Union ist ein Staatenbündnis, dem seit 2007 die folgenden Länder angehören: Belgien, Bulgarien, Dänemark, Deutschland, Estland, Finnland, Frankreich, Griechenland, Irland, Italien, Lettland, Litauen, Luxemburg, Malta, Niederlande, Österreich, Polen, Portugal, Rumänien, Schweden, Slowakei, Slowenien, Spanien, Tschechien, Ungarn, Vereinigtes Königreich, Zypern. Die EU entstand 1992 aus der Europäischen Gemeinschaft (EG), die wiederum 1967 aus folgenden drei Gemeinschaften hervorging:
- **Montanunion**
  Die „Europäische Gemeinschaft für Kohle und Stahl" hatte seit 1951 das Ziel, einen gemeinsamen Markt für Kohle, Stahl und Eisenerz zu errichten.
- **Europäische Wirtschaftsgemeinschaft EWG**
  Die 1958 in Kraft getretene EWG strebte einen gemeinsamen Agrar- und Industriemarkt sowie eine schrittweise Verschmelzung der Volkswirtschaften an.
- **Europäische Atomgemeinschaft EURATOM**
  Die EURATOM wurde zur Förderung der friedlichen Nutzung der Kernenergie einschließlich alternativer Energiequellen gegründet.

Hauptziel der EG war die Schaffung eines einheitlichen Wirtschaftsraums der Mitgliedsstaaten.

Die Außen- und Finanzminister der EG-Staaten gründeten durch Unterzeichnung des „Maastrichter Vertrages" die Europäische Union. Deren Ziel ist die Einigung der EG-Mitgliedsstaaten auf politischem, sozialem und wirtschaftlichem Gebiet. Vertraglich vereinbart wurden zunächst u. a. folgende Maßnahmen:
- Einführung einer europäischen Währungsunion mit der gemeinsamen Währung ECU sowie die dafür nötige Errichtung einer europäischen Zentralbank.
- Vereinbarung einer gemeinsamen Außen- und Sicherheitspolitik.
- Enge Zusammenarbeit in der Justiz und in der Innenpolitik.
- Einrichtung eines sogenannten „Kohäsionsfonds", aus dem wirtschaftlich schwächere Staaten Zahlungen zur Förderung der Infrastruktur und des Umweltschutzes erhalten.

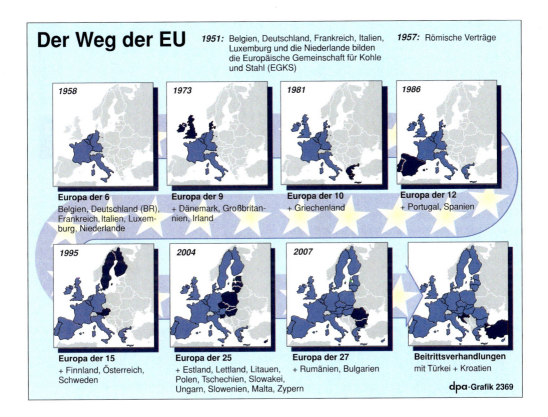

Der EU-Binnenmarkt

Weitreichende Konsequenzen hat der gemeinsame EU-Binnenmarkt, der am 1. Jan. 1993 in Kraft trat. In allen Mitgliedsstaaten der EU sind seither die „Vier Freiheiten" weitgehend verwirklicht:

- **Freier Verkehr von Personen:**
  Jeder Arbeitnehmer und Selbstständige hat das Recht, sich in anderen EU-Staaten niederzulassen und dort tätig zu werden. Auch nationale Bildungsabschlüsse werden überall in der EU anerkannt. An den Binnengrenzen soll es für Personen nur noch stichprobenartige Kontrollen geben.

- **Freier Verkehr von Waren:**
  Innerhalb der EU erfolgen keine Zollkontrollen mehr (Ausnahmen nur für Sprengstoffe, militärisch und zivil nutzbare Güter und Bananen). Jeder EU-Bürger kann in jedem Mitgliedsland ohne jede Beschränkung Waren aller Art für private Zwecke einkaufen. Unterschiedliche technische Normen, die bisher als technische Hemmnisse auftreten konnten, werden anerkannt bzw. vereinheitlicht.

- **Freier Verkehr von Dienstleistungen:**
  Dienstleistungsunternehmen wird freie Betätigung in der EU zuerkannt. Banken, Versicherungen, Börsenmakler, Angehörige freier Berufe (Ärzte, Rechtsanwälte usw.) können sich frei in der EU niederlassen. Öffentliche Aufträge müssen EU-weit ausgeschrieben werden.

- **Freier Verkehr von Kapital:**
  Zahlungen, Geld- und Kapitalanlagen zwischen EU-Staaten unterliegen keinen Beschränkungen.

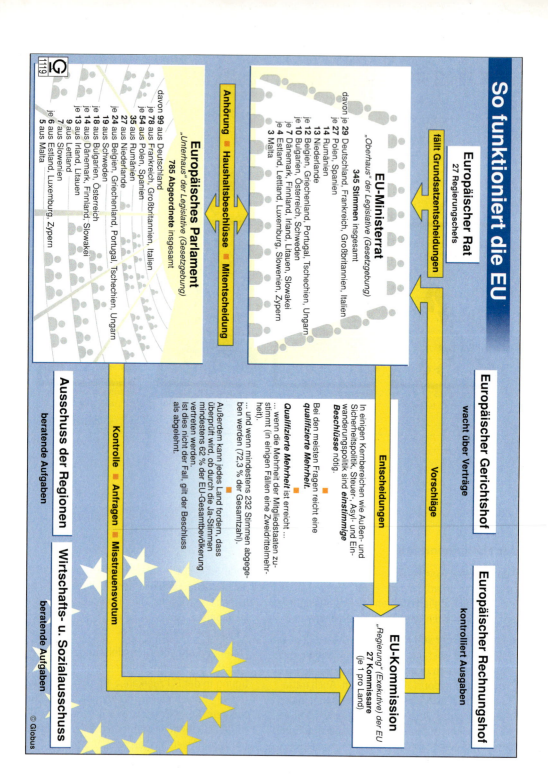

Entwicklungszusammenarbeit

Die EU betreibt eine gemeinschaftliche Entwicklungsarbeit mit bestimmten Ländern der 3. Welt, den AKP-Staaten.

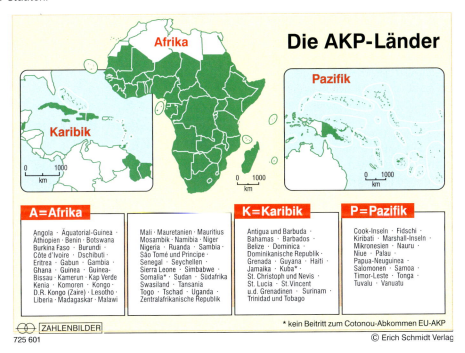

Die großen Wirtschaftsblöcke

Die steigende Zahl von Beitritts- und Assoziierungsgesuchen bestätigt die wachsende Attraktivität der EU und ihren Vorbildcharakter. Außerhalb der Mitgliedsländer werden diese integrationspolitischen Erfolge nicht ohne Vorbehalte beobachtet. Die Hauptsorge dabei ist, dass die EU sich handelspolitisch von den übrigen Regionen abkapseln und die weltweite Arbeitsteilung empfindlich schädigen könnte.

Zugleich wird anderen Ländern und Regionen jedoch deutlich vor Augen geführt, dass der Integrationsprozess den EU-Mitgliedsländern erhebliche Vorteile gebracht und den Wohlstand gemehrt hat. Vor diesem Hintergrund ist verständlich, dass auch in der übrigen Welt zunehmend Versuche gestartet werden oder wurden, regionale Freihandelszonen oder Wirtschaftsgemeinschaften zu gründen. Dafür gibt es vor allem drei Antriebskräfte:

- **Regionale Inseln des Freihandels:** In einer Welt von Protektionismus soll der Freihandel zumindest in einzelnen Regionen herrschen.
- **Regionale Intensivierung der internationalen Arbeitsteilung:** Dadurch wird ein stetes Wirtschaftswachstum erhofft.
- **Stärkung der eigenen Verhandlungsposition:** Die neu entstehenden Wirtschaftsgemeinschaften könnten den Zugang zu ihren Absatzmärkten nach EU-Vorbild regulieren. Damit kann ein verhandlungsstrategisches Gegengewicht zu anderen großen Wirtschaftsregionen gebildet werden.

Die EFTA

Die Europäische Freihandelsassoziation EFTA (European Free Trade Association) mit Sitz in Genf ist das zweitgrößte Wirtschaftsbündnis in Westeuropa nach der EU. Im Gegensatz zur EU ging es der EFTA immer nur um wirtschaftliche Zusammenarbeit, nie um eine supranationale Einrichtung oder gar um eine politische Union. Die EU-Staaten ordneten sich über die Abschaffung der Binnenzölle hinaus einer gemeinsamen Außenzollpolitik unter. Die EFTA-Staaten begnügten sich dagegen damit, ihre Wirtschaft durch die Abschaffung der untereinander bestehenden Zölle zu fördern und jedem Mitglied die Zollsouveränität gegenüber Drittländern zu belassen.

Die dynamische Entwicklung der EU in den letzten Jahren mit den Zielen Binnenmarkt und gemeinsame Währung hat der EU einen deutlichen Vorsprung verschafft und in ganz Europa eine große Sogwirkung hervorgerufen. Die immer mehr fortschreitende Integration der EU-Staaten stellt sich für die übrigen Staaten als die Gefahr dar, wirtschaftlich und politisch außen vor zu bleiben. Die EFTA-Länder müssen jedoch daran interessiert sein, einen ungehinderten Zugang zum künftigen Binnenmarkt zu erhalten, da ihre Industrie sonst kaum leistungsfähig bleiben kann. Daher stellten einerseits alle EFTA-Mitglieder außer Island und Liechtenstein Aufnahmeanträge in die EU. Andererseits kam es mit der EU zum Abkommen über den Europäischen Wirtschaftsraum EWR. Aus diesen Gründen ist ein langfristiger Fortbestand der EFTA unsicher.

Der Europäische Wirtschaftsraum (EWR)

Mit dem im Mai 1992 in Porto abgeschlossenen EWR-Abkommen zwischen der EU und den EFTA-Ländern wurde der Europäische Wirtschaftsraum EWR geschaffen.

Das Abkommen soll es ermöglichen, innerhalb des EWR die Freizügigkeit und den freien Waren-, Dienstleistungs-und Kapitalverkehr nach dem bestehenden Recht der EU zu gewährleisten. Damit treten im Prinzip die EFTA-Staaten dem EU-Binnenmarkt bei. Anders als EU-Vollmitglieder erhalten die EFTA-Staaten keine Entscheidungsgewalt, sondern nur gewisse Mitsprache- und Anhörungsrechte. Der EWR ist mit 30 Ländern und fast 500 Millionen Menschen der größte integrierte Wirtschaftsraum der Welt.

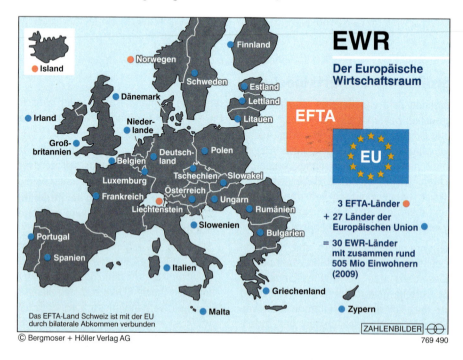

Weitere große Wirtschaftsblöcke

In jüngster Zeit nimmt die Zahl der Länder, die sich zu Freihandelszonen zusammenschließen, weltweit zu. Die fünf wichtigsten – neben EU und EFTA – sind:

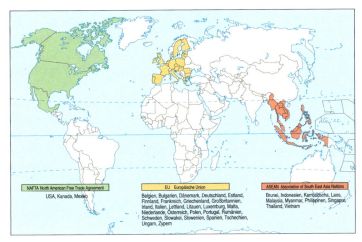

NAFTA

Das Nordamerikanische Freihandelsabkommen NAFTA (North American Free Trade Area) wurde zwischen Mexiko, Kanada und den USA abgeschlossen. Ziel ist lediglich ein gemeinsamer Markt als Freihandelszone. Zölle und andere Handelsbeschränkungen sollen abgebaut, die zwischenstaatlichen Exporte verdoppelt werden. Dagegen wird ein freier Personenverkehr wie in der EU nicht angestrebt.

Für Kanada und Mexiko bedeutet dies den schrankenlosen Zugang zur weltweit größten Wirtschaftsmacht USA und einen erheblichen Wachstumsschub. Für die USA zählen vor allem die Gebietserweiterung ihres Patentschutzes, der Abbau von Investitionshürden und die Marktöffnung für elektronische und Printmedien-Erzeugnisse.

Der Andenpakt

Der *Andenpakt* ACM (Anden Common Market) ist ein Zusammenschluss der lateinamerikanischen Länder Bolivien, Kolumbien, Ecuador, Peru und Venezuela. Angestrebt wird die Förderung von Handel, Industrialisierung und Entwicklung der Region. Erreicht werden soll dies durch einen gemeinsamen Markt (bei dem die Zölle zwischen den Mitgliedsstaaten aufgehoben sind) mit einheitlichen Außenzöllen.

MERCOSUR

Dem *„gemeinsamen Markt der Südspitze Südamerikas"* MERCOSUR (Mercado Comun del Cono Sur) liegt ein Abkommen zwischen Argentinien, Brasilien, Paraguay und Uruguay zugrunde. Mit dem Abbau aller Zölle und Handelshemmnisse soll eine Freihandelszone geschaffen werden. Fernziel ist die Errichtung eines Binnenmarktes nach Vorbild der EU mit gemeinsamem Parlament.

AFTA

Die Mitglieder der südostasiatischen Staatengemeinschaft ASEAN (Association of South East Asian Nations; heute: Brunei, Indonesien, Kambodscha, Laos, Malaysia, Myanmar, Philippinen, Singapur, Thailand, Vietnam) haben im Oktober 1991 beschlossen, ab 1993 die Freihandelszone AFTA (ASEAN Free Trade Area) einzurichten. Damit reagieren die aufstrebenden südostasiatischen Schwellenländer auf die zunehmende Konkurrenz durch andere regionale Bündnisse. Wichtigstes Ziel ist ein Liberalisierungsprogramm für den Handel.

APEC

Die *APEC* (Asia-Pacific-Economic-Cooperation) wurde als Organisation für asiatisch-pazifische Zusammenarbeit 1989 nach OECD-Vorbild gegründet. Neben den ASEAN-Staaten gehören ihr noch Australien, Japan, Kanada, USA, Südkorea, Neuseeland, China, Taiwan, Hongkong, Peru, Papua-Neuguinea und Russland an. Neben der Koordinierung der wirtschaftlichen Zusammenarbeit ist der Abbau von Handelsbarrieren das Ziel dieses Diskussionsforums. Nach langfristigen Plänen wollen die Mitgliedsländer, die z. T. keine einheitlichen Interessen haben, einen asiatisch-pazifischen Handelsblock entstehen lassen. Heranwachsen würde dann eine handelspolitische

Supermacht, denn mit seinem hohen Wirtschaftswachstum gilt der asiatisch-pazifische Bereich als Zukunftsmarkt des 21. Jahrhunderts.

ASEAN

Die Association of Southeast Asian Nations (übersetzt etwa: Verband südostasiatischer Staaten) wurde am 8. August 1967 in Bangkok (Thailand) gegründet mit dem Ziel der Festigung des Friedens in Südostasien durch wirtschaftliche, soziale und kulturelle Zusammenarbeit. 1995 wurde die ASEAN als atomwaffenfreie Zone festgelegt. Eine 1992 gegründete Freihandelszone (Asean Free Trade Area = Afta) soll ab 2010 funktionsfähig sein.

Das Abkommen „Asean Vision 2020" vom Dezember 1997 strebt offenere Gesellschaften in der Region an. Mitglieder der ASEAN sind: Brunei, Indonesien, Kambodscha, Laos, Malaysia, Myanmar, Philippinen, Singapur, Thailand, Vietnam.

Wichtigste Organe sind der ordentliche Asean-Gipfel, zu dem sich die Staats- und Regierungschefs alle 3 Jahre treffen, die jährliche Ministertagung der Außenminister als wichtigstes Entscheidungsorgan sowie Treffen der Fachminister.

Aufgaben

1. Was sind die Grundsätze des GATT?
2. Wodurch unterscheidet sich die OECD von anderen internationalen Organisationen?
3. Aus welchen Organisationen entstand die EU?
4. Nennen Sie die Mitgliedsstaaten der EU.
5. Erläutern Sie die „vier Freiheiten" des EU-Binnenmarktes.
6. Erläutern Sie
   a) Vorteile,
   b) Nachteile großer Wirtschaftsblöcke.
7. Wodurch unterscheidet sich die EFTA von der EU?
8. Was versteht man unter dem EWR?
9. Führen Sie weitere größere Wirtschaftsblöcke auf.

Zusammenfassung

Internationale Handelsabkommen und -organisationen

- **GATT**
  - Allgemeines Zoll- und Handelsabkommen
  - Ziel: Abbau von Handelsschranken und Zöllen

- **OECD**
  - Organisation für wirtschaftliche Zusammenarbeit und Entwicklung
  - Ziel: wirtschaftliche Zusammenarbeit und Koordination der westlichen Industrienationen

- **EU**
  - Europäische Union
  - Ziele: • EU-Binnenmarkt • Einigung auf wirtschaftlichem, sozialem und politischen Gebiet

- **EFTA**
  - Europäische Freihandelsassoziation
  - Ziel: nur wirtschaftliche Zusammenarbeit

- **EWR**
  - Europäischer Wirtschaftsraum
  - Ziel: Anschluss der EFTA-Staaten an den EU-Binnenmarkt

- **Wirtschaftsblöcke außerhalb Europas**
  - NAFTA • Andenpakt • MERKOSUR
  - AFTA • APEC • ASEAN

Sachwortverzeichnis

A
Abbuchungsverfahren 276
Abfallgesetz 544
Ablaufhemmung 71, 73
Ablauforganisation 352, 360 ff.
–, Elemente 361 f.
–, Phasen 362
–, Ziele 361
Absatzmarketing, Ziele 215
Absatzmärkte 204
Absatzpolitik 213 ff.
Absatzweg
–, direkter 241 f.
–, indirekter 240 f.
Abschlussfreiheit 93
Abschlussvertreter 134
Abschlusszwang 93
Abschreibungen, Finanzierung 298
Abteilungsbildung 34, 354
Abwertung 636 f., 640
Abzahlungsgeschäfte 419
AFTA 663
AG 124 f.
AGB 96 ff.
AGB-Gesetz 96 f.
Agenturvertrag 134
Akkordlohn 154
AKP-Länder 661
Aktiengesellschaft 124 f.
Akzeleratoreffekt 515
Akzept 314
Alleinerziehende, Entlastungsbetrag 428
Allgemeine Geschäftsbedingungen 96 ff.
Altersrente 176 f.
Andenpakt 663
Anderskosten 207
Anfechtung 56 f.
Angebot 52, 371
Angstindossament 316
Anlageinvestitionen 287
Anlagenintensität 292
Annahmeverzug 63, 79 f.
–, Folgen 80
APEC 663
Arbeit 24
–, ausführende 28
–, dispositive 28
–, Produktionsfaktor 24
Arbeitgeber, Pflichten 146
Arbeitnehmer, Pflichten 146 f.
Arbeits- und Berufsförderung 180
Arbeitsbewertung 152
Arbeitsgruppen, teilautonome 39
Arbeitskampf 149 f.
Arbeitslosengeld 179 f.
Arbeitslosenquote 475
Arbeitslosenversicherung 172
–, Leistungen 179 f.

Arbeitslosigkeit 495
–, friktionelle 477
–, konjunkturelle 475
–, profilbedingte 477
–, saisonale 477
–, strukturelle 475 f.
Arbeitsmarkt 365
Arbeitsproduktivität 25 f.
Arbeitsteilung 32 ff.
–, Auswirkungen 37 ff.
–, betriebliche 34
–, gesellschaftliche 33 f.
–, internationale 35
–, überbetriebliche 33 ff.
Arbeitsunfall 182
Arbeitsvertrag 145
Arbeitszeitgesetz 167 f.
Arbeitszeitregelungen 164
Arbeitszeitschutz, gesetzlicher 167 ff.
Artvollmacht 130
ASEAN 664
Aufbauorganisation 352 ff.
Aufbewahrungspflicht 67
Aufgabenanalyse 353
Auflassung 61
Auflösungsvertrag 159
Aufsichtsrat 123, 125, 127
Aufwendungen 206 f.
Aufwertung 635, 640 f.
Ausgaben 206
Ausgabenpolitik 514 ff., 518
Ausrüstungsinvestitionen 287
Außenbeitrag 447, 479
Außenbeitragsquote 479
Außenhandel 555 ff.
–, Arten 557
–, Bedeutung 555, 559
–, Vorteile 559
–, Wesen 556
Außenhandelspolitik, Instrumente 581 ff.
Außenwirtschaft 563
Außenwirtschaftliches Gleichgewicht 479
Außenwirtschaftspolitik 581 ff.
Außergewöhnliche Belastungen 428
Aussperrung 149

B
Balkendiagramm 362
Banken, 247 ff.
–, Leistungen 246 ff.
Bankscheck 269 ff.
Banküberweisung 274
Bargeld 585
Bargeldlose Zahlung 261, 274 ff.
Bargeldreserve 588
Bargeldtransfer 263 f.
Barzahlung 262 ff.
–, Bedeutung 263
Bauinvestitionen 287

Bedarf 11
Bedarfsstruktur 528
Bedürfnisarten 9 f.
Bedürfnisebenen 5 ff.
Bedürfnisse 5 ff.
–, bewusste 10
–, immaterielle 10
–, latente 10
–, materielle 10
–, offene 10
–, verdeckte 10
Befragung 223
Beglaubigung, öffentliche 94
Beiträge 423
Beobachtung 224
Berufsausbildungsbeihilfe 180
Berufsbildung 33
Berufskrankheiten 182
Berufsspaltung 33
Beschaffungsmärkte 204
Beschäftigungsgrad 210
Beschäftigungsstand 475
Beschäftigungsstruktur 530 ff.
Beschäftigungsverhältnisse, zukünftige 478
Beschränkte Geschäftsfähigkeit 48
Besitz 60 ff.
Besitzsteuern 423
Beteiligungsfinanzierung 294 f.
Betrieb 16, 25
Betriebshaftpflichtversicherung 252
Betriebskosten 206
Betriebsmittel 27
Betriebsrat 184 f.
–, allgemeine Aufgaben 185
–, Mitbestimmungsrechte 185 f.
–, Mitwirkungsrechte 185 f.
–, Wahl 184
Betriebsschließungsversicherung 253
Betriebsstoffe 28
Betriebsunterbrechungs- versicherung 253
Betriebsvereinbarung 145, 186
Betriebsverfassungsgesetz 184 ff., 189
Betriebsversammlung 186
Beurkundung, notarielle 94
Beweislastumkehr 72
Big-Mac-Index 631
Bilanz
– der Erwerbs- und Vermögenseinkommen 568
– der laufenden Übertragungen 568
– der Vermögens- übertragungen 570
– des Kapitalverkehrs 570
Blankoakzept 315
Blankoindossament 315 f.
Boden, Produktionsfaktor 24 f.
Bonität 334
Bruttoinlandsprodukt 449 ff.
– zu Marktpreisen 451

Bruttoinvestitionen 285
Bruttonationaleinkommen 449 f.
Bruttosozialprodukt 454
Bruttowertschöpfung 451
Buchgeld 257, 585 ff.
Buchgeldschöpfung 585 ff.
–, aktive 587
– der privaten Kreditinstitute 587 ff.
–, passive 587
Buchgeldvernichtung 587 f., 594
Bundeshaushalt 516
Bundessteuern 424
Bürgschaftskredit 335 f.

C
Courtage 141

D
Darlehensvertrag 53
Dauerauftrag 275
Deficitspending 516
Deflation 470, 473 f.
–, Wirkungen 474
Delkredere 330
Devisenbewirtschaftung 582
Devisenbilanz 571
Dienstleistungen 12 ff.
Dienstleistungsbereich 33
Dienstleistungsbilanz 566 f.
Dienstvertrag 53
Direktorialsystem 196
Distribution 240
Distributionspolitik 217
Dividende 124 f.
Divisionale Organisation 357
Drittelbeteiligungsgesetz 190
Dumping 582 f.
Durchlaufwirtschaft 486

E
EFTA 662
Eigenfinanzierung 294 f.
Eigenkapitalintensität 291
Eigenkapitalrentabilität 199
Eigentum 60 ff.
Einbruchdiebstahlversicherung 252
Einfuhrkontingente 582
Einkommensentwicklung 529
Einkommensteuer 426 ff.
Einkommensteuererklärungs-
 pflicht 429, 431
Einkommensteuertarif 429
Einkommensteuerveranlagung
 431
Einkommensverteilung 486, 490
Einkunftsarten 426
Einlagenfinanzierung 294 f.
Einliniensystem 355
Einnahmenpolitik 513 f., 518
Einzelarbeitsvertrag 145 ff.
Einzelhandel 241
Einzelkosten 210
Einzelprokura 130
Einzelunternehmen 117 f.

Einzelvollmacht 130
Einzugsermächtigungsverfahren 276
Electronic Cash 271 f.
Elementarfaktoren 27
Embargo 582
Entlohnungsverfahren 153 ff.
Entscheidungssysteme 196
Erfolgsbeteiligung 155 f.
Erfüllungsgeschäft 58 f.
Erlebensfallversicherung 253
Ersatz vergeblicher
 Aufwendungen 69, 79, 83
Ersatzinvestitionen 285 f.
Erweiterungsinvestitionen 286 f.
Erwerbsminderungsrente 178
ESZB 585 ff.
–, geldpolitische Instrumente 599
Etikettenarten 417
EU 658 ff.
EU-Binnenmarkt 659
Eurozone 598, 649
Europäische Union 536 f., 658 ff.
Europäische Wirtschafts- und
 Währungsunion 647 ff.
Europäische Zentralbank 596 ff.
–, Aufgaben 596 f., 618
–, geldpolitische Strategie 590 ff.
–, Organe 596 f., 618
–, Rechtsstellung 596
–, Stellung 618
–, Ziele 618
Europäischer Wirtschaftsraum 662
Europäische Zentralbankrat 597
Europäisches System der
 Zentralbanken 585 ff.
–, geldpolitische Instrumente 599 ff.
EWR 662
Existenzbedürfnisse 10
Experiment 224 f.
Exportquoten 582
EZB
–, Aufgaben 618
–, Organe 618
– -Rat 597
–, Stellung 618
–, Ziele 618

F
Factoring 328 ff.
–, Arten 330
–, nach der Erkennbarkeit 330
Faktormärkte 365
Familienhilfe 175
Fazilitäten 609 f.
Fernabsatzhandel 409 ff., 420
Feste Kosten 208
Feuerversicherung 251
Filialprokura 130
Finance-Leasing 323
Finanzierung 282 ff.
– aus Pensionsrückstellungen 303
– durch Abschreibungen 298
Finanzierungsarten 294 ff.
Finanzierungskennzahlen 288 ff.

Finanzierungsregeln 288 ff.
–, horizontale 288 ff.
–, vertikale 290 ff.
Finanzinvestitionen 287
Firma 106 ff.
Firmenarten 106 f.
Firmenausschließlichkeit 108
Firmenbeständigkeit 108
Firmengrundsätze 107 f.
Firmenklarheit 108
Firmen-Rechtsschutz-
 versicherung 252
Firmenübernahme, Haftung 109
Firmenwahl 106
Firmenwahrheit 107
Fiskalpolitik 511 ff., 518
–, angebotsorientierte 521
Fixe Kosten 208
Fließbandfertigung 34
Floating 637, 639
Formfreiheit 93
Formkaufmann 104
Formzwang 93
Frachtmakler 141
Freie Marktwirtschaft 434 ff.
Freihandel 579 f., 584
Fremdfinanzierung 300 ff.
Fremdkapitalintensität 291
Friedenspflicht 150
Führungsstil 194 f.
–, autoritärer 194
–, kooperativer 194
Führungstechniken 195 f.
Führungsverhalten 193 f.
Fusionskontrolle 405

G
GATT 656 f.
Gebrauchsgüter 13
Gebühren 423
Gehaltstarifvertrag 150 f.
Geld 255
–, Aufgaben 259 f.
–, Eigenschaften/Arten 255 ff.
–, Umlaufgeschwindigkeit 472
Geldmarkt 365
Geldmenge M3 591 f.
Geldpolitik 596 ff., 599, 620
–, Grenzen 613 f.
Geldschöpfung 594
Geldschöpfungsmultiplikator
 589, 595
Geldwert
–, Bestimmungsgrößen 469 f.
–, sinkender 473
Geldwertstabilität 464 ff.
Gemeindesteuern 424
Gemeinkosten 210
Gemeinschaftsbedürfnisse 10
Gemeinschaftsteuern 424
Generalversammlung 127
Generationenvertrag 176
Genossenschaft 126 f.
Gesamtkapitalrentabilität 200

Gesamtkosten 209
Gesamtprokura 130
Geschäftsbriefe,
　Pflichtangaben 109
Geschäftsfähigkeit 48 ff.
Geschäftsunfähigkeit 48 f.
Gesellschaft mit beschränkter
　Haftung 122 f.
Gesellschafterversammlung 123
Gesetze 42, 145
Gewährleistungsfristen 74 f.
Gewinneinkünfte 426
Gewohnheitsrecht 43
Giralgeld 257, 585
Giralgeldschöpfung
-, aktive 587
-, passive 587
Glasversicherung 252
Gläubigerverzug 63, 69
Gleichgewichtspreis 370 ff.
-, Aufgaben 377 f.
-, Bildung 370 ff.
GmbH 122 f.
GmbH & Co. KG 123
Goldene Bilanzregel 289 f.
Goldene Finanzierungsregel 288 f.
Grenzanbieter 370
Grenznachfrager 370
Großhandel 241
Grundkapital 124
Grundkosten 207
Grundpfandrechte 338 ff.
Grundschuld 339 f.
Güter 12 ff.
-, freie 13
-, immaterielle 13
-, materielle 13
-, unverbundene 14
-, wirtschaftliche 13
Güterarten 13
Güterknappheit 13
Gütermärkte 365
Güterwandel 13 f.

H
Haftpflichtversicherung 252
Haftungsausschluss 70
Haftungsverschärfung 78
Halbbare Zahlung 261, 266 ff.
-, Bedeutung 267
Handel 237
-, Aufgaben 241 f.
-, Stellung und Leistungen 237
Handelsabkommen 582
-, internationale 656 ff.
Handelsbetriebe
-, Bedeutung 237
-, Stellung 240
Handelsbilanz 565
Handelshemmnisse,
　administrative 583
Handelsmakler 140 f.
Handelsorganisationen,
　internationale 656 ff.

Handelsregister 111 ff.
Handelsverträge 582
Handelsvertreter 134 ff.
Handlungsreisender 133
Handlungsvollmacht 130
-, allgemeine 130
Hauptrefinanzierungsgeschäfte 603
Hauptversammlung 124 f.
Haushalte 16
Hausratversicherung 252
Haustürgeschäfte 407, 419
Hilfsstoffe 28
Hinterbliebenenrente 178
Höchstpreise 393 f.
Holdinggesellschaft 404
Humanisierung 38
Human Relations 218 f.
Hyperinflation 470
Hypothek 338 f.

I
Immobilien-Leasing 322
Immobilienmarkt 365
Individualarbeitsvertrag 145 ff.
Individualbedürfnisse 10
Individualversicherungen 251
Indossament 316
Indossant 316
Indossat 316
Indossatar 316
Industriebetriebe
-, Arten 204
-, Funktionen 203 f.
Inflation 470 ff., 497
-, importierte 471, 479
-, Ursachen 471 ff.
Inflationsarten 470
Infrastruktur 536
Infrastrukturpolitik 536, 541
Inhaberaktie 124
Inhaberscheck 270
Inländerkonzept 449 ff.
Inlandsprodukt 449 ff.
-, Aussagekraft 458 f.
-, Bedeutung 458 f.
-, Entstehung 456 f.
-, Verteilung 457 f.
-, Verwendung 457
Innovationen 526
Insolvenz 342
Insolvenzgeld 180
Insolvenzmasse 344 f.
Insolvenzplan 345 ff.
-, Arten 346
Insolvenzplanverfahren,
　Ablauf 346 ff.
Insolvenzverfahren 344
Internationaler Handel, Ursachen
　557 ff.
Investitionen 282 ff.
-, immaterielle 287
Investitionsarten 282 ff., 285 f.
Investitionsgütermärkte 365
Istkaufmann 104

J
Jobenlargement 38
Jobenrichment 38
Jobrotation 38
Jugend- und
　Auszubildendenvertretung 186 f.
Jugendarbeitsschutz 164 ff.
Jugendarbeitsschutzgesetz 164 ff.
Juristische Personen 45
Just-in-Time-System 39

K
Kannkaufmann 104
Kapital, Produktionsfaktor 25
Kapitalbedarf 284
Kapitalgesellschaften 122 ff.
Kapitalmarkt 365
Kartelle 403 f.
Käufermarkt 213, 371
Kaufkraft 464 f.
Kaufkraftparität 642
Kaufkrafttheorie 622 f.
Kaufkraftverlust 467 f.
Kaufmannseigenschaften 104 f.
Kaufvertrag 53
-, Abschluss 52
-, Erfüllung 58 f.
-, Störungen bei der Erfüllung 63 ff.
KG 120 f.
Kinderfreibetrag 428
Kirchensteuer 424
Kollegialsystem 196
Kollektivbedürfnisse 10
Kommanditgesellschaft 120 f.
Kommanditist 120
Kommissionär 138 f.
Kommissionsvertrag 139
Kommunikationsmix 217
Kommunikationspolitik 217 f.
Kommunikationsziele 215
Komplementär 120
Komplementärgüter 14, 375 f.
Konjunktur 500 f., 509
Konjunkturausgleichsrücklage 515
Konjunkturindikatoren 506 f., 510
Konjunkturpolitik 440, 500 ff., 524
Konjunkturschwankungen
　500 ff., 509
-, Ursachen 507 f.
Konjunkturverlauf, Phasen 503 ff.
Konjunkturzyklus 503 f.
Konstitution 292
Konsumentenrente 372
Konsumgüter 13
Konsumgüter-Leasing 323
Konsumgütermärkte 365
Konsumverhalten 530
Kontokorrentkredit 301 f.
Konvergenzkriterien 650
Konzentration 402 ff.
Konzern 404 f.
Kooperation 402
Körperschaftsteuer 426
Kosten 206 ff.

Kostenarten 207 ff.
Kostendeckungsprinzip 201
Kraftfahrzeug-Unfallversicherung 253
Kraftfahrzeugversicherung 253
Krankengeld 174
Krankenpflege 174
Krankenversicherung, gesetzliche 171, 174 f.
–, Leistungen 174
Krankenversicherung, private 253
Kreditarten 335
Kredite
–, kurzfristige 300
–, langfristige 303
–, mittelfristige 300
Kreditfähigkeit 333
Kreditfinanzierung 300
Kreditinstitut, Arten 248 ff.
Kreditkarten 278 ff.
Kreditleihen 302
Kreditprüfung 333
Kreditsicherungen 335 ff.
Kreditversicherung 340
Kreditvertrag 333
Kreditwürdigkeit 333
Kreislaufwirtschaft 485 f., 544
Kreislaufwirtschafts- und Abfallgesetz 544
Kulturbedürfnisse 10
Kundenkredit 302
Kündigung 159 ff.
–, außerordentliche 161
–, ordentliche 159 f.
Kündigungsfristen 159 f.
Kündigungsschutz
–, allgemeiner 160
–, besonderer 161 f.
Kündigungsschutzverfahren 161
Kurantmünzen 255
Kurzakzept 314
Kurzarbeitergeld 180

L
Lagerhaltung 242
Landessteuern 424
Lastschriftverfahren 272, 276
Lean Administration 39 f.
Lean Production 39
Leasing 321 ff.
Leasingformen 322 ff.
Lebensqualität 459, 546 f.
Lebensversicherung 253 f.
Leihvertrag 53
Leistungsbilanz 568 f.
Leistungsbilanzdefizit 578
Leistungsbilanzüberschuss 578
Leitungswasserversicherung 252
Leitzinsen 610
Liefererkredit 300 f.
Lieferungsverzug 63, 76 f.
Liquidation 343
Liquidität 293
Liquiditätsgrade 293

Liquiditätsgrundsätze 292 f.
Logistik 217
Lohnpolitik, Einflussfaktoren 627
Lohnquote 457
Lohnsteuer 426
Lohnsteuerabzugsverfahren 429 f.
Lohnsteuerkarte 429
Lohnsteuertabelle 430
Lohntarifvertrag 150 f.
Lombardkredit 338
Luxusbedürfnisse 10

M
Maastrichter Vertrag 648 f.
Magisches Sechseck 490
Magisches Viereck 464, 485
Mahnung 77
Management by delegation 196
Management by exception 195
Management by objectives 196
Mangelhafte Lieferung 63 f.
Mangelhafte Ware, Rechte des Käufers 67
Mängelansprüche 74 f.
Mängelrüge 65 f.
Manteltarifvertrag 150
Marketing 213 ff.
–, zukunftsbezogenes 229
Marketingmix 226 f.
Marketingziele 215
Markt 365
Marktanalyse 220, 225
Marktarten 364 ff.
Marktbeobachtung 220, 225
Markterkundung 220
Marktschließung 244
Marktformen 367 ff.
Marktforschung 220 f.
–, Bereiche 225
–, Erhebungsarten und -methoden 221 ff.
Marktgesetze 382
Marktprognose 225
Marktsegmentierung 218 f.
Markttest 225
Markttypen 383 ff., 386
Marktuntersuchung 219 ff.
Marktverdrängung 391
Matrixorganisation 357 f.
Maximalprinzip 20
Mehrliniensystem 356
Mengenumgruppierung 243
MERCOSUR 663
Mietvertrag 53
Mikroelektronik 35
Minderung 68
Mindestpreise 394
Mindestreservepolitik 611 f.
Minimalprinzip 20
Mismatch-Arbeitslosigkeit 549
Missbrauchsaufsicht 405

Mitbestimmung
–, Betriebsverfassungsgesetz 184 f.
–, im Aufsichtsrat 189 ff.
Mitbestimmungsgesetz 191
Mobilien-Leasing 322
Monopole 368, 389 f.
Montanmitbestimmung 189 f.
Montanmitbestimmungsgesetz 189 f.
Multiplikatoreffekt 515
Mutterschaftshilfe 175
Mutterschutzgesetz 168

N
Nacherfüllung 67
Nachfrage 11, 371
–, Preiselastizität 376 f.
NAFTA 663
Namensaktie 124
Namensscheck 270
Natürliche Personen 45
Nennwert 124
Net Economic Welfare 459
Nettoinlandsprodukt 451 ff.
Nettoinvestitionen 286
Neuinvestitionen 286
Nichtigkeit 56
Nichtkaufmann 104
Nicht-Rechtzeitig-Lieferung 63, 76 ff.
Nicht-Rechtzeitig-Zahlung 63, 80 ff.
Nominallohn 468

O
Objektprinzip 353, 354
OECD 658
Offene Handelsgesellschaft 119 f.
Offenmarktpolitik 601 f.
OHG 119 f.
Ökologie 542 ff.
Ökonomie 542 ff.
Ökonomisches Prinzip 19 ff.
Oligopol 368 f., 390 f.
Onlinemarktplätze 366
Operating-Leasing 325
Organisation 352

P
Pachtvertrag 53
Panel 224
Papiergeld 257
Parität 632
Personalkredite
–, einfache 335
–, verstärkte 335
Personengesellschaften 119 ff.
Personensteuer 423 f.
Personenversicherungen 253 f.
Pflegeversicherung 172
Point of Sale 217
Polypol 370 f., 387 ff.
Präferenzen 383 f., 387
Prämienlohn
Preis- und Konditionenpolitik 216
Preisangabenverordnung 414 ff.

Preisbildung
- auf eingeschränkten Märkten 387 f.
- auf unvollkommenen Märkten 387 f.
-, staatliche 394 ff.
Preise, administrierte 396
Preiselastizität der Nachfrage 376 f.
Preisführer 392
Preisgestaltung, monopolistische 389 f.
Preisindex 466 ff.
Preismechanismus 373
Preisniveau 464 ff.
-, steigendes 473
Preisstabilität, Bedeutung 475
Preisveränderungen 466 f.
Primärerhebungen 223
Privathaftpflichtversicherung 252
Privatrecht 42 f.
Produktionsfaktoren 24 ff.
-, betriebswirtschaftliche 27 ff.
-, Kombination 25 f.
-, volkswirtschaftliche 24 ff.
Produktionsgüter 13
Produktionsstruktur 526 f.
Produzentenrente 372
Profitcenter 357
Prokura 129 f.
Prolongation 317
Protektionismus 579 ff., 584
Public Relations 218

Q
Quittung 262

R
Rahmentarifvertrag 150
Rating 334 f.
Rationalisierung 26
Rationalisierungsinvestitionen 286
Realkredite 338 ff.
Reallohn 468
Realsteuern 423 f.
Rechte 46
-, nachrangige 68
-, objektive 41 f.
-, öffentliche 42
-, subjektive 42
-, vorrangige 67
Rechtsfähigkeit 48
Rechtsgeschäfte 51 ff.
-, einseitige 51
-, mehrseitige 52 ff.
Rechtsmangel 65
Rechtsnormen 41 ff.
Rechtsobjekte 46 f.
Rechtsquellen 42 f.
Rechtsschutzversicherung 252
Rechtssubjekte 45
Rechtsverordnungen 145
Recycling 20, 543
Reinvestitionen 285

Reisevertrag 53
Reklamationsfristen 66
Rektaindossament 316
Rentabilität 199
Rente, dynamische 178
Rentenversicherung, gesetzliche 171, 176 ff.
-, Leistungen 176
Richterrecht 43
Rohstoffe 28
Rücktritt vom Vertrag 68, 78 f., 82

S
Sachen 46
Sachinvestitionen 287
Sachmangel 65
Sachversicherungen 251
Sammelüberweisungsauftrag 275
Sanierung 343
Satzungen 43
Schadensersatz 69
Schattenwirtschaft 455 f.
Scheck
-, Begriff 269
-, Bestandteile 269
Scheckeinlösung 270
Scheidemünzen 257
Schenkung 53
Schiffsmakler 141
Schlechtleistung 63 ff.
Schlichtung 149
Sekundärerhebungen 221
Selbstfinanzierung 295 ff.
-, offene 295
-, stille 296
-, verdeckte 296
Sicherungsübereignung 338
Silberne Finanzierungsregel 289
Solidaritätszuschlag 170
Sonderausgaben 427 f.
Sortiment 243
Sortimentspolitik 216
Soziale Marktwirtschaft 439 f.
Sozialistische Planwirtschaft 441 ff.
Sozialversicherung 170 ff.
Spartenorganisation 357
Staatliche Wettbewerbspolitik 439
Staatsquote 517
Staatsverschuldung, Problem 519 f.
Stabilitätsgesetz, Ziele 463 ff.
Stabliniensystem 356
Stagflation 470
Stagnation 470
Stammkapital 123
Stellenbeschreibung, Vorteile 354
Stellenbildung 353 f.
Steuerarten 423 ff.
Steuergerechtigkeit 487
Steuerklassen 430
Steuern 422 ff.
Stille Gesellschaft 121
Strategie, geldpolitische 590 ff.
Streik 149 f.

Strukturpolitik 440, 525 ff., 533 ff.
- der EU 537
-, regionale 535
-, sektorale 535
Strukturwandel 525 ff.
Stückkosten 208
Sturmversicherung 252
Substitution 25 f.
Substitutionsgüter 14, 375 f.
Subventionen 446, 452 f.

T
Tarifautonomie 148
Tarifparteien 148
Tarifpolitik 622 ff.
-, Neuorientierungen 626
Tarifverhandlungen, Ablauf 149 f.
Tarifvertrag 145, 148 ff.
-, Inhalt 150
Tarifvertragl. Bindung 150
Tarifvertragsparteien, Lohnpolitik 621 ff.
Tauschvertrag 53
Teamarbeit 39
Teilakzept 315
Teilamortisationsvertrag 323 ff.
Teilbilanzen 565 ff.
Tenderverfahren 606 ff.
Todesfallversicherung 253
Transferzahlungen 446
Transportversicherung 252
Trust 405

U
Überschusseinkünfte 427
Übertragungsbilanz 576
Überversicherung 252
Überweisungsfristen 275
Umlaufintensität 292
Umsatzrentabilität 200
Umschulungen 180
Umwelt 483 ff.
-, lebenswerte 485
Umweltmanagement 548 ff.
Umweltmarketing 229
Umweltökonomische Gesamtrechnung 551 f.
Umweltpolitik 545
-, Gemeinlastprinzip 545
-, Prinzip der Nachhaltigkeit 546
-, Verursacherprinzip 545
-, Vorsorgeprinzip 545 f.
Umweltschutzpolitik 540 ff., 554
Unbeschränkte Geschäftsfähigkeit 49
Unfallverhütungsvorschriften 182
Unfallversicherung, gesetzliche 172
-, Leistungen 182 f.
Unfallversicherung, private 253
Unternehmen 16
Unternehmen, öffentliche 201
Unternehmenshierarchie 35
Unternehmenskrisen, Gründe 342 f.

Unternehmensziele 199 ff., 215
Unternehmerrückgriff 71
Unterversicherung 252
Unvollkommener Markt 384 f.
Urabstimmung 149 f.
Urproduktion 33, 240

V
Variable Kosten 208
Veränderliche Kosten 208
Verbraucherinsolvenz-
  verfahren 348 f.
Verbraucherkredite 413 f.
Verbraucherpreise 465
Verbraucherschutz 97 ff., 407 ff.
Verbrauchsgüter 13
Verbrauchsgüterkauf 71, 94
Verbrauchsteuern 423 f.
Verjährung
–, Hemmung 72 ff.
–, Neubeginn 75
–, Rechtsfolgen 76
Verjährungsfristen 73
Verjährungsrecht 72 f.
Verkauf, persönlicher 218
Verkäufermarkt 213 f., 371
Verkaufsförderung 217
Verkehrsgleichung 472
Verkehrsteuern 423 f.
Vermittlungsvertreter 134
Vermögenspolitik 488 ff.
Vermögens-
  versicherungen 252 f.
Vermögensverteilung 486
Verordnungen 43
Verpflichtungsgeschäft 58
Verrechnungsscheck 270
Verrichtungsprinzip 354
Verschuldung 291
Verschuldungsgrad 291
Versicherungsbetriebe,
  Leistungen 251 ff.
Versicherungsmakler 141
Versicherungsvertrag 53, 251 f.
Verteilungspolitik 487 f.
Verträge 52 ff.
Vertragsarten 53 f.
Vertragsfreiheit 92 ff., 145
–, Grenzen 93
–, Wesen 93
Vertragsgestaltungsfreiheit 93
Volkseinkommen 458
Volkswirtschaft
–, geschlossene 446
–, offene 446

Vollakzept 314
Vollamortisationsvertrag 323
Vollindossament 316
Vollkommener Markt 383 f.
Vollmachten 130
Vollständige Konkurrenz 368, 370, 383
Vorratsinvestitionen 286 f.
Vorsorgeaufwendungen 428
Vorstand 125, 127

W
Wachstumspolitik 540 ff., 554
Wachstumstrend 502
Währung, Außenwert 632
Währungsunion 647 ff.
–, Chancen und Risiken 654
Warenkorb 466
Warenkreditversicherung 252
Warenmakler 141
Warenmanipulation 243
Warenwirtschaftssystem 222 f.
Wechsel 311
–, Aufgaben 314
–, Bestandteile 313
–, Einlösung 317
–, Weitergabe 316
Wechseldiskontkredit 302
Wechselgeschäft 312
Wechselklage 318
Wechselkredit 311
Wechselkurs 632
Wechselkursänderungen 639 ff.
Wechselkursbildung 634 ff.
Wechselkurse 630 ff., 651
–, feste 638
–, flexible 634
–, freie 634
–, Systeme 630 ff.
Wechselkursmechanismus,
  europäischer 650 f.
Wechselkursschwankungen 651 ff.
Wechselprotest 317
Wegeunfall 182
Weisungssysteme 355 ff.
Weiterverarbeitung 33, 240
Werbeziele 215
Werbung 217
Werbungskosten 427
Werklieferungsvertrag 53
Werkstoffe 28
Werkvertrag 53
Wertpapiermakler 141
Wertpapierpensions-
  geschäfte 605 f.

Wettbewerbsverbot 146 f.
Willenserklärungen 51
–, anfechtbare 56
Wirtschaftlichkeit 200
Wirtschaftskreislauf 16 ff., 445 f.
–, einfacher 16 ff.
–, erweiterter 446 f.
Wirtschaftsordnungen 433 ff.
–, idealtypische 433 ff.
–, realtypische 433 f., 438 ff.
Wirtschaftspolitik 445, 463, 495
Wirtschaftspolitische Ziele 463 ff.
–, Beziehungen 488 ff.
Wirtschaftsstruktur 238
Wirtschaftsunion 647 ff.
Wirtschaftswachstum 454 ff., 498
–, angemessenes 479 f.
–, Grenzen 460, 482 ff.
–, Kontra 542
–, Notwendigkeit 482 ff.
–, Pro 542
–, stetiges 479 f.
–, Ursachen 480 ff.
Wissen, Produktionsfaktor 25
WKM II 650 f.
World Trade Organisation 657
WTO 657

Z
Zahlschein 266
Zahlungsarten 261
Zahlungsbilanz 479, 562 ff., 577
–, aktive 575
–, passive 573
Zahlungsbilanzgleichgewicht 571 ff., 577
Zahlungsbilanzungleichgewicht 574, 577
Zahlungsverzug 63, 80 f.
–, Voraussetzungen 81
Zeitlohn 153
Zentralverwaltungswirtschaft 435 f.
Zession
–, offene 337
–, stille 337
Zessionskredit 337
Zeugnis 162
Zielkonflikte 489 ff.
Zölle 423, 581
Zusatzkosten 207

Bildquellen

Cover: Birgit Reitz-Hofmann/pitopia und miniature/iStockphoto.com

A1PIX - Your Photo Today, Taufkirchen: 367

adpic Bildagentur, Bonn: 27.4 (H. Dora)

Bensch, Peter: 621, 626

Bergmoser + Höller Verlag AG, Aachen: 8, 9, 26, 37, 111, 117, 160, 177, 204, 238, 249, 276, 351, 390, 438, 445, 456, 458, 459, 464, 466, 476, 477, 481, 512, 517, 527, 529, 534, 537, 544, 564, 567, 569, 591, 592, 597, 610, 655, 656, 661

BilderBox Bildagentur, Breitbrunn: 164 (Erwin Wodicka)

Bundesministerium der Finanzen, Berlin: 646

Capital Das Wirtschaftsmagazin, Hamburg: 501

CCC, www.c5.net: 394 (Karl-Heinz Schoenfeld), 546 (Horst Haitzinger)

dpa Infografik GmbH, Frankfurt: 13, 14, 20, 21, 22, 26, 149, 176, 177, 182, 193, 238, 239, 257, 278, 286, 287, 322, 343, 366, 398, 403, 410, 422, 453, 455, 457, 469, 475, 480, 494, 506, 507, 515, 516, 520, 525, 526, 528, 543, 548, 555, 556, 558, 566, 576, 598, 628, 642, 649, 653, 659, 660, 662, 663

ecopix, Berlin: 391 Mitte links (Andreas Froese)

Forget, Maryse, Lahr: 262 (Robert Fontner)

FOTODESIGN - HEINZ HEFELE, Darmstadt: 174.1

fotolia.com: 7.2 (Andreas Meyer)

imago, Berlin: 259 (INSADCO)

Institut der deutschen Wirtschaft Köln Medien GmbH: 397 (© iwd - Informationsdienst des Instituts der deutschen Wirtschaft Köln, 16/2008), 465 (© iwd - Informationsdienst des Instituts der deutschen Wirtschaft Köln, 15/2010), 487 (© iwd - Informationsdienst des Instituts der deutschen Wirtschaft Köln, 3/2006)

Kolfhaus, Herbert: 519

Körbi, Egon: 485, 542

Küppersbusch Hausgeräte GmbH, Gelsenkirchen: 7.1

Knut Schulz Fotografie, Hamburg: 174.2

Peter Leger (Künstler), Stiftung Haus der Geschichte der Bundesrepublik Deutschland, Bonn: 182, 184

Neugebauer, Peter: 493

photothek.net, Radevormwald: 58 (Ute Grabowsky)

picture-alliance/dpa, Frankfurt: 145 (Jens Schierenbeck/dpa Themendienst), 364 (dpa Themendienst), 391 links (Lukas Barth), 471 (dpa-Bildarchiv),

Rencin, Vladimir: 255

ullstein bild, Berlin: 391 Mitte rechts (Sylent-Press), 391 rechts (Sylent-Press)

von Papen, Manfred: 237

Wilhelm-Busch-Museum, Hannover: 148 (H.E. Köhler)

Illustrationen: Der Flix Ltd, Felix Görmann, Berlin

Infografiken: Claudia Hild, Grafikdesign, Angelburg

Übrige Fotos: Hartwig Heinemeier, Hannover

Trotz intensiver Nachforschungen ist es uns in manchen Fällen nicht gelungen, die Rechteinhaber zu ermitteln. Wir bitten diese, sich mit dem Verlag in Verbindung zu setzen.